A SURVEY OF
French Literature

A SURVEY OF
French Literature

VOLUME ONE: THE MIDDLE AGES TO 1800
REVISED EDITION

MORRIS BISHOP / *Cornell University*

HARCOURT, BRACE & WORLD, INC.
New York • Chicago • San Francisco • Atlanta

Drawings by Alison Mason Kingsbury

Library of Congress Catalog Card number: 65-14282
Printed in the United States of America

TABLE OF CONTENTS

All works are complete unless otherwise indicated.

PREFACE

The editor of this compilation has been guided by certain principles: to introduce the student to the greatest masters of French literature; to make a Survey of Literature rather than a course in literary history; to choose famous examples rather than obscure ones; to choose examples more for their merit, interest, and present vitality than for their "significance" or importance for other than literary reasons; to present one long selection in preference to a collection of *morceaux*; and to organize this volume in forty lessons, representing the number of assignments usually possible in an American college semester.

In the choice of selections, the editor has been forced often to compromise, for one cannot always find examples that are at the same time famous, interesting, self-contained, and of convenient length. The editor will embark on no long defense of his own judgment, which others have every right to impugn. He has preferred *Tristan et Iseut* to Chrétien de Troyes, and *Le Roman de la Rose* to *Le Roman de Renard*, for reasons which seemed to him good. With so many great writers demanding to be heard, he has excluded some as important as Calvin and Bayle. But we have still some forty immortals, enough for one semester.

The texts through Rabelais are translated, or modernized, by scholars whose names are given in the Contents. The Montaigne selection has been somewhat simplified. All the texts are presented with modernized spelling and punctuation.

The introductions provide such facts and generalizations as a student will need for reference, in view of examinations. They are intended to leave plenty of scope for the teacher's own commentary.

Introductions and footnotes are in English. Our students apprehend and remember best what they have read in their own idiom, without the intrusion of language difficulties. They need not labor with an editor's French; they might better get on as fast as possible to the memorable words of the great authors.

In the footnotes, words and phrases which would not be in the vocabulary of a typical good student are translated, and other aids to fluent reading and ready comprehension are given. Since footnotes should aid and not distract, the editor has struggled against the temptation to give unnecessary information.

In this Revised Edition the advice and criticisms of many teachers have been heeded. *Le Cid*, *Phèdre*, and *Le Bourgeois gentilhomme*, which are no longer so commonly read in introductory classes as they were even ten years ago, have been substituted for *Cinna*, *Britannicus*, and *Le Malade imaginaire*. Lesage's *Gil Blas* has been dropped; a section on *L'Esprit philosophique* (Buffon, Chamfort, Beaumarchais, Condorcet) has been added. The selections from Charles d'Orléans and Pascal have been expanded; those from Montaigne, Descartes, Diderot, and Rousseau have been somewhat abridged, to make them more manageable for class assignments. The footnotes have been slightly amplified.

The kindness of French publishers who have permitted the use of copyrighted translations into modern French is acknowledged in footnotes at the beginning of each such selection.

INTRODUCTION

Literature is the best that man has ever thought and dreamed. As such, it has always been the substance of liberal education in the Western world, in ancient Greece and Rome, in Moslem lands, in China. It has served to form young minds according to the tradition of their race and of the world. It has been welcome to the young, for it has given them access to understanding, strength, solace, and joy.

Among the literatures of the world, each race naturally chooses its own as the most helpful and harmonious to its spirit. For most of us, English literature, including American, is the richest and the most directly appealing. There may be some dispute as to which literature is second in importance. Some would elect Greek literature, some German; and other claims may be made. But for the great majority of educated Americans, French literature comes second to English for its past and present meaning.

Each national literature has its general characteristics, as well as its list of masterpieces.

In the first place, French literature, by comparison with others, is a *serious* literature. French writers have always been deeply concerned with the essential problems of man in his world, with the definition of his relation to Nature and to God, with the analysis of his behavior in society, with the understanding of his obscure emotions. The Frenchman often casts his observations in a light and graceful form, but on the whole he is more interested in presenting a general contention about life than is his English or American compeer.

The seriousness of the writer is matched by the seriousness of the French reader. The intellectual content of the average French book is greater than that of a corresponding American book. The Frenchman reads books instead of magazines; the sale of serious books in proportion to the population is larger in France than in the United States. Every French newspaper reserves a section for literary articles and discussions, and even when, during the Second World War, the newspapers were reduced to two or four pages, the literary columns were preserved. The universal French respect for literature has given its authors a popular prestige which both rewards and stimulates them.

Secondly, French literature is a *rational* literature. It derives more from cold and sober reason than from the mysterious impulses of inspiration. It is a literature of the idea, of thought, rather than of the lyric outburst. Unlike Italian and English literature, it is supreme in prose rather than in poetry. The Frenchman seeks in his reading more an intellectual pleasure than an emotional experience. (There are many exceptions to these statements, of course; that is the fault of all generalizations.)

French literature is, thirdly, a *psychological* literature. The center of its concern is man's nature as revealed by his actions. The first great monument of French literature, the *Chanson de Roland*, is a fine, stirring epic of battle and adventure; but even in this primitive tale the events are provoked by the character of the actors. This preoccupation with human psychology has continued to our own time. To the Frenchman, man is more interesting than external Nature, than machinery, commerce, the technics of civilization.

Fourthly, French literature is, relative to many others, *free*. Despite external restrictions imposed in certain periods, the French writer has always been impelled to push his thought and observation to their logical ends. If his speculation brings him to perilous and unwelcome conclusions, if he discovers evil and ugliness in the human spirit, he will not be deterred by convention from stating his conclusions. For this reason more squeamish peoples than the French have invested French literature with an aura of wickedness, with

regard to both the radicalism of its thought and its frankness in reporting the relations of the sexes.

Fifthly and finally, French literature is *artistic*. The French are deeply conscious of form in all the arts. They admire good technique. They are trained in their schools to an exact appreciation of literary form by the remorseless word-by-word analysis of paragraphs and stanzas. Practically everyone who can read a newspaper has strong opinions about literary style. When Victor Hugo's *Hernani* was staged, a run-on line (in which the thought is carried from one line to the next without a break, contrary to classic rule) caused a riot in the audience.

As the public has a strong sense of literary form, the author typically is intensely concerned with questions of technique. He weighs his words, plays endlessly with *la coupe de la phrase*; he insists upon the *ordonnance*, or harmonious structure, of the whole. The result is that most literary men, the best judges, regard French literature as the most notably artistic in the world. (In Camus' *La Peste* a would-be author spends his entire life working on the first sentence of his novel. The American reader finds this development absurd; to the Frenchman it is grotesque, but not absurd.)

Such are the most striking qualities of French literature, as they seem to your editor, after a lifetime of reading. His judgments are by no means final; they are to be taken as casts at truth, not Truth, not dogmas to be memorized for examination purposes.

The student should read with a free mind, accepting or rejecting the critical judgments provided for him. He has now reached the stage where he must develop his own critical judgment. Reading is itself a creative act. There is no reward in the dull repetition of second-hand opinions. The student should not let someone else do his reading for him.

The reward of reading is the literary experience by which one lends oneself to a great writer, accepts as much as possible of his wisdom, shares in the story he tells, feels the delayed charge of his poetic emotion. What one should gain from the reading of this book is a greater understanding, if not wisdom. And what one should chiefly gain is pleasure. For intellectual pleasure, of a high, rare, and noble quality, is the chief end of literary study.

The editor congratulates you, the student, on the opportunity you will have, in reading this book, to gain understanding and delight. The editor envies you.

M. B.

A SURVEY OF
French Literature

The Middle Ages

The Middle Ages

750	1050	1200	1350	1500

778. Defeat of Charlemagne at Roncevaux
800. Crowning of Charlemagne
1066. Norman Conquest
1096. First Crusade
1150. Gothic cathedrals ⟶
1226–70. St. Louis, King of France

HISTORY
1337 100 Years' War 1453
Death of Joan of Arc 1431
Gutenberg Bible 1456
Louis XI 1461–83

842. *Serments de Strasbourg*
c. 1080. *Chanson de Roland* High Romanesque
1100. Provençal lyric ⟶
1100–1200. Chansons de geste
1150. Romans courtois ⟶
c. 1165. *Tristan et Iseut*
c. 1175. *Jeu d'Adam*
c. 1180. Marie de France
c. 1200. *Aucassin et Nicolette* Gothic
1220. *Miracles de la Ste Vierge*
c. 1230. *Roman de la Rose*, I
1280. *Roman de la Rose*, II
c. 1350. Mystères

FRENCH LITERATURE
Moralités, soties, farces 1400 ⟶
Charles d'Orléans c. 1450
Villon: *Grand Testament* 1461
Pathelin c. 1465

[handwritten note, left margin:] Chansons: – Laisse has 10 syll. lines – Length depends on subj. matter

[handwritten note, right margin:] Lyric: – Length of line set – Line pattern set – length of stanza depends on form.

c. 750. *Beowulf*
c. 1140. *Cantar de mio Cid*
c. 1200. *Nibelungenlied*
c. 1215. von der Vogelweide: *Minnesang*
1301–21. Dante: *Divine Comedy*
Juan Ruiz: *El Libro de buen amor* c. 1350
1353. Boccaccio: *Decameron*
Petrarch: *Canzoniere* c. 1370
Piers Plowman c. 1390

OTHER LITERATURES
Chaucer: *Canterbury Tales* c. 1390
Malory: *Morte d'Arthur* 1470

The Middle Ages

The mention of the Middle Ages summons to our minds a complex of ideas and impressions, even though these be formed only from feature movies, fiction for juveniles, the architecture of college chapels and dormitories. The Middle Ages popularly connote grim and cheerless castles, perched on impossible mountaintops; the colored murk of stupendous cathedrals; a superstitious but soaring faith; knights in shining armor, engaged on fantastic quests; beautiful ladies in trailing garments, wearing cone-shaped headdresses; savage robber barons; jesters in motley; wretched serfs, hardly superior to the animals they tend. The curious thing is that this popular impression is by no means false, although perhaps we are inclined to exaggerate the picturesqueness and the darkness, mystery, and gloom. The men and women of those years did not know that they were picturesque, nor even that their age was a middle one. They enjoyed the sunshine, danced and sang, struggled for success in life under the impression that they were the ultimate product of time.

We should recognize that these Middle Ages covered a space of seven hundred years, in which there was a very great development. The period before about A.D. 800 was one of retrogression. Why did the Roman Empire decline and fall? Why did commerce cease to flow through Europe? Why did men forget how to build, to paint pictures, and to write books? No one has given us a good answer. But somewhere around A.D. 800 the process of disintegration and forgetfulness came to an end, and men began, however clumsily, to recapture old wisdom and to find a new wisdom of their own. In this process of world building French literature had its origin and first development.

In France as elsewhere, the society of the Middle Ages was organized on a basis of *feudalism*. A man "commended" himself to one higher than he, offering his service and receiving protection and security. He was both master and vassal. As master, he commanded the total fidelity of his vassals; as vassal, he owed total fidelity to his master. At the top of the scale, the noble might pledge feudal duty to a king, or he might regard himself as the king's equal and enemy. However, noble and villein alike were subject to the Church, for the Church had absolute control over the soul's destiny. All men gave the Church service and received spiritual protection. The Church was directly responsible to God. Thus the system was a perfectly coherent one, in which every member had his obligation to both superior and inferior. This sense of organized obligation should be evident in the selections you will read.

With time the French state assumes more and more importance. At first the king was hardly more than a powerful noble, with certain feudal claims upon the other nobles. He succeeded gradually in imposing his primacy upon his fellows. Thus the idea of French *nationalism* took shape.

The *culture* of the people was fostered, and largely determined, by the Church. The Church preserved the ancient learning in its monasteries; it was the great patron of architecture and art; it inspired a large share of the new literature. The faith, almost universally accepted, provided the subject matter for artists of every sort. The Church implanted in society a Christian ideal which is reflected in profane as well as sacred literature. The Church had complete control of education. Under its auspices the universities were founded, the greatest of them, the University of Paris, the Sorbonne, in 1253.

By the thirteenth century life had profoundly altered since the darkest days of the Dark

Ages. A cultivated society, the *société courtoise*, had come into existence. This society, composed of the gentry and the new class of well-to-do bourgeois, received its ideals from literature and in turn expressed them in literature. This period was a creative one in all the arts, in architecture, philosophy, theology, law, even science.

The fourteenth and fifteenth centuries are marked by retrogression as well as progress. The Black Death, a bubonic plague, is said to have killed half the population of Europe in the years around 1348. The Hundred Years' War (1337–1453) brought almost equal misery to France.

It is important then that we do not lump all the Middle Ages together as a gray interim between ancient and modern times. It is important, too, that we notice the dates of the selections that follow, for they reflect the ideas and ideals of very different times.

The Language

The French language is the offspring of Latin. That is, it is the result of the effort of the inhabitants of Gaul to speak the popular Latin brought to them by Roman officials and colonists.

The first document we possess which must be called French rather than Latin is the *Serments de Strasbourg*, dated 842. Two of the grandsons of Charlemagne united against the third; each of the two allies registered an oath of mutual fidelity in the language of the other's territory. The curious student will be interested to see how much of modern French he can recognize in this ancient specimen:

OATH OF LOUIS THE GERMAN

Original Text

Pro Deo amur et pro christian poblo et nostro commun saluament, d'ist di en avant, in quant Deus savir et podir me dunat, si salvarai eo cist meon fradre Karlo, et in aiudha et in cadhuna cosa, si cum om per dreit son fradra salvar dift, in o quid il mi altresi fazet, et ab Ludher nul plaid numquam prindrai, qui meon vol cist meon fradre Karle in damno sit.

Modern French Translation

Pour l'amour de Dieu et pour le salut commun du peuple chrétien et le nôtre, à partir de ce jour, autant que Dieu m'en donne le savoir et le pouvoir, je soutiendrai mon frère Charles de mon aide et en toute chose, comme on doit justement soutenir son frère, à condition qu'il m'en fasse autant, et je ne prendrai jamais aucun arrangement avec Lothaire, qui, à ma volonté, soit au détriment de mondit frère Charles.

In the following centuries the language developed under many influences, until by the fifteenth century it comes to have the look of modern French. But since the study of the language, fascinating as it is, is not our concern, the selections in this book will be presented in modernized versions.

The Literature

The medieval literature of France falls conveniently into the following groups:

1. Literature of the Church: lives and legends of the saints; didactic and moralizing literature; textbooks; the religious drama. Of these we shall be able to read only examples of the religious drama.

2. Literature expressing noble ideals and intended to please the taste of the gentry: the *chansons de geste* or heroic epic poems; the *romans courtois* or versified novels of chivalry; lyric poems, which throve particularly in southern France.

3. Literature expressing bourgeois ideals and directed toward the bourgeoisie: farces; *fabliaux*, or short stories in verse; allegorical animal tales.

4. Peasant literature. An oral folk literature certainly existed, but when it reached written form it was absorbed into bourgeois literature.

These literatures are so rich and varied that one must beware of large generalizations. Nevertheless it is clear that certain characteristics appear in them more markedly than in the literatures of earlier and later times.

French medieval literature is *imaginative*. The men of the Middle Ages were great story-tellers, perhaps because they had so many dark evening hours to kill. Their creative fancy ran free in dealing both with the natural and the supernatural. They had as yet little concern with verisimilitude, truth to common experience.

It is largely *didactic*. The writers, especially the churchmen, had commonly a moral purpose, to edify with a tale of saintliness or heroism, or to bring useful information to an ignorant world. This didacticism produced many excellent works of popularization, but it often slipped into pedantry.

It is marked by a deep *religious consciousness*. God and the saints were close to men, forever intervening in human affairs. Heaven was only a few miles overhead, and hell directly underfoot. Angels and devils lived within earshot, within eyeshot. The time sense was little developed; the Biblical period blended with the immediate past and with the present. Popular fictions and poems, as well as the proper literature of the Church, express the Church's legends and doctrines, and are animated by religious fervor. *Mysticism*, which had its great flowering in the Middle Ages, constantly appears. Mysticism may be defined as the belief in direct communication with divinity and divine truth by super-normal means, and the purification of the soul to receive divine revelation.

Since men are always perversely inclined to protest against authority, a body of *counterreligious* literature took shape. This expresses popular mockery of the Church's representatives on earth, and even of her ceremonies. In farces, comic tales, and parodies we see the common man's revolt against imposed morality and against the Church's engrossment with death and the life after death. But this literature of protest is itself imbued with religious consciousness by the mere fact of its being a protest.

The popular literature, and the more elevated forms as well, are richly endowed with *humor*. The humor is often broad and cruel, but it is sometimes delicate and ingenious. The sense of comedy is a special mark of French medieval literature; one finds little of it elsewhere. (In England there is Chaucer, but who else?) This humor, indecent, irreverent, and cynical, is the famous *esprit gaulois*.

1. La Chanson de Roland

The *chansons de geste*, or Songs of High Deeds, are heroic epic poems, mostly of the twelfth century. They are to be classed as *noble* literature, since they express the ideals of the gentry and were directed primarily to noble audiences.

Their origins are obscure. It is supposed, with good reason, that the clergy in monasteries along the great pilgrimage routes encouraged popular poets to versify local legends, in order to edify and amuse the pilgrims stopping at the monasteries overnight, and that from these poems the *chansons de geste* emerged and soon spread all over France.

They were composed by poets, usually unidentified, called *trouvères* in the north and *troubadours* in the south. The words mean merely "finders," as *poet* means in Greek "a maker." The poems were passed on to *jongleurs*, entertainers, who would put on a show in a castle hall or before a more popular gathering. They would chant the *chansons* in a ritual sing-song, with appropriate gestures and dramatizations, and with a simple musical accompaniment on the *vielle*, a kind of zither. One should try to picture such a scene: the great stone hall of the castle, the crackling fire in the wide hearth, the wavering smoky torches, the noble family in their furred robes, the gaping retainers crowding close, the uneasy dogs, and the jongleur acting out his drama, taking the parts of his characters, pausing occasionally for refreshment and a few simple juggling tricks.

The *form* of the *chansons de geste* is a succession of ten-syllable lines, arranged in stanzas of irregular length. The musical pattern of the earlier poems was determined by *assonance*; that is, each line of a stanza ends in the same vowel sound. This later developed into *rhyme*, which, in French prosody, requires that the final vowel and all succeeding consonants be the same. This recurrence of a sound in a fixed position not only pleased the ear, it aided the jongleur to memorize his poem.

The *Chanson de Roland* is both the oldest and the best of the extant *chansons de geste*. It is one of a group celebrating the prowess of the Emperor Charlemagne (742–814) and his courtiers. It was composed around the year 1100 by an unknown trouvère and is based on an authentic happening, the defeat of Charlemagne's rear guard at Roncevaux in the Pyrenees in 778.

The story of the poem is briefly this: Charlemagne has conquered all of Spain from the Saracens except the realm of Marsile, King of Saragossa. Aided by the treachery of Ganelon, stepfather of the hero Roland, Marsile makes a deceptive peace and then falsely falls upon the French rear guard, commanded by Roland, as it is returning northward through the Pyrenees to France. Roland can summon Charlemagne's main body to his aid by blowing his horn, his *olifant*. Regarding such an appeal as cowardly, he refuses to do so until too late. Through wreaking frightful destruction on the Saracens, all the French are killed, Roland himself last. Charlemagne, summoned by the dying Roland's blast, frightens away the enemy. Ganelon is judged and executed, together with a number of his relatives.

The poem expresses the chivalric ideals of heroism, honor, feudal loyalty, and love of the homeland. The love of woman has no place in it, and piety very little. We have here a portrait of the man the medieval noble wanted to be, rather than what he was. He wanted to be fearless, a Superman in death dealing, utterly faithful to his master and to his friends (with whom he is bound by mutual vows), pitiless toward treachery, and respectful but not cringing to his God. He did not want to be particularly intelligent. Roland's sacrifice of his army to his pride was militarily inexcusable. We have a strong hint that the poet sympathized with the wise Olivier: "Roland est preux, mais Olivier est sage." But his hearers certainly admired Roland alone.

The *art* of the poem is most noteworthy. The author has well organized his poem to gain a dramatic effect, subordinating his secondary details to the essential crises. The action is determined by the character of the leading actors. Each individual is distinct; he reveals his personality by his words and action, not by a deliberate analysis on the author's part. The story is largely developed in dialogue, lending itself to dramatic tale telling. There is much repetition, for the singer had to deal with restless audiences in often noisy surroundings. The style is simple, direct, and vivid, a succession of brief declarative sentences, steadily advancing the action.

The *Chanson de Roland*, expressing as it does the unchanging ideals of the French people, may be called the national epic of France.

Our modernization* is by Professor Henri Chamard of the Sorbonne. Notice that he uses an irregular rhyme scheme in place of the assonance of the original.

[*Roland, with twenty thousand French, guards the rear of Charlemagne's army, which has just crossed the Pyrenees into France. But at the Pass of Ronce-vaux a hundred thousand Saracens attack from ambush. Olivier is Roland's brother-in-law, dear friend, and wise counselor.*]

LXXXIII

Olivier dit : « Les païens sont bien forts,
Et nos Français bien peu pour cet effort.
Ami Roland, sonnez de votre cor!°
Charle° entendra, ramènera l'armée. »
Roland répond : « Je ne serais qu'un fou. 5
En douce France adieu ma renommée!
Non! Durendal° frappera de grands coups;
Sanglant sera son fer jusques à l'or.°
Pour leur malheur païens viennent aux ports :°
Je vous le dis, tous sont jugés à mort. » 10

LXXXVII

Roland est preux,° mais Olivier est sage.
Ils ont tous deux merveilleux vasselage,°
Et, dès qu'ils sont à cheval, sous l'armure,
Mourraient plutôt qu'esquiver° l'aventure.
Ils sont hardis, et fier est leur langage... 15
Félons païens chevauchent° avec rage.
Olivier dit : « Voyez un peu, Roland.
Ils sont tout près; Charle est trop loin. Si vous
Aviez daigné sonner votre olifant,°
Il serait là : tout irait mieux pour nous. 20
Aux ports d'Espagne, ah! regardez les nôtres,
L'arrière-garde, à grands périls promise :
Ceux qui sont là n'en verront jamais d'autres. »
Roland répond : « Ne dites pas sottise.
Mal soit du cœur atteint de couardise! 25
Nous tiendrons pied sans nous laisser abattre;
A nous ici de battre et de combattre! »

[*Archbishop Turpin absolves all the French of their sins, so that they will be immediately received into heaven if they die in battle. The two armies face each other.*]

XCII

Olivier dit : « N'attendez que je parle.
Vous n'avez pas daigné sonner du cor,
Et vous n'aurez aucun secours de Charles. 30
Ce n'est sa faute, il ne sait rien encore;
Ceux qui sont loin ne sont pas à blâmer...
Chevauchez donc au mieux que vous pourrez,
Seigneurs barons, et fermes tenez-vous!
Au nom de Dieu, soyez bien décidés 35
A recevoir et donner force coups.°
N'oublions pas du roi le cri guerrier! »
Tous les Français alors de s'écrier :°
« Monjoie! »° Et qui les eût ouï° crier
Se souviendrait toujours du vrai courage... 40
Puis, on chevauche. O Dieu! quel fier visage,
Et quelle hâte à piquer° ont ces preux!°
Ils vont férir :° que feraient-ils de mieux? —
Les Sarrasins n'ont garde de° trembler.
Francs et païens sont près de se mêler. 45

[*The battle consists of a vast number of individual engagements with spear and sword. The slaughter is terrific. But the Christians, despite their valor, are borne down by the enemy's numbers.*]

CXXVII

Qu'il eût fait beau voir Roland, Olivier
De leurs épées et férir et tailler,°
Et l'archevêque y joindre son épieu!°
Combien sont morts sous leurs coups en ce lieu?
Chartes et brefs° l'ont écrit, publié; 50
La geste dit : plus de quatre milliers.
Dans quatre chocs, tout alla bien pour eux;
Mais le cinquième aux Francs est désastreux
Et voit périr tous les bons chevaliers,
Hormis soixante, épargnés du Seigneur. 55
Ceux-là vendront très cher leur dernière heure.

* Published by permission of Librairie Armand Colin from *La Chanson de Roland*, translated into modern French by Henri Chamard. 3. *cor:* horn. 4. *Charle:* Charlemagne. (The *s* of *Charles* is omitted for metrical reasons, to save a syllable.) 7. *Durendal:* Roland's sword. 8. *jusques à l'or:* up to the gold hilt. 9. *ports:* mountain passes. 11. *preux:* valiant. 12. *vasselage:* valor and loyalty (the qualities of a good vassal). 14. *esquiver:* dodge. 16. *chevauchent:* ride. 19. *olifant:* horn (made of an elephant's tusk).

36. *force coups:* many blows. 38. *de s'écrier* (hist. inf.) : shouted. 39. *Monjoie:* Charlemagne's battle cry. 39. *qui... ouï:* one who might have heard them. 42. *piquer:* spur. 42. *preux:* heroes. 43. *férir:* smite. 44. *n'ont garde de:* are far from. 47. *tailler:* slash. 48. *épieu:* spear. 50. *Chartes et brefs:* Records and reports.

CXXVIII

Roland, devant cette immense tuerie,
Vers Olivier se tourne et l'interpelle :
« Beau cher ami, pour Dieu, je vous en prie,
Voyez quels preux gisent° dans la prairie ! 60
Plaignons, hélas ! douce France la belle,
Qui va rester veuve de tels barons !
Que° n'êtes-vous, ô Roi que nous aimons,
A nos côtés ?... Cher Olivier, mon frère,
Pour lui mander nouvelles, comment faire ? » 65
— « Je n'en sais rien, répond le noble comte.
Plutôt mourir que d'encourir la honte ! »°

CXXIX

Et Roland dit : « Je sonnerai du cór.
Charle entendra, tandis qu'il passe aux ports.
Je garantis que reviendront les Francs. » 70
Mais Olivier : « L'opprobre serait grand,
Et le reproche irait à vos parents,
Et durerait tant qu'ils seraient vivants,
Quand je l'ai dit, vous avez résisté ;
Vous le ferez sans mon gré maintenant, 75
Si vous cornez°, ce sera lâcheté.
Mais vous avez les deux bras tout sanglants ! »
— « C'est que j'ai bien frappé ! » répond
 Roland.

CXXX

Et Roland dit : « Rude est notre combat.
Je cornerai ; le roi Charle entendra. » 80
Mais Olivier : « Ce ne serait courage.
Quand je l'ai dit, vous l'avez dédaigné.
Le roi présent, nous n'aurions eu dommage.
Ceux qui sont loin ne sont pas à blâmer... »
« Par cette barbe, a repris Olivier, 85
Si je revois ma sœur Aude° là-bas,
Vous ne serez jamais entre ses bras. »

CXXXI

Et Roland dit : « Pourquoi donc ce courroux ? »
L'autre répond : « La faute en est à vous :
Car le courage est bon sens, non folie ; 90
Mieux vaut toujours mesure que furie.°
Français sont morts par votre légerie ;°
Charles n'aura plus service de nous.
Le roi, si vous aviez daigné m'en croire,

S'en fût venu ; nous aurions la victoire, 95
Et pris ou mort serait Marsile. Certes,
Vous fûtes preux, mais c'est pour notre perte,
Et plus n'aura notre aide Charlemagne,
Ce roi sans pair jusqu'au grand Jugement.°
France sera honnie,° et vous, Roland, 100
Mourrez. Ici, notre amitié compagne
Avant ce soir finira tristement. »

CXXXII

Turpin, oyant° les preux se disputer,
D'éperons d'or pique son destrier.°
Il vient vers eux et se prend à gronder : 105
« Sire Roland, et vous, sire Olivier,
Veuillez, pour Dieu, ne vous pas quereller !
Plus n'est besoin que l'on sonne du cor ;
Mais néanmoins cela vaut mieux encore.
Vienne le roi, il pourra nous venger. 110
Pour ceux d'Espagne, adieu toute liesse.°
Quand nos Français, à terre ayant mis pied,
Nous trouveront morts et taillés en pièces,
Ils nous mettront en bières, sur sommiers,°
Et, nous pleurant de deuil et de pitié, 115
Nous coucheront aux parvis des moutiers,°
Bien à l'abri des loups, des porcs, des chiens. »
Roland répond : « Sire, vous parlez bien. »

CXXXIII

Roland met donc à sa bouche le cor,
L'ajuste bien, et sonne à grand effort. 120
Hauts sont les puys,° et très loin va le son :
A trente lieues° au moins, l'écho répond.
Charles entend la voix qui se prolonge :
« Nos hommes ont bataille, » dit le roi.
Mais Ganelon lui réplique : « Ma foi, 125
D'autre que vous, on dirait : C'est mensonge ! »

CXXXV

Roland le comte a la bouche sanglante,
Et du cerveau la tempe° est pantelante ;°
A grand' douleur il sonne l'olifant.
Avec tous ses Français, Charles l'entend. 130
« Ah ! dit le roi, ce cor a longue haleine ! »
— « Roland, répond le duc Naime, est en
 peine.
On a bataille, oui, sur ma conscience.

60. *gisent* (from *gésir*): lie. 63. *Que:* Why. 67. When Olivier had adjured Roland to blow his horn for aid, Roland had replied : "Plutôt mourir que souffrir déshonneur !" Olivier now ironically echoes Roland's words. 76. *cornez:* blow your horn. 86. Roland was affianced to Olivier's sister Aude. 91. *Mieux... furie:* A prudent, quotable moral for the elder listeners. 92. *légerie = légèreté.*

99. *sans pair... Jugement:* who will have no equal until Judgment Day. 100. *honnie:* shamed. 103. *oyant* (from *ouïr*): hearing. 104. *destrier:* charger. 111. *liesse:* joy. 114. *sommiers:* packhorses. 116. *parvis des moutiers:* forecourts of monasteries. 121. *puys:* peaks. 122. *lieue:* league (about 2½ miles). 128. *tempe:* temple. 128. *pantelante:* quivering.

Traître est celui qui vers vous cherche à
 feindre.
Adoubez-vous,° criez le cri de France, 135
Et secourez votre race en souffrance.
N'oyez-vous pas au loin Roland se plaindre ? »

[*Charlemagne, having heard the faint appeal of the
horn, sets his army in march to rescue Roland. Now
only Roland, Olivier, Archbishop Turpin, and one
other Frenchman are left, and all are cruelly wounded.*]

CXLVII

Olivier sent qu'il est à mort navré.°
Mais se venger, le pourra-t-il assez ?
Dans la mêlée il frappe en chevalier, 140
Coupant en deux lances et boucliers,°
Et pieds et poings, épaules et côtés.
Qui l'eût pu voir aux Sarrasins bondir
Et les tailler, l'un sur l'autre jetés,
D'un bon vassal aurait le souvenir. 145
Par le fier cri de Charle il veut finir :
« Monjoie ! » crie-t-il d'une voix haute et claire.
Puis, appelant son cher Roland, son pair :
« Mon compagnon, tout près de moi venez.
Ce jour, hélas ! nous serons séparés ! » 150

CXLVIII

Roland regarde Olivier au visage :
D'un teint livide et pâle il voit l'image.
Le long du corps coule le sang tout clair,
Et les filets en tombent sur la terre.
« Dieu ! dit Roland, je ne sais plus que faire. 155
Mon compagnon, quel funeste courage !
Homme jamais n'aura votre valeur.
Ah ! France aimée, veuve en ce jour fatal
De bons vassaux, déchue° et mise à mal !
Quel grand dommage en aura l'empereur ! » 160
Et le fier preux pâme sur son cheval.

CXLIX

Voilà Roland sur son cheval pâmé.
Mais Olivier lui-même, à mort navré,
Perd tant de sang que ses yeux sont troublés ;
Ni loin ni près, il ne voit clair assez 165
Pour reconnaître aucun homme mortel.
Donc, rencontrant son compagnon fidèle,
Il fend si bien le heaume° d'or gemmé,
Qu'il le découpe en deux jusqu'au nasal.

Heureusement, le chef° n'a pas de mal. 170
Mais, à ce coup, Roland l'a regardé.
Très doucement, il dit : « Mon compagnon,
Avez-vous fait la chose exprès, ou non ?
Je suis Roland, qui tant vous sut aimer.
Vous ne m'avez défié nullement. »° 175
Olivier dit : « Je vous entends parler,
Mais sans vous voir : que Dieu vous voie,
 Roland !
Pardonnez-moi, si je vous ai frappé. »
Roland répond : « Je ne suis point blessé,
Et, devant Dieu vous êtes pardonné. » 180
Et, sur ce mot, l'un vers l'autre inclinés,
En tel amour les voilà séparés !

CL

Olivier sent l'angoisse de la mort,
Et les deux yeux lui tournent dans la tête ;
Il perd l'ouïe° et la vue. De sa bête 185
Il descend, puis se couche à terre. Lors,
Très fermement, il proclame ses fautes,
Et les deux mains vers le ciel, à voix haute,
Il prie que Dieu lui donne Paradis,
En bénissant Charles et douce France, 190
Et, plus que tous, Roland, son cher ami.
Le cœur lui faut,° et sa tête balance ;
Le corps entier sur la terre s'abat.
Mort est le comte, il n'est plus ici-bas.
Le preux Roland se désole et le pleure. 195
On n'entendra jamais plus grand'douleur.

CLI

Le preux Roland, qui voit mort son ami,
Le corps gisant° la face contre terre,
Très doucement le regrette° et lui dit :
« Mon compagnon, vous fûtes trop hardi ! 200
Des jours, des ans, nous vécûmes unis,
Sans avoir onc° un reproche à nous faire.
Toi mort, ce m'est douleur de rester vif. »
Le bon marquis, à ces mots, s'est pâmé
Sur son cheval, qu'il nomme Veillantif;° 205
Mais l'étrier° d'or fin retient fixé
Le corps qui penche, — et qui ne peut tomber.

[*Roland recovers his senses and fights mightily
against the Saracens. The bugles of Charlemagne's
rescuing army are heard in the distance; the Saracens*]

135. *Adoubez-vous:* Arm yourselves. 138. *navré:* wounded.
141. *boucliers:* bucklers, shields. 159. *déchue:* fallen. 168.
heaume: helmet.

170. *chef:* head. 175. According to the rules of chivalry, an
aggressor must first "defy" an adversary, give him fair
warning. 185. *ouïe:* hearing. 192. *faut* (from *faillir*): fails.
198. *gisant:* lying. 199. *regrette:* mourns. 202. *onc:* ever,
never. 205. *Veillantif:* Vigilant. 206. *étrier:* stirrup.

take fright and flee. Roland and Archbishop Turpin, grievously wounded, are left alone on the field.]

CLXI

Païens s'enfuient, de rage courroucés ;
Devers l'Espagne ils se sont élancés.
Le preux Roland ne les a pourchassés :° 210
Il a perdu son vaillant destrier,
Et, malgré lui, est resté, seul, à pied.
Il court aider l'archevêque Turpin,
Et, délaçant son heaume orné d'or fin,
Il lui défait son blanc haubert° léger, 215
Puis du bliaud,° qu'il a tout déchiré,
Prend les morceaux pour bander ses blessures.
Contre son cœur il le tient embrassé,
Et doucement le couche en la verdure.
Lors, il lui fait cette tendre prière : 220
« Gentil seigneur, ah ! donnez-moi congé.
Nos compagnons, que nous eûmes tant chers,
Ils sont tous morts. Pas ne les faut laisser.
Je veux aller les quérir° et chercher,
Et devant vous les aligner ici. » 225
Turpin répond : « Allez et revenez.
A deux le champ nous reste, Dieu merci ! »

CLXII

Roland, tout seul, par le champ s'en va donc.
Fouillant les vaux,° fouillant aussi les monts,
Il trouve tôt Gérin avec Gérier, 230
Son compagnon ; Othon et Bérenger ;
Il trouve encore Anséïs et Samson ;
Et puis Gérard, le vieux de Roussillon.
Tous, un par un, le baron les emporte ;
A l'archevêque en ses bras il les porte, 235
A ses genoux, en rang, les réunit.
Turpin ému ne peut tenir ses pleurs.
Il lève alors sa main et les bénit :
« Seigneurs, dit-il, vous eûtes du malheur !
En Paradis, que Dieu le Glorieux 240
Mette votre âme à tous en saintes fleurs !
Ma propre mort, las ! me rend angoisseux :
Plus ne verrai le puissant empereur. »

CLXIII

Roland retourne au champ pour le fouiller.
Il trouve enfin son fidèle Olivier, 245
Contre son cœur étroitement le tient,
Et, comme il peut, vers le prélat revient.

Sur un écu,° près des pairs, il l'étend,
Et l'archevêque en le signant° l'absout.°
Deuil et pitié redoublent à ce coup. 250
« Beau compagnon Olivier, dit Roland,
Vous fûtes fils du vaillant duc Renier,
Chef du pays jusqu'au val de Runier.
Pour briser un écu, rompre une lance,
Pour abaisser l'orgueil et l'insolence, 255
Aider les bons et les bien conseiller,
Nuire aux méchants et les terrifier,
Jamais ne fut un meilleur chevalier ! »

CLXIV

Le preux Roland, lorsqu'il voit morts ses pairs,
Mort Olivier, l'ami qu'il eut si cher, 260
En a tendreur° et se prend à pleurer.
Son beau visage est tout décoloré ;
Tel est son deuil qu'il ne peut résister :
Qu'il veuille ou non, à terre il choit° pâmé.
« Ah ! dit Turpin, baron infortuné ! » 265

CLXV

Quand l'archevêque a vu pâmer Roland,
Tel est son deuil qu'onc il n'en eut si grand.
Il tend la main et saisit l'olifant.
En Roncevaux est un ruisseau courant,
Dont il voudrait puiser l'eau pour Roland. 270
A petits pas il y va, chancelant.
Si faible il est qu'il tente un vain effort :
Son corps, hélas ! a perdu trop de sang.
Avant d'aller l'espace d'un arpent,°
Le cœur lui faut, et, tombant en avant, 275
Turpin connaît l'angoisse de la mort.

CLXVI

Le preux Roland revient de pâmoison.°
Il se redresse et sent un deuil profond :
Où qu'il regarde, en aval, en amont,
Sur l'herbe verte il voit ses compagnons, 280
Et, par-delà, le très noble baron,
Celui que Dieu mit sur terre en son nom.
Turpin, gisant, crie sa coulpe,° les yeux
Levés ; il joint ses deux mains vers les cieux,
Et, pour avoir Paradis, il prie Dieu… 285
Mort est Turpin, de Charles bon soldat,
Qui, par très beaux sermons et grands combats,

Contre païens fut toujours un champion.
Dieu lui octroie° sa bénédiction!

CLXVII

Le preux Roland voit l'archevêque à terre : 290
Boyaux° sortis du corps, dans la poussière
Il gît, et sous le front bout° sa cervelle.
Lors, lui croisant ses blanches mains si belles
Sur la poitrine, entre les deux mamelles,°
Roland le plaint, à la mode de France : 295
« Gentil seigneur, de si noble naissance,
Je te confie au Glorieux du Ciel.
Onc il n'aura serviteur plus fidèle.
Nul n'a mieux su, depuis les saints Apôtres,
Garder la loi, la faire aimer des autres. 300
Puisse votre° âme, exempte de souffrir,
Du Paradis voir la porte s'ouvrir! »

CLXVIII

Roland sent bien que tout proche est la mort,
Car son cerveau par les oreilles sort.
Pour tous ses pairs il prie le Dieu du Ciel, 305
Puis se confie à l'ange Gabriel.
Voulant rester sans blâme, il prend son cor
Dans une main, dans l'autre son épée,
Et va, plus loin qu'un arc° n'a de portée,
En un guéret,° sur la terre opposée. 310
Il monte un tertre° où, dessous deux beaux
 arbres,
Quatre perrons° se dressent, tout en marbre.
Sur le gazon° le héros sans reproche
Tombe, pâmé : car la mort est tout proche.

CLXIX

Hauts sont les puys, et très hauts sont les
 arbres; 315
Quatre perrons sont là, luisants de marbre.
Sur le gazon pâme le preux Roland.
Un Sarrasin le guette, cependant.
Couché parmi la foule, il fait le mort;
Le sang salit son visage et son corps. 320
Il se redresse et fond sur le mourant.
Il est beau, fort, et de grand vasselage.
Ivre d'orgueil et de mortelle rage,
Armes et corps, il empoigne Roland.
« Vaincu, crie-t-il, est le neveu du roi! 325

En Arabie, cette épée avec moi
Viendra! » Du coup, le preux revient à soi.

CLXX

Roland sent bien qu'on lui prend son épée;
Il ouvre l'œil et ne dit que ce mot :
« Bien sûr, tu n'es des nôtres! » Aussitôt, 330
De l'olifant, que tient sa main crispée,
Il frappe dur le heaume gemmé d'or,
Brise l'acier et la tête et les os,
Et fait jaillir les deux yeux. Le héros
Devant ses pieds abat le païen mort. 335
Puis il lui dit : « Culvert,° tu te fis fort°
De me saisir, soit à droit, soit à tort?
Qui l'apprendra te tiendra pour un fol.
Mais, au gros bout, j'en ai fendu mon cor;
Or et cristal ont roulé sur le sol.» 340

CLXXI

Roland sent bien qu'il a perdu la vue,
Et sur ses pieds, tant qu'il peut, s'évertue.°
Mais son visage a perdu sa couleur.
De son épée, sur une pierre brune,
Dix fois il frappe avec rage et douleur. 345
L'acier en grince, — il n'a brisure aucune.
« Sainte Marie, aidez-moi! dit le comte.
Ah! Durendal si bonne, quel mécompte!°
Je vais mourir, plus n'ai besoin de vous.
J'ai, grâce à vous, tant de combats vaincus! 350
Et j'ai conquis tant de terres partout,
Que détient° Charle à la barbe chenue!°
Qu'homme fuyard n'ait de vous jouissance!
Un bon vassal vous a longtemps tenue :
Plus n'en aura de tel la libre France. » 355

CLXXII

Il frappe encore le perron de sardoine :°
L'acier encor grince, — sans se briser.
Lorsque Roland voit qu'il a cet essoine,°
Il plaint l'épée qu'il ne peut ébrécher :°
« Ah! Durendal, que tu es blanche et belle! 360
Comme ta lame au soleil étincelle!
Charles était dans les vaux de Maurienne,°
Quand Dieu lui dit par son ange, du Ciel,
De te donner à vaillant capitaine;
Et le gentil, le grand roi te fit mienne. 365
Je lui conquis, par toi, Bretagne, Anjou;

289. *octroie* (subj.): grant. 291. *Boyaux:* Bowels. 292. *bout* (from *bouillir*): froths. 294. *mamelles:* breasts. 301. *votre:* Notice the shift from the usual *tu* to the respectful plural. 309. *arc:* bow. 310. *guéret:* fallow field. 311. *tertre:* knoll. 312. *perrons:* steps. 313. *gazon:* grass.

336. *Culvert:* Knave. 336. *te fis fort:* undertook. 342. *s'évertue:* struggles. 348. *mécompte:* disappointment. 352. *détient:* possesses. 352. *chenue:* white. 356. *sardoine:* sard, brown agate. 358. *essoine:* distress. 359. *ébrécher:* nick. 362. *Maurienne:* a region of Savoie, in southeastern France.

Je lui conquis le Maine et le Poitou;
Je lui conquis la franche Normandie;
Je lui conquis Aquitaine et Provence,
Et la Romagne avec la Lombardie; 370
Et je conquis encore à sa puissance
Bavière et Flandre et Pologne et Hongrie;
Constantinople obéit à sa loi,
Et les Saxons lui donnèrent leur foi;
Je lui conquis Écosse, Irlande, Galles,° 375
Et l'Angleterre enfin, — chambre royale.°
Oui, j'ai conquis des terres infinies
Que détient Charles à la barbe blanchie!
Pour cette épée j'ai pesance° et douleur :
Plutôt mourir qu'elle aux païens demeure! 380
Ne laissez pas honnir France, ô Seigneur! »

CLXXIII

Il frappe encor sur une pierre bise,°
Dont il abat un énorme quartier :
L'épée toujours grince, — mais ne se brise,
Et vers le ciel a rebondi l'acier. 385
Roland, voyant qu'il ne la peut briser,
Très doucement renouvelle sa plainte :
« Ah! Durendal, que tu es belle et sainte!
Ton pommeau d'or a reliques de prix :°
Dent de saint Pierre et sang de saint Basile, 390
Cheveux coupés à Monsieur saint Denis,
Et vêtement de la Vierge Marie.
Sur toi n'ont droit païens à l'âme vile;
De chrétiens seuls devez être servie.
Nul ne vous° ait, qui fasse couardise! 395
Oh! grâce à vous, que de terres conquises,
Que détient Charle à la barbe fleurie,
Et qui lui sont très riche seigneurie! »

CLXXIV

Roland sent bien que la mort l'entreprend,
Que de la tête au cœur elle descend. 400
Dessous un pin il court, encore alerte;
La face au sol, s'étend sur l'herbe verte;
Pose sous lui son cor et son épée;
Vers les païens tient la tête tournée.
S'il fait ainsi, le preux, c'est qu'il entend 405
Que Charles dise avec toute sa gent;°
« Le gentil comte est mort en conquérant. »

Battant sa coulpe° et puis la rebattant,
Pour ses péchés il offre à Dieu son gant.°

CLXXV

Roland sent bien que son temps est fini. 410
Sur un haut puy, devers° l'Espagne, il gît
Et d'une main bat sa poitrine. Il dit :
« Mea culpa,° mon Dieu! par tes vertus,
Pour mes péchés, les grands et les menus,°
Ceux que j'ai faits dès l'heure où je naquis 415
Jusqu'à ce jour, où j'en suis repentant! »
Et, de sa dextre,° il tend vers Dieu son gant.
Anges du Ciel descendent près de lui.

CLXXVI

Dessous un pin gît le comte Roland,
Les yeux tournés vers l'Espagne. Il se prend 420
A rappeler mainte ressouvenance :°
Tant de pays conquis par sa valeur,
Les gens de son lignage, et douce France,
Et l'empereur, qui nourrit son enfance.
Il ne retient ses soupirs et ses pleurs. 425
Mais il ne met son salut en oubli,
Clame sa coulpe,° et crie à Dieu merci :
« Vrai Père! ô toi qui jamais ne mentis,
Qui ranimas Lazare pour ses sœurs°
Et des lions sauvas Daniel, Seigneur! 430
De tous périls sauve mon âme aussi,
Pour les péchés qu'en ma vie j'ai commis! »
Sa dextre, alors, présente à Dieu le gant,
Et, de sa main, saint Gabriel le prend.
Le chef penché sur son bras, le doux preux 435
S'en est allé, mains jointes, à sa fin.
Dieu lui envoie son ange Chérubin°
Et saint Michel du Péril.° Avec eux,
Vers lui s'en vient encor saint Gabriel;
Et tous les trois portent son âme au Ciel.

408. *Battant sa coulpe:* Avowing his sinfulness. 409.
« Rien n'est plus caractéristique que ce geste tout féodal du
héros mourant. Conformément à des idées très répandues
dans la haute société du Moyen Age, Roland regarde Dieu
comme son seigneur suzerain, envers lequel il se conduit
comme un loyal vassal. Le gant est le symbole de la personne
même : remettre son gant à un envoyé, c'est lui donner
plein pouvoir; offrir son gant, comme ici, c'est abandonner
sa personne entière; jeter son gant, c'est mettre en avant
sa force et son courage pour appuyer ce qu'on avance. »
(Gaston Paris.) 411. *devers:* looking toward. 413. *Mea
culpa:* By my fault. (The Latin formula for the avowal of
sin.) 414. *menus:* small. 417. *dextre:* right hand. 421. *ressou-
venance:* recollection. 427. *Clame sa coulpe:* Proclaims his
sinfulness. 429. *sœurs:* Mary and Martha. 437. *Chérubin:*
St. Raphael. 438. St. Michael's role was traditionally to escort
souls to heaven. St-Michel du Péril de la Mer is the famous
Mont-Saint-Michel, off the coast of Brittany.

375. *Galles:* Wales. 376. *chambre royale:* private domain.
(Perhaps an indication that this version was written after
1066. The list of Charlemagne's conquests, however, combines
fact with fancy.) 379. *pesance:* grief. 382. *bise:* gray. 389.
It was the custom to enclose relics in a sword hilt. 395.
vous: Note again the shift from *tu* to *vous.* 406. *toute sa
gent = tous ses gens.*

2. Le Roman Courtois

The *romans courtois* are long novels in verse, composed mostly in the second half of the twelfth century, a period of intellectual renaissance. They are *noble* literature, destined particularly for the ladies of the upper class, who have now gained leisure and culture. Unlike the *chansons de geste*, they are not intended to be declaimed but to be read. Thus they can be more subtle and intimate—more literary, in short. In *form* they are mostly in eight-syllable rhymed couplets, which give a lighter, more rapid, more tripping effect than the assonanced ten-syllable lines of the *chansons de geste*.

While many of the *romans courtois* retold tales of classical antiquity, we shall be concerned only with the *matière de Bretagne*, or Matter of Britain. ("Bretagne" referred to France's Brittany and to the Celtic lands of Ireland, Wales, and Cornwall.)

The *source* of the Matter of Britain was the great fund of Celtic legend, diffused in France by minstrels and harpers from Bretagne. Even this primitive Celtic literature had the character which persists in Yeats and other modern Irish writers: love of the fantastic and marvelous; blurring of the natural and supernatural; acceptance of magic, wonder, fairies, witches, talking beasts, trees, and fountains as commonplaces; an underlying brooding mystic melancholy; the idea of love as a tragic destiny; wild, soaring poetic diction, transforming the speech of simple men.

come down thru french & English lit., etc.

The *subject matter* is the adventures of King Arthur and his Knights of the Round Table. The knights spent most of their time on perilous quests to serve their king or bring consideration to their lady. They were inspired by the chivalric ideals of honor and love. The love of men and women, which had barely appeared in the *chansons de geste*, becomes the dominating motive of the *romans courtois*. This love is a blinding, bewildering force, which smites us by the decree of a mysterious fate outside ourselves. The knight must prove himself worthy of his lady by noble deeds. Love purifies him; at the same time it may doom him to lifelong woe. This elevated conception of love marks the rise of woman in society.

The *romans courtois* are marked by excellent *artistic competence*. Many of the writers were splendid storytellers, unfailing in invention, deft in developing character, expressing themselves with a happy blend of realism and poetic feeling. The popularity of their tales in many modern reworkings shows that they overpass all local and temporary conditions to touch the universal imagination of man.

The supernatural is very pagan. (Slight Christian trimmings.)

LE ROMAN DE TRISTAN ET ISEUT

[Selections]

[*The ever-famous tale of Tristan and Iseut stems from Celtic legend. The earliest extant versions are those of Thomas and Béroul, who wrote in the second half of the twelfth century. The story tells how Tristan,* nephew of King Marc of Cornwall, slays the giant Morholt. He is wounded, is miraculously wafted to Ireland, slays a dragon, suffering further wounds. He is nursed by the Morholt's niece, Iseut la Blonde, against her will. He is them commissioned to bring Iseut to Cornwall to be his uncle's bride. On the journey the pair drink, by mistake, a love philter destined for Iseut and King Marc. Tristan and Iseut are torn between passion and duty, for they are deeply*]

conscious of honor's obligations. They fight desperately against their destiny. After many pathetic adventures, Tristan, to shake his fatal love, flees to Brittany and marries another Iseut, Iseut of the White Hands. The tragic outcome of the story is told in the second of the following selections.

It is a tale of passion, remorse, and despair, of wretched human beings struggling against the fatality of love. There can be no escape for them, and no happiness in life, save a few moments of tortured bliss. They can find the union of their spirits only in death. This is a thoroughly medieval idea.

The prose modernization here reproduced combines several of the early versions. It is by a great authority on medieval literature, Joseph Bédier. Notice the mild archaisms ("la nef," "à toujours") with which he gives an antique finish to his style.]

Le Philtre*

Quand le temps approcha de remettre Iseut aux chevaliers de Cornouailles,° sa mère cueillit des herbes, des fleurs et des racines, les mêla dans du vin, et brassa un breuvage° puissant. L'ayant achevé par science et magie, elle le versa dans un coutret° et dit secrètement à Brangien :°

« Fille, tu dois suivre Iseut au pays du roi Marc, et tu l'aimes d'amour fidèle. Prends donc ce coutret de vin et retiens mes paroles. Cache-le de telle sorte que nul œil ne le voie et que nulle lèvre ne s'en approche. Mais, quand viendront la nuit nuptiale et l'instant où l'on quitte les époux, tu verseras ce vin herbé dans une coupe et tu la présenteras, pour qu'ils la vident ensemble, au roi Marc et à la reine Iseut. Prends garde, ma fille, que seuls ils puissent goûter ce breuvage. Car telle est sa vertu : ceux qui en boiront ensemble s'aimeront de tous leurs sens et de toute leur pensée, à toujours, dans la vie et dans la mort. »

Brangien promit à la reine qu'elle ferait selon sa volonté.

La nef,° tranchant les vagues profondes, emportait Iseut. Mais, plus elle s'éloignait de la terre d'Irlande, plus tristement la jeune fille se lamentait. Assise sous la tente où elle s'était renfermée avec Brangien, sa servante, elle pleurait au souvenir de son pays. Où ces étrangers l'entraînaient-ils ? Vers qui ? Vers quelle destinée ? Quand Tristan s'approchait d'elle et voulait l'apaiser par de douces paroles, elle s'irritait, le repoussait, et la haine gonflait son cœur. Il était venu, lui le ravisseur, lui le meurtrier du Morholt ; il l'avait arrachée par ses ruses à sa mère et à son pays ; il n'avait pas daigné la garder pour lui-même, et voici qu'il l'emportait, comme sa proie, sur les flots, vers la terre ennemie ! « Chétive !° disait-elle, maudite soit la mer qui me porte ! Mieux aimerais-je mourir sur la terre où je suis née que vivre là-bas !... »

Un jour, les vents tombèrent, et les voiles pendaient dégonflées° le long du mât. Tristan fit atterrir dans une île, et, lassés de la mer, les cent chevaliers de Cornouailles et les mariniers descendirent au rivage. Seule Iseut était demeurée sur la nef, et une petite servante. Tristan vint vers la reine et tâchait de calmer son cœur. Comme le soleil brûlait et qu'ils avaient soif, ils demandèrent à boire. L'enfant chercha quelque breuvage, tant qu'elle° découvrit le coutret confié à Brangien par la mère d'Iseut. « J'ai trouvé du vin ! » leur cria-t-elle. Non, ce n'était pas du vin : c'était la passion, c'était l'âpre joie et l'angoisse sans fin, et la mort. L'enfant remplit un hanap° et le présenta à sa maîtresse. Elle but à longs traits,° puis le tendit à Tristan, qui le vida.

A cet instant, Brangien entra et les vit qui se regardaient en silence, comme égarés et comme ravis. Elle vit devant eux le vase presque vide et le hanap. Elle prit le vase, courut à la poupe, le lança dans les vagues et gémit :

« Malheureuse ! maudit soit le jour où je suis née et maudit le jour où je suis montée sur cette nef ! Iseut, amie, et vous, Tristan, c'est votre mort que vous avez bue ! »

De nouveau, la nef cinglait° vers Tintagel.° Il semblait à Tristan qu'une ronce° vivace, aux épines aiguës, aux fleurs odorantes, poussait ses racines dans le sang de son cœur et par de forts

* The two chapters from *Le Roman de Tristan et Iseut*, translated into modern French by Joseph Bédier, are published by permission of Éditions d'Art H. Piazza. 22. *Cornouailles.* Cornwall. (Tristan, with a group of Cornish knights, has arrived in Ireland to escort Iseut to her destined spouse, King Marc of Cornwall.) 24. *brassa un breuvage:* brewed a drink. 26. *coutret:* leather bottle. 26. *Brangien:* Iseut's youthful maid of honor. 44. *nef:* ship.

14. *Chétive:* Hapless one. 19. *dégonflées:* deflated, limp. 27. *tant qu':* until. 32. *hanap:* goblet. 33. *à longs traits:* deeply. 45. *cinglait:* was sailing. 45. *Tintagel:* the legendary court of King Marc in Cornwall. 46. *ronce:* bramble bush.

liens enlaçait au beau corps d'Iseut son corps et toute sa pensée, et tout son désir. Il songeait : « Andret, Denoalen, Guenelon et Gondoïne, félons qui m'accusiez de convoiter° la terre du roi Marc, ah! je suis plus vil encore, et ce n'est pas sa terre que je convoite! Bel oncle, qui m'avez aimé orphelin avant même de reconnaître le sang de votre sœur Blanchefleur,° vous qui me pleuriez tendrement, tandis que vos bras me portaient jusqu'à la barque sans rames ni voile,° bel oncle, que° n'avez-vous, dès le premier jour, chassé l'enfant errant venu pour vous trahir? Ah! qu'ai-je pensé? Iseut est votre femme, et moi votre vassal. Iseut est votre femme, et moi votre fils. Iseut est votre femme, et ne peut pas m'aimer. »

Iseut l'aimait. Elle voulait le haïr, pourtant : ne l'avait-il pas vilement dédaignée? Elle voulait le haïr, et ne pouvait, irritée en son cœur de cette tendresse plus douloureuse que la haine.

Brangien les observait avec angoisse, plus cruellement tourmentée encore, car seule elle savait quel mal elle avait causé. Deux jours elle les épia,° les vit repousser toute nourriture, tout breuvage et tout réconfort, se chercher comme des aveugles qui marchent à tâtons° l'un vers l'autre, malheureux quand ils languissaient séparés, plus malheureux encore quand, réunis, ils tremblaient devant l'horreur du premier aveu.

Au troisième jour, comme Tristan venait vers la tente, dressée sur le pont de la nef, où Iseut était assise, Iseut le vit s'approcher et lui dit humblement :

« Entrez, seigneur.

— Reine, dit Tristan, pourquoi m'avoir appelé seigneur? Ne suis-je pas votre homme lige,° au contraire, et votre vassal, pour vous révérer, vous servir et vous aimer comme ma reine et ma dame? »

Iseut répondit :

« Non, tu le sais, que tu es mon seigneur et mon maître! Tu le sais, que ta force me domine et que je suis ta serve!° Ah! que n'ai-je avivé°

naguère° les plaies du jongleur blessé!° Que n'ai-je laissé périr le tueur du monstre dans les herbes du marécage!° Que n'ai-je asséné° sur lui, quand il gisait dans le bain, le coup de l'épée déjà brandie!° Hélas! je ne savais pas alors ce que je sais aujourd'hui!

— Iseut, que savez-vous donc aujourd'hui? Qu'est-ce donc qui vous tourmente?

— Ah! tout ce que je sais me tourmente, et tout ce que je vois. Ce ciel me tourmente, et cette mer, et mon corps, et ma vie! »

Elle posa son bras sur l'épaule de Tristan; des larmes éteignirent le rayon de ses yeux, ses lèvres tremblèrent. Il répéta :

« Amie, qu'est-ce donc qui vous tourmente? »

Elle répondit :

« L'amour de vous. »

Alors il posa ses lèvres sur les siennes.

Mais, comme pour la première fois tous deux goûtaient une joie d'amour, Brangien, qui les épiait, poussa un cri, et, les bras tendus, la face trempée de larmes, se jeta à leurs pieds :

« Malheureux! arrêtez-vous, et retournez, si vous le pouvez encore! Mais non, la voie est sans retour, déjà la force de l'amour vous entraîne et jamais plus vous n'aurez de joie sans douleur. C'est le vin herbé qui vous possède, le breuvage d'amour que votre mère, Iseut, m'avait confié. Seul, le roi Marc devait le boire avec vous; mais l'Ennemi s'est joué de nous trois, et c'est vous qui avez vidé le hanap. Ami Tristan, Iseut amie, en châtiment de la male° garde que j'ai faite, je vous abandonne mon corps, ma vie; car, par mon crime, dans la coupe maudite, vous avez bu l'amour et la mort! »

Les amants s'étreignirent :° dans leurs beaux corps frémissaient le désir et la vie. Tristan dit :

« Vienne donc la mort! »

Et, quand le soir tomba, sur la nef qui bondissait plus rapide vers la terre du roi Marc, liés à jamais, ils s'abandonnèrent à l'amour.

La Mort

A peine était-il revenu en Petite-Bretagne, à Carhaix,° il advint que Tristan, pour porter aide

4. *convoiter*: covet. 8. Tristan had presented himself disguised at the court of King Marc. 11. *barque... voile*: Tristan, wounded by Morholt, had had himself placed in a boat without oars or sail, and had been miraculously borne to Ireland. 11. *que*: why. 25. *épia*: spied upon. 27. *à tâtons*: groping. 38. *homme lige*: liegeman (bound by a feudal oath of fidelity). 44. *serve* (fem.) : servant. 44. *que n'ai-je avivé*: why did I not inflame.

1. *naguère*: in the past. 1. Tristan had killed a dragon in Ireland. Wounded, he was rescued from a marsh and nursed by Iseut. Discovering that he was the slayer of her uncle, Morholt, she resisted the temptation to kill him in his bath. 3. *marécage*: marsh. 3. *asséné*: smite. 5. *brandie*: brandished. 32. *male = mauvaise*. 36. *s'étreignirent*: embraced. 46. *Carhaix*: small town in western Brittany.

à son cher compagnon Kaherdin, guerroya un baron nommé Bedalis. Il tomba dans une embuscade dressée par Bedalis et ses frères. Tristan tua les sept frères. Mais lui-même fut blessé d'un coup de lance, et la lance était empoisonnée.

Il revint à grand'peine jusqu'au château de Carhaix et fit appareiller° ses plaies. Les médecins vinrent en nombre, mais nul ne sut le guérir du venin, car ils ne le découvrirent 10 même pas. Ils ne surent faire aucun emplâtre° pour attirer le poison au dehors; vainement ils battent et broient° leurs racines, cueillent des herbes, composent des breuvages : Tristan ne fait qu'empirer, le venin s'épand par son corps; 15 il blêmit° et ses os commencent à se découvrir.

Il sentit que sa vie se perdait, il comprit qu'il fallait mourir. Alors il voulut revoir Iseut la Blonde. Mais comment aller vers elle? Il est si faible que la mer le tuerait; et si même il 20 parvenait en Cornouailles, comment y échapper à ses ennemis? Il se lamente, le venin l'angoisse, il attend la mort.

Il manda Kaherdin en secret pour lui découvrir sa douleur, car tous deux s'aimaient d'un loyal 25 amour. Il voulut que personne ne restât dans sa chambre, hormis Kaherdin, et même que nul ne se tînt dans les salles voisines. Iseut, sa femme, s'émerveilla en son cœur de cette étrange volonté. Elle en fut tout effrayée et voulut 30 entendre l'entretien. Elle vint s'appuyer en dehors de la chambre, contre la paroi° qui touchait au lit de Tristan. Elle écoute; un de ses fidèles, pour que nul ne la surprenne, guette au dehors. 35

Tristan rassemble ses forces, se redresse, s'appuie contre la muraille; Kaherdin s'assied près de lui, et tous deux pleurent ensemble tendrement. Ils pleurent le bon compagnonnage d'armes, si tôt rompu, leur grande amitié et leurs 40 amours; et l'un se lamente sur l'autre.

« Beau doux ami, dit Tristan, je suis sur une terre étrangère, où je n'ai ni parent, ni ami, vous seul excepté; vous seul, en cette contrée, m'avez donné joie et consolation. Je perds ma 45 vie, je voudrais revoir Iseut la Blonde. Mais comment, par quelle ruse lui faire connaître mon besoin? Ah! si je savais un messager qui voulût aller vers elle, elle viendrait, tant elle

m'aime! Kaherdin, beau compagnon, par notre amitié, par la noblesse de votre cœur, par notre compagnonnage, je vous en requiers : tentez pour moi cette aventure, et si vous emportez 5 mon message, je deviendrai votre homme lige et vous aimerai par-dessus tous les hommes. »

Kaherdin voit Tristan pleurer, se déconforter, se plaindre; son cœur s'amollit de tendresse; il répond doucement, par amour :

« Beau compagnon, ne pleurez plus, je ferai tout votre désir. Certes, ami, pour l'amour de vous je me mettrais en aventure de mort. Nulle détresse, nulle angoisse ne m'empêchera de faire selon mon pouvoir. Dites ce que vous 15 voulez mander à la reine, et je fais mes apprêts.°»

Tristan répondit :

« Ami, soyez remercié! Or, écoutez ma prière. Prenez cet anneau : c'est une enseigne° entre elle et moi. Et quand vous arriverez en sa terre, faites-vous passer à la cour pour un marchand. Présentez-lui des étoffes de soie, faites qu'elle voie cet anneau : aussitôt elle cherchera une ruse pour vous parler en secret. Alors, dites-lui que mon cœur la salue; que, seule, elle peut me 25 porter réconfort; dites-lui que, si elle ne vient pas, je meurs; dites-lui qu'il lui souvienne de nos plaisirs passés, et des grandes peines, et des grandes tristesses, et des joies, et des douleurs de notre amour loyal et tendre; qu'il lui souvienne 30 du breuvage que nous bûmes ensemble sur la mer; ah! c'est notre mort que nous avons bue! Qu'il lui souvienne du serment que je lui fis de n'aimer jamais qu'elle : j'ai tenu cette promesse! »

Derrière la paroi, Iseut aux Blanches Mains entendit ces paroles; elle défaillit° presque.

« Hâtez-vous, compagnon, et revenez bientôt vers moi; si vous tardez, vous ne me reverrez plus. Prenez un terme de quarante jours et 40 ramenez Iseut la Blonde. Cachez votre départ à votre sœur, ou dites que vous allez quérir° un médecin. Vous emmènerez ma belle nef; prenez avec vous deux voiles, l'une blanche, l'autre noire. Si vous ramenez la reine Iseut, 45 dressez au retour la voile blanche; et, si vous ne la ramenez pas, cinglez avec la voile noire. Ami, je n'ai plus rien à vous dire : que Dieu vous guide et vous ramène sain et sauf! »

Il soupire, pleure et se lamente, et Kaherdin

8. *appareiller:* tend. 11. *emplâtre:* poultice. 13. *broient:* pound. 16. *blêmit:* turns pale. 32. *paroi:* wall.

15. *apprêts:* preparations. 18. *enseigne:* token. 36. *défaillit:* fainted. 41. *quérir = chercher.*

pleure pareillement, baise Tristan et prend congé.

Au premier vent il se mit en mer. Les mariniers halèrent° les ancres, dressèrent la voile, cinglèrent par un vent léger, et leur proue trancha les vagues hautes et profondes. Ils emportaient de riches marchandises : des draps de soie teints de couleurs rares, de la belle vaisselle° de Tours, des vins de Poitou, des gerfauts° d'Espagne, et par cette ruse Kaherdin pensait parvenir auprès d'Iseut. Huit jours et huit nuits, ils fendirent les vagues et voguèrent à pleines voiles vers la Cornouailles.

Colère de femme est chose redoutable, et que chacun s'en garde! Là où une femme aura le plus aimé, là aussi elle se vengera le plus cruellement. L'amour des femmes vient vite, et vite leur haine; et leur inimitié, une fois venue, dure plus que l'amitié. Elles savent tempérer l'amour, mais non la haine. Debout contre la paroi, Iseut aux Blanches Mains avait entendu chaque parole. Elle avait tant aimé Tristan!... Elle connaissait enfin son amour pour une autre. Elle retint les choses entendues : si elle le peut un jour, comme elle se vengera sur ce qu'elle aime le plus au monde! Pourtant, elle n'en fit nul semblant,° et dès qu'on ouvrit les portes, elle entra dans la chambre de Tristan, et, cachant son courroux, continua de le servir et de lui faire belle chère,° ainsi qu'il sied° à une amante. Elle lui parlait doucement, le baisait sur les lèvres, et lui demandait si Kaherdin reviendrait bientôt avec le médecin qui devait le guérir. Mais toujours elle cherchait sa vengeance.

Kaherdin ne cessa de naviguer, tant qu'il jeta l'ancre dans le port de Tintagel. Il prit sur son poing un grand autour,° il prit un drap de couleur rare, une coupe bien ciselée : il en fit présent au roi Marc et lui demanda courtoisement sa sauvegarde et sa paix, afin qu'il pût trafiquer en sa terre, sans craindre nul dommage de chambellan ni de vicomte. Et le roi le lui octroya° devant tous les hommes de son palais.

Alors, Kaherdin offrit à la reine un fermail° ouvré° d'or fin :

« Reine, dit-il, l'or en est bon »; et, retirant de son doigt l'anneau de Tristan, il le mit à côté du joyau : « Voyez, reine, l'or de ce fermail est plus riche, et pourtant l'or de cet anneau a bien son prix. »

Quand Iseut reconnut l'anneau de jaspe° vert, son cœur frémit et sa couleur mua,° et, redoutant ce qu'elle allait ouïr,° elle attira Kaherdin à l'écart près d'une croisée,° comme pour mieux voir et marchander le fermail. Kaherdin lui dit simplement :

« Dame, Tristan est blessé d'une épée empoisonnée et va mourir. Il vous mande que, seule, vous pouvez lui porter réconfort. Il vous rappelle les grandes peines et les douleurs que vous avez subies ensemble. Gardez cet anneau, il vous le donne. »

Iseut répondit, défaillante :

« Ami, je vous suivrai. Demain, au matin, que votre nef soit prête à l'appareillage! »°

Le lendemain, au matin, la reine dit qu'elle voulait chasser au faucon et fit préparer ses chiens et ses oiseaux. Mais le duc Andret, qui toujours guettait, l'accompagna. Quand ils furent aux champs non loin du rivage de la mer, un faisan s'enleva.° Andret laissa aller un faucon pour le prendre; mais le temps était clair et beau : le faucon s'essora° et disparut.

« Voyez, sire Andret, dit la reine : le faucon s'est perché là-bas, au port, sur le mât d'une nef que je ne connaissais pas. A qui est-elle ?

— Dame, fit Andret, c'est la nef de ce marchand de Bretagne qui hier vous présenta un fermail d'or. Allons-y reprendre notre faucon. »

Kaherdin avait jeté une planche, comme un ponceau,° de sa nef au rivage. Il vint à la rencontre de la reine :

« Dame, s'il vous plaisait, vous entreriez dans ma nef, et je vous montrerais mes riches marchandises.

— Volontiers, sire », dit la reine.

Elle descend de cheval, va droit à la planche, la traverse, entre dans la nef. Andret veut la suivre, et s'engage sur la planche : mais Kaherdin, debout sur le plat-bord,° le frappe de son aviron;° Andret trébuche° et tombe dans la mer. Il veut se reprendre; Kaherdin le refrappe à

4. *halèrent:* hauled in. 9. *vaisselle:* dishes. 10. *gerfauts:* falcons. 27. *elle... semblant:* she gave no indication of it. 30. *de lui faire belle chère:* to give him the best of treatment. 30. *sied:* is fitting. 37. *autour:* goshawk (bird trained for hunting). 43. *octroya:* granted. 45. *fermail:* clasp. 46. *ouvré:* chased, ornamented.

6. *jaspe:* jasper, a kind of quartz. 7. *mua:* changed. 8. *ouïr:* hear. 9. *croisée:* window. 20. *appareillage:* setting sail. 26. *un faisan s'enleva:* a pheasant was roused. 28. *s'essora:* soared high. 36. *ponceau:* small bridge. 45. *plat-bord:* gunwhale. 46. *aviron:* oar. 46. *trébuche:* stumbles.

coups d'aviron et le rabat sous les eaux, et crie :

« Meurs, traître! Voici ton salaire pour tout le mal que tu as fait souffrir à Tristan et à la reine Iseut! »

Ainsi Dieu vengea les amants des félons qui les avaient tant haïs! Tous quatre sont morts : Guenelon, Gondoïne, Denoalen, Andret.

L'ancre était relevée, le mât dressé, la voile tendue. Le vent frais du matin bruissait° dans les haubans° et gonflait les toiles. Hors du port, vers la haute mer toute blanche et lumineuse au loin sous les rais du soleil, la nef s'élança.

A Carhaix, Tristan languit. Il convoite la venue d'Iseut. Rien ne le conforte plus, et s'il vit encore, c'est qu'il l'attend. Chaque jour, il envoyait au rivage guetter si la nef revenait, et la couleur de sa voile; nul autre désir ne lui tenait plus au cœur. Bientôt il se fit porter sur la falaise° de Penmarch,° et, si longtemps que le soleil se tenait à l'horizon, il regardait au loin la mer.

Écoutez, seigneurs, une aventure douloureuse, pitoyable à ceux qui aiment. Déjà Iseut approchait; déjà la falaise de Penmarch surgissait au loin, et la nef cinglait plus joyeuse. Un vent d'orage grandit tout à coup, frappe droit contre la voile et fait tourner la nef sur elle-même. Les mariniers courent au lof,° et contre leur gré virent en arrière.° Le vent fait rage, les vagues profondes s'émeuvent, l'air s'épaissit en ténèbres, la mer noircit, la pluie s'abat en rafales.° Haubans et boulines° se rompent, les mariniers baissent la voile et louvoient° au gré de l'onde et du vent. Ils avaient, pour leur malheur, oublié de hisser° à bord la barque amarrée° à la poupe et qui suivait le sillage° de la nef. Une vague la brise et l'emporte.

Iseut s'écrie :

« Hélas! chétive! Dieu ne veut pas que je vive assez pour voir Tristan, mon ami, une fois encore, une fois seulement; il veut que je sois noyée en cette mer. Tristan, si je vous avais parlé une fois encore, je me soucierais peu de mourir après.

Ami, si je ne viens pas jusqu'à vous, c'est que Dieu ne le veut pas, et c'est ma pire douleur. Ma mort ne m'est rien : puisque Dieu la veut, je l'accepte; mais, ami, quand vous l'apprendrez, vous mourrez, je le sais bien. Notre amour est de telle guise que vous ne pouvez mourir sans moi, ni moi sans vous. Je vois votre mort devant moi en même temps que la mienne. Hélas! ami, j'ai failli à mon désir : il était de mourir dans vos bras, d'être ensevelie dans votre cercueil;° mais nous y avons failli. Je vais mourir seule, et, sans vous, disparaître dans la mer. Peut-être vous ne saurez pas ma mort, vous vivrez encore, attendant toujours que je vienne. Si Dieu le veut, vous guérirez même… Ah! peut-être après moi vous aimerez une autre femme, vous aimerez Iseut aux Blanches Mains! Je ne sais ce qui sera de vous : pour moi, ami, si je vous savais mort, je ne vivrais guère après. Que Dieu nous accorde, ami, ou que je vous guérisse, ou que nous mourions tous deux d'une même angoisse! »

Ainsi gémit la reine, tant que dura la tourmente. Mais, après cinq jours, l'orage s'apaisa. Au plus haut du mât, Kaherdin hissa joyeusement la voile blanche, afin que Tristan reconnût de plus loin sa couleur. Déjà Kaherdin voit la Bretagne… Hélas! presque aussitôt le calme suivit la tempête, la mer devint douce et toute plate, le vent cessa de gonfler la voile, et les mariniers louvoyèrent vainement en amont et en aval, en avant et en arrière. Au loin, ils apercevaient la côte, mais la tempête avait emporté leur barque, en sorte qu'ils ne pouvaient atterrir. A la troisième nuit, Iseut songea qu'elle tenait en son giron° la tête d'un grand sanglier° qui honnissait° sa robe de sang, et connut par là qu'elle ne reverrait plus son ami vivant.

Tristan était trop faible désormais pour veiller encore sur la falaise de Penmarch, et depuis de longs jours, enfermé loin du rivage, il pleurait pour Iseut qui ne venait pas. Dolent° et las, il se plaint, soupire, s'agite; peu s'en faut qu'il ne meure de son désir.

Enfin, le vent fraîchit et la voile blanche apparut. Alors, Iseut aux Blanches Mains se vengea.

Elle vient vers le lit de Tristan et dit :

« Ami, Kaherdin arrive. J'ai vu sa nef en

9. *bruissait:* was humming. 10. *haubans:* shrouds. 20. *falaise:* cliff. 20. *Penmarch:* cape at the southwest point of the Brittany peninsula. 30. *lof:* luff. 31. *virent en arrière:* swing round before the wind. 34. *rafales:* gusts, torrents. 34. *boulines:* bowlines. 36. *louvoient:* zigzag. 37. *hisser:* hoist. 38. *amarrée:* tied, made fast. 39. *sillage:* wake.

10. *cercueil:* coffin. 35. *giron:* lap. 36. *sanglier:* wild boar. 36. *honnissait:* was defiling. 42. *Dolent:* Grieving.

mer : elle avance à grand'peine; pourtant je l'ai reconnue; puisse-t-il apporter ce qui doit vous guérir ! »

Tristan tressaille :

« Amie belle, vous êtes sûre que c'est sa nef? Or, dites-moi comment est la voile.

— Je l'ai bien vue, ils l'ont ouverte et dressée très haut, car ils ont peu de vent. Sachez qu'elle est toute noire. »

Tristan se tourna vers la muraille et dit;

« Je ne puis retenir ma vie plus longtemps. » Il dit trois fois : « Iseut, amie! » A la quatrième, il rendit l'âme.

Alors, par la maison, pleurèrent les chevaliers, les compagnons de Tristan. Ils l'ôtèrent de son lit, l'étendirent sur un riche tapis et recouvrirent son corps d'un linceul.°

Sur la mer, le vent s'était levé et frappait la voile en plein milieu. Il poussa la nef jusqu'à terre. Iseut la Blonde débarqua. Elle entendit de grandes plaintes par les rues, et les cloches sonner aux moutiers,° aux chapelles. Elle demanda aux gens du pays pourquoi ces glas,° pourquoi ces pleurs.

Un vieillard lui dit :

« Dame, nous avons une grande douleur. Tristan le franc, le preux, est mort. Il était large° aux besogneux, secourable aux souffrants. C'est le pire désastre qui soit jamais tombé sur ce pays. »

Iseut l'entend, elle ne peut dire une parole. Elle monte vers le palais. Elle suit la rue, sa guimpe° déliée. Les Bretons s'émerveillaient à la regarder; jamais ils n'avaient vu femme d'une telle beauté. Qui est-elle? D'où vient-elle?

Auprès de Tristan, Iseut aux Blanches Mains, affolée par le mal qu'elle avait causé, poussait de grands cris sur le cadavre. L'autre Iseut entra et lui dit :

« Dame, relevez-vous, et laissez-moi approcher. J'ai plus de droits à le pleurer que vous, croyez-m'en. Je l'ai plus aimé. »

Elle se tourna vers l'orient et pria Dieu. Puis elle découvrit un peu le corps, s'étendit près de lui, tout le long de son ami, lui baisa la bouche et la face, et le serra étroitement : corps contre corps, bouche contre bouche, elle rend ainsi son âme; elle mourut auprès de lui pour la douleur de son ami.

Quand le roi Marc apprit la mort des amants, il franchit la mer et, venu en Bretagne, fit ouvrer° deux cercueils, l'un de calcédoine° pour Iseut, l'autre de béryl° pour Tristan. Il emporta sur sa nef vers Tintagel leurs corps aimés. Auprès d'une chapelle, à gauche et à droite de l'abside,° il les ensevelit° en deux tombeaux. Mais, pendant la nuit, de la tombe de Tristan jaillit une ronce verte et feuillue, aux forts rameaux, aux fleurs odorantes, qui, s'élevant par-dessus la chapelle, s'enfonça dans la tombe d'Iseut. Les gens du pays coupèrent la ronce : au lendemain elle renaît, aussi verte, aussi fleurie, aussi vivace, et plonge encore au lit d'Iseut la Blonde. Par trois fois ils voulurent la détruire; vainement. Enfin, ils rapportèrent la merveille au roi Marc : le roi défendit de couper la ronce désormais.

Seigneurs, les bons trouvères d'antan,° Béroul et Thomas, et monseigneur Eilhart et maître Gottfried,° ont conté ce conte pour tous ceux qui aiment, non pour les autres. Ils vous mandent par moi leur salut. Ils saluent ceux qui sont pensifs et ceux qui sont heureux, les mécontents et les désireux, ceux qui sont joyeux et ceux qui sont troublés, tous les amants. Puissent-ils trouver ici consolation contre l'inconstance, contre l'injustice, contre le dépit, contre la peine, contre tous les maux d'amour!

10. *ouvrer:* construct. 10. *calcédoine:* chalcedony, ornamental quartz. 11. *béryl:* semiprecious stone. 14. *abside:* apse. 14. *ensevelit:* buried. 26. *trouvères d'antan:* minstrels of old time. 26–28. *Béroul:* twelfth-century Anglo-Norman poet; *Thomas:* also a twelfth-century Norman, whose version is a base for most others; *Eilhart von Oberge:* late twelfth-century German; *Gottfried von Strassburg:* early thirteenth-century German.

17. *linceul:* shroud. 22. *moutiers:* monasteries. 23. *glas:* death knells. 28. *large: here,* generous. 33. *guimpe:* wimple.

MARIE DE FRANCE

Marie de France was a Frenchwoman domiciled at the court of Henry II of England in the later years of the twelfth century. She is the first identifiable woman writer in Northern French (though the work of some seventeen earlier poetesses in Provençal is preserved). She is thus the inaugurator of the long and brilliant line of authors who have brought feminine finesse and sensibility into French literature.

She wrote, in addition to fables in verse, a group of *lais*, short stories in verse, miniatures of the *roman courtois*. Such *lais* were evidently sung by Breton harpers. Marie de France took as her subjects episodes from the Arthurian legend and from Breton tradition and versified them with much grace and charm. Like many modern short-story writers, she was less interested in plot and action than in the emotional situation emerging therefrom, less concerned with the event than with the tension determined by the event. Thus she attained a certain poignancy which is communicated to the reader and which lingers in his mind when the actual story has grown dim.

The prose translation is by B. de Roquefort.

Lai du Laustic

Je vous rapporterai une autre aventure dont les Bretons ont fait un Lai; ils le nomment dans leur langue *Laustic*; les Français par cette raison l'appellent *Rossignol*, et les Anglais *Nightingale*.

A Saint-Malo,° ville renommée dans la Bretagne, résidaient deux chevaliers fort riches et très estimés. La bonté de leur caractère était tellement connue que le nom de la ville où ils demeuraient était devenu célèbre. L'un d'eux avait épousé une jeune femme sage, aimable et spirituelle. Elle aimait seulement la parure; et par le goût qu'elle apportait dans ses ajustements, elle donnait le ton à toutes les dames de son rang. L'autre était un bachelier fort estimé de ses confrères. Il se distinguait particulièrement par sa prouesse, sa courtoisie et sa grande valeur; il vivait très honorablement, recevait bien et faisait beaucoup de cadeaux.

Le bachelier devint éperdument° amoureux de la femme du chevalier. A force de prières et de supplications et surtout à cause des louanges qu'elle en entendait faire, peut-être aussi à cause de la proximité de leur demeure, la dame partagea bientôt les feux dont brûlait son amant. Par la retenue° qu'ils apportèrent dans leur liaison, personne ne s'aperçut de leur intelligence.° Cela était d'autant plus aisé aux deux personnages que leurs habitations se touchaient, et qu'elles n'étaient séparées que par un haut mur noirci de vétusté.° De la fenêtre de sa chambre à coucher la dame pouvait s'entretenir avec son ami. Ils avaient même la facilité de se jeter l'un à l'autre ce qu'ils voulaient; la seule chose qui leur manquait était de ne pouvoir pas se trouver ensemble, car la dame était étroitement gardée. Quand le bachelier était à la ville, il trouvait facilement le moyen d'entretenir sa belle, soit de jour, soit de nuit. Au surplus ils ne pouvaient s'empêcher l'un et l'autre de venir à la croisée° pour jouir seulement du plaisir de se voir.

Ils s'aimaient depuis longtemps, lorsque pendant la saison charmante où les bois et les prés se couvrent de verdure, où les arbres des vergers sont en fleurs, les oiseaux font entendre les chants les plus agréables et célèbrent leurs amours, les deux amants deviennent encore plus épris qu'ils ne l'étaient. La nuit, dès que la lune faisait apercevoir ses rayons et que son mari se livrait au sommeil, la dame se relevait sans bruit, s'enveloppait de son manteau et venait s'établir à la fenêtre pour parler à son ami, qu'elle savait y rencontrer. Ils passaient la nuit à parler ensemble; c'était le seul plaisir qu'ils pouvaient se procurer. La dame se levait si souvent, ses absences étaient si prolongées, qu'à la fin le mari se fâcha contre sa femme, et lui

7. *Saint-Malo:* important seaport on the English Channel.
21. *éperdument:* wildly. 27. *retenue:* restraint, circumspection.
29. *intelligence:* understanding.

3. *vétusté:* age. 13. *croisée:* window.

demanda plusieurs fois avec colère quel motif elle avait pour en agir ainsi et où elle allait.

—Seigneur, dit-elle, il n'est pas de plus grand plaisir pour moi que d'entendre chanter le rossignol : c'est pour cela que je me lève sans bruit la plupart des nuits. Je ne puis vous exprimer ce que je ressens du moment où il vient à se faire entendre. Dès lors il m'est impossible de pouvoir fermer les yeux et de dormir.

En écoutant ce discours le mari se met à rire de colère et de pitié. Il lui vient à l'idée de s'emparer de l'oiseau chanteur. Il ordonne en conséquence à ses valets de faire des engins,° des filets,° puis de les placer dans le verger.° Il n'y eut aucun arbre qui ne fût enduit de glu° ou qui ne cachât quelque piège. Aussi le rossignol fut-il bientôt pris. Les valets l'apportèrent tout vivant à leur maître, qui fut enchanté de l'avoir en sa possession. Il se rend de suite auprès de sa femme.

—Où êtes-vous, Madame? lui dit-il. J'ai à vous parler. Eh bien! cet oiseau qui troublait votre sommeil ne l'interrompra pas davantage. Vous pouvez maintenant dormir en paix, car je l'ai pris avec de la glu.

Je laisse à penser quel fut le courroux de la dame en apprenant cette nouvelle. Elle prie son mari de lui remettre le rossignol. Le chevalier, outré de jalousie, tue le pauvre oiseau, et, chose très vilaine, il lui arrache la tête et jette son corps ensanglanté sur les genoux de sa femme,

13. *engins:* snares. 14. *filets:* nets. 14. *verger:* orchard.
15. *enduit de glu:* coated with birdlime.

dont la robe fut tachée sur la poitrine. Aussitôt il sortit de l'appartement.

Là dame ramasse le corps du rossignol, elle verse des larmes et maudit de tout son cœur les misérables qui avaient fait les engins et les lacs.°

—Ah! malheureuse, dit-elle, quelle est mon infortune! Je ne pourrai désormais me lever la nuit ni aller me mettre à la fenêtre, où j'avais coutume de voir mon ami. Je n'en puis douter, il va penser sans doute que je ne l'aime plus. Je ne sais à qui me confier, et à qui demander conseil. Eh bien, je vais lui envoyer le rossignol, et l'instruire ainsi de ce qui vient de se passer.

La dame enveloppe le corps du malheureux oiseau dans un grand morceau de taffetas brodé en or, sur lequel elle avait représenté et décrit l'aventure. Elle appelle un de ses gens et l'envoie chez son ami. Le valet remplit sa mission, il se rend auprès du chevalier, le salue de la part de sa maîtresse, puis, en lui remettant le rossignol, il lui raconta l'histoire de sa mort.

Le bachelier qui était fort sensible fut vivement affecté d'apprendre cette nouvelle. Il fit faire un petit vase, non pas de fer ou d'acier, mais d'or fin et enrichi de pierres précieuses et fermé par un couvercle.° Il y enferma le corps de l'oiseau, puis ensuite il fit sceller° le vase qu'il porta toujours sur lui.

Cette aventure, qui ne pouvait longtemps rester ignorée, fut bientôt répandue dans tout le pays. Les Bretons en firent un Lai auquel ils donnèrent le nom du *Laustic.*

5. *lacs:* snares. 26. *couvercle:* lid. 28. *sceller:* seal.

3. Aucassin et Nicolette

Aucassin et Nicolette is unique. It was written by an unknown author, probably in the early thirteenth century. Since we must classify, we may put it under the *romans courtois*, for it expresses the ideal of courtly love in a poetic narrative. It is, in the modern sense, an idyll, that is, a dreamlike picture of purified emotion in a setting of poetic beauty (which may admit, however, realism of detail).

The *story* is the inevitable formula of romance: boy meets girl; circumstance parts boy and girl; boy wins girl. Hero and heroine defy circumstance to seek each other, for both are convinced that the world is well lost for love. This is the theme of *Tristan et Iseut*, but in *Tristan* love is a dark and fatal thing, a doom, while in *Aucassin* it is a happy fate, and leads lovers to their bliss.

The *quality* of the writing is chiefly grace and charm. The author wished to touch his hearers by a tale of love's misadventures; at the same time he wished to amuse them with comic passages and by a little gentle mockery of accepted values. He subordinates knightly duty to the claims of love. He displays a noteworthy realism in his description of the herdsmen, and he suggests a sympathy with the poor, rare indeed in the Middle Ages, in the episode of the plowboy and his sick mother.

The *form* is very remarkable. The production is called a *chante-fable*, a song-and-story. If other examples of this type existed, we have no knowledge of them; the author must be provisionally given credit for complete originality. He alternates prose and verse, using prose for the level straightaway passages and verse for the moments of elevation, pathos, emotional tension. The verse is a seven-syllable line, assonanced. This is a rare form in French verse and gives an effect of piquancy and daintiness. (Our translator, Alexandre Bida, has turned it into rhymed eight-syllable verse, less strange to modern French ears.)

By the prose-and-verse combination the author avoids monotony and is enabled to fit the form to the emotional charge of his matter. (Of course, we do not use poetry in the converse of daily life, but there are times when we would if we could.) It is strange that this brilliant device has been so little used by later littérateurs. It is the system of opera, to be sure, with its alternations of lyric and recitative.

Aucassin et Nicolette was perhaps intended to be recited in public by a singer and a narrator. The tune for the chants is preserved in the unique manuscript. It would be a good idea for the reader to keep this tune in his head while reading the poetry. But since the air accompanied the original seven-syllable line, the reader of the modern version must make a small adaptation.

Bridge betw. chandeur & drama

Melody for the first couplet:

Qui vau roit bons vers o – ïr del de-port du duel cai-tif

Melody for the concluding line of first stanza:

tant par est ri – ces

The moving force is the power of love – earthly.

The beautiful idyll has strongly touched the imagination of our own times. I myself met in France in 1918 an American lieutenant, no literary man, who knew *Aucassin* almost by heart, and who was spending his precious leave making a pilgrimage to Beaucaire.

AUCASSIN ET NICOLETTE

[Abridged]

CHANT

Qui veut écouter aujourd'hui
Les vers qu'un captif misérable
A faits pour charmer son ennui?°

5

C'est l'histoire très mémorable
De deux enfants, couple charmant,
D'Aucassin et de Nicolette.
Vous y verrez quel gros tourment
Au jouvenceau,° son cher amant,
Causa l'amour de la fillette.
Doux est le chant, beaux sont les vers,
Et le récit du vieux poète,°

8. Was the author actually a prisoner? Or is this a device to enlist the hearers' sympathy? We do not know.

5. *jouvenceau:* young man. 8. This line is an interpolation of the modernizer.

Savant, instructif et divers,
N'a rien qui ne soit fort honnête.
Nul n'est si dolent,° si marri,°
De si grand mal endolori,
Si navré° de tristesse noire,
Que, s'il veut ouïr cette histoire,
Il n'en soit aussitôt guéri,
 Tant elle est douce.

RÉCIT

Le comte Bougars de Valence° faisait au comte
Garin de Beaucaire° une guerre si grande, si
terrible et si mortelle qu'il ne passait pas un
seul jour sans se présenter aux portes, aux murs 15
et aux barrières de la ville avec cent chevaliers
et dix mille sergents° à pied et à cheval. Il lui
brûlait sa terre, lui ruinait son pays et lui tuait
ses hommes. Le comte Garin de Beaucaire
était vieux et faible; il avait fait son temps. Il 20
n'avait aucun héritier, ni fils ni fille, si ce n'est
un jeune garçon qui était tel que je vais vous le
dire. Le damoiseau° s'appelait Aucassin. Il était
beau, gentil et grand, bien en jambes et en
pieds, bien aussi de corps et de bras. Il avait les 25
cheveux blonds et frisés en petites boucles, les
yeux vairs° et riants, le visage clair et délicat, le
nez haut et bien planté. Et il était si bien doué
de toutes bonnes qualités qu'il n'y en avait en lui
de mauvaise : mais il était si rudement féru° 30
d'amour, qui tout vainc, qu'il ne voulait ni
être chevalier, ni prendre les armes, ni aller aux
tournois, ni rien faire de ce qu'il devait. Son
père et sa mère lui disaient :

— Fils, prends tes armes, monte à cheval, 35
défends ta terre et viens en aide à tes hommes.
S'ils te voient parmi eux, ils défendront mieux
leurs corps et leurs biens, ta terre et la mienne.

— Père, fait Aucassin, que dites-vous là? Dieu
ne m'accorde° jamais rien de ce que je lui de- 40
mande, si je deviens chevalier, monte à cheval
et vais à la bataille où je pourrai frapper ou
être frappé, avant que vous m'ayez donné
Nicolette, ma douce amie, que tant j'aime.

— Fils, dit le père, cela ne se peut. Laisse là 45
Nicolette. C'est une captive qui fut amenée d'une
terre étrangère. Le vicomte de cette ville

l'acheta des Sarrasins et l'amena ici. Il l'a
tenue sur les fonts, baptisée et faite sa filleule;
il lui donnera un de ces jours un bachelier qui
lui gagnera honorablement son pain. Tu n'as
que faire d'elle;° et, si tu veux prendre femme, 5
je te donnerai la fille d'un roi ou d'un comte.
Il n'y a si grand seigneur en France qui ne te
donne sa fille, si tu la veux.

— Ma foi, père, fait Aucassin, y a-t-il
aujourd'hui en ce monde si haut rang que, si 10
Nicolette, ma très douce amie, y était placée, elle
ne s'en trouvât digne? Si elle était impératrice
de Constantinople ou d'Allemagne, reine de
France ou d'Angleterre, ce serait encore assez
peu pour elle, tant elle est noble, honnête et 15
bonne, et douée de toutes bonnes qualités.

CHANT

Aucassin était de Beaucaire,
D'un castel au noble séjour;°
Nul ne le peut jamais distraire
De son cruel et cher amour.
Son père toujours le querelle;°
Et sa mère : — Méchant, dit-elle,
Que prétends-tu donc? J'en conviens,
Nicolette est honnête et belle,
Mais d'une terre de païens
En ce pays elle est venue,
Par d'impurs Sarrasins vendue.
Puisque femme tu veux choisir,
Prends donc fille de haut parage.°
— Mère, ce n'est pas mon désir :
Nicolette est gentille et sage;
Pur est son cœur, beau son visage,
Il est juste que j'aie un jour
Et son beau corps et son amour,
 Qui tant m'est douce.

RÉCIT

Quand le comte Garin de Beaucaire voit qu'il
ne peut distraire son fils Aucassin de l'amour
de Nicolette, il va trouver le vicomte de la ville,
qui était son vassal, et lui parle ainsi :

— Sire vicomte, faites disparaître Nicolette,
votre filleule. Maudite soit la terre d'où elle est
venue en ce pays! Car à cause d'elle je perds

3. *dolent, marri:* sad, sorrowful. 5. *navré:* wounded. 12–13.
Valence, Beaucaire: cities in southern France, beside the
Rhône. 17. *sergents:* soldiers. 23. *damoiseau:* young gentle-
man. 27. *vairs:* blue-gray; sparkling. 30. *féru:* smitten.
40. *accorde:* (subjunctive).

5. *Tu n'as… d'elle:* She is not for you. 21. *au noble séjour:*
fit for noble life. 24. *querelle:* scolds. 32. *haut parage:* high
degree.

Aucassin, qui ne veut pas devenir chevalier, ni rien faire de ce qu'il doit. Et sachez bien que si je puis m'emparer d'elle, je la ferai brûler vive, et vous-même pourrez avoir grand'peur pour vous.

— Sire, fait le vicomte, j'ai regret qu'Aucassin aille et vienne et cherche à lui parler. J'ai acheté cette fille de mes deniers,° je l'ai tenue sur les fonts et baptisée et faite ma filleule. Je lui aurais donné un bachelier qui lui aurait gagné honorablement son pain. Votre fils Aucassin n'aurait eu que faire d'elle. Mais, puisque c'est votre volonté et votre plaisir, je l'enverrai en tel pays et en tel lieu que jamais il ne la verra de ses yeux.

— Prenez garde à vous, fait le comte Garin : grand mal vous en pourrait advenir!

Ils se quittent. Le vicomte était très riche : il avait un beau palais donnant sur un jardin. Il y fait enfermer Nicolette dans une chambre de l'étage le plus élevé, et il place près d'elle une vieille femme pour lui tenir compagnie. Il fait apporter pain, viande et vin, et tout ce dont elles peuvent avoir besoin. Puis, il fait sceller° la porte afin qu'on ne puisse y entrer ni en sortir, et tout fermer, à l'exception d'une fenêtre toute petite qui donnait sur le jardin, par où venait un peu d'air pur.

CHANT

Donc Nicolette fut jetée
Dans une grand'chambre° voûtée,
Bien bâtie et peinte à ravir;
Mais ce n'était pour son plaisir.
Elle vint près de la fenêtre,
Et regarda dans le jardin.
Quand elle vit en son chagrin
Les belles fleurs prêtes à naître,
Et dans l'ombre des verts rameaux°
S'appeler les petits oiseaux,
Alors Nicole la blondine
Se sentit vraiment orpheline.
— Ah! Seigneur, pourquoi suis-je ici?
Mon damoiseau, mon cher souci,
Or vous savez que je vous aime;
Et je sais bien que, Dieu merci,
Je ne vous déplais pas moi-même.

Ami, c'est donc pour votre amour
Que l'on m'a mise en ce séjour,
Où je traîne une triste vie;
Mais, par Dieu, le Fils de Marie,
Bien longtemps je n'y resterai;
Et sûrement j'en sortirai
S'il se peut faire.

RÉCIT

Nicolette était en prison, comme vous l'avez ouï et entendu, dans cette grand'chambre. Le bruit se répandit par tout le pays que Nicolette était perdue. Les uns disaient qu'elle s'était enfuie hors du territoire, les autres que le comte Garin de Beaucaire l'avait fait mourir. Si quelqu'un en fut joyeux, Aucassin en eut un grand chagrin. Il va trouver le vicomte de la ville et lui parle ainsi :

— Sire vicomte, qu'avez-vous fait de Nicolette, ma très douce amie, la chose que j'aimais le plus au monde? Me l'avez-vous ravie? Sachez bien que, si j'en meurs, compte vous en sera demandé; et ce sera bien juste, car vous m'aurez tué de vos deux mains, en m'enlevant ce que j'aimais le plus au monde.

— Beau sire, fait le comte, laissez cela. Nicolette est une captive que j'amenai de la terre étrangère. Je l'achetai des Sarrasins de mes propres deniers. Je l'ai tenue sur les fonts et baptisée et faite ma filleule. Je l'ai nourrie, et je lui aurais donné un de ces jours un bachelier qui lui aurait gagné honorablement son pain. Ce n'est pas votre affaire. Mais prenez plutôt la fille d'un roi ou d'un comte. Au surplus, que croiriez-vous avoir gagné si vous l'aviez prise pour maîtresse et mise dans votre lit? Vous y feriez peu de profit; car pendant toute l'éternité votre âme serait en enfer, et vous n'entreriez jamais en paradis.

— Qu'ai-je à faire en paradis? Je n'y désire entrer, mais bien avoir Nicolette, ma très douce amie que tant j'aime. Car en paradis ne vont que telles gens que je vais vous dire : de vieux prêtres, de vieux éclopés et manchots° qui, nuit et jour, se traînent devant leurs autels et dans leurs vieilles cryptes; et puis ceux qui portent ces vieilles chapes° usées et sont vêtus de ces vieilles robes de moines, ceux qui vont nus

8. *de mes deniers:* with my own money (*denier:* farthing). 24. *sceller:* seal. 33. *grand'chambre:* Note the archaic use of *grand'*, an old feminine form. 40. *rameaux:* branches.

45. *éclopés et manchots:* lame and one-handed. 48. *chapes:* copes.

et sans chaussures, couverts de tumeurs et mourant de faim et de soif, de froid et de misère. Ceux-là vont en paradis; je n'ai que faire avec eux : mais bien en enfer veux-je aller; car en enfer vont les beaux clercs et les beaux chevaliers qui sont morts aux tournois et aux belles guerres, et les bons écuyers et les gentilshommes. Avec ceux-là veux-je bien aller. Là vont aussi les belles et honnêtes dames qui ont deux ou trois amis avec leurs barons. Là va l'or, l'argent, les fourrures de vair et de gris,° et les joueurs de harpe, et les jongleurs, et les rois du monde. Avec ceux-là veux-je bien aller, pourvu que j'aie Nicolette, ma très douce amie, avec moi.°

— Certes, fait le comte, vous en parlez en vain : jamais ne la reverrez. Et si vous lui parliez et que votre père vînt à le savoir, il nous brûlerait vifs, elle et moi, et vous-même pourriez avoir grand'peur pour vous.

— Cela m'afflige, dit Aucassin.

Et tout triste, il quitte le vicomte.

CHANT

Aucassin, morne et désolé,
Sans plus parler s'en est allé.
De son amie au blanc visage
Qui donc pourrait le consoler?
Semblablement, quel homme sage
Oserait bien le conseiller?
Vers le riche palais du comte
Il s'en retourne lentement;
Lentement les degrés il monte,
Et, pour songer à ses malheurs,
Seul, dans sa chambre il se renferme.
Là ce furent des cris, des pleurs,
Et des regrets et des douleurs,
Qu'on n'en saurait prévoir le terme.°
— O Nicolette, ô mon amour,
Au doux aller, au doux retour,
Au doux maintien, au doux langage,
Aux doux baisers, au doux visage,
Au front blanc plus pur que le jour,
Pour vos beaux yeux mon âme est pleine
De tant de deuil et de tourment

Que jamais d'une telle peine
Je ne pourrai sortir vivant,
Ma sœur amie.

RÉCIT

Pendant qu'Aucassin était ainsi dans sa chambre à regretter Nicolette sa mie,° le comte de Valence, qui avait à soutenir sa guerre, ne s'oubliait point. Il avait mandé ses hommes de cheval et de pied. Il se dirige donc vers le château pour l'assaillir. Le bruit s'en répand, et les chevaliers et les sergents du comte Garin s'arment et courent aux murs et aux portes pour défendre le château. Et les bourgeois montent aux créneaux° et jettent carreaux et pieux aigus.° Pendant que l'assaut était le plus vif, le comte de Beaucaire vient à la chambre où Aucassin menait deuil° et regrettait Nicolette, sa très douce amie, que tant il aimait.

— Ha! fils, dit-il, es-tu assez malheureux et faible de voir ainsi assaillir ton château, le meilleur et le plus fort! Or sache bien, si tu le perds, que tu es déshérité. Fils, allons, prends tes armes, monte à cheval et défends ton bien, prête main-forte° à tes hommes et va à la bataille. Point n'est besoin que tu frappes un homme ou qu'un autre te frappe. Si nos vassaux te voient au milieu d'eux, ils défendront mieux leur avoir et leurs corps, ta terre et la mienne, et tu es si grand et si fort que, puisque tu le peux faire, faire le dois.°

— Père, dit Aucassin, que dites-vous là? Que Dieu ne m'accorde rien de ce que je lui demande, si je me fais chevalier, monte à cheval et vais à la bataille où je frappe chevaliers ou chevaliers me frappent, avant que vous m'ayez donné Nicolette, ma douce amie que tant j'aime.

— Fils, dit le père, c'est impossible. J'aimerais mieux perdre tout ce que j'ai que te la donner pour femme.

Il s'en va. Et quand Aucassin le voit s'en aller, il le rappelle.

— Père, fait Aucassin, venez ça.° Je vous ferai une proposition.

— Laquelle, beau fils?

11. *vair, gris:* two kinds of costly fur. 15. This curious passage is often alleged as an example of medieval skepticism, of rebelliousness against the dominant faith. It would be safer to take it as merely a humorous sally. 39. *Qu'on... terme:* Which seemed endless.

8. *mie:* darling. 16. *créneaux:* battlements. 16. *carreaux et pieux aigus:* paving stones and sharpened stakes. 19. *menait deuil:* was plunged in grief. 26. *main-forte:* aid. 32. *faire le dois = tu dois le faire.* 45. *ça:* here.

— Je prendrai les armes et j'irai à la bataille, à la condition que si Dieu me ramène sain et sauf, vous me laisserez voir Nicolette, ma douce amie, le temps de lui dire deux ou trois mots et de lui donner un seul baiser.

— Je l'octroie, fait le père.

Il lui en donne sa parole, et rend son fils heureux.

[*Aucassin goes to battle; inspired by love, he does marvels. But his father reneges on his promise to unite Aucassin and Nicolette; instead, he imprisons Aucassin in a dungeon. Nicolette escapes from her tower room by a rope of bedsheets, and (daintily picking up her skirts because of the dew) finds the air hole of Aucassin's dungeon. She hears his plaints and tosses him a tress of her hair. She runs away from her enemy, Comte Garin.*]

RÉCIT

Nicolette se désolait, comme vous l'avez ouï; elle se recommanda à Dieu et marcha tant qu'elle vint à la forêt. Elle n'osa pas s'enfoncer beaucoup, à cause des bêtes fauves et des serpents. Elle se blottit° dans un épais buisson° et le sommeil la prit, et elle dormit jusqu'au matin, à l'heure où les bergers sortirent de la ville et menèrent leurs bêtes entre le bois et la rivière. Ils se rendirent tous ensemble à une belle fontaine qui était au bord de la forêt. Ils étendirent une cape par terre et mirent leur pain dessus. Pendant qu'ils mangeaient, Nicolette s'éveilla aux cris des oiseaux et des pastoureaux,° et elle s'avança vers eux.

— Beaux enfants, fit-elle, Dame-Dieu° vous aide!

— Dieu vous bénisse! fit l'un d'eux, qui avait la langue plus déliée° que les autres.

— Beaux enfants, connaissez-vous Aucassin, le fils du comte Garin de Beaucaire?

— Oui, bien le connaissons-nous.

— Si Dieu vous aide, beaux enfants, dites-lui qu'il y a une bête dans cette forêt, qu'il vienne la chasser, et que s'il pouvait la prendre, il n'en donnerait pas un membre pour cent marcs° d'or, ni pour cinq cents, ni pour rien.

Et ils la regardèrent, et ils la virent si belle qu'ils en furent tout émerveillés.

— Que je le lui dise? fit celui qui avait la langue la plus déliée. Malheur à celui qui le lui dira! Vous ne dites que des mensonges, car il n'y a si précieuse bête en cette forêt, ni cerf,° ni lion, ni sanglier,° dont un des membres vaille plus de deux deniers ou trois au plus; et vous parlez d'une si grosse somme! Malheur à qui vous croit et qui le lui dira! Vous êtes fée. Aussi n'avons-nous cure° de votre compagnie, et passez votre chemin.°

— Ha! beaux enfants, fit-elle, vous le ferez. La bête a une telle vertu qu'Aucassin sera guéri de son tourment. Et j'ai ici cinq sols° dans une bourse. Prenez-les et dites-le-lui, et il faut qu'il chasse la bête dans trois jours; et si dans trois jours il ne la trouve, jamais ne sera guéri de son tourment.

— Ma foi! fait-il, nous prendrons les deniers, et s'il vient ici, nous le lui dirons, mais nous ne l'irons pas chercher.

— De par Dieu! fait-elle.

Puis elle prend congé des pastoureaux et s'en va.

CHANT

Quand Nicolette au blanc visage
Aux pastoureaux a dit adieu,
D'un pas qui tremble bien un peu
Elle entre sous l'épais feuillage.
Elle s'achemine tout droit
Par un vieux sentier fort étroit
Qui la conduit en un endroit
Où se divisaient plusieurs routes.
Elle s'arrête en ce réduit,°
Et là, seulette, elle se mit
A songer, non sans quelques doutes,
Tant l'amour lui trouble l'esprit,
A ce que son ami va faire,
Et s'il l'aime comme il le dit.
Or, pour l'éprouver, elle prit
Des fleurs de lys, de la fougère,°
Du gazon où l'herbe fleurit,
Un tapis de mousse° nouvelle
Et des feuilles, dont elle fit

26. *se blottit:* huddled. 26. *buisson:* bush. 35. *pastoureaux:* shepherds. 36. *Dame-Dieu:* Our Lord God. 39. *qui... déliée:* who had a readier tongue. 46. *marc:* measurement of weight (eight ounces).

6. *cerf:* stag. 7. *sanglier:* wild boar. 11. *Aussi n'avons-nous cure:* Thus we have no care. 12. Notice the realistic representation of the sullen, suspicious peasant's speech. 15. *sols:* pennies. 37. *réduit:* retreat. 44. *fougère:* ferns. 46 *mousse:* moss.

Une hutte en tout point si belle,
Que jamais si belle on ne vit.
— Par Dieu, tout vérité,° que j'ose
Attester, je jure que si
Mon doux Aucassin vient ici 5
Et qu'un instant ne s'y repose,
Il ne sera plus mon ami
Ni moi sa mie.°

RÉCIT
10

Quand Nicolette eut fait la hutte, comme vous l'avez ouï et entendu, bien belle et bien plaisante, elle l'eut bientôt tapissée° de fleurs et de feuilles en dehors et en dedans. Elle se cacha tout près de là dans un épais bocage,° pour voir ce que ferait Aucassin. Et le bruit se répandit par tout le pays que Nicolette était perdue. Les uns dirent qu'elle s'était enfuie, et les autres que le comte Garin l'avait fait mettre à mort. Si quelqu'un en fut joyeux, Aucassin ne le fut guère. Et le comte Garin le fit sortir de prison. Il manda les chevaliers de sa terre et les damoiselles, et fit faire une fête bien belle, pensant consoler son fils. Alors que la fête était le plus brillante, Aucassin alla s'appuyer à une rampe,° tout dolent et abattu. Pour si grande que fût° la joie, il n'eut pas le cœur de se réjouir, car il ne voyait pas ce qu'il aimait. Un chevalier le regarde, vient à lui et lui dit :

— Aucassin, du mal que vous avez moi aussi j'ai souffert. Si vous me voulez croire, je vous donnerai un bon conseil.

— Sire, fait Aucassin, grand merci!

— Montez à cheval, allez vous ébattre° au fond de cette forêt. Vous y verrez herbes et fleurs et entendrez les oisillons chanter. Peut-être entendrez-vous aussi telle parole dont mieux vous sera.°

Il s'esquive° de la salle, descend les degrés, vient à l'écurie où était son cheval. Il le fait seller et brider, met le pied à l'étrier, monte et sort du château. Il marcha jusqu'à la forêt et chevaucha tant qu'il vint à la fontaine, et trouva les pastoureaux sur le coup de trois heures après midi. Ils avaient étendu leurs capes sur l'herbe, ils mangeaient leur pain et se réjouissaient.

CHANT

L'un des bergers se mit à dire :
— Voici venir le jeune sire
Aucassin, notre damoiseau.
Que le bon Dieu lui soit en aide
Et lui fasse trouver remède,
Car vraiment le garçon est beau!
Et la fillette au blanc visage,
A l'œil vair,° au mignon corsage,°
Était belle aussi, par ma foi,
Qui de sa bourse pas trop pleine
Nous a tantôt donné de quoi
Avoir des couteaux dans leur gaîne,°
Et des bâtons et des gâteaux,
Et des flûtes et des pipeaux.°
Dieu la bénisse!

RÉCIT

Quand Aucassin ouït les pastoureaux, il se souvint de Nicolette, sa très douce amie, qu'il aimait tant, et il pensa qu'elle était venue par là. Il éperonne° son cheval et vient près d'eux.

— Beaux enfants, que Dieu vous aide!

— Dieu vous bénisse! dit celui qui avait la langue plus déliée que les autres.

— Beaux enfants, redites-moi la chanson que vous chantiez tantôt.

— Nous ne la redirons mie;° au diable celui qui pour vous chantera, beau sire!

— Beaux enfants, ne me connaissez-vous pas?

— Si fait;° nous savons bien que vous êtes Aucassin, notre damoiseau. Mais nous ne sommes pas à vous. Nous sommes au comte Garin.

— Beaux enfants, chantez, je vous prie.

— Oh! corbieu!° pourquoi chanterions-nous pour vous s'il ne nous plaît pas? Quand il n'y a en ce pays homme si puissant, sauf le comte Garin en personne, qui, s'il trouvait nos bœufs, nos vaches et nos brebis en son pré et même en ses blés, osât les en chasser, sous peine d'avoir

3. *tout vérité:* who is all truth. 8. *mie = amie.* 14. *eut tapissée:* Notice the archaic use of the past anterior. 16. *bocage:* grove. 26. *rampe:* balustrade. 27. *Pour si grande que fût:* however great was. 35. *vous ébattre:* amuse yourself. 39. *dont mieux vous sera:* which will do you good. 40. *s'esquive:* escapes.

13. *vair:* blue-gray. 13. *mignon corsage:* charming figure. 17. *gaîne:* sheath. 19. *pipeaux:* shepherd's pipes. 27. *éperonne:* spurs. 33. *ne... mie:* not at all. 37. *Si fait:* Yes, indeed. 42. *corbieu:* good Lord!

les yeux crevés, pourquoi chanterions-nous pour vous, s'il ne nous plaît pas?

— Que Dieu vous aide, beaux enfants, vous chanterez. Tenez, voilà dix sols que j'ai là dans ma bourse.

— Seigneur, nous prendrons les deniers, mais nous ne chanterons pas. Nous l'avons juré. Mais nous vous ferons un conte, si vous voulez.

— Par Dieu, fait Aucassin, j'aime mieux un conte que rien.

— Or, sire, nous étions tantôt ici, entre prime et tierce,° et nous mangions notre pain à cette fontaine, comme nous faisons maintenant, quand est venue une jeune fille, la plus belle du monde, si belle que nous crûmes voir une fée, et que tout ce bois en a été éclairé. Elle nous a tant donné de son argent que nous lui avons promis que, si vous veniez ici, nous vous dirions d'aller chasser dans cette forêt, qu'il y a là une bête dont, si vous la pouviez prendre, vous ne donneriez pas un membre ni pour cinq cent marcs d'argent, ni pour rien : car la bête a telle vertu que, si vous la pouvez prendre, vous serez guéri de votre tourment. Mais dans trois jours il faut que vous l'ayez prise, et si vous ne l'avez prise d'ici là, jamais vous ne la verrez. Donc, chassez-la, si vous voulez, ou, si vous ne voulez, laissez-la. Mais nous nous sommes bien acquittés de notre promesse envers elle.

— Beaux enfants, fait Aucassin, vous en avez assez dit, et que Dieu me la fasse trouver!

CHANT

Ces paroles de Nicolette
Qui l'attend et qui s'inquiète
Dans son cœur entrent jusqu'au fond.
Il part, et dans le bois profond
Son cheval au galop l'emporte.
— Pour vous seule je viens au bois,
Ma Nicolette. Que m'importe
Loup sur ses fins,° cerf aux abois°
Ou sanglier? Quoi que je fasse,
C'est toujours vous que je pourchasse°
Et dont partout je suis la trace.
Douce amie, encore une fois
Voir vos yeux, voir votre sourire,

J'en ai le cœur, tant le désire,
Navré d'amour jusqu'à la mort.°
Qu'il plaise à Dieu, le père fort,
Qu'une fois je vous voie encore,
Sœur, douce amie!

RÉCIT

Aucassin va par la forêt, cherchant Nicolette, et son cheval l'emporte à grande allure.° Ne croyez pas que les ronces et les épines l'épargnent. Nenni.° Mais bien elles lui déchirent ses vêtements, au point qu'il ne pourrait faire un nœud avec ce qui en reste, et le sang lui coule des bras, des jambes et des côtés en plus de vingt endroits, si bien qu'on l'eût suivi à la trace de son sang qui tombait sur l'herbe. Mais il songeait tant à Nicolette, sa douce amie, qu'il ne sentait ni mal ni douleur. Il erra tout le jour dans la forêt, sans découvrir sa trace. Et quand il vit que le soir venait, il se mit à pleurer parce qu'il ne trouvait pas sa douce amie. Il chevauchait dans une vieille route couverte d'herbe, lorsqu'il rencontra un homme tel que je vais vous le dire. Il était grand et merveilleusement laid et hideux. Il était chaussé de houseaux° et de souliers de cuir de bœuf entourés d'une corde grossière jusque par-dessus les genoux. Il était affublé d'une cape à deux envers,° et il s'appuyait sur une grosse massue.° Aucassin tomba sur lui à l'improviste, et il eut grand'peur quand soudain il le vit de tout près :

— Beau frère, Dieu t'aide!

— Dieu vous bénisse!

— Par Dieu, que fais-tu ici?

— Que vous importe?

— Rien; je ne vous le demande qu'à bonne intention.

— Mais vous, pourquoi pleurez-vous et menez-vous si grand deuil? Certes, si j'étais aussi riche que vous, rien au monde ne me ferait pleurer.

— Bah! me connaissez-vous?

— Oui, je sais bien que vous êtes Aucassin, le fils du comte, et si vous me dites pourquoi vous pleurez, je vous dirai ce que je fais ici.

12. *entre prime et tierce:* i.e., between 6 and 9 A. M. 43. *sur ses fins:* exhausted. 43. *aux abois:* at bay. 45. *pourchasse:* pursue.

2. *Voir… mort:* Read: J'ai le cœur navré d'amour jusqu'à la mort, tant je désire voir vos yeux, voir votre sourire. 10. *allure:* pace, speed. 12. *Nenni:* Not at all. 26. *houseaux:* leggings. 29. *affublé… envers:* wrapped up in a cloak with both sides wrong sides (apparently humorously intended). 30. *massue:* club.

— Certes, je vous le dirai bien volontiers. Je suis venu ce matin chasser dans cette forêt. J'avais un lévrier° blanc le plus beau du monde; je l'ai perdu et je le pleure.

— Oh! par le cœur de Notre-Seigneur, vous pleurez pour un méchant chien! Bien sot qui vous estimera, quand il n'est si riche seigneur en ce pays qui, si votre père lui en demandait dix, quinze ou vingt, ne les lui donnât volontiers, et n'en fût heureux. Moi, j'ai le droit de pleurer et de me désespérer.

— Toi? et de quoi, frère?

— Sire, je vous le dirai. J'étais loué à un riche vilain, je conduisais sa charrue attelée de quatre bœufs.° Or, il y a trois jours, il m'est arrivé un grand malheur. De mes quatre bœufs, j'ai perdu le meilleur, Rouget, le meilleur de ma charrue. Et je le vais cherchant, et il y a trois jours que je n'ai mangé ni bu, et je n'ose retourner à la ville parce qu'on me mettrait en prison, car je n'ai pas de quoi le payer. Pour tout bien au monde, je ne possède que ce que j'ai sur le corps. J'avais une pauvre vieille mère: elle n'avait qu'un matelas,° et on le lui a arraché de dessous elle, et maintenant elle est couchée sur la paille° nue. J'ai plus de chagrin pour elle que pour moi, car le bien va et vient: si aujourd'hui j'ai perdu, je gagnerai une autre fois; je payerai mon bœuf quand je pourrai, et pour ce je ne pleurerai mie. Tandis que vous, vous pleurez pour un sale chien! Bien sot qui vous plaindra.

— Certes, tu es un bon consolateur, beau frère! Béni sois-tu! Et que valait ton bœuf?

— Seigneur, on m'en demande vingt sols. Je n'en puis rabattre une seule maille.°

— Or, tiens, voici vingt sols que j'ai là dans ma bourse; rachète ton bœuf.

— Sire, grand merci. Que Dieu vous fasse trouver ce que vous cherchez!

Aucassin le quitte, et il chevauche. La nuit était belle et douce. Il erra tant qu'il vint à la hutte qui était, en dedans et en dehors, en dessus et en dessous, tapissée de fleurs; et elle était si belle qu'elle ne pouvait l'être plus. Quand Aucassin la vit, il s'arrêta tout à coup. La lumière de la lune glissait dedans.

— O Dieu! fit-il, ici a passé Nicolette, ma douce amie, et c'est elle qui a fait cette hutte de ses belles mains. Pour l'amour d'elle et sa douceur, je descendrai ici et je me reposerai cette nuit.

Il mit le pied hors de l'étrier pour descendre. Le cheval était grand et haut. Il songeait tant à Nicolette, sa très douce amie, qu'il tomba rudement sur une pierre et qu'il se démit l'épaule. Il se sentit fort blessé, mais il fit autant d'efforts qu'il le put et il attacha, de l'autre main, son cheval à un buisson. Il se tourna sur le côté et vint tout en rampant jusqu'à la hutte. Il regarda par un trou dans l'intérieur, et il vit des étoiles au ciel, et il en vit une plus brillante que les autres, et il dit:

CHANT

Étoile que la nuit attire,
Petite étoile, je te voi°
Étinceler et me sourire:
Ma Nicolette est avec toi.
Sans doute que Dieu, par envie
De sa beauté, me l'a ravie…

Quoi qu'il dût arriver de moi
En retombant sur cette terre,
Plût au ciel, qui me désespère,
Que je pusse monter à toi;
Car fussé-je le fils d'un roi,
Vous seriez bien digne de moi,
 Sœur, douce amie.

RÉCIT

Quand Nicolette entendit Aucassin, car elle n'était pas loin, elle vint à lui. Elle entra dans la hutte et lui jeta les bras autour du col, et l'embrassa et le baisa.

— Beau doux ami, soyez le bienvenu!

— Et vous, belle douce amie, soyez la bien trouvée!

Et ils se baisaient et s'entre-baisaient, et douce était leur joie.

— Ah! douce amie, j'étais tout à l'heure fort blessé à l'épaule, et maintenant je ne sens ni mal ni douleur, puisque je vous ai retrouvée.

Elle le tâte aussitôt et voit qu'il a l'épaule démise.° Elle le manie tant avec ses belles mains, et fait si bien, avec l'aide de Dieu qui aime ceux qui s'aiment, que son épaule se remet à sa

3. *lévrier:* greyhound. 15 *charrue… bœufs:* plow hitched to four oxen. 24. *matelas:.* mattress. 26. *paille:* straw. 36. *maille:* half-farthing.

19. *voi = vois.* 47. *démise:* dislocated.

place. Puis elle prend des fleurs, de l'herbe fraîche et des feuilles vertes, le bande avec un pan° de sa fine chemise de lin,° et il est aussitôt guéri.

— Aucassin, beau doux ami, quoi qu'il 5 advienne de vous, pensez à ce que vous allez faire. Si demain votre père fait fouiller cette forêt, et qu'on nous trouve, quoi qu'on fasse de vous, moi, on me tuera.

— Certes, belle douce amie, j'en aurais une 10 grande douleur; mais, si je puis, on ne vous prendra pas.

Il monte sur son cheval, prend son amie devant lui, et l'embrassant et la baisant, ils se mettent en campagne. 15

[*Saracen raiders capture the two. They are separated; Aucassin is rescued and returns to Beaucaire, while Nicolette is borne to Carthage, of which her father happens to be king. After several years she escapes,* 20 *disguises herself as a jongleur, and makes her way to Beaucaire.*]

CHANT

25

Or à peine Aucassin apprend
Que son amie au blanc visage
Se trouve dans le voisinage,

3. *pan:* strip. 3. *lin:* linen.

S'il est heureux, on le comprend.
Devers° le logis de la dame,
D'un pas léger, le ciel dans l'âme,
Soudain il s'en va tout courant.
Il entre dans l'appartement
Où se trouvait sa bien-aimée.
Sitôt qu'elle voit son ami,
Elle saute en pieds, court à lui,
Et tremblante et demi-pâmée,
Elle vient tomber sur son cœur.
Si vous doutez qu'avec bonheur
Il l'y reçût, voyez l'image.°
Puis, retrouvant ce fin corsage,
Ces doux yeux et ce blanc visage,
Jugez comme il les caressa!...
Cette nuit ainsi se passa.
Mais quand le jour vint à se faire,
Bien et dûment il l'épousa
Et la fit dame de Beaucaire.
— Donc ils menèrent de longs jours
Filés d'azur, d'or et de soie.
Si l'amant, avec ses amours,
En ce monde eut sa part de joie,
Son amante eut la sienne aussi.
Dieu vous en donne autant! Ainsi
 Finit le conte.

2. *Devers:* Toward. 12. The reference to an *image* is not in the old French, but is an intrusion of the translator, who was at the same time the illustrator.

4. Le Roman de la Rose

The *Roman de la Rose* is a very curious work of art. One may compare it to *Don Quixote*, which began with a limited purpose and ended as something far greater than the author had originally proposed.

The first part was written by Guillaume de Lorris, between 1225 and 1240. It is an allegorical poem, a dream of love. The lover seeks the Rose of his desire in a beautiful springtime garden. He is aided by such figures as Fair-Welcome and Sweet-Thought, and is hindered by Shame, Slander, and many others. The poem pictures the ideals of *amour courtois*. It is often ingenious, penetrating, true. It has the charm of a faded ancient tapestry. There are many today who celebrate its merits, but most modern readers find its allegorical developments quickly tiresome.

Guillaume de Lorris apparently died before finishing his poem. Years later, about 1280, Jean Clopinel of Meung-sur-Loire, commonly called Jean de Meung, picked up the poem where it had stopped, and added a conclusion four times as long as the original. Although

he kept the allegorical frame of his predecessor, he infused into it an entirely new spirit. Our selections are taken from the work of Jean de Meung.

Our own William James once divided the human race into two types: the tender-minded and the tough-minded. Guillaume de Lorris was tender-minded, Jean de Meung tough-minded. The first expressed the aristocratic poetic ideal; the second exemplifies the bourgeois character, practical, realistic, scornful of dreams and dreamers.

Jean de Meung made of his fiction a device for conveying information and for expressing ideas (like H. G. Wells and many others in our times). He discusses the physical world, examining such phenomena as the reflection of images and the rainbow; government: the origin and nature of the state and royal power; economics and sociology: the origin and nature of property, the abuses of wealth; philosophy: the problem of evil, the problem of free will versus determinism; and indeed, everything that came into the author's head. He is often a bold, original thinker. The second of our selections is a good example. In it Jean de Meung develops his thesis that the life of the individual is of little importance; Nature's aim is to safeguard the *species*.

Nature, he insists, is good. If we accept her guidance, we shall attain well-being. Those who defy her condemn themselves and deserve our blame. Thus he loathes the monks, who reject Nature's command to labor and to perpetuate the species. Thus he scorns the romantic ideal of courtly love, with its counsel of lifelong fidelity. Love is to him merely a physiological imperative. He likes to abuse women, unscrupulous creatures, the enemies of man's happiness since the time of Eve.

Jean de Meung reflects the changing ideas of a time of transition, and in his contempt for superstition and accepted ideas he is often ahead of his time. Indeed, he can be placed at the beginning of the line of thinkers who lead to our own day, with what we are pleased to call the Modern Spirit. His faith in Nature, without concern for religious revelation, will be restated by Rabelais, Montaigne, Rousseau, and innumerable others.

The immediate influence of the *Roman de la Rose* was very great. It was translated into English by Chaucer, into Italian by Dante—or at least possibly by Dante. It was a fecund and an operative book.

It might have been a really great book, had its two authors possessed a poetic capacity adequate to the subject. But the form, especially of Jean de Meung's section, is flat and trite, prosaic, in a word.

The original is written in eight-syllable rhymed couplets. The modernization here reproduced is by Pierre Marteau. Notice that the modernizer alternates masculine and feminine rhymes, according to a poetic convention which did not arise until the sixteenth century. (Feminine rhymes are those which end in a mute *e*, making an extra syllable; masculine rhymes are all others.)

The Trickery of Women

[*In this section the Old Woman advises her juniors how they may enhance their charms and deceive their husbands and lovers. The author, in the bourgeois tradition, is mocking women for their faithlessness, and also mocking the doctrines of amour courtois. But it is not quite just to say that he expresses contempt for women; rather he admires them for their triumphant cleverness. Nor does he pity their dupes. He thinks, as French popular writers still think, that the deceived husband is the funniest character in the world. And by the way he gives us a very realistic picture of the customs and material background of the thirteenth century. He had evidently observed closely and with much relish the intimate life of ladies who lived by their wits.*]

Bref, tous ces ribauds° femmes trichent,°
En mille endroits leurs amours fichent;°
Donc, il les faut aussi tricher
Et partout notre cœur ficher.

1. *ribauds:* rascals. 1. *trichent:* trick, cheat. 2. *fichent:* give, implant.

Sottise à un seul de se rendre! 5
Femme doit plusieurs amis prendre,
Et pour leur plaire faire tant
Que tous les mette en grand tourment.
Si grâces n'a, qu'elle en acquière
Et soit pour eux d'autant plus fière, 10
Que plus, pour son cœur obtenir,
Ils s'efforcent de la servir.°
Qu'elle accueille° de préférence
La froideur et l'indifférence,
Prise les jeux et les chansons, 15
Les noises° fuie et les sermons.
Si belle n'est, que bien se vête
Plus est laide, plus soit coquette,
Et s'elle voit un beau jour choir°
(Ce qui serait très triste à voir) 20
Sa belle chevelure blonde,
Ou si besoin est qu'on la tonde
Par suite d'une infirmité
Qui compromette° sa beauté,
Ou bien si quelque ribaud lâche 25
Par courroux lui tire et l'arrache,
Au point de ne plus en laisser
De quoi grosses nattes° tresser,
Qu'elle ordonne alors qu'on apporte
Les cheveux d'une femme morte, 30
Ou blonde soie, en fins rouleaux,
Qu'elle glisse sous ses bandeaux.°
Qu'elle porte au front telles cornes°
Que jamais cerfs, bœufs ou licornes,°
Assez hardis pour l'affronter 35
Son chef° ne puissent surmonter.
Et s'elle a besoin d'être teinte,
Qu'elle prenne jus d'herbe mainte,°
Car pour la tête, c'est connu,
Moult° ont grand'force et grand'vertu 40
Fruit, bois, feuille, écorce et racine.
 Si de sa florissante mine
Elle perd la belle couleur,
Dont moult aurait au cœur douleur,°
Que toujours elle ait onguents moites 45
En sa chambre, dedans ses boîtes,

Pour se farder en tapinois;°
Que nul étranger toutefois
Ne les aperçoive ni sente,
Elle en pourrait être dolente. 50
Belle gorge a-t-elle et cou blanc?
Que le ciseau d'un coup savant
Avec tant d'art la décolète,°
Que sa chair luise blanche et nette
Demi-pied derrière et devant, 55
Il n'est rien d'aussi séduisant.
A-t-elle épaules trop enflées?
Pour plaire au bal, aux assemblées,
Que robe porte de fin drap,
Moins laid son défaut paraîtra... 60
 Quand besoin de rire la prend,
Si bien rie et si sagement
Qu'elle décrive deux fossettes°
Des deux côtés de ses levrettes;°
Qu'elle n'ouvre sa bouche aux gens 65
En riant, mais couvre ses dents,
Et non plus n'enfle trop ses joues
Ni trop les serrer par ses moues.°
Femme doit rire gentiment,
Bouche close; laide est vraiment 70
Quand elle rit gueule étendue,°
Trop semble être large et fendue.
A-t-elle de vilaines dents
Qui se croisent dans tous les sens?
Si les montrait en sa risée,° 75
Moins en pourrait être prisée.
Femme encor doit savoir pleurer;
Mais je n'ai pas à leur montrer
A bien pleurer en quelque place,
Car il n'est besoin qu'on leur fasse 80
Grief, affliction ou deuil :
Femme a toujours la larme à l'œil.
Il n'est pas une qui ne pleure
Quand elle veut, voire° à toute heure.
Mais ne se doit homme émouvoir° 85
S'il voit telles larmes pleuvoir
Aussi serré° qu'épaisse pluie;
Quand si fort femme pleure et crie
A plaisir, c'est que son chagrin
Couve° quelque mauvais dessein. 90
Larmes de femme, comédie!
Douleur n'est° qu'elle n'étudie;

9–12. *Si grâces n'a... servir:* If she has no charms,
let her acquire some, and the more her suitors strive to serve
her, to obtain her heart, the more domineering let her be
toward them. 13. *acceuille:* accept, adopt. 16. *noises:* dis-
putes. 19. *s'elle... choir* = *si, un beau jour, elle voit tomber.*
24. *compromette:* Notice the subjunctive. 28. *nattes:* braids.
32. *bandeaux:* fillets, headbands. 33. *cornes:* Fashion called
for enormous hornlike puffs of hair, bound in fabrics.
34. *licornes:* unicorns. 36. *chef:* head. 38. *herbe mainte:* many
a herb. 40. *Moult:* Very much. 44. *Dont... douleur = D'où
elle aurait grande douleur au cœur.*

47. *se farder en tapinois:* to paint her face in secret. 53. *la
décolète:* cut low her dress. 63. *fossettes:* dimples. 64. *levrettes:*
little lips. 68. *moues:* pouts. 71. *gueule étendue:* with wide open
jaw. 75. *risée:* laugh. 84. *voire:* indeed. 85. *ne... émouvoir =
un homme ne doit pas s'émouvoir.* 87. *serré:* thickly. 90. *Couve:*
Secretly prepares. 92. *Douleur n'est = Il n'y a pas de douleur.*

Mais que par ses faits ni ses dits
Ne soient pas ses pensers trahis!
 Et puis il lui faut être à table 95
De contenance° convenable;
Mais avant d'aller s'asseoir,
Que par l'hôtel° se fasse voir
Et qu'à chacun entendre donne
Que la besogne bien ordonne.° 100
Qu'elle aille et vienne un peu partout
Et la dernière soit debout,
Et qu'un petit° se fasse attendre
Avant d'aller sa place prendre.
Et quand à table siégera,° 105
Sur tout veille° autant que pourra;
Que devant les convives taille
Le pain, autour de soi le baille;°
Sache, pour sa grâce obtenir,
Devant le convive servir 110
De quoi manger en son écuelle;°
Devant lui mette cuisse° ou aile,
Tranche de bœuf, porc ou mouton,
Soit que de chair ou de poisson
Ce jour la table soit servie; 115
S'il accepte, qu'elle n'ait mie°
Avare cœur à le servir.
Que ses doigts veille à ne salir°
De sauce jusques aux jointures,
Ni laisse à ses lèvres ordures° 120
De graisse, de soupe ni d'aulx°
Ni trop entasse les morceaux,
Ni trop gros les mette en sa bouche.
Du bout des doigts les morceaux touche°
Qu'elle doit tremper au brouet,° 125
Qu'il soit vert ou jaune, ou brunet;
Et porte si bien sa bouchée
Que sa bouche ne soit tachée
De sauce ou d'assaisonnement.
Boire elle doit si gentiment 130
Que sur soi goutte ne répande,
Car trop avide et trop gourmande
La pourraient convives tenir,
Ceci lui voyant advenir.

Qu'oncques° sa coupe elle ne touche 135
Tant qu'aura morceaux en la bouche,
Et la doit si bien essuyer,
Que ne laisse graisse briller
Sur sa lèvre supérieure;
Car si peu que graisse y demeure, 140
On voit œils° flotter sur le vin
D'aspect et malpropre et vilain.
Qu'elle ne boive à perdre haleine
Gobelet plein ou coupe pleine
Mais boive petit à petit, 145
Combien qu'elle° ait grand appétit,
Plutôt souvent, avec mesure,
Pour que les autres, d'aventure,
Ne disent qu'elle engorge trop
Et que trop boive à plein goulot,° 150
Mais délicatement le coule.
Le bord par trop qu'elle n'engoule,°
Comme maintes nourrices font,
Qui sottes et gloutonnes sont,
Et tant à grands flots s'en entonnent° 155
Que s'étourdissent et s'étonnent,°
Et versent vin en leur gosier°
Comme en botte de cavalier.
Et bien veille que ne s'enivre,
Car ni l'homme ni la femme ivre 160
Ne saurait garder un secret.
Quand femme en tel état se met,
Plus n'est en elle de défense,
Elle dit tout ce qu'elle pense,
Et de tous est à la merci 165
Lorsqu'elle se dégrade ainsi.
Puis n'aille pas dormir à table;
Trop en serait moins° agréable;
Car sottise est de sommeiller
Dans les lieux où l'on doit veiller, 170
Et trop laides choses adviennent
A ceux que tels dormirs surprennent,
Car maints en ont pâti souvent
Et brisé se sont, en tombant
De côté, devant ou derrière, 175
Tête ou bras, ou côtes° par terre.
Qu'elle chasse le somme° intrus
Et songe au vieux Palinurus
Qui gouvernait° la nef d'Énée;°

96. *contenance:* behavior. 98. *hôtel:* residence. 99–100. *Et qu'à... ordonne:* Let her indicate to everyone that she manages the housework well. 103. *un petit = un peu.* 105. *siégera:* she sits. 106. *Sur tout veille = Qu'elle veille sur tout.* 108. *baille:* let her give. 111. *écuelle:* bowl. 112. *cuisse:* leg (of fowl). 116. *ne mie:* not at all. 118. *Que ses... salir = Qu'elle veille à ne pas salir ses doigts.* Compare this whole passage with Chaucer's famous description of the Prioress in the Prologue to the *Canterbury Tales.* 120. *ordures:* scraps. 121. *aulx* (pl. of *ail*): garlic. 124. *touche = qu'elle touche.* 125. *brouet:* broth. (It was the custom to dip one's meat in a common gravy-bowl.)

135. *oncques:* never. 141. *œils:* fat-drops. (Notice the old plural.) 146. *Combien qu' = Bien qu'.* 150. *à plein goulot:* pouring it down. 152. *Le bord... n'engoule:* Let her not try to swallow the cup's edge. 155. *s'en entonnent:* swig. 156. *s'étourdissent et s'étonnent:* they get stupefied and befuddled. 157. *gosier:* throat. 168. *Trop... moins:* Too little. 176. *côtes:* ribs. 177. *somme:* sleep. 179. *gouvernait:* steered. 179. *Énée:* Aeneas, hero of Vergil's *Aeneid.*

Veillant° l'avait bien gouvernée, 180
Mais quant au dormir succomba
Du gouvernail° en mer tomba,
Et périt devant l'équipage°
Qui pleura longtemps son naufrage.
 Puis doit la dame retenir 185
De trop ne tarder à jouir,
Car pourrait-elle trop attendre
Que nul n'y vînt la main tendre.°
Quérir° doit d'Amour le déduit°
Tant que jeunesse lui sourit. 190
Cueillir doit à la fleur de l'âge
Le fruit d'amour, si femme est sage.
Car lorsque l'assaillent les ans
Tôt s'éteint le plaisir des sens.
Autant perd de son temps, la lasse,° 195
Que, sans jouir d'amour, en passe!°
Et trop tard s'en repentira
Quand vieillesse la flétrira,°
Si ne croit mon conseil si sage
Pour notre commun avantage. 200
Mais bien sais qu'elles me croiront,
Celles au moins qui sages sont,
Et se tiendront aux règles nôtres
Et diront maintes patenôtres°
Pour mon âme, quand je mourrai, 205
Qui tant instruites les aurai.
Car bien sais que cette parole
Sera lue en plus d'une école...
 Femme ne doit trop rester close,
Car plus à la maison repose, 210
Moins on la voit, moins sa beauté
Des connaisseurs de la cité
Excitera la convoitise.
Que souvent elle aille à l'église
Et fasse visitations, 215
A noces et processions,
A jeux, à fêtes, à karoles;°
En ces lieux tiennent leurs écoles
Et chantent messe tous les jours
La déesse et le dieu d'Amours. 220
Mais bien se soit avant mirée
Pour savoir s'elle est bien parée;
Et quand à point se sentira,
Par la rue elle s'en ira,

A belles et fières allures 225
Non pas trop molles ni trop dures,
Humbles ni raides, mais partout
Gentille, et plaisante surtout.
Les épaules, les hanches meuve
Si noblement que l'on ne treuve° 230
Femme de plus beau mouvement,
Et marche joliettement
Sur ses élégantes bottines,
Qu'elle aura fait faire si fines,
Ses pieds moulant si bien à point, 235
Que de plis on n'y trouve point.
Et si sa robe traîne à terre,
Sur le pavé, que par derrière
Elle la lève, ou par devant,
Comme pour prendre un peu de vent; 240
Ou, comme sait si bien le faire,
Pour démarche avoir plus légère,
Se retrousse° coquettement
Et découvre son pied charmant,
Pour que chacun passant la voie° 245
La belle forme du pied voie.
 Si d'un manteau couverte sort,
Qu'elle le porte d'un tel port,
Que la vue en rien il n'encombre
Du beau corps auquel il fait ombre; 250
Et puis, pour mieux le corps montrer
Et ses habits faire admirer,
Qui ne seront larges ni grêles,°
Brodés d'argent et perles frêles,
Avec l'aumônière en sautoir° 255
Qu'il faut aux passants faire voir,
Elle doit lors son manteau prendre
Avec ses deux mains, puis étendre,
Élargir à la fois ses bras,
Soit qu'elle dirige ses pas 260
Par beau chemin ou par la boue,
Et se souvienne de la roue°
Que fait le paon quand on le voit.
Ainsi faire du manteau doit,
Pour que l'étoffe ou vaire° ou grise, 265
Ou n'importe comme on l'a mise,
Elle découvre et son beau corps,
A ceux que rencontre dehors.
 S'elle n'est belle de visage,
Elle doit lors, en femme sage, 270
Avec adresse, à tous les yeux,

180. *Veillant:* When awake. 182. *gouvernail:* helm. 183.
équipage: crew. 185–88. *Puis doit... tendre:* Then the lady
should beware of delaying too long to take her pleasure,
for she might wait so long that none would come to give
her a helping hand. 189. *Quérir = Chercher.* 189. *déduit:*
pleasure. 195. *lasse:* unfortunate one. 196. *en passe:* i.e., she
never knows love. 198. *flétrira:* will wither. 204. *patenôtres:*
paternosters, prayers. 217. *karoles:* dances.

230. *treuve = trouve.* 243. *Se retrousse:* Let her raise her
skirts. 245. *passant la voie:* walking in the street. 253. *grêles:*
scanty. 255. *l'aumônière en sautoir:* almspurse hanging from
the shoulder. 262. *roue:* spreading of the tail feathers by the
peacock (*paon*). 265. *vaire:* squirrel fur; hence, blue-gray.

De ses épais et blonds cheveux
Étaler l'opulente tresse
Et de sa nuque la souplesse,
Quand bien tressés ses cheveux sent. 275
C'est un avantage puissant
Que la beauté de chevelure.
Toujours doit femme mettre cure°
A bien la louve° ressembler
Quand elle veut brebis voler...

[ll. 13,863–14,504]

278. *mettre cure:* take care. 279. *louve:* she-wolf.

The Aims, Devices, and Might of Nature

Nature, qui pensait aux choses
Qui sont dessous le ciel encloses,
Dedans sa forge se rendait
Où sa cure toute mettait
Une à une à forger les pièces 5
Pour continuer les espèces;°
Car les pièces parfait° si bien
Que Mort contre elles ne peut rien.
En vain sa course elle accélère,
Nature de si près la serre, 10
Que si de sa masse° la Mort
Quelques pièces détruit d'abord
Qu'elle trouve à soi redevables°
(Car il en est de corrompables°
Qui la Mort ne redoutent pas, 15
Et toutefois vont pas à pas
S'usant, et par le temps pourrissent
Dont autres choses se nourrissent),
Quand les croit toutes extirper
Ne les peut ensemble° attraper, 20
Si bien que si l'une elle happe°
A droite, à gauche l'autre échappe.
Car si le père elle détruit,
Devant la Mort soudain s'enfuit
Le fils ou la fille ou la mère 25
Lorsque mort ils ont vu le père.
Puis à leur tour devront mourir;
En vain les verra-t-on courir,
Rien n'y fait, vœux ni médecines.

Lors donc nièces, neveux, cousines 30
De fuir° pour vivre et l'éviter,
Tant que pieds les peuvent porter,
Dont l'un s'enfuit à la karole,°
L'autre à l'église ou bien l'école,
L'autre, selon ses appétits, 35
Aux arts qu'il a jadis appris,
Aux plaisirs, à sa marchandise,
La luxure ou la gourmandise.
D'autres sur leurs grands destriers°
Et sur leurs dorés étriers 40
Montent, croyant ainsi plus vite
De Mort éviter la poursuite;
Sur un ais l'autre se blottit,°
En naviguant la mer franchit,
Et mène à l'aspect des étoiles 45
Sa nef, ses avirons,° ses voiles.
L'autre par vœux s'humiliant,
D'hypocrisie un manteau prend
Où tous ses pensers se tapissent°
Tant que° ses actes le trahissent. 50
Ainsi vont trétous° les humains
Fuyant la Mort par cent chemins.
Mort qui de noir se teint la face
Les suit et leur donne la chasse
Jusqu'à ce que les ait atteints, 55
Car Mort pourchasse les humains
Dix ans ou vingt, trente ou quarante,
Cinquante, ou soixante, ou septante,
Voire octante, nonante ou cent,
Et s'en va tous les dépeçant;° 60
Et si quelques-uns elle en passe,
Vite revient et ne se lasse
Tant que les tiennent en ses liens,
Malgré tous les chirurgiens.
Les médecins même ont beau faire, 65
Nul ne peut à Mort se soustraire
Par Hypocrate° ou Gallien,
Qui pourtant s'y connaissaient bien.
Razis, Constantin, Avicène
Y ont trétous laissé leur couenne.° 70
Rien ne sert, hélas! de courir;
Personne ne peut la Mort fuir.
Ainsi Mort, qui n'est oncques soûle,°
Gloutement les pièces engoule°

6. *espèces:* "species," exactly in the scientific sense. 7. *parfait:* she perfects. 11. *masse:* club. 13. *Qu'elle... redevables:* Which Death thinks due to himself. 14. *corrompables:* corruptible; (*i.e.,* living creatures). 20. *ensemble:* all together. 21. *si... happe:* if Death seizes one.

31. *De fuir* (hist. inf.): flee. 33. *karole:* dance. 39. *destriers:* chargers. 43. *Sur... blottit:* Another huddles on a plank. 46. *avirons:* oars. 49. *se tapissent* (from *tapir*) : are hidden. 50. *Tant que:* Until. 51. *trétous:* all. 60. *dépeçant:* dismembering. 67–69. *Hypocrate, etc.:* celebrated physicians of antiquity and Middle Ages. 70. *laissé leur couenne:* were stumped (*lit.,* left their hide there). 73. *soûle:* sated. 74. *Gloutement... engoule:* Ravenously swallows the pieces (*or* separate units).

Tant par terre et mer les poursuit 75
Qu'en la fin toutes les saisit.
Mais chacune si bien l'esquive
Qu'à nulle heure la Mort n'arrive
Toutes ensemble à les saisir
Et d'un coup les anéantir. 80
Car encor n'en restât-il qu'une,°
Resterait la forme commune;
Par le Phénix la preuve en est
Qui toujours seul vit et renaît.

Il n'est qu'un seul Phénix sur terre 85
Qui jusqu'à son heure dernière
Vit cinq cents ans. En dernier lieu
Il fait d'épices un grand feu
Et s'y jette, sans plus attendre,
Pour réduire son corps en cendre; 90
Mais l'espèce ne périt pas.
De sa cendre, après son trépas,
Un autre Phénix prend naissance,
Ou le même, par l'ordonnance
De Dieu; Nature ainsi refait 95
L'espèce que Mort menaçait.
Phénix, c'est la commune forme
Que Nature toujours reforme
Et qui bientôt disparaîtrait
Si vif un autre ne restait. 100
L'espèce perdrait tout son être
S'elle ne le faisait renaître,
Si bien que quand Phénix est mort,
Phénix vivant demeure encor.
Mille la Mort dévorât-elle, 105
L'espèce est toujours éternelle.
Ce privilège de même ont
Trétoutes les choses qui sont
Dessous le cercle de la lune;
Pourvu que seule en demeure une, 110
L'espèce se perpétûra,
Et jamais Mort ne l'éteindra.
Mais Nature douce et piteuse,
Quand elle voit Mort l'envieuse,
Qu'accompagne corruption 115
Vouloir mettre à destruction
Les pièces qu'elle a dans sa forge,
Alors elle martelle° et forge
Toujours sans interruption
Nouvelle génération. 120
Ne pouvant du reste mieux faire,
En son empreinte elle les serre,
Comme en ses coins° le monnayeur,°

Et leur donne forme et couleur
Propres, dont Art fait ses modèles 125
Qui ne fait pas choses si belles.
Car toujours, comme mendiant
Devant Nature suppliant,
De l'imiter moult° il s'efforce,
Ignorant qu'il est sans force, 130
Toujours, avec un soin jaloux,
L'implore et prie à deux genoux
Qu'elle lui veuille bien apprendre
Ses secrets et faire comprendre,
Pour reproduire en ses travaux 135
Les objets qu'elle a faits si beaux.
Il regarde comme elle opère,
Car il voudrait telle œuvre faire,
Mais en singe le contrefait.
Tant simple et faible et vain il est 140
Qu'il ne peut faire créature
Vivante à l'égal de Nature.
Car l'Art en un travail sans fin
Se peine et s'étudie en vain
A faire mainte et mainte chose, 145
Quelque figure qu'il compose.
Sur beaux destriers tout couverts
D'ornements bleus, jaunes ou verts,
Chevaliers armés en bataille
Qu'il peigne, teigne,° forge ou taille, 150
Ou de tous sens bariolés°
Si plus colorés les voulez :
Herbes verdoyantes, fleurettes
Que varlets et que pucelettes°
Vont au printemps ès° bois cueillir 155
Quand elles viennent à fleurir :
Oiseaux et bêtes domestiques,
Jeux et plaisirs, danses rustiques,
Beaux oiselets° en verts buissons,
En l'onde pure vifs poissons 160
Et toutes les bêtes sauvages
Qui pâturent par les bocages;°
Ou jouvenceaux° beaux et courtois
Et gracieux, tenant aux doigts
Gentilles dames bien parées, 165
Bien pourtraites,° bien figurées :
A nos yeux en vain, trait pour trait,
Sur table ou mur il les pourtrait
En métal, en bois, cire° ou pierre,
Soit même en toute autre matière; 170

81. *n'en restât-il qu'une:* if only one should remain. 118. *martelle:* hammers out. 123. *coins:* stamps, dies. 123. *monnayeur:* coiner.

129. *moult:* much. 150. *teigne:* color. 151. *bariolés:* vari-colored. 154. *varlets et pucelettes:* lads and lasses. 155. *ès* = *en les.* 159. *oiselets:* little birds. 162. *bocages:* groves. 163. *jouvenceaux:* youths. 166. *pourtraites:* portrayed. 169. *cire:* wax.

Il ne les fait d'eux-même aller,
Vivre, mouvoir, sentir, parler.
 Qu'il apprenne tant d'alchimie
Que tous métaux colore, allie,
Il se pourrait avant tuer 175
Que les espèces transmuer.
S'il ne fait tant qu'il les ramène
A leur nature primeraine,°
Qu'il travaille tant qu'il vivra,
Jamais Nature il n'atteindra. 180
Du reste, pour le pouvoir faire,
Pour dans leur pureté première
Ces métaux divers ramener,
Il faudrait d'abord deviner
Des proportions la science 185
Pour obtenir la tempérance,°
Quand il fera son élixir,
Dont le métal pur doit jaillir,
Qui désagrège° les substances
Par spéciales différences, 190
Comme à la fin bien il paraît
A qui le mieux opérer sait.
Et pourtant c'est chose notable,
Alchimie est art véritable;
Qui sagement l'étudierait 195
Grand'merveilles y trouverait.°
Donc, quelles que soient les espèces,
Isolément prises, les pièces
Dont tous les corps sont composés
Dans la Nature déposés, 200
S'elles sont de nos sens palpables,
En tant de façons sont muables,
Qu'elles peuvent leurs unions,
Par maintes transformations,
Changer entre elles, et ces pièces 205
Deviennent nouvelles espèces
Perdant leur primitif aspect.°
Voyez du reste ce que fait
Le verrier.° De simple fougère,°
De la cendre il tire du verre 210
Par légère épuration;
Verre pourtant n'est pas buisson,
Pas plus que fougère n'est verre.
Et quand d'un éclair le tonnerre
Éclate, souvent on peut voir 215

Les pierres des nuages choir
Qui pourtant ne sont pas de pierre.
La cause qui telle matière
Engendre aux nuages volants
Seuls peuvent dire les savants. 220
Ce sont espèces très changées
Ou bien substances dégagées
De certains corps, soit par notre art,
Soit par Nature d'autre part.
 Ainsi pourrait des métaux faire 225
Qui des corps les saurait extraire,
Puis leur ordure aux ors tirer,
Les réduire et les apurer
Par affinités régulières
A divers corps particulières.° 230
De matière une les ors sont,
N'importe où Nature les fond,
Et tous par diverses manières
Dedans les terrestres minières
Naissent de soufre et vif argent;° 235
La science ainsi nous l'apprend.
Tel donc qui saurait, il me semble,
Combiner les esprits ensemble
Et les contraindre à se mêler,
Sans pouvoir après s'envoler, 240
Jusqu'à ce qu'aux corps ils entrassent,
Pourvu qu'apurés les trouvassent,
Et, du soufre l'ardeur domptant,
Les colorer en rouge ou blanc,
Aurait par telle connaissance 245
Tous les métaux en sa puissance.
Ainsi fin or de vif argent
Font naître moult subtilement
Par art, sans plus, nul ne le nie,
Ceux qui sont Maîtres d'alchimie, 250
Puis lui donnant poids et couleur
Par choses de mince valeur,
Et d'or fin pierres précieuses
Refont claires et lumineuses;
Puis tous les métaux dépouillant° 255
De leurs formes, en vif argent
Ils les changent par médecines
Blanches, pénétrantes et fines.
Ce ne peuvent les faux savants,
Les imposteurs, les charlatans; 260
Qu'ils travaillent toute leur vie,

178. *primeraine:* primitive. 186. *tempérance:* correct proportions. 189. *désagrège:* breaks down, disintegrates. 196. Now that chemists have realized some of the dreams of medieval alchemists, even of transmuting elements, alchemy no longer seems to us ridiculous. 198–207. A clear statement of the mutation of species. 209. *verrier:* glassmaker. 209. *fougère:* Ferns, or bracken, were burned to recover potash. This was fused with a silica, such as sand, to make glass, called *verre de fougère.* (Information supplied by Corning Museum of Glass.)

225–30. *Ainsi... particulières:* Thus one could make metals, if one could take from the various golds their impurities and give them pure forms, which are alike in composition and attracted to each other. (The modernizer has complicated the Old French.) 235. *soufre et vif argent:* sulfur and quick-silver. 255. *dépouillant:* robbing.

Ils n'atteindront Nature mie...
 Moi-même je n'ai pu, sans feindre,
Jusqu'à la° concevoir atteindre,
Et Nature vous décrirais 265
Si je pouvais ou je savais.
A cette tâche surhumaine
J'ai cent fois plus perdu de peine
Comme un sot, comme un insensé,
Que jamais ne l'eussiez pensé; 270
Car c'était trop d'outrecuidance°
Que d'avoir conçu l'espérance
De si très-haute œuvre achever.
Avant le cœur m'eût pu crever
Qu'en mon penser même comprisse, 275
Pour nulle peine que je prisse,
La très grand'beauté que je vis,
Tant noble était et de grand prix,
Ni que seulement en osasse
Un mot tinter, tant y pensasse,° 280
C'est pourquoi mon esprit vaincu,

De guerre lasse,° enfin s'est tu.
Plus j'y pensais, tant était belle,
Plus j'étais impuissant près d'elle;
Car Dieu, la suprême beauté, 285
Quand Nature il eut enfanté,
En elle fit une fontaine
Toujours courante et toujours pleine
D'où découle toute beauté,
Et son lit, c'est l'immensité. 290
Comment vouloir que conte fasse°
Ni de son corps, ni de sa face,
Qui plus belle est, je vous le dis,
Qu'en mai nouvelle fleur de lys?
Rose ni neige sur la branche 295
N'est si vermeille ni si blanche,
Et c'est un crime que d'oser
A Nature chose opposer,
Sa beauté puisqu'en° nulle guise
Ne peut être d'homme comprise.

[ll. 16,553–16,954]

264. *la* refers to *beauté* (in omitted passage). 271. *outrecuidance:* presumption. 280. *Un mot... pensasse:* To venture a word, for all my thinking of it

282. *De guerre lasse:* Worn out. 291. *Comment... fasse:* How expect me to tell. 299. *Sa beauté puisqu'* = *Puisque sa beauté.*

5. Le Jeu d'Adam

The serious drama of France developed by logical steps from the Church ritual. The Mass itself is a drama, in substance and form. Early in the Middle Ages dramatic dialogues were inserted in the Mass in celebration of the great festivals, Christmas and Easter. Then Biblical mysteries were represented by clerics and choirboys. With time, the scene was transported from the church's interior to the entrance, where the actors found a ready-made raised stage, a setting of splendid stone with carved figures of God and the saints, and two or three doors for their entrances and exits. French gradually took the place of Latin, and laymen and laywomen replaced the clergy.

 The texts of some few of these *liturgical dramas* of the twelfth and thirteenth centuries have been preserved. They were accompanied by music and may be compared to a modern oratorio. When action in several places was required by the story, the stage was divided into sections, one representing, for instance, Jerusalem, another Damascus. Thus was born the *simultaneous stage setting*, which persisted for centuries, and which has been experimentally revived in our own time in various vanguard productions.

 The most remarkable of the early liturgical dramas was the *Jeu d'Adam*, by an unknown author of the twelfth century. The text is in French, in the normal eight-syllable verse; the stage directions are in Latin, being intended for the cleric who was putting on the play. The first of its three parts is given here. The reader will be aware of the vigorous dramatic imagination of the writer, expressing itself in forms charming to our times, so cordial toward primitivism, toward the sympathetic representation of the naïve. The characters

are sharply drawn: honest, simple Adam; self-willed, greedy, unfaithful Eve; and Satan, the suave and polished seducer, like the Mephistopheles of later periods. Observe that opportunity is given for comedy, both delicate (Eve and Satan) and broad (the pantomime of the little demons). Modern comedy probably had its origin in such interludes.

In the thirteenth and later centuries the liturgical drama had a great extension. Saints' lives and pious legends provided the subject matter for the *miracles*, edifying playlets displaying the mercy of heaven toward sinners.

The most striking development of the liturgical drama was the *mystère*, the representation of a whole cycle of Biblical stories. By the fifteenth century the *mystère* became a gigantic affair, a great community enterprise. One of them, the *Actes des Apôtres*, took forty days for a single performance, and employed 500 actors, all of them amateurs, of course. The vast stage contained as many as twelve *mansions*, or sections, with Paradise overtopping the others, with Hell's mouth represented by a monster's flame-spouting maw. The stage machinery was remarkably developed, capable of producing meteors, phantasms, and other illusions. The devils fired real cannon at their enemies, and there are records of their careless annihilation of real spectators.

The excesses of these devils, the realistic grossness of their language, and perhaps the criticisms of Protestant reformers brought about the abolition of the *mystères* in France in the mid-sixteenth century. But at Oberammergau and Tegelen their German and Dutch counterparts have survived.

In our day Professor Gustave Cohen of the Sorbonne brilliantly produced a number of the medieval plays, with his students for actors. The *Jeu d'Adam* has been effectively presented in such natural settings as the portal of Chartres cathedral. The modernization* of the *Jeu d'Adam* here used is by Professor Henri Chamard of the Sorbonne.

Since this is a play, it should be read dramatically. Put into it all the expression you can. Be majestic as the Figure de Dieu, earnest and gruff as Adam, coy as Eve, oily and cajoling—Mephistophelean—as the Devil.

* Reprinted by permission of Librairie Armand Colin from *Le Mystère d'Adam*.

Le Jeu d'Adam

[*Extracts*]

Personnages

LE LECTEUR
LE CHŒUR
LA FIGURE DE DIEU
ADAM
ÈVE
LE DIABLE
UN ANGE, rôle muet
DÉMONS, rôles muets

MISE EN SCÈNE

Le Paradis terrestre, établi sur une éminence. Il est entouré de courtines et de tentures de soie, à telle hauteur que les personnages placés dans le Paradis ne sont visibles que par le haut jusqu'aux épaules. Des feuillages et des fleurs odoriférantes, divers arbres chargés de fruits donnent l'impression d'un lieu de délices.†

Le Sauveur entre, revêtu d'une dalmatique.§ Devant lui se placent ADAM *et* ÈVE, ADAM *vêtu d'une tunique rouge,* ÈVE *d'un blanc vêtement de femme et*

† Henri Chamard thus reconstructs the scene : "At the rear, the porch of a Romanesque or Gothic church, symbolizing Heaven. Several steps give access to it. The church door is wide open. Before the door is a small pulpit, *or ambo*, where an ecclesiastic, *le Lecteur*, remains throughout the play, reading in a missal. On the right side of the church entrance (the spectators' left), the Earthly Paradise as described in the text. In the middle of the garden a tree taller than the others represents the Tree of Knowledge. Paradise stands a few feet above ground level : one mounts to it by steps. To the left of the church project Hell and its dragon's mouth. Between Hell and Paradise, an open space where piles of earth signify the land which Adam and Eve must till. This space, between the stage proper and the audience, permits the demons to circulate and to invade the audience. This is the Earth." § *dalmatique:* dalmatic, a long, wide-sleeved ecclesiastical vestment.

d'un blanc manteau de soie. Tous les deux se tiennent debout devant LA FIGURE *de Dieu :* ADAM *plus près, le visage au repos ;* ÈVE *plus bas, et l'air un peu plus humble.*

ADAM *doit être bien instruit à répondre quand il le doit, sans trop de hâte ou de lenteur. Et cette remarque ne s'applique pas à lui seulement, mais à tous les personnages. Il faut qu'ils soient instruits à parler posément,* à mettre d'accord gestes et paroles, à bien garder le rythme, sans ajouter ni retrancher aucune syllabe, mais en les prononçant toutes fermement, et toujours en parlant selon l'ordre indiqué. Aucun d'eux ne nommera le Paradis sans le regarder et le montrer de la main.†*

SCÈNE PREMIÈRE : LA DÉFENSE

Le drame commence par la leçon : §

In principio creavit Deus caelum et terram, et fecit in ea hominem, ad imaginem et similitudinem suam.°

Puis LE CHŒUR *chante : ***

Formavit igitur Dominus hominem de limo terrae, et inspiravit in faciem ejus spiraculum vitae, et factus est homo in animam viventem.°

(Le chant fini, LA FIGURE *parle :)*

FIGURE. Adam!
ADAM. Sire!
FIGURE. Écoute; je t'ai
 Formé du limon.°
ADAM. Je le sai.°
 Toujours j'en aurai souvenance.
FIGURE. Je t'ai fait à ma ressemblance,
 A mon image, de la terre. 10
 Avec moi n'entre pas en guerre.
ADAM. Non ferai-je.° En toi je croirai :
 Au Créateur j'obéirai.

FIGURE. Pour compagne, je t'ai fait don
 De cette femme. Ève est son nom. 15
 C'est ta femme et c'est ta moitié :
 Tu lui dois fidèle amitié.
 Aime-la bien, et qu'elle t'aime,
 Et je vous aimerai de même.
 Qu'elle soit soumise à ta loi, 20
 Et soyez-le tous deux à moi.
 De ta côte Ève originaire
 Pour toi n'est pas une étrangère.
 De ton corps je l'ai façonnée :
 De toi, non d'ailleurs, elle est née. 25
 Gouverne-la donc par raison.
 Vivez tous deux à l'unisson,
 En grand amour et bon ménage;
 Telle est la loi de mariage.
 *(*LA FIGURE *se tourne vers* ÈVE *:)*
 Je te parle, Ève, maintenant. 30
 Garde et tiens mon commandement :
 Si tu fais bien ma volonté,
 Tu conserveras ta bonté.
 Honore en moi ton créateur,
 Et me reconnais pour seigneur. 35
 A me servir mets, empressée,
 Toute ta force et ta pensée.
 Aime Adam de toute ton âme;
 C'est ton mari, tu es sa femme :
 Montre-toi donc toujours encline 40
 A vivre sous sa discipline;
 Aime et sers-le de bon courage :°
 Car c'est le droit de mariage.
 Si tu l'aides bien, tu peux croire
 Qu'avec lui tu auras ma gloire. 45
ÈVE. Je ferai, Sire, à ton plaisir,
 Et pour rien ne voudrai faillir.
 Je veux pour seigneur te connaître,
 Et lui pour mon époux et maître.
 Je lui serai toujours fidèle; 50
 De bons conseils diront mon zèle.
 Oui, Seigneur, en tout je ferai
 Ton service et ta volonté.
*(*LA FIGURE *appelle* ADAM *plus près et lui dit en insistant :)*
FIGURE. Écoute, Adam, entends bien mon
 sermon.°
 Je t'ai formé, je vais te faire un don; 55
 Toujours tu peux, si tu tiens ma leçon,

* *posément:* deliberately. † "These minute, precise recommendations are an interesting testimony to the importance attached even in the twelfth century to correctness of speech, propriety of gesture, and, in general, to dramatic truth." (Chamard.) § All the texts recited by the Reader or sung by the Choir are taken from the prescribed lessons for Matins of Septuagesima Sunday. 2. "In the beginning God created heaven and earth, and in it he made man in his own image and similitude." Genesis 1 : 1. ** The Choir symbolizes the spirits of the blest, the host of heaven, the angel choir. It stands directly in front of the church, which symbolizes Heaven. 5. "Therefore the Lord formed man of the dust of the ground, and breathed into his nostrils the breath of life; and man became a living soul." Genesis 2 : 7. 7. *limon:* clay. 7. *sai = sais.* 12. *non ferai-je = je ne le ferai pas.*

42. *courage = cœur.* 54. Note the change in the verse form. The body of the dialogue is in eight-syllable rhymed couplets; the more solemn, lyrical passages are in ten-syllable quatrains, each with a single rhyme. Define the author's artistic purpose.

Vivre en santé, ignorant du frisson.°
Tu n'auras faim, par besoin ne boiras,
Tu n'auras froid, du chaud ne souffriras.
Dans ton plaisir point ne te lasseras : 60
Et la douleur, tu ne la connaîtras.
Jamais pour toi la joie n'aura de trêve;
Ta vie sera sans terme, et non pas brève.
Je te le dis, et je le dis pour Ève :
Contre ma loi bien fol est qui se lève! 65
De cette terre, à vous la seigneurie!
Bêtes, oiseaux, et tous êtres en vie,
Dominez-les, sans souci de l'envie.
Le monde entier soit en votre baillie.°
Je vous remets le choix du bien, du mal. 70
Avoir ce don ne vous lie pas au pal.°
Pesez bien tout d'un poids toujours égal,
Et ne prenez que le parti loyal.
Laissez le mal pour vous tenir au bien.
Dans le Seigneur aimez votre soutien. 75
Pour nul conseil n'abandonnez le mien;
Et, ce faisant, ne pécherez en rien.

ADAM. Oui, je te rends grâces de ta bonté,
Qui, me donnant la vie, a décrété
Que, bien ou mal, j'agisse en liberté. 80
A te servir je mets ma volonté.
O mon Seigneur, je suis ta créature.
Tu m'as formé, je te dois ma nature.
Ma volonté n'aura souci ni cure
Que te servir toujours d'une âme pure. 85

(LA FIGURE *montre de la main à* ADAM *le Paradis,
en disant :*)

FIGURE. Adam!

ADAM. Seigneur!

FIGURE. Écoute mon avis.
Vois ce jardin.

ADAM. Il a nom?

FIGURE. Paradis.

ADAM. Comme il est beau!

FIGURE. Oui, c'est moi qui le fis.
Qui le tiendra sera de mes amis.
Je te le donne à tenir et garder. 90

(LA FIGURE *les met dans le Paradis,* * *en disant :*)
Qu'il soit à vous!

ADAM. Nous pourrons y rester?

FIGURE. Toujours y vivre et toujours l'habiter.
Vous n'aurez mal ni mort à redouter.

57. *frisson:* shiver (of cold or fever). 69. *baillie:* control.
71. *pal:* stake (*i.e.,* by having choice of good and evil you
are not bound by predestination.) * The Figure of God
descends the church steps with Adam and Eve, and leads
them to the stairs mounting to Paradise. He gestures to them
to enter Paradise. They do so, while the Figure remains
below.

LE CHŒUR. *Tulit ergo Dominus hominem, et posuit
eum in paradiso voluptatis, ut operaretur et custo-
diret illum.*†

(LA FIGURE *étend la main vers le Paradis, en
disant :*)

FIGURE. De ce jardin tu sauras la nature;
Tous les plaisirs, en foule il les procure : 95
Il n'est nul bien que chaque créature
Ne puisse là trouver à sa mesure.
Femme n'a pas à craindre homme en fureur,
Homme n'a pas, de femme, honte ou peur.
Pour engendrer homme n'y est pécheur, 100
Pour enfanter femme n'y sent douleur.
Dans ce jardin, au si plaisant ombrage,
Toujours vivras, sans jamais changer d'âge,
Et sans jamais souffrir mort ni dommage.
Ne sors d'ici, fonde ici ton ménage. 105

CHŒUR. *Dixit Dominus ad Adam : De ligno quod est
in medio paradisi, ne comedas : in quacunque die
comederis ex eo, morte morieris. Praecepitque ei
Dominus dicens : Ex omni ligno paradisi comede, de
ligno autem scientiae boni et mali ne comedas.*§

(LA FIGURE *montre à* ADAM *les arbres du Paradis, en
disant :*

FIGURE. Mange ces fruits, tu le peux sans
danger.

(*Elle lui montre l'arbre défendu et son fruit, en
disant :*)
Celui-là seul te doit être étranger.
Tu sentirais la mort, à le manger :
Mon abandon ferait ton sort changer.

ADAM. Je garderai tout ton
commandement; 110
Ève ni moi n'y faudrons nullement.
Pour un seul fruit perdre tel bien! Vraiment,
Sois-je en ce cas jeté dehors au vent!
Pour une pomme oublier ta faveur!
Très justement je paierais mon erreur. 115
On doit juger traître et perdu d'honneur
Qui se parjure et trahit son seigneur.°

(LA FIGURE *s'en va vers l'église,* ADAM *et* ÈVE *se
promènent, se délectant honnêtement dans le Paradis.*)

† "And the Lord God took the man, and put him into the
garden of Eden to dress it and to keep it." Genesis 2 : 15.
§ "And the Lord God said to Adam : 'Of the tree which is
in the middle of Paradise thou shalt not eat; for in the day
that thou eatest thereof thou shalt surely die.' And the Lord
commanded him, saying : 'Of every tree of the garden thou
mayest freely eat; but of the tree of the knowledge of good and
evil, thou shalt not eat of it.'" Genesis 2 : 16–17. 117.
Notice, here and elsewhere, the statement of feudal principles,
which applied to heavenly as well as earthly relationships.

Scène II : la séduction

Cependant, les DÉMONS* *courent en tous sens à travers la place, faisant les gestes qui conviennent. Tour à tour ils s'approchent du Paradis, montrant à* ÈVE *le fruit défendu, comme pour l'inciter à le manger.*
(*Enfin* LE DIABLE *vient vers* ADAM *et lui parle.*†)

DIABLE. Eh bien! Adam?
ADAM. Je vis en grand déduit.°
DIABLE. Tu es content?
ADAM. Je ne sens nul ennui.
DIABLE. Il se peut mieux.
ADAM. Je ne sais pas comment.
DIABLE. Veux-tu savoir?
ADAM. Je n'y tiens nullement.
DIABLE. Je sais comment, moi.
ADAM. Que m'en chaut?° 5
DIABLE. Vraiment?
ADAM. Pour moi, cela ne vaut.
DIABLE. Cela vaudra.
ADAM. Je ne sais quand.
DIABLE. Je ne dirai rien en courant.
ADAM. Dis-le-moi sur l'heure.°
DIABLE. Non pas,
Que° d'implorer tu ne sois las. 10
ADAM. Je n'ai besoin de le savoir.
DIABLE. Oui, tu n'en dois nul bien avoir.°
De ton bien tu ne sais jouir.
ADAM. Comment cela?
DIABLE. Tu veux l'ouïr?
Je te le dirai privément. 15
ADAM. Tu me le diras? sûrement?
DIABLE. Écoute, Adam, écoute-moi...
Pour ton profit!
ADAM. Explique-toi.
DIABLE. Me croiras-tu?
ADAM. Certainement.
DIABLE. En tout point?
ADAM. Sauf un, seulement. 20
DIABLE. Et lequel?
ADAM. Je te le dirai :
A mon Dieu pas ne manquerai.
DIABLE. Le crains-tu tant?
ADAM. Oui, par ma foi,
Je l'aime et le crains.
DIABLE. Envers toi

Que peut-il faire?
ADAM. Et bien et mal. 25
DIABLE. Tu es fou de croire, vassal,
Qu'aucun mal te puisse advenir.
Glorieux, tu ne peux mourir.
ADAM. Dieu me l'a dit que je mourrai,
Quand à sa loi je manquerai. 30
DIABLE. Quel est donc ce grand manquement?
Je veux l'ouïr incessamment.°
ADAM. Je te le dirai franchement.
Il m'a fait un commandement :
De tous les fruits de Paradis 35
Je puis manger, ce m'a-t-il dit,
Hors d'un seul. Puisqu'il est sacré,
Celui-là, je n'y toucherai.
DIABLE. Lequel est-ce?
(ADAM *lève la main et montre le fruit défendu.*)
ADAM. Là, le vois-tu?
C'est celui qu'il m'a défendu. 40
DIABLE. Et sais-tu pourquoi?
ADAM. Certes non.
DIABLE. Je vais t'en dire la raison.
Des autres fruits point ne lui chaut,°
(*montrant de la main le fruit défendu*)
Sauf de celui qui pend là-haut :
Car c'est le fruit de sapience, 45
Qui de tout donne la science.
Si tu le manges, tu feras
Très bien.
ADAM. En quoi?
DIABLE. Tu le verras.
Tes yeux seront de suite ouverts,
L'avenir entier découvert, 50
Et tu pourras tout accomplir.
Il fait bon pour toi le cueillir.
Mange-le, va, tu feras bien :
De ton Dieu, ne craignant plus rien,
Seras l'égal en toute chose. 55
Sa défense n'a d'autre cause.
Me croiras-tu? Goûte du fruit!
ADAM. Je n'en ferai rien.
DIABLE. Pauvre esprit!
Tu n'en feras rien?
ADAM. Non.
DIABLE. Le sot!
Il te souviendra de ce mot. 60

LE DIABLE *se retire, il rejoint les autres* DÉMONS *et circule par la place. Au bout de quelques instants, il revient tout joyeux et tout gai, pour tenter* ADAM.)

* The demons were costumed with skins, horns, and tails and wore grotesque masks. † The scene of the temptation of Adam is apparently the dramatist's invention. Notice the dramatic rapidity of the whole scene to follow. 1. *déduit:* pleasure. 5. *Que m'en chaut?* What do I care? 9. *sur l'heure:* right away. 10. *Que:* Unless, until. 12. *Oui... avoir:* Yes, you are sure not to get anything out of it (*ironic*).

32. *incessamment:* immediately. 43. *Des autres... chaut:* He cares nothing for the other fruits.

DIABLE. Eh bien! Adam? as-tu changé?
Es-tu toujours si peu sensé?
Je croyais t'avoir dit que Dieu
T'a donné provende° en ce lieu,
T'ayant mis pour manger ce fruit. 65
As-tu donc un autre déduit?
ADAM. Oui certes, rien ne me défaut.
DIABLE. Ne monteras-tu pas plus haut?
Iras-tu te glorifier
Que Dieu t'ait fait son jardinier? 70
Dieu t'a fait gardien d'un jardin :
Ne rêves-tu d'autre destin?
Te forma-t-il pour ventre faire?°
Un autre honneur voudra t'attraire.
Écoute, Adam, écoute-moi : 75
Je te conseille en bonne foi.
Tu pourras être sans seigneur,
Être l'égal du Créateur.
Pour te dire le tout en somme,
Si tu manges de cette pomme, 80
 (Il étend la main vers le Paradis)
Tu régneras en majesté,
Ayant de Dieu l'autorité.
ADAM. Fuis loin d'ici!
DIABLE. Que dit Adam?
ADAM. Fuis loin d'ici! Tu es Satan,
Un mauvais conseiller!
DIABLE. Comment? 85
ADAM. Tu veux me livrer au tourment,
Me brouiller avec mon seigneur,
M'ôter la joie pour la douleur.
Je ne te croirai. Loin d'ici!
Ne sois plus jamais tant hardi 90
Que de revenir devant moi!
Tu es traître, tu es sans foi!
(Triste et la mine basse, LE DIABLE quitte ADAM et va
jusqu'aux portes de l'Enfer, où il a un colloque avec
les autres DÉMONS. Ensuite il circule à travers le
peuple. Finalement, il s'approche du Paradis du
côté d'ÈVE, à laquelle il s'adresse d'un air joyeux
et caressant.)
DIABLE. Ève, je viens ici vers toi.
ÈVE. Et pourquoi, Satan? Dis-le-moi.
DIABLE. Je cherche ton bien, ton honneur. 95
ÈVE. Dieu le veuille!
DIABLE. Va, n'aie pas peur.
J'ai depuis un long temps appris
Tous les secrets de Paradis :

Une partie je t'en dirai.
ÈVE. Commence, et je t'écouterai. 100
DIABLE. Tu m'écouteras, vrai?
ÈVE. Oui bien,
Je ne te fâcherai en rien.
DIABLE. Tu tairas la chose?
ÈVE. Oui, ma foi.
DIABLE. Rien n'en sera su?
ÈVE. Rien par moi.
DIABLE. Je mets en toi ma confiance, 105
Et je ne veux d'autre assurance.
ÈVE. Tu peux bien croire à ma parole.
DIABLE. Tu as été à bonne école.
J'ai vu Adam : il est bien fou.
ÈVE. Un peu dur.
DIABLE. Il deviendra mou. 110
Il est plus dur que n'est le fer.
ÈVE. Il est très noble.
DIABLE. Il est très serf.
S'il veut n'avoir cure de soi,
Qu'il prenne au moins souci de toi
Tu es faiblette et tendre chose, 115
Tu es plus fraîche que la rose,
Tu es plus blanche que cristal
Ou que neige sur glace en val.
Couple mal assorti,° pour sûr :
Tu es trop tendre et lui trop dur; 120
Et néanmoins tu es plus sage,
Et plein de sens est ton courage.°
Il fait bon s'en venir à toi.
Je veux te parler.°
ÈVE. Parle-moi.
DIABLE. Que nul ne sache...
ÈVE. Qui saurait? 125
DIABLE. Pas même Adam.
ÈVE. Eh! non, de vrai.
DIABLE. Je vais m'ouvrir à toi, d'autant
Qu'il n'y a que nous deux : Adam,
Là, n'entend pas notre entretien.
ÈVE. Parle haut, il n'en saura rien. 130
DIABLE. Je vous préviens d'un grand engin°
Qui vous est fait en ce jardin.
Le fruit que Dieu vous a donné
N'a guères° en soi de bonté;
Celui qu'il vous a défendu 135
Possède en soi grande vertu :
Par lui — qui est source de vie,
De puissance, de seigneurie —

64. *provende:* food. 73. *pour ventre faire:* to serve your belly only. (The symbolism of the Tree of Knowledge, the menace of man's curiosity to his happiness, is here clearly brought out.)

119. *mal assorti:* ill-matched. 122. *courage = cœur.* 124. Read this speech of the Devil's aloud, giving to it the utmost of sympathetic cajolery. 131. *engin:* trick. 134. *guères = guère.*

Bien et mal, on sait tout de reste.°
ÈVE. Quelle saveur a-t-il?
DIABLE. Céleste. 140
 A ton beau corps, à ta figure,
 Conviendrait bien cette aventure,
 De voir l'avenir sans mystère,
 Et d'être toujours de la terre,
 Du ciel et de l'enfer la reine, 145
 De tout maîtresse souveraine.
ÈVE. Le fruit est-il donc tel?
DIABLE. Oui bien.
(ÈVE *regarde attentivement le fruit défendu, et, l'ayant
 regardé longtemps, elle dit :*)
ÈVE. Rien que sa vue me fait du bien.
DIABLE. Si tu le manges, que sera-ce?
ÈVE. Qu'en sais-je?
DIABLE. Ève, crois-moi, de grâce, 150
 Prends-le, puis à Adam le donne.
 Du ciel vous aurez la couronne,
 Et lors, au Créateur pareils,
 Vous saurez tout de ses conseils.
 Dès que du fruit aurez mangé, 155
 Tôt vous sera le cœur changé;
 Vous serez sans faute en ce lieu
 Aussi bons et puissants que Dieu.
 Goûte du fruit!
ÈVE. J'ai bien envie.
DIABLE. En Adam, surtout, ne te fie! 160
ÈVE. J'en goûterai.
DIABLE. Quand?
ÈVE. Aussitôt
 Qu'Adam aura pris son repos.
DIABLE. Mange-le donc en assurance :
 Tarder encor serait enfance.
(LE DIABLE *s'éloigne* D'ÈVE *et retourne en Enfer.*
 ADAM *vient vers* ÈVE, *mécontent d'avoir vu* LE
 DIABLE *lui parler.*)
ADAM. Dis-moi, femme, que désirait 165
 Satan? qu'est-ce qu'il te voulait?
ÈVE. Il m'a parlé de notre honneur.
ADAM. Ne va croire ce suborneur!
 Car c'est un traître.
ÈVE. Je le sai.
ADAM. Toi? comment?
ÈVE. J'en ai fait l'essai. 170
 Qu'importe donc que je le voie?
ADAM. Il te fera changer de voie.
ÈVE. Non pas, je ne croirai en lui
 Sans bonnes preuves à l'appui.
ADAM. Ne souffre plus qu'il vienne à toi, 175

Car il est de mauvaise foi.
 Il voulut, traître à son seigneur,
 S'asseoir à la table d'honneur.
 Je ne veux qu'un tel misérable
 Te trouve jamais abordable.° 180
(*Un serpent machiné avec art* monte le long du tronc
 de l'arbre défendu.* ÈVE *approche de lui l'oreille,
 comme pour écouter son conseil. Puis elle prend
 la pomme et la tend à* ADAM; *mais lui ne la
 prend pas encore.*)
ÈVE. Mange, tu ne sais ce que c'est :
 Prenons ce bien qui nous est prêt.
ADAM. Est-il si bon?
ÈVE. Tu le sauras;
 Mais non, si tu n'y goûtes pas.
ADAM. J'ai peur. Je ne le ferai point. 185
ÈVE. Peux-tu bien trembler à ce point!
ADAM. Je le prendrai donc.
ÈVE. Mange, tien :°
 Tu sauras le mal et le bien.
 J'en mangerai d'abord.
ADAM. Et moi
 Après.
ÈVE. Tu le peux sans émoi. 190
(*Elle mange une partie de la pomme et dit à* ADAM :)
 J'en ai goûté. Quelle saveur!
 Onc ne sentis telle douceur,
 Tant de saveur a cette pomme!
ADAM. Qu'est-ce?
ÈVE. Un plaisir inconnu d'homme.
 Mes yeux voient si clair maintenant, 195
 Que je ressemble au Tout-Puissant.
 Je sais ce qui fut et doit être,
 Et de tout, mon esprit est maître.
 Allons, Adam, ne tarde pas ;
 Prends, tu t'en féliciteras. 200
(ADAM *prend la pomme de la main* D'ÈVE *en disant :*)
ADAM. Je t'en croirai, tu es ma femme.
ÈVE. Tu n'as rien à craindre en ton âme,
 Mange.
(ADAM *mange en partie la pomme et, l'ayant mangée,
 il connaît aussitôt son péché. Il se baisse, de façon
 à n'être pas vu du peuple, et dépouille† ses habits
 de fête pour revêtir de pauvres vêtements cousus
 de feuilles de figuier. Puis, simulant la plus
 grande douleur, il commence sa lamentation :*)
ADAM. Hélas! pécheur, qu'ai-je fait?
 Je suis mort pour avoir forfait.°

180. *abordable:* approachable. * Notice this indication of
medieval mechanical ingenuity. 187. *tien* = *tiens.* † *dépouille:*
takes off. (Presumably Eve changes her clothes at the same
time.) 204. *forfait:* sinned.

139. *de reste:* and to spare.

Sans nul remède je suis mort, 205
Tant je suis déchu de mon sort!
Comme a changé ma destinée,
Naguère encor si fortunée!
Une femme au conseil menteur
M'a fait trahir mon créateur. 210
Las! hélas! pécheur, que ferai-je?
Mon seigneur, comment l'attendrai-je?
Comment attendre mon seigneur,
Que j'ai trahi par folle erreur?
Onc ne fis si mauvais marché : 215
Je sais ce que c'est que péché.
O mort, pourquoi me laisser vivre?
Ah! que l'univers se délivre
De moi, qui souille l'univers!
Il me faut sombrer° en Enfer. 220
En Enfer sera ma demeure,
Tant que d'un sauveur vienne l'heure.°
En Enfer couleront mes jours.
Là, d'où me viendra le secours?
Là, d'où me viendra l'assistance? 225
Qui me tirera de souffrance?
Vers mon seigneur j'ai mal agi :
Je ne dois plus avoir d'ami,
Personne qui me vienne en aide.
Oui, je suis perdu sans remède. 230
Vers mon seigneur j'ai tant méfait,
Que je ne puis entrer en plaid°
Avec lui. J'ai tort, il a droit.
O Dieu! je suis maudit! De moi
Qui désormais aura mémoire? 235
Car j'ai méfait au Roi de gloire;
Au Roi du ciel j'ai tant méfait,
Que sans excuse est mon forfait.
Je n'ai pas d'ami, de voisin,

Qui me soustraie à mon destin. 240
Qui° prier de me soutenir,
Quand ma femme m'a pu trahir,
Que Dieu me donna pour moitié?
Elle m'a si mal conseillé!
Ah! Ève!
(*Il regarde* Ève, *sa femme, et dit :*)
 Ève! femme insensée, 245
De moi si funestement née!
Que n'a-t-elle brûlé, la côte
Qui m'a fait commettre ma faute!
Pourquoi le feu n'a-t-il détruit
Celle qui me vaut tant d'ennui? 250
Lorsque Dieu me la vint ravir,
Pourquoi ne m'a-t-il fait périr?
La côte a trahi tout le corps,
N'ayant eu vers lui que des torts.
Je ne sais que dire et que faire. 255
Sans grâce du ciel qui m'éclaire,
Je ne puis sortir de détresse,
Tant est grand le mal qui m'oppresse!
Ah! Ève! Quel fut mon malheur,
Comme il me vint de la douleur, 260
Le jour qui te fit mon égale!
Par ton conseil tu fus fatale.
Par ton conseil je suis, hélas!
Tombé des hauteurs au plus bas.
Je n'en serai par nul tiré 265
Que par le Dieu de majesté.
Mais, las! pourquoi l'ai-je nommé?
Lui, m'aider? Je l'ai courroucé.
Je n'ai plus d'espoir, en ma vie,
Qu'au Fils qui naîtra de Marie. 270
Nul autre ne peut rien pour moi,
Puisque à Dieu j'ai manqué de foi.
Qu'il soit fait selon son plaisir!
Il ne me reste qu'à mourir.

220. *sombrer:* sink, founder. 222. *Tant que... l'heure:* Until the hour of a Savior will come. (This idea is absent in Genesis.) 232. *entrer en plaid:* make my plea.

241. *Qui:* object of *prier.*

6-7. The Comic Theater

The *origins* of popular nonecclesiastical drama are obscure. The instinct for play-acting, universal among children, develops into conventional drama among most peoples, primitive or sophisticated. The jongleurs certainly acted out the *chansons de geste* as they recited the text. The devil scenes in the liturgical drama gave comic actors an opportunity and an encouragement to produce skits and playlets of their own devising.

Whatever the early history, in the fifteenth century we find three types of popular drama in being. These are the *moralités*, allegorical and didactic, with a strong churchly influence;

the *soties*, broad political and social satires, produced by clubs centering in the law courts; and the *farces*.

The farces express the universal desire of men to mitigate their own troubles by laughing at the worse troubles of others. Few that remain from these early times have much literary merit beyond a rude verve and gayety. Their humor is often cruel and ugly. The clever and unscrupulous put the simple and stupid to rout, usually with a shower of blows. But the stupid spectator identifies himself with the clever protagonist and thus enjoys a brief vicarious sense of superiority.

The *form* of the farce has remained essentially unchanged, though softened and purified, until our times. The medieval structure may still be perceived in the minor, ephemeral products of the screen and the television studio.

LA FARCE DU CUVIER*

[Abridged]

[*This little farce dates from the fifteenth century; its author is unknown. The plot is of the simplest. The characters are types: husband, wife, mother-in-law. They have hardly any individuality; they are formalized according to an already established tradition. The spectators recognized them and knew just what to expect, as we recognize them in a comic strip. But they amuse us still by the novelty of their misadventures, as even a comic strip can amuse us.*

The playlet was rediscovered by Gassies des Brulies in 1888. Since then it has been very often produced, with great success, for it possesses the essential qualities of true humor. On the stage, it should be played in an exaggerated, stylized manner, with the free introduction of broadly comic stage business. In reading it, you should endeavour to picture the action in the same manner.

Our translation, by Gassies des Brulies, keeps the eight-syllable rhymed verse of the original.]

Personnages

JAQUINOT, le mari
JEANNETTE, la femme
JAQUETTE, la belle-mère

SCÈNE PREMIÈRE : JAQUINOT, *seul*

JAQUINOT. Le diable me conseilla bien,
Le jour où, ne pensant à rien,
Je me mêlai de mariage!

* *cuvier:* vat, large washtub.

Depuis que je suis en ménage,
Ce n'est que tempête et souci. 5
Ma femme là, sa mère ici,
Comme des démons, me tracassent;°
Et moi, pendant qu'elles jacassent,°
Je n'ai repos ni loisir,
Pas de bonheur, pas de plaisir! 10
On me bouscule, et l'on martelle°
De cent coups ma pauvre cervelle!
Quand ma femme va s'amender,
Sa mère commence à gronder.
L'une maudit, l'autre tempête! 15
Jour ouvrier° ou jour de fête,
Je n'ai pas d'autre passe-temps
Que ces cris de tous les instants.
Parbleu! Cette existence est dure!
Voilà trop longtemps qu'elle dure! 20
Si je m'y mets, j'aurai raison!
Je serai maître en ma maison.

SCÈNE II : JAQUINOT, JEANNETTE,
puis JAQUETTE

JEANNETTE (*entrant*). Quoi! Vous restez à ne
 rien faire!
Vous feriez bien mieux de vous taire
Et de vous occuper...
JAQUINOT. De quoi?
JEANNETTE. La demande est bonne, ma foi!
De quoi devez-vous avoir cure?° 5
Vous laissez tout à l'aventure!°
Qui doit soigner votre maison?
JAQUETTE (*entrant à son tour*). Sachez que ma
 fille a raison!

SCÈNE Ière. 7. *tracassent:* pester. 8. *jacassent:* chatter. 11. *martelle:* hammer. 16. *Jour ouvrier:* Working day. SCÈNE II. 5. *avoir cure:* concern yourself. 6. *à l'aventure:* at random.

Vous devez l'écouter, pauvre âme!
Il faut obéir à sa femme : 10
C'est le devoir des bons maris.
Peut-être on vous verrait surpris
Si, quelque jour, comme réplique,
Elle se servait d'une trique!°
Et pourtant n'est-ce pas son droit? 15

JAQUINOT. Me donner du bâton, à moi!
Vous me prenez pour un autre homme.

JAQUETTE. Et pourquoi non? Veut-elle en
 somme
Autre chose que votre bien?
Vous ne la comprenez en rien! 20
Ne le dit-on pas? Qui bien aime
Pour le prouver frappe de même.

JAQUINOT. Il vaut mieux me le prouver moins;
Je vous fais grâce de ces soins,°
Entendez-vous, ma bonne dame? 25

JEANNETTE. Il faut faire au gré° de sa femme,
Jaquinot, ne l'oubliez pas!

JAQUETTE. En aurez-vous moindre repas,
Et sera-ce une peine grande
D'obéir quand elle commande? 30

JAQUINOT. Oui! Mais elle commande tant,
Que, pour qu'elle ait le cœur content,
Je ne sais, ma foi, comment faire!

JAQUETTE. Eh bien, si vous voulez lui plaire,
Afin de vous en souvenir, 35
Un registre il faudra tenir,
Où vous mettrez à chaque feuille
Tous ses ordres, quoi qu'elle veuille!

JAQUINOT. Pour avoir la paix, j'y consens,
Vous êtes femme de bon sens, 40
Maman Jaquette, et, somme toute,
Vous pouvez me dicter : j'écoute.

JEANNETTE. Allez quérir un parchemin°
Et de votre plus belle main
Vous écrirez, qu'on puisse lire. 45

(JAQUINOT *va prendre sur la cheminée* un rouleau de
parchemin, un encrier et une grande plume d'oie.†
Il dispose le tout sur la table, et s'assied sur
l'escabeau.§*)

JAQUINOT. Me voici prêt. Je vais écrire.

JEANNETTE. Mettez que vous m'obéirez
Toujours, et que toujours ferez
Ce que je vous dirai de faire!

JAQUINOT (*se levant et jetant sa plume*). Mais
 non! Mais non! Dame très chère! 50

Je n'agirai que par raison!

JEANNETTE. Quoi! C'est encore même
 chanson?
Déjà vous voulez contredire?

JAQUINOT (*se rasseyant*). Mais non! Mais non!
Je vais écrire. 55

JEANNETTE. Écrivez donc et taisez-vous.

JAQUINOT (*ramassant sa plume*). Parbleu! Je suis
 un bon époux.

JEANNETTE. Taisez-vous!

JAQUINOT. Dût-on vous déplaire,
Si je veux, je prétends° me taire,
Madame, et je me tais. Dictez. 60

JEANNETTE. En première clause, mettez
Qu'il faut chaque jour, à l'aurore,
Vous lever le premier...
 (JAQUINOT *fait mine de n'y pas consentir.*)
 Encore!...
Qu'ensuite il faut préparer tout,
Faire le feu, voir si l'eau bout... 65
Bref, qu'au lever, avec courage,
Pour tous les deux ferez l'ouvrage.
Vous cuirez le premier repas.

JAQUINOT (*se levant et jetant sa plume*). Oui-dà!°
 Mais je n'y consens pas!
A cet article je m'oppose! 70
Faire le feu? Pour quelle cause?

JEANNETTE (*tranquillement*). Pour tenir ma che-
 mise au chaud.
Entendez-vous bien? Il le faut.

JAQUINOT (*se rasseyant et ramassant sa plume, se met
 à écrire avec ardeur*). Puisqu'il faut faire à
 votre guise,
Je ferai chauffer la chemise! 75
 (*Il continue à écrire, et s'arrête tout à coup.*)

JAQUETTE. Écrivez donc! Qu'attendez-vous?

JEANNETTE. Vous allez me mettre en courroux!
Vous êtes aussi vif qu'un cancre.°

JAQUINOT. Attendez donc! Je n'ai plus d'encre!
J'en suis encore au premier mot. 80

JEANNETTE. Vous bercerez notre marmot,°
Lorsque la nuit il se réveille,
Et vous attendrez qu'il sommeille
Avant de retourner au lit.

[*Les deux femmes dictent à* JAQUINOT *une longue liste
 de devoirs humiliants, qu'il doit écrire en protestant.
 Il signe finalement le parchemin.*]

JAQUINOT. Désormais, aujourd'hui, demain, 85

14. *trique:* club. 24. *fais grâce de:* spare. 26. *gré:* plea-
sure. 43. *parchemin:* parchment. * *cheminée:* chimney piece,
mantle. † *plume d'oie:* goose quill. § *escabeau:* stool.

59. *prétends:* assert, allege. 69. *Oui-dà!* Yes, indeed! 78.
cancre: crab. 81. *bercerez notre marmot:* will rock our baby.

Je n'obéis qu'au parchemin.
C'est convenu, j'en ai pris acte,°
Et j'ai dûment signé le pacte.
JEANNETTE. Oui, c'est convenu, Jaquinot.
JAQUINOT. Songez que je vous prends au
 mot. 90
JAQUETTE. C'est bien, je puis partir tranquille.
JEANNETTE. Adieu, ma mère!
JAQUETTE. Adieu, ma fille!
 (*Elle sort.*)

Scène III : JAQUINOT *et* JEANNETTE

JEANNETTE (*s'approchant du cuvier qui est dressé à
 droite du théâtre**). Allons, Jaquinot, aidez-
 moi!
JAQUINOT. Mais voulez-vous me dire à quoi?
JEANNETTE. A mettre le linge à la cuve°
 Où j'ai versé l'eau de l'étuve.°
JAQUINOT (*déroulant son parchemin et cherchant
 attentivement*). Ce n'est pas sur mon par-
 chemin. 5
JEANNETTE. Déjà vous quittez le chemin,
 Avant de connaître la route.
 (JAQUINOT *cherche toujours sur son parchemin.*)
 Dépêchez-vous! Le linge égoutte;°
 Il faut le tordre!°... Et vivement!
 Cherchez dans le commencement; 10
 C'est écrit : « Couler la lessive°... »
 Voulez-vous que je vous l'écrive
 A coups de bâton sur le dos?
JAQUINOT. Non, si c'est écrit, tout dispos,
 Je vais me mettre, sans vergogne, 15
 A vous aider à la besogne.
 C'est parbleu vrai que c'est écrit!
 N'en ayez pas le cœur aigri!°
 Puisque c'est dit en toute lettre,
 Attendez-moi, je vais m'y mettre. 20
 J'obéis... Vous avez dit vrai!
 Une autre fois j'y penserai.
(*Ils montent chacun sur un escabeau de chaque côté
 du cuvier.* JEANNETTE *tend à* JAQUINOT *le bout
 d'un drap tandis qu'elle tient l'autre.*)
JEANNETTE. Tirez de toute votre force!
JAQUINOT (*tirant*). Je me donnerai quelque
 entorse!°
 Ma foi! Ce métier me déplaît. 25

Je veux charger quelque valet
De vous aider dans le ménage.
JEANNETTE (*impatientée*). Tirez donc, ou sur le
 visage
 Je vous lance le tout, vraiment!
 (*Elle lui lance le linge à la figure.*)
JAQUINOT. Vous gâtez tout mon vêtement! 30
 Je suis mouillé comme un caniche.°
 Et vous en trouvez-vous plus riche,
 De m'avoir ainsi maltraité?
JEANNETTE. Allons! Prenez votre côté.
 Faut-il donc que toujours il grogne! 35
 Ferez-vous pas votre besogne?
(JAQUINOT *tire brusquement le drap et fait perdre
 l'équilibre à* JEANNETTE, *qui tombe dans le
 cuvier.*)
JEANNETTE (*en disparaissant dans la cuve*).
 La peste soit du maladroit!
 (*Elle sort la tête.*)
 Seigneur, ayez pitié de moi!
 Je me meurs! Je vais rendre l'âme!
 Ayez pitié de votre femme, 40
 Jaquinot, qui vous aima tant!
 Elle va périr à l'instant,
 Si vous ne lui venez en aide!
 Je sens mon corps déjà tout raide!
 Donnez-moi vite votre main. 45
JAQUINOT (*après un moment*).
 Ce n'est pas sur mon parchemin.
JEANNETTE (*sortant la tête*).
 Las!° Voyez quelle est ma détresse!
 Le linge m'étouffe et m'oppresse!
 Je meurs! Vite! Ne tardez pas!
 Pour Dieu, tirez-moi de ce pas! 50
JAQUINOT (*chantant*). Allons, la commère,°
 Remplis donc ton verre!
 Il faut boire un coup!
JEANNETTE. Jaquinot, j'en ai jusqu'au cou!
 Sauvez-moi, de grâce, la vie. 55
 Retirez-moi, je vous en prie!
 Jaquinot, tendez-moi la main.
JAQUINOT. Ce n'est pas sur mon parchemin.
JEANNETTE. Hélas! la mort me viendra prendre
 Avant qu'il ait voulu m'entendre! 60
JAQUINOT (*lisant son parchemin*). « De bon matin
 préparer tout,
 Faire le feu, voir si l'eau bout!... »
JEANNETTE. Le sang dans mes veines se
 glace!

87. *pris acte:* taken formal notice. SCÈNE III. * *théâtre:*
stage. 3. *cuve:* washtub. 4. *étuve:* boiler. 8. *égoutte:* is dripp-
ing. 9. *tordre:* wring. 11. *couler la lessive:* Do the washing.
18. *aigri:* embittered. 24. *entorse:* sprain.

31. *caniche:* poodle. 47. *Las!* Alas! 51. *commère:* gossip,
crony.

JAQUINOT. « Ranger les objets à leur place,
 Aller, venir, trotter, courir... » 65

JEANNETTE. Je suis sur le point de mourir,
 Tendez-moi de grâce, une perche.°

JAQUINOT. J'ai beau relire, en vain je cherche...
 « Ranger,° laver, sécher, fourbir°... »

JEANNETTE. Songez donc à me secourir. 70

JAQUINOT. « Préparer pour le four° la pâte,°
 Cuire le pain, aller en hâte
 Relever le linge étendu,
 S'il pleut... »

JEANNETTE. M'avez-vous entendu?
 Jaquinot, je vais rendre l'âme. 75

JAQUINOT. « Chauffer le linge de ma femme... »

JEANNETTE. Songez que le baquet° est plein!

JAQUINOT. « Mener la mouture° au moulin,
 Donner à boire à la bourrique°... »

JEANNETTE. Je suis prise d'une colique 80
 Qui m'achève... venez un peu!

JAQUINOT. « Et puis mettre le pot au feu... »

JEANNETTE. Appelez ma mère Jaquette!

JAQUINOT. « Tenir la maison propre et nette,
 Laver, sans prendre de repos. 85
 Les écuelles,° les plats, les pots! »

JEANNETTE. Si vous ne voulez pas le faire,
 De grâce, allez chercher ma mère.
 Qui pourra me tendre la main.

JAQUINOT. Ce n'est pas sur mon parchemin! 90

JEANNETTE. Eh bien, il fallait donc le mettre!

JAQUINOT. J'ai tout écrit lettre pour lettre.

JEANNETTE. Retirez-moi, mon doux ami!

JAQUINOT. Moi, ton ami... Ton ennemi!
 M'as-tu ménagé° la besogne 95
 De ton vivant? — Va, sans vergogne,
 Je vais te laisser trépasser.°
 Inutile de te lasser,
 Ma chère, en criant de la sorte.
 (On entend frapper au dehors.)
 Ah! Voici qu'on frappe à la porte! 100

JAQUETTE *(entrant)*. Retirez-la! Dépêchez-vous!

JAQUINOT. Oui, si vous voulez me promettre
 Que chez moi je serai le maître.

JEANNETTE. Je vous le promets de bon cœur!

JAQUINOT. Oui! Mais peut-être est-ce la peur
 Qui vous rend d'humeur si facile? 106

JEANNETTE. Non! Je vous laisserai tranquille,
 Sans jamais rien vous commander!

Toujours je saurai m'amender
Et me taire, j'en fais promesse! 110

JAQUINOT. Faut-il, ma femme, que je dresse
 Une liste, ainsi que pour moi
 Vous avez fait?

JEANNETTE. Non, sur ma foi
 Reposez-vous-en, mon doux maître!

JAQUINOT. Enfin! Vous voulez reconnaître 115
 Mon droit, madame, c'est fort bien!

JEANNETTE. Alors retirez-moi!

JAQUINOT. Le chien
 Eût été plus heureux, madame,
 Que votre mari!

JEANNETTE. Je rends l'âme!
 Songez qu'au fond de ce baquet... 120

JAQUINOT. Voyons! Était-ce bien coquet°
 De me donner tant de besogne?
 N'en avais-tu pas de vergogne?

JEANNETTE. Hélas! Je demande pardon!
 Mon mari, vous avez raison! 125
 Je ferai toujours le ménage
 Avec ardeur, avec courage.

JAQUINOT. C'est fort bien! Je vous prends au
 mot.
 Vous bercerez notre marmot?

JEANNETTE. Oui! Tirez-moi!

JAQUINOT. Ferez la pâte? 130
 Cuirez le pain, en toute hâte?

JEANNETTE. De grâce! Je vous le promets!
 C'est bien! Je serai désormais
 De votre avis en toute chose,
 Pourvu que ne soit plus en cause 135
 Le parchemin que vous savez!
 Brûlez-le, puisque vous l'avez!

JAQUINOT. Il ne faudra plus que j'écrive?
 Je ne ferai plus la lessive?

JEANNETTE. Non, mon ami; ma mère et moi 140
 Ne vous mettrons plus en émoi.

JAQUINOT Vous ferez chauffer ma chemise?

JEANNETTE. Je ferai tout à votre guise!
 Mais retirez-moi de ce pas!°

JAQUINOT. Vous ne me contrarierez pas? 145

JEANNETTE. Je veux être votre servante!

JAQUINOT. Cette soumission m'enchante:
 Vous ne m'avez jamais plu tant!
 Et je vous retire à l'instant.
 (Il retire sa femme du cuvier.)

TOUS TROIS *(au public)*. Bonsoir, toute la
 compagnie, 150
 Notre comédie est finie.

67. *perche:* pole. 69. *Ranger:* Arrange, put away. 69. *fourbir:* polish. 71. *four:* oven. 71. *pâte:* dough. 77. *baquet:* vat. 78. *mouture:* wheat for grinding. 79. *bourrique:* donkey. 86. *écuelles:* bowls. 95. *ménagé:* spared. 97. *trépasser:* die.

121. *coquet:* nice. 144. *de ce pas:* immediately.

LA FARCE
DE MAÎTRE* PATHELIN†

[*This is the masterpiece of the medieval comic theater in France. It may be dated between 1460 and 1470; its authorship is uncertain. It is written in eight-syllable rhymed verse; our modernization, by the late Professor Pierre-François Giroud of Smith College, keeps the eight-syllable line but dispenses with rhyme.*

You will notice the artistic superiority of Pathelin *to the* Farce du cuvier. *In* Pathelin, *the characters are not mere traditional types; each is an individual, clearly conceived by the author, built up from his observation of human behavior. The theme is farcical, of course, but it is novel and unconventional, leading up to a surprise ending, which is even moral. The settings, in recognizable backgrounds of a medieval town, are entirely realistic.* Pathelin *marks a step in the development of the comic theater from farce to comedy.*

Pathelin *is frequently produced today, and it is always good for a laugh. Such vitality is proof enough that the author created according to the permanent principles of comedy.*

In reading the play, you should picture a permanent stage-setting, with the tailor's shop at one side, and Pathelin's house, with the bed visible through wide-open windows, at the other. Street scenes and the court scene take place in the middle, with the forward part of the stage in use.]

Personnages

MAÎTRE PATHELIN, avocat
GUILLAUME JOSSEAUME, drapier§
THIBAUT L'AGNELET,** berger
GUILLEMETTE, femme de Pathelin
LE JUGE

Acte premier

SCÈNE PREMIÈRE : *Chez* PATHELIN

PATHELIN. Sainte Vierge! Ma Guillemette,
Quelque peine que je me donne

Pour chiper° ou gagner de l'or,
Nous ne pouvons rien amasser.
Et je plaidais si bien° jadis. 5
GUILLEMETTE. Par Notre-Dame, parlons-en,
De vos sornettes° d'avocat.
On ne vous croit plus si habile
Comme on le faisait autrefois,
Alors que chacun vous voulait 10
Avoir pour gagner sa querelle.
Maintenant chacun vous appelle :
L'avocat qui attend sous l'orme.°
PATHELIN. Pourtant je peux dire, sans me
Vanter qu'il n'est pas au pays 15
Où siège° notre tribunal
Homme plus savant, sauf le maire.
GUILLEMETTE. C'est qu'il a appris la gram-
 maire
Et longtemps fréquenté l'école.
PATHELIN. De qui ne puis-je faire perdre 20
La cause, si je veux m'y mettre ?
Et je n'ai guère ouvert les livres
Qu'un peu; mais j'ose me vanter
Que je sais aussi bien chanter
Au lutrin° que notre curé, 25
Comme si j'avais étudié
Autant que notre Charlemagne.
GUILLEMETTE. Y gagnez-vous un rouge liard?°
Nous allons mourir de famine.
Nos vêtements sont plus râpés° 30
Qu'étamine;° et puis-je savoir
Comment nous en procurer d'autres ?
Ah! que nous vaut donc votre science?
PATHELIN. Taisez-vous. Je vous prends au mot.
Si je veux me creuser l'esprit,° 35
Je saurai bien où en trouver,
Des robes et des chaperons.°
Dieu le veuille, on s'en tirera,
La fortune nous reviendra.
Certes, elle travaille vite. 40
S'il faut qu'en cela je m'applique
A bien user de mes talents,
Qui saura trouver mon pareil ?
GUILLEMETTE. Par saint Jacques, oui, pour
 tromper
Vous êtes un maître achevé. 45
PATHELIN. Par le bon Dieu qui me fit naître,
Comme avocat, je suis un maître.

ACTE Ier, SCÈNE Ière. 3. *chiper:* lift, annex (steal). 5. *Et je... bien:* I had such a good law practice. 7. *sornettes:* nonsense. 13. *attend sous l'orme:* waits under the elm (*i.e.,* without clients). 16. *siège:* sits. 25. *lutrin:* lectern. 28. *rouge liard:* red cent. 30. *râpés:* threadbare. 31. *étamine:* cheesecloth. 35. *me creuser l'esprit:* rack my brains. 37. *chaperons:* hoods.

* *Maître:* Title given to lawyers. † Translated into modern French. Reprinted from *Nouvelle Anthologie française,* revised edition; ed. by Albert Schinz, Osmond T. Robert, and Pierre François Giroud, Harcourt, Brace & World, Inc., 1943. § *drapier:* cloth merchant. ** *Agnelet:* i.e., lambkin.

GUILLEMETTE. Oui certes, maître en
 tromperie;
C'est du moins ce qu'on dit partout.
PATHELIN. Il faudrait le dire de ceux 50
Qui s'en vont richement vêtus
Et prétendent être avocats,
Ce que vraiment ils ne sont pas.
Mais finissons ce bavardage.
Je m'en veux aller à la foire. 55
GUILLEMETTE. A la foire?
PATHELIN. Par saint Jean, oui.
 (*Il chante.*)
« A la foire, douce acheteuse. »
 (*Il parle.*)
Vous déplaît-il que j'y marchande°
Du drap ou bien quelque autre chose
Utile pour notre ménage? 60
Nous n'avons habit qui rien vaille.
GUILLEMETTE. Mais vous n'avez ni sou ni
 maille.°
Qu'y ferez-vous?
PATHELIN. C'est mon secret.
Belle dame, si je n'apporte
Assez de drap pour vous et moi, 65
Alors, traitez-moi de° menteur.
Quelle couleur préférez-vous?
Le gris-vert, le drap de Bruxelles?
Ou bien? Il faut que je le sache.
GUILLEMETTE. Apportez ce que vous pourrez. 70
Un emprunteur ne choisit pas.
PATHELIN (*comptant sur ses doigts*). Pour vous,
 deux aunes° et demie,
Et pour moi, trois et même quatre.
C'est ça.
GUILLEMETTE. Vous comptez largement.
Qui diable vous les prêtera? 75
PATHELIN. Qui? Ne vous en souciez pas.
On me les prêtera vraiment
A rendre au jour du jugement.
Car ce ne sera pas plus tôt.
GUILLEMETTE. Alors, mon ami, nous verrons 80
Bien des gens vêtus avant nous.
PATHELIN. J'achèterai ou gris ou vert,
Et pour un blanchet,° Guillemette,
Il me faut trois quarts de brunette°
Ou une aune.
GUILLEMETTE. Dieu me protège! 85
Allez, n'oubliez pas de boire

Si vous trouvez Martin Garant.°
PATHELIN. Soyez de garde.°
 (*Il sort.*)
GUILLEMETTE (*seule*). Dieu, quel homme!...

SCÈNE II : *A l'étal* du* DRAPIER

PATHELIN (*devant l'étal, se parlant à lui-même*).
N'est-ce pas lui? Assurons-nous.
Oui, c'est lui, par sainte Marie.
Le voilà bien dans sa boutique.
 (*Il entre.*)
Dieu vous aide!
DRAPIER. Dieu vous le rende!
PATHELIN. Dieu m'est témoin que de vous
 voir 5
J'avais désir et volonté.
Dites, comment va la santé?
Êtes-vous bien portant, Guillaume?
DRAPIER. Oui, vraiment.
PATHELIN. Donnez-moi la main.
Vous allez bien?
DRAPIER. Oui, sûrement, 10
A votre bon commandement.°
Et vous?
PATHELIN. Par saint Pierre l'apôtre,
Je vais très bien et je suis vôtre.
Et ça marche?
DRAPIER. Oh! tout doucement.
Vous savez bien que les marchands 15
Ne font pas toujours à leur guise.
PATHELIN. Mais les affaires marchent bien
Et sûrement donnent confort?
DRAPIER. Dieu le veuille, Dieu mon doux
 maître!
N'importe, on travaille toujours. 20
PATHELIN. Ah! c'était un brave marchand
(Dieu le garde en son paradis!)
Que votre père, je le jure.
Il me fait grand plaisir de voir
Que vous êtes la vraie image 25
De cet homme si bon, si sage.
Vous lui ressemblez de visage;
Oui-dà, vous êtes son portrait.
Que le Dieu de miséricorde
Accueille parmi ses élus 30
Son âme!
DRAPIER. Veuillez vous asseoir,

58. *marchande:* haggle. 62. *ni sou ni maille:* not a penny.
66. *traitez-moi de:* call me. 72. *aunes:* ells (old measure, 3 feet
11 inches). 83. *blanchet:* light waistcoat. 84. *brunette:* brown
cloth.

87. *Martin Garant:* a simpleton to endorse you, a sucker.
88. *Soyez de garde:* Take care of things. SCÈNE II. * *étal:*
stall, shop. 11. *commandement:* service.

Il est bien temps de vous le dire.
Pardonnez-moi ma négligence.
PATHELIN. Je suis bien.° Par notre Sauveur,
 Il avait...
DRAPIER. Il faut vous asseoir. 35
PATHELIN. (*Il s'assied.*) Vrai, que ce soit par les
 oreilles,
 Par le nez, la bouche ou les yeux,
 Vit-on enfant ressembler mieux
 Au père? C'est lui tout craché.°
 Oui, vraiment, si l'on vous avait 40
 Faits tous deux dans le même moule°
 D'une seule pâte à la fois,
 Verrait-on une différence?
 Fut-il jamais en ce pays
 Lignage° qui mieux se ressemble? 45
 Plus je vous examine ici,
 Plus je crois revoir votre père.
 Deux gouttes d'eau ne sont pas plus
 Pareilles, je n'en fais nul doute.
 Quel délicieux garçon c'était, 50
 Quel honnête homme! qui savait,
 A l'occasion, vendre à crédit.
 Dieu ait son âme! Et, quant à rire,
 Il riait toujours de bon cœur.
 Plût à Jésus-Christ que le pire 55
 De ce monde lui ressemblât!
 On ne verrait pas tant de gens
 S'entretromper° comme ils le font.
 (*Il touche une pièce de drap.*)
 Comme ce drap est bien tissé!°
 Comme il est doux, comme il est souple! 60
DRAPIER. Je l'ai fait tisser tout exprès
 Avec la laine de mes bêtes.
PATHELIN. Hein! quel habile homme vous êtes!
 Que vous êtes bien l'héritier
 Du père! Cessez-vous jamais 65
 De travailler comme il faisait?
DRAPIER. Ah! c'est qu'il faut besogner° fort
 Si l'on veut vivre avec confort.
PATHELIN. (*Il touche une autre pièce de drap.*)
 Cette laine fut-elle teinte°?
 Elle est forte comme du cuir. 70
DRAPIER. C'est un très bon gris de Rouen,
 Je vous assure, et bien tissé.
PATHELIN. Vraiment, je ne puis résister.
 Car je n'avais nulle intention
 D'acheter rien, par la Passion 75

De Jésus-Christ, lorsque je vins.
J'avais mis à part quatre-vingts
Écus d'or à placer en rentes;°
Mais vous en aurez vingt ou trente,
Je le vois bien, car la couleur 80
De ce drap me fait grande envie.
Mais quel est ce drap-ci? Vraiment,
Plus je le vois et plus je l'aime.
Il m'en faut avoir une robe,
Pour moi, et pour ma femme aussi. 85
DRAPIER. Le drap est cher comme la crème.
Mais, ça, Monsieur, c'est votre affaire.
Il y faudra dix ou vingt francs,
Pas moins.
PATHELIN. Qu'importe, s'il est bon?
J'ai pour payer quelques gros sous 90
Bien cachés à tous les regards.
DRAPIER. Dieu en soit loué! Par saint Pierre,
Je voudrais en avoir aussi.
PATHELIN. Enfin, ce drap-ci me convient,
Je veux en acheter.
DRAPIER. Alors, 95
Vous n'avez qu'à dire combien
Vous en voulez pour vos habits.
Je suis tout à votre service.
Vous pouvez choisir dans la pile,
Même si votre poche est vide. 100
PATHELIN. Vous êtes trop gentil, merci.
DRAPIER. Ne préférez-vous pas ce pers?°
PATHELIN. Un instant. Combien coûtera
L'aune? Mais avant tout il faut
Songer à Dieu, c'est la coutume. 105
Voici donc le denier à Dieu.°
Mettons toujours Dieu avec nous.
DRAPIER. Ah! c'est agir en honnête homme.
Et je vous en suis obligé.
Vous voulez savoir mon prix?
PATHELIN. Oui. 110
DRAPIER. Eh bien, l'aune vous coûtera
Vingt-quatre sous.°
PATHELIN. Vous plaisantez.
Vingt-quatre sous, sainte Marie!
DRAPIER. C'est juste ce qu'elle me coûte,
Puis-je vous la laisser à moins? 115
PATHELIN. C'est trop cher.
DRAPIER. Vous ne savez pas
Comment le drap est enchéri,°

34. *Je suis bien:* I am all right standing. 39. *lui tout craché:*
the spit and image of him. 41. *moule:* mold. 45. *Lignage:*
Lineage, family. 58. *S'entretromper:* Deceive one another.
59. *tissé:* woven. 67. *besogner:* work. 69. *teinte:* dyed.

78. *Écus... rentes:* Gold crowns to invest in bonds.
102. *pers:* greenish blue. 106. *denier à Dieu:* God's penny
(paid to bind and sanctify a bargain). 112. In *Aucassin et
Nicolette* 20 sous was the price of an ox. Observe the inflation
in 250 years. 117. *est enchéri:* has gone up.

Combien de troupeaux° ont péri
Cet hiver à cause du froid.
PATHELIN. Vingt sous, vingt sous.
DRAPIER. Eh! je vous jure 120
Que ce sera mon dernier prix.
Venez au marché samedi,
Voir ce que coûte la toison°
Qui devient tous les jours plus rare.
Sachez qu'à la dernière foire 125
On m'a vendu huit blancs° la laine
Que j'avais autrefois pour quatre.
PATHELIN. Soit! je ne veux plus discuter
Puisqu'il en est ainsi. J'achète,
Mesurez.
DRAPIER. Bien, mais dites-moi 130
Combien d'aunes vous désirez.
PATHELIN. Ce n'est pas difficile à voir.
La largeur?
DRAPIER. Largeur de Belgique.°
PATHELIN. Trois aunes pour moi, et pour elle,
(Elle est grande), deux et demie. 135
Cela fait six aunes en tout.
Mais non, où donc ai-je l'esprit?
DRAPIER. Il ne s'en faut que demi-aune
Pour faire les six justement.
PATHELIN. J'en prendrai six tout rondement,
Car il me faut un chaperon. 141
DRAPIER. Tenez le bout, je vais auner.°
Ce coupon° doit être assez long.
Voyons : une aune, deux, trois, quatre,
Et cinq et six.
PATHELIN. C'est merveilleux, 145
Juste six.
DRAPIER. Recompterons-nous?
PATHELIN. A quoi bon? pas tant de scrupule!
Un peu plus, un peu moins, qu'importe
Entre nous? Alors, à combien
Monte le tout?
DRAPIER. Nous allons voir : 150
A vingt-quatre sous l'aune, c'est
Neuf francs les six.
PATHELIN. Très bien compté.
Ça fait six écus d'or.°
DRAPIER. Oui bien.
PATHELIN. Alors, Monsieur, faites crédit
En attendant que vous veniez 155
Chez moi; sans faute, je paîrai,

118. *troupeaux:* flocks. 123. *toison:* sheep's fleece. 126.
blancs: small silver coins. 133. *Largeur de Belgique:* Belgian
width. (Belgium, great textile center, set the standard
measurements.) 142. *auner:* measure. 143. *coupon:* remnant.
153. The *franc* is reckoned in this play at 16 *sous,* the *écu* at
1½ francs. It was normally 3 francs.

A votre gré, or ou monnaie.°
DRAPIER. C'est que ça me dérangerait
Beaucoup d'aller jusque chez vous.
PATHELIN. Hé, vous dites la vérité 160
Comme parole d'Évangile :
Oui, cela vous dérangerait.
Mais pourquoi pas? trouverez-vous
Jamais une telle occasion
De venir boire en ma maison? 165
Car je veux trinquer° avec vous.
DRAPIER. Hé! par saint Jacques, je ne fais
Guère autre chose que de boire.
J'irai. Mais ça porte malheur
De faire ainsi première vente.° 170
PATHELIN. Mais quelle chance de toucher°
Des écus d'or, au lieu d'argent!
Puis, vous mangerez de mon oie°
Que ma femme à présent rôtit.
DRAPIER (*à part*). Vraiment, cet homme me
fascine. 175
Allez devant, Monsieur. Je viens
Avec le drap.
PATHELIN. Ah! non, Monsieur.
C'est moi qui prendrai le paquet
Sous mon bras.
DRAPIER. Vous n'en ferez rien.
Il vaut mieux, pour être poli, 180
Que ce soit moi.
PATHELIN. Maudit serai-je
Par notre sainte Madeleine
Si vous vous donnez cette peine.
 (*Il met le paquet sous sa robe.*)
Comme nous allons boire et rire
Chez moi, en votre compagnie! 185
DRAPIER. Merci, mais vous me donnerez
Mon argent dès que j'y serai.
PATHELIN. Oui, ou plutôt non, pas avant
Que vous ayez pris bon repas.
Vraiment, c'est un bonheur qu'ici 190
Je n'aie pas apporté d'argent,
Car ça vous forcera de voir
Quel vin je bois. Votre feu père
M'appelait bien souvent : *Compère,*°
Ou *que dis-tu?*° ou *que fais-tu?* 195
Mais vous ne faites pas grand cas,
Vous riches, de nous, pauvres gens.
DRAPIER. En vérité, Monsieur, nous sommes
Plus pauvres que vous.

157. *monnaie:* silver. 166. *trinquer:* clink glasses. 170.*faire…
vente:* i.e., to make a sale to a new customer on credit.
171. *toucher:* receive. 173. *oie:* goose. 194. *Compère:* Chum.
195. *que dis-tu:* i.e., he used the familiar form of address.

PATHELIN. Bien, adieu
Venez tout à l'heure chez moi. 200
Nous allons boire, je m'en vante.
DRAPIER. Je n'y manquerai pas; allez
Et préparez mon or.
PATHELIN. Bien sûr.
Je n'ai jamais trompé personne,
Non.
 (Il sort et dit en s'en allant :)
 Puisse-t-il être pendu! 205
Le ladre,° il ne m'a pas vendu
A mon prix, mais vraiment au sien;
Aussi le payerai-je au mien.
Il veut de l'or, il en verra
S'il court après. Cours, mon bonhomme; 210
Pour l'attraper, il te faudra
Faire beaucoup plus de chemin
Que d'ici jusqu'à Pampelune.°
DRAPIER (devant son étal). Ils ne verront soleil
 ni lune,
Les écus qu'il me donnera, 215
Toujours cachés, loin des voleurs.
Faut-il que ce client° soit fou
Pour payer vingt-quatre sous l'aune
Ce beau drap qui n'en vaut pas vingt!

 SCÈNE III : Chez PATHELIN

PATHELIN. (cachant le drap derrière son dos).
En ai-je?
GUILLEMETTE. De quoi?
PATHELIN. Où est-il,
Votre vieux jupon tout râpé?°
GUILLEMETTE. Il est grand besoin d'en parler.
Qu'en voulez-vous faire?
PATHELIN. Rien, rien.
J'en ai, du drap. Que vous disais-je? 5
N'est-il pas joli?
 (Il montre le drap.)
GUILLEMETTE. Sainte Vierge,
Que le démon prenne mon âme
Si vous ne l'avez escroqué.°
Dieu, d'où nous vient cette aventure?
Hélas, hélas! qui le paiera? 10
PATHELIN. Demandez-vous qui ce sera?
Vraiment, il est déjà payé.
Le marchand serait-il un âne,
Pensez-vous, qui me l'a vendu?

 (a part)
Que je sois pendu par le cou 15
Si je ne l'ai ensorcelé,°
Ce vilain matou° de drapier,
Fait pour être trompé.
GUILLEMETTE. Combien
Coûte ce drap?
PATHELIN. Je n'en dois rien,
Il est payé, je vous l'assure. 20
GUILLEMETTE. Mais vous n'aviez ni sou ni
 maille;
Payé? mais avec quel argent?
PATHELIN. Détrompez-vous, car j'en avais.
Oui bien, j'avais un parisis.°
GUILLEMETTE. De mieux en mieux. Vous avez
 dû 25
Signer quelque billet à ordre°
Pour vous procurer cette étoffe,
Et quand le billet écherra,°
On viendra, on nous saisira,°
On prendra tout ce qui nous reste. 30
PATHELIN. Je vous le dis, il n'a coûté
Qu'un seul denier, pour tout potage.°
GUILLEMETTE. La sainte Vierge soit bénie!
Qui est ce marchand?
PATHELIN. Un Guillaume
De la famille de Josseaume, 35
Puisque vous le voulez savoir.
GUILLEMETTE. Mais la manière de l'avoir
Pour un denier, et à quel jeu?
PATHELIN. Ce fut pour le denier à Dieu.
Et encor, si j'avais voulu 40
Prêter serment,° la main levée,
J'aurais pu garder mon denier.
En somme, est-ce bien travaillé?
Ah! Qu'il le partage avec Dieu,
Ce denier-là, si bon lui semble, 45
C'est bien tout ce qu'il en aura.
Après cela il peut chanter,
Crier, tempêter à son aise.
GUILLEMETTE. Comment l'a-t-il voulu prêter,
Ce drap, lui, homme si rapace? 50
PATHELIN. Par la belle sainte Marie,
Je l'ai tant loué, tant flatté
Qu'il me l'aurait laissé pour rien.
Je lui affirmais que son père
Fut si brave homme : « Frère, dis-je, 55

206. ladre: skinflint. 213. Pamplona, city in northern Spain.
217. client: customer. SCÈNE III. 2. jupon tout râpé: worn-out
petticoat. 8. escroqué: got by cheating.

16. ensorcelé: bewitched. 17. matou: tomcat, curmudgeon.
24. parisis: small silver coin. 26. billet à ordre: promissory
note. 28. écherra: will fall due. 29. nous saisira: will confiscate
our property. 32. pour tout potage: all told. 41. Prêter ser-
ment: Take an oath.

« De quel parentage vous êtes !
« Il n'est certes pas de famille
« Plus estimable aux environs. »
Au fait, je dois vous avouer
Qu'il est issu de la plus basse, 60
De la plus méprisable engeance°
Qui soit, je crois, en ce royaume.
« Ah ! dis-je, mon ami Guillaume,
« Que vous ressemblez de visage
« Et de tout à votre bon père ! » 65
Avec quel art j'entremêlais
Ces paroles de compliments
Au fameux drapier qu'il était !
« Et, disais-je, l'excellent homme
« Se plaisait à vendre à crédit, 70
« Et si poliment, ses denrées.° »
« Vous êtes son portrait vivant. »
Au fait, on aurait arraché
Les dents du vilain marsouin,°
Son feu père, et du babouin,° 75
Le fils, avant qu'ils ne prêtassent
Ça,° ou dissent un mot poli.
Enfin, je l'ai tant flagorné°
Et encensé° qu'il m'a prêté
Six aunes. 80

GUILLEMETTE. Qu'il vous faudra rendre ?

PATHELIN. Ah ! vous commencez à comprendre.
Lui rendre ? On lui rendra le diable.

GUILLEMETTE. Je vois. C'est comme dans la
fable
Du corbeau° qui était assis 85
Sur une croix de cinq à six
Toises° de haut, lequel tenait
Un fromage au bec. Alors vient
Un renard qui voit ce fromage.
Il se dit : voilà mon aubaine,° 90
Se met alors sous le corbeau
Et lui parle : « Que tu es beau !
« Que ton chant est mélodieux ! »
Le sot corbeau est tout joyeux
D'entendre ainsi vanter sa voix ; 95
Il ouvre son bec pour chanter,
Et son fromage tombe à terre.
Maître renard le prend, le croque
A belles dents° et puis détale.°

C'est l'histoire, j'en suis bien sûre, 100
De ce drap. Vous l'avez happé°
Par flatterie et attrapé
En usant de belles paroles,
Comme renard fit du fromage.
C'est le fruit de votre grimace. 105

PATHELIN. Il doit venir manger de l'oie.
Voici ce qu'il nous faudra faire :
Il va bientôt venir crier
Et réclamer ce qu'on lui doit.
Mais j'ai bien arrangé les choses. 110
Je me mets au lit à l'instant
Comme si j'étais très malade.
Il arrive et il me demande.
Ah ! parlez bas et gémissez°
Et montrez bien triste visage 115
Et dites-lui : « Il est malade
« Depuis voilà bientôt deux mois. »
Et s'il prétend : « C'est un mensonge
« Car je viens de le voir chez moi. »
— « Hélas ! ce n'est pas le moment 120
« De rigoler »,° répondrez-vous.
Et vous le laissez tempêter,
Car il n'en aura autre chose.

GUILLEMETTE. Par mon âme, comptez sur moi :
Je saurai bien jouer mon rôle. 125
Mais, si vous manquez votre coup,
Que justice s'en prenne à vous,°
J'ai grand'peur qu'il ne vous en cuise°
Encor bien plus que l'autre fois.

PATHELIN. La paix !° je sais ce que je fais. 130
Il faut faire comme je dis.

GUILLEMETTE. Souvenez-vous du samedi
Que l'on vous mit au pilori.
Vous savez que chacun cria
Sur vous pour votre tromperie. 135

PATHELIN. Ah ! finissez ce bavardage.°
Il vient, nous perdons notre temps.
Il faut que ce drap reste ici.
Je m'en vais me coucher.

GUILLEMETTE. Allez.

PATHELIN. Ne riez pas.

GUILLEMETTE. Pas de danger, 140
Je pleurerai à chaudes larmes.

PATHELIN. Il nous faut être bien prudents
Pour qu'il ne se doute de rien.

61. *engeance:* breed. 71. *denrées:* merchandise. 74. *marsouin:* porpoise. 75. *babouin:* baboon. 77. *Ça:* i.e., nothing; (said with a pluck of thumbnail against upper teeth). 78. *flagorné:* flattered, blarneyed. 79. *encensé:* praised, buttered up. 85. *corbeau:* raven, crow. 87. *toises:* fathoms (six feet). 90. *aubaine:* windfall. 99. *croque à belles dents:* gobbles it up. 99. *détale:* runs away.

101. *happé:* snapped up. 114. *gémissez:* groan. 121. *rigoler:* joke. 127. *Que... vous:* If the law gets after you. 128. *qu'il... cuise:* that you will smart for it. 130. *La paix!* Peace! Be silent! 136. *bavardage:* gabble.

Acte II

SCÈNE PREMIÈRE : *L'étal du* DRAPIER

DRAPIER. Il est temps de boire le coup
 Du départ. Non, pas aujourd'hui,
 Puisque je dois boire et manger
 De l'oie, par le grand saint Mathieu,
 Chez maître Pierre Pathelin 5
 Et y recevoir mon argent.
 Je vais m'en donner jusque-là°
 Pour une fois sans dépenser.
 Partons, je ne puis plus rien vendre.

SCENE II : *Chez* PATHELIN, *devant la porte*

DRAPIER. Ho, maître Pierre!
GUILLEMETTE (*entr'ouvre la porte et parle bas*).
 Hélas, Monsieur,
 De grâce, veuillez ne rien dire
 Ou parlez bas.
DRAPIER (*parle bas*). Bonjour, Madame.
GUILLEMETTE. Oh! plus bas!
DRAPIER (*plus bas encore*). Eh, quoi? répondez.
 Où est-il?
GUILLEMETTE. Hélas! où est-il? 5
DRAPIER. Le... qui?
GUILLEMETTE. Ah! c'est mal dit, Monsieur.
 Où il est? Que Dieu nous bénisse!
 Il ne quittera pas l'endroit
 Où il est, le pauvre martyr,
 Depuis déjà onze semaines. 10
DRAPIER. Mais quoi?
GUILLEMETTE. Pardonnez-moi, je n'ose
 Parler haut; je crois qu'il repose
 Il a tant besoin de dormir,
 Hélas! il est si abattu,
 Le pauvre homme!
DRAPIER. Qui?
GUILLEMETTE. Maître Pierre. 15
DRAPIER. Quoi? n'est-il pas venu chercher
 Six aunes de drap à l'instant?
GUILLEMETTE. Qui? lui?
DRAPIER. Oui, il était chez moi
 Il n'y a pas douze minutes.
 Payez-moi. J'ai déjà perdu 20
 Trop de temps. Assez de sornettes!°
 Mon argent!
GUILLEMETTE. Oui? sans plaisanter?°

C'est bien l'heure de plaisanter.
DRAPIER. Çà,° mon argent! Êtes-vous folle?
 Il me faut neuf francs.
GUILLEMETTE. Ha! Guillaume, 25
 Ne venez pas faire le fou
 Ici et conter des histoires.
 Allez les dire à de plus sots
 Et ne vous moquez pas de nous.
DRAPIER. Juste Dieu, qui peut croire en vous 30
 Si je n'ai mes neuf francs?
GUILLEMETTE Monsieur,
 Personne n'est d'humeur à rire
 Comme vous ni à plaisanter.
DRAPIER. Madame, je vous en supplie,
 Soyez bonne, faites venir 35
 Maître Pierre.
GUILLEMETTE. Vous voulez donc
 Notre malheur? Ah! finissez.
DRAPIER (*élève la voix*). Enfin, ne suis-je pas
 ici
 Chez maître Pierre Pathelin?
GUILLEMETTE. Oui-dà. Que le mal de folie 40
 M'épargne et vous tienne à la tête!
 Parlez bas.
DRAPIER. De par tous les diables,
 Je prétends voir votre mari.
GUILLEMETTE. Oh! que le Seigneur me
 protège!
 Parlez bas, de peur qu'il s'éveille. 45
DRAPIER. Bas? vous parlerai-je à l'oreille,
 Du fond du puits ou de la cave?°
GUILLEMETTE. Mon Dieu, que vous êtes
 bavard!°
 Que vous aimez à crier fort!
DRAPIER. Je crois que le diable s'en mêle. 50
 Vous voulez que je parle bas?
 Soit. Les discussions de ce genre
 Ne sont pas dans mes habitudes.
 Le fait est que votre homme a pris
 Six aunes de drap aujourd'hui. 55
GUILLEMETTE. Encore? cela vous reprend?
 De par le diable, qu'a t-il pris?
 Monsieur, je veux que l'on me pende
 Si je mens. Il est si malade,
 Le pauvre, qu'il n'a pu sortir 60
 Du lit depuis onze semaines.
 (*Elle élève la voix.*)
 J'en ai assez de vos histoires.

ACTE II, SCÈNE Ière. 7. *m'en donner jusque-là:* fill myself up to here (with a gesture to the neck). SCÈNE II. 21. *sornettes:* absurd stories. 22. *sans plaisanter?* You aren't joking?

24. *Çà:* Here. 47. *Du fond... cave:* a play on the double meaning of *bas.* 48. *bavard:* talkative.

Vraiment, vous perdez la raison.
Vous allez quitter ma maison,
Je suis lasse de vous entendre. 65
DRAPIER. Et vous disiez de parler bas,
Très bas, j'en atteste la Vierge!
Et vous criez.
GUILLEMETTE. Mais non, c'est vous
Qui ne faites que chercher noise.°
DRAPIER. Eh bien, s'il faut que je m'en aille,
Donnez-moi... 70
GUILLEMETTE. (Elle crie.) Mais parlez donc
bas!
DRAPIER. C'est vous qui allez l'éveiller.
Vous parlez quatre fois plus haut,
En vérité, que je ne fais.
Payez-moi et je partirai. 75
GUILLEMETTE. Décidément, vous êtes ivre
Ou vous avez perdu le sens.
DRAPIER. Ivre, moi? Par le grand saint Pierre,
Voilà bien du nouveau. Moi, ivre?
GUILLEMETTE. Hélas! plus bas!
DRAPIER Qu'on me rembourse, 80
Ou qu'on me rende mes six aunes
De drap.
GUILLEMETTE. Comptez dessus; à qui
Avez-vous donc donné ce drap?
DRAPIER. A lui-même.
GUILLEMETTE. Il a bien la mine°
D'avoir du drap, lui qui ne bouge. 85
A quoi bon un nouvel habit?
Le pauvre ne sera vêtu
Que de blanc lorsqu'il sortira
D'ici, hélas! les pieds devant.°
DRAPIER. Alors, son mal est bien récent, 90
Car je lui ai parlé, nul doute.
GUILLEMETTE. Dieu, que vous avez la voix
haute!
(On entend la voix de PATHELIN, de l'intérieur.)
PATHELIN. Guillemette, de l'eau de rose!°
Venez m'arranger dans mon lit.
Eh bien, qu'attendez-vous? La cruche° 95
A boire! Frottez-moi les pieds.
DRAPIER. Je l'entends.
GUILLEMETTE. Pour sûr.
PATHELIN. Ah! méchante,
Venez donc. Vous allez fermer
Ces fenêtres et me couvrir.
Chassez ces gens noirs.° Marmara, 100

Carimari, carimara.°
Chassez-les vite, chassez-les.
GUILLEMETTE (au DRAPIER). Hélas! venez le
voir, Monsieur.
C'est un malade difficile.

SCÈNE III : Dans la maison de PATHELIN

DRAPIER (entrant). Est-il vraiment tombé
malade
Juste en revenant de la foire?
GUILLEMETTE. De la foire?
DRAPIER. Certainement.
Car je sais qu'il y a été.
 (à PATHELIN)
Du drap que je vous ai vendu 5
Payez-moi le prix, maître Pierre.
PATHELIN (faisant semblant de le prendre pour son
médecin).
Ah! maître Jean, vos sales drogues
N'ont pas produit le grand effet
Que vous m'aviez promis. Faut-il
Que je prenne un autre clystère?° 10
DRAPIER. Que m'importent vos médecines?
Je veux neuf francs ou six écus.
PATHELIN. Ces trois morceaux noirs et pointus,
Sont-ils bien vraiment des pilules?°
Ils m'ont démoli la mâchoire.° 15
Pour Dieu, ne m'en faites plus prendre.
Maître Jean, ils m'ont fait tout rendre.°
Je ne sais rien de plus amer.
DRAPIER. Plaise à Dieu qu'aussi aisément
Mes six écus me soient rendus!° 20
GUILLEMETTE (au DRAPIER). On devait prendre
par le cou
Tous les fâcheux° qui vous ressemblent.
Allez-vous-en, par tous les diables,
Si ce n'est par le nom de Dieu.
DRAPIER. Par le Seigneur qui me fit naître, 25
Je ne sors sans avoir mon drap
Ou mes neuf francs.
PATHELIN. Et mon urine
N'annonce-t-elle pas ma mort?
Combien d'heures me reste-t-il
Avant que je fasse le pas?° 30
GUILLEMETTE (au DRAPIER). Allez-vous-en.
C'est un péché

69. chercher noise: pick a quarrel. 84. Il a... mine: He
certainly looks like. 89. les pieds devant: feet first (i.e., in a
coffin). 93. eau de rose: a soothing lotion. 95. cruche: pitcher.
100. ces gens noirs: i.e., Pathelin has delusions.

101. Marmara... carimara: meaningless words, used as
exorcisms. SCÈNE III. 10. clystère: enema. 14. pilules: pills. 15.
démoli la mâchoire: broken my jaw. 17. rendre: vomit. 20.
rendus: returned; pun on double meaning of rendre. 22.
fâcheux: bores. 30. fasse le pas: die.

De lui casser ainsi la tête.°

DRAPIER. Donnez mes neuf francs sans tarder,
Par le grand saint Pierre de Rome.

GUILLEMETTE (*au* DRAPIER). Pourquoi tour-
menter ce pauvre homme? 35
Comment êtes-vous si cruel?
Vous voyez clairement qu'il pense
Que vous êtes son médecin.
Hélas! l'infortuné chrétien
N'a-t-il pas assez de malheur? 40
Onze semaines bien comptées
Depuis que le pauvre est au lit.

DRAPIER. Je ne puis m'expliquer comment
Cet accident est arrivé.
Il est bien venu aujourd'hui, 45
Nous avons marchandé ensemble,
A tout le moins comme il me semble;
Je ne sais ce que ce peut être.

GUILLEMETTE. Par Notre-Dame, mon doux
maître,
Vous n'avez pas bonne mémoire: 50
Sans faute,° si vous m'en croyez,
Vous irez prendre du repos.
Bien des gens pourraient supposer
Que vous venez ici pour moi.
Allez-vous-en. Les médecins 55
Vont arriver dans un instant.

DRAPIER. Je n'ai cure° que l'on en pense
Du mal, car je n'en pense point.
Eh! sacrebleu, en suis-je là?
Ventrebleu,° si je le croyais... ! 60
D'ailleurs, n'avez-vous pas une oie
Au feu?

GUILLEMETTE. Oh! la belle question!
Monsieur, ce n'est pas une viande
Pour malades. Mangez vos oies
Sans venir faire des grimaces. 65
Vous en prenez trop à votre aise.

DRAPIER. Pardonnez-moi, ne vous déplaise,
Car je croyais sincèrement...
J'en jure par le Sacrement...
Adieu.

 (*devant la maison de* PATHELIN, *seul*)
 Enfin, nous allons voir. 70
Je sais bien mon compte de drap,
Six aunes d'une seule pièce.
Cette femme me déconcerte
Et me fait perdre la raison.
Certes, il a pris mes six aunes. 75

...Et pourtant!... Je n'y comprends rien.
Je l'ai vu bien près de mourir.
Se peut-il qu'il singe° la mort?
...Mais enfin, il a pris mon drap
Et l'a emporté sous son bras. 80
...Je m'y perds,° par sainte Marie.
Suis-je la victime d'un songe?
Je ne sache pas que je donne
Mes draps, en dormant ou veillant,°
A personne, même aux amis. 85
Et jamais je ne fais crédit.
...Cependant, il a pris mes aunes.
...Les a-t-il prises? faut-il croire
Que non?... Je ne peux pas douter
De mes yeux. Faites, Notre Dame, 90
Que je me perde corps et âme
Si je sais qui pourrait me dire
Lequel a gardé sa raison
D'eux ou de moi! Je n'y vois goutte.°

SCÈNE IV: *Chez* PATHELIN

PATHELIN. Parti?

GUILLEMETTE. Silence! Je le vois
Qui s'en va, tout en radotant,°
En grommelant° je ne sais quoi.
Il m'a l'air d'un homme qui rêve.°

PATHELIN. Dans ce cas, je puis me lever. 5
Comme il est arrivé à point!

GUILLEMETTE. Mais peut-être reviendra-t-il.
Attendez. Ne bougez encore.
Notre affaire tournerait mal
S'il vous trouvait levé.

PATHELIN. Saint George! 10
Il est venu à bonne école,
Lui qui est toujours si serré.°
Ce qu'on lui a fait lui sied mieux
Qu'un crucifix dans un couvent.

GUILLEMETTE. Tromper un si vilain matois,° 15
C'est comme mettre lard° en pois.
Jamais aux pauvres il ne donne
Le dimanche.

 (*Elle rit.*)

PATHELIN. Ne riez pas.
S'il venait, il pourrait trop nuire.
Car je crois fort qu'il reviendra. 20

32. *lui casser... tête:* bother him so. 51. *Sans faute:* With-
out fail. 57. *Je n'ai cure:* I don't care. 60. *Ventrebleu:* Zounds!

78. *singe:* is aping. 81. *m'y perds:* get confused. 84. *veil-
lant:* awake. 94. *n'y vois goutte:* can't make head or tail of it.
SCÈNE IV. 2. *radotant:* raving. 3. *grommelant:* grumbling.
4. *rêve:* is out of his right mind, raves. 12. *serré:* tight-
fisted. 15. *matois:* sharper. 16. *lard:* bacon.

GUILLEMETTE. Ma foi, se retienne de rire°
Qui voudra, il faut que j'éclate.°

SCÈNE V : *L'étal du* DRAPIER

DRAPIER. (*Il compte son drap.*) Eh! par le
saint soleil qui luit,
Je retourne décidément
Chez cet avocat de misère.°

SCÈNE VI : *Chez* PATHELIN

GUILLEMETTE. Lorsque je pense à la grimace
Qu'il faisait en vous regardant,
Je ris. Il mettait tant d'ardeur
A demander son...
PATHELIN. Chut,° rieuse.
Veuille Dieu qu'il n'en fasse rien! 5
Car, s'il venait à vous entendre,
Nous n'aurions qu'à prendre la fuite :
C'est un marchand inexorable.
DRAPIER (*à la porte*). Et cet ivrogne d'avocat,
De si piètre° réputation, 10
Prend-il les autres pour des dupes?
Il mérite d'être pendu
Comme le plus vil scélérat.
Il a mes aunes, sacrebleu!
M'a-t-il joué honteusement! 15
 (*à* GUILLEMETTE)
Holà, ou êtes-vous cachée?
GUILLEMETTE (*à* PATHELIN). Ma parole, il m'a
entendue
Et cela le fait endêver.°
PATHELIN. Je ferai semblant de rêver.
Ouvrez.
GUILLEMETTE (*au* DRAPIER). Pourquoi crier si
fort? 20
DRAPIER. Dame,° je vous ai prise à rire.
Çà, mon argent!
GUILLEMETTE. Sainte Marie,
De quoi croyez-vous que je rie?
Qui donc peut souffrir plus que moi?
Il meurt et c'est une tempête, 25
Une terrible frénésie.
Vit-on jamais un tel délire?
Il rêve, il chante, il baragouine°
Et barbouille° en tant de jargons!

Vivra-t-il une demi-heure? 30
Je ne fais que rire et pleurer
En même temps.
DRAPIER. Rire de quoi?
Pleurer sur quoi? A parler net,
Il faut me donner mon argent.
GUILLEMETTE. Pour quoi? Êtes-vous insensé? 35
Recommencez-vous cette histoire?
DRAPIER. Ai-je coutume qu'on me serve
De tels mots quand je vends mon drap?
Prétendez-vous me faire croire
Que les vessies sont des lanternes?° 40
PATHELIN (*faisant croire qu'il a le délire*). Voici la
reine des guitares
Qui demande que je l'épouse.
Je sais bien qu'elle est accouchée°
D'au moins vingt-quatre guitaristes,
Enfants de l'abbé d'Iverneaux; 45
Il me faut être son compère.°
GUILLEMETTE (*à* PATHELIN). Hélas! pensez à
Dieu le Père,
Mon ami, et non aux guitares.
DRAPIER. Vous me contez des balivernes,°
Des chansons.° Vite, que je sois 50
Payé en or ou en argent
Pour le drap que vous m'avez pris.
GUILLEMETTE (*au* DRAPIER). Vous nous avez
dit cette histoire
Une fois : n'est-ce pas assez?
DRAPIER. Une histoire, bonne Madame? 55
Mais c'est la pure vérité.
Rendez le drap, ou payez-le.
N'ai-je pas le droit de venir
Ici pour réclamer mon dû?
GUILLEMETTE. Je vois bien à votre visage 60
Certes que vous n'êtes pas sage.°
Pauvre pécheresse je suis;
Que ne puis-je vous garrotter?°
Vous êtes totalement fou.
DRAPIER. Ah! j'enrage de n'avoir pas 65
Mon argent.
GUILLEMETTE. Mais quelle folie!
Signez-vous. *Benedicite.*°
Faites le signe de la croix.
DRAPIER. Oh! si jamais je prête encore
Du drap, je serai bien malade. 70

21. *se retienne de rire:* let him keep from laughing. 22. *éclate:* burst out laughing. SCÈNE V. 3. *de misère:* wretched. SCÈNE VI. 4. *Chut:* Hush. 10. *piètre:* wretched. 18. *le fait endêver:* drives him wild. 21. *Dame:* After all, Why. 28. *baragouine:* babbles. 29. *barbouille:* gabbles.

40. *Prétendez-vous... lanternes?:* Do you think I'm an easy mark (lit., that you can make me take bladders for lanterns)? 43. *est accouchée:* gave birth. 46. *compère:* godfather. 49. *balivernes:* nonsense. 50. *chansons:* foolishness. 61. *sage:* sane. 63. *garrotter:* tie up. 67. *Signez-vous. Benedicite:* Cross yourself (to drive out the devil who makes you mad). Bless the Lord.

PATHELIN. *Mère de Dieu la coronade*
 Par ma fie, i m'en vuol anar… (etc.)°
 Avez-vous compris, beau cousin?
GUILLEMETTE. Il a un oncle limousin,
 Un frère de sa belle tante.° 75
 C'est ce qui le fait, je suppose,
 Jargonner en limousinois.
DRAPIER. Vrai, il partit en tapinois°
 Emportant mon drap sous son bras.
PATHELIN (*comme en délire*). Avancez, douce
 demoiselle. 80
 Eh, que me veut cette racaille?°
 Allez-vous-en, tas de fripouilles.°
 Cha tôt, je veuil devenir prêtre,
 Or cha, (etc.)°
GUILLEMETTE. Hélas! hélas! l'heure s'avance 85
 De lui donner l'extrême onction.°
DRAPIER. Mais comment se fait-il qu'il parle
 Picard? Expliquez-moi cela.
GUILLEMETTE. Sa mère fut de Picardie.
 Alors, il le parle aisément. 90
PATHELIN (*comme en délire*). D'où viens-tu,
 carême-prenant?°
 Inacarme lieve go de mar
 Ethelic bog (etc.)°
 Appelez le curé Thoma
 Pour qu'il vienne me confesser. 95
DRAPIER. Va-t-il nous ennuyer longtemps
 A nous parler tous ces jargons?
 S'il voulait me donner un gage°
 Ou mon argent, je m'en irais.
GUILLEMETTE. Par la Passion de Jésus-Christ,
 Vous êtes un homme bizarre. 101
 Que voulez-vous? vit-on jamais
 Un être si fort obstiné?
PATHELIN (*comme en délire*). *Or cha, Renouard*
 au tiné,
 Bé da que (etc.)°
DRAPIER. Comment trouve-t-il le moyen 105
 De tant parler? Il se fatigue.
GUILLEMETTE. Il se rappelle son école,
 Son maître normand; maintenant
 Qu'il va mourir, ça lui revient.
 C'est la fin. 110
DRAPIER. Ah! sainte Marie,

C'est bien la plus grande illusion
Qui m'ait jamais troublé l'esprit.
Ai-je rêvé? Je croyais bien
Lui avoir parlé à la foire. 115
GUILLEMETTE. Vous le croyiez?
DRAPIER. Ah! oui, vraiment,
 Mais j'aperçois bien le contraire.
PATHELIN (*comme en délire*). Est-ce un âne que
 j'entends braire?°
 Hélas, hélas! mon cher cousin,
 Il y aura un grand émoi 120
 Quand je ne te reverrai plus.
 Ne dois-je pas te détester?
 Tu m'as fait grande tricherie;°
 Chez toi, c'est toujours tromperie.
 Ha oul danda oul ravezie 125
 Corfa en euf.
GUILLEMETTE. Dieu vous bénisse!
PATHELIN (*comme en délire*). *Huis oz bez ou dronc*
 badou
 Digant cor (etc.)°
DRAPIER. Sainte Dame! Comme il barbote!°
 Pire qu'un canard!° Il bredouille° 130
 Ses mots tant qu'on n'y comprend rien.
 Ce n'est pas là parler chrétien
 Ni langage qu'on puisse entendre.
GUILLEMETTE. Ce fut la mère de son père
 Qui venait tout droit de Bretagne. 135
 Il va mourir, cela nous montre
 Qu'il faut les derniers sacrements.
PATHELIN. Eh! par saint Gigon tu te mens
 Voit à Dieu. (etc.)°
 Et bona dies sit vobis, 140
 (Bonjour à vous,)
 Magister amantissime,
 (Maître très doux,)
 Pater reverendissime,
 (Très révérend Père,)
 Quomodo brulis? quæ nova?
 (Comment brûlez-vous? quoi de nouveau?)
 Parisius non sunt ova.
 (Il n'y a pas d'œufs à Paris.)
 Quid petit ille mercator? 145
 (Que veut ce marchand?)
 Dixit nobis quod trufator,
 (Il nous a dit que le trompeur,)
 Ille qui in lecto jacet,

72. Pathelin speaks seven lines in Limousin, a Provençal dialect. (The use of dialect was, and is, a sure-fire comic device.) 75. *belle tante:* aunt by marriage. 78. *en tapinois:* slyly. 81. *racaille:* rabble. 82. *fripouilles:* rascals. 84. Pathelin speaks five lines in the Picard dialect of northern France. 86. *extrême onction:* last rites. 91. *carême-prenant:* masquerader. 93. Pathelin speaks thirteen lines in Flemish. 98. *gage:* security. 104. Now fourteen meaningless lines in Norman dialect.

118. *braire:* bray. 123. *tricherie:* cheat. 128. Now twelve lines in Breton. 129. *barbote:* flounders around. 130 *canard:* duck. 130. *bredouille:* jabbers. 139. Here fourteen lines in Lorraine dialect. Pathelin then shifts to Latin.

(Celui qui gît dans ce lit,)
Vult ei dare si placet
(Veut lui donner, s'il lui plaît,)
De oca ad comedendum.
(De l'oie à manger.)
Si sit bona ad edendum 150
(Si elle est bonne à manger,)
Detur sibi sine mora.
(Donnez-lui-en sans tarder.)
GUILLEMETTE. Je jurerais qu'il va mourir
En parlant — Oh! comme il écume!°
Voyez-vous pas comme il s'agite?
O Dieu très haut, ô Dieu du ciel 155
Où s'en va mon pauvre mari,
Je resterai seule et dolente!°
DRAPIER (*à part*). Je ferais bien de m'en aller
Avant qu'il n'ait rendu son âme.
 (*haut*)
Je crains qu'il ne consente pas 160
A vous dire, avant de mourir,
Moi présent, assez librement
Des secrets importants peut-être.
Pardonnez-moi, car je vous jure
Que je croyais bien, sur mon âme, 165
Qu'il avait mon drap. Adieu, dame.
Pour Dieu, qu'il me soit pardonné.
DRAPIER (*sortant*). Par la gente° sainte Marie,
Fus-je jamais plus ébaubi°
Qu'aujourd'hui? C'est vraiment le diable
Qui m'a volé pour me tenter. 170
Benedicite. Que du moins
Il me laisse en paix maintenant!
Ainsi donc, je donne mon drap,
Pour Dieu, à quiconque l'a pris.

SCÈNE VII : *Chez* PATHELIN

PATHELIN. (*Il saute à bas du lit°.*) Allons! Ma
 ruse a réussi.
Il s'en va donc, le beau Guillaume!
Dieu! qu'il a dessous son bonnet
De belles choses à penser!
A quoi ne va-t-il pas rêver 5
La nuit quand il sera couché?
GUILLEMETTE. Ah! comme nous l'avons
 roulé!°
N'ai-je pas bien joué mon rôle?
PATHELIN. Ma foi, ma femme, à dire vrai,
Vous l'avez joué à merveille. 10

153. *écume:* froths at the mouth. 157. *dolente:* grieving.
168. *gente:* gentle. 169. *ébaubi:* bewildered. SCÈNE VII.
1. *à bas du lit:* out of bed. 7. *roulé:* cheated.

Nous avons sûrement gagné
Assez de drap pour nous vêtir.

Acte III

SCÈNE PREMIÈRE : *Devant la porte du*
DRAPIER

DRAPIER (*seul*). On me repaît° de duperies.
Chacun m'emporte mon avoir
Et prend ce qu'il en peut avoir.
Je suis le roi des malchanceux.°
Jusqu'aux bergers de nos moutons 5
Qui me volent; en voici un
A qui j'ai toujours fait du bien;
Je saurai me venger de lui
Et l'envoyer à confession,
J'en jure par la sainte Vierge. 10
BERGER. Dieu vous donne bonne journée
Et soirée aussi, mon cher maître.
DRAPIER. Ah! te voilà, sale vaurien,°
Bon serviteur, mais propre à rien.
BERGER. Permettez-moi de vous apprendre 15
Qu'un homme drôlement vêtu
Pas trop propre non plus, Monsieur,
Et portant un fouet sans corde,°
M'a dit... Je ne me souviens pas
Exactement de ses paroles. 20
Il m'a parlé de vous, mon maître,
D'une certaine assignation.°
Croyez-moi, par sainte Marie,
J'ai à peine compris deux mots.
Il m'a parlé tout pêle-mêle 25
De brebis° et de relevée,°
En me faisant grande menace
De châtiment de votre part.
DRAPIER. Si je ne te fais enchaîner
Aujourd'hui même par le juge, 30
Je demande que le déluge
M'emporte et me fasse périr.
Tu n'assommeras° plus mes bêtes,
Par ma foi, qu'il ne t'en souvienne.°
Tu me paieras, quoi qu'il advienne,° 35
Six aunes... je dis le trépas°
De mes brebis et le dommage

ACTE III, SCÈNE I^ère. 1. *me repaît:* give me my fill. 4.
malchanceux: unlucky. 13. *vaurien:* blackguard. 18. *fouet
sans corde:* whip without lash; wand of office of *sergent,*
who served summonses, etc. 22. *assignation:* summons.
26. *brebis:* sheep. 26. *relevée:* afternoon (time set for court
hearing). 33. *assommeras:* you will beat to death. 34. *qu'il
ne t'en souvienne:* without your remembering it. 35. *quoi
qu'il advienne:* whatever may happen. 36. *trépas:* death.

Que tu m'as fait depuis dix ans.
BERGER. Ne croyez pas ce qu'on raconte,
 Mon bon maître, car par mon âme... 40
DRAPIER. Et par la Dame que l'on prie,
 Tu les paieras au pilori.
 Mes six aunes de... je veux dire
 Ce que tu as pris sur mes bêtes.
BERGER. Six aunes? vous êtes fâché, 45
 Il me semble, pour autre chose.
 Par saint Leu, mon maître, je n'ose
 Rien dire quand je vous regarde.
DRAPIER. Fiche-moi le camp° et va-t'en
 Chez le juge, si bon te semble. 50
BERGER. N'est-il pas moyen d'arranger
 Les choses sans aucun procès?
DRAPIER. Aucun. Ah! ton affaire est claire!
 Va-t-en. Je ne veux rien céder.
 Dieu me garde de retirer 55
 Ma plainte! Elle est aux mains du juge.
 Tout le monde me tromperait,
 Corbleu!° si je n'y prenais garde.
BERGER. Adieu, Monsieur. Portez-vous bien.
 (à part.)
 Il faut donc que je me défende. 60

SCÈNE II : *Chez* PATHELIN

BERGER (*à la porte*). Holà! quelqu'un?
PATHELIN (*de la maison*). Là, qu'on me pende
 Si ce n'est pas notre drapier!
GUILLEMETTE. J'espère que non, par saint
 George,
 Car ce serait vraiment le comble.°
BERGER. Bonjour, Monsieur. Dieu vous
 bénisse! 5
PATHELIN (*ouvrant la porte*). Toi ici, berger!
 que veux-tu?
BERGER. On me condamne par défaut°
 Si je ne parais chez le juge,
 Monseigneur, cet après-midi.
 Eh! s'il vous plaît, vous y viendrez, 10
 Mon bon maître, et me défendrez,
 Car, moi, je ne saurais le faire.
 Et vous serez très bien payé
 Quoique je sois mal habillé.
PATHELIN. Viens me conter cela.
 (LE BERGER *entre*.)
 Qu'es-tu, 15

Ou demandeur ou défendeur°?
BERGER. Je suis le berger d'un patron,
 Comprenez bien cela, cher maître,
 Dont, depuis dix ans, je fais paître°
 Les brebis et les garde aux champs. 20
 Et, ma foi, il me semblait bien
 Qu'il me payait petitement.
 Dirai-je tout?
PATHELIN. Dame, bien sûr.
 A son conseil° on doit tout dire.
BERGER. Eh bien, je confesse, messire, 25
 Que j'ai souvent frappé les bêtes
 Si fort que plusieurs sont tombées
 Et ne se sont pas relevées,
 Bien qu'elles fussent déjà fortes.
 Alors, je lui faisais entendre, 30
 Afin qu'il ne m'en pût reprendre,°
 Qu'elles mouraient de clavelée.°
 « Ah! disait-il, sépare-les
 « Du troupeau. Jette-les au diable.
 « — Volontiers », disais-je. Cela 35
 Se faisait d'une autre façon :
 Car, par saint Jean, je les mangeais,
 Moi qui savais la maladie.
 Que voulez-vous que je vous dise?
 J'ai continué si longtemps, 40
 J'ai tant assommé de brebis
 Qu'il a fini par voir le truc.°
 Et, sachant que je le trompais,
 Le méchant m'a fait épier :
 Car on les entend bien crier, 45
 Les bêtes, lorsqu'on les assomme.
 Alors, on m'a pris sur le fait,°
 Je ne le puis jamais nier.
 Je voudrais donc vous supplier
 (N'ayez peur, je puis vous payer) 50
 De lui faire perdre sa cause.°
 Je sais que la loi est pour lui,
 Mais vous trouverez quelque tour
 Pour la mettre de mon côté.
PATHELIN. Cela te rendrait bien service? 55
 Que paieras-tu si je renverse
 Le droit de ta partie adverse°
 Et si l'on te renvoie absous?°
BERGER. Je ne vous paierai pas en sous,
 Mais en bel or à la couronne.° 60
PATHELIN. Alors, ta cause sera bonne,

49. *Fiche-moi le camp:* Get out of here. 58. *Corbleu!* By gad! SCÈNE II. 4. *comble:* limit. 7. *par défaut:* by default (for nonappearance).

16. *demandeur ou défendeur:* plaintiff or defendant. 19. *paître:* graze. 24. *conseil:* counsel, lawyer. 31. *reprendre:* scold. 32. *clavelée:* sheep pox. 42. *truc:* trick. 47. *sur le fait:* in the act. 51. *cause:* case. 57. *partie adverse:* opponent. 58. *absous:* acquitted. 60. *or à la couronne:* gold stamped with a crown.

Fût-elle moitié° plus mauvaise.
Les meilleures, je les fais perdre
Quand j'exerce tout mon talent.
Ah! tu m'entendras discourir 65
Quand il aura fini sa plainte!
Écoute bien. Je te demande,
Par tous les Saints du Paradis,
Tu es bien assez malicieux°
Pour comprendre ma plaidoirie?° 70
Comment est-ce que l'on t'appelle?
BERGER. Mon nom, c'est Thibaut l'Agnelet.
PATHELIN. L'Agnelet? Plus d'un agneau de
 lait°
Tu as chipé à ton patron?
BERGER. En vérité, il est possible 75
Que j'en aie mangé plus de trente
En trois ans.
PATHELIN. Joli bénéfice°
Pour tes dés° et pour ta chandelle.
Comme je vais le tourmenter!
Penses-tu qu'il puisse trouver 80
Des témoins pour prouver son cas?
Grosse question dans un procès.
BERGER. Des témoins? Ah! oui, bonne
 Vierge!
Par tous les Saints du Paradis,
Pour un il en trouvera dix 85
Qui vont témoigner contre moi.
PATHELIN. Oh! C'est une chose qui gâte
Ta cause. Mais écoute bien :
Je feindrai ne pas te connaître
Et ne t'avoir jamais parlé. 90
BERGER. Très bien.
PATHELIN. Rien de plus naturel.
Mais voici ce qu'il faudra faire :
Si tu parles, on te prendra
En défaut dans chaque réponse.
Rien de pire que les aveux;° 95
Ils sont toujours très dangereux
Et nuisent comme de vrais diables.
Voici donc ce que tu feras :
Sitôt que l'on t'appellera
Pour paraître devant le juge, 100
Tu ne répondras autre chose
Que bée,° quoi que l'on te demande;
Et, s'il arrive qu'on te blâme
En disant : « Sale vagabond,

« Truand,° Dieu vous donne la gale!° 105
« Vous moquez-vous de la justice? »
Dis : bée. « Ah! quel idiot! dirai-je,
« Il pense parler à ses bêtes. »
Et, s'ils veulent crier plus fort,
Ne prononce pas d'autre mot, 110
Garde-t'en bien.
BERGER. Soyez tranquille.
Je m'en garderai avec soin
Et suivrai votre avis en tout.
Comptez-y, je vous le promets.
PATHELIN. C'est de la plus grande import-
 ance. 115
A moi-même, pour quelque chose
Que je te dise ou te demande,
Tu ne répondras autrement.
BERGER. Je vous le jure sur mon âme.
Voyez en moi le roi des fous, 120
Si je dis une autre parole
A vous ou à d'autres personnes,
En réponse à n'importe quoi,
Que bée, ainsi que vous voulez.
PATHELIN. Alors, je plains ton adversaire, 125
Il sera pris dans nòs filets.
Mais aie bien soin que je me loue,°
Quand ce sera fait, de la paie.
BERGER. Monseigneur, si je ne vous paie
A votre mot, ne me croyez 130
Jamais. Mais, de grâce, prenez
Le plus grand soin de mon affaire.
PATHELIN. Par Notre-Dame de Boulogne,
Je crois que le juge est assis,°
Car il vient toujours à midi 135
Ou à peu près ce moment-là.
Viens après moi. Il ne faut pas
Que l'on nous voie tous deux ensemble.
BERGER. Je comprends. Vous ne voulez pas
Qu'on vous sache mon avocat. 140
PATHELIN. Gare à toi, mauvais garnement,°
Si tu n'apportes mes écus.
BERGER. A votre mot, certainement.
Monseigneur, n'ayez aucun doute.
 (Il sort.)
PATHELIN. Ah! la clientèle° revient. 145
Je vais enfin gagner un peu.
J'aurai de lui, si tout va bien,
Quelques écus d'or pour ma peine.

62. *moitié:* half again. 69. *malicieux:* smart, sly. 70. *plaidoirie:* plea in defense. 73. *agneau de lait:* baby lamb. 77. *bénéfice:* profit. 78. *dés:* dice. (Taverns charged customers for the use of dice [which players could trust] and candles.) 95. *aveux:* admissions. 102. *bée:* baa.

105. *Truand:* Vagabond. 105. *gale:* itch. 127. *que je me loue:* that I shall be well satisfied. 134. *assis:* seated (in court). 141. *garnement:* rascal. 145. *clientèle:* practice.

Scène III : *Au tribunal*

PATHELIN (*au* JUGE). Sire, Dieu vous accorde
 en grâce
 Tout ce que votre cœur désire!
JUGE. Soyez le bienvenu, Monsieur.
 Couvrez-vous° et prenez ce siège.
PATHELIN (*qui reste au fond*). Merci. Si vous le
 permettez, 5
 Je reste ici plus à mon aise.
JUGE (*au public*). Apportez vite vos procès
 Ou bien je vais lever l'audience.°
DRAPIER. Mon avocat ne peut tarder,
 Il a une petite affaire, 10
 Monseigneur, et, s'il vous plaisait,
 Vous seriez bien bon de l'attendre.
JUGE. J'ai d'autres chiens à fouetter.°
 Si votre adversaire est ici,
 Nous procéderons sans délai. 15
 Vous êtes bien le demandeur?
DRAPIER. Oui, sire.
JUGE. Où est le défendeur?
 Est-il devant nous en personne?
DRAPIER. Bien sûr, voyez-le qui ne dit
 Mot, mais Dieu sait ce qu'il en pense. 20
JUGE. Puisque vous êtes en personne
 Tous deux, présentez votre plainte.
DRAPIER. Voici donc ce que je demande.
 Monseigneur, c'est la vérité
 Que pour Dieu et par charité 25
 Je l'ai nourri dans son enfance.
 Et quand je le vis assez grand
 Pour l'envoyer aux champs, alors
 Je le fis être mon berger
 Et le mis à garder mes bêtes. 30
 Mais aussi vrai que je vous vois
 Assis là, monseigneur le juge,
 Il m'a fait un si grand massacre
 De mes brebis, de mes moutons,
 Que sans mentir...
JUGE. Je vous écoute. 35
 Dites, vous l'aviez pris à gage?°
DRAPIER. Dame, s'il s'était avisé
 De les garder sans être à moi...
 (*Il aperçoit* PATHELIN.)
 Que je puisse renier Dieu
 Si ce n'est vous que je revois! 40
 (PATHELIN *se cache le visage.*)

JUGE. Comme vous tenez la main haute!
 Souffrez-vous des dents, maître Pierre?
PATHELIN. Oui, elles me font un tel mal!
 Je n'eus jamais pareille rage,°
 Je n'ose lever le visage 45
 Ne vous occupez pas de moi.
JUGE (*au* DRAPIER). Allez, achevez votre
 plainte.
 Surtout concluez clairement.
DRAPIER (*à lui-même*). Vraiment c'est lui et pas
 un autre,
 J'en jure par la Sainte Croix. 50
 (*à* PATHELIN)
 C'est bien vous à qui j'ai vendu
 Six aunes de drap, maître Pierre.
JUGE. Que veut-il dire?
PATHELIN. Oh! il divague.°
 Il croit revenir à sa plainte
 Et ne peut pas y arriver : 55
 Il n'a pas appris sa leçon.
DRAPIER. Qu'on me pende s'il n'a pas pris
 Mon drap, qu'on me coupe la gorge!
PATHELIN. Comme le méchant homme va
 Chercher loin l'objet de sa plainte! 60
 Il veut dire, le maladroit,
 Que son berger avait vendu
 La laine (si j'ai bien compris)
 Dont fut fait le drap de ma robe.
 Son berger le vole, dit-il; 65
 Il lui a dérobé la laine
 De ses brebis.
DRAPIER (*à* PATHELIN). Malédiction
 Sur moi, si vous n'avez mon drap!
JUGE. Vous ne faites que bavarder.°
 Ne pouvez-vous pas revenir 70
 A la question sans fatiguer
 La cour de stupides propos?
PATHELIN. J'ai mal aux dents, mais il faut
 rire.
 Cet homme est si pressé qu'il a
 Perdu le fil de son discours. 75
 C'est à nous de le retrouver.
JUGE. Mais revenons à ces moutons.°
 Alors, quoi?
DRAPIER. Il a pris six aunes
 De neuf francs.
JUGE. Sommes-nous des bêtes,
 Des idiots? Où croyez-vous être? 80

Scène III. 4. *Couvrez-vous:* Put on your hat. 8. *lever l'audience:* close the court. 13. *d'autres... fouetter:* i.e., other fish to fry. 36. *pris à gage:* hired.

44. *rage:* toothache. 53. *divague:* is rambling. 69. *bavarder:* run on. 77. *revenons à ces moutons:* let's get back to the subject (the phrase has become proverbial).

PATHELIN. Parbleu! Il se moque de vous.
Jugez le bonhomme° à sa mine.°
Je suggère qu'on examine
Maintenant la partie adverse.
JUGE. Sage conseil. Il ne dit mot. 85
Il m'a l'air tout interloqué.°
 (au BERGER)
Approche.
BERGER. Bée!
JUGE. Hein! quelle peste!
Bée! me prends-tu pour une chèvre?°
Parle-moi.
BERGER. Bée!
JUGE. Eh! que la fièvre
Te dévore, mauvais plaisant!° 90
PATHELIN. Quel fou, quel petit entêté!°
Pense-t-il être avec ses bêtes?
DRAPIER (à PATHELIN). Que je sois maudit si
 vous n'êtes
L'homme qui est venu voler
Mes six aunes!
 (au JUGE)
 Vous ne savez, 95
Monseigneur, par quelle malice…
JUGE. Taisez-vous donc. Êtes-vous fou?
Laissez en paix cet accessoire
Et revenons au principal.
DRAPIER. L'accessoire me touche fort, 100
Monseigneur. Cependant ma bouche
N'en dira plus un mot ici.
J'y penserai une autre fois
Quand l'heure sera favorable.
Alors, j'avale la pilule 105
Sans mâcher°… Je vous disais donc
Sur ma plainte comment j'avais
Donné six aunes… Je veux dire
Mes brebis; de grâce, Messire,
Pardonnez-moi… Ce chenapan° 110
De berger, quand il devait être
Aux champs, il me dit que j'aurais
Six écus d'or quand je vendrais…
… Pardon… Voilà trois ans passés
Que mon berger s'est engagé 115
A me garder loyalement
Mes brebis et à ne commettre
Ni dommage ni vilenie.
Et maintenant il me refuse
L'argent, lui qui garde le drap… 120

Ah! maître Pierre, en vérité…
… Ce ribaud-ci tondait la laine°
De mes bêtes et, toutes saines,
Les mettait durement à mort,
En les assommant de grands coups 125
De bâton sur leur pauvre tête…
Emportant mon drap sous son bras,
Il décampa en toute hâte,
Me disant de venir chercher
Six écus d'or en sa maison. 130
JUGE. Je ne vois rime ni raison
En tout ce que vous marmottez.°
Qu'est-ce donc? Vous entrelardez
Ceci, puis cela. Somme toute,
A dire vrai, je n'y vois goutte… 135
Il parle de drap et ensuite
De brebis, tout à l'aventure.
Qui donc pourrait s'y reconnaître?
PATHELIN. Et je suis sûr qu'il ne paie pas
Au pauvre berger son salaire. 140
DRAPIER. Vous, vous feriez mieux de vous
 taire.
Mon drap, aussi vrai que la messe,
Je sais mieux où le bât m'en blesse°
Que vous ou n'importe quel autre.
Sur ma foi, c'est vous qui l'avez. 145
JUGE. Qu'est-ce qu'il a?
DRAPIER. Rien, monseigneur.
 (à lui-même)
Ma parole, c'est le plus grand
Trompeur…
 (au JUGE)
 Eh bien, je me tairai
Si je puis et ne parlerai
Plus de ce drap, quoi qu'il advienne. 150
JUGE. Très bien, mais ne l'oubliez pas
Et concluez plus clairement.
PATHELIN. Ce berger ne peut nullement
Répondre aux faits qu'on lui reproche
Sans avocat; il n'ose pas 155
Ou il ne sait en demander.
Ne voulez-vous pas me confier
Sa cause? je veux bien la prendre.
JUGE. J'y consens. Mais rendez-vous compte
Que c'est un bien pauvre client, 160
Trop court d'argent.
PATHELIN. Moi, je vous jure
Que je veux bien plaider gratis,

82. *bonhomme:* fellow. 82. *à sa mine:* by his looks. 86. *interloqué:* bewildered. 88. *chèvre:* goat. 90. *mauvais plaisant:* poor joker. 91. *entêté:* blockhead. 106. *mâcher:* chew. 110. *chenapan:* scoundrel.

122. *Ce… laine:* This rascal here would clip the wool. 132. *marmottez:* mumble. 143. *où le bât me blesse:* where the shoe (*lit.*, pack-saddle) pinches.

Pour l'amour de Dieu. Je vais donc
Interroger ce malheureux,
Et lui demander ce qu'il faut 165
Répondre aux faits dont on l'accuse.
Il aurait peine à s'en tirer
Si l'on ne prenait sa défense.
 (au BERGER)
Viens, mon ami. Si l'on pouvait…
…Tu m'entends bien?
BERGER. Bée.
PATHELIN. Bée! encore? 170
Par le saint sang que Dieu versa,
Es-tu fou? Dis-moi ton affaire.
BERGER. Bée.
PATHELIN. Bée! Parles-tu aux brebis?
C'est pour ton profit. Comprends donc.
BERGER. Bée.
PATHELIN. Voyons! dis-moi oui ou non. 175
 (tout bas, au BERGER)
Bien joué.
 (parlant haut)
 Allons, parle-moi.
BERGER (doucement). Bée.
PATHELIN. Plus haut, ou tu vas courir
Un grand danger, j'en ai bien peur.
BERGER (très haut). Bée.
PATHELIN. Quel fou est celui qui traîne
Un pareil idiot en justice!° 180
Sire, renvoyez-le à ses
Brebis. Il est fou de naissance.
DRAPIER. Ce berger est fou? quel mensonge!
Il est plus sage que vous n'êtes.
PATHELIN (au JUGE). Envoyez-le garder ses
 bêtes 185
Sans qu'il ait à recomparaître.°
Maudit soit celui qui assigne°
Tels fous ou les fait assigner!
DRAPIER. Et vous le laisserez partir
Avant de m'avoir entendu? 190
JUGE. Mon Dieu, oui. Il s'agit d'un fou.
Puis-je faire autrement?
DRAPIER. Eh! sire,
Au moins laissez-moi d'abord dire
Et présenter mes conclusions.
Car ce ne sont pas des mensonges 195
Que je dis ni des moqueries.
JUGE. C'est toujours un méli-mélo°
De plaider contre fous ou folles.

Alors, c'est assez de paroles;
La cour ne veut plus en entendre. 200
DRAPIER. N'auront-ils pas commandement
De revenir?
JUGE. Et pour quoi faire?
PATHELIN. Revenir! Vîtes-vous jamais
Plus fou que mon pauvre client?
Et l'autre vaut-il donc une once 205
Mieux? ont-ils un brin° de cervelle?
Par la belle sainte Marie,
Pas un seul fétu° entre eux deux!
DRAPIER. Vous l'avez emporté par ruse,
Mon drap, sans payer, maître Pierre. 210
Je ne suis qu'un pauvre pêcheur,
Mais c'est l'action d'un malhonnête.
PATHELIN. Que le grand saint Pierre me
 damne
S'il n'est fou ou ne le devient!
DRAPIER. Je reconnais bien votre voix, 215
Votre robe et votre visage.
Je ne suis pas fou, je suis sage
Et je sais qui me fait du bien.
 (au JUGE)
Je vous conterai tout le fait,
Monseigneur, bien sincèrement… 220
PATHELIN. Ah! sire, imposez-lui silence.
 (au DRAPIER)
C'est une honte d'ennuyer°
Votre berger pour trois ou quatre
Vieilles brebis ou vieux moutons
Qui ne valent pas deux boutons. 225
Vous en faites une montagne.
DRAPIER (à PATHELIN). Vieille chanson que
 mes moutons!
C'est à vous-même que je parle,
Et vous me rendrez mes six aunes,
Par le Dieu qui vint à Noël. 230
JUGE. L'entendez-vous? j'ai bien raison;
Il ne cessera pas de braire.
DRAPIER. Je demande…
PATHELIN. Faites-le taire.
Vraiment, c'est trop de fariboles.°
Admettons qu'il en ait occis° 235
Six ou sept ou une douzaine
Et les ait mangés, sacrebleu!
Vous vous croyez bien malheureux.
Vous avez gagné davantage
Au temps qu'il vous les a gardés. 240

180. justice: court. 186. recomparaître: reappear. 187.
assigne: summons. 197. méli-mélo: mixup.

206. brin: tiny bit. 208. fétu: straw (i.e., difference in
weight). 222. ennuyer: bother, harass. 234. fariboles: crazy
talk. 235. occis: killed.

DRAPIER (*au* JUGE).　Vous voyez, sire, vous
　　voyez!
　　Je lui parle de draperie,
　　Il me parle de bergerie.
　　　　　　(*à* PATHELIN)
　　Où sont les six aunes de drap
　　Que vous mîtes sous votre bras?　　　　　245
　　Ne pensez-vous pas à les rendre?
PATHELIN.　Ah! sire, le ferez-vous pendre
　　Pour six ou sept bêtes à laine?
　　Au moins, reprenez votre haleine.°
　　Ne soyez pas si rigoureux　　　　　　　250
　　Au pauvre berger malheureux
　　Qui est presque aussi nu qu'un ver.
DRAPIER.　Comme il vous change de sujet!
　　C'est le diable qui me fit vendre
　　Mon drap à un pareil client.　　　　　255
　　Là, monseigneur, je lui demande...
JUGE.　Je l'absous de votre demande°
　　Et vous défends de procéder.
　　C'est un bel honneur de plaider
　　Contre un fou.
　　　　　　(*au* BERGER)
　　　　　　　　Va-t'en à tes bêtes.　　　260
BERGER.　Bée.
JUGE (*au* DRAPIER).　Vous montrez bien qui
　　vous êtes,
　　Par le sang de Notre Seigneur.
DRAPIER.　Là, là, monseigneur, sur mon âme,
　　Je lui veux...
PATHELIN.　　　Va-t-il pas se taire?
DRAPIER (*à* PATHELIN).　Et c'est à vous que
　　j'ai à faire.　　　　　　　　　　265
　　Vous m'avez trompé faussement
　　Et emporté furtivement
　　Mon drap par votre beau langage.
PATHELIN.　Oh! quelle patience il me faut!
DRAPIER.　Souffrez, monseigneur, que je dise...
JUGE.　Quelles sottises vous contez　　　271
　　Tous deux! je n'entends que du bruit.
　　Vive Dieu, je vais m'en aller.
　　　　　　(*au* BERGER)
　　Va-t'en, mon garçon. Ne reviens
　　Jamais, n'importe qui t'assigne.　　　275
　　La cour t'acquitte, entends-tu bien?
PATHELIN.　Dis grand merci.
BERGER.　　　　　　　　Bée.
JUGE.　　　　　　　　　　　J'ai bien dit
　　Va-t'en. C'est vraiment pour le mieux.

DRAPIER.　Mais est-il juste qu'il s'en aille
　　Ainsi?
JUGE.　Eh! j'ai d'autres affaires.　　　　280
　　Vous êtes de trop grands bavards,
　　Je ne veux plus vous écouter,
　　Je m'en vais. Voulez-vous venir
　　Souper avec moi, maître Pierre?
PATHELIN.　Je ne puis.　　　　　　　285
　　　　　　(LE JUGE *sort*.)

Scène IV

DRAPIER (*à part*).　Quel larron° j'ai là!
　　　　　　(*à* PATHELIN)
　　Dites, serai-je point payé?
PATHELIN.　De quoi? Perdez-vous la raison?
　　Mais qui pensez-vous que je sois?
　　Enfin, je voudrais bien savoir　　　　5
　　Pour quel autre vous me prenez.
DRAPIER.　C'est vous, saint Pierre m'est
　　témoin,
　　Vous et nul autre, je le sais,
　　Je dis la vérité.
PATHELIN.　　　　Mais non.
　　Je ne suis pas ce que vous dites.　　10
　　Jamais je ne vous pris une aune;
　　J'ai meilleure réputation.
DRAPIER.　Donc, je vais voir en votre hôtel,°
　　Corbleu! morbleu! si vous y êtes.
　　Inutile de discuter　　　　　　15
　　Ici, si je vous trouve là.
PATHELIN.　Par Notre-Dame, c'est cela.
　　C'est le moyen de tout savoir.
　　　　　　(LE DRAPIER *sort*.)

Scène V

PATHELIN.　Dis, Agnelet.
BERGER.　　　　　　　Bée.
PATHELIN.　　　　　　　　　Viens ici.
　　N'ai-je pas bien plaidé ta cause?
BERGER.　Bée.
PATHELIN.　　　Ton ennemi est parti.
　　Ne dis plus bée, c'est inutile.
　　Lui en ai-je fait des entorses?°　　5
　　Ne t'ai-je pas bien conseillé?
BERGER.　Bée.
PATHELIN.　　　Va donc, on ne t'entend pas.
　　Parle hardiment, aucun danger.

249. *reprenez votre haleine:* get your breath, think it over.
257. *Je... demande:* I acquit him of your complaint.

SCÈNE IV. 1. *larron:* thief. 13. *hôtel:* house. SCÈNE V. 5. *Lui...
entorses?* Didn't I skin him alive?

BERGER. Bée.

PATHELIN. Il est temps que je m'en aille,
Paie-moi donc.

BERGER. Bée.

PATHELIN. A dire vrai. 10
Tu as très bien joué ton rôle,
Tu t'es parfaitement conduit.
Ce qui nous a le mieux servi,
C'est de t'être tenu° de rire.

BERGER. Bée.

PATHELIN. Bée? Il ne le faut plus dire. 15
Voyons, sois gentil et paie-moi.

BERGER. Bée.

PATHELIN. Encore? Tu perds la boule.°
Paie-moi, il faut que je m'en aille.

BERGER. Bée.

PATHELIN. Écoute-moi, mon ami.
De grâce, cesse de bêler,° 20
Pense plutôt à me payer.
Assez de tous ces bêlements!
Paie vite.

BERGER. Bée.

PATHELIN. Vrai, tu te moques.°
Ne feras-tu pas autre chose?
Je le jure, tu me paieras, 25
Entends-tu? si tu ne t'envoles.
Çà, mon argent!

BERGER. Bée.

PATHELIN. Tu rigoles…
Comment? c'est tout ce que j'aurai?

BERGER. Bée.

PATHELIN. Voilà, tu fais l'innocent,°
Mais qui penses-tu attraper? 30
Encore une fois, j'ai assez
De t'entendre bêler. Paie-moi.

BERGER. Bée.

PATHELIN. De singe c'est la monnaie.°
De qui crois-tu donc te jouer?
N'as-tu pas promis de payer 35
En beaux écus? Tiens ta parole.

BERGER. Bée.

PATHELIN. Me fais-tu manger de l'oie?
(à lui-même)
Sacrebleu! ai-je tant vécu
Qu'un berger, tête de mouton,
Un vaurien, me mette dedans?° 40

BERGER. Bée.

PATHELIN. N'en aurai-je autre parole?
Si tu le fais pour t'amuser,
Dis-le. Ne me mets pas en rage.
Viens-t'en souper à ma maison.

BERGER. Bée.

PATHELIN. Par saint Jean, tu as raison. 45
Les jeunes attrapent les vieux.
(à lui-même)
Moi qui croyais être le maître
Des trompeurs d'ici et d'ailleurs,
Des escrocs,° de tous ceux qui donnent
Belles paroles en paiement 50
A faire au jour du Jugement,
Un simple berger me surpasse.
(au BERGER)
Par saint Jacques, si je trouvais
Un sergent, je te ferais prendre.

BERGER. Bée.

PATHELIN. Oh! ce bée! Que l'on me pende
Si je ne vais vite chercher 56
Un bon sergent. Malheur à lui,
Sacrebleu! s'il ne t'emprisonne!

BERGER (s'enfuyant). S'il me trouve, je lui
pardonne.

14. *de t'être tenu:* that you kept from. 17. *boule:* head, mind. 20. *bêler:* bleat. 23. *tu te moques:* you're just being silly. 29. *tu fais l'innocent:* you are playing dumb.

33. *De singe… monnaie:* That's monkey money (a jeer). 40. *me mette dedans:* should take me in. 49. *escrocs:* crooks.

8. Lyric Poetry

Among primitive people, music, ritual words, and the dance form an indivisible unit. When first a man discovered that the words separated from the music might give pleasure, lyric poetry was born.

What is poetry and how may it be distinguished from prose? Let us scorn the dictionary and attempt a definition. Poetry's concern is emotion rather than fact; its method is esthetic rather than rational; its form is a rhythmical pattern.

The words of poetry determine and suggest music. They may do so in various ways.

Latin poetry is based on *quantity*, or the rhythmical recurrence of long and short syllables, like long and short notes in music. English poetry is based on *stress*, on the arrangement of accented and unaccented, or loud and soft, syllables. French poetry is based on *syllabic grouping*, or the recurrence of lines, or word groups, of a fixed number of syllables. Poetry has other melodic devices, of which the commonest is rhyme, or the repetition at fixed intervals of a similar but not identical sound. The theory and organization of poetry vary, but all peoples seem to find beauty in verbal patterns subject to infinite variations.

One would think that men's preoccupation with poetry would make the phenomenon easy to record. But in fact, no one knows where French poetry came from. There is little visible connection between classical Latin poetry, quantitative and unrhymed, and the forms of the emerging French poetry. Perhaps the Latin hymns of the early Church, rhymed and accented, set the models. (But where did the Church find rhyme and accent?) Perhaps the new French forms arose from Celtic originals, or from German; or perhaps Arab forms were borne across the Mediterranean on wings of song. Perhaps, even, the French invented their own lyric, basing it on the popular dance or *carole*, in which a leader sang the verse and the whole group sang the chorus, as in a sea chantey. We can only guess. Indeed, the problem of origins is likely to remain a problem unless someone turns up some new evidence.

There are always two general types of poetry: the folk poetry represented in popular songs, and the learned poetry written by sophisticated poets for a cultivated public.

The earliest surviving examples of the lyric in northern France are developments from popular or folk poetry. They are rhymed, often artfully; they have a fixed number of syllables to the line; they have a marked rhythm, and usually a refrain for chorus singing. Here is a *pastourelle*, a conventional type of poem which told of a knight encountering a shepherdess. It is here slightly modernized. You should read it rapidly for the sound. (The musically minded would be well occupied in making a tune for it.)

De Saint-Quentin à Cambrai
Je chevauchais l'autre jour.
Par un buisson regardai,
Fille y vis de bel atour :°
 La colour
Fraîche comme rose en mai.
 De cœur gai
Chantant la trouvai
Cette chansonnette :
« En nom Dieu, j'ai bel ami,
 Cointe° et joli,
Bien que je sois brunette ». 10

Vers la pastoure° tournai,
Quand la vis en son détour,°
Hautement la saluai, 15
Et dis : « Dieu vous doint° bon jour
 Et honour !

Celle qu'ici trouvé ai
 Sans délai
 Son ami serai. »
Dont dit la doucette :°
« En nom Dieu, j'ai bel ami, 20
 Cointe et joli,
Bien que je sois brunette. »

Près d'elle m'asseoir j'allai, 25
La priai de son amour.
Elle dit : « Je n'aimerai
Vous ni autres par nul tour
 Sauf pastour
Robin, que fiancé j'ai, 30
 Joie en ai,
Et en chanterai
Cette chansonnette :
« En nom Dieu, j'ai bel ami,
 Cointe et joli, 35
Bien que je sois brunette. »

[Handwritten annotations: "Alternated open (M) & closed (F) sounds" / "Alternated long & short 5 lines (rare in Fr. poetry)" beside stanza; line-count marks "7, 7, 7, M, 3, M, 3, 5, 4" etc. "repeated theme, start of refrain." ; "fem. rhyme: end in mute 'e' / Masc. rhymes: anything else / should alternate"; "stock figure in lyric poetry (lover)." beside Robin]

4. *Fille... atour:* I saw a comely lass there. 11. *Cointe:* Handsome. 13. *pastoure:* shepherdess. 14. *détour:* retreat. 16. *doint = donne.*

21. *Dont dit la doucette:* Whereat the sweet girl said.

There are many such popular songs, which demand music and the stamping of dancer's feet on turf. Here is the first stanza of a rousing one. The refrain is repeated at the end of each stanza.

A la folie° à Dammartin
A l'entrée du temps nouvel
S'assemblèrent par un matin
Pastourelles et pastourel.
Roi ont fait du plus bel. 5
Mantel eut de camelin°
Et cotte de burel.°

S'ont le museour mandé.°

Et Tieris son bourdon
A destoupé,° 10
Qui disait : « bon bon bon bon bon!
Sa de la rire dural dure lire dure. »

1. *folie:* merrymaking. 6. *camelin:* wool. 7. *cotte de burel:* jacket of rough serge.

8. *S'ont... mandé:* And they summoned the bagpiper. 10. *Et Tieris... destoupé:* And Tieris got his bagpipe ready. In reading the last two lines (meaningless) imitate a bagpipe.

Contemporaneous with the popular poetry, but entirely distinct from it, was the sophisticated poetry, or *chanson courtoise*. Thus T. S. Eliot and Irving Berlin use the same materials to evoke the poetic state of mind, but they give no evidence of mutual contamination.

The invariable *theme* of the *chanson courtoise* was love. The poets' conception of love was high and noble and was certainly influenced by the Church's language of mystic adoration. As in the *roman courtois* the knight proved himself worthy of a lady's favor by mighty deeds of valor, the lyric poet strove to merit love, but typically by trying to purify and beautify his spirit, his desire. Thus we have a body of medieval poetry which is elevated, refined, and subtle.

This poetry had its origin and development in the south, where *Provençal* was spoken. It had its great flowering there in the twelfth century. The Provençal poets despised the easy and obvious. They invented the *trobar clus*, closed poetry, which esteems obscurity as a merit in itself and requires devoted labor on the part of the reader. One may easily recognize the modern parallel.

The Provençal model deeply influenced the northern French poets, as it did those of Italy and the rest of Europe. But Provençal literature, which continues to our own time, is something separate from French and is not our business.

The poets of this tradition established *forms* as refined and subtle as their thought. These are called the *formes fixes*. They are mostly extremely difficult. The poet is obliged to work in a set, rigid scheme of rhythm and rhyme, and within his strict limitations to give an impression of ease. The *formes fixes* have always appealed to artists who are fascinated by verbal technique, who find their pleasure in the conquering of difficulty. They had a new popularity in English around 1900; however, the products are mostly to be classed under the head of light verse.

Here is a *rondel* of Eustache Deschamps, a court poet of the fourteenth century:

Venez à mon jubilé :
J'ai passé la cinquantaine.
Tout mon bon temps est allé :
Venez à mon jubilé,
Mon corps est tout affolé.
Adieu! De moi vous souvienne!
Venez à mon jubilé :
J'ai passé la cinquantaine.

Analyze carefully the form of this poem. See if you can turn it into an English *rondel*, keeping the rhythm, rhyme scheme, and repetitions.

The poetry of the high Middle Ages, which has for us the quaintness, richness of color, and formality of medieval graphic art, has always charmed modern poets and has tempted

many a translator. Unfortunately the difficulties of the early language are so great that few undergraduate students appreciate the qualities of the poetry. Therefore no more early examples will be given here.

CHARLES D'ORLÉANS [1394–1465]

The first poet whose work is really accessible to the average non-French reader is Charles d'Orléans. He was of the French royal family and was to become the father of King Louis XII. When only twenty-one he was taken prisoner by the English at Agincourt and spent twenty-five years in captivity in England. He beguiled his interminable boredom by writing poetry, some of it in English. When he was at length ransomed and released, in 1440, he established a little court in the château of Blois. There he made all poets welcome, among them François Villon. Poetry, his own solace, he imposed on his court, even forcing his physician to write his prescriptions in verse.

His poetry is marked by grace and charm, by gentle melancholy, by a dainty but not vigorous fancy. It is personal, in that it expresses his own character; it is universal, in that it communicates emotions and experiences common to all sensitive men; and it is artistic, in that he makes his thought seem effortless and beautiful within the strict limitations of the fixed forms. Here are three *rondeaux*. The student should first read them through for the thought and music, and should then observe the structure of the rondeau. Notice the eight-syllable line, the use of only two rhymes, the repetition of lines 1 and 2. There is no better exercise in verbal agility than the faithful translation of such rondeaux into English verse.

Rondeaux

I

Le temps a laissé son manteau
De vent, de froidure et de pluie,
Et s'est vêtu de broderie,
De soleil rayant,° clair et beau.

Il n'y a bête ni oiseau 5
Qu'en° son jargon ne chante ou crie;
« Le temps a laissé son manteau
De vent, de froidure et de pluie! »

Rivière, fontaine et ruisseau
Portent, en livrée jolie, 10
Gouttes d'argent, d'orfèvrerie :
Chacun s'habille de nouveau.
Le temps a laissé son manteau.

I. 4. *rayant:* shining. 6. *Qu'en = Qui en.*

II

Les fourriers° d'Été sont venus
Pour appareiller° son logis,
Et ont fait tendre ses tapis
De fleurs et verdure tissus.°

En étendant tapis velus° 5
De verte herbe par le pays,
Les fourriers d'Été sont venus
Pour appareiller son logis.

Cœurs d'ennui piéçà morfondus,°
Dieu merci, sont sains et jolis; 10
Allez-vous-en, prenez pays,°
Hiver, vous ne demourrez° plus :
Les fourriers d'Été sont venus.

III

En regardant ces belles fleurs
Que le temps nouveau d'amours prie,
Chacune d'elles s'ajolie°
Et farde° de plaisans° couleurs.

II. 1. *fourriers:* billeting officers, the King's agents, who would precede him on a royal journey to prepare his lodgings. 2. *appareiller:* make ready. 4. *tissus:* woven. 5. *velus:* shaggy. 9. *Cœurs... morfondus:* Hearts long oppressed by weariness. 11. *prenez pays:* be off! 12. *demourrez = demeurerez.* III. 3. *s'ajolie:* prettifies itself. 4. *farde:* paints its face. 4. *plaisans:* both masculine and feminine in Old French.

Tant embaumées sont d'odeurs
Qu'il n'est cœur qui ne rajeunie
En regardant ces belles fleurs
Que le temps nouveau d'amours prie.

5

Les oiseaux deviennent danseurs
Dessus mainte branche fleurie,
Et font joyeuse chanterie
De contres, déchants et teneurs,°
En regardant ces belles fleurs.

10

12. *contres... teneurs:* counters (voice parts in contrast with the air), descants (the upper parts in part music), and tenors (holds on the final notes).

FRANÇOIS VILLON [1431–c. 1465]

Villon is the first great lyric poet of France, and one of the great poets of world literature.

What entitles a poet to the adjective "great"? Briefly this: that the poet has communicated and can still communicate to a large number of sensitive spirits his own experience of beauty. Poetry requires communication; when it ceases to bear a message, it dies. Its message is fact, or truth, emotionally regarded. Its means of communication is language which by its artistic ordering works mysteriously as a charm or spell.

The fact that Villon communicates is the self-revelation of a superior man who has chosen to go to the dogs. Many of us who have chosen not to go to the dogs look with a kind of horrified admiration at the world rejector, who has refused all society's bargains. The defiant, sinful man thus commands from the moral man a sympathy he does not deserve. When, like Villon, he is a great poet, he puts his case in strangely vibrating words, and he communicates the sinner's brief reward of sensual delight, and his eventual suffering, terror, and despair.

The personality of Villon has captured the imagination of many moderns, among them Rossetti, Swinburne, and Stevenson. He has even become the hero of a musical comedy.

He was born in Paris, and grew up in the desolation of the last years of the Hundred Years' War. He attended the University of Paris and received the degree of Master of Arts, no difficult matter in those days. But he preferred the tavern to the lecture hall, the society of thieves and prostitutes to that of professors and earnest students. He lived apparently by petty thievery. In 1455 he killed a shameful priest in a brawl. He was sentenced to banishment, but, no doubt by the intercession of respectable friends, he obtained a pardon. Then, with five companions, one of them another sorry priest, he burglarized the Faculty of Theology, and made off with 500 gold crowns (a handsome sum for any Faculty of Theology). He fled from Paris and led a vagabond life, necessarily obscure. At one time he turns up in the poetic household of Charles d'Orléans. In 1461 we find him jailed at Meung-sur-Loire, at the behest of the Bishop, Thibault d'Aussigny. He was tortured, and was no doubt headed for the gallows, when by a great piece of good luck the new King Louis XI passed through the town, and to show his royal mercy set free all the prisoners. Villon returned to Paris. In 1463 he was involved in another drunken brawl, was condemned to be hanged, and had his sentence commuted to banishment. He then disappears from history's ken. Villon was a wastrel, debauchee, drunkard, swindler, pimp, thief, burglar, and murderer. But he was also a poet.

Most of Villon's best work is contained in *Le Grand Testament*. This was apparently written on his return to Paris after his imprisonment in Meung. It is a mock will, in which he makes a series of bequests to his friends and enemies. It consists of 173 eight-line eight-syllable stanzas, with sixteen inserted *ballades* and a few shorter lyrics. Much of the poem consists of facetious references incomprehensible to anyone except Villon's disreputable companions.

Within this unpromising frame he manages to prove himself a great poet. He pictures with lurid *realism* the background of his own life : the foul dark streets of medieval Paris, the evil taverns where criminals and their doxies (modern "molls") resorted, the cemetery

with the Dance of Death painted large on its walls. This stark, ugly realism was new to French literature; it anticipated even the relentless realism of writers of our own time.

By the power of his *lyricism* he makes a series of transformations. Sensual pleasure becomes tragic, haunting despair. The death of the body becomes more than death, it becomes the world's destiny, man's submergence in mankind; it becomes life. His phrases have the evocative power of music, and their power is as indefinable as music. They have the lifting and releasing quality which is the true mark of great poetry. This quality is always the product of conscious art.

Note particularly the interpolated *ballades*, the favorite *forme fixe* of medieval poets. Typically they are built on only three rhymes, in a prescribed arrangement. No rhyme word may be repeated in the same sense. The *ballade* concludes with a four-line *envoi*, in which it is addressed to a princely patron.

The text of this version* is modernized by Jules de Marthold.

Cy† commence

LE GRAND TESTAMENT

de François Villon

Late Med. Ages

FAIT EN 1461

I

En l'an trentième de mon âge,
Que toutes mes hontes j'eus bues,°
Ni du tout° fol, ni du tout sage,
Nonobstant maintes peines eues,
Lesquelles j'ai toutes reçues 5
Sous la main Thibault d'Aussigny.°
S'évêque il est, signant les rues,°
Qu'il soit le mien, je le regny!°

II

Mon seigneur n'est,° ni mon évêque;
Sous lui n'ai bien, s'il n'est en friche;° 10
Foi ne lui dois, n'hommage avecque;°
Je ne suis son serf ni sa biche.°
Peu m'a donné, petite miche°
Et bien froide eau, tout un été.
Large ou étroit, moult me fut chiche.° 15
Tel lui soit Dieu qu'il m'a été!°

Balade:
8 lines
8 syllables

X

Pour ce que° faible je me sens,
Trop plus° de biens que de santé,
Tant que je suis en mon plein sens,°
Si peu que Dieu m'en a prêté, 20
Car d'autre ne l'ai emprunté,
J'ai ce Testament très estable°
Fait, de dernière volonté,
Seul pour tout et irrévocable;

XI

Et écrit l'an soixante et un, 25
Que le bon Roi me délivra
De dure prison de Mehung,
Et que vie me recouvra,°
Dont° suis, tant que mon cœur vivra
Tenu vers lui m'humilier, 30
Ce que ferai jusqu'il mourra :
Bienfait ne se doit oublier.

XIV

Je suis pécheur, je le sais bien;
Pourtant ne veut pas Dieu ma mort,
Mais convertisse° et vive en bien : 35
Mieux que tout autre péché mord.°
Soit vraie volonté ou exhort,°
Dieu voit, et sa miséricorde,
Si conscience me remord,
Par sa grâce pardon m'accorde.° 40

XXII

Je plains° le temps de ma jeunesse,
Auquel j'ai plus qu'autre gallé,°

* Reprinted by permission of Librairie des bibliophiles parisiens, 1921. LE GRAND TESTAMENT. † *Cy = Ici.* 1–2. T. S. Eliot regards this couplet as extraordinarily fine. Why? 3. *du tout:* entirely. 6. *Thibault d'Aussigny:* the Bishop of Orléans, who had imprisoned Villon. 7. *signant les rues:* blessing the streets. 8. *regny = renie.* 9. *Mon seigneur n'est = Il n'est pas mon seigneur.* 10. *Sous lui... friche:* I have no lands under his control, unless they lie untilled (unknown to me). 11. *n'hommage avecque = ni hommage avec.* 12. *son serf ni sa biche:* a play on words (*serf*, slave; *cerf*, stag; *biche*, hind). 13. *miche:* small loaf of bread. 15. *Large... chiche:* Whether generous or close, he was certainly stingy to me. 16. *Tel... été:* May God treat him as he did me.

17. *Pour ce que = Parce que.* 18. *Trop plus:* Much more. 19. *Tant que... sens:* Being of sound mind and understanding (legal formula). 22. *estable:* stable. 28. *vie me recouvra:* restored me to life. 29. *Dont = D'où.* 35. *convertisse = que je me convertisse.* 36. *Mieux... mord:* Sin bites deeper than all else. 37. *exhort:* exhortation. 40. *m'accorde:* notice the subjunctive. 41. *plains;* regret. 42. *gallé:* frolicked.

Jusqu'à l'entrée de vieillesse,
Qui son partement m'a celé.°
Il° ne s'en est à pied allé, 45
N'à cheval; las!° et comment donc?
Soudainement s'en est volé,
Et ne m'a laissé quelque don.

XXIII

Allé s'en est, et je demeure,
Pauvre de sens et de savoir, 50
Triste, failli,° plus noir que meure.°
Je n'ai cens, rente ni avoir;°
Des miens le moindre, je dis voir,°
De me désavouer s'avance,
Oubliant naturel devoir, 55
Par faute d'un peu de chevance.°

XXVI

Hé Dieu! si j'eusse étudié
Au temps de ma jeunesse folle,
Et à bonnes mœurs dédié,
J'eusse maison et couche molle! 60
Mais quoi? je fuyoye° l'école
Comme fait le mauvais enfant...
En écrivant cette parole,
A peu que le cœur ne me fend.°

XXIX

Où sont les gracieux galants 65
Que je suivais au temps jadis,
Si bien chantants, si bien parlants,
Si plaisants en faits et en dits?
Les aucuns° sont morts et roidis;°
D'eux n'est-il plus rien maintenant. 70
Repos ils aient en paradis,
Et Dieu sauve le remenant!°

XXX

Et les aucuns sont devenus,
Dieu merci! grands seigneurs et maîtres;
Les autres mendient tout nus, 75
Et pain ne voyent qu'aux fenêtres;
Les autres sont entrés en cloîtres
De Célestins et de Chartreux,°

Bottés, housés, com pêcheurs d'oystres;°
Voilà l'état divers d'entre eux. 80

XXXIX

Je connais que° pauvres et riches,
Sages et fols, prêtres et lais,°
Noble et vilain, larges et chiches,
Petits et grands, et beaux et laids,
Dames à rebrassés collets,° 85
De quelconque condition,
Portant atours et bourrelets,°
Mort saisit sans exception.

XL

Et mourut Pâris et Hélène,
Quiconque meurt, meurt à douleur. 90
Celui qui perd vent et haleine,
Son fiel se crève sur son cœur,°
Puis sue,° Dieu sait quel sueur!
Et n'est qui° de ses maux l'allège;
Car enfants n'a, frère ni sœur 95
Qui lors voulût être son pleige.°

XLI

La mort le fait frémir, pâlir,
Le nez courber, les veines tendre,
Le col enfler, la chair mollir,
Jointes et nerfs croître et étendre. 100
Corps féminin, qui tant est tendre,
Poli, souef,° si précieux,
Te faudra-t-il ces maux attendre?
Oui, ou tout vif aller ès° cieux.

Ballade ✓

DES DAMES DU TEMPS JADIS

Dites-moi où, n'en° quel pays 105
Est Flora,° la belle Romaine;
Archipiada,° ni Thaïs,°
Qui fut sa cousine germaine;

44. *Qui... celé:* Which has hidden youth's departure from me. 45. *Il = le temps de ma jeunesse.* 46. *las! = hélas!* 51. *failli:* worn out. 51. *meure = mûre;* mulberry, blackberry. 52. *cens... avoir:* rent, income, nor money. 53. *Des miens... voir:* The least of my kinsmen, I tell you truly. 56. *chevance:* property. 61. *fuyoye = fuyais.* 64. *A peu... fend:* My heart almost breaks. 69. *Les aucuns = Les uns.* 69. *roidis:* stiffened (in death). 72. *le remenant:* the rest. 78. *Célestins, Chartreux:* monastic orders.

79. *Bottés... d'oystres:* Wearing high boots like oyster fishermen. (The Celestines and Carthusians were supposed to go barefoot, but they had become rich and had yielded to the temptations of comfort.) 81. The subject of the subordinate clause is *Mort,* line 88; the verb is *saisit,* line 88. *Pauvres, riches, etc.,* are the objects. 82. *lais:* laymen. 85. *rebrassés collets:* high starched collars. 87. *atours et bourrelets:* hair ornaments and chignons. 92. *Son fiel... cœur:* His gall invades his heart. 93. *sue:* sweats. 94. *n'est qui = il n'y a personne qui.* 96. *pleige:* substitute. 102. *souef:* soft. 104. *ès = aux.* 105. *n'en = et en.* 106. *Flora:* Roman courtesan. 107. *Archipiada:* Alcibiades, supposed to be a woman. 107. *Thaïs:* Greek courtesan.

Écho, parlant quand bruit on mène°
Dessus rivière ou sus étang, 110
Qui beauté eut trop plus qu'humaine?...
Mais où sont les neiges d'antan!°

Où est la très sage Héloïs,°
Pour qui fut châtré° et puis moine
Pierre Abailard à Saint-Denis? 115
Pour son amour eut cette essoyne!°
Semblablement, où est la reine
Qui commanda que Buridan
Fût jeté en un sac en Seine?°...
Mais où sont les neiges d'antan! 120

La reine Blanche° comme un lys,
Qui chantait à voix de sirène;
Berthe au grand pied, Biétrix, Alyx;°
Haremburges qui tint le Maine,°
Et Jeanne,° la bonne Lorraine, 125
Qu'Anglais brûlèrent à Rouen;
Où sont-ils,° Vierge souveraine?...
Mais où sont les neiges d'antan!

ENVOI

Prince, n'enquérez de semaine°
Où elles sont, ni de cet an, 130
Que ce refrain ne vous remaine :°
Mais où sont les neiges d'antan!

[Ici commence Villon à tester :]*

LXXV

Premier, je donne ma pauvre âme
A glorieuse Trinité,
Et la commande° à Notre Dame, 135
Chambre de la divinité,
Priant toute la charité
Des dignes neuf Ordres des cieux,°

Que par eux soit ce don porté,
Devant le Trône précieux. 140

LXXVI

Item, mon corps je donne et laisse
A notre grand'mère la terre;
Les vers n'y trouveront grand graisse,°
Trop lui a fait faim dure guerre.
Or lui soit délivré grand erre :° 145
De terre vint, en terre tourne.
Toute chose, si par trop n'erre,°
Volontiers en son lieu retourne.

LXXIX

Item, donne à ma bonne mère
Pour saluer notre Maîtresse, 150
Qui pour moi eut douleur amère,
Dieu le sait! et mainte tristesse;
Autre châtel ou forteresse
N'ai, où retraire corps et âme,
Quand sur moi court male° détresse, 155
Ni ma mère, la pauvre femme!

Ballade*

QUE VILLON FIT A LA REQUÊTE DE SA MÈRE POUR PRIER NOTRE-DAME

Dame des cieux, régente terrienne,
Emperière° des infernaux palus,°
Recevez-moi, votre humble chrétienne,
Que comprise soye entre vos élus, 160
Ce nonobstant qu'oncques rien ne valus.°
Les biens de vous, ma dame et ma maîtresse,
Sont trop plus grands que ne suis pécheresse,
Sans lesquels biens âme ne peut mérir,°
N'entrer aux cieux, je n'en suis menteresse. 165
En cette foi je veuil° vivre et mourir.

A votre Fils, dites que je suis sienne;
De lui soyent mes péchés abolus.°
Pardonnez-moi comme à l'Égyptienne,°

109. *quand bruit on mène:* when one makes a noise. 112. *antan:* last year. 113. Héloïse loved her tutor, Pierre Abelard, great twelfth-century philosopher, a churchman. After his punishment he retired to the monastery of St-Denis and she to a nunnery. 114. *châtré:* castrated. 116. *essoyne:* pain. 119. The philosopher Buridan was thus treated, according to legend, by Queen Margaret of Burgundy, to hide their liaison. 121. Blanche de Castille, mother of Louis IX. 123. *Berthe:* mother of Charlemagne; *Biétrix, Alyx:* characters in *chanson de geste.* 124. *Haremburges:* Arembons, heiress to province of Maine, western France. 125. *Jeanne:* Joan of Arc, of Domremy in Lorraine. 127. *ils* (old feminine form) = *elles.* 129. *n'enquérez de semaine:* don't ask this week. 131. *Que... remaine:* Without my repeating this refrain to you. * *tester:* make bequests. 135. *commande:* commend. 138. *neuf Ordres des cieux:* the heavenly hierarchy: angels, archangels, etc.

143. *grand graisse:* much fat. (*Grand* was either masculine or feminine.) 145. *grand erre:* in haste. 147. *si par trop n'erre:* if I don't much err. 155. *male: mauvaise.* * This is a *double ballade,* built on four rhymes. Analyze the form carefully. The naïveté of the poem has been much praised. It is in fact a false naïveté, for Villon makes a pretense of simplicity, employing all his literary cunning. 158. *Emperière:* Empress. 158. *palus:* marshes. 161. *Ce... valus:* Although I have never had any merit. 164. *mérir:* have merit. 166. *veuil = veux.* 168. *abolus:* pardoned. 169. *l'Égyptienne:* St. Mary of Egypt, who paid her way to Jerusalem by prostituting herself.

Ou comme il fit au clerc Théophilus,° 170
Lequel par voûs fut quitte et absolus°
Combien qu'il° eût au diable fait promesse.
Préservez-moi, que point ne fasse cesse,
Vierge portant,° sans rompure encourir,°
Le sacrement qu'on célèbre à la messe. 175
En cette foi je veuil vivre et mourir.

Femme je suis, pauvrette et ancienne,
Qui rien ne sais; oncques lettre ne lus;
Au moûtier° vois, dont suis paroissienne,
Paradis peint, où sont harpes et lus,° 180
Et un enfer où damnés sont boullus :°
L'un me fait peur, l'autre, joie et liesse.
La joie avoir fais-moi, haute déesse,
A qui pécheurs doivent tous recourir,
Comblés de foi, sans feinte ni paresse. 185
En cette foi je veuil vivre et mourir.

<center>ENVOI</center>

∀ous portâtes, Vierge, digne princesse,
⊢ésus régnant, qui n'a ni fin ni cesse.
⊏e Tout-Puissant, prenant notre faiblesse,
⊏aissa les cieux et nous vint secourir, 190
Offrit à mort sa très chère jeunesse;
Ζotre Seigneur tel est, tel le confesse :
En cette foi je veuil vivre et mourir.

<center>CLXIV</center>

Item, veuil qu'autour de ma fosse,
Ce qui s'ensuit, sans autre histoire, 195
Soit écrit, en lettre assez grosse;
Et, qui n'aurait point d'écritoire,
De charbon ou de pierre noire,
Sans en rien entamer° le plâtre :
Au moins sera de moi mémoire, 200
Telle qu'elle est d'un bon folâtre.°

<center>CLXV</center>

Cy gît et dort en ce sollier,°
Qu'Amour occist° de son raillon,°
Un pauvre petit escollier,°
Qui fut nommé François Villon. 205

Oncques de terre n'eut sillon.°
Il donna tout, chacun le sait :
Table, tréteaux,° pain, corbillon,°
Pour Dieu, dites-en ce verset :

Rondeau

Repos éternel donne à cil,° 210
Sire, et clarté perpétuelle,
Qui vaillant plat ni écuelle°
N'eut oncques, n'un brin de persil.°
Il fut ras,° chef, barbe, sourcil,
Comme un navet qu'on racle et pelle.° 215
Repos éternel donne à cil!
Rigueur le transmit en exil,
Et lui frappa au cul la pelle,°
Nonobstant qu'il dit; j'en appelle!
Qui n'est pas terme très subtil. 220
Repos éternel donne à cil!

<center>(Fin du Grand Testament)</center>

Indespensible!

L'ÉPITAPHE ✓

Recog. the Son as power; no claim on wks.

<center>EN FORME DE BALLADE QUE FIT VILLON
POUR LUI ET SES COMPAGNONS
S'ATTENDANT A ÊTRE PENDU AVEC EUX</center>

Frères humains qui après nous vivez,
N'ayez les cœurs contre nous endurcis,
Car, si pitié de nous pauvres avez,
Dieu en aura plus tôt de vous mercis.°
Vous nous voyez ci attachés cinq, six : 5
Quant à la chair, que trop avons nourrie,
Elle est piéçà° dévorée et pourrie,
Et nous, les os, devenons cendre et poudre.
De notre mal personne ne s'en rie,°
Mais priez Dieu que tous nous veuille
 absoudre! 10

Si vous clamons frères,° pas n'en devez
Avoir dédain, quoi que fûmes occis
Par justice. Toutefois vous savez
Que tous hommes n'ont pas bon sens assis;°

170. *Théophilus:* a cleric who sold his soul to the devil;
subject of a popular miracle play. 171. *absolus = absous.* 172.
Combien qu'il = Bien qu'il. 174. *portant:* child bearing. 174.
sans rompure encourir: without sacrificing your virginity. 179.
moûtier: monastery. 180. *lus:* lutes. 181. *boullus = bouillis.*
199. *entamer:* cut into. 201. *folâtre:* jester. 202. *Cy gît...
sollier:* Here lies and sleeps in this high room. 203. *occist:*
killed. 203. *raillon:* shaft. 204. *escollier = écolier.*

206. *Oncques... sillon:* He never owned a handbreadth of
land. 208. *tréteaux:* trestles. 208. *corbillon:* breadbasket. 210.
cil = celui-ci. 212. *vaillant... écuelle:* a sorry dish or bowl.
213. *brin de persil:* sprig of parsley. 214. *ras:* shaved clean.
215. *un navet... pelle:* a turnip which is scraped and peeled.
218. *lui frappa... pelle:* hit him on the behind with a shovel.
L'ÉPITAPHE. 4. *mercis:* mercy. 7. *piéçà:* recently. 9. *rie:*
(subjunctive). 11. *Si... frères:* If we call you brothers. 14.
assis: sound.

Intercédez, puisque sommes transis,° 15
Envers le Fils de la Vierge Marie,
Que sa Grâce ne soit pour nous tarie,°
Nous préservant de l'infernale foudre.
Nous sommes morts, âme ne nous harie;°
Mais priez Dieu que tous nous veuille
 absoudre! 20

La pluie nous a bués° et lavés
Et le soleil desséchés et noircis;
Pies,° corbeaux, nous ont les yeux cavés,°
Et arraché la barbe et les sourcils.
Jamais nul temps nous ne sommes rassis;° 25
Puis, çà, puis là, comme le vent varie,

A son plaisir sans cesser nous charie,°
Plus becquetés° d'oiseaux que dés à coudre.°
Ne soyez donc de notre confrérie;
Mais priez Dieu que tous nous veuille
 absoudre.

ENVOI

Prince Jésus, qui sur tous as maîtrie,° 31
Garde qu'Enfer n'ait de nous seigneurie :
A° lui n'ayons que faire ni que soudre.°
Hommes, ici n'usez de moquerie,
Mais priez Dieu que tous nous veuille
 absoudre!

15. *transis:* dead. 17. *tarie:* dried up. 19. *âme ne nous harie:* let no one torment us. 21. *bués:* soaked. 23. *Pies:* Magpies. 23. *cavés:* dug out. 25. *rassis:* at rest.

27. *charie:* swings. 28. *becquetés:* pecked. 28. *dés à coudre:* thimbles. 31. *maîtrie:* mastery. 33. *A = Avec.* 33. *soudre:* settle.

The Sixteenth Century

The Sixteenth Century

1500	1525	1550	1575	1600

HISTORY

1498–1515. Louis XII
1515–47. François I
1517. Reformation (Luther's 95 Theses)
1536. Calvin: Institutes
1545–63. Council of Trent
1547–59. Henri II
1556. Emperor Charles V abdicates
1559–60. François II
1560–74. Charles IX
1562–94. Religious wars
Massacre of St. Bartholomew 1572
1574–89. Henri III
Spanish Armada 1588
Henri IV 1589–1610
Edict of Nantes 1598

FRENCH LITERATURE

1532–62. Rabelais: *Gargantua et Pantagruel*
1539. Marot: *Œuvres*
1547. Formation of Pléiade
1549. *Défense et illustration de la langue française*
1550. Ronsard: *Odes*
1552. Ronsard: *Amours*
1558. Du Bellay: *Regrets*
Ronsard: *Sonnets pour Hélène* 1578
Montaigne: *Essais (I)* 1580
Montaigne: *Essais (II)* 1588
Montaigne: *Essais (III)* 1595

OTHER LITERATURES

1501. Rojas: *Celestina*
1516. More: *Utopia*
1516–32. Ariosto: *Orlando Furioso*
1528. Castiglione: *Il Cortegiano*
1532. Machiavelli: *Il Principe*
1543. Copernicus: *Revolutions of Heavenly Bodies*
1543. Vesalius: *Structure of Human Body*
Tasso: *Gerusalemme Liberata* 1574
Spenser: *Faerie Queene* 1590
Sidney: *Defense of Poesy* 1593
Shakespeare: *Richard III* 1593
Shakespeare: *Romeo and Juliet* 1595

The Sixteenth Century

The immense phenomenon of the Renaissance can be described; it can hardly be explained. The description may occupy many volumes, or it may be reduced to a single phrase, like that of John Addington Symonds: ". . . the entrance of the European nations upon a fresh stage of vital energy." But *why* did Europe feel this access of vital energy? We can answer the question how, when, and where; we cannot with any assurance answer why. The best we can do is to say that the composite spirit of nations seems to have its periods of flux and reflux, like that of individuals, of the physical world, of planets. The Renaissance was a great period of spiritual flux. Vital energy was released in most of men's activities, and especially in literature.

The literary Renaissance began in fourteenth-century Italy. Its first manifestation was the rediscovery of the classic past, especially Greek. In Italy, in the following century, the Renaissance came into full bloom, showing itself in a new literature, art, and architecture, and in a new attitude toward life. By the end of the fifteenth century these conceptions were filtering into France, helped by the invasion of Italy by two French kings.

The fifteenth century was in France the last of the Middle Ages. It was on the whole a period of exhaustion, physical and spiritual. Continual wars impoverished the people. Intellectual life was imitative and conservative. The scholastic philosophy of the schools consisted in endless interpretation of the accepted authorities. Art and architecture had become the search for artificial complexity on prescribed models. Literature, though it produced a few such masters as Villon, followed without question the medieval forms.

The sixteenth century in France is the time of the Renaissance, the Rebirth, the Reawakening. Our concern must be with the literary rebirth only. The chief characteristics of the literary renaissance are these:

1. *Respect for classical antiquity.* To be sure, the Middle Ages had respected classical antiquity, but they knew relatively few Latin authors and still fewer Greek authors in garbled translations, and pagan teachings were to them always subordinated to the Church's revealed wisdom. The Renaissance discovered the Greeks, and elevated Cicero and the Latin philosophers to almost divine authority. But this reverence for antiquity was not entirely humble. The new writers wished to learn the secrets of the great classics in order to rival them on their own ground, to make a new literature, wise and beautiful as the old one.

2. *Respect for man.* The Middle Ages had dwelt on man's wretchedness and insignificance before God. The Renaissance, taking its cue from the Greeks, emphasized man's greatness. The individual and his destiny on earth became a matter of immense importance. The man of the Renaissance therefore sought to make of his life a work of art, to be strong, beautiful, and accomplished, both outwardly and inwardly, to be wholly admirable. Thus he would give his character an immortality on earth. While the man of the Renaissance did not deny Christianity, his ideal was essentially un-Christian.

3. *Delight in life.* The medieval world had been obsessed with death and had seen life as a grim period of trial and preparation for eternity. The Renaissance found life worth man's living, worthy to be an end in itself. The Renaissance regarded pleasure, whether physical, mental, or spiritual, as not only permissible but laudable.

4. *The cult of beauty.* The Renaissance delighted in the beauty of nature, of art and thought. Never were works of art more generally and genuinely adored. The explanation

of beauty was sought by speculative minds, especially in Italy. The explanation was found, naturally, in the theories of Aristotle and the ancients. These theories were much developed and commented; modern aesthetics was born.

5. *Adventurousness.* The man of the Renaissance, suspicious of tradition and orthodoxy, was ready to try anything. Explorers discovered new worlds; scientists (e.g., Copernicus) revealed new universes; craftsmen invented new devices and methods. (Printing was both the product and the agent of the Renaissance spirit.) The Renaissance man felt himself strong, and he rejoiced in his strength. He was nobly self-confident.

6. *Presumptuousness.* Man, trusting in his human reason, dared to take the measure of the Church, of his religion, of God. The Reformation came, and each great reformer proclaimed that he alone had found the true God. The Reformation is not the same as the Renaissance, but like the Renaissance it is a return to an idealized antiquity interpreted anew by men's reason. In France the spirit of the Reformation was first manifested by *Evangelism.* This was an effort to reform the Church from within, without departing from it.

Such qualities—and anyone with a little historical knowledge is at liberty to lengthen the list—go to make up the Renaissance spirit which we know briefly as *humanism.* The word, baffling because it has been used in many different senses, has been defined as "an exuberant enthusiasm for classical antiquity and secular concern with man and his conduct."*

In France, the spirit of the Renaissance appears, with differing characteristics, in two periods.

The first period is roughly that of the reign of François I (1515–1547). The release of vital energy was evident externally in exploration, invention, the extension of commerce, and building. This was one of the great periods of French art and architecture. In the intellectual world, the new men attacked the medievalism of the schools and tried to diffuse their own enlightenment. This is the time of Rabelais and Marot.

The second period begins with the accession of Henri II in 1547, and comes to no clearly recognizable end. The humanist spirit deserts the questions of the faith, for the old orthodoxy of the Church is opposed by the new and equally intolerant orthodoxy of Calvin. Ronsard, Du Bellay, and the Pléiade apply the Renaissance spirit to poetry and to aesthetic problems. A gradual discouragement gains the intellectuals, as they realize that the high hopes of the Renaissance have not been fulfilled. They have not been able to remake the world into an earthly paradise. But they can still be free by retiring from the world and cultivating their spirits. This is the period of Montaigne.

* Donald M. Frame, from a book review in *The Romanic Review*, December 1950, p. 285.

9. Rabelais [c. 1494–1553]

Rabelais is the first of the great French authors whose name is known even to the unlettered. As is usual in such cases, the popular impression of him is based on some truth and much falsity.

François Rabelais was born in or near Chinon, in Touraine. His father was a successful lawyer. For some mysterious reason Rabelais entered the Franciscan order, which typically prizes simple piety above learning. He succeeded in transferring to the more sympathetic rule of the Benedictines, and indulged in a debauch of study, particularly of Greek. But

there was never a worse monk than Rabelais. When about thirty he managed to escape from the cloister. Still a cleric, he studied law and medicine in various universities. He became a prominent physician, practicing in Lyon and elsewhere. He made two trips to Rome as personal physician to a French cardinal. He published a number of medical studies and translations from the Greek, and was well known in free-thinking literary circles. He was once obliged to flee the country because of his outspokenness. Toward the end of his life he was appointed Curé of Meudon, near Paris; by this appellation he is frequently known.

He was obviously a man of great physical and mental vigor. His learning was immense and universal, in a time when scholars tried to know everything that could be known. He loved life as much as letters, and according to all tradition was a tremendous joker, the life of every jolly party. We may picture him as one of those great, burly, dominating men who seem to have more blood in them than the rest of us.

In 1532 he published the first installment of his satirical novel, now known as *Gargantua et Pantagruel*. This was at the same time a continuation and a burlesque of a cheap popular comic book. It was written rapidly, with the purpose of making its author a little money. Since its purpose was well fulfilled, Rabelais later published at intervals three more installments. After his death a Fifth Book appeared, in which his share is certainly small.

Gargantua et Pantagruel tells the story of a family of giants already familiar in folklore. Within this loose scheme Rabelais let his exuberant fancy run wild, pouring forth anecdotes, dialogues, parodies, barroom stories, puns, and erudite commentaries, educational theories, medical and legal lore, utopian dreams, pleas for religious liberalism, mockeries of all political and ecclesiastical restraints.

The book is medieval in its encyclopedic organization, its lack of form, its coarse, cruel humor, its disparagement of women, its acceptance of the occult; it is modern, or Renaissance, in its faith in nature's aims, its rationalism, its trust in classic wisdom rather than in Church tradition.

Its characteristics may be summarized as follows:

1. *Gusto.* Life is great fun; it is always interesting; it is good. Rabelais' love of life, all life, from the purest speculations of the sage to the brawling of drunkards, communicates itself to even the unwilling reader. As Rabelais loved life, he hated all the restraint which diminishes life. Hence he hated especially the monastic system and the confining, restricting education of the Middle Ages.

2. *Naturism.* Nature is good. Man is good; his instincts lead him to virtue. The evil in the world comes from the repression of man's natural goodness. Original sin is a calamitous invention of the Church. If, like the happy Greeks, we had no idea of sin, there would be no sin.

3. *Lust for learning.* Rabelais possessed the *libido sciendi*, the lust for knowing, which many theologians disapproved. His book is full of rare, recondite knowledge. Hence he, the hater of pedantry, seems to us often pedantic. But he is saved by the fact that he wished to know all of life as well as all the wisdom of books.

4. *Platonic Christianity.* (The term is Gustave Lanson's.) Rabelais was captured for a time by the evangelism of the moderate reformers within the Church; finding this too restrictive, he substituted for the specific Jehovah of Judaism and Christianity a vague, benevolent deity who dispenses justice here and hereafter. This uncritical faith is "la religion des honnêtes gens," who say: "God is love," and, content with the phrase, cease to trouble themselves.

In *form, Gargantua et Pantagruel* may be called an early example of the stream-of-consciousness novel. Rabelais puts in apparently everything that occurs to him, without order or organization. To catalogue the literary qualities that mark his work would require many pages. But one must at least note the *realism* with which he displays his fantastic

characters, with which he describes food, drink, costume, behavior—and of course his *humor*. Nothing fades so fast as humor, and yet Rabelais can still rouse many a laugh by his wild, broad, joyous comedy. Much has been made in recent years of Rabelais' serious purposes, but certainly his first purpose was to amuse himself and his readers.

Rabelais' use of *language* is phenomenal. He was drunk with words; he loved to invent them, to play tricks with them, to indulge in every verbal buffoonery. One result of this linguistic intoxication is that he is very hard to read. However, the modernization by Raoul Mortier,* which is used here, somewhat reduces the difficulty.

In one of Rabelais' prefaces he himself characterizes the spirit of his book as *pantagruelisme*. This he defines as "une certaine gaieté d'esprit confite en mépris des choses fortuites." How good this is! "A certain gaiety of spirit, preserved in scorn of chance and change." We still have need of pantagruelism.

THE PICROCHOLINE WAR

[*Selection*]

[*In* 1532 *Rabelais, an esteemed physician in Lyon, revisited his parents in Touraine. They were summering on their farm near Chinon. He found the countryside excited because a local lordling, Gaucher de Sainte-Marthe, had usurped certain fishing and transportation rights on the Loire and had otherwise flouted regional usages. Rabelais' father, a lawyer, espoused the cause of the villagers. Friends and retainers of both parties joined in, and no doubt came to blows.*

Here was an excellent theme, suiting Rabelais' methods of exaggeration and burlesque. He made of the tiny country quarrel a gigantic war; he turned a fistfight in a byway into a gory world-shaking battle. He took actual characters, friends and enemies, and made them fantastically heroic or diabolic; thus Gaucher de Sainte-Marthe becomes the appalling King Picrochole.

Seuilly was a monastery near Chinon. We do not know if there was an original for Frère Jean des Entomeures, but probably there was. Perhaps there is a good deal of Rabelais himself in the character. At any rate, he represents Rabelais' own dissatisfaction with the monastic routine and the contemplative life, his own craving for the world of action.

You may be momentarily shocked by the carnage in this passage, which burlesques the sanguinary combats of fiction. The exaggeration is so enormous that the savagery has no reality. The blood is stage blood, the sufferers are not really hurt. It is all a joke, the point of which lies in the author's apparent disregard of our accepted moral values and judgments.]

* Raoul Mortier: *Rabelais: Sa vie et son œuvre.* Paris, Union Latine d'Éditions, 1933, 5 vols.

Comment un moine de Seuilly sauva le clos† de l'abbaye du sac des ennemis

Tant firent et tracassèrent,° pillant et larronnant,° qu'ils arrivèrent à Seuilly, et détroussèrent° hommes et femmes, et prirent ce qu'ils purent : rien ne leur fut ni trop chaud ni trop pesant. Bien que la peste fût dans la plus grande partie des maisons, ils entraient partout; et ravissaient tout ce qui était dedans; et jamais aucun d'entre eux ne fut contaminé. Ce qui est un cas assez merveilleux, car les curés, vicaires, prêcheurs, médecins, chirurgiens et apothicaires, qui allaient visiter, panser,° guérir, prêcher et admonester les malades, étaient tous morts de l'infection, et ces diables pilleurs et meurtriers jamais n'y prirent mal. D'où vient cela, Messieurs? Pensez-y, je vous prie.°

Le bourg° ainsi pillé, ils se transportèrent à l'abbaye avec un horrible tumulte : mais ils la trouvèrent bien resserrée° et fermée; l'armée principale marcha outre vers le gué de Vède,° excepté sept compagnies de gens de pied, et deux cents lances° qui restèrent là, et rompirent les murailles du clos afin de gâter toute la vendange.

Les pauvres diables de moines ne savaient auquel de leurs saints se vouer. A tout hasard, ils firent sonner *ad capitulum capitulantes.*° Il fut

† *clos:* enclosure. 1. *Tant firent et tracassèrent:* So well did they (the army of Picrochole) do and bestir themselves. 2. *pillant et larronnant:* pillaging and thieving. 3. *détroussèrent:* robbed. 11. *panser:* tend. 15. This paragraph is a thrust at faith in a kind Providence. 16. *bourg:* town. 18. *resserrée:* locked. 19. *gué de Vède:* ford of the Vède (small brook in neighborhood). 21. *lances:* lancers. 26. *ad capitulum capitulantes:* members of the monastic chapter to the chapter house!

décrété là qu'ils feraient une belle procession, renforcée de beaux psaumes et litanies *contra hostium insidias,°* et de beaux répons *pro pace.°*

Il y avait alors en l'abbaye un moine de cloître° nommé Frère Jean des Entomeures,° jeune, galant, pimpant,° robuste, adroit, hardi, aventureux, délibéré, haut, maigre, bien fendu de gueule,° bien avantagé en nez, beau dépêcheur d'heures,° beau débrideur de messes,° beau décrotteur de vigiles;° pour tout dire sommairement, vrai moine si jamais il en fut, depuis que le monde moinant moina de moinerie;° au reste clerc° jusqu'aux dents en matière de bréviaire.

Ce moine, entendant le bruit que faisaient les ennemis dans le clos de leur vigne, sortit pour voir ce qu'ils faisaient. Et avisant qu'ils vendangeaient le clos des moines dont ceux-ci espéraient leur boisson pour toute l'année, il retourne au chœur de l'église où étaient les autres moines, tout étonnés comme fondeurs de cloches,° et les voyant chanter *Ini, nim, pe, ne, ne, ne, ne, ne, ne, tum, ne, num, num, ini, i, mi, i, mi, co, o, ne, no, o, o, ne, no, ne, no, no, no, rum, ne, num, num,°* « C'est dit-il, bien chié chanté.° Vertu Dieu, que ne chantez-vous : adieu paniers, vendanges sont faites ? Je me donne au diable s'ils ne sont en notre clos, et coupent si bien et ceps° et raisins qu'il n'y aura, par le corps Dieu, de quatre années que juste de quoi grappiller° dedans. Ventre Saint Jacques, que boirons-nous cependant, nous autres pauvres diables ? Seigneur Dieu, *da mihi potum !* »°

Alors le prieur du cloître dit : « Que fera cet ivrogne-ci ? Qu'on me le mène en prison : troubler ainsi le service divin ! »

« Mais, dit le moine, le service du vin,° faisons tant qu'il ne soit pas troublé, car vous-même, monsieur le Prieur, aimez boire du meilleur : ainsi fait tout homme de bien. Jamais homme noble ne hait le bon vin : c'est un apophtegme monacal.° Mais ces répons que vous chantez ici ne sont, par Dieu, point de saison.° Pourquoi nos heures sont-elles courtes au temps de la moisson et de la vendange, longues en l'Avent° et tout l'hiver ?

« Feu frère Macé Pelosse,° de bonne mémoire, vrai zélateur° (ou je me donne au diable) de notre religion, me dit, il m'en souvient, que la raison en était qu'il fallait en cette saison que nous fassions bien serrer° et faire le vin, et qu'en hiver nous le humions.°

« Écoutez, messieurs, vous autres qui aimez le vin, suivez-moi par le corps Dieu. Car hardiment que Saint Antoine me brûle si ceux-là tâtent du piot° qui n'auront point secouru la vigne. Ventre Dieu, les biens de l'Église ? Ha, non, non ! Diable ! Saint Thomas l'Anglais° voulut bien mourir pour eux : si j'y mourais, ne serais-je point saint de même ? Je n'y mourrai pas pourtant, car c'est moi qui fais sauter le pas° aux autres. »

Ce disant, il mit bas° son grand habit, et se saisit du bâton de la croix, qui était de cœur de cormier,° long comme une lance, rond à plein poing, et quelque peu semé de fleurs de lys toutes presque effacées. Ainsi il sortit en belle casaque,° mit son froc en écharpe,° et de son bâton de la croix donna brusquement sur les ennemis qui, sans ordre ni enseigne,° ni trompette, ni tambourin,° vendangeaient parmi le clos. Car les porte-guidons° et les porte-enseignes avaient mis leurs guidons et enseignes le long des murs, les tambourineurs avaient défoncé leurs tambourins d'un côté pour les remplir de raisins, les trompettes étaient chargées de grappes, chacun était débraillé.° Il choqua donc si raidement sur eux, sans crier gare,° qu'il les renversait comme porcs, frappant à tort et à travers, selon la vieille escrime.°

3. *contra hostium insidias:* against the wiles of the enemy. 3. *répons pro pace:* responses (sung Bible verses) in favor of peace. 5. *moine de cloître:* cloistered monk (*i.e.,* required to live in a monastery). 5. *Entomeures:* Mincemeat. 6. *pimpant:* smart, spruce. 8. *bien fendu de gueule:* big-voiced. 9. *dépêcheur d'heures:* dispatcher of hours (devotions set at various hours of day). 9. *débrideur de messes:* speeder-up of masses. 10. *décrotteur de vigiles:* cleaner-up of vigils (nocturnal devotions). 13. *monde... moinerie:* example of Rabelais' coinage of words. 13. *clerc:* here, scholar. 22. *fondeurs de cloches:* bell-founders (who were painfully surprised when they broke their molds and found that the bell was a failure). 25. *Ini... num:* imitation of repetitive chant of plain song; for *impetum inimicorum,* the attack of enemies. 25. *bien chié chanté:* damn well sung. 29. *ceps:* vine stems. 31. *grappiller:* glean. 33. *da mihi potum:* give me something to drink. 37. *service du vin:* Do not overlook the pun.

4. *apophtegme monacal:* monkish proverb. 6. *de saison:* timely. 8. *Avent:* Advent (pre-Christmas season). 9. *frère Macé Pelosse:* unidentified. 10. *zélateur:* zealous upholder. 13. *serrer:* gather in. 14. *humions:* would drink. 18. *piot:* wine. 20. Thomas à Becket, twelfth-century Archbishop of Canterbury, defender of Church rights. 23. *sauter le pas:* take the plunge. 25. *mit bas:* took off. 27. *cormier:* sorb-apple wood. 30. *casaque:* military dress. 30. *mit... écharpe:* draped his gown baldricwise (over one shoulder and across the breast). 32. *enseigne:* ensign, flag. 33. *tambourin:* drum. 34. *porte-guidons:* standard bearers. 39. *débraillé:* in disorder. 40. *crier gare:* give warning. 42. *escrime:* method of fencing.

Aux uns il écrabouillait la cervelle,° aux autres il rompait bras et jambes, aux autres il démettait les vertèbres du cou, aux autres il fracassait les reins, avalait le nez, pochait les yeux, fendait les mandibules, enfonçait les dents en la gueule, ébranlait les omoplates, meurtrissait les jambes, déboîtait les côtes, brisait les membres.

Si quelqu'un voulait se cacher entre les ceps plus épais, il lui froissait toute l'arête du dos,° et lui rompait les reins comme à un chien.

Si quelqu'un cherchait le salut dans la fuite, il lui faisait voler la tête en pièces par la commissure du crâne.°

Si quelqu'un grimpait dans un arbre, pensant y être en sûreté, de son bâton il l'empalait par le fondement.°

Si quelque vieille connaissance lui criait : « Ha, frère Jean mon ami, frère Jean je me rends. » « Tu y es, disait-il, bien forcé, mais en même temps tu rendras l'âme à tous les diables. » Et soudain il lui donnait un bon coup. Et si quelqu'un se montrait assez plein de témérité pour vouloir lui résister en face, c'est là qu'il montrait la force de ses muscles. Car il leur transperçait la poitrine par le médiastin° et par le cœur; à d'autres, donnant sur le défaut des côtes,° il retournait l'estomac, et ils mouraient soudainement. Aux autres il frappait si fièrement le nombril° qu'il leur faisait sortir les tripes; à d'autres, par les couilles,° il perçait le boyau culier.° Croyez que c'était le plus horrible spectacle qu'on vît jamais.

Les uns criaient : « Sainte Barbe! »

Les autres, Saint Georges!

Les autres, Sainte Nitouche!°

Les autres, Notre Dame de Cunault, de Lorette, de Bonnes-Nouvelles, de la Lenou, de Rivière.

Les autres se vouaient à Saint Jacques.

Les autres au Saint-Suaire de Chambéry :° mais il brûla trois mois après, si bien qu'on n'en pût sauver un seul brin.°

Les autres à Cadouin.

Les autres à Saint Jean d'Angély.

Les autres à Sainte Eutrope de Saintes, à Saint Même de Chinon, à Saint Martin de Candes, à Saint Clouaud de Cinais, aux reliques de Javarzay, et mille autres bons petits saints.

Les uns mouraient sans parler, les autres parlaient sans mourir. Les uns mouraient en parlant, les autres parlaient en mourant.

Les autres criaient à haute voix : « Confession, confession! Confiteor, miserere, in manus. »°

Si grand fut le cri des blessés que le prieur de l'abbaye et tous ses moines sortirent. Quand ils aperçurent ces pauvres gens ainsi étendus parmi la vigne et blessés à mort, ils en confessèrent quelques-uns. Mais, pendant que les prêtres s'amusaient° à confesser, les petits moinetons° coururent au lieu où était Frère Jean et lui demandèrent en quoi il voulait qu'ils l'aidassent.

A quoi il répondit qu'ils égorgeassent° ceux qui étaient à terre. Alors, laissant leurs grandes capes sur une treille,° au plus près, ils commencèrent à égorger et à achever ceux qu'il avait déjà meurtris.° Savez-vous avec quelle arme? Avec leurs beaux gouets, qui sont de petits demi-couteaux dont les petits enfants de nos pays épluchent les noix.°

Puis avec son bâton de croix il gagna la brèche° qu'avaient faite les ennemis. Quelques-uns des moinetons emportèrent les enseignes et les guidons en leurs chambres pour s'en faire des jarretières.° Mais quand ceux qui s'étaient confessés voulurent sortir par cette brèche, le

1. This whole passage is not worth the trouble of translating, since the reader was hardly expected to understand it, and since the modernizer has modified Rabelais' solemn medical phrasing. Urquhart's seventeenth century translation reads: "To some he beat out their brains, to others he crushed their arms, battered their legs, and bethwacked their sides till their ribs cracked with it; to others again he unjointed the spondyles or knuckles of the neck, disfigured their chaps, gashed their faces, made their cheeks hang flapping on their chin, and so swinged and belammed them, that they fell down before him like hay before a Mower : to some others he spoiled the frame of their kidneys, marred their backs, broke their thigh-bones, pash'd in their noses, poached out their eyes, cleft their mandibles, tore their jaws, dug in their teeth into their throat, shook asunder their omoplates or shoulder-blades, sphacelated their shins, mortified their shanks, inflamed their ankles, heaved off of the hinges their ishies, their sciatica or hip-gout, dislocated their knees, squattered into pieces the boughts or pestles of their thighs." 10. l'arête du dos: the spine. 14. commissure du crâne: lambdoidal suture (where the segments of the skull meet). 17. l'empalait par le fondement: would impale him through the rear. 26. médiastin: mediastinum, cavity separating the lungs. 28. défaut des côtes: space below the ribs. 30. nombril: navel. 31. couilles: testicles. 32. boyau culier: lower gut.

2. Sainte Nitouche = sainte n'y touche: holy touch-me-not, little hypocrite. The expression, used of children trying to conceal misdeeds, is included among the genuine saints for comic effect. 7. Holy Shroud of Chambéry, city in southeastern France. 9. brin: scrap. 21. Confiteor, miserere, in manus: I confess; have mercy; into thy hands (I commend my spirit). 27. s'amusaient: were delaying. 27. moinetons (coined word): monklets. 30. égorgeassent: should cut the throats of. 32. treille: vine trellis. 34. meurtris: wounded. 37. épluchent les noix: remove the husks from nuts. 39. brèche: breach. 42. jarretières: garters.

moine les assommait° de coups, disant : « Ceux-ci sont confessés et repentants et ont gagné les pardons ; ils s'en vont en Paradis droit comme une faucille,° et comme est le chemin de Faye.° » Ainsi, par sa prouesse, furent déconfits° tous ceux de l'armée qui étaient entrés dans le clos, jusqu'au nombre de treize mille six cent vingt-deux, sans compter bien entendu les femmes et les petits enfants.

Jamais l'ermite Maugis dont il est question dans les gestes des quatre fils Aymon,° ne se comporta aussi vaillamment avec son bourdon° contre les Sarrazins, que le fit le moine à l'encontre des ennemis avec le bâton de la croix.

L'ABBAYE DE THÉLÈME

[Selections]

[*To reward Frère Jean des Entomeures for his aid in war, Gargantua gives him an abbey on an entirely new model. It is the exact reverse of the traditional monastery. All rules are abolished. For restriction is substituted liberty; for asceticism, honest enjoyment of life; for the worship of God, the honor of humanity. Thélème is the dream of a monk who discovers that he is cloistered without vocation, without even faith.*

The life one leads in Thélème is that of the cultured humanist nobles of the Renaissance. Every sort of sport and amusement is available, but books and music make existence harmonious. The setting is a triumph of the new architecture.

The motto of Thélème is "Do What You Will." Rabelais assumes that men and women released from all constraint, free to do what they will, will act according to principles of honor and decent behavior. Nature tends toward virtue; it is restraint, servitude, the lash, the law that corrupt man's nature and human society. This belief in the essential goodness of human nature goes counter to the Church's doctrines of original sin and innate depravity. Thus Rabelais is part of the chain which leads from Jean de Meung to Rousseau and to nineteenth-century liberalism.]

Comment Gargantua fit bâtir pour le moine L'Abbaye de Thélème*

Restait seulement le moine à pourvoir ; Gargantua voulait le faire abbé de Seuilly, mais il refusa. Il voulut lui donner l'abbaye de Bourgueil, ou de Saint-Florent, celle qui lui conviendrait le mieux, ou toutes deux si cela lui agréait. Mais le moine lui répondit péremptoirement, que de moines il ne voulait charge ni gouvernement. Car comment, disait-il, pourrais-je gouverner autrui, moi qui ne saurais me gouverner moi-même ? S'il vous semble que je vous ai rendu, et qu'à l'avenir je puisse vous rendre des services agréables, octroyez-moi de fonder une abbaye à mon idée. La demande plut à Gargantua, et il lui offrit tout son pays de Thélème, jusqu'à la rivière de Loire, à deux lieues de la grande forêt du Port-Huault.° Et il demanda à Gargantua qu'il instituât son couvent au contraire de tous les autres. « Premièrement donc, dit Gargantua, il ne faudra pas bâtir de murailles autour ; car toutes les autres abbayes sont fièrement murées. » — « Voire,° dit le moine, et non sans cause ; où il y a un mur, et devant, et derrière, il y a force murmure,° envie et conspiration réciproques. » Bien plus, vu qu'en certains couvents de ce monde il est en usage, que si quelque femme y entre (j'entends des prudes et des pudiques), on nettoie la place par laquelle elle a passé, il fut ordonné que si un religieux ou une religieuse y entrait par cas fortuit, on nettoierait avec soin tous les lieux par lesquels ils auraient passé. Et parce que dans les religions de ce monde tout est compassé, limité et réglé par heures, il fut décrété que là il n'y aurait aucune horloge ni aucun cadran.° Mais, selon les occasions et opportunités, toutes les œuvres seraient réparties. Car, disait Gargantua, la plus vraie perte de temps qu'il sût était de compter les heures. Quel bien en vient-il ? et la plus grande sottise du monde était de se gouverner au son d'une cloche, et non au dicté du bon sens et de l'entendement.

Item, parce qu'en ce temps-là on ne mettait pas en religion des femmes, sinon celles qui

1. *assommait:* brained, beat to death. 4. *faucille:* sickle. 4. *Faye:* village near Chinon, approached by a winding road. There is a pun on *foi,* which was pronounced like *Faye.* 5. *déconfits:* discomfited, undone. 11. *quatre fils Aymon:* medieval *chanson de geste.* The hermit Maugis was a cousin of the four valiant brothers. 12. *bourdon:* pilgrim's staff.

* *Thélème:* will, desire (*Greek*). 20. *Port-Huault:* near Chinon. 25. *Voire = Vrai:* True enough, indeed. 27. *murmure:* an example of Rabelais' terrible puns. 38. *cadran:* clock face, clock.

étaient borgnes, boiteuses, bossues,° laides, défaites,° folles, insensées, maléficieuses° et tarées;° et les hommes, sinon catarrheux, mal nés, niais, et autres embarras de maison. (« A propos, dit le moine, une femme qui n'est ni belle, ni bonne, à quoi vaut-elle ? » — « A mettre en religion, dit Gargantua. » — « Voire, dit le moine, et à faire des chemises. »)° Il fut ordonné que là ne seraient reçues que les femmes belles, bien formées et d'un bon naturel, et les hommes beaux, bien formés et d'un bon naturel.

Item, parce que dans les couvents de femmes les hommes n'entraient qu'à la dérobée° et clandestinement, il fut décrété que jamais ne seraient là les femmes au cas que n'y fussent les hommes.

Item, parce que tant hommes que femmes, une fois reçus en religion, après l'an de probation, étaient forcés et astreints d'y demeurer perpétuellement leur vie durant, il fut établi que tant hommes que femmes reçus là sortiraient quand bon leur semblerait, franchement et entièrement.

Item, parce que d'ordinaire les religieux faisaient trois vœux, à savoir de chasteté, pauvreté et obéissance, il fut décidé que là honorablement on pût être marié, que chacun fût riche et vécût en liberté. Pour ce qui est de l'âge légitime, les femmes y étaient reçues depuis dix jusqu'à quinze ans; les hommes depuis douze jusqu'à dix-huit.

Comment fut bâtie et dotée l'abbaye des Thélémites

Pour le bâtiment et assortiment° de l'abbaye, Gargantua fit livrer comptant° vingt-sept cent mille huit cent trente et un moutons à la grande laine,° et pour chaque année, jusqu'à ce que le tout fût achevé, assigna sur la recette de la Dive,° seize cent soixante neuf mille écus au soleil,° et autant à l'étoile poussinière.° Pour sa fondation et entretien, il donna à perpétuité vingt et trois cent soixante neuf mille cinq cent quatorze nobles à la rose,° de rente foncière,° garantis, amortis et solvables° chaque année à la porte de l'abbaye. Et de ceci leur passa de beaux contrats. Le bâtiment fut en forme d'hexagone, de telle façon qu'à chaque angle était bâtie une grosse tour ronde, ayant soixante pas de diamètre. Et elles étaient toutes pareilles en grosseur et en dessin. La rivière de Loire coulait le long de la propriété, du côté du septentrion.° Au bord de celle-ci se dressait une des tours, nommée Artique.° En tirant vers l'orient, il y en avait une autre nommée Calaer.° L'autre en suivant Anatole,° l'autre après Mésembrine,° l'autre après Hespérie,° la dernière, Cryère.°

Entre chaque tour était un espace de trois cent douze pas. Le tout bâti en six étages, en comptant les caves sous terre pour un. Le second était voûté en forme d'anse de panier.° Le reste était enduit de plâtre en forme de culs de lampes.° Le dessus recouvert d'ardoise° fine, avec l'endossure° de plomb en forme de petits mannequins, et des animaux bien assortis° et dorés, avec les gouttières° qui sortaient hors de la muraille entre les croisées,° peintes en figure diagonale d'or et d'azur, jusqu'en terre, où elles se terminaient dans de grands chéneaux° qui tous aboutissaient à la rivière par-dessous le logis.

Ledit bâtiment était cent fois plus magnifique que n'est Bonivet, Chambord, ou Chantilly; car on y trouvait neuf mille trois cent trente-deux chambres, chacune garnie d'une arrière-chambre, d'un cabinet, d'une garde-robe, d'une chapelle et d'une sortie sur la grande salle. Entre chaque tour, au milieu dudit corps de logis,° était un escalier à vis° contenu dans le corps de logis lui-même, dont les marches étaient partie de porphyre,° partie de pierre

1. borgnes, boiteuses, bossues: one-eyed, lame, hunchbacked. 2. défaites: bedraggled. 2. maléficieuses: spell-casting, witch-like. 3. tarées: blemished. 8. A difficult pun: toile, cloth, was pronounced telle; hence à quoi vaut-elle (line 6) had a double meaning. 14. à la dérobée: secretly. 39. assortiment: equipment. 40. fit... comptant: paid in cash. 42. moutons... laine: gold coins. 43. Dive: river in western France. (The reference is to fishing and navigation rights.) 44. écus au soleil: gold coins (crowns) marked with a sun.

1. l'étoile poussinière: "chicken star." (A burlesque invention, paralleling écus au soleil.) 4. nobles à la rose: rose nobles (English coins). 4. de rente foncière: secured by ground rent. 5. amortis et solvables: amortized and payable. 12. septentrion: north. 14. Artique: Arctic. 15. Calaer: Fine-Air (Greek). 16. Anatole: Eastern. 16. Mésembrine: Southern. 17. Hespérie: Western. 17. Cryère: Icy. 21. anse de panier: basket handle. 23. culs de lampes: with decorative pendants. 23. ardoise: slate. 24. endossure: ridge sheathing. 25. assortis: matched. 26. gouttières: gutters. 27. croisées: windows. 29. chéneaux: channels. 39. corps de logis: main building block. 39. escalier à vis: spiral staircase. 41. porphyre: porphyry, crystalline rock.

numidique,° partie de marbre de serpentin,° longues de vingt-deux pieds ; l'épaisseur en était de trois doigts, on en comptait douze° entre chaque palier.° A chaque palier étaient deux beaux arceaux° antiques, par lesquels était reçue la clarté : et par ceux-ci on entrait en un cabinet fait à claire-voie° dans la largeur de ladite vis ; cet escalier montait jusqu'au-dessus du toit et là finissait en pavillon.° Par cette vis on entrait de chaque côté en une grande salle, et des salles dans les chambres. De la tour Artique jusqu'à Cryère étaient les belles grandes bibliothèques en Grec, Latin, Hébreu, Français, Toscan° et Espagnol, partagées entre les divers étages selon ces langues. Au milieu était une merveilleuse vis, dont l'entrée était au dehors du logis sous un arceau large de six toises.° Elle était faite en telle symétrie et capacité, que six hommes d'armes, la lance sur la cuisse, pouvaient de front monter ensemble jusqu'au-dessus de tout le bâtiment. Depuis la tour Anatole jusqu'à Mésembrine étaient de grandes et belles galeries, toutes peintes des antiques prouesses, histoires, et descriptions de la terre. Au milieu était une montée et une porte, pareille à celles que nous avons décrites du côté de la rivière. Sur cette porte était écrit en grosses lettres antiques ce qui suit.°

COMMENT ÉTAIT LE MANOIR DES THÉLÉMITES

Au milieu de la première cour était une fontaine magnifique, de bel albâtre.° Au-dessus les trois Grâces, avec des cornes d'abondance. Et elles jetaient l'eau par les mamelles,° bouche, oreilles, yeux, et autres ouvertures du corps. Le dedans du logis donnant sur ladite cour était supporté par de gros piliers de calcédoine° et de porphyre, avec de beaux arcs antiques. Au dedans desquels étaient de belles galeries longues et larges, ornées de peintures, de cornes de cerfs, licornes,° rhinocéros, hippopotames, dents d'éléphants et autres choses remarquables. Le logis des dames était compris depuis la tour

Artique jusqu'à la porte Mésembrine. Les hommes occupaient le reste. Devant ledit logis des dames, afin qu'elles eussent l'ébattement,° entre les deux premières tours au dehors, étaient des lices,° l'hippodrome, le théâtre, et les piscines,° avec les bains mirifiques à trois étages, bien garnis de tous 'assortiments et foison° d'eau de myrrhe. Le long de la rivière était le beau jardin de plaisance. Au milieu de celui-ci le beau labyrinthe.° Entre les deux autres tours étaient les jeux de paume° et de grosse balle. Du côté de la tour Cryère était le verger, plein de tous arbres fruitiers, tous ordonnés en quinconce.° Au bout était le grand parc foisonnant° en toutes bêtes sauvages. Entre les troisièmes tours étaient les buts° pour l'arquebuse,° l'arc et l'arbalète.° Les offices° hors de la tour Hespérie, avec un seul étage. L'écurie° au delà des offices. La fauconnerie devant, gouvernée par des fauconniers bien experts en l'art. Et elle était annuellement fournie par les Candiens,° Vénitiens, et Sarmates° de toutes sortes d'oiseaux rares, aigles, gerfauts, autours, sacres, laniers, faucons, éperviers, émerillons,° et autres si bien affaités° et domestiqués que, partant du château pour s'ébattre dans les champs, ils prenaient tout ce qu'ils rencontraient. La vénerie° était un peu plus loin tirant vers le parc.

Toutes les salles, chambres et cabinets étaient tapissés en diverses sortes, selon les saisons de l'année. Tout le pavé était couvert de drap vert. Les lits étaient de broderie.

En chaque arrière-chambre était un miroir de cristal, enchâssé d'or fin, garni de perles autour, et il était de telle grandeur qu'il pouvait véritablement représenter toute la personne. A la sortie des salles du logis des dames étaient les parfumeurs et les coiffeurs, par les mains desquels passaient les hommes quand ils visitaient les dames. Ceux-là fournissaient chaque matin les chambres des dames d'eau de rose, d'eau de fleurs

3. *ébattement:* diversion. 5. *lices:* lists. 6. *piscines:* swimming pools. 8. *foison:* abundance. 10. *labyrinthe:* maze, formed of dense, high hedges. 11. *jeux de paume:* racquets courts (resembling tennis). 14. *ordonnés en quinconce:* staggered. 15. *foisonnant:* abounding. 16. *buts:* butts, targets. 17. *arquebuse:* arquebus, primitive musket. 17. *arbalète:* arbalest, crossbow. 17. *offices:* service buildings. 19. *écurie:* stables. 22. *Candiens:* Cretans. 23. *Sarmates:* Sarmatians, from present Prussia. 24–25. *gerfauts... émerillons:* gerfalcons, goshawks, sakers, lanners, falcons, sparrow-hawks, merlins. 25. *affaités:* trained. 28. *vénerie:* hunting stables.

1. *pierre numidique:* red marble from Numidia in Africa. 1. *marbre de serpentin:* serpentine or green marble. 3. *douze:* i.e., steps. 4. *palier:* landing. 5. *arceaux:* arches. 7. *à claire-voie:* with openwork. 9. *pavillon:* belvedere or ornamental structure. 14. *Toscan:* Tuscan, Italian. 17. *toises:* fathoms (six feet). 28. A long poem follows, here omitted. 34. *albâtre:* alabaster. 36. *mamelles:* breasts. 39. *calcédoine:* chalcedony, crystalline quartz. 43. *licornes:* unicorns.

d'oranger et d'eau de myrte; et à chacune la précieuse cassolette° exhalant des vapeurs de toutes drogues aromatiques.

Quelle était la règle des Thélémites en leur manière de vivre

Toute leur vie était employée, non par des lois, statuts, ou règles, mais selon leur vouloir et franc arbitre. Ils se levaient du lit quand bon leur semblait : buvaient, mangeaient, travaillaient, dormaient quand le désir leur venait. Nul ne les éveillait, nul ne les forçait ni à boire, ni à manger, ni à faire quelque autre chose. Ainsi l'avait établi Gargantua. En leur règle n'était que cette clause :

FAIS CE QUE VOUDRAS

Parce que les gens de condition libre, bien nés, bien instruits, conversant en compagnies honnêtes, ont par nature un instinct et aiguillon° qui les pousse toujours à des faits vertueux, et les retire du vice; ils le nomment honneur. Quand ceux-ci, par vile sujétion et contrainte, sont déprimés et asservis, ils détournent la noble affection, par laquelle franchement ils tendaient à la vertu, à déposer et enfreindre° ce joug de servitude. Car nous entreprenons toujours les choses défendues et convoitons° ce qui nous est dénié.

Par cette liberté, ils entrèrent en louable émulation de faire tous ce qu'à un seul ils voyaient plaire. Si quelqu'un ou quelqu'une disait : « Buvons », tous buvaient. S'il disait : 5 « Jouons », tous jouaient. S'il disait : « Allons à l'ébat° dans les champs », tous y allaient. Si c'était pour chasser au vol,° ou chasser, les dames, montées sur de belles haquenées,° avec leur palefroi° de parade, sur le poing mignonne-10 ment ganté chacune portait ou un épervier, ou un laneret, ou un émerillon; les hommes portaient les autres oiseaux.

Ils étaient si noblement instruits qu'il n'était entre eux un ou une qui ne sût lire, écrire, 15 chanter, jouer d'instruments harmonieux, parler cinq à six langues, et en celles-ci composer tant en vers qu'en prose. Jamais ne furent vus chevaliers si preux, si galants, si adroits à pied et à cheval, plus verts,° mieux remuants, mieux 20 maniant toutes armes, que ceux qui étaient là.

Jamais ne furent vues des dames si propres, si mignonnes, si gracieuses, plus doctes, à la main, à l'aiguille, à tout acte féminin honnête et libre, que celles qui étaient là.

Par cette raison quand le temps était venu que quelqu'un de cette abbaye, ou à la requête de ses parents, ou pour une autre cause, voulût en sortir, avec lui il emmenait une des dames, celle qui l'avait pris pour son dévot, et ils étaient 30 mariés ensemble. Ils avaient si bien vécu à Thélème en dévotion et amitié, qu'ils continuaient mieux encore dans le mariage; autant s'entre-aimaient-ils à la fin de leurs jours qu'au premier jour de leurs noces.

2. *cassolette:* perfume burner. 25. *aiguillon:* goad. 31. *enfreindre:* infringe upon, cast off. 33. *convoitons:* we yearn for.

6. *Allons à l'ébat:* Let us go for a frolic. 7. *chasser au vol:* to hawk. 8. *haquenées:* hackneys. 9. *palefroi:* palfrey, riding horse. 19. *verts:* vigorous.

10. Renaissance Poets: Marot; La Pléiade: Du Bellay

At the end of the fifteenth century and at the beginning of the sixteenth the prevailing style of French poetry was that of the *Grands Rhétoriqueurs*. These took the difficult forms of the Middle Ages: ballade, rondeau, etc., and made them more difficult, with the invention of fantastic refinements. They wrote poems with one syllable to a line, and others which had one meaning if read in the ordinary way, and an opposite meaning if one read the first halves of each line and then returned to read the second halves. They pushed the rhyme forward from the line's beginning and back from its end until rhyme almost met in the middle. Their work is to medieval poetry what flamboyant architecture is to high Gothic. Their craftsmanship is still fascinating as ingenious verbal whimsy, but it is certainly not poetry.

CLÉMENT MAROT [1496–1544]

Calvin had been there → *Nérac & Pau*

Clément Marot was the son of a well-known *rhétoriqueur*. After a haphazard education he entered the service of the sister of King François I, later famous as Marguerite de Navarre. She was a remarkable woman, a true humanist, a writer of fiction and poetry, a radical in religion, indeed on the edge of Protestantism, and a protector of religious freethinkers. In the liberal atmosphere of her court, Marot developed views akin to the evangelism of Rabelais. Accused of eating bacon in Lent, he was imprisoned, and had to pull every string to gain his release. He succeeded his father in the honorable post of *valet de chambre* to King François I. He was on easy terms with his master, and wrote much of his delightful familiar verse to please him. But his near-Protestantism became suspect, and he fled to Navarre and to Italy, and returned to France only after formally abjuring all heresy. Then, in 1542, a final imprudence forced him to flee again. He went to Geneva, Protestantism's holy city, and was welcomed by Calvin. He published there his translation of the Psalms, still sung in French Protestant churches. But he found Calvinist puritanism far too grim for his liking. He was caught playing backgammon in a tavern and fled once more, to Turin, where he died.

 Nérac) *Ferrara*

He was a skillful and witty poet, gay, spontaneous, charming. "Everyone knows that malicious grace," says Lanson, "that natural and far from artless simplicity, those unforeseen bursts of imagination or irony, that art of saying things with a trifling air, without emphasizing or underlining."* He had more than this. The record of his life shows that he held serious convictions, that he spoke them and suffered for them. A mere court jester would never have undergone his misfortunes.

Yet his achievement is the establishment of a type of court poetry, still known as *marotique*. Court poetry is a servile thing, compounded of obsequiousness and snobbishness. It must please frivolous people, easily bored, contemptuous of serious or radical art. Marot, accepting such requirements, infused in his work grace, fancy, delicate charm, naturalness, and the disarming sincerity of his own character.

* Gustave Lanson: *Histoire de la littérature française*. Paris, Hachette, 1920, p. 243.

In his *art* we perceive the marks of both the Middle Ages and the new day. He keeps the medieval forms, and he often employs the verbal trickeries of the *rhétoriqueurs*. Poetry was for him a craft, not the noble gift of Apollo. But on the other hand he looked to the classics for inspiration and imitated their forms; he introduced the sonnet and other novelties from Italy. He had the Renaissance love of life, and some of its boldness of enquiry. Under his rigidity of form he reveals an essential simplicity and genuineness of spirit. He has been called the last of the *rhétoriqueurs* and the first of modern poets. He is then an artist of transition.

His light poetry has always been popular in France. There is much of his influence in La Fontaine, in Voltaire. The fact is, as Saintsbury says, he displays the literary characteristics of the ordinary Frenchman.

Marot prisonnier écrit au roi pour sa délivrance

[*In 1527 Marot and some others attacked some policemen who were taking one of their friends to prison. They freed the prisoner, at the cost of some injuries to the police. Marot was recognized and promptly jailed. Once before he had obtained his release from confinement by a humorous poetic appeal to powerful friends. He therefore wrote the following* épître *to King François I, who was more readily moved by laughter than by tears.*]

Roi des Français, plein de toutes bontés,
Quinze jours a° (je les ai bien comptés),
Et dès demain seront justement seize,
Que je fus fait confrère au diocèse
De Saint Marry en l'Église Saint Pris :° 5
Je vous dirai comment je fus surpris,
Et me déplaît qu'il faut que je le die.°
 Trois grands pendards° vinrent à l'étourdie°
En ce palais, me dire en désarroi :°
« Nous vous faisons prisonnier par le Roi. » 10
Incontinent qui fut bien étonné?
Ce fut Marot, plus que s'il eût tonné.
Puis m'ont montré un parchemin écrit,
Où n'y avait seul mot de Jésus-Christ :
Il ne parlait tout que de plaidoirie,° 15
De conseillers et d'emprisonnerie.
 « Vous souvient-il (ce me dirent-ils lors)
Que vous étiez l'autre jour là-dehors,
Qu'on secourut un certain prisonnier
Entre nos mains? » Et moi de le nier :° 20

Car soyez sûr, si j'eusse dit oui,°
Que le plus sourd d'entre eux m'eût bien ouï,
Et, d'autre part, j'eusse publiquement
Été menteur : car pourquoi et comment
Eussé-je pu un autre recourir,° 25
Quand je n'ai su moi-même secourir?
Pour faire court, je ne sus tant prêcher
Que ces paillards° me voulussent lâcher.
Sur mes deux bras ils ont la main posée,
Et m'ont mené ainsi qu'une épousée, 30
Non pas ainsi, mais plus raide un petit.°
Et toutefois j'ai plus grand appétit°
De pardonner à leur folle fureur
Qu'à celle-là de mon beau procureur.°
Que male mort° les deux jambes lui casse! 35
Il a bien pris de moi une bécasse,°
Une perdrix,° et un levraut° aussi :
Et toutefois je suis encore ici.
Encor je crois, si j'en envoyais plus,
Qu'il le prendrait, car ils ont tant de glus° 40
Dedans leurs mains, ces faiseurs de pipée,°
Que toute chose où touchent est grippée.
 Mais pour venir au point de ma sortie :
Tant doucement j'ai chanté ma partie,°
Que nous avons bien accordé ensemble, 45
Si que° n'ai plus affaire, ce me semble,
Sinon à vous.° La partie est bien forte;

21. *oui:* two syllables. 25. *recourir:* come to the aid of. 28. *paillards:* dirty dogs. 31. Notice the understatement, which is said to be a comic device peculiar to the English. 32. *appétit:* desire. 34. *procureur:* public prosecutor. 35. *male mort:* cruel death. 36. *bécasse:* woodcock. (It was the custom to make presents to the judges, in the hope, frequently justified, of influencing the verdict.) 37. *perdrix:* partridge. 37. *levraut:* hare. 40. *glus:* birdlime. 41. *faiseurs de pipée:* bird callers (*i.e.*, tricksters). 44. *partie:* part (in a musical composition), with a second meaning of "adversary." (The pun continues with *accorder*, which means both "to agree" and "to keep in tune.") 46. *Si que = De sorte que.* 47. Having made a settlement with the aggrieved individuals, Marot was liable only for criminal action on the part of the King's justice.

2. *a = il y a.* 5. A double pun. There was a church of Saint-Merry, then pronounced "marri," which means "*sore and sorrowful.*" Saint-Pris was a village near Paris. 7. *die = dise.* 8. *pendards:* gallows birds. 8. *à l'étourdie:* in haste. 9. *en désarroi:* in disorder. 15. *plaidoirie:* official complaint. 20. *moi de le nier* (hist. inf.) : I denied it.

Mais le droit point, où je me réconforte,
Vous n'entendez procès non plus que moi;
Ne plaidons point : ce n'est que tout émoi. 50
Je vous en crois, si je vous ai méfait.
Encor posé le cas que je l'eusse fait,
Au pis aller n'y cherrait qu'une amende.°
Prenez le cas que je vous la demande;
Je prends le cas que vous me la donnez; 55
Et si plaideurs furent onc étonnés
Mieux que ceux-ci, je veux qu'on me délivre,
Et que soudain en ma place on les livre!
Je vous supplie, Sire, mander par lettre
Qu'en liberté vos gens me veuillent mettre;
Et si j'en sors j'espère qu'à grand'peine 61
M'y reverront — si on ne m'y ramène.

Très humblement requérant votre grâce
De pardonner à ma trop grande audace
D'avoir emprins° ce sot écrit vous faire, 65
Et m'excusez si pour le mien affaire
Je ne suis point vers vous allé parler;
Je n'ai pas eu le loisir d'y aller.°

A un sien ami

Puisque le Roi a désir de me faire
A ce besoin quelque gracieux prêt,
J'en suis content, car j'en ai bien affaire,
Et de signer ne fus oncques si prêt.
Par quoi vous prie savoir de combien c'est 5
Qu'il veut cédule,° afin qu'il se contente.
Je la ferai si sûre (si Dieu plaît)
Qu'il n'y perdra que l'argent et l'attente.

A une demoiselle malade

[*Notice the light, tripping effect of the three-syllable line, which almost makes its own music.*]

Ma mignonne,
Je vous donne
Le bon jour :
Le séjour°

C'est prison. 5
Guérison
Recouvrez,
Puis ouvrez
Votre porte,
Et qu'on sorte 10
Vitement,
Car Clément
Vous le mande.
Va, friande
De ta bouche, 15
Qui se couche
En danger
Pour manger°
Confitures;
Si tu dures 20
Trop malade,
Couleur fade
Tu prendras
Et perdras
L'embonpoint.° 25
Dieu te doint°
Santé bonne,
Ma mignonne.

De Frère Lubin

[*This ballade has a double refrain; lines 4 and 8 of each stanza are repeated and reappear as lines 2 and 4 of the envoi. See the excellent translation by Longfellow, in Mark Van Doren's* Anthology of World Poetry *and other collections.*]

Pour courir en poste à la ville
Vingt fois, cent fois, ne sais combien;
Pour faire quelque chose vile,
Frère Lubin le fera bien;
Mais d'avoir honnête entretien 5
Ou mener vie solitaire,
C'est à faire à un bon chrétien,
Frère Lubin ne le peut faire.

Pour mettre, comme un homme habile,
Le bien d'autrui avec le sien, 10
Et vous laisser sans croix ni pile,°
Frère Lubin le fera bien :
On a beau dire : je le tien!°

52–53. *Encor... amende:* Still, just assuming that I had done it, at the worst only a fine would be imposed. (But the prisoner would remain in jail until the fine should be paid; therefore Marot, with comic effrontery, asks the King to pay his fine.) 65. *emprins = entrepris.* 68. The King in fact was amused and pardoned Marot. A UN SIEN AMI. 6. *cédule:* note (acknowledging terms of loan). A UNE DEMOISELLE MALADE. 4. *séjour:* confinement.

18. *manger = avoir mangé.* 25. *embonpoint:* healthy looks. 26. *Dieu te doint:* God grant you. DE FRÈRE LUBIN. 11. *sans croix ni pile:* without a red cent. 13. *tien = tiens.*

Et le presser de satisfaire;
Jamais ne vous en rendra rien; 15
Frère Lubin ne le peut faire.

Pour débaucher par un doux style
Quelque fille de bon maintien,
Point ne faut de vieille subtile,
Frère Lubin le fera bien. 20
Il prêche en théologien,
Mais pour boire de belle eau claire,
Faites-la boire à votre chien!
Frère Lubin ne le peut faire.

ENVOI

Pour faire plutôt mal que bien, 25
Frère Lubin le fera bien;
Et si c'est quelque bonne affaire
Frère Lubin ne le peut faire.

De sa grand'amie

Dedans Paris, ville jolie,
Un jour, passant mélancolie,°
Je pris alliance nouvelle
A la plus gaie demoiselle
Qui soit d'ici en Italie. 5

D'honnêteté elle est saisie,°
Et crois, selon ma fantaisie,
Qu'il n'en est guère de plus belle
 Dedans Paris.

Je ne vous la nommerai mie, 10
Sinon que c'est ma grand'amie;
Car l'alliance se fit telle
Par un doux baiser que j'eus d'elle,
Sans penser aucune infamie
 Dedans Paris. 15

Chanson

Qui veut avoir liesse,°
Seulement d'un regard
Vienne voir ma maîtresse
Que Dieu maintienne et gard :°

Elle a si bonne grâce 5
Que celui qui la voit
Mille douleurs efface,
Et plus s'il en avoit.°

Les vertus de la belle
Me font émerveiller; 10
La souvenance d'elle
Fait mon cœur éveiller;
Sa beauté tant exquise
Me fait la mort sentir;
Mais sa grâce requise° 15
M'en peut bien garantir.

Chanson

Puisque de vous je n'ai d'autre visage,
Je m'en vais rendre ermite en un désert,
Pour prier Dieu, si un autre vous sert,
Qu'autant que moi en votre honneur soit sage.

Adieu amours, adieu gentil corsage,° 5
Adieu ce teint, adieu ces friands yeux!
Je n'ai pas eu de vous grand avantage;
Un moins aimant aura peut-être mieux.°

De l'abbé et de son valet

Monsieur l'abbé et monsieur son valet
Sont faits égaux, tous deux comme de cire :
L'un est grand fou, l'autre petit follet;
L'un veut railler, l'autre gaudir° et rire;
L'un boit du bon; l'autre ne boit du pire. 5
Mais un débat le soir entr'eux s'émeut :
Car maître abbé toute la nuit ne veut
Être sans vin, que sans secours ne meure,
Et son valet jamais dormir ne peut
Tandis qu'au pot une goutte en demeure. 10

De Hélène de Tournon

Au mois de mai, que l'on saignait la belle,
Je vins ainsi son médecin reprendre :
« Lui tires-tu sa chaleur naturelle?

DE SA GRAND'AMIE. 2. *passant mélancolie:* leaving melancholy behind. 6. *saisie:* imbued. CHANSON. 1. *liesse:* joy. 4. *gard = garde* (subjunctive).

8. *avoit = avait.* 15. *sa grâce requise:* the granting of her favor. CHANSON. 5. *corsage:* costume. 8. "Voilà ce qui manquait à la poésie française," says Émile Faguet of this wistful little poem. DE L'ABBÉ ET DE SON VALET. 4. *gaudir:* enjoy himself.

Trop froide elle est, bien me l'a fait apprendre.
— Tais-toi, dit-il, content je te vais rendre; 5
J'ôte le sang qui la fait rigoureuse,
Pour prendre humeur en amour vigoureuse,
Selon ce mois qui chasse tout émoi. »
Ce qui fut fait, et devint amoureuse;
Mais le pis est que ce n'est pas de moi. 10

De Oui et de Nenni*

Un doux Nenni, avec un doux sourire,
Est tant honnête, il vous le faut apprendre;
Quant est d'Oui, si veniez à le dire,
D'avoir trop dit je voudrais vous reprendre.
Non que je sois ennuyé d'entreprendre 5

DE OUI ET DE NENNI. * *Nenni:* No.

D'avoir le fruit dont le désir me point;°
Mais je voudrais qu'en me le laissant prendre
Vous me disiez : « Non, vous ne l'aurez point. »

De lui-même

Plus ne suis ce que j'ai été,
Et ne le saurais jamais être;
Mon beau printemps et mon été
Ont fait le saut par la fenêtre.
Amour, tu as été mon maître, 5
Je t'ai servi sur tous les dieux.
O si je pouvais deux fois naître,
Comme je te servirais mieux!

6. *point:* harasses.

La Pléiade

[handwritten: true also of art & music]

French literary history is largely the history of groups or schools, united by a common faith, stimulated by mutual encouragement. Such a group was the band of poets who came to be known as the *Pléiade*. Its first home was the Collège de Coqueret, in Paris. Its inspirer was a remarkable teacher, Jean Dorat. Its members were passionate lovers of poetry, of Greek learning, of music and the arts, of the newly revealed beauty of the human spirit and of nature. Given propitious circumstances and a great teacher, such groups have made literary history in our own country, and surely will again.

[handwritten margin: Beginning of classism (usually associated w/ 1ᵗ cent.)]

The group at the Collège de Coqueret was formed about 1547. Its common faith was scorn for the lingering medievalism of French poetry and a firm intention to make a new poetry on the model of the great Greeks. Its leader was Pierre de Ronsard; his first lieutenant was Joachim du Bellay.

The manifesto of the group, the *Défense et illustration de la langue française*, appeared in 1549 and was signed by Du Bellay. This manifesto attacked both the court poets of the medieval tradition and the scholars who, despising French, wrote in Latin. It defended the capacity of the French language to express the highest poetic thought; it proposed the further enrichment of the language. It demanded a *new poetic system*, to be based on classic and Italian themes and forms, not on the worn-out French tradition. It insisted finally on *the poet's high mission*. The poet must be a seer and sage, no mere amuser of the court. The poet is god-possessed, the vehicle of an inspiration greater than himself. He deals in the sublime; he confers fame and immortality even on the earth's monarchs. Thus the *Défense et illustration* proclaims a new aesthetic principle and calls for a new dignity for the poet and for poetry.

1) Admiration in classical style, etc.
2) Deeply rooted in Fr. & mother tongue.

JOACHIM DU BELLAY [1522–1560]

Much less freedom.

The first to publish a volume in accord with the new program was Joachim du Bellay. He was born at Liré in Anjou, in western France, of a poor branch of the high nobility. Early an orphan, partly deaf, neglected by his guardian, he had an unhappy childhood and youth. At the age of twenty-five he met Ronsard, fell under his masterful influence, and joined him at the Collège de Coqueret. In 1549 he published *L'Olive*, a sonnet sequence inspired by Petrarch and the Italians. The book is marked by a dreamy Platonic idealism.

In 1553 he went to Rome in the train of his uncle, the French ambassador, Cardinal du Bellay. He was fascinated by the remains of ancient Rome, by the melancholy grandeur of its ruins. In a sonnet series, *Les Antiquités de Rome*, he expressed the pathos of vanished greatness and created, in French, "the poetry of ruins."

He spent four years in Rome, disillusioned, homesick, and unhappy. His own duties as business manager for his uncle were uncongenial. He was disgusted with the cynical intriguing of the Papal court. He was ill; he longed to be back in his quiet country home in Anjou. He kept a kind of poetic diary in sonnet form, and this he published, under the title of *Les Regrets*, on his return to France.

Les Regrets, his most important book, contains poems in various moods. Some are intimate expressions of the author's disappointment, unhappiness, homesickness. Some are satires of Roman life, sharply realistic. Some are impressions of travel. In his three volumes Du Bellay naturalized the sonnet in France and rendered it fit to express the richest thought in beautiful form.

He published some other collections. He saw again his dear homeland. But his health worsened, and he died, evidently of tuberculosis, on January 1, 1560, at the age of thirty-seven.

"J'écris naïvement tout ce qu'au cœur me touche," he wrote (*Regrets, XXI*). His sincerity, added to his poetic skill, gives him a charm which still imposes itself. We know his inner self; he draws our pity and our affection. He is a *personal* poet. Further, he is that special type of writer, sad, sensitive, consumptive, which represents The Poet in many minds. He has helped to create the foolish legend that the poet is a sweet incompetent, defeated by life.

L'Olive ✓

Si notre vie est moins qu'une journée
En l'éternel, si l'an qui fait le tour
Chasse nos jours sans espoir de retour,
Si périssable est toute chose née,

Que° songes-tu, mon âme emprisonnée? 5
Pourquoi te plaît l'obscur de notre jour,
Si pour voler en un plus clair séjour,
Tu as au dos l'aile bien empennée?°

Là est le bien que tout esprit désire,
Là, le repos où tout le monde aspire, 10
Là est l'amour, là le plaisir encore.

5. *Que = Pourquoi.* 8. *empennée:* feathered.

Là, ô mon âme, au plus haut ciel guidée,
Tu y pourras reconnaître l'Idée
De la beauté, qu'en ce monde j'adore.°

Les Antiquités de Rome

I

Sacrés coteaux, et vous, saintes ruines,
Qui le seul nom° de Rome retenez,

14. The thought is both Platonic and Petrarchan, that one may rise by pure love from the world of appearances to that of essences, to the Idea which is the ultimate reality. "Avec sa ligne souple et noblement courbée, ses reprises, sa musique savante, ses interrogations, ses affirmations heureuses et répétées, le long retentissement des échos qu'il éveille, ce sonnet a tout pour satisfaire à la fois l'esprit et le cœur." (Edmond Jaloux.) LES ANTIQUITÉS DE ROME I. 2. *le seul nom:* only the name.

Vieux monuments, qui encor soutenez
L'honneur poudreux de tant d'âmes divines;

Arcs triomphaux, pointes du ciel voisines, 5
Qui, de vous voir,° le ciel même étonnez,
Las!° peu à peu cendre vous devenez,
Fable du peuple, et publiques rapines!°

Et, bien qu'au temps pour un temps fassent
 guerre
Les bâtiments, si est-ce que° le temps 10
Œuvres et noms finablement° atterre.

Tristes désirs, vivez doncque° contents;
Car, si le temps finit chose si dure,
Il finira la peine que j'endure.

II

Pâles esprits, et vous, ombres poudreuses,
Qui, jouissant de la clarté du jour,
Fîtes sortir cet orgueilleux séjour
Dont nous voyons les reliques cendreuses;

Dites, esprits, (ainsi les ténébreuses 5
Rives du Styx non passable au retour,
Vous enlaçant d'un trois fois triple tour,
N'enferment° point vos images ombreuses!),

Dites-moi donc, (car quelqu'une de vous,
Possible° encor, se cache ici dessous), 10
Ne sentez-vous augmenter votre peine,

Quand quelquefois de ces coteaux° romains
Vous contemplez l'ouvrage de vos mains
N'être plus rien qu'une poudreuse plaine?

III

Quand ce brave séjour, honneur du nom latin,
Qui borna sa grandeur d'Afrique et de la
 Bise,°
De ce peuple qui tient les bords de la Tamise,°
Et de celui qui voit éclore le matin,°

Anima° contre soi d'un courage mutin 5
Ses propres nourrissons,° sa dépouille conquise,°
Qu'il avait par tant d'ans sur tout le monde
 acquise,
Devint soudainement du monde le butin:

Ainsi, quand du grand Tout la fuite retournée,
Où trente-six mille ans ont sa course bornée, 10
Rompra des éléments le natural accord,

Les semences, qui sont mères de toutes choses,
Retourneront encore à leur premier discord,
Au ventre du chaos éternellement closes.°

Les Regrets

I

[His Purpose]

Je ne veux point fouiller au sein de la nature,
Je ne veux point chercher l'esprit de l'univers,
Je ne veux point sonder les abîmes couverts,
Ni desseigner° du ciel la belle architecture:

Je ne peins mes tableaux de si riche peinture, 5
Et si hauts arguments° ne recherche à mes
 vers;
Mais, suivant de ce lieu les accidents divers,
Soit de bien, soit de mal, j'écris à l'aventure.

Je me plains à mes vers, si j'ai quelque regret;
Je me ris avec eux, je leur dis mon secret, 10
Comme étant de mon cœur les plus chers
 secrétaires.°

Aussi ne veux-je tant les peigner et friser,
Et de plus braves noms ne les veux déguiser
Que de papiers journaux ou bien de
 commentaires.

6. *de vous voir:* to the onlooker. 7. *Las!* Alas! 8. *rapines:* plunder. (The ancient ruins were used as sources of supply of building materials.) 10. *si est-ce que:* still. 11. *finablement = finalement.* 12. *doncque = donc.* II. 8. *N'enferment = finalement.* 12. *doncque = donc.* II. 8. *N'enferment:* subjunctive. 10. *Possible:* Possibly. 12. *coteaux:* hillsides. III. 2. *Bise:* the north, whence blows *la bise,* the north wind. 3. *Tamise:* Thames. 4. Perhaps the Assyrians, most eastern subjects of Rome.

5. *Anima:* The subject is *séjour,* line 1. 6. *nourrissons:* nurslings, subjects. 6. *dépouille conquise:* conquered effects (subject of *devint,* line 8). 9–14. i.e., after a 36,000-year journey, the universe will return to its starting point, the stability of the elements will be upset, and the Seeds of Things will return to primitive Chaos. A Platonic idea. LES REGRETS, I. 4. *desseigner:* portray. (Du Bellay is referring to the high philosophic themes treated by Ronsard and other members of the Pléiade.) 6. *arguments:* subjects. 11. *secrétaires:* a play on the word *secret,* line 10. Du Bellay confesses that he is consciously writing *poésie intime.*

II

[Solitude*]

Ceux qui sont amoureux, leurs amours
 chanteront,
Ceux qui aiment l'honneur, chanteront de la
 gloire,
Ceux qui sont près du roi, publieront sa
 victoire,
Ceux qui sont courtisans leurs faveurs
 vanteront,

Ceux qui aiment les arts, les sciences° diront, 5
Ceux qui sont vertueux, pour tels se feront
 croire,
Ceux qui aiment le vin, deviseront° de boire,
Ceux qui sont de loisir, des fables écriront,

Ceux qui sont médisants, se plairont à médire,
Ceux qui sont moins fâcheux, diront des mots
 pour rire, 10
Ceux qui sont plus vaillants, vanteront leur
 valeur,

Ceux qui se plaisent trop, chanteront leur
 louange,
Ceux qui veulent flatter, feront d'un diable un
 ange,
Moi, qui suis malheureux, je plaindrai mon
 malheur.

III

[Love of Country]

France, mère des arts, des armes et des lois,
Tu m'as nourri longtemps du lait de ta
 mamelle!
Ore,° comme un agneau qui sa nourrice
 appelle,
Je remplis de ton nom les antres° et les bois.

Si tu m'as pour enfant avoué quelquefois,° 5
Que° ne me réponds-tu maintenant, ô cruelle?
France, France, réponds à ma triste querelle :°
Mais nul, sinon Écho, ne répond à ma voix.

Entre les loups cruels j'erre parmi° la plaine,
Je sens venir l'hiver, de qui la froide haleine 10
D'une tremblante horreur fait hérisser° ma
 peau.

Las! Tes autres agneaux n'ont faute de pâture,°
Ils ne craignent le loup, le vent, ni la froidure :
Si° ne suis-je pourtant le pire du troupeau.

IV

[handwritten: Italian sonnet / Greek illustration / French sentiment]

[Homesickness]

Heureux qui, comme Ulysse, a fait un beau
 voyage,
Ou comme celui-là qui conquit la toison,°
Et puis est retourné, plein d'usage° et raison,
Vivre entre ses parents le reste de son âge!

Quand reverrai-je, hélas! de mon petit village 5
Fumer la cheminée? et en quelle saison
Reverrai-je le clos° de ma pauvre maison,
Qui m'est une province et beaucoup
 davantage?

[handwritten: Periodic sentence]

Plus me plaît le séjour qu'ont bâti mes aïeux
Que des palais romains le front audacieux, 10
Plus que le marbre dur me plaît l'ardoise° fine,

Plus mon Loire gaulois que le Tibre latin,
Plus mon petit Liré° que le mont Palatin,°
Et plus que l'air marin la douceur angevine.°

V

[Despair]

La nef qui longuement a voyagé, Dillier,°
Dedans le sein du port à la fin on la serre;
Et le bœuf qui longtemps a renversé la terre,
Le bouvier° à la fin lui ôte le collier;

Le vieux cheval se voit à la fin délier,° 5
Pour ne perdre l'haleine, ou quelque honte
 acquerre;°

II. * Notice the epigrammatic form: a single sentence, an enumeration leading up to the point in the last line. This device was imitated from Petrarch. 5. *sciences:* Du Bellay does not distinguish between arts and sciences. 7. *deviseront:* will talk. III. 3. *Ore:* Now. 4. *antres:* caves. 5. *quelquefois = autrefois.* 6. *Que = Pourquoi.* 7. *querelle:* complaint. In reading, make here a dramatic pause.

9. *parmi:* in the midst of. 11. *hérisser:* shiver, bristle. 12. *n'ont faute de pâture:* do not lack pasturage. 14. *Si:* Yet. IV. 2. *toison:* the Golden Fleece, won by Jason. 3. *usage:* experience. 7. *clos:* enclosed garden. 11. *ardoise:* slate. 13. *Liré:* the village in Anjou where Du Bellay was born. 13. *le mont Palatin:* one of Rome's seven hills. 14. *angevine:* of Anjou. V. 1. *Dillier:* a friend in France. 4. *bouvier:* cowherd, plowman. 5. *délier:* unharness. 6. *acquerre = acquérir.*

Et pour se reposer du travail de la guerre,
Se retire à la fin le vieillard chevalier.

Mais moi, qui jusqu'ici n'ai prouvé° que la
 peine,
La peine et le malheur d'une espérance vaine,
La douleur, le souci, les regrets, les ennuis, 11

Je vieillis peu à peu sur l'onde Ausonienne,°
Et si° n'espère point, quelque bien qui
 m'advienne,
De sortir jamais hors des travaux où je suis.

VI

[Resignation]

O combien est heureux, qui n'est contraint de
 feindre
Ce que la vérité le contraint de penser,
Et à qui le respect d'un qu'on n'ose offenser
Ne peut la liberté de sa plume contraindre!

Las, pourquoi de ce nœud sens-je la mienne
 étreindre,° 5
Quand mes justes regrets je pense commencer?
Et pourquoi ne se peut mon âme dispenser
De ne sentir son mal, ou de pouvoir s'en
 plaindre?

On me donne la gêne, et si n'ose crier
On me voit tourmenter, et si n'ose prier 10
Qu'on ait pitié de moi. O peine trop sujette!°

Il n'est feu si ardent qu'un feu qui est enclos;
Il n'est si fâcheux mal qu'un mal qui tient à
 l'os,
Et n'est si grand'douleur qu'une douleur
 muette.

VII

[The Election of a Pope]

Il fait bon voir, Paschal,° un conclave serré,°
Et l'une chambre, à l'autre également voisine,
D'antichambre servir, de salle et de cuisine,
En un petit recoin° de dix pieds en carré.

Il fait bon voir autour le palais emmuré, 5
Et briguer° là-dedans cette troupe divine,
L'un par ambition, l'autre par bonne mine,
Et par dépit de l'un être l'autre adoré!

Il fait bon voir dehors toute la ville en armes
Crier : « Le pape est fait! » donner de faux
 alarmes,° 10
Saccager° un palais; mais plus que tout cela

Fait bon voir qui de l'un, qui de l'autre se
 vante,
Qui met° pour celui-ci, qui met pour celui-là,
Et pour moins d'un écu dix cardinaux en
 vente.°

VIII

[Disillusionment]

Flatter un créditeur, pour son terme allonger,°
Courtiser un banquier, donner bonne
 espérance,
Ne suivre en son parler la liberté de France,
Et, pour répondre un mot, un quart d'heure y
 songer,

Ne gâter sa santé par trop boire et manger, 5
Ne faire sans propos° une folle dépense,
Ne dire à tous venants tout cela qu'on pense,
Et d'un maigre discours gouverner l'étranger;

Connaître les humeurs, connaître qui demande,
Et, d'autant que l'on a la liberté plus
 grande, 10
D'autant plus se garder que l'on ne soit
 repris;°

Vivre avecque chacun, de chacun faire
 compte :
Voilà, mon cher Morel,° (dont° je rougis de
 honte)
Tout le bien qu'en trois ans à Rome j'ai
 appris.

9. *prouvé* = *éprouvé*. 12. *Ausonienne:* Italian. 13. *si:* yet.
VI. 5. *pourquoi... étreindre:* why do I feel my pen thus
impeded. 11. *sujette:* suppressed. VII. 1. *Paschal:* A friend in
France. 1. *conclave serré:* For the election of a Pope, the
cardinals are locked in the Sistine Chapel and its adjoining
rooms. They do not emerge, sometimes for days, until a Pope
is chosen. All entry and exit is forbidden. 4. *recoin:* nook.

6. *briguer:* intrigue, make deals. 10. Traditionally the onlook-
ers guess at the proceedings by watching the smoke from the
Chapel chimney when the ballots are burned. 11. *saccager:*
sack. (In the interim between Papacies, discipline was relaxed
and every excess went unpunished.) 13. *met:* bets. 14. Go
back and analyze the structure of this sonnet. VIII. 1. *pour
son terme allonger:* to make him grant an extension. 6. *sans
propos:* without good reason. 11. *repris:* caught. 13. *Morel:*
a friend in France. 13. *dont:* whereat.

D'un vanneur* de blé aux vents

A vous, troupe légère,
Qui d'aile passagère
Par le monde volez,
Et d'un sifflant murmure
L'ombrageuse verdure 5
Doucement ébranlez,

J'offre ces violettes,
Ces lis et ces fleurettes,
Et ces roses ici,
Ces vermeillettes roses, 10
Tout fraîchement écloses,
Et ces œillets° aussi.

De votre douce haleine
Éventez cette plaine,
Éventez ce séjour, 15
Cependant que j'ahanne°
A mon blé que je vanne
A la chaleur du jour.°

Épitaphe d'un petit chien†

Dessous cette motte° verte
De lis et roses couverte
Gît le petit Peloton,
De qui le poil foleton°
Frisait d'une toison blanche 5
Le dos, le ventre et la hanche.
 Son nez camard,° ses gros yeux,
Qui n'étaient point chassieux,°
Sa longue oreille velue
D'une soie crêpelue,° 10

Sa queue au petit floquet,°
Semblant un petit bouquet,
Sa jambe grêle, et sa patte
Plus mignarde° qu'une chatte
Avec ses petits chatons, 15
Ses quatre petits tétons,°
Ses dentelettes d'ivoire,
Et la barbelette noire
De son musequin° friand,
Bref, tout son maintien riant 20
Des pieds jusques à la tête,
Digne d'une telle bête,
Méritaient qu'un chien si beau
Eût un plus riche tombeau.
 Son exercice ordinaire 25
Était de japper et braire,°
Courir en haut et en bas,
Et faire cent mille ébats,°
Tous étranges et farouches,
Et n'avait guerre qu'aux mouches, 30
Qui lui faisaient maint tourment :
Mais Peloton dextrement
Leur rendait bien la pareille ;
Car, se couchant sur l'oreille,
Finement il aguignait,° 35
Quand quelqu'une le poignait :°
Lors, d'une habile souplesse,
Happant° la mouche traîtresse,
La serrait bien fort dedans,
Faisant accorder ses dents, 40
Au tintin de sa sonnette,
Comme un clavier d'épinette.°
 Peloton ne caressait
Sinon ceux qu'il connaissait,
Et n'eût pas voulu repaître° 45
D'autre main que de son maître
Qu'il allait toujours suivant ;
Quelquefois marchait devant,
Faisant ne sais quelle fête
D'un gai branlement de tête. 50
 Peloton toujours veillait
Quand son maître sommeillait,
Et ne souillait point sa couche
Du ventre ni de la bouche,
Car sans cesse il gratignait° 55
Quand ce désir le poignait,

D'UN VANNEUR DE BLÉ AUX VENTS. * *vanneur:* winn-
ower. 12. *œillets:* carnations. 16. *ahanne:* labor. 18. "That has,
in the highest degree, the qualities, the value, of the whole
Pleiad school of poetry, of the whole phase of taste from
which that school derives a certain silvery grace of fancy,
nearly all the pleasure of which is in the surprise at the happy
and dexterous way in which a thing slight in itself is handled.
The sweetness of it is by no means to be got at by crushing,
as you crush wild herbs to get at their perfume. One seems
to hear the measured motion of the fans, with a child's plea-
sure on coming across the incident for the first time, in one of
those great barns of Du Bellay's own country, *La Beauce,* the
granary of France. A sudden light transfigures some trivial
thing, a weather-vane, a windmill, a winnowing fan, the dust
in the barn door. A moment—and the thing has vanished,
because it was pure effect; but it leaves a relish behind it,
a longing that the accident may happen again." (Walter Pater :
The Renaissance.) ÉPITAPHE D'UN PETIT CHIEN. † Notice the
7-syllable line, rare in French prosody. 1. *motte:* mound of
earth. 4. *foleton:* downy. 7. *camard:* snub. 8. *chassieux:*
rheumy. 10. *velue... crêpelue:* fluffy with crinkled silk.

11. *floquet:* tuft. 14. *mignarde:* dainty, cute. 16. *tétons:*
teats. 19. *musequin:* muzzle. 26. *japper et braire:* yap and yelp.
28. *ébats:* gambols. 35. *aguignait:* would lie in wait. 36.
poignait: would bite, sting. 38. *Happant:* Snapping up. 42.
clavier d'épinette: keys of a spinet (early piano). 45. *repaître:*
eat. 55. *gratignait:* would scratch.

Tant fut la petite bête
En toutes choses honnête.
 Le plus grand mal, ce dit-on
Que fit notre Peloton, 60
Si mal appelé doit être,
C'était d'éveiller son maître,
Jappant quelquefois la nuit
Quand il sentait quelque bruit,
Ou bien, le voyant écrire, 65
Sauter, pour le faire rire,
Sur la table, et trépigner,°
Folâtrer,° et gratigner,
Et faire tomber sa plume,
Comme il avait de coutume. 70
Mais quoi? Nature ne fait
En ce monde rien parfait,
Et n'y a chose si belle
Qui n'ait quelque vice en elle.
 Peloton ne mangeait pas 75
De la chair à son repas :
Ses viandes° plus prisées,
C'étaient miettes° brisées,
Que celui qui le paissait°
De ses doigts amollissait : 80
Aussi sa bouche était pleine
Toujours d'une douce haleine.
 Mon Dieu! quel plaisir c'était,
Quand Peloton se grattait,
Faisant tinter sa sonnette 85
Avec sa tête follette!
Quel plaisir, quand Peloton
Cheminait sur un bâton,
Ou coiffé d'un petit linge,
Assis comme un petit singe, 90
Se tenait mignardelet,°

D'un maintien damoiselet!°
 Ou, sur les pieds de derrière,
Portant la pique guerrière,
Marchait d'un front assuré, 95
Avec un pas mesuré;
Ou, couché dessus l'échine,°
Avec ne sais quelle mine,
Il contrefaisait le mort!
Ou quand il courait si fort 100
Qu'il tournait comme une boule,
Ou un peloton° qui roule.
 Bref, le petit Peloton
Semblait un petit mouton,
Et ne fut onc créature 105
De si bénigne nature.
 Las! Mais ce doux passe-temps
Ne nous dura pas longtemps;
Car la mort, ayant envie
Sur l'aise de notre vie, 110
Envoya devers Pluton
Notre petit Peloton,
Qui maintenant se promène
Parmi cette ombreuse plaine,
Dont° nul ne revient vers nous. 115
Que maudites soyez-vous,
Filandières de la vie,°
D'avoir ainsi, par envie,
Envoyé devers° Pluton
Notre petit Peloton, 120
Peloton qui était digne
D'être au ciel un nouveau signe,
Tempérant le Chien° cruel
D'un printemps perpétuel!

67. *trépigner:* stamp. 68. *Folâtrer:* Frolic. 77. *viandes:* food. 78. *miettes:* crumbs. 79. *paissait:* was feeding. 91. *mignardelet:* (diminutive of *mignard*), cunning.

92. *damoiselet:* dandified. 97. *échine:* spine, back. 102. *peloton:* ball (as of knitting wool). 115. *Dont = D'où.* 117. *Filandières... vie:* The Spinners of Life, the Fates. 119. *devers:* toward, to. 123. *le Chien:* the Dog Star, Sirius.

11. Ronsard [1524–1585]

Pierre de Ronsard was born near Vendôme, in west-central France. His father, a member of the minor nobility, had campaigned in Italy, and was already animated by the Renaissance spirit. The boy served as a page at court, and spent a year in Scotland in the train of Madeleine, French queen of King James the Fifth. At sixteen an illness left him partly deaf, and forbade him a career as a courtier and soldier.

Ronsard turned to poetry, and studied the Greek masters with passionate devotion. At the Collège de Coqueret he dominated the little band of fledgling poets. In 1549 the

Main contributor to thought in it.

Défense et illustration de la langue française was written and published under his impulsion. In 1550 his first collection of poetry appeared, his *Odes*, designed to prove that the French could rival Pindar and the Greeks on their own ground. In 1552 he presented the first series of his *Amours*. This set of Petrarchan sonnets celebrates his fruitless love for Cassandre, a young lady of his own noble class. A second series, written in what he calls a "sweet low style," tells the story of his love for a peasant girl, Marie. A final series, appearing in his middle age, recounts the endless frustrations of his wooing of Hélène, a maid of honor at court. Most of the poems that still have power to move us are included in these three series.

He wrote a great deal beside love lyrics: an unfortunate epic, *La Franciade;* philosophical *Hymnes;* masques and other diversions for the court; polemics against the Protestants; comic light verse; poetic epistles, often autobiographical; and what the French call *poésie d'occasion.*

Ronsard had the *abundance* of a great poet. The vigor of his mind and person flows into his work, gives it a kind of richness and tension. A true product of the Renaissance, he loved his classic masters with passion. The Greek myths came to life for him, and he tells us that even when he was a boy the dryads and nymphs danced about him, their kirtles flying, in the forest glades of the Vendômois. He brought Greek beauty, joy in life, joy in knowledge, into his poetry. Though he became a churchman and stoutly defended his faith, there was an underlying paganism in his Christianity. He even assimilates Christ to the myth of Hercules. Almost pagan, too, was his sensuous delight in nature, in the drama of the changing seasons, in flowers, birds, and the labors of country life.

He used such illustrati as if it were common known materia

Pagan feelings in Christian manner.

He was a master of poetic form and style. In later times he was reproached for making his Muse speak Greek and Latin in French. However, his classic innovations in the language were not in fact excessive. He had an instinctive sense of beautiful form, always superior to his theories.

Despite his moments of bathos, pretension, and absurdity, he was a great poet. We have forgotten his laborious exercises, and remember him as the singer of the opening rose, of springtime, of the jocund wisdom of the Greeks, of Nature and her beauty. Only a great poet could write such lines as these:

> Ces longues nuits d'hiver, où la lune endormie
> Tourne si lentement son char tout à l'entour…

> …Tes bois,
> Dont l'ombrage incertain lentement se remue.

> Monsieur, il est bien tard, un chacun se retire ;
> Jà* minuit est sonné, qu'avez-vous à gémir ?
> La chandelle est faillie ; il est temps de dormir.

> Je te salue, heureuse et profitable Mort,
> Des extrêmes douleurs médecin et confort.

The wonderfulness of such lines is inexplicable. We can only say: "These are touchstone lines. Whatever is like this is poetry. The men of the Renaissance were surely not far wrong when they termed the writer The Prince of Poets."

* *Jà = Déjà.*

Ode à Corydon*

J'ai l'esprit tout ennuyé
D'avoir trop étudié
Les Phénomènes d'Arate.°
Il est temps que je m'ébatte°
Et que j'aille aux champs jouer. 5
Bons Dieux! qui voudrait louer
Ceux qui collés sur un livre
N'ont jamais souci de vivre?

Hé, que sert d'étudier,
Sinon de nous ennuyer, 10
Et soin dessus soin accroître,°
A nous qui serons peut-être,
Ou ce matin, ou ce soir
Victime de l'Orque° noir,
De l'Orque qui ne pardonne, 15
Tant il est fier,° à personne?

Corydon, marche devant,
Sache où le bon vin se vend :
Fais après à ma bouteille
Des feuilles de quelque treille° 20
Un tampon° pour la boucher;
Ne m'achète point de chair,
Car, tant soit-elle friande,°
L'été je hais la viande.

Achète des abricots, 25
Des pompons,° des artichauts,
Des fraises et de la crème :
C'est en été ce que j'aime,
Quand, sur le bord d'un ruisseau,
Je les mange au bruit de l'eau, 30
Étendu sur le rivage
Ou dans un antre° sauvage.

Ores° que je suis dispos,
Je veux rire sans repos,
De peur que la maladie 35
Un de ces jours ne me die°
Me happant à l'imprévu :°
« Meurs, galant : c'est assez bu. »

Cassandre

I

Ciel, air et vents, plains° et monts découverts,
Tertres fourchus,° et forêts verdoyantes,
Rivages tors,° et sources ondoyantes,
Taillis rasés,° et vous, bocages° verts;

Antres moussus° à demi-front ouverts, 5
Prés, boutons,° fleurs et herbes rousoyantes,°
Coteaux vineux° et plages blondoyantes,°
Gastine,° Loir,° et vous, mes tristes vers,

Puisqu'au partir, rongé de soin et d'ire,
A ce bel œil adieu je n'ai su dire, 10
Qui près et loin me détient en émoi,

Je vous suppli', ciel, air, vents, monts et plaines,
Taillis, forêts, rivages et fontaines,
Antres, prés, fleurs, dites-le-lui pour moi.°

II ✓

Prends cette rose aimable comme toi
Qui sers de rose aux roses les plus belles,
Qui sers de fleur aux fleurs les plus nouvelles,
Qui sers de muse aux Muses et à moi.°

Prends cette rose, et ensemble° reçois 5
Dedans ton sein mon cœur qui n'a point
 d'ailes;
Il vit, blessé de cent plaies cruelles,
Opiniâtre à garder trop sa foi.

La rose et moi différons d'une chose :
Un soleil voit naître et mourir la rose, 10
Mille soleils ont vu naître m'amour,

Qui ne se passe et jamais ne repose.
Que plût à Dieu que mon amour éclose
Comme une fleur ne m'eût duré qu'un jour!

III

Voici le bois que ma sainte Angelette
Sur le printemps anime de son chant;

ODE A CORYDON. * *Corydon:* the classical name Ronsard gave his page. 3. *Phénomènes d'Arate:* Greek work on astronomy. 4. *m'ébatte:* take my pleasure. 11. *accroître:* increase. Pronounce to rhyme with *être.* 14. *Orque:* Orcus, god of the lower world, according to the Romans. 16. *fier:* cruel. 20. *treille:* vine arbor. 21. *tampon:* stopper. 23. *tant soit-elle friande:* however dainty it be. 26. *pompons:* melons. 32. *antre:* cave. 33. *Ores:* Now. 36. *die = dise.* 37. *Me happant à l'imprévu:* Clutching me without warning.

CASSANDRE, I. 1. *plains = plaines.* 2. *Tertres fourchus:* Gullied knolls. 3. *Rivages tors:* Twisting stream banks. 4. *Taillis rasés:* Trimmed copses. 4. *bocages:* groves. 5. *Antres moussus:* mossy caverns. 6. *boutons:* buds. 6. *rousoyantes:* dewy. 7. *Coteaux vineux:* Vine-clad slopes. 7. *plages blondoyantes:* yellowing fields. 8. *Gastine:* forest near Ronsard's home. 8. *Loir:* small stream near Ronsard's home (not the greater Loire). 14. Analyze the structure of this sonnet (and others, too). II. 4. What is the effect of the word-repetitions in this stanza? 5. *ensemble:* with it.

Voici les fleurs que son pied va marchant,
Lors que pensive elle s'ébat° seulette;

Io,° voici la prée verdelette° 5
Qui prend vigueur de sa main la touchant,
Quand pas à pas pillarde° va cherchant
Le bel émail° de l'herbe nouvelette.

Ici chanter, là pleurer je la vi,°
Ici sourire, et là je fus ravi 10
De ses beaux yeux par lesquels je dévie.°

Ici s'asseoir, là je la vi danser :
Sur le métier° d'un si vague penser
Amour ourdit les trames° de ma vie.

IV √

Mignonne, allons voir si la rose
Qui ce matin avait déclose
Sa robe de pourpre° au soleil
A° point perdu cette vêprée°
Les plis de sa robe pourprée,
Et son teint au vôtre pareil. 5

Las! voyez comme en peu d'espace,
Mignonne, elle a dessus la place
Las, las, ses beautés laissé choir!°
O vraiment marâtre° Nature,
Puisqu'une telle fleur ne dure 10
Que du matin jusques au soir!

Donc, si vous me croyez, mignonne,
Tandis que votre âge fleuronne°
En sa plus verte nouveauté,
Cueillez, cueillez votre jeunesse : 15
Comme à cette fleur, la vieillesse
Fera ternir° votre beauté

V

Je veux lire en trois jours l'Iliade d'Homère,
Et pour ce, Corydon, ferme bien l'huis° sur
 moi :
Si rien° me vient troubler, je t'assure ma foi,
Tu sentiras combien pesante est ma colère.

Je ne veux seulement° que notre chambrière 5
Vienne faire mon lit, ton compagnon, ni toi;
Je veux trois jours entiers demeurer à recoi,°
Pour folâtrer,° après, une semaine entière.

Mais si quelqu'un venait de la part de
 Cassandre,
Ouvre-lui tôt la porte, et ne le fais attendre, 10
Soudain entre en ma chambre, et me viens
 accoutrer.°

Je veux tant seulement à lui seul me montrer :
Au reste, si un dieu voulait pour moi
 descendre
Du ciel, ferme la porte, et ne le laisse entrer.

VI

[Memories of Cassandre]

L'absence, ni l'oubli, ni la course du jour
N'ont effacé le nom, les grâces ni l'amour
Qu'au cœur je m'imprimai dès ma jeunesse
 tendre,
Fait nouveau serviteur de toi, belle Cassandre!
Qui me fus autrefois plus chère que mes yeux,
Que mon sang, que ma vie, et que seule en
 tous lieux 6

Pour sujet éternel ma Muse avait choisie,
Afin de te chanter par longue poésie...

Et si l'âge, qui rompt et murs et forteresses,
En coulant a perdu un peu de nos jeunesses, 10
Cassandre, c'est tout un; car je n'ai pas égard
A ce qui est présent, mais au premier regard,
Au trait qui me navra de ta grâce enfantine...

Toujours me souvenait de cette heure première,
Où jeune je perdis mes yeux en ta lumière, 15
Et des propos qu'un soir nous eûmes, devisant,°
Dont le seul souvenir, non autre, m'est plaisant.
Ce fut en la saison du Printemps qui est ores;
En la même saison je t'ai revue encores;
Fasse Amour que l'avril où je fus amoureux 20
Me fasse aussi content que l'autre malheureux!

III. 3. *s'ébat:* disports herself. 5. *Io:* Greek exclamation of delight and triumph. 5. *prée verdelette:* greening meadow. 7. *pillarde:* pillaging. (Supply *elle*.) 8. *émail:* enamel. 9. *vi = vis.* 11. *dévie:* go astray. 13. *métier:* loom. 14. *ourdit les trames:* weaves the pattern. IV. 3. *pourpre:* crimson. 4. *A = N'a.* 4. *vêprée:* evening. 9. *choir:* fall. 10. *marâtre:* stepmotherly. 14. *fleuronne:* blooms. 18. *ternir:* tarnish, grow dim. V. 2. *l'huis:* door. 3. *rien = quelque chose.*

5. *seulement:* even. 7. *à recoi:* in retreat. 8. *folâtrer:* frolic. 11. *accoutrer:* equip, dress. VI. *devisant:* conversing.

Marie

I

Marie, levez-vous, ma jeune paresseuse,
Jà la gaie alouette au ciel a fredonné,°
Et jà le rossignol doucement jargonné,
Dessus l'épine assis, sa complainte amoureuse.

Sus° debout! allons voir l'herbelette perleuse,° 5
Et votre beau rosier de boutons couronné,
Et vos œillets mignons auxquels aviez donné,
Hier au soir, de l'eau d'une main si soigneuse.

Harsoir,° en vous couchant vous jurâtes vos
 yeux
D'être plus tôt que moi ce matin éveillée; 10
Mais le dormir de l'aube, aux filles gracieux,

Vous tient d'un doux sommeil la paupière
 sillée.°
Je vais baiser vos yeux et votre beau tétin
Cent fois pour vous apprendre à vous lever
 matin.

II ✓

Je vous envoie un bouquet que ma main
Vient de trier° de ces fleurs épanies :°
Qui° ne les eût à ce vêpre° cueillies,
Chutes à terre elles fussent demain.

Cela vous soit un exemple certain 5
Que vos beautés, bien qu'elles soient fleuries,
En peu de temps cherront° toutes flétries,
Et comme fleurs périront tout soudain.

Le temps s'en va, le temps s'en va, ma Dame;
Las! le temps non, mais nous nous en allons, 10
Et tôt serons étendus sous la lame :°

Et des amours desquelles nous parlons,
Quand serons morts, ne sera plus nouvelle!
Pource° aimez-moi, cependant qu'êtes belle.

III

[*Chanson*]

Ma maîtresse est toute angelette,
 Ma toute rose nouvelette,
 Toute mon gracieux orgueil,

Toute ma petite brunette,
 Toute ma douce mignonnette, 5
 Toute mon cœur, toute mon œil.
Toute ma Muse, ma Charite,°
 Ma toute où mon penser habite,
 Toute mon tout, toute mon rien,
 Toute ma maîtresse Marie, 10
 Toute ma douce tromperie,
 Toute mon mal, toute mon bien.
Toute fiel, toute ma sucrée,
 Toute ma jeune Cythérée,°
 Toute ma joie et ma langueur, 15
 Toute ma petite Angevine,°
 Ma toute simple et toute fine,
 Toute mon âme et tout mon cœur.
Encore un envieux me nie
 Que je ne dois aimer Marie. 20
 Mais quoi? si ce sot envieux
 Disait que mes yeux je n'aimasse,
 Voudriez-vous que je laissasse
 Pour un sot à n'aimer mes yeux?

IV

[*The Death of Marie*]

Je songeais, sous l'obscur de la nuit endormie,
Qu'un sépulcre entr'ouvert s'apparaissait à
 moi.
La Mort gisait dedans toute pâle d'effroi;
Dessus était écrit : Le tombeau de Marie.

Épouvanté du songe, en sursaut je m'écrie : 5
« Amour est donc sujet à notre humaine loi!
Il a perdu son règne et le meilleur de soi,
Puisque par une mort sa puissance est périe. »

Je n'avais achevé, qu'au point du jour voici
Un passant à ma porte, adeulé° de souci, 10
Qui de la triste mort m'annonça la nouvelle.

Prends courage, mon âme, il faut suivre sa fin;
Je l'entends dans le ciel comme elle nous
 appelle;
Mes pieds avec les siens ont fait même chemin.

V

Comme on voit sur la branche au mois de mai
 la rose
En sa belle jeunesse, en sa première fleur,

MARIE, I. 2. *fredonné*: trilled. 5. *Sus*: Up. 5. *perleuse*: dew-pearled. 9. *Harsoir* = *Hier soir*. 12. *la paupière sillée*: the eyelids sealed. II. 2. *trier*: sort out. 2. *épanies* = *épanouies*: in full bloom. 3. *Qui* = *Si quelqu'un*. 3. *vêpre*: evening. 7. *cherront* (fut of *choir*): will fall. 11. *lame*: gravestone. 14. *Pource*: Therefore.

III. 7. *Charite*: one of the Graces. 14. *Cythérée*: Venus. 16. *Angevine*: of Anjou, in western France. IV. 10. *adeulé*: stricken.

Rendre le ciel jaloux de sa vive couleur,
Quand l'Aube de ses pleurs au point du jour
 l'arrose;

La Grâce dans sa feuille et l'Amour se repose, 5
Embaumant les jardins et les arbres d'odeur;
Mais, battue ou de pluie ou d'excessive ardeur,
Languissante elle meurt, feuille à feuille déclose.

Ainsi, en ta première et jeune nouveauté,
Quand la terre et le ciel honoraient ta beauté,
La Parque° t'a tuée, et cendre tu reposes. 11

Pour obsèques reçois mes larmes et mes pleurs;
Ce vase plein de lait, ce panier plein de fleurs,
Afin que vif et mort ton corps ne soit que roses.

La Nature amoureuse

Voici le temps, Candé,° qui joyeux nous
 convie
Par l'amour, par le vin, d'ébattre° notre vie.
L'an reprend sa jeunesse, et nous montre
 comment
Il faut, ainsi que lui, rajeunir doucement.
Ne vois-tu pas, Candé, ces jeunes arondelles,° 5
Ces pigeons trémoussant° et du bec et des ailes,
Se baiser goulûment° et de nuit et de jour
Sur le haut d'une tour se soulasser° d'amour?
 Ne vois-tu pas comment ces vignes enlacées
Tiennent des grands ormeaux° les branches
 embrassées? 10
Regarde ce bocage, et vois d'une autre part
Les bras longs et tortus du lierre° grimpart°
En serpent se virer à l'entour de l'écorce
De ce chêne aux longs bras, et le baiser à force.
 N'ois-tu le rossignol, chantre Cécropien,° 15
Qui se plaint toute la nuit du forfait° ancien
Du malheureux Térée, et d'une langue habile
Gringotter° par les bois la mort de son Ityle?
Il reprend, il retient, il recoupe le son
Tantôt haut, tantôt bas, de sa longue chanson,

Apprise sans nul maître, et d'une forte haleine
Raconte de sa sœur les larmes et la peine. 22
 Ne vois-tu d'autre part les Nymphes dans
 ces prés
Émaillés, peinturés, verdurés, diaprés,°
D'un pouce délicat moissonner les fleurettes 25
Qui devaient être proie aux gentilles avettes,°
Lesquelles en volant de sillons° en sillons,
De jardins en jardins avec les papillons,
A petits branles° d'aile amassent ménagères
Des printanières fleurs les odeurs passagères? 30
 Cela nous admoneste en ces mois si plaisants
De ne frauder en rien l'usufruit° de nos ans.
Voici la Mort qui vient, la vieille rechignée,°
D'une suite de maux toujours accompagnée.
Il faut en dépit d'elle empoigner le plaisir, 35
Et non pas ce jourd'hui qu'en avons le loisir,
Que notre âge et le sang, qui chaudement
 bouillonne
A l'entour de nos cœurs, la jeunesse
 aiguillonne.°

Hélène

I

Je liai d'un filet de soie cramoisie°
Votre bras l'autre jour, parlant avecques vous;
Mais le bras seulement fut captif de mes
 nouds,°
Sans vous pouvoir lier ni cœur ni fantaisie.

Beauté, que pour maîtresse unique j'ai choisie,
Le sort est inégal : vous triomphez de nous. 6
Vous me tenez esclave, esprit, bras, et genoux,
Et Amour ne vous tient ni prise ni saisie.

Je veux parler, Madame, à quelque vieux
 sorcier,
Afin qu'il puisse au mien votre vouloir lier, 10
Et qu'une même plaie à nos cœurs soit
 semblable.

Je faux;° l'amour qu'on charme est de peu de
 séjour.
Être beau, jeune, riche, éloquent, agréable,
Non les vers enchantés, sont les sorciers
 d'Amour.

11. *La Parque:* one of the Fates. LA NATURE AMOUREUSE.
1. *Candé:* a friend of Ronsard's. 2. *ébattre:* cheer. 5. *arondelles:*
swallows. 6. *trémoussant:* fluttering. 7. *goulûment:* gluttonous-
ly. 8. *soulasser:* sate, become drunk. 10. *ormeaux:* elms.
12. *lierre:* ivy. 12. *grimpart:* climbing. 15. *Cécropien:* Athe-
nian. (Tereus seduced the Athenian Philomela, sister of his
wife Procne, and cut out her tongue to hide his crime.
Philomela and Procne killed his son Itylus, serving the flesh
to the father at dinner. The gods intervened, changing
Philomela to a nightingale, which still laments the tragedy.)
16. *forfait:* crime. 18. *Gringotter:* Warble.

24. *diaprés:* sprinkled, pied. 26. *avettes:* bees. 27. *sillons:*
furrows. 29. *branles:* quiverings. 32. *usufruit:* usufruct, yield.
33. *rechignée:* sour-faced. 38. *aiguillonne:* goads. HÉLÈNE, I.
1. *cramoisie:* crimson. 3. *nouds = nœuds.* 12. *Je faux:* I am
wrong.

II

Vous me dîtes, maîtresse, étant à la fenêtre,
Regardant à Montmartre° et les champs
 d'alentour :
« La solitaire vie et le désert séjour
Valent mieux que la Cour ; je voudrais bien y
 être.

« A l'heure mon esprit de mes sens serait
 maître, 5
En jeûne° et oraison je passerais le jour,
Je défierais les traits et les flammes d'Amour ;
Ce cruel de mon sang ne pourrait se repaître. »

Quand je vous répondis : « Vous trompez de
 penser
Qu'un feu ne soit pas feu pour se couvrir de
 cendre : 10
Sur les cloîtres sacrés la flamme on voit passer ;

« Amour dans les déserts comme aux villes
 s'engendre.
Contre un Dieu si puissant, qui les Dieux peut
 forcer,
Jeûnes ni oraisons ne se peuvent défendre. »

III ✓

Je plante en ta faveur cet arbre de Cybèle,°
Ce pin, où tes honneurs se liront tous les jours :
J'ai gravé sur le tronc nos noms et nos amours,
Qui croîtront à l'envi de° l'écorce° nouvelle.

Faunes, qui habitez ma terre paternelle, 5
Qui menez sur le Loir vos danses et vos tours,
Favorisez la plante et lui donnez secours,
Que l'été ne la brûle et l'hiver ne la gèle.

Pasteur qui conduiras en ce lieu ton troupeau,
Flageolant une églogue en ton tuyau d'aveine,°
Attache tous les ans à cet arbre un tableau° 11

Qui témoigne aux passants mes amours et ma
 peine
Puis, l'arrosant de lait et du sang d'un agneau,°
Dis : « Ce pin est sacré, c'est la plante
 d'Hélène. »

II. 2. *Montmartre:* Paris hill, formerly site of a convent.
6. *jeûne:* fasting. III. 1. *Cybèle:* the mother of the gods.
4. *à l'envi de:* in emulation of, together with. 4. *écorce:*
bark. 10. *Flageolant… aveine:* Fluting an eclogue (pastoral
poem) on your pipe of oat straw. 11. *tableau:* placard (to
honor woodland deities). 13. I.e., following ancient dedicatory
rites.

IV

Afin que ton honneur coule parmi la plaine
Avant qu'il monte au ciel engravé dans un
 pin,
Invoquant tous les dieux et répandant du vin,
Je consacre à ton nom cette belle fontaine.°

Pasteurs, que vos troupeaux frisés de blanche
 laine 5
Ne paissent à ces bords ! y fleurisse le thym,°
Et la fleur° dont le maître eut si mauvais
 destin,
Et soit dite à jamais la Fontaine d'Hélène.

Le passant en été s'y puisse reposer,
Et assis dessus l'herbe à l'ombre composer 10
Mille chansons d'Hélène, et de moi lui
 souvienne.

Quiconques en boira, qu'amoureux il
 devienne,
Et puisse, en la humant,° une flamme puiser
Aussi chaude qu'au cœur je sens chaude la
 mienne.

V ✓ *Most famous*

Quand vous serez bien vieille, au soir, à la
 chandelle,
Assise auprès du feu, dévidant et filant,°
Direz, chantant mes vers, en vous émerveillant :
« Ronsard me célébrait du temps que j'étais
 belle ! »

Lors vous n'aurez servante oyant telle nouvelle,
Déjà sous le labeur à demi sommeillant, 6
Qui au bruit de Ronsard° ne s'aille réveillant,
Bénissant votre nom de louange immortelle.

Je serai sous la terre, et fantôme sans os
Par les ombres myrteux° je prendrai mon
 repos : 10
Vous serez au foyer une vieille accroupie,

Regrettant mon amour et votre fier dédain.
Vivez, si m'en croyez, n'attendez à demain :
Cueillez dès aujourd'hui les roses de la vie.

IV. 4. The spring may still be seen, near Ronsard's priory
of Croixval, in the Vendômois. 6. *thym:* thyme. 7. *la fleur:* the
anemone, born of Adonis' wound. 13. *humant:* drinking.
V. 2. *dévidant et filant:* winding off thread and spinning.
7. *au bruit de Ronsard:* at the sound of Ronsard's name.
10. *ombres myrteux:* shadowy myrtles.

Ode saphique*

Mon âge et mon sang ne sont plus en vigueur,
Les ardents pensers ne m'échauffent le cœur,
Plus mon chef grison° ne se veut enfermer
 Sous le joug d'aimer.

En mon jeune avril, d'Amour je fus soudard;° 5
Et vaillant guerrier portai son étendard;
Ores à l'autel de Vénus je l'appends
 Et forcé me rends.

Plus ne veux ouïr ces mots délicieux :
Ma vie, mon sang, ma chère âme, mes yeux! 10
C'est pour les amants à qui le sang tressaut°
 Autour du cœur chaud.

Je veux d'autre feu ma poitrine échauffer,
Connaître Nature et bien philosopher,
Du monde savoir et des astres le cours, 15
 Retours et détours.

Donc, sonnets, adieu! adieu, douces chansons!
Adieu, danse! adieu, de la lyre les sons!
Adieu, traits d'amour! volez en autre part
 Qu'au cœur de Ronsard. 20

Je veux être à moi, non plus servir autrui;
Pour autrui ne veux me donner plus d'ennui;
Il faut essayer, sans plus me tourmenter,
 De me contenter.

L'oiseau prisonnier, tant soit-il° bien traité, 25
Sa cage rompant cherche sa liberté;
Servage d'esprit tient de liens plus forts
 Que ceux-là du corps.

Votre affection° m'a servi de bonheur;
D'être aimé de vous m'est un bien grand honneur;
Tant que l'air vital en moi se répandra, 31
 Il m'en souviendra.

Plus ne veut mon âge à l'amour consentir,
Repris de Nature et d'un tard repentir;
Combattre contre elle et lui être odieux, 35
 C'est forcer les Dieux.

Élégie

CONTRE LES BÛCHERONS
DE LA FORÊT DE GASTINE†

Écoute, bûcheron, arrête un peu le bras;
Ce ne sont pas des bois que tu jettes à bas;

Ne vois-tu pas le sang lequel dégoutte° à force
Des nymphes qui vivaient dessous la dure
 écorce?
Sacrilège meurtrier, si on pend un voleur 5
Pour piller un butin de bien peu de valeur,
Combien de feux, de fers, de morts et de
 détresses
Mérites-tu, méchant, pour tuer nos déesses?
 Forêt, haute maison des oiseaux bocagers!
Plus le cerf solitaire et les chevreuils° légers 10
Ne paîtront sous ton ombre, et ta verte crinière°
Plus du soleil d'été ne rompra la lumière.
Plus l'amoureux pasteur sur un tronc adossé,
Enflant son flageolet à quatre trous percé,
Son mâtin° à ses pieds, à son flanc la houlette,°
Ne dira plus l'ardeur de sa belle Janette. 16
Tout deviendra muet, Écho sera sans voix;
Tu deviendras campagne, et, en lieu de tes
 bois,
Dont l'ombrage incertain lentement se remue,
Tu sentiras le soc, le coutre et la charrue;° 20
Tu perdras le silence, et haletants° d'effroi
Ni Satyres ni Pans° ne viendront plus chez toi.
 Adieu, vieille forêt, le jouet de Zéphire,°
Où premier° j'accordai les langues° de ma lyre,
Où premier j'entendis les flèches résonner 25
D'Apollon, qui me vint tout le cœur étonner,
Où premier, admirant ma belle Calliope,°
Je devins amoureux de sa neuvaine trope,°
Quand sa main sur le front cent roses me jeta,
Et de son propre lait Euterpe° m'allaita. 30
Adieu, vieille forêt, adieu, têtes sacrées,
De tableaux et de fleurs autrefois honorées,
Maintenant le dédain des passants altérés,°
Qui, brûlés en l'été des rayons éthérés,
Sans plus trouver le frais de tes douces
 verdures, 35
Accusent tes meurtriers et leur disent injures.
Adieu, chênes, couronne aux vaillants
 citoyens,°
Arbres de Jupiter, germes Dodonéens,°
Qui premiers aux humains donnâtes à
 repaître,°

ODE SAPHIQUE. * Modeled on the Sapphic, classical verse form. Notice the eleven-syllable line, with caesura after the fifth syllable, and the exclusive use of masculine rhymes, which makes a marked pause at the end of the line. 3. *grison:* gray-haired. 5. *soudard:* swaggering soldier. 11. *tressaut:* pulses. 25. *tant soit-il:* however much. 29. It is not clear whom Ronsard is addressing. ÉLÉGIE. † The owner was razing the forest, adjoining Ronsard's home, where the poet had dreamed in youth.

3. *dégoutte:* drips. 10. *chevreuils:* roebucks. 11. *crinière:* mane (foliage). 15. *mâtin:* large dog. 15. *houlette:* shepherd's crook. 20. *soc... charrue:* plowshare, coulter, and plow. 21. *haletants:* panting. 22. *Satyres, Pans:* demigods of the forest. 23. *Zéphire:* the west wind. 24. *premier = premièrement.* 24. *langues:* strings. 27. *Calliope:* Muse of epic poetry. 28. *neuvaine trope:* band of nine Muses. 30. *Euterpe:* Muse of lyric poetry. 33. *altérés:* thirsty. 37. The oak-leaf crown was a Roman reward for bravery. 38. The forest of Dodona, whose leaves spoke prophecies, was sacred to Jupiter. 39. According to Greek legend, acorns were the first food of man.

Peuples vraiment ingrats, qui n'ont su
 reconnaître 40
Les biens reçus de vous, peuples vraiment
 grossiers
De massacrer ainsi leurs pères nourriciers!
 Que l'homme est malheureux qui au monde
 se fie!
O dieux, que véritable est la philosophie,
Qui dit que toute chose à la fin périra, 45
Et qu'en changeant de forme une autre
 vêtira°!
De Tempé° la vallée un jour sera montagne,
Et la cime d'Athos° une large campagne;
Neptune° quelquefois° de blé sera couvert :
La matière demeure et la forme se perd.

Des pères de famille à Monsieur Saint-Blaise

[*This quaint litany, falsely simple, is designed to be sung by the peasants of a parish dedicated to Saint-Blaise, adjoining Ronsard's priory. Saint-Blaise is the patron of wool combers*].

Saint-Blaise, qui vis aux cieux
 Comme un ange précieux,
 Si de la terre où nous sommes
 Tu entends la voix des hommes,
 Recevant les vœux de tous, 5
 Je te prie, écoute-nous.
Ce jourd'hui que nous faisons
 A ton autel oraisons
 Et processions sacrées
 Pour nous, nos blés, et nos prées, 10
 Chantant ton hymne à genoux,
 Je te prie, écoute-nous.
Chasse loin de notre chef°
 Toute peste et tout méchef,°
 Que l'air corrompu nous verse, 15
 Quand la main de Dieu diverse°
 Répand sur nous son courroux,
 Je te prie, écoute-nous.
Garde nos petits troupeaux,
 Laines entières et peaux, 20
 De la ronce dentelée,°

De tac° et de clavelée,°
 De morfonture° et de tous;
 Je te prie, écoute-nous.
Que toujours accompagnés 25
 Soient de mâtins rechignés,°
 Le jour allant en pâture,
 Et la nuit en leur clôture,
 De peur de la dent des loups;
 Je te prie, écoute-nous. 30
Si le loup de sang ardent
 Prend un mouton en sa dent,
 Quand du bois il sort en quête,
 Huant° tous après la bête,
 Que soudain il soit recous°; 35
 Je te prie, écoute-nous.
Garde qu'en allant aux champs
 Les larrons qui sont méchants
 Ne dérobent fils ni mère;
 Garde-les de la vipère 40
 Et d'aspics° au ventre roux°;
 Je te prie, écoute-nous.
Que ni sorcier ni poison
 N'endommagent leur toison
 Par parole ou par breuvage; 45
 Qu'ils passent l'été sans rage,°
 Que l'automne leur soit doux;
 Je te prie, écoute-nous.
Garde-nous de trop d'ardeurs
 Et d'excessives froideurs; 50
 Donne-nous la bonne année,
 Force blés, force vinée,°
 Sans fièvres, rogne° ni clous;°
 Je te prie, écoute-nous.
Garde nos petits vergers, 55
 Et nos jardins potagers,
 Nos maisons et nos familles,
 Enfants, et femmes, et filles,
 Et leur donne bons époux;
 Je te prie, écoute-nous. 60
Garde poules et poussins°
 De renards et de larcins;°
 Garde sauves nos avettes;°
 Qu'ils portent force fleurettes
 Toujours en leurs petits trous; 65
 Je te prie, écoute-nous...
Saint-Blaise, qui vis aux cieux

46. *vêtira:* will clothe itself. 47. *Tempé:* valley in northern Greece. 48. *Athos:* mountain in northern Greece. 49. *Neptune:* i.e., the sea. 49. *quelquefois:* some day. DES PÈRES DE FAMILLE A MONSIEUR SAINT-BLAISE. 13. *chef:* heads. 14. *méchef:* mischief, mischance. 16. *diverse:* changeful. 21. *ronce dentelée:* tangled thorn-bushes.

22. *tac, clavelée:* sheep diseases; sheep pox. 23. *morfonture:* catarrh. 26. *mâtins rechignés:* surly dogs. 34. *Huant:* Yelling. 35. *recous:* run down. 41. *aspics:* asps, poisonous snakes. 41. *roux:* red. 46. *rage:* rabies. 52. *vinée:* wine crop. 53. *rogne:* scab. 53. *clous:* blight. 61. *poussins:* chicks. 62. *larcins:* thieves. 63. *avettes:* bees.

Comme un ange précieux,
Si de la terre où nous sommes
Tu entends la voix des hommes, 70
Recevant les vœux de tous,
Je te prie, écoute-nous.

Les Derniers Vers

Je n'ai plus que les os, un squelette je semble,
Décharné,° dénervé, démusclé, dépulpé,
Que le trait de la mort sans pardon a frappé;
Je n'ose voir mes bras, de peur que je ne tremble.

Apollon et son fils,° deux grands maîtres ensemble,
Ne me sauraient guérir, leur métier m'a trompé;
Adieu, plaisant soleil! mon œil est étoupé,° 7
Mon corps s'en va descendre où tout se
 désassemble.

Quel ami, me voyant à ce point dépouillé,
Ne remporte au logis un œil triste et mouillé, 10
Me consolant au lit, et me baisant la face,

En essuyant mes yeux par la mort endormis?
Adieu, chers compagnons! adieu, mes chers amis!
Je m'en vais le premier vous préparer la place.

LES DERNIERS VERS. 2. *Décharmé:* Fleshless. 5. *Apollon et son fils:* Apollo and Asclepius, the great healers. 7. *étoupé:* clogged, clouded.

Le Tombeau* de l'auteur

Ronsard repose ici, qui, hardi dès l'enfance,
Détourna d'Hélicon° les Muses en la France,
Suivant le son du luth et les traits d'Apollon;
Mais peu valut sa Muse encontre l'aiguillon
De la mort, qui cruelle en ce tombeau
 l'enserre; 5
Son âme soit à Dieu, son corps soit à la terre!

A son âme†

Amelette Ronsardelette,
Mignonnelette, doucelette,
Très chère hôtesse de mon corps,
Tu descends là-bas faiblelette,
Pâle, maigrelette, seulette, 5
Dans le froid royaume des morts,
Toutefois simple, sans remords
De meurtre, poison, et rancune,
Méprisant faveurs et trésors
Tant enviés par la commune.° 10
 Passant, j'ai dit, suis ta fortune;
Ne trouble mon repos : je dors!

LE TOMBEAU DE L'AUTEUR. * *Tombeau:* Epitaph. 2. *Hélicon:* Greek mountain, home of the Muses. A SON ÂME. *A son âme:* † Imitated from the epitaph the Roman Emperor Hadrian composed for himself a few days before his death : *Animula vagula blandula...* 10. *la commune:* the common people.

12. Montaigne [1533–1592]

Montaigne chose the smallest of subjects: the study of his own insignificant self. And by a happy paradox, he has become universal, the world's property. Shakespeare copied him. Emerson wrote: "It seemed to me as if I had myself written the book in some former life, so sincerely it spoke to my thought and experience." And many writers and readers of our own day have found Montaigne their closest spiritual companion.

Michel Eyquem de Montaigne was born near Bordeaux, of a wealthy family, recently ennobled. His father, whom he adored, was an original thinker who was encouraged by the new Renaissance freedoms to indulge his originalities. He put the baby to nurse with peasants for two years, to give him what was later to be termed social consciousness. (The child returned home with a taste for garlic with his milk.) He had novel views on education. He roused his son in the morning with strains of sweet music, to avoid psychic shock.

He forced the tearful household to speak only Latin in the child's presence. Thus, as a schoolboy, Montaigne thought naturally in Latin, to the dismay of his later masters.

Montaigne studied law, and was given an official post in Bordeaux. He traveled, visited the Court, had some experience of war. After his father's death he resigned his public duties and retired to the château of Montaigne, at the age of thirty-eight, with the deliberate intention of amusing himself in his own way. He established himself in his library in an old round tower (which may still be inspected), and there read, meditated, and noted down his observations. In ten years he had a book. This was published in 1580, under the title of *Essais*, Trial Efforts. He gave the word its present meaning, and he created the personal essay, which Bacon acclimated in England. ("An irregular, undigested piece," Dr. Johnson defines the essay.)

Afflicted by stones in the kidneys, Montaigne made a long journey to Italy, in search of health and diversion. He was called back by news of his election to the mayoralty of Bordeaux. He served dutifully two terms in this unwelcome post, during days of civil war and plague. He published a second edition of his *Essais*, much enlarged, in 1588. A third edition of his *Essais* appeared posthumously in 1595, incorporating his profuse manuscript additions.

His subject is himself. "C'est moi que je peins," he says in his address to the reader. "Don't waste your time on such a silly subject." But a million readers have disregarded his advice, and have not wasted their time, for Montaigne has given us, for the first time, a full-length portrait of a man. By portraying one man, he portrays all men. His individual is universal.

Montaigne's *thought*, or *philosophy*, is very hard to define. When he began writing, he praised the *stoic* virtues as our defense against life's troubles and injustices. But with time he moved toward a complete *skepticism*. Nothing on earth is sure and certain. No justice is entirely just, no truth entirely true. "L'homme est merveilleusement ondoyant et divers." Every faith, every absurdity, has been honored in some time and place. Montaigne dwells on the *relativity* of all human belief and behavior. He dares not even say: "je ne sais pas," for that is too bold an assertion. The most he dares to say is: "que sais-je?"

But in the end he goes beyond skepticism to accept a *faith in Nature*. He recognizes that he loves life and that life is good. "Nature est un doux guide, mais non pas plus doux que prudent et juste," he says in his last chapter. Thus he relates himself to the current of thought which we have seen appearing in Jean de Meung and Rabelais, and which is to become a torrent in the time of Rousseau.

His lesson is one of tolerance and understanding. Some periods need this lesson more than others. A philosophy of tolerance usually implies that the tolerator lives at his ease, above the mêlée, as in the case of Montaigne. Tolerance will not make heroes and saints, nor give us inspiring examples of devotion and self-sacrifice for a cause ardently espoused. But Montaigne's time needed tolerance, for it was a period of religious wars, of savage hate and cruelty. "One must put a high price on his conjectures to cook a man alive," said Montaigne.

Our time too is a time of fanatic faith, though not in religion so much as in political and social theory. So our time too has need of Montaigne.

Montaigne's *style* is difficult. He hated the labor of composition; he liked to let his thought run free. In the successive editions of the *Essais* he added and patched in innumerable new bits, heedless of resulting incoherence. But he is rich, novel, unexpected, profuse with startling images, sudden changes of pace. He called his style "comique et privé, serré, désordonné, coupé, particulier, sec, rond et cru, âpre et dédaigneux, non facile et poli." No critic can define it so well as that.

Montaigne, in his *essai* titled *Des Cannibales*, which we shall give (with the spelling and punctuation modernized) following his brief address to the reader, considers the state of

the savages, particularly the American aborigines, whose existence had only recently been revealed to Europe. The fact of their existence was very upsetting to accepted ideas. Obviously the savages could not possibly have known of Christ's death for all mankind; evidently their damnation as unbelievers cast doubt on God's justice. Theologians disputed whether or not the Americans possessed souls, whether indeed they could be called human. Montaigne considers them in the detached spirit of the modern anthropologist, endeavoring to comprehend them against their own background, realizing that their ideas and customs are the product of their environment and are not to be condemned according to values developed in a European environment. This is *relativism*. Montaigne recognizes that the savages are in a state of nature, and he seems to regard this state as in some respects superior to his own period of civilization. Herein he forecasts the contentions of Rousseau.

In 1555–1560 French Protestants attempted to make a settlement in the bay of Rio de Janeiro, in Brazil. The colony failed, and the survivors straggled back. It was apparently one of these whom Montaigne interviewed.

AU LECTEUR*

C'est ici un livre de bonne foi, lecteur. Il t'avertit dès l'entrée que je ne m'y suis proposé aucune fin, que° domestique et privée; je n'y ai eu nulle considération de ton service, ni de ma gloire : mes forces ne sont pas capables d'un tel dessein. Je l'ai voué à la commodité° particulière de mes parents et amis : à ce que,° m'ayant perdu (ce qu'ils ont à faire bientôt), ils y puissent retrouver aucuns° traits de mes conditions et humeurs, et que par ce moyen ils nourrissent plus entière et plus vive la connaissance qu'ils ont eue de moi. Si c'eût été pour rechercher la faveur du monde, je me fusse paré de beautés empruntées; je veux qu'on m'y voie en ma façon simple, naturelle et ordinaire, sans étude et artifice : car c'est moi que je peins. Mes défauts s'y liront au vif, mes imperfections et ma forme naïve,° autant que la révérence publique° me l'a permis. Que si j'eusse été parmi ces nations qu'on dit vivre encore sous la douce liberté des premières lois de nature, je t'assure que je m'y fusse très volontiers peint tout entier et tout nu. Ainsi, lecteur, je suis moi-même la matière de mon livre : ce n'est pas raison que tu employes ton loisir en un sujet si frivole et si vain. Adieu donc. De Montaigne, ce premier de mars 1580.

DES CANNIBALES

[*Slightly abridged*]

Quand le roi Pyrrhus° passa en Italie et qu'il eut reconnu l'ordonnance° de l'armée que les Romains envoyaient contre lui : « Je ne sais, dit-il, quels Barbares ce sont là (car les Grecs appelaient ainsi toutes les nations étrangères), mais la disposition de cette armée que je vois n'est aucunement barbare ». Autant en dirent les Grecs de celle que Flaminius° fit passer en leur pays, et Philippus,° voyant d'un tertre° l'ordre et distribution du camp romain en son royaume, sous Publius Sulpicius Galba. Voilà comment il faut se garder de s'attacher aux opinions vulgaires, comment il faut les juger par la voie de la raison, non par la voix commune.

J'ai eu longtemps avec moi un homme qui avait demeuré dix ou douze ans en cet autre monde qui a été découvert en notre siècle dans l'endroit où Villegaignon° prit terre et qu'il nomma *la France antarctique*. Cette découverte d'un pays infini semble mériter considération. Je ne sais si je me puis assurer qu'il ne s'en fera pas d'autre à l'avenir, tant de personnages plus grands que nous ayant été trompés en celle-ci. J'ai peur que nous ayons les yeux plus grands que le ventre et plus de curiosité que nous n'avons de

3. Pyrrhus (318–272 B.C.), King of Epirus, in Greece, who defeated the Romans. 4. *ordonnance:* organization, battle order. 10. Flaminius (230–174 B.C.), Roman general. 11. *Philippus:* Philip V of Macedonia, conquered by Galba, Roman general, 197 B.C. 11. *tertre:* hillock. 20. *Villegaignon:* leader of the Protestant expedition to colonize Brazil, 1557.

capacité : nous embrassons tout, mais nous n'étreignons° que du vent.

. . .

Cet homme que j'avais était simple et grossier, ce qui est une condition désirable pour rendre un vrai témoignage : car les gens cultivés remarquent bien plus attentivement et plus de choses, mais ils les commentent et, pour faire valoir leur interprétation et la rendre persuasive, ils ne peuvent se garder d'altérer un peu l'histoire; ils ne représentent jamais les choses comme elles sont, ils les façonnent° et les masquent selon le visage qu'ils leur ont vu: et, pour donner crédit à leur jugement, et vous y attirer, ajoutent volontiers quelque chose à la matière, l'allongent et l'amplifient. Il faut un homme très fidèle ou si simple qu'il n'ait pas de quoi bâtir° et donner de la vraisemblance à des inventions fausses et qu'il n'ait rien épousé.° Le mien était tel et, outre cela, il m'a fait voir, à diverses fois, plusieurs matelots et marchands qu'il avait connus en ce voyage; ainsi, je me contente de cette information sans m'enquérir de ce que les cosmographes° en disent.

Il nous faudrait des topographes° qui nous fissent narration particulière des endroits où ils ont été. Mais, parce qu'ils ont sur nous cet avantage d'avoir vu la Palestine, ils veulent jouir de ce privilège pour nous conter nouvelles de tout le reste du monde. Je voudrais que chacun écrivît ce qu'il sait, non en cela seulement, mais en tous autres sujets; car un tel peut avoir quelque particulière connaissance ou expérience de la nature d'une rivière ou d'une fontaine, qui ne sait pour le reste que ce que chacun sait. Il entreprendra toutefois, pour faire courir ce petit lopin,° d'écrire toute la physique. De ce vice sourdent° plusieurs grandes incommodités.

Or, je trouve, pour revenir à mon sujet, qu'il n'y a rien de barbare et de sauvage en cette nation [d'Amérique], à ce qu'on m'en a rapporté, sinon que chacun appelle *barbarie* ce à quoi il n'est pas accoutumé. Comme, à dire vrai, nous n'avons pas d'autre mire° de la

vérité et de la raison que l'exemple et l'idée des opinions et des usages du pays où nous sommes, là est toujours la parfaite religion, la parfaite administration, l'usage parfait et accompli de toutes choses. Ils° sont *sauvages* de même que nous appelons sauvages° les fruits que la nature a produits d'elle-même et de son ordinaire façon; tandis qu'en vérité ce sont ceux que nous avons changés par artifice et détournés de l'ordre commun que nous devrions plutôt appeler sauvages : en ceux-là les vraies, les plus utiles, les naturelles vertus et propriétés sont vives et vigoureuses, vertus et propriétés que nous avons abâtardies° en ceux-ci pour les accommoder au plaisir de notre goût corrompu. Et pourtant la saveur même et délicatesse se trouve à notre goût excellente, à l'égal des nôtres, en divers fruits de ces contrées-là, sans culture. Il n'y a pas de raison que l'art gagne le point d'honneur sur notre grande et puissante mère Nature. Nous avons tant rechargé° la beauté et la richesse des ouvrages de la nature que nous l'avons entièrement étouffée; aussi partout où sa pureté brille, elle fait une merveilleuse honte à nos vaines et frivoles entreprises. Tous nos efforts ne peuvent seulement arriver à reproduire le nid du moindre oiselet,° sa contexture, sa beauté et l'utilité de son usage, pas même la tissure de la chétive araignée.° Toutes choses, dit Platon, sont produites par la nature, ou par le sort, ou par l'art; les plus grandes et plus belles, par l'une ou l'autre des deux premières; les moindres et imparfait es, par la dernière.

Ces nations me semblent donc barbares en ce qu'elles ont reçu fort peu de façon° de l'esprit humain et qu'elles sont encore fort voisines de leur naïveté originelle. Les lois naturelles les gouvernent encore, fort peu abâtardies par les nôtres; mais c'est en telle pureté, qu'il me prend quelquefois déplaisir que la connaissance n'en soit venue plus tôt, du temps où il y avait des hommes qui en eussent su mieux juger que nous. Il me déplaît que Lycurgus° et Platon ne l'aient eue; car il me semble que ce que nous voyons par expérience en ces nations-là surpasse non seulement toutes les peintures dont la poésie a embelli

2. *étreignons:* we grasp (cf. proverb: "qui trop embrasse mal étreint"). 12. *façonnent:* shape, organize. 18. *qu'il... bâtir:* that he is unable to construct. 19. *qu'il... épousé:* that he has not committed himself to any view. 24. *cosmographes:* geographers. 25. *topographes:* topographers, describers of places. 37. *pour... lopin:* to attract attention to this little bit of land. 38. *sourdent:* arise. 45. *mire:* view, means of judgment.

5. *Ils:* i.e., the savages of America. 6. *sauvages:* here, wild. 14. *abâtardies:* distorted. 21. *rechargé:* added to, complicated. 27. *oiselet:* little bird. 29. *tissure... araignée:* web of the tiny spider. 35. *façon:* fashioning, training. 43. Lycurgus, semi-mythical Spartan lawgiver, ninth century B.C.

l'âge doré°, et toutes ses inventions à imaginer une heureuse condition des hommes, mais encore la conception et le désir même de la philosophie. Ils° n'ont pu imaginer une naïveté si pure et simple, comme nous la voyons par expérience; ils n'ont pu croire que notre société peut se maintenir avec si peu d'artifice et soudure° humaine. C'est une nation, dirais-je à Platon, en laquelle il n'y a aucune espèce de commerce, nulle connaissance de lettres, nulle science de nombres, nul nom de magistrat ou de supériorité politique, nul usage de service, de richesse ou de pauvreté, nuls contrats, nulles successions,° nuls partages,° nulles occupations autres qu'agréables, nulle considération de parenté qui ne soit commune à tous, nuls vêtements, nulle agriculture, nul métal, nul usage de vin ou de blé; les paroles mêmes qui signifient mensonge, trahison, avarice, envie, détraction, pardon, n'y sont jamais prononcées.° Combien trouverait-il la république qu'il a imaginée° éloignée de cette perfection!

D'ailleurs, ils vivent dans une contrée plaisante et d'un climat bien tempéré : de sorte, à ce que m'ont dit mes témoins, qu'il est rare d'y voir un homme malade; ils m'ont assuré n'y avoir jamais vu un homme tremblant, chassieux,° édenté° ou courbé de vieillesse. Ils sont établis le long de la mer, et protégés du côté de la terre par grandes et hautes montagnes ayant entredeux° environ cent lieues d'étendue en large. Ils ont une grande abondance de poisson et de viande qui n'ont aucune ressemblance aux nôtres et qu'ils mangent sans autre artifice que de les cuire. Le premier qui y mena un cheval leur fit tant d'horreur en cette posture qu'ils le tuèrent à coups de flèches avant de pouvoir le reconnaître. Leurs maisons sont fort longues et peuvent abriter° de deux à trois cents personnes; elles sont garnies d'écorce° de grands arbres qui, tenant à terre par un bout, se soutiennent et s'appuient l'un contre l'autre par le faîte,° à la mode de quelques-unes de nos granges° dont le toit pend jusqu'à terre et sert de flanc. Ils ont

du bois si dur qu'ils en font leurs épées et leurs grils à cuire leur viande. Leurs lits sont d'un tissu de coton, suspendus aux toits comme ceux de nos navires; à chacun le sien, car les femmes [5] couchent à part des maris. Ils se lèvent avec le soleil et mangent tout de suite après et pour toute la journée, car ils ne font d'autre repas que celui-là. Ils ne boivent pas alors, comme Suidas° le dit de quelques autres peuples [10] d'Orient qui buvaient hors du manger ; ils boivent plusieurs fois par jour et abondamment. Leur breuvage° est fait de quelque racine et a la couleur de nos vins légers; ils ne le boivent que tiède. Ce breuvage ne se conserve que deux [15] ou trois jours; il a le goût un peu piquant; nullement fumeux,° il est bon pour l'estomac et laxatif pour ceux qui n'y sont pas accoutumés : c'est une boisson très agréable à qui en a l'habitude. Au lieu de pain, ils usent d'une [20] certaine matière blanche comme du coriandre confit;° j'en ai tâté, le goût en est doux et un peu fade. Toute la journée se passe à danser. Les plus jeunes vont à la chasse des bêtes avec des arcs. Quelques-unes des femmes s'occupent alors [25] à chauffer leur breuvage : c'est leur principal office. Le matin, avant qu'ils se mettent à manger, un des vieillards prêche à toute la grangée,° en se promenant d'un bout à l'autre, redisant plusieurs fois la même chose jusqu'à ce [30] qu'il ait achevé le tour de la salle; car ce sont des bâtiments qui ont bien cent pas de long. Il ne leur recommande que deux choses : la vaillance contre les ennemis, et l'amitié à leurs femmes; ils ne manquent jamais de remarquer cette [35] obligation dans leur refrain que « ce sont elles qui maintiennent leur boisson tiède et assaisonnée ». On peut voir en plusieurs lieux, et entre autres chez moi, la forme de leurs lits, de leurs cordons, de leurs épées, des bracelets de [40] bois dont ils couvrent leurs poignets° aux combats, et des grandes cannes ouvertes par un bout par le son desquelles ils soutiennent la cadence en leur danse. Ils sont ras° partout et se font le poil° plus nettement que nous sans autre rasoir [45] que de bois ou de pierre. Ils croient les âmes éternelles : celles qui ont bien mérité des dieux

1. The classic poets were fascinated by the Golden Age, man's first happy state. 4. *Ils:* i.e., Lycurgus et Platon. 8. *soudure:* welding, union. 14. *successions:* inheritances. 14. *partages:* divisions of property. 20. Compare Shakespeare's *Tempest,* Act II, Scene 1; a passage adapted from Florio's translation of Montaigne. 21. *la république... imaginée:* Plato's *Republic,* a picture of an ideal state. 27. *chassieux:* bleary-eyed. 27. *édenté:* toothless. 30. *entredeux:* between (mountains and sea). 39. *abriter:* shelter. 40. *écorce:* bark. 42. *faîte:* ridge, top. 43. *granges:* barns.

9. Suidas, Byzantine scholar, tenth century A.D. 12. *breuvage:* brew, drink. 16. *fumeux:* heady. 21. *coriandre confit:* preserved coriander, seeds used for flavoring. (The native bread was in fact made of manioc, or cassava, a root from which we get tapioca.) 28. *grangée:* here, household. 40. *poignets:* wrists. 43. *ras:* clean-shaven. 44. *se font le poil:* shave.

sont logées à l'endroit du ciel où le soleil se lève, les maudites° du côté de l'Occident.

Ils ont je ne sais quels prêtres et prophètes qui se présentent bien rarement au peuple parce qu'ils habitent les montagnes. A leur arrivée, il se fait une grande fête et assemblée solennelle de plusieurs villages (chaque grange, comme je l'ai décrite, fait un village) situés à environ une lieue française l'un de l'autre. Le prophète leur parle en public; il les exhorte à la vertu et à leur devoir; mais toute leur science éthique ne contient que ces deux articles : vaillance à la guerre, affection à leurs femmes. Il leur prédit les choses à venir et le résultat qu'ils doivent espérer de leurs entreprises; il les incite à la guerre ou les en détourne; mais, s'il fait erreur dans sa prédiction et que l'événement n'y réponde pas, ils est haché° en mille pièces quand on l'attrape, ou il est condamné comme faux prophète et on ne voit plus jamais le prophète qui s'est trompé une fois.

C'est un don de Dieu que la divination; voilà pourquoi ce devrait être une imposture punissable d'en abuser. Entre les Scythes,° quand les devins° avaient failli de dire vrai, on les couchait, chargés de fer aux pieds et aux mains, sur des chariots pleins de bruyère,° tirés par des bœufs, dans lesquels on les faisait brûler. Ceux qui dirigent les choses sujettes à la conduite de la suffisance° humaine sont excusables d'y faire ce qu'ils peuvent. Mais ces autres, qui viennent nous tromper des assurances d'une faculté extraordinaire qui est hors de notre connaissance, ne faut-il pas les punir de ce qu'ils ne maintiennent pas l'effet de leur promesse, et de la témérité de leur imposture ?

Ils° ont leurs guerres contre les nations qui sont au-delà de leurs montagnes, plus avant sur la terre ferme; ils y vont tout nus, n'ayant d'autres armes que des arcs ou des épées de bois pointues à un bout à la mode des langues° de nos épieux.° C'est chose merveilleuse que la fermeté de leurs combats qui ne finissent jamais autrement que par le meurtre et l'effusion de sang; car, la déroute et la peur, ils ne savent pas ce que c'est. Chacun rapporte comme trophée la tête de l'ennemi qu'il a tué et l'attache à l'entrée de son logis. Après avoir longtemps bien traité leurs prisonniers en leur donnant tout le confort imaginable, celui qui en est le maître fait une grande assemblée de ses connaissances. Il attache une corde à l'un des bras d'un prisonnier, par le bout de laquelle il le tient à quelque distance pour qu'il n'en soit pas attaqué; il fait tenir l'autre bras au plus cher de ses amis et, à eux deux, en présence de toute l'assemblée, ils assomment° le prisonnier à coups d'épée. Cela fait, ils le rôtissent et le mangent en commun, gardant quelques morceaux pour les amis absents. Ce n'est pas, comme on pense, pour s'en nourrir, ainsi que faisaient anciennement les Scythes; c'est pour représenter une extrême vengeance. Et comme preuve, c'est qu'ayant aperçu que les Portugais, qui s'étaient ralliés à leurs adversaires, usaient d'une autre sorte de mort contre eux,° quand ils les prenaient, qui était de les enterrer jusqu'à la ceinture, et de tirer au reste du corps beaucoup de coups de flèche, et de les pendre après : ils pensèrent que ces gens-ci de l'autre monde, vu qu'ils avaient semé la connaissance de beaucoup de vices dans leur voisinage, et vu qu'ils étaient beaucoup plus grands maîtres qu'eux en toute sorte de malice, ne prenaient pas sans cause cette sorte de vengeance, et qu'elle devait être plus aigre que la leur, commencèrent de quitter leur façon ancienne pour suivre celle-ci.

Je ne regrette pas que nous remarquions l'horreur barbare qu'il y a en une telle action; mais je regrette bien que, jugeant si sévèrement leurs fautes, nous soyons aveugles aux nôtres. Je pense qu'il y a plus de barbarie à manger un homme vivant qu'à le manger mort, à déchirer par des tortures infernales un corps plein de vie, à le faire rôtir par le menu,° à le faire mordre et meurtrir° par les chiens et les pourceaux° (comme nous l'avons non seulement lu mais vu récemment,° non entre des ennemis anciens, mais entre des voisins et des concitoyens et, ce qui est pire, sous prétexte de piété et de religion), que de le rôtir et de le manger après qu'il est mort.

Chrysippus et Zenon, chefs de la secte stoïque, ont bien pensé qu'il n'y avait aucun mal de se servir de notre charogne° à quoi que ce fût pour

2. *les maudites:* the damned. 17. *haché:* chopped. 23. Scythians, barbarian race of western Asia and eastern Europe. 24. *devins:* diviners. 26. *bruyère:* heather. 29. *suffisance:* capacity, intelligence. 36. *Ils = Les sauvages.* 40. *langues:* blades. 41. *épieux:* pikes, spears.

9. *assomment:* beat to death. 18. *eux = les sauvages.* 37. *par le menu:* little by little. 38. *meurtrir:* wound. 38. *pourceaux:* hogs. 40. Montaigne had made a report on such an atrocity, committed against Huguenots near Toulouse in 1561, during the Wars of Religion. 47. *charogne:* corpse.

notre besoin, et d'en tirer de la nourriture : comme nos ancêtres, assiégés par César dans la ville d'Alésia,° se résolurent de soutenir la faim de ce siège par les corps des vieillards, des femmes et autres personnes inutiles au combat. Et les médecins ne craignent pas de s'en servir à toute sorte d'usage pour notre santé, soit pour l'appliquer au dedans ou au dehors; mais il ne se trouva jamais aucune opinion si déréglée qui excusât la trahison, la déloyauté, la tyrannie, la cruauté, qui sont nos fautes ordinaires.

Nous pouvons donc bien les° appeler barbares relativement aux règles de la raison, mais non pas relativement à nous qui les surpassons en toute sorte de barbarie. Leur guerre est toute noble et généreuse; elle a autant d'excuse et de beauté que cette maladie humaine en peut recevoir; elle n'a d'autre fondement parmi eux que la seule jalousie du courage. Ils ne se battent pas pour la conquête de nouvelles terres, car ils jouissent encore de cette fertilité naturelle qui leur fournit, sans travail et sans peine, toutes les choses nécessaires en telle abondance qu'ils n'ont que faire° d'agrandir leurs frontières. Ils sont encore dans cet heureux état de ne désirer que les choses qu'exigent leurs nécessités naturelles : tout ce qui est au-delà est superflu pour eux. Ceux du même âge se donnent généralement le nom de frères; on appelle enfants ceux qui sont plus jeunes; les vieillards reçoivent de tous les autres le nom de pères. Ils laissent à leurs héritiers la pleine possession par indivis° de leurs biens, sans autre titre° que celui tout pur que la nature donne à ses créatures quand elle les met au monde.

Si leurs voisins passent les montagnes pour venir les attaquer, et qu'ils remportent la victoire sur eux, le bénéfice du vainqueur, c'est la gloire et l'avantage d'être demeuré supérieur en bravoure et en force; car autrement ils n'ont que faire des biens des vaincus. Ils s'en retournent dans leur pays où ils n'ont besoin d'aucune chose nécessaire, où il ne leur manque pas non plus cette grande qualité de savoir jouir de leur condition et s'en contenter.

Les vaincus agissent de même façon; les vainqueurs ne demandent à leurs prisonniers d'autre rançon que l'aveu d'être battus; mais il ne s'en trouve pas un dans tout un siècle qui n'aime mieux mourir que de perdre, par sa contenance° ou ses paroles, une parcelle° de sa dignité d'homme invincible, il ne s'en voit pas un qui n'aime mieux être tué et mangé que de seulement demander à ne pas l'être. Ils les traitent en toute liberté afin que la vie leur soit d'autant plus chère; ils les entretiennent communément des menaces de leur mort future, des tortures qu'ils auront à souffrir, des apprêts° qu'on fait pour cela, de la dislocation de leurs membres et du banquet qui sera fait à leurs dépens. Tout cela n'a qu'une fin, arracher de leur bouche quelque parole molle ou humble, ou leur donner envie de s'enfuir, pour gagner cet avantage de les avoir effrayés, d'avoir triomphé de leur constance. Car aussi, à le bien prendre, c'est en ce seul point que consiste la vraie victoire.

Les Hongrois,° très belliqueux combattants, ne poursuivaient jadis leur attaque après avoir rendu l'ennemi à leur merci. Car, en ayant arraché cette confession, ils le laissaient aller sans lui faire de mal, sans rançon, sauf, pour le plus, d'en tirer parole de ne s'armer dorénavant° contre eux.

Nous gagnons sur nos ennemis assez d'avantages qui sont avantages empruntés, non pas les nôtres. C'est la qualité d'un portefaix,° non de la vertu,° d'avoir les bras et les jambes plus raides; c'est une qualité morte et corporelle que la disposition,° c'est un coup de la fortune de faire broncher° notre ennemi et de lui éblouir° les yeux par la lumière du soleil; c'est un tour d'art et de science, et qui peut tomber en une personne lâche et nulle, d'être habile à l'escrime.° La valeur et le prix d'un homme consistent au cœur et en la volonté; c'est là où repose son vrai honneur. La vaillance, c'est la fermeté, non pas des jambes et des bras, mais du cœur et de l'âme; elle ne consiste pas en la valeur de notre cheval, ni de nos armes, mais en la nôtre. Celui qui tombe obstiné en son courage, *si succederit, de genu pugnat,* s'il est tombé, il combat à genoux. Celui qui pour quelque danger de la mort voisine ne relâche aucun point de son assurance, qui regarde encore, en rendant l'âme, son

3. *Alésia:* in present Burgundy; where Vercingetorix held out against Julius Caesar. (See his *Gallic Wars.*) 12. *les:* i.e., *les sauvages.* 24. *n'ont que faire:* have no need. 32. *par indivis:* in joint ownership. 33. *titre:* document, deed.

3. *contenance:* attitude, bearing. 4. *parcelle:* tiny bit. 11. *apprêts:* preparations. 20. *Hongrois:* Hungarians. 25. *dorénavant:* thenceforth. 29. *vertu:* courage, merit. 32. *disposition:* aptitude. 33. *faire broncher:* dislodge. 33. *éblouir:* dazzle. 36. *escrime:* swordplay.

ennemi d'une vue ferme et dédaigneuse, il est battu non par nous mais par la fortune; il est tué, il n'est pas vaincu; les plus vaillants sont parfois les plus infortunés. Il y a des défaites plus triomphantes que les victoires.

Ainsi il y a des pertes triomphantes à l'égal des victoires. Ni ces quatre victoires sœurs, les plus belles que le soleil ait jamais vu de ses yeux, de Salamine, de Platée, de Mycale, de Sicile,° osèrent jamais opposer toute leur gloire ensemble à la gloire de la déconfiture du roi Léonidas et des siens, au passage des Thermopyles.°

Qui courut jamais d'une plus glorieuse envie et plus ambitieuse au gain d'un combat, que le capitaine Ischolas° à la perte? Qui plus ingénieusement et soigneusement s'est assuré de son salut, que lui de sa ruine? Il était commis à défendre certain passage du Péloponnèse° contre les Arcadiens.° Pour le faire, se trouvant entièrement incapable, vu la nature du lieu et l'inégalité des forces, et se résolvant que tout ce qui se présenterait aux ennemis aurait de nécessité à y demeurer; d'autre part, estimant indigne et de sa propre vertu et magnanimité et du nom lacédémonien° de faillir à sa charge, il prit entre ces deux extrémités un moyen parti, de cette sorte : les plus jeunes et dispos de sa troupe, il les conserva à la defense et au service de leur pays, et les y renvoya; et avec ceux dont on pourrait mieux se passer il conclut de défendre ce passage, et, par leur mort, en faire acheter l'entrée aux ennemis le plus cher qu'il lui serait possible. C'est ce qui arriva. Car, étant bientôt environné de toutes parts par les Arcadiens, après en avoir fait une grande boucherie, lui et les siens furent tous mis au fil de l'épée.° Y a-t-il quelque trophée assigné pour les vainqueurs qui ne soit mieux dû à ces vaincus? Le vrai vaincre a pour son rôle le combat, non pas le salut; et l'honneur de la vertu consiste à combattre, non à battre.

Pour revenir à notre histoire, il s'en faut tant que ces prisonniers° se rendent pour tout ce qu'on leur fait, qu'au contraire, pendant ces deux ou trois mois qu'on les garde, ils portent une contenance gaie, ils pressent leurs maîtres de se hâter de les mettre en cette épreuve, ils les défient, les injurient,° leur reprochent leur lâcheté et le nombre des batailles perdues contre les leurs. J'ai une chanson faite par un prisonnier où il y a ces paroles : « Qu'ils viennent tous hardiment et s'assemblent pour dîner de lui; car ils mangeront à satiété leurs pères et leurs aïeux qui ont servi d'aliment et de nourriture à son corps : ces muscles, dit-il, cette chair et ces veines, ce sont les vôtres, pauvres fous que vous êtes, vous ne reconnaissez pas que la substance des membres de vos ancêtres s'y tient encore : savourez-les bien, vous y trouverez le goût de votre propre chair. » Cette invention ne sent° aucunement la barbarie. Ceux qui les peignent° mourants et qui représentent cette action quand on les assomme, ils peignent le prisonnier crachant° au visage de ceux qui le tuent et leur faisant la moue.° De vrai, ils ne cessent jusqu'au dernier soupir de les braver et défier de parole et de contenance. Sans mentir, comparés à nous, voilà des hommes bien sauvages : car ou il faut qu'ils le soient bien ou que nous le soyons. Il y a une merveilleuse distance entre leur manière de vivre et la nôtre.

Les hommes y ont plusieurs femmes, en d'autant plus grand nombre qu'ils sont en meilleure réputation de vaillance. C'est une beauté remarquable en leurs mariages que la même jalousie que nos femmes ont pour nous enlever l'amitié et la bienveillance d'autres femmes, les leurs l'ont toute pareille pour leur acquérir : étant plus soigneuses° de l'honneur de leurs maris que de toute autre chose, elles cherchent et mettent leur sollicitude à avoir le plus de compagnes qu'elles peuvent, car c'est un témoignage du courage du mari.

Les nôtres crieront au miracle : ce n'en est pas un, c'est une vertu proprement matrimoniale du plus haut degré. Et, en la Bible, Lia, Rachel, Sara et les femmes de Jacob fournirent leurs belles servantes à leurs maris; et Livia° seconda les appétits d'Auguste, à son dommage à elle;

9. *Salamine… Sicile* : Salamis, Plataea, Mycale, where Greeks defeated Persian invaders (480–479 B.C.); at the same time Greeks of Sicily defeated Carthaginians. Thus in these decisive battles the assault on Europe was repulsed. 12. Thermopylae, Greek pass where Leonidas and 300 Spartans sacrificed themselves to delay the advance of the Persian King Xerxes. 15. *Ischolas*: Spartan general. 18. *Péloponnèse*: southern part of Greece. 19. Arcadians, dwellers in central part of Peloponnesus. 25. *lacédémonien* : Spartan. 37. *mis… l'épée* : put to the sword. 43. *il s'en faut… prisonniers* : these prisoners are so far from.

5. *injurient* : insult. 17. *sent*: smells of, suggests. 18. *peignent*: depict (no doubt reference to the remarkable drawings by De Bry, illustrating Hans Staden's account of his captivity among these Brazilian savages). 21. *crachant*: spitting. 22. *faisant la moue*: making a defiant expression, pouting. 36. *soigneuses*: concerned. 45. Livia, wife of Emperor Augustus, first century A.D.

et la femme du roi Deiotarus, Stratonice, prêta non seulement à l'usage de son mari une fort belle jeune fille de chambre qui la servait, mais en éleva soigneusement les enfants, et les aida à succéder aux états de leur père.

Afin qu'on ne pense point que tout ceci se fait par une simple et servile obéissance à leurs usages et par l'impression de l'autorité de leur ancienne coutume, ou parce qu'elles ont l'âme trop stupide pour agir autrement, il faut citer quelques traits de leur intelligence. Outre celui que je viens de donner de l'une de leurs chansons de guerre, j'ai une chanson d'amour qui commence ainsi : « Couleuvre,° arrête-toi; arrête-toi, couleuvre, afin que ma sœur tire sur le patron de ta peinture la façon et l'ouvrage d'un riche cordon° que je puisse donner à ma mie;° ainsi soient en tout temps ta beauté et ton élégance préférées à tous les autres serpents. » Ce premier couplet, c'est le refrain de la chanson. Or, j'ai assez de commerce avec la poésie pour juger ceci, que non seulement il n'y a rien de barbare en cette imagination, mais qu'elle est tout á fait anacréontique.° Leur langage, au demeurant, c'est un doux langage et qui a le son agréable, ressemblant aux terminaisons grecques.

Trois d'entre eux, ignorant combien coûtera un jour à leur repos et à leur bonheur la connaissance des corruptions d'ici et que de ce commerce naîtra leur ruine, comme je suppose qu'elle est déjà avancée (bien misérables de s'être laissé leurrer° par le désir de la nouveauté et d'avoir quitté la douceur de leur ciel pour venir voir le nôtre!), furent à Rouen du temps que le feu roi Charles IX° y était. Le roi leur parla longtemps. On leur fit voir notre vie, notre pompe, la forme d'une belle ville. Après cela, quelqu'un demanda leur avis et voulut savoir d'eux ce qu'ils avaient trouvé de plus extra-ordinaire. Ils répondirent trois choses, dont j'ai oublié la troisième, et j'en suis désolé, mais j'ai encore les deux autres en mémoire. Ils dirent qu'ils trouvaient en premier lieu fort étrange que tant d'hommes grands, portant barbe, forts et armés, qui étaient autour du roi (il est vraisemblable qu'ils parlaient des Suisses de sa garde), se soumissent à obéir à un enfant et qu'on ne choisît plutôt quelqu'un d'entre eux pour commander. Secondement (ils ont une façon de parler telle qu'ils nomment les hommes: moitié les uns des autres°), ils dirent qu'ils avaient aperçu des hommes pleins et gorgés de toutes sortes de commodités, et que leurs moitiés mendiaient à leurs portes, décharnés° de faim et de pauvreté; ils trouvaient étrange que ces misérables moitiés pussent souffrir une telle injustice, qu'ils ne prissent les autres à la gorge ou ne missent le feu à leurs maisons.

Je parlai à l'un d'eux fort longtemps, mais j'avais un interprète qui me suivait si mal et qui, par sa bêtise, était si maladroit à recevoir mes imaginations, que je n'en pus tirer rien qui vaille.° Sur ce que je lui demandai quel avantage il recevait de la supériorité qu'il avait parmi les siens (car c'était un capitaine et nos matelots le nommaient roi), il me dit que c'était : « marcher le premier à la guerre. » De combien d'hommes était-il suivi ? Il me montra un espace de terre pour signifier que c'était autant qu'il en pourrait tenir en cet espace : ce pouvait être quatre ou cinq mille hommes. Je lui demandai si, la guerre finie, son autorité était expirée. Il dit que « il lui en restait cela, que quand il visitait les villages qui dépendaient de lui, on lui dressait des sentiers° à travers les haies° de leurs bois par où il pût passer bien à l'aise ».

Tout cela ne va pas trop mal, mais quoi ? ils ne portent point de haut-de-chausses.°

[Bk. I, chap. 31]

14. *Couleuvre:* Snake (common, harmless). 17. *afin que ma sœur... cordon:* in order that my sister may copy on the model of thy markings the design and workmanship of a rich woven necklace. 17. *mie:* darling. 24. *anacréontique:* in the style of Anacreon, Greek poet of love. 32. *leurrer:* lead astray. 35. Charles IX, born 1550; King of France, 1560–74.

13. *moitié... autres:* halves of one another. 16. *décharnés:* emaciated. 25. *rien qui vaille:* anything worth while. 37. *sentiers:* paths. 37. *haies:* hedges. 40. *haut-de-chausses:* breeches. (A fine example of Montaigne's unsettling irony.)

The Seventeenth Century

The Seventeenth Century

1608. Founding of Québec
1610————Louis XIII————1643
1615+. Hôtel de Rambouillet
1618 —— 30 Years' War —— 1648
1624–42. Dominance of Richelieu
1628. Harvey: *Circulation of Blood*
1635. Académie française
1643–1715. Louis XIV
1643–61. Dominance of Mazarin
1648–52. Wars of Fronde
1649–60. English Commonwealth

HISTORY

1661+. Building of Versailles
1672–8. War with Holland
Dissolution of Port-Royal 1679
Revocation of Edict of Nantes 1685

1628. Death of Malherbe
1636. Corneille: *Le Cid*
1637. Descartes: *Discours de la méthode*
1640. Corneille: *Horace, Cinna*
1643. Corneille: *Polyeucte*
1649. Descartes: *Traité des passions*
1656–7. Pascal: *Provinciales*
1659. Molière: *Précieuses ridicules*
1664. Molière: *Tartuffe*
1665. La Rochefoucauld: *Maximes*
1666. Molière: *Misanthrope*
1667. Racine: *Andromaque*
1668. La Fontaine: *Fables (I)*
1669. Racine: *Britannicus*
1669+. Sévigné: *Lettres à sa fille*
1670. Pascal: *Pensées*

FRENCH LITERATURE

Molière: *Malade imaginaire* 1673
1674. Boileau: *Art poétique*
1677. Racine: *Phèdre*
La Fayette: *Princesse de Clèves* 1678
Bossuet: *Discours sur l'histoire universelle* 1681
Fontenelle: *Pluralité des mondes* 1686
Bossuet: *Oraison funèbre sur le Prince de Condé* 1687
Querelle des anciens et des modernes 1687+
La Bruyère: *Caractères* 1688
Racine: *Esther* 1689
Bayle: *Dictionnaire* 1697

1602. Shakespeare: *Hamlet*
1605. Cervantes: *Don Quijote*
1606. Jonson: *Volpone*
1611. *King James Bible*
1625. Bacon's *Essays*
1633. Donne: *Songs and Sonnets*
1667. Milton: *Paradise Lost*
Calderón: *La Vida es sueño* 1673
Bunyan: *Pilgrim's Progress* 1675

OTHER LITERATURES

Newton: *Principia* 1686
Locke: *Human Understanding* 1690

The Seventeenth Century

The seventeenth century is for the French *le Grand Siècle*. During the brilliant reign of Louis XIV, France gained a dominance in European affairs which has since been matched only briefly and insecurely in the time of Napoleon. Paris became the intellectual capital of Europe. French taste, in literature, art, architecture, decoration, music and the dance, imposed itself on the Western world. The literature of the period, and more specifically of the years between 1660 and 1685, is known briefly as the *classical* literature of France.

The sixteenth century had pointed the way, by forcing a break with the medieval tradition and by proposing the Greeks and Romans as models. It had thus demanded both a new *freedom* and a new *obedience*. The conflict of these two tendencies could be made the theme for a whole history of literature.

The early part of the seventeenth century—though here one must simplify intolerably —was dominated by the tendencies toward freedom. This period is commonly called the *preclassical* period. A better term, now frequently used, is the *baroque* period. Baroque literature, like baroque art and architecture, is a proliferation of free fancy on a basis of classical form. It encourages originality, the fantastic, the grotesque. It thrives in a period when society is disorderly and men are rebellious, eager for strong sensations. Such was the state of France from the assassination of Henri IV (1610) to the beginning of Louis XIV's personal rule (1661). This was the period of Descartes, Corneille, and Pascal.

We cannot here trace the history of this literature in any detail. But we must notice the phenomenon of François de Malherbe (1555–1628). He was a partisan of *obedience*. He opposed the profuse freedoms of the Renaissance tradition in poetry. He demanded that the language should be no longer *enriched*, but should be *purified*. Poetry should be restricted by rules; it should above all things be *correct*. The poet should curb his wild imaginations and seek clarity and sobriety of expression. Malherbe's reforms were not immediately effective, as they ran counter to the prevailing spirit of his times. But they gained more and more adherence, and became the basis of the aesthetic principles of the high classical period.

We must also notice the phenomenon of *preciosity*. Preciosity was a reaction against the prevalent coarseness and brutality of manners, which resulted in part from the disorders of the civil wars. In essence preciosity was an effort toward distinction, in thought, speech, literature, behavior. A kind of early, reasonable preciosity had its home in the salon of Mme de Rambouillet, which had its great days from about 1625–1648. (But the term *précieux* was not used till about 1655.) In this salon the eminent writers met the cultured nobles, to play intellectual parlor games in an atmosphere of decorous gaiety.

But the effort for distinction readily became an effort for novelty at all costs, and the *précieux* tumbled into absurdity. Coarse reality was regarded as revolting; a *précieuse* fainted on seeing a dog naked. A grammatical error provoked the vapors, demanded a quick recourse to smelling salts. Speech was unbearably refined. The feet were denominated "the dear sufferers," the cheeks "the thrones of modesty"; sedan-chair bearers were called "baptized mules," while such a locution as "j'aime le melon" was proscribed, as debasing the holy word "aimer."

Preciosity had its heyday in the 1650's, in the salon of Mlle de Scudéry. Its absurd pretentions were attacked by the properly *classic* writers, especially Molière and Boileau. But they did not kill it, for preciosity, the effort for novel distinction in expression, is a

permanent thing. One can find plenty of *précieux* today, writing even in the sports pages of our newspapers.

A third phenomenon to be noted is the formation of the *Académie française*. This began as an informal literary club. Cardinal Richelieu perceived that it could serve his purpose of formalizing French thought as well as politics on a hierarchical basis, and in 1635 he established it as an official body, representing the state's authority over language and literature. The Académie's influence was naturally exerted in favor of *obedience* as against *freedom.* The importance of the Académie française in national culture has been very great, even to our own day. It upholds the national tradition, as against contemporary excess; at the same time it has given the man of letters a prestige he enjoys in no other country.

The dominating phenomenon of the seventeenth century is *classicism.*

There is a larger classicism and a smaller classicism. In the larger sense, it is a state of mind as old and as new as literature. Its *purpose* is to discover and state permanent truth; its *method* is the attainment of clarity by means of reason; its aesthetic is the search for pure, essential form. It seeks the universal under the transitory. Says Santayana: "The truly classical is not foreign to anybody. It is precisely that part of tradition and art which does not alienate us from our own life or from nature, but reveals them in all their depth and nakedness, freed from the fashions and hypocrisies of time and place."

In the smaller sense, classicism is the doctrine of a small group of French writers of the second half of the seventeenth century. Its *favoring circumstances* were the repose and prosperity under Louis XIV, the favor of the great king, the existence of a cultivated, appreciative public. Briefly, its *tenets* were these:

1. "There is in art a *point of perfection*, as there is of goodness or ripeness in nature," says La Bruyère. "The man who feels and loves it has perfect taste; the man who does not feel it, and whose love falls short of it or goes beyond, has faulty taste. There is then a good taste and a bad taste, and we dispute about tastes with justice." This point of perfection was attained by certain ancient writers; it is possible for the modern writer to attain it by the judicious study of ancient art.

2. Art depends upon *reason*. Beware of the poet's eye in a fine frenzy rolling. What he takes to be inspiration is likely to be self-delusion. Good art is the product of the *intellect*, not of some mysterious oversoul.

3. Art is *social, which is to say that it is impersonal*. The peculiarities and excesses of the individual are not valid, unless they touch universal experience. "Le moi est haïssable," said Pascal. Others would have said that *le moi* is not so much hateful as meaningless. The end of art is to communicate, and the perverse and exceptional are not worth communicating. Originality in itself is of no great value. Anyone can be original by being idiotic. Said Boileau: "A new thought is not one that no one has ever thought. It is a thought which must have come to everyone, but which someone first thinks of expressing." It is evident that classicism is directly opposed to preciosity.

4. Art must be *clear, moderate, and sober.* The writer must respect the reader, who is an intelligent person. If the writer has anything to say, he will strive to convey it whole, with the utmost clarity, with no nonsense.

5. Art is *moral* and *useful.* Since art has an effective power, the artist has an obligation to society. The idea of "art for art's sake" is an absurdity.

6. Art is *in harmony with nature.* But by "nature" classicism understood not so much external nature as human nature. And in human nature it sought what is common to all men.

7. Art depends for its expression on *form and style*. Organization and structure are of supreme importance. A poem, a sermon, has its architecture. The ancients have already given us a satisfactory distinction of the various possible literary types, or *genres*. Each of

these genres has its own aims and its own *rules* for the attainment of its aims. The essential rules for tragedy are the *three unities* of time, place, and action. (The time of the tragedy should be limited to twenty-four hours; the place to an area to which the characters can transport themselves within the time set; the action should deal with a single problem, which is resolved in the course of the play.)

8. Since literature, to begin with, is constructed of words, art must be deeply concerned with *language.* Classicism picked up and carried on the theories of Malherbe. Words are in themselves either *nobles* or *bas*. The nobler genres, tragedy and the epic, must use the *style noble*, which is composed of noble words. These are relatively few in number, and are likely to be unspecific, untainted by vulgar connotations. Thus French came to have two vocabularies, one for poetry, one for everyday life. Something of the same conception prevailed in England in the eighteenth century, and lingered on almost to our own time.

Such were the tenets of French classicism, in its restricted meaning. They produced a great literature, which many regard as the greatest literature of France. Some share of its theories remains valid. There are classicists in the larger sense still writing. See if you can name a few.

13. Descartes [1596–1650]

René Descartes was born near Tours. His father belonged to the class of hereditary magistrates, the *noblesse de robe*, which gave France a great number of its intellectuals and artists. He had an excellent education at the famous Jesuit school of La Flèche. As he suggests in the *Discours de la méthode*, he was one of those alarming students who outgrow their masters. He tried the law and the army, and found in garrison duty a happy opportunity for uninterrupted thought. He traveled for years, observing men and the world. Though he was always a devout Catholic, he was irked by the Church's supervision of thought in France, and settled in Holland, where he led an admirable life of scholarly ease, thinking, experimenting, writing. In 1649, Queen Christina of Sweden tempted him to Stockholm to give her lessons in philosophy. But she set her lesson hour at five in the morning; and Descartes (who insisted that a true philosopher lies in bed till noon) caught pneumonia by hurrying to class, and died in February, 1650. The life of Descartes is a fine example of the life of thought, determined by the quest for certainty.

Descartes gives us his early intellectual biography in the first part of the *Discours*. One may compare his search with that described in *The Education of Henry Adams*.

His purely scientific work is of great importance. We need note only his formulation of coordinate geometry, which permits the graphic statement of algebraic problems. (He got the idea by lying in bed and watching a fly journeying about the upper corner of his room. "That fly," he said, "is doing algebra. . . .")

His *Discours de la méthode pour bien conduire sa raison et chercher la vérité dans les sciences* was published in 1637. It is an epoch-making little book, in philosophy as in literature, for it deals with the essential problems of the searcher: Can we know? What is proof? By what *method*, if any, can thought lead to certainty?

He begins with universal doubt, *le doute méthodique*. He then accepts one incontrovertible fact: *je pense, donc je suis*, the famous *cogito, ergo sum*. From this postulate he draws his conclusions, especially the existence of God. Thus he makes no use of the Church's revelation and authority. He bases all his demonstration on *le bon sens*, reason, not on scholastic

logic. His conclusions turn out to be in harmony with the Church's essential dogmas. The faithful were pleased at this corroboration of revelation. "Descartes defeated the skeptics by accepting skepticism to the full." (Richard Robinson.) But at the same time by the exaltation of the average man's reason Descartes put in his hand a razor-edged weapon to be wielded often far too wantonly.

Descartes was both *baroque* and *classical*. He was baroque in the *freedom* of his thought, in his rejection of the traditional scholastic logic, inherited from medieval times. He was classical in his search for truth in human nature, in the sobriety of his style, and in his insistence on clear, orderly reasoning.

His influence has been enormous. He put philosophy within the reach of the average man, even of the average woman. (For this purpose, he says, he wrote in French and not in Latin.) "Nearly all Frenchmen are more or less Cartesian," says Gilbert Chinard in a delightful passage.* They like tidy, orderly arguments, especially in politics. They like to foresee everything; witness the texts of their laws. They have corresponding defects. They like to resolve in advance imaginary difficulties which are hardly likely to occur. They are inclined to give more weight to exact reasoning than to the lessons of experience. They often make the facts yield to logically constructed systems, and even, confronted by the reality of facts, declare that the facts are absurd. To understand them one must understand Descartes. This belief in the sovereignty of reason, this conviction that, as Descartes said, "le bon sens est la chose du monde la mieux partagée," will be very manifest at the time of the Revolution of 1789.

* Gilbert Chinard: *Petite histoire des lettres françaises.* Boston, Ginn, 1934, p. 100.

DISCOURS DE LA MÉTHODE

Pour bien conduire sa raison et chercher la vérité dans les sciences

[*Abridged*]

Première Partie

CONSIDÉRATIONS TOUCHANT LES SCIENCES

Le bon sens est la chose du monde la mieux partagée :° car chacun pense en être si bien pourvu, que ceux même qui sont les plus difficiles à contenter en toute autre chose n'ont point coutume d'en désirer plus qu'ils en ont. En quoi il n'est pas vraisemblable que tous se trompent; mais plutôt cela témoigne que la puissance de bien juger et distinguer 20 le vrai d'avec le faux, qui est proprement ce qu'on nomme le bon sens ou la raison, est naturellement égale en tous les hommes; et ainsi que la diversité de nos opinions ne vient pas de ce que les uns sont plus raisonnables 25

14. *la mieux partagée:* i.e., universally and equally distributed.

que les autres, mais seulement de ce que nous conduisons nos pensées par diverses voies, et ne considérons pas les mêmes choses. Car ce n'est pas assez d'avoir l'esprit bon, mais le 5 principal est de l'appliquer bien. Les plus grandes âmes sont capables des plus grands vices aussi bien que des plus grandes vertus, et ceux qui ne marchent que fort lentement peuvent avancer beaucoup davantage, s'ils 10 suivent toujours le droit chemin, que ne font ceux qui courent et qui s'en éloignent.

Pour moi, je n'ai jamais présumé que mon esprit fût en rien plus parfait que ceux du commun;° même j'ai souvent souhaité d'avoir 15 la pensée aussi prompte, ou l'imagination aussi nette et distincte, ou la mémoire aussi ample ou aussi présente que quelques autres. Et je ne sache point de qualités que celles-ci qui servent à la perfection de l'esprit,° car 20 pour la raison, ou le sens, d'autant qu'elle est la seule chose qui nous rend hommes et nous distingue des bêtes, je veux croire qu'elle est tout entière en un chacun,° et suivre en ceci l'opinion commune des philosophes qui disent

14. *commun:* the average man. 19. *Et je... l'esprit:* And I am hardly aware of any qualities except these (thinking, imagination, and memory) which help the formation of the mind. 23. *un chacun:* any person.

qu'il n'y a du plus ou du moins qu'entre les *accidents*, et non point entre les *formes* ou natures des *individus* d'une même *espèce.*°

Mais je ne craindrai pas de dire que je pense avoir eu beaucoup d'heur,° de m'être rencontré dès ma jeunesse en certains chemins qui m'ont conduit à des considérations et des maximes dont j'ai formé une méthode par laquelle il me semble que j'ai moyen d'augmenter par degrés ma connaissance, et de l'élever peu à peu au plus haut point auquel la médiocrité de mon esprit et la courte durée de ma vie lui pourront permettre d'atteindre... .

Mon dessein n'est pas d'enseigner ici la méthode que chacun doit suivre pour bien conduire sa raison, mais seulement de faire voir en quelle sorte j'ai tâché de conduire la mienne. Ceux qui se mêlent de donner des préceptes se doivent estimer plus habiles que ceux auxquels ils les donnent; et s'ils manquent en la moindre chose, ils en sont blâmables. Mais ne proposant cet écrit que comme une histoire, ou, si vous l'aimez mieux, que comme une fable, en laquelle, parmi quelques exemples qu'on peut imiter, on en trouvera peut-être aussi plusieurs° autres qu'on aura raison de ne pas suivre, j'espère qu'il sera utile à quelques-uns, sans être nuisible à personne, et que tous me sauront gré de ma franchise.°

J'ai été nourri aux lettres° dès mon enfance; et, pour ce qu'on° me persuadait que par leur moyen on pouvait acquérir une connaissance claire et assurée de tout ce qui est utile à la vie, j'avais un extrême désir de les apprendre. Mais sitôt que j'eus achevé tout ce cours d'études au bout duquel on a coutume d'être reçu au rang des doctes,° je changeai entièrement d'opinion. Car je me trouvais embarrassé de tant de doutes et d'erreurs qu'il me semblait n'avoir fait autre profit, en tâchant de m'instruire, sinon que j'avais découvert de plus en plus mon ignorance. Et néanmoins j'étais en l'une des plus célèbres écoles de l'Europe,° où je pensais qu'il devait y avoir de savants hommes, s'il y en avait en aucun endroit de la terre. J'y avais appris tout ce que les autres y apprenaient; et même, ne m'étant pas contenté des sciences qu'on nous enseignait, j'avais parcouru tous les livres traitant de celles qu'on estime les plus curieuses et les plus rares qui avaient pu tomber entre mes mains. Avec cela je savais les jugements que les autres faisaient de moi; et je ne voyais point qu'on m'estimât inférieur à mes condisciples, bien qu'il y en eût entre eux déjà quelques-uns qu'on destinait à remplir les places de nos maîtres. Et enfin notre siècle me semblait aussi fleurissant et aussi fertile en bons esprits qu'ait été aucun des précédents. Ce qui me faisait prendre la liberté de juger par moi de tous les autres, et de penser qu'il n'y avait aucune doctrine dans le monde qui fût telle qu'on m'avait auparavant fait espérer.

Je ne laissais pas toutefois d'estimer les exercices auxquels on s'occupe dans les écoles. Je savais que les langues qu'on y apprend sont nécessaires pour l'intelligence° des livres anciens; que la gentillesse des fables réveille l'esprit; que les actions mémorables des histoires le relèvent; et qu'étant lues avec discrétion° elles aident à former le jugement; que la lecture de tous les bons livres est comme une conversation avec les plus honnêtes gens des siècles passés, qui en ont été les auteurs, et même une conversation étudiée° en laquelle ils ne nous découvrent que les meilleures de leurs pensées; que l'éloquence a des forces et des beautés incomparables; que la poésie a des délicatesses et des douceurs très ravissantes; que les mathématiques ont des inventions très subtiles, et qui peuvent beaucoup servir, tant à contenter les curieux, qu'à faciliter tous les arts et diminuer le travail des hommes; que les écrits qui traitent des mœurs contiennent plusieurs enseignements et plusieurs exhortations à la vertu qui sont fort utiles; que la théologie enseigne à gagner le ciel; que la philosophie donne moyen de parler vraisemblablement de toutes choses et se faire admirer des moins savants; que la jurisprudence, la médecine et les autres sciences apportent des honneurs et des richesses à ceux qui les cultivent; et enfin qu'il est bon de les avoir toutes examinées, même les plus superstitieuses et les plus

3. *accidents... espèce:* terms of scholastic logic, as taught by philosophers and theologians from the Middle Ages on. 5. *heur = bonheur.* 26. *plusieurs:* many. (So throughout the *Discours.*) 29. *me sauront... franchise:* will thank me for my frankness. 30. *lettres:* "booklearning," as opposed to practical studies. 31. *pour ce qu'on = parce qu'on.* 37. *doctes:* learned. 43. The Jesuit college of La Flèche, near Le Mans, in west-central France.

22. *intelligence:* understanding. 25. *discrétion:* discernment. 30. *étudiée:* well pondered.

fausses, afin de connaître leur juste valeur et se garder d'en être trompé.

Mais je croyais avoir déjà donné assez de temps aux langues, et même aussi à la lecture des livres anciens, et à leurs histoires et à leurs fables. Car c'est quasi le même° de converser avec ceux des autres siècles que de voyager. Il est bon de savoir quelque chose des mœurs de divers peuples, afin de juger des nôtres plus sainement, et que° nous ne pensions pas que tout ce qui est contre nos modes soit ridicule et contre raison, ainsi qu'ont coutume de faire ceux qui n'ont rien vu. Mais lorsqu'on emploie trop de temps à voyager, on devient enfin étranger en son pays; et lorsqu'on est trop curieux des choses qui se pratiquaient aux siècles passés, on demeure ordinairement fort ignorant de celles qui se pratiquent en celui-ci. Outre que les fables font imaginer plusieurs événements comme possibles qui ne le sont point, et que même les histoires les plus fidèles, si elles ne changent ni n'augmentent la valeur des choses pour les rendre plus dignes d'être lues, au moins en omettent-elles presque toujours les plus basses et moins illustres circonstances, d'où vient que le reste ne paraît pas tel qu'il est, et que ceux qui règlent leurs mœurs par les exemples qu'ils en tirent sont sujets à tomber dans les extravagances des paladins° de nos romans et à concevoir des desseins qui passent leurs forces.

J'estimais fort l'éloquence et j'étais amoureux de la poésie, mais je pensais que l'une et l'autre étaient des dons de l'esprit plutôt que des fruits de l'étude. Ceux qui ont le raisonnement le plus fort, et qui digèrent le mieux leurs pensées afin de les rendre claires et intelligibles, peuvent toujours le mieux persuader ce qu'ils proposent, encore qu'ils ne parlassent que bas breton° et qu'ils n'eussent jamais appris de rhétorique; et ceux qui ont les inventions les plus agréables et qui les savent exprimer avec le plus d'ornement et de douceur, ne laisseraient pas d'être les meilleurs poètes, encore que l'art poétique leur fût inconnu.

Je me plaisais surtout aux mathématiques, à

cause de la certitude et de l'évidence de leurs raisons; mais je ne remarquais point encore leur vrai usage, et, pensant qu'elles ne servaient qu'aux arts mécaniques, je m'étonnais de ce que leurs fondements étant si fermes et si solides, on n'avait rien bâti dessus de plus relevé. Comme au contraire je comparais les écrits des anciens païens, qui traitent des mœurs, à des palais fort superbes et fort magnifiques qui n'étaient bâtis que sur du sable et sur de la boue; ils élèvent fort haut les vertus, et les font paraître estimables par-dessus toutes les choses qui sont au monde; mais ils n'enseignent pas assez à les connaître, et souvent ce qu'ils appellent d'un si beau nom n'est qu'une insensibilité ou un orgueil, ou un désespoir, ou un parricide.°

Je révérais notre théologie, et prétendais autant qu'aucun autre à gagner le ciel; mais ayant appris, comme chose très assurée, que le chemin n'en est pas moins ouvert aux plus ignorants qu'aux plus doctes, et que les vérités révélées qui y conduisent sont au-dessus de notre intelligence, je n'eusse osé les soumettre à la faiblesse de mes raisonnements, et je pensais que, pour entreprendre de les examiner et y réussir, il était besoin d'avoir quelque extraordinaire assistance du ciel et d'être plus qu'homme.°

Je ne dirai rien de la philosophie, sinon que, voyant qu'elle a été cultivée par les plus excellents esprits qui aient vécu depuis plusieurs siècles, et que néanmoins il ne s'y trouve encore aucune chose dont on ne dispute, et par conséquent qui ne soit douteuse, je n'avais point assez de présomption pour espérer d'y rencontrer° mieux que les autres; et que, considérant combien il peut y avoir de diverses opinions touchant une même matière, qui soient soutenues par des gens doctes, sans qu'il y en puisse avoir jamais plus d'une seule qui soit vraie, je réputais presque pour faux tout ce qui n'était que vraisemblable.°

Puis pour les autres sciences, d'autant qu'elles empruntent leurs principes de la philosophie, je jugeais qu'on ne pouvait avoir

6. *le même = la même chose.* 10. *que = afin que.* 30. *paladins:* the twelve peers of Charlemagne (reference to fantastic adventure novels based on old legends). 41. *bas breton:* Celtic language of Brittany.

17. Reference to the stoic doctrine, which would suppress all emotion, and which recommends withdrawal from the world to attain superiority over it. 29. Descartes pays lip service to theology, but one may sense his irritation that speculation on the fundamentals of the faith was forbidden to man. 37. *rencontrer:* make discoveries. 43. A forecast of the *doute méthodique* he will soon develop.

rien bâti qui fût solide sur des fondements si peu fermes; et ni l'honneur ni le gain qu'elles promettent n'étaient suffisants pour me convier à les apprendre; car je ne me sentais point, grâces à Dieu, de condition° qui m'obligeât à faire un métier de la science pour le soulagement° de ma fortune; et, quoique je ne fisse pas profession de mépriser la gloire en cynique, je faisais néanmoins fort peu d'état de celle que je n'espérais pouvoir acquérir qu'à faux titres. Et enfin pour les mauvaises doctrines, je pensais déjà connaître assez ce qu'elles valaient pour n'être plus sujet à être trompé ni par les promesses d'un alchimiste, ni par les prédictions d'un astrologue, ni par les impostures d'un magicien, ni par les artifices ou la vanterie d'aucun de ceux qui font profession de savoir plus qu'ils ne savent.

C'est pourquoi, sitôt que l'âge me permit de sortir de la sujétion de mes précepteurs, je quittai entièrement l'étude des lettres. Et me résolvant de ne chercher plus d'autre science que celle qui se pourrait trouver en moi-même, ou bien dans le grand livre du monde, j'employai le reste de ma jeunesse à voyager, à voir des cours et des armées, à fréquenter des gens de diverses humeurs et conditions, à recueillir diverses expériences, à m'éprouver moi-même dans les rencontres que la fortune me proposait, et partout à faire telle réflexion sur les choses qui se présentaient que j'en pusse tirer quelque profit. Car il me semblait que je pourrais rencontrer plus de vérité dans les raisonnements que chacun fait touchant les affaires qui lui importent, et dont l'événement° le doit punir bientôt après s'il a mal jugé, que dans ceux que fait un homme de lettres dans son cabinet touchant des spéculations qui ne produisent aucun effet, et qui ne lui sont d'autre conséquence sinon que peut-être il en tirera d'autant plus de vanité qu'elles seront plus éloignées du sens commun, à cause qu'il aura dû employer d'autant plus d'esprit et d'artifice à tâcher de les rendre vraisemblables. Et j'avais toujours un extrême désir d'apprendre à distinguer le vrai d'avec le faux, pour voir clair en mes actions et marcher avec assurance en cette vie.°

Il est vrai que pendant que je ne faisais que considérer les mœurs des autres hommes, je n'y trouvais guère de quoi m'assurer, et que j'y remarquais quasi autant de diversité que j'avais fait auparavant entre les opinions des philosophes. En sorte que le plus grand profit que j'en retirais était que, voyant plusieurs choses qui, bien qu'elles nous semblent fort extravagantes et ridicules, ne laissent pas d'être communément reçues et approuvées par d'autres grands peuples, j'apprenais à ne rien croire trop fermement de ce qui ne m'avait été persuadé que par l'exemple et par la coutume; et ainsi je me délivrais peu à peu de beaucoup d'erreurs qui peuvent offusquer° notre lumière naturelle et nous rendre moins capables d'entendre raison.° Mais, après que j'eus employé quelques années à étudier ainsi dans le livre du monde et à tâcher d'acquérir quelque expérience, je pris un jour la résolution d'étudier aussi en moi-même, et d'employer toutes les forces de mon esprit à choisir les chemins que je devais suivre. Ce qui me réussit beaucoup mieux, ce me semble, que si je ne me fusse jamais éloigné ni de mon pays ni de mes livres.

Deuxième Partie

PRINCIPALES RÈGLES DE LA MÉTHODE

J'étais alors° en Allemagne, où l'occasion des guerres qui n'y sont pas encore finies m'avait appelé; et, comme je retournais du couronnement de l'empereur° vers l'armée, le commencement de l'hiver m'arrêta en un quartier où, ne trouvant aucune conversation° qui me divertît,° et n'ayant d'ailleurs, par bonheur, aucuns soins ni passions qui me troublassent, je demeurais tout le jour enfermé seul dans un poêle,° où j'avais tout le loisir de m'entretenir de mes pensées.

[*Distrusting all books, he determines to find in his own reason a basis for the construction of his own system.*]

14. *offusquer:* obfuscate, becloud. 16. Compare the *relativism* of Montaigne, leading to the same practical conclusion. 31. *alors:* in November 1619, at beginning of the Thirty Years' War. 34. Ferdinand II, Austrian Hapsburg; elected Holy Roman Emperor in 1619. 36. *conversation:* social intercourse. 37. *qui me divertît:* capable of distracting me. 40. I.e., in a room heated by a great German porcelain stove.

5. *condition:* social situation. 7. *soulagement:* i.e., financial relief. 35. *événement:* outcome. 47. This is already *pragmatism*, belief that truth is what works in practice.

Ayant appris, dès le collège, qu'on ne saurait rien imaginer de si étrange et si peu croyable, qu'il n'ait été dit par quelqu'un des philosophes; et depuis, en voyageant, ayant reconnu que tous ceux qui ont des sentiments fort contraires aux nôtres ne sont pas pour cela barbares ni sauvages, mais que plusieurs usent autant ou plus que nous de raison; et ayant considéré combien un même homme, avec son même esprit, étant nourri dès son enfance entre des Français ou des Allemands, devient différent de ce qu'il serait s'il avait toujours vécu entre des Chinois ou des cannibales; et comment, jusques aux modes de nos habits, la même chose qui nous a plu il y a dix ans, et qui nous plaira peut-être encore avant dix ans, nous semble maintenant extravagante et ridicule; en sorte que c'est bien plus la coutume et l'exemple qui nous persuadent qu'aucune connaissance certaine; et que néanmoins la pluralité des voix n'est pas une preuve qui vaille rien pour les vérités un peu malaisées à découvrir, à cause qu'il est bien plus vraisemblable qu'un homme seul les ait rencontrées que tout un peuple, je ne pouvais choisir personne dont les opinions me semblassent devoir être préférées à celles des autres, et je me trouvais comme contraint d'entreprendre moi-même de me conduire.°

Mais, comme un homme qui marche seul et dans les ténèbres, je me résolus d'aller si lentement et d'user de tant de circonspection en toutes choses, que, si je n'avançais que fort peu, je me garderais bien au moins de tomber. Même je ne voulus point° commencer à rejeter tout à fait aucune des opinions qui s'étaient pu glisser° autrefois en ma créance° sans y avoir été introduites par la raison, que° je n'eusse auparavant employé assez de temps à faire le projet de l'ouvrage que j'entreprenais, et à chercher la vraie méthode pour parvenir à la connaissance de toutes les choses dont mon esprit serait capable.°

J'avais un peu étudié, étant plus jeune, entre les parties de la philosophie, à la logique, et, entre les mathématiques, à l'analyse des géomètres et à l'algèbre, trois arts ou sciences qui semblaient devoir contribuer quelque chose à mon dessein. Mais, en les examinant, je pris garde que, pour la logique, ses syllogismes° et la plupart de ses autres instructions servent plutôt à expliquer à autrui les choses qu'on sait, ou même, comme l'art de Lulle,° à parler sans jugement de celles qu'on ignore, qu'à les apprendre; et bien qu'elle contienne, en effet, beaucoup de préceptes très vrais et très bons, il y en a toutefois tant d'autres mêlés parmi, qui sont ou nuisibles ou superflus, qu'il est presque aussi malaisé de les en séparer que de tirer une Diane ou une Minerve hors d'un bloc de marbre qui n'est point encore ébauché.° Puis, pour l'analyse° des anciens et l'algèbre des modernes, outre qu'elles ne s'étendent qu'à des matières fort abstraites et qui ne semblent d'aucun usage, la première est toujours si astreinte à la considération des figures, qu'elle ne peut exercer l'entendement sans fatiguer beaucoup l'imagination; et on s'est tellement assujetti en la dernière à certaines règles et à certains chiffres,° qu'on en a fait un art confus et obscur qui embarrasse l'esprit, au lieu d'une science qui le cultive. Ce qui fut cause que je pensai qu'il fallait chercher quelque autre méthode qui, comprenant les avantages de ces trois, fût exempte de leurs défauts. Et, comme la multitude des lois fournit souvent des excuses aux vices, en sorte qu'un État est bien mieux réglé lorsque, n'en ayant que fort peu, elles y sont fort étroitement observées, ainsi, au lieu de ce grand nombre de préceptes dont la logique est composée, je crus que j'aurais assez des quatre suivants, pourvu que je prisse une ferme et constante résolution de ne manquer pas une seule fois à les observer.

Le premier était de ne recevoir jamais aucune chose pour vraie que° je ne la connusse évidemment être telle; c'est-à-dire d'éviter soigneusement la précipitation et la prévention,° et de ne comprendre rien de plus en mes jugements que ce qui se présenterait si clairement et si distinctement à mon esprit que je n'eusse aucune occasion de le mettre en doute.

29. Notice Descartes' disrespect for majority or mass opinion. 35. *je ne voulus point:* I wouldn't, I refused to. (Thus regularly.) 37. *s'étaient pu glisser = avaient pu se glisser.* 37. *créance = croyance.* 38. *que:* unless. 43. Descartes proceeds cautiously, holding to the security of his old beliefs while laying the foundations of his new structure.

4. *syllogismes:* logical formulas, consisting of two premises and a conclusion. 7. *Lulle:* Raymond Lull, thirteenth-century Catalan Franciscan, who attempted to reduce all knowledge to a set of formulas. 15. *ébauché:* blocked out. 16. *analyse:* geometry. 24. *chiffres:* symbols. 40. *que:* unless. 43. *précipitation et la prévention:* hasty conclusions and preconceptions.

Le second, de diviser chacune des difficultés que j'examinerais en autant de parcelles qu'il se pourrait et qu'il serait requis pour les mieux résoudre.

Le troisième, de conduire par ordre mes pensées, en commençant par les objets les plus simples et les plus aisés à connaître, pour monter peu à peu comme par degrés jusques à la connaissance des plus composés, et supposant même de l'ordre entre ceux qui ne se précèdent point naturellement les uns les autres.

Et le dernier, de faire partout des dénombrements° si entiers et des revues si générales, que je fusse assuré de ne rien omettre.°...

Troisième Partie

QUELQUES RÈGLES DE MORALE TIRÉES DE LA MÉTHODE

[*Descartes establishes a provisional "morale" to support him during his search. He counsels submission to authority, perseverance, resignation, self-mastery.*]

Quatrième Partie

PREUVES DE L'EXISTENCE DE DIEU ET DE L'ÂME HUMAINE OU FONDEMENTS DE LA MÉTAPHYSIQUE

Je ne sais si je dois vous entretenir des premières méditations que j'y ai faites, car elles sont si métaphysiques et peu communes, qu'elles ne seront peut-être pas au goût de tout le monde, et toutefois, afin qu'on puisse juger si les fondements que j'ai pris sont assez fermes, je me trouve en quelque façon contraint d'en parler. J'avais dès longtemps remarqué que pour les mœurs il est besoin quelquefois de suivre des opinions qu'on sait être fort incertaines, tout de même que si elles étaient indubitables, ainsi qu'il a été dit ci-dessus; mais pour ce qu'alors je désirais vaquer° seulement à la recherche de la vérité, je pensai qu'il fallait que je fisse tout le contraire, et que je rejetasse

comme absolument faux tout ce en quoi je pourrais imaginer le moindre doute, afin de voir s'il ne me resterait point après cela quelque chose en ma créance qui fût entièrement indubitable.° Ainsi, à cause que nos sens nous trompent quelquefois, je voulus° supposer qu'il n'y avait aucune chose qui fût telle qu'ils nous la font imaginer; et, pour ce qu'il y a des hommes qui se méprennent° en raisonnant, même touchant les plus simples matières de géométrie, et y font des paralogismes,° jugeant que j'étais sujet à faillir autant qu'aucun autre, je rejetai comme fausses toutes les raisons que j'avais prises auparavant pour démonstrations; et enfin, considérant que toutes les mêmes pensées que nous avons étant éveillés° nous peuvent aussi venir quand nous dormons sans qu'il y en ait aucune pour lors qui soit vraie, je me résolus de feindre que toutes les choses qui m'étaient entrées en l'esprit n'étaient non plus vraies que les illusions de mes songes. Mais aussitôt après je pris garde que, pendant que je voulais ainsi penser que tout était faux, il fallait nécessairement que moi qui le pensais fusse quelque chose; et remarquant que cette vérité : *Je pense, donc je suis*, était si ferme et si assurée que toutes les plus extravagantes suppositions des sceptiques n'étaient pas capables de l'ébranler, je jugeai que je pouvais la recevoir sans scrupule pour le premier principe de la philosophie que je cherchais.°

Puis, examinant avec attention ce que j'étais, et voyant que je pouvais feindre que je n'avais aucun corps et qu'il n'y avait aucun monde ni aucun lieu où je fusse, mais que je ne pouvais pas feindre pour cela que je n'étais point, et qu'au contraire, de cela même que° je pensais à douter de la vérité des autres choses, il suivait très évidemment et très certainement que j'étais; au lieu que, si j'eusse seulement cessé de penser, encore que tout le reste de ce que j'avais imaginé eût été vrai, je n'avais aucune raison de croire que j'eusse été, je connus de là que j'étais une substance dont toute l'essence ou la nature n'est que de penser, et qui, pour être, n'a besoin d'aucun lieu ni ne dépend

5. Descartes counsels methodical, universal doubt. But his purpose is by this means to emerge from doubt. 6. *voulus:* tried to. 9. *se méprennent:* go astray. 11. *paralogismes:* fallacious arguments. 16. *étant éveillés:* when we are awake. 31. Descartes' first accepted truth is an *intuition*, not based on reason. On this intuition all his argument rests. 37. *de cela même que:* from the very fact that.

14. *dénombrements:* enumerations. 15. The four steps of Descartes' method may be thus summarized : I. Intuition; II. Analysis; III. Synthesis; IV. Review. The method is still essentially that of the scientist. 46. *vaquer à:* devote myself to.

d'aucune chose matérielle; en sorte que ce moi, c'est-à-dire l'âme, par laquelle je suis ce que je suis, est entièrement distincte du corps, et même qu'elle est plus aisée à connaître que lui, et qu'encore qu'il ne fût point, elle ne lairrait° point d'être tout ce qu'elle est.°

Après cela je considérai en général ce qui est requis à une proposition pour être vraie et certaine; car puisque je venais d'en trouver une que je savais être telle, je pensai que je devais aussi savoir en quoi consiste cette certitude. Et ayant remarqué qu'il n'y a rien du tout en ceci, *je pense, donc je suis,* qui m'assure que je dis la vérité, sinon que je vois très clairement que, pour penser, il faut être, je jugeai que je pouvais prendre pour règle générale que les choses que nous concevons fort clairement et fort distinctement sont toutes vraies, mais qu'il y a seulement quelque difficulté à bien remarquer quelles sont celles que nous concevons distinctement.°

En suite de quoi, faisant réflexion sur ce que° je doutais, et que, par conséquent, mon être n'était pas tout parfait, car je voyais clairement que c'était une plus grande perfection° de connaître que de douter, je m'avisai de chercher d'où j'avais appris à penser à quelque chose de plus parfait que je n'étais, et je connus° évidemment que ce devait être de quelque nature qui fût en effet plus parfaite. Pour ce qui est des pensées que j'avais de plusieurs autres choses hors de moi, comme du ciel, de la terre, de la lumière, de la chaleur, et de mille autres, je n'étais point tant en peine de savoir d'où elles venaient, à cause que, ne remarquant rien en elles qui me semblât les rendre supérieures à moi, je pouvais croire que, si elles étaient vraies, c'étaient des dépendances de ma nature, en tant qu'elle° avait quelque perfection; et si elles ne l'étaient pas, que je les tenais du néant, c'est-à-dire qu'elles étaient en moi pour ce que j'avais du défaut. Mais ce ne pouvait être le même de l'idée d'un être plus parfait que le mien; car de la tenir du néant, c'était

chose manifestement impossible. Et pour ce qu'il n'y a pas moins de répugnance que° le plus parfait soit une suite et une dépendance du moins parfait qu'il y en a que de rien procède quelque chose, je ne la pouvais tenir non plus de moi-même : de façon qu'il restait qu'elle eût été mise en moi par une autre nature qui fût véritablement plus parfaite que je n'étais, et même qui eût en soi toutes les perfections dont je pouvais avoir quelque idée, c'est-à-dire, pour m'expliquer en un mot, qui fût Dieu.° A quoi j'ajoutai que, puisque je connaissais quelques perfections que je n'avais point, je n'étais pas le seul être qui existât (j'userai, s'il vous plaît, ici librement des mots de l'école°); mais qu'il fallait de nécessité qu'il y en eût quelque autre plus parfait, duquel je dépendisse, et duquel j'eusse acquis tout ce que j'avais : car si j'eusse été seul et indépendant de tout autre, en sorte que j'eusse eu de moi-même tout ce peu que je participais de l'Être parfait, j'eusse pu avoir de moi, par même raison, tout le surplus que je connaissais me manquer, et ainsi être moi-même infini, éternel, immuable, tout connaissant, tout puissant, et enfin avoir toutes les perfections que je pouvais remarquer être en Dieu. Car, suivant les raisonnements que je viens de faire, pour connaître la nature de Dieu autant que la mienne en était capable, je n'avais qu'à considérer, de toutes les choses dont je trouvais en moi quelque idée, si c'était perfection ou non de les posséder, et j'étais assuré qu'aucune de celles qui marquaient quelque imperfection n'était en lui, mais que toutes les autres y étaient : comme je voyais que le doute, l'inconstance, la tristesse et choses semblables n'y pouvaient être, vu que j'eusse été moi-même bien aise d'en être exempt. Puis, outre cela, j'avais des idées de plusieurs choses sensibles° et corporelles; car, quoique je supposasse que je rêvais et que tout ce que je voyais ou imaginais était faux, je ne pouvais nier toutefois que les idées n'en fussent véritablement en ma pensée. Mais, pour ce que j'avais déjà connu en moi très clairement

que la nature intelligente est distincte de la corporelle, considérant que toute composition° témoigne de la dépendance, et que la dépendance est manifestement un défaut, je jugeais de là que ce ne pouvait être une perfection en Dieu d'être composé de ces deux natures, et que par conséquent il ne l'était pas; mais que s'il y avait quelques corps dans le monde, ou bien quelques intelligences ou autres natures qui ne fussent point toutes parfaites, leur être devrait dépendre de sa puissance, en telle sorte qu'elles ne pouvaient subsister sans lui un seul moment.°

Je voulus chercher après cela d'autres vérités; et m'étant proposé l'objet° des géomètres, que je concevais comme un corps continu, ou un espace infiniment étendu en longueur, largeur et hauteur ou profondeur, divisible en diverses parties qui pouvaient avoir diverses figures et grandeurs et être mues ou transposées en toutes sortes, car les géomètres supposent tout cela en leur objet, je parcourus quelques-unes de leurs plus simples démonstrations, et, ayant pris garde que cette grande certitude que tout le monde leur attribue n'est fondée que sur ce qu'on les conçoit évidemment, suivant la

règle que j'ai tantôt dite, je pris garde aussi qu'il n'y avait rien du tout en elles qui m'assurât de l'existence de leur objet. Car, par exemple, je voyais bien que, supposant un triangle, il fallait que ses trois angles fussent égaux à deux droits, mais je ne voyais rien pour cela qui m'assurât qu'il y eût au monde aucun triangle; au lieu que, revenant à examiner l'idée que j'avais d'un Être parfait, je trouvais que l'existence y était comprise en même façon qu'il est compris en celle d'un triangle que ses trois angles sont égaux à deux droits, ou en celle d'une sphère que toutes ses parties sont également distantes de son centre, ou même encore plus évidemment : et que, par conséquent, il est pour le moins aussi certain que Dieu, qui est cet être parfait, est ou existe, qu'aucune démonstration de géométrie le saurait être.°

[Descartes now takes up the objection that we can imagine things that are by no means true, as in dreaming. In a fifth and sixth part Descartes passes from the statement of these essential laws to a demonstration that the laws of the universe can be explained. He then defends the usefulness of the publication of his ideas, so that science may progress in the knowledge of reality.]

2. *composition:* i.e., mixture. 13. My imperfection, which implies the existence of perfection, is due to my dualism of matter and spirit. But my imperfection resides in my material nature. Therefore God must be *immaterial,* and the creator of matter. This is the next step. 15. *objet:* subject matter, or world.

19. The world of geometry is merely an assumption; God's universe is likewise an assumption. But appearance implies reality, essence implies existence. Hence God's universe and God exist.

I4. Pascal [1623–1662] Chron.

Blaise Pascal was an authentic genius, one of the greatest minds in humanity's records. Having made the discovery of mathematics at the age of twelve, he wrote at sixteen a treatise on conic sections which is the herald of modern projective geometry. At nineteen he invented, constructed, and offered for sale the first calculating machine. He gave to physics Pascal's Law for the communication of pressure through liquids, proved the existence of the vacuum, and helped to establish the science of hydrodynamics. He created an independent mathematical theory of probability out of a discussion of the division of gamblers' stakes. His speculations were important in the early development of the infinitesimal calculus. He formulated the principles of the inductive method in scientific research. After a night of religious revelation, when he was but thirty-one, he abandoned science, though he returned to mathematics as a diversion from the toothache, to solve

the problems of the cycloid. Espousing the theological principles of the Jansenists, he wrote in their defense the *Lettres provinciales*, a controversial weapon which has not yet lost its edge. His prose style, novel in its rhythms based on current speech, determined the shape and character of modern French prose. Indeed, he created the modern literary language; he invented that art, made of clarity, harmony, and measure, which has been the model for most French prose writers since his day. He devised a new method of teaching reading. He organized the first omnibus line and wore what was probably the first wrist watch. In the lucid moments of a cruel illness he wrote his *Pensées*, thoughts which have affected the mental cast of three centuries; thoughts which still stir and work and grow in men's minds. He died at the age of thirty-nine. His brief, agonized life may serve as a case history for the study of genius at work.

He was a Jansenist, I say. The Jansenists were a sect within the Catholic Church, holding a rigorous fundamentalist theology. The sect's headquarters was at the convent of Port-Royal, near Paris. Its faith and its pretensions aroused much hostility; the Jesuits led the attack upon it. Pascal presented the Jansenist case to the general public. With admirable wit and lucidity he made difficult things seem easy. But he did not win his case; Jansenism continued to be condemned as a menace to Church and State. Nevertheless it persisted, an excuse for theological revolt and political dissension for a hundred years. There are even a few vestigial Jansenists left today.

The *Pensées* are a collection of Pascal's notes, jotted down in preparation for an *Apologie de la religion chrétienne*, a defense of Christian truth which was never completed. His scheme is briefly this. He addresses a worldly *honnête homme*, fixes him with his glittering eye. He says that man must recognize his *misère*, his insignificance, weakness, vanity, folly, evil. But this appalling creature *thinks*. Visibly he is made to think; that is his dignity and merit. He has his share of *grandeur* as well as *misère*. This opposition can be resolved only by God's revelation: man was once perfect and has become corrupt through sin. This demonstration troubles Pascal's charge; he sets out in search of truth. He does not find it in philosophy or in science. He does not find it in the religions of the world. The Bible alone gives him a reasonable explanation of man's duality. The consecrated destiny of the Jewish people, the inspired wisdom of the sacred book, the fulfillment of its prophecies make irrefutable proofs of Christian truth. But divine proofs can be completely apprehended only by the divine method: "you must open your spirit to them, confirm yourself in them by custom, offer yourself by humiliation to inspiration." Accepting such a method, the searcher recognizes that Christ is the answer to all questions. And he rises above reason, for in the end it is the heart that feels God, not reason.

Pascal's *Apologie* has not apparently converted many unbelievers, but the *Pensées* have been the spiritual companion of numberless men and women. The reasons may be reduced to two: *insight* and *art*. Pascal's understanding of the human spirit reveals us to ourselves. And in his art he conveys the sense of infinity and its wonder in words that vibrate with suppressed emotion. This is true poetry. It can be analyzed, but unless one receives the emotion with answering emotion the analysis is hardly worth the trouble.

The *Pensées* should be read slowly and attentively. Pause after each *pensée*, think about it, judge it. You may then well write your own *pensées*, in agreement with Pascal or in dissent.

The ordering of the *Pensées* and the text follow the edition of Louis Lafuma.* This is now generally accepted as the nearest approximation to Pascal's own plan and phrasing.

* *Pensées sur la religion*, ed. by L. Lafuma. Paris, Delmas, 1960.

LES PENSÉES

Section I

INTRODUCTIONS

[3] Quand on voit le style naturel, on est tout étonné et ravi, car on s'attendait de voir un auteur, et on trouve un homme. Au lieu que ceux qui ont le goût bon, et qui en voyant un livre croient trouver un homme, sont tout surpris de trouver un auteur : *Plus poetice quam humane locutus es.*° Ceux-là honorent bien la nature, qui lui apprennent qu'elle peut parler de tout, et même de théologie.

[4] Qu'on ne dise pas que je n'ai rien dit de nouveau : la disposition des matières est nouvelle : quand on joue à la paume,° c'est une même balle dont joue l'un et l'autre, mais l'un la place mieux.

J'aimerais autant qu'on me dît que je me suis servi des mots anciens. Et comme si les mêmes pensées ne formaient pas un autre corps de discours, par une disposition différente, aussi bien que les mêmes mots forment d'autres pensées par leur différente disposition !

[9] M. de Roannez° disait : « Les raisons me viennent après, mais d'abord la chose m'agrée° ou me choque sans en savoir la raison, et cependant cela me choque par cette raison que je ne découvre qu'ensuite. » Mais je crois, non pas que cela choquait par ces raisons qu'on trouvait après, mais qu'on ne trouve ces raisons que parce que cela choque.°

I. ORDRE

[39] Je blâme également, et ceux qui prennent parti de louer l'homme, et ceux qui le prennent de le blâmer, et ceux qui le prennent de se divertir ; et je ne puis approuver que ceux qui cherchent en gémissant.

II. VANITÉ

[50] Deux visages semblables, dont aucun ne fait rire en particulier, font rire ensemble par leur ressemblance.

12. *Plus... es:* You have spoken as a poet rather than as a man. 17. *paume:* racquets, tennis. 26. *M. de Roannez:* Pascal's best friend. 28. *m'agrée:* pleases me. 33. A forecast of William James' peripheric theory of emotion, modern behaviorism. "We are happy because we laugh."

[72] *Talon de soulier.*° « Oh ! que cela est bien tourné ! que voilà un habile ouvrier ! que ce soldat est hardi ! » Voilà la source de nos inclinations, et du choix des conditions.° « Que celui-là boit bien ! que celui-ci boit peu ! » Voilà ce qui fait les gens sobres et ivrognes, soldats, poltrons, etc.

[80] Peu de chose nous console parce que peu de chose nous afflige.

[84] Nous ne nous tenons jamais au temps présent. Nous anticipons l'avenir comme trop lent à venir, comme pour hâter son cours ; ou nous rappelons le passé pour l'arrêter comme trop prompt : si imprudents, que nous errons dans les temps qui ne sont point nôtres, et ne pensons point au seul qui nous appartient ; et si vains, que nous songeons à ceux qui ne sont rien, et échappons sans réflexion le seul qui subsiste. C'est que le présent, d'ordinaire, nous blesse. Nous le cachons à notre vue, parce qu'il nous afflige ; et, s'il nous est agréable, nous regrettons de le voir échapper. Nous tâchons de le soutenir par l'avenir, et pensons à disposer les choses qui ne sont pas en notre puissance pour un temps où nous n'avons aucune assurance d'arriver.

Que chacun examine ses pensées, il les trouvera toutes occupées au passé et à l'avenir. Nous ne pensons presque point au présent ; et, si nous y pensons, ce n'est que pour en prendre la lumière pour disposer de l'avenir. Le présent n'est jamais notre fin : le passé et le présent sont nos moyens ; le seul avenir est notre fin. Ainsi nous ne vivons jamais, mais nous espérons de vivre ; et, nous disposant toujours à être heureux, il est inévitable que nous ne le soyons jamais.

[85] L'esprit de ce souverain juge du monde n'est pas si indépendant qu'il ne soit sujet à être troublé par le premier tintamarre° qui se fait autour de lui. Il ne faut pas le bruit du canon pour empêcher ses pensées ; il ne faut que le bruit d'une girouette° ou d'une poulie.° Ne vous étonnez pas s'il ne raisonne pas bien à présent ; une mouche bourdonne° à ses oreilles ; c'en est assez pour le rendre incapable de bon conseil. Si vous voulez qu'il puisse trouver la vérité, chassez cet animal qui tient

1. *Talon de soulier:* Boot heel. 4. *conditions:* occupations 40. *tintamarre:* hubbub. 43. *girouette:* weather vane. 43. *poulie:* pulley. 45. *bourdonne:* buzzes.

sa raison en échec et trouble cette puissante intelligence qui gouverne les villes et les royaumes. Le plaisant dieu que voilà! *O ridicolosissime heroe!*°

[88] «Pourquoi me tuez-vous? A votre avantage.° Je n'ai pas d'armes. — Eh quoi! ne demeurez-vous pas de l'autre côté de l'eau? Mon ami, si vous demeuriez de ce côté, je serais un assassin et cela serait injuste de vous tuer de la sorte; mais puisque vous demeurez de l'autre côté, je suis un brave, et cela est juste. »

[90] Qui voudra connaître à plein la vanité de l'homme n'a qu'à considérer les causes et les effets de l'amour. La cause en est *un je ne sais quoi* (Corneille°), et les effets en sont effroyables. Ce *Je ne sais quoi*, si peu de chose qu'on ne peut le reconnaître, remue toute la terre, les princes, les armes, le monde entier.

Le nez de Cléopâtre: s'il eût été plus court, toute la face de la terre aurait changé.

[94] La vanité est si ancrée dans le cœur de l'homme, qu'un soldat, un goujat,° un cuisinier, un crocheteur° se vante et veut avoir ses admirateurs; et les philosophes mêmes en veulent; et ceux qui écrivent contre veulent avoir la gloire d'avoir bien écrit; et ceux qui les lisent veulent avoir la gloire de les avoir lus; et moi qui écris ceci, ai peut-être cette envie; et peut-être que ceux qui le liront. ...

[96] *Gloire.* Les bêtes ne s'admirent point. Un cheval n'admire point son compagnon; ce n'est pas qu'il n'y ait entre eux de l'émulation à la course, mais c'est sans conséquence; car, étant à l'étable, le plus pesant et le plus mal taillé n'en cède pas son avoine° à l'autre, comme les hommes veulent qu'on leur fasse. Leur vertu se satisfait d'elle-même.

III. MISÈRE

[112] *Mien, tien.* «Ce chien est à moi,» disaient ces pauvres enfants. — C'est là ma place au soleil: voilà le commencement et l'image de l'usurpation de toute la terre.°

[114] *Injustice.* Il est dangereux de dire au peuple que les lois ne sont pas justes, car il n'y obéit qu'à cause qu'il les croit justes. C'est pourquoi il lui faut dire en même temps qu'il y faut obéir parce qu'elles sont lois, comme il faut obéir aux supérieurs, non parce qu'ils sont justes, mais parce qu'ils sont supérieurs. Par là, voilà toute sédition prévenue si on peut faire entendre cela, et que proprement c'est la définition de la justice.

[127] Les hommes sont si nécessairement fous, que ce serait être fou, par un autre tour de folie, de n'être pas fou.

[148] Nous nous connaissons si peu que plusieurs° pensent aller mourir quand ils se portent bien; et plusieurs pensent se porter bien quand ils sont proches de mourir, ne sentant pas la fièvre prochaine, ou l'abcès prêt à se former.

[153] Les enfants qui s'effrayent du visage qu'ils ont barbouillé,° ce sont des enfants; mais le moyen que ce qui est si faible, étant enfant, soit bien fort étant plus âgé! On ne fait que changer de fantaisie.

Tout ce qui se perfectionne par progrès périt aussi par progrès. Tout ce qui a été faible ne peut jamais être absolument fort. On a beau dire: *il est crû,*° *il est changé;* il est aussi le même.

IV. ENNUI ET QUALITÉS ESSENTIELLES DE L'HOMME

[163] Notre nature est dans le mouvement; le repos entier est la mort.

[167] Qu'est-ce que le *moi*?

Un homme qui se met à la fenêtre pour voir les passants, si je passe par là, puis-je dire qu'il s'est mis là pour me voir? Non; car il ne pense pas à moi en particulier. Mais celui qui aime quelqu'un à cause de sa beauté, l'aime-t-il? Non; car la petite vérole,° qui tuera la beauté sans tuer la personne, fera qu'il ne l'aimera plus.

Et si on m'aime pour mon jugement, pour ma mémoire, m'aime-t-on, *moi*? Non, car je puis perdre ces qualités sans me perdre moi-même. Où est donc ce *moi*, s'il n'est ni dans le corps, ni dans l'âme? et comment aimer le corps ou l'âme, sinon pour ces qualités, qui ne seront point ce qui fait le moi, puisqu'elles sont périssables? car aimerait-on la substance de

4. *O ridicolosissime heroe!* What a very ridiculous hero!
6. *A votre avantage:* You have the advantage over me.
16. See *Médée,* II, 6. 23. *goujat:* soldier's servant. 24. *crocheteur:* porter. 36. *avoine:* oats. 45. Rousseau will say much the same thing in his *Discours sur l'inégalité.*

13. *plusieurs:* many. 19. *barbouillé:* bedaubed. 26. *il est crû:* he has grown. 39. *petite vérole:* smallpox.

l'âme d'une personne abstraitement, et quelques qualités qui y fussent ? Cela ne se peut, et serait injuste. On n'aime donc jamais personne, mais seulement des qualités.

Qu'on° ne se moque donc plus de ceux qui se font honorer pour des charges° et des offices, car on n'aime personne que pour des qualités empruntées.

V. RAISON DES EFFETS*

[170] Le respect est : « Incommodez-vous ». Cela est vain en apparence, mais très juste ; car c'est dire : « Je m'incommoderais bien si vous en aviez besoin, puisque je le fais bien sans que cela vous serve. » Outre que° le respect est pour distinguer les grands : or, si le respect était d'être en fauteuil, on respecterait tout le monde, et ainsi on ne distinguerait pas ; mais, étant incommodé, on distingue fort bien.

[192] *Justice, force.* Il est juste que ce qui est juste soit suivi,° il est nécessaire que ce qui est le plus fort soit suivi. La justice sans la force est impuissante ; la force sans la justice est tyrannique. La justice sans force est contredite,° parce qu'il y a toujours des méchants ; la force sans la justice est accusée.° Il faut donc mettre ensemble la justice et la force ; et pour cela faire que ce qui est juste soit fort, ou que ce qui est fort soit juste.

La justice est sujette à dispute, la force est très reconnaissable et sans dispute. Ainsi on n'a pu donner la force à la justice, parce que la force a contredit la justice et a dit qu'elle était injuste, et a dit que c'était elle qui était juste. Et ainsi, ne pouvant faire que ce qui est juste fût fort, on a fait que ce qui est fort fût juste.

[196] On ne s'imagine Platon et Aristote qu'avec de grandes robes de pédants.° C'étaient des gens honnêtes et, comme les autres, riant avec leurs amis ; et, quand ils se sont divertis à faire leurs *Lois* et leur *Politique,* ils l'ont fait en se jouant ; c'était la partie la moins philosophe et la moins sérieuse de leur vie, la plus philosophe était de vivre simplement et tranquillement.

S'ils ont écrit de politique, c'était comme pour régler un hôpital de fous. Et s'ils ont fait semblant d'en parler comme d'une grande chose, c'est qu'ils savaient que les fous à qui ils parlaient pensaient être rois et empereurs. Ils entrent dans leurs principes pour modérer leur folie au moins mal qu'il se peut.

[208] Les choses du monde les plus déraisonnables deviennent les plus raisonnables à cause du dérèglement des hommes. Qu'y a-t-il de moins raisonnable que de choisir, pour gouverner un État, le premier fils d'une reine ? L'on ne choisit pas pour gouverner un bateau celui des voyageurs qui est de meilleure maison. Cette loi serait ridicule et injuste ; mais parce qu'ils° le sont et le seront toujours, elle devient raisonnable et juste, car qui choisira-t-on ? Le plus vertueux et le plus habile ? Nous voilà incontinent aux mains.° Chacun prétend être ce plus vertueux et ce plus habile. Attachons donc cette qualité à quelque chose d'incontestable. C'est le fils aîné du roi ; cela est net, il n'y a point de dispute. La raison ne peut mieux faire, car la guerre civile est le plus grand des maux.

VI. GRANDEUR

[215] Je puis bien concevoir un homme sans mains, pieds, tête (car ce n'est que l'expérience qui nous apprend que la tête est plus nécessaire que les pieds). Mais je ne puis concevoir l'homme sans pensée : ce serait une pierre ou une brute.

[218] La grandeur de l'homme est grande en ce qu'il se connaît misérable. Un arbre ne se connaît pas misérable.

C'est donc être misérable que de se connaître misérable ; mais c'est être grand que de connaître qu'on est misérable.

[220] Toutes ces misères-là même prouvent sa grandeur. Ce sont misères de grand seigneur, misères d'un roi dépossédé.

[224] Le cœur a ses raisons, que la raison ne connaît point ; on le sait en mille choses. Je dis que le cœur aime l'être universel naturellement, et soi-même naturellement, selon qu'il s'y adonne ; et il se durcit contre l'un ou l'autre, à son choix. Vous avez rejeté l'un et conservé l'autre ;° est-ce par raison que vous vous aimez ?

5. Pascal has Montaigne in mind. 6. *charges:* government posts. * *Raison des effets:* i.e., Causes of phenomena. 16. *Outre que:* Not to mention that. 22. *suivi:* obeyed. 25. *contredite:* contradicted, nullified. 27. *accusée:* impeached as unjust. 40. *pédants:* schoolmasters.

15. *ils:* i.e., *les hommes.* 18. *aux mains:* fighting. 48. *Vous… l'autre:* You (the unbeliever) have rejected love for the universal being and have kept love of self.

[225] C'est le cœur qui sent Dieu, et non la raison. Voilà ce que c'est que la foi : Dieu sensible au cœur, non à la raison.

[226] L'homme est visiblement fait pour penser ; c'est toute sa dignité et tout son mérite ; et tout son devoir est de penser comme il faut. Or l'ordre de la pensée est de commencer par soi, et par son auteur et sa fin.

Or à quoi pense le monde ? Jamais à cela ; mais à danser, à jouer du luth, à chanter, à faire des vers, à courir la bague,° etc., à se battre, à se faire roi, sans penser à ce que c'est qu'être roi et qu'être homme.

[231] La machine d'arithmétique fait des effets qui approchent plus de la pensée que de tout ce que font les animaux ; mais elle ne fait rien qui puisse faire dire qu'elle a de la volonté, comme les animaux.

VII. CONTRARIÉTÉS

[235] Nous sommes si présomptueux que nous voudrions être connus de toute la terre, et même des gens qui viendront quand nous ne serons plus ; et nous sommes si vains que l'estime de cinq ou six personnes qui nous environnent nous amuse et nous contente.

[241] Les pères craignent que l'amour naturel des enfants ne s'efface. Quelle est donc cette nature, sujette à être effacée ?

La coutume est une seconde nature, qui détruit la première. Mais qu'est-ce que nature ? Pourquoi la coutume n'est-elle pas naturelle ?

J'ai grand'peur que cette nature ne soit elle-même qu'une première coutume, comme la coutume est une seconde nature.

[246] ...Quelle chimère est-ce donc que l'homme ? Quelle nouveauté, quel monstre, quel chaos, quel sujet de contradiction, quel prodige ! Juge de toutes choses, imbécile ver de terre ; dépositaire du vrai, cloaque° d'incertitude et d'erreur ; gloire et rebut° de l'univers.

Qui démêlera cet embrouillement ? La nature confond les pyrrhoniens,° et la raison confond les dogmatiques. Que deviendrez-vous donc, ô hommes qui cherchez quelle est votre véritable condition par votre raison naturelle ? Vous ne pouvez fuir une de ces sectes, ni subsister dans aucune.

Connaissez donc, superbe, quel paradoxe vous êtes à vous-même. Humiliez-vous, raison impuissante ; taisez-vous, nature imbécile : apprenez que l'homme passe infiniment l'homme, et entendez de votre maître votre condition véritable que vous ignorez. Écoutez Dieu...

[255] Les discours d'humilité sont matière d'orgueil aux gens glorieux, et d'humilité aux humbles. Ainsi ceux du pyrrhonisme sont matière d'affirmation aux affirmatifs ; peu parlent de l'humilité humblement ; peu, de la chasteté chastement ; peu, du pyrrhonisme en doutant. Nous ne sommes que mensonge, duplicité, contrariété, et nous° cachons et nous déguisons à nous-mêmes.

[257] L'homme n'est ni ange ni bête, et le malheur veut que qui veut faire l'ange fait la bête.°

VIII. DIVERTISSEMENT

[267] *Divertissement.* Les hommes n'ayant pu guérir la mort, la misère, l'ignorance, ils se sont avisés, pour se rendre heureux, de n'y point penser.

[269] *Divertissement.* Quand je m'y suis mis quelquefois à considérer les diverses agitations des hommes et les périls et les peines où ils s'exposent, dans la cour, dans la guerre, d'où naissent tant de querelles, de passions, d'entreprises hardies et souvent mauvaises, etc., j'ai dit souvent que tout le malheur des hommes vient d'une seule chose, qui est de ne savoir pas demeurer en repos, dans une chambre. Un homme qui a assez de bien pour vivre, s'il savait demeurer chez soi avec plaisir, n'en sortirait pas pour aller sur la mer ou au siège d'une place.° On n'achètera une charge° à l'armée si cher, que parce qu'on trouverait insupportable de ne bouger de la ville ; et on ne recherche les conversations et les divertissements des jeux que parce qu'on ne peut demeurer chez soi avec plaisir.

Mais quand j'ai pensé de plus près, et qu'après avoir trouvé la cause de tous nos malheurs, j'ai voulu en découvrir la raison,°

11. *courir la bague:* tilt at a ring (with a lance on horseback). 42. *cloaque:* sewer. 43. *rebut:* refuse, scum. 45. *pyrrhoniens:* partisans of universal doubt, who believed knowledge impossible.

16. *nous:* object of *cachons.* 20. *fait la bête:* plays the fool. (The double meaning seems untranslatable.) 40. *place:* stonghold. 40. *charge:* commission. 48. *raison:* the explanation of this cause.

j'ai trouvé qu'il y en a une bien effective, qui consiste dans le malheur naturel de notre condition faible et mortelle, et si misérable, que rien ne peut nous consoler, lorsque nous y pensons de près.

Quelque condition qu'on se figure, si l'on assemble tous les biens qui peuvent nous appartenir, la royauté est le plus beau poste du monde; et cependant qu'on s'en imagine [un], accompagné de toutes les satisfactions qui peuvent le toucher. S'il est sans divertissement, et qu'on le laisse considérer et faire réflexion sur ce qu'il est, cette félicité languissante ne le soutiendra point, il tombera par nécessité dans les vues° qui le menacent, des révoltes qui peuvent arriver, et enfin de la mort et des maladies qui sont inévitables; de sorte que, s'il est sans ce qu'on appelle divertissement, le voilà malheureux, et plus malheureux que le moindre de ses sujets, qui joue et se divertit.

De là vient que le jeu et la conversation des femmes, la guerre, les grands emplois sont si recherchés. Ce n'est pas qu'il y ait en effet du bonheur, ni qu'on s'imagine que la vraie béatitude soit d'avoir l'argent qu'on peut gagner au jeu, ou dans le lièvre qu'on court : on n'en voudrait pas s'il était offert. Ce n'est pas cet usage mol° et paisible, et qui nous laisse penser à notre malheureuse condition, qu'on recherche, ni les dangers de la guerre, ni la peine des emplois, mais c'est le tracas° qui nous détourne d'y penser et nous divertit.

Raison pourquoi on aime mieux la chasse que la prise.

De là vient que les hommes aiment tant le bruit et le remuement; de là vient que la prison est un supplice si horrible; de là vient que le plaisir de la solitude est une chose incompréhensible. Et c'est enfin le plus grand sujet de félicité de la condition des rois, de ce qu'on essaie sans cesse à les divertir et à leur procurer toute sorte de plaisirs.

Le roi est environné de gens qui ne pensent qu'à divertir le roi, et à l'empêcher de penser à lui. Car il est malheureux, tout roi qu'il est, s'il y pense.

Voilà tout ce que les hommes ont pu inventer pour se rendre heureux. Et ceux qui font sur cela les philosophes, et qui croient que le monde est bien peu raisonnable de passer tout le jour à courir après un lièvre qu'ils ne voudraient pas avoir acheté, ne connaissent guère notre nature. Ce lièvre ne nous garantirait pas de la vue de la mort et des misères, mais la chasse — qui nous en détourne — nous en garantit... .

Ainsi l'homme est si malheureux, qu'il s'ennuierait même sans aucune cause d'ennui, par l'état propre de sa complexion;° et il est si vain, qu'étant plein de mille causes essentielles d'ennui, la moindre chose, comme un billard et une balle qu'il pousse, suffisent pour le divertir.

« Mais, direz-vous, quel objet a-t-il en tout cela? » Celui de se vanter demain entre ses amis de ce qu'il a mieux joué qu'un autre. Ainsi, les autres suent° dans leur cabinet pour montrer aux savants qu'ils ont résolu une question d'algèbre qu'on n'aurait pu trouver jusques ici; et tant d'autres s'exposent aux derniers périls pour se vanter ensuite d'une place qu'ils auront prise, et aussi sottement, à mon gré; et enfin les autres se tuent pour remarquer toutes ces choses, non pas pour en devenir plus sages, mais seulement pour montrer qu'ils les savent, et ceux-là sont les plus sots de la bande, puisqu'ils le sont avec connaissance, au lieu qu'on peut penser des autres qu'ils ne le seraient plus, s'ils avaient cette connaissance.

Tel homme passe sa vie sans ennui, en jouant tous les jours peu de chose. Donnez-lui tous les matins l'argent qu'il peut gagner chaque jour, à la charge° qu'il ne joue point : vous le rendez malheureux. On dira peut-être que c'est qu'il recherche l'amusement du jeu, et non pas le gain. Faites-le donc jouer pour rien, il ne s'y échauffera pas et s'y ennuiera. Ce n'est donc pas l'amusement seul qu'il recherche : un amusement languissant et sans passions l'ennuiera. Il faut qu'il s'y échauffe et qu'il se pipe° lui-même, en s'imaginant qu'il serait heureux de gagner ce qu'il ne voudrait pas qu'on lui donnât à condition de ne point jouer, afin qu'il se forme un sujet de passion, et qu'il excite sur cela son désir, sa colère, sa crainte, pour l'objet qu'il s'est formé, comme les enfants qui s'effrayent du visage qu'ils ont barbouillé.

D'où vient que cet homme, qui a perdu depuis peu de mois son fils unique, et qui,

15. *vues*: imaginations, forecasts. 28. *mol = mou.* 31. *tracas*: agitation.

9. *complexion*: constitution. 17. *suent*: sweat. 33. *à la charge*: on condition. 40. *pipe*: delude.

accablé de procès et de querelles, était ce matin si troublé, n'y pense° plus maintenant? Ne vous en étonnez pas : il est tout occupé à voir par où passera ce sanglier° que ses chiens poursuivent avec tant d'ardeur depuis six heures. Il n'en faut pas davantage. L'homme, quelque plein de tristesse qu'il soit, si on peut gagner sur lui de le faire entrer en quelque divertissement, le voilà heureux pendant ce temps-là ; et l'homme, quelque heureux qu'il soit, s'il n'est diverti et occupé par quelque passion ou quelque amusement qui empêche l'ennui de se répandre, sera bientôt chagrin° et malheureux. Sans divertissement il n'y a point de joie ; avec le divertissement il n'y a point de tristesse. Et c'est aussi ce qui forme le bonheur des personnes de grande condition, qu'ils ont un nombre de personnes qui les divertissent, et qu'ils ont le pouvoir de se maintenir en cet état.

Prenez-y garde. Qu'est-ce autre chose d'être surintendant, chancelier, premier président, sinon d'être en une condition où l'on a le matin un grand nombre de gens qui viennent de tous côtés pour ne leur laisser pas une heure en la journée où ils puissent penser à eux-mêmes? Et quand ils sont dans la disgrâce et qu'on les renvoie à leurs maisons des champs, où ils ne manquent ni de biens, ni de domestiques pour les assister dans leur besoin, ils ne laissent pas d'être misérables et abandonnés, parce que personne ne les empêche de songer à eux.

[272] *Divertissement.* On charge les hommes, dès l'enfance, du soin de leur honneur, de leur bien, de leurs amis, et encore du bien et de l'honneur de leurs amis. On les accable d'affaires, de l'apprentissage des langues et d'exercices, et on leur fait entendre qu'ils ne sauraient être heureux sans que leur santé, leur honneur, leur fortune et celle de leurs amis soient en bon état, et qu'une seule chose qui manque les rendra malheureux. Ainsi on leur donne des charges et des affaires qui les font tracasser° dès la pointe du jour. « Voilà, direz-vous, une étrange manière de les rendre heureux! Que pourrait-on faire de mieux pour les rendre malheureux? » Comment! ce qu'on pourrait faire? Il ne faudrait que leur ôter tous ces soucis ; car alors ils se verraient, ils penseraient

à ce qu'ils sont, d'où ils viennent, où ils vont ; et ainsi on ne peut trop les occuper et les détourner. Et c'est pourquoi, après leur avoir préparé tant d'affaires, s'ils ont quelque temps de relâche, on leur conseille de l'employer à se divertir, à jouer, et à s'occuper toujours tout entiers.

Que le cœur de l'homme est creux et plein d'ordure!

[276] Rien ne nous plaît que le combat, mais non pas la victoire : on aime à voir les combats des animaux, non le vainqueur acharné sur le vaincu ; que voulait-on voir, sinon la fin de la victoire? Et dès qu'elle arrive, on en est saoul.° Ainsi dans le jeu, ainsi dans la recherche de la vérité. On aime à voir dans les disputes le combat des opinions ; mais de contempler la vérité trouvée, point du tout ; pour la faire remarquer avec plaisir, il faut la faire voir naître de la dispute. De même dans les passions : il y a du plaisir à voir deux contraires se heurter ; mais quand l'une est maîtresse, ce n'est plus que brutalité. Nous ne cherchons jamais les choses, mais la recherche des choses. Ainsi, dans les comédies, les scènes contentes° sans crainte ne valent rien, ni les extrêmes sans espérance, ni les amours brutaux, ni les sévérités après.

IX. PHILOSOPHES

[286] Les Stoïques disent : « Rentrez au dedans de vous-mêmes ; c'est là où vous trouverez votre repos . » Et cela n'est pas vrai.

Les autres disent : « Sortez en dehors : recherchez le bonheur en vous divertissant. » Et cela n'est pas vrai. Les maladies viennent.

Le bonheur n'est ni hors de nous, ni dans nous ; il est en Dieu, et hors et dans nous.

[290] J'ai passé longtemps de ma vie en croyant qu'il y avait une justice ; et en cela je ne me trompais pas ; car il y en a, selon que Dieu nous l'a voulu révéler. Mais je ne le prenais pas ainsi, et c'est en quoi je me trompais, car je croyais que notre justice était essentiellement juste et que j'avais de quoi la connaître et en juger. Mais je me suis trouvé tant de fois en faute de jugement droit, qu'enfin je suis entré en défiance de moi et puis des autres. J'ai vu tous les pays et hommes changeants ; et ainsi, après bien des changements de jugement touchant la véritable justice, j'ai connu

2. *pense:* the subject is *cet homme*, page 137, line 48. 4. *sanglier:* wild boar. 13. *chagrin:* sad. 42. *tracasser:* fuss and bother.

13. *saoul:* sated, sick. 24. *contentes: here,* cheerful.

que notre nature n'était qu'un continuel changement, et je n'ai plus changé depuis; et si je changeais, je confirmerais mon opinion…

[293] Tous leurs principes sont vrais, des pyrrhoniens, des stoïques, des athées, etc. Mais leurs conclusions sont fausses, parce que les principes opposés sont vrais aussi.

XII. COMMENCEMENT

[341] Le dernier acte est sanglant, quelque belle que soit la comédie en tout le reste : on jette enfin de la terre sur la tête, et en voilà pour jamais.

XIII. SOUMISSION ET USAGE DE LA RAISON

[374] …Nier, croire, et douter bien, sont à l'homme ce que courir est au cheval.

XV. TRANSITION DE LA CONNAISSANCE DE L'HOMME A DIEU

[390] *Disproportion de l'homme.* Que l'homme contemple donc la nature entière dans sa haute et pleine majesté; qu'il éloigne sa vue des objets bas qui l'environnent. Qu'il regarde cette éclatante lumière, mise comme une lampe éternelle pour éclairer l'univers, que la terre lui paraisse comme un point au prix du° vaste tour que cet astre° décrit et qu'il s'étonne de ce que ce vaste tour lui-même n'est qu'une pointe très délicate à l'égard de celui que les astres qui roulent dans le firmament embrassent.

Mais si notre vue s'arrête là, que l'imagination passe outre; elle se lassera plutôt de concevoir que la nature de fournir. Tout ce monde visible n'est qu'un trait° imperceptible dans l'ample sein de la nature. Nulle idée n'en approche. Nous avons beau enfler nos conceptions au delà des espaces imaginables, nous n'enfantons que des atomes, au prix de la réalité des choses. C'est une sphère infinie dont le centre est partout, la circonférence nulle part. Enfin c'est le plus grand caractère sensible° de la toute-puissance de Dieu, que notre imagination se perde dans cette pensée.

Que l'homme, étant revenu à soi, considère ce qu'il est au prix de ce qui est; qu'il se regarde comme égaré dans ce canton° détourné de la nature; et que de ce petit cachot° où il se trouve logé, j'entends l'univers, il apprenne à estimer la terre, les royaumes, les villes et soi-même son juste prix. Qu'est-ce qu'un homme dans l'infini?

Mais pour lui présenter un autre prodige aussi étonnant, qu'il recherche dans ce qu'il connaît les choses les plus délicates.° Qu'un ciron° lui offre dans la petitesse de son corps des parties incomparablement plus petites, des jambes avec des jointures, des veines dans ses jambes, du sang dans ses veines, des humeurs° dans ce sang, des gouttes dans ses humeurs, des vapeurs dans ces gouttes : que, divisant encore ces dernières choses, il épuise ses forces en ces conceptions, et que le dernier objet où il peut arriver soit maintenant celui de notre discours; il pensera peut-être que c'est là l'extrême petitesse de la nature. Je veux lui faire voir là-dedans un abîme° nouveau. Je lui veux peindre non seulement l'univers visible, mais l'immensité qu'on peut concevoir de la nature, dans l'enceinte de ce raccourci d'atome.° Qu'il y voie une infinité d'univers, dont chacun a son firmament, ses planètes, sa terre, en la même proportion que le monde visible; dans cette terre, des animaux et enfin des cirons, dans lesquels il retrouvera ce que les premiers ont donné; et trouvant encore dans les autres la même chose sans fin et sans repos, qu'il se perde dans ces merveilles, aussi étonnantes dans leur petitesse que les autres par leur étendue; car qui n'admirera° que notre corps, qui tantôt n'était pas perceptible dans l'univers, imperceptible lui-même dans le sein du tout, soit à présent un colosse, un monde, ou plutôt un tout, à l'égard du néant où l'on ne peut arriver?

Qui se considérera de la sorte s'effrayera de soi-même, et, se considérant soutenu dans la masse° que la nature lui a donnée, entre ces deux abîmes de l'infini et du néant, il tremblera dans la vue de ces merveilles; et je crois que, sa curiosité se changeant en admiration, il sera

31. *au prix du:* in comparison with. 32. *astre:* orb, sun. 39. *trait:* speck. 46. *caractère sensible:* recognizable characteristic.

3. *canton:* corner. 4. *cachot:* cell. 11. *délicates:* tiny. 12. *ciron:* mite (then thought to be the smallest living creature). 15. *humeurs:* essential bodily fluids. 23. *abîme:* abyss, abode of mystery. 26. *dans l'enceinte… d'atome:* within the limits of this miniature of an atom. 36. *n'admirera:* will not wonder. 43. *masse:* material form.

plus disposé à les contempler en silence qu'à les rechercher avec présomption.

Car enfin qu'est-ce que l'homme dans la nature? Un néant à l'égard de l'infini, un tout à l'égard du néant, un milieu entre rien et tout. Infiniment éloigné de comprendre les extrêmes, la fin des choses et leur principe sont pour lui invinciblement cachés dans un secret impénétrable, également incapable de voir le néant d'où il est tiré, et l'infini où il est englouti.

Que fera-t-il donc, sinon d'apercevoir quelque apparence du milieu des choses, dans un désespoir éternel de connaître ni leur principe ni leur fin? Toutes choses sont sorties du néant et portées jusqu'à l'infini. Qui suivra ces étonnantes démarches?° L'auteur de ces merveilles les comprend. Tout autre ne le peut faire...

Connaissons donc notre portée; nous sommes quelque chose, et ne sommes pas tout; ce que nous avons d'être° nous dérobe la connaissance des premiers principes, qui naissent du néant; et le peu que nous avons d'être nous cache la vue de l'infini.

Notre intelligence tient dans l'ordre des choses intelligibles le même rang que notre corps dans l'étendue de la nature.

Bornés en tout genre, cet état qui tient le milieu entre deux extrêmes se trouve en toutes nos puissances. Nos sens n'aperçoivent rien d'extrême : trop de bruit nous assourdit, trop de lumière éblouit, trop de distance et trop de proximité empêche la vue, trop de longueur et trop de brièveté de discours l'obscurcit, trop de vérité nous étonne... .

Voilà notre état véritable. C'est ce qui nous rend incapables de savoir certainement et d'ignorer absolument. Nous voguons° sur un milieu vaste, toujours incertains et flottants, poussés d'un bout vers l'autre. Quelque terme où nous pensions nous attacher et nous affermir, il branle et nous quitte; et si nous le suivons, il échappe à nos prises, nous glisse et fuit d'une fuite éternelle. Rien ne s'arrête pour nous. C'est l'état qui nous est naturel, et toutefois le plus contraire à notre inclination; nous brûlons de désir de trouver une assiette° ferme, et une dernière base constante pour y édifier une tour qui s'élève à l'infini; mais tout notre fondement craque, et la terre s'ouvre jusqu'aux abîmes...

[391] L'homme n'est qu'un roseau,° le plus faible de la nature; mais c'est un roseau pensant. Il ne faut pas que l'univers entier s'arme pour l'écraser : une vapeur, une goutte d'eau, suffit pour le tuer. Mais, quand° l'univers l'écraserait, l'homme serait encore plus noble que ce qui le tue, puisqu'il sait qu'il meurt, et l'avantage que l'univers a sur lui, l'univers n'en sait rien.

Toute notre dignité consiste donc en la pensée. C'est de là qu'il nous faut relever° et non de l'espace et de la durée, que nous ne saurions remplir. Travaillons donc à bien penser : voilà le principe de la morale.

[392] Le silence éternel de ces espaces infinis m'effraie.

XVIII. fondements de la religion et réponse aux objections

[468] C'est un héritier qui trouve les titres° de sa maison. Dira-t-il : « Peut-être qu'ils sont faux? » et négligera-t-il de les examiner?

XXI. perpétuité

[543] La seule religion contre la nature, contre le sens commun, contre nos plaisirs, est la seule qui ait toujours été.

Section II

I. notes personnelles

[756] J'avais passé longtemps dans l'étude des sciences abstraites; et le peu de communication qu'on en peut avoir m'en avait dégoûté. Quand j'ai commencé l'étude de l'homme, j'ai vu que ces sciences abstraites ne sont pas propres à l'homme, et que je m'égarais plus de ma condition en y pénétrant que les autres en les ignorant. J'ai pardonné aux autres d'y peu savoir. Mais j'ai cru trouver au moins bien des compagnons en l'étude de l'homme et que c'est la vraie étude qui lui est propre. J'ai été trompé; il y en a encore moins qui l'étudient que la géométrie. Ce n'est que manque de

16. *démarches:* developments. 21. *être:* existence. 38. *voguons:* are sailing. 47. *assiette:* lodgment, foundation.

3. *roseau:* reed. 7. *quand:* if. 13. *il nous faut relever:* we must take our... stand. 23. *titres:* deeds.

savoir étudier cela qu'on cherche le reste; mais n'est-ce pas que ce n'est pas encore là la science que l'homme doit avoir, et qu'il lui est meilleur de s'ignorer pour être heureux?

[758] Ce n'est pas dans Montaigne, mais dans moi, que je trouve tout ce que j'y vois.

VI. NOTES POUR UNE PRÉFACE D'UN TRAITÉ DE GÉOMÉTRIE

[911] *Géométrie, finesse.*° La vraie éloquence se moque de l'éloquence, la vraie morale se moque de la morale; c'est-à-dire que la morale du jugement se moque de la morale de l'esprit — qui est sans règles.

Car le jugement est celui à qui appartient le sentiment, comme les sciences appartiennent à l'esprit. La finesse est la part du jugement, la géométrie est celle de l'esprit.

Se moquer de la philosophie, c'est vraiment philosopher.

VIII. NOTES DIVERSES

[932] *Beauté poétique.* Comme on dit beauté poétique, on devrait aussi dire beauté géométrique, et beauté médicinale; mais on ne le dit pas : et la raison en est qu'on sait bien quel est l'objet de la géométrie, et qu'il consiste en preuves, et quel est l'objet de la médecine, et qu'il consiste en la guérison; mais on ne sait pas en quoi consiste l'agrément,° qui est l'objet de la poésie. On ne sait ce que c'est que ce modèle naturel qu'il faut imiter; et, à faute de cette connaissance, on a inventé de certains termes bizarres : «siècle d'or, merveille de nos jours, fatal», etc. : et on appelle ce jargon beauté poétique.°

Mais qui s'imaginera une femme sur ce modèle-là, qui consiste à dire de petites choses avec de grands mots, verra une jolie damoiselle toute pleine de miroirs et de chaînes, dont il rira, parce qu'on sait mieux en quoi consiste l'agrément d'une femme que l'agrément des vers. Mais ceux qui ne s'y connaîtraient pas l'admireraient en cet équipage;° et il y a bien des villages où on la prendrait pour la reine; et c'est pourquoi nous appelons les sonnets faits sur ce modèle-là les reines de village.

[954] La nature s'imite : une graine, jetée en bonne terre, produit; un principe, jeté dans un bon esprit, produit.

Les nombres imitent l'espace, qui sont de nature si différente.

Tout est fait et conduit par un même maître : la racine, les branches, les fruits, les principes, les conséquences.

[957] Quand un discours naturel peint une passion ou un effet,° on trouve dans soi-même la vérité de ce qu'on entend, laquelle on ne savait pas qu'elle y fût, en sorte qu'on est porté à aimer celui qui nous le fait sentir; car il ne nous a pas fait montre de son bien, mais du nôtre; et ainsi ce bienfait nous le rend aimable, outre que cette communauté d'intelligence que nous avons avec lui incline nécessairement le cœur à l'aimer.

[1000] Certains auteurs, parlant de leurs ouvrages, disent : «Mon livre, mon commentaire, mon histoire, etc.» Ils sentent leurs bourgeois qui ont pignon sur rue,° et toujours un «chez moi» à la bouche. Ils feraient mieux de dire : «Notre livre, notre commentaire, notre histoire, etc.,» vu que d'ordinaire il y a plus en cela du bien d'autrui que du leur.

12. *finesse:* intuition. 31. *agrément:* charm. 39. Pascal is evidently thinking of Malherbe and his school.

8. *équipage:* outfit. 21. *effet:* action. 33. *Ils... rue:* They smell of the bourgeois with a gable on the street side (*i.e.,* who own a house on a main street).

15-17. Corneille [1606–1684]

Corneille was the creator of French tragedy. He set the model and determined the form it was to keep for two hundred years.

The medieval mystery play had disappeared in the sixteenth century. Scholarly writers imitated the Greek and Roman dramas with no great success. Two new types of plays arose: the *tragicomedy*, a kind of romantic melodrama; and the *pastoral*, or sentimental tale of stylized shepherds. The farce continued to delight popular audiences. Then came Corneille.

Pierre Corneille was born in Rouen, in a family of lawyers and magistrates. He studied law, practiced, and for many years capably served the government in various posts in Rouen. His writing was a spare-time occupation until 1650.

He began with a series of charming comedies, full of realistic observation. In the last days of 1636, or in the first days of 1637, he had his great success, with *Le Cid*, which he called a tragicomedy. The novelties of the play provoked an angry discussion, known as the *Querelle du Cid*. This served to formalize the critical concept of the serious poetic drama. Corneille established his dominance with three great tragedies, *Horace* (1640), *Cinna* (1640), and *Polyeucte* (1641 or 1642). His later work represents, in the general judgment, a falling off.

Corneille's important plays were written in the time of Cardinal Richelieu, when France was torn by the hostility of rebellious nobles to the Crown. The public adored the strong man, the dominating woman, the excessive, the fantastic, in art as in life. People demanded the heroic, and heroes appeared to answer the demand. (Today we are suspicious of the self-acclaiming hero; we prefer the secret hero, unaware of his merit.) Problems of personal honor, *le point d'honneur*, the Spanish *pundonor*, obsessed aristocratic society. Never did the duel to the death so flourish as in those days. (Today we find honor's scruples often ridiculous; but the seventeenth century would think our rejection of honor ignoble.)

This period we call *baroque*. For the baroque mood of the French élite the plays of Corneille were an appropriate and congenial form of art. They are baroque in spirit, with their delight in the excessive and ornamental, and baroque in form, adding free ingenuity to logical, balanced structure.

Modern Americans, habituated to a different theatrical tradition, have much difficulty in appreciating French classical tragedy. They shudder at the first sight of these packed pages of rhymed couplets, these long monologues and these longer dialogues, wherein apparently one character stands silent for ten minutes while the other orates. And of course no one talks poetry anyhow. No one who is getting angry explains: "J'enrage!" People do not describe their emotions while they feel them; they reveal their violent feelings by action, by unconsidered words, or, as Diderot said, by grunts and groans. In a moment of crisis no one, in our time at least, takes time off to make generalized observations about the nature of love, ambition, or vengeance. And we are irritated by the shameless boasting of the heroes. (But boasting was a convention of the time; and our modesty is a convention too, just as unconvincing.)

In the first place, a play is something performed on a stage, and our printed text is a mere script from which actors are to make a play, with their voices, bodies, and imaginations. (Similarly a score for music is not music until it is turned into sound.) Seventeenth-century playwrights did not help us by providing stage directions. We would be aided by

such annotations as: 'She frowns, muses, turns, crosses to door upper left, and bursts out furiously.'' In the absence of stage directions we must provide the background with our own imaginations.

In the second place, Corneille and his followers conceived of the play as a narrative poem rather than a representation of action. Authors referred to their tragedies as "poems"; audiences went to "hear" a play rather than to see it. A play consisted largely of the analysis of the emotions prompting behavior. Hence the interest of the spectator was concentrated on the psychology of the characters in a given situation. He was stirred by the anticipation of action more than by action. (Thus a fierce football game in which something tremendous is always about to happen but nothing much actually does can be more exciting than one in which a score is made every five minutes. This is *suspense*.)

In the third place, violent action on the stage was banned, partly from conventional propriety, *les bienséances*, partly also for physical reasons. The stage was small, the lighting by candles dim. The popularity of *Le Cid* induced the managers to seat privileged spectators at the sides of the stage; the custom lasted for a century. Swordplay or mass action would have been awkward, even dangerous. Thus physical struggles, abductions, murders, were described, not presented. Does this mean a loss of vividness? Not necessarily. To return to our football game, a good radio announcer's description of a play can be more thrilling than the sight of the play itself.

As for *technique*, Corneille held that the tragedy should form a continuous chain of events logically proceeding one from the other, as effects follow causes. The conflict of wills provokes the action; hence his characters are commonly possessed of almost monstrous will power. We see the characters in a moment of crisis, which is eventually resolved. The ending, the *dénouement*, need not necessarily be unhappy; indeed, the idea that a tragedy is something with an unhappy ending is not to be found in Aristotle or the Greek tragedians. The *form* Corneille established became accepted as that of classical French tragedy. It must be a five-act play in verse, depicting a moral crisis, taking place within twenty-four hours in a restricted area. To avoid vulgar and comic connotations the setting must be distant in time or place, and the characters must be noble. The tone is that of polite society. The language is noble and elevated.

In reading this and other plays you should contribute all you have of imagination. Picture the stage and the actors; put yourself in the role of the speaker; vary his utterance according to his shifts of mood; and keep the silent characters in mind, with their responses to the speaker's words. Don't be afraid to let yourself go, to split the ears of the groundlings. Corneille's verse is heroic poetry, to be declaimed. It has a sonorous richness few other writers have approached. It lingers in every Frenchman's memory, and should linger in yours.

LE CID

[*The historical* Cid (*from the Arabic* Seid, *"Chief"*) *was an eleventh-century Spanish warrior who fought against the Moors. His fate was enshrined in popular ballads and in a twelfth-century epic, the* Poema de mio Cid. *He became, and remains, Spain's national hero. Corneille read of the Cid in plays of a Spanish dramatist, Guillén de Castro, of the early seventeenth century. He accepted the thread of the story, and retold it in his own manner.*

In Corneille's version the theme is essentially the effort of two lovers to find each other while remaining true to the principles of honor. Rodrigue and Chimène try to prove their love by outdoing each other in honor; but it seems that the only resolution of the point d'honneur is death. A happy ending is contrived by an opportune intervention of chance, a deus ex machina.

The play was a great popular hit. (It was even produced in Québec in 1646, to a largely savage audience.) The phrase "beau comme le Cid" yet remains in French speech. The play is still very effective. The modern custom is to produce it as a rattling melodrama, with much quick movement,

ferocious gesture, roaring, stamping, and snarling. This is a good way to read it.

(Corneille inserted a subplot, portraying the love of the Infanta, daughter of the King, for Rodrigue. This subplot and the character of the Infanta are here omitted, as is usual in modern stage production.)]

Personnages

DON FERNAND,* premier roi de Castille
DON DIÈGUE, père de don Rodrigue
DON GOMÈS, comte de Gormas, père de Chimène
DON RODRIGUE, amant† de Chimène
DON SANCHE, amoureux§ de Chimène
DON ARIAS ⎱
DON ALONSE ⎰ gentilshommes castillans
CHIMÈNE, fille de don Gomès
ELVIRE, gouvernante** de Chimène

La scène est à Séville.‡

Acte premier

Chez Chimène

SCÈNE PREMIÈRE§§ : CHIMÈNE, ELVIRE

CHIMÈNE.

Elvire, m'as-tu fait un rapport bien sincère?
Ne déguises-tu rien de ce qu'a dit mon père?

ELVIRE.

Tous mes sens à moi-même en sont encor° charmés :
Il estime Rodrigue autant que vous l'aimez,
Et si je ne m'abuse à lire dans son âme, 5
Il vous commandera de répondre à sa flamme.°

CHIMÈNE.

Dis-moi donc, je te prie, une seconde fois

Ce qui te fait juger qu'il approuve mon choix :
Apprends-moi de nouveau quel espoir j'en dois prendre;
Un si charmant discours ne se peut trop entendre; 10
Tu ne peux trop promettre aux feux de notre amour
La douce liberté de se montrer au jour.°
Que t'a-t-il répondu sur la secrète brigue°
Que font auprès de toi don Sanche et don Rodrigue?
N'as-tu point trop fait voir quelle inégalité 15
Entre ces deux amants me penche d'un côté?

ELVIRE.

Non; j'ai peint votre cœur dans une indifférence
Qui n'enfle° d'aucun d'eux ni détruit l'espérance,
Et sans les voir d'un œil trop sévère ou trop doux,
Attend l'ordre d'un père à choisir un époux. 20
Ce respect l'a ravi, sa bouche et son visage
M'en ont donné sur l'heure un digne témoignage,
Et puisqu'il nous en faut encor faire un récit,
Voici d'eux et de vous ce qu'en hâte il m'a dit :
« Elle est dans le devoir; tous deux sont dignes d'elle, 25
Tous deux formés d'un sang noble, vaillant, fidèle,
Jeunes, mais qui font lire aisément dans leurs yeux
L'éclatante vertu° de leurs braves aïeux.
Don Rodrigue surtout n'a trait° en son visage
Qui d'un homme de cœur° ne soit la haute image, 30
Et sort d'une maison si féconde en guerriers,
Qu'ils y prennent naissance au milieu des lauriers.
La valeur de son père, en son temps sans pareille,
Tant qu'a duré sa force, a passé pour merveille;

* *Don Fernand:* a historical character, eleventh century. † *amant:* favored suitor. § *amoureux:* not so favored suitor. ** *gouvernante:* governess and confidante. ‡ *Séville:* city in southern Spain. (Unity of place makes no difficulty. Corneille attains unity of time by assuming that the play begins about noon and continues until noon of the following day.) ACTE Ier, SCÈNE Ière.§§ A *scène* consists of a set of actions and speeches in an unchanged group of actors; it need not mean a change of stage-setting... Every play must begin with an *exposition*, informing the spectators of the actors and their situation. Notice how much we have learned by the end of the first scene. 3. *encor:* the *e* is dropped to save a syllable. 6. *flamme:* here, love. (An echo of *précieux* speech.)

12. *se montrer au jour:* to show themselves publicly. 13. *brigue:* intervention, suit. (Since suitors in Spain would have no access to a lady of rank they would try to win over her confidante, or duenna.) 18. *enfle:* is stirred. 28. *vertu:* valor. 29. *trait:* feature. 30. *cœur = courage.*

Ses rides sur son front ont gravé ses exploits 35
Et nous disent encor ce qu'il fut autrefois.
Je me promets du fils ce que j'ai vu du père;
Et ma fille, en un mot, peut l'aimer et me
plaire. »
Il allait au conseil, dont l'heure qui pressait
A tranché ce discours° qu'à peine il
commençait; 40
Mais à ce peu de mots je crois que sa
pensée
Entre vos deux amants n'est pas fort
balancée.
Le Roi doit à son fils élire° un gouverneur,°
Et c'est lui que regarde un tel degré
d'honneur :
Ce choix n'est pas douteux, et sa rare
vaillance 45
Ne peut souffrir qu'on craigne aucune
concurrence.
Comme ses hauts exploits le rendent sans
égal,
Dans un espoir si juste il sera sans rival;
Et puisque don Rodrigue a résolu son père
Au sortir du conseil à proposer l'affaire,° 50
Je vous laisse à juger s'il prendra bien son
temps,
Et si tous vos désirs seront bientôt contents.°

CHIMÈNE.
Il semble toutefois que mon âme troublée
Refuse cette joie et s'en trouve accablée :
Un moment donné au sort des visages
divers, 55
Et dans ce grand bonheur je crains un
grand revers.

ELVIRE.
Vous verrez cette crainte heureusement
déçue.

CHIMÈNE.
Allons, quoi qu'il en soit, en attendre l'issue.

Une place publique devant le palais royal

SCÈNE II : LE COMTE, DON DIÈGUE

LE COMTE.
Enfin vous l'emportez, et la faveur du Roi
Vous élève en un rang qui n'était dû qu'à
moi :

Il vous fait gouverneur du prince de Castille.

DON DIÈGUE.
Cette marque d'honneur qu'il met dans ma
famille
Montre à tous qu'il est juste, et fait
connaître assez 5
Qu'il sait récompenser les services passés.

LE COMTE.
Pour grands que soient° les rois, ils sont ce
que nous sommes :
Ils peuvent se tromper comme les autres
hommes;
Et ce choix sert de preuve à tous les courtisans
Qu'ils savent mal payer les services présents. 10

DON DIÈGUE.
Ne parlons plus d'un choix dont votre esprit
s'irrite :
La faveur l'a pu faire autant que le mérite;
Mais on doit ce respect au pouvoir absolu,
De n'examiner rien quand un roi l'a voulu.
A l'honneur qu'il m'a fait ajoutez-en un autre;
Joignons d'un sacré nœud ma maison et la
vôtre : 16
Vous n'avez qu'une fille, et moi je n'ai qu'un
fils;
Leur hymen nous peut rendre à jamais plus
qu'amis :
Faites-nous cette grâce, et l'acceptez pour
gendre.

LE COMTE.
A des partis plus hauts ce beau fils doit
prétendre; 20
Et le nouvel éclat de votre dignité
Lui doit enfler le cœur d'une autre° vanité.
Exercez-la, Monsieur, et gouvernez le
Prince :
Montrez-lui comme il faut régir une
province,
Faire trembler partout les peuples sous sa
loi, 25
Remplir les bons d'amour, et les méchants
d'effroi.
Joignez à ces vertus celles d'un capitaine :
Montrez-lui comme il faut s'endurcir à la
peine,
Dans le métier de Mars° se rendre sans égal,
Passer les jours entiers et les nuits à cheval, 30
Reposer tout armé, forcer une muraille,
Et ne devoir qu'à soi le gain d'une bataille.

40. *tranché ce discours:* cut short these words. 43. *élire:* choose. 43. *gouverneur:* tutor. 50. *l'affaire:* i.e., the formal request for Chimène's hand. 52. *contents = contentés.*

SCÈNE II. 7. *Pour grands que soient:* However great may be. 22. *autre:* i.e., higher. 29. *le métier de Mars:* i.e., the army.

Instruisez-le d'exemple, et rendez-le parfait,
Expliquant à ses yeux vos leçons par l'effet.°

DON DIÈGUE.

Pour s'instruire d'exemple, en dépit de
 l'envie, 35
Il lira seulement l'histoire de ma vie.
Là, dans un long tissu° de belles actions,
Il verra comme il faut dompter des nations,
Attaquer une place, ordonner° une armée,
Et sur de grands exploits bâtir sa renommée.

LE COMTE.

Les exemples vivants sont d'un autre°
 pouvoir ; 41
Un prince dans un livre apprend mal son
 devoir.
Et qu'a fait après tout ce grand nombre
 d'années,
Que ne puisse égaler une de mes journées ?
Si vous fûtes vaillant, je le suis aujourd'hui, 45
Et ce bras du royaume° est le plus ferme
 appui.
Grenade et l'Aragon tremblent quand ce fer
 brille ;
Mon nom sert de rempart à toute la Castille :
Sans moi, vous passeriez bientôt sous
 d'autres lois,
Et vous auriez bientôt vos ennemis pour rois.
Chaque jour, chaque instant, pour rehausser
 ma gloire, 51
Met lauriers sur lauriers, victoire sur
 victoire :
Le Prince à mes côtés ferait dans les combats
L'essai de son courage à l'ombre de mon
 bras ;
Il apprendrait à vaincre en me regardant
 faire 55
Et pour répondre en hâte à son grand
 caractère,
Il verrait...

DON DIÈGUE.

 Je le sais, vous servez bien le Roi :
Je vous ai vu combattre et commander sous
 moi.
Quand l'âge dans mes nerfs a fait couler sa
 glace,
Votre rare valeur a bien rempli ma place ; 60
Enfin, pour épargner les discours superflus,

Vous êtes aujourd'hui ce qu'autrefois je fus.
Vous voyez toutefois qu'en cette concurrence°
Un monarque entre nous met quelque
 différence.

LE COMTE.

Ce que je méritais, vous l'avez emporté.° 65

DON DIÈGUE.

Qui l'a gagné sur vous l'avait mieux mérité.

LE COMTE.

Qui peut mieux l'exercer en est bien le plus
 digne.

DON DIÈGUE.

En être refusé n'en est pas un bon signe.

LE COMTE.

Vous l'avez eu par brigue,° étant vieux
 courtisan.

DON DIÈGUE.

L'éclat de mes hauts faits fut mon seul
 partisan. 70

LE COMTE.

Parlons-en mieux, le Roi fait honneur à
 votre âge.

DON DIÈGUE.

Le Roi, quand il en fait, le mesure au
 courage.°

LE COMTE.

Et par là cet honneur n'était dû qu'à mon
 bras.

DON DIÈGUE.

Qui n'a pu l'obtenir ne le méritait pas.

LE COMTE.

Ne le méritait pas ! moi ?

DON DIÈGUE.

 Vous.

LE COMTE.

 Ton° impudence, 75
Téméraire vieillard, aura sa récompense.

(*Il lui donne un soufflet.**)

DON DIÈGUE (*mettant l'épée à la main*).

Achève, et prends ma vie, après un tel
 affront,
Le premier dont ma race ait vu rougir son
 front.

34. *effet:* fact, actuality, performance. (The Comte has been giving Don Diègue ironical counsels which are impossible for the old man to fulfill.) 37. *tissu:* series. 39. *ordonner:* organize. 41. *autre:* greater. 46. *du royaume:* depends on *appui.*

63. *concurrence:* competition. 65. The following lines represent the *stichomythia* of the Greek dramatists, the arrangement of dialogue in single alternate lines. 69. *brigue:* conspiracy. 72. *courage = cœur:* i.e., nobility of spirit. 75. *Ton:* What is the effect of this shift to the second person singular? * *soufflet:* slap in the face. (This violent action on the stage was much criticized as improper for the dignity of tragedy.)

LE COMTE.

Et que penses-tu faire avec tant de faiblesse?

DON DIÈGUE.

O Dieu! ma force usée en ce besoin me
 laisse! 80

LE COMTE.

Ton épée est à moi;° mais tu serais trop vain,°
Si ce honteux trophée avait chargé ma main.
Adieu : fais lire au prince, en dépit de
 l'envie,°
Pour son instruction, l'histoire de ta vie :
D'un insolent discours ce juste châtiment 85
Ne lui servira pas d'un petit ornement.

SCÈNE III : DON DIÈGUE *famous dialogue*

O rage! ô désespoir! ô vieillesse ennemie!
N'ai-je donc tant vécu que pour cette
 infamie?
Et ne suis-je blanchi dans les travaux
 guerriers
Que pour voir en un jour flétrir° tant de
 lauriers?
Mon bras, qu'avec respect toute l'Espagne
 admire, 5
Mon bras, qui tant de fois a sauvé cet
 empire,
Tant de fois affermi le trône de son roi,
Trahit donc ma querelle,° et ne fait rien
 pour moi?
O cruel souvenir de ma gloire° passée!
Œuvre de tant de jours en un jour effacée! 10
Nouvelle dignité, fatale à mon bonheur!
Précipice élevé d'où tombe mon honneur!
Faut-il de votre éclat voir triompher le
 Comte,
Et mourir sans vengeance, ou vivre dans la
 honte?
Comte, sois de mon prince à présent
 gouverneur : 15
Ce haut rang n'admet point un homme sans
 honneur;
Et ton jaloux orgueil, par cet affront insigne,
Malgré le choix du Roi, m'en° a su rendre
 indigne.
Et toi,° de mes exploits glorieux instrument,

Mais d'un corps tout de glace inutile
 ornement, 20
Fer, jadis tant à craindre et qui, dans cette
 offense,
M'a servi de parade,° et non pas de défense,
Va, quitte désormais le dernier des humains,
Passe, pour me venger, en de meilleures
 mains.

SCÈNE IV : DON DIÈGUE, DON RODRIGUE

DON DIÈGUE.

Rodrigue, as-tu du cœur?

DON RODRIGUE.

 Tout autre que mon père
L'éprouverait sur l'heure.

DON DIÈGUE.

 Agréable colère!
Digne ressentiment à ma douleur bien doux!
Je reconnais mon sang à ce noble courroux;
Ma jeunesse revit en cette ardeur si
 prompte. 5
Viens, mon fils, viens, mon sang, viens
 réparer ma honte;
Viens me venger.

DON RODRIGUE.

 De quoi?

DON DIÈGUE.

 D'un affront si cruel,
Qu'à l'honneur de tous deux il porte un
 coup mortel :
D'un soufflet. L'insolent en eût perdu la vie;
Mais mon âge a trompé ma généreuse°
 envie : 10
Et ce fer que mon bras ne peut plus soutenir,
Je le remets au tien pour venger et punir.
Va contre un arrogant éprouver ton courage :
Ce n'est que dans le sang qu'on lave un tel
 outrage;
Meurs ou tue. Au surplus, pour ne te point
 flatter,° 15
Je te donne à combattre un homme à
 redouter :
Je l'ai vu, tout couvert de sang et de
 poussière,
Porter partout l'effroi dans une armée
 entière.
J'ai vu par sa valeur cent escadrons rompus;

81. The Comte has struck Don Diègue's sword from his
hand. 81. *vain:* foolhardy. 83. *en dépit de l'envie:* The Comte
ironically picks up Don Diègue's phrase from line 35.
SCÈNE III. 4. *flétrir:* wither. 8. *querelle:* cause, defense. 9.
gloire: reputation, public esteem. (The word represents the
obsession of all the noble characters.) 18. *en = de ce haut
rang.* 19. *toi:* Don Diègue addresses his sword.

22. *parade:* display. SCÈNE IV. 10. *généreuse:* noble, high-
hearted. 15. *flatter = tromper.*

Et pour t'en dire encor quelque chose de
 plus, 20
Plus que brave soldat, plus que grand
 capitaine,
C'est...

DON RODIGUE.
 De grâce, achevez.

DON DIÈGUE.
 Le père de Chimène.

DON RODRIGUE.
 Le...

DON DIÈGUE.
 Ne réplique point, je connais ton amour;
Mais qui peut vivre infâme est indigne du
 jour.
Plus l'offenseur est cher, et plus grande est
 l'offense. 25
Enfin tu sais l'affront, et tu tiens la vengeance :
Je ne te dis plus rien. Venge-moi, venge-toi;
Montre-toi digne fils d'un père tel que moi.
Accablé des malheurs où le destin me
 range,°
Je vais les déplorer° : va, cours, vole, et
 nous venge.° 30

Scène V : don rodrigue

DON RODRIGUE.
 Percé jusques au fond du cœur
D'une atteinte imprévue aussi bien que
 mortelle,
Misérable vengeur d'une juste querelle,
Et malheureux objet d'une injuste rigueur,°
Je demeure immobile, et mon âme abattue 5
 Cède au coup qui me tue.
 Si près de voir mon feu° récompensé,
 O Dieu, l'étrange° peine!
En cet affront mon père est l'offensé,
Et l'offenseur le père de Chimène! 10

 Que je sens de rudes combats!
Contre mon propre honneur mon amour
 s'intéresse° :

Il faut venger un père, et perdre une
 maîtresse :
L'un m'anime le cœur, l'autre retient mon
 bras.
Réduit au triste choix ou de trahir ma
 flamme,° 15
 Ou de vivre en infâme,°
Des deux côtés mon mal est infini.
 O Dieu, l'étrange peine!
Faut-il laisser un affront impuni?
Faut-il punir le père de Chimène? 20

 Père, maîtresse, honneur, amour,
Noble et dure contrainte, aimable tyrannie,
Tous mes plaisirs sont morts, ou ma gloire
 ternie.°
L'un me rend malheureux, l'autre indigne
 du jour.
Cher et cruel espoir° d'une âme généreuse, 25
 Mais ensemble° amoureuse,
Digne ennemi de mon plus grand
 bonheur,
 Fer qui causes ma peine,
M'es-tu donné pour venger mon
 honneur?
M'es-tu donné pour perdre ma
 Chimène? 30

 Il vaut mieux courir au trépas.°
Je dois° à ma maîtresse aussi bien qu'à mon
 père :
J'attire en me vengeant sa haine et sa colère;
J'attire ses mépris en ne me vengeant pas.
A mon plus doux espoir l'un me rend
 infidèle, 35
 Et l'autre indigne d'elle.
Mon mal augmente à le vouloir guérir;
 Tout redouble ma peine.
Allons, mon âme; et puisqu'il faut
 mourir,
Mourons du moins sans offenser
 Chimène. 40

 Mourir sans tirer ma raison!°
Rechercher un trépas si mortel à ma
 gloire!°

29. *range:* reduces. 30. *déplorer:* grieve over. 30. *venge:* Don Diègue ends with the capital, significant word (probably shouted). He exits; Don Rodrigue meditates, then breaks into a lyrical monologue, presenting his spiritual dilemma. (Such *stances,* interrupting the monotony of the alexandrines, were familiar in earlier French plays. They are the actor's great opportunity to render variety of shifting emotion in the recurrent rhythms of poetic diction.) Scène V. 4. *rigueur:* i.e., *du sort.* 7. *feu:* love. 8. *étrange:* extraordinary, dreadful. 12. *s'intéresse:* takes sides.

15. *trahir ma flamme:* i.e., by killing Chimène's father. 16. *vivre en infâme:* i.e., by leaving the insult unavenged. 23. *ternie:* tarnished. 25. *espoir:* he addresses his sword. 26. *ensemble:* at the same time. 31. *trépas:* death. 32. *dois:* have an obligation. 41. *tirer ma raison:* obtaining my satisfaction. 42. *gloire:* honorable reputation.

Endurer que l'Espagne impute à ma
 mémoire
D'avoir mal soutenu l'honneur de ma
 maison !
Respecter un amour dont mon âme égarée 45
 Voit la perte assurée !
 N'écoutons plus ce penser suborneur,°
 Qui ne sert qu'à ma peine.
 Allons, mon bras, sauvons du moins
 l'honneur,
 Puisqu'après tout il faut perdre
 Chimène. 50

 Oui, mon esprit s'était déçu.
Je dois tout à mon père avant qu'à ma
 maîtresse :
Que je meure au combat, ou meure de
 tristesse,
Je rendrai mon sang pur comme je l'ai reçu.
Je m'accuse déjà de trop de négligence : 55
 Courons à la vengeance ;
 Et tout honteux d'avoir tant balancé,
 Ne soyons plus en peine,
 Puisqu'aujourd'hui mon père est
 l'offensé,
 Si l'offenseur est père de Chimène.° 60

Acte II

Une salle du palais

Scène première : don arias, le comte

LE COMTE.

 Je l'avoue entre nous, mon sang un peu trop
 chaud
 S'est trop ému d'un mot et l'a porté trop
 haut ;°
 Mais puisque c'en est fait, le coup est sans
 remède.

DON ARIAS.

 Qu'aux volontés du Roi ce grand courage
 cède :
 Il y prend grande part,° et son cœur irrité 5
 Agira contre vous de pleine autorité.
 Aussi vous n'avez point de valable défense :

Le rang de l'offensé, la grandeur de l'offense,
Demandent des devoirs et des submissions°
Qui passent le commun des satisfactions. 10

LE COMTE.

 Le Roi peut à son gré disposer de ma vie.

DON ARIAS.

 De trop d'emportement votre faute est suivie.
 Le Roi vous aime encore ; apaisez son
 courroux.
 Il a dit : « Je le veux » ; désobéirez-vous ?

LE COMTE.

 Monsieur, pour conserver tout ce que j'ai
 d'estime° 15
 Désobéir un peu n'est pas un si grand crime ;
 Et quelque grand qu'il soit, mes services
 présents
 Pour le faire abolir sont plus que suffisants.

DON ARIAS.

 Quoi qu'on fasse d'illustre et de considérable,
 Jamais à son sujet un roi n'est redevable. 20
 Vous vous flattez beaucoup, et vous devez
 savoir
 Que qui sert bien son roi ne fait que son
 devoir.
 Vous vous perdrez, Monsieur, sur° cette
 confiance.

LE COMTE.

 Je ne vous en croirai qu'après l'expérience.

DON ARIAS.

 Vous devez redouter la puissance d'un roi. 25

LE COMTE.

 Un jour seul ne perd pas un homme tel que
 moi.
 Que toute sa grandeur s'arme pour mon
 supplice,
 Tout l'État périra, s'il faut que je périsse.

DON ARIAS.

 Quoi ! vous craignez si peu le pouvoir
 souverain…

LE COMTE.

 D'un sceptre qui sans moi tomberait de sa
 main. 30
 Il a trop d'intérêt lui-même en ma personne,
 Et ma tête en tombant ferait choir° sa
 couronne.

DON ARIAS.

 Souffrez que la raison remette vos esprits.
 Prenez un bon conseil.°

47. *suborneur:* seductive. 60. Thus the act ends with the triumph, in the hero's mind, of honor's duty over passion. Acte II, Scène Iᵉʳᵉ. 2. *l'a porté trop haut:* took too high a tone. 5. *prend grande part:* is much concerned. (It is evident that Don Arias comes as a messenger from the King to bring about a reconciliation.)

9. *submissions = soumissions.* (Corneille's occasional archaisms lend dignity and distance.) 15. *estime:* reputation. 23. *sur:* by trusting to. 32. *choir = tomber.* 34. *conseil:* decision.

LE COMTE.

 Le conseil en est pris.

DON ARIAS.

 Que lui dirai-je enfin? je lui dois rendre
 compte. 35

LE COMTE.

 Que je ne puis du tout consentir à ma honte.

DON ARIAS.

 Mais songez que les rois veulent être absolus.

LE COMTE.

 Le sort en est jeté, Monsieur, n'en parlons
 plus.

DON ARIAS.

 Adieu donc, puisqu'en vain je tâche à vous
 résoudre :
 Avec tous vos lauriers, craignez encor le
 foudre.° 40

LE COMTE.

 Je l'attendrai sans peur.

DON ARIAS.

 Mais non pas sans effet.

LE COMTE.

 Nous verrons donc par là don Diègue
 satisfait.

(Il est seul.)

 Qui ne craint point la mort ne craint point
 les menaces.
 J'ai le cœur au-dessus des plus fières°
 disgrâces;°
 Et l'on peut me réduire à vivre sans
 bonheur, 45
 Mais non pas me résoudre à vivre sans
 honneur.

La place devant le palais royal

Scène II : le comte, don rodrigue

DON RODRIGUE.

 A moi, Comte, deux mots.

LE COMTE.

 Parle.

DON RODRIGUE.

 Ote-moi d'un doute.
 Connais-tu bien don Diègue?

LE COMTE.

 Oui.

DON RODRIGUE.

 Parlons bas; écoute.
 Sais-tu que ce vieillard fut la même vertu,°
 La vaillance et l'honneur de son temps? le
 sais-tu?

LE COMTE.

 Peut-être.

DON RODRIGUE.

 Cette ardeur que dans les yeux je
 porte, 5
 Sais-tu que c'est son sang? le sais-tu?

LE COMTE.

 Que m'importe?

DON RODRIGUE.

 A quatre pas d'ici je te le fais savoir.

LE COMTE.

 Jeune présomptueux!

DON RODRIGUE.

 Parle sans t'émouvoir.
 Je suis jeune, il est vrai; mais aux âmes bien
 nées
 La valeur n'attend point le nombre des
 années.° 10

LE COMTE.

 Te mesurer à moi! qui t'a rendu si vain,
 Toi qu'on n'a jamais vu les armes à la main?

DON RODRIGUE.

 Mes pareils à deux fois ne se font point
 connaître,
 Et pour leurs coups d'essai veulent des coups
 de maître.

LE COMTE.

 Sais-tu bien qui je suis?

DON RODRIGUE.

 Oui; tout autre que moi 15
 Au seul bruit de ton nom pourrait trembler
 d'effroi.
 Les palmes dont je vois ta tête si couverte
 Semblent porter écrit le destin de ma perte.
 J'attaque en téméraire un bras toujours
 vainqueur;
 Mais j'aurai trop de force, ayant assez de
 cœur. 20
 A qui venge son père il n'est rien impossible.
 Ton bras est invaincu, mais non pas invincible.

LE COMTE.

 Ce grand cœur qui paraît aux discours que
 tu tiens,

40. It was believed that lightning never struck a laurel.
44. *fières:* cruel. 44. *disgrâces:* misfortunes.

Scène II. 3. *la même vertu = la vertu même.* 9–10. Famous
lines.

Par tes yeux, chaque jour, se découvrait aux
miens;
Et croyant voir en toi l'honneur de la
Castille, 25
Mon âme avec plaisir te destinait ma fille.
Je sais ta passion, et suis ravi de voir
Que tous ses mouvements cèdent à ton
devoir;
Qu'ils n'ont point affaibli cette ardeur
magnanime;
Que ta haute vertu répond à mon estime; 30
Et que, voulant pour gendre un cavalier
parfait,
Je ne me trompais point au choix que j'avais
fait;
Mais je sens que pour toi ma pitié s'intéresse;
J'admire ton courage, et je plains ta jeunesse.
Ne cherche point à faire un coup d'essai
fatal; 35
Dispense ma valeur d'un combat inégal;
Trop peu d'honneur pour moi suivrait cette
victoire :
A vaincre sans péril, on triomphe sans gloire.°
On te croirait toujours abattu sans effort;
Et j'aurais seulement le regret de ta mort. 40

DON RODRIGUE.
D'une indigne pitié ton audace est suivie :
Qui m'ose ôter l'honneur craint de m'ôter
la vie?

LE COMTE.
Retire-toi d'ici.

DON RODRIGUE.
Marchons sans discourir.°

LE COMTE.
Es-tu si las de vivre?

DON RODRIGUE.
As-tu peur de mourir?

LE COMTE.
Viens, tu fais ton devoir, et le fils dégénère 45
Qui survit un moment à l'honneur de son
père.

Chez le Roi

SCÈNE III : DON FERNAND, DON ARIAS,
DON SANCHE

DON FERNAND.
Le Comte est donc si vain, et si peu
raisonnable!

38. Famous line. 43. *discourir:* talk.

Ose-t-il croire encor son crime pardonnable?

DON ARIAS.
Je l'ai de votre part longtemps entretenu;
J'ai fait mon pouvoir,° Sire, et n'ai rien
obtenu.

DON FERNAND.
Justes cieux! ainsi donc un sujet téméraire 5
A si peu de respect et de soin de me plaire!
Il offense don Diègue, et méprise son roi!
Au milieu de ma cour il me donne la loi!
Qu'il soit brave guerrier, qu'il soit grand
capitaine,
Je saurai bien rabattre° une humeur° si
hautaine. 10
Fût-il la valeur même, et le dieu des
combats,
Il verra ce que c'est que de n'obéir pas.
Quoi qu'ait pu mériter une telle insolence,
Je l'ai voulu d'abord traiter sans violence;
Mais puisqu'il en abuse, allez dès
aujourd'hui, 15
Soit qu'il résiste ou non, vous assurer de lui.°

DON SANCHE.
Peut-être un peu de temps le rendrait moins
rebelle
On l'a pris tout bouillant encor de sa querelle;
Sire, dans la chaleur d'un premier
mouvement,
Un cœur si généreux se rend malaisément. 20
Il voit bien qu'il a tort, mais une âme si
haute
N'est pas sitôt réduite à confesser sa faute.

DON FERNAND.
Don Sanche, taisez-vous, et soyez averti
Qu'on se rend criminel à prendre son parti.

DON SANCHE.
J'obéis, et me tais; mais de grâce encor, Sire,
Deux mots en sa défense. 26

DON FERNAND.
Et que pourrez-vous dire?

DON SANCHE.
Qu'une âme accoutumée aux grandes actions
Ne se peut abaisser à des submissions :
Elle n'en conçoit point qui s'expliquent sans
honte;
Et c'est à ce mot seul qu'a résisté le
Comte. 30
Il trouve en son devoir un peu trop de
rigueur,

SCÈNE III. 4. *mon pouvoir:* my best. 10. *rabattre:* humble.
10. *humeur:* character. 16. *vous... lui:* arrest him.

Et vous obéirait, s'il avait moins de cœur.
Commandez que son bras, nourri° dans les alarmes,
Répare cette injure à la pointe des armes;
Il satisfera, Sire; et vienne qui voudra, 35
Attendant qu'il l'ait su, voici qui répondra.°

DON FERNAND.

Vous perdez le respect; mais je pardonne à l'âge,°
Et j'excuse l'ardeur en un jeune courage.
Un roi dont la prudence a de meilleurs objets
Est meilleur ménager du sang de ses sujets :
Je veille pour les miens, mes soucis les conservent, 41
Comme le chef° a soin des membres qui le servent.
Ainsi votre raison n'est pas raison pour moi :
Vous parlez en soldat; je dois agir en roi;
Et quoi qu'on veuille dire, et quoi qu'il ose croire, 45
Le Comte à m'obéir ne peut perdre sa gloire.
D'ailleurs l'affront me touche : il a perdu d'honneur°
Celui que de mon fils j'ai fait le gouverneur;
S'attaquer à mon choix, c'est se prendre à moi-même,
Et faire un attentat sur le pouvoir suprême. 50
N'en parlons plus. Au reste, on a vu dix vaisseaux
De nos vieux ennemis arborer les drapeaux;°
Vers la bouche du fleuve° ils ont osé paraître.

DON ARIAS.

Les Mores ont appris par force à vous connaître,
Et tant de fois vaincus, ils ont perdu le cœur
De se plus hasarder contre un si grand vainqueur. 56

DON FERNAND.

Ils ne verront jamais sans quelque jalousie
Mon sceptre, en dépit d'eux, régir l'Andalousie;
Et ce pays si beau, qu'ils ont trop° possédé,
Avec un œil d'envie est toujours regardé. 60
C'est l'unique raison qui m'a fait dans Séville
Placer depuis dix ans le trône de Castille,
Pour les voir de plus près, et d'un ordre plus prompt
Renverser aussitôt ce qu'ils entreprendront.

DON ARIAS.

Ils savent aux dépens de leurs plus dignes° têtes, 65
Combien votre présence assure vos conquêtes :
Vous n'avez rien à craindre.

DON FERNAND.

 Et rien à négliger :
Le trop de confiance attire le danger;
Et vous n'ignorez pas qu'avec fort peu de peine
Un flux° de pleine mer jusqu'ici les amène. 70
Toutefois j'aurais tort de jeter dans les cœurs,
L'avis étant mal sûr, de paniques terreurs.
L'effroi que produirait cette alarme inutile,
Dans la nuit qui survient troublerait trop la ville :
Faites doubler la garde aux murs et sur le port. 75
C'est assez pour ce soir.

SCÈNE IV : DON FERNAND, DON SANCHE, DON ALONSE

DON ALONSE.

 Sire, le Comte est mort :
Don Diègue, par son fils, a vengé son offense.

DON FERNAND.

Dès que j'ai su l'affront, j'ai prévu la vengeance;
Et j'ai voulu dès lors prévenir ce malheur.

DON ALONSE.

Chimène à vos genoux apporte sa douleur; 5
Elle vient tout en pleurs vous demander justice.

DON FERNAND.

Bien qu'à ses déplaisirs° mon âme compatisse,°
Ce que le Comte a fait semble avoir mérité
Ce digne châtiment de sa témérité.
Quelque juste pourtant que puisse être sa peine,° 10

33. *nourri:* trained. 36. *voici qui répondra:* Don Sanche seizes his sword hilt. 37. *l'âge:* i.e., youth. 42. *chef:* head. 47. *perdu d'honneur:* dishonored. 52. *arborer les drapeaux:* display the flags. 53. *fleuve:* the Guadalquivir, the mouth of which lies about sixty miles below Seville. (The King and his courtiers are certainly very offhand about the threatened invasion. But from the dramatist's point of view the Moorish threat must be kept subordinate to the main theme of the play; it is a mere device to be used later. Anyway, seventeenth-century dramatists gave historical exactness a liberal interpretation.) 59. *trop:* too long.

65. *dignes:* noble. 70. *flux:* flood tide. SCÈNE IV. 7. *déplaisirs:* distresses. 7. *compatisse:* sympathizes. 10. *peine:* punishment.

Je ne puis sans regret perdre un tel capitaine.
Après un long service à mon État rendu,
Après son sang pour moi mille fois répandu,
A quelques sentiments que son orgueil
 m'oblige,
Sa perte m'affaiblit, et son trépas m'afflige. 15

SCÈNE V : DON FERNAND, DON DIÈGUE,
 CHIMÈNE, DON SANCHE, DON ARIAS,
 DON ALONSE

CHIMÈNE.
 Sire, Sire, justice!
DON DIÈGUE.
 Ah! Sire, écoutez-nous.
CHIMÈNE.
 Je me jette à vos pieds.
DON DIÈGUE.
 J'embrasse vos genoux.
CHIMÈNE.
 Je demande justice.
DON DIÈGUE.
 Entendez ma défense.
CHIMÈNE.
 D'un jeune audacieux punissez l'insolence :
 Il a de votre sceptre abattu le soutien, 5
 Il a tué mon père.
DON DIÈGUE.
 Il a vengé le sien.
CHIMÈNE.
 Au sang de ses sujets un roi doit la justice.
DON DIÈGUE.
 Pour la juste vengeance il n'est point de
 supplice.
DON FERNAND.
 Levez-vous l'un et l'autre, et parlez à loisir.°
 Chimène, je prends part à votre déplaisir; 10
 D'une égale douleur je sens mon âme
 atteinte.

 (à DON DIÈGUE)

 Vous parlerez après; ne troublez pas sa
 plainte.
CHIMÈNE.
 Sire, mon père est mort; mes yeux ont vu
 son sang
 Couler à gros bouillons° de son généreux
 flanc;

9. à loisir: i.e., in turn. 14. bouillons: bubbles.

Ce sang qui tant de fois garantit vos
 murailles, 15
Ce sang qui tant de fois vous gagna des
 batailles,
Ce sang qui tout sorti fume encor de courroux
De se voir répandu pour d'autres que pour
 vous,
Qu'au milieu des hasards n'osait verser la
 guerre,
Rodrigue en votre cour vient d'en couvrir la
 terre. 20
J'ai couru sur le lieu, sans force et sans
 couleur :
Je l'ai trouvé sans vie. Excusez ma douleur,
Sire, la voix me manque à ce récit funeste;
Mes pleurs et mes soupirs vous diront mieux
 le reste.
DON FERNAND.
 Prends courage, ma fille, et sache
 qu'aujourd'hui 25
 Ton roi te veut servir de père au lieu de lui.
CHIMÈNE.
 Sire, de trop d'honneur ma misère est
 suivie.
 Je vous l'ai déjà dit, je l'ai trouvé sans vie;
 Son flanc était ouvert; et, pour mieux
 m'émouvoir,
 Son sang sur la poussière écrivait mon
 devoir; 30
 Ou plutôt sa valeur en cet état réduite
 Me parlait par sa plaie, et hâtait ma
 poursuite;
 Et, pour se faire entendre au plus juste des
 rois,
 Par cette triste bouche elle empruntait ma
 voix.
 Sire, ne souffrez pas que sous votre
 puissance 35
 Règne devant vos yeux une telle licence;
 Que les plus valeureux, avec impunité,
 Soient exposés aux coups de la témérité;
 Qu'un jeune audacieux triomphe de leur
 gloire,
 Se baigne dans leur sang, et brave leur
 mémoire. 40
 Un si vaillant guerrier qu'on vient de vous
 ravir
 Éteint, s'il n'est vengé, l'ardeur de vous
 servir.
 Enfin mon père est mort, j'en demande
 vengeance,

Plus pour votre intérêt que pour mon
 allégeance.°
Vous perdez en la mort d'un homme de son
 rang : 45
Vengez-la par une autre, et le sang par le
 sang.
Immolez, non à moi, mais à votre couronne,
Mais à votre grandeur, mais à votre
 personne;
Immolez, dis-je, Sire, au bien de tout l'État
Tout ce qu'enorgueillit un si haut
 attentat.° 50

DON FERNAND.

Don Diègue, répondez.

DON DIÈGUE.

 Qu'on est digne d'envie
Lorsqu'en perdant la force on perd aussi la
 vie,
Et qu'un long âge apprête aux hommes
 généreux,
Au bout de leur carrière, un destin
 malheureux!
Moi, dont les longs travaux ont acquis tant
 de gloire, 55
Moi, que jadis partout a suivi la victoire,
Je me vois aujourd'hui, pour avoir trop
 vécu,
Recevoir un affront et demeurer vaincu.
Ce que n'a pu jamais combat, siège,
 embuscade,
Ce que n'a pu jamais Aragon ni Grenade, 60
Ni tous vos ennemis, ni tous mes envieux,
Le Comte en votre cour l'a fait presque à
 vos yeux,
Jaloux de votre choix, et fier de l'avantage
Que lui donnait sur moi l'impuissance de
 l'âge.
Sire, ainsi ces cheveux blanchis sous le
 harnois,° 65
Ce sang pour vous servir prodigué tant de
 fois,
Ce bras, jadis l'effroi d'une armée ennemie,
Descendaient au tombeau tout chargés
 d'infamie,
Si je n'eusse produit un fils digne de moi,
Digne de son pays et digne de son roi. 70
Il m'a prêté sa main, il a tué le Comte;
Il m'a rendu l'honneur, il a lavé ma honte.

Si montrer du courage et du ressentiment,
Si venger un soufflet mérite un châtiment,
Sur moi seul doit tomber l'éclat de la
 tempête : 75
Quand le bras a failli, l'on en° punit la tête.
Qu'on nomme crime, ou non, ce qui fait
 nos débats,
Sire, j'en suis la tête, il n'en est que le bras.
Si Chimène se plaint qu'il a tué son père,
Il ne l'eût jamais fait si je l'eusse pu faire. 80
Immolez donc ce chef que les ans vont ravir,
Et conservez pour vous le bras qui peut servir.
Aux dépens de mon sang satisfaites Chimène :
Je n'y résiste point, je consens à ma peine;
Et loin de murmurer d'un rigoureux décret,
Mourant sans déshonneur, je mourrai sans
 regret. 86

DON FERNAND.

L'affaire est d'importance, et, bien
 considérée,
Mérite en plein conseil d'être délibérée.
 Don Sanche, remettez Chimène en sa
 maison.
Don Diègue aura ma cour et sa foi pour
 prison.° 90
Qu'on me cherche son fils. Je vous ferai
 justice.

CHIMÈNE.

Il est juste, grand Roi, qu'un meurtrier
 périsse.

DON FERNAND.

Prends du repos, ma fille, et calme tes
 douleurs.

CHIMÈNE.

M'ordonner du repos, c'est croître mes
 malheurs.

Acte III

Chez Chimène

SCÈNE PREMIÈRE : DON RODRIGUE,
ELVIRE

ELVIRE.

Rodrigue, qu'as-tu fait? où viens-tu,
 misérable?

DON RODRIGUE.

Suivre le triste cours de mon sort déplorable.

44. *allégeance* (archaic): *allégement*, relief. 50. *Tout ce que…
attentat:* Whatever such a great crime would encourage.
65. *harnois:* harness, armor.

76. *en:* for it. 90. *sa foi pour prison:* i.e., he will be free on
parole.

ELVIRE.

Où prends-tu cette audace et ce nouvel
 orgueil,
De paraître en des lieux que tu remplis de
 deuil?
Quoi? viens-tu jusqu'ici braver l'ombre du
 Comte? 5
Ne l'as-tu pas tué?

DON RODRIGUE.

 Sa vie était ma honte :
Mon honneur de ma main a voulu cet effort.

ELVIRE.

Mais chercher ton asile en la maison du
 mort!
Jamais un meurtrier en fit-il son refuge?

DON RODRIGUE.

Et je n'y viens aussi que m'offrir à mon juge.
Ne me regarde plus d'un visage étonné; 11
Je cherche le trépas après l'avoir donné.
Mon juge est mon amour, mon juge est ma
 Chimène :
Je mérite la mort de mériter° sa haine,
Et j'en viens recevoir, comme un bien
 souverain, 15
Et l'arrêt de sa bouche, et le coup de sa main.

ELVIRE.

Fuis plutôt de ses yeux, fuis de sa violence;
A ses premiers transports dérobe ta présence :
Va, ne t'expose point aux premiers
 mouvements°
Que poussera l'ardeur de ses ressentiments. 20

DON RODRIGUE.

Non, non, ce cher objet° à qui j'ai pu
 déplaire
Ne peut pour mon supplice avoir trop de
 colère;
Et j'évite cent morts° qui me vont accabler,
Si pour mourir plus tôt je puis la° redoubler.

ELVIRE.

Chimène est au palais, de pleurs toute
 baignée, 25
Et n'en reviendra point que bien
 accompagnée.
Rodrigue, fuis, de grâce : ôte-moi de souci.
Que ne dira-t-on point si l'on te voit ici?
Veux-tu qu'un médisant, pour comble à sa
 misère,
L'accuse d'y souffrir l'assassin de son père? 30

Elle va revenir; elle vient, je la voi° :
Du moins, pour son honneur, Rodrigue,
 cache-toi.

SCÈNE II : DON SANCHE, CHIMÈNE,
ELVIRE

DON SANCHE.

Oui, Madame, il vous faut de sanglantes
 victimes :
Votre colère est juste, et vos pleurs légitimes;
Et je n'entreprends pas, à force de parler,
Ni de vous adoucir, ni de vous consoler.
Mais si de vous servir je puis être capable, 5
Employez mon épée à punir le coupable;
Employez mon amour à venger cette mort :
Sous vos commandements mon bras sera
 trop fort.

CHIMÈNE.

Malheureuse!

DON SANCHE.

 De grâce, acceptez mon service.

CHIMÈNE.

J'offenserais le Roi, qui m'a promis justice. 10

DON SANCHE.

Vous savez qu'elle marche avec tant de
 langueur,
Qu'assez souvent le crime échappe à sa
 longueur;
Son cours lent et douteux fait trop perdre
 de larmes.
Souffrez qu'un cavalier vous venge par les
 armes :
La voie en est plus sûre, et plus prompte à
 punir. 15

CHIMÈNE.

C'est le dernier remède; et s'il faut y venir,
Et que de mes malheurs cette pitié vous dure,
Vous serez libre alors de venger mon injure.

DON SANCHE.

C'est l'unique bonheur où mon âme prétend;
Et, pouvant l'espérer, je m'en vais trop
 content. 20

SCÈNE III : CHIMÈNE, ELVIRE

CHIMÈNE.

Enfin je me vois libre, et je puis sans
 contrainte

ACTE III, SCÈNE Ière. 14. *de mériter = parce que je mérite.*
19. *mouvements:* impulsive outbursts. 21. *cher objet:* i.e.,
Chimène (*précieux* language). 23. *cent morts:* i.e., tortures
worse than death. 24. *la = colère.*

31. *voi = vois* (to make an eye rhyme with *toi*).

De mes vives douleurs te faire voir l'atteinte;°
Je puis donner passage à mes tristes soupirs;
Je puis t'ouvrir mon âme et tous mes
 déplaisirs.
 Mon père est mort, Elvire; et la première
 épée 5
Dont s'est armé Rodrigue, a sa trame°
 coupée.
Pleurez, pleurez, mes yeux, et fondez-vous
 en eau!
La moitié de ma vie a mis l'autre au
 tombeau,
Et m'oblige à venger, après ce coup funeste,
Celle que je n'ai plus sur celle qui me reste.10

ELVIRE.
Reposez-vous, Madame.

CHIMÈNE.
 Ah! que mal à propos
Dans un malheur si grand tu parles de
 repos!
Par où sera jamais ma douleur apaisée,
Si je ne puis haïr la main qui l'a causée?
Et que dois-je espérer qu'un° tourment
 éternel, 15
Si je poursuis un crime, aimant le criminel?

ELVIRE.
Il vous prive d'un père, et vous l'aimez
 encore!

CHIMÈNE.
C'est peu de dire aimer, Elvire : je l'adore;
Ma passion s'oppose à mon ressentiment;
Dedans mon ennemi je trouve mon amant;
Et je sens qu'en dépit de toute ma colère, 21
Rodrigue dans mon cœur combat encor mon
 père :
Il l'attaque, il le presse, il cède, il se défend,
Tantôt fort, tantôt faible, et tantôt
 triomphant;
Mais, en ce dur combat de colère et de
 flamme, 25
Il déchire mon cœur sans partager mon
 âme;°
Et quoi que mon amour ait sur moi de
 pouvoir,
Je ne consulte° point pour suivre mon
 devoir :
Je cours sans balancer où mon honneur
 m'oblige.

Rodrigue m'est bien cher, son intérêt
 m'afflige;° 30
Mon cœur prend son parti; mais, malgré
 son° effort,
Je sais ce que je suis, et que mon père est
 mort.

ELVIRE.
Pensez-vous le poursuivre?°

CHIMÈNE.
 Ah! cruelle pensée!
Et cruelle poursuite où je me vois forcée!
Je demande sa tête, et crains de l'obtenir : 35
Ma mort suivra la sienne, et je le veux
 punir!

ELVIRE.
Quittez, quittez, Madame, un dessein si
 tragique;
Ne vous imposez point de loi si tyrannique.

CHIMÈNE.
Quoi! mon père étant mort, et presque
 entre mes bras,
Son sang criera vengeance, et je ne l'orrai°
 pas! 40
Mon cœur, honteusement surpris par
 d'autres charmes,
Croira ne lui devoir que d'impuissantes
 larmes!
Et je pourrai souffrir qu'un amour
 suborneur
Sous un lâche silence étouffe mon honneur!

ELVIRE.
Madame, croyez-moi, vous serez excusable 45
D'avoir moins de chaleur contre un objet°
 aimable,
Contre un amant si cher : vous avez assez
 fait,
Vous avez vu le Roi; n'en pressez point
 l'effet,
Ne vous obstinez point en cette humeur
 étrange.

CHIMÈNE.
Il y va de ma gloire, il faut que je me
 venge;° 50
Et de quoi que nous flatte un désir
 amoureux,

30. *son intérêt m'afflige:* I am distressed for his sake.
31. *son:* refers to *cœur.* 33. *poursuivre:* take action against.
40. *orrai:* old future of *ouïr,* to hear. 46. *objet:* person.
50. This line summarizes Chimène's character and purpose.
She is inspired not by a passionate impulse to avenge her
father so much as by regard for her good repute in society
(*ma gloire*).

SCÈNE III. 2. *atteinte:* blow, effect. 6. *trame:* thread (of life).
15. *qu'un:* except a. 26. Chimène's heart is governed by
emotion, but her soul by her will. 28. *consulte:* hesitate.

Toute excuse est honteuse aux esprits
 généreux.

ELVIRE.

Mais vous aimez Rodrigue, il ne vous peut
 déplaire.

CHIMÈNE.

Je l'avoue.

ELVIRE.

 Après tout, que pensez-vous donc faire?

CHIMÈNE.

Pour conserver ma gloire et finir mon ennui, 55
Le poursuivre, le perdre,° et mourir après
 lui.

SCÈNE IV : DON RODRIGUE, CHIMÈNE,
ELVIRE

DON RODRIGUE.

Eh bien! sans vous donner la peine de
 poursuivre,
Assurez-vous l'honneur de m'empêcher de
 vivre.

CHIMÈNE.

Elvire, où sommes-nous, et qu'est-ce que je
 voi?
Rodrigue en ma maison! Rodrigue devant
 moi!°

DON RODRIGUE.

N'épargnez point mon sang : goûtez sans
 résistance 5
La douceur de ma perte et de votre vengeance.

CHIMÈNE.

Hélas!

DON RODRIGUE.

 Écoute-moi.°

CHIMÈNE.

 Je me meurs.

DON RODRIGUE.

 Un moment.

CHIMÈNE.

Va, laisse-moi° mourir.

DON RODRIGUE.

 Quatre mots seulement :
Après, ne me réponds qu'avecque° cette
 épée.

CHIMÈNE.

Quoi! du sang de mon père encor toute
 trempée! 10

DON RODRIGUE.

Ma Chimène...

CHIMÈNE.

 Ote-moi cet objet odieux,
Qui reproche ton crime et ta vie à mes yeux.

DON RODRIGUE.

Regarde-le plutôt pour exciter ta haine,
Pour croître ta colère et pour hâter ma
 peine.

CHIMÈNE.

Il est teint de mon° sang.

DON RODRIGUE.

 Plonge-le dans le mien, 15
Et fais-lui perdre ainsi la teinture° du tien.

CHIMÈNE.

Ah! quelle cruauté, qui tout en un jour tue
Le père par le fer, la fille par la vue!
Ote-moi cet objet, je ne le puis souffrir :
Tu veux que je t'écoute, et tu me fais
 mourir! 20

DON RODRIGUE.

Je fais ce que tu veux, mais sans quitter
 l'envie
De finir par tes mains ma déplorable vie;
Car enfin n'attends pas de mon affection
Un lâche repentir d'une bonne action.
L'irréparable effet d'une chaleur trop
 prompte 25
Déshonorait mon père, et me couvrait de
 honte.
Tu sais comme un soufflet touche un homme
 de cœur;
J'avais part à l'affront, j'en ai cherché
 l'auteur :
Je l'ai vu, j'ai vengé mon honneur et mon
 père;
Je le ferais encor, si j'avais à le faire.° 30
Ce n'est pas qu'en effet contre mon père et
 moi
Ma flamme assez longtemps n'ait combattu
 pour toi;
Juge de son pouvoir : dans une telle offense
J'ai pu délibérer si j'en prendrais vengeance.
Réduit à te déplaire, ou souffrir un affront,

56. perdre: destroy. SCÈNE IV. 4. Chimène's shock at seeing Rodrigue is partly due to his assassination of her father; but partly also, as will presently appear, to Rodrigue's violation of the social code which forbade a young gentleman any appearance of intimacy with an unmarried lady of rank. 7. Écoute-moi: Notice Rodrigue's shift to the second person singular. 8. Laisse-moi: And Chimène accepts the intimate form. 9. avecque = avec (to gain a syllable).

15. mon: i.e., my father's. 16. teinture: color. 30. A typical, and famous, cornélien line, with its balanced expression of unyielding will. But in the circumstances it indicates a lack, at least, of tact.

J'ai pensé qu'à son tour mon bras était trop
 prompt; 36
Je me suis accusé de trop de violence;
Et ta beauté sans doute emportait la balance,
A moins que d'opposer à tes plus forts appas
Qu'un homme sans honneur ne te méritait
 pas;° 40
Que, malgré cette part que j'avais en ton âme,
Qui m'aima généreux me haïrait infâme;
Qu'écouter ton amour,° obéir à sa voix,
C'était m'en rendre indigne et diffamer° ton
 choix.
Je te le dis encore; et quoique j'en soupire, 45
Jusqu'au dernier soupir je veux bien le
 redire:
Je t'ai fait une offense, et j'ai dû m'y porter
Pour effacer ma honte, et pour te mériter;
Mais quitte envers l'honneur, et quitte
 envers mon père,
C'est maintenant à toi que je viens
 satisfaire° : 50
C'est pour t'offrir mon sang qu'en ce lieu tu
 me vois.
J'ai fait ce que j'ai dû, je fais ce que je dois.°
Je sais qu'un père mort t'arme contre mon
 crime;
Je ne t'ai pas voulu dérober ta victime :
Immole avec courage au sang qu'il a perdu
Celui qui met sa gloire à l'avoir répandu. 56

CHIMÈNE.

Ah! Rodrigue, il est vrai, quoique ton
 ennemie,
Je ne puis te blâmer d'avoir fui l'infamie;
Et de quelque façon qu'éclatent mes douleurs,
Je ne t'accuse point, je pleure mes malheurs.
Je sais ce que l'honneur, après un tel
 outrage, 61
Demandait à l'ardeur d'un généreux
 courage :
Tu n'as fait le devoir que d'un homme de
 bien;
Mais aussi, le faisant, tu m'as appris le mien.
Ta funeste valeur m'instruit par ta
 victoire; 65
Elle a vengé ton père et soutenu ta gloire :
Même soin me regarde, et j'ai, pour
 m'affliger,

Ma gloire à soutenir, et mon père à venger.
Hélas! ton intérêt° ici me désespère :
Si quelque autre malheur m'avait ravi mon
 père, 70
Mon âme aurait trouvé dans le bien° de te
 voir
L'unique allégement qu'elle eût pu recevoir;
Et contre ma douleur j'aurais senti des
 charmes,°
Quand° une main si chère eût essuyé mes
 larmes.
Mais il me faut te perdre après l'avoir
 perdu;° 75
Cet effort sur ma flamme à mon honneur
 est dû;
Et cet affreux devoir, dont l'ordre m'assassine,
Me force à travailler moi-même à ta ruine.
Car enfin n'attends pas de mon affection
De lâches sentiments pour ta punition.° 80
De quoi qu'en ta faveur notre amour
 m'entretienne,°
Ma générosité° doit répondre à la tienne :
Tu t'es, en m'offensant, montré digne de
 moi;
Je me dois, par ta mort, montrer digne de
 toi.

DON RODRIGUE.

Ne diffère donc plus ce que l'honneur
 t'ordonne : 85
Il demande ma tête, et je te l'abandonne;
Fais-en un sacrifice à ce noble intérêt :
Le coup m'en sera doux, aussi bien que l'arrêt.
Attendre après mon crime une lente justice,
C'est reculer ta gloire autant que mon
 supplice. 90
Je mourrai trop heureux, mourant d'un
 coup si beau.

CHIMÈNE.

Va, je suis ta partie,° et non pas ton
 bourreau.
Si tu m'offres ta tête, est-ce à moi de la
 prendre?
Je la dois attaquer, mais tu dois la défendre;
C'est d'un autre que toi qu'il me faut
 l'obtenir, 95
Et je dois te poursuivre, et non pas te punir.

38–40. *Et ta beauté… méritait pas:* And your beauty no
doubt would have tipped the scales had I not opposed to
your mightiest charms the thought that a man without
honor did not deserve you. 43. *ton amour:* my love for you.
44. *diffamer:* discredit. 50. *satisfaire:* offer reparation.
52. Another famous and typical line.

69. *ton intérêt:* my love for you. 71. *le bien:* happiness.
73. *charmes:* magic spells. 74. *Quand:* If. 75. *te perdre…
perdu:* destroy you after losing him. 79–80. Echo of lines
23–24. 81. *De quoi… m'entretienne:* Whatever our love may
plead in your favor. 82. *générosité:* nobility of spirit. 92.
partie: opponent (at law).

DON RODRIGUE.

De quoi qu'en ma faveur notre amour
t'entretienne,
Ta générosité doit répondre à la mienne°;
Et pour venger un père emprunter d'autres
bras,
Ma Chimène, crois-moi, c'est n'y répondre
pas : 100
Ma main seule du mien° a su venger
l'offense,
Ta main seule du tien doit prendre la
vengeance.

CHIMÈNE.

Cruel! à quel propos sur ce point t'obstiner?
Tu t'es vengé sans aide, et tu m'en veux
donner!
Je suivrai ton exemple, et j'ai trop de
courage 105
Pour souffrir qu'avec toi ma gloire se
partage.
Mon père et mon honneur ne veulent rien
devoir
Aux traits de ton amour ni de ton désespoir.

DON RODRIGUE.

Rigoureux point d'honneur! hélas! quoi que
je fasse,
Ne pourrai-je à la fin obtenir cette grâce? 110
Au nom d'un père mort, ou de notre amitié,°
Punis-moi par vengeance, ou du moins par
pitié.
Ton malheureux amant aura bien moins de
peine
A mourir par ta main qu'à vivre avec ta
haine.

CHIMÈNE.

Va, je ne te hais point.

DON RODRIGUE.

 Tu le dois.

CHIMÈNE.

 Je ne puis. 115

DON RODRIGUE.

Crains-tu si peu le blâme, et si peu les faux
bruits?
Quand on saura mon crime, et que ta
flamme dure,
Que ne publieront point l'envie et
l'imposture!
Force-les au silence, et sans plus discourir,
Sauve ta renommée en me faisant mourir. 120

97–98. Repetition of lines 81–82. 101. *du mien:* i.e., the
offense against my father. 111. *amitié = amour.*

CHIMÈNE.

Elle éclate bien mieux en te laissant la vie;
Et je veux que la voix de la plus noire envie
Élève au ciel ma gloire et plaigne mes ennuis,
Sachant que je t'adore et que je te poursuis.
Va-t'en, ne montre plus à ma douleur
extrême 125
Ce qu'il faut que je perde, encore que je
l'aime.
Dans l'ombre de la nuit cache bien ton
départ;
Si l'on te voit sortir, mon honneur court
hasard.
La seule occasion qu'aura la médisance,
C'est de savoir qu'ici j'ai souffert ta
présence : 130
Ne lui donne point lieu d'attaquer ma vertu.

DON RODRIGUE.

Que je meure!

CHIMÈNE.

 Va-t'en.

DON RODRIGUE.

 A quoi te résous-tu?

CHIMÈNE.

Malgré des feux si beaux, qui troublent ma
colère,
Je ferai mon possible à bien venger mon père;
Mais malgré la rigueur d'un si cruel
devoir, 135
Mon unique souhait est de ne rien pouvoir.

DON RODRIGUE.

O miracle d'amour!

CHIMÈNE.

 O comble de misères!

DON RODRIGUE.

Que de maux et de pleurs nous coûteront
nos pères!

CHIMÈNE.

Rodrigue, qui l'eût cru?

DON RODRIGUE.

 · Chimène, qui l'eût dit?°

CHIMÈNE.

Que notre heur° fût si proche et sitôt se
perdît? 140

DON RODRIGUE.

Et que si près du port, contre toute
apparence,
Un orage si prompt brisât notre espérance?

CHIMÈNE.

Ah! mortelles douleurs!

139. Another famous line. 140. *heur = bonheur.*

DON RODRIGUE.

 Ah! regrets superflus!

CHIMÈNE.

Va-t'en, encore en coup,° je ne t'écoute plus.

DON RODRIGUE.

Adieu : je vais traîner une mourante vie, 145
Tant que° par ta poursuite elle me soit ravie.

CHIMÈNE.

Si j'en obtiens l'effet, je t'engage ma foi
De ne respirer pas un moment après toi.
Adieu : sors, et surtout garde bien qu' on te
 voie.

ELVIRE.

Madame, quelques maux que le ciel nous
 envoie… 150

CHIMÈNE.

Ne m'importune plus, laisse-moi soupirer,
Je cherche le silence et la nuit pour pleurer.

La place publique

SCÈNE V : DON DIÈGUE

Jamais nous ne goûtons de parfaite allégresse :
Nos plus heureux succès sont mêlés de
 tristesse;
Toujours quelques soucis en ces événements
Troublent la pureté de nos contentements.
Au milieu du bonheur mon âme en° sent
 l'atteinte : 5
Je nage dans la joie, et je tremble de crainte.
J'ai vu mort l'ennemi qui m'avait outragé,
Et je ne saurais voir la main qui m'a vengé.
En vain je m'y travaille, et d'un soin inutile,
Tout cassé que je suis, je cours toute la ville :
Ce peu que mes vieux ans m'ont laissé de
 vigueur 11
Se consume sans fruit à chercher ce vainqueur.
A toute heure, en tous lieux, dans une nuit
 si sombre,
Je pense l'embrasser, et n'embrasse qu'une
 ombre;
Et mon amour, déçu par cet objet°
 trompeur, 15
Se forme des soupçons qui redoublent ma
 peur.
Je ne découvre point de marques de sa fuite;
Je crains du Comte mort les amis et la suite;

Leur nombre m'épouvante, et confond ma
 raison.
Rodrigue ne vit plus, ou respire en prison. 20
Justes cieux! me trompé-je encore à
 l'apparence,
Ou si° je vois enfin mon unique espérance?
C'est lui, n'en doutons plus; mes vœux sont
 exaucés,°
Ma crainte est dissipée, et mes ennuis cessés.

SCÈNE VI : DON DIÈGUE, DON RODRIGUE

DON DIÈGUE.

Rodrigue, enfin le ciel permet que je te voie!

DON RODRIGUE.

Hélas!

DON DIÈGUE.

 Ne mêle point de soupirs à ma joie;
Laisse-moi prendre haleine afin de te louer.
Ma valeur n'a point lieu de te désavouer :
Tu l'as bien imitée, et ton illustre audace 5
Fait bien revivre en toi les héros de ma race :
C'est d'eux que tu descends, c'est de moi que
 tu viens :
Ton premier coup d'épée égale tous les
 miens;
Et d'une belle ardeur ta jeunesse animée
Par cette grande épreuve atteint° ma
 renommée. 10
Appui de ma vieillesse, et comble de mon
 heur,
Touche ces cheveux blancs à qui tu rends
 l'honneur,
Viens baiser cette joue, et reconnais la place
Où fut empreint l'affront que ton courage
 efface.

DON RODRIGUE.

L'honneur vous en est dû : je ne pouvais pas
 moins, 15
Étant sorti de vous et nourri par vos soins.
Je m'en tiens trop heureux, et mon âme est
 ravie
Que mon coup d'essai plaise à qui° je dois
 la vie;
Mais parmi vos plaisirs ne soyez point jaloux
Si je m'ose à mon tour satisfaire après vous.
Souffrez qu'en liberté mon désespoir éclate;
Assez et trop longtemps votre discours le
 flatte.° 22

144. *encore un coup = encore une fois.* 146. *Tant que:* Until.
SCÈNE V. 5. *en = de soucis.* 15. *objet:* vision.

22. *si = est-ce que.* 23. *exaucés:* granted. SCÈNE VI. 10.
atteint: equals. 18. *à qui = à celui à qui.* 22. *flatte:* deceives.

Je ne me repens point de vous avoir servi;
Mais rendez-moi le bien que ce coup m'a
 ravi.
Mon bras, pour vous venger, armé contre
 ma flamme, 25
Par ce coup glorieux m'a privé de mon âme;
Ne me dites plus rien; pour vous j'ai tout
 perdu :
Ce que je vous devais, je vous l'ai bien
 rendu.

DON DIÈGUE.

Porte, porte plus haut° le fruit de ta
 victoire :
Je t'ai donné la vie, et tu me rends ma
 gloire; 30
Et d'autant que l'honneur m'est plus cher
 que le jour,
D'autant plus maintenant je te dois de
 retour.
Mais d'un cœur magnanime éloigne ces
 faiblesses;
Nous n'avons qu'un honneur, il est tant de
 maîtresses!
L'amour n'est qu'un plaisir, l'honneur est
 un devoir.° 35

DON RODRIGUE.

Ah! que me dites-vous?

DON DIÈGUE.

 Ce que tu dois savoir.

DON RODRIGUE.

Mon honneur offensé sur moi-même se
 venge;
Et vous m'osez pousser à la honte du
 change°!
L'infamie est pareille, et suit également
Le guerrier sans courage et le perfide
 amant. 40
A ma fidélité ne faites point d'injure;
Souffrez-moi généreux sans me rendre
 parjure :
Mes liens sont trop forts pour être ainsi
 rompus;
Ma foi m'engage encor si je n'espère plus;
Et ne pouvant quitter ni posséder Chimène,
Le trépas° que je cherche est ma plus douce
 peine. 46

DON DIÈGUE.

Il n'est pas temps encor de chercher le
 trépas :
Ton prince et ton pays ont besoin de ton bras.
La flotte qu'on craignait, dans ce grand
 fleuve entrée,
Croit surprendre la ville et piller la contrée.
Les Mores vont descendre, et le flux et la
 nuit 51
Dans une heure à nos murs les amène sans
 bruit.
La cour est en désordre, et le peuple en
 alarmes :
On n'entend que des cris, on ne voit que
 des larmes.
Dans ce malheur public mon bonheur a
 permis 55
Que j'ai trouvé chez moi cinq cents de mes
 amis,
Qui sachant mon affront, poussés d'un
 même zèle,
Se venaient tous offrir à venger ma querelle.
Tu les as prévenus; mais leurs vaillantes
 mains
Se tremperont bien mieux au sang des
 Africains. 60
 Va marcher à leur tête où l'honneur te
 demande :
C'est toi que veut pour chef leur généreuse
 bande.
De ces vieux ennemis va soutenir l'abord :°
Là, si tu veux mourir, trouve une belle mort;
Prends-en l'occasion, puisqu'elle t'est
 offerte; 65
Fais devoir à ton roi son salut à ta perte;
Mais reviens-en plutôt les palmes sur le
 front.
Ne borne pas ta gloire à venger un affront;
Porte-la plus avant : force par ta vaillance
Ce monarque au pardon, et Chimène au
 silence; 70
Si tu l'aimes, apprends que revenir vainqueur,
C'est l'unique moyen de regagner son cœur.
Mais le temps est trop cher pour le perdre
 en paroles;
Je t'arrête en discours, et je veux que tu voles.
Viens, suis-moi, va combattre, et montrer à
 ton roi 75
Que ce qu'il perd au Comte il le recouvre
 en toi.

29. *porte plus haut:* esteem more highly. 35. A resounding statement of Corneille's doctrine. 37–38. *Mon honneur... change:* My honor, offended (by the insult to you), takes its vengeance on myself (who am identified with Chimène); and you dare urge me to a shameful change (to a new love). 46. *trépas:* death.

63. *abord:* attack.

[handwritten: Trying to calm down]

Acte IV*

Chez Chimène

SCÈNE PREMIÈRE : CHIMÈNE, ELVIRE

CHIMÈNE.

N'est-ce point un faux bruit?° le sais-tu bien,
 Elvire?

ELVIRE.

Vous ne croiriez jamais comme chacun
 l'admire,
Et porte jusqu'au ciel, d'une commune voix,
De ce jeune héros les glorieux exploits.
Les Mores devant lui n'ont paru qu'à leur
 honte; 5
Leur abord fut bien prompt, leur fuite encor
 plus prompte.
Trois heures de combat laissent à nos
 guerriers
Une victoire entière et deux rois prisonniers.
La valeur de leur chef ne trouvait point
 d'obstacles.

CHIMÈNE

Et la main de Rodrigue a fait tous ces
 miracles? 10

ELVIRE.

De ses nobles efforts ces deux rois sont le prix :
Sa main les a vaincus, et sa main les a pris.

CHIMÈNE.

De qui peux-tu savoir ces nouvelles étranges?

ELVIRE.

Du peuple, qui partout fait sonner ses
 louanges,
Le nomme de sa joie et l'objet et l'auteur, 15
Son ange tutélaire,° et son libérateur.

[handwritten: Anxious]

CHIMÈNE.

Et le Roi, de quel œil voit-il tant de
 vaillance?

ELVIRE.

Rodrigue n'ose encor paraître en sa présence;
Mais don Diègue ravi lui présente enchaînés,
Au nom de ce vainqueur, ces captifs
 couronnés, 20
Et demande pour grâce à ce généreux prince
Qu'il daigne voir la main qui sauve la
 province.

CHIMÈNE.

Mais n'est-il point blessé?°

ELVIRE.

 Je n'en ai rien appris.
Vous changez de couleur! reprenez vos
 esprits.°

CHIMÈNE.

Reprenons donc aussi ma colère affaiblie : 25
Pour avoir soin de lui° faut-il que je
 m'oublie?
On le vante, on le loue, et mon cœur y
 consent!
Mon honneur est muet, mon devoir
 impuissant!
Silence, mon amour, laisse agir ma colère :
S'il a vaincu deux rois, il a tué mon père; 30
Ces tristes vêtements,° où je lis mon malheur,
Sont les premiers effets qu'ait produits sa
 valeur;
Et quoi qu'on die° ailleurs d'un cœur si
 magnanime
Ici tous les objets me parlent de son crime.
Vous qui rendez la force à mes
 ressentiments, 35

[handwritten: strong]

Voile, crêpes, habits, lugubres ornements,
Pompe que me prescrit sa première victoire,°
Contre ma passion soutenez bien ma gloire;
Et lorsque mon amour prendra trop de
 pouvoir,

[handwritten: firm]

Parlez à mon esprit de mon triste devoir, 40
Attaquez sans rien craindre une main
 triomphante.°

Chez le Roi

SCÈNE II : DON FERNAND, DON DIÈGUE,
DON ARIAS, DON RODRIGUE, DON SANCHE

DON FERNAND.

Généreux héritier d'une illustre famille,
Qui fut toujours la gloire et l'appui de
 Castille,
Race° de tant d'aïeux en valeur signalés,
Que l'essai de la tienne a sitôt égalés,

23. Chimène's *cri du cœur* is immediately followed by
her summons to reason to control her passion by force
of will. 24. *reprenez vos esprits:* calm yourself. 26. *Pour avoir
soin de lui:* Just because I feel concern for him. 31. *tristes
vêtements:* i.e., her mourning dress. 33. *die = dise.* 37. *sa
première victoire:* i.e., over my father. 41. The rhyming
line (with the role of the *Infante*) is here omitted. SCÈNE II. 3.
Race: Offspring.

ACTE IV, SCÈNE Iére. * It is early morning. Remember that
the play began about noon. Corneille has calculated closely
in order to crowd his abundant action into the obligatory 24
hours. 1. *bruit:* report, rumor. 16. *tutélaire:* tutelary, guardian.

Pour te récompenser ma force est trop
 petite; 5
Et j'ai moins de pouvoir que tu n'as de
 mérite.
Le pays délivré d'un si rude ennemi,
Mon sceptre dans ma main par la tienne
 affermi,
Et les Mores défaits avant qu'en ces alarmes
J'eusse pu donner ordre à repousser leurs
 armes, 10
Ne sont point des exploits qui laissent à ton
 roi
Le moyen ni l'espoir de s'acquitter vers toi.
Mais deux rois tes captifs feront ta
 récompense.
Ils t'ont nommé tous deux leur Cid en ma
 présence :
Puisque Cid en leur langue est autant que
 seigneur, 15
Je ne t'envierai pas ce beau titre d'honneur.
Sois désormais le Cid : qu'à ce grand nom
 tout cède
Qu'il comble d'épouvante et Grenade et
 Tolède,
Et qu'il marque à tous ceux qui vivent sous
 mes lois
Et ce que tu me vaux, et ce que je te dois. 20

DON RODRIGUE.
Que Votre Majesté, Sire, épargne ma honte.
D'un si faible service elle fait trop de conte,°
Et me force à rougir devant un si grand roi
De mériter si peu l'honneur que j'en reçoi.
Je sais trop que je dois au bien de votre
 empire, 25
Et le sang qui m'anime, et l'air que je
 respire;
Et quand je les perdrai pour un si digne
 objet,
Je ferai seulement le devoir d'un sujet.

DON FERNAND.
Tous ceux que ce devoir à mon service
 engage
Ne s'en acquittent pas avec même courage; 30
Et lorsque la valeur ne va point dans l'excès,
Elle ne produit point de si rares succès.
Souffre donc qu'on te loue, et de cette
 victoire
Apprends-moi plus au long la véritable
 histoire.

DON RODRIGUE.
Sire, vous avez su qu'en ce danger pressant, 35
Qui jeta dans la ville un effroi si puissant,
Une troupe d'amis chez mon père assemblée
Sollicita° mon âme encor toute troublée...
Mais, Sire, pardonnez à ma témérité,
Si j'osai l'employer sans votre autorité : 40
Le péril approchait; leur brigade était prête;
Me montrant à la cour, je hasardais ma tête;
Et s'il fallait la perdre, il m'était bien plus
 doux
De sortir de la vie en combattant pour vous.

DON FERNAND.
J'excuse ta chaleur à venger ton offense; 45
Et l'État défendu me parle en ta défense :
Crois que dorénavant Chimène a beau parler,
Je ne l'écoute plus que pour la consoler.
Mais poursuis.

DON RODRIGUE.
 Sous moi donc cette troupe
 s'avance,
Et porte sur le front une mâle assurance. 50
Nous partîmes cinq cents; mais par un
 prompt renfort
Nous nous vîmes trois mille en arrivant au
 port,
Tant, à nous voir marcher avec un tel visage,
Les plus épouvantés reprenaient de courage!
J'en cache les deux tiers, aussitôt qu'arrivés, 55
Dans le fond des vaisseaux qui lors° furent
 trouvés;
Le reste, dont le nombre augmentait à toute
 heure,
Brûlant d'impatience autour de moi demeure,
Se couche contre terre, et sans faire aucun
 bruit,
Passe une bonne part d'une si belle nuit. 60
Par mon commandement la garde en fait de
 même,
Et se tenant cachée, aide à mon stratagème;
Et je feins hardiment d'avoir reçu de vous
L'ordre qu'on me voit suivre et que je
 donne à tous.
 Cette obscure clarté qui tombe des
 étoiles° 65
Enfin avec le flux nous fait voir trente voiles;
L'onde s'enfle° dessous, et d'un commun
 effort
Les Mores et la mer montent jusques au port.

22. *conte* = *compte.*

38. *Sollicita:* Urged on. 56. *lors* = *alors.* 65. A famous
line. 67. *s'enfle:* swells (with the incoming tide).

On les laisse passer; tout leur paraît
 tranquille :
Point de soldats au port, point aux murs de
 la ville. 70
Notre profond silence abusant° leurs esprits,
Ils n'osent plus douter de nous avoir surpris;
Ils abordent sans peur, ils ancrent, ils
 descendent,
Et courent se livrer aux mains qui les
 attendent.
Nous nous levons alors, et tous en même
 temps 75
Poussons jusques au ciel mille cris éclatants.
Les nôtres, à ces cris, de nos vaisseaux
 répondent;
Ils paraissent armés, les Mores se confondent,
L'épouvante les prend à demi descendus;
Avant que de combattre, ils s'estiment
 perdus. 80
Ils couraient au pillage, et rencontrent la
 guerre;
Nous les pressons sur l'eau, nous les pressons
 sur terre,
Et nous faisons courir des ruisseaux de leur
 sang,
Avant qu'aucun résiste ou reprenne son rang.
Mais bientôt, malgré nous, leurs princes les
 rallient; 85
Leur courage renaît, et leurs terreurs
 s'oublient :
La honte de mourir sans avoir combattu
Arrête leur désordre, et leur rend leur vertu.
Contre nous de pied ferme ils tirent leurs
 alfanges,°
De notre sang au leur font d'horribles
 mélanges, 90
Et la terre, et le fleuve, et leur flotte, et le
 port,
Sont des champs de carnage, où triomphe la
 mort.
 O combien d'actions, combien d'exploits
 célèbres
Sont demeurés sans gloire au milieu des
 ténèbres,
Où chacun, seul témoin des grands coups
 qu'il donnait, 95
Ne pouvait discerner où le sort inclinait!
J'allais de tous côtés encourager les nôtres,
Faire avancer les uns, et soutenir les autres,

Ranger ceux qui venaient, les pousser à leur
 tour,
Et ne l'°ai pu savoir jusques au point du
 jour. 100
Mais enfin sa clarté montre notre avantage :
Le More voit sa perte et perd soudain
 courage;
Et voyant un renfort qui nous vient
 secourir,
L'ardeur de vaincre cède à la peur de mourir
Ils gagnent leurs vaisseaux, ils en coupent
 les câbles, 105
Poussent jusques aux cieux des cris
 épouvantables,
Font retraite en tumulte, et sans
 considérer
Si leurs rois avec eux peuvent se retirer.
Pour souffrir ce devoir leur frayeur est trop
 forte :
Le flux les apporta; le reflux les remporte, 110
Cependant que leurs rois, engagés parmi
 nous,
Et quelque peu des leurs, tous percés de nos
 coups,
Disputent vaillamment et vendent bien leur
 vie.
A se rendre moi-même en vain je les convie :
Le cimeterre° au poing, ils ne m'écoutent
 pas; 115
Mais voyant à leurs pieds tomber tous leurs
 soldats,
Et que seuls désormais en vain ils se
 défendent,
Ils demandent le chef : je me nomme, ils se
 rendent.
Je vous les envoyai tous deux en même
 temps;
Et le combat cessa faute de combattants.° 120
C'est de cette façon que, pour votre service...

SCÈNE III: DON FERNAND, DON DIÈGUE,
DON RODRIGUE, DON ARIAS, DON ALONSE,
DON SANCHE

DON ALONSE.
 Sire, Chimène vient vous demander justice.
DON FERNAND.
 La fâcheuse nouvelle, et l'importun devoir!

71. *abusant:* deceiving. 89. *alfanges:* scimitars.

100. *l':* i.e., how fortune was turning. 115. *cimeterre:*
scimitar. 120. The line has become proverbial.

Va, je ne la veux pas obliger à te voir.
Pour tous remercîments il faut que je te
 chasse;
Mais avant que sortir, viens, que ton roi
 t'embrasse. 5
 (DON RODRIGUE *rentre.*°)

DON DIÈGUE.
Chimène le poursuit, et voudrait le sauver.

DON FERNAND.
On m'a dit qu'elle l'aime, et je vais
 l'éprouver.
Montrez un œil plus triste.

SCÈNE IV : DON FERNAND. DON DIÈGUE,
DON ARIAS, DON SANCHE, DON ALONSE,
CHIMÈNE, ELVIRE

DON FERNAND.
 Enfin, soyez contente,
Chimène, le succès° répond à votre attente :
Si de nos ennemis Rodrigue a le dessus,
Il est mort à nos yeux des coups qu'il a
 reçus;
Rendez grâces au ciel qui vous en a vengée. 5
 (*à* DON DIÈGUE)
Voyez comme déjà sa couleur est changée.

DON DIÈGUE.
Mais voyez qu'elle pâme,° et d'un amour
 parfait,
Dans cette pâmoison, Sire, admirez l'effet.
Sa douleur a trahi les secrets de son âme,
Et ne vous permet plus de douter de sa
 flamme. 10

CHIMÈNE.
Quoi! Rodrigue est donc mort?

DON FERNAND.
 Non, non, il voit le jour,
Et te conserve encore un immuable amour :
Calme cette douleur qui pour lui s'intéresse.

CHIMÈNE. *trying to regain anger*
Sire, on pâme de joie, ainsi que de tristesse :
Un excès de plaisir nous rend tous
 languissants; 15
Et quand il surprend l'âme, il accable les
 sens.

DON FERNAND.
Tu veux qu'en ta faveur nous croyions
 l'impossible?
Chimène, ta douleur a paru trop visible.

CHIMÈNE.
Eh bien! Sire, ajoutez ce comble à mon
 malheur,
Nommez ma pâmoison l'effet de ma
 douleur : 20
Un juste déplaisir à ce point m'a réduite.
Son trépas dérobait° sa tête à ma poursuite;
S'il meurt des coups reçus pour le bien du
 pays,
Ma vengeance est perdue et mes desseins
 trahis :
Une si belle fin m'est trop injurieuse. 25
Je demande sa mort, mais non pas
 glorieuse,
Non pas dans un éclat qui l'élève si haut,
Non pas au lit d'honneur,° mais sur un
 échafaud;°
Qu'il meure pour mon père, et non pour la
 patrie;
Que son nom soit taché, sa mémoire flétrie.
Mourir pour le pays n'est pas un triste
 sort; 31
C'est s'immortaliser par une belle mort.
J'aime donc sa victoire, et je le puis sans
 crime;
Elle assure l'État et me rend ma victime,
Mais noble, mais fameuse entre tous les
 guerriers, 35
Le chef, au lieu de fleurs,° couronné de
 lauriers,
Et pour dire en un mot ce que j'en considère,
Digne d'être immolée aux mânes° de mon
 père… *= sacrifice*
Hélas! à quel espoir me laissé-je emporter!
Rodrigue de ma part n'a rien à redouter : 40
Que pourraient contre lui des larmes qu'on
 méprise?
Pour lui tout votre empire est un lieu de
 franchise;°
Là, sous votre pouvoir, tout lui devient
 permis;
Il triomphe de moi comme des ennemis.
Dans leur sang répandu la justice étouffée 45
Au crime du vainqueur sert d'un nouveau
 trophée :
Nous en croissons la pompe, et le mépris des
 lois

22. *dérobait = aurait dérobé.* 28. *lit d'honneur:* bed on which dead heroes were laid in state. 28. *échafaud:* scaffold. 36. *fleurs:* Sacrificial victims were crowned with flowers, heroes with laurels. 38. *mânes:* shade, spirit. 42. *lieu de franchise:* sanctuary.

SCÈNE III. 5. *rentre:* exits. SCÈNE IV. 2. *succès:* outcome. 7. *pâme:* is fainting.

Nous fait suivre son char au milieu de deux
 rois.°

DON FERNAND.

Ma fille, ces transports ont trop de violence.
Quand on rend la justice, on met tout en
 balance. 50
On a tué ton père, il était l'agresseur;
Et la même équité° m'ordonne la douceur.
Avant que d'accuser ce que j'en° fais paraître,
Consulte bien ton cœur : Rodrigue en est le
 maître,
Et ta flamme en secret rend grâces à ton
 roi, 55
Dont la faveur conserve un tel amant pour
 toi.

CHIMÈNE.

Pour moi! mon ennemi! l'objet de ma
 colère!
L'auteur de mes malheurs! l'assassin de mon
 père!
De ma juste poursuite on fait si peu de cas
Qu'on me croit obliger en ne m'écoutant
 pas! 60
 Puisque vous refusez la justice à mes
 larmes,
Sire, permettez-moi de recourir aux armes;
C'est par là seulement qu'il a su m'outrager,
Et c'est aussi par là que je me dois venger.
A tous vos cavaliers je demande sa tête : 65
Oui, qu'un d'eux me l'apporte, et je suis sa
 conquête;
Qu'ils le combattent, Sire; et le combat fini,
J'épouse le vainqueur, si Rodrigue est puni.
Sous votre autorité souffrez qu'on le publie.

DON FERNAND.

Cette vieille coutume en ces lieux établie, 70
Sous couleur de punir un injuste attentat,
Des meilleurs combattants affaiblit un État;
Souvent de cet abus le succès déplorable
Opprime l'innocent, et soutient le coupable.°
J'en dispense Rodrigue : il m'est trop
 précieux 75
Pour l'exposer aux coups d'un sort capricieux;
Et quoi qu'ait pu commettre un cœur si
 magnanime,

Les Mores en fuyant ont emporté son crime.

DON DIÈGUE.

Quoi! Sire, pour lui seul vous renversez des
 lois
Qu'a vu toute la cour observer tant de
 fois! 80
Que croira votre peuple et que dira l'envie,
Si sous votre défense il ménage sa vie,
Et s'en fait un prétexte à ne paraître pas
Où tous les gens d'honneur cherchent un
 beau trépas?
De pareilles faveurs terniraient trop sa
 gloire : 85
Qu'il goûte sans rougir les fruits de sa
 victoire.
Le Comte eut de l'audace; il l'en a su punir :
Il l'a fait en brave homme, et le° doit
 maintenir.

DON FERNAND.

Puisque vous le voulez, j'accorde qu'il le
 fasse;
Mais d'un guerrier vaincu mille prendraient
 la place, 90
Et le prix que Chimène au vainqueur a
 promis
De tous mes cavaliers ferait ses ennemis.
L'opposer seul à tous serait trop d'injustice :
Il suffit qu'une fois il entre dans la lice.°
 Choisis qui tu voudras, Chimène, et
 choisis bien; 95
Mais après ce combat ne demande plus
 rien.

DON DIÈGUE.

N'excusez point par là ceux que son bras
 étonne :°
Laissez un champ ouvert où n'entrera
 personne.
Après ce que Rodrigue a fait voir
 aujourd'hui,
Quel courage assez vain s'oserait prendre à
 lui? 100
Qui se hasarderait contre un tel adversaire?
Qui serait ce vaillant, ou bien ce téméraire?

DON SANCHE.

Faites ouvrir le champ : vous voyez
 l'assaillant;
Je suis ce téméraire, ou plutôt ce vaillant.
 Accordez cette grâce à l'ardeur qui me
 presse, 105

47–48. *le mépris... rois:* i.e., your over-riding of law makes us follow his triumphal chariot along with the two captive kings. 52. *la même équité = l'équité même.* 53. *en = de la douceur.* 70–74. These five lines support Cardinal Richelieu's campaign against dueling; they must have been ineffective by contrast with the glorification of the code of honor, including the duel, throughout the play.

88. *le:* i.e., the results of his actions. 94. *lice:* lists. 97. *étonne:* terrifies.

Madame : vous savez quelle est votre
 promesse.

DON FERNAND.

Chimène, remets-tu ta querelle en sa main?

CHIMÈNE.

Sire, je l'ai promis.

DON FERNAND.

 Soyez prêt à demain.

DON DIÈGUE.

Non, Sire, il ne faut pas différer davantage :
On est toujours trop prêt quand on a du
 courage. 110

DON FERNAND.

Sortir d'une bataille, et combattre à
 l'instant!

DON DIÈGUE.

Rodrigue a pris haleine en vous la racontant.

DON FERNAND.

Du moins une heure ou deux je veux qu'il se
 délasse.
Mais de peur qu'en exemple un tel combat
 ne passe,
Pour témoigner à tous qu'à regret je
 permets 115
Un sanglant procédé qui ne me plut jamais,
De moi ni de ma cour il n'aura la présence.

(Il parle à DON ARIAS.)

Vous seul des combattants jugerez la
 vaillance :
Ayez soin que tous deux fassent en gens de
 cœur,
Et, le combat fini, m'amenez le vainqueur.
Qui qu'il soit, même prix est acquis à sa
 peine : 121
Je le veux de ma main présenter à
 Chimène,
Et que pour récompense il reçoive sa foi.°

CHIMÈNE.

Quoi! Sire, m'imposer une si dure loi!

DON FERNAND.

Tu t'en plains; mais ton feu, loin d'avouer
 ta plainte,° 125
Si Rodrigue est vainqueur, l'accepte sans
 contrainte.
Cesse de murmurer contre un arrêt si
 doux :
Qui que ce soit des deux, j'en ferai ton
 époux.

123. *sa foi* : i.e., Chimène's pledge of marriage. 125. *loin...
plainte:* far from approving your protest.

Acte V

Chez Chimène

SCÈNE PREMIÈRE : DON RODRIGUE,
CHIMÈNE

CHIMÈNE.

Quoi! Rodrigue, en plein jour°! d'où te
 vient cette audace?
Va, tu me perds d'honneur; retire-toi, de
 grâce.

DON RODRIGUE.

Je vais mourir, Madame, et vous° viens en
 ce lieu,
Avant le coup mortel, dire un dernier
 adieu :
Cet immuable amour qui sous vos lois
 m'engage 5
N'ose accepter ma mort sans vous en faire
 hommage.°

CHIMÈNE.

Tu vas mourir!

DON RODRIGUE.

 Je cours à ces heureux moments
Qui vont livrer ma vie à vos ressentiments.

CHIMÈNE.

Tu vas mourir! Don Sanche est-il si redou-
 table
Qu'il donne l'épouvante à ce cœur
 indomptable? 10
Qui° t'a rendu si faible, ou qui° le rend si
 fort?
Rodrigue va combattre, et se croit déjà
 mort!
Celui qui n'a pas craint les Mores, ni mon
 père,
Va combattre don Sanche, et déjà désespère!
Ainsi donc au besoin ton courage s'abat! 15

DON RODRIGUE.

Je cours à mon supplice, et non pas au
 combat;
Et ma fidèle ardeur sait bien m'ôter l'envie,
Quand vous cherchez ma mort, de défendre
 ma vie.
J'ai toujours même cœur; mais je n'ai
 point de bras

ACTE V, SCÈNE Ière. 1. *en plein jour:* Chimène is horrified
that Rodrigue should risk being observed in her house.
(Notice that it is full morning. Corneille is well within the
24-hour limit of the unity of time.) 3. *vous:* Rodrigue replies
to Chimène's *tu* with the solemn *vous.* 6. *en faire hommage:*
make an offering of it. 11. *Qui = Qu'est-ce qui.*

Quand il faut conserver ce qui ne vous plaît
 pas; 20
Et déjà cette nuit m'aurait été mortelle
Si j'eusse combattu pour ma seule querelle;
Mais défendant mon roi, son peuple et mon
 pays,
A me défendre mal je les aurais trahis.
Mon esprit généreux ne hait pas tant la vie
Qu'il en veuille sortir par une perfidie. 26
Maintenant qu'il s'agit de mon seul intérêt,
Vous demandez ma mort, j'en accepte l'arrêt.
Votre ressentiment choisit la main d'un autre
(Je ne méritais pas de mourir de la vôtre) : 30
On ne me verra point en° repousser les coups;
Je dois plus de respect à qui combat pour vous;
Et ravi de penser que c'est de vous qu'ils
 viennent,
Puisque c'est votre honneur que ses armes
 soutiennent,
Je vais lui présenter mon estomac° ouvert, 35
Adorant de sa main la vôtre qui me perd.

CHIMÈNE.

Si d'un triste devoir la juste violence,
Qui me fait malgré moi poursuivre ta
 vaillance,
Prescrit à ton amour une si forte loi
Qu'il te rend sans défense à qui combat
 pour moi, 40
En cet aveuglement ne perds pas la mémoire
Qu'ainsi que de ta vie il y va de ta gloire,
Et que dans quelque éclat que Rodrigue ait
 vécu,
Quand on le saura mort, on le croira vaincu.
Ton honneur t'est plus cher que je ne te
 suis chère, 45
Puisqu'il trempe tes mains dans le sang de
 mon père,
Et te fait renoncer, malgré ta passion,
A l'espoir le plus doux de ma possession :
Je t'en vois cependant faire si peu de conte,
Que sans rendre combat tu veux qu'on te
 surmonte. 50
Quelle inégalité ravale ta vertu?°
Pourquoi ne l'as-tu plus, ou pourquoi
 l'avais-tu?
Quoi? n'es-tu généreux que pour me faire
 outrage?
S'il ne faut m'offenser, n'as-tu point de
 courage?

Et traites-tu mon père avec tant de rigueur,
Qu'après l'avoir vaincu, tu souffres un
 vainqueur?° 56
Va, sans vouloir mourir, laisse-moi te
 poursuivre,
Et défends ton honneur, si tu ne veux plus
 vivre.

DON RODRIGUE.

Après la mort du Comte, et les Mores
 défaits,
Faudrait-il à ma gloire encor d'autres
 effets?° 60
Elle peut dédaigner le soin de me défendre :
On sait que mon courage ose tout
 entreprendre,
Que ma valeur peut tout, et que dessous les
 cieux,
Auprès de° mon honneur, rien ne m'est
 précieux.
Non, non, en ce combat, quoi que vous
 veuilliez° croire, 65
Rodrigue peut mourir sans hasarder sa
 gloire,
Sans qu'on l'ose accuser d'avoir manqué de
 cœur,
Sans passer pour vaincu, sans souffrir un
 vainqueur.
On dira seulement : « Il adorait Chimène;
Il n'a pas voulu vivre et mériter sa haine; 70
Il a cédé lui-même à la rigueur du sort
Qui forçait sa maîtresse à poursuivre sa mort :
Elle voulait sa tête; et son cœur magnanime,
S'il l'en eût refusée,° eût pensé faire un crime.
Pour venger son honneur il perdit son amour,
Pour venger sa maîtresse il a quitté le jour, 76
Préférant, quelque espoir qu'eût son âme
 asservie,°
Son honneur à Chimène, et Chimène à sa
 vie. »
Ainsi donc vous verrez ma mort en ce
 combat,
Loin d'obscurcir ma gloire, en rehausser
 l'éclat; 80
Et cet honneur suivra mon trépas volontaire,
Que tout autre que moi n'eût pu vous
 satisfaire.

31. *en = de lui.* 35. *estomac:* breast. 51. *Quelle inégalité...
ta vertu?* What caprice brings low your courage?

55–56. *Et traites-tu... vainqueur?* i.e., By yielding weakly
to don Sanche you will give rise to the presumption that my
father was not much of a fighter. 60. *effets:* exploits. 64.
Auprès de: In comparison with. 65. *veuilliez = vouliez*
(subj.). 74. *S'il l'en eût refusée = S'il la lui avait refusée.*
77. *asservie:* enslaved.

CHIMÈNE.

Puisque, pour t'empêcher de courir au
 trépas,
Ta vie et ton honneur sont de faibles appas,
Si jamais je t'aimai, cher Rodrigue, en
 revanche, 85
Défends-toi maintenant pour m'ôter à don
 Sanche;
Combats pour m'affranchir d'une condition
Qui me donne à l'objet de mon aversion.
Te dirai-je encor plus? va, songe à ta
 défense,
Pour forcer mon devoir, pour m'imposer
 silence; 90
Et si tu sens pour moi ton cœur encore épris,
Sors vainqueur d'un combat dont Chimène
 est le prix.°
Adieu: ce mot lâché me fait rougir de honte.

DON RODRIGUE (*seul*).

Est-il quelque ennemi qu'à présent je ne
 dompte?
Paraissez, Navarrais, Mores et Castillans, 95
Et tout ce que l'Espagne a nourri de vaillants;
Unissez-vous ensemble, et faites une armée,
Pour combattre une main de la sorte animée:
Joignez tous vos efforts contre un espoir si
 doux;
Pour en venir à bout, c'est trop peu que de
 vous.° 100

Chez Chimène

SCÈNE II : CHIMÈNE, ELVIRE

CHIMÈNE.

Elvire, que je souffre, et que je suis à
 plaindre!
Je ne sais qu'espérer, et je vois tout à
 craindre;
Aucun vœu ne m'échappe où° j'ose
 consentir;
Je ne souhaite rien sans un prompt repentir.
À deux rivaux pour moi je fais prendre les
 armes; 5
Le plus heureux succès me coûtera des
 larmes;
Et quoi qu'en ma faveur en ordonne le sort,
Mon père est sans vengeance, ou mon amant
 est mort.

ELVIRE.

D'un et d'autre côté je vous vois soulagée:
Ou vous avez Rodrigue, ou vous êtes
 vengée; 10
Et quoi que le destin puisse ordonner de vous,
Il soutient votre gloire, et vous donne un
 époux.

CHIMÈNE.

Quoi! l'objet de ma haine ou de tant de
 colère!
L'assassin de Rodrigue ou celui de mon père!
De tous les deux côtés on me donne un mari 15
Encor tout teint du sang que j'ai le plus chéri;
De tous les deux côtés mon âme se rebelle:
Je crains plus que la mort la fin de ma
 querelle.
Allez, vengeance, amour, qui troublez mes
 esprits,°
Vous n'avez point pour moi de douceurs à ce
 prix; 20
Et toi, puissant moteur° du destin qui
 m'outrage,
Termine ce combat sans aucun avantage,
Sans faire aucun des deux ni vaincu ni
 vainqueur.

ELVIRE.

Ce serait vous traiter avec trop de rigueur.
Ce combat pour votre âme est un nouveau
 supplice, 25
S'il vous laisse obligée à demander justice,
A témoigner toujours ce haut ressentiment,
Et poursuivre toujours la mort de votre
 amant.
Madame, il vaut bien mieux que sa rare
 vaillance,
Lui couronnant le front,° vous impose
 silence; 30
Que la loi du combat étouffe vos soupirs,
Et que le Roi vous force à suivre vos désirs.

CHIMÈNE.

Quand il sera vainqueur, crois-tu que je me
 rende?
Mon devoir est trop fort, et ma perte trop
 grande,
Et ce n'est pas assez, pour leur faire la loi, 35
Que celle du combat et le vouloir du Roi.
Il peut vaincre don Sanche avec fort peu de
 peine,

92. A much quoted line. 100. *c'est... vous:* you are all
too few. SCÈNE II. 3. *où = auquel.*
19. *esprits:* wits, mind. 21. *moteur:* God (who was not
named in classic tragedy). 30. *Lui couronnant le front:*
Crowning his brow (with the laurels of victory).

Mais non pas avec lui la gloire de Chimène;
Et quoi qu'à sa victoire un monarque ait
 promis,
Mon honneur lui fera mille autres ennemis.40

ELVIRE.

Gardez,° pour vous punir de cet orgueil
 étrange,
Que le ciel à la fin ne souffre qu'on vous
 venge.
Quoi! vous voulez encor refuser le bonheur
De pouvoir maintenant vous taire avec
 honneur?
Que prétend ce devoir, et qu'est-ce qu'il
 espère? 45
La mort de votre amant vous rendra-t-elle
 un père?
Est-ce trop peu pour vous que d'un° coup
 de malheur?
Faut-il perte sur perte, et douleur sur
 douleur?
Allez, dans le caprice où votre humeur
 s'obstine,
Vous ne méritez pas l'amant qu'on vous
 destine; 50
Et nous verrons du ciel l'équitable courroux
Vous laisser, par sa mort, don Sanche pour
 époux.

CHIMÈNE.

Elvire, c'est assez des peines que j'endure,
Ne les redouble point de ce funeste augure.
Je veux, si je le puis, les éviter tous deux; 55
Sinon, en ce combat Rodrigue a tous mes
 vœux :
Non qu'une folle ardeur de son côté me
 penche;
Mais s'il était vaincu, je serais à don Sanche :
Cette appréhension fait naître mon souhait.
Que vois-je, malheureuse? Elvire, c'en est
 fait.° 60

SCÈNE III : DON SANCHE, CHIMÈNE,
ELVIRE

DON SANCHE.

Obligé d'apporter à vos pieds cette épée...

CHIMÈNE.

Quoi! du sang de Rodrigue encor toute
 trempée?

Perfide, oses-tu bien te montrer à mes yeux,
Après m'avoir ôté ce que j'aimais le mieux?
 Éclate, mon amour, tu n'as plus rien à
 craindre : 5
Mon père est satisfait, cesse de te contraindre.
Un même coup a mis ma gloire en sûreté,
Mon âme au désespoir, ma flamme en liberté.

DON SANCHE.

D'un esprit plus rassis...°

CHIMÈNE.

 Tu me parles encore,
Exécrable assassin d'un héros que j'adore? 10
Va, tu l'as pris en traître; un guerrier si
 vaillant
N'eût jamais succombé sous un tel assaillant.
N'espère rien de moi, tu ne m'as point
 servie :
En croyant me venger, tu m'as ôté la vie.

DON SANCHE

Étrange impression, qui, loin de
 m'écouter... 15

CHIMÈNE.

Veux-tu que de sa mort je t'écoute vanter,
Que j'entende à loisir avec quelle insolence
Tu peindras son malheur, mon crime et ta
 vaillance?

Chez le Roi

SCÈNE IV : DON FERNAND, DON DIÈGUE,
DON ARIAS, DON SANCHE, DON ALONSE,
CHIMÈNE, ELVIRE

CHIMÈNE.

Sire, il n'est plus besoin de vous dissimuler
Ce que tous mes efforts ne vous ont pu celer.°
J'aimais, vous l'avez su; mais pour venger
 mon père,
J'ai bien voulu proscrire° une tête si chère :
Votre Majesté, Sire, elle-même a pu voir 5
Comme j'ai fait céder mon amour au devoir.
Enfin Rodrigue est mort, et sa mort m'a
 changée
D'implacable ennemie en amante affligée.
J'ai dû cette vengeance à qui m'a mise au
 jour,
Et je dois maintenant ces pleurs à mon
 amour. 10

41. *Gardez* = *Prenez garde.* 47. *un:* a single. 60. *c'en est fait:* the worst has happened. (Chimène has seen Don Sanche entering with bared sword.)

SCÈNE III. 9. *rassis:* settled. SCÈNE IV. 2. *celer* = *cacher.* 4. *proscrire:* proscribe, outlaw.

Don Sanche m'a perdue en prenant ma
 défense,
Et du bras qui me perd je suis la
 récompense!
Sire, si la pitié peut émouvoir un roi,
De grâce, révoquez une si dure loi;
Pour prix d'une victoire où je perds ce que
 j'aime, 15
Je lui laisse mon bien; qu'il me laisse à
 moi-même;
Qu'en un cloître sacré je pleure incessam-
 ment,
Jusqu'au dernier soupir, mon père et mon
 amant.

DON DIÈGUE.
Enfin elle aime, Sire, et ne croit plus un crime
D'avouer par sa bouche° un amour
 légitime. 20

DON FERNAND.
Chimène, sors d'erreur, ton amant n'est pas
 mort,
Et don Sanche vaincu t'a fait un faux rapport.

DON SANCHE.
Sire, un peu trop d'ardeur malgré moi l'a
 déçue :
Je venais du combat lui raconter l'issue.
Ce généreux guerrier, dont son cœur est
 charmé : 25
« Ne crains rien, m'a-t-il dit, quand il m'a
 désarmé;
Je laisserais plutôt la victoire incertaine,
Que de répandre un sang hasardé pour
 Chimène;
Mais puisque mon devoir m'appelle auprès
 du Roi,
Va de notre combat l'°entretenir pour moi, 30
De la part du vainqueur lui porter ton épée. »
Sire, j'y suis venu : cet objet l'a trompée;
Elle m'a cru vainqueur, me voyant de retour,
Et soudain sa colère a trahi son amour
Avec tant de transport et tant d'impatience, 35
Que je n'ai pu gagner un moment d'audience.°
Pour moi, bien que vaincu, je me répute
 heureux;
Et malgré l'intérêt de mon cœur amoureux,
Perdant infiniment, j'aime encor ma défaite,
Qui fait le beau succès d'une amour° si
 parfaite. 40

20. *par sa bouche:* in words. In Act IV, Scene 4, she had
avowed her love only by a maidenly faint. 30. *l':* Chimène.
36. *audience:* attention. 40. *amour:* was either masculine
or feminine.

DON FERNAND.
Ma fille, il ne faut point rougir d'un si beau
 feu,
Ni chercher les moyens d'en faire un désaveu.
Une louable honte en vain t'en sollicite :
Ta gloire est dégagée, et ton devoir est
 quitte;
Ton père est satisfait, et c'était le venger 45
Que mettre tant de fois ton Rodrigue en
 danger.
Tu vois comme le ciel autrement en dispose.
Ayant tant fait pour lui,° fais pour toi
 quelque chose,
Et ne sois point rebelle à mon commande-
 ment,
Qui te donne un époux aimé si chèrement. 50

SCÈNE V : DON FERNAND, DON DIÈGUE,
DON ARIAS, DON RODRIGUE, DON ALONSE,
DON SANCHE, CHIMÈNE, ELVIRE

DON RODRIGUE.
Ne vous offensez point, Sire, si devant vous
Un respect amoureux me jette à ses° genoux.
 Je ne viens point ici demander ma
 conquête :
Je viens tout de nouveau vous apporter ma
 tête,
Madame; mon amour n'emploiera point
 pour moi 5
Ni la loi du combat, ni le vouloir du Roi.
Si tout ce qui s'est fait est trop peu pour un
 père,
Dites par quels moyens il vous faut satisfaire.
Faut-il combattre encor mille et mille rivaux,
Aux deux bouts de la terre étendre mes
 travaux, 10
Forcer moi seul un camp, mettre en fuite
 une armée,
Des héros fabuleux passer la renommée?
Si mon crime par là se peut enfin laver,
J'ose tout entreprendre, et puis tout achever;
Mais si ce fier honneur, toujours inexorable, 15
Ne se peut apaiser sans la mort du coupable,
N'armez plus contre moi le pouvoir des
 humains :
Ma tête est à vos pieds, vengez-vous par vos
 mains;
Vos mains seules ont droit de vaincre un
 invincible;

48. *lui:* your father. SCÈNE V. 2. *ses = de Chimène.*

Prenez une vengeance à tout autre impossible.
Mais du moins que ma mort suffise à me
 punir : 21
Ne me bannissez point de votre souvenir ;
Et puisque mon trépas conserve votre gloire,
Pour vous en revancher conservez ma
 mémoire,
Et dites quelquefois, en déplorant mon sort :
« S'il ne m'avait aimée, il ne serait pas
 mort. » 26

CHIMÈNE.

Relève-toi, Rodrigue. Il faut l'avouer, Sire,
Je vous en ai trop dit pour m'en pouvoir
 dédire.
Rodrigue a des vertus que je ne puis haïr ;
Et quand un roi commande, on lui doit
 obéir. 30
Mais à quoi que déjà vous m'ayez
 condamnée,°
Pourrez-vous à vos yeux souffrir cet
 hyménée ?
Et quand de mon devoir vous voulez cet
 effort,
Toute votre justice en est-elle d'accord ?
Si Rodrigue à l'État devient si nécessaire, 35
De ce qu'il fait pour vous dois-je être le
 salaire,
Et me livrer moi-même au reproche éternel
D'avoir trempé mes mains dans le sang
 paternel ?

DON FERNAND.

Le temps assez souvent a rendu légitime
Ce qui semblait d'abord ne se pouvoir sans
 crime : 40
Rodrigue t'a gagnée, et tu dois être à lui.
Mais quoique sa valeur t'ait conquise
 aujourd'hui,

31. *Mais à quoi ...condamnée:* Recognizing the decree you
have already imposed upon me.

Il faudrait que je fusse ennemi de ta gloire,
Pour lui donner sitôt le prix de sa victoire.
Cet hymen différé° ne rompt point une loi 45
Qui sans marquer de temps lui destine ta foi.
Prends un an, si tu veux, pour essuyer tes
 larmes.
Rodrigue, cependant° il faut prendre les
 armes.
Après avoir vaincu les Mores sur nos bords,
Renversé leurs desseins, repoussé leurs
 efforts, 50
Va jusqu'en leur pays leur reporter la guerre,
Commander mon armée, et ravager leur
 terre :
A ce nom seul de Cid ils trembleront d'effroi ;
Ils t'ont nommé seigneur, et te voudront
 pour roi.
Mais parmi tes hauts faits sois-lui toujours
 fidèle : 55
Reviens-en, s'il se peut, encor plus digne
 d'elle ;
Et par tes grands exploits fais-toi si bien
 priser
Qu'il lui soit glorieux alors de t'épouser.

DON RODRIGUE.

Pour posséder Chimène, et pour votre service,
Que peut-on m'ordonner que mon bras
 n'accomplisse ? 60
Quoi qu'absent de ses yeux il me faille
 endurer,
Sire, ce m'est trop d'heur de pouvoir espérer.

DON FERNAND.

Espère en ton courage, espère en ma
 promesse ;
Et possédant déjà le cœur de ta maîtresse,
Pour vaincre un point d'honneur qui combat
 contre toi, 65
Laisse faire le temps, ta vaillance et ton roi.

45. *différé:* deferred. 48. *cependant:* in the meantime.

18-20. Racine [1639–1699] Chr.

Racine was the chief maker of the standard form of the modern theater—the drama of psychological crisis.

Jean Racine was born at La Ferté-Milon, not far from Paris. His family was of the cultivated lawyer-officeholder class, sympathetic to Jansenism. Early orphaned, he spent three impressionable years at the Jansenist headquarters of Port-Royal, where he was the darling of a group of very brilliant teachers. He learned there to read Greek (and of course Latin) as readily as French; he learned also the grim Jansenist theology, with its conviction of sin and of sure punishment, its terror of damnation. He then had, by way of contrast, acquaintance with the bohemian literary-theatrical world of Paris, little concerned with morals, much concerned with emotional experience, which is so delightful in itself and so instructive for the writer, the actor, the actress. Racine was a very handsome man and had more than his share of personal success in this loose-living society.

His vocation as a dramatist declared itself early (as in the case of nearly all important playwrights). His first tragedy was staged in 1664, when he was twenty-five. Between 1667 and 1677 he produced a series of masterpieces, of which it is necessary to mention only *Andromaque* (1667), *Britannicus* (1669), *Bérénice* (1670), and *Phèdre* (1677). He became [Chr.] the successful rival of the aging Corneille. After the production of *Phèdre* he renounced the theater. No one knows quite why. Some think he merely dropped it because he was appointed to the well-paid post of *historiographe du roi*. Others think he was disgusted by the *cabale de Phèdre*, an opposition organized by his enemies. Perhaps also his old Jansenist training was at work in him, convincing him that his representations of passion were dangerous to souls. There were no doubt obscurer, psychological reasons. At any rate he retired from the stage at thirty-seven, married an excellent woman who gave him seven children and never saw or read one of his plays, and settled down to a placid bourgeois existence.

Twelve years after *Phèdre*, in 1689, Mme de Maintenon, (morganatic) wife of Louis XIV, [*legitimate marriage but to a commoner. She has not been raised to royalty & her children can't succeed the throne.*] persuaded Racine to write a Biblical drama, *Esther*, for the girl students of St-Cyr. Recaptured by the pleasures of dramatic composition, he wrote a second Biblical drama, *Athalie*, for the schoolgirls. It was thought that the young actresses performed with altogether too much fire and conviction. He gave up playwriting again, and for good. He died in 1699 and was buried at Port-Royal, at the feet of one of his old teachers.

Racine was a highly emotive type. His passions possessed him; he loved and hated with equal ardor. He was able at the same time to observe, record, and render his feelings in artistic form. This is the equipment of a dramatist of emotional conflict.

Racine is our first representative of the high classical period. Compare him with the baroque Corneille. While Corneille gives free play to his inventiveness, packing two duels, a Moorish invasion, and half a dozen proposals of suicide into twenty-four hours, Racine [*Balance, restraint*] seeks compression, concision, eliminating everything non-essential to his theme. Racine is more reasonable and logical than Corneille, even in his representations of passion's [*psychologically*] excess. He is more realistic than his predecessor, which is to say that he seems truer to us. And his style is simpler, fitting the patterns of human speech.

Racine's dramas are preeminently *psychological*. He gives us typically a study of characters; the given characters, in the given circumstances, must act the way they do. Thus the characters determine the action. But unlike those of Corneille, they do not impose their

conscious wills on the world. Passion rules their will and dominates their reason. Racine's leading personages are violent in action, but they are also victims of their impulses, which bring them to crime and disaster. They are victims also of their inheritance, A family doom oppresses them, as in the modern work of Zola, Ibsen, and Eugene O'Neill. Their actions lie in their genes. *fates, supernatural influence, outside themselves.*

Racine's *dramatic system* is essentially simple. He accepts the unities without difficulty, as they fitted his purpose. He takes a group of characters (as few as three, in *Bérénice*) who will inevitably be in conflict. He posits a circumstance which will bring this conflict into being. He develops the oppositions by means of action. The conflict rises to a crisis, usually in the third act. The crisis is settled by a *dénouement* or resolution, usually tragic, at the end of the play. He himself defined his conception of a tragedy as "une action simple, soutenue de la violence des passions, de la beauté des sentiments et de l'élégance de l'expression."

That phrase, "de l'élégance de l'expression," may give us pause. It is true that his characters, particularly his lovers, use the formulas of gallantry; they are burned with love's fires, pierced with his shafts. But these formulas are unimportant; we have our own, of which we are unaware. Racine's *style* is predominantly simple and natural. He excels in giving dramatic value to everyday speech, in finding those *mots de situation* which out of context are nothing at all, but which in their setting are charged with thrills and shudders.

His *poetry* is made of the same simplicity. Of the commonest words, of the most obvious thought, he makes a magic which enchants all French readers and hearers.

This is a very hard thing to explain to readers who know the meanings of French words but who are not yet sensitive to their subtle music and who do not perceive a cloud of connotations hovering over words and phrases. We must accept the testimony of the French themselves: Anatole France, Jules Lemaître, Paul Valéry, André Gide. They say: "Here are two of the greatest lines in the French language:

> Ariane, ma sœur, de quel amour blessée
> Vous mourûtes aux bords où vous fûtes laissée."

But why? There is no use in our asking them to explain and analyze. We must take them on trust, and hope some day to understand. We can only say: "It is the same thing in English. Here are three of the greatest lines ever written in our language:

> Perhaps the self-same song that found a path
> Through the sad heart of Ruth, when, sick for home,
> She stood in tears amid the alien corn."

But why?

Racine's *influence* has been enormous. He created the drama as we recognize it today—the picture of a crisis in the life of a character or characters, the statement and resolution of a psychological problem. The problems that he treats are universal ones—forbidden but unconquerable love (*Phèdre*); the spiritual corruption of power (*Britannicus*); the rivalry of social obligation and fidelity to love (*Bérénice*). The form he developed is recognizable as our own (barring the poetry). He has been properly called "the true father of the modern theater." And George Dillon sums up: "What we most *often* enjoy in the theater is the tightly constructed Racinian plot showing a single action, usually near its climax when the play begins, of which the earlier developments are explained to us through one or another retrospective device. Every new play of this type, whether its setting is Athens, London, Greenwich Village, Mississippi, is directly descended from Racine."*

* *Three Plays of Racine*, Introduction. Chicago, University of Chicago Press, 1961.

PHÈDRE

[*The story of Phaedra is told by Euripides and Seneca. Phaedra, wife of Theseus, is condemned by Venus to love her stepson, Hippolytus; rebuffed, she hangs herself, leaving a letter accusing Hippolytus of attempts at seduction. Theseus then compasses the death of Hippolytus.*

Racine revises the story, making Phaedra, not Hippolytus, central. He treats his Phèdre with understanding and pity. She struggles against her fate; she is tortured by remorse. She is more Christian than Greek, for she is imbued with a sense of sin, and more Jansenist than Christian, for she represents, in the words of the time, "a just woman who lacked God's grace." *She is a victim, desperate and helpless. Compare her with Chimène, who commands her lover and even the king and court.*

The modern world has lost much of the sense of sin. It has, however, substituted a monstrous awareness of guilt. Phèdre *can be read in modern terms as an epic of the guilt complex.*

Phèdre *is one of the great roles, if not the greatest, of the French theater. Every actress dreams of playing it. It has an immense range, and requires every resource of voice, body, and sensibility.*]

Personnages

THÉSÉE, fils d'Égée,* roi d'Athènes

PHÈDRE, femme de Thésée, fille de Minos† et de Pasiphaé§

HIPPOLYTE, fils de Thésée et d'Antiope, reine des Amazones

ARICIE, princesse du sang royal d'Athènes

THÉRAMÈNE, gouverneur d'Hippolyte.

ŒNONE, nourrice et confidente de Phèdre

ISMÈNE, confidente d'Aricie

PANOPE, femme de la suite de Phèdre

GARDES

*La scène est à Trézène,** ville du Péloponnèse.*

* *Égée:* Aegeus. † Minos, son of Zeus and Europa and King of Crete; after his death judge of the shades in the underworld. § *Pasiphaé:* Pasiphaë (see pp. 176, 177, notes to lines 36 and 82. ** *Trézène:* Troezen, on the Saronic Gulf about 50 miles southwest of Athens. (Only inconsiderable ruins remain.)

Acte premier

SCÈNE PREMIÈRE : HIPPOLYTE, THÉRAMÈNE

HIPPOLYTE.

Le dessein° en est pris : je pars, cher Théramène,
Et quitte le séjour de l'aimable Trézène.
Dans le doute mortel dont je suis agité,
Je commence à rougir de mon oisiveté
Depuis plus de six mois éloigné de mon père, 5
J'ignore le destin d'une tête si chère;
J'ignore jusqu'aux lieux qui le peuvent cacher.

THÉRAMÈNE.

Et dans quels lieux, Seigneur, l' allez-vous donc chercher?
Déjà, pour satisfaire à votre juste crainte,
J'ai couru les deux mers° que sépare Corinthe; 10
J'ai demandé Thésée aux peuples de ces bords°
Où l'on voit l'Achéron° se perdre chez les morts;
J'ai visité l'Élide°, et laissant le Ténare,°
Passé jusqu'à la mer qui vit tomber Icare.°
Sur quel espoir nouveau, dans quels heureux climats 15
Croyez-vous découvrir la trace de ses pas?
Qui sait même, qui sait si le Roi votre père
Veut que de son absence on sache le mystère?
Et si, lorsqu'avec vous nous tremblons pour ses jours,
Tranquille, et nous cachant de nouvelles amours, 20
Ce héros n'attend point qu'une amante abusée°...

HIPPOLYTE.

Cher Théramène, arrête, et respecte Thésée.
De ses jeunes erreurs désormais revenu,
Par un indigne obstacle il n'est point retenu;

ACTE Ier, SCÈNE Ière. 1. *Le dessein:* My purpose. 10. *les deux mers:* The isthmus of Corinth separates the Aegean and the Ionian Seas. 11. *bords:* shores. 12. *Achéron:* river of the dead, supposed to rise in Epirus and descend to the lower world. 13. *Élide:* Elis, northwestern part of the Peloponnesus. 13. *Ténare:* Cape Matapan, southernmost promontory of Greece. 14. *Icare:* Icarus, who tried to fly from Crete with fabricated wings. He fell into the sea between Crete and the mainland, thenceforth called the Icarian Sea. 21. *abusée:* deceived.

Et fixant de ses vœux l'inconstance fatale,° 25
Phèdre depuis longtemps ne craint plus de
 rivale.
Enfin en le cherchant je suivrai mon devoir,
Et je fuirai ces lieux que je n'ose plus voir.

THÉRAMÈNE.

Hé! depuis quand, Seigneur, craignez-vous
 la présence°
De ces paisibles lieux, si chers à votre
 enfance, 30
Et dont je vous ai vu préférer le séjour
Au tumulte pompeux d'Athène et de la
 cour?
Quel péril, ou plutôt quel chagrin vous en
 chasse?

HIPPOLYTE.

Cet heureux temps n'est plus. Tout a changé
 de face,
Depuis que sur ces bords les Dieux ont
 envoyé 35
La fille de Minos et de Pasiphaé.°

THÉRAMÈNE.

J'entends : de vos douleurs la cause m'est
 connue.
Phèdre ici vous chagrine,° et blesse votre vue.
Dangereuse marâtre,° à peine elle vous vit,
Que votre exil d'abord signala son crédit.° 40
Mais sa haine, sur vous autrefois attachée,
Ou s'est évanouie, ou s'est bien relâchée.
Et d'ailleurs quels périls vous peut faire
 courir
Une femme mourante et qui cherche à
 mourir?
Phèdre, atteinte d'un mal qu'elle s'obstine à
 taire, 45
Lasse enfin d'elle-même et du jour qui
 l'éclaire,
Peut-elle contre vous former quelques
 desseins?

HIPPOLYTE.

Sa vaine inimitié n'est pas ce que je crains.
Hippolyte en partant fuit une autre ennemie :
Je fuis, je l'avouerai, cette jeune Aricie, 50
Reste d'un sang fatal conjuré contre nous.

THÉRAMÈNE.

Quoi! vous-même, Seigneur, la persécutez-
 vous?
Jamais l'aimable sœur des cruels Pallantides°
Trempa-t-elle° aux complots de ses frères
 perfides?
Et devez-vous haïr ses innocents appas?° 55

HIPPOLYTE.

Si je la haïssais, je ne la fuirais pas.

THÉRAMÈNE.

Seigneur, m'est-il permis d'expliquer° votre
 fuite?
Pourriez-vous n'être plus ce superbe°
 Hippolyte,
Implacable ennemi des amoureuses lois
Et d'un joug que Thésée a subi tant de fois?
Vénus, par votre orgueil si longtemps
 méprisée, 61
Voudrait-elle à la fin justifier Thésée?
Et vous mettant au rang du reste des
 mortels,
Vous a-t-elle forcé d'encenser ses autels?
Aimeriez-vous, Seigneur?

HIPPOLYTE.

 Ami, qu'oses-tu dire?
Toi, qui connais mon cœur depuis que je
 respire, 66
Des sentiments d'un cœur si fier, si
 dédaigneux,
Peux-tu me demander le désaveu honteux?
C'est peu qu'avec son lait une mère
 amazone°
M'ait fait sucer encor cet orgueil qui
 t'étonne; 70
Dans un âge plus mûr moi-même parvenu,
Je me suis applaudi quand je me suis
 connu.
Attaché près de moi par un zèle sincère,
Tu me contais alors l'histoire de mon père.
Tu sais combien mon âme, attentive à ta
 voix, 75
S'échauffait aux récits de ses nobles exploits,
Quand tu me dépeignais ce héros intrépide
Consolant les mortels de l'absence d'Alcide,°
Les monstres étouffés et les brigands punis,

25. *fixant... fatale:* reforming the unfortunate inconstancy of Theseus' vows. 29. *présence:* aspect. 36. This line served, in the 1920's, as a text for a long discussion of *la poésie pure.* In itself a mere factual reference, it delights the connoisseur by its music and by its connotation of far-off majesty and horror. 38. *vous chagrine:* makes you suffer. 39. *marâtre:* stepmother. 40. *votre exil... crédit:* she immediately gave proof of her power by exiling you.

53. The Pallantides, sons of Pallas, brother of Aegeus and uncle of Theseus. They conspired to seize the throne of Athens; Theseus slew them all, leaving only their sister, Aricia (*Aricie*). 54. *Trempa-t-elle:* Did she take part in. 55. *appas:* charms. 57. *expliquer:* seek the motives for. 58. *superbe:* proud. 69. *une mère amazone:* Antiope, queen of the Amazons, Theseus' first wife. 78. *Alcide:* Hercules.

Procuste, Cercyon, et Scirron, et Sinnis,° 80
Et les os dispersés du géant d'Épidaure,°
Et la Crète fumant du sang du Minotaure,°
Mais quand tu récitais des faits moins
 glorieux,
Sa foi° partout offerte et reçue en cent lieux;
Hélène à ses parents dans Sparte dérobée;°
Salamine témoin des pleurs de Péribée;° 86
Tant d'autres, dont les noms lui sont même
 échappés,
Trop crédules esprits que sa flamme a
 trompés :
Ariane aux rochers contant ses injustices,°
Phèdre enlevée enfin sous de meilleurs
 auspices;° 90
Tu sais comme, à regret écoutant ce
 discours,
Je te pressais souvent d'en abréger le cours,
Heureux si j'avais pu ravir à la mémoire
Cette indigne moitié d'une si belle histoire!
Et moi-même, à mon tour, je me verrais
 lié? 95
Et les Dieux jusque-là m'auraient humilié?
Dans mes lâches soupirs d'autant plus
 méprisable,
Qu'un long amas d'honneurs rend Thésée
 excusable,
Qu'aucuns monstres par moi domptés
 jusqu'aujourd'hui
Ne m'ont acquis le droit de faillir comme
 lui. 100
Quand même ma fierté pourrait s'être
 adoucie,
Aurais-je pour vainqueur dû choisir Aricie?

Ne souviendrait-il plus à mes sens égarés
De l'obstacle éternel qui nous a séparés?
Mon père la réprouve;° et par des lois
 sévères 105
Il défend de donner des neveux° à ses frères :
D'une tige coupable il craint un rejeton;°
Il veut avec leur sœur ensevelir leur nom,
Et que jusqu'au tombeau soumise à sa
 tutelle,°
Jamais les feux d'hymen ne s'allument pour
 elle. 110
Dois-je épouser ses droits contre un père
 irrité?
Donnerai-je l'exemple à la témérité?
Et dans un fol amour ma jeunesse
 embarquée…

THÉRAMÈNE.

Ah! Seigneur, si votre heure est une fois
 marquée,
Le ciel de nos raisons ne sait point
 s'informer. 115
Thésée ouvre vos yeux en voulant les fermer;
Et sa haine, irritant une flamme rebelle,
Prête à son ennemie une grâce nouvelle.
Enfin d'un chaste amour pourquoi vous
 effrayer?
S'il a quelque douceur, n'osez-vous
 l'essayer? 120
En croirez-vous toujours un farouche
 scrupule?
Craint-on de s'égarer sur les traces
 d'Hercule?°
Quels courages° Vénus n'a-t-elle point
 domptés?
Vous-même, où seriez-vous, vous qui la
 combattez,
Si toujours Antiope à ses lois opposée, 125
D'une pudique ardeur n'eût brûlé pour
 Thésée?
Mais que sert d'affecter un superbe
 discours?°
Avouez-le, tout change; et depuis quelques
 jours
On vous voit moins souvent, orgueilleux et
 sauvage,°
Tantôt faire voler un char sur le rivage, 130

80. *Procuste… Sinnis:* Procrustes stretched or amputated visitors to fit his guest-bed; Cercyon killed his opponents in wrestling matches; Sciron sat on a rock at a cliff top and forced travelers to wash his feet, and when they bent to the task he would kick them into the sea; Sinis bent down a pine tree and asked aid of passers-by; he then released his hold and the upspringing tree would catapult the traveler to his death. 81. *le géant d'Épidaure:* Periphetes, who battered people to death with a brass club. 82. *Minotaure:* the Minotaur, half bull, half human offspring of Pasiphaë and a sacred bull. (He was kept in a labyrinth [the existent palace of Knossos, Crete] and fed on a forced tribute of youths and maidens from other cities, including Athens. Theseus penetrated the labyrinth and killed him.) 84. *foi:* promise of fidelity. 85. *Hélène… dérobée:* Helen was seduced by Theseus before she married Menelaus. 86. King Telamon of Salamis married Periboea after she was deserted by Theseus. 89. Ariadne, daughter of Minos and Pasiphaë and sister of Phaedra, fell in love with Theseus, who had inveigled himself into the band of Athenian youths to be offered up to the Minotaur. Ariadne gave Theseus a ball of string, with which he marked an escape route from the labyrinth. He killed the Minotaur, carried off Ariadne, and abandoned her on the rocky islet of Naxos. 90. *sous de meilleurs auspices:* i.e., because she was properly married to Theseus.

105. *réprouve:* repels. 106. *neveux:* descendants. 107. *D'une tige… rejeton:* He fears an offshoot of a guilty stock. 109. *tutelle:* guardianship. 122. Hercules was said to have humiliated himself by doing women's work in the palace of Queen Omphale. 123. *courages = cœurs.* 127. *un superbe discours:* proud speech. 129. *sauvage:* shy.

Tantôt, savant dans l'art par Neptune inventé,°
Rendre docile au frein° un coursier indompté.
Les forêts de nos cris moins souvent retentissent;
Chargés d'un feu secret, vos yeux s'appesantissent.
Il n'en faut point douter : vous aimez, vous brûlez; 135
Vous périssez d'un mal que vous dissimulez.
La charmante Aricie a-t-elle su vous plaire?

HIPPOLYTE.
Théramène, je pars, et vais chercher mon père.

THÉRAMÈNE.
Ne verrez-vous point Phèdre avant que de partir,
Seigneur? 140

HIPPOLYTE.
 C'est mon dessein : tu peux l'en avertir.
Voyons-la, puisqu'ainsi mon devoir me l'ordonne.
Mais quel nouveau malheur trouble sa chère Œnone?

SCÈNE II : HIPPOLYTE, ŒNONE, THÉRAMÈNE

ŒNONE.
Hélas! Seigneur, quel trouble au mien peut être égal?
La Reine touche presque à son terme fatal.
En vain à l'observer jour et nuit je m'attache :
Elle meurt dans mes bras d'un mal qu'elle me cache.
Un désordre éternel règne dans son esprit. 5
Son chagrin inquiet l'arrache de son lit.
Elle veut voir le jour; et sa douleur profonde
M'ordonne toutefois d'écarter tout le monde...
Elle vient.

HIPPOLYTE.
 Il suffit : je la laisse en ces lieux,
Et ne lui montre point un visage odieux. 10

SCÈNE III : PHÈDRE, ŒNONE

PHÈDRE.
N'allons point plus avant. Demeurons, chère Œnone.

Je ne me soutiens plus : ma force m'abandonne.
Mes yeux sont éblouis du jour que je revoi,
Et mes genoux tremblants se dérobent sous moi.
Hélas!

(Elle s'assied.)

ŒNONE.
 Dieux tout-puissants, que nos pleurs vous apaisent! 5

PHÈDRE.
Que ces vains ornements, que ces voiles me pèsent!
Quelle importune main, en formant tous ces nœuds,
A pris soin sur mon front d'assembler mes cheveux?
Tout m'afflige et me nuit, et conspire à me nuire.

ŒNONE.
Comme on voit tous ses vœux l'un l'autre se détruire! 10
Vous-même, condamnant vos injustes desseins,
Tantôt à vous parer vous excitiez nos mains;
Vous-même, rappelant votre force première,
Vous vouliez vous montrer et revoir la lumière.
Vous la voyez, Madame; et prête à vous cacher, 15
Vous haïssez le jour que vous veniez chercher?

PHÈDRE.
Noble et brillant auteur d'une triste famille,
Toi,° dont ma mère osait se vanter d'être fille,
Qui peut-être rougis du trouble où tu me vois,
Soleil, je te viens voir pour la dernière fois. 20

ŒNONE.
Quoi? vous ne perdrez point cette cruelle envie?
Vous verrai-je toujours, renonçant à la vie,
Faire de votre mort les funestes apprêts?

PHÈDRE.
Dieux! que ne suis-je assise à l'ombre des forêts!
Quand pourrai-je, au travers d'une noble poussière, 25

131. *l'art... inventé:* i.e., horsemanship. 132. *frein:* bridle, bit.

SCÈNE III. 18. *Toi:* Phèdre addresses Helios, the Sun, father of Pasiphaë.

Suivre de l'œil un char fuyant dans la
 carrière ?

ŒNONE.

Quoi, Madame ?

PHÈDRE.

Insensée, où suis-je ? et
 qu'ai-je dit ?
Où laissé-je égarer mes vœux et mon esprit ?
Je l'ai perdu : les Dieux m'en ont ravi l'usage
Œnone, la rougeur me couvre le visage : 30
Je te laisse trop voir mes honteuses
 douleurs ;
Et mes yeux, malgré moi, se remplissent de
 pleurs.

ŒNONE.

Ah ! s'il vous faut rougir, rougissez d'un
 silence
Qui de vos maux encore aigrit la violence.
Rebelle à tous nos soins, sourde à tous nos
 discours, 35
Voulez-vous sans pitié laisser finir vos jours ?
Quelle fureur les borne au milieu de leur
 course ?
Quel charme ou quel poison en a tari la
 source ?
Les ombres par trois fois ont obscurci les
 cieux
Depuis que le sommeil n'est entré dans vos
 yeux, 40
Et le jour a trois fois chassé la nuit obscure
Depuis que votre corps languit sans
 nourriture.
A quel affreux dessein vous laissez-vous
 tenter ?
De quel droit sur vous-même osez-vous
 attenter ?
Vous offensez les Dieux auteurs de votre vie ; 45
Vous trahissez l'époux à qui la foi vous lie ;
Vous trahissez enfin vos enfants malheureux,
Que vous précipitez sous un joug rigoureux.
Songez qu'un même jour leur ravira leur
 mère,
Et rendra l'espérance au fils de l'étrangère,
A ce fier ennemi de vous, de votre sang, 51
Ce fils qu'une Amazone a porté dans son
 flanc,
Cet Hippolyte...

PHÈDRE.

Ah, Dieux !

ŒNONE.

Ce reproche vous touche.

PHÈDRE.

Malheureuse, quel nom est sorti de ta
 bouche ?

ŒNONE.

Hé bien ! votre colère éclate avec raison : 55
J'aime à vous voir frémir à ce funeste nom.
Vivez donc. Que l'amour, le devoir vous
 excite.
Vivez, ne souffrez pas que le fils d'une
 Scythe,°
Accablant vos enfants d'un empire° odieux,
Commande au plus beau sang de la Grèce
 et des Dieux. 60
Mais ne différez point : chaque moment
 vous tue.
Réparez promptement votre force abattue,
Tandis que de vos jours, prêts à se consumer,
Le flambeau dure encore, et peut se rallumer.

PHÈDRE.

J'en ai trop prolongé la coupable durée. 65

ŒNONE.

Quoi ? de quelques remords êtes-vous
 déchirée ?
Quel crime a pu produire un trouble si
 pressant ?
Vos mains n'ont point trempé dans le sang
 innocent ?

PHÈDRE.

Grâces au ciel, mes mains ne sont point
 criminelles.
Plût aux Dieux que mon cœur fût innocent
 comme elles ! 70

ŒNONE.

Et quel affreux projet avez-vous enfanté
Dont votre cœur encor doive être épouvanté ?

PHÈDRE.

Je t'en ai dit assez. Épargne-moi le reste.
Je meurs, pour ne point faire un aveu si
 funeste.

ŒNONE.

Mourez donc, et gardez un silence
 inhumain ; 75
Mais pour fermer vos yeux cherchez une
 autre main.
Quoiqu'il vous reste à peine une faible
 lumière,
Mon âme chez les morts descendra la
 première.
Mille chemins ouverts y conduisent toujours,

58. *Scythe*: Scythian, eastern barbarian nomad. 59.
empire: rule.

Et ma juste douleur choisira les plus
 courts. 80
Cruelle, quand ma foi vous a-t-elle déçue?
Songez-vous qu'en naissant mes bras vous
 ont reçue?
Mon pays, mes enfants, pour vous j'ai tout
 quitté.
Réserviez-vous ce prix à ma fidélité?

PHÈDRE.

Quel fruit espères-tu de tant de violence? 85
Tu frémiras d'horreur si je romps le silence.

ŒNONE.

Et que me direz-vous qui ne cède, grands
 Dieux!
A l'horreur de vous voir expirer à mes yeux?

PHÈDRE.

Quand tu sauras mon crime, et le sort qui
 m'accable,
Je n'en mourrai pas moins, j'en mourrai
 plus coupable. 90

ŒNONE.

Madame, au nom des pleurs que pour vous
 j'ai versés,
Par vos faibles genoux que je tiens embrassés,
Délivrez mon esprit de ce funeste doute.

PHÈDRE.

Tu le veux. Lève-toi.

ŒNONE.

 Parlez, je vous écoute.

PHÈDRE.

Ciel! que lui vais-je dire, et par où
 commencer? 95

ŒNONE.

Par de vaines frayeurs cessez de m'offenser.

PHÈDRE.

O haine de Vénus! O fatale colère!
Dans quels égarements l'amour jeta ma
 mère!

ŒNONE.

Oublions-les, Madame; et qu'à tout l'avenir
Un silence éternel cache ce souvenir. 100

PHÈDRE.

Ariane, ma sœur, de quel amour blessée,
Vous mourûtes aux bords où vous fûtes
 laissée!°

ŒNONE.

Que faites-vous, Madame? et quel mortel
 ennui°

Contre tout votre sang vous anime
 aujourd'hui?

PHÈDRE.

Puisque Vénus le veut, de ce sang déplorable
Je péris la dernière et la plus misérable. 106

ŒNONE.

Aimez-vous?

PHÈDRE.

 De l'amour j'ai toutes les fureurs.

ŒNONE.

Pour qui?

PHÈDRE.

 Tu vas ouïr le comble des horreurs.
J'aime... A ce nom fatal, je tremble, je
 frissonne,
J'aime...

ŒNONE.

 Qui?

PHÈDRE.

 Tu connais ce fils de
 l'Amazone, 110
Ce prince si longtemps par moi-même
 opprimé?

ŒNONE.

Hippolyte? Grands Dieux!

PHÈDRE.

 C'est toi qui l'as nommé.

ŒNONE.

Juste ciel! tout mon sang dans mes veines se
 glace.
O désespoir! ô crime! ô déplorable race!
Voyage infortuné! Rivage malheureux, 115
Fallait-il approcher de tes bords dangereux?

PHÈDRE.

Mon mal vient de plus loin. A peine au fils
 d'Égée
Sous les lois de l'hymen je m'étais engagée,
Mon repos, mon bonheur semblait être
 affermi;
Athènes me montra mon superbe ennemi. 120
Je le vis, je rougis, je pâlis à sa vue;
Un trouble s'éleva dans mon âme éperdue;
Mes yeux ne voyaient plus, je ne pouvais
 parler;
Je sentis tout mon corps et transir° et brûler.
Je reconnus Vénus et ses feux redoutables, 125
D'un sang qu'elle poursuit tourments
 inévitables.
Par des vœux assidus je crus les détourner:
Je lui bâtis un temple, et pris soin de l'orner.

101–102. *Ariane... laissée:* See note to Act I, Scene I, line
89. 103. *ennui:* torment.

124. *transir:* chill.

De victimes moi-même à toute heure
 entourée,
Je cherchais dans leurs flancs ma raison
 égarée.° 130
D'un incurable amour remèdes impuissants !
En vain sur les autels ma main brûlait
 l'encens :
Quand ma bouche implorait le nom de la
 Déesse,
J'adorais Hippolyte ; et le voyant sans cesse,
Même au pied des autels que je faisais
 fumer, 135
J'offrais tout à ce dieu que je n'osais
 nommer.
Je l'évitais partout. O comble de misère !
Mes yeux le retrouvaient dans les traits de
 son père.
Contre moi-même enfin j'osai me révolter :
J'excitai mon courage à le persécuter. 140
Pour bannir l'ennemi dont j'étais idolâtre,
J'affectai les chagrins° d'une injuste marâtre ;
Je pressai son exil, et mes cris éternels
L'arrachèrent du sein et des bras paternels.
Je respirais, Œnone ; et depuis son absence,
Mes jours moins agités coulaient dans
 l'innocence. 146
Soumise à mon époux, et cachant mes ennuis,
De son fatal hymen je cultivais les fruits.°
Vaines précautions ! Cruelle destinée !
Par mon époux lui-même à Trézène amenée,
J'ai revu l'ennemi que j'avais éloigné : 151
Ma blessure trop vive aussitôt a saigné.
Ce n'est plus une ardeur dans mes veines
 cachée :
C'est Vénus toute entière à sa proie
 attachée.°
J'ai conçu pour mon crime une juste
 terreur ; 155
J'ai pris la vie en haine, et ma flamme en
 horreur.
Je voulais en mourant prendre soin de ma
 gloire,
Et dérober au jour une flamme si noire :
Je n'ai pu soutenir tes larmes, tes combats° ;
Je t'ai tout avoué ; je ne m'en repens pas, 160
Pourvu que de ma mort respectant les
 approches,

Tu ne m'affliges plus par d'injustes
 reproches,
Et que tes vains secours cessent de rappeler°
Un reste de chaleur tout prêt à s'exhaler.

SCÈNE IV : PHÈDRE, ŒNONE, PANOPE

PANOPE.
Je voudrais vous cacher une triste nouvelle,
Madame ; mais il faut que je vous la révèle.
La mort vous a ravi votre invincible époux ;
Et ce malheur n'est plus ignoré que de vous.
ŒNONE.
Panope, que dis-tu ?
PANOPE.
 Que la Reine abusée° 5
En vain demande au ciel le retour de Thésée ;
Et que par des vaisseaux arrivés dans le port
Hippolyte, son fils, vient d'apprendre sa mort.
PHÈDRE.
Ciel !
PANOPE.
 Pour le choix d'un maître Athènes se
 partage.
Au Prince votre fils l'un donne son suffrage,
Madame ; et de l'État l'autre oubliant les
 lois, 11
Au fils de l'étrangère° ose donner sa voix.
On dit même qu'au trône une brigue
 insolente
Veut placer Aricie et le sang de Pallante.
J'ai cru de ce péril vous devoir avertir. 15
Déjà même Hippolyte est tout prêt à partir ;
Et l'on craint, s'il paraît dans ce nouvel
 orage,
Qu'il n'entraîne après lui tout un peuple
 volage.
ŒNONE.
Panope, c'est assez. La Reine, qui t'entend,
Ne négligera point cet avis important. 20

SCÈNE V : PHÈDRE, ŒNONE

ŒNONE.
Madame, je cessais de vous presser de vivre ;
Déjà même au tombeau je songeais à vous
 suivre ;
Pour vous en détourner je n'avais plus de
 voix ;

130. *Je cherchais… égarée:* i.e., I sought to recapture my
reason by divination from the organs of sacrificed animals.
142. *chagrins:* malevolences. 148. *les fruits:* i.e., the children.
154. A very famous line. 159. *combats:* struggles, insistences.

163. *rappeler:* recall (to life). SCÈNE IV. 5. *abusée:* mis-
informed. 12. *fils de l'étrangère:* Hippolyte.

Mais ce nouveau malheur vous prescrit
 d'autres lois.°

Votre fortune change et prend une autre 5
 face :

Le Roi n'est plus, Madame; il faut prendre
 sa place.

Sa mort vous laisse un fils à qui vous vous
 devez,

Esclave s'il vous perd, et roi si vous vivez.

Sur qui, dans son malheur, voulez-vous qu'il
 s'appuie?

Ses larmes n'auront plus de main qui les
 essuie; 10

Et ses cris innocents, portés jusques aux
 Dieux,

Iront contre sa mère irriter ses aïeux.

Vivez, vous n'avez plus de reproche à vous
 faire.

Votre flamme devient une flamme ordinaire.

Thésée en expirant vient de rompre les
 nœuds 15

Qui faisaient tout le crime et l'horreur de
 vos feux.

Hippolyte pour vous devient moins redou-
 table;

Et vous pouvez le voir sans vous rendre
 coupable.

Peut-être, convaincu de votre aversion,

Il va donner un chef à la sédition. 20

Détrompez son erreur, fléchissez son
 courage.

Roi de ces bords heureux, Trézène est son
 partage.

Mais il sait que les lois donnent à votre fils

Les superbes remparts que Minerve a bâtis.°

Vous avez l'un et l'autre une juste ennemie :

Unissez-vous tous deux pour combattre
 Aricie. 26

PHÈDRE.

Hé bien! à tes conseils je me laisse entraîner.

Vivons, si vers la vie on peut me ramener,

Et si l'amour d'un fils en ce moment
 funeste

De mes faibles esprits peut ranimer le
 reste.° 30

SCÈNE V. 4. *lois:* obligations. 24. *remparts... bâtis:* peri-
phrasis for Athens. 30. The exposition has been made, the
leading personages presented or described, the situation
posed. Phèdre, freed from the fear of incest by the death
of Thésée, loves Hippolyte; Hippolyte loves Aricie; Hip-
polyte, Aricie, and the son of Phèdre are rivals for the throne
of Athens.

Acte II

SCÈNE PREMIÈRE : ARICIE, ISMÈNE

ARICIE.

Hippolyte demande à me voir en ce lieu?

Hippolyte me cherche, et veut me dire adieu?

Ismène, dis-tu vrai? N'es-tu point abusée?

ISMÈNE.

C'est le premier effet de la mort de Thésée.

Préparez-vous, Madame, à voir de tous
 côtés 5

Voler vers vous les cœurs par Thésée écartés.

Aricie à la fin de son sort est maîtresse,

Et bientôt à ses pieds verra toute la Grèce.

ARICIE.

Ce n'est donc point, Ismène, un bruit mal
 affermi?

Je cesse d'être esclave, et n'ai plus
 d'ennemi? 10

ISMÈNE.

Non, Madame, les Dieux ne vous sont plus
 contraires;

Et Thésée a rejoint les mânes de vos frères.

ARICIE.

Dit-on quelle aventure° a terminé ses jours?

ISMÈNE.

On sème de sa mort d'incroyables discours.

On dit que, ravisseur d'une amante
 nouvelle, 15

Les flots ont englouti cet époux infidèle.

On dit même, et ce bruit est partout
 répandu,

Qu'avec Pirithoüs° aux enfers descendu,

Il a vu le Cocyte et les rivages sombres,

Et s'est montré vivant aux infernales
 ombres; 20

Mais qu'il n'a pu sortir de ce triste séjour,

Et repasser les bords qu'on passe sans retour.

ACTE II, SCÈNE Ière. 13. *aventure:* accident. 18. Pirithoüs,
King of the Lapiths, in Epirus. (Presumptuously desiring
Persephone, wife of Hades and daughter of Zeus, for
his bride, Pirithoüs, with Theseus for companion, entered
the underworld by the river Cocytus, "the river of tears."
"Hades listened calmly to their impudent request and,
feigning hospitality, invited them to be seated. Unsuspect-
ingly, they took the settee he offered, which proved to be the
Chair of Forgetfulness and at once became part of their
flesh, so that they could not rise again without self-mutila-
tion. Coiled serpents hissed all about them, and they were
well lashed by the Furies and mauled by Cerberus's teeth,
while Hades looked on, smiling grimly." (Robert Graves:
The Greek Myths. Baltimore, Penguin, Vol. I, p. 363.)

ARICIE.

Croirai-je qu'un mortel, avant sa dernière
heure,
Peut pénétrer des morts la profonde
demeure?
Quel charme l'attirait sur ces bords
redoutés? 25

ISMÈNE.

Thésée est mort, Madame, et vous seule en
doutez.
Athènes en gémit, Trézène en est instruite,
Et déjà pour son roi reconnaît Hippolyte.
Phèdre, dans ce palais, tremblante pour son
fils,
De ses amis troublés demande les avis. 30

ARICIE.

Et tu crois que pour moi plus humain que
son père,
Hippolyte rendra ma chaîne plus légère?
Qu'il plaindra mes malheurs?

ISMÈNE.

Madame, je le croi.°

ARICIE.

L'insensible Hippolyte est-il connu de toi?
Sur quel frivole espoir penses-tu qu'il me
plaigne, 35
Et respecte en moi seule un sexe qu'il
dédaigne?
Tu vois depuis quel temps il évite nos pas,
Et cherche tous les lieux où nous ne sommes
pas.

ISMÈNE.

Je sais de ses froideurs tout ce que l'on
récite:
Mais j'ai vu près de vous ce superbe
Hippolyte; 40
Et même, en le voyant, le bruit de sa fierté°
A redoublé pour lui ma curiosité.
Sa présence à ce bruit n'a point paru
répondre:
Dès vos premiers regards je l'ai vu se
confondre.°
Ses yeux, qui vainement voulaient vous
éviter, 45
Déjà pleins de langueur, ne pouvaient vous
quitter.
Le nom d'amant peut-être offense son
courage;

Mais il en a les yeux, s'il n'en a le langage.

ARICIE.

Que mon cœur, chère Ismène, écoute
avidement
Un discours qui peut-être a peu de
fondement! 50
O toi qui me connais, te semblait-il croyable
Que le triste jouet d'un sort impitoyable,
Un cœur toujours nourri d'amertume et de
pleurs,
Dût connaître l'amour et ses folles douleurs?
Reste du sang d'un roi, noble fils de la
Terre,° 55
Je suis seule échappée aux fureurs de la
guerre.
J'ai perdu, dans la fleur de leur jeune
saison,
Six frères... Quel espoir d'une illustre
maison!
Le fer moissonna tout; et la terre humectée°
But à regret le sang des neveux° d'Erechthée. 60
Tu sais, depuis leur mort, quelle sévère loi
Défend à tous les Grecs de soupirer pour
moi:
On craint que de la sœur les flammes
téméraires
Ne raniment un jour la cendre de ses frères.
Mais tu sais bien aussi de quel œil
dédaigneux 65
Je regardais ce soin d'un vainqueur
soupçonneux.
Tu sais que de tout temps à l'amour opposée,
Je rendais souvent grâce à l'injuste Thésée,
Dont l'heureuse rigueur secondait mes mépris.
Mes yeux alors, mes yeux n'avaient pas vu
son fils. 70
Non que par les yeux seuls lâchement
enchantée,
J'aime en lui sa beauté, sa grâce tant vantée,
Présents dont la nature a voulu l'honorer,
Qu'il méprise lui-même, et qu'il semble
ignorer.
J'aime, je prise en lui de plus nobles
richesses, 75
Les vertus de son père, et non point les
faiblesses.
J'aime, je l'avouerai, cet orgueil généreux
Qui jamais n'a fléchi sous le joug amoureux.

33. *croi = crois:* (for the eye rhyme). 41. *le bruit... fierté:* the report of his unsociable independence. 44. *se confondre:* fall into confusion.

55. *fils de la Terre:* Aricia's grandfather, Erechtheus, who was directly descended from Mother Earth. 59. *humectée:* moistened. 60. *neveux:* descendants.

Phèdre en vain s'honorait des soupirs de
 Thésée :
Pour moi, je suis plus fière, et fuis la gloire
 aisée 80
D'arracher un hommage à mille autres offert,
Et d'entrer dans un cœur de toutes parts
 ouvert.
Mais de faire fléchir un courage inflexible,
De porter la douleur dans une âme insensible,
D'enchaîner un captif de ses fers étonné, 85
Contre un joug qui lui plaît vainement
 mutiné :
C'est là ce que je veux, c'est là ce qui
 m'irrite,°
Hercule à désarmer coûtait moins
 qu'Hippolyte ;
Et vaincu plus souvent, et plus tôt surmonté,
Préparait moins de gloire aux yeux qui l'ont
 dompté. 90
Mais, chère Ismène, hélas ! quelle est mon
 imprudence !
On ne m'opposera que trop de résistance.
Tu m'entendras peut-être, humble dans mon
 ennui,
Gémir du même orgueil que j'admire
 aujourd'hui.
Hippolyte aimerait ? Par quel bonheur
 extrême 95
Aurais-je pu fléchir…

ISMÈNE.

 Vous l'entendrez lui-même :
Il vient à vous.

SCENE II : HIPPOLYTE, ARICIE, ISMÈNE

HIPPOLYTE.

 Madame, avant que de partir,
J'ai cru de votre sort° vous devoir avertir.
Mon père ne vit plus. Ma juste défiance
Présageait les raisons de sa trop longue
 absence.
La mort seule, bornant ses travaux
 éclatants, 5
Pouvait à l'univers le cacher si longtemps.
Les Dieux livrent enfin à la Parque°
 homicide
L'ami, le compagnon, le successeur d'Alcide.
Je crois que votre haine, épargnant ses
 vertus,

Écoute sans regret ces noms qui lui sont
 dus. 10
Un espoir adoucit ma tristesse mortelle :
Je puis vous affranchir d'une austère tutelle.
Je révoque des lois dont j'ai plaint° la rigueur.
Vous pouvez disposer de vous, de votre cœur ;
Et dans cette Trézène, aujourd'hui mon
 partage, 15
De mon aïeul Pitthée° autrefois l'héritage,
Qui, m'a, sans balancer, reconnu pour son
 roi,
Je vous laisse aussi libre, et plus libre que
 moi.

ARICIE.

Modérez des bontés dont l'excès
 m'embarrasse.
D'un soin si généreux honorer ma disgrâce,°
Seigneur, c'est me ranger, plus que vous ne
 pensez, 21
Sous ces austères lois dont vous me
 dispensez.°

HIPPOLYTE.

Du choix d'un successeur Athènes incertaine
Parle de vous, me nomme, et le fils de la
 Reine.

ARICIE.

De moi, Seigneur ?

HIPPOLYTE.

 Je sais, sans vouloir me flatter, 25
Qu'une superbe loi° semble me rejeter.
La Grèce me reproche une mère étrangère.
Mais si pour concurrent je n'avais que mon
 frère,
Madame, j'ai sur lui de véritables droits
Que je saurais sauver du caprice des lois. 30
Un frein plus légitime arrête mon audace :
Je vous cède, ou plutôt je vous rends une
 place,
Un sceptre que jadis vos aïeux ont reçu
De ce fameux mortel que la Terre a concu.
L'adoption le mit entre les mains d'Égée.° 35
Athènes, par mon père accrue et protégée,
Reconnut avec joie un roi si généreux,
Et laissa dans l'oubli vos frères malheureux.

87. *irrite:* excites. SCÈNE II. 2. *votre sort:* i.e., your immediate future. 7. *Parque:* one of the three *Parcae*, Fates.

13. *plaint:* deplored. 16. *Pitthée:* Pittheus, King of Troezen, grandfather of Theseus. 20. *disgrâce:* misfortune. 20–22. *D'un soin… dispensez:* i.e., your consideration for me in my misfortune puts me under the very obligations from which you offer to free me. 26. *une superbe loi:* an arrogant law (which forbade the rule of Athens to anyone of foreign blood). 35. *L'adoption… Égée:* Aegeus was supposed to be the adopted son of King Pandion II of Athens, but Aricia's father, Pallas, was the unquestioned son and heir.

Athènes dans ses murs maintenant vous
 rappelle.
Assez elle a gémi d'une longue querelle; 40
Assez dans ses sillons votre sang englouti
A fait fumer le champ dont il était sorti.°
Trézène m'obéit. Les campagnes de Crète
Offrent au fils de Phèdre une riche retraite.
L'Attique° est votre bien. Je pars, et vais
 pour vous 45
Réunir tous les vœux partagés entre nous.

ARICIE.

De tout ce que j'entends étonnée et confuse,
Je crains presque, je crains qu'un songe ne
 m'abuse.
Veillé-je? Puis-je croire un semblable
 dessein?
Quel Dieu, Seigneur, quel Dieu l'a mis dans
 votre sein? 50
Qu'à bon droit votre gloire en tous lieux est
 semée!
Et que la vérité passe la renommée!
Vous-même, en ma faveur, vous voulez vous
 trahir?
N'était-ce pas assez de ne me point haïr,
Et d'avoir si longtemps pu défendre votre
 âme 55
De cette inimitié…

HIPPOLYTE.

 Moi, vous haïr, Madame?
Avec quelques couleurs qu'on ait peint ma
 fierté,
Croit-on que dans ses flancs un monstre
 m'ait porté?
Quelles sauvages mœurs, quelle haine
 endurcie
Pourrait, en vous voyant, n'être point
 adoucie? 60
Ai-je pu résister au charme décevant…

ARICIE.

Quoi? Seigneur!

HIPPOLYTE.

 Je me suis engagé trop avant.
Je vois que la raison cède à la violence.°
Puisque j'ai commencé de rompre le silence,
Madame, il faut poursuivre : il faut vous
 informer 65
D'un secret que mon cœur ne peut plus
 renfermer.

Vous voyez devant vous un prince
 déplorable,°
D'un téméraire orgueil exemple mémorable.
Moi qui, contre l'amour fièrement révolté,
Aux fers de ses captifs ai longtemps insulté; 70
Qui des faibles mortels déplorant les
 naufrages,
Pensais toujours du bord contempler les
 orages;
Asservi maintenant sous la commune loi,
Par quel trouble me vois-je emporté loin de
 moi!
Un moment a vaincu mon audace
 imprudente : 75
Cette âme si superbe est enfin dépendante.
Depuis près de six mois, honteux, désespéré,
Portant partout le trait dont je suis déchiré,
Contre vous, contre moi, vainement je
 m'éprouve :
Présente, je vous fuis; absente, je vous
 trouve; 80
Dans le fond des forêts votre image me suit;
La lumière du jour, les ombres de la nuit,
Tout retrace à mes yeux les charmes que
 j'évite;
Tout vous livre à l'envi le rebelle Hippolyte.
Moi-même, pour tout fruit de mes soins°
 superflus, 85
Maintenant je me cherche et ne me trouve plus.
Mon arc, mes javelots,° mon char, tout
 m'importune;
Je ne me souviens plus des leçons de
 Neptune;°
Mes seuls gémissements font retenir les bois,
Et mes coursiers oisifs ont oublié ma voix. 90
Peut-être le récit d'un amour si sauvage
Vous fait, en m'écoutant, rougir de votre
 ouvrage.
D'un cœur qui s'offre à vous quel farouche°
 entretien!
Quel étrange captif pour un si beau lien!
Mais l'offrande à vos yeux en doit être plus
 chère. 95
Songez que je vous parle une langue
 étrangère;
Et ne rejetez pas des vœux mal exprimés,
Qu'Hippolyte sans vous n'aurait jamais
 formés.

41–42. Reference to the killing of Aricia's brothers by Theseus and to her ancestry. 45. *l'Attique:* Attica, region about Athens. 63. *violence:* i.e., my violent love.

67. *déplorable:* pitiable. 85. *soins:* efforts. 87. *javelots:* javelins. 88. *leçons de Neptune:* i.e., in horsemanship. 93. *farouche:* rude, unskilled.

Scène III : HIPPOLYTE, ARICIE, THÉRAMÈNE, ISMÈNE

THÉRAMÈNE.

Seigneur, la Reine vient, et je l'ai devancée.
Elle vous cherche.

HIPPOLYTE.

 Moi?

THÉRAMÈNE.

 J'ignore sa pensée.
Mais on vous est venu demander de sa part.
Phèdre veut vous parler avant votre départ.

HIPPOLYTE.

Phèdre? Que lui dirai-je? Et que peut-elle
 attendre... 5

ARICIE.

Seigneur, vous ne pouvez refuser de
 l'entendre.
Quoique trop convaincu de son inimitié,
Vous devez à ses pleurs quelque ombre de
 pitié.

HIPPOLYTE.

Cependant vous sortez. Et je pars. Et
 j'ignore
Si je n'offense point les charmes que
 j'adore! 10
J'ignore si ce cœur que je laisse en vos mains...

ARICIE.

Partez, Prince, et suivez vos généreux
 desseins.
Rendez de mon pouvoir Athènes tributaire.
J'accepte tous les dons que vous me voulez
 faire.
Mais cet empire enfin si grand, si glorieux, 15
N'est pas de vos présents le plus cher à mes
 yeux.

Scène IV : HIPPOLYTE, THÉRAMÈNE

HIPPOLYTE.

Ami, tout est-il prêt? Mais la Reine s'avance,
Va, que pour le départ tout s'arme en
 diligence.
Fais donner le signal, cours, ordonne, et revien
Me délivrer bientôt d'un fâcheux entretien.

Scène V : PHÈDRE, HIPPOLYTE, ŒNONE

PHÈDRE, *à* ŒNONE, *dans le fond du théâtre.*

Le voici. Vers mon cœur tout mon sang se
 retire.

J'oublie, en le voyant, ce que je viens lui dire.

ŒNONE.

Souvenez-vous d'un fils qui n'espère qu'en
 vous.

PHÈDRE.

On dit qu'un prompt départ vous éloigne de
 nous,
Seigneur. A vos douleurs je viens joindre mes
 larmes. 5
Je vous viens pour un fils expliquer mes
 alarmes.
Mon fils n'a plus de père; et le jour n'est
 pas loin
Qui de ma mort encor doit le rendre témoin.
Déjà mille ennemis attaquent son enfance.
Vous seul pouvez contre eux embrasser sa
 défense. 10
Mais un secret remords agite mes esprits.
Je crains d'avoir fermé votre oreille à ses cris.
Je tremble que sur lui votre juste colère
Ne poursuive bientôt une odieuse mère.

HIPPOLYTE.

Madame, je n'ai point des sentiments si
 bas. 15

PHÈDRE.

Quand vous me haïriez, je ne m'en plaindrais
 pas,
Seigneur. Vous m'avez vue attachée à vous
 nuire;
Dans le fond de mon cœur vous ne pouviez
 pas lire.
A votre inimitié j'ai pris soin de m'offrir.
Aux bords que j'habitais je n'ai pu vous
 souffrir. 20
En public, en secret, contre vous déclarée,
J'ai voulu par des mers en être séparée.
J'ai même défendu, par une expresse loi,
Qu'on osât prononcer votre nom devant moi.
Si pourtant à l'offense on mesure la peine, 25
Si la haine peut seule attirer votre haine,
Jamais femme ne fut plus digne de pitié,
Et moins digne, Seigneur, de votre inimitié.

HIPPOLYTE.

Des droits de ses enfants une mère jalouse
Pardonne rarement au fils d'une autre
 épouse. 30
Madame, je le sais. Les soupçons importuns°
Sont d'un second hymen les fruits les plus
 communs.

Scène V. 31. *importuns:* obsessing.

Toute autre aurait pour moi pris les mêmes
 ombrages,
Et j'en aurais peut-être essuyé plus
 d'outrages.

PHÈDRE.

Ah! Seigneur, que le ciel, j'ose ici
 l'attester, 35
De cette loi commune a voulu m'excepter!
Qu'un soin bien différent me trouble et me
 dévore!

HIPPOLYTE.

Madame, il n'est pas temps de vous troubler
 encore.
Peut-être votre époux voit encore le jour;
Le ciel peut à nos pleurs accorder son
 retour. 40
Neptune le protège, et ce Dieu tutélaire
Ne sera pas en vain imploré par mon père.

PHÈDRE.

On ne voit point deux fois le rivage des
 morts,
Seigneur. Puisque Thésée a vu les sombres
 bords,
En vain vous espérez qu'un Dieu vous le
 renvoie; 45
Et l'avare° Achéron ne lâche point sa proie.
Que dis-je? Il n'est point mort, puisqu'il
 respire en vous.
Toujours devant mes yeux je crois voir mon
 époux.
Je le vois, je lui parle; et mon cœur… Je
 m'égare,
Seigneur, ma folle ardeur malgré moi se
 déclare. 50

HIPPOLYTE.

Je vois de votre amour l'effet prodigieux.
Tout mort qu'il est, Thésée est présent à vos
 yeux;
Toujours de son amour votre âme est
 embrasée.

PHÈDRE.

Oui, Prince, je languis, je brûle pour Thésée.
Je l'aime, non point tel que l'ont vu les
 enfers, 55
Volage adorateur de mille objets° divers,
Qui va du Dieu des morts déshonorer la
 couche;°
Mais fidèle, mais fier, et même un peu
 farouche,

Charmant, jeune, traînant tous les cœurs
 après soi,
Tel qu'on dépeint nos Dieux, ou tel que je
 vous voi. 60
Il avait votre port, vos yeux, votre langage,
Cette noble pudeur colorait son visage,
Lorsque de notre Crète il traversa les flots,
Digne sujet des vœux des filles de Minos.
Que faisiez-vous alors? Pourquoi, sans
 Hippolyte, 65
Des héros de la Grèce assembla-t-il l'élite?
Pourquoi, trop jeune encor, ne pûtes-vous
 alors
Entrer dans le vaisseau qui le mit sur nos
 bords?
Par vous aurait péri le monstre de la Crète,
Malgré tous les détours de sa vaste retraite. 70
Pour en développer l'embarras incertain,°
Ma sœur du fil fatal eût armé votre main.
Mais non, dans ce dessein je l'aurais
 devancée;
L'amour m'en eût d'abord° inspiré la
 pensée.
C'est moi, prince, c'est moi, dont l'utile
 secours 75
Vous eût du Labyrinthe enseigné les détours.
Que de soins m'eût coûtés cette tête
 charmante!
Un fil n'eût point assez rassuré votre amante.
Compagne du péril qu'il vous fallait
 chercher,
Moi-même devant vous j'aurais voulu
 marcher; 80
Et Phèdre au Labyrinthe avec vous
 descendue
Se serait avec vous retrouvée, ou perdue.

HIPPOLYTE.

Dieux! qu'est-ce que j'entends? Madame,
 oubliez-vous
Que Thésée est mon père, et qu'il est votre
 époux?

PHÈDRE.

Et sur quoi jugez-vous que j'en perds la
 mémoire, 85
Prince? Aurais-je perdu tout le soin de ma
 gloire?

HIPPOLYTE.

Madame, pardonnez. J'avoue, en rougissant,
Que j'accusais à tort un discours innocent.

46. *avare:* greedy (to possess men's lives). 56. *objets:* i.e.,
women. 57. See note, II, i, 18.

71. *Pour en… incertain:* To reveal a way through the
bewildering maze. 74. *d'abord:* immediately.

Ma honte ne peut plus soutenir votre vue;
Et je vais…

PHÈDRE.

 Ah! cruel, tu m'as trop
 entendue.° 90
Je t'en ai dit assez pour te tirer d'erreur.
Hé bien! connais donc Phèdre et toute sa
 fureur.
J'aime. Ne pense pas qu'au moment que je
 t'aime,
Innocente à mes yeux, je m'approuve moi-
 même,
Ni que du fol amour qui trouble ma raison 95
Ma lâche complaisance ait nourri le poison.
Objet infortuné des vengeances célestes,
Je m'abhorre encor plus que tu ne me
 détestes.
Les Dieux m'en sont témoins, ces Dieux qui
 dans mon flanc
Ont allumé le feu fatal à tout mon sang;° 100
Ces Dieux qui se sont fait une gloire cruelle
De séduire le cœur d'une faible mortelle.
Toi-même en ton esprit rappelle le passé.
C'est peu de t'avoir fui, cruel, je t'ai chassé.
J'ai voulu te paraître odieuse, inhumaine; 105
Pour mieux te résister, j'ai recherché ta
 haine.
De quoi m'ont profité mes inutiles soins?
Tu me haïssais plus, je ne t'aimais pas moins.
Tes malheurs te prêtaient encor de nouveaux
 charmes.
J'ai langui, j'ai séché, dans les feux, dans
 les larmes. 110
Il suffit de tes yeux pour t'en persuader,
Si tes yeux un moment pouvaient me
 regarder.
Que dis-je? Cet aveu que je te viens de
 faire,
Cet aveu si honteux, le crois-tu volontaire?
Tremblante pour un fils que je n'osais
 trahir, 115
Je te venais prier de ne le point haïr.
Faibles projets d'un cœur trop plein de ce
 qu'il aime!
Hélas! je ne t'ai pu parler que de toi-même.
Venge-toi, punis-moi d'un odieux amour.
Digne fils du héros qui t'a donné le jour, 120
Délivre l'univers d'un monstre qui t'irrite.

La veuve de Thésée ose aimer Hippolyte!
Crois-moi, ce monstre affreux ne doit point
 t'échapper.
Voilà mon cœur. C'est là que ta main doit
 frapper.
Impatient déjà d'expier son offense, 125
Au-devant de° ton bras je le sens qui
 s'avance.
Frappe. Ou si tu le crois indigne de tes
 coups,
Si ta haine m'envie un supplice si doux,
Ou si d'un sang trop vil ta main serait
 trempée,
Au défaut de ton bras prête-moi ton épée. 130
Donne.°

ŒNONE.

 Que faites-vous, Madame? Justes
 Dieux!
Mais on vient. Éviter des témoins odieux:
Venez, rentrez, fuyez une honte certaine.

SCÈNE VI : HIPPOLYTE, THÉRAMÈNE

THÉRAMÈNE.

Est-ce Phèdre qui fuit, ou plutôt qu'on
 entraîne?
Pourquoi, Seigneur, pourquoi ces marques
 de douleur?
Je vous vois sans épée, interdit, sans couleur?

HIPPOLYTE.

Théramène, fuyons. Ma surprise est
 extrême.
Je ne puis sans horreur me regarder
 moi-même. 5
Phèdre… Mais non, grands Dieux! qu'en un
 profond oubli
Cet horrible secret demeure enseveli.

THÉRAMÈNE.

Si vous voulez partir, la voile est préparée.
Mais Athènes, Seigneur, s'est déjà déclarée.
Ses chefs ont pris les voix° de toutes ses
 tribus. 10
Votre frère l'emporte, et Phèdre a le dessus.

HIPPOLYTE.

Phèdre?

THÉRAMÈNE.

 Un héraut chargé des volontés
 d'Athènes

90. *entendue = comprise.* 99–100. *Les Dieux… sang:*
According to one story Pasiphaë had failed to propitiate
Aphrodite; in revenge the goddess inspired unnatural lusts
in her.

126. *Au-devant de:* To meet. 131. *Donne:* Phèdre seizes
Hippolyte's sword, makes an effort to stab herself, and
bears off the sword. SCÈNE VI. 10. *voix:* votes.

De l'État en ses mains vient remettre les
 rênes.
Son fils est roi, Seigneur.

HIPPOLYTE.

 Dieux, qui la connaissez,
Est-ce donc sa vertu que vous récompensez ? 15

THÉRAMÈNE.

Cependant un bruit sourd veut que le Roi
 respire.
On prétend que Thésée a paru dans l'Épire.
Mais moi qui l'y cherchai, Seigneur, je sais
 trop bien...

HIPPOLYTE.

N'importe, écoutons tout, et ne négligeons
 rien.
Examinons ce bruit, remontons à sa
 source. 20
S'il ne mérite pas d'interrompre ma course,
Partons ; et quelque prix qu'il en puisse
 coûter,
Mettons le sceptre aux mains dignes de le
 porter.°

Acte III

Scène première : PHÈDRE, ŒNONE

PHÈDRE.

Ah ! que l'on porte ailleurs les honneurs qu'on
 m'envoie.
Importune, peux-tu souhaiter qu'on me voie ?
De quoi viens-tu flatter mon esprit désolé ?
Cache-moi bien plutôt : je n'ai que trop parlé.
Mes fureurs au dehors ont osé se répandre. 5
J'ai dit ce que jamais on ne devait entendre.
Ciel ! comme il m'écoutait ! Par combien de
 détours
L'insensible a longtemps éludé mes discours !
Comme il ne respirait° qu'une retraite
 prompte !
Et combien sa rougeur a redoublé ma
 honte ! 10
Pourquoi détournais-tu mon funeste dessein ?°
Hélas ! quand son épée allait chercher mon
 sein,
A-t-il pâli pour moi ? me l'a-t-il arrachée ?
Il suffit que ma main l'ait une fois touchée,

Je l'ai rendue horrible à ses yeux
 inhumains ; 15
Et ce fer malheureux profanerait ses mains.

ŒNONE.

Ainsi, dans vos malheurs ne songeant qu'à
 vous plaindre,
Vous nourrissez un feu qu'il vous faudrait
 éteindre.
Ne vaudrait-il pas mieux, digne sang de
 Minos,
Dans de plus nobles soins chercher votre
 repos, 20
Contre un ingrat qui plaît recourir à la
 fuite,
Régner, et de l'État embrasser la conduite ?

PHÈDRE.

Moi, régner ! Moi, ranger un État sous ma
 loi,
Quand ma faible raison ne règne plus sur
 moi !
Lorsque j'ai de mes sens abandonné
 l'empire ! 25
Quand sous un joug honteux à peine je
 respire !
Quand je me meurs !

ŒNONE.

 Fuyez.

PHÈDRE.

 Je ne le puis quitter.

ŒNONE.

Vous l'osâtes bannir, vous n'osez l'éviter.

PHÈDRE.

Il n'est plus temps. Il sait mes ardeurs
 insensées.
De l'austère pudeur les bornes sont passées. 30
J'ai déclaré ma honte aux yeux de mon
 vainqueur, *Pride is hurt.*
Et l'espoir, malgré moi, s'est glissé dans
 mon cœur.
Toi-même, rappelant ma force défaillante,
Et mon âme déjà sur mes lèvres errante,
Par tes conseils flatteurs tu m'as su ranimer. 35
Tu m'as fait entrevoir que je pouvais l'aimer.

ŒNONE.

Hélas ! de vos malheurs innocente ou
 coupable,
De quoi pour vous sauver n'étais-je point
 capable ?
Mais si jamais l'offense irrita vos esprits,
Pouvez-vous d'un superbe oublier les
 mépris ? 40

SCÈNE VI. 23. *mains dignes de le porter:* i.e., the hands of
Aricie. ACTE III, SCÈNE Iᵉʳᵉ. 9. *respirait:* showed desire for.
11. *dessein:* i.e., to kill myself.

Avec quels yeux cruels sa rigueur° obstinée
Vous laissait à ses pieds <u>peu s'en faut</u> *almost as*
 prosternée! *good as*
Que son farouche orgueil le rendait odieux!
Que° Phèdre en ce moment n'avait-elle mes
 yeux?

PHÈDRE.

Œnone, il peut quitter cet orgueil qui te
 blesse. 45
Nourri dans les forêts, il en a la rudesse.
Hippolyte, endurci par de sauvages lois,
Entend parler d'amour pour la première fois.
Peut-être sa surprise a causé son silence,
Et nos plaintes peut-être ont trop de
 violence. 50

ŒNONE.

Songez qu'une barbare en son sein l'a formé.

PHÈDRE.

Quoique Scythe et barbare, elle a pourtant
 aimé.

ŒNONE.

Il a pour tout le sexe une haine fatale.

PHÈDRE.

Je ne me verrai point préférer de rivale.
Enfin tous tes conseils ne sont plus de saison. 55
Sers ma fureur, Œnone, et non point ma
 raison.
Il oppose à l'amour un cœur inaccessible :
Cherchons pour l'attaquer quelque endroit
 plus sensible.
Les charmes d'un empire ont paru le
 toucher;
Athènes l'attirait, il n'a pu s'en cacher; 60
Déjà de ses vaisseaux la pointe était tournée,
Et la voile flottait aux vents abandonnée.
Va trouver de ma part ce jeune ambitieux,
Œnone; fais briller la couronne à ses yeux.
Qu'il mette sur son front le sacré diadème; 65
Je ne veux que l'honneur de l'attacher moi-
 même.
Cédons-lui ce pouvoir que je ne puis garder.
Il instruira mon fils dans l'art de
 commander;
Peut-être il voudra bien lui tenir lieu de
 père.
Je mets sous son pouvoir et le fils et la mère. 70
Pour le fléchir enfin tente tous les moyens :
Tes discours trouveront plus d'accès que les
 miens.

Presse, pleure, gémis; plains-lui Phèdre
 mourante;
Ne rougis point de prendre une voix
 suppliante.
Je t'avouerai de tout;° je n'espère qu'en toi.
Va : j'attends ton retour pour disposer de
 moi. 76

SCÈNE II : PHÈDRE, *seule*

PHÈDRE.

O toi, qui vois la honte où je suis descendue,
Implacable Vénus, suis-je assez confondue?
Tu ne saurais plus loin pousser ta cruauté.
Ton triomphe est parfait; tous tes traits ont
 porté.°
Cruelle, si tu veux une gloire nouvelle, 5
Attaque un ennemi qui te soit plus rebelle.
Hippolyte te fuit; et bravant ton courroux,
Jamais à tes autels n'a fléchi les genoux.
Ton nom semble offenser ses superbes oreilles.
Déesse, venge-toi : nos causes sont pareilles. 10
Qu'il aime... Mais déjà tu reviens sur tes pas,
Œnone? On me déteste, on ne t'écoute pas.

SCÈNE III : PHÈDRE, ŒNONE

ŒNONE.

Il faut d'un vain amour étouffer la pensée,
Madame. Rappelez votre vertu passée.
Le Roi, qu'on a cru mort, va paraître à vos
 yeux;
Thésée est arrivé, Thésée est dans ces lieux.
Le peuple, pour le voir, court et se
 précipite. 5
Je sortais par votre ordre, et cherchais
 Hippolyte,
Lorsque jusques au ciel mille cris élancés...

PHÈDRE.

Mon époux est vivant, Œnone, c'est assez.
J'ai fait l'indigne aveu d'un amour qui
 l'outrage.
Il vit : je ne veux pas en savoir davantage. 10

ŒNONE.

Quoi?

PHÈDRE.

 Je te l'ai prédit; mais tu n'as pas voulu.
Sur mes justes remords tes pleurs on prévalu.
Je mourais ce matin digne d'être pleurée;

41. *rigueur:* insensibility. 44. *Que = Pourquoi?*

75. *Je t'avouerai de tout:* I shall corroborate all you may
say. SCÈNE II. 4. *tes... porté:* your shafts have struck home.

J'ai suivi tes conseils, je meurs déshonorée.

ŒNONE.

Vous mourez?

PHÈDRE.

 Juste ciel! qu'ai-je fait
 aujourd'hui? 15
Mon époux va paraître, et son fils avec lui.
Je verrai le témoin de ma flamme adultère
Observer de quel front j'ose aborder son
 père,
Le cœur gros de soupirs, qu'il n'a point
 écoutés,
L'œil humide de pleurs, par l'ingrat rebutés.
Penses-tu que, sensible à l'honneur de
 Thésée, 21
Il lui cache l'ardeur dont je suis embrasée? _burned_
Laissera-t-il trahir et son père et son roi?
Pourra-t-il contenir l'horreur qu'il a pour
 moi?
Il se tairait en vain. Je sais mes perfidies, 25
Œnone, et ne suis point de ces femmes
 hardies
Qui, goûtant dans le crime une tranquille
 paix,
Ont su se faire un front qui ne rougit jamais.
Je connais mes fureurs, je les rappelle toutes,
Il me semble déjà que ces murs, que ces
 voûtes 30
Vont prendre la parole, et prêts à m'accuser,
Attendent mon époux pour le désabuser.
Mourons. De tant d'horreurs qu'un trépas
 me délivre.
Est-ce un malheur si grand que de cesser de
 vivre?
La mort aux malheureux ne cause point
 d'effroi. 35
Je ne crains que le nom que je laisse après
 moi.
Pour mes tristes enfants quel affreux héritage!
Le sang de Jupiter doit enfler leur courage;
Mais quelque juste orgueil qu'inspire un
 sang si beau,
Le crime d'une mère est un pesant fardeau.
Je tremble qu'un discours, hélas! trop
 véritable, 41
Un jour ne leur reproche une mère coupable.
Je tremble qu'opprimés de ce poids odieux
L'un ni l'autre jamais n'ose lever les yeux.

ŒNONE.

Il n'en faut point douter, je les plains l'un
 et l'autre; 45

Jamais crainte ne fut plus juste que la vôtre.
Mais à de tels affronts pourquoi les exposer?
Pourquoi contre vous-même allez-vous
 déposer?
C'en est fait : on dira que Phèdre, trop
 coupable,
De son époux trahi fuit l'aspect redoutable. 50
Hippolyte est heureux qu'aux dépens de vos
 jours
Vous-même en expirant appuyez ses discours.
A votre accusateur que pourrai-je répondre?
Je serai devant lui trop facile à confondre.
De son triomphe affreux je le verrai jouir, 55
Et conter votre honte à qui voudra l'ouïr.
Ah! que plutôt du ciel la flamme me dévore!
Mais ne me trompez point, vous est-il cher
 encore?
De quel œil voyez-vous ce prince audacieux?

PHÈDRE.

Je le vois comme un monstre effroyable à
 mes yeux. 60

ŒNONE.

Pourquoi donc lui céder une victoire entière?
Vous le craignez. Osez l'accuser la première
Du crime dont il peut vous charger
 aujourd'hui.
Qui vous démentira? Tout parle contre lui :
Son épée en vos mains heureusement
 laissée, 65
Votre trouble présent, votre douleur passée,
Son père par vos cris dès longtemps prévenu,
Et déjà son exil par vous-même obtenu.

PHÈDRE.

Moi, que j'ose opprimer et noircir
 l'innocence?

ŒNONE.

Mon zèle n'a besoin que de votre silence. 70
Tremblante comme vous, j'en sens quelque
 remords.
Vous me verriez plus prompte affronter mille
 morts.
Mais puisque je vous perds sans ce triste
 remède,
Votre vie est pour moi d'un prix à qui° tout
 cède.
Je parlerai. Thésée, aigri par mes avis, 75
Bornera sa vengeance à l'exil de son fils.
Un père, en punissant, Madame, est toujours
 père :
Un supplice léger suffit à sa colère.

SCÈNE III. 74. _à qui_ = _auquel_.

Mais le sang innocent dût-il être versé,
Que ne demande point votre honneur
 menacé? 80
C'est un trésor trop cher pour oser le
 commettre.°
Quelque loi qu'il vous dicte, il faut vous y
 soumettre,
Madame; et pour sauver votre honneur
 combattu,°
Il faut immoler tout, et même la vertu.
On vient; je vois Thésée.

PHÈDRE.

 Ah! je vois Hippolyte; 85
Dans ses yeux insolents je vois ma perte
 écrite.
Fais ce que tu voudras, je m'abandonne à
 toi.
Dans le trouble où je suis, je ne puis rien
 pour moi.

SCÈNE IV : THÉSÉE, HIPPOLYTE, PHÈDRE,
ŒNONE, THÉRAMÈNE

THÉSÉE.

La fortune à mes yeux cesse d'être opposée,
Madame, et dans vos bras met...

PHÈDRE.

 Arrêtez, Thésée,
Et ne profanez point des transports si
 charmants.
Je ne mérite plus ces doux empressements.°
Vous êtes offensé. La fortune jalouse 5
N'a pas en votre absence épargné votre
 épouse.
Indigne de vous plaire et de vous approcher,
Je ne dois désormais songer qu'à me cacher.

SCÈNE V : THÉSÉE, HIPPOLYTE,
THÉRAMÈNE

THÉSÉE.

Quel est l'étrange accueil qu'on fait à votre
 père,
Mon fils?

HIPPOLYTE.

 Phèdre peut seule expliquer ce mystère.
Mais si mes vœux ardents vous peuvent
 émouvoir,
Permettez-moi, Seigneur, de ne la plus revoir.

Souffrez que pour jamais le tremblant
 Hippolyte 5
Disparaisse des lieux que votre épouse
 habite.

THÉSÉE.

Vous, mon fils, me quitter?

HIPPOLYTE.

 Je ne la cherchais pas :
C'est vous qui sur ces bords conduisîtes ses
 pas.
Vous daignâtes, Seigneur, aux rives de
 Trézène
Confier en partant Aricie et la Reine. 10
Je fus même chargé du soin de les garder.
Mais quels soins désormais peuvent me
 retarder?
Assez dans les forêts mon oisive jeunesse
Sur de vils ennemis a montré son adresse.
Ne pourrai-je, en fuyant un indigne repos, 15
D'un sang plus glorieux teindre mes javelots?
Vous n'aviez pas encore atteint l'âge où je
 touche,
Déjà plus d'un tyran, plus d'un monstre
 farouche
Avait de votre bras senti la pesanteur;
Déjà, de l'insolence heureux persécuteur, 20
Vous aviez des deux mers assuré° les rivages.
Le libre voyageur ne craignait plus
 d'outrages;
Hercule, respirant° sur le bruit° de vos coups,
Déjà de son travail se reposait sur vous.
Et moi, fils inconnu d'un si glorieux père, 25
Je suis même encor loin des traces de ma
 mère.
Souffrez que mon courage ose enfin s'occuper.
Souffrez, si quelque monstre a pu vous
 échapper,
Que j'apporte à vos pieds sa dépouille°
 honorable,
Ou que d'un beau trépas la mémoire
 durable, 30
Éternisant des jours si noblement finis,
Prouve à tout l'univers que j'étais votre fils.

THÉSÉE.

Que vois-je? Quelle horreur dans ces lieux
 répandue
Fait fuir devant mes yeux ma famille
 éperdue?
Si je reviens si craint et si peu désiré, 35

81. *commettre:* compromise. 83. *combattu:* threatened.
SCÈNE IV. 4. *empressements:* ardent attentions.

SCÈNE V. 21. *assuré:* made secure. 23. *respirant:* taking
breath, resting. 23. *bruit:* report. 29. *dépouille:* spoils.

O ciel, de ma prison pourquoi m'as-tu tiré?
Je n'avais qu'un ami. Son imprudente
 flamme
Du tyran de l'Épire allait ravir la femme;
Je servais à regret ses desseins amoureux;
Mais le sort irrité nous aveuglait tous deux. 40
Le tyran m'a surpris sans défense et sans
 armes.
J'ai vu Pirithoüs, triste objet de mes larmes,
Livré par ce barbare à des monstres cruels
Qu'il nourrissait du sang des malheureux
 mortels.°
Moi-même, il m'enferma dans des cavernes
 sombres, 45
Lieux profonds, et voisins de l'empire des
 ombres.
Les Dieux, après six mois, enfin m'ont
 regardé :
J'ai su tromper les yeux de qui j'étais gardé.
D'un perfide ennemi j'ai purgé la nature;
A ses monstres lui-même a servi de pâture. 50
Et lorsque avec transport je pense
 m'approcher
De tout ce que les Dieux m'ont laissé de
 plus cher;
Que dis-je? quand mon âme, à soi-même
 rendue,
Vient se rassasier d'une si chère vue,
Je n'ai pour tout accueil que des
 frémissements : 55
Tout fuit, tout se refuse à mes
 embrassements.
Et moi-même, éprouvant la terreur que
 j'inspire,
Je voudrais être encor dans les prisons
 d'Épire.
Parlez. Phèdre se plaint que je suis outragé.
Qui m'a trahi? Pourquoi ne suis-je pas
 vengé? 60
La Grèce, à qui mon bras fut tant de fois
 utile,
A-t-elle au criminel accordé quelque asile?
Vous ne répondez point. Mon fils, mon
 propre fils
Est-il d'intelligence avec mes ennemis?

Entrons. C'est trop garder un doute qui
 m'accable. 65
Connaissons à la fois le crime et le coupable.
Que Phèdre explique enfin le trouble où je
 la voi.

SCÈNE VI : HIPPOLYTE, THÉRAMÈNE

HIPPOLYTE.

Où tendait ce discours° qui m'a glacé
 d'effroi?
Phèdre, toujours en proie à sa fureur
 extrême,
Veut-elle s'accuser et se perdre elle-même?
Dieux! que dira le Roi? Quel funeste poison
L'amour a répandu sur toute sa maison! 5
Moi-même, plein d'un feu° que sa haine
 réprouve,
Quel il m'a vu jadis, et quel il me retrouve!
De noirs pressentiments viennent
 m'épouvanter.
Mais l'innocence enfin n'a rien à redouter.
Allons, cherchons ailleurs par quelle heureuse
 adresse 10
Je pourrai de mon père émouvoir la
 tendresse,
Et lui dire un amour qu'il peut vouloir
 troubler,
Mais que tout son pouvoir ne saurait
 ébranler.

Acte IV

SCÈNE PREMIÈRE : THÉSÉE, ŒNONE

THÉSÉE.

Ah! qu'est-ce que j'entends? Un traître, un
 téméraire
Préparait cet outrage à l'honneur de son
 père?
Avec quelle rigueur, destin, tu me poursuis!
Je ne sais où je vais, je ne sais où je suis.
O tendresse! ô bonté trop mal récompensée!
Projet audacieux! détestable pensée! 6
Pour parvenir au but de ses noires amours,
L'insolent de la force empruntait le secours.
J'ai reconnu le fer, instrument de sa rage,

44. See note, II, i, 18. According to a divergent story, Theseus and his friend Pirithoüs did not raid the underworld but a Molossian city, to abduct the wife of the tyrant Aidoneus. The tyrant threw Pirithoüs to his pack of savage dogs (*molosse* still means "watch dog" in French) and confined Theseus in a dungeon, from which he was rescued by Hercules.

SCÈNE VI. 1. *discours:* i.e., the last speech of Phèdre. 6. *feu:* i.e., love for Aricie.

Ce fer dont je l'armai pour un plus noble
 usage. 10
Tous les liens du sang n'ont pu le retenir?
Et Phèdre différait à le faire punir?
Le silence de Phèdre épargnait le coupable?

ŒNONE.

Phèdre épargnait plutôt un père déplorable.°
Honteuse du dessein d'un amant furieux 15
Et du feu criminel qu'il a pris dans ses yeux,
Phèdre mourait,° Seigneur, et sa main
 meurtrière
Éteignait de ses yeux l'innocente lumière.
J'ai vu lever le bras, j'ai couru la sauver.
Moi seule à votre amour j'ai su la
 conserver; 20
Et plaignant à la fois son trouble et vos
 alarmes,
J'ai servi, malgré moi, d'interprète à ses
 larmes.

THÉSÉE.

Le perfide! Il n'a pu s'empêcher de pâlir.
De crainte, en m'abordant, je l'ai vu
 tressaillir.
Je me suis étonné de son peu d'allégresse; 25
Ses froids embrassements ont glacé ma
 tendresse.
Mais ce coupable amour dont il est dévoré
Dans Athènes déjà s'était-il déclaré?

ŒNONE.

Seigneur, souvenez-vous des plaintes de la
 Reine.
Un amour criminel causa toute sa haine. 30

THÉSÉE.

Et ce feu dans Trézène a donc recommencé?

ŒNONE.

Je vous ai dit, Seigneur, tout ce qui s'est
 passé.
C'est trop laisser la Reine à sa douleur
 mortelle;
Souffrez que je vous quitte et me range
 auprès d'elle.

SCÈNE II : THÉSÉE, HIPPOLYTE

THÉSÉE.

Ah! le voici. Grands Dieux! à ce noble
 maintien
Quel œil ne serait pas trompé comme le
 mien?

ACTE IV, SCÈNE Ière. 14. *déplorable:* worthy of pity.
17. *mourait = allait mourir.*

Faut-il que sur le front d'un profane
 adultère
Brille de la vertu le sacré caractère?
Et ne devrait-on pas à des signes certains 5
Reconnaître le cœur des perfides humains?

HIPPOLYTE.

Puis-je vous demander quel funeste nuage,
Seigneur, a pu troubler votre auguste visage?
N'osez-vous confier ce secret à ma foi?

THÉSÉE.

Perfide! oses-tu bien te montrer devant moi?
Monstre, qu'a trop longtemps épargné le
 tonnerre, 11
Reste impur des brigands dont j'ai purgé la
 terre.
Après que le transport d'un amour plein
 d'horreur
Jusqu'au lit de ton père a porté sa fureur,
Tu m'oses présenter une tête ennemie, 15
Tu parais dans des lieux pleins de ton
 infamie,
Et ne vas pas chercher, sous un ciel inconnu,
Des pays où mon nom ne soit point parvenu.
Fuis, traître. Ne viens point braver ici ma
 haine,
Et tenter un courroux que je retiens à
 peine. 20
C'est bien assez pour moi de l'opprobre
 éternel
D'avoir pu mettre au jour un fils si criminel,
Sans que ta mort encor, honteuse à ma
 mémoire,
De mes nobles travaux vienne souiller la
 gloire.
Fuis; et si tu ne veux qu'un châtiment
 soudain 25
T'ajoute aux scélérats qu'a punis cette main,
Prends garde que jamais l'astre qui nous
 éclaire
Ne te voie en ces lieux mettre un pied
 téméraire.
Fuis, dis-je; et sans retour précipitant tes pas,
De ton horrible aspect purge tous mes
 États. 30
Et toi, Neptune, et toi, si jadis mon courage
D'infâmes assassins nettoya ton rivage,
Souviens-toi que pour prix de mes efforts
 heureux,
Tu promis d'exaucer le premier de mes vœux.
Dans les longues rigueurs d'une prison
 cruelle 35

Je n'ai point imploré ta puissance immortelle.
Avare du secours que j'attends de tes soins,
Mes vœux t'ont réservé pour de plus grands
 besoins.
Je t'implore aujourd'hui. Venge un
 malheureux père.
J'abandonne ce traître à toute ta colère; 40
Étouffe dans son sang ses désirs effrontés :
Thésée à tes fureurs connaîtra tes bontés.

HIPPOLYTE.

D'un amour criminel Phèdre accuse
 Hippolyte!
Un tel excès d'horreur rend mon âme
 interdite;
Tant de coups imprévus m'accablent à la
 fois, 45
Qu'ils m'ôtent la parole et m'étouffent la
 voix.

THÉSÉE.

Traître, tu prétendais qu'en un lâche silence
Phèdre ensevelirait ta brutale insolence.
Il fallait, en fuyant, ne pas abandonner
Le fer qui dans ses mains aide à te
 condamner; 50
Ou plutôt il fallait, comblant ta perfidie,
Lui ravir tout d'un coup la parole et la vie.

HIPPOLYTE.

D'un mensonge si noir justement irrité,
Je devrais faire ici parler la vérité,
Seigneur; mais je supprime un secret qui
 vous touche. 55
Approuvez le respect qui me ferme la
 bouche;
Et sans vouloir vous-même augmenter vos
 ennuis,
Examinez ma vie, et songez qui je suis.
Quelques crimes toujours précèdent les
 grands crimes.
Quiconque a pu franchir les bornes
 légitimes 60
Peut violer enfin les droits les plus sacrés;
Ainsi que la vertu, le crime a ses degrés;
Et jamais on n'a vu la timide innocence
Passer subitement à l'extrême licence.
Un jour seul ne fait point d'un mortel
 vertueux 65
Un perfide assassin, un lâche incestueux.
Élevé dans le sein d'une chaste héroïne,
Je n'ai point de son sang démenti l'origine.°

Pitthée, estimé sage entre tous les humains,
Daigna m'instruire encore au sortir de ses
 mains. 70
Je ne veux point me peindre avec trop
 d'avantage;
Mais si quelque vertu m'est tombée en
 partage,
Seigneur, je crois surtout avoir fait éclater
La haine des forfaits° qu'on ose m'imputer.
C'est par là qu'Hippolyte est connu dans la
 Grèce. 75
J'ai poussé la vertu jusques à la rudesse.
On sait de mes chagrins l'inflexible rigueur.
Le jour n'est pas plus pur que le fond de
 mon cœur.°
Et l'on veut qu'Hippolyte, épris d'un feu
 profane…

THÉSÉE.

Oui, c'est ce même orgueil, lâche! qui te
 condamne. 80
Je vois de tes froideurs le principe odieux :
Phèdre seule charmait tes impudiques yeux;
Et pour tout autre objet ton âme indifférente
Dédaignait de brûler d'une flamme innocente.

HIPPOLYTE.

Non, mon père, ce cœur, c'est trop vous le
 celer, 85
N'a point d'un chaste amour dédaigné de
 brûler.
Je confesse à vos pieds ma véritable offense :
J'aime; j'aime, il est vrai, malgré votre
 défense.
Aricie à ses lois tient mes vœux asservis;
La fille de Pallante a vaincu votre fils. 90
Je l'adore, et mon âme, à vos ordres rebelle,
Ne peut ni soupirer ni brûler que pour elle.

THÉSÉE.

Tu l'aimes? ciel! Mais non, l'artifice est
 grossier.
Tu te feins criminel pour te justifier.

HIPPOLYTE.

Seigneur, depuis six mois je l'évite, et je
 l'aime. 95
Je venais en tremblant vous le dire à vous-
 même.
Hé quoi? de votre erreur rien ne vous peut
 tirer?
Par quel affreux serment faut-il vous
 rassurer?

SCÈNE II. 68. *origine*: Antiope was said to be the daughter
of Ares (Mars).

74. *forfaits*: crimes. 78. A famous line.

Que la terre, le ciel, que toute la nature...

THÉSÉE.

 Toujours les scélérats ont recours au
 parjure. 100

 Cesse, cesse, et m'épargne un importun
 discours,

 Si ta fausse vertu n'a point d'autre secours.

HIPPOLYTE.

 Elle vous paraît fausse et pleine d'artifice.

 Phèdre au fond de son cœur me rend plus
 de justice.

THÉSÉE.

 Ah! que ton impudence excite mon
 courroux! 105

HIPPOLYTE.

 Quel temps à mon exil, quel lieu prescrivez-
 vous?

THÉSÉE.

 Fusses-tu par delà les colonnes d'Alcide,°

 Je me croirais encor trop voisin d'un perfide.

HIPPOLYTE.

 Chargé du crime affreux dont vous me
 soupçonnez,

 Quels amis me plaindront, quand vous
 m'abandonnez? 110

THÉSÉE.

 Va chercher des amis dont l'estime funeste

 Honore l'adultère, applaudisse à l'inceste,

 Des traîtres, des ingrats sans honneur et sans
 loi,

 Dignes de protéger un méchant tel que toi.

HIPPOLYTE.

 Vous me parlez toujours d'inceste et
 d'adultère? 115

 Je me tais. Cependant Phèdre sort d'une
 mère,

 Phèdre est d'un sang, Seigneur, vous le
 savez trop bien,

 De toutes ces horreurs plus rempli que le
 mien.

THÉSÉE.

 Quoi! ta rage à mes yeux perd toute
 retenue?

 Pour la dernière fois, ôte-toi de ma vue: 120

 Sors, traître. N'attends pas qu'un père
 furieux

 Te fasse avec opprobre arracher de ces
 lieux.

SCÈNE III : THÉSÉE, seul

THÉSÉE.

 Misérable, tu cours à ta perte infaillible.

 Neptune, par le fleuve° aux Dieux mêmes
 terrible,

 M'a donné sa parole, et va l'exécuter.

 Un Dieu vengeur te suit, tu ne peux l'éviter.

 Je t'aimais; et je sens que malgré ton offense

 Mes entrailles pour toi se troublent par
 avance. 6

 Mais à te condamner tu m'as trop engagé.

 Jamais père en effet fut-il plus outragé?

 Justes Dieux, qui voyez la douleur qui
 m'accable,

 Ai-je pu mettre au jour un enfant si
 coupable? 10

SCÈNE IV : PHÈDRE, THÉSÉE

PHÈDRE.

 Seigneur, je viens à vous, pleine d'un juste
 effroi.

 Votre voix redoutable a passé jusqu'à moi.

 Je crains qu'un prompt effet n'ait suivi la
 menace.

 S'il en est temps encore, épargnez votre
 race,

 Respectez votre sang, j'ose vous en prier. 5

 Sauvez-moi de l'horreur de l'entendre crier;

 Ne me préparez point la douleur éternelle

 De l'avoir fait répandre à la main paternelle.

THÉSÉE.

 Non, Madame, en mon sang ma main n'a
 point trempé.

 Mais l'ingrat toutefois ne m'est point
 échappé. 10

 Une immortelle main de sa perte est chargée.

 Neptune me la doit, et vous serez vengée.

PHÈDRE.

 Neptune vous la doit! Quoi? vos vœux
 irrités...

THÉSÉE.

 Quoi? craignez-vous déjà qu'ils ne soient
 écoutés?

 Joignez-vous bien plutôt à mes vœux
 légitimes. 15

 Dans toute leur noirceur retracez-moi ses
 crimes;

107. *colonnes d'Alcide:* "pillars of Hercules." (Gibraltar and its matching mountain on the African side of the Strait.)

SCÈNE III. 2. *fleuve:* the Styx. (To swear by it bound even the gods.)

Échauffez mes transports trop lents, trop
 retenus.
Tous ses crimes encor ne vous sont pas
 connus :
Sa fureur contre vous se répand en injures :
Votre bouche, dit-il, est pleine d'impostures ;
Il soutient qu'Aricie a son cœur, a sa foi, 21
Qu'il l'aime.

PHÈDRE.

 Quoi! Seigneur?

THÉSÉE.

 Il l'a dit devant moi.
Mais je sais rejeter un frivole artifice.
Espérons de Neptune une prompte justice.
Je vais moi-même encore au pied de ses
 autels 25
Le presser d'accomplir ses serments
 immortels.

SCÈNE V : PHÈDRE, *seule*

PHÈDRE.

Il sort. Quelle nouvelle a frappé mon
 oreille?
Quel feu mal étouffé dans mon cœur se
 réveille?
Quel coup de foudre, ô ciel! et quel funeste
 avis!
Je volais toute entière° au secours de son fils;
Et m'arrachant des bras d'Œnone
 épouvantée, 5
Je cédais au remords dont j'étais tourmentée.
Qui sait même où m'allait porter ce repentir?
Peut-être à m'accuser j'aurais pu consentir;
Peut-être, si la voix ne m'eût été coupée,
L'affreuse vérité me serait échappée. 10
Hippolyte est sensible, et ne sent rien pour
 moi!
Aricie a son cœur! Aricie a sa foi!
Ah, Dieux! Lorsqu'à mes vœux l'ingrat
 inexorable
S'armait d'un œil si fier, d'un front si
 redoutable,
Je pensais qu'à l'amour son cœur toujours
 fermé 15
Fût contre tout mon sexe également armé.
Une autre cependant a fléchi son audace°;
Devant ses yeux cruels une autre a trouvé
 grâce.

SCÈNE V. 4. *toute entière:* wholeheartedly. 17. *audace:*
insensibility.

Peut-être a-t-il un cœur facile à s'attendrir.
Je suis le seul objet qu'il ne saurait souffrir ; 20
Et je me chargerais du soin de le défendre?

SCÈNE VI : PHÈDRE, ŒNONE

PHÈDRE.

Chère Œnone, sais-tu ce que je viens
 d'apprendre?

ŒNONE.

Non, mais je viens tremblante, à ne vous
 point mentir.
J'ai pâli du dessein qui vous a fait sortir :
J'ai craint une fureur à vous-même fatale.

PHÈDRE.

Œnone, qui l'eût cru? j'avais une rivale. 5

ŒNONE.

Comment?

PHÈDRE.

 Hippolyte aime, et je n'en puis douter.
Ce farouche ennemi qu'on ne pouvait
 dompter,
Qu'offensait le respect, qu'importunait la
 plainte,
Ce tigre, que jamais je n'abordai sans
 crainte,
Soumis, apprivoisé, reconnaît un
 vainqueur : 10
Aricie a trouvé le chemin de son cœur.

ŒNONE.

Aricie?

PHÈDRE.

 Ah! douleur non encore éprouvée!
A quel nouveau tourment je me suis réservée!
Tout ce que j'ai souffert, mes craintes, mes
 transports,
La fureur de mes feux, l'horreur de mes
 remords, 15
Et d'un refus cruel l'insupportable injure,
N'était qu'un faible essai du tourment que
 j'endure.
Ils s'aiment! Par quel charme ont-ils trompé
 mes yeux?
Comment se sont-ils vus? Depuis quand?
 Dans quels lieux?
Tu le savais. Pourquoi me laissais-tu
 séduire? 20
De leur furtive ardeur ne pouvais-tu
 m'instruire?
Les a-t-on vus souvent se parler, se chercher?
Dans le fond des forêts allaient-ils se cacher?

Hélas! ils se voyaient avec pleine licence.
Le ciel de leurs soupirs approuvait
 l'innocence; 25
Ils suivaient sans remords leur penchant
 amoureux;
Tous les jours se levaient clairs et sereins
 pour eux.
Et moi, triste rebut de la nature entière, *Everyone's against me!*
Je me cachais au jour, je fuyais la lumière :
La mort est le seul Dieu que j'osais
 implorer. 30
J'attendais le moment où j'allais expirer;
Me nourrissant de fiel, de larmes
 abreuvée,
Encor dans mon malheur de trop près
 observée,
Je n'osais dans mes pleurs me noyer à loisir;
Je goûtais en tremblant ce funeste plaisir; 35
Et sous un front serein déguisant mes
 alarmes,
Il fallait bien souvent me priver de mes
 larmes.

ŒNONE.

Quel fruit recevront-ils de leurs vaines
 amours?
Ils ne se verront plus.

PHÈDRE.

 Ils s'aimeront toujours.
Au moment que je parle, ah! mortelle
 pensée! 40
Ils bravent la fureur d'une amante insensée.
Malgré ce même exil° qui va les écarter,
Ils font mille serments de ne se point
 quitter.
Non, je ne puis souffrir un bonheur qui
 m'outrage,
Œnone. Prends pitié de ma jalouse rage. 45

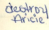 *destroy Aricie*

Il faut perdre Aricie. Il faut de mon époux
Contre un sang odieux réveiller le courroux.
Qu'il ne se borne pas à des peines légères :
Le crime de la sœur passe celui des frères.
Dans mes jaloux transports je le veux
 implorer. 50
Que fais-je? Où ma raison se va-t-elle égarer?
Moi jalouse! et Thésée est celui que
 j'implore!
Mon époux est vivant, et moi je brûle encore!
Pour qui? Quel est le cœur où prétendent
 mes vœux?

Chaque mot sur mon front fait dresser mes
 cheveux. 55
Mes crimes désormais ont comblé la mesure.
Je respire à la fois l'inceste et l'imposture.
Mes homicides mains, promptes à me venger
Dans le sang innocent brûlent de se plonger.
Misérable! et je vis? et je soutiens la vue 60
De ce sacré soleil dont je suis descendue?
J'ai pour aïeul le père et le maître des Dieux;
Le ciel, tout l'univers est plein de mes aïeux.
Où me cacher? Fuyons dans la nuit infernale.
Mais que dis-je? mon père y tient l'urne
 fatale;° 65
Le sort, dit-on, l'a mise en ses sévères mains :
Minos juge aux enfers tous les pâles humains.
Ah! combien frémira son ombre épouvantée,
Lorsqu'il verra sa fille à ses yeux présentée,
Contrainte d'avouer tant de forfaits divers, 70
Et des crimes peut-être inconnus aux enfers!
Que diras-tu, mon père, à ce spectacle
 horrible?
Je crois voir de ta main tomber l'urne terrible;
Je crois te voir, cherchant un supplice
 nouveau,
Toi-même de ton sang devenir le bourreau.
Pardonne. Un Dieu cruel a perdu ta
 famille; 76
Reconnais sa vengeance aux fureurs de ta
 fille.
Hélas! du crime affreux dont la honte me suit
Jamais mon triste cœur n'a recueilli le fruit.
Jusqu'au dernier soupir de malheurs
 poursuivie, 80
Je rends dans les tourments une pénible vie.

ŒNONE.

Hé! repoussez, Madame, une injuste terreur.
Regardez d'un autre œil une excusable
 erreur.
Vous aimez. On ne peut vaincre sa destinée.
Par un charme fatal vous fûtes entraînée. 85
Est-ce donc un prodige inouï parmi nous? *unheard of*
L'amour n'a-t-il encore triomphé que de
 vous?
La faiblesse aux humains n'est que trop
 naturelle.
Mortelle, subissez le sort d'une mortelle.
Vous vous plaignez d'un joug imposé dès
 longtemps. 90

SCÈNE VI. 42. *ce même exil = cet exil même.*

65. *l'urne fatale:* Minos was chief of the three judges of the
world of the dead. They dropped in the "fatal urn" their
votes as to the destiny and punishment of souls.

Les Dieux même, les Dieux, de l'Olympe
 habitants,
Qui d'un bruit si terrible épouvantent les
 crimes,°
Ont brûlé quelquefois de feux illégitimes.

PHÈDRE.

Qu'entends-je? Quels conseils ose-t-on me
 donner?
Ainsi donc jusqu'au bout tu veux
 m'empoisonner, 95
Malheureuse? Voilà comme tu m'as perdue.
Au jour que je fuyais c'est toi qui m'as
 rendue.°
Tes prières m'ont fait oublier mon devoir.
J'évitais Hippolyte, et tu me l'as fait voir.
De quoi te chargeais-tu? Pourquoi ta
 bouche impie 100
A-t-elle, en l'accusant, osé noircir sa vie?
Il en mourra peut-être, et d'un père insensé
Le sacrilège vœu peut-être est exaucé.
Je ne t'écoute plus. Va-t'en, monstre
 exécrable.
Va, laisse-moi le soin de mon sort déplorable. 105
Puisse le juste ciel dignement te payer!
Et puisse ton supplice à jamais effrayer
Tous ceux qui, comme toi, par de lâches
 adresses,°
Des princes malheureux nourrissent les
 faiblesses,
Les poussent au penchant où leur cœur est
 enclin, 110
Et leur osent du crime aplanir le chemin,
Détestables flatteurs, présent le plus funeste
Que puisse faire aux rois la colère céleste!

ŒNONE (seule).

Ah! Dieux! pour la servir j'ai tout fait, tout
 quitté;
Et j'en reçois ce prix? Je l'ai bien mérité. 115

Acte V

Scène première : hippolyte, aricie

ARICIE.

Quoi? vous pouvez vous taire en ce péril
 extrême?
Vous laissez dans l'erreur un père qui vous
 aime?

92. *les crimes = les criminels.* 97. *Au jour... rendue:* i.e.,
you checked my suicidal purpose. 108. *adresses:* devices.

Cruel, si de mes pleurs méprisant le pouvoir,
Vous consentez sans peine à ne me plus
 revoir,
Partez, séparez-vous de la triste Aricie. 5
Mais du moins en partant assurez votre vie.
Défendez votre honneur d'un reproche
 honteux,
Et forcez votre père à révoquer ses vœux.
Il en est temps encor. Pourquoi, par quel
 caprice,
Laissez-vous le champ libre à votre
 accusatrice? 10
Éclaircissez Thésée.

HIPPOLYTE.

 Hé! que n'ai-je point dit?
Ai-je dû mettre au jour l'opprobre de son
 lit?
Devais-je, en lui faisant un récit trop sincère,
D'une indigne rougeur couvrir le front d'un
 père?
Vous seule avez percé ce mystère odieux. 15
Mon cœur pour s'épancher n'a que vous et
 les Dieux.
Je n'ai pu vous cacher, jugez si je vous aime,
Tout ce que je voulais me cacher à moi-
 même.
Mais songez sous quel sceau° je vous l'ai
 révélé.
Oubliez, s'il se peut, que je vous ai parlé, 20
Madame; et que jamais une bouche si pure
Ne s'ouvre pour conter cette horrible
 aventure.
Sur l'équité des Dieux osons nous confier :
Ils ont trop d'intérêt à me justifier;
Et Phèdre, tôt ou tard de son crime punie, 25
N'en saurait éviter la juste ignominie.
C'est l'unique respect que j'exige de vous.
Je permets tout le reste à mon libre courroux.
Sortez de l'esclavage où vous êtes réduite;
Osez me suivre, osez accompagner ma
 fuite; 30
Arrachez-vous d'un lieu funeste et profané,
Où la vertu respire un air empoisonné.
Profitez, pour cacher votre prompte retraite,
De la confusion que ma disgrâce y jette.
Je vous puis de la fuite assurer les moyens. 35
Vous n'avez jusqu'ici de gardes que les miens.
De puissants défenseurs prendront notre
 querelle;

ACTE V, SCÈNE Ière. 19. *sceau:* seal (of secrecy).

Argos nous tend les bras, et Sparte nous
 appelle :
A nos amis communs portons nos justes cris;
Ne souffrons pas que Phèdre, assemblant
 nos débris,° 40
Du trône paternel nous chasse l'un et l'autre,
Et promette à son fils ma dépouille et la
 vôtre.
L'occasion est belle, il la faut embrasser.
Quelle peur vous retient? Vous semblez
 balancer?
Votre seul intérêt m'inspire cette audace. 45
Quand je suis tout de feu, d'où vous vient
 cette glace?
Sur les pas d'un banni craignez-vous de
 marcher?

ARICIE.

Hélas! qu'un tel exil, Seigneur, me serait
 cher!
Dans quels ravissements, à votre sort liée,
Du reste des mortels je vivrais oubliée! 50
Mais n'étant point unis par un lien si doux,
Me puis-je avec honneur dérober avec vous?
Je sais que, sans blesser l'honneur le plus
 sévère,
Je me puis affranchir des mains de votre
 père :
Ce n'est point m'arracher du sein de mes
 parents; 55
Et la fuite est permise à qui fuit ses tyrans.
Mais vous m'aimez, Seigneur; et ma gloire°
 alarmée…

HIPPOLYTE.

Non, non, j'ai trop de soin de votre
 renommée.
Un plus noble dessein m'amène devant vous :
Fuyez vos ennemis, et suivez votre époux. 60
Libres dans nos malheurs, puisque le ciel
 l'ordonne,
Le don de notre foi ne dépend de personne.
L'hymen n'est point toujours entouré de
 flambeaux.
Aux portes de Trézène, et parmi ces
 tombeaux,
Des princes de ma race antiques
 sépultures, 65
Est un temple sacré formidable aux
 parjures.
C'est là que les mortels n'osent jurer en vain.

Le perfide y reçoit un châtiment soudain;
Et craignant d'y trouver la mort inévitable,
Le mensonge n'a point de frein plus
 redoutable. 70
Là, si vous m'en croyez, d'un amour éternel
Nous irons confirmer le serment solennel;
Nous prendrons à témoin le Dieu qu'on y
 révère;
Nous le prierons tous deux de nous servir de
 père.
Des Dieux les plus sacrés j'attesterai le nom.
Et la chaste Diane, et l'auguste Junon, 76
Et tous les Dieux enfin, témoins de mes
 tendresses,
Garantiront la foi de mes saintes promesses.

ARICIE.

Le Roi vient. Fuyez, Prince, et partez
 promptement.
Pour cacher mon départ je demeure un
 moment. 80
Allez; et laissez-moi quelque fidèle guide,
Qui conduise vers vous ma démarche°
 timide.

SCÈNE II : THÉSÉE, ARICIE, ISMÈNE

THÉSÉE.

Dieux! éclairez mon trouble, et daignez à
 mes yeux
Montrer la vérité que je cherche en ces
 lieux.

ARICIE.

Songe à tout, chère Ismène, et sois prête à
 la fuite.

SCÈNE III : THÉSÉE, ARICIE

THÉSÉE.

Vous changez de couleur et semblez
 interdite,
Madame. Que faisait Hippolyte en ce lieu?

ARICIE.

Seigneur, il me disait un éternel adieu.

THÉSÉE.

Vos yeux ont su dompter ce rebelle
 courage,
Et ses premiers soupirs sont votre heureux
 ouvrage. 5

40. *assemblant nos débris:* profiting by the remains of
our fortune. 57. *gloire:* honor.

82. *démarche:* steps. (Notice how, in this scene, the
seventeenth-century doctrine of honor and the Christian idea
of sacramental marriage intrude in the classic story.)

ARICIE.

Seigneur, je ne vous puis nier la vérité :
De votre injuste haine il n'a pas hérité;
Il ne me traitait point comme une criminelle.

THÉSÉE.

J'entends : il vous jurait une amour éternelle.
Ne vous assurez point sur ce cœur
 inconstant; 10
Car à d'autres que vous il en jurait autant.

ARICIE.

Lui, Seigneur ?

THÉSÉE.

 Vous deviez le rendre moins volage.
Comment souffriez-vous cet horrible
 partage ?

ARICIE.

Et comment souffrez-vous que d'horribles
 discours
D'une si belle vie osent noircir le cours ? 15
Avez-vous de son cœur si peu de
 connaissance ?
Discernez-vous si mal le crime et
 l'innocence ?
Faut-il qu'à vos yeux seuls un nuage odieux
Dérobe sa vertu qui brille à tous les yeux ?
Ah ! c'est trop le livrer à des langues perfides.
Cessez : repentez-vous de vos vœux
 homicides; 21
Craignez, Seigneur, craignez que le ciel
 rigoureux
Ne vous haïsse assez pour exaucer vos vœux.
Souvent dans sa colère il reçoit nos victimes;
Ses présents sont souvent la peine de nos
 crimes. 25

THÉSÉE.

Non, vous voulez en vain couvrir son
 attentat :
Votre amour vous aveugle en faveur de
 l'ingrat,
Mais j'en crois des témoins certains,
 irréprochables :
J'ai vu, j'ai vu couler des larmes véritables.

ARICIE.

Prenez garde, Seigneur. Vos invincibles
 mains 30
Ont de monstres sans nombre affranchi les
 humains;
Mais tout n'est pas détruit, et vous en
 laissez vivre
Un... Votre fils, Seigneur, me défend de
 poursuivre.

Instruite du respect qu'il veut vous conserver,
Je l'affligerais trop si j'osais achever. 35
J'imite sa pudeur, et fuis votre présence
Pour n'être pas forcée à rompre le silence.

SCÈNE IV : THÉSÉE, *seul*

THÉSÉE.

Quelle est donc sa pensée ? et que cache un
 discours
Commencé tant de fois, interrompu
 toujours ?
Veulent-ils m'éblouir par une feinte vaine ?
Sont-ils d'accord tous deux pour me mettre
 à la gêne ?°
Mais moi-même, malgré ma sévère rigueur, 5
Quelle plaintive voix crie au fond de mon
 cœur ?
Une pitié secrète et m'afflige et m'étonne.
Une seconde fois interrogeons Œnone.
Je veux de tout le crime être mieux éclairci.
Gardes, qu'Œnone sorte,° et vienne seule
 ici. 10

SCÈNE V : THÉSÉE, PANOPE

PANOPE.

J'ignore le projet que la Reine médite,
Seigneur, mais je crains tout du transport
 qui l'agite.
Un mortel désespoir sur son visage est peint;
La pâleur de la mort est déjà sur son teint.
Déjà, de sa présence avec honte chassée, 5
Dans la profonde mer Œnone s'est lancée.
On ne sait point d'où part ce dessein furieux;
Et les flots pour jamais l'ont ravie à nos yeux.

THÉSÉE.

Qu'entends-je ?

PANOPE.

 Son trépas n'a point calmé la Reine :
Le trouble semble croître en son âme
 incertaine. 10
Quelquefois, pour flatter ses secrètes
 douleurs,
Elle prend ses enfants et les baigne de pleurs;
Et soudain, renonçant à l'amour maternelle,
Sa main avec horreur les repousse loin d'elle.
Elle porte au hasard ses pas irrésolus; 15
Son œil tout égaré ne nous reconnaît plus.

SCÈNE IV. 4. *gêne:* torture. 10. *sorte:* come out (of her
quarters).

Elle a trois fois écrit; et changeant de
 pensée,
Trois fois elle a rompu° sa lettre commencée.
Daignez la voir, Seigneur; daignez la
 secourir.

THÉSÉE.

O ciel! Œnone est morte, et Phèdre veut
 mourir? 20
Qu'on rappelle mon fils, qu'il vienne se
 défendre!
Qu'il vienne me parler, je suis prêt de
 l'entendre.
Ne précipite point tes funestes bienfaits,
Neptune; j'aime mieux n'être exaucé jamais.
J'ai peut-être trop cru des témoins peu
 fidèles, 25
Et j'ai trop tôt vers toi levé mes mains
 cruelles.
Ah! de quel désespoir mes vœux seraient
 suivis!

SCÈNE VI : THÉSÉE, THÉRAMÈNE

THÉSÉE.

Théramène, est-ce toi? Qu'as-tu fait de mon
 fils?
Je te l'ai confié dès l'âge le plus tendre.
Mais d'où naissent les pleurs que je te vois
 répandre?
Que fait mon fils?

THÉRAMÈNE.

 O soins tardifs et superflus!
Inutile tendresse! Hippolyte n'est plus. 5

THÉSÉE.

Dieux!

THÉRAMÈNE.

 J'ai vu des mortels périr le plus aimable,
Et j'ose dire encor, Seigneur, le moins
 coupable.

THÉSÉE.

Mon fils n'est plus? Hé quoi? quand je lui
 tends les bras,
Les Dieux impatients ont hâté son trépas?
Quel coup me l'a ravi? quelle foudre
 soudaine? 10

THÉRAMÈNE.

A peine nous sortions des portes de Trézène,
Il était sur son char; ses gardes affligés
Imitaient son silence, autour de lui rangés.
Il suivait tout pensif le chemin de Mycènes;

Sa main sur ses chevaux laissait flotter les
 rênes. 15
Ses superbes coursiers, qu'on voyait autrefois
Pleins d'une ardeur si noble obéir à sa voix,
L'œil morne maintenant et la tête baissée,
Semblaient se conformer à sa triste pensée.
Un effroyable cri, sorti du fond des flots, 20
Des airs en ce moment a troublé le repos;
Et du sein de la terre une voix formidable
Répond en gémissant à ce cri redoutable.
Jusqu'au fond de nos cœurs notre sang s'est
 glacé.
Des coursiers attentifs le crin s'est hérissé.° 25
Cependant sur le dos de la plaine liquide
S'élève à gros bouillons une montagne
 humide.
L'onde approche, se brise, et vomit à nos
 yeux,
Parmi des flots d'écume, un monstre furieux.
Son front large est armé de cornes
 menaçantes; 30
Tout son corps est couvert d'écailles°
 jaunissantes;
Indomptable taureau, dragon impétueux,
Sa croupe se recourbe en replis tortueux.
Ses longs mugissements font trembler le
 rivage.
Le ciel avec horreur voit ce monstre
 sauvage; 35
La terre s'en émeut, l'air en est infecté;
Le flot, qui l'apporta, recule épouvanté.
Tout fuit; et sans s'armer d'un courage
 inutile,
Dans le temple voisin chacun cherche un
 asile.
Hippolyte lui seul, digne fils d'un héros, 40
Arrête ses coursiers, saisit ses javelots,
Pousse° au monstre, et d'un dard lancé d'une
 main sûre,
Il lui fait dans le flanc une large blessure.
De rage et de douleur le monstre bondissant
Vient aux pieds des chevaux tomber en
 mugissant, 45
Se roule, et leur présente une gueule
 enflammée,
Qui les couvre de feu, de sang et de fumée.
La frayeur les emporte; et sourds à cette
 fois,
Ils ne connaissent plus ni le frein ni la voix.

SCÈNE VI. 25. *le crin s'est hérissé*: the mane stood up. 31.
écailles: scales. 42. *pousse*: dashes.

SCÈNE V. 18. *rompu*: destroyed.

En efforts impuissants leur maître se
 consume. 50
Ils rougissent le mors° d'une sanglante écume.
On dit qu'on a vu même, en ce désordre
 affreux,
Un Dieu qui d'aiguillons° pressait leur
 flanc poudreux.
A travers les rochers la peur les précipite;
L'essieu° crie et se rompt. L'intrépide
 Hippolyte 55
Voit voler en éclats tout son char fracassé;
Dans les rênes lui-même il tombe
 embarrassé.
Excusez ma douleur. Cette image cruelle
Sera pour moi de pleurs une source
 éternelle.
J'ai vu, Seigneur, j'ai vu votre malheureux
 fils 60
Traîné par les chevaux que sa main a
 nourris.
Il veut les rappeler, et sa voix les effraie.
Ils courent. Tout son corps n'est bientôt
 qu'une plaie.
De nos cris douloureux la plaine retentit.
Leur fougue° impétueuse enfin se ralentit : 65
Ils s'arrêtent, non loin de ces tombeaux
 antiques
Où des rois ses aïeux sont les froides reliques.
J'y cours en soupirant, et sa garde me suit.
De son généreux sang la trace nous conduit :
Les rochers en sont teints; les ronces
 dégouttantes° 70
Portent de ses cheveux les dépouilles
 sanglantes.
J'arrive, je l'appelle; et me tendant la main,
Il ouvre un œil mourant, qu'il referme
 soudain.
« Le ciel, dit-il, m'arrache une innocente vie.
Prends soin après ma mort de la triste
 Aricie. 75
Cher ami, si mon père un jour désabusé
Plaint le malheur d'un fils faussement
 accusé,
Pour apaiser mon sang et mon ombre
 plaintive,
Dis-lui qu'avec douceur il traite sa captive;
Qu'il lui rende... » A ce mot ce héros
 expiré 80

N'a laissé dans mes bras qu'un corps
 défiguré,
Triste objet, où des Dieux triomphe la
 colère,
Et que méconnaîtrait l'œil même de son
 père.

THÉSÉE.

O mon fils! cher espoir que je me suis ravi!
Inexorables Dieux, qui m'avez trop servi! 85
A quels mortels regrets ma vie est réservée!

THÉRAMÈNE.

La timide Aricie est alors arrivée.
Elle venait, Seigneur, fuyant votre courroux,
A la face des Dieux l'accepter pour époux.
Elle approche : elle voit l'herbe rouge et
 fumante; 90
Elle voit (quel objet pour les yeux d'une
 amante!)
Hippolyte étendu, sans forme et sans
 couleur.
Elle veut quelque temps douter de son
 malheur;
Et ne connaissant plus ce héros qu'elle
 adore,
Elle voit Hippolyte, et le demande encore. 95
Mais trop sûre à la fin qu'il est devant ses
 yeux,
Par un triste regard elle accuse les Dieux;
Et froide, gémissante, et presque inanimée,
Aux pieds de son amant elle tombe pâmée.
Ismène est auprès d'elle; Ismène, toute en
 pleurs, 100
La rappelle à la vie, ou plutôt aux douleurs.
Et moi, je suis venu, détestant la lumière,
Vous dire d'un héros la volonté dernière,
Et m'acquitter, Seigneur, du malheureux
 emploi
Dont son cœur expirant s'est reposé sur
 moi. 105
Mais j'aperçois venir sa mortelle ennemie.

SCÈNE VII : THÉSÉE, PHÈDRE,
THÉRAMÈNE, PANOPE, GARDES

THÉSÉE.

Hé bien! vous triomphez, et mon fils est
 sans vie.
Ah! que j'ai lieu de craindre! et qu'un
 cruel soupçon,
L'excusant dans mon cœur, m'alarme avec
 raison!

51. *mors:* bit. 53. *aiguillons:* goads. 55. *essieu:* axle. 65.
fougue: fury. 70. *ronces dégouttantes:* brambles dripping
(with blood).

Mais, Madame, il est mort, prenez votre
 victime :
Jouissez de sa perte, injuste ou légitime. 5
Je consens que mes yeux soient toujours
 abusés.
Je le crois criminel, puisque vous l'accusez.
Son trépas à mes pleurs offre assez de
 matières,
Sans que j'aille chercher d'odieuses
 lumières,°
Qui ne pouvant le rendre à ma juste
 douleur, 10
Peut-être ne feraient qu'accroître mon
 malheur.
Laissez-moi, loin de vous et loin de ce
 rivage,
De mon fils déchiré fuir la sanglante image.
Confus, persécuté d'un mortel souvenir,
De l'univers entier je voudrais me bannir. 15
Tout semble s'élever contre mon injustice.
L'éclat de mon nom même augmente mon
 supplice.
Moins connu des mortels, je me cacherais
 mieux.
Je hais jusques aux soins dont m'honorent
 les Dieux ;
Et je m'en vais pleurer leurs faveurs
 meurtrières, 20
Sans plus les fatiguer d'inutiles prières.
Quoi qu'ils fissent pour moi, leur funeste
 bonté
Ne me saurait payer de ce qu'ils m'ont ôté.

PHÈDRE.

Non, Thésée, il faut rompre un injuste
 silence :
Il faut à votre fils rendre son innocence. 25
Il n'était point coupable.

THÉSÉE.

 Ah ! père infortuné !
Et c'est sur votre foi que je l'ai condamné !
Cruelle, pensez-vous être assez excusée...

PHÈDRE.

Les moments me sont chers, écoutez-moi,
 Thésée.
C'est moi qui sur ce fils chaste et
 respectueux 30
Osai jeter un œil profane, incestueux.
Le ciel mit dans mon sein une flamme
 funeste ;

La détestable Œnone a conduit tout le reste.
Elle a craint qu'Hippolyte, instruit de ma
 fureur,
Ne découvrît° un feu qui lui faisait horreur.
La perfide, abusant de ma faiblesse
 extrême, 36
S'est hâtée à vos yeux de l'accuser
 lui-même.
Elle s'en est punie, et, fuyant mon
 courroux,
A cherché dans les flots un supplice trop
 doux.
Le fer aurait déjà tranché ma destinée ; 40
Mais je laissais gémir la vertu soupçonnée.
J'ai voulu, devant vous exposant mes
 remords,
Par un chemin plus lent descendre chez les
 morts.
J'ai pris, j'ai fait couler dans mes brûlantes
 veines
Un poison que Médée° apporta dans
 Athènes. 45
Déjà jusqu'à mon cœur le venin parvenu
Dans ce cœur expirant jette un froid
 inconnu ;
Déjà je ne vois plus qu'à travers un nuage
Et le ciel et l'époux que ma présence
 outrage ;
Et la mort, à mes yeux dérobant la clarté, 50
Rend au jour, qu'ils souillaient, toute sa
 pureté.°

PANOPE.

Elle expire, Seigneur !

THÉSÉE.

 D'une action si noire
Que ne peut avec elle expirer la mémoire !
Allons, de mon erreur, hélas ! trop éclaircis,
Mêler nos pleurs au sang de mon
 malheureux fils. 55
Allons de ce cher fils embrasser ce qui reste,
Expier la fureur d'un vœu que je déteste.
Rendons-lui les honneurs qu'il a trop
 mérités ;
Et pour mieux apaiser ses mânes irrités,
Que, malgré les complots d'une injuste
 famille, 60
Son amante aujourd'hui me tienne lieu de
 fille.

SCÈNE VII. 9. *lumières:* enlightenment.

35. *découvrît:* would reveal. 45. *Médée:* Medea, wife of Jason and witch who brewed poisons. 51. *pureté:* Phèdre's last word suggests her longing for the virtue fate denied her.

21-22. Molière [1622–1673] Chron.

Molière is one of the few great authors whose fame rests primarily on their comedy. In this group one may name Aristophanes, Cervantes, Rabelais, Swift, Mark Twain—not very many others of the first rank. We call these writers great because they have made of comedy a means of understanding the human spirit. And since eventually what we ask of literature is not instruction or distraction but understanding of ourselves, the great writers of comedy have done us an important service. They have shown us that we may attain truth by laughter as well as by tears.

"Molière" is the stage name of Jean-Baptiste Poquelin. He was born in Paris, in a well-to-do bourgeois family. As a child he was fascinated by the theater, and, like Shakespeare, he gave nearly all his life to the stage. He was well educated in an excellent Jesuit school, where he met the scions of the nobility. He probably studied law and certainly worked in his father's decorating and upholstering business. But at twenty-one, as soon as he could escape from parental control, he established his own theater in Paris. As any businessman could have foreseen, he soon went bankrupt. He took his troupe to the provinces and for twelve years he wandered through France, barnstorming in actual barns, inn yards, and indoor tennis courts. He learned to curry favor with the rich and powerful, to run by night from the sheriff, and to deal with drunks, stage-door johnnies, grafting authorities, and his own sulking, sensitive actors. He learned about human behavior; he also learned the trade of dramatic writing, by studying what pleases the public and what does not.

He returned to Paris in 1658. The success of his satirical farce *Les Précieuses ridicules* assured his fortune. The young King, Louis XIV, showered favor on him. For fifteen years he led a life of tumultuous activity, managing a theater, directing, acting the star roles, and writing twenty-nine plays—everything from tragicomedy to knockabout farce. Among his plays are *Le Tartuffe*, a daring characterization of a religious hypocrite; *Le Misanthrope*, a picture of social disaster resulting from too much sincerity (or is it rather a picture of social servility that cannot bear sincerity? People are still arguing the case, as they argue the meaning of *Hamlet*); *Dom Juan*, a picture of *le grand seigneur méchant homme;* and *Le Malade imaginaire*, an attack on the pretensions of physicians. At the fourth performance of *Le Malade imaginaire*, on February 17, 1673, Molière suffered a hemorrhage of the lungs during the final scene. He succeeded in playing out his part, but he died within a few hours. It was one of the great exits of history.

Molière created the comedy as we know it today. Before his time, comedy in France had been mostly a fantasy upon life. Molière's comedy derives from the observation of life. His principle is, then, *realism*, to evoke in the spectator pleasure in the recognition of true character, behavior, language, etc. His method is *classic* in that it depicts universal types rather than exceptional individuals. Molière shows us the Miser, the Hypocrite, the Pedant, the Arrogant Noble, the Libertine, the Coquette. He generalizes, reinforces the dominant characteristic, suppresses the accessories. He simplifies psychology in order to gain dramatic effectiveness.

His art is classic also in that it is *social*. Most of his plays put a family on the stage; Molière shows us the disintegrating effect of monomania on the family and on society. In this sense he was the originator of the *pièce à thèse,* the thesis play, which attempts to prove that some social phenomenon is helpful or harmful.

Molière's *comic technique* was derived in large part from the ancient tradition of the farce, but he refined and humanized it. He knew all the tricks of the present-day comedian; the farce has changed little since his time.

Molière's *philosophy* or *dominating thought* was that of the enlightened bourgeois of his age, for the playwright cannot with impunity defy the settled opinions of his audience. He praised the good sense of the average man, thus flattering all his hearers. Yet, timidly and even cryptically, he suggests that his private views were sometimes at odds with those of the smug middle class. Nature, he implies, is a better guide than authority. Marriage should be based on love, not worldly advantage. Essential religion resides in the upright spirit, not in forms and ceremonies. Nature is the healer, while the physicians' dogmas are in opposition to nature. And we shall notice some of his underlying meanings, his half-hidden convictions, in *Le Bourgeois gentilhomme*.

LE BOURGEOIS GENTILHOMME*

[*After reading two tragedies in verse you deserve a little relief. I have therefore chosen a play that is commonly regarded as one of the world's funniest.*

Le Bourgeois gentilhomme *is a comédie-ballet, or musical comedy. It is one of the first which combined dialogue, music, song, and dance in a coherent whole.*

It was a product of circumstance. Turks and turqueries *were à la mode in 1669–1670. A diplomatic mission from the Sultan visited the French court and deeply offended Louis XIV by not noticing that he was wearing, in honor of the envoys, a costume adorned with fourteen million francs' worth of diamonds. The King suggested to Molière that he should write a funny play about Turks and sent him a returned traveler to brief him on the background. Then the King commanded Molière to produce a* divertissement *for a hunting party he was giving at the château of Chambord,† on the Loire, 120 miles from Paris. Thus the* Bourgeois *was prepared, to amuse the courtiers after a hard day in the saddle and one of Louis XIV's gigantic hunt suppers. It was no occasion for subtlety. (It was produced on October 14, 1670; Molière played Monsieur Jourdain.)*

Under such restrictions and conditions the play is a remarkable *tour de force. It was designed, like any musical comedy, to carry a story sufficient for the music and choreography, which were provided by the celebrated Jean-Baptiste Lulli, who also played with great verve the part of the Mufti.*

The construction of the play leaves everything to be desired. The first two acts are a series of gags, with hardly a hint of a plot. The love interest appears in the third act, to be resolved by the enormous burlesque of the Turkish ceremony in Act IV. The fifth act prolongs the misunderstanding while the dancers change their costumes and prepare for the final ballet. The two pairs of lovers are united in the last moments; but the logical termination, Monsieur Jourdain's disillusionment, is left to the imagination. The critics have complained; but the spectators do not.

The theme is of course the folly of the bourgeois attempting to climb out of his class, to become a gentilhomme. *The moral is: be content with that state of life to which it has pleased God to call you. The first audiences, composed of* gentilshommes, *laughed with a comfortable sense of superiority; they were the insiders mocking the outsiders. At the same time their superiority was tinged with unease, for the rising group of rich financiers were taking over their power and position, buying their bankrupt estates together with titles of rank and marrying their dowerless daughters. If, when the play was over, they reflected on it, they may have remarked that the representative of the nobility, Dorante, is a thoroughgoing scoundrel, liar, crook, and parasite, who belongs in jail and not in the King's suite. The really admirable characters, Cléonte and Mme Jourdain, are themselves bourgeois, by contrast with the noble shysters. Thus the play is by implication a social satire*

* Bourgeois *is the noun,* gentilhomme *is adjectival. Hence the meaning is not "The bourgeois Gentleman," but "The Bourgeois who would be a gentleman." And* gentilhomme *meant a man of* gentle *birth. The word bore no reference to character.* † Where have we heard of Chambord before? In Rabelais.

not so much of the bourgeoisie as of the very class to whom it was addressed. The applauding mockers were themselves mocked. This is a reversal of values, a triumph of comedy.

(The language is very simple; you can read the play in two sittings, or even one. Read as a Frenchman would, without mental translation. Don't look up words unless they are essential.)]

Personnages

MONSIEUR JOURDAIN, bourgeois
MADAME JOURDAIN, sa femme
LUCILE, fille de M. Jourdain
NICOLE, servante
CLÉONTE, amoureux* de Lucile
COVIELLE, valet de Cléonte
DORANTE, comte, amant† de Dorimène
DORIMÈNE, marquise
MAÎTRE DE MUSIQUE
ÉLÈVE DU MAÎTRE DE MUSIQUE
MAÎTRE A DANSER
MAÎTRE D'ARMES§
MAÎTRE DE PHILOSOPHIE
MAÎTRE TAILLEUR
GARÇON TAILLEUR
DEUX LAQUAIS
PLUSIEURS MUSICIENS, MUSICIENNES, JOUEURS D'INSTRUMENTS, DANSEURS, CUISINIERS, GARÇONS TAILLEURS, ET AUTRES PERSONNAGES DES INTERMÈDES** ET DU BALLET

La scène est à Paris

Acte premier

L'ouverture se fait par un grand assemblage d'instruments; et dans le milieu du théâtre‡ on voit un élève du maître de musique qui compose sur une table un air que le Bourgeois a commandé pour une sérénade.

* *amoureux:* in love with. † *amant:* favored suitor.
§ *Maître d'armes:* Fencing master. ** *intermèdes:* interludes.
ACTE Iᵉʳ, SCÈNE Iᵉʳᵉ. ‡ *théâtre:* stage.

SCÈNE PREMIÈRE : MAÎTRE DE MUSIQUE, MAÎTRE A DANSER, TROIS MUSICIENS, DEUX VIOLONS, QUATRE DANSEURS

5 MAÎTRE DE MUSIQUE (*parlant à ses musiciens*). Venez, entrez dans cette salle, et vous reposez là, en attendant qu'il vienne.

MAÎTRE A DANSER (*parlant aux danseurs*). Et vous aussi, de ce côté.

10 MAÎTRE DE MUSIQUE (*à l'élève*). Est-ce fait?

L'ÉLÈVE. Oui.

MAÎTRE DE MUSIQUE. Voyons...° Voilà qui est bien.

MAÎTRE A DANSER. Est-ce quelque chose de 15 nouveau?

MAÎTRE DE MUSIQUE. Oui, c'est un air pour une sérénade que je lui ai fait composer ici, en attendant que notre homme fût éveillé.

MAÎTRE A DANSER. Peut-on voir ce que c'est?

20 MAÎTRE DE MUSIQUE. Vous l'allez entendre, avec le dialogue, quand il viendra. Il ne tardera guère.

MAÎTRE A DANSER. Nos occupations, à vous et à moi, ne sont pas petites maintenant.

25 MAÎTRE DE MUSIQUE. Il est vrai. Nous avons trouvé ici un homme comme il nous le faut à tous deux. Ce nous est une douce rente° que ce monsieur Jourdain, avec les visions de noblesse et de galanterie qu'il est allé se mettre en tête. 30 Et votre danse et ma musique auraient à souhaiter que tout le monde lui ressemblât.

MAÎTRE A DANSER. Non pas entièrement; et je voudrais pour lui qu'il se connût mieux qu'il ne fait aux choses que nous lui donnons.

35 MAÎTRE DE MUSIQUE. Il est vrai qu'il les connaît mal, mais il les paye bien; et c'est de quoi maintenant nos arts ont plus besoin que de toute autre chose.

MAÎTRE A DANSER. Pour moi, je vous 40 l'avoue, je me repais° un peu de gloire. Les applaudissements me touchent; et je tiens que, dans tous les beaux-arts, c'est un supplice assez° fâcheux que de se produire à des sots, que d'essuyer° sur des compositions la barbarie d'un 45 stupide. Il y a plaisir, ne m'en parlez point, à travailler pour des personnes qui soient capables de sentir les délicatesses d'un art; qui sachent faire un doux accueil aux beautés d'un ouvrage

12. *Voyons...* (The Maître de musique examines his pupil's composition). 27. *rente:* income, property. 40. *me repais:* delight in. 42. *assez:* very. 44. *essuyer:* endure.

et, par de chatouillantes° approbations, vous régaler de votre travail. Oui, la récompense la plus agréable qu'on puisse recevoir des choses que l'on fait, c'est de les voir connues,° de les voir caressées d'un applaudissement qui vous honore. Il n'y a rien, à mon avis, qui nous paye mieux que cela de toutes nos fatigues; et ce sont des douceurs exquises que des louanges éclairées.

MAÎTRE DE MUSIQUE. J'en demeure d'accord, et je les goûte comme vous. Il n'y a rien assurément qui chatouille davantage que les applaudissements que vous dites; mais cet encens ne fait pas vivre. Des louanges toutes pures ne mettent pas un homme à son aise : il y faut mêler du solide; et la meilleure façon de louer, c'est de louer avec les mains.° C'est un homme, à la vérité, dont les lumières sont petites, qui parle à tort et à travers de toutes choses, et n'applaudit qu'à contresens;° mais son argent redresse les jugements de son esprit. Il a du discernement dans sa bourse. Ses louanges sont monnayées;° et ce bourgeois ignorant nous vaut mieux, comme vous voyez, que le grand seigneur éclairé° qui nous a introduits ici.

MAÎTRE A DANSER. Il y a quelque chose de vrai dans ce que vous dites; mais je trouve que vous appuyez un peu trop sur l'argent; et l'intérêt° est quelque chose de si bas qu'il ne faut jamais qu'un honnête homme montre pour lui de l'attachement.

MAÎTRE DE MUSIQUE. Vous recevez fort bien pourtant l'argent que notre homme vous donne.

MAÎTRE A DANSER. Assurément; mais je n'en fais pas tout mon bonheur, et je voudrais qu'avec son bien il eût encore quelque bon goût des choses.

MAÎTRE DE MUSIQUE. Je le voudrais aussi, et c'est à quoi nous travaillons tous deux autant que nous pouvons. Mais, en tout cas, il nous donne moyen de nous faire connaître dans le monde; et il payera pour les autres ce que les autres loueront pour lui.

MAÎTRE A DANSER. Le voilà qui vient.

SCÈNE II : MONSIEUR JOURDAIN,* DEUX LAQUAIS, MAÎTRE DE MUSIQUE, MAÎTRE A DANSER, VIOLONS, MUSICIENS *et* DANSEURS

MONSIEUR JOURDAIN. Hé bien, messieurs? Qu'est-ce? Me ferez-vous voir votre petite drôlerie?°

MAÎTRE A DANSER. Comment? Quelle petite drôlerie?

MONSIEUR JOURDAIN. Eh! là... Comment appelez-vous cela? Votre prologue, ou dialogue de chansons et de danse.

MAÎTRE A DANSER. Ah! ah!

MAÎTRE DE MUSIQUE. Vous nous y voyez préparés.

MONSIEUR JOURDAIN. Je vous ai fait un peu attendre, mais c'est que je me fais habiller aujourd'hui comme les gens de qualité, et mon tailleur m'a envoyé des bas de soie° que j'ai pensé ne mettre jamais.

MAÎTRE DE MUSIQUE. Nous ne sommes ici que pour attendre votre loisir.

MONSIEUR JOURDAIN. Je vous prie tous deux de ne vous point en aller qu'on ne m'ait apporté mon habit, afin que vous me puissiez voir.

MAÎTRE A DANSER. Tout ce qu'il vous plaira.

MONSIEUR JOURDAIN. Vous me verrez équipé comme il faut, depuis les pieds jusqu'à la tête.

MAÎTRE DE MUSIQUE. Nous n'en doutons point.

MONSIEUR JOURDAIN. Je me suis fait faire cette indienne-ci.°

MAÎTRE A DANSER. Elle est fort belle.

MONSIEUR JOURDAIN. Mon tailleur m'a dit que les gens de qualité étaient comme cela le matin.

MAÎTRE DE MUSIQUE. Cela vous sied à merveille.

MONSIEUR JOURDAIN. Laquais, holà! mes deux laquais.

PREMIER LAQUAIS. Que voulez-vous, monsieur?

MONSIEUR JOURDAIN. Rien. C'est pour voir si vous m'entendez bien. (*aux deux* MAÎTRES) Que dites-vous de mes livrées?

MAÎTRE A DANSER. Elles sont magnifiques.

MONSIEUR JOURDAIN. (*Il entr'ouvre sa robe et fait voir un haut-de-chausses étroit de velours rouge, et*

1. *chatouillantes:* tickling, heart-warming. 4. *connues:* recognized. 17. *avec les mains:* Here the actor makes the finger-rubbing gesture indicating money. 20. *à contresens :* in the wrong place. 23. *monnayées:* convertible into cash. 25. *grand seigneur éclairé:* noble amateur of the arts (reference to Dorante, who will appear later). 29. *intérêt:* self-interest, profit.

SCÈNE II. * *Monsieur Jourdain:* He is wearing a gorgeous striped dressing gown, lined with green and orange, and a nightcap. 7. *drôlerie:* thingamajig. 19. *bas de soie:* Silk stockings were still a luxury. 32. *cette indienne-ci:* this dressing gown.

une camisole° de velours vert, dont il est vêtu.) Voici encore un petit déshabillé pour faire le matin mes exercices.

MAÎTRE DE MUSIQUE. Il est galant.

MONSIEUR JOURDAIN. Laquais!

PREMIER LAQUAIS. Monsieur?

MONSIEUR JOURDAIN. L'autre laquais!

SECOND LAQUAIS. Monsieur?

MONSIEUR JOURDAIN. Tenez ma robe.° Me trouvez-vous bien comme cela?

MAÎTRE A DANSER. Fort bien. On ne peut pas mieux.

MONSIEUR JOURDAIN. Voyons un peu votre affaire.

MAÎTRE DE MUSIQUE. Je voudrais bien auparavant vous faire entendre un air qu'il° vient de composer pour la sérénade que vous m'avez demandée. C'est un de mes écoliers qui a pour ces sortes de choses un talent admirable.

MONSIEUR JOURDAIN. Oui, mais il ne fallait pas faire faire cela par un écolier; et vous n'étiez pas trop bon vous-même pour cette besogne-là.

MAÎTRE DE MUSIQUE. Il ne faut pas, monsieur, que le nom d'écolier vous abuse. Ces sortes d'écoliers en savent autant que les plus grands maîtres, et l'air est aussi beau qu'il s'en puisse faire. Écoutez seulement.

MONSIEUR JOURDAIN. Donnez-moi ma robe pour mieux entendre... Attendez, je crois que je serai mieux sans robe... Non, redonnez-la moi, cela ira mieux.

MUSICIEN (*chantant*).

> *Je languis nuit et jour, et mon mal est*
> * extrême,*
> *Depuis qu'à vos rigueurs vos beaux yeux m'ont*
> * soumis :*
> *Si vous traitez ainsi, belle Iris, qui° vous*
> * aime,*
> *Hélas! que pourriez-vous faire à vos*
> * ennemis?*

MONSIEUR JOURDAIN. Cette chanson me semble un peu lugubre, elle endort, et je voudrais que vous la pussiez un peu regaillardir° par-ci par-là.

MAÎTRE DE MUSIQUE. Il faut, monsieur, que l'air soit accommodé aux paroles.

2. *camisole:* jacket. 10. He takes off his gown. 17. *il:* i.e.,
the pupil. 40. *qui:* the one who. 46. *regaillardir:* brighten up.

MONSIEUR JOURDAIN. On m'en apprit un tout à fait joli, il y a quelque temps. Attendez... Là... Comment est-ce qu'il dit?

MAÎTRE A DANSER. Par ma foi, je ne sais.

MONSIEUR JOURDAIN. Il y a du mouton dedans.

MAÎTRE A DANSER. Du mouton?

MONSIEUR JOURDAIN. Oui. Ah! (M. JOURDAIN *chante.*)

> *Je croyais Jeanneton*
> *Aussi douce que belle;*
> *Je croyais Jeanneton*
> *Plus douce qu'un mouton.*
> * Hélas! Hélas!*
> *Elle est cent fois, mille fois plus cruelle*
> *Que n'est le tigre aux bois.*

N'est-il pas joli?

MAÎTRE DE MUSIQUE. Le plus joli du monde.

MAÎTRE A DANSER. Et vous le chantez bien.

MONSIEUR JOURDAIN. C'est sans avoir appris la musique.

MAÎTRE DE MUSIQUE. Vous devriez l'apprendre, monsieur, comme vous faites la danse. Ce sont deux arts qui ont une étroite liaison ensemble.

MAÎTRE A DANSER. Et qui ouvrent l'esprit d'un homme aux belles choses.

MONSIEUR JOURDAIN. Est-ce que les gens de qualité apprennent aussi la musique?

MAÎTRE DE MUSIQUE. Oui, monsieur.

MONSIEUR JOURDAIN. Je l'apprendrai donc. Mais je ne sais quel temps je pourrai prendre : car, outre le maître d'armes qui me montre,° j'ai arrêté° encore un maître de philosophie qui doit commencer ce matin.

MAÎTRE DE MUSIQUE. La philosophie est quelque chose; mais la musique, monsieur, la musique...

MAÎTRE A DANSER. La musique et la danse... La musique et la danse, c'est là tout ce qu'il faut.

MAÎTRE DE MUSIQUE. Il n'y a rien qui soit si utile dans un État que la musique.

MAÎTRE A DANSER. Il n'y a rien qui soit si nécessaire aux hommes que la danse.

MAÎTRE DE MUSIQUE. Sans la musique, un État ne peut subsister.

MAÎTRE A DANSER. Sans la danse, un homme ne saurait rien faire.

34. *montre:* teaches. 35. *arrêté:* hired.

MAÎTRE DE MUSIQUE. Tous les désordres, toutes les guerres qu'on voit dans le monde n'arrivent que pour° n'apprendre pas la musique.

MAÎTRE A DANSER. Tous les malheurs des hommes, tous les revers funestes dont les histoires sont remplies, les bévues° des politiques et les manquements des grands capitaines, tout cela n'est venu que faute de savoir danser.

MONSIEUR JOURDAIN. Comment cela?

MAÎTRE DE MUSIQUE. La guerre ne vient-elle pas d'un manque d'union entre les hommes?

MONSIEUR JOURDAIN. Cela est vrai.

MAÎTRE DE MUSIQUE. Et, si tous les hommes apprenaient la musique, ne serait-ce pas le moyen de s'accorder° ensemble, et de voir dans le monde la paix universelle?

MONSIEUR JOURDAIN. Vous avez raison.

MAÎTRE A DANSER. Lorsqu'un homme a commis un manquement dans sa conduite, soit aux affaires de sa famille, ou au gouvernement d'un État, ou au commandement d'une armée, ne dit-on pas toujours : « Un tel a fait un mauvais pas dans une telle affaire »?

MONSIEUR JOURDAIN. Oui, on dit cela.

MAÎTRE A DANSER. Et faire un mauvais pas peut-il procéder d'autre chose que de ne savoir pas danser?

MONSIEUR JOURDAIN. Cela est vrai, et vous avez raison tous deux.

MAÎTRE A DANSER. C'est pour vous faire voir l'excellence et l'utilité de la danse et de la musique.

MONSIEUR JOURDAIN. Je comprends cela, à cette heure.

MAÎTRE DE MUSIQUE. Voulez-vous voir nos deux affaires?

MONSIEUR JOURDAIN. Oui.

MAÎTRE DE MUSIQUE. Je vous l'ai déjà dit, c'est un petit essai que j'ai fait autrefois des diverses passions que peut exprimer la musique.

MONSIEUR JOURDAIN. Fort bien.

MAÎTRE DE MUSIQUE. Allons, avancez.° Il faut vous figurer qu'ils sont habillés en bergers.

MONSIEUR JOURDAIN. Pourquoi toujours des bergers?° On ne voit que cela partout.

MAÎTRE A DANSER. Lorsqu'on a des personnes à faire parler en musique, il faut bien que pour la vraisemblance on donne dans la bergerie. Le chant a été de tout temps affecté aux bergers; et il n'est guère naturel en dialogue que des princes ou des bourgeois chantent leurs passions.

MONSIEUR JOURDAIN. Passe, passe. Voyons.

Dialogue en musique
UNE MUSICIENNE *et* DEUX MUSICIENS*

MONSIEUR JOURDAIN. Est-ce tout?

MAÎTRE DE MUSIQUE. Oui.

MONSIEUR JOURDAIN. Je trouve cela bien troussé;° et il y a là-dedans de petits dictons° assez jolis.

MAÎTRE A DANSER. Voici, pour mon affaire, un petit essai des plus beaux mouvements et des plus belles attitudes dont une danse puisse être variée.

MONSIEUR JOURDAIN. Sont-ce encore des bergers?

MAÎTRE A DANSER. C'est ce qu'il vous plaira. Allons.°

(*Quatre* DANSEURS *exécutent tous les mouvements différents et toutes les sortes de pas que le* MAÎTRE A DANSER *leur commande; et cette danse fait le premier intermède.*)

Acte II†

SCÈNE PREMIÈRE : MONSIEUR JOURDAIN, MAÎTRE DE MUSIQUE, MAÎTRE A DANSER, LAQUAIS

MONSIEUR JOURDAIN. Voilà qui n'est point sot, et ces gens-là se trémoussent° bien.

MAÎTRE DE MUSIQUE. Lorsque la danse sera mêlée avec la musique, cela fera plus d'effet encore, et vous verrez quelque chose de galant dans le petit ballet que nous avons ajusté pour vous.

MONSIEUR JOURDAIN. C'est pour tantôt au moins;° et la personne pour qui j'ai fait faire

3. *pour* = *de.* 7. *bévues:* blunders. 16. *s'accorder:* double meaning: *to put in tune* and *to agree.* 43. *Allons, avancez:* said to the musicians. 46. *toujours des bergers:* The pastoral novel and play were enjoying a vogue which seemed ridiculous to M. Jourdain (and to Molière).

* The text of the Dialogue (or better, Trio) is here omitted. 15. *bien troussé:* a neat job. 15. *dictons:* remarks. 24. *Allons:* said to the dancers. ACTE II, SCÈNE Ière. † There is no break between the two acts; the characters remain onstage. 38. *se trémoussent:* wiggle about. 45. *C'est pour tantôt au moins:* Have it ready soon, anyhow.

tout cela me doit faire l'honneur de venir dîner céans.°

MAÎTRE A DANSER. Tout est prêt.

MAÎTRE DE MUSIQUE. Au reste, monsieur, ce n'est pas assez, il faut qu'une personne comme vous, qui êtes magnifique° et qui avez de l'inclination pour les belles choses, ait un concert de musique chez soi tous les mercredis, ou tous les jeudis.

MONSIEUR JOURDAIN. Est-ce que les gens de qualité en ont?

MAÎTRE DE MUSIQUE. Oui, monsieur.

MONSIEUR JOURDAIN. J'en aurai donc. Cela sera-t-il beau?

MAÎTRE DE MUSIQUE. Sans doute. Il vous faudra trois voix, un dessus,° une haute-contre° et une basse, qui seront accompagnées d'une basse de viole, d'un téorbe° et d'un clavecin° pour les basses continues,° avec deux dessus de violon pour jouer les ritournelles.°

MONSIEUR JOURDAIN. Il y faudra mettre aussi une trompette marine.° La trompette marine est un instrument qui me plaît, et qui est harmonieux.

MAÎTRE DE MUSIQUE. Laissez-nous gouverner les choses.

MONSIEUR JOURDAIN. Au moins, n'oubliez pas tantôt de m'envoyer des musiciens pour chanter à table.

MAÎTRE DE MUSIQUE. Vous aurez tout ce qu'il vous faut.

MONSIEUR JOURDAIN. Mais surtout que le ballet soit beau.

MAÎTRE DE MUSIQUE. Vous en serez content, et, entre autres choses, de certains menuets que vous y verrez.

MONSIEUR JOURDAIN. Ah! les menuets sont ma danse, et je veux que vous me les voyiez danser. Allons, mon maître.

MAÎTRE A DANSER. Un chapeau,° monsieur, s'il vous plaît. La, la, la; — La, la, la, la, la, la; — La, la, la, *bis*; — La, la, la; — La, la. En cadence, s'il vous plaît. La, la, la, la. La jambe

droite. La, la, la. Ne remuez point tant les épaules. La, la, la, la, la; — La, la, la, la, la. Vos deux bras sont estropiés.° La, la, la, la, la. Haussez la tête. Tournez la pointe du pied en dehors. La, la, la. Dressez votre corps.

MONSIEUR JOURDAIN. Euh?°

MAÎTRE DE MUSIQUE. Voilà qui est le mieux du monde.

MONSIEUR JOURDAIN. A propos.° Apprenez-moi comme il faut faire une révérence pour saluer une marquise; j'en aurai besoin tantôt.

MAÎTRE A DANSER. Une révérence pour saluer une marquise?

MONSIEUR JOURDAIN. Oui, une marquise qui s'appelle Dorimène.

MAÎTRE A DANSER. Donnez-moi la main.

MONSIEUR JOURDAIN. Non. Vous n'avez qu'à faire, je le retiendrai bien.°

MAÎTRE A DANSER. Si vous voulez la saluer avec beaucoup de respect, il faut faire d'abord une révérence en arrière, puis marcher vers elle avec trois révérences en avant, et à la dernière vous baisser jusqu'à ses genoux.

MONSIEUR JOURDAIN. Faites un peu. Bon!

LE LAQUAIS. Monsieur, voilà votre maître d'armes qui est là.

MONSIEUR JOURDAIN. Dis-lui qu'il entre ici pour me donner leçon. Je veux que vous me voyiez faire.

SCÈNE II : MAÎTRE D'ARMES, MAÎTRE DE MUSIQUE, MAÎTRE A DANSER, MONSIEUR JOURDAIN, UN LAQUAIS

MAÎTRE D'ARMES (*après lui avoir mis le fleuret°* *à la main*). Allons, monsieur, la révérence. Votre corps droit. Un peu penché sur la cuisse gauche. Les jambes point tant écartées. Vos pieds sur une même ligne. Votre poignet° à l'opposite de votre hanche. La pointe de votre épée vis-à-vis de votre épaule. Le bras pas tout à fait si étendu. La main gauche à la hauteur de l'œil. L'épaule gauche plus quartée.° La tête droite. Le regard assuré. Avancez. Le corps ferme. Touchez-moi l'épée de quarte,° et

2. *céans:* in here. 6. *qui êtes magnifique:* who do things in style. 16. *dessus:* tenor. 16. *haute-contre:* soprano. 18. *téorbe:* theorbo, a double-headed lute. 18. *clavecin:* harpsichord. 19. *basses continues:* sustained basses. 20. *ritournelles:* refrains. 22. *trompette marine:* a one-stringed instrument played with a bow, which produces a hollow, rumbling sound. 40. In the minuet the hat is used in making sweeping bows, after which it is returned to its position under the arm. But M. Jourdain seizes a lackey's hat, puts it on his head, atop of his nightcap. The Maître à danser sings, accompanied by the orchestra. His directions are given in rhythm with the music. (Recordings of Lulli's music are obtainable.)

3. *estropiés:* crippled. 6. *Euh?* expresses both exhaustion and inquiry: "How was it?" 9. *A propos:* The concluding bow of the minuet suggests something to M. Jourdain. 17–18. *Vous n'avez... bien:* Just do it alone, I'll remember all right. SCÈNE II. 35. *fleuret:* fencing foil. 39. *poignet:* wrist. 43. *plus quartée:* drawn further back. 45. *Touchez-moi l'épée de quarte:* Engage my foil in quart (fourth position in fencing).

achevez de même. Une, deux. Remettez-vous. Redoublez de pied ferme. Un saut en arrière. Quand vous portez la botte,° monsieur, il faut que l'épée parte la première, et que le corps soit bien effacé. Une, deux. Allons, touchez-moi, l'épée de tierce,° et achevez de même. Avancez. Le corps ferme. Avancez. Partez de là. Une, deux. Remettez-vous. Redoublez.° Un saut en arrière. En garde, monsieur, en garde! (Le MAÎTRE D'ARMES *lui pousse deux ou trois bottes en lui disant : En garde!*)

MONSIEUR JOURDAIN. Euh!

MAÎTRE DE MUSIQUE. Vous faites des merveilles.

MAÎTRE D'ARMES. Je vous l'ai déjà dit; tout le secret des armes ne consiste qu'en deux choses : à donner et à ne point recevoir; et, comme je vous fis voir l'autre jour par raison démonstrative, il est impossible que vous receviez, si vous savez détourner l'épée de votre ennemi de la ligne de votre corps; ce qui ne dépend que d'un petit mouvement de poignet, ou en dedans ou en dehors.

MONSIEUR JOURDAIN. De cette façon donc un homme sans avoir du cœur,° est sûr de tuer son homme et de n'être point tué?

MAÎTRE D'ARMES. Sans doute. N'en vîtes-vous pas la démonstration?

MONSIEUR JOURDAIN. Oui.

MAÎTRE D'ARMES. Et c'est en quoi l'on voit de quelle considération, nous autres, nous devons être dans un État, et combien la science des armes l'emporte hautement sur toutes les autres sciences inutiles, comme la danse, la musique, la...

MAÎTRE A DANSER. Tout beau,° monsieur le tireur d'armes.° Ne parlez de la danse qu'avec respect.

MAÎTRE DE MUSIQUE. Apprenez, je vous prie, à mieux traiter l'excellence de la musique.

MAÎTRE D'ARMES. Vous êtes de plaisantes gens, de vouloir comparer vos sciences à la mienne!

MAÎTRE DE MUSIQUE. Voyez un peu l'homme d'importance!

MAÎTRE A DANSER. Voilà un plaisant animal avec son plastron!°

MAÎTRE D'ARMES. Mon petit maître à danser, je vous ferais danser comme il faut. Et vous, mon petit musicien, je vous ferais chanter de la belle manière.

MAÎTRE A DANSER. Monsieur le batteur de fer,° je vous apprendrai votre métier.

MONSIEUR JOURDAIN (*au* MAÎTRE A DANSER). Êtes-vous fou de l'aller quereller, lui qui entend la tierce et la quarte, et qui sait tuer un homme par raison démonstrative?

MAÎTRE A DANSER. Je me moque de sa raison démonstrative, et de sa tierce, et de sa quarte.

MONSIEUR JOURDAIN. Tout doux, vous dis-je.

MAÎTRE D'ARMES. Comment? petit impertinent!°

MONSIEUR JOURDAIN. Eh! mon maître d'armes.

MAÎTRE A DANSER. Comment? grand cheval de carrosse!

MONSIEUR JOURDAIN. Eh! mon maître à danser.

MAÎTRE D'ARMES. Si je me jette sur vous...

MONSIEUR JOURDAIN. Doucement.

MAÎTRE A DANSER. Si je mets sur vous la main...

MONSIEUR JOURDAIN. Tout beau.

MAÎTRE D'ARMES. Je vous étrillerai° d'un air...

MONSIEUR JOURDAIN. De grâce...

MAÎTRE A DANSER. Je vous rosserai° d'une manière...

MONSIEUR JOURDAIN. Je vous prie...

MAÎTRE DE MUSIQUE. Laissez-nous un peu lui apprendre à parler.

MONSIEUR JOURDAIN. Mon Dieu, arrêtez-vous.

SCÈNE III : MAÎTRE DE PHILOSOPHIE, MAÎTRE DE MUSIQUE, MAÎTRE A DANSER, MAÎTRE D'ARMES, MONSIEUR JOURDAIN, LAQUAIS

MONSIEUR JOURDAIN. Holà! monsieur le philosophe, vous arrivez tout à propos avec votre philosophie. Venez un peu mettre la paix entre ces personnes-ci.

3. *botte:* thrust. 6. *tierce:* third position in fencing. 8. *Redoublez:* Thrust again. 25. *cœur = courage.* 36. *Tout beau:* Wait a minute. 37. *tireur d'armes:* sword-player (said with a hint of scorn). 47. *plastron:* padded chest protector.

6. *batteur de fer:* "blacksmith." 16. *impertinent:* addressed to the Maître à danser. 28. *vous étrillerai:* will currycomb you. 31. *vous rosserai:* will beat you up.

MAÎTRE DE PHILOSOPHIE. Qu'est-ce donc? Qu'y a-t-il, messieurs?

MONSIEUR JOURDAIN. Ils se sont mis en colère pour la préférence de leurs professions, jusqu'à se dire des injures et vouloir en venir aux mains.

MAÎTRE DE PHILOSOPHIE. Hé quoi! messieurs, faut-il s'emporter de la sorte? et n'avez-vous point lu le docte traité que Sénèque° a composé de la colère? Y a-t-il rien de plus bas et de plus honteux que cette passion, qui fait d'un homme une bête féroce? Et la raison ne doit-elle pas être maîtresse de tous nos mouvements?

MAÎTRE A DANSER. Comment! Monsieur, il vient nous dire des injures à tous deux, en méprisant la danse, que j'exerce, et la musique, dont il fait profession.

MAÎTRE DE PHILOSOPHIE. Un homme sage est au-dessus de toutes les injures qu'on lui peut dire; et la grande réponse qu'on doit faire aux outrages, c'est la modération et la patience.

MAÎTRE D'ARMES. Ils ont tous deux l'audace de vouloir comparer leurs professions à la mienne.

MAÎTRE DE PHILOSOPHIE. Faut-il que cela vous émeuve? Ce n'est pas de vaine gloire et de condition° que les hommes doivent disputer entre eux; et ce qui nous distingue parfaitement les uns des autres, c'est la sagesse et la vertu.

MAÎTRE A DANSER. Je lui soutiens que la danse est une science à laquelle on ne peut faire assez d'honneur.

MAÎTRE DE MUSIQUE. Et moi, que la musique en est une que tous les siècles ont révérée.

MAÎTRE D'ARMES. Et moi, je leur soutiens à tous deux que la science de tirer des armes est la plus belle et la plus nécessaire de toutes les sciences.

MAÎTRE DE PHILOSOPHIE. Et que sera donc la philosophie? Je vous trouve tous trois bien impertinents de parler devant moi avec cette arrogance, et de donner impudemment le nom de science à des choses que l'on ne doit pas même honorer du nom d'art; et qui ne peuvent être comprises que sous le nom de métier misérable de gladiateur, de chanteur et de baladin!°

MAÎTRE D'ARMES. Allez, philosophe de chien!

MAÎTRE DE MUSIQUE. Allez, bélître° de pédant!

MAÎTRE A DANSER. Allez, cuistre fieffé!°

MAÎTRE DE PHILOSOPHIE. Comment! marauds° que vous êtes... (*Le philosophe se jette sur eux, et tous trois le chargent de coups et sortent en se battant.*)

MONSIEUR JOURDAIN. Monsieur le philosophe!

MAÎTRE DE PHILOSOPHIE. Infâmes! coquins! insolents!

MONSIEUR JOURDAIN. Monsieur le philosophe!

MAÎTRE D'ARMES. La peste l'animal!°

MONSIEUR JOURDAIN. Messieurs.

MAÎTRE DE PHILOSOPHIE. Impudents!

MONSIEUR JOURDAIN. Monsieur le philosophe!

MAÎTRE A DANSER. Diantre soit de l'âne bâté!°

MONSIEUR JOURDAIN. Messieurs.

MAÎTRE DE PHILOSOPHIE. Scélérats!

MONSIEUR JOURDAIN. Monsieur le philosophe!

MAÎTRE DE MUSIQUE. Au diable l'impertinent!

MONSIEUR JOURDAIN. Messieurs.

MAÎTRE DE PHILOSOPHIE. Fripons! gueux! traîtres! imposteurs!

(*Ils sortent.*)

MONSIEUR JOURDAIN. Monsieur le philosophe, messieurs, monsieur le philosophe, messieurs, monsieur le philosophe!... Oh! battez-vous tant qu'il vous plaira, je n'y saurais que faire,° et je n'irai pas gâter ma robe pour vous séparer. Je serais bien fou de m'aller fourrer parmi eux pour recevoir quelque coup qui me ferait mal.

SCÈNE IV : MAÎTRE DE PHILOSOPHIE, MONSIEUR JOURDAIN

MAÎTRE DE PHILOSOPHIE (*en raccommodant son collet°*). Venons à notre leçon.

MONSIEUR JOURDAIN. Ah! monsieur, je suis fâché des coups qu'ils vous ont donnés.

MAÎTRE DE PHILOSOPHIE. Cela n'est rien. Un

1. *bélître:* halfwit. 3. *cuistre fieffé:* crackpot professor. 5. *marauds°* rogues. 14. *La peste l'animal:* A plague on the creature. 20. *Diantre soit de l'âne bâté:* Devil take the pack mule. 35. *je n'y saurais que faire:* I can't do anything about it. SCÈNE IV. 44. *collet:* neckcloth.

SCÈNE III. 9. *Sénèque:* Seneca, Roman stoic philosopher. (The reference is to his *De Ira.*) 27. *condition:* profession, precedence. 47. *baladin:* clown.

philosophe sait recevoir comme il faut les choses, et je vais composer contre eux une satire du style de Juvénal, qui les déchirera de la belle façon. Laissons cela. Que voulez-vous apprendre?

MONSIEUR JOURDAIN. Tout ce que je pourrai, car j'ai toutes les envies du monde d'être savant, et j'enrage que mon père et ma mère ne m'aient pas fait bien étudier dans toutes les sciences, quand j'étais jeune.°

MAÎTRE DE PHILOSOPHIE. Ce sentiment est raisonnable. *Nam sine doctrina vita est quasi mortis imago.* Vous entendez cela, et vous savez le latin sans doute?

MONSIEUR JOURDAIN. Oui, mais faites comme si je ne le savais pas. Expliquez-moi ce que cela veut dire.

MAÎTRE DE PHILOSOPHIE. Cela veut dire que sans la science la vie est presque une image de la mort.

MONSIEUR JOURDAIN. Ce latin-là a raison.

MAÎTRE DE PHILOSOPHIE. N'avez-vous point quelques principes, quelques commencements des sciences?

MONSIEUR JOURDAIN. Oh! oui, je sais lire et écrire.

MAÎTRE DE PHILOSOPHIE. Par où vous plaît-il que nous commencions? Voulez-vous que je vous apprenne la logique?

MONSIEUR JOURDAIN. Qu'est-ce que c'est que cette logique?

MAÎTRE DE PHILOSOPHIE. C'est elle qui enseigne les trois opérations de l'esprit.

MONSIEUR JOURDAIN. Qui° sont-elles, ces trois opérations de l'esprit?

MAÎTRE DE PHILOSOPHIE. La première, la seconde et la troisième. La première est de bien concevoir par le moyen des universaux; la seconde, de bien juger par le moyen des catégories; et la troisième, de bien tirer une conséquence par le moyen des figures, *Barbara, Celarent, Darii, Ferio, Baralipton,*° etc.

MONSIEUR JOURDAIN. Voilà des mots qui sont trop rébarbatifs.° Cette logique-là ne me

revient° point. Apprenons autre chose qui soit plus joli.

MAÎTRE DE PHILOSOPHIE. Voulez-vous apprendre la morale?

MONSIEUR JOURDAIN. La morale?

MAÎTRE DE PHILOSOPHIE. Oui.

MONSIEUR JOURDAIN. Qu'est-ce qu'elle dit, cette morale?

MAÎTRE DE PHILOSOPHIE. Elle traite de la félicité, enseigne aux hommes à modérer leurs passions, et...

MONSIEUR JOURDAIN. Non, laissons cela. Je suis bilieux° comme tous les diables; et, il n'y a morale qui tienne, je me veux mettre en colère tout mon soûl,° quand il m'en prend envie.

MAÎTRE DE PHILOSOPHIE. Est-ce la physique° que vous voulez apprendre?

MONSIEUR JOURDAIN. Qu'est-ce qu'elle chante, cette physique?

MAÎTRE DE PHILOSOPHIE. La physique est celle qui explique les principes des choses naturelles et les propriétés du corps;° qui discourt de la nature des éléments, des métaux, des minéraux, des pierres, des plantes et des animaux, et nous enseigne les causes de tous les météores, l'arc-en-ciel, les feux volants,° les comètes, les éclairs, le tonnerre, la foudre, la pluie, la neige, la grêle, les vents et les tourbillons.°

MONSIEUR JOURDAIN. Il y a trop de tintamarre° là-dedans, trop de brouillamini.°

MAÎTRE DE PHILOSOPHIE. Que voulez-vous donc que je vous apprenne?

MONSIEUR JOURDAIN. Apprenez-moi l'orthographe.

MAÎTRE DE PHILOSOPHIE. Très volontiers.

MONSIEUR JOURDAIN. Après, vous m'apprendrez l'almanach, pour savoir quand il y a de la lune et quand il n'y en a point.

MAÎTRE DE PHILOSOPHIE. Soit. Pour bien suivre votre pensée et traiter cette matière en philosophe, il faut commencer, selon l'ordre des choses, par une exacte connaissance de la nature des lettres et de la différente manière de les prononcer toutes. Et là-dessus j'ai à vous dire que les lettres sont divisées en voyelles, ainsi

10. M. Jourdain's statement is more admirable and pathetic than ridiculous. Molière certainly played it for laughs, to reinforce his audience's sense of superiority; yet one may suspect that he rated his character's desire for instruction above the pretensions of the privileged. 34. *Qui = Que.* 42. We should call the three operations of the mind perception, judgment, and reasoning. The *figures* are the nineteen modes of the syllogism, named by made-up words, *Barbara,* etc. 44. *rébarbatifs:* repulsive.

1. *revient:* pleases. 13. *bilieux:* hot-tempered. 15. *tout... soûl:* as much as I like. 16. *physique:* Physics then included astronomy, chemistry, mineralogy, biology, etc. 22. *corps:* matter (in contrast to mind). 26. *feux volants:* will-o'-the-wisps. 29. *tourbillons:* whirlwinds. 31. *tintamarre:* rumpus. 31. *brouillamini:* ruckus.

dites voyelles parce qu'elles expriment les voix;
et en consonnes, ainsi appelées consonnes parce
qu'elles sonnent avec les voyelles, et ne font que
marquer les diverses articulations des voix. Il y
a cinq voyelles ou voix : *A, E, I, O, U*.°

MONSIEUR JOURDAIN. J'entends tout cela.

MAÎTRE DE PHILOSOPHIE. La voix *A* se forme
en ouvrant fort la bouche : *A*.

MONSIEUR JOURDAIN. *A, A*, oui.

MAÎTRE DE PHILOSOPHIE. La voix *E* se forme
en rapprochant la mâchoire d'en bas° de celle
d'en haut : *A, E*.

MONSIEUR JOURDAIN. *A, E; A, E*. Ma foi, oui.
Ah! que cela est beau!

MAÎTRE DE PHILOSOPHIE. Et la voix *I*, en
rapprochant encore davantage les mâchoires
l'une de l'autre, et écartant les deux coins de la
bouche vers les oreilles : *A, E, I*.

MONSIEUR JOURDAIN. *A, E, I, I, I, I, I*. Cela
est vrai. Vive la science!

MAÎTRE DE PHILOSOPHIE. La voix *O* se forme
en rouvrant les mâchoires et rapprochant les
lèvres par les deux coins, le haut et le bas : *O*.

MONSIEUR JOURDAIN. *O, O*. Il n'y a rien de
plus juste. *A, E, I, O, I, O*. Cela est admirable!
I, O, I, O.

MAÎTRE DE PHILOSOPHIE. L'ouverture de la
bouche fait justement comme un petit rond qui
représente un *O*.

MONSIEUR JOURDAIN. *O, O, O*. Vous avez
raison. *O*. Ah! la belle chose que de savoir
quelque chose!

MAÎTRE DE PHILOSOPHIE. La voix *U* se
forme en rapprochant les dents sans les joindre
entièrement, et allongeant les deux lèvres en
dehors, les approchant aussi l'une de l'autre
sans les joindre tout à fait : *U*.

MONSIEUR JOURDAIN. *U, U*. Il n'y a rien de
plus véritable, *U*.

MAÎTRE DE PHILOSOPHIE. Vos deux lèvres
s'allongent comme si vous faisiez la moue,°
d'où vient que, si vous la voulez faire à quel
qu'un et vous moquer de lui, vous ne sauriez
lui dire que *U*.°

MONSIEUR JOURDAIN. *U, U*. Cela est vrai. Ah!
que n'ai-je étudié plus tôt pour savoir tout cela!

MAÎTRE DE PHILOSOPHIE. Demain nous ver-
rons les autres lettres, qui sont les consonnes.

MONSIEUR JOURDAIN. Est-ce qu'il y a des
choses aussi curieuses qu'à celles-ci?

MAÎTRE DE PHILOSOPHIE. Sans doute. La
consonne *D*, par exemple, se prononce en
donnant du bout de la langue au-dessus des
dents d'en haut : *DA*.

MONSIEUR JOURDAIN. *DA, DA*. Oui. Ah! les
belles choses! les belles choses!

MAÎTRE DE PHILOSOPHIE. L'*F*, en appuyant
les dents d'en haut sur la lèvre de dessous : *FA*.

MONSIEUR JOURDAIN. *FA, FA*. C'est la vérité.
Ah! mon père et ma mère, que je vous veux de
mal!

MAÎTRE DE PHILOSOPHIE. Et l'*R*, en portant
le bout de la langue jusqu'au haut du palais;°
de sorte, qu'étant frôlée par l'air qui sort avec
force, elle lui cède et revient toujours au
même endroit, faisant une manière de tremble-
ment : *R, ra*.°

MONSIEUR JOURDAIN. *R, r, ra; R, r, r, r, r, ra*.
Cela est vrai. Ah! l'habile homme que vous
êtes! et que j'ai perdu de temps! *R, r, r, ra*.

MAÎTRE DE PHILOSOPHIE. Je vous expli-
querai à fond toutes ces curiosités.

MONSIEUR JOURDAIN. Je vous en prie. Au
reste, il faut que je vous fasse une confidence.
Je suis amoureux d'une personne de grande
qualité, et je souhaiterais que vous m'aidassiez
à lui écrire quelque chose dans un petit billet
que je veux laisser tomber à ses pieds.

MAÎTRE DE PHILOSOPHIE. Fort bien.

MONSIEUR JOURDAIN. Cela sera galant, oui.

MAÎTRE DE PHILOSOPHIE. Sans doute. Sont-ce
des vers que vous lui voulez écrire?

MONSIEUR JOURDAIN. Non, non, point de
vers.

MAÎTRE DE PHILOSOPHIE. Vous ne voulez que
de la prose?

MONSIEUR JOURDAIN. Non, je ne veux ni
prose ni vers.

MAÎTRE DE PHILOSOPHIE. Il faut bien que ce
soit l'un ou l'autre.

MONSIEUR JOURDAIN. Pourquoi?

MAÎTRE DE PHILOSOPHIE. Par la raison,
monsieur, qu'il n'y a pour s'exprimer que la
prose ou les vers.

5. Here begins an excellent primary lesson in French
phonetics. The *E* is rendered as an *É*. 11. *mâchoire d'en bas*:
lower jaw. 41. *moue*: pout. 44. The sound *u* is used in France
to express public scorn, where we would hiss or boo. (The
verb *huer* incorporates the sound in the vocabulary.)

17. *palais*: palate. 21. *R, ra*: This is the trilled *r*, not the
modern uvular, or guttural, *r*.

MONSIEUR JOURDAIN. Il n'y a que la prose ou les vers ?

MAÎTRE DE PHILOSOPHIE. Non, monsieur : tout ce qui n'est point prose est vers; et tout ce qui n'est point vers est prose.

MONSIEUR JOURDAIN. Et comme l'on parle, qu'est-ce que c'est donc que cela ?

MAÎTRE DE PHILOSOPHIE. De la prose.

MONSIEUR JOURDAIN. Quoi! quand je dis : « Nicole, apportez-moi mes pantoufles, et me donnez mon bonnet de nuit », c'est de la prose ?

MAÎTRE DE PHILOSOPHIE. Oui, monsieur.

MONSIEUR JOURDAIN. Par ma foi! il y a plus de quarante ans que je dis de la prose sans que j'en susse rien; et je vous suis le plus obligé du monde de m'avoir appris cela. Je voudrais donc lui mettre dans un billet : « Belle marquise, vos beaux yeux me font mourir d'amour », mais je voudrais que cela fût mis d'une manière galante, que ce fût tourné gentiment.

MAÎTRE DE PHILOSOPHIE. Mettre que les feux de ses yeux réduisent votre cœur en cendres; que vous souffrez nuit et jour pour elle les violences d'un…

MONSIEUR JOURDAIN. Non, non, non, je ne veux point tout cela; je ne veux que ce que je vous ai dit : « Belle marquise, vos beaux yeux me font mourir d'amour. »

MAÎTRE DE PHILOSOPHIE. Il faut bien étendre un peu la chose.

MONSIEUR JOURDAIN. Non, vous dis-je, je ne veux que ces seules paroles-là dans le billet, mais tournées à la mode, bien arrangées comme il faut. Je vous prie de me dire un peu, pour voir, les diverses manières dont on les peut mettre.

MAÎTRE DE PHILOSOPHIE. On les peut mettre premièrement comme vous avez dit : « Belle marquise, vos beaux yeux me font mourir d'amour. » Ou bien : « D'amour mourir me font, belle marquise, vos beaux yeux. » Ou bien : « Vos yeux beaux d'amour me font, belle marquise, mourir. » Ou bien : « Mourir vos beaux yeux, belle marquise, d'amour me font. » Ou bien : « Me font vos yeux beaux mourir, belle marquise, d'amour. »

MONSIEUR JOURDAIN. Mais, de toutes ces façons-là, laquelle est la meilleure ?

MAÎTRE DE PHILOSOPHIE. Celle que vous avez dite : « Belle marquise, vos beaux yeux me font mourir d'amour. »

MONSIEUR JOURDAIN. Cependant je n'ai point

étudié, et j'ai fait cela tout du premier coup. Je vous remercie de tout mon cœur, et vous prie de venir demain de bonne heure.

MAÎTRE DE PHILOSOPHIE. Je n'y manquerai pas. (Il sort.)

MONSIEUR JOURDAIN (à son LAQUAIS). Comment, mon habit n'est point encore arrivé ?

LE LAQUAIS. Non, monsieur.

MONSIEUR JOURDAIN. Ce maudit tailleur me fait bien attendre pour un jour où j'ai tant d'affaires ! J'enrage. Que la fièvre quartaine° puisse serrer bien fort le bourreau de tailleur ! Au diable le tailleur ! La peste étouffe le tailleur ! Si je le tenais maintenant, ce tailleur détestable, ce chien de tailleur-là, ce traître de tailleur, je…

SCÈNE V : MAÎTRE TAILLEUR, GARÇON TAILLEUR, *portant l'habit de* MONSIEUR JOURDAIN, MONSIEUR JOURDAIN, LAQUAIS

MONSIEUR JOURDAIN. Ah! vous voilà? Je m'allais mettre en colère contre vous.

MAÎTRE TAILLEUR. Je n'ai pas pu venir plus tôt, et j'ai mis vingt garçons après votre habit.

MONSIEUR JOURDAIN. Vous m'avez envoyé des bas de soie si étroits que j'ai eu toutes les peines du monde à les mettre, et il y a déjà deux mailles° de rompues.

MAÎTRE TAILLEUR. Ils ne s'élargiront que trop.

MONSIEUR JOURDAIN. Oui, si je romps toujours des mailles. Vous m'avez aussi fait faire des souliers qui me blessent furieusement.

MAÎTRE TAILLEUR. Point du tout, monsieur.

MONSIEUR JOURDAIN. Comment, point du tout !

MAÎTRE TAILLEUR. Non, ils ne vous blessent point.

MONSIEUR JOURDAIN. Je vous dis qu'ils me blessent, moi.

MAÎTRE TAILLEUR. Vous vous imaginez cela.

MONSIEUR JOURDAIN. Je me l'imagine parce que je le sens. Voyez la belle raison!

MAÎTRE TAILLEUR. Tenez, voilà le plus bel habit de la cour, et le mieux assorti.° C'est un chef-d'œuvre que d'avoir inventé un habit sérieux qui ne fût pas noir; et je le donne en six coups° aux tailleurs les plus éclairés.

11. *fièvre quartaine:* quartan fever, malarial, recurring every three days. SCÈNE V. 28. *mailles:* stitches. 45. *assorti:* matched. 48. *six coups:* six chances (for one success).

MONSIEUR JOURDAIN. Qu'est-ce que c'est que ceci ? Vous avez mis les fleurs en enbas.°

MAÎTRE TAILLEUR. Vous ne m'avez pas dit que vous les vouliez en enhaut ?°

MONSIEUR JOURDAIN. Est-ce qu'il faut dire cela ?

MAÎTRE TAILLEUR. Oui, vraiment. Toutes les personnes de qualité les portent de la sorte.

MONSIEUR JOURDAIN. Les personnes de qualité portent les fleurs en enbas ?

MAÎTRE TAILLEUR. Oui, monsieur.

MONSIEUR JOURDAIN. Oh! voilà qui est donc bien.

MAÎTRE TAILLEUR. Si vous voulez, je les mettrai en enhaut.

MONSIEUR JOURDAIN. Non, non.

MAÎTRE TAILLEUR. Vous n'avez qu'à dire.

MONSIEUR JOURDAIN. Non, vous dis-je, vous avez bien fait. Croyez-vous que l'habit m'aille bien ?

MAÎTRE TAILLEUR. Belle demande! Je défie un peintre avec son pinceau° de vous faire rien de plus juste. J'ai chez moi un garçon qui, pour monter une ringrave,° est le plus grand génie du monde; et un autre qui, pour assembler un pourpoint,° est le héros de notre temps.

MONSIEUR JOURDAIN. La perruque et les plumes sont-elles comme il faut ?

MAÎTRE TAILLEUR. Tout est bien.

MONSIEUR JOURDAIN (en regardant l'habit du tailleur). Ah! ah! monsieur le tailleur, voilà de mon étoffe du dernier habit que vous m'avez fait. Je la reconnais bien.

MAÎTRE TAILLEUR. C'est que l'étoffe me sembla si belle que j'en ai voulu lever° un habit pour moi.

MONSIEUR JOURDAIN. Oui, mais il ne fallait pas le lever avec le mien.

MAÎTRE TAILLEUR. Voulez-vous mettre votre habit ?

MONSIEUR JOURDAIN. Oui, donnez-moi.

MAÎTRE TAILLEUR. Attendez. Cela ne va pas comme cela. J'ai amené des gens pour vous habiller en cadence, et ces sortes d'habits se mettent avec cérémonie. Holà! entrez, vous autres. Mettez cet habit à monsieur de la manière que vous faites aux personnes de qualité.

(Quatre GARÇONS TAILLEURS entrent, dont deux lui arrachent le haut-de-chausses de ses exercices, et deux autres la camisole, puis ils lui mettent son habit neuf; et MONSIEUR JOURDAIN se promène entre eux et leur montre son habit pour voir s'il est bien. Le tout à la cadence de toute la symphonie.°)

GARÇON TAILLEUR. Mon gentilhomme, donnez, s'il vous plaît, aux garçons quelque chose pour boire.

MONSIEUR JOURDAIN. Comment m'appelez-vous ?

GARÇON TAILLEUR. Mon gentilhomme.

MONSIEUR JOURDAIN. « Mon gentilhomme »! Voilà ce que c'est de se mettre en personne de qualité! Allez-vous-en demeurer toujours habillé en bourgeois, on ne vous dira point : « Mon gentilhomme ». Tenez, voilà pour « Mon gentilhomme ».

GARÇON TAILLEUR. Monseigneur,° nous vous sommes bien obligés.

MONSIEUR JOURDAIN. « Monseigneur »! oh! oh! « Monseigneur »! Attendez, mon ami. « Monseigneur » mérite quelque chose, et ce n'est pas une petite parole que « Monseigneur ». Tenez, voilà ce que monseigneur vous donne.

GARÇON TAILLEUR. Monseigneur, nous allons boire tous à la santé de Votre Grandeur.°

MONSIEUR JOURDAIN. « Votre Grandeur »! oh! oh! oh! Attendez, ne vous en allez pas. A moi « Votre Grandeur »! Ma foi, s'il va jusqu'à l'Altesse,° il aura toute la bourse. Tenez, voilà pour ma Grandeur.

GARÇON TAILLEUR. Monseigneur, nous la° remercions très humblement de ses libéralités.

MONSIEUR JOURDAIN. Il a bien fait, je lui allais tout donner.

(Les quatre GARÇONS TAILLEURS se réjouissent par une danse, qui fait le second intermède.)

Acte III

SCÈNE PREMIÈRE : MONSIEUR JOURDAIN, LAQUAIS

MONSIEUR JOURDAIN. Suivez-moi, que j'aille un peu montrer mon habit par la ville; et surtout ayez soin tous deux de marcher immédiatement sur mes pas, afin qu'on voie bien que vous êtes à moi.

2. *en enbas:* upside down. 4. *en enhaut:* right side up.
22. *pinceau:* paintbrush. 24. *ringrave:* German-style breeches.
26. *pourpoint:* pourpoint, doublet. 35. *lever:* run up.

5. *symphonie:* orchestra. 18. *Monseigneur:* title of address for nobles. 26. *Votre Grandeur:* title of address for bishops and high nobles. 30. *Altesse:* title of address for princes. 32. *la = Votre Grandeur.*

LAQUAIS. Oui, monsieur.

MONSIEUR JOURDAIN. Appelez-moi Nicole, que je lui donne quelques ordres. Ne bougez, la voilà.

SCÈNE II : NICOLE, MONSIEUR JOURDAIN, LAQUAIS

MONSIEUR JOURDAIN. Nicole!

NICOLE. Plaît-il?

MONSIEUR JOURDAIN. Écoutez.

NICOLE. Hi, hi, hi, hi, hi!°

MONSIEUR JOURDAIN. Qu'as-tu à rire?

NICOLE. Hi, hi, hi, hi, hi, hi!

MONSIEUR JOURDAIN. Que veut dire cette coquine-là?

NICOLE. Hi, hi, hi! Comme vous voilà bâti!° Hi, hi, hi!

MONSIEUR JOURDAIN. Comment donc?

NICOLE. Ah! ah! mon Dieu! Hi, hi, hi, hi, hi!

MONSIEUR JOURDAIN. Quelle friponne est-ce là? Te moques-tu de moi?

NICOLE. Nenni, monsieur, j'en serais bien fâchée. Hi, hi, hi, hi, hi, hi!

MONSIEUR JOURDAIN. Je te baillerai° sur le nez, si tu ris davantage.

NICOLE. Monsieur, je ne puis pas m'en empêcher. Hi, hi, hi, hi, hi, hi!

MONSIEUR JOURDAIN. Tu ne t'arrêteras pas?

NICOLE. Monsieur, je vous demande pardon; mais vous êtes si plaisant° que je ne saurais me tenir de rire. Hi, hi, hi!

MONSIEUR JOURDAIN. Mais voyez quelle insolence!

NICOLE. Vous êtes tout à fait drôle comme cela. Hi, hi!

MONSIEUR JOURDAIN. Je te...

NICOLE. Je vous prie de m'excuser. Hi, hi, hi, hi!

MONSIEUR JOURDAIN. Tiens, si tu ris encore le moins du monde, je te jure que je t'appliquerai sur la joue le plus grand soufflet qui se soit jamais donné.

NICOLE. Hé bien, monsieur, voilà qui est fait, je ne rirai plus.

MONSIEUR JOURDAIN. Prends-y garde bien. Il faut que pour tantôt tu nettoies...

NICOLE. Hi, hi!

MONSIEUR JOURDAIN. Que tu nettoies comme il faut...

NICOLE. Hi, hi!

MONSIEUR JOURDAIN. Il faut, dis-je, que tu nettoies la salle, et...

NICOLE. Hi, hi!

MONSIEUR JOURDAIN. Encore?

NICOLE.° Tenez, monsieur, battez-moi plutôt, et me laissez rire tout mon soûl, cela me fera plus de bien. Hi, hi, hi, hi, hi!

MONSIEUR JOURDAIN. J'enrage!

NICOLE. De grâce, monsieur, je vous prie de me laisser rire. Hi, hi, hi!

MONSIEUR JOURDAIN. Si je te prends...

NICOLE. Monsieur... eur, je crèverai... ai, si je ne ris. Hi, hi, hi!

MONSIEUR JOURDAIN. Mais a-t-on jamais vu une pendarde° comme celle-là, qui me vient rire insolemment au nez, au lieu de recevoir mes ordres?

NICOLE. Que voulez-vous que je fasse, monsieur?

MONSIEUR JOURDAIN. Que tu songes, coquine, à préparer ma maison pour la compagnie qui doit venir tantôt.

NICOLE.° Ah! par ma foi, je n'ai plus envie de rire; et toutes vos compagnies font tant de désordre céans que ce mot est assez pour me mettre en mauvaise humeur.

MONSIEUR JOURDAIN. Ne dois-je point pour toi fermer ma porte à tout le monde?

NICOLE. Vous devriez au moins la fermer à certaines gens.

SCÈNE III : MADAME JOURDAIN, MONSIEUR JOURDAIN, NICOLE, LAQUAIS

MADAME JOURDAIN. Ah! ah! voici une nouvelle histoire. Qu'est-ce que c'est donc, mon mari, que cet équipage-là? Vous moquez-vous du monde de vous être fait enharnacher° de la sorte? et avez-vous envie qu'on se raille partout de vous?

MONSIEUR JOURDAIN. Il n'y a que des sots et des sottes, ma femme, qui se railleront de moi.

ACTE III, SCÈNE II. 13. *hi, hi!* hee, hee! (while *Ah! ah!* represents Ha, ha!). (Mlle Beauval, an actress in Molière's troupe, could put on an extraordinarily infectious laugh, which Molière frequently made use of.) 18. *bâti:* dressed up. 26. *te baillerai:* will give you one, sock you. 32. *plaisant:* funny.

11. At this point, traditionally, Nicole falls helpless on the floor. 21. *pendarde:* rogue. 29. At this point Nicole rises from the floor. SCÈNE III. 44. *enharnacher:* rig out.

MADAME JOURDAIN. Vraiment, on n'a pas attendu jusqu'à cette heure, et il y a longtemps que vos façons de faire donnent à rire à tout le monde.

MONSIEUR JOURDAIN. Qui est donc tout ce monde-là, s'il vous plaît?

MADAME JOURDAIN. Tout ce monde-là est un monde qui a raison et qui est plus sage que vous. Pour moi, je suis scandalisée de la vie que vous menez. Je ne sais plus ce que c'est que notre maison. On dirait qu'il est céans carême-prenant° tous les jours; et dès le matin, de peur d'y manquer, on y entend des vacarmes° de violons et de chanteurs dont tout le voisinage se trouve incommodé.

NICOLE. Madame parle bien. Je ne saurais plus voir mon ménage propre avec cet attirail° de gens que vous faites venir chez vous. Ils ont des pieds qui vont chercher de la boue dans tous les quartiers de la ville pour l'apporter ici; et la pauvre Françoise est presque sur les dents° à frotter les planchers que vos biaux° maîtres viennent crotter° régulièrement tous les jours.

MONSIEUR JOURDAIN. Ouais, notre servante Nicole, vous avez le caquet bien affilé° pour une paysanne.

MADAME JOURDAIN. Nicole a raison, et son sens est meilleur que le vôtre. Je voudrais bien savoir ce que vous pensez faire d'un maître à danser, à l'âge que vous avez?

NICOLE. Et d'un grand maître tireur d'armes qui vient, avec ses battements° de pieds, ébranler toute la maison, et nous déraciner tous les carriaux° de notre salle.

MONSIEUR JOURDAIN. Taisez-vous, ma servante, et ma femme.

MADAME JOURDAIN. Est-ce que vous voulez apprendre à danser pour quand vous n'aurez plus de jambes?

NICOLE. Est-ce que vous avez envie de tuer quelqu'un?

MONSIEUR JOURDAIN. Taisez-vous, vous dis-je; vous êtes des ignorantes l'une et l'autre, et vous ne savez pas les prérogatives° de tout cela.

MADAME JOURDAIN. Vous devriez bien plutôt songer à marier votre fille, qui est en âge d'être pourvue.°

MONSIEUR JOURDAIN. Je songerai à marier ma fille quand il se présentera un parti° pour elle; mais je veux songer aussi à apprendre les belles choses.

NICOLE. J'ai encore ouï dire, madame, qu'il a pris aujourd'hui, pour renfort de potage,° un maître de philosophie.

MONSIEUR JOURDAIN. Fort bien. Je veux avoir de l'esprit, et savoir raisonner des choses parmi les honnêtes gens.

MADAME JOURDAIN. N'irez-vous point un de ces jours au collège vous faire donner le fouet, à votre âge?

MONSIEUR JOURDAIN. Pourquoi non? Plût à Dieu l'avoir tout à l'heure, le fouet, devant tout le monde, et savoir ce qu'on apprend au collège.°

NICOLE. Oui, ma foi, cela vous rendrait la jambe bien mieux faite.°

MONSIEUR JOURDAIN. Sans doute.

MADAME JOURDAIN. Tout cela est fort nécessaire pour conduire votre maison.

MONSIEUR JOURDAIN. Assurément. Vous parlez toutes deux comme des bêtes, et j'ai honte de votre ignorance. Par exemple, savez-vous, vous, ce que c'est que vous dites à cette heure?

MADAME JOURDAIN. Oui, je sais que ce que je dis est fort bien dit et que vous devriez songer à vivre d'autre sorte.

MONSIEUR JOURDAIN. Je ne parle pas de cela. Je vous demande ce que c'est que les paroles que vous dites ici?

MADAME JOURDAIN. Ce sont des paroles bien sensées, et votre conduite ne l'est guère.

MONSIEUR JOURDAIN. Je ne parle pas de cela, vous dis-je. Je vous demande : Ce que je parle avec vous, ce que je vous dis à cette heure, qu'est-ce que c'est?

MADAME JOURDAIN. Des chansons.°

MONSIEUR JOURDAIN. Hé non, ce n'est pas cela. Ce que nous disons tous deux, le langage que nous parlons à cette heure?

MADAME JOURDAIN. Hé bien?

MONSIEUR JOURDAIN. Comment est-ce que cela s'appelle?

11. *carême-prenant:* carnival. 13. *Vacarmes:* rows. 17. *attirail:* gang. 21. *sur les dents:* done in. 22. *biaux = beaux* (countrified language). 23. *crotter:* dirty up. 25. *caquet bien affilé:* pretty sharp tongue. (Notice the familiarity of Nicole with her masters; this would have been more characteristic of bourgeois than of noble households.) 32. *battements:* stampings. 34. *carriaux = carreaux:* floor tiles. 44. *prérogatives:* advantages.

2. *pourvue:* provided for (in marriage). 4. *parti:* match. 8. *pour renfort de potage:* into the bargain. 19. Again, M. Jourdain may seem rather pathetic than ridiculous. 20–21. *cela... faite:* much good that would do you. 41. *chansons:* nonsense.

MADAME JOURDAIN. Cela s'appelle comme on veut l'appeler.

MONSIEUR JOURDAIN. C'est de la prose, ignorante.

MADAME JOURDAIN. De la prose?

MONSIEUR JOURDAIN. Oui, de la prose. Tout ce qui est prose n'est point vers : et tout ce qui n'est point vers n'est point prose. Heu! voilà ce que c'est d'étudier. Et toi,° sais-tu bien comment il faut faire pour dire un *U*?

NICOLE. Comment?

MONSIEUR JOURDAIN. Oui. Qu'est-ce que tu fais quand tu dis un *U*?

NICOLE. Quoi?

MONSIEUR JOURDAIN. Dis un peu *U*, pour voir.

NICOLE. Hé bien, *U*.

MONSIEUR JOURDAIN. Qu'est-ce que tu fais?

NICOLE. Je dis *U*.

MONSIEUR JOURDAIN. Oui; mais, quand tu dis *U*, qu'est-ce que tu fais?

NICOLE. Je fais ce que vous me dites.

MONSIEUR JOURDAIN. O l'étrange chose que d'avoir affaire à des bêtes! Tu allonges les lèvres en dehors, et approches la mâchoire d'en haut de celle d'en bas : *U*, vois-tu? *U*. Je fais la moue : *U*.

NICOLE. Oui, cela est biau.

MADAME JOURDAIN. Voilà qui est admirable.

MONSIEUR JOURDAIN. C'est bien autre chose, si vous aviez vu *O*, et *DA*, *DA*, et *FA*, *FA*.

MADAME JOURDAIN. Qu'est-ce que c'est donc que tout ce galimatias-là?°

NICOLE. De quoi est-ce que tout cela guérit?

MONSIEUR JOURDAIN. J'enrage quand je vois des femmes ignorantes.

MADAME JOURDAIN. Allez, vous devriez envoyer promener tous ces gens-là avec leurs fariboles.°

NICOLE. Et surtout ce grand escogriffe° de maître d'armes, qui remplit de poudre° tout mon ménage.

MONSIEUR JOURDAIN. Ouais! ce maître d'armes vous tient fort au cœur. Je te veux faire voir ton impertinence tout à l'heure. (*Il fait apporter les fleurets et en donne un à* NICOLE.) Tiens. Raison démonstrative. La ligne du corps. Quand on pousse en quarte, on n'a qu'à faire cela; et quand on pousse en tierce, on n'a qu'à faire cela. Voilà le moyen de n'être jamais tué; et cela n'est-il pas beau d'être assuré de son fait, quand on se bat contre quelqu'un? Là, pousse-moi un peu pour voir.

NICOLE. Hé bien, quoi? (NICOLE *lui pousse plusieurs coups.*)

MONSIEUR JOURDAIN. Tout beau! Holà! oh! doucement! Diantre soit la coquine!

NICOLE. Vous me dites de pousser.

MONSIEUR JOURDAIN. Oui; mais tu me pousses en tierce avant que de pousser en quarte, et tu n'as pas la patience que je pare.°

MADAME JOURDAIN. Vous êtes fou, mon mari, avec toutes vos fantaisies, et cela vous est venu depuis que vous vous mêlez de hanter la noblesse.

MONSIEUR JOURDAIN. Lorsque je hante la noblesse, je fais paraître mon jugement : et cela est plus beau que de hanter votre bourgeoisie.

MADAME JOURDAIN. Çamon° vraiment! Il y a fort à gagner à fréquenter vos nobles, et vous avez bien opéré avec ce beau monsieur le comte dont vous vous êtes embéguiné...°

MONSIEUR JOURDAIN. Paix! Songez à ce que vous dites. Savez-vous bien, ma femme, que vous ne savez pas de qui vous parlez, quand vous parlez de lui? C'est une personne d'importance plus que vous ne pensez; un seigneur que l'on considère à la cour, et qui parle au roi tout comme je vous parle. N'est-ce pas une chose qui m'est tout à fait honorable que l'on voie venir chez moi si souvent une personne de cette qualité qui m'appelle son cher ami et me traite comme si j'étais son égal? Il a pour moi des bontés qu'on ne devinerait jamais; et, devant tout le monde, il me fait des caresses° dont je suis moi-même confus.

MADAME JOURDAIN. Oui, il a des bontés pour vous et vous fait des caresses, mais il vous emprunte votre argent.

MONSIEUR JOURDAIN. Hé bien! ne m'est-ce pas de l'honneur de prêter de l'argent à un homme de cette condition-là? Et puis-je faire moins pour un seigneur qui m'appelle son cher ami?

MADAME JOURDAIN. Et ce seigneur, que fait-il pour vous?

9. *toi:* M. Jourdain uses *vous* to his wife, *tu* to Nicole. 33. *galimatias:* rubbish. 39. *fariboles:* moonshine. 40. *escogriffe:* gawky fellow. 41. *poudre:* dust.

13. *pare:* parry. 21. *Çamon:* Really now! 24. *dont vous vous êtes embéguiné:* you've got so crazy about. 37. *caresses:* kindly regards.

MONSIEUR JOURDAIN. Des choses dont on serait étonné si on les savait.

MADAME JOURDAIN. Et quoi?

MONSIEUR JOURDAIN. Baste,° je ne puis pas m'expliquer. Il suffit que, si je lui ai prêté de l'argent, il me le rendra bien, et avant qu'il soit peu.

MADAME JOURDAIN. Oui. Attendez-vous à cela.

MONSIEUR JOURDAIN. Assurément. Ne me l'a-t-il pas dit?

MADAME JOURDAIN. Oui, oui, il ne manquera pas d'y faillir.°

MONSIEUR JOURDAIN. Il m'a juré sa foi de gentilhomme.

MADAME JOURDAIN. Chansons!

MONSIEUR JOURDAIN. Ouais! vous êtes bien obstinée, ma femme; je vous dis qu'il me tiendra parole, j'en suis sûr.

MADAME JOURDAIN. Et moi, je suis sûre que non, et que toutes les caresses qu'il vous fait ne sont que pour vous enjôler.°

MONSIEUR JOURDAIN. Taisez-vous. Le voici.

MADAME JOURDAIN. Il ne nous faut plus que cela. Il vient peut-être encore vous faire quelque emprunt; et il me semble que j'ai dîné,° quand je le vois.

MONSIEUR JOURDAIN. Taisez-vous, vous dis-je.

SCÈNE IV : DORANTE, MONSIEUR JOURDAIN, MADAME JOURDAIN, NICOLE

DORANTE. Mon cher ami, monsieur Jourdain, comment vous portez-vous?

MONSIEUR JOURDAIN. Fort bien, monsieur, pour vous rendre mes petits services.°

DORANTE. Et madame Jourdain que voilà, comment se porte-t-elle?

MADAME JOURDAIN. Madame Jourdain se porte comme elle peut.

DORANTE. Comment! monsieur Jourdain, vous voilà le plus propre° du monde!

MONSIEUR JOURDAIN. Vous voyez.

DORANTE. Vous avez tout à fait bon air avec cet habit, et nous n'avons point de jeunes à la cour qui soient mieux faits° que vous.

MONSIEUR JOURDAIN. Hai! Hai!

MADAME JOURDAIN (à part). Il le gratte par où il se démange.°

DORANTE. Tournez-vous. Cela est tout à fait galant.

MADAME JOURDAIN (à part). Oui, aussi sot par derrière que par devant.

DORANTE. Ma foi, monsieur Jourdain, j'avais une impatience étrange de vous voir. Vous êtes l'homme du monde que j'estime le plus, et je parlais de vous encore ce matin dans la chambre du roi.

MONSIEUR JOURDAIN. Vous me faites beaucoup d'honneur, monsieur. (à MME JOURDAIN) Dans la chambre du roi!

DORANTE. Allons, mettez...°

MONSIEUR JOURDAIN. Monsieur, je sais le respect que je vous dois.

DORANTE. Mon Dieu, mettez; point de cérémonie entre nous, je vous prie.

MONSIEUR JOURDAIN. Monsieur...

DORANTE. Mettez, vous dis-je, monsieur Jourdain; vous êtes mon ami.

MONSIEUR JOURDAIN. Monsieur, je suis votre serviteur.

DORANTE. Je ne me couvrirai point, si vous ne vous couvrez.

MONSIEUR JOURDAIN. J'aime mieux être incivil qu'importun.°

DORANTE. Je suis votre débiteur, comme vous le savez.

MADAME JOURDAIN (à part). Oui, nous ne le savons que trop.

DORANTE. Vous m'avez généreusement prêté de l'argent en plusieurs occasions, et vous m'avez obligé de la meilleure grâce du monde, assurément.

MONSIEUR JOURDAIN. Monsieur, vous vous moquez.

DORANTE. Mais je sais rendre ce qu'on me prête, et reconnaître les plaisirs qu'on me fait.

MONSIEUR JOURDAIN. Je n'en doute point, monsieur.

DORANTE. Je veux sortir d'affaire avec vous, et je viens ici pour faire nos comptes ensemble.

MONSIEUR JOURDAIN (bas à MME JOURDAIN). Hé bien! vous voyez votre impertinence, ma femme.

4. *Baste:* Enough. 12–13. *il ne manquera pas d'y faillir:* he won't fail to do nothing of the sort (popular turn of speech). 22. *enjôler:* take in. 26. *il me semble... dîné:* I've had my bellyful. SCÈNE IV. 36. *pour vous... services:* at your service. 42. *propre:* elegant. 46. *mieux faits:* better looking.

3. *Il le gratte... démange:* He scratches him where he itches (*popular*). 16. *mettez:* put on your hat. 29. *importun:* troublesome.

DORANTE. Je suis homme qui aime à m'acquitter le plus tôt que je puis.

MONSIEUR JOURDAIN (*bas à* MME JOURDAIN). Je vous le disais bien.

DORANTE. Voyons un peu ce que je vous dois. 5

MONSIEUR JOURDAIN (*bas à* MME JOURDAIN). Vous voilà, avec vos soupçons ridicules.

DORANTE. Vous souvenez-vous bien de tout l'argent que vous m'avez prêté?

MONSIEUR JOURDAIN. Je crois que oui. J'en 10 ai fait un petit mémoire. Le voici. Donné à vous une fois deux cents louis.°

DORANTE. Cela est vrai.

MONSIEUR JOURDAIN. Une autre fois, six-vingts.°

DORANTE. Oui. 15

MONSIEUR JOURDAIN. Et une autre fois, cent quarante.

DORANTE. Vous avez raison.

MONSIEUR JOURDAIN. Ces trois articles font quatre cent soixante louis, qui valent cinq mille 20 soixante livres.

DORANTE. Le compte est fort bon. Cinq mille soixante livres.

MONSIEUR JOURDAIN. Mille huit cent trente-deux livres à votre plumassier.° 25

DORANTE. Justement.

MONSIEUR JOURDAIN. Deux mille sept cent quatre-vingts livres à votre tailleur.

DORANTE. Il est vrai.

MONSIEUR JOURDAIN. Quatre mille trois cent 30 septante-neuf livres douze sols° huit deniers° à votre marchand.°

DORANTE. Fort bien. Douze sols huit deniers; le compte est juste.

MONSIEUR JOURDAIN. Et mille sept cent 35 quarante-huit livres sept sols quatre deniers à votre sellier.°

DORANTE. Tout cela est véritable. Qu'est-ce que cela fait?

MONSIEUR JOURDAIN. Somme totale, quinze 40 mille huit cents livres.

DORANTE. Somme totale est juste : quinze mille huit cents livres. Mettez encore deux cents pistoles° que vous m'allez donner, cela fera justement dix-huit mille francs, que je vous 45 payerai au premier jour.

MADAME JOURDAIN (*bas à* M. JOURDAIN). Hé bien, ne l'avais-je pas bien deviné?

MONSIEUR JOURDAIN (*bas à* MME. JOURDAIN). Paix!

DORANTE. Cela vous incommodera-t-il de me donner ce que je vous dis?

MONSIEUR JOURDAIN. Eh, non!

MADAME JOURDAIN (*bas à* M. JOURDAIN). Cet homme-là fait de vous une vache à lait.

MONSIEUR JOURDAIN (*bas à* MME JOURDAIN). Taisez-vous!

DORANTE. Si cela vous incommode, j'en irai chercher ailleurs.

MONSIEUR JOURDAIN. Non, monsieur.

MADAME JOURDAIN (*bas à* M. JOURDAIN). Il ne sera pas content qu'il ne vous ait ruiné.

MONSIEUR JOURDAIN (*bas à* MME JOURDAIN). Taisez-vous, vous dis-je.

DORANTE. Vous n'avez qu'à me dire si cela vous embarrasse.

MONSIEUR JOURDAIN. Point, monsieur.

MADAME JOURDAIN (*bas à* M. JOURDAIN). C'est un vrai enjôleur.°

MONSIEUR JOURDAIN (*bas à* MME JOURDAIN). Taisez-vous donc.

MADAME JOURDAIN (*bas à* M. JOURDAIN). Il vous sucera jusqu'au dernier sou.

MONSIEUR JOURDAIN (*bas à* MME JOURDAIN). Vous tairez-vous?

DORANTE. J'ai force gens qui m'en prêteraient avec joie; mais, comme vous êtes mon meilleur ami, j'ai cru que je vous ferais tort si j'en demandais à quelque autre.

MONSIEUR JOURDAIN. C'est trop d'honneur, monsieur, que vous me faites. Je vais quérir° votre affaire.

MADAME JOURDAIN (*bas à* M. JOURDAIN). Quoi! vous allez encore lui donner cela?

MONSIEUR JOURDAIN (*bas à* MME JOURDAIN). Que faire? Voulez-vous que je refuse un homme de cette condition-là, qui a parlé de moi ce matin dans la chambre du roi?

MADAME JOURDAIN (*bas à* M. JOURDAIN). Allez, vous êtes une vraie dupe.

SCÈNE V : DORANTE, MADAME JOURDAIN, NICOLE

DORANTE. Vous me semblez toute mélancolique. Qu'avez-vous, madame Jourdain?

12. *louis:* gold coin worth, at the time, 11 *livres* or francs. 14. *six-vingts* = cent vingt. 25. *plumassier:* feather dealer and hatter. 31. *sols* = *sous.* There were 20 sous to a franc. 31. *deniers:* farthings. There were 12 *deniers* to a *sou.* 32. *marchand:* probably haberdasher and cloth dealer. 37. *sellier:* saddler. 44. *pistoles:* at the time, same as the *louis.*

23. *enjôleux:* confidence man, crook. 35. *quérir* = *chercher.*

MADAME JOURDAIN. J'ai la tête plus grosse que le poing, et si elle n'est pas enflée.°

DORANTE. Mademoiselle votre fille, où est-elle, que je ne la vois point?

MADAME JOURDAIN. Mademoiselle ma fille est bien où elle est.

DORANTE. Comment se porte-t-elle?

MADAME JOURDAIN. Elle se porte sur ses deux jambes.°

DORANTE. Ne voulez-vous point un de ces jours venir voir avec elle le ballet et la comédie que l'on fait chez le roi?

MADAME JOURDAIN. Oui vraiment, nous avons fort envie de rire, fort envie de rire nous avons.

DORANTE. Je pense, madame Jourdain, que vous avez eu bien des amants dans votre jeune âge, belle et d'agréable humeur que vous étiez.

MADAME JOURDAIN. Tredame!° monsieur, est-ce que madame Jourdain est décrépite, et la tête lui grouille-t-elle° déjà?

DORANTE. Ah! ma foi, madame Jourdain, je vous demande pardon. Je ne songeais pas que vous êtes jeune, et je rêve° le plus souvent. Je vous prie d'excuser mon impertinence.

SCÈNE VI : MONSIEUR JOURDAIN, MADAME JOURDAIN, DORANTE, NICOLE

MONSIEUR JOURDAIN. Volià deux cents louis bien comptés.

DORANTE. Je vous assure, monsieur Jourdain, que je suis tout à vous, et que je brûle de vous rendre un service à la cour.

MONSIEUR JOURDAIN. Je vous suis trop obligé.

DORANTE. Si madame Jourdain veut voir le divertissement royal, je lui ferai donner les meilleures places de la salle.

MADAME JOURDAIN. Madame Jourdain vous baise les mains.°

DORANTE (bas à M. JOURDAIN). Notre belle marquise, comme je vous ai mandé par mon billet, viendra tantôt ici pour le ballet et le repas; et je l'ai fait consentir enfin au cadeau° que vous lui voulez donner.

MONSIEUR JOURDAIN. Tirons-nous un peu plus loin, pour cause.

DORANTE. Il y a huit jours que je ne vous ai vu, et je ne vous ai point mandé de nouvelles du diamant que vous me mîtes entre les mains pour lui en faire présent de votre part : mais c'est que j'ai eu toutes les peines du monde à vaincre son scrupule, et ce n'est que d'aujourd'hui qu'elle s'est résolue à l'accepter.

MONSIEUR JOURDAIN. Comment l'a-t-elle trouvé?

DORANTE. Merveilleux; et je me trompe fort, ou la beauté de ce diamant fera pour vous sur son esprit un effet admirable.

MONSIEUR JOURDAIN. Plût au ciel!

MADAME JOURDAIN (à NICOLE). Quand il est une fois avec lui, il ne peut le quitter.

DORANTE. Je lui ai fait valoir comme il faut la richesse de ce présent et la grandeur de votre amour.

MONSIEUR JOURDAIN. Ce sont, monsieur, des bontés qui m'accablent; et je suis dans une confusion la plus grande du monde de voir une personne de votre qualité s'abaisser pour moi à ce que vous faites.

DORANTE. Vous moquez-vous? Est-ce qu'entre amis on s'arrête à ces sortes de scrupules? Et ne feriez-vous pas pour moi la même chose, si l'occasion s'en offrait?

MONSIEUR JOURDAIN. Oh! assurément, et de très grand cœur.

MADAME JOURDAIN (à NICOLE). Que sa présence me pèse sur les épaules!

DORANTE. Pour moi, je ne regarde rien, quand il faut servir un ami; et, lorsque vous me fîtes confidence de l'ardeur que vous aviez prise pour cette marquise agréable chez qui j'avais commerce,° vous vîtes que d'abord° je m'offris de moi-même à servir votre amour.

MONSIEUR JOURDAIN. Il est vrai, ce sont des bontés qui me confondent.

MADAME JOURDAIN (à NICOLE). Est-ce qu'il ne s'en ira point!

NICOLE. Ils se trouvent bien ensemble.

DORANTE. Vous avez pris le bon biais° pour toucher son cœur. Les femmes aiment surtout les dépenses qu'on fait pour elles; et vos fréquentes sérénades, et vos bouquets continuels, ce superbe feu d'artifice° qu'elle trouva sur

SCÈNE V. 1–2. J'ai la tête… enflée: I'm able to see beyond the end of my nose. 9. Notice the double meaning. 18. Tredame! Good land! 20. la tête lui grouille-t-elle: is her head shaking, has she got one foot in the grave? 23. je rêve: my mind wanders. SCÈNE VI. 39. vous baise les mains: i.e., declines with thanks. 43. cadeau: party.

36. chez qui j'avais commerce: with whom I was on friendly terms. 36. d'abord: immediately. 43. le bon biais: the right course. 47. feu d'artifice: firework display.

l'eau, le diamant qu'elle a reçu de votre part, et le cadeau que vous lui préparez, tout cela lui parle bien mieux en faveur de votre amour que toutes les paroles que vous auriez pu lui dire vous-même.

MONSIEUR JOURDAIN. Il n'y a point de dépenses que je ne fisse, si par là je pouvais trouver le chemin de son cœur. Une femme de qualité a pour moi des charmes ravissants, et c'est un honneur que j'achèterais au prix de toute chose.

MADAME JOURDAIN (à NICOLE). Que peuvent-ils tant dire ensemble? Va-t'en un peu tout doucement prêter l'oreille.

DORANTE. Ce sera tantôt que vous jouirez à votre aise du plaisir de sa vue, et vos yeux auront tout le temps de se satisfaire.

MONSIEUR JOURDAIN. Pour être en pleine liberté, j'ai fait en sorte que ma femme ira dîner chez ma sœur, où elle passera toute l'après-dînée.°

DORANTE. Vous avez fait prudemment, et votre femme aurait pu nous embarrasser. J'ai donné pour vous l'ordre qu'il faut au cuisinier et à toutes les choses qui sont nécessaires pour le ballet. Il est de mon invention, et, pourvu que l'exécution puisse répondre à l'idée, je suis sûr qu'il sera trouvé...

MONSIEUR JOURDAIN (s'aperçoit que NICOLE écoute, et lui donne un soufflet). Ouais! vous êtes bien impertinente! (à DORANTE) Sortons, s'il vous plaît.

SCÈNE VII : MADAME JOURDAIN, NICOLE

NICOLE. Ma foi, madame, la curiosité m'a coûté quelque chose; mais je crois qu'il y a quelque anguille sous roche,° et ils parlent de quelque affaire où ils ne veulent pas que vous soyez.

MADAME JOURDAIN. Ce n'est pas d'aujourd'hui, Nicole, que j'ai conçu des soupçons de mon mari. Je suis la plus trompée du monde, ou il y a quelque amour en campagne, et je travaille à découvrir ce que ce peut être. Mais songeons à ma fille. Tu sais l'amour que Cléonte a pour elle. C'est un homme qui me revient,°

et je veux aider sa recherche,° et lui donner Lucile, si je puis.

NICOLE. En vérité, madame, je suis la plus ravie du monde de vous voir dans ces sentiments : car, si le maître vous revient, le valet ne me revient pas moins, et je souhaiterais que notre mariage se pût faire à l'ombre du leur.

MADAME JOURDAIN. Va-t'en lui parler de ma part, et lui dire que tout à l'heure il me vienne trouver pour faire ensemble à mon mari la demande de ma fille.

NICOLE. J'y cours, madame, avec joie, et je ne pouvais recevoir une commission plus agréable. (seule) Je vais, je pense, bien réjouir les gens.

SCÈNE VIII* : CLÉONTE, COVIELLE, NICOLE

NICOLE. Ah! vous voilà tout à propos. Je suis ambassadrice de joie, et je viens...

CLÉONTE. Retire-toi, perfide, et ne me viens point amuser avec tes traîtresses paroles.

NICOLE. Est-ce ainsi que vous recevez...

CLÉONTE. Retire-toi, te dis-je, et va-t'en dire de ce pas à ton infidèle maîtresse qu'elle n'abusera de sa vie le trop simple Clèonte.

NICOLE. Quel vertigo est-ce donc là? Mon pauvre Covielle, dis-moi un peu ce que cela veut dire.

COVIELLE. Ton pauvre Covielle, petite scélérate! Allons, vite, ôte-toi de mes yeux, vilaine, et me laisse en repos.

NICOLE. Quoi! tu me viens aussi...

COVIELLE. Ote-toi de mes yeux, te dis-je, et ne me parle de ta vie.

NICOLE. Ouais! Quelle mouche les a piqués° tous deux? Allons de cette belle histoire informer ma maîtresse.

SCÈNE IX : CLÉONTE, COVIELLE

CLÉONTE. Quoi! traiter un amant de la sorte? et un amant le plus fidèle et le plus passionné de tous les amants?

21. l'après-dînée: afternoon. (Dinner was at about noon.) SCÈNE VII. 39. il y a quelque anguille sous roche: there's more here than meets the eye (lit., there's some eel under a rock). 48. qui me revient: whom I like.

1. recherche: suit. SCÈNE VIII.* This scene and the two following are in the tradition of the commedia dell' arte. They should be played, or imagined, in a stylized manner, in the tradition of the dance rather than in that of stage realism. The master and his comic counterpart, the valet, prepare their action; they are besought by the ingénue and the soubrette; valet and soubrette echo the speeches of master and mistress, but in crude, colloquial style; then the roles are reversed. A reversal of roles is one of the most elemental comic devices. 35. Quelle mouche les a piqués: What's bitten them.

COVIELLE. C'est une chose épouvantable que ce qu'on nous fait à tous deux.

CLÉONTE. Je fais voir pour une personne toute l'ardeur et toute la tendresse qu'on peut imaginer; je n'aime rien au monde qu'elle, et je n'ai qu'elle dans l'esprit; elle fait tous mes soins, tous mes désirs, toute ma joie; je ne parle que d'elle, je ne pense qu'à elle, je ne fais des songes que d'elle, je ne respire que par elle, mon cœur vit tout en elle : et voilà de tant d'amitié° la digne récompense! Je suis deux jours sans la voir, qui sont pour moi deux siècles effroyables; je la rencontre par hasard; mon cœur à cette vue se sent tout transporté, ma joie éclate sur mon visage; je vole avec ravissement vers elle; et l'infidèle détourne de moi ses regards et passe brusquement comme si de sa vie elle ne m'avait vu!

COVIELLE. Je dis les mêmes choses que vous.

CLÉONTE. Peut-on rien voir d'égal, Covielle, à cette perfidie de l'ingrate Lucile?

COVIELLE. Et à celle, monsieur, de la pendarde de Nicole?

CLÉONTE. Après tant de sacrifices ardents, de soupirs et de vœux que j'ai faits à ses charmes!

COVIELLE. Après tant d'assidus hommages, de soins et de services que je lui ai rendus dans sa cuisine!

CLÉONTE. Tant de larmes que j'ai versées à ses genoux!

COVIELLE. Tant de seaux° d'eau que j'ai tirés au puits pour elle!

CLÉONTE. Tant d'ardeur que j'ai fait paraître à la chérir plus que moi-même!

COVIELLE. Tant de chaleur que j'ai soufferte à tourner la broche° à sa place!

CLÉONTE. Elle me fuit avec mépris!

COVIELLE. Elle me tourne le dos avec effronterie!

CLÉONTE. C'est une perfidie digne des plus grands châtiments.

COVIELLE. C'est une trahison à mériter mille soufflets.

CLÉONTE. Ne t'avise point, je te prie, de me parler jamais pour elle.

COVIELLE. Moi, monsieur? Dieu m'en garde!

CLÉONTE. Ne viens point m'excuser l'action de cette infidèle.

COVIELLE. N'ayez pas peur.

CLÉONTE. Non, vois-tu, tous tes discours pour la défendre ne serviront de rien.

COVIELLE. Qui songe à cela?

CLÉONTE. Je veux contre elle conserver mon ressentiment et rompre ensemble tout commerce.

COVIELLE. J'y consens.

CLÉONTE. Ce monsieur le comte qui va chez elle lui donne peut-être dans la vue;° et son esprit, je le vois bien, se laisse éblouir à la qualité. Mais il me faut, pour mon honneur, prévenir l'éclat° de son inconstance. Je veux faire autant de pas qu'elle au changement où je la vois courir et ne lui laisser pas toute la gloire de me quitter.

COVIELLE. C'est fort bien dit, et j'entre pour mon compte dans tous vos sentiments.

CLÉONTE. Donne la main à mon dépit, et soutiens ma résolution contre tous les restes d'amour qui me pourraient parler pour elle. Dis-m'en, je t'en conjure, tout le mal que tu pourras. Fais-moi de sa personne une peinture qui me la rende méprisable; et marque-moi bien, pour m'en dégoûter, tous les défauts que tu peux voir en elle.

COVIELLE. Elle, monsieur? Voilà une belle mijaurée,° une pimpesouée° bien bâtie, pour vous donner tant d'amour! Je ne lui vois rien que de très médiocre, et vous trouverez cent personnes qui seront plus dignes de vous. Premièrement, elle a les yeux petits.°

CLÉONTE. Cela est vrai, elle a les yeux petits, mais elle les a pleins de feu, les plus brillants, les plus perçants du monde, les plus touchants qu'on puisse voir.

COVIELLE. Elle a la bouche grande.

CLÉONTE. Oui; mais on y voit des grâces qu'on ne voit point aux autres bouches; et cette bouche, en la voyant, inspire des désirs, est la plus attrayante, la plus amoureuse du monde.

COVIELLE. Pour sa taille, elle n'est pas grande.

CLÉONTE. Non; mais elle est aisée et bien prise.°

COVIELLE. Elle affecte une nonchalance dans son parler et dans ses actions.

9. *lui donne… dans la vue:* dazzles her. 12. *prévenir l'éclat:* forestall the public revelation. 27. *mijaurée:* poser. 27. *pimpesouée:* show-off. 31. The role of Lucile was played by Molière's wife. He seizes the opportunity to pay her a graceful tribute, while preserving the formula of stage illusion. 44. *bien prise:* well proportioned.

SCÈNE IX. 11. *amitié = amour.* 31. *seaux:* pails. 36. *broche:* spit.

CLÉONTE. Il est vrai; mais elle a grâce à tout cela, et ses manières sont engageantes, ont je ne sais quel charme à s'insinuer dans les cœurs.

COVIELLE. Pour de l'esprit...

CLÉONTE. Ah! elle en a, Covielle, du plus fin, du plus délicat.

COVIELLE. Sa conversation...

CLÉONTE. Sa conversation est charmante.

COVIELLE. Elle est toujours sérieuse...

CLÉONTE. Veux-tu de ces enjouements épanouis,° de ces joies toujours ouvertes? et vois-tu rien de plus impertinent que des femmes qui rient à tout propos?

COVIELLE. Mais enfin elle est capricieuse autant que personne au monde.

CLÉONTE. Oui, elle est capricieuse, j'en demeure d'accord, mais tout sied bien aux belles, on souffre tout des belles.

COVIELLE. Puisque cela va comme cela, je vois bien que vous avez envie de l'aimer toujours.

CLÉONTE. Moi, j'aimerais mieux mourir; et je vais la haïr autant que je l'ai aimée.

COVIELLE. Le moyen, si vous la trouvez si parfaite?

CLÉONTE. C'est en quoi ma vengeance sera plus éclatante, en quoi je veux faire mieux voir la force de mon cœur, à la haïr, à la quitter, toute belle, toute pleine d'attraits, toute aimable que je la trouve. La voici.

SCÈNE X : CLÉONTE, LUCILE, COVIELLE, NICOLE

NICOLE (à LUCILE). Pour moi, j'en ai été toute scandalisée.

LUCILE. Ce ne peut être, Nicole, que ce que je te dis. Mais le voilà.

CLÉONTE (à COVIELLE). Je ne veux pas seulement lui parler.

COVIELLE. Je veux vous imiter.

LUCILE. Qu'est-ce donc, Cléonte? qu'avez-vous?

NICOLE. Qu'as-tu donc, Covielle?

LUCILE. Quel chagrin vous possède?

NICOLE. Quelle mauvaise humeur te tient?

LUCILE. Êtes-vous muet, Cléonte?

NICOLE. As-tu perdu la parole, Covielle?

CLÉONTE. Que voilà qui est scélérat!

COVIELLE. Que cela est Judas!

LUCILE. Je vois bien que la rencontre de tantôt a troublé votre esprit.

CLÉONTE (à COVIELLE). Ah! ah! on voit ce qu'on a fait.

NICOLE. Notre accueil de ce matin t'a fait prendre la chèvre.°

COVIELLE (à CLÉONTE). On a deviné l'enclouure.°

LUCILE. N'est-il pas vrai, Cléonte, que c'est là le sujet de votre dépit?

CLÉONTE. Oui, perfide, ce l'est, puisqu'il faut parler; et j'ai à vous dire que vous ne triompherez pas comme vous pensez de votre infidélité, que je veux être le premier à rompre avec vous, et que vous n'aurez pas l'avantage de me chasser. J'aurai de la peine sans doute à vaincre l'amour que j'ai pour vous; cela me causera des chagrins. Je souffrirai un temps; mais j'en viendrai à bout, et je me percerai plutôt le cœur que d'avoir la faiblesse de retourner à vous.

COVIELLE (à NICOLE). Queussi queumi.°

LUCILE. Voilà bien du bruit pour un rien. Je veux vous dire, Cléonte, le sujet qui m'a fait ce matin éviter votre abord.°

CLÉONTE (voulant s'en aller pour éviter LUCILE). Non, je ne veux rien écouter.

NICOLE (à COVIELLE). Je te veux apprendre la cause qui nous a fait passer si vite.

COVIELLE (voulant aussi s'en aller pour éviter NICOLE). Je ne veux rien entendre...

LUCILE (suivant CLÉONTE). Sachez que ce matin...

CLÉONTE (marchant toujours sans regarder LUCILE). Non, vous dis-je.

NICOLE (suivant COVIELLE.) Apprends que...

COVIELLE (marchant aussi sans regarder NICOLE.) Non, traîtresse.

LUCILE. Écoutez.

CLÉONTE. Point d'affaire.

NICOLE. Laisse-moi dire.

COVIELLE. Je suis sourd.

LUCILE. Cléonte!

CLÉONTE. Non.

NICOLE. Covielle!

COVIELLE. Point.

LUCILE. Arrêtez.

CLÉONTE. Chansons!

11—12. *enjouements épanouis:* hearty gaieties.

SCÈNE X. 7. *t'a fait prendre la chèvre:* has got your goat. 9. *l'enclouure:* where the shoe pinches. 23. *Queussi queumi:* With me, ditto. 26. *abord:* approach.

NICOLE. Entends-moi.

COVIELLE. Bagatelles!

LUCILE. Un moment.

CLÉONTE. Point du tout.

NICOLE. Un peu de patience.

COVIELLE. Tarare.°

LUCILE. Deux paroles.

CLÉONTE. Non, c'en est fait.

NICOLE. Un mot.

COVIELLE. Plus de commerce.

LUCILE (*s'arrêtant*). Hé bien, puisque vous ne voulez pas m'écouter, demeurez dans votre pensée, et faites ce qu'il vous plaira.

NICOLE (*s'arrêtant aussi*). Puisque tu fais comme cela, prends-le tout comme tu voudras.°

CLÉONTE (*se retournant vers* LUCILE). Sachons donc le sujet d'un si bel accueil.

LUCILE (*s'en allant à son tour pour éviter* CLÉONTE). Il ne me plaît plus de le dire.

COVIELLE (*se retournant vers* NICOLE). Apprends-nous un peu cette histoire.

NICOLE (*s'en allant aussi pour éviter* COVIELLE). Je ne veux plus, moi, te l'apprendre.

CLÉONTE (*suivant* LUCILE). Dites-moi...

LUCILE (*marchant toujours sans regarder* CLÉONTE). Non, je ne veux rien dire.

COVIELLE (*suivant* NICOLE). Conte-moi...

NICOLE (*marchant aussi sans regarder* COVIELLE). Non, je ne conte rien.

CLÉONTE. De grâce...

LUCILE. Non, vous dis-je.

COVIELLE (*à* NICOLE). Par charité.

NICOLE. Point d'affaire.

CLÉONTE. Je vous en prie.

LUCILE. Laissez-moi.

COVIELLE. Je t'en conjure.

NICOLE. Ote-toi de là.

CLÉONTE. Lucile!

LUCILE. Non.

COVIELLE. Nicole!

NICOLE. Point.

CLÉONTE. Au nom des dieux!...

LUCILE. Je ne veux pas.

COVIELLE. Parle-moi.

NICOLE. Point du tout.

CLÉONTE. Éclaircissez mes doutes.

LUCILE. Non, je n'en ferai rien.

COVIELLE. Guéris-moi l'esprit.

NICOLE. Non, il ne me plaît pas.

CLÉONTE. Hé bien, puisque vous vous souciez si peu de me tirer de peine et de vous justifier du traitement indigne que vous avez fait à ma flamme, vous me voyez, ingrate, pour la dernière fois, et je vais loin de vous mourir de douleur et d'amour.

COVIELLE (*à* NICOLE). Et moi, je vais suivre ses pas.

LUCILE (*à* CLÉONTE, *qui veut sortir*). Cléonte!

NICOLE (*à* COVIELLE, *qui suit son maître*). Covielle!

CLÉONTE (*s'arrêtant*). Eh?

COVIELLE (*s'arrêtant aussi*). Plaît-il?

LUCILE. Où allez-vous?

CLÉONTE. Où je vous ai dit.

COVIELLE. Nous allons mourir.

LUCILE. Vous allez mourir, Cléonte?

CLÉONTE. Oui, cruelle, puisque vous le voulez.

LUCILE. Moi, je veux que vous mouriez?

CLÉONTE. Oui, vous le voulez.

LUCILE. Qui vous le dit?

CLÉONTE (*s'approchant de* LUCILE). N'est-ce pas le vouloir que de ne vouloir pas éclaircir mes soupçons?

LUCILE. Est-ce ma faute? Et, si vous aviez voulu m'écouter, ne vous aurais-je pas dit que l'aventure dont vous vous plaigniez a été causée ce matin par la présence d'une vieille tante qui veut,° à toute force, que la seule approche d'un homme déshonore une fille? qui perpétuellement nous sermonne sur ce chapitre, et nous figure tous les hommes comme des diables qu'il faut fuir?

NICOLE. Voilà le secret de l'affaire.

CLÉONTE. Ne me trompez-vous point, Lucile?

COVIELLE. Ne m'en donnes-tu point à garder?°

LUCILE (*à* CLÉONTE). Il n'est rien de plus vrai.

NICOLE (*à* COVIELLE). C'est la chose comme elle est.

COVIELLE (*à* CLÉONTE). Nous rendrons-nous à cela?

CLÉONTE. Ah! Lucile, qu'avec un mot de votre bouche vous savez apaiser de choses dans

6. *Tarare:* Fiddle-de-dee. 15. The two girls have been pursuing the men across the stage. Here they go into reverse and retreat, while the men pursue them. Note the ballet-like quality.

32. *veut:* will have it that. 41. *Ne m'en... garder?* You aren't trying to bamboozle me?

mon cœur, et que facilement on se laisse persuader aux personnes qu'on aime!

COVIELLE. Qu'on est aisément amadoué° par ces diantres d'animaux-là!

SCÈNE XI : MADAME JOURDAIN, CLÉONTE, LUCILE, COVIELLE, NICOLE

MADAME JOURDAIN. Je suis bien aise de vous voir, Cléonte, et vous voilà tout à propos. Mon mari vient, prenez vite votre temps pour lui demander Lucile en mariage.

CLÉONTE. Ah! madame, que cette parole m'est douce et qu'elle flatte mes désirs! Pouvais-je recevoir un ordre plus charmant, une faveur plus précieuse?

SCÈNE XII : MONSIEUR JOURDAIN, MADAME JOURDAIN, CLÉONTE, LUCILE, COVIELLE, NICOLE

CLÉONTE. Monsieur, je n'ai voulu prendre personne pour vous faire une demande que je médite il y a longtemps. Elle me touche assez pour m'en charger moi-même;° et, sans autre détour, je vous dirai que l'honneur d'être votre gendre est une faveur glorieuse que je vous prie de m'accorder.

MONSIEUR JOURDAIN. Avant que de vous rendre réponse, monsieur, je vous prie de me dire si vous êtes gentilhomme.

CLÉONTE. Monsieur, la plupart des gens sur cette question n'hésitent pas beaucoup. On tranche le mot° aisément. Ce nom ne fait aucun scrupule à prendre, et l'usage aujourd'hui semble en autoriser le vol. Pour moi, je vous l'avoue, j'ai les sentiments sur cette matière un peu plus délicats. Je trouve que toute imposture est indigne d'un honnête homme, et qu'il y a de la lâcheté à déguiser ce que le Ciel nous a fait naître, à se parer aux yeux du monde d'un titre dérobé, à se vouloir donner pour ce qu'on n'est pas. Je suis né de parents, sans doute, qui ont tenu des charges honorables. Je me suis acquis dans les armes l'honneur de six ans de services, et je me trouve assez de bien° pour tenir dans le monde un rang assez passable;

mais avec tout cela je ne veux point me donner un nom où d'autres en ma place croiraient pouvoir prétendre, et je vous dirai franchement que je ne suis point gentilhomme.°

MONSIEUR JOURDAIN. Touchez là,° monsieur. Ma fille n'est pas pour vous.

CLÉONTE. Comment?

MONSIEUR JOURDAIN. Vous n'êtes point gentilhomme, vous n'aurez pas ma fille.

MADAME JOURDAIN. Que voulez-vous dire avec votre gentilhomme? Est-ce que nous sommes, nous autres, de la côte de saint Louis?°

MONSIEUR JOURDAIN. Taisez-vous, ma femme, je vous vois venir.

MADAME JOURDAIN. Descendons-nous tous deux que de bonne bourgeoisie?

MONSIEUR JOURDAIN. Voilà pas le coup de langue!

MADAME JOURDAIN. Et votre père n'était-il pas marchand aussi bien que le mien?

MONSIEUR JOURDAIN. Peste soit de la femme! Elle n'y a jamais manqué. Si votre père a été marchand, tant pis pour lui; mais, pour le mien, ce sont des malavisés° qui disent cela. Tout ce que j'ai à vous dire, moi, c'est que je veux avoir un gendre gentilhomme.

MADAME JOURDAIN. Il faut à votre fille un mari qui lui soit propre, et il vaut mieux pour elle un honnête homme riche et bien fait qu'un gentilhomme gueux et mal bâti.

NICOLE. Cela est vrai. Nous avons le fils du gentilhomme de notre village qui est le plus grand malitorne° et le plus sot dadais° que j'aie jamais vu.

MONSIEUR JOURDAIN. Taisez-vous, impertinente! vous vous fourrez toujours dans la conversation. J'ai du bien assez pour ma fille, je n'ai besoin que d'honneur, et je la veux faire marquise.

MADAME JOURDAIN. Marquise!

MONSIEUR JOURDAIN. Oui, marquise.

MADAME JOURDAIN. Hélas! Dieu m'en garde!

MONSIEUR JOURDAIN. C'est une chose que j'ai résolue.

MADAME JOURDAIN. C'est une chose, moi, où je ne consentirai point Les alliances avec plus grand que soi sont sujettes toujours à de

3. *amadoué:* taken in. SCÈNE XII. 25. Normally Cléonte would have an elderly relative make the *demande en mariage,* but to do so would slow down the play's movement. 34. *On tranche le mot:* They speak up. 46. *bien:* property.

4. The manly sobriety of this speech departs from the tone of farce. 5. *Touchez là:* Shake hands; that settles it. 12. *côte de saint Louis:* rib of St. Louis (Louis IX of France). 24. *malavisés:* ignoramuses. 33. *malitorne:* lout. 33. *dadais:* booby.

fâcheux inconvénients. Je ne veux point qu'un gendre puisse à ma fille reprocher ses parents, et qu'elle ait des enfants qui aient honte de m'appeler leur grand'maman. S'il fallait qu'elle me vînt visiter en équipage de grand'dame, et qu'elle manquât par mégarde à saluer quelqu'un du quartier, on ne manquerait pas aussitôt de dire cent sottises. « Voyez-vous, dirait-on, cette madame la marquise qui fait tant la glorieuse? C'est la fille de monsieur Jourdain, qui était trop heureuse, étant petite, de jouer à la madame avec nous : elle n'a pas toujours été si relevée que la voilà; et ses deux grands-pères vendaient du drap auprès de la porte Saint-Innocent. Ils ont amassé du bien à leurs enfants, qu'ils payent maintenant peut-être bien cher en l'autre monde, et l'on ne devient guère si riches à être honnêtes gens. » Je ne veux point tous ces caquets° et je veux un homme, en un mot, qui m'ait obligation de ma fille, et à qui je puisse dire : « Mettez-vous là, mon gendre, et dînez avec moi. »°

MONSIEUR JOURDAIN. Voilà bien les senti-ments d'un petit esprit, de vouloir demeurer toujours dans la bassesse. Ne me répliquez pas davantage : ma fille sera marquise en dépit de tout le monde; et, si vous me mettez en colère, je la ferai duchesse.

MADAME JOURDAIN. Cléonte, ne perdez point courage encore. Suivez-moi, ma fille, et venez dire résolument à votre père que, si vous ne l'avez, vous ne voulez épouser personne.

SCÈNE XIII : CLÉONTE, COVIELLE

COVIELLE. Vous avez fait de belles affaires, avec vos beaux sentiments.

CLÉONTE. Que veux-tu? J'ai un scrupule là-dessus que l'exemple ne saurait vaincre.

COVIELLE. Vous moquez-vous, de le prendre sérieusement avec un homme comme cela? Ne voyez-vous pas qu'il est fou? et vous coûtait-il quelque chose de vous accommoder à ses chimères?

CLÉONTE. Tu as raison; mais je ne croyais pas qu'il fallût faire ses preuves de noblesse pour être gendre de monsieur Jourdain.

COVIELLE. Ah! ah! ah!

CLÉONTE. De quoi ris-tu?

COVIELLE. D'une pensée qui me vient pour jouer notre homme et vous faire obtenir ce que vous souhaitez.

CLÉONTE. Comment?

COVIELLE. L'idée est tout à fait plaisante.

CLÉONTE. Quoi donc?

COVIELLE. Il s'est fait depuis peu une certaine mascarade qui vient le mieux du monde ici, et que je prétends faire entrer dans une bourle° que je veux faire à notre ridicule.° Tout cela sent un peu sa comédie; mais, avec lui, on peut hasarder toute chose, il n'y faut point chercher tant de façons,° et il est homme à y jouer son rôle à merveille, à donner aisément dans toutes les faribole° qu'on s'avisera de lui dire. J'ai les acteurs, j'ai les habits tout prêts, laissez-moi faire seulement.

CLÉONTE. Mais apprends-moi...

COVIELLE. Je vais vous instruire de tout; retirons-nous, le voilà qui revient.

SCÈNE XIV : MONSIEUR JOURDAIN, LAQUAIS

MONSIEUR JOURDAIN. Que diable est-ce là? Ils n'ont rien que les grands seigneurs à me reprocher, et moi je ne vois rien de si beau que de hanter les grands seigneurs; il n'y a qu'honneur et que civilité avec eux, et je vou-drais qu'il m'eût coûté deux doigts de la main et être né comte ou marquis.

LAQUAIS.° Monsieur, voici monsieur le comte, et une dame qu'il mène par la main.

MONSIEUR JOURDAIN. Hé! mon Dieu, j'ai quelques ordres à donner. Dis-leur que je vais venir ici tout à l'heure.

SCÈNE XV : DORIMÈNE, DORANTE, LAQUAIS

LAQUAIS. Monsieur dit comme cela qu'il va venir ici tout à l'heure.

DORANTE. Voilà qui est bien.

DORIMÈNE. Je ne sais pas, Dorante; je fais encore ici une étrange démarche de me laisser amener par vous dans une maison où je ne connais personne.

19. *caquets*: gossip, back talk. 22. In this fine speech, farce gives way to social comedy. Molière captures bourgeois values and the rhythms of bourgeois speech.

SCÈNE XIII. 11. *bourle*: practical joke. 11. *ridicule*: funny fellow. 13–14. *il n'y faut point... façons*: you don't have to be too fussy about it. 16. *faribole*: fooleries. SCÈNE XIV. 32. The lackey enters at this point and exits after the first speech in the following scene.

DORANTE. Quel lieu voulez-vous donc, madame, que mon amour choisisse pour vous régaler, puisque, pour fuir l'éclat,° vous ne voulez ni votre maison, ni la mienne?

DORIMÈNE. Mais vous ne dites pas que je m'engage insensiblement chaque jour à recevoir de trop grands témoignages de votre passion? J'ai beau me défendre des choses, vous fatiguez ma résistance et vous avez une civile opiniâtreté qui me fait venir doucement à tout ce qu'il vous plaît. Les visites fréquentes ont commencé; les déclarations sont venues ensuite, qui après elles ont traîné les sérénades et les cadeaux, que les présents ont suivi. Je me suis opposée à tout cela, mais vous ne vous rebutez point,° et pied à pied vous gagnez mes résolutions. Pour moi, je ne puis plus répondre de rien, et je crois qu'à la fin vous me feriez venir au mariage, dont je me suis tant éloignée.

DORANTE. Ma foi, madame, vous y devriez déjà être. Vous êtes veuve, et ne dépendez que de vous. Je suis maître de moi et vous aime plus que ma vie. A quoi tient-il que dès aujourd'hui vous ne fassiez tout mon bonheur?

DORIMÈNE. Mon Dieu, Dorante, il faut des deux parts bien des qualités pour vivre heureusement ensemble; et les deux plus raisonnables personnes du monde ont souvent peine à composer une union dont ils soient satisfaits.

DORANTE. Vous vous moquez, madame, de vous y figurer tant de difficultés; et l'expérience que vous avez faite ne conclut rien pour tous les autres.

DORIMÈNE. Enfin j'en reviens toujours là. Les dépenses que je vous vois faire pour moi m'inquiètent par deux raisons : l'une, qu'elles m'engagent plus que je ne voudrais; et l'autre, que je suis sûre, sans vous déplaire, que vous ne les faites point que° vous ne vous incommodiez; et je ne veux point cela.

DORANTE. Ah! madame, ce sont des bagatelles, et ce n'est pas par là...

DORIMÈNE. Je sais ce que je dis; et entre autres le diamant que vous m'avez forcé à prendre est d'un prix...

DORANTE. Eh! madame, de grâce, ne faites point tant valoir une chose que mon amour trouve indigne de vous, et souffrez... Voici le maître du logis.

SCÈNE XVI : MONSIEUR JOURDAIN, DORIMÈNE, DORANTE, LAQUAIS

MONSIEUR JOURDAIN (*après avoir fait deux révérences, se trouvant trop près de* DORIMÈNE). Un peu plus loin, madame.

DORIMÈNE. Comment?

MONSIEUR JOURDAIN. Un pas, s'il vous plaît.

DORIMÈNE. Quoi donc?

MONSIEUR JOURDAIN. Reculez un peu pour la troisième.

DORANTE. Madame, monsieur Jourdain sait son monde.°

MONSIEUR JOURDAIN. Madame, ce m'est une gloire bien grande de me voir assez fortuné pour être si heureux que d'avoir le bonheur que vous ayez eu la bonté de m'accorder la grâce de me faire l'honneur de m'honorer de la faveur de votre présence; et, si j'avais aussi le mérite pour mériter un mérite comme le vôtre, et que le ciel... envieux de mon bien... m'eût accordé... l'avantage de me voir digne... des...

DORANTE. Monsieur Jourdain, en voilà assez; madame n'aime pas les grands compliments, et elle sait que vous êtes homme d'esprit. (*bas à* DORIMÈNE) C'est un bon bourgeois assez ridicule, comme vous voyez, dans toutes ses manières.

DORIMÈNE (*de même*). Il n'est pas malaisé de s'en apercevoir.

DORANTE (*haut*). Madame, voilà le meilleur de mes amis.

MONSIEUR JOURDAIN. C'est trop d'honneur que vous me faites.

DORANTE. Galant homme tout à fait.

DORIMÈNE. J'ai beaucoup d'estime pour lui.

MONSIEUR JOURDAIN. Je n'ai rien fait encore, madame, pour mériter cette grâce.

DORANTE (*bas à* M. JOURDAIN). Prenez bien garde, au moins, à ne lui point parler du diamant que vous lui avez donné.

MONSIEUR JOURDAIN (*bas à* DORANTE). Ne pourrais-je pas seulement lui demander comment elle le trouve?

DORANTE (*bas à* M. JOURDAIN). Comment? gardez-vous-en bien. Cela serait vilain à vous; et, pour agir en galant homme, il faut que vous fassiez comme si ce n'était pas vous qui lui eussiez fait ce présent. (*haut*) Monsieur Jourdain,

SCÈNE XV. 3. *fuir l'éclat:* avoid scandal. 15. *vous ne vous rebutez point:* you won't be discouraged. 39. *que = sans que.*

SCÈNE XVI. 13. *son monde:* i.e., etiquette.

madame, dit qu'il est ravi de vous voir chez lui.

DORIMÈNE. Il m'honore beaucoup.

MONSIEUR JOURDAIN (*bas à* DORANTE). Que je vous suis obligé, monsieur, de lui parler ainsi pour moi!

DORANTE (*bas à* M. JOURDAIN). J'ai eu une peine effroyable à la faire venir ici.

MONSIEUR JOURDAIN (*bas à* DORANTE). Je ne sais quelles grâces vous en rendre.

DORANTE. Il dit, madame, qu'il vous trouve la plus belle personne du monde.

DORIMÈNE. C'est bien de la grâce qu'il me fait.

MONSIEUR JOURDAIN. Madame, c'est vous qui faites les grâces, et…

DORANTE. Songeons à manger.

LAQUAIS (*à* M. JOURDAIN). Tout est prêt, monsieur.

DORANTE. Allons donc nous mettre à table, et qu'on fasse venir les musiciens.

(*Six* CUISINIERS *qui ont préparé le festin dansent ensemble et font le troisième intermède; après quoi ils apportent une table couverte de plusieurs mets.*)

Acte IV

SCÈNE PREMIÈRE : DORANTE, DORIMÈNE, MONSIEUR JOURDAIN, DEUX MUSICIENS, UNE MUSICIENNE, LAQUAIS

DORIMÈNE. Comment, Dorante, voilà un repas tout à fait magnifique!

MONSIEUR JOURDAIN. Vous vous moquez, madame, et je voudrais qu'il fût digne de vous être offert. (*Tous se mettent à table.*)

DORANTE. Monsieur Jourdain a raison, madame, de parler de la sorte, et il m'oblige de vous faire si bien les honneurs de chez lui. Je demeure d'accord avec lui que le repas n'est pas digne de vous. Comme c'est moi qui l'ai ordonné, et que je n'ai pas sur cette matière les lumières de nos amis, vous n'avez pas ici un repas fort savant, et vous y trouverez des incongruités de bonne chère et des barbarismes de bon goût. Si Damis° s'en était mêlé, tout serait dans les règles; il y aurait partout de l'élégance et de l'érudition, et il ne manquerait pas de vous exagérer° lui-même toutes les

pièces du repas qu'il vous donnerait, et de vous faire tomber d'accord de sa haute capacité dans la science des bons morceaux; de vous parler d'un pain de rive, à biseau doré, relevé de croûte partout, croquant tendrement sous la dent; d'un vin à sève veloutée, armé d'un vert qui n'est point trop commandant, d'un carré de mouton gourmandé de persil; d'une longe de veau de rivière longue comme cela, blanche, délicate, et qui sous les dents est une vraie pâte d'amande, de perdrix relevées d'un fumet surprenant; et, pour son opéra, d'une soupe à bouillon perlé soutenue d'un jeune gros dindon cantonné de pigeonneaux et couronné d'oignons blancs mariés avec la chicorée.° Mais, pour moi, je vous avoue mon ignorance; et, comme monsieur Jourdain a fort bien dit, je voudrais que le repas fût plus digne de vous être offert.

DORIMÈNE. Je ne réponds à ce compliment qu'en mangeant comme je fais.

MONSIEUR JOURDAIN. Ah! que voilà de belles mains!

DORIMÈNE. Les mains sont médiocres, monsieur Jourdain; mais vous voulez parler du diamant, qui est fort beau.

MONSIEUR JOURDAIN. Moi, madame! Dieu me garde d'en vouloir parler : ce ne serait pas agir en galant homme, et le diamant est fort peu de chose.

DORIMÈNE. Vous êtes bien dégoûté.

MONSIEUR JOURDAIN. Vous avez trop de bonté…

DORANTE.° Allons, qu'on donne du vin à monsieur Jourdain et à ces messieurs, qui nous feront la grâce de nous chanter un air à boire.

DORIMÈNE. C'est merveilleusement assaisonner la bonne chère que d'y mêler la musique, et je me vois ici admirablement régalée.

MONSIEUR JOURDAIN. Madame, ce n'est pas…

DORANTE. Monsieur Jourdain, prêtons silence à ces messieurs; ce qu'ils nous diront vaudra mieux que tout ce que nous pourrions dire.

ACTE IV, SCÈNE Ière. 45. *Damis:* no doubt a portrait of a gourmet recognizable by the courtiers of the first audience. 48. *exagérer:* offer a commentary on.

3–15. *de vous parler d'un pain de rive… avec la chicorée:* He would not fail to mention the rolls, cooked golden brown on the hearth's edge with a uniform crust, crumbling delicately under the tooth; the wine with a velvet bouquet, somewhat young and saucy, but not to the point of impudence; a rack of lamb pinked with parsley; a loin of riverside veal from Normandy, no longer than *that*—white, dainty, like almond paste on the tongue; partridges set off with a surprising aroma; and for his crowning triumph, a young fat turkey flanked by squabs, crested with white onions blended with chicory, swimming in a pearly bouillon. 33. Dorante signals to M. Jourdain to drop the subject.

(LES MUSICIENS *et* LA MUSICIENNE *prennent des verres, chantent deux chansons à boire, et sont soutenus de toute la symphonie.*)*

DORIMÈNE. Je ne crois pas qu'on puisse mieux chanter, et cela est tout à fait beau.

MONSIEUR JOURDAIN. Je vois encore ici, madame, quelque chose de plus beau.

DORIMÈNE. Ouais! monsieur Jourdain est galant plus que je ne pensais.

DORANTE. Comment! madame, pour qui prenez-vous monsieur Jourdain?

MONSIEUR JOURDAIN. Je voudrais bien qu'elle me prît pour ce que je dirais.

DORIMÈNE. Encore!

DORANTE. Vous ne le connaissez pas.

MONSIEUR JOURDAIN. Elle me connaîtra quand il lui plaira.

DORIMÈNE. Oh! je le quitte.°

DORANTE. Il est homme qui a toujours la riposte en main. Mais vous ne voyez pas que monsieur Jourdain, madame, mange tous les morceaux que vous touchez?°

DORIMÈNE. Monsieur Jourdain est un homme qui me ravit...

MONSIEUR JOURDAIN. Si je pouvais ravir votre cœur, je serais...

SCÈNE II : MADAME JOURDAIN, MONSIEUR JOURDAIN, DORIMÈNE, DORANTE, MUSICIENS, MUSICIENNE, LAQUAIS

MADAME JOURDAIN. Ah! ah! je trouve ici bonne compagnie, et je vois bien qu'on ne m'y attendait pas. C'est donc pour cette belle affaire-ci, monsieur mon mari, que vous avez eu tant d'empressement à m'envoyer dîner chez ma sœur? Je viens de voir un théâtre° là-bas, et je vois ici un banquet à faire noces. Voilà comme vous dépensez votre bien, et c'est ainsi que vous festinez° les dames en mon absence, et que vous leur donnez la musique et la comédie tandis que vous m'envoyez promener.

DORANTE. Que voulez-vous dire, madame Jourdain? et quelles fantaisies sont les vôtres de vous aller mettre en tête que votre mari dépense son bien, et que c'est lui qui donne ce régale à madame? Apprenez que c'est moi, je vous prie; qu'il ne fait seulement que me prêter sa maison, et que vous devriez un peu mieux regarder aux choses que vous dites.

MONSIEUR JOURDAIN. Oui, impertinente, c'est monsieur le comte qui donne tout ceci à madame, qui est une personne de qualité. Il me fait l'honneur de prendre ma maison, et de vouloir que je sois avec lui.

MADAME JOURDAIN. Ce sont des chansons que cela; je sais ce que je sais.

DORANTE. Prenez, madame Jourdain, prenez de meilleures lunettes.

MADAME JOURDAIN. Je n'ai que faire de lunettes, monsieur, et je vois assez clair; il y a longtemps que je sens les choses, et je ne suis pas une bête. Cela est fort vilain à vous pour un grand seigneur, de prêter la main, comme vous faites, aux sottises de mon mari. Et vous, madame, pour une grand'dame, cela n'est ni beau ni honnête à vous de mettre de la dissension dans un ménage et de souffrir que mon mari soit amoureux de vous.

DORIMÈNE. Que veut donc dire tout ceci? Allez, Dorante, vous vous moquez, de m'exposer aux sottes visions de cette extravagante. (*Elle sort.*)

DORANTE. Madame, holà! madame, où courez-vous?

MONSIEUR JOURDAIN. Madame! monsieur le comte, faites-lui mes excuses, et tâchez de la ramener.° (*à* MME JOURDAIN) Ah! impertinente que vous êtes, voilà de vos beaux faits; vous me venez faire des affronts devant tout le monde, et vous chassez de chez moi des personnes de qualité.

MADAME JOURDAIN. Je me moque de leur qualité.

MONSIEUR JOURDAIN. Je ne sais qui me tient,° maudite, que je ne vous fende la tête avec les pièces du repas que vous êtes venu troubler.

(*On ôte la table.*)

MADAME JOURDAIN (*sortant*). Je me moque de cela. Ce sont mes droits que je défends, et j'aurai pour moi toutes les femmes.

MONSIEUR JOURDAIN. Vous faites bien d'éviter ma colère. Elle est arrivée là bien malheureusement. J'étais en humeur de dire de jolies choses et jamais je ne m'étais senti tant d'esprit. Qu'est-ce que c'est que cela?

* The text of the two drinking songs is here omitted.
18. *le quitte:* give up. 22. *les morceaux que vous touchez:* The diners dipped into common dishes with their spoons. SCÈNE II. 37. *théâtre:* stage. 40. *festinez:* entertain.

30. *ramener:* Here Dorante exits. 37. *qui me tient = ce qui me retient.*

SCÈNE III : COVIELLE, *déguisé*, MONSIEUR
JOURDAIN, LAQUAIS

COVIELLE. Monsieur, je ne sais pas si j'ai
l'honneur d'être connu de vous?

MONSIEUR JOURDAIN. Non, monsieur.

COVIELLE. Je vous ai vu que vous n'étiez pas
plus grand que cela.°

MONSIEUR JOURDAIN. Moi?

COVIELLE. Oui. Vous étiez le plus bel enfant
du monde, et toutes les dames vous prenaient
dans leurs bras pour vous baiser.

MONSIEUR JOURDAIN. Pour me baiser?

COVIELLE. Oui. J'étais grand ami de feu
monsieur votre père.

MONSIEUR JOURDAIN. De feu monsieur mon
père?

COVIELLE. Oui. C'était un fort honnête
gentilhomme.

MONSIEUR JOURDAIN. Comment dites-vous?

COVIELLE. Je dis que c'était un fort honnête
gentilhomme.

MONSIEUR JOURDAIN. Mon père?

COVIELLE. Oui.

MONSIEUR JOURDAIN. Vous l'avez fort connu?

COVIELLE. Assurément.

MONSIEUR JOURDAIN. Et vous l'avez connu
pour gentilhomme?

COVIELLE. Sans doute.

MONSIEUR JOURDAIN. Je ne sais donc pas
comment le monde est fait.

COVIELLE. Comment?

MONSIEUR JOURDAIN. Il y a de sottes gens qui
me veulent dire qu'il a été marchand.

COVIELLE. Lui, marchand! C'est pure mé-
disance, il ne l'a jamais été. Tout ce qu'il
faisait, c'est qu'il était fort obligeant, fort
officieux,° et, comme il se connaissait fort bien
en étoffes, il en allait choisir de tous les côtés, les
faisait apporter chez lui, et en donnait à ses amis
pour de l'argent.

MONSIEUR JOURDAIN. Je suis ravi de vous
connaître, afin que vous rendiez ce témoignage-
là que mon père était gentilhomme.

COVIELLE. Je le soutiendrai devant tout le
monde.

MONSIEUR JOURDAIN. Vous m'obligerez. Quel
sujet vous amène?

COVIELLE. Depuis avoir connu feu monsieur
votre père, honnête gentilhomme, comme je
vous ai dit, j'ai voyagé par tout le monde.

MONSIEUR JOURDAIN. Par tout le monde!

COVIELLE. Oui.

MONSIEUR JOURDAIN. Je pense qu'il y a bien
loin en ce pays-là.

COVIELLE. Assurément. Je ne suis revenu de
tous mes longs voyages que depuis quatre
jours; et, par l'intérêt que je prends à tout ce
qui vous touche, je viens vous annoncer la
meilleure nouvelle du monde.

MONSIEUR JOURDAIN. Quelle?°

COVIELLE. Vous savez que le fils du Grand
Turc est ici?

MONSIEUR JOURDAIN. Moi? non.

COVIELLE. Comment! Il a un train tout à
fait magnifique : tout le monde le va voir, et il
a été reçu en ce pays comme un seigneur
d'importance.

MONSIEUR JOURDAIN. Par ma foi, je ne savais
pas cela.

COVIELLE. Ce qu'il y a d'avantageux pour
vous, c'est qu'il est amoureux de votre fille.

MONSIEUR JOURDAIN. Le fils du Grand Turc?

COVIELLE. Oui; et il veut être votre gendre.

MONSIEUR JOURDAIN. Mon gendre, le fils du
Grand Turc?

COVIELLE. Le fils du Grand Turc votre
gendre. Comme je le fus voir, et que j'entends
parfaitement sa langue, il s'entretint avec moi;
et, après quelques autres discours, il me dit :
*Acciam croc soler ouch alla moustaph gidelum ama-
nahem varahini oussere carbulath.* C'est-à-dire :
« N'as-tu point vu une jeune belle personne qui
est la fille de monsieur Jourdain, gentilhomme
parisien? »

MONSIEUR JOURDAIN. Le fils du Grand Turc
dit cela de moi?

COVIELLE. Oui. Comme je lui eus répondu
que je vous connaissais particulièrement et que
j'avais vu votre fille : « Ah! me dit-il, *Marababa
sahem* »; c'est-à-dire : « Ah! que je suis amoureux
d'elle! »

MONSIEUR JOURDAIN. *Marababa sahem* veut
dire : Ah! que je suis amoureux d'elle?

COVIELLE. Oui.

MONSIEUR JOURDAIN. Par ma foi, vous faites
bien de me le dire, car, pour moi, je n'aurais
jamais cru que ce *Marababa sahem* eût voulu

SCÈNE III. 8. Coville holds his hand about a foot from
the ground. 38. *officieux*: helpful.

12. *Quelle = Laquelle.*

dire : Ah! que je suis amoureux d'elle! Voilà une langue admirable que ce turc!

COVIELLE. Plus admirable qu'on ne peut croire. Savez-vous bien ce que veut dire *Cacaracamouchen?*

MONSIEUR JOURDAIN. *Cacaracamouchen?* Non.

COVIELLE. C'est-à-dire : Ma chère âme.

MONSIEUR JOURDAIN. *Cacaracamouchen* veut dire : Ma chère âme?

COVIELLE. Oui.

MONSIEUR JOURDAIN. Voilà qui est merveilleux! *Cacaracamouchen,* ma chère âme : dirait-on jamais cela? Voilà qui me confond.

COVIELLE. Enfin, pour achever mon ambassade, il vient vous demander votre fille en mariage; et pour avoir un beau-père qui soit digne de lui, il veut vous faire *Mamamouchi,* qui est une certaine grande dignité de son pays.

MONSIEUR JOURDAIN. *Mamamouchi?*

COVIELLE. Oui, *Mamamouchi;* c'est-à-dire, en notre langue, paladin. Paladin,° ce sont de ces anciens... Paladin enfin! Il n'y a rien de plus noble que cela dans le monde; et vous irez de pair avec les plus grands seigneurs de la terre.

MONSIEUR JOURDAIN. Le fils du Grand Turc m'honore beaucoup, et je vous prie de me mener chez lui pour lui en faire mes remerciements.

COVIELLE. Comment! le voilà qui va venir ici.

MONSIEUR JOURDAIN. Il va venir ici?

COVIELLE. Oui; et il amène toutes choses pour la cérémonie de votre dignité.

MONSIEUR JOURDAIN. Voilà qui est bien prompt.

COVIELLE. Son amour ne peut souffrir aucun retardement.

MONSIEUR JOURDAIN. Tout ce qui m'embarrasse ici, c'est que ma fille est une opiniâtre qui s'est allé mettre dans la tête un certain Cléonte, et elle jure de n'épouser personne que celui-là.

COVIELLE. Elle changera de sentiment quand elle verra le fils du Grand Turc; et puis il se rencontre ici une aventure merveilleuse : c'est que le fils du Grand Turc ressemble à ce Cléonte, à peu de chose près. Je viens de le° voir, on me l'a montré; et l'amour qu'elle a pour l'un pourra passer aisément à l'autre, et... Je l'entends venir; le voilà.

SCÈNE IV : CLÉONTE, *en turc, avec trois pages portant sa veste,* MONSIEUR JOURDAIN, COVIELLE, *déguisé*

CLÉONTE. *Ambousahim oqui boraf, Jordina, salamalequi.°*

COVIELLE. C'est-à-dire : « Monsieur Jourdain, votre cœur soit toute l'année comme un rosier fleuri. » Ce sont façons de parler obligeantes de ces pays-là.

MONSIEUR JOURDAIN. Je suis très humble serviteur de Son Altesse Turque.

COVIELLE. *Carigar camboto oustin moraf.*

CLÉONTE. *Oustin yoc catamalequi basum base alla moran.*

COVIELLE. Il dit que le ciel vous donne la force des lions et la prudence des serpents.

MONSIEUR JOURDAIN. Son 'Altesse Turque m'honore trop, et je lui souhaite toutes sortes de prospérités.

COVIELLE. *Ossa binamen sadoc babally oracaf ouram.*

CLÉONTE. *Bel-men.*

COVIELLE. Il dit que vous alliez vite avec lui vous préparer pour la cérémonie, afin de voir ensuite votre fille et de conclure le mariage.

MONSIEUR JOURDAIN. Tant de choses en deux mots?

COVIELLE. Oui; la langue turque est comme cela, elle dit beaucoup en peu de paroles. Allez vite où il souhaite.

SCÈNE V : DORANTE, COVIELLE

COVIELLE. Ha! ha! ha! Ma foi, cela est tout à fait drôle. Quelle dupe! Quand il aurait appris son rôle par cœur, il ne pourrait pas le mieux jouer. Ah! ah!° Je vous prie, monsieur, de nous vouloir aider céans dans une affaire qui s'y passe.

DORANTE. Ah! ah! Coville, qui t'aurait reconnu? Comme te voilà ajusté!

COVIELLE. Vous voyez. Ah! ah!

DORANTE. De quoi ris-tu?

COVIELLE. D'une chose, monsieur, qui le mérite bien.

DORANTE. Comment?

COVIELLE. Je vous le donnerais en bien des

21. *Paladin:* in the old *romans,* one of the knights and companions of Charlemagne. 45. *le:* i.e., Cléonte.

SCÈNE IV. 6. *salamalequi:* peace be with you (a greeting recognizable in Arabic and Hebrew). SCÈNE V. 38. *Ah! ah!* Dorante enters at this point.

fois,° monsieur, à deviner le stratagème dont nous nous servons auprès de monsieur Jourdain pour porter son esprit à donner sa fille à mon maître.

DORANTE. Je ne devine point le stratagème, mais je devine qu'il ne manquera pas de faire son effet, puisque tu l'entreprends.

COVIELLE. Je sais, monsieur, que la bête vous est connue.°

DORANTE. Apprends-moi ce que c'est.

COVIELLE. Prenez la peine de vous tirer un peu plus loin pour faire place à ce que j'aperçois venir. Vous pourrez voir une partie de l'histoire, tandis que je vous conterai le reste.

(*La cérémonie turque pour ennoblir le bourgeois se fait en danse et en musique, et compose le quatrième intermède.*)

SCÈNE VI : *Cérémonie turque.* LE MUFTI,* DERVIS,† TURCS, ASSISTANTS DU MUFTI, *chantant et dansant*

PREMIÈRE ENTRÉE DE BALLET

Six TURCS *entrent gravement, deux à deux, au son des instruments. Ils portent trois tapis, qu'ils lèvent fort haut après en avoir fait; en dansant, plusieurs figures. Les* TURCS *chantants passent par-dessous ces tapis pour aller se ranger aux deux côtés du théâtre.* LE MUFTI, *accompagné des* DERVIS, *ferme cette marche.*

Alors LES TURCS *étendent les tapis par terre et se mettent dessus à genoux.* LE MUFTI *et* LES DERVIS *restent debout au milieu d'eux; et pendant que* LE MUFTI *invoque Mahomet en faisant beaucoup de contorsions et de grimaces sane proférer une seule parole,* LES TURCS *assistants se prosternent jusqu'à terre, chantant* « Alli », *lèvent les bras au ciel, chantant* « Alla »; *ce qu'ils continuent jusqu'à la fin de l'invocation, après laquelle ils se lèvent tous chantant* « Alla ekber »,§ *et deux* DERVIS *vont chercher* M. JOURDAIN.

SCÈNE VII : LE MUFTI, DERVIS, TURCS, *chantant et dansant,* M. JOURDAIN, *vêtu à la turque, la tête rasée, sans turban et sans sabre.*

LE MUFTI (*à* M. JOURDAIN).

Se ti sabir,
Ti respondir;

Se non sabir,
Tazir, tazir.

Mi star Mufti;
Ti qui star ti?
Non intendir;
Tazir, tazir.°

(*Deux* DERVIS *font retirer* M. JOURDAIN.)

SCÈNE VIII : LE MUFTI, DERVIS, TURCS, *chantant et dansant*

LE MUFTI. Dice, Turque, qui star quista? Anabatista? Anabatista?°

LES TURCS. Ioc.°

LE MUFTI. Zuinglista?°

LES TURCS. Ioc.

LE MUFTI. Coffita?°

LES TURCS. Ioc.

LE MUFTI. Hussita? Morista? Fronista?°

LES TURCS. Ioc, ioc, ioc.

LE MUFTI. Ioc, ioc, ioc. Star pagana?

LES TURCS. Ioc.

LE MUFTI. Luterana?

LES TURCS. Ioc.

LE MUFTI. Puritana?

LES TURCS. Ioc.

LE MUFTI. Bramina? Moffina? Zurina?°

LES TURCS. Ioc, ioc, ioc.

LE MUFTI. Ioc, ioc, ioc. Mahametana? Mahametana?

LES TURCS. Hi Valla! Hi Valla!°

LE MUFTI. Como chamara? Como chamara?°

LES TURCS. Giourdina, Giourdina.

LE MUFTI (*sautant et regardant de côté et d'autre*). Giourdina, Giourdina.

LES TURCS. Giourdina, Giourdina.

LE MUFTI.

Mahameta, per Giourdina,
Mi pregar sera e matina,°
Voler far un Paladina

1. *Je vous le donnerais en bien des fois:* I would give you any number of guesses. 8. *la bête vous est connue:* you know me through and through. SCÈNE VI. * *Mufti:* Mohammedan high priest. † *Dervis:* dervishes, a kind of mendicant monk. § *Alla ekber:* God is great (*Arabic*).

SCÈNE VII. 6. The language is *lingua franca* or *sabir*, a kind of pidgin language used by sailors and traders around the Mediterranean. Much of it is comprehensible enough. The Mufti's stanzas mean : "If you know, answer; if you don't know, keep still. I am a Mufti; who are you? You don't understand; keep still." SCÈNE VIII. 13. *Anabatista:* member of a Protestant sect. 14. *Ioc:* No (*Turkish*). 15. *Zuinglista:* follower of Protestant Zwingli. 17. *Coffita:* member of Coptic church. 19. *Hussita... Fronista:* Hussite; the other two words are obscure. 27. *Bramina... Zurina:* Brahmin; the other two words are obscure. 31. *Hi Valla!* Yes, by Allah! 32. *Como chamara?* What is his name? 40. *Mi pregar sera e matina:* I pray night and morning.

De Giourdina, de Giourdina;
Dar turbanta e dar scarcina,°
Con galera e brigantina,
Per deffender Palestina.
Mahameta, per Giourdina, 5
Mi pregar sera e matina.

(*aux* TURCS) Star bon Turca Giourdina?
LES TURCS. Hi Valla. Hi Valla.
LE MUFTI, *dansant et chantant.* Ha la ba, ba la 10
chou, ba la ba, ba la da.
LES TURCS. Ha la ba, ba la chou, ba la ba,
ba la da.

SCÈNE IX : TURCS, *chantant et dansant* 15
DEUXIÈME ENTRÉE DE BALLET

SCÈNE X : LE MUFTI, DERVIS, M. JOURDAIN,
TURCS, *chantants et dansants*

 20

LE MUFTI *revient coiffé avec son turban de céré-*
monie, qui est d'une grosseur démesurée, et garni de
bougies allumées à quatre ou cinq rangs; il est
accompagné de deux DERVIS *qui portent l'Alcoran°* et
qui ont des bonnets pointus, garnis aussi de bougies 25
allumées.

 Les deux autres DERVIS *amènent* M. JOURDAIN *et*
le font mettre à genoux, les mains par terre, de façon
que son dos, sur lequel est mis l'Alcoran, sert de pupitre
au MUFTI, *qui fait une seconde invocation burlesque,* 30
fronçant le sourcil,° frappant de temps en temps sur
l'Alcoran, et tournant les feuillets avec précipitation;
après quoi, en levant les yeux au ciel, LE MUFTI *crie à*
haute voix, « Hou ».

 Pendant cette seconde invocation, LES TURCS 35
assistants, s'inclinant et se relevant alternativement,
chantent aussi : « Hou, hou, hou ».

 M. JOURDAIN (*après qu'on lui a ôté l'Alcoran de*
dessus le dos). Ouf!
 40
LE MUFTI (*à* M. JOURDAIN). Ti non star
furba?°
LES TURCS. No, no, no.
LE MUFTI. Non star forfanta?°
LES TURCS. No, no, no. 45
LE MUFTI (*aux* TURCS). Donar turbanta.
LES TURCS.

 Ti non star furba?
 No, no, no.

Non star forfanta?
No, no, no.
Donar turbanta.

TROISIÈME ENTRÉE DE BALLET

LES TURCS *dansants mettent le turban sur la*
tête de M. JOURDAIN *au son des instruments.*

LE MUFTI (*donnant le sabre à* M. JOURDAIN).

 Ti star nobile, non star fabbola :
 Pigliar schiabbola.°

LES TURCS (*mettant le sabre à la main*).

 Ti star nobile, non star fabbola ;
 Pigliar schiabbola.

QUATRIÈME ENTRÉE DE BALLET

LES TURCS *dansants donnent, en cadence,*
plusieurs coups de sabre à M. JOURDAIN.

LE MUFTI.

 Dara, dara,
 Bastonara.°
LES TURCS.

 Dara, dara,
 Bastonara.

CINQUIÈME ENTRÉE DE BALLET

LES TURCS *dansants donnent à* M. JOURDAIN
des coups de bâton en cadence.

LE MUFTI.
 Non tener honta,
 Questa star l'ultima affronta.

LES TURCS.
 Non tener honta,
 Questa star l'ultima affronta.

LE MUFTI *commence une troisième invocation.*
LES DERVIS *le soutiennent par-dessous le*
bras avec respect; après quoi LES TURCS
chantants et dansants sautent autour du
MUFTI, *se retirent avec lui et emmènent*
M. JOURDAIN.

2. *scarcina:* scimitar. SCÈNE X. 24. *Alcoran:* Koran. 31.
fronçant le sourcil: frowning. 42. *furba:* cheat. 44. *forfanta:*
rascal.

13. *Pigliar schiabbola:* Take the sword. 27. *Bastonara:*
Beating.

Acte V

SCÈNE PREMIÈRE : MADAME JOURDAIN,
MONSIEUR JOURDAIN

MADAME JOURDAIN. Ah! mon Dieu! miséricorde! Qu'est-ce que c'est donc que cela? Quelle figure! Est-ce un momon° que vous allez porter, et est-il temps d'aller en masque? Parlez donc, qu'est-ce que c'est que ceci? Qui vous a fagoté° comme cela?

MONSIEUR JOURDAIN. Voyez l'impertinente, de parler de la sorte à un *Mamamouchi!*

MADAME JOURDAIN. Comment donc?

MONSIEUR JOURDAIN. Oui, il me faut porter du respect maintenant, et l'on vient de me faire *Mamamouchi.*

MADAME JOURDAIN. Que voulez-vous dire avec votre *Mamamouchi?*

MONSIEUR JOURDAIN. *Mamamouchi,* vous dis-je. Je suis *Mamamouchi.*

MADAME JOURDAIN. Quelle bête est-ce là?

MONSIEUR JOURDAIN. *Mamamouchi,* c'est-à-dire, en notre langue, paladin.

MADAME JOURDAIN. Baladin!° Êtes-vous en âge de danser des ballets?

MONSIEUR JOURDAIN. Quelle ignorante! Je dis paladin; c'est une dignité dont on vient de me faire la cérémonie.

MADAME JOURDAIN. Quelle cérémonie donc?

MONSIEUR JOURDAIN. *Mahameta per Jordina.°*

MADAME JOURDAIN. Qu'est-ce que cela veut dire?

MONSIEUR JOURDAIN. *Jordina,* c'est-à-dire Jourdain.

MADAME JOURDAIN. Hé bien quoi, Jourdain?

MONSIEUR JOURDAIN. *Voler far un paladina de Jordina.*

MADAME JOURDAIN. Comment?

MONSIEUR JOURDAIN. *Dar turbanta con galera.*

MADAME JOURDAIN. Qu'est-ce à dire cela?

MONSIEUR JOURDAIN. *Per deffender Palestina.*

MADAME JOURDAIN. Que voulez-vous donc dire?

MONSIEUR JOURDAIN. *Dara, dara, bastonnara.*

MADAME JOURDAIN. Qu'est-ce donc que ce jargon-là?

MONSIEUR JOURDAIN. *Non tener honta, questa star l'ultima affronta.*

MADAME JOURDAIN. Qu'est-ce que c'est donc que tout cela?

MONSIEUR JOURDAIN (*danse et chante*). *Hou la ba, ba la chou, ba la ba, ba la da.°*

MADAME JOURDAIN. Hélas! mon Dieu, mon mari est devenu fou.

MONSIEUR JOURDAIN (*sortant*). Paix, insolente! portez respect à monsieur le *Mamamouchi.*

MADAME JOURDAIN. Où est-ce qu'il a donc perdu l'esprit? Courons l'empêcher de sortir.° Ah! ah! voici justement le reste de notre écu!° Je ne vois que chagrin de tous les côtés. (*Elle sort.*)

SCÈNE II : DORANTE, DORIMÈNE

DORANTE. Oui, madame, vous verrez la plus plaisante chose qu'on puisse voir; et je ne crois pas que dans tout le monde il soit possible de trouver encore un homme aussi fou que celui-là; et puis, madame, il faut tâcher de servir l'amour de Cléonte et d'appuyer toute sa mascarade. C'est un fort galant homme et qui mérite que l'on s'intéresse pour lui.

DORIMÈNE. J'en fais beaucoup de cas, et il est digne d'une bonne fortune.

DORANTE. Outre cela, nous avons ici, madame, un ballet qui nous revient,° que nous ne devons pas laisser perdre, et il faut bien voir si mon idée pourra réussir.

DORIMÈNE. J'ai vu là des apprêts magnifiques, et ce sont des choses, Dorante, que je ne puis plus souffrir. Oui, je veux enfin vous empêcher vos profusions; et, pour rompre le cours à toutes les dépenses que je vous vois faire pour moi, j'ai résolu de me marier promptement avec vous. C'en est le vrai secret, et toutes ces choses finissent avec le mariage, comme vous savez.

DORANTE. Ah! madame, est-il possible que vous ayez pu prendre pour moi une si douce résolution?

DORIMÈNE. Ce n'est que pour vous empêcher de vous ruiner; et sans cela je vois bien qu'avant qu'il fût peu vous n'auriez pas un sou.

ACTE V, SCÈNE Ière. 8. *momon:* mummery. 11. *fagoté:* rigged out. 25. *Baladin:* Comic dancer. 31. M. Jourdain imitates the style of the Mufti.

6. Here M. Jourdain falls down. 12. At this point Mme Jourdain perceives Dorante and Dorimène. 13. *voici justement... écu!* This is the last straw! SCÈNE II. 30. *revient:* is coming to.

DORANTE. Que j'ai d'obligation, madame, aux soins que vous avez de conserver mon bien! Il est entièrement à vous, aussi bien que mon cœur, et vous en userez de la façon qu'il vous plaira.

DORIMÈNE. J'userai de tous les deux. Mais voici votre homme : la figure° en est admirable.

SCÈNE III : MONSIEUR JOURDAIN, DORANTE, DORIMÈNE

DORANTE. Monsieur, nous venons rendre hommage, madame et moi, à votre nouvelle dignité, et nous réjouir avec vous du mariage que vous faites de votre fille avec le fils du Grand Turc.

MONSIEUR JOURDAIN, *après avoir fait les révérences à la turque.* Monsieur, je vous souhaite la force des serpents et la prudence des lions.

DORIMÈNE. J'ai été bien aise d'être des premières, monsieur, à venir vous féliciter du haut degré de gloire où vous êtes monté.

MONSIEUR JOURDAIN. Madame, je vous souhaite toute l'année votre rosier fleuri; je vous suis infiniment obligé de prendre part aux honneurs qui m'arrivent, et j'ai beaucoup de joie de vous voir revenue ici, pour vous faire les très humbles excuses de l'extravagance° de ma femme.

DORIMÈNE. Cela n'est rien; j'excuse en elle un pareil mouvement : votre cœur lui doit être précieux, et il n'est pas étrange que la possession d'un homme comme vous puisse inspirer quelques alarmes.

MONSIEUR JOURDAIN. La possession de mon cœur est une chose qui vous est tout acquise.

DORANTE. Vous voyez, madame, que monsieur Jourdain n'est pas de ces gens que les prospérités aveuglent, et qu'il sait, dans sa gloire, connaître encore ses amis.

DORIMÈNE. C'est la marque d'une âme tout à fait généreuse.

DORANTE. Où est donc son Altesse Turque? Nous voudrions bien, comme vos amis, lui rendre nos devoirs.

MONSIEUR JOURDAIN. Le voilà qui vient, et j'ai envoyé quérir ma fille pour lui donner la main.

SCÈNE IV : CLÉONTE, COVIELLE, MONSIEUR JOURDAIN, *etc.*

DORANTE (*à* CLÉONTE). Monsieur, nous venons faire la révérence à Votre Altesse comme amis de monsieur votre beau-père, et l'assurer avec respect de nos très humbles services.

MONSIEUR JOURDAIN. Où est le truchement° pour lui dire qui vous êtes et lui faire entendre ce que vous dites? Vous verrez qu'il vous répondra; et il parle turc à merveille. Holà! où diantre est-il allé? (*à* CLÉONTE) *Strouf, strif, strof, straf.* Monsieur est un *grande segnore, grande segnore, grande segnore;* et, madame, une *granda dama, granda dama.* (*voyant qu'il ne se fait pas entendre*) *Ahi!* (*montrant* CLÉONTE) lui monsieur, lui *Mamamouchi* français et madame, *Mamamouchie* française. Je ne puis pas parler plus clairement. (COVIELLE *entre.*) Bon! voici l'interprète. Où allez-vous donc? Nous ne saurions rien dire sans vous. (*montrant* CLÉONTE) Dites-lui un peu que monsieur et madame sont des personnes de grande qualité qui lui viennent faire la révérence comme mes amis, et l'assurer de leurs services. (*à* DORIMÈNE *et à* DORANTE) Vous allez voir comme il va répondre.

COVIELLE. *Alabala crociam acci boram alabamen.*

CLÉONTE. *Catalequi tubal ourin soter amalouchan.*

MONSIEUR JOURDAIN (*à* DORIMÈNE *et à* DORANTE). Voyez-vous?

COVIELLE. Il dit que la pluie des prospérités arrose en tout temps le jardin de votre famille.

MONSIEUR JOURDAIN. Je vous l'avais bien dit, qu'il parle turc!

DORANTE. Cela est admirable.

SCÈNE V : LUCILE, MONSIEUR JOURDAIN, DORANTE, DORIMÈNE, *etc.*

MONSIEUR JOURDAIN. Venez, ma fille; approchez-vous, et venez donner votre main à monsieur, qui vous fait l'honneur de vous demander en mariage.

LUCILE. Comment! mon père, comme vous voilà fait!° Est-ce une comédie que vous jouez?

MONSIEUR JOURDAIN. Non, non, ce n'est pas une comédie, c'est une affaire fort sérieuse, et la plus pleine d'honneur pour vous qui se peut

7. *figure:* get-up. SCÈNE III. 30. *extravagance:* excesses. SCÈNE IV. 8. *truchement:* interpreter. SCÈNE V. 46. *fait:* gotten up.

souhaiter. (*montrant* CLÉONTE) Voilà le mari que je vous donne.

LUCILE. A moi, mon père?

MONSIEUR JOURDAIN. Oui, à vous. Allons, touchez-lui dans la main, et rendez grâces au ciel de votre bonheur.

LUCILE. Je ne veux point me marier.

MONSIEUR JOURDAIN. Je le veux, moi, qui suis votre père.

LUCILE. Je n'en ferai rien.

MONSIEUR JOURDAIN. Ah! que de bruit! Allons, vous dis-je. Çà, votre main.

LUCILE. Non, mon père, je vous l'ai dit, il n'est point de pouvoir qui me puisse obliger à prendre un autre mari que Cléonte; et je me résoudrai plutôt à toutes les extrémités que de... (*reconnaissant* CLÉONTE) Il est vrai que vous êtes mon père, je vous dois entière obéissance; et c'est à vous à disposer de moi selon vos volontés.

MONSIEUR JOURDAIN. Ah! je suis ravi de vous voir si promptement revenue dans votre devoir; et voilà qui me plaît d'avoir une fille obéissante.

SCÈNE VI : MADAME JOURDAIN, MONSIEUR JOURDAIN, CLÉONTE, *etc.*

MADAME JOURDAIN. Comment donc? qu'est-ce que c'est que ceci? On dit que vous voulez donner votre fille en mariage à un carême-prenant?°

MONSIEUR JOURDAIN. Voulez-vous vous taire, impertinente? Vous venez toujours mêler vos extravagances à toutes choses, et il n'y a pas moyen de vous apprendre à être raisonnable.

MADAME JOURDAIN. C'est vous qu'il n'y a pas moyen de rendre sage, et vous allez de folie en folie. Quel est votre dessein, et que voulez-vous faire avec cet assemblage?

MONSIEUR JOURDAIN. Je veux marier notre fille avec le fils du Grand Turc.

MADAME JOURDAIN. Avec le fils du Grand Turc?

MONSIEUR JOURDAIN. Oui. (*montrant* COVIELLE) Faites-lui faire vos compliments par le truchement que voilà.

MADAME JOURDAIN. Je n'ai que faire de truchement, et je lui dirai bien moi-même, à son nez, qu'il n'aura point ma fille.

SCÈNE VI. 32. *carême-prenant:* Mardi gras masquerader.

MONSIEUR JOURDAIN. Voulez-vous vous taire, encore une fois?

DORANTE. Comment! madame Jourdain, vous vous opposez à un bonheur comme celui-là? Vous refusez Son Altesse Turque pour gendre?

MADAME JOURDAIN. Mon Dieu, monsieur, mêlez-vous de vos affaires.

DORIMÈNE. C'est une grande gloire, qui n'est pas à rejeter.

MADAME JOURDAIN. Madame, je vous prie aussi de ne vous point embarrasser de ce qui ne vous touche pas.

DORANTE. C'est l'amitié que nous avons pour vous qui nous fait intéresser dans vos avantages.

MADAME JOURDAIN. Je me passerai bien de votre amitié.

DORANTE. Voilà votre fille qui consent aux volontés de son père.

MADAME JOURDAIN. Ma fille consent à épouser un Turc?

DORANTE. Sans doute.

MADAME JOURDAIN. Elle peut oublier Cléonte?

DORANTE. Que ne fait-on pas pour être grand'dame?

MADAME JOURDAIN. Je l'étranglerais de mes mains, si elle avait fait un coup comme celui-là.

MONSIEUR JOURDAIN. Voilà bien du caquet. Je vous dis que ce mariage-là se fera.

MADAME JOURDAIN. Je vous dis, moi, qu'il ne se fera point.

MONSIEUR JOURDAIN. Ah! que de bruit!

LUCILE. Ma mère!

MADAME JOURDAIN. Allez, vous êtes une coquine.

MONSIEUR JOURDAIN (*à* MME JOURDAIN). Quoi! vous la querellez de ce qu'elle m'obéit?

MADAME JOURDAIN. Oui, elle est à moi aussi bien qu'à vous.

COVIELLE (*à* MME JOURDAIN). Madame!

MADAME JOURDAIN. Que me voulez-vous conter, vous?

COVIELLE. Un mot.

MADAME JOURDAIN. Je n'ai que faire de votre mot.

COVIELLE (*à* M. JOURDAIN). Monsieur, si elle veut écouter une parole en particulier, je vous promets de la faire consentir à ce que vous voulez.

MADAME JOURDAIN. Je n'y consentirai point.

COVIELLE. Écoutez-moi seulement.

MADAME JOURDAIN. Non.

MONSIEUR JOURDAIN (à MME JOURDAIN). Écoutez-le.

MADAME JOURDAIN. Non, je ne veux pas écouter.

MONSIEUR JOURDAIN. Il vous dira...

MADAME JOURDAIN. Je ne veux point qu'il me dise rien.

MONSIEUR JOURDAIN. Voilà une grande ob-stination de femme! Cela vous fera-t-il mal de l'entendre?

COVIELLE. Ne faites que m'écouter, vous ferez après ce qu'il vous plaira.

MADAME JOURDAIN. Hé bien, quoi?

COVIELLE (à part à MME JOURDAIN). Il y a une heure, madame, que nous vous faisons signe. Ne voyez-vous pas bien que tout ceci n'est fait que pour nous ajuster aux visions de votre mari, que nous l'abusons sous ce déguise-ment, et que c'est Cléonte lui-même qui est le fils du Grand Turc?

MADAME JOURDAIN. Ah! ah!

COVIELLE. Et moi, Covielle, qui suis le truchement?

MADAME JOURDAIN. Ah! comme cela, je me rends.

COVIELLE. Ne faites pas semblant de rien.°

MADAME JOURDAIN. Oui, voilà qui est fait, je consens au mariage.

MONSIEUR JOURDAIN. Ah! voilà tout le monde raisonnable. Vous ne vouliez pas l'écouter. Je savais bien qu'il vous expliquerait ce que c'est que le fils du Grand Turc.

MADAME JOURDAIN. Il me l'a expliqué comme il faut, et j'en suis satisfaite. Envoyons quérir un notaire.°

DORANTE. C'est fort bien dit. Et afin, madame Jourdain, que vous puissiez avoir l'esprit tout à fait content, et que vous perdiez aujourd'hui toute la jalousie que vous pourriez avoir conçue de monsieur votre mari, c'est que nous nous servirons du même notaire pour nous marier, madame et moi.

MADAME JOURDAIN. Je consens aussi à cela.

MONSIEUR JOURDAIN (bas à DORANTE). C'est pour lui faire accroire?°

DORANTE (bas à M. JOURDAIN). Il faut bien l'amuser avec cette feinte.

MONSIEUR JOURDAIN (bas à DORANTE). Bon, bon! (haut) Qu'on aille vite quérir le notaire.

DORANTE. Tandis qu'il viendra et qu'il dressera les contrats, voyons notre ballet, et donnons-en le divertissement à Son Altesse Turque.

MONSIEUR JOURDAIN. C'est fort bien avisé. Allons prendre nos places.

MADAME JOURDAIN. Et Nicole?

MONSIEUR JOURDAIN. Je la donne au truche-ment; et ma femme, à qui la voudra.

COVIELLE. Monsieur, je vous remercie. (à part) Si l'on en peut voir un plus fou, je l'irai dire à Rome.

(*La comédie finit par un ballet qui avait été préparé.*)

29. The double negative was characteristic of popular speech.

3. *quérir un notaire:* i.e., to draw up the marriage contract.
13. *lui faire accroire:* throw dust in her eyes.

23. Boileau [1636–1711]

Now that you have read a few examples of the classic literature of France, it is time to gain some acquaintance with the *critical theory* that was explicit or implicit in this literary art.

Nicolas Boileau (who gave himself the more distinguished name of Boileau-Despréaux) was born in Paris, the fifteenth child of a prosperous government employee. He early lost his mother. A physical accident helped to make him an introspective, seeking his solace in books, in the private world of the imagination. Literature was his only occupation, trade, passion. (He never married.) He frequented literary cafés and salons and knew all the writers

of his time, particularly the young radicals who are now our classics. He became a living legend, the critic who had read all, judged all, awarded marks of merit or blame to every work of art. There is no such figure in our literary life today.

By modern conceptions, his taste was limited. He hated the excessive, the fantastic, the absurd; and as a consequence he condemned the *précieux*, the sentimental poets, the novelists of maudlin adventure, the writers of burlesque and fantasy—in short, the exponents of the *baroque* mood. He admired and praised the intelligent, reasonable writers, who could be profound with clarity, who could achieve beauty of expression without fuzziness of thought. He admired, evidently, such authors as Racine, Molière, and La Fontaine.

We cannot consider here his admirable *Satires*, *Épîtres*, etc. We are concerned only with his *Art poétique* (1674).

L'ART POETIQUE

[*Boileau wished to give his contemporaries a means of judgment of what is good and bad in literature. For this purpose he adopted the title and the scheme of Horace's* Ars poetica. *Like Horace, he chose an easy, familiar style, full of quips and neat phrases.*

The core of his doctrine may be briefly stated. Descartes had convinced the seventeenth century that reason unaided may attain to essential truth, and that the human will may dominate human passions and emotions. Boileau agrees, and he concludes that the purpose of art is to search for truth with the instruments of reason. When we find truth, we will recognize that it is dictated by nature. What is more, the only true beauty is in harmony with nature. Hence truth, nature, and beauty are bound together; whoever pursues one of them with sound reason and vigorous will finds them all.

The sincere artist must make constant choices between the one truth and the innumerable falsities. The truth may be known by the universal consent accorded it by intelligent men, particularly by the great Greeks and Romans. Beware then of the temptations to depart from universal truth; beware of the wild imagination, the fantastic, the precious, the burlesque. Beware of the allurements of originality; anyone can be original—and absurd.

It is not enough that a work of art be true. It must also be trueseeming, vraisemblable. Here is the chief task of the artist: to make his truth trueseeming. To succeed, he must incessantly study technique, he must know the trade of words, dramatic construction, poetic devices. Much of the Art poétique consists of counsels on technique.

It is needless to dwell on the insufficiencies of this doctrine. It was at least a sensible aesthetic for a sensible age. It provided a formula which produced very great works of art and which still produces them. (Almost at random, I suggest Gide's Symphonie pastorale, *the novels of Henry James, Pasternak's* Dr. Zhivago.)

The influence of the Art poétique was enormous. When it appeared, it represented only the views of a group; it became an official manual of literary procedure. Boileau came to be known as "le législateur du Parnasse." In England and throughout Europe his authority reigned in the eighteenth century. (Think of Pope and the Augustan Age.) But many writers took Boileau, even his little jokes, too literally, slavishly following his most restrictive rules, disregarding the excellent principles which prompted the questionable rules. The revolt against Boileau stirred in the eighteenth century and exploded in the Romanticism of the nineteenth century. (See the invective against him in Keat's Sleep and Poetry.)

The student is likely to approach Boileau or any essay on poetic criticism with gingerly distrust. Let me assure him that he should find the Art poétique rewarding. The language is simple, the thought sensible, the satirical shafts amusing. Much of what Boileau has to say is still applicable. The student should reflect on the text. He may recognize in it some useful truths he had never quite formulated.

NOTE: *The Art poétique seems sometimes incoherent, jumpy, with abrupt, disconcerting transitions. Boileau composed it over a period of five years, and much of it is awkwardly patched together. Headings in English have therefore been inserted to indicate the development of the author's thought.*]

Chant premier

[*Introduction. Necessity of genius for writers. Variety of literary gifts.*]

C'est en vain qu'au Parnasse° un téméraire
 auteur
Pense de l'art des vers atteindre la hauteur :
S'il ne sent point du ciel l'influence secrète,
Si son astre en naissant ne l'a formé poète,
Dans son génie° étroit il est toujours captif; 5
Pour lui Phébus° est sourd, et Pégase est rétif.°
 O vous donc qui, brûlant d'une ardeur
 périlleuse,
Courez du bel esprit° la carrière épineuse,°
N'allez pas sur des vers sans fruit vous con-
 sumer,°
Ni prendre pour génie un amour de rimer : 10
Craignez d'un vain plaisir les trompeuses
 amorces,°
Et consultez longtemps votre esprit et vos forces.
 La nature, fertile en esprits excellents,
Sait entre les auteurs partager les talents :
L'un peut tracer en vers une amoureuse
 flamme; 15
L'autre d'un trait plaisant° aiguiser
 l'épigramme :
Malherbe° d'un héros peut vanter les exploits;
Racan,° chanter Philis,° les bergers et les bois :
Mais souvent un esprit qui se flatte et qui
 s'aime
Méconnaît son génie et s'ignore soi-même : 20
Ainsi tel autrefois qu'on vit avec Faret°
Charbonner° de ses vers les murs d'un cabaret
S'en va, mal à propos, d'une voix insolente,
Chanter du peuple hébreu la fuite
 triomphante,
Et, poursuivant Moïse° au travers des
 déserts, 25
Court avec Pharaon se noyer dans les mers.

Quelque sujet qu'on traite, ou plaisant, ou
 sublime,
Que toujours le bon sens s'accorde avec la
 rime :
L'un l'autre vainement ils semblent se haïr;
La rime est une esclave et ne doit qu'obéir. 30
Lorsqu'à la bien chercher d'abord on
 s'évertue,°
L'esprit à la trouver aisément s'habitue;
Au joug de la raison sans peine elle fléchit°
Et, loin de la° gêner, la sert et l'enrichit.
Mais lorsqu'on la néglige, elle devient
 rebelle; 35
Et pour la rattraper le sens court après elle.
Aimez donc la raison : que toujours vos écrits
Empruntent d'elle seule et leur lustre et leur
 prix.°
 La plupart, emportés d'une fougue°
 insensée,
Toujours loin du droit sens° vont chercher
 leur pensée; 40
Ils croiraient s'abaisser, dans leurs vers
 monstrueux°
S'ils pensaient ce qu'un autre a pu penser
 comme eux.
Évitons ces excès : laissons à l'Italie°
De tous ces faux brillants l'éclatante folie.
Tout doit tendre au bon sens : mais pour y
 parvenir 45
Le chemin est glissant et pénible à tenir;
Pour peu qu'on s'en écarte,° aussitôt on se
 noie.
La raison pour marcher n'a souvent qu'une
 voie.
 Un auteur quelquefois trop plein de son
 objet
Jamais sans l'épuiser n'abandonne un sujet. 50
S'il rencontre un palais, il m'en dépeint la
 face,°
Il me promène après de terrasse en terrasse;
Ici s'offre un perron;° là règne un corridor;

CHANT PREMIER. 1. Mount Parnassus, in Greece, home
of the Muses. 5. *génie: here,* capabilities. 6. Phoebus Apollo,
patron of poetry. 6. *Pégase est rétif:* Pegasus (winged horse
representing inspiration) is skittish. (Boileau has been accused
of belittling inspiration. But here he says, once for all, that
genius is necessary.) 8. *bel esprit:* poetry. 8. *carrière épineuse:*
thorny path. 9. *N'allez... consumer:* Do not fruitlessly spend
your strength on poetry. 11. *trompeuses amorces:* deceptive
temptations. 16. *trait plaisant:* amusing touch. 17. *Malherbe:*
poet and critic, early seventeenth century. (See Introduction to
Seventeenth Century, p. 121.) 18. *Racan:* pastoral poet (1589–
1670). 18. *Philis:* favorite name for poet's darling in pastoral
literature. 21. *tel autrefois... Faret:* the man we used to see
with Faret. (A minor literary man. His companion was
Saint-Amand, libertine bohemian poet, who attempted a
pious epic, *Moïse sauvé.*) 22. *Charbonner:* Scrawl. 25.
Moïse: Moses.

31. *Lorsqu'à... s'évertue:* When, from the first, one struggles
to search it out. 33. *elle fléchit:* it (*i.e.,* the rhyme) bends,
submits. 34. *la = raison.* 37–38. Two of the lapidary lines
which summarize Boileau's principle and which every French-
man can quote. 39. *fougue:* passion. 40. *droit sens:* sound
sense. 41. *monstrueux:* strange, excessive. 43. Much of the
affectation Boileau disliked was derived from the Italians,
Petrarch, Marino, etc. 47. *Pour peu... écarte:* If one strays
from it even a little. 51. *face = façade.* 53. *perron:* external
staircase.

Là ce balcon s'enferme en un balustre° d'or.
Il compte des plafonds les ronds et les
 ovales; 55
« Ce ne sont que festons,° ce ne sont
 qu'astragales.° »
Je saute vingt feuillets° pour en trouver la fin,
Et je me sauve à peine au travers du jardin.
Fuyez de ces auteurs l'abondance stérile,
Et ne vous chargez point d'un détail
 inutile. 60
Tout ce qu'on dit de trop est fade et
 rebutant;°
L'esprit rassasié° le rejette à l'instant.
Qui ne sait se borner ne sut jamais écrire.°
 Souvent la peur d'un mal nous conduit
 dans un pire :
Un vers était trop faible, et vous le rendez
 dur : 65
J'évite d'être long, et je deviens obscur;
L'un n'est point trop fardé,° mais sa muse est
 trop nue;
L'autre a peur de ramper,° il se perd dans la
 nue.°

[*Variety of manner: its importance and dangers*]

 Voulez-vous du public mériter les amours?
Sans cesse en écrivant variez vos discours. 70
Un style trop égal et toujours uniforme
En vain brille à nos yeux, il faut qu'il nous
 endorme.
On lit peu ces auteurs, nés pour nous ennuyer,
Qui toujours sur un ton semblent psalmodier.°
 Heureux qui, dans ses vers, sait d'une voix
 légère° 75
Passer du grave au doux, du plaisant au
 sévère!
Son livre, aimé du ciel et chéri des lecteurs,
Est souvent chez Barbin° entouré d'acheteurs.
 Quoi que vous écriviez, évitez la bassesse;
Le style le moins noble a pourtant sa
 noblesse. 80
Au mépris du bon sens, le burlesque effronté°

Trompa les yeux d'abord, plut par sa
 nouveauté.
On ne vit plus en vers que pointes° triviales;
Le Parnasse parla le langage des halles;°
La licence à rimer alors n'eut plus de frein; 85
Apollon travesti° devint un Tabarin.°
Cette contagion infecta les provinces,
Du clerc° et du bourgeois passa jusques aux
 princes.
Le plus mauvais plaisant° eut ses approbateurs;
Et, jusqu'à d'Assouci,° tout trouva des
 lecteurs. 90
Mais de ce style enfin la cour désabusée
Dédaigna de ces vers l'extravagance aisée,
Distingua le naïf° du plat et du bouffon
Et laissa la province admirer le *Typhon*.°
Que ce style jamais ne souille votre ouvrage. 95
Imitons de Marot l'élégant badinage,
Et laissons le burlesque aux plaisants du
 Pont-Neuf.°
 Mais n'allez point aussi, sur les pas de
 Brébeuf,°
Même en une *Pharsale*, entasser sur les rives
« De morts et de mourants cent montagnes
 plaintives. »° 100
Prenez mieux votre ton. Soyez simple avec art,
Sublime sans orgueil, agréable sans fard.°

[*Practical advice on versification*]

 N'offrez rien au lecteur que ce qui peut lui
 plaire.
Ayez pour la cadence° une oreille sévère :
Que toujours dans vos vers le sens, coupant
 les mots, 105
Suspende l'hémistiche,° en marque le repos.
Gardez qu'une voyelle à courir trop hâtée
Ne soit d'une voyelle en son chemin heurtée.°

54. *balustre*: balustrade. 56. *festons*: festoons. 56. *astragales*: ornamental moldings on a capital. (The line is quoted from a wearisome description by Georges de Scudéry.) 57. *saute vingt feuillets*: skip twenty leaves. 61. *fade et rebutant*: insipid and repellent. 62. *rassasié*: sated. 63. A much-quoted line. (Cf. Goethe: "In der Beschränkung zeigt sich erst der Meister.") 67. *fardé*: decorative. 68. *ramper*: crawl. 68. *nue*: cloud. 74. *psalmodier*: chant (as in the singsong rendering of psalms). 75. *une voix légère*: an easy tone. 78. *Barbin*: popular bookseller. 81. Burlesques of famous poems, in coarse, trivial style, had long been popular in Italy, and were now flourishing in France.

83. *pointes*: conceits, jokes. 84. *halles*: markets. 86. *travesti*: in fancy dress. 86. *Tabarin*: famous low comedian. 88. *clerc*: law clerk. 89. *mauvais plaisant*: sorry joker. 90. *d'Assouci*: writer of a burlesque of Ovid's *Metamorphoses*. 93. *naïf*: natural. 94. *Typhon*: burlesque poem by Scarron, recounting war of giants against gods. 97. *Pont-Neuf*: Paris bridge, scene of street shows. 98. *Brébeuf*: poet in highfalutin style, translator of Lucan's *Pharsalia*, Latin epic. 100. Soame, the seventeenth-century translator of the *Art poétique*, happily adds at this point : "Nor, with Dubartas, 'bridle up the floods, And periwig with wool the baldpate woods.'" 102. *fard*: decoration. (This sentence epitomizes Boileau's doctrine.) 104. *cadence*: verse rhythm. 106. *hémistiche*: six-syllable word group composing half of twelve-syllable line. (Boileau, like Malherbe, demanded a *cesura*, or pause, after the sixth syllable.) 107–08. *Gardez... heurtée*: Beware lest a vowel, too hurried in its course, collide on its way with another vowel. (The juxtaposition of a final pronounced vowel and an initial vowel is a *hiatus*, forbidden by Boileau.)

Il est un heureux choix de mots harmonieux.
Fuyez des mauvais sons le concours° odieux : 110
Le vers le mieux rempli, la plus noble pensée
Ne peut plaire à l'esprit, quand l'oreille est
blessée.

[*History of French poetry*]

Durant les premiers ans du Parnasse
françois,
Le caprice tout seul faisait toutes les lois.°
La rime, au bout des mots assemblés sans
mesure, 115
Tenait lieu d'ornements, de nombre et de
césure.°
Villon sut le premier, dans ces siècles grossiers,
Débrouiller l'art confus de nos vieux
romanciers.
Marot bientôt après fit fleurir les ballades,
Tourna des triolets,° rima des mascarades, 120
A des refrains réglés asservit les rondeaux°
Et montra pour rimer des chemins tout
nouveaux.°
Ronsard, qui le suivit, par une autre méthode,
Réglant tout, brouilla tout, fit un art à sa
mode,
Et toutefois longtemps eut un heureux
destin. 125
Mais sa muse, en français parlant grec et latin,
Vit dans l'âge suivant, par un retour grotesque,
Tomber de ses grands mots le faste
pédantesque.°
Ce poète orgueilleux, trébuché° de si haut,
Rendit plus retenus° Desportes et Bertaut.° 130
Enfin Malherbe vint, et le premier en France,
Fit sentir dans les vers une juste cadence,°
D'un mot mis en sa place enseigna le pouvoir,
Et réduisit la muse aux règles du devoir.°

Par ce sage écrivain la langue réparée 135
N'offrit plus rien de rude à l'oreille épurée.°
Les stances avec grâce apprirent à tomber,
Et le vers sur le vers n'osa plus enjamber.°
Tout reconnut ses lois;° et ce guide fidèle°
Aux auteurs de ce temps sert encor de
modèle. 140
Marchez donc sur ses pas : aimez sa pureté,
Et de son tour heureux imitez la clarté.
Si le sens de vos vers tarde à se faire entendre,
Mon esprit aussitôt commence à se détendre :°
Et, de vos vains discours prompt à se
détacher, 145
Ne suit point un auteur qu'il faut toujours
chercher.°

[*Importance of clear thought, expression,
organization*]

Il est certains esprits dont les sombres°
pensées
Sont d'un nuage épais toujours embarrassées;
Le jour° de la raison ne le saurait percer.
Avant donc que d'écrire apprenez à penser.° 150
Selon que notre idée est plus ou moins
obscure,
L'expression la suit, ou moins nette, ou plus
pure.
Ce que l'on conçoit bien s'énonce clairement,
Et les mots pour le dire arrivent aisément.°
Surtout qu'en vos écrits la langue révérée 155
Dans vos plus grands excès vous soit toujours
sacrée.
En vain vous me frappez d'un son mélodieux,
Si le terme est impropre ou le tour vicieux.°
Mon esprit n'admet point un pompeux
barbarisme,°
Ni d'un vers ampoulé° l'orgueilleux
solécisme.° 160
Sans la langue, en un mot, l'auteur le plus
divin
Est toujours, quoi qu'il fasse, un méchant
écrivain.

110. *concours:* juxtaposition, combination. 114. In Boileau's brief survey of French versification he reveals much ignorance, as well as narrowness of taste. The medieval poets were in fact very punctilious about their verse form. 116. *césure:* cesura. 120. *triolets:* a difficult fixed form. (See dictionary. In fact, Marot wrote neither triolets nor masquerades.) 121. *rondeaux:* a fixed form. (See examples given under Charles d'Orléans, p. 71.) 122. An excessive statement. 128. *faste pédantesque:* pedantic pomposity. (Boileau's complete misunderstanding of Ronsard suggests that he had never read him.) 129. *trébuché:* fallen. 130. *retenus:* restrained. 130. *Desportes et Bertaut:* successors of Ronsard, end of sixteenth century. 131–32. Two very famous lines, often quoted to show the errors possible to a great critic. 134. It was this "reduction of the Muse to the rules of duty" which infuriated the rebellious nineteenth-century Romantics.

136. *épurée:* here, sensitive. 138. *enjamber:* overflow (*lit.*, step over); in verse, to carry over the thought from one line to the next without a pause; to break a word-group at the end of a line. 139. In fact, there was much opposition. It was Boileau who finally imposed Malherbe's theories. 139. *fidèle:* here, trustworthy. 144. *se détendre:* here, wander. 146. Can these lines be properly applied to modern obscurantist poets? 147. *sombres:* obscure. 149. *jour:* light. 150. This means you. 153–54. Another much-quoted couplet. Is it true? 158. *le tour vicieux:* the idiom linguistically incorrect. 159. *barbarisme:* misuse of language. 160. *ampoulé:* puffed up (*lit.*, blistered). 160. *solécisme:* misuse of syntax.

Travaillez à loisir, quelque ordre° qui vous
 presse,
Et ne vous piquez point d'une folle vitesse :
Un style° si rapide, et qui court en rimant, 165
Marque moins trop d'esprit que peu de
 jugement.
J'aime mieux un ruisseau qui, sur la molle
 arène,°
Dans un pré plein de fleurs lentement se
 promène,
Qu'un torrent débordé qui, d'un cours
 orageux,
Roule, plein de gravier,° sur un terrain
 fangeux.° 170
Hâtez-vous lentement,° et, sans perdre
 courage,
Vingt fois sur le métier remettez votre
 ouvrage :°
Polissez-le sans cesse et le repolissez;
Ajoutez quelquefois, et souvent effacez.
 C'est peu qu'en un ouvrage où les fautes
 fourmillent° 175
Des traits d'esprit semés de temps en temps
 pétillent.°
Il faut que chaque chose y soit mise en son
 lieu;
Que le début, la fin répondent au milieu;
Que d'un art délicat les pièces assorties°
N'y forment qu'un seul tout de diverses
 parties, 180
Que jamais du sujet le discours° s'écartant
N'aille chercher trop loin quelque mot
 éclatant.

[*Value of criticism*]

Craignez-vous pour vos vers la censure
 publique?
Soyez-vous à vous-même un sévère critique.
L'ignorance toujours est prête à s'admirer. 185
Faites-vous des amis prompts à vous censurer;
Qu'ils soient de vos écrits les confidents
 sincères,
Et de tous vos défauts les zélés adversaires;
Dépouillez° devant eux l'arrogance d'auteur,

Mais sachez de l'ami discerner le flatteur. 190
Tel vous semble applaudir qui vous raille et
 vous joue.
Aimez qu'on vous conseille, et non pas qu'on
 vous loue.
 Un flatteur aussitôt cherche à se récrier :°
Chaque vers qu'il entend le fait extasier.
Tout est charmant, divin, aucun mot ne le
 blesse; 195
Il trépigne° de joie, il pleure de tendresse;
Il vous comble partout d'éloges fastueux.°
La vérité n'a point cet aïr impétueux.
 Un sage ami, toujours rigoureux, inflexible,
Sur vos fautes jamais ne vous laisse
 paisible : 200
Il ne pardonne point les endroits négligés,
Il renvoie en leur lieu° les vers mal-arrangés,
Il réprime des mots l'ambitieuse emphase;°
Ici le sens le choque, et plus loin c'est la phrase.
Votre construction semble un peu s'obscurcir,
Ce terme est équivoque :° il le faut éclaircir. 206
C'est ainsi que vous parle un ami véritable.
 Mais souvent sur ses vers un auteur
 intraitable°
A les protéger tous se croit intéressé,
Et d'abord° prend en main le droit de
 l'offensé.° 210
« De ce vers, direz-vous, l'expression est basse.
— Ah! monsieur, pour ce vers je vous
 demande grâce,
Répondra-t-il d'abord. — Ce mot me semble
 froid,
Je le retrancherais.° — C'est le plus bel endroit!
— Ce tour ne me plaît pas. — Tout le
 monde l'admire. » 215
Ainsi toujours constant à ne se point dédire,°
Qu'un mot dans son ouvrage ait paru vous
 blesser,
C'est un titre° chez lui pour ne point l'effacer.
Cependant, à l'entendre, il chérit la critique;
Vous avez sur ses vers un pouvoir despotique.
Mais tout ce beau discours dont il vient vous
 flatter 221
N'est rien° qu'un piège adroit pour vous les
 réciter.

163. *ordre:* i.e., commission, deadline. 165. *style:* stylus, pen. 167. *arène:* sand. 170. *gravier:* gravel. 170. *fangeux:* muddy. 171. *Hâtez-vous lentement:* The motto of Augustus, *festina lente.* 172. *Vingt... ouvrage:* Twenty times put your handiwork back on the loom. (Again a line that has become proverbial.) 175. *fourmillent:* swarm. 176. *Des traits... pétillent:* Scattered brilliant bits sparkle from time to time. 179. *assorties:* well matched. 181. *discours: here,* development. 189. *Dépouillez:* Discard.

193. *se récrier:* exclaim admiringly. 196. *trépigne:* stamps. 197. *fastueux:* ostentatious. 202. *renvoie en leur lieu:* i.e., rearranges in proper order. 203. *emphase:* over-emphasis, bombast. 206. *équivoque:* equivocal, ambiguous. 208. *intraitable:* obstinate. 210. *d'abord:* immediately. 210. *le droit de l'offensé:* the (legal) right of the injured party to reply. 214. *Je le retrancherais:* I would cut it out. 216. *à ne se point dédire:* not to retract anything. 218. *titre:* justification. 222. *rien = autre chose.*

Aussitôt il vous quitte; et, content de sa muse,
S'en va chercher ailleurs quelque fat° qu'il
 abuse;
Car souvent il en trouve : ainsi qu'en sots
 auteurs, 225
Notre siècle est fertile en sots admirateurs;
Et, sans° ceux que fournit la ville et la
 province,
Il en est chez le duc, il en est chez le prince.
L'ouvrage le plus plat a, chez les courtisans,
De tout temps rencontré de zélés partisans; 230
Et, pour finir enfin par un trait de satire,
Un sot trouve toujours un plus sot qui
 l'admire.°

Chant III

[*Tragedy; its principles*]

Il n'est point de serpent, ni de monstre
 odieux,
Qui, par l'art imité, ne puisse plaire aux
 yeux :
D'un pinceau° délicat l'artifice° agréable
Du plus affreux objet fait un objet aimable.
Ainsi pour nous charmer, la tragédie en
 pleurs 5
D'Œdipe tout sanglant° fit parler les douleurs,
D'Oreste parricide° exprima les alarmes,
Et, pour nous divertir, nous arracha des
 larmes.
 Vous donc qui, d'un beau feu pour le
 théâtre épris,
Venez en vers pompeux° y disputer° le prix, 10
Voulez-vous sur la scène étaler des ouvrages
Où tout Paris en foule apporte ses suffrages,
Et qui, toujours plus beaux, plus ils sont
 regardés
Soient au bout de vingt ans encor redemandés?
Que dans tous vos discours la passion émue 15
Aille chercher le cœur, l'échauffe et le remue.
Si d'un beau mouvement l'agréable fureur

Souvent ne nous remplit d'une douce terreur,°
Ou n'excite en notre âme une pitié charmante,
En vain vous étalez une scène savante : 20
Vos froids raisonnements ne feront
 qu'attiédir°
Un spectateur toujours paresseux d'applaudir,
Et qui, des vains efforts de votre rhétorique
Justement fatigué, s'endort ou vous critique.
Le secret est d'abord de plaire et de
 toucher :° 25
Inventez des ressorts° qui puissent m'attacher.

[*The exposition*]

 Que dès les premiers vers l'action préparée
Sans peine du sujet aplanisse l'entrée.°
Je me ris d'un acteur qui, lent à s'exprimer,
De ce qu'il veut d'abord ne sait pas
 m'informer, 30
Et qui, débrouillant mal une pénible intrigue,
D'un divertissement me fait une fatigue.
J'aimerais mieux encor qu'il déclinât° son nom
Et dit : « Je suis Oreste, ou bien Agamemnon »,
Que d'aller, par un tas de confuses
 merveilles, 35
Sans rien dire à l'esprit, étourdir les oreilles :
Le sujet n'est jamais assez tôt expliqué.

[*The unities*]

 Que le lieu de la scène y soit fixe et marqué.
Un rimeur, sans péril, delà les Pyrénées,°
Sur la scène en un jour renferme des
 années : 40
Là souvent le héros d'un spectacle grossier,
 Enfant au premier acte, est barbon° au
 dernier.
Mais nous, que la raison à ses règles engage,
Nous voulons qu'avec art l'action se ménage;°
Qu'en un lieu, qu'en un jour, un seul fait
 accompli 45
Tienne jusqu'à la fin le théâtre rempli.°

224. *fat:* simpleton. 227. *sans:* without counting. 232. A line which has become proverbial. Chant III. 3. *pinceau:* paintbrush. 3. *artifice:* here, art. 6. In Sophocles' *Oedipus the King*, Oedipus, having discovered himself guilty of unintentional crime, tears out his eyes and so appears on the stage. 7. Orestes, subject of several Greek dramas, avenged the murder of his father, Agamemnon, by killing his mother, Clytemnestra. 10. *pompeux:* elevated. 10. *disputer:* compete for.

18. According to Aristotle, the function of tragedy is to purge the spirit by pity and terror. 21. *attiédir:* cool. 25. A famous line. Racine and Molière said exactly the same thing. 26. *ressorts:* springs, developments. 28. *du sujet aplanisse l'entrée:* facilitate the exposition. 33. *déclinât:* state. 39. The Spanish dramatists, as Lope de Vega, did not accept the classic unities, nor in fact did the English. 42. *barbon:* graybeard. 44. *se ménage:* develop. 45–46. Celebrated summary of the unities of place, time, and action. Hitherto these had been much argued; henceforth Boileau's authority imposed them on French tragic writers.

[Verisimilitude; development of action]

Jamais au spectateur n'offrez rien
 d'incroyable :
Le vrai peut quelquefois n'être pas
 vraisemblable.
Une merveille absurde est pour moi sans appas :
L'esprit n'est point ému de ce qu'il ne croit
 pas. 50
Ce qu'on ne doit point voir, qu'un récit nous
 l'expose :°
Les yeux en le voyant saisiraient mieux la
 chose;
Mais il est des objets que l'art judicieux
Doit offrir à l'oreille et reculer des yeux.
 Que le trouble,° toujours croissant de scène
 en scène, 55
A son comble arrivé se débrouille sans peine.
L'esprit ne se sent point plus vivement frappé
Que lorsqu'en un sujet d'intrigue enveloppé
D'un secret tout à coup la vérité connue 59
Change tout, donne à tout une face imprévue.

[Greek tragedy]

 La tragédie, informe et grossière en naissant,
N'était qu'un simple chœur, où chacun, en
 dansant
Et du dieu des raisins entonnant les louanges,°
S'efforçait d'attirer de fertiles vendanges.
Là, le vin et la joie éveillant les esprits, 65
Du plus habile chantre un bouc° était le prix.
Thespis° fut le premier qui, barbouillé de lie,°
Promena dans les bourgs° cette heureuse folie;
Et d'acteurs mal ornés chargeant un
 tombereau,°
Amusa les passants d'un spectacle nouveau. 70
Eschyle° dans le chœur jeta les personnages,
D'un masque plus honnête° habilla les visages,
Sur les ais° d'un théâtre en public exhaussé,°
Fit paraître l'acteur d'un brodequin° chaussé.
Sophocle enfin, donnant l'essor° à son génie, 75

Accrut encor la pompe, augmenta l'harmonie,
Intéressa le chœur dans toute l'action,
Des vers trop raboteux° polit l'expression,
Lui donna chez les Grecs cette hauteur divine
Où jamais n'atteignit la faiblesse latine. 80

[Medieval French theater]

 Chez nos dévots aïeux le théâtre abhorré°
Fut longtemps dans la France un plaisir
 ignoré.
De pèlerins, dit-on, une troupe grossière
En public à Paris y monta la première :
Et, sottement zélée en sa simplicité, 85
Joua les saints, la Vierge et Dieu par piété.
Le savoir, à la fin, dissipant l'ignorance,
Fit voir de ce projet la dévote imprudence.°
On chassa ces docteurs prêchant sans
 mission;°
On vit renaître Hector, Andromaque, Ilion.° 90
Seulement, les acteurs laissant le masque
 antique,
Le violon tint lieu de chœur et de musique.

[Advice to playwright: love as a theme]

 Bientôt l'amour, fertile en tendres
 sentiments,
S'empara du théâtre ainsi que des romans.
De cette passion la sensible peinture 95
Est pour aller au cœur la route la plus sûre.
Peignez donc, j'y consens, les héros
 amoureux;
Mais ne m'en formez pas des bergers
 doucereux :°
Qu'Achille aime autrement que Thyrsis et
 Philène;°
N'allez pas d'un Cyrus nous faire un
 Artamène;° 100
Et que l'amour, souvent de remords
 combattu,
Paraisse une faiblesse et non une vertu.°

51. Death and violent action were considered improper
spectacles, on both the Greek and French stage. 55. *trouble:*
here, plot. 63. *Et du dieu… louanges:* Chanting the praise
of the god of grapes (Dionysus, or Bacchus). 66. *bouc:* goat.
67. Thespis, traditional creator of Greek tragedy. He first
had an actor engage in dialogue with the chorus. 67. *barbouillé*
de lie: smeared with wine lees. 68. *bourgs:* villages (of Attica).
69. *chargeant un tombereau:* setting on a farm wagon. 71.
Aeschylus, first of the great Greek tragedians, developed the
dramatic dialogue. 72. *honnête:* decent. (Traditionally,
Aeschylus invented the heavy mask worn by Greek actors.)
73. *ais:* boards. 73. *exhaussé:* raised. 74. *brodequin:* buskin,
high shoe typical of tragedy. 75. *essor:* flight, full play.

78. *raboteux:* rough, rugged. 81. Boileau has only vague, in-
accurate knowledge of the rich medieval dramatic literature.
88. I.e., the ignorant playwrights and actors distorted
sacred teachings. 89. *docteurs… mission:* (self-constituted)
scholars preaching without authority. 90. Hector, Trojan
champion; Andromache, wife of Hector; *Ilion:* Troy. 98.
doucereux: sickly sweet. 99. *Thyrsis et Philène:* typical names
of pastoral heroes. 100. *Artamène:* reference to Mlle de
Scudéry's gigantic sentimental novel, *Artamène ou le Grand*
Cyrus. 102. Boileau's conception of love is the direct contrary
of the Romantic view.

[*Truth to Nature*]

Des héros de roman fuyez les petitesses :
Toutefois aux grands cœurs donnez quelques
 faiblesses.
Achille déplairait moins bouillant et moins
 prompt : 105
J'aime à lui voir verser des pleurs pour un
 affront.°
A ces petits défauts marqués dans sa peinture,
L'esprit avec plaisir reconnaît la nature.
Qu'il soit sur ce modèle en vos écrits tracé :
Qu'Agamemnon soit fier, superbe,
 intéressé;° 110
Que pour ses dieux Énée° ait un respect
 austère.
Conservez à chacun son propre caractère.
Des siècles, des pays étudiez les mœurs;
Les climats font souvent les diverses humeurs.°

[*Local color*]

Gardez donc de donner, ainsi que dans
 Clélie,° 115
L'air ni l'esprit français à l'antique Italie;
Et, sous des noms romains faisant notre
 portrait,
Peindre Caton° galant, et Brutus° dameret.°
Dans un roman frivole aisément tout s'excuse;
C'est assez qu'en courant° la fiction amuse; 120
Trop de rigueur alors serait hors de saison :
Mais la scène demande une exacte raison;
L'étroite bienséance° y veut être gardée.

[*Consistency: variety in characterization; sincerity*]

D'un nouveau personnage° inventez-vous
 l'idée?
Qu'en tout avec soi-même il se montre
 d'accord, 125
Et qu'il soit jusqu'au bout tel qu'on l'a vu
 d'abord.
Souvent, sans y penser, un écrivain qui
 s'aime

Forme tous ses héros semblables à soi-même :
Tout a l'humeur gasconne en un auteur
 gascon;
Calprenède et Juba° parlent du même ton. 130
La nature est en nous plus diverse et plus
 sage;
Chaque passion parle un différent langage :
La colère est superbe et veut des mots altiers,
L'abattement° s'explique en des termes moins
 fiers.
Que devant Troie en flamme Hécube°
 désolée 135
Ne vienne pas pousser une plainte ampoulée,
Ni sans raison décrire en quel affreux pays
Par sept bouches l'Euxin reçoit le Tanaïs.°
Tous ces pompeux amas d'expressions frivoles
Sont d'un déclamateur amoureux des
 paroles. 140
Il faut dans la douleur que vous vous
 abaissiez.
Pour me tirer des pleurs, il faut que vous
 pleuriez.°
Ces grands mots dont alors l'acteur emplit sa
 bouche
Ne partent point d'un cœur que sa misère
 touche.

[*Style in tragedy*]

Le théâtre, fertile en censeurs pointilleux,° 145
Chez nous pour se produire° est un champ
 périlleux.
Un auteur n'y fait pas de faciles conquêtes;
Il trouve à le siffler° des bouches toujours
 prêtes.
Chacun le peut traiter de° fat et d'ignorant;
C'est un droit qu'à la porte on achète en
 entrant. 150
Il faut qu'en cent façons, pour plaire, il se
 replie;°
Que tantôt il s'élève et tantôt s'humilie;°
Qu'en nobles sentiments il soit partout fécond;
Qu'il soit aisé, solide, agréable, profond;

106. In the *Iliad* (Book I), Achilles withdraws from the battle and weeps because he thinks himself insulted. 110. *intéressé:* self-seeking. 111. *Énée:* Aeneas. 114. *humeurs:* i.e., characters. 115. *Clélie:* interminable pseudo-historical novel by Mlle de Scudéry. 118. *Caton:* Cato, grim Roman senator. 118. *Brutus:* probably Marcus Junius Brutus, republican leader who conspired against Julius Caesar. 118. *dameret:* foppish. 120. *en courant:* in a rapid reading. 123. *étroite bienséance:* strict propriety. 124. *un nouveau personnage:* i.e., an unhistorical character.

130. *Calprenède et Juba:* In *Cléopâtre,* a historical novel by La Calprenède, Juba, King of Mauretania, played an important part. 134. *L'abattement:* Dejection. 135. *Hécube:* Hecuba, wife of Priam, King of Troy. 138. *l'Euxin reçoit le Tanaïs:* the Black Sea receives the Don River (geographical error, in fact). (A dig at Seneca, Latin dramatist.) 141–42. A famous couplet, imitated from Horace. 145. *pointilleux:* captious, carping. 146. *pour se produire:* to make oneself known. 148. *siffler:* whistle at, hiss. 149. *traiter de:* call. 151. *se replie:* twist; *here,* vary his manner. 152. *s'humilie:* descend.

Que de traits suprenants sans cesse il nous
 réveille; 155
Qu'il coure dans ses vers de merveille en
 merveille;
Et que tout ce qu'il dit, facile à retenir,
De son ouvrage en nous laisse un long
 souvenir.
Ainsi la tragédie agit, marche et s'explique.°

[The epic poem. Mythological symbolism]

D'un air plus grand encor la poésie
 épique, 160
Dans le vaste récit d'une longue action,
Se soutient par la fable° et vit de fiction.°
Là pour nous enchanter tout est mis en usage;
Tout prend un corps, une âme, un esprit, un
 visage.
Chaque vertu devient une divinité : 165
Minerve est la prudence, et Vénus la beauté.
Ce n'est plus la vapeur° qui produit le
 tonnerre,
C'est Jupiter armé pour effrayer la terre;
Un orage terrible aux yeux des matelots,
C'est Neptune en courroux qui gourmande
 les flots;° 170
Écho n'est plus un son qui dans l'air
 retentisse,
C'est une nymphe en pleurs qui se plaint de
 Narcisse.
Ainsi, dans cet amas de nobles fictions,
Le poète s'égaye en mille inventions,
Orne, élève, embellit, agrandit toutes choses,
Et trouve sous sa main des fleurs toujours
 écloses. 176
Qu'Énée et ses vaisseaux, par le vent écartés,
Soient aux bords africains d'un orage
 emportés,°
Ce n'est qu'une aventure ordinaire et
 commune,
Qu'un coup peu surprenant des traits de la
 fortune. 180
Mais que Junon, constante en son aversion,
Poursuive sur les flots les restes d'Ilion;
Qu'Éole,° en sa faveur, les chassant d'Italie,
Ouvre aux vents mutinés les prisons d'Éolie;

Que Neptune en courroux, s'élevant sur la
 mer, 185
D'un mot calme les flots, mette la paix dans
 l'air,
Délivre les vaisseaux, des syrtes° les arrache,
C'est là ce qui surprend, frappe, saisit, attache.
Sans tous ces ornements le vers tombe en
 langueur,
La poésie est morte ou rampe sans vigueur, 190
Le poète n'est plus qu'un orateur° timide,
Qu'un froid historien d'une fable insipide.

[Inappropriateness of Christian story for epic]

C'est donc bien vainement que nos auteurs
 déçus,
Bannissant de leurs vers ces ornements reçus,°
Pensent faire agir Dieu, ses saints et ses
 prophètes, 195
Comme ces dieux éclos du cerveau des
 poètes;
Mettent à chaque pas le lecteur en enfer,
N'offrent rien qu'Astaroth, Belzébuth,
 Lucifer.°
De la foi d'un chrétien les mystères terribles
D'ornements égayés ne sont point
 susceptibles.° 200
L'Évangile à l'esprit n'offre de tous côtés
Que pénitence à faire et tourments mérités;
Et de vos fictions le mélange coupable
Même à ses vérités donne l'air de la Fable.
Et quel objet enfin à présenter aux yeux 205
Que le diable toujours hurlant contre les
 cieux,°
Qui de votre héros veut rabaisser la gloire,
Et souvent avec Dieu balance la victoire!
 Le Tasse,° dira-t-on, l'a fait avec succès.
Je ne veux point ici lui faire son procès :° 210
Mais, quoi que notre siècle à sa gloire publie,
Il n'eût point de son livre illustré l'Italie,
Si son sage héros, toujours en oraison,
N'eût fait que mettre enfin Satan à la raison;

187. *syrtes:* quicksands of African coast. 191. *orateur:* prose writer. 194. *reçus:* accepted (by tradition). 198. Astaroth, Phoenician deity; Beelzebub, idol of the Philistines; Lucifer, leader of the rebellious angels. 200. Boileau is condemning Tasso's *Jerusalem Delivered* (1574) and particularly Desmarets de Saint-Sorlin, who had attempted in his *Clovis* (1657) to introduce and defend *le merveilleux chrétien* (which is *not* to be translated "the marvelous Christian"). Boileau was probably ignorant of *Paradise Lost* (1665). 206. A reference to Tasso's *Jerusalem Delivered.* 209. *Le Tasse:* Torquato Tasso (1544–95). 210. *lui faire son procès:* put the case against him.

159. *s'explique:* develops. 162. *fable:* story, plot. 162. *fiction:* invented tale (*i.e.,* the marvelous). 167. *vapeur:* cloud. 170. *gourmande les flots:* scourges the waves. 178. Reference to first book of Aeneid and Juno's hatred of Trojans. 183. Aeolus, god of the winds, held them imprisoned in the Aeolian Islands, near Sicily.

Et si Renaud, Argant, Tancrède° et sa
 maîtresse 215
N'eussent de son sujet égayé la tristesse.

[Defense of fable and allegory]

Ce n'est pas que j'approuve, en un sujet
 chrétien,
Un auteur follement idolâtre et païen.°
Mais, dans une profane° et riante° peinture,
De n'oser de la Fable employer la figure,° 220
De chasser les Tritons° de l'empire des eaux;
D'ôter à Pan sa flûte, aux Parques leurs
 ciseaux;°
D'empêcher que Caron,° dans la fatale barque,
Ainsi que le berger ne passe° le monarque :
C'est d'un scrupule vain s'alarmer sottement, 225
Et vouloir aux lecteurs plaire sans agrément.°
Bientôt ils défendront de peindre la Prudence,
De donner à Thémis° ni bandeau ni balance,
De figurer aux yeux la Guerre au front d'airain,
Ou le Temps qui s'enfuit une horloge° à la
 main; 230
Et partout des discours, comme une idolâtrie,
Dans leur faux zèle iront chasser l'allégorie.
Laissons-les s'applaudir de leur pieuse erreur,
Mais, pour nous, bannissons une vaine terreur,
Et, fabuleux° chrétiens, n'allons point, dans
 nos songes,° 235
Du Dieu de vérité faire un dieu de mensonges.
La Fable offre à l'esprit mille agréments divers :
Là tous les noms heureux semblent nés pour
 les vers,
Ulysse, Agamemnon, Oreste, Idoménée,
Hélène, Ménélas, Pâris, Hector, Énée.° 240
O le plaisant projet d'un poète ignorant,
Que de tant de héros va choisir Childebrand!°
 D'un seul nom quelquefois le son dur ou
 bizarre
Rend un poème entier ou burlesque ou
 barbare.

215. *Renaud, Argant, Tancrède:* characters in *Jerusalem Delivered.* 218. A hit at Ariosto's *Orlando Furioso* (1532). 219 *profane:* nonreligious. 219. *riante:* amusing. 220. *de la... figure:* i.e., to use the form of mythological fictions. 221. *Tritons:* water gods. 222. *aux Parques leurs ciseaux:* their shears from the Parcae (Fates who measured and clipped the threads of men's lives). 223. *Caron:* Charon, who ferried dead souls across the Acheron. 224. *passe:* transports. 226. *agrément:* charm. 228. *Thémis:* Justice. 230. *horloge:* here, hourglass. 235. *fabuleux:* i.e., who can tolerate and enjoy ancient fables. 235. *songes:* here, wild imaginations. 239–40. *Ulysse... Énée:* figures of the Trojan War. 242. *Childebrand:* early Frankish hero, subject of an epic by Carel de Sainte-Garde.

[Choice of hero and subject]

Voulez-vous longtemps plaire et jamais ne
 lasser ? 245
Faites choix d'un héros propre à m'intéresser,
En valeur éclatant, en vertus magnifique :
Qu'en lui, jusqu'aux défauts, tout se montre
 héroïque;
Que ses faits surprenants soient dignes d'être
 ouïs;
Qu'il soit tel que César, Alexandre ou
 Louis,° 250
Non tel que Polynice et son perfide frère;°
On s'ennuie aux exploits d'un conquérant
 vulgaire.
 N'offrez point un sujet d'incidents trop
 chargé.
Le seul courroux d'Achille, avec art ménagé,
Remplit abondamment une Iliade entière : 255
Souvent trop d'abondance appauvrit la matière.

[Epic style]

Soyez vif et pressé dans vos narrations;
Soyez riche et pompeux dans vos descriptions.
C'est là qu'il faut des vers étaler l'élégance;
N'y présentez jamais de basse circonstance. 260
N'imitez pas ce fou° qui, décrivant les mers,
Et peignant, au milieu de leurs flots
 entr'ouverts,
L'Hébreu sauvé du joug de ses injustes maîtres,
Met, pour le voir passer, les poissons aux
 fenêtres,
Peint le petit enfant qui va, saute, revient, 265
« Et joyeux à sa mère offre un caillou qu'il
 tient. »
Sur de trop vains objets c'est arrêter la vue.
Donnez à votre ouvrage une juste étendue.

[The beginning]

Que le début soit simple et n'ait rien
 d'affecté.
N'allez pas dès l'abord, sur Pégase monté, 270
Crier à vos lecteurs, d'une voix de tonnerre :
« Je chante le vainqueur des vainqueurs de la
 terre. »°

250. *Louis:* Louis XIV. 251. *Polynice... frère:* Eteocles and Polynices, originators of legendary Theban War. 261. *ce fou:* Saint-Amand, in his *Moïse sauvé.* 272. Opening line of Georges de Scudéry's *Alaric.*

Que produira l'auteur après tous ces grands
 cris ?
La montagne en travail enfante une souris.
Oh ! que j'aime bien mieux cet auteur plein
 d'adresse 275
Qui, sans faire d'abord de si haute promesse,
Me dit d'un ton aisé, doux, simple,
 harmonieux :
« Je chante les combats et cet homme pieux°
Qui, des bords phrygiens° conduit dans
 l'Ausonie,°
Le premier aborda les champs de Lavinie ! »°
Sa muse en arrivant ne met pas tout en feu, 281
Et, pour donner beaucoup, ne nous promet
 que peu ;
Bientôt vous la verrez, prodiguant les miracles,
Du destin des Latins prononcer les oracles,
De Styx et d'Achéron peindre les noirs
 torrents, 285
Et déjà les Césars dans l'Élysée° errants.

[*Vivacity recommended*]

De figures° sans nombre égayez votre
 ouvrage ;
Que tout y fasse aux yeux une riante image :
On peut être à la fois et pompeux et plaisant ;°
Et je hais un sublime ennuyeux et pesant. 290
J'aime mieux Arioste et ses fables comiques
Que ces auteurs toujours froids et mélancoliques
Qui dans leur sombre humeur se croiraient
 faire affront°
Si les Grâces jamais leur déridaient le front.°

[*Homer and his imitators*]

On dirait que pour plaire, instruit par la
 nature, 295
Homère ait à Vénus dérobé sa ceinture.
Son livre est d'agréments un fertile trésor :
Tout ce qu'il a touché se convertit en or,
Tout reçoit dans ses mains une nouvelle grâce :
Partout il divertit et jamais il ne lasse. 300
Une heureuse chaleur anime ses discours :
Il ne s'égare point en de trop longs détours.

Sans garder dans ses vers un ordre
 méthodique,
Son sujet de soi-même et s'arrange et
 s'explique ;°
Tout, sans faire d'apprêts,° s'y prépare
 aisément ; 305
Chaque vers, chaque mot, court à
 l'événement.
Aimez donc ses écrits, mais d'un amour
 sincère :
C'est avoir profité que de savoir s'y plaire.
Un poème excellent, où tout marche et se
 suit,
N'est pas de ces travaux qu'un caprice
 produit : 310
Il veut du temps, des soins ; et ce pénible°
 ouvrage
Jamais d'un écolier ne fut l'apprentissage.
Mais souvent parmi nous un poète sans art,°
Qu'un beau feu quelquefois échauffa par
 hasard,
Enflant d'un vain orgueil son esprit
 chimérique, 315
Fièrement prend en main la trompette
 héroïque :
Sa muse déréglée, en ses vers vagabonds,°
Ne s'élève jamais que par sauts et par bonds :
Et son feu, dépourvu de sens et de lecture,
S'éteint à chaque pas faute de nourriture. 320
Mais en vain le public, prompt à le mépriser,
De son mérite faux le veut désabuser ;
Lui-même, applaudissant à son maigre génie,
Se donne par ses mains l'encens qu'on lui
 dénie :
Virgile, au prix de° lui, n'a point d'invention ;
Homère n'entend point la noble fiction. 326
Si contre cet arrêt° le siècle se rebelle,
A la postérité d'abord il en appelle.
Mais attendant qu'ici le bon sens de retour
Ramène triomphants ses ouvrages au jour, 330
Leurs tas, au magasin, cachés à la lumière,
Combattent tristement les vers et la poussière.
Laissons-les donc entre eux s'escrimer en
 repos ;°
Et, sans nous égarer, suivons notre propos.°

278. *cet homme pieux*: i.e., Aeneas. 279. *phrygiens*: of Asia Minor. 279. *Ausonie*: Italy. 280. *Lavinie*: Aeneas' colony in Italy. (These are the opening lines of the *Aeneid*.) 286. *l'Élysée*: the Elysian Fields. 287. *figures*: poetic images. 289. *pompeux et plaisant*: elevated and agreeable. 293. *se croiraient faire affront*: would think themselves dishonored. 294. *leur... front*: let them relax (*lit.*, unwrinkled their brows).

304. *s'explique*: develops. 305. *apprêts*: laborious preparations. 311. *pénible*: here, arduous. 313. *un poète sans art*: Desmarets de Saint-Sorlin. 317. *vagabonds*: wandering, undisciplined. 325. *au prix de*: in comparison with. 327. *arrêt*: decree. 333. *Laissons-les... repos*: Let us then allow them (the works of Desmarets, worms, and dust) to struggle among themselves at their ease. 334. *propos*: purpose.

[*The Comedy in ancient times*]

Des succès fortunés du spectacle tragique 335
Dans Athènes naquit la comédie antique.
Là le Grec, né moqueur, par mille jeux
 plaisants
Distilla le venin de ses traits médisants.
Aux accès insolents d'une bouffonne joie
La sagesse, l'esprit, l'honneur furent en
 proie. 340
On vit par le public un poète avoué°
S'enrichir aux dépens du mérite joué;°
Et Socrate par lui, dans un chœur de nuées,°
D'un vil amas de peuple attirer les huées.°
Enfin de la licence on arrêta le cours :° 345
Le magistrat des lois emprunta le secours,
Et, rendant par édit les poètes plus sages,
Défendit de marquer° les noms et les visages.
Le théâtre perdit son antique fureur;
La comédie apprit à rire sans aigreur, 350
Sans fiel et sans venin sut instruire et
 reprendre,°
Et plut innocemment dans les vers de
 Ménandre.°
Chacun, peint avec art dans ce nouveau miroir,
S'y vit avec plaisir, ou crut ne s'y point voir :
L'avare, des premiers, rit du tableau fidèle 355
D'un avare souvent tracé° sur son modèle;
Et mille fois un fat finement exprimé°
Méconnut le portrait sur lui-même formé.

[*Imitation of Nature, the essence of true comedy*]

Que la nature donc soit votre étude unique,
Auteurs qui prétendez aux honneurs du
 comique. 360
Quiconque voit bien l'homme et, d'un esprit
 profond,
De tant de cœurs cachés a pénétré le fond;
Qui sait bien ce que c'est qu'un prodigue, un
 avare,
Un honnête homme, un fat, un jaloux, un
 bizarre,
Sur une scène heureuse, il peut les étaler, 365
Et les faire à nos yeux vivre, agir et parler.

Présentez-en partout les images naïves;°
Que chacun y soit peint des couleurs les plus
 vives.
La nature, féconde en bizarres portraits,
Dans chaque âme est marquée à de différents
 traits; 370
Un geste la découvre, un rien la fait paraître :
Mais tout esprit n'a pas des yeux pour la
 connaître.
Le temps, qui change tout, change aussi nos
 humeurs :
Chaque âge a ses plaisirs, son esprit et ses
 mœurs.
Un jeune homme, toujours bouillant dans
 ses caprices, 375
Est prompt à recevoir l'impression des vices;
Est vain dans ses discours, volage° en ses désirs,
Rétif à la censure et fou dans les plaisirs.
L'âge viril, plus mûr, inspire un air plus sage,
Se pousse auprès des grands, s'intrigue, se
 ménage,° 380
Contre les coups du sort songe à se maintenir,
Et loin dans le présent regarde l'avenir.
La vieillesse chagrine° incessamment amasse,
Garde, non pas pour soi, les trésors qu'elle
 entasse,
Marche en tous ses desseins d'un pas lent et
 glacé; 385
Toujours plaint le présent et vante le passé;
Inhabile aux plaisirs dont la jeunesse abuse,
Blâme en eux° les douceurs que l'âge lui refuse.

[*Counsels to writer of comedy: Molière is the model*]

Ne faites point parler vos acteurs au hasard,
Un vieillard en jeune homme, un jeune
 homme en vieillard. 390
Étudiez la cour et connaissez la ville :°
L'une et l'autre est toujours en modèles fertile.
C'est par là que Molière, illustrant° ses écrits,
Peut-être de son art eût remporté le prix,
Si, moins ami du peuple, en ses doctes peintures
Il n'eût point fait souvent grimacer ses figures,
Quitté, pour le bouffon, l'agréable et le fin, 397
Et sans honte à Térence° allié Tabarin.
Dans ce sac ridicule où Scapin s'enveloppe,°

341. *un poète avoué*: Aristophanes, who mocked Socrates, Euripides, and others. 342. *joué*: mocked. 343. *nuées*: *The Clouds* of Aristophanes. 344. *huées*: hootings. 345. Reference to the "New Comedy" of Greece, which portrayed social customs rather than politics. 348. *marquer*: indicate, specify. 351. *reprendre*: reprove. 352. Menander, chief of the New Comedy. 356. *tracé*: modifies *tableau*, line 355. 357. *exprimé*: described.

367. *naïves*: natural. 377. *volage*: flighty. 380. *se ménage*: governs itself. 383. *chagrine*: melancholy. 388. *eux = plaisirs*. 391. *la ville*: i.e., the bourgeois society of Paris. 393. *illustrant*: adding luster to. 398. *Térence*: Roman writer of comedy. 399. The reference is to a bit of horseplay in *Les Fourberies de Scapin*.

Je ne reconnais plus l'auteur du *Misanthrope*.° 400
　Le comique, ennemi des soupirs et des
　　　pleurs,
N'admet point en ses vers de tragiques
　douleurs;
Mais son emploi n'est pas d'aller, dans une
　place,°
De mots sales et bas charmer la populace.
　Il faut que ses acteurs badinent°
　　　noblement; 405
Que son nœud° bien formé se dénoue aisément;
Que l'action, marchant où la raison la guide,
Ne se perde jamais dans un scène vide;°
Que son style humble et doux se relève à propos;
Que ses discours, partout fertiles en bons
　mots, 410

400. *Le Misanthrope:* the most serious in tone of Molière's plays. This whole passage is aptly transposed in Soame's version:

> Thus 'twas great Jonson purchased his renown,
> And in his art had borne away the crown,
> If, less desirous of the people's praise,
> He had not with low farce debased his plays,
> Mixing dull buffoon'ry with wit refined,
> And Harlequin with noble Terence joined.
> When in the Fox I see the tortoise hissed,
> I lose the author of the Alchemist.

403. *place:* public square. 405. *badinent:* trifle (*i.e.*, play comedy). 406. *nœud:* plot. 408. *vide:* empty (of action and progression).

Soient pleins de passions finement maniées,
Et les scènes toujours l'une à l'autre liées.
Aux dépens du bon sens gardez de plaisanter;
Jamais de la nature il ne faut s'écarter.°
Contemplez de quel air un père dans
　　　Térence 415
Vient d'un fils amoureux gourmander°
　l'imprudence :
De quel air cet amant écoute ses leçons,
Et court chez sa maîtresse oublier ces chansons.
Ce n'est pas un portrait, une image semblable,
C'est un amant, un fils, un père véritable. 420
　J'aime sur le théâtre un agréable auteur
Qui, sans se diffamer° aux yeux du spectateur,
Plaît par la raison seule, et jamais ne la choque.
Mais pour un faux plaisant, à grossière
　équivoque,°
Qui pour me divertir n'a que la saleté, 425
Qu'il s'en aille, s'il veut, sur deux tréteaux°
　monté,
Amusant le Pont-Neuf de ses sornettes° fades,
Aux laquais assemblés jouer ses mascarades.

414. Again the appeal to Nature. 416. *gourmander:* rebuke. 422. *se diffamer:* lower himself. 424. *équivoque:* double meaning. 426. *tréteaux:* trestles. 427. *sornettes:* nonsense.

24. La Fontaine [1621–1695]

Jean de la Fontaine was born in Château-Thierry, in the province of Champagne, not far to the northeast of Paris (and the city where American troops bore the brunt of the German attack in the great offensive of 1918). His family was of *la magistrature*, that class of government employees which gave France so many of its intellectual leaders. After a somewhat desultory education, he married and became *Maître des eaux et forêts* in his home town, supervising the exploitation of natural resources for the government. He was a slack administrator and an unsatisfactory husband. A small-town dilettante, he published nothing until he was thirty-three. He then sought a literary career. He became a protégé of the all-powerful Minister of Finance, Foucquet. When Foucquet fell and was imprisoned, La Fontaine was one of the honorable few who did not desert him. Cut off from royal favor, he lived in Paris as a permanent house guest in rich, noble families, endearing himself to his hosts by his amusing, simple, kindly (but at bottom egotistic) charm. He became legendary for his absent-mindedness and for his wit, which depended largely on disconcerting sincerity. He was famous for his *Contes*, amusing, often indecent, renderings in verse of traditional tales, told with much vivacity. But the *Fables* are his most important work. Long totally indifferent to religion, he was converted in his old age, and at his death in 1695 it was discovered that for two years this happy hedonist had worn a hair shirt.

Of all French writers, La Fontaine is the best known and the best loved by the average Frenchman. In France, everyone memorizes many of the *Fables* in school, quotes their proverbial wisdom to justify his actions (especially his ungenerous actions) and stay his opinions, and in time teaches his children to recite them before admiring family gatherings. Yet the foreigner who for the first time reads the *Fables* in his maturity is likely to be nonplussed by the esteem in which the French hold them. "Their subjects," he is likely to say, "are traditional and conventional; their thought is slight and superficial; they teach the meanest virtues : prudence, self-interest, cunning, when they do not actually inculcate hypocrisy and all uncharitableness. Why then do the French rate them so high?"

The answer, essentially, is Art. La Fontaine, repeating familiar tales, transformed them by the manner of telling into tiny masterpieces of wit and wisdom. The pictures they evoke, the phrases by which the pictures are imposed on the reader, have become a part of the Frenchman's experience of the world, not merely his experience of literature. They give him an extraordinary sense of rightness, even of perfection. He will permit not a word of these *Fables* to be changed or misquoted. They are his models of French style.

In reading the *Fables*, you must strive to recognize why and how they are to be regarded as models of style. La Fontaine labored long to achieve in each fable the utmost in concise, dramatic storytelling. Each word is carefully chosen for its expressiveness. The verse rhythms make a pattern of sound which blends with the pattern of meaning. His form is most commonly the *vers libre*, an innovation in his time. The lines may be seven to twelve syllables in length, according to no set scheme. The rhymes are rich and novel, often deftly displaced to gain an effect of surprise. He uses *enjambement*, or run-on lines, unexpected pauses, and many other devices to construct rhythmical patterns which delight the sensitive ear. Probably La Fontaine and Victor Hugo are the two greatest masters of French poetic technique.

The subject matter is commonly familiar. The 240 *Fables* recount, in general, stories of animals, with obvious applications to human affairs, particularly to the social system of seventeenth-century France. In some of them the characters are men and women. Some are mainly descriptive of a rustic scene. A few are small essays on philosophic themes. The *manner* varies; the fable may be a little drama, a comedy, an idyll, a joke, a song. Thus monotony is avoided.

His *sources* are many. None of his themes are of his own invention. Very many are taken from the Greek Aesop and the Latin Phaedrus. The Hindu fabulist Bidpaï furnished subjects for the latter part of La Fontaine's collection. Other stories came from Old French or from anecdotes told by friends. One sees that La Fontaine did not much prize originality, or that for him originality lay in rendering and interpretation, not in subject matter. Compare this attitude with that of the painter.

His *pictures of animal life* have been much praised and much criticized. He was certainly no scientist. *La Cigale et la Fourmi*, for instance, is a mass of entomological errors. La Fontaine did not care, nor do most of his readers. What he does supremely well is to picture the external aspect and behavior of animals as he had affectionately observed them.

The *morality* of the *Fables* is, to say the least, questionable. Rousseau and Lamartine found their lessons revolting. Said Lamartine : "They are rather the hard, cold, egotistic philosophy of the old man than the affectionate, generous, naïve, good philosophy of the child. They are poison." Indeed, the *Fables* show us a grim world, where the struggle for existence rules, where the devil, or the wolf, takes the hindmost. The morality is utilitarian, pointing the way to self-preservation and success in an ugly society. But certainly that is one of the reasons for the great popularity of the *Fables*. One may properly protest against the meanness of La Fontaine's picture of human behavior. However, to sustain one's protest, one must first prove that his picture is false.

FABLES

La Cigale et la Fourmi*

La Cigale, ayant chanté
 Tout l'été,
Se trouva fort dépourvue°
Quand la bise° fut venue :
Pas un seul petit morceau 5
De mouche ou de vermisseau.°
Elle alla crier famine
Chez la Fourmi sa voisine,
La priant de lui prêter
Quelque grain pour subsister 10
Jusqu'à la saison nouvelle.
« Je vous paierai, lui dit-elle,
Avant l'oût,° foi d'animal,°
Intérêt et principal. »
La Fourmi n'est pas prêteuse; 15
C'est là son moindre défaut.
« Que faisiez-vous au temps chaud ? »
Dit-elle à cette emprunteuse.
« Nuit et jour à tout venant°
Je chantais, ne vous déplaise.° 20
— Vous chantiez ? j'en suis fort aise :°
Eh bien! dansez maintenant. »°
 [I, 1]

Le Corbeau et le Renard

Maître° Corbeau, sur un arbre perché,
 Tenait en son bec un fromage.
Maître Renard, par l'odeur alléché,°
 Lui tint à peu près ce langage :
 « Hé! bonjour, Monsieur du
 Corbeau,° 5
Que vous êtes joli! que vous me semblez beau!
 Sans mentir, si votre ramage°
 Se rapporte à° votre plumage,
Vous êtes le phénix des hôtes de ces bois. »

A ces mots le Corbeau ne se sent pas° de
 joie; 10
 Et, pour montrer sa belle voix,
Il ouvre un large bec, laisse tomber sa proie.
Le Renard s'en saisit, et dit : « Mon bon
 Monsieur,
 Apprenez que tout flatteur
 Vit aux dépens de celui qui l'écoute. 15
Cette leçon vaut bien un fromage, sans doute. »
 Le Corbeau, honteux et confus,
Jura, mais un peu tard, qu'on ne l'y prendrait
 plus.°
 [I, 2]

La Grenouille† qui veut se faire aussi grosse que le Bœuf

 Une Grenouille vit un Bœuf
 Qui lui sembla de belle taille.
Elle, qui n'était pas grosse en tout comme un
 œuf,
Envieuse, s'étend, et s'enfle, et se travaille°
 Pour égaler l'animal en grosseur, 5
 Disant : « Regardez bien, ma sœur;
Est-ce assez ? dites-moi; n'y suis-je point
 encore ?
— Nenni.° — M'y voici donc ? — Point du
 tout. — M'y voilà ?
— Vous n'en approchez point. » La chétive
 pécore°
 S'enfla si bien qu'elle creva. 10
Le monde est plein de gens qui ne sont pas
 plus sages :
Tout bourgeois veut bâtir comme les grands
 seigneurs,
 Tout petit prince a des ambassadeurs,
 Tout marquis veut avoir des pages.
 [I, 3]

LA CIGALE ET LA FOURMI. * *La Cigale et la Fourmi:* The Cicada and the Ant. (Note the seven-syllable line, unusual in French prosody.) 3. *dépourvue:* destitute. 4. *bise:* north wind of winter. 6. *vermisseau:* earthworm. 13. *oût* = *août.* 13. *foi d'animal:* a play on *foi de gentilhomme,* on a gentleman's word. 19. *à tout venant:* to all and sundry. 20. *ne vous déplaise:* if you don't mind. 21. *fort aise:* very glad. 22. What do you think of the moral? LE CORBEAU ET LE RENARD. 1. *Maître:* title of honor given to lawyers, etc. 3. *alléché:* allured. 5. *Monsieur du Corbeau:* old formula of polite address. 7. *ramage:* song. 8. *Se rapporte à:* Matches.

10. *ne se sent pas:* cannot contain himself. 18. Remember that this old story was told in *Maître Pathelin* (p. 55). Rousseau, in his *Émile* (1762), chooses this fable as an example of La Fontaine's immoral teaching. The child will admire the wicked fox instead of sympathizing with the simple crow, and will learn to prize trickery above honesty. What answer can one make to Rousseau? LA GRENOUILLE QUI VEUT SE FAIRE AUSSI GROSSE QUE LE BŒUF. † *Grenouille:* Frog. 4. *se travaille:* strains. (The three verbs in this line are arranged in an ascending scale of effort, and each renders that effort by its sound.) 8. *Nenni:* No, no. (Familiar and archaic.) 9. *chétive pécore:* tiny creature. (In the preceding lines the action is not described but is suggested by the dialogue. Thus rapidity and vivacity are gained.)

Le Loup et le Chien

Un Loup n'avait que les os et la peau,
 Tant les chiens faisaient bonne garde.
Ce Loup rencontre un Dogue° aussi puissant
 que beau,
Gras, poli,° qui s'était fourvoyé par mégarde.°
 L'attaquer, le mettre en quartiers, 5
 Sire Loup l'eût fait volontiers;
 Mais il fallait livrer bataille;
 Et le mâtin° était de taille
 A se défendre hardiment.
 Le Loup donc l'aborde
 humblement, 10
 Entre en propos, et lui fait compliment
 Sur son embonpoint,° qu'il admire.
 « Il ne tiendra qu'à vous, beau sire,
D'être aussi gras que moi, lui repartit le Chien.
 Quittez les bois, vous ferez bien; 15
 Vos pareils y sont misérables,
 Cancres,° hères° et pauvres diables,
Dont la condition est de mourir de faim.
Car, quoi? rien d'assuré, point de franche
 lippée,°
 Tout à la pointe de l'épée. 20
Suivez-moi, vous aurez un bien meilleur destin.
 Le Loup reprit : « Que me faudra-t-il faire?
— Presque rien, dit le Chien : donner la
 chasse aux gens
 Portants bâtons et mendiants;°
Flatter ceux du logis, à son maître complaire : 25
 Moyennant quoi° votre salaire
Sera force reliefs° de toutes les façons,
 Os de poulets, os de pigeons;
 Sans parler de mainte caresse. »
Le Loup déjà se forge une félicité 30
 Qui le fait pleurer de tendresse.
Chemin faisant, il vit le cou du Chien pelé.°
« Qu'est-ce là? lui dit-il. — Rien. — Quoi?
 rien? — Peu de chose.
— Mais encor? — Le collier dont je suis
 attaché

De ce que vous voyez est peut-être la cause. 35
— Attaché! dit le Loup : vous ne courez donc
 pas
 Où vous voulez? — Pas toujours : mais
 qu'importe?
— Il importe si bien que de tous vos repas
 Je ne veux en aucune sorte,
Et ne voudrais pas même à ce prix un
 trésor. »° 40
Cela dit, maître Loup s'enfuit, et court encor.°
 [I, 5]

Le Loup et l'Agneau

La raison du plus fort est toujours la meilleure :
 Nous l'allons montrer tout à l'heure.°
 Un Agneau se désaltérait°
 Dans le courant d'une onde pure;
Un Loup survient à jeun,° qui cherchait
 aventure 5
 Et que la faim en ces lieux attirait.
« Qui° te rend si hardi de troubler mon
 breuvage?°
 Dit cet animal plein de rage :
Tu seras châtié de ta témérité.°
— Sire, répond l'Agneau, que Votre
 Majesté 10
 Ne se mette pas en colère;
 Mais plutôt qu'elle considère
 Que je me vas désaltérant°
 Dans le courant
 Plus de vingt pas au-dessous d'Elle;° 15
Et que par conséquent, en aucune façon,
 Je ne puis troubler sa boisson.
— Tu la troubles, reprit cette bête cruelle;
Et je sais que de moi tu médis° l'an passé.
— Comment l'aurais-je fait si je n'étais pas
 né? 20
 Reprit l'Agneau, je tette° encor ma mère.
 — Si ce n'est toi, c'est donc ton frère.
 — Je n'en ai point. — C'est donc
 quelqu'un des tiens;

LE LOUP ET LE CHIEN. 3. *Dogue:* large watchdog. 4. *poli:* polished (*i.e.,* with healthy, lustrous hair). 4. *s'était... mégarde:* had strayed inadvertently. 8. *mâtin:* mastiff. 12. *embonpoint:* healthy look. 17. *Cancres:* Starvelings. 17. *hères:* outcasts. 19. *franche lippée:* free meals. 24. *Portants bâtons et mendiants:* Wielding sticks and begging. (Notice agreement of participles, according to old usage.) 26. *Moyennant quoi:* In return for which. 27. *force reliefs:* many leftovers. 32. *pelé:* skinned. 33–40. Notice again the development of the action by dialogue. Read this passage aloud, rendering the wolf's progression from suspicion to horror, the dog's shamefaced effort for self-respect. What intonation would you give *peut-être,* line 35?

41. Where is the moral? LE LOUP ET L'AGNEAU. 2. *tout à l'heure:* immediately. (The moral comes at the beginning. What do you think of it?) 3. *se désaltérait:* was slaking his thirst. 5. *à jeun:* fasting. 7. *Qui = Qu'est-ce qui.* 7. In this line the repetition of r's, the vowels and nasals, are adapted to rendering the wolf's snarl. See how well you can snarl this line. 9. In this line the repetition of t's helps the speaker to utter it with cold ferocity. In the speech of the lamb which follows, the sounds are adapted to a simple-minded, garrulous, truthful creature. 13. *je me vas désaltérant = je vais me désaltérant.* 15. *Elle = Votre Majesté.* 19. *tu médis:* you slandered. 21. *tette:* am suckled by.

Car vous ne m'épargnez guère,
 Vous, vos bergers, et vos chiens. 25
On me l'a dit : il faut que je me venge. »
 Là-dessus, au fond des forêts
 Le Loup l'emporte, et puis le mange,
 Sans autre forme de procès.

 [I, 10]

La Mort et le Bûcheron*

Un pauvre Bûcheron, tout couvert de ramée,°
Sous le faix du fagot° aussi bien que des ans
Gémissant et courbé, marchait à pas pesants,
Et tâchait de gagner sa chaumine enfumée.°
Enfin, n'en pouvant plus d'effort et de
 douleur, 5
Il met bas son fagot, il songe à son malheur.
Quel plaisir a-t-il eu depuis qu'il est au monde?
En est-il un plus pauvre en la machine ronde?°
Point de pain quelquefois, et jamais de repos :
Sa femme, ses enfants, les soldats,° les impôts, 10
 Le créancier et la corvée°
Lui font d'un malheureux la peinture achevée.
Il appelle la Mort. Elle vient sans tarder,
 Lui demande ce qu'il faut faire.°
 « C'est, dit-il, afin de m'aider 15
A recharger ce bois; tu ne tarderas guère. »°

 Le trépas vient tout guérir;
 Mais ne bougeons d'où nous sommes :
 Plutôt souffrir que mourir,
 C'est la devise des hommes. 20

 [I, 16]

Le Chêne et le Roseau†

*[This is said to be La Fontaine's favorite fable.
The reason obviously is the perfect fitting of form to
substance. The movement develops from the delicacy
of the first lines to the majesty and sonority of the close.]*

LA MORT ET LE BÛCHERON. * *Bûcheron:* Woodcutter.
1. *ramée:* green branches. 2. *le faix du fagot:* the burden
of the fagots (small wood). 4. *chaumine enfumée:* smoky
cottage. (In lines 1–4, notice the slow movement, the
prevalence of long open vowels, *a*'s and *o*'s, to match the
somberness of the picture. Compare the opening stanza of
Gray's *Elegy in a Country Churchyard.*) 8. *la machine
ronde:* the earth (a Latinism). 10. *soldats:* Soldiers, billeted
on the peasants, were likely to despoil them. 11. *corvée:*
forced labor (a feudal obligation of the peasant). 14. Make a
long pause between lines 14 and 15. During the pause, the
peasant is horrified by the aspect of death, changes his mind,
and resorts to a typical peasant ruse. La Fontaine forces the
reader to collaborate with him. 16. *tu ne tarderas guère:*
it won't take you long. LE CHÊNE ET LE ROSEAU. † *Roseau:*
Reed.

Le Chêne, un jour, dit au Roseau :
« Vous avez bien sujet d'accuser la nature;
Un roitelet° pour vous est un pesant fardeau;
 Le moindre vent qui d'aventure°
 Fait rider° la face de l'eau, 5
 Vous oblige à baisser la tête;
Cependant que° mon front, au Caucase° pareil,
Non content d'arrêter les rayons du soleil,
 Brave l'effort de la tempête.
Tout vous est aquilon,° tout me semble
 zéphyr. 10
Encor si vous naissiez à l'abri du feuillage
 Dont je couvre le voisinage,
 Vous n'auriez pas tant à souffrir,
 Je vous défendrais de l'orage :
 Mais vous naissez le plus souvent 15
Sur les humides bords des royaumes du vent.°
La nature envers vous me semble bien injuste.
— Votre compassion, lui répondit l'arbuste,°
Part d'un bon naturel; mais quittez ce souci :
 Les vents me sont moins qu'à vous
 redoutables; 20
Je plie, et ne romps pas. Vous avez jusqu'ici
 Contre leurs coups épouvantables
 Résisté sans courber le dos;
Mais attendons la fin. » Comme il disait ces
 mots,
Du bout de l'horizon accourt avec furie 25
 Le plus terrible des enfants
Que le Nord eût portés jusque-là dans ses
 flancs.
 L'arbre tient bon; le Roseau plie.
 Le vent redouble ses efforts,
 Et fait si bien qu'il déracine 30
Celui de qui la tête au ciel était voisine,
Et dont les pieds touchaient à l'empire des
 morts.°

 [I, 22]

Le Meunier,§ son Fils et l'Ane

L'invention des arts étant un droit d'aînesse,°
Nous devons l'apologue° à l'ancienne Grèce :
Mais ce champ ne se peut tellement
 moissonner
Que les derniers venus n'y trouvent à glaner.°

3. *roitelet:* wren. 4. *d'aventure:* by chance. 5. *rider:* wrinkle,
ruffle. 7. *Cependant que:* While. 7. *Caucase:* Caucasus. 10.
aquilon: cold blast. 16. Notice the cunning alliterations in
this line. 18. *arbuste:* shrub, plant. 32. Again the moral is
not expressly stated. LE MEUNIER, SON FILS ET L'ANE.
§ *Meunier:* Miller. 1. *aînesse:* seniority. 2. *apologue:* animal
fable. 4. *glaner:* glean.

La feinte° est un pays plein de terres désertes ; 5
Tous les jours nos auteurs y font des
 découvertes.
Je t'en veux dire un trait assez bien inventé ;
Autrefois à Racan° Malherbe l'a conté.
Ces deux rivaux d'Horace, héritiers de sa lyre,°
Disciples d'Apollon, nos maîtres, pour mieux
 dire, 10
Se rencontrant un jour tout seuls et sans
 témoins,
(Comme ils se confiaient leurs pensers et leurs
 soins°),
Racan commence ainsi : « Dites-moi, je vous
 prie,
Vous qui devez savoir les choses de la vie,
Qui par tous ses degrés avez déjà passé, 15
Et que rien ne doit fuir° en cet âge avancé,
A quoi me résoudrai-je ? Il est temps que j'y
 pense.
Vous connaissez mon bien, mon talent, ma
 naissance :
Dois-je dans la province établir mon séjour,
Prendre emploi dans l'armée, ou bien charge
 à la cour ?° 20
Tout au monde est mêlé d'amertume et de
 charmes :
La guerre a ses douceurs, l'hymen a ses
 alarmes.
Si je suivais mon goût, je saurais où buter ;°
Mais j'ai les miens,° la cour, le peuple° à
 contenter. »
Malherbe là-dessus : « Contenter tout le monde !
Écoutez ce récit avant que je réponde. 26
J'ai lu dans quelque endroit qu'un Meunier
 et son Fils,
L'un vieillard, l'autre enfant, non pas des plus
 petits,
Mais garçon de quinze ans, si j'ai bonne
 mémoire,
Allaient vendre leur Ane, un certain jour de
 foire. 30
Afin qu'il fût plus frais et de meilleur débit,°
On lui lia les pieds, on vous le suspendit ;
Puis cet homme et son Fils le portent comme
 un lustre.°
Pauvres gens ! idiots ! couple ignorant et rustre !

Le premier qui les vit de rire s'éclata. 35
« Quelle farce, dit-il, vont jouer ces gens-là ?
Le plus âne des trois n'est pas celui qu'on
 pense. »
Le Meunier, à ces mots, connaît° son ignorance ;
Il met sur pieds sa bête et la fait détaler.°
L'Ane, qui goûtait fort l'autre façon d'aller, 40
Se plaint en son patois. Le meunier n'en a cure,°
Il fait monter son Fils, il suit ; et, d'aventure,
Passent trois bons marchands. Cet objet°
 leur déplut.
Le plus vieux au garçon s'écria tant qu'il put :
« Oh là ! oh ! descendez, que l'on ne vous le
 dise,° 45
Jeune homme qui menez laquais à barbe
 grise !
C'était à vous de suivre, au vieillard de monter.
— Messieurs, dit le Meunier, il vous faut
 contenter. »
L'enfant met pied à terre, et puis le vieillard
 monte,
Quand trois filles passant, l'une dit : « C'est
 grand'honte 50
Qu'il faille voir ainsi clocher° ce jeune fils,
Tandis que ce nigaud,° comme un évêque assis,
Fait le veau° sur son Ane et pense être bien sage.
— Il n'est, dit le Meunier, plus de veaux à mon
 âge :
Passez votre chemin, la fille, et m'en croyez. » 55
Après maints quolibets° coup sur coup
 renvoyés,
L'homme crut avoir tort et mit son Fils en
 croupe.°
Au bout de trente pas, une troisième troupe
Trouve encore à gloser.° L'un dit : « Ces gens
 sont fous :
Le baudet° n'en peut plus : il mourra sous
 leurs coups. 60
Hé quoi ! charger ainsi cette pauvre bourrique !°
N'ont-ils point de pitié de leur vieux
 domestique ?
Sans doute qu'à la foire ils vont vendre sa
 peau.
— Parbieu ! dit le Meunier, est bien fou de
 cerveau

5. *feinte:* fiction. 8. Racan (1589–1670), disciple of Malherbe. 9. *lyre:* attribute of Apollo, god of poetry, and symbol of poetic inspiration. 12. *soins:* cares, concerns. 16. *fuir:* escape. 20. *charge à la cour:* government post. 23. *buter:* aim at. 24. *les miens:* my family. 24. *peuple:* public. 31. *meilleur débit:* more salable. 33. *lustre:* hanging lamp.

38. *connaît = reconnaît.* 39. *détaler:* hurry on. 41. *n'en a cure:* does not care. 43. *objet:* here, spectacle. 45. *que l'on .. dise:* without waiting to be told. 51. *clocher:* hobble. 52. *nigaud:* booby. 53. *Fait le veau:* Plays the fool. (Notice that the language of each group fits the type.) 56. *quolibets:* jokes. 57. *en croupe:* astride (behind him). 59. *gloser:* criticize. 60. *baudet:* donkey. 61. *bourrique:* donkey.

Qui prétend contenter tout le monde et son
 père. 65
Essayons toutefois si par quelque manière
Nous en viendrons à bout. » Ils descendent
 tous deux.
L'Ane se prélassant° marche seul devant eux.
Un Quidam° les rencontre et dit : « Est-ce la
 mode
Que Baudet aille à l'aise et Meunier
 s'incommode ? 70
Qui de l'âne ou du maître est fait pour se
 lasser ?
Je conseille à ces gens de le faire enchâsser.°
Ils usent leurs souliers et conservent leur âne !
Nicolas, au rebours ; car, quand il va voir
 Jeanne,
Il monte sur sa bête ; et la chanson le dit.° 75
Beau trio de baudets ! » Le Meunier repartit :
« Je suis âne, il est vrai, j'en conviens, je l'avoue ;
Mais que dorénavant on me blâme, on me loue,
Qu'on dise quelque chose ou qu'on ne dise rien,
J'en veux faire à ma tête. »° Il le fit, et fit bien. 80
Quant à vous, suivez Mars, ou l'Amour, ou
 le Prince,
Allez, venez, courez ; demeurez en province ;
Prenez femme, abbaye, emploi, gouvernement :
Les gens en parleront, n'en doutez nullement.

 [III, 1]

La Femme noyée

[*This is an example of the fable which is no more
than a retelling of a traditional jest. The merit lies
in the manner, which is in this case a mock-serious
reversal of customary moral judgments.*]

Je ne suis pas de ceux qui disent : « Ce n'est
 rien :
 C'est une femme qui se noie. »
Je dis que c'est beaucoup, et ce sexe vaut bien
Que nous le regrettions, puisqu'il fait notre joie.°
Ce que j'avance ici n'est point hors de propos, 5
 Puisqu'il s'agit en cette fable
 D'une femme qui dans les flots
Avait fini ses jours par un sort déplorable.
 Son époux en cherchait le corps,

Pour lui rendre, en cette aventure,° 10
Les honneurs de la sépulture.
Il arriva que sur les bords
Du fleuve auteur de sa disgrâce°
Des gens se promenaient, ignorants l'accident.
 Ce mari donc leur demandant 15
S'ils n'avaient de sa femme aperçu nulle trace :
« Nulle, reprit l'un d'eux ; mais cherchez-la
 plus bas ;
 Suivez le fil° de la rivière. »
Un autre repartit : « Non, ne la suivez pas ;
 Rebroussez° plutôt en arrière. 20
Quelle que soit la pente et l'inclination
 Dont l'eau par sa course l'emporte,
 L'esprit de contradiction
 L'aura fait flotter d'autre sorte. »°

Cet homme se raillait assez hors de saison. 25
 Quant à l'humeur contredisante,
 Je ne sais s'il avait raison.
 Mais, que cette humeur soit, ou non,
 Le défaut du sexe et sa pente,
 Quiconque avec elle° naîtra 30
 Sans faute avec elle mourra,
 Et jusqu'au bout contredira,
 Et, s'il peut, encor par delà.°

 [III, 16]

Le Jardinier et son Seigneur

 Un amateur de jardinage,
 Demi-bourgeois, demi-manant,°
 Possédait en certain village
Un jardin assez propre, et le clos attenant.°
Il avait de plant vif° fermé cette étendue. 5
Là croissait à plaisir l'oseille° et la laitue,°
De quoi faire à Margot° pour sa fête un
 bouquet,
Peu de jasmin d'Espagne et force serpolet.°
Cette félicité par un lièvre° troublée
Fit qu'au Seigneur du bourg notre homme
 se plaignit. 10
« Ce maudit animal vient prendre sa goulée°

68. *se prélassant:* taking his pleasure. 69. *Un Quidam:*
A fellow. 72. *enchâsser:* enshrine. 74–75. Reference to a cur-
rent popular song. 80. *à ma tête:* as I please. LA FEMME
NOYÉE. 4. The manner in the first four lines is *pince-
sans-rire,* or dead pan.

10. *aventure:* here, accident. 13. *disgrâce:* misfortune.
18. *fil:* current. 20. *Rebroussez:* Turn back. 24. *d'autre
sorte:* in another direction. 30. *elle = humeur.* 30–33.
The repetition of the rhyme in the last four lines has a
hammering effect, suited to the description of obstinacy.
LE JARDINIER ET SON SEIGNEUR. 2. *manant:* peasant. 4.
clos attenant: adjoining field. 5. *plant vif:* quickset hedge. 6.
oseille: sorrel; *laitue:* lettuce. 7. *Margot:* typical name of
country girl. 8. *serpolet:* thyme. 9. *lièvre:* hare. 11. *prendre
sa goulée:* eat his fill.

Soir et matin, dit-il, et des pièges se rit ;
Les pierres, les bâtons y perdent leur crédit :°
Il est sorcier, je crois. — Sorcier ? je l'en défie ;
Repartit le Seigneur : fût-il diable, Miraut,° 15
En dépit de ses tours, l'attrapera bientôt.
Je vous en déferai,° bon homme, sur ma vie.
— Et quand ? — Et dès demain, sans tarder
 plus longtemps. »
La partie° ainsi faite, il vient avec ses gens.
« Çà, déjeunons, dit-il : vos poulets sont-ils
 tendres ? 20
La fille du logis, qu'on vous voie, approchez :
Quand la marierons-nous, quand aurons-nous
 des gendres ?
Bon homme, c'est ce coup qu'il faut, vous
 m'entendez,
 Qu'il faut fouiller à l'escarcelle. »°
Disant ces mots, il fait connaissance avec elle, 25
 Auprès de lui la fait asseoir,
Prend une main, un bras, lève un coin du
 mouchoir :°
 Toutes sottises dont la belle
 Se défend avec grand respect :
Tant qu'au père à la fin cela devient suspect. 30
Cependant on fricasse, on se rue en cuisine.°
« De quand sont vos jambons ? ils ont fort
 bonne mine.
— Monsieur, ils sont à vous. — Vraiment, dit
 le Seigneur,
 Je les reçois, et de bon cœur. »
Il déjeune très bien : aussi fait sa famille,° 35
Chiens, chevaux, et valets, tous gens bien
 endentés :°
Il commande chez l'hôte, y prend des libertés,
 Boit son vin, caresse sa fille.
L'embarras° des chasseurs succède au déjeuné.
 Chacun s'anime et se prépare : 40
Les trompes et les cors font un tel tintamarre°
 Que le bonhomme est étonné.
Le pis fut que l'on mit en piteux équipage°
Le pauvre potager :° adieu planches, carreaux,°
 Adieu chicorée et porreaux,° 45
 Adieu de quoi mettre au potage.

Le lièvre était gîté° dessous° un maître chou.
On le quête ;° on le lance,° il s'enfuit par un trou,
Non pas trou, mais trouée,° horrible et large
 plaie
 Que l'on fit à la pauvre haie° 50
Par ordre du Seigneur ; car il eût été mal
Qu'on n'eût pu du jardin sortir tout à cheval.
Le bon homme disait : « Ce sont là jeux de
 prince. »
Mais on le laissait dire : et les chiens et les gens
Firent plus de dégâts° en une heure de temps 55
 Que n'en auraient fait en cent ans
 Tous les lièvres de la province.

Petits princes, videz vos débats entre vous :
De recourir aux rois vous seriez de grands fous.
Il ne les faut jamais engager dans vos guerres, 60
 Ni les faire entrer sur vos terres.°

 [IV, 4]

L'Œil du Maître

Un Cerf° s'étant sauvé dans une étable à Bœufs,
 Fut d'abord averti par eux
 Qu'il cherchât un meilleur asile.
« Mes frères, leur dit-il, ne me décelez° pas :
Je vous enseignerai les pâtis° les plus gras ; 5
Ce service vous peut quelque jour être utile,
 Et vous n'en aurez point regret. »
Les Bœufs, à toutes fins,° promirent le secret.
Il se cache en un coin, respire et prend courage.
Sur° le soir on apporte herbe fraîche et
 fourrage, 10
 Comme l'on faisait tous les jours :
 L'on va, l'on vient, les valets font cent tours,
 L'intendant° même ; et pas un d'aventure
 N'aperçut ni corps, ni ramure,°
 Ni Cerf enfin. L'habitant des forêts 15
Rend déjà grâce aux Bœufs, attend dans cette
 étable
Que, chacun retournant au travail de Cérès,°
Il trouve pour sortir un moment favorable.
L'un des bœufs ruminant lui dit : « Cela va bien ;

13. *crédit:* authority. 15. *Miraut:* name of hunting dog. 17. *Je vous en déferai:* I'll get rid of him for you. 19. *partie:* agreement. 24. *fouiller à l'escarcelle:* dip into your moneybags (to provide a dowry). (The hearty but condescending speech of the Seigneur renders his character.) 27. *mouchoir:* here, neckerchief. 31. *Cependant… cuisine:* Meanwhile they make fricassees and bustle about the kitchen. 35. *aussi fait sa famille:* and so does his retinue. 36. *endentés:* sharp-toothed, hungry. 39. *embarras:* commotion. 41. *tintamarre:* racket. 43. *équipage: here,* state. 44. *potager:* kitchen garden. 44. *planches, carreaux:* long and square garden plots. 45. *porreaux (poireaux):* leeks.

47. *gîté:* in refuge. 47. *dessous = sous.* 48. *quête:* hunt out. 48. *lance:* rouse. 49. *trouée:* breach. 50. *haie:* hedge. 55. *dégâts:* damage. 61. The moral is carefully addressed to minor princes, but it expresses the resentment of all little people against the privileges of the great. L'ŒIL DU MAÎTRE. 1. *Cerf:* stag. 4. *décelez:* betray. 5. *pâtis:* pastures. 8. *à toutes fins:* whatever might happen. 10. *Sur:* Toward. 13. *intendant:* steward, manager. 14. *ramure:* antlers. 17. *travail de Cérès:* farm labor. (Ceres was the Roman goddess of agriculture.)

Mais quoi! l'homme aux cent yeux n'a pas
 fait sa revue. 20
 Je crains fort pour toi sa venue;
Jusque-là, pauvre Cerf, ne te vante de rien. »
Là-dessus le Maître entre et vient faire sa ronde.
 « Qu'est ce-ci?° dit-il à son monde; 24
Je trouve bien peu d'herbe en tous ces râteliers;°
Cette litière° est vieille; allez vite aux greniers;°
Je veux voir désormais vos bêtes mieux
 soignées.
Que coûte-t-il d'ôter toutes ces araignées?°
Ne saurait-on ranger ces jougs et ces colliers? »
En regardant à tout, il voit une autre tête 30
Que celles qu'il voyait d'ordinaire en ce lieu.
Le Cerf est reconnu : chacun prend un épieu;°
 Chacun donne un coup à la bête.
Ses larmes° ne sauraient la sauver du trépas.
On l'emporte, on la sale,° on en fait maint repas,
 Dont maint voisin s'éjouit° d'être. 36
Phèdre° sur ce sujet dit fort élégamment :
 Il n'est, pour voir, que l'œil du Maître.
Quant à moi, j'y mettrais encor l'œil de l'amant.
 [IV, 21]

Le Cochet,* le Chat
et le Souriceau†

Un Souriceau tout jeune, et qui n'avait rien vu,
 Fut presque pris au dépourvu.°
Voici comme il conta l'aventure à sa mère :
« J'avais franchi les monts qui bornent cet État,
 Et trottais comme un jeune rat 5
 Qui cherche à se donner carrière,°
Lorsque deux animaux m'ont arrêté les yeux :
 L'un doux, bénin et gracieux,
Et l'autre turbulent et plein d'inquiétude;
 Il a la voix perçante et rude, 10
 Sur la tête un morceau de chair,
Une sorte de bras dont il s'élève en l'air
 Comme pour prendre sa volée,°
 La queue en panache° étalée. »
Or, c'était un Cochet, dont notre Souriceau 15
 Fit à sa mère le tableau,

Comme d'un animal venu de l'Amérique.
« Il se battait, dit-il, les flancs avec ses bras,
 Faisant tel bruit et tel fracas
Que moi, qui grâce aux dieux de courage me
 pique, 20
 En ai pris la fuite de peur,
 Le maudissant de très bon cœur.
 Sans lui j'aurais fait connaissance
Avec cet animal qui m'a semblé si doux :
 Il est velouté° comme nous, 25
Marqueté,° longue queue, une humble
 contenance,
Un modeste regard, et pourtant l'œil luisant.
 Je le crois fort sympathisant
Avec Messieurs les Rats; car il a des oreilles
 En figure aux nôtres pareilles. 30
Je l'allais aborder, quand d'un son plein d'éclat
 L'autre m'a fait prendre la fuite.
— Mon fils, dit la Souris, ce doucet° est un Chat,
 Qui, sous son minois° hypocrite,
 Contre toute ta parenté 35
 D'un malin vouloir est porté.
 L'autre animal, tout au contraire,
 Bien éloigné de nous mal faire
Servira quelque jour peut-être à nos repas.
Quant au Chat, c'est sur nous qu'il fonde sa
 cuisine. 40
 Garde-toi, tant que tu vivras,
 De juger les gens sur la mine. »
 [VI, 5]

Les Animaux malades de la peste

[*We see clearly in this fable the application to the social system of the seventeenth century: the king (the lion), the nobles (tigers and bears), the courtier (fox), the magistrate (wolf), and the common people (the donkey).*]

 Un mal qui répand la terreur,
 Mal que le Ciel en sa fureur
Inventa pour punir les crimes de la terre,
La Peste (puisqu'il faut l'appeler par son nom°),
Capable d'enrichir en un jour l'Achéron,° 5
 Faisait aux Animaux la guerre.

24. *Qu'est ce-ci?* What's all this? 25. *râteliers:* racks for fodder. 26. *litière:* litter, bedding. 26. *greniers:* haylofts. 28. *araignées:* spiders, cobwebs. 32. *épieu:* stake. 34. The stag was supposed to weep when caught by hunters. 35. *on la sale:* they salt him down. 36. *s'éjouit = se réjouit.* 37. *Phèdre:* Phaedrus, Roman fabulist. LE COCHET... LE SOURICEAU. *Cochet:* Young Rooster. † *Souriceau:* Little Mouse. 2. *au dépourvu:* unawares. 6. *se donner carrière:* make his way in the world. 13. *prendre sa volée:* take flight. 14. *panache:* plume.

25. *velouté:* velvety. 26. *Marqueté:* Dappled. 33. *doucet:* gentle creature. 34. *minois* = mine. LES ANIMAUX MALADES DE LA PESTE. 4. To utter the name of the Plague (like that of the Devil) was thought to be an invitation to it. 5. *Achéron:* river of Hades, signifying Hades itself.

Ils ne mouraient pas tous, mais tous étaient
 frappés :
 On n'en voyait point d'occupés
A chercher le soutien d'une mourante vie;°
 Nul mets° n'excitait leur envie; 10
 Ni loups ni renards n'épiaient
 La douce et l'innocente proie;
 Les tourterelles° se fuyaient :
 Plus d'amour, partant° plus de joie.
Le Lion tint conseil, et dit : « Mes chers amis, 15
 Je crois que le Ciel a permis
 Pour nos péchés cette infortune.
 Que le plus coupable de nous
Se sacrifie aux traits du céleste courroux;
Peut-être il obtiendra la guérison commune. 20
L'histoire nous apprend qu'en de tels accidents,
 On fait de pareils dévouements.°
Ne nous flattons donc point : voyons sans
 indulgence
 L'état de notre conscience.
Pour moi, satisfaisant mes appétits gloutons, 25
 J'ai dévoré force moutons.
 Que m'avaient-ils fait? Nulle offense;
Même il m'est arrivé quelquefois de manger
 Le berger.° 29
Je me dévouerai donc, s'il le faut; mais je pense
Qu'il est bon que chacun s'accuse ainsi que moi;
Car on doit souhaiter, selon toute justice,
 Que le plus coupable périsse.
— Sire, dit le Renard, vous êtes trop bon roi;
Vos scrupules font voir trop de délicatesse. 35
Eh bien! manger moutons, canaille, sotte espèce,
Est-ce un péché? Non, non. Vous leur fîtes,
 Seigneur,
 En les croquant,° beaucoup
 d'honneur;
 Et quant au berger, l'on peut dire
 Qu'il était digne de tous maux, 40
Étant de ces gens-là qui sur les animaux
 Se font un chimérique empire. »
Ainsi dit le Renard;° et flatteurs d'applaudir.°
 On n'osa trop approfondir
Du Tigre, ni de l'Ours, ni des autres puissances,
 Les moins pardonnables offenses. 46
Tous les gens querelleurs, jusqu'aux simples
 mâtins,°

Au dire de chacun, étaient de petits saints.
L'Ane vint à son tour, et dit : « J'ai souvenance°
 Qu'en un pré de moines passant, 50
La faim, l'occasion, l'herbe tendre, et, je pense,
 Quelque diable aussi me poussant,
Je tondis° de ce pré la largeur de ma langue.
Je n'en avais nul droit, puisqu'il faut parler
 net. »°
A ces mots, on cria haro° sur le Baudet. 55
Un Loup, quelque peu clerc,° prouva par sa
 harangue
Qu'il fallait dévouer° ce maudit animal,
Ce pelé, ce galeux,° d'où venait tout leur mal.
Sa peccadille fut jugée un cas pendable.°
Manger l'herbe d'autrui! quel crime
 abominable! 60
 Rien que la mort n'était capable
D'expier son forfait : on le lui fit bien voir.

Selon que vous serez puissant ou misérable,
Les jugements de cour vous rendront blanc ou
 noir.

 [VII, 1]

Le Coche et la Mouche

Dans un chemin montant, sablonneux,° malaisé,
Et de tous les côtés au soleil exposé,
 Six forts chevaux tiraient un Coche.
Femmes, moine, vieillards, tout était descendu;
L'attelage suait, soufflait, était rendu.° 5
Une Mouche survient,° et des chevaux
 s'approche
Prétend les animer par son bourdonnement,°
Pique l'un, pique l'autre, et pense à tout
 moment
 Qu'elle fait aller la machine,
S'assied sur le timon,° sur le nez du cocher. 10
 Aussitôt que le char chemine,°
 Et qu'elle voit les gens marcher,

49.*J'ai souvenance:* I recollect. 53. *tondis:* cropped. 54. *parler net:* speak frankly. (The ass's offense, trifling in itself, is further palliated by the fact that he was grazing in a monks' meadow.) 55. *cria haro:* shouted down. 56. *clerc:* scholar. 57. *dévouer:* sacrifice. 58. *Ce pelé, ce galeux:* That skinned and mangy creature. 59. *cas pendable:* hanging crime. (Notice that the Wolf merely abuses the defendant, alleging no proofs.) Le Coche et la Mouche. 1. *sablonneux:* sandy. 5. *L'attelage… rendu:* The horses were sweating, panting, done in. (See how the author brings his description to life. Notice the significant order in which the passengers descend, the increasing signs of the horses' effort. Thus La Fontaine indicates progress and movement.) 6. *survient:* happens along. (La Fontaine uses the imperfect for his descriptions of horses and passengers, the present for all the actions of the fly. Why?) 7. *bourdonnement:* buzzing. 10. *timon:* pole. 11. *chemine:* gets going.

9. *le soutien… vie:* i.e., food. 10. *mets:* food. 13. *tourterelles:* doves. 14. *partant:* therefore. 22. *dévouements: here*, sacrifices. 29. What is the rhetorical purpose and effect of this surprising three-syllable line? How would you read it? 38. *croquant:* devouring. 43. Notice that the clever fox has avoided making any confession of his own. 43. *d'applaudir* (hist. inf.): applauded. 47. *mâtins:* mastiffs (*i.e.*, soldiers).

Elle s'en attribue uniquement la gloire,
Va, vient, fait l'empressée :° il semble que ce soit
Un sergent de bataille allant en chaque endroit 15
Faire avancer ses gens et hâter la victoire.
 La Mouche, en ce commun besoin,
Se plaint qu'elle agit seule, et qu'elle a tout le soin ;
Qu'aucun n'aide aux chevaux à se tirer d'affaire.
 Le moine disait son bréviaire :° 20
Il prenait bien son temps !° Une femme chantait :
C'était bien de chansons qu'alors il s'agissait !
Dame Mouche s'en va chanter à leurs oreilles,
 Et fait cent sottises pareilles.
Après bien du travail, le Coche arrive au haut° : 25
« Respirons maintenant ! dit la Mouche aussitôt :
J'ai tant fait que nos gens sont enfin dans la plaine.°
Ça, Messieurs les Chevaux, payez-moi de ma peine. »

Ainsi certaines gens, faisant les empressés,
 S'introduisent dans les affaires : 30
 Ils font partout les nécessaires,°
Et, partout importuns, devraient être chassés.
 [VII, 9]

Les Deux Pigeons

[*An example of the fable-idyll*]

Deux Pigeons s'aimaient d'amour tendre ;
L'un d'eux, s'ennuyant au logis,
Fut assez fou pour entreprendre
Un voyage en lointain pays.
L'autre lui dit : « Qu'allez-vous faire ? 5
Voulez-vous quitter votre frère ?
L'absence est le plus grand des maux :

Non pas pour vous, cruel ! Au moins, que les travaux,
 Les dangers, les soins du voyage,
 Changent un peu votre courage.° 10
Encor, si la saison s'avançait davantage !
Attendez les zéphyrs : qui vous presse ? un corbeau
Tout à l'heure annonçait malheur à quelque oiseau.
Je ne songerai° plus que rencontre funeste,
Que faucons, que réseaux.° Hélas ! dirai-je, il pleut : 15
 Mon frère a-t-il tout ce qu'il veut,
 Bon soupé,° bon gîte, et le reste ? »
 Ce discours ébranla le cœur
 De notre imprudent voyageur ;
Mais le désir de voir et l'humeur inquiète 20
L'emportèrent enfin. Il dit : « Ne pleurez point ;
Trois jours au plus rendront mon âme satisfaite ;
Je reviendrai dans peu conter de point en point°
 Mes aventures à mon frère ;
Je le désennuierai. Quiconque ne voit guère 25
N'a guère à dire aussi.° Mon voyage dépeint
 Vous sera d'un plaisir extrême.
Je dirai : J'étais là ; telle chose m'avint ;°
 Vous y croirez être vous-même. »
A ces mots, en pleurant, ils se dirent adieu. 30
Le voyageur s'éloigne ; et voilà qu'un nuage
L'oblige de chercher retraite en quelque lieu.
Un seul arbre s'offrit, tel encor que l'orage
Maltraita le Pigeon en dépit du feuillage.
L'air devenu serein, il part tout morfondu,° 35
Sèche du mieux qu'il peut son corps chargé de pluie ;
Dans un champ à l'écart voit du blé répandu,
Voit un pigeon° auprès ; cela lui donne envie ;
Il y vole, il est pris : ce blé couvrait d'un las°
 Les menteurs et traîtres appas.° 40
Le las était usé ; si bien que, de son aile,
De ses pieds, de son bec, l'oiseau le rompt enfin :
Quelque plume y périt ; et le pis du destin
Fut qu'un certain vautour,° à la serre° cruelle,
Vit notre malheureux, qui, traînant la ficelle° 45
Et les morceaux du las qui l'avait attrapé,
 Semblait un forçat° échappé.

14. *fait l'empressée:* acts the busybody. 20. *bréviaire:* breviary, book of prayers. 21. *Il prenait… temps!* A nice time to do it! (This line and the following echo the complaints of the fly.) 25. *au haut:* the strong hiatus, with marked aspiration of the h, suggests strain and effort. 27. *plaine:* level (at top of hill). 31. *font les nécessaires:* act as if they were necessary.

Les Deux Pigeons. 10. *courage:* disposition. 14. *songerai:* shall see in my dreams. 15. *réseaux:* nets for catching birds. 17. *soupé = souper.* 23. *de point en point:* in detail. 26. *aussi = non plus.* 28. *avint = advint:* happened. 35. *morfondu:* wet and chilled. 38. *pigeon:* i.e., a decoy. 39. *las = lacs:* snare. 40. *appas = appâts:* bait. 44. *vautour:* vulture. 44. *serre:* claw. 45. *ficelle:* cord. 47. *forçat:* convict.

Le vautour s'en allait le lier,° quand des nues
Fond à son tour un aigle aux ailes étendues.
Le Pigeon profita du conflit des voleurs, 50
S'envola, s'abattit auprès d'une masure,°
 Crut, pour ce coup, que ses malheurs
 Finiraient par cette aventure;
Mais un fripon d'enfant (cet âge est sans pitié)
Prit sa fronde° et du coup tua plus d'à moitié 55
 La volatile° malheureuse,
 Qui, maudissant sa curiosité,
 Traînant l'aile et tirant le pié,
 Demi-morte et demi-boiteuse,°
 Droit au logis s'en retourna : 60
 Que bien, que mal,° elle arriva
 Sans autre aventure fâcheuse.
Voilà nos gens rejoints; et je laisse à juger
De combien de plaisirs ils payèrent leurs peines.

Amants, heureux amants, voulez-vous
 voyager? 65
 Que ce soit aux rives prochaines.
Soyez-vous l'un à l'autre un monde toujours
 beau,
 Toujours divers, toujours nouveau;
Tenez-vous lieu de tout,° comptez pour rien
 le reste.
J'ai quelquefois° aimé; je n'aurais pas alors, 70
 Contre le Louvre° et ses trésors,
Contre le firmament et sa voûte céleste,
 Changé les bois, changé les lieux
Honorés par les pas, éclairés par les yeux
 De l'aimable et jeune Bergère 75
 Pour qui, sous le fils de Cythère,°
Je servis, engagé par mes premiers serments.
Hélas! quand reviendront de semblables
 moments?
Faut-il que tant d'objets° si doux et si
 charmants

Me laissent vivre au gré de mon âme inquiète?°
Ah! si mon cœur osait encor se renflammer! 81
Ne sentirai-je plus de charme qui m'arrête?°
 Ai-je passé le temps d'aimer?
 [IX, 2]

Le Vieux Chat et la jeune Souris

Une jeune Souris, de peu d'expérience,
Crut fléchir° un vieux Chat, implorant sa
 clémence,
Et payant de raisons° le Raminagrobis :°
 « Laissez-moi vivre : une souris
 De ma taille et de ma dépense° 5
 Est-elle à charge en ce logis?
 Affamerais-je, à votre avis,
 L'hôte et l'hôtesse, et tout leur
 monde?
 D'un grain de blé je me nourris :
 Une noix me rend toute ronde. 10
A présent je suis maigre; attendez quelque
 temps.
Réservez ce repas à Messieurs vos enfants. »
Ainsi parlait au Chat la Souris attrapée.
 L'autre lui dit : « Tu t'es trompée :
Est-ce à moi que l'on tient de semblables
 discours? 15
Tu gagnerais autant de parler à des sourds.
Chat, et vieux, pardonner! cela n'arrive guères.
 Selon ces lois, descends là-bas,°
 Meurs, et va-t'en, tout de ce pas,
 Haranguer les Sœurs filandières.° 20
Mes enfants trouveront assez d'autre repas. »
 Il tint parole. Et pour ma fable
Voici le sens moral qui peut y convenir :

La jeunesse se flatte, et croit tout obtenir;
 La vieillesse est impitoyable. 25
 [XII, 5]

48. *lier:* seize (term of falconry). 51. *masure:* hovel. 55. *fronde:* slingshot. 56. *volatile:* bird. 59. *demi-boiteuse:* half limping. 61. *Que bien, que mal = Tant bien que mal.* 69. *Tenez-vous lieu de tout:* Be everything to each other. 70. *quelquefois = autrefois.* 71. *Louvre:* King's palace in Paris. 76. *le fils de Cythère:* Cupid, son of Venus, born in Cythera. 79. *objets: here,* women.

80. *au gré... inquiète:* according to the desires of my restless soul. (The poet pursues wild, unprofitable adventures, like the pigeon.) 82. *qui m'arrête:* which will hold me fast. Le Vieux Chat et la jeune Souris. 2. *fléchir:* sway. 3. *payant de raisons:* arguing with. 3. *Raminagrobis:* cat. 5. *dépense:* cheapness (to feed). 18. *là-bas:* to the other world. 20. *Sœurs filandières:* spinning sisters, Fates.

25. Two Moralists

French literature is very rich in aphorisms, or pithy allegations about life and conduct. The classical period particularly was inclined to generalize its observations of human behavior and to cast them in concise, memorable form. Some few of the aphorists we may call <u>moralists</u>, for <u>their observations add up to a reasoned, coherent judgment of</u> Ntbk. <u>ethical values.</u>

<u>LA ROCHEFOUCAULD [1613–1680]</u> Chr.

François, duc de La Rochefoucauld, was *un grand*, one of the few French writers who belonged to the high nobility. The marks of his caste are pride, courage, punctilious honor, and rapacity. He was a dreamy, romantic youth, loving gallant adventures, attempting even to abduct Queen Anne (wife of Louis XIII) to save her from the clutches of Cardinal Richelieu. For love of the beautiful turquoise-eyed Duchesse de Longueville, sister of *le grand Condé*, he joined the rebels in the Wars of the Fronde (1648–1652), was entangled in a bewildering series of conspiracies, was severely wounded, and lost his wealth and standing, most of his eyesight, and the Duchesse de Longueville. In his later years he frequented the literary *salons* of Paris, particularly that of Madame de Sablé, patroness of letters and of artistic cuisine. He joined his invalidism to that of Madame de Lafayette in a liaison which the severest moralists hardly reproved. He was tortured by gout and by an ennui as savage as a disease. But, as he said, "l'extrême ennui sert à nous désennuyer." <u>His chief refuge from boredom was the polishing of his *maximes*.</u> Ntbk.

The writing of *maximes*, or *sentences*, was a favorite parlor game in the salon of Madame de Sablé. And what is a *maxime*? In La Rochefoucauld's hands, <u>it is an observation on man's behavior, laid to the account of humanity in general, expressed with the utmost</u> Ntbk. <u>brevity in such words as may startle the reader, prick him to protest, thought, perhaps agreement.</u>

La Rochefoucauld's <u>641 *maximes*</u> state his conclusions about the moral qualities of man's spirit. He takes for his epigraph this thought : "Nos vertus ne sont le plus souvent que des vices déguisés." This is his compelling idea; he illustrates it amply. "<u>Les vices entrent dans la composition des vertus, comme les poisons entrent dans la composition des remèdes.</u> La prudence les assemble et les tempère, et elle s'en sert utilement contre les maux de la vie." In developing his thesis, he often employs a nearly mechanical device; for it is obvious that the excess of every virtue is a vice, courage may turn into foolhardiness, liberality into prodigality, and it is easy to condemn a virtue by identifying it with its vicious excess. But La Rochefoucauld is not expressing ultimate truth; he merely finds in accepted valuations a regrettable simplification. Nothing is simple in the world, nothing is pure—not virtue, not vice either.

His <u>picture of man's baseness</u> is dark and pessimistic, certainly. But, he suggests, we should be chary of blaming man for what he is. He is not responsible; <u>his depravity has been determined in advance.</u> "Toutes les passions ne sont autre chose que les divers degrés de la chaleur et de la froideur du sang."

Man is then helpless. He is an automaton, condemned to work evil on himself and others.

Yet there is always an implicit comparison between his wicked folly and his possible wisdom and virtue. The cynicism of the maxims is therefore not complete. Most of La Roche-foucauld's generalizations are, I think, confessions. This is the world, he implies, more evil and stupid than any of us had realized. We had expected something better; alas that we were so befooled, alas that we have had to learn the ugly truth. La Rochefoucauld parades before us his stoic coldness, but in fact he reveals his own exasperated sensibility, the suffering of his disillusion. The *maximes* are a cry of despair.

You should read the *maximes* slowly, penetrating the substance, relishing the form. You will inevitably ask yourself: "Is this true?" According to your experience you will give your answer. But it will be a provisional answer. When you are fifty, like La Rochefoucauld, you may revise your answer. But it will still be provisional.

The *maximes* are numbered as in the edition of 1678, the last to appear in La Rochefou-cauld's lifetime.

Maximes

[Selections]

[1] Ce que nous prenons pour des vertus n'est souvent qu'un assemblage de diverses actions et de divers intérêts, que la fortune ou notre industrie° savent arranger; et ce n'est pas toujours par valeur et par chasteté que les hommes sont vaillants et que les femmes sont chastes.

[11] Les passions en engendrent souvent qui leur sont contraires. L'avarice produit quelque-fois la prodigalité, et la prodigalité l'avarice; on est souvent ferme par faiblesse, et audacieux par timidité.

[14] Les hommes ne sont pas seulement sujets à perdre le souvenir des bienfaits et des injures : ils haïssent même ceux qui les ont obligés, et cessent de haïr ceux qui leur ont fait des outrages. L'application à récompenser le bien et à se venger du mal leur paraît une servitude à laquelle ils ont peine de se soumettre.

[19] Nous avons tous assez de force pour supporter les maux d'autrui.

[20] La constance des sages n'est que l'art de renfermer leur agitation dans le cœur.

[26] Le soleil ni la mort ne se peuvent regarder fixement.

[29] Le mal que nous faisons ne nous attire pas tant de persécution et de haine que nos bonnes qualités.

[38] Nous promettons selon nos espérances, et nous tenons° selon nos craintes.

[39] L'intérêt° parle toutes sortes de langues et joue toutes sortes de personnages, même celui du désintéressé.

[49] On n'est jamais si heureux ni si mal-heureux qu'on s'imagine.

[68] Il est difficile de définir l'amour. Ce qu'on en peut dire est que, dans l'âme, c'est une passion de régner; dans les esprits, c'est une sympathie; et dans le corps, ce n'est qu'une envie cachée et délicate de posséder ce que l'on aime après beaucoup de mystères.

[69] S'il y a un amour pur et exempt du mélange de nos autres passions, c'est celui qui est caché au fond du cœur et que nous ignorons nous-mêmes.

[71] Il n'y a guère de gens qui ne soient honteux de s'être aimés, quand ils ne s'aiment plus.

[72] Si on juge de l'amour par la plupart de ses effets, il ressemble plus à la haine qu'á l'amitié.

8. *industrie:* skill, astuteness.

6. *tenons:* keep our promises. 8. *intérêt:* self-interest.

[73] On peut trouver des femmes qui n'ont jamais eu de galanterie, mais il est rare d'en trouver qui n'en aient jamais eu qu'une.

[84] Il est plus honteux de se défier de° ses amis que d'en être trompé.

[86] Notre défiance justifie la tromperie d'autrui.

[89] Tout le monde se plaint de sa mémoire, et personne ne se plaint de son jugement.

[93] Les vieillards aiment à donner de bons préceptes, pour se consoler de n'être plus en état de donner de mauvais exemples.

[112] Les défauts de l'esprit augmentent en vieillissant, comme ceux du visage.

[113] Il y a de bons mariages, mais il n'y en a point de délicieux.

[114] On ne se peut consoler d'être trompé par ses ennemis et trahi par ses amis, et l'on est souvent satisfait de l'être par soi-même.

[120] L'on fait plus souvent des trahisons par faiblesse que par un dessein formé de trahir.

[122] Si nous résistons à nos passions, c'est plus par leur faiblesse que par notre force.

[123] On n'aurait guère de plaisir si on ne se flattait jamais.

[130] La faiblesse est le seul défaut que l'on ne saurait corriger.

[131] Le moindre défaut des femmes qui se sont abandonnées à faire l'amour, c'est de faire l'amour.

[135] On est quelquefois aussi différent de soi-même que des autres.

[136] Il y a des gens qui n'auraient jamais été amoureux s'ils n'avaient jamais entendu parler de l'amour.

[138] On aime mieux dire du mal de soi-même que de n'en point parler.

[149] Le refus des louanges est un désir d'être loué deux fois.

[168] L'espérance, toute trompeuse qu'elle est, sert au moins à nous mener à la fin de la vie par un chemin agréable.

[169] Pendant que la paresse et la timidité nous retiennent dans notre devoir, notre vertu en a souvent tout l'honneur.

[171] Les vertus se perdent dans l'intérêt, comme les fleuves se perdent dans la mer.

[185] Il y a des héros en mal comme en bien.

[192] Quand les vices nous quittent, nous nous flattons de la créance° que c'est nous qui les quittons.

[197] Il y a des gens de qui l'on peut ne jamais croire du mal sans l'avoir vu, mais il n'y en a point en qui il nous doive surprendre en le voyant.

[204] La sévérité des femmes est un ajuste-ment° et un fard° qu'elles ajoutent à leur beauté.

[205] L'honnêteté des femmes est souvent l'amour de leur réputation et de leur repos.

[207] La folie nous suit dans tous les temps de la vie. Si quelqu'un paraît sage, c'est seule-ment parce que ses folies sont proportionnées à son âge et à sa fortune.

[209] Qui vit sans folie n'est pas si sage qu'il croit.

[214] La valeur° est, dans les simples soldats,° un métier périlleux qu'ils ont pris pour gagner leur vie.

[218] L'hypocrisie est un hommage que le vice rend à la vertu.

5. *se défier de:* distrust.

21. *créance = croyance.* 30. *adjustement:* adornment. 30. *fard:* make-up. 44. *valeur:* valor. 45. *simples soldats:* privates.

[220] La vanité, la honte, et surtout le tempérament, font souvent la valeur des hommes et la vertu des femmes.

[226] Le trop grand empressement qu'on a de s'acquitter d'une obligation est une espèce d'ingratitude.

[231] C'est une grande folie de vouloir être sage tout seul.

[237] Nul ne mérite d'être loué de bonté s'il n'a pas la force d'être méchant; toute autre bonté n'est le plus souvent qu'une paresse ou une impuissance de la volonté.

[257] La gravité est un mystère du corps inventé pour cacher les défauts de l'esprit.

[263] Ce qu'on nomme libéralité n'est le plus souvent que la vanité de donner, que nous aimons mieux que ce que nous donnons.

[271] La jeunesse est une ivresse continuelle; c'est la fièvre de la raison.

[276] L'absence diminue les médiocres passions et augmente les grandes, comme le vent éteint les bougies° et allume le feu.

[284] Il y a des méchants qui seraient moins dangereux s'ils n'avaient aucune bonté.

[298] La reconnaissance de la plupart des hommes n'est qu'une secrète envie de recevoir de plus grands bienfaits.

[303] Quelque bien qu'on nous dise de nous, on ne nous apprend rien de nouveau.

[304] Nous pardonnons souvent à ceux qui nous ennuient, mais nous ne pouvons pardonner à ceux que nous ennuyons.

[305] L'intérêt, que l'on accuse de tous nos crimes, mérite souvent d'être loué de nos bonnes actions.

[308] On a fait une vertu de la modération, pour borner l'ambition des grands hommes et pour consoler les gens médiocres de leur peu de fortune et de leur peu de mérite.

[310] Il arrive quelquefois des accidents dans la vie d'où il faut être un peu fou pour se bien tirer.

[311] S'il y a des hommes dont le ridicule n'ait jamais paru, c'est qu'on ne l'a pas bien cherché.

[312] Ce qui fait que les amants et les maîtresses ne s'ennuient point d'être ensemble, c'est qu'ils parlent toujours d'eux-mêmes.

[313] Pourquoi faut-il que nous ayons assez de mémoire pour retenir jusqu'aux moindres particularités de ce qui nous est arrivé, et que nous n'en ayons pas assez pour nous souvenir combien de fois nous les avons contées à une même personne?

[316] Les personnes faibles ne peuvent être sincères.

[329] On croit quelquefois haïr la flatterie, mais on ne hait que la manière de flatter.

[351] On a bien de la peine à rompre quand on ne s'aime plus.

[361] La jalousie naît toujours avec l'amour; mais elle ne meurt pas toujours avec lui.

[366] Quelque défiance que nous ayons de la sincérité de ceux qui nous parlent, nous croyons toujours qu'ils nous disent plus vrai qu'aux autres.

[367] Il y a peu d'honnêtes femmes qui ne soient lasses de leur métier.

[368] La plupart des honnêtes femmes sont des trésors cachés, qui ne sont en sûreté que parce qu'on ne les cherche pas.

[372] La plupart des jeunes gens croient être naturels lorsqu'ils ne sont que mal polis et grossiers.

[373] Il y a de certaines larmes qui nous

29. *bougies:* candles.

trompent souvent nous-mêmes après avoir trompé les autres.

[377] Le plus grand défaut de la pénétration n'est pas de n'aller point jusqu'au but, c'est de le passer.

[389] Ce qui nous rend la vanité des autres insupportable, c'est qu'elle blesse la nôtre.

[409] Nous aurions souvent honte de nos plus belles actions, si le monde voyait tous les motifs qui les produisent.

[417] En amour, celui qui est guéri le premier est toujours le mieux guéri.

[428] Nous pardonnons aisément à nos amis les défauts qui ne nous regardent pas.

[432] C'est en quelque sorte se donner part aux belles actions que de les louer de bon cœur.

[436] Il est plus aisé de connaître l'homme en général que de connaître un homme en particulier.

[451] Il n'y a point de sots si incommodes que ceux qui ont de l'esprit.

[471] Dans les premières passions, les femmes aiment l'amant; et dans les autres, elles aiment l'amour.

[476] Notre envie dure toujours plus longtemps que le bonheur de ceux que nous envions.

[494] Ce qui fait voir que les hommes connaissent mieux leurs fautes qu'on ne pense, c'est qu'ils n'ont jamais tort quand on les entend parler de leur conduite; le même amour-propre qui les aveugle d'ordinaire les éclaire alors et leur donne des vues si justes qu'il leur fait supprimer ou déguiser les moindres choses qui peuvent être condamnées.

[523] Une preuve convaincante que l'homme n'a pas été créé comme il est, c'est que, plus il devient raisonnable, et plus il rougit en lui-même de l'extravagance, de la bassesse et de la corruption de ses sentiments et de ses inclinations.

[547] Il est quelquefois agréable à un mari d'avoir une femme jalouse; il entend toujours parler de ce qu'il aime.

[583] Dans l'adversité de nos meilleurs amis, nous trouvons toujours quelque chose qui ne nous déplaît pas.

[584] Comment prétendons-nous qu'un autre garde notre secret, si nous ne pouvons le garder nous-mêmes?

[593] La sobriété est l'amour de la santé, ou l'impuissance de manger beaucoup.

[608] Il y a des crimes qui deviennent innocents, et même glorieux, par leur éclat, leur nombre et leur excès; de là vient que les voleries publiques sont des habiletés, et que prendre des provinces injustement s'appelle faire des conquêtes.

LA BRUYÈRE [1645–1696]

Jean de La Bruyère is one of the few authors who wrote only one book and thereby gained lasting fame.

We know little of his early life. He was of obscure bourgeois origin; he studied law, and held a small government post which gave him plenty of time for study. At the age of forty he became tutor to the grandson of the Grand Condé, Prince of the Blood, hence of the very highest nobility. La Bruyère remained for the rest of his life an inmate of the noble household. Shy and clumsy, he suffered much, for his pupil was an unteachable brute, and the old Duke made of the tutor the butt of his cruel jokes. But La Bruyère bore all,

because in the ducal mansion he could observe the great, the courtiers, and the King himself. His book, *Les Caractères,* was published timidly in 1688, presenting itself as a translation from the Greek of Theophrastus, with some modern additions by the anonymous translator. Its success led to a series of amplified editions, in which Theophrastus nearly disappeared and the modern additions swelled to over a thousand. The book might have grown indefinitely, had not the author died when barely fifty.

Les Caractères is composed of *portraits*, or character sketches of recognizable types, and brief *pensées*, observations and critical remarks, and *maximes*, not unlike those of La Rochefoucauld. La Bruyère announced as his purpose to paint the manners and customs of his time. But in his last edition he added that he intended to paint man in general. Thus he fulfills the classic principle of seeking the general and universal in the local and temporary.

La Bruyère begins his book with his *aesthetic doctrine*, which is of course thoroughly classic. He then passes in review the various levels of society. As a satirist, he dwells much more on social evils and abuses than on the brighter side of life. His *picture of social life* is accurate but incomplete. He is concerned to reveal unsuspected vices, not to show familiar virtues. Everywhere he sees the corrupting influence of money, with the upstart financiers, the *partisans*, invading the old aristocratic world. In this emphasis on economic causation he is modern.

He is modern also in his *political and social criticism*. He is not a revolutionary; he accepts the absolutist system. Eminent clerics had denounced from the pulpit the moral and social abuses he portrays. Nevertheless it took courage for an obscure layman to expose himself to the anger of the powerful great. Certain of his remarks forecast strangely the social protest that was to arise in the following century and that was to culminate in the Revolution of 1789.

His *artistic merit* is very great. His style, rich, varied, and vivid, is still set as a model for the literary student to imitate. He sought new words for literature in the special vocabularies of the trades, the army, agriculture, etc. Herein he broke with the classic tendency to purify the language and confine it to abstraction. He employed every trick of rhetoric, falling sometimes into artifice, a too-conscious effort to surprise. Voltaire well called it "un style rapide, concis, nerveux; des expressions pittoresques; un usage tout nouveau de la langue, mais qui n'en blesse pas les règles."

Les Caractères

[*Selections*]

I. DES OUVRAGES DE L'ESPRIT

[1] Tout est dit,° et l'on vient trop tard depuis plus de sept mille ans° qu'il y a des hommes, et qui pensent. Sur ce qui concerne les mœurs, le plus beau et le meilleur est enlevé;° l'on ne fait que glaner après les anciens et les habiles d'entre les modernes.

[10] Il y a dans l'art un point de perfection, comme de bonté ou de maturité dans la nature.

Celui qui le sent et qui l'aime a le goût parfait; celui qui ne le sent pas, et qui aime en deça ou au delà, a le goût défectueux. Il y a donc un bon et un mauvais goût, et l'on dispute des goûts avec fondement.°

[17] Entre toutes les différentes expressions qui peuvent rendre une seule de nos pensées, il n'y en a qu'une qui soit la bonne. On ne la rencontre pas toujours en parlant ou en écrivant : il est vrai néanmoins qu'elle existe, que tout ce qui ne l'est point est faible, et ne satisfait point un homme d'esprit qui veut se faire entendre.°

Un bon auteur, et qui écrit avec soin,

7. The opening words of the book are intended to startle. **8.** *sept mille ans:* the world's age was commonly reckoned at 6000 or 7000 years. **10.** *enlevé:* carried off (as by a reaper).

5. An important enunciation of classic doctrine. Beauty is absolute, not relative; art is an effort to apprehend the absolute; taste is a recognition of the absolute. **13.** This is the doctrine of *le mot juste*, to be restated by Flaubert and others in the nineteenth century.

éprouve souvent que l'expression qu'il cherchait depuis longtemps sans la connaître, et qu'il a enfin trouvée, est celle qui était la plus simple, la plus naturelle, qui semblait devoir se présenter d'abord et sans effort.

Ceux qui écrivent par humeur° sont sujets à retoucher à leurs ouvrages : comme elle° n'est pas toujours fixe et qu'elle varie en eux selon les occasions, ils se refroidissent bientôt pour les expressions et les termes qu'ils ont le plus aimés.

[31] Quand une lecture vous élève l'esprit et qu'elle vous inspire des sentiments nobles et courageux, ne cherchez pas une autre règle pour juger de l'ouvrage; il est bon et fait de main d'ouvrier.°

[69] *Horace ou Despréaux°* l'a dit avant vous. — Je le crois sur votre parole; mais je l'ai dit comme mien. Ne puis-je pas penser après eux une chose vraie et que d'autres encore penseront après moi?°

II. DU MÉRITE PERSONNEL

[27] L'or éclate, dites-vous, sur les habits de *Philémon.°* — Il éclate de même chez les marchands. — Il est habillé des plus belles étoffes. — Le sont-elles moins toutes déployées dans les boutiques et à la pièce? — Mais la broderie et les ornements y ajoutent encore la magnificence. — Je loue donc le travail de l'ouvrier. — Si on lui demande quelle heure il est, il tire une montre qui est un chef-d'œuvre; la garde de son épée est un onyx, il a au doigt un gros diamant qu'il fait briller aux yeux et qui est parfait; il ne lui manque aucune de ces curieuses° bagatelles que l'on porte sur soi autant pour la vanité que pour l'usage, et il ne se plaint° non plus toute sorte de parure qu'un jeune homme qui a épousé une riche vieille. — Vous m'inspirez enfin de la curiosité; il faut voir du moins des choses si précieuses : envoyez-moi cet habit et ces bijoux de Philémon, je vous quitte° de la personne.

[37] Il n'y a rien de si délié,° de si simple et de si imperceptible où il n'entre des **manières** qui nous décèlent.° Un sot ni n'entre ni ne sort, ni ne s'assied, ni ne se lève, ni ne se tait, ni n'est sur les jambes, comme un homme d'esprit.

[41] Celui qui, logé chez soi dans un palais avec deux appartements pour les deux saisons, vient coucher au Louvre° dans un entresol° n'en use pas ainsi par modestie. Cet autre qui, pour conserver une taille° fine, s'abstient du vin et ne fait qu'un seul repas, n'est ni sobre ni tempérant; et d'un troisième qui, importuné d'un ami pauvre, lui donne enfin quelque secours, l'on dit qu'il achète son repos, et nullement qu'il est libéral. Le motif seul fait le mérite des actions des hommes, et le désintéressement y met la perfection.

IV. DU CŒUR

[63] Il faut rire avant que d'être heureux, de peur de mourir sans avoir ri.

V. DE LA SOCIÉTÉ ET DE LA CONVERSATION

[16] L'esprit de la conversation consiste bien moins à en montrer beaucoup qu'à en faire trouver aux autres; celui qui sort de votre entretien content de soi et de son esprit, l'est de vous parfaitement. Les hommes n'aiment point à vous admirer, ils veulent plaire; ils cherchent moins à être instruits, et même réjouis, qu'à être goûtés et applaudis; et le plaisir le plus délicat est de faire celui d'autrui.

[19] Dire d'une chose modestement ou qu'elle est bonne ou qu'elle est mauvaise, et les raisons pourquoi elle est telle, demande du bon sens et de l'expression;° c'est une affaire. Il est plus court de prononcer, d'un ton décisif et qui emporte° la preuve de ce qu'on avance, ou qu'elle est exécrable, ou qu'elle est miraculeuse.

[65] L'on a vu, il n'y a pas longtemps, un cercle de personnes des deux sexes, liées ensemble par la conversation et par un commerce

6. *par humeur:* i.e., according to whim or inspiration. 7. *elle* = *humeur.* 16. *d'ouvrier* = *de maître.* 18. *Despréaux:* Boileau. 22. Have you read something like this before? Where? 27. *Philémon:* The classic name introduces a *portrait* of a recognizable contemporary type. 38. *curieuses:* precious. 40. *se plaint: here,* denies himself. 45. *je vous quitte:* I renounce (*i.e.,* never mind.)

1. *délié:* slight, trifling. 3. *décèlent:* reveal. 9. *Louvre:* The King's palace. (His attendant nobles were lodged in garrets and inadequate quarters. They endured every discomfort for the advantages of attendance at court.) 9. *entresol:* mezzanine (low-ceilinged, cramped floor between ground floor and main floor). 11. *taille:* figure. 39. *expression:* art of expression. 41. *emporte: here,* implies.

d'esprit. Ils laissaient au vulgaire l'art de parler d'une manière intelligible ; une chose dite entre eux peu clairement en entraînait une autre encore plus obscure, sur laquelle on enchérissait par de vraies énigmes, toujours suivies de longs applaudissements : par tout ce qu'ils appelaient délicatesse, sentiments, tour et finesse d'expression, ils étaient enfin parvenus à n'être plus entendus° et à ne s'entendre pas eux-mêmes. Il ne fallait pour fournir à ces entretiens ni bon sens, ni jugement, ni mémoire, ni la moindre capacité : il fallait de l'esprit, non pas du meilleur, mais de celui qui est faux, et où l'imagination a trop de part.°

VI. des biens de fortune

[26] Ce garçon si frais, si fleuri,° et d'une si belle santé, est seigneur d'une abbaye et de dix autres bénéfices ;° tous ensemble lui rapportent six vingt mille livres° de revenu, dont il n'est payé qu'en médailles d'or.° Il y a ailleurs six vingts familles indigentes qui ne se chauffent point pendant l'hiver, qui n'ont point d'habits pour se couvrir, et qui souvent manquent de pain ; leur pauvreté est extrême et honteuse. Quel partage ! Et cela ne prouve-t-il pas clairement un avenir ?°

[47] Il y a des misères sur la terre qui saisissent le cœur ; il manque à quelques-uns jusqu'aux aliments, ils redoutent l'hiver, ils appréhendent de vivre. L'on mange ailleurs des fruits précoces, l'on force la terre et les saisons pour fournir à sa délicatesse ; de simples bourgeois, seulement à cause qu'ils étaient riches, ont eu l'audace d'avaler en un seul morceau la nourriture de cent familles. Tienne qui voudra contre° de si grandes extrémités ; je ne veux être, si je le puis, ni malheureux ni heureux : je me jette et me réfugie dans la médiocrité.°

[58] Il y a des âmes sales, pétries° de boue et d'ordure, éprises du gain et de l'intérêt, comme les belles âmes le sont de la gloire et de la vertu ; capables d'une seule volupté, qui est celle d'acquérir ou de ne point perdre ; curieuses° et avides du denier dix ;° uniquement occupées de leurs débiteurs, toujours inquiètes sur le rabais° ou sur le décri° des monnaies, enfoncées et comme abîmées dans les contrats, les titres et les parchemins. De telles gens ne sont ni parents, ni amis, ni citoyens, ni chrétiens, ni peut-être des hommes : ils ont de l'argent.

[83] *Giton* a le teint frais, le visage plein et les joues pendantes, l'œil fixe et assuré, les épaules larges, l'estomac° haut, la démarche ferme et délibérée ;° il parle avec confiance, il fait répéter celui qui l'entretient, et il ne goûte que médiocrement tout ce qu'il° lui dit ; il déploie un ample mouchoir et se mouche° avec grand bruit ; il crache° fort loin et il éternue° fort haut ; il dort le jour, il dort la nuit, et profondément ; il ronfle° en compagnie. Il occupe à table et à la promenade plus de place qu'un autre ; il tient le milieu en se promenant avec ses égaux, il s'arrête et l'on s'arrête, il continue de marcher et l'on marche : tous se règlent sur lui ; il interrompt, il redresse° ceux qui ont la parole ; on ne l'interrompt pas, on l'écoute aussi longtemps qu'il veut parler, on est de son avis, on croit les nouvelles qu'il débite.° S'il s'assied, vous le voyez s'enfoncer dans un fauteuil, croiser les jambes l'une sur l'autre, froncer le sourcil, abaisser son chapeau° sur ses yeux pour ne voir personne, ou le relever ensuite et découvrir son front par fierté et par audace. Il est enjoué,° grand rieur, impatient, présomptueux, colère,° libertin,° politique,° mystérieux sur les affaires du temps ; il se croit des talents et de l'esprit : il est riche.

Phédon a les yeux creux, le teint échauffé,° le corps sec et le visage maigre ; il dort peu et d'un sommeil fort léger : il est abstrait,° rêveur,° et il a

9. *entendus:* understood. 14. This is a satire on *précieux* gatherings and preciosity. Can you think of a modern parallel? 18. *fleuri:* florid (*i.e.,* well fed). 20. Under the Old Régime, many young gentlemen became *abbés commendataires,* taking only the first orders of priesthood, and receiving the revenues of abbeys and other *bénéfices,* or ecclesiastical livings and preferments. Being under no obligations except that of celibacy, they commonly lived at court and frequently led scandalous lives. 21. *six vingt mille livres:* 120.000 livres, or francs. 22. *médailles d'or:* i.e., louis d'or, coins of varying value. 28. *un avenir:* i.e., in the next world. 39. *Tienne qui voudra contre:* Let him who will oppose. 42. *médiocrité:* middle ground.

1. *pétries:* molded. 5. *curieuses: here,* concerned. 6. *denier dix:* ten per cent. 7. *rabais:* devaluation. 8. *décri:* depreciation (by decree). 16. *estomac:* chest. 17. *démarche ferme et délibérée:* firm and resolute walk. 19. *il:* i.e., the interlocutor. 20. *se mouche:* blows his nose. 21. *crache:* spits. 21. *éternue:* sneezes (after taking snuff). 23. *ronfle:* snores. 28. *redresse:* corrects. 31. *débite:* tells. 34. Men wore their hats indoors, except in the presence of ladies or the King. 37. *enjoué:* gay. 38. *colère:* ill-tempered. 38. *libertin:* freethinker. 38. *politique:* politically minded. 41. *échauffé: here,* pimply, spotty. 43. *abstrait:* inattentive. 43. *rêveur:* dreamy.

avec de l'esprit l'air d'un stupide; il oublie de dire ce qu'il sait, ou de parler d'événements qui lui sont connus, et, s'il le fait quelquefois, il s'en tire mal, il croit peser à ceux à qui il parle, il conte brièvement, mais froidement, il ne se fait pas écouter, il ne fait point rire; il applaudit, il sourit à ce que les autres lui disent, il est de leur avis; il court, il vole pour leur rendre de petits services, il est complaisant, flatteur, empressé; il est mystérieux sur ses affaires, quelquefois menteur; il est superstitieux,° scrupuleux, timide; il marche doucement et légèrement, il semble craindre de fouler° la terre; il marche les yeux baissés, et il n'ose les lever sur ceux qui passent; il n'est jamais du nombre de ceux qui forment un cercle pour discourir, il se met derrière celui qui parle, recueille furtivement ce qui se dit, et il se retire si on le regarde; il n'occupe point de lieu, il ne tient point de place; il va les épaules serrées,° le chapeau abaissé sur ses yeux pour n'être point vu, il se replie et se renferme dans son manteau; il n'y a point de rues ni de galeries si embarrassées° et si remplies de monde où il ne trouve moyen de passer sans effort et de se couler° sans être aperçu. Si on le prie de s'asseoir, il se met à peine sur le bord d'un siège, il parle bas dans la conversation, et il articule mal; libre° néanmoins sur les affaires publiques, chagrin° contre le siècle, médiocrement prévenu° des ministres et du ministère; il n'ouvre la bouche que pour répondre; il tousse;° il se mouche sous son chapeau, il crache presque sur soi, et il attend qu'il soit seul pour éternuer, ou, si cela lui arrive, c'est à l'insu de° la compagnie, il n'en coûte à personne ni salut ni compliment :° il est pauvre.

VII. DE LA VILLE

[12] *Narcisse* se lève le matin pour se coucher le soir, il a ses heures de toilette comme une femme, il va tous les jours fort régulièrement à la belle messe aux Feuillants ou aux Minimes,°

il est homme d'un bon commerce,° et l'on compte sur lui au quartier de*** pour un tiers ou pour un cinquième à l'hombre ou au reversi;° là il tient le fauteuil quatre heures de suite chez *Aricie*, où il risque chaque soir cinq pistoles d'or.° Il lit exactement la *Gazette de Hollande* et le *Mercure galant*; il a lu Bergerac,° des Marets,° Lesclache,° les *Historiettes* de Barbin,° et quelques recueils de poésies. Il se promène avec des femmes à la Plaine ou au Cours, et il est d'une ponctualité religieuse sur les visites. Il fera demain ce qu'il fait aujourd'hui et ce qu'il fit hier, et il meurt ainsi après avoir vécu.

VIII. DE LA COUR

[74] L'on parle d'une région où les vieillards sont galants,° polis et civils; les jeunes gens, au contraire, durs, féroces,° sans mœurs ni politesse : ils se trouvent affranchis de la passion des femmes dans un âge où l'on commence ailleurs à la sentir; ils préfèrent des repas, des viandes et des amours ridicules. Celui-là chez eux est sobre et modéré qui ne s'enivre que de vin : l'usage trop fréquent qu'ils en ont fait le leur a rendu insipide; ils cherchent à réveiller leur goût déjà éteint par des eaux-de-vie° et par toutes les liqueurs les plus violentes; il ne manque à leur débauche que de boire de l'eau-forte.° Les femmes du pays précipitent le déclin de leur beauté par des artifices qu'elles croient servir à les rendre belles : leur coutume est de peindre leurs lèvres, leurs joues, leurs sourcils et leurs épaules, qu'elles étalent avec leur gorge, leurs bras et leurs oreilles, comme si elles craignaient de cacher l'endroit par où elles pourraient plaire, ou de ne pas se montrer assez. Ceux qui habitent cette contrée ont une physionomie qui n'est pas nette,° mais confuse, embarrassée dans une épaisseur de cheveux étrangers qu'ils préfèrent aux naturels et dont ils font un long tissu pour couvrir leur tête; il descend à la moitié du corps, change les traits,

11. *superstitieux*: here, punctilious. 13. *fouler*: tread upon. 20. *serrées*: hunched. 23. *embarrassées*: crowded. 25. *se couler*: slip through. 28. *libre*: open-minded. 29. *chagrin*: discontented. 30. *prévenu*: in favor. 32. *tousse*: coughs. 35. *à l'insu de*: unperceived by. 36. *compliment*: i.e., polite exclamation: "Dieu vous bénisse!" You have no doubt observed the perfect balance of this double portrait. 44. *Feuillants, Minimes*: religious orders, whose Paris churches were fashionable.

1. *d'un bon commerce*: sociable. 4. *hombre, reversi*: omber, hearts; popular card games. 6. *pistoles d'or*: the gold pistole was worth 11 francs. 7. Cyrano de Bergerac, author of fantasies which we rate higher than did La Bruyère. 8. Desmarets de Saint-Sorlin. You will remember Boileau's attack on his epic, *Clovis*. 8. *Lesclache*: unimportant author. 9. *Historiettes de Barbin*: cheap, light fiction, published by Barbin. 19. *galants*: sociable. 20. *féroces*: here, proud. 28. *eaux-de-vie*: distilled liquors. 31. *eau-forte*: alcohol. 40. *nette*: clean-cut.

et empêche qu'on ne connaisse les hommes à leur visage. Ces peuples, d'ailleurs, ont leur Dieu et leur roi : les grands de la nation s'assemblent tous les jours, à une certaine heure, dans un temple qu'ils nomment église; il y a au fond de ce temple un autel consacré à leur Dieu, où un prêtre célèbre des mystères qu'ils appellent saints, sacrés et redoutables; les grands forment un vaste cercle au pied de cet autel, et paraissent debout, le dos tourné 10 directement au prêtre et aux saints mystères, et les faces élevées vers leur roi, que l'on voit à genoux sur une tribune, et à qui ils semblent avoir tout l'esprit et tout le cœur appliqués. On ne laisse pas de voir dans cet usage une espèce de 15 subordination, car ce peuple paraît adorer le prince, et le prince adorer Dieu.° Les gens du pays le nomment***; il est à quelque quarante-huit degrés d'élévation° du pôle, et à plus de onze cents lieues de mer des Iroquois et des 20 Hurons.

[75] Qui considérera que le visage du prince fait toute la félicité du courtisan,° qu'il s'occupe et se remplit pendant toute sa vie de le voir et 25 d'en être vu, comprendra un peu comment voir Dieu peut faire toute la gloire et tout le bonheur des saints.

IX. DES GRANDS

[25] Si je compare ensemble les deux conditions des hommes les plus opposées, je veux dire les grands avec le peuple, ce dernier me paraît content du nécessaire et les autres sont 35 inquiets et pauvres avec le superflu. Un homme du peuple ne saurait faire aucun mal, un grand ne veut faire aucun bien, et est capable de grands maux; l'un ne se forme et ne s'exerce que dans les choses qui sont utiles, l'autre y 40 joint les pernicieuses; là se montrent ingénument la grossièreté et la franchise, ici se cache une sève° maligne et corrompue sous l'écorce de la politesse; le peuple n'a guère d'esprit, et les grands n'ont point d'âme; celui-là a un bon 45 fond et n'a point de dehors, ceux-ci n'ont que des dehors et qu'une simple superficie. Faut-il opter? Je ne balance pas : je veux être peuple.

[28] Un grand aime la Champagne, abhorre la Brie,° il s'enivre de meilleur vin que l'homme du peuple : seule différence que la crapule° laisse entre les conditions les plus disproportionnées, entre le seigneur et l'estafier.° 5

[41] S'il est vrai qu'un grand donne plus à la fortune lorsqu'il hasarde une vie destinée à couler dans les ris,° le plaisir et l'abondance, qu'un particulier° qui ne risque que des jours qui sont misérables, il faut avouer aussi qu'il a un tout autre dédommagement,° qui est la gloire et la haute réputation. Le soldat ne sent pas qu'il soit connu, il meurt obscur et dans la foule; il vivait de même, à la vérité, mais il vivait, et c'est l'une des sources du défaut de courage dans les conditions° basses et serviles. Ceux, au contraire, que la naissance démêle d'avec° le peuple et expose aux yeux des hommes, à leur censure et à leurs éloges, sont même capables de sortir par effort de leur 20 tempérament, s'il ne les portait pas à la vertu;° et cette disposition de cœur et d'esprit qui passe des aïeuls° par les pères dans leurs descendants est cette bravoure si familière aux personnes nobles, et peut-être la noblesse même.

Jetez-moi dans les troupes comme un simple soldat, je suis Thersite;° mettez-moi à la tête d'une armée dont j'aie à répondre à toute 30 l'Europe, je suis *Achille*.°

[53] A la cour, à la ville, mêmes passions, mêmes faiblesses, mêmes petitesses, mêmes travers d'esprit, mêmes brouilleries° dans les 35 familles et entre les proches, mêmes envies, mêmes antipathies : partout des brus° et des belles-mères, des maris et des femmes, des divorces, des ruptures et de mauvais raccommodements, partout des humeurs,° des colères, 40 des partialités, des rapports° et ce qu'on appelle de mauvais discours.° Avec de bons yeux, on voit sans peine la petite ville, la rue Saint-Denis° comme transportées à V*** ou à F***.°

2. *la Champagne, la Brie = le vin de Champagne, le vin de Brie.* 3. *crapule:* drunkenness. 5. *estafier:* footman. 9. *ris:* laughter, gaiety. 10. *particulier:* i.e., insignificant individual. 12. *dédommagement:* recompense. 17. *conditions:* ranks of life. 19. *démêle d'avec:* distinguishes from. 22. *vertu:* courage. 24. *aïeuls = aïeux:* ancestors. 28. Thersites, the cowardly braggart in Homer's *Iliad.* 30. Achilles, paragon of valor. 34. *brouilleries:* quarrels. 36. *brus:* daughters-in-law. 39. *humeurs:* caprices. 40. *rapports:* tale bearings. 41. *mauvais discours:* slanders. 43. *rue Saint-Denis:* Main Street. 43. *V***, F***:* Versailles, Fontainebleau.

17. La Bruyère is referring to the disposition of the Royal Chapel at Versailles. 19. *élévation:* latitude. (Paris lies between the forty-eighth and forty-ninth parallels.) 24. *courtisan:* courtier. 43. *sève:* sap.

Ici l'on croit se haïr avec plus de fierté et de hauteur, et peut-être avec plus de dignité; on se nuit réciproquement avec plus d'habileté et de finesse; les colères sont plus éloquentes, et l'on se dit des injures plus poliment et en meilleurs termes; l'on n'y blesse point la pureté de la langue, l'on n'y offense que les hommes ou que leur réputation; tous les dehors du vice y sont spécieux,° mais le fond encore une fois y est le même que dans les conditions les plus ravalées;° tout le bas, tout le faible et tout l'indigne s'y trouvent. Ces hommes si grands ou par leur naissance, ou par leur faveur, ou par leurs dignités, ces têtes si fortes et si habiles, ces femmes si polies et si spirituelles, tous méprisent 15 le peuple, et ils sont peuple...

XI. DE L'HOMME

[1] Ne nous emportons point contre les 20 hommes en voyant leur dureté, leur ingratitude, leur injustice, leur fierté,° l'amour d'eux-mêmes et l'oubli des autres : ils sont ainsi faits, c'est leur nature, c'est ne pouvoir supporter que la pierre tombe ou que le feu s'élève. 25

[48] Il n'y a pour l'homme que trois événements : naître, vivre et mourir; il ne se sent pas naître, il souffre à mourir, et il oublie de vivre.

[50] Les enfants sont hautains, dédaigneux, 30 colères, envieux, curieux, intéressés, paresseux, volages, timides,° intempérants, menteurs, dissimulés; ils rient et pleurent facilement; ils ont des joies immodérées et des afflictions amères 35 sur de très petits sujets; ils ne veulent point souffrir de mal, et aiment à en faire : ils sont déjà des hommes.

9. *spécieux:* fair-seeming. 10. *avalées:* inferior. 22. *fierté:* cruelty. 33. *timides:* cowardly.

[128] L'on voit certains animaux farouches, des mâles et des femelles, répandus par la campagne, noirs, livides et tout brûlés du soleil, attachés à la terre qu'ils fouillent et qu'ils remuent avec une opiniâtreté invincible; ils ont comme une voix articulée, et, quand ils se lèvent sur leurs pieds, ils montrent une face humaine, et en effet ils sont des hommes; ils se retirent la nuit dans des tanières° où ils vivent de pain noir, d'eau et de racines; ils épargnent aux autres hommes la peine de semer, de labourer et de recueillir pour vivre, et méritent ainsi de ne pas manquer de ce pain qu'ils ont semé.°

XII. DES JUGEMENTS

[24] Si nous entendions dire des Orientaux qu'ils boivent ordinairement d'une liqueur qui leur monte à la tête, leur fait perdre la raison et les fait vomir, nous dirions : « Cela est bien barbare ».

XIV. DE QUELQUES USAGES

[31] Il s'est trouvé des filles qui avaient de la vertu, de la santé, de la ferveur et une bonne vocation, mais qui n'étaient pas assez riches pour faire dans une riche abbaye vœu de pauvreté.

XVI. DES ESPRITS FORTS*

[24] Jusqu'où les hommes ne se portent-ils point par l'intérêt de la religion, dont ils sont si peu persuadés et qu'ils pratiquent si mal !

9. *tanières:* dens. 14. A famous impression, hardly exaggerated, of the misery of peasants in the brilliant reign of Louis XIV. This passage, with others, represents the dawning of social consciousness and social conscience. * *esprits forts:* freethinkers.

26. Two Clerics

In this country literature has become secular. We are inclined to classify theology, sermons, hymns as a special field, as trade literature. Pulpit eloquence especially has faded, with the substitution of the chatty, man-to-man, lunch-club and fireside-talk manner for the rolling periods of old-fashioned oratory. But in France the arts of the Church hold an important place in the curricula of the schools and in the manuals of literary history.

BOSSUET [1627–1704]

Jacques-Bénigne Bossuet is the greatest representative of the "Christian classicism" of France.

His life was totally given to the Church. Born in Dijon, in a family of pious magistrates, he was tonsured, consecrated to religion, at the age of eight. His natural piety was developed by ecclesiastical training; doubt he never knew. His brilliance as a young priest brought him to Paris to preach before the King and Court. As tutor to the Dauphin, he wrote for his charge a series of textbooks on religion, history, and philosophy. He was named Bishop of Meaux, and is often referred to as "l'aigle de Meaux." Engaged in constant controversies, he defended the rights of the French, or Gallican, church against Rome, and opposed the "quietism" of Fénelon, Archbishop of Cambrai. (Quietism is the contention that by putting the spirit in a state of passive receptivity one may attain to spiritual exaltation and to inspired awareness of truth.) He carried on an endless argument with Protestant leaders, for his dearest purpose was to bring the Protestants back to the Catholic fold. He died, in full activity, at seventy-seven.

His fame rests on his *Sermons*, moving and poetic, still taken as models of pulpit eloquence; on his *Oraisons funèbres (Funeral Orations)*, of which more will be said anent the selection given below; and on his historical and controversial works. Of these last we need mention only two. His *Discours sur l'histoire universelle* traces the development of humanity from the earliest times. Providence, the hand of God, is shown as the determinant of human affairs. Modern historians, though contesting Bossuet's interpretation and correcting his errors of fact, see in the book the first great effort at historical synthesis, containing many brilliant observations on man's progress toward civilization. His *Histoire des variations des églises protestantes* is a polemic against Protestantism. His theme is that the incessant division and subdivision of Protestant sects according to variations in dogma prove that they cannot possess the truth, which has come, by revelation, only to Catholic orthodoxy. The book is noteworthy for the moderation, even sympathetic understanding, with which the founders of Protestantism are treated.

Bossuet was a great *artist*. His style is both oratorical and poetic, elevated, a little archaic for its own time, latinistic, lyric. It is still regarded as the finest model of style for the purpose which it serves.

De la brièveté de la vie

MÉDITATION

[*This work was written probably in* 1648 *or* 1649, *when Bossuet was just over twenty, as a spiritual—and literary—exercise. He already possesses his characteristic style, eloquent even in meditation. Observe the simple, harmonious language, the balancing of phrases, the musical repetition of themes and turns of speech. The* Méditation *is clearly intended not so much to clarify his own thoughts as to move others.*]

C'est bien peu de chose que l'homme, et tout ce qui a fin est bien peu de chose. Le temps viendra où cet homme qui nous semblait si grand ne sera plus, où il sera comme l'enfant qui est encore à naître, où il ne sera rien. Si longtemps qu'on soit au monde, y serait-on mille ans, il en faut venir là. Il n'y a que le temps de ma vie qui me fait différent de ce qui ne fut jamais : cette différence est bien petite, puisqu'à la fin je serai encore confondu avec ce qui n'est point; ce qui arrivera le jour où il ne paraîtra pas seulement que j'aie été, et où peu m'importera combien de temps j'aie été, puisque je ne serai plus. J'entre dans la vie avec la loi d'en sortir, je viens faire mon personnage,° je viens me montrer comme les autres; après, il faudra disparaître. J'en vois passer devant moi, d'autres me verront passer; ceux-là mêmes donneront à leurs successeurs le même spectacle; et tous enfin se viendront confondre dans le néant.

Ma vie est de quatre-vingts ans au plus, prenons-en cent : qu'il y a eu de temps où je n'étais pas! qu'il y en a où je ne serai point! et que j'occupe peu de place dans ce grand abîme des ans! Je ne suis rien; ce petit intervalle n'est pas capable de me distinguer du néant où il faut que j'aille. Je ne suis venu que pour faire nombre; encore n'avait-on que faire de moi,° et la comédie ne se serait pas moins bien jouée, quand je serais demeuré derrière le théâtre.° Ma partie° est bien petite en ce monde, et si peu considérable que, quand je regarde de près, il me semble que c'est un songe de me voir ici, et que tout ce que je vois ne sont que de vains simulacres :° *Praeterit figura hujus mundi.*°

Ma carrière est de quatre-vingts ans tout au plus; et pour aller là, par combien de périls faut-il passer? par combien de maladies, etc.? à quoi tient-il que le cours ne s'en arrête à chaque moment? ne l'ai-je pas reconnu quantité de fois? J'ai échappé la mort à telle et telle rencontre :° c'est mal parler, « j'ai échappé la mort ». J'ai évité ce péril, mais non pas la mort : la mort nous dresse diverses embûches;° si nous échappons l'une nous tombons en une autre; à la fin, il faut venir entre ses mains. Il me semble que je vois un arbre battu des vents; il y a des feuilles qui tombent à chaque moment; les unes résistent plus, les autres moins : que s'il y en a qui échappent de l'orage, toujours l'hiver viendra, qui les flétrira° et les fera tomber. Ou, comme dans une grande tempête, les uns sont soudainement suffoqués, les autres flottent sur un ais° abandonné aux vagues, et lorsqu'il croit avoir évité tous les périls, après avoir duré longtemps, un flot le pousse contre un écueil,° et le brise; il en est de même : le grand nombre d'hommes qui courent la même carrière fait que quelques-uns passent jusques au bout; mais après avoir évité les attaques diverses de la mort, arrivant au bout de la carrière où ils tendaient parmi tant de périls, ils la vont trouver eux-mêmes, et tombent à la fin de leur course : leur vie s'éteint d'elle-même comme une chandelle qui a consumé sa matière.

Ma carrière est de quatre-vingts ans au plus,° et de ces quatre-vingts ans, combien y en a-t-il que je compte pendant ma vie? le sommeil est plus semblable à la mort; l'enfance est la vie d'une bête. Combien de temps voudrais-je avoir effacé de mon adolescence? et quand je serai plus âgé, combien encore? Voyons à quoi tout cela se réduit : qu'est-ce que je compterai donc? car tout cela n'en° est déjà pas. Le temps où j'ai eu quelque contentement, où j'ai acquis quelque honneur? Mais combien ce temps est-il clairsemé° dans ma vie? c'est comme des clous attachés à une longue muraille; dans° quelque distance vous diriez que cela occupe bien de la place; amassez-les, il n'y en a pas pour emplir la main. Si j'ôte le sommeil, les maladies, les inquiétudes, etc., de ma vie : que je prenne

27. *faire mon personnage*: play my part. (The metaphor of the actor is carried through the following paragraph.) 41. *n'avait-on... moi*: there was no need of me. 43. *derrière le théâtre*: i.e., in the wings. 43. *partie*: rôle. 47. *simulacres*: images, representations. 47. *Praeterit... mundi*: The fashion of this world passeth away. (I Corinthians 7:31.)

7. *rencontre*: occasion. 9. *embûches*: ambushes. 16. *flétrira*: will wither. 19. *ais*: plank. 21. *écueil*: reef. 31. Notice that almost the same phrase has opened the last three paragraphs. Is this carelessness? If not, what? 39. *en = de ma carrière*. 42. *clairsemé*: scattered. 43. *dans = à*.

maintenant tout le temps où j'ai eu quelque contentement ou quelque honneur, à quoi cela va-t-il? Mais ces contentements, les ai-je eus tous ensemble? mais les ai-je eus autrement que par parcelles? mais les ai-je eus sans inquiétude? et, s'il y a de l'inquiétude, les donnerai-je au temps que j'estime, ou à celui qui ne compte pas? et ne l'ayant pas eu à la fois, l'ai-je du moins eu tout de suite? l'inquiétude n'a-t-elle pas toujours divisé° deux contentements? ne s'est-elle pas toujours jetée à la traverse pour les empêcher de se toucher? Mais que reste-t-il? des plaisirs licites,° un souvenir inutile; des illicites, un regret, une obligation à l'enfer, ou à pénitence, etc. Ah! que nous avons bien raison de dire que nous passons notre temps! nous le passons véritablement, et nous passons avec lui. Tout mon être tient à un moment; voilà ce qui me sépare du rien; celui-là s'écoule, j'en prends un autre; ils se passent les uns après les autres: les uns après les autres, je les joins, tâchant de m'assurer; et je n'aperçois pas qu'ils m'entraînent insensiblement avec eux et que je manquerai au temps, non pas le temps à moi.

Voilà ce que c'est que ma vie; et ce qui est épouvantable, c'est que cela passe à mon égard;° devant Dieu cela demeure, ces choses me regardent. Ce qui est à moi, la possession en dépend du temps, parce que j'en dépends moi-même; mais elles sont à Dieu devant° moi, elles dépendent de Dieu devant que du temps, le temps ne les peut retirer de son empire, il est au-dessus du temps :° a son égard cela demeure, cela entre dans ses trésors; ce que j'y aurai mis, je le trouverai. Ce que je fais dans le temps, passe par le temps à l'éternité; d'autant que le temps est compris et est sous l'éternité, et aboutit à l'éternité. Je ne jouis des moments de ce plaisir que durant le passage; quand ils passent, il faut que j'en réponde comme s'ils demeuraient. Ce n'est pas assez dire : « Ils sont passés, je n'y songerai plus »; ils sont passés, oui pour moi, mais à Dieu, non; il m'en demandera compte.

Eh bien! mon âme, est-ce donc si grande chose que cette vie? et si cette vie est si peu de chose,° parce qu'elle passe, qu'est-ce que les plaisirs qui ne tiennent pas toute la vie, et qui passent en un moment? cela vaut-il bien la peine de se damner? cela vaut-il bien la peine de se donner tant de peine, d'avoir tant de vanité? Mon Dieu, je me résous de tout mon cœur en votre présence, de penser tous les jours, au moins en me couchant et en me levant, à la mort. En cette pensée : « J'ai peu de temps, j'ai beaucoup de chemin à faire, peut-être en ai-je encore moins que je ne pense », je louerai Dieu de m'avoir retiré ici pour songer à la pénitence. Je mettrai ordre à mes affaires, à ma confession, à mes exercices,° avec grande exactitude, grand courage, grande diligence; pensant non pas à ce qui passe, mais à ce qui demeure.

Oraison funèbre du Prince de Condé

[*Instead of merely celebrating the virtues of the deceased, as the convention of the funeral oration prescribed, Bossuet commonly took the life of his subject as a lesson for the living. Thus the theme of his oration on the death of the Prince de Condé (1687) is the necessity of piety.*

Le Grand Condé, Prince of the Blood and near relative of the King, was one of the greatest generals in French history. Bossuet tells of his life and victories; he analyzes his character and describes his last hours and death. He draws the lesson that glory is nothing without piety.

We have room here only for the peroration. This was said by Chateaubriand to be the utmost effort of human eloquence. One should imagine oneself in the high pulpit of Notre-Dame. The vast cathedral is draped with black banners bearing symbols of death and allegorical inscriptions. In the front of the nave stands a giant catafalque containing the coffin of Condé. King Louis XIV sits on a high seat looking up at the preacher; behind him are arrayed all the members of the Court, giving free vent to their tears. Now read aloud, with all the full-voiced sonority and emotion you can command.]

PÉRORAISON

Venez, peuples, venez maintenant; mais venez plutôt, princes et seigneurs; et vous qui jugez la terre, et vous qui ouvrez aux hommes les portes

10. *divisé:* separated. 13. *licites:* licit, permissible. 26. *passe à mon égard:* concerns me. 30. *devant = avant.* 33. Notice the repetition of *temps* in this paragraph. 46. Bossuet picks up the phrase with which he had begun.

13. *exercices:* spiritual practices.

du ciel; et vous, plus que tous les autres, princes et princesses, nobles rejetons° de tant de rois, lumières de la France, mais aujourd'hui obscurcies et couvertes de votre douleur comme d'un nuage; venez voir le peu qui nous reste d'une si auguste naissance, de tant de grandeur, de tant de gloire. Jetez les yeux de toutes parts :° voilà tout ce qu'a pu faire la magnificence et la piété pour honorer un héros; des titres, des inscriptions, vaines marques de ce qui n'est plus; des figures qui semblent pleurer autour d'un tombeau, et de fragiles images d'une douleur que le temps emporte avec tout le reste; des colonnes qui semblent vouloir porter jusqu'au ciel le magnifique témoignage de notre néant, et rien enfin ne manque dans tous ces honneurs que celui à qui on les rend. Pleurez donc sur ces faibles restes de la vie humaine, pleurez sur cette triste immortalité que nous donnons aux héros; mais approchez en particulier, ô vous qui courez avec tant d'ardeur dans la carrière de la gloire, âmes guerrières et intrépides; quel autre fut plus digne de vous commander?° Mais dans quel autre avez-vous trouvé le commandement plus honnête? Pleurez donc ce grand capitaine, et dites en gémissant : Voilà celui qui nous menait dans les hasards; sous lui se sont formés tant de renommés capitaines que ses exemples ont élevés aux premiers honneurs de la guerre; son ombre eût pu encore gagner des batailles, et voilà que dans son silence son nom même nous anime, et ensemble° il nous avertit que pour trouver à la mort quelque reste de nos travaux et n'arriver pas sans ressource à notre éternelle demeure, avec le roi de la terre il faut encore servir le roi du ciel.° Servez donc ce roi immortel et si plein de miséricorde, qui vous comptera un soupir et un verre d'eau° donné en son nom, plus° que tous les autres ne feront jamais tout votre sang répandu; et commencez à compter le temps de vos utiles services, du jour que vous vous serez donnés à un maître si bienfaisant. Et vous, ne viendrez-vous pas à ce triste monument, vous, dis-je, qu'il a bien voulu mettre

au rang de ses amis?° Tous ensemble, en quelque degré de sa confiance qu'il vous ait reçus, environnez ce tombeau, versez des larmes avec des prières; et, admirant dans un si grand prince une amitié si commode° et un commerce° si doux, conservez le souvenir d'un héros dont la bonté avait égalé le courage. Ainsi puisse-t-il toujours vous être un cher entretien!° Ainsi puissiez-vous profiter de ses vertus; et que sa mort, que vous déplorez, vous serve à la fois de consolation et d'exemple! Pour moi,° s'il m'est permis, après tous les autres, de venir rendre les derniers devoirs à ce tombeau, ô prince, le digne sujet de nos louanges et de nos regrets, vous vivrez éternellement dans ma mémoire : votre image y sera tracée, non point avec cette audace qui promettait la victoire; non, je ne veux rien voir en vous de ce que la mort y efface. Vous aurez dans cette image des traits immortels : je vous y verrai tel que vous étiez à ce dernier jour sous la main de Dieu, lorsque sa gloire sembla commencer à vous apparaître. C'est là que je vous verrai plus triomphant qu'à Fribourg et à Rocroi;° et ravi d'un si beau triomphe, je dirai en action de grâces° ces belles paroles du bien-aimé disciple : *Et haec est victoria quae vincit mundum, fides nostra* : « La véritable victoire, celle qui met sous nos pieds le monde entier, c'est notre foi. »° Jouissez, prince, de cette victoire; jouissez-en éternellement par l'immortelle vertu de ce sacrifice.° Agréez° ces derniers efforts d'une voix qui vous fut connue. Vous mettrez fin à tous ces discours.° Au lieu de déplorer la mort des autres, grand prince, dorénavant je veux apprendre de vous à rendre la mienne sainte; heureux si, averti par ces cheveux blancs du compte que je dois rendre de mon administration, je réserve au troupeau que je dois nourrir de la parole de vie les restes d'une voix qui tombe et d'une ardeur qui s'éteint.°

2. *rejetons:* offspring. 8. Here gesture solemnly to the funereal trappings of the cathedral as they are enumerated. 24. Point to the group of army generals. 33. *ensemble:* at the same time. 37. Indicate with your hand the King sitting below you; then point upward to Heaven. 39. *verre d'eau:* see Matthew 10:42. 38–40. *comptera… plus:* will count as of more worth.

1. Indicate, with a sweep of the hand, the noble mourners. 5. *commode:* accommodating. 6. *commerce:* sociability. 8. *entretien:* subject of conversation. 11. Here bow the head, and after a pause address the catafalque in a simple, intimate, but deeply moved tone. 24. *Fribourg, Rocroi:* famous victories of Condé. 26. *action de grâces:* thanksgiving. 29. *La véritable… foi:* I John 5:4. 31. *sacrifice:* the Mass which has just been celebrated. 32. *Agréez:* Accept. 34. Bossuet thus announces that he will deliver no more funeral orations. 41. Render the beautiful "dying fall" of the close very slowly, quietly, with a voice that seems barely able to conclude. Then a moment of silent prayer.

FÉNELON [1651–1715]

François de Salignac de La Mothe-Fénelon, offspring of minor country nobility, was, like Bossuet, destined from youth for the Church. Again like Bossuet, whose protégé he became, he labored for the conversion of Protestants, attracted attention by his eloquence, and was named tutor to the eldest son of the Dauphin, Bossuet's erstwhile pupil. He was consecrated Archbishop of Cambrai (and was called "le cygne de Cambrai" in contrast to "l'aigle de Meaux"). But he lost all his court favor by espousing the cause of quietism. ("The basic tenet of quietism," says an anonymous writer in the London Times Literary Supplement,* "was that the soul should renounce all acts, all concern with the possibility of sin, and await the coming of grace in a state of complete passiveness. This practice, which ignored the vital distinction between the appearance and the reality of an experience, could obviously induce states which had nothing to do with religion and in which strange things might happen. They sometimes did.") Bossuet carried on a long, envenomed controversy about quietism with his former friend. Fénelon's book defending quietism was condemned by the Pope, and Fénelon was exiled from court to his Cambrai diocese. He died in 1715, a few months before Louis XIV.

As educator, Fénelon wrote, notably, a Traité de l'éducation des filles (1687), proposing to train upperclass girls to be worthy Christian wives and mothers. Though the book is sympathetic and often penetrating, on the whole it opposes the efforts of women to emancipate themselves and to attain intellectual culture.

As a writer of fiction, he produced for his noble pupil Les Aventures de Télémaque (1699). This book, presented as a continuation of the Odyssey, tells of the further adventures of Telemachus, son of Odysseus (or Ulysses). The purpose is moral, to show the young prince by indirection the rewards of righteous behavior and of good government. Télémaque is the first prose poem in French literature. It had a most extraordinary success. For two centuries it was read by every literate young Frenchman and by nearly every young foreign student of the French language. Then, by an interesting change of taste, teachers and students alike revolted against its sugary moralizing.

As a political writer, Fénelon marks the transition between the orthodoxy of the seventeenth century and the free thought of the eighteenth. He accepted the principle of absolutism, the divine right of the King, but he attacked the abuses of despotism with amazing vigor. He proposed as a corrective not a new order of things but a return to an earlier system, in which the King was held in check by a powerful aristocracy. Specific reforms are suggested in Télémaque and clearly stated in other works.

Fénelon's style, like his thought, is transitional. He brought to classic prose a new melodious richness, full of sensuous suggestion. His style was to influence many writers of the following period.

Lettre à Louis XIV

[This remarkable picture of the misery and discontent underlying the pomp of the Old Régime was written probably in 1694, to ease Fénelon's indignation at the sorry state of France. He holds Louis XIV alone

* April 25, 1952.

to blame—for absolutism has its responsibilities as well as its privileges. The eloquent letter sounds every note, from denunciation to exhortation and encouragement. Was it ever delivered to its destined recipient? One can hardly believe it. No contemporary mentions it. If the King had read it, his fury would have been beyond his powers of concealment.]

La personne, Sire, qui prend la liberté de vous écrire cette lettre, n'a aucun intérêt en ce monde. Elle ne l'écrit ni par chagrin, ni par ambition, ni par envie de se mêler des grandes affaires. Elle vous aime sans être connue de vous; elle regarde Dieu en votre personne. Avec toute votre puissance, vous ne pouvez lui donner aucun bien qu'elle désire, et il n'y a aucun mal qu'elle ne souffrît de bon cœur pour vous faire connaître les vérités nécessaires à votre salut. Si elle vous parle fortement, n'en soyez pas étonné, c'est que la vérité est libre et forte. Vous n'êtes guères accoutumé à l'entendre. Les gens accoutumés à être flattés prennent aisément pour chagrin, pour âpreté et pour excès, ce qui n'est que la vérité toute pure. C'est la trahir que de ne vous la montrer pas dans toute son étendue. Dieu est témoin que la personne qui vous parle le fait avec un cœur plein de zèle, de respect, de fidélité et d'attendrissement sur tout ce qui regarde votre véritable intérêt.

Vous êtes né, Sire, avec un cœur droit et équitable; mais ceux qui vous ont élevé ne vous ont donné pour science de gouverner que la défiance, la jalousie, l'éloignement de la vertu, la crainte de tout mérite éclatant, le goût des hommes souples et rampants,° la hauteur et l'attention à votre seul intérêt.

Depuis environ trente ans, vos principaux ministres ont ébranlé et renversé toutes les anciennes maximes de l'État, pour faire monter jusqu'au comble votre autorité, qui était devenue la leur parce qu'elle était dans leurs mains. On n'a plus parlé de l'État ni des règles; on n'a parlé que du Roi et de son bon plaisir. On a poussé vos revenus et vos dépenses à l'infini. On vous a élevé jusqu'au ciel, pour avoir effacé, disait-on, la grandeur de tous vos prédécesseurs ensemble, c'est-à-dire pour avoir appauvri la France entière, afin d'introduire à la cour un luxe monstrueux et incurable. Ils ont voulu vous élever sur les ruines de toutes les conditions° de l'État, comme si vous pouviez être grand en ruinant tous vos sujets, sur qui votre grandeur est fondée. Il est vrai que vous avez été jaloux de l'autorité,° peut-être même trop, dans les choses extérieures; mais, pour le fond, chaque ministre a été le maître dans l'étendue de son administration. Vous avez cru gouverner, parce que vous avez réglé les limites entre ceux qui gouvernaient. Ils ont bien montré au public leur puissance, et on ne l'a que trop sentie. Ils ont été durs, hautains, injustes, violents, de mauvaise foi. Ils n'ont connu d'autre règle, ni pour l'administration du dedans de l'État, ni pour les négociations étrangères, que de menacer, que d'écraser, que d'anéantir tout ce qui leur résistait. Ils ne vous ont parlé que pour écarter de vous tout mérite° qui pouvait leur faire ombrage. Ils vous ont accoutumé à recevoir sans cesse des louanges outrées° qui vont jusqu'à l'idolâtrie, et que vous auriez dû, pour votre honneur, rejeter avec indignation. On a rendu votre nom odieux, et toute la nation française insupportable à tous nos voisins. On n'a conservé aucun ancien allié parce qu'on n'a voulu que des esclaves. On a causé depuis plus de vingt ans des guerres sanglantes. Par exemple, Sire, on fit entreprendre à Votre Majesté, en 1672, la guerre de Hollande pour votre gloire et pour punir les Hollandais, qui avaient fait quelque raillerie, dans le chagrin° où on les avait mis en troublant les règles de commerce établies par le cardinal de Richelieu. Je cite en particulier cette guerre, parce qu'elle a été la source de toutes les autres. Elle n'a eu pour fondement qu'un motif de gloire et de vengeance, ce qui ne peut jamais rendre une guerre juste; d'où il s'ensuit que toutes les frontières que vous avez étendues par cette guerre sont injustement acquises dans l'origine. Il est vrai, Sire, que les traités de paix subséquents semblent couvrir et réparer cette injustice, puisqu'ils vous ont donné les places° conquises; mais une guerre injuste n'en est pas moins injuste, pour être heureuse. Les traités de paix signés par les vaincus ne sont point signés librement. On signe le couteau sur la gorge; on signe malgré soi, pour éviter de plus grandes pertes; on signe comme on donne sa bourse quand il la faut donner ou mourir. Il faut donc, Sire, remonter jusqu'à cette origine de la guerre de Hollande, pour examiner devant Dieu toutes vos conquêtes.

Il est inutile de dire qu'elles étaient nécessaires à votre État: le bien d'autrui ne nous est

28. *rampants:* crawling, sycophantic. 44. *conditions:* social ranks. 47. *jaloux de l'autorité:* jealous to preserve your authority.

12. *mérite:* i.e., worthy civil servants. 14. *outrées:* exaggerated. 25. *chagrin:* ill humor. 37. *places:* strongholds.

jamais nécessaire. Ce qui nous est véritablement nécessaire, c'est d'observer une exacte justice. Il ne faut pas même prétendre que vous soyez en droit de retenir toujours certaines places, parce qu'elles servent à la sûreté de vos frontières. C'est à vous à chercher cette sûreté par de bonnes alliances, par votre modération, ou par des places que vous pouvez fortifier derrière; mais enfin, le besoin de veiller à notre sûreté ne nous donne jamais un titre de prendre la terre de notre voisin.° Consultez là-dessus des gens instruits et droits; ils vous diront que ce que j'avance est clair comme le jour.

En voilà assez, Sire, pour reconnaître que vous avez passé votre vie entière hors du chemin de la vérité et de la justice, et par conséquent hors de celui de l'Évangile. Tant de troubles affreux qui ont désolé toute l'Europe depuis plus de vingt ans, tant de sang répandu, tant de scandales commis, tant de provinces saccagées,° tant de villes et de villages mis en cendres, sont les funestes suites de cette guerre de 1672, entreprise° pour votre gloire et pour la confusion des faiseurs de gazettes et de médailles° de Hollande. Examinez, sans vous flatter, avec des gens de bien si vous pouvez garder tout ce que vous possédez en conséquence des traités auxquels vous avez réduit vos ennemis par une guerre si mal fondée.°

Elle est encore la vraie source de tous les maux que la France souffre. Depuis cette guerre, vous avez toujours voulu donner la paix en maître, et imposer les conditions, au lieu de les régler avec équité et modération. Voilà ce qui fait que la paix n'a pu durer. Vos ennemis, honteusement accablés, n'ont songé qu'à se relever et qu'à se réunir contre vous. Faut-il s'en étonner? vous n'avez pas même demeuré dans les termes de cette paix que vous aviez donnée avec tant de hauteur. En pleine paix, vous avez fait la guerre et des conquêtes prodigieuses. Vous avez établi une chambre des réunions,° pour être tout ensemble juge et partie :° c'était ajouter l'insulte et la dérision à l'usurpation et à la violence. Vous avez cherché

dans le traité de Westphalie des termes équivoques pour surprendre Strasbourg.° Jamais aucun de vos ministres n'avait osé, depuis tant d'années, alléguer ces termes dans aucune négociation, pour montrer que vous eussiez la moindre prétention sur cette ville. Une telle conduite a réuni et animé toute l'Europe contre vous. Ceux mêmes qui n'ont pas osé se déclarer ouvertement souhaitent du moins avec impatience votre affaiblissement et votre humiliation, comme la seule ressource pour la liberté et pour le repos de toutes les nations chrétiennes. Vous qui pouviez, Sire, acquérir tant de gloire solide et paisible à être le père de vos sujets et l'arbitre de vos voisins, on vous a rendu l'ennemi commun de vos voisins, et on vous expose à passer pour un maître dur dans votre royaume.

Le plus étrange effet de ces mauvais conseils est la durée de la ligue formée contre vous. Les alliés aiment mieux faire la guerre avec perte que de conclure la paix avec vous, parce qu'ils sont persuadés, sur leur propre expérience, que cette paix ne serait point une paix véritable, que vous ne la tiendriez non plus que les autres, et que vous vous en serviriez pour accabler séparément sans peine chacun de vos voisins dès qu'ils se seraient désunis. Ainsi, plus vous êtes victorieux, plus ils vous craignent et se réunissent pour éviter l'esclavage dont ils se croient menacés. Ne pouvant vous vaincre, ils prétendent du moins vous épuiser à la longue. Enfin ils n'espèrent plus de sûreté avec vous, qu'en vous mettant dans l'impuissance de leur nuire. Mettez-vous, Sire, un moment en leur place, et voyez ce que c'est que d'avoir préféré son avantage à la justice et à la bonne foi.

Cependant vos peuples, que vous devriez aimer comme vos enfants, et qui ont été jusqu'ici si passionnés pour vous, meurent de faim. La culture des terres est presque abandonnée, les villes et la campagne se dépeuplent; tous les métiers languissent et ne nourrissent plus les ouvriers. Tout commerce est anéanti. Par conséquent vous avez détruit la moitié des forces réelles du dedans de votre État, pour faire et pour défendre de vaines conquêtes au dehors. Au lieu de tirer de l'argent de ce pauvre

11. This is an early formulation of the right of self-determination. 20. *saccagées:* sacked, devastated. 23. *entreprise:* from *entreprendre.* 24. *faiseurs... médailles:* distributors of military reports and honors. 29. Thus the "right of conquest" is to be rejected as immoral. 43. *chambre des réunions:* commission established to seek historical claims for uniting minor German territories to France. 44. *partie:* party to a lawsuit.

2. The Treaty of Westphalia (1648) ended the Thirty Years' War. France regained Alsace, but not Strasbourg, which was declared a free city. Louis XIV seized Strasbourg in 1681.

peuple, il faudrait lui faire l'aumône et le nourrir. La France entière n'est plus qu'un grand hôpital désolé et sans provision. Les magistrats sont avilis et épuisés. La noblesse, dont tout le bien est en décret,° ne vit que de lettres d'État.° Vous êtes importuné de la foule des gens qui demandent et qui murmurent. C'est vous-même, Sire, qui vous êtes attiré tous ces embarras; car, tout le royaume ayant été ruiné, vous avez tout entre vos mains, et personne ne peut vivre que de vos dons. Voilà ce grand royaume si florissant sous un roi qu'on nous dépeint tous les jours comme les délices du peuple, et qui le serait en effet si les conseils flatteurs ne l'avaient point empoisonné.

Le peuple même (il faut tout dire), qui vous a tant aimé, qui a eu tant de confiance en vous, commence à perdre l'amitié, la confiance, et même le respect. Vos victoires et vos conquêtes ne le réjouissent plus; il est plein d'aigreur et de 20 désespoir. La sédition s'allume peu à peu de toutes parts. Ils croient que vous n'avez aucune pitié de leurs maux, que vous n'aimez que votre autorité et votre gloire. Si le Roi, dit-on, avait un cœur de père pour son peuple, 25 ne mettrait-il pas plutôt sa gloire à leur donner du pain, et à les faire respirer après tant de maux, qu'à garder quelques places de la frontière, qui causent la guerre? Quelle réponse à cela, Sire? Les émotions° populaires, qui 30 étaient inconnues depuis si longtemps, deviennent fréquentes. Paris même, si près de vous, n'en est pas exempt. Les magistrats sont contraints de tolérer l'insolence des mutins,° et de faire couler sous main quelque monnaie 35 pour les apaiser; ainsi on paye ceux qu'il faudrait punir. Vous êtes réduit à la honteuse et déplorable extrémité, ou de laisser la sédition impunie et de l'accroître par cette impunité, ou de faire massacrer avec inhumanité des peuples 40 que vous mettez au désespoir en leur arrachant, par vos impôts pour cette guerre, le pain qu'ils tâchent de gagner à la sueur de leurs visages.

Mais, pendant qu'ils manquent de pain, vous manquez vous-même d'argent, et vous ne 45 voulez pas voir l'extrémité où vous êtes réduit. Parce que vous avez toujours été heureux, vous ne pouvez vous imaginer que vous cessiez jamais de l'être. Vous craignez d'ouvrir les yeux; vous craignez d'être réduit à rabattre quelque chose de votre gloire. Cette gloire, qui 5 endurcit votre cœur, vous est plus chère que la justice, que votre propre repos, que la conservation de vos peuples, qui périssent tous les jours des maladies causées par la famine, enfin que votre salut éternel incompatible avec cette 10 idole de gloire.

Voilà, Sire, l'état où vous êtes. Vous vivez comme ayant un bandeau fatal sur les yeux; vous vous flattez sur les succès journaliers, qui ne décident rien, et vous n'envisagez point d'une 15 vue générale le gros des affaires, qui tombe insensiblement sans ressource. Pendant que vous prenez, dans un rude combat, le champ de bataille et le canon de l'ennemi,° pendant que vous forcez les places, vous ne songez pas que 20 vous combattez sur un terrain qui s'enfonce sous vos pieds, et que vous allez tomber malgré vos victoires.

Tout le monde le voit et personne n'ose vous le faire voir. Vous le verrez peut-être trop tard. 25 Le vrai courage consiste à ne se point flatter, et à prendre un parti ferme sur la nécessité. Vous ne prêtez volontiers l'oreille, Sire, qu'à ceux qui vous flattent de vaines espérances. Les gens que vous estimez les plus solides sont ceux 30 que vous craignez et que vous évitez le plus. Il faudrait aller au-devant de la vérité puisque vous êtes roi, presser les gens de vous la dire sans adoucissement, et encourager ceux qui sont trop timides. Tout au contraire, vous ne cherchez 35 qu'à ne point approfondir; mais Dieu saura bien enfin lever le voile qui vous couvre les yeux, et vous montrer ce que vous évitez de voir. Il y a longtemps qu'il tient son bras levé sur vous; mais il est lent à vous frapper, parce qu'il a 40 pitié d'un prince qui a été toute sa vie obsédé de flatteurs, et parce que, d'ailleurs, vos ennemis sont aussi les siens.° Mais il saura bien séparer sa cause juste d'avec la vôtre, qui ne l'est pas, et vous humilier pour vous convertir; car vous 45 ne serez chrétien que dans l'humiliation. Vous n'aimez point Dieu; vous ne le craignez même que d'une crainte d'esclave; c'est l'enfer, et non pas Dieu que vous craignez. Votre religion

5. *dont tout... décret:* all of whose property is under state control (seized for tax delinquency). 6. *lettres d'État:* state pensions. 30. *émotions:* uprisings. 34. *mutins:* mutineers, mob leaders.

18. Allusion to indecisive victories of Steinkerque, 1692, and Neerwinden, 1693. 42. I.e., the King and the Church are both fighting the heretic Protestants.

ne consiste qu'en superstitions, en petites pratiques superficielles. Vous êtes comme les Juifs dont Dieu dit : *Pendant qu'ils m'honorent des lèvres, leur cœur est loin de moi.*° Vous êtes scrupuleux sur des bagatelles, et endurci sur des maux terribles. Vous n'aimez que votre gloire et votre commodité. Vous rapportez tout à vous, comme si vous étiez le Dieu de la terre, et que tout le reste n'eût été créé que pour vous être sacrifié. C'est, au contraire, vous que Dieu n'a mis au monde que pour votre peuple. Mais, hélas! vous ne comprenez point ces vérités; comment les goûteriez-vous? Vous ne connaissez point Dieu, vous ne l'aimez point, vous ne le priez point du cœur, et vous ne faites rien pour le connaître.

Vous avez un archevêque° corrompu, scandaleux, incorrigible, faux, malin, artificieux,° ennemi de toute vertu, et qui fait gémir tous les gens de bien. Vous vous en accommodez,° parce qu'il ne songe qu'à vous plaire par ses flatteries. Il y a plus de vingt ans qu'en prostituant son honneur, il jouit de votre confiance. Vous lui livrez les gens de bien, vous lui laissez tyranniser l'Église, et nul prélat vertueux n'est traité aussi bien que lui.

Pour votre confesseur,° il n'est pas vicieux, mais il craint la solide vertu, et il n'aime que les gens profanes et relâchés; il est jaloux de son autorité, que vous avez poussée au delà de toutes les bornes. Jamais confesseurs des rois n'avaient fait seuls les évêques, et décidé de toutes les affaires de conscience. Vous êtes seul en France, Sire, à ignorer qu'il ne sait rien, que son esprit est court et grossier, et qu'il ne laisse pas d'avoir son artifice avec cette grossièreté d'esprit. Les jésuites mêmes le méprisent et sont indignés de le voir si facile° à l'ambition ridicule de sa famille. Vous avez fait d'un religieux un ministre d'État.° Il ne se connaît point en hommes, non plus qu'en autre chose. Il est la dupe de tous ceux qui le flattent et lui font de petits présents. Il ne doute ni n'hésite sur aucune question difficile. Un autre très droit et très éclairé n'oserait décider seul. Pour lui, il ne craint que d'avoir à délibérer avec des gens

qui sachent les règles. Il va toujours hardiment, sans craindre de vous égarer; il penchera toujours au relâchement et à vous entretenir dans l'ignorance. Du moins il ne penchera aux partis° conformes aux règles que quand il craindra de vous scandaliser. Ainsi, c'est un aveugle qui en conduit un autre, et, comme dit Jésus-Christ, *ils tomberont tous deux dans la fosse.*°

Votre archevêque et votre confesseur vous ont jeté dans les difficultés de l'affaire de la régale,° dans les mauvaises affaires de Rome; ils vous ont laissé engager par M. de Louvois° dans celle de Saint-Lazare,° et vous auraient laissé mourir dans cette injustice, si M. de Louvois eût vécu plus que vous.°

On avait espéré, Sire, que votre conseil° vous tirerait de ce chemin si égaré; mais votre conseil n'a ni force ni vigueur pour le bien. Du moins Mme de M...° et M. le D. de B...° devaient-ils se servir de votre confiance en eux pour vous détromper; mais leur faiblesse et leur timidité les déshonorent et scandalisent tout le monde. La France est aux abois;° qu'attendent-ils pour vous parler franchement? que tout soit perdu? Craignent-ils de vous déplaire? ils ne vous aiment donc pas; car il faut être prêt à fâcher ceux qu'on aime, plutôt que de les flatter ou de les trahir par son silence. A quoi sont-ils bons, s'ils ne vous montrent pas que vous devez restituer les pays qui ne sont pas à vous, préférer la vie de vos peuples à une fausse gloire, réparer les maux que vous avez faits à l'Église, et songer à devenir un vrai chrétien avant que la mort vous surprenne? Je sais bien que, quand on parle avec cette liberté chrétienne, on court le risque de perdre la faveur des rois; mais votre faveur leur est-elle plus chère que votre salut? Je sais bien aussi qu'on doit vous plaindre, vous consoler, vous soulager, vous parler avec zèle, douceur et respect; mais enfin il faut dire la vérité. Malheur, malheur à eux s'ils ne la disent pas, et malheur à vous si vous n'êtes pas digne de l'entendre! Il est honteux qu'ils aient votre

4. *Pendant... moi:* Isaiah 29:13. 17. *archevêque:* François de Harlay de Champvallon (1625–95), Archbishop of Paris. 18. *artificieux:* crafty. 20. *Vous vous en accommodez:* You put up with him. 27. *confesseur:* Père de La Chaise, Jesuit (1624–1709). 38. *le voir si facile:* see him yield so readily. 40. *Vous avez... d'État:* i.e., you give your confessor the responsibilities of a Minister.

5. *partis:* decisions, courses. 8. *ils tomberont... fosse:* Matthew 15:14. 10. *régale:* right of the King to receive revenues of vacant bishoprics, etc. (Louis XIV attempted to extend his rights, thus entailing "les mauvaises affaires de Rome.") 12. *Louvois:* Minister of War. 13. *Saint-Lazare:* Louvois, who was vicar-general of the Order of Saint Lazarus, appropriated the order's revenues. 15. Louvois died in 1691, and the scandal was quashed. 16. *conseil:* privy council, cabinet. 19. Mme de Maintenon, mistress, later wife, of Louis XIV. 19. Probably le Duc de Beauvilliers, Minister of State. 23. *aux abois:* at bay, desperate.

confiance sans fruit depuis tant de temps. C'est à eux à se retirer si vous êtes trop ombrageux° et si vous ne voulez que des flatteurs autour de vous. Vous demanderez peut-être, Sire, qu'est-ce qu'ils doivent vous dire; le voici : ils doivent vous représenter qu'il faut vous humilier sous la puissante main de Dieu,° si vous ne voulez qu'il vous humilie; qu'il faut demander la paix, et expier par cette honte toute la gloire dont vous avez fait votre idole; qu'il faut rejeter les conseils injustes des politiques flatteurs; qu'enfin il faut rendre au plus tôt à vos ennemis, pour sauver l'État, des conquêtes que vous ne pouvez d'ailleurs retenir sans injustice. N'êtes-vous pas trop heureux, dans vos malheurs, que Dieu fasse finir les prospérités qui vous ont aveuglé, et qu'il vous contraigne de faire des restitutions essentielles à votre salut, que vous n'auriez jamais pu vous résoudre à faire dans un état paisible et triomphant?

La personne qui vous dit ces vérités, Sire, bien loin d'être contraire à vos intérêts, donnerait sa vie pour vous voir tel que Dieu vous veut, et elle ne cesse de prier pour vous.

2. *ombrageux:* touchy. 7. *il faut... Dieu:* I Peter 5:6.

27. Two Women

Beware of generalization about feminine literature, for women have proved that they can do anything men can do in the field of letters and often do it better. At least we may recognize that certain periods of general cultivation, of leisure and refinement, of social self-consciousness, have encouraged women writers. The seventeenth century (in France) was such a time, and so is our own.

MADAME DE SÉVIGNÉ [1626–1696]

The case of Madame de Sévigné must be nearly unique in literary history. Here are a long row of volumes, recognized as among the great books of the world, written by a woman who did not know she was an author or that she was writing a book, who never saw herself in print, who would have been horrified at our invasion of her privacy.

Her work consists entirely of letters. The letter, as an art form, has now almost disappeared. Instead of writing the news, we send a newspaper clipping; instead of a description of the family, a photograph; or we simply telephone. But in the seventeenth century there were no newspapers in the modern sense. Since postage was very expensive and was commonly paid by the recipient, the receiver of a letter prized it highly and was likely to pass it around to all his friends. Hence the writer of a letter took pains to make it worthy of its fate.

Madame de Sévigné (Marie de Rabutin-Chantal) was a child of the high nobility. What is more, her grandmother was a saint of the Church (Sainte Jeanne de Chantal, cofounder of the Order of the Visitation). She was orphaned in childhood. At eighteen she married the Marquis de Sévigné, a typical brawling noble. Seven years later he was killed in a duel about a woman. Madame de Sévigné did not remarry, but devoted herself to her son and daughter. She lived in Paris, in a splendid town house which has become the Musée Carnavalet, and in her country house, *Les Rochers*, in Brittany. Her beloved daughter married the Comte de Grignan in 1669 and went to live in the château de

Grignan, near Montélimar in southern France. There Madame de Sévigné died of small-pox, while on a visit in 1696.

Her letters have an *external* or *historical* value as a picture of life in the seventeenth century. They are filled with information about material existence, about food, dress, travel, etc. They also give an intelligent woman's opinions about current events, politics, scandals, crimes, the new plays and books, striking sermons, men in the public eye. Especially, the letters are a precious record of the King and Court. One many compare the tone of high comedy which imbues the lady's descriptions of that brilliant spectacle with the somber moralizing of La Bruyère.

The letters have as well an *internal* or *psychological* value. The character of Madame de Sévigné, a singularly engaging one, shines through her gossip. Her correspondents come to life as in a very realistic novel. The central theme of this novel is the relationship of Madame de Sévigné and her daughter. Madame de Sévigné was a possessive mother, loving greatly and demanding constant assurance of love. The daughter struggled to possess herself, to be herself; she found her mother's affection overwhelming, her demands oppressive. The situation has been delightfully reproduced in Thornton Wilder's *The Bridge of San Luis Rey*.

The *art* of the letters is sometimes overconscious. Madame de Sévigné likes the verbal trickery she learned in the *précieux* salons. But more commonly her style follows the forms of cultivated speech: playful, imaginative, vivid, above all natural. She had trained herself to see clearly and to render brightly what she saw in order to capture her correspondent. Today we can all be her correspondents.

Lettre à M. de Coulanges*

A Paris, ce vendredi 15ᵉ décembre [1670].

Je m'en vais vous mander la chose la plus étonnante, la plus surprenante, la plus merveilleuse, la plus miraculeuse, la plus triomphante, la plus étourdissante,° la plus inouïe, la plus singulière, la plus extraordinaire, la plus incroyable, la plus imprévue, la plus grande, la plus petite, la plus rare, la plus commune, la plus éclatante, la plus secrète jusqu'aujourd'hui, la plus brillante, la plus digne d'envie : enfin une chose dont on ne trouve qu'un exemple° dans les siècles passés, encore cet exemple n'est-il pas juste, une chose que l'on ne peut pas croire à Paris (comment la pourrait-on croire à Lyon?) ; une chose qui fait crier miséricorde à tout le monde, une chose qui comble de joie Mme de Rohan et Mme d'Hauterive;° une

chose enfin qui se fera dimanche, où ceux qui la verront croiront avoir la berlue;° une chose qui se fera dimanche, et qui ne sera peut-être pas faite lundi. Je ne puis me résoudre à la dire ; devinez-la : je vous le donne en trois.° Jetez-vous votre langue aux chiens?° Eh bien! il faut donc vous la dire : M. de Lauzun° épouse dimanche au Louvre, devinez qui? Je vous le donne en quatre, je vous le donne en dix, je vous le donne en cent. Mme de Coulanges dit : Voilà qui est bien difficile à deviner; c'est Mme de La Vallière.° — Point du tout, Madame. — C'est donc Mlle de Retz?° — Point du tout, vous êtes bien provinciale. — Vraiment nous sommes bien bêtes, dites-vous, c'est Mlle Colbert.° — Encore moins. — C'est assurément Mlle de Créquy.° — Vous n'y êtes pas. Il faut donc à la fin vous le dire : il épouse dimanche, au Louvre, avec la permission du Roi, Mademoiselle, Mademoiselle de... Mademoiselle... devinez le nom : il épouse Mademoiselle, ma

* M. de Coulanges, Mme de Sévigné's cousin, who was at Lyon with his wife. This is one of the *précieux* letters, in which the writer plays amusingly with her correspondent. 8. *étourdissante:* staggering. 14. Perhaps reference to Marie d'Angleterre, widow of Louis XII, who married the Count of Suffolk. Or perhaps, under a discreet disguise, Anne d'Autriche, Queen of Louis XIII, who was supposed to have secretly married Cardinal Mazarin. 20. *Mme de Rohan, Mme d'Hauterive:* Two great ladies who married beneath them.

2. *berlue:* eye trouble. 5. *je vous... trois:* I give you three guesses. 6. *Jetez-vous... chiens?* Do you give up? 7. *Lauzun:* a penniless Gascon adventurer, a mere count. 12. *La Vallière:* the King's official mistress, who later became a nun. 13. *Mlle de Retz:* niece of famous Cardinal de Retz. 16. *Mlle Colbert:* daughter of Louis XIV's great Minister. 17. *Mlle de Créquy:* daughter of the eminent duke.

foi! par ma foi! ma foi jurée! Mademoiselle,° la grande Mademoiselle; Mademoiselle, fille de feu° Monsieur; Mademoiselle, petite-fille de Henri IV; mademoiselle d'Eu, mademoiselle de Dombes, mademoiselle de Montpensier, mademoiselle d'Orléans; Mademoiselle, cousine germaine du Roi; Mademoiselle, destinée au trône; Mademoiselle, le seul parti de France qui fût digne de Monsieur.° Voilà un beau sujet de discourir. Si vous criez, si vous êtes hors de vous-même, si vous dites que nous avons menti, que cela est faux, qu'on se moque de vous, que voilà une belle raillerie, que cela est bien fade° à imaginer; si enfin vous nous dites des injures : nous trouverons que vous avez raison; nous en avons fait autant que vous.

Adieu; les lettres qui seront portées par cet ordinaire° vous feront voir si nous disons vrai ou non.°

Lettres à Madame de Grignan

[*Mme de Sévigné's daughter married the Comte de Grignan in Paris in January, 1669. Ten months later the Count was appointed Governor of Provence, and shortly left for his post. Mme de Sévigné succeeded in keeping her daughter for a year, but early in February, 1671, the Comtesse left to join her husband.*]

A Paris, lundi 9e février [1671].

Je reçois vos lettres, ma bonne, comme vous° avez reçu ma bague; je fonds en larmes en les lisant : il semble que mon cœur veuille se fendre par la moitié; il semble que vous m'écriviez des injures ou que vous soyez malade, ou qu'il vous soit arrivé quelque accident, et c'est tout le contraire : vous m'aimez, ma chère enfant, et vous me le dites d'une manière que je ne puis soutenir

sans des pleurs en abondance. Vous continuez votre voyage sans aucune aventure fâcheuse, et lorsque j'apprends tout cela, qui est justement tout ce qui me peut être le plus agréable, voilà l'état où je suis. Vous vous avisez donc de penser à moi, vous en parlez, et vous aimez mieux m'écrire vos sentiments que vous n'aimez à me les dire. De quelque façon qu'ils me viennent, ils sont reçus avec une tendresse et une sensibilité qui n'est comprise que de ceux qui savent aimer comme je fais. Vous me faites sentir pour vous tout ce qu'il est possible de sentir de tendresse; mais si vous songez à moi, ma pauvre bonne, soyez assurée aussi que je pense continuellement à vous : c'est ce que les dévots appellent une pensée habituelle;° c'est ce qu'il faudrait avoir pour Dieu, si l'on faisait son devoir.

Rien ne me donne de distraction; je suis toujours avec vous; je vois ce carrosse qui avance toujours, et qui n'approchera jamais de moi : je suis toujours dans les grands chemins; il me semble même que j'ai quelquefois peur qu'il ne verse;° les pluies qu'il fait depuis trois jours me mettent au désespoir; le Rhône me fait une peur étrange. J'ai une carte devant les yeux; je sais tous les lieux où vous couchez : vous êtes ce soir à Nevers, et vous serez dimanche à Lyon, où vous recevrez cette lettre. Je n'ai pu vous écrire qu'à Moulins par Mme de Guénégaud. Je n'ai reçu que deux de vos lettres; peut-être que la troisième viendra; c'est la seule consolation que je souhaite; pour d'autres, je n'en cherche pas…

Mardi 3e mars [1671].

Si vous étiez ici, ma chère bonne, vous vous moqueriez de moi; j'écris de provision,° mais c'est par une raison bien différente de celle que je vous donnais un jour, pour m'excuser d'écrire à quelqu'un une lettre qui ne devait partir que dans deux jours : c'était parce que dans deux jours je n'aurais pas autre chose à lui dire. Voici tout le contraire; c'est que j'aime à vous entretenir à toute heure, et que c'est la seule consolation que je puisse avoir présentement. Je suis aujourd'hui toute seule dans ma chambre par l'excès de ma mauvaise humeur.° Je suis lasse de tout; je me suis fait un plaisir de dîner

1. *Mademoiselle:* Mlle de Montpensier, "la grande Mademoiselle," daughter of the King's uncle, Gaston d'Orléans, commonly called Monsieur. She was a cousin of Louis XIV, and had aspired to marry him. All her projects had failed; she was now forty-three and unmarried. 3. *feu:* the late. 9. *Monsieur:* name given to the younger brother of the King. The current Monsieur was Philippe d'Orléans. Terrified of the Grande Mademoiselle, and thirteen years younger, he had dodged the match. 13. *fade:* silly. 18. *ordinaire:* regular post. 19. The King gave his permission for the marriage. But Lauzun, presuming on his good fortune, made such demands that in four days the King revoked his permission, to Mademoiselle's despair. A year later Lauzun was sent to prison, where he remained for ten years. After his release he is said to have secretly married Mademoiselle. 33. True to noble etiquette, Mme de Sévigné never used *tu* to her daughter.

16. *pensée habituelle:* disposition of the soul constantly fixed on God. 23. *verse:* tip over. 37. *de provision:* in advance. 48. *mauvaise humeur:* unhappiness.

ici, et je m'en fais un de vous écrire hors de propos :° mais, hélas! vous n'avez pas de ces loisirs-là. J'écris tranquillement, et je ne comprends pas que vous puissiez lire de même : je ne vois pas un moment où vous soyez à vous. Je vois un mari qui vous adore, qui ne peut se lasser d'être auprès de vous, et qui peut à peine comprendre son bonheur. Je vois des harangues, des infinités de compliments, de civilités, de visites;° on vous fait des honneurs extrêmes, il faut répondre à tout cela, vous êtes accablée; moi-même, sur° ma petite bonté, je n'y suffirais pas. Que fait votre paresse pendant tout ce tracas? Elle souffre, elle se retire dans quelque petit cabinet, elle meurt de peur de ne plus retrouver sa place : elle vous attend dans quelque moment perdu pour vous faire au moins souvenir d'elle, et vous dire un mot en passant. « Hélas! dit-elle, mais vous m'oubliez : songez que je suis votre plus ancienne amie; celle qui ne vous ai jamais abandonnée, la fidèle compagne de vos plus beaux jours; celle qui vous consolais de tous les plaisirs, et quelquefois vous les faisais haïr... Quelquefois votre mère troublait nos plaisirs,° mais je savais bien où vous reprendre, et elle avait des égards pour moi; présentement je ne sais plus où j'en suis; la dignité et l'éclat de votre mari me fera périr, si vous n'avez soin de moi. » Il me semble que vous lui dites en passant un petit mot d'amitié, vous lui donnez quelque espérance de la posséder à Grignan; mais vous passez vite, et vous n'avez pas le loisir d'en dire davantage. Le devoir et la raison sont autour de vous, qui ne vous donnent pas un moment de repos. Moi-même, qui les ai toujours tant honorés, je leur suis contraire, et ils me le sont; le moyen qu'ils vous donnent le temps de lire de telles lanterneries?°

Je vous assure, ma chère bonne, que je songe à vous continuellement, et je sens tous les jours ce que vous me dîtes une fois, qu'il ne fallait point appuyer sur ces pensées. Si l'on ne glissait pas dessus, on serait toujours en larmes, c'est-à-dire moi. Il n'y a lieu dans cette maison qui ne me blesse le cœur. Toute votre chambre me tue; j'y ai fait mettre un paravent° tout au milieu, pour rompre un peu la vue d'une fenêtre sur ce degré° par où je vous vis monter dans le carrosse de d'Hacqueville,° et par où je vous rappelai. Je me fais peur quand je pense combien alors j'étais capable de me jeter par la fenêtre, car je suis folle quelquefois; ce cabinet, où je vous embrassai sans savoir ce que je faisais; ces Capucins,° où j'allais entendre la messe; ces larmes qui tombaient de mes yeux à terre, comme si c'eût été de l'eau qu'on eût répandue; Sainte-Marie,° Mme de La Fayette,° mon retour dans cette maison, votre appartement, la nuit et le lendemain; et votre première lettre, et toutes les autres, et encore tous les jours, et tous les entretiens de ceux qui entrent dans mes sentiments: ce pauvre d'Hacqueville est le premier; je n'oublierai jamais la pitié qu'il eut de moi. Voilà donc où j'en reviens : il faut glisser sur tout cela, et se bien garder de s'abandonner à ses pensées et aux mouvements de son cœur. J'aime mieux m'occuper de la vie que vous faites présentement; cela me fait une diversion, sans m'éloigner pourtant de mon sujet et de mon objet, qui est ce qui s'appelle poétiquement l'objet aimé. Je songe donc à vous, et je souhaite toujours de vos lettres; quand je viens d'en recevoir, j'en voudrais bien encore. J'en attends présentement, et reprendrai ma lettre quand j'en aurai reçu. J'abuse de vous, ma chère bonne : j'ai voulu aujourd'hui me permettre cette lettre d'avance; mon cœur en avait besoin, je n'en ferai pas une coutume.

A Paris, ce dimanche 26ᵉ avril [1671].

Il est dimanche 26 avril; cette lettre ne partira que mercredi; mais ceci n'est pas une lettre, c'est une relation que vient de me faire Moreuil, à votre intention,° de ce qui s'est passé à Chantilly° touchant Vatel.° Je vous écrivis vendredi qu'il s'était poignardé : voici l'affaire en détail.

Le Roi arriva jeudi au soir; la chasse, les lanternes, le clair de la lune, la promenade, la collation° dans un lieu tapissé de jonquilles, tout

2. *hors de propos:* apropos of nothing. 9. Mme de Grignan was making an official tour of Provence with her husband. 12. *sur:* out of. 25. Active Mme de Sévigné was constantly adjuring her slothful daughter to be up and doing. 38. *de telles lanterneries:* such nonsense (as my fancies). 46. *paravent:* screen.

2. *degré:* step, stair. 3. *d'Hacqueville:* eminent King's councillor, who had apparently lent his carriage for the journey. 8. *Capucins:* church of the Capuchin order. 11. *Sainte-Marie:* Convent of the Visitation. 11. *Mme de La Fayette:* Mme de Sévigné's dear friend, of whom more presently. 38. *à votre intention:* with you in mind. 39. *Chantilly:* magnificent château of Le Grand Condé, who there lavishly entertained the King. 39. *Vatel:* Condé's chef, still famous in culinary circles. 44. *collation:* light repast, between the noon *dîner* and evening *souper.*

cela fut à souhait. On soupa; il y eut quelques tables où le rôti manqua, à cause de plusieurs dîners où° l'on ne s'était point attendu. Cela saisit° Vatel; il dit plusieurs fois : « Je suis perdu d'honneur; voici un affront que je ne supporterai pas. » Il dit à Gourville :° « La tête me tourne, il y a douze nuits que je n'ai dormi; aidez-moi à donner des ordres. » Gourville le soulagea en ce qu'il put. Ce rôti qui avait manqué, non pas à la table du Roi, mais aux vingt-cinquièmes,° lui revenait toujours à la tête. Monsieur le Prince° alla jusque dans sa chambre, et lui dit : « Vatel, tout va bien, rien n'était si beau que le souper du Roi. » Il lui dit : « Monseigneur, votre bonté m'achève;° je sais que le rôti a manqué à deux tables. — Point du tout, dit Monsieur le Prince, ne vous fâchez° point, tout va bien. » La nuit vient : le feu d'artifice° ne réussit pas, il fut couvert d'un nuage; il coûtait seize mille francs. A quatre heures du matin, Vatel s'en va partout, il trouve tout endormi; il rencontre un petit pourvoyeur° qui lui apportait seulement deux charges de marée;° il lui demande : « Est-ce là tout ? » Il lui dit : « Oui, Monsieur. » Il ne savait pas que Vatel avait envoyé à tous les ports de mer. Il attend quelque temps; les autres pourvoyeurs ne viennent point; sa tête s'échauffait, il croit qu'il n'aura point d'autre marée; il trouve Gourville, et lui dit : « Monsieur, je ne survivrai pas à cet affront-ci; j'ai de l'honneur et de la réputation à perdre. » Gourville se moqua de lui. Vatel monte à sa chambre, met son épée contre la porte, et se la passe au travers du cœur; mais ce ne fut qu'au troisième coup, car il s'en donna deux qui n'étaient pas mortels : il tombe mort. La marée cependant arrive de tous côtés; on cherche Vatel pour la distribuer; on va à sa chambre; on heurte,° on enfonce la porte; on le trouve noyé dans son sang; on court à Monsieur le Prince, qui fut au désespoir. Monsieur le Duc° pleura; c'était sur Vatel que roulait° tout son voyage de Bourgogne. Monsieur le Prince le dit au Roi fort tristement : on

dit que c'était à force d'avoir de l'honneur en sa manière; on le loua fort, on loua et blâma son courage. Le Roi dit qu'il y avait cinq ans qu'il retardait de venir à Chantilly, parce qu'il comprenait l'excès de cet embarras. Il dit à Monsieur le Prince qu'il ne devait avoir que deux tables et ne se point charger du reste. Il jura qu'il ne souffrirait plus que Monsieur le Prince en usât° ainsi; mais c'était trop tard pour le pauvre Vatel. Cependant Gourville tâche de réparer la perte de Vatel; elle le° fut : on dîna très bien, on fit collation, on soupa, on se promena, on joua, on fut à la chasse; tout était parfumé de jonquilles, tout était enchanté. Hier, qui était samedi, on fit encore de même; et le soir, le Roi alla à Liancourt,° où il avait commandé un *médianoche*;° il y doit demeurer aujourd'hui. Voilà ce que m'a dit Moreuil, pour vous mander.° Je jette mon bonnet par-dessus le moulin,° et je ne sais rien du reste. M. d'Hacqueville, qui était à tout cela, vous fera des relations sans doute; mais comme son écriture n'est pas si lisible que la mienne, j'écris toujours.° Voilà bien des détails, mais parce que je les aimerais en pareille occasion, je vous les mande.

[*Two more years pass. Mme de Sévigné has just spent 14 months with her daughter at Grignan. Returning to Paris, she writes at her first stop, in the town of Montélimar.*]

A Montélimar, jeudi 5ᵉ octobre [1673].

Voici un terrible jour, ma chère fille, je vous avoue que je n'en puis plus. Je vous ai quittée dans un état qui augmente ma douleur. Je songe à tous les pas que vous faites et à tous ceux que je fais, et combien il s'en faut° qu'en marchant toujours de cette sorte nous puissions jamais nous rencontrer. Mon cœur est en repos quand il est auprès de vous : c'est son état naturel et le seul qui peut lui plaire. Ce qui s'est passé ce matin me donne une douleur sensible et me fait un déchirement dont votre philosophie° sait les

3. *où* = auxquels. 4. *saisit:* moved deeply. 6. *Gourville:* Condé's business manager. 10. *vingt-cinquièmes:* i.e., about twenty-five tables down from King's table No. 1. 12. *Monsieur le Prince:* Condé. 15. *m'achève:* overwhelms me, is the last straw. 17. *vous fâchez:* here, distress yourself. 18. *feu d'artifice:* fireworks. 22 *pourvoyeur:* purveyor, supplier. 23. *charges de marée:* loads of seafood. 39. *heurte:* knocks. 42. *Monsieur le Duc:* le Duc d'Enghien, eldest son of Condé. 43. *roulait:* depended (for its success).

9. *en usât:* should behave. 11. *le* = réparée. 16. *Liancourt:* nearby estate. 17. *médianoche:* midnight supper (*Spanish*). 19. *pour vous mander:* to be sent on to you. 20. *Je jette... moulin:* And that's all for today, my dears (phrase which ends fairy stories). 24. *toujours:* anyway. 39. *combien il s'en faut:* how impossible it is. 45. Mme de Grignan was an earnest student of Descartes.

raisons : je les ai senties et les sentirai long-
temps. J'ai le cœur et l'imagination tout remplis
de vous; je n'y puis penser sans pleurer, et j'y
pense toujours : de sorte que l'état où je suis
n'est pas une chose soutenable;° comme il est
extrême, j'espère qu'il ne durera pas dans cette
violence. Je vous cherche toujours, et je trouve
que tout me manque parce que vous me
manquez. Mes yeux qui vous ont tant rencon-
trée depuis quatorze mois ne vous trouvent
plus. Le temps agréable qui est passé rend
celui-ci° douloureux, jusqu'à ce que j'y sois un
peu accoutumée; mais ce ne sera jamais assez
pour ne pas souhaiter ardemment de vous
revoir et de vous embrasser. Je ne dois pas
espérer mieux de l'avenir que du passé. Je sais
ce que votre absence m'a fait souffrir; je serai
encore plus à plaindre, parce que je me suis fait
imprudemment une habitude nécessaire de vous
voir. Il me semble que je ne vous ai point assez
embrassée en partant : qu'avais-je à ménager?°
Je ne vous ai point dit assez combien je suis
contente de votre tendresse; je ne vous ai point
assez recommandée à M. de Grignan et je ne l'ai
point assez remercié de toutes ses politesses pour
moi. Je suis dévorée de curiosité; je n'espère de
consolation que de vos lettres qui me feront
encore bien soupirer. En un mot, ma fille, je ne
vis que pour vous. Dieu me fasse la grâce de
l'aimer quelque jour comme je vous aime. Je
songe aux *pichons*,° je suis toute pétrie de
Grignans,° je tiens partout.° Jamais un voyage
n'a été si triste que le nôtre; nous ne disons pas
un mot.

Adieu ma chère enfant; aimez-moi toujours :
hélas! nous revoilà dans les lettres… . Voilà M.
de Saint-Géniez qui vient me consoler. Ma fille,
plaignez-moi de vous avoir quittée.

[*In this vivid vignette of the heartless arrogance
of a high prelate, the author reveals her sympathies
in only a single word, but her ironic judgment is
clear. Notice the rapidity of the narration.*]

A Paris, lundi 5ᵉ février [1674].

…L'archevêque de Reims revenait fort vite
de Saint-Germain, c'était comme un tour-
billon :° il croit bien être grand seigneur; mais
ses gens le croient encore plus que lui. Ils
passaient au travers de Nanterre, *tra, tra, tra*;
ils rencontrent un homme à cheval, *gare, gare* :°
ce pauvre homme se veut ranger;° son cheval ne
veut pas; et enfin le carrosse et les six chevaux
renversent cul par-dessus tête° le pauvre homme
et le cheval, et passent par-dessus, et si bien par-
dessus que le carrosse en fut versé et renversé :
en même temps l'homme et le cheval, au lieu
de s'amuser° à être roués et estropiés,° se relèvent
miraculeusement, remontent l'un sur l'autre, et
s'enfuient, et courent encore,° pendant que le
laquais de l'archevêque et le cocher, et l'arche-
vêque même se mettent à crier : « Arrête,
arrête ce coquin, qu'on lui donne cent coups. »
L'archevêque, en racontant ceci, disait : « Si
j'avais tenu ce maraud-là° je lui aurais rompu
les bras et coupé les oreilles. »

[*The* Affaire des poisons *revealed the dark
underworld of the Old Régime, an organized trade
in poisons, love philters, and magic formulas, and
the celebration of blasphemous black masses. Mme
Voisin was the ringleader; some of her clients turned
out to be the greatest people at Court, including Mme
de Montespan, the King's beloved. After the execution
of Mme Voisin, the King burned the papers and
quashed the proceedings.*]

A Paris, 23ᵉ février [1680].

Je ne vous parlerai que de Mme Voisin : ce ne
fut point mercredi, comme je vous l'avais
mandé, qu'elle fut brûlée, ce ne fut qu'hier.
Elle savait son arrêt° dès lundi, chose fort
extraordinaire. Le soir elle dit à ses gardes :
« Quoi? nous ne ferons point médianoche! »
Elle mangea avec eux à minuit, par fantaisie,
car il n'était point jour maigre;° elle but
beaucoup de vin, elle chanta vingt chansons à
boire. Le mardi elle eut la question ordinaire,

5. *soutenable:* endurable. 12. *celui-ci:* i.e., this time of our separation. 21. *qu'avais-je à ménager:* why should I have restrained myself? 31. *pichons:* (*Provençal*) little ones (Mme de Grignan's two children). 32. *pétrie de Grignans:* steeped in Grignans. 32. *je tiens partout:* I am utterly bound to them.

5. *tourbillon:* whirlwind. 8. *gare:* out of the way! 9. *se veut ranger:* tries to pull aside. 11. *cul par-dessus tête:* bottom up. 15. *s'amuser:* wait. 15. *roués et estropiés:* crushed (by the wheels) and maimed. 17. *courent encore:* recollection of last line of La Fontaine's *Le Loup et le Chien.* 22. *ce maraud-là:* that scoundrel. 40. *arrêt:* sentence. 44. *jour maigre:* fast day.

extraordinaire;° elle avait dîné et dormi huit heures; elle fut confrontée à Mme de Dreux, Le Féron et plusieurs autres, sur le matelas° : on ne dit pas encore ce qu'elle a dit; on croit toujours qu'on verra des choses étranges.

Elle soupa le soir, et recommença, toute brisée qu'elle était, à faire la débauche avec scandale : on lui en fit honte, et on lui dit qu'elle ferait bien mieux de penser à Dieu, et de chanter un *Ave maris stella*, ou un *Salve*,° que toutes ses chansons : elle chanta l'une et l'autre en ridicule,° elle mangea le soir et dormit. Le mercredi se passa de même en confrontations, et débauches, et chansons : elle ne voulut point voir de confesseur. Enfin le jeudi, qui était hier, on ne voulut lui donner qu'un bouillon : elle en gronda,° craignant de n'avoir pas la force de parler à ces Messieurs.° Elle vint en carrosse de Vincennes à Paris; elle étouffa un peu, et fut embarrassée; on la voulut faire confesser, point de nouvelles.° A cinq heures on la lia; et avec une torche à la main, elle parut dans le tombereau,° habillée de blanc : c'est une sorte d'habit pour être brûlée; elle était fort rouge, et l'on voyait qu'elle repoussait le confesseur et le crucifix avec violence. Nous la vîmes passer à l'hôtel de Sully, Mme de Chaulnes et Mme de Sully, la Comtesse, et bien d'autres. A Notre-Dame, elle ne voulut jamais prononcer l'amende honorable,° et à la Grève° elle se défendit, autant qu'elle put, de sortir du tombereau : on l'en tira de force, on la mit sur le bûcher,° assise et liée avec du fer; on la couvrit de paille; elle jura beaucoup; elle repoussa la paille cinq ou six fois; mais enfin le feu s'augmenta, et on l'a perdue de vue, et ses cendres sont en l'air présentement.

Voilà la mort de Mme Voisin, célèbre par ses crimes et par son impiété. On croit qu'il y aura de grandes suites qui nous surprendront. Un juge, à qui mon fils disait l'autre jour que c'était une étrange chose que de la faire brûler à petit feu,° lui dit : « Ah! Monsieur! il y a certains petits adoucissements à cause de la faiblesse du sexe. — Eh quoi! Monsieur, on les étrangle? — Non, mais on leur jette des bûches° sur la tête; les garçons du bourreau leur arrachent la tête avec des crocs° de fer. » Vous voyez bien, ma fille, que cela n'est pas si terrible que l'on pense : comment vous portez-vous de ce petit conte? Il m'a fait grincer les dents.°

Une de ces misérables, qui fut pendue l'autre jour, avait demandé la vie à M. de Louvois, et qu'en ce cas elle dirait des choses étranges; elle fut refusée.« Eh bien! dit-elle, soyez persuadé que nulle douleur ne me fera dire une seule parole. » On lui donna la question ordinaire, extraordinaire et si extraordinairement extraordinaire, qu'elle pensa y mourir,° comme une autre qui expira, le médecin lui tenant le pouls, cela soit dit en passant. Cette femme donc souffrit tout l'excès de ce martyre sans parler. On la mène à la Grève; avant que d'être jetée, elle dit qu'elle voudrait parler; elle se présente héroïquement : « Messieurs, dit-elle, assurez M. de Louvois que je suis sa servante, et que je lui ai tenu ma parole; allons, qu'on achève! » Elle fut expédiée° à l'instant. Que dites-vous de cette sorte de courage? Je sais encore mille petits contes agréables comme celui-là; mais le moyen de tout dire?...

A Paris, ce lundi 3ᵉ janvier [1689].

La cérémonie de vos *frères*° fut donc faite le jour de l'an à Versailles. Coulanges en est revenu...

Il m'a donc conté que l'on commença dès le vendredi, comme je vous l'ai dit : ceux-là étaient profès° avec de beaux habits et leurs colliers et de fort bonne mine. Le samedi, c'étaient tous les autres; deux maréchaux de France étaient demeurés : le maréchal de Bellefonds totalement ridicule, parce que, par modestie et par mine indifférente, il avait négligé de mettre des rubans au bas de ses chausses° de page; de sorte que c'était une

1. *question ordinaire, extraordinaire:* two degrees of legal torture, used to extract confessions from suspects. 3. *matelas:* mattress (on which Mme Voisin lay after her torture). 10. *Ave maris stella, Salve:* prayers to the Virgin, often sung. 12. *en ridicule:* in mockery. 17. *en gronda:* grumbled at it. 18. *ces Messieurs:* (presumably) her judges. 21. *point de nouvelles:* nothing doing. 23. *tombereau:* tumbril (cart conveying prisoner to execution). 30. *amende honorable:* public avowal of guilt. 30. *Place de Grève:* site of executions; now Place de l'Hôtel de Ville. 32. *bûcher:* pile of fagots. 43. *petit feu:* slow fire.

3. *bûches:* logs. 5. *crocs:* hooks. 8. *grincer les dents:* set my teeth on edge. 16. *pensa y mourir:* almost died. 25. *expédiée:* finished off. 33. *frères:* L'Ordre du Saint Esprit, of which M. de Grignan was a member. (A noble order with a pious purpose, it had become largely honorary.) 38. *profès:* professed, bound by vows. 45. *chausses:* kneebreeches.

véritable nudité. Toute la troupe était magnifique, M. de La Trousse des mieux : il y eut embarras dans sa perruque qui lui fit passer ce qui était à côté assez longtemps derrière, de sorte que sa joue était fort découverte; il tirait toujours ce qui l'embarrassait, qui ne voulait pas venir : cela fut un petit chagrin. Mais, sur la même ligne, M. de Montchevreuil et M. de Villars s'accrochèrent l'un à l'autre d'une telle furie, les épées, les rubans, les dentelles, tous les clinquants,° tout se trouva tellement mêlé, brouillé, embarrassé, toutes les petites parties crochues° étaient si parfaitement entrelacées, que nulle main d'homme ne put les séparer : plus on y tâchait, plus on brouillait, comme les anneaux des armes de Roger;° enfin toute la cérémonie, toutes les révérences, tout le manège°

demeurant arrêté, il fallut les arracher de force, et le plus fort l'emporta. Mais ce qui déconcerta entièrement la gravité de la cérémonie, ce fut la négligence du bon d'Hocquincourt, qui était 5 tellement habillé comme les Provençaux et les Bretons, que ses chausses de page étant moins commodes que celles qu'il a d'ordinaire, sa chemise ne voulut jamais y demeurer, quelque prière qu'il lui en fît; car sachant son état, il 10 tâchait incessamment d'y donner ordre, et ce fut toujours inutilement : de sorte que Mme la Dauphine ne put tenir plus longtemps les éclats de rire; ce fut une grande pitié; la majesté du Roi en pensa être ébranlée, et jamais il ne 15 s'était vu, dans les registres de l'Ordre, l'exemple d'une telle aventure. Le Roi dit le soir : « C'est toujours moi qui soutiens ce pauvre d'Hocquincourt, car c'était la faute de son tailleur »; mais enfin cela fut fort plaisant...

11. *clinquants:* tinsel, finery. 13. *crochues:* hooked (a reference to Descartes' system of physics). 16. Episode in Ariosto's *Orlando furioso,* Canto X. 17. *manège: here,* performance.

MADAME DE LA FAYETTE [1634–1693]

Marie-Madeleine Pioche de La Vergne was born to a family of the minor nobility. Her mother's second marriage united her to the Sévignés and to the greater *noblesse.* She was an intellectual, a *précieuse* in her younger days. She was married, not brilliantly, to the Comte de La Fayette, a bumpkin of Auvergne, whose only interest was his crumbling castles on their poor mountain farms. He was obliging enough to live in the south while his wife set up a small house in Paris. Poor among the rich, making her way by her wits, constantly harassed by illness, she labored mightily to establish her two sons in the world. She was closely bound with the aging La Rochefoucauld. The two met daily at her house to read old novels aloud, to receive friends, to tend each other's chronic invalidism. "He formed my mind," she said, "but I reformed his heart."

The only one of her works that need concern us is *La Princesse de Clèves* (1678). La Rochefoucauld certainly had a hand in it, whether as collaborator or as constructive critic. The situation is a triangle. The beautiful, high-minded Princesse de Clèves cannot respond with love to the adoration of her husband. She is pursued by an irresistible gallant, the Duc de Nemours. She loves him despite herself, but she loves also her honor. In the famous *scène de l'aveu,* given below, she confesses the situation to her husband, and begs him to aid her against her own weakness. (The Duc de Nemours is eavesdropping during the scene.) The Prince de Clèves is so wounded by his wife's confession that he pines away and dies. The Princesse enters a convent, in expiation and for security against her still lively love for Nemours. The Duc de Nemours is sobered by the consciousness that he has met a really good and noble woman.

The book is brief, and consists almost wholly of the depiction and analysis of a passionate crisis. In this sense it is *classic.* It is the first properly *psychological novel* in modern literature, the first, that is, in which the psychology of the characters determines the action and in which the interest of the writer and reader is fixed on the emotional development of the characters. It is the ancestor of (I suppose) hundreds of thousands of psychological novels.

La Princesse de Clèves

LA SCÈNE DE L'AVEU

[*Le Duc de Nemours, hidden in a park, listens, in a manner we should now consider ungentlemanly, to the conversation of the Prince and Princesse de Clèves.*]

Il° entendait que M. de Clèves disait à sa femme : « Mais pourquoi ne voulez-vous point revenir à Paris ?° Qui° vous peut retenir à la campagne ? Vous avez depuis quelque temps un goût pour la solitude qui m'étonne et qui m'afflige, parce qu'il nous sépare. Je vous trouve même plus triste que de coutume, et je crains que vous n'ayez quelque sujet d'affliction.

— Je n'ai rien de fâcheux dans l'esprit, répondit-elle avec un air embarrassé ; mais le tumulte de la cour est si grand, et il y a toujours un si grand monde chez vous qu'il est impossible que le corps et l'esprit ne se lassent et que l'on ne cherche du repos.

— Le repos, répliqua-t-il, n'est guère propre pour une personne de votre âge. Vous êtes chez vous et dans la cour, de manière à ne vous pas donner de lassitude, et je craindrais plutôt que vous ne fussiez bien aise d'être séparée de moi.

— Vous me feriez une grande injustice d'avoir cette pensée, reprit-elle avec un embarras qui augmentait toujours : mais je vous supplie de me laisser ici. Si vous y pouviez demeurer, j'en aurais beaucoup de joie, pourvu que vous y demeurassiez seul et que vous voulussiez bien n'y avoir point ce nombre infini de gens° qui ne vous quittent presque jamais.

— Ah ! madame, s'écria M. de Clèves, votre air et vos paroles me font voir que vous avez des raisons pour souhaiter d'être seule ; je ne les sais point, et je vous conjure de me les dire. »

Il la pressa longtemps de les lui apprendre sans pouvoir l'y obliger ; et, après qu'elle se fut défendue d'une manière qui augmentait toujours la curiosité de son mari, elle demeura dans un profond silence, les yeux baissés : puis tout d'un coup, prenant la parole et le regardant :

« Ne me contraignez point, lui dit-elle, à vous avouer une chose que je n'ai pas la force de vous avouer, quoique j'en aie eu plusieurs fois le dessein. Songez seulement que la prudence ne veut pas qu'une femme de mon âge, et maîtresse de sa conduite, demeure exposée au milieu de la cour.

— Que me faites-vous envisager, madame ? s'écria M. de Clèves ; je n'oserais vous le dire de peur de vous offenser. »

Mme de Clèves ne répondit point, et son silence achevant de confirmer son mari dans ce qu'il avait pensé : « Vous ne me dites rien, reprit-il, et c'est me dire que je ne me trompe pas.

— Eh bien, monsieur, lui répondit-elle en se jetant à ses genoux, je vais vous faire un aveu que l'on n'a jamais fait à un mari° ; mais l'innocence de ma conduite et de mes intentions m'en donne la force. Il est vrai que j'ai des raisons pour m'éloigner de la cour, et que je veux éviter les périls où se trouvent quelquefois les personnes de mon âge. Je n'ai jamais donné nulle marque de faiblesse, et je ne craindrais pas d'en laisser paraître, si vous me laissiez la liberté de me retirer de la cour, ou si j'avais encore Mme de Chartres° pour aider à me conduire. Quelque dangereux que soit le parti que je prends, je le prends avec joie pour me conserver digne d'être à vous. Je vous demande mille pardons, si j'ai des sentiments qui vous déplaisent : du moins je ne vous déplairai jamais par mes actions. Songez que, pour faire ce que je fais, il faut avoir plus d'amitié et plus d'estime pour un mari que l'on n'en a jamais eu : conduisez-moi, ayez pitié de moi, et aimez-moi encore, si vous pouvez. »

M. de Clèves était demeuré, pendant tout ce discours, la tête appuyée sur ses mains, hors de lui-même, et il n'avait pas songé à faire relever sa femme.° Quand elle eut cessé de parler, qu'il la vit à ses genoux, le visage couvert de larmes, et d'une beauté si admirable, il pensa mourir de douleur, et l'embrassant en la relevant :

« Ayez pitié de moi vous-même, madame, lui dit-il, j'en suis digne, et pardonnez si dans les premiers moments d'une affliction aussi violente qu'est la mienne, je ne réponds pas

10. *Il = Le Duc de Nemours.* 12. The Princesse in fact fears that, if she goes to Court and meets Nemours, she may yield to temptation. Notice the spouse's use of *vous.* 12. *Qui = Qu'est-ce qui.* 35. *gens:* servants.

17. Such a situation had in fact already appeared in French literature. 26. *Mme de Chartres:* the mother of the Princesse de Clèves. 40. Notice how the code of formal behavior, *les bienséances,* prevails in the characters' behavior, even in moments of high emotional tension.

comme je dois à un procédé comme le vôtre. Vous me paraissez plus digne d'estime et d'admiration que tout ce qu'il y a jamais eu de femmes au monde; mais aussi je me trouve le plus malheureux homme qui ait jamais existé. Vous m'avez donné de la passion dès le premier moment que je vous ai vue; vos rigueurs et votre possession n'ont pu l'éteindre, elle dure encore : je n'ai jamais pu vous donner° de l'amour, et je vois que vous craignez d'en avoir pour un autre. Et qui est-il, madame, cet homme heureux qui vous donne cette crainte? Depuis quand vous plaît-il? Qu'a-t-il fait pour vous plaire? Quel chemin a-t-il trouvé pour aller à votre cœur? Je m'étais consolé en quelque sorte de ne l'avoir pas touché par la pensée qu'il était incapable de l'être. Cependant un autre fait ce que je n'ai pu faire : j'ai tout ensemble la jalousie d'un mari et celle d'un amant; mais il est impossible d'avoir celle d'un mari après un procédé comme le vôtre. Il est trop noble pour ne pas me donner une sûreté;° il me console même comme votre amant. La confiance et la sincérité que vous avez pour moi sont d'un prix infini : vous m'estimez assez pour croire que je n'abuserai pas de cet aveu. Vous avez raison, madame, je n'en abuserai pas et je ne vous en aimerai pas moins. Vous me rendez malheureux par la plus grande marque de fidélité que jamais une femme ait donnée à son mari; mais, madame, achevez, et apprenez-moi qui est celui que vous voulez éviter.

—Je vous supplie de ne me le point demander, répondit-elle; je suis résolue de ne pas vous le dire, et je crois que la prudence ne veut pas que je vous le nomme.°

— Ne craignez point, madame, reprit M. de Clèves; je connais trop le monde pour ignorer que la considération° d'un mari n'empêche pas que l'on ne soit amoureux de sa femme. On doit haïr ceux qui le sont, et non pas s'en plaindre; et, encore une fois, madame, je vous conjure de m'apprendre ce que j'ai envie de savoir.

— Vous m'en presseriez inutilement, répliqua-t-elle; j'ai de la force pour taire ce que je ne crois pas devoir dire. L'aveu que je vous ai fait n'a pas été par faiblesse, et il faut plus de courage pour avouer cette vérité que pour entreprendre de la cacher. »

M. de Nemours ne perdait pas une parole de cette conversation; et ce que venait de dire Mme de Clèves ne lui donnait guère moins de jalousie qu'à son mari. Il était si éperdument amoureux d'elle qu'il croyait que tout le monde avait les mêmes sentiments. Il était véritable aussi qu'il avait plusieurs rivaux; mais il s'en imaginait encore davantage, et son esprit s'égarait à chercher celui dont Mme de Clèves voulait parler. Il avait cru bien des fois qu'il ne lui était pas désagréable, et il avait fait ce jugement sur des choses qui lui parurent si légères dans ce moment qu'il ne put s'imaginer qu'il eût donné une passion qui devait être bien violente pour avoir° recours à un remède si extraordinaire. Il était si transporté qu'il ne savait quasi ce qu'il voyait, et il ne pouvait pardonner à M. de Clèves de ne pas assez presser sa femme de lui dire ce nom qu'elle lui cachait.

M. de Clèves faisait néanmoins tous ses efforts pour le savoir; et, après qu'il l'en eut pressée° inutilement : « Il me semble, répondit-elle, que vous devez être content de ma sincérité; ne m'en demandez pas davantage, et ne me donnez point lieu de me repentir de ce que je viens de faire : contentez-vous de l'assurance, que je vous donne encore, qu'aucune de mes actions n'a fait paraître mes sentiments et que l'on ne m'a jamais rien dit dont j'aie pu m'offenser.

—Ah! madame, reprit tout d'un coup M. de Clèves, je ne vous saurais croire. Je me souviens de l'embarras où vous fûtes le jour que votre portrait se perdit. Vous avez donné, madame, vous avez donné ce portrait qui m'était si cher et qui m'appartenait si légitimement; vous n'avez pu cacher vos sentiments; vous aimez, on le sait; votre vertu jusqu'ici vous a garantie du reste.

— Est-il possible, s'écria cette princesse, que vous puissiez penser qu'il y a quelque déguisement dans un aveu comme le mien, qu'aucune raison ne m'obligeait à vous faire! Fiez-vous à mes paroles; c'est par un assez grand prix que j'achète la confiance que je vous demande. Croyez, je vous en conjure, que je n'ai point donné mon portrait. Il est vrai que je le vis

9. *vous donner:* awake in you. **22.** *sûreté:* gage, guarantee of good faith. **36.** I.e., M. de Clèves would fight a duel with his rival. **39.** *considération:* importance in society.

17. *pour avoir:* since it had. **24.** *après... pressée:* after he had urged her to do so.

prendre; mais je ne voulus pas faire paraître que je le voyais, de peur de m'exposer à me faire dire des choses que l'on ne m'a pas encore osé dire.

— Par où vous a-t-on donc fait voir qu'on vous aimait, reprit M. de Clèves, et quelles marques de passion vous a-t-on données?

— Épargnez-moi la peine, répliqua-t-elle, de vous dire des détails qui me font honte à moi-même de les avoir remarqués, et qui ne m'ont que trop persuadée de ma faiblesse.

— Vous avez raison, madame, reprit-il; je suis injuste. Refusez-moi toutes les fois que je vous demanderai de pareilles choses, mais ne vous offensez pourtant pas si je vous les demande. »

Dans ce moment plusieurs de leurs gens qui étaient demeurés dans les allées vinrent avertir M. de Clèves qu'un gentilhomme venait le chercher de la part du roi, pour lui ordonner de se trouver le soir à Paris. M. de Clèves fut contraint de s'en aller, et il ne put rien dire à sa femme, sinon qu'il la suppliait de venir le lendemain, et qu'il la conjurait de croire que, quoiqu'il fût affligé, il avait pour elle une tendresse et une estime dont elle devait être satisfaite.

Lorsque ce prince fut parti, que Mme de Clèves demeura seule, qu'elle regarda ce qu'elle venait de faire, elle en fut si épouvantée qu'à peine put-elle s'imaginer que ce fût une vérité. Elle trouva qu'elle s'était ôté elle-même le cœur et l'estime de son mari, et qu'elle s'était creusé un abîme dont elle ne sortirait jamais. Elle se demandait si elle avait fait une chose si hasardeuse, et elle trouvait qu'elle s'y était engagée sans en avoir presque eu le dessein. La singularité d'un pareil aveu, dont elle ne trouvait point d'exemple, lui en faisait voir tout le péril.

Mais, quand elle venait à penser que ce remède, quelque violent qu'il fût, était le seul qui la pouvait défendre contre M. de Nemours, elle trouvait qu'elle ne devait point se repentir et qu'elle n'avait point trop hasardé. Elle passa toute la nuit, pleine d'incertitude, de trouble et de crainte; enfin le calme revint dans son esprit. Elle trouva même de la douceur à avoir donné ce témoignage de fidélité à un mari qui le méritait si bien, qui avait tant d'estime et tant d'amitié pour elle, et qui venait de lui en donner encore des marques, par la manière dont il avait reçu ce qu'elle lui avait avoué.

The Eighteenth Century

The Eighteenth Century

1715. Death of Louis XIV
1715 ——————————Louis XV ————————— 1774
1715–23. Regency, Duc d'Orléans

1755. Lisbon earthquake
1756–63. Seven Years' War
1769. Watt's steam engine
1774–Louis XVI–1792
France recognizes U.S.A., enters Revolutionary War 1778
États généraux: fall of Bastille 1789
Louis XVI executed 1793
Rule of Convention 1794
Directory 1795
Napoleon, First Consul 1799

HISTORY

1715–34. Lesage: *Gil Blas*
⚹1721. Montesquieu: *Lettres persanes*
1730. Marivaux: *Jeu de l'amour et du hasard* *théâtre bourgeois*
1731. Prévost: *Manon Lescaut*
⚹1734. Voltaire: *Lettres philosophiques*
1748. Montesquieu: *Esprit des lois*
⚹1749+. Buffon: *Histoire naturelle* *taxonomie: classification descriptión*
⚹1750. Rousseau: *Discours sur les arts*
1751–80. *Encyclopédie*
1753. Buffon: *Discours sur le style*
1755. Rousseau: *Discours sur l'inégalité*
1758+. Voltaire at Ferney
1759. Voltaire: *Candide*
1761. Rousseau: *Nouvelle Héloïse*
1762. Rousseau: *Contrat social*
1762. Rousseau: *Émile*
1762. Diderot: *Neveu de Rameau*

FRENCH LITERATURE

Rousseau: *Confessions* 1782
Beaumarchais: *Mariage de Figaro* 1784 *seul grand dramatiste*
Condorcet: *Progrès de l'esprit humain* 1795
Chamfort: *Maximes et pensées* 1803

⚹ *philosophes*

1719. Defoe: *Robinson Crusoe*
1726. Swift: *Gulliver's Travels*
1733. Pope: *Essay on Man*
1752. Goldoni: *La Locandiera*
1760–63. Macpherson: *Ossian*
1766. Lessing: *Laokoon*
Goethe: *Götz von Berlichingen* 1771
Smith: *Wealth of Nations* 1776
Schiller: *Die Räuber* 1781
Kant: *Critique of Pure Reason* 1781
Burns: *Poems* 1786

OTHER LITERATURES

Blake: *Songs of Innocence* 1789
Boswell: *Life of Johnson* 1791
Lyrical Ballads 1798

The Eighteenth Century

As the sixteenth century may be labeled *Renaissance or humanistic* and the seventeenth *classic,* the eighteenth may be summed up as the *Age of Reason*, dominated by the *esprit philosophique.*

Reason was of course no new discovery of the incoming century. You will remember how Boileau harped upon the necessity of *la raison*. But there is an important distinction. The seventeenth century had appealed to reason for the interpretation of accepted certainties: revealed religion, the artistic perfection of ancient writers, and absolute government, divinely decreed. The eighteenth century called into question the bases of all faith: religious, political, social, aesthetic. Imbued with the scientific spirit, the eighteenth century believed that truth could be found by reason alone, employing the Cartesian method of observation, analysis, and synthesis.

Let us compare, in large and inevitably inaccurate terms, the seventeenth with the eighteenth century in France.

The seventeenth century was *traditionalist* in religion, politics, and art. The eighteenth is *free-thinking*, rejecting tradition in favor of free speculation.

The seventeenth century was *orthodox;* the eighteenth is *skeptical*, accepting nothing unproved by reason.

The seventeenth century was *national*, little conscious of the contemporary world outside France. The eighteenth is *cosmopolitan*, interested in England, Germany, Italy, profiting by foreign thought and institutions.

The seventeenth century was *psychological*, seeking universal man under the diversity of his aspects; the eighteenth is *metaphysical*, that is, concerned with abstract thought more than with the analysis of human character and behavior. *l'absolutisme de tout ; authoritaire*

The seventeenth century believed in *stability*, the absoluteness and persistence of truth. The eighteenth believes in *change* and *progress*, even in the realm of abstract truth.

The seventeenth century was primarily *artistic*, deeply concerned with form and style. The eighteenth is *scientific* and *practical*, more interested in substance than in manner. *Ce qui est pratique, pragmatique*

The influence of *science* deserves a word. Science had made great strides in the seventeenth century (witness Descartes and Pascal). But science was then a matter of individual explora- tion in separate fields. By the eighteenth century, science became an organized whole, resting on the explanations of the universe offered by Copernicus and Newton. In these systems man was no longer the center and justification of the universe, he was an insigni- ficant feature of it, an animal in the scale of animal life. This conception of man in the uni- verse is implicit in the work of the new writers.

An important group of new writers called themselves the *philosophes* and were animated by the *esprit philosophique*.

The *esprit philosophique* was the product of several influences. One was the *rationalism* of Descartes, that is, his method of discarding everything at all doubtful and arguing only from observed facts. Second was the influence of *English empiricism*. This is the doctrine that all knowledge comes to us by the agency of the senses. In French this is often called *sensualisme*, or sensationalism. Obviously it excludes the possibility of *innate ideas*, implanted in the brain at birth. Most influential in propagating these views was John Locke's *Essay Concerning Human Understanding* (1690).

A third influence was that of *anti-Catholicism*. This had existed in various forms among the

299

libertins of the seventeenth century, but it was usually surreptitious or disguised. With the eighteenth century the opposition to Catholic dogma and social control came into the open. Some of the new writers were outright atheists, while some, like Voltaire and Rousseau, were *deists*, believing in a beneficent Creator but not necessarily in Christian doctrine.

As the century wore on, a new characteristic took form, that of *sensibilité*, sensitiveness or emotionalism. This was in part a reaction against rationalism, in part a development of it. It was a reaction in that people found the life of pure reason dreary, unsatisfying and sought a release from it in emotionalism. It was a development in that reason itself recognized the importance of man's emotional life, and incorporated it in a higher synthesis. This *sensibilité*, rampant in the theater and the novel, led away from the classic principle and toward the Romanticism to come. Indeed, the period of Rousseau and his fellows is often called *le Préromantisme*.

The eighteenth century in France is marked especially by intelligence. Its literature is an *intelligent* literature, rather than imaginative or poetic. Many modern people find a spiritual refuge in that century, so brilliant, free-living, amusing, gay, well-mannered. We catch glimpses of its elegance at Williamsburg and in other restorations and persistences. For those who were privileged by birth and fortune, the eighteenth century was a delightful time, both intellectually and materially. "Qui n'a pas vécu avant 1789 ne sait pas ce que c'est que le plaisir de vivre," said the famous Talleyrand. But curiously enough, the intellectualism of the eighteenth century tended constantly toward the destruction of its own *plaisir de vivre*. The Revolution of 1789 bore on its banners the slogans of the *philosophes*.

28. Fontenelle [1657–1757]

Bernard le Bovier de Fontenelle bridges the seventeenth and eighteenth centuries. He may be taken as the perfect exemplar of his period. For a hundred years a bachelor, he never fell uncomfortably in love. He never laughed, nor ran, nor wept. Said Mme de Tencin, poking him roguishly with her fan : "Ce n'est pas un cœur que vous avez là; c'est de la cervelle, comme dans la tête." He smiled and did not deny the charge. His life was spent smiling, joking, paying court, and working, and only in working was he excessive. Someone asked him, on his deathbed, how he felt. "Je ne sens qu'une difficulté d'être," said M. de Fontenelle, and died on an epigram.

Under his graces and his courtly manners lay a deep fund of seriousness. He participated in most of the intellectual activities of his time. For forty-three years he was secretary of the *Académie des Sciences*, and in this role carried on a remarkable work of publication, of correspondence with the world's scientists, and of coordination of scientific enterprise. He was a one-man Foundation. Especially he made familiar to the world the idea of scientific progress.

He was not so much an original thinker as a *popularizer*. In such works as the *Dialogues des morts* (1682–1684), *L'Origine des fables* (1687), and *Histoire des oracles* (1687) he sought to undermine traditional opinions, respect for the past and for the authority of the ancients, and to substitute confidence in our own judgments. By attacking the prejudices we have received from the ancients, he was by inference discrediting all traditional beliefs in religion and government, hence the whole principle of authority.

The *Entretiens sur la pluralité des mondes* (1686) belongs, despite its date, to the spirit

of the eighteenth century. It is an excellent example of scientific popularization. General knowledge of astronomy in France was backward, but the establishment of an observatory in Paris stimulated popular curiosity. To capture his public, Fontenelle cast his treatise in the form of a gallant dialogue between a gentleman and a lady in a moonlit park. It is graceful, amusing, and above all lucid; the simpering manner of the interlocutors is charming rather than irritating. And the lesson of the book, which readers could draw from it if they chose, was that the achievement of science is modern and is a proof of our superiority to antiquity; and that the Christian cosmogony is an antiquity, of which science is independent; and that our increase of knowledge in the future will be gained by scientific method, exploring the physical unknown.

Fontenelle contributed greatly to the diffusion of the idea of progress, which dominated the nineteenth century. His other contributions have been well summarized by a modern writer: * he fixed in the contemporary mind the idea that all Nature is subject to laws; that all the sciences join and mingle, and are different aspects of a single science; that this great science is a coordination of all phenomena by mathematical relations; and more, that the political as well as the physical world is regulated by weight, number, and measure. This thought lies at the base of modern social science.

Entretiens sur la Pluralité des Mondes

[*In a brief introduction, the author tells how he came to spend a few days at the château of the lovely Marquise de G***. There were no other guests, and the author paid his court to the lady, as a gallant gentleman was expected to do.*]

Premier Soir

La Terre : Ses Mouvements

Nous allâmes donc, un soir après souper, nous promener dans le parc. Il faisait un frais délicieux, qui nous récompensait d'une journée fort chaude que nous avions essuyée.° La lune était levée il y avait peut-être une heure, et ses rayons, qui ne venaient à nous qu'entre les branches des arbres, faisaient un agréable mélange d'un blanc fort vif, avec tout ce vert qui paraissait noir. Il n'y avait pas un nuage qui dérobât° ou qui obscurcît la moindre étoile; elles étaient toutes d'un or pur et éclatant, et qui était encore relevé° par le fond bleu où elles sont attachées. Ce spectacle me fit rêver, et peut-être sans la Marquise eussé-je rêvé assez

longtemps; mais la présence d'une si aimable Dame ne me permit pas de m'abandonner à la lune et aux étoiles.

« Ne trouvez-vous pas, lui dis-je, que le jour même n'est pas si beau qu'une belle nuit?

— Oui, me répondit-elle, la beauté du jour est comme une beauté blonde qui a plus de brillant; mais la beauté de la nuit est une beauté brune qui est plus touchante.

— Vous êtes bien généreuse, repris-je, de donner cet avantage aux brunes, vous qui ne l'êtes pas. Il est pourtant vrai que le jour est ce qu'il y a de plus beau dans la nature, et que les héroïnes de roman, qui sont ce qu'il y a de plus beau dans l'imagination, sont presque toujours blondes.

— Ce n'est rien que la beauté,° répliqua-t-elle, si elle ne touche. Avouez que le jour ne vous eût jamais jeté dans une rêverie aussi douce que celle où je vous ai vu près de tomber tout à l'heure, à la vue de cette nuit.

— J'en conviens, répondis-je; mais en récompense, une blonde comme vous me ferait encore mieux rêver que la plus belle nuit du monde, avec toute sa beauté brune.

— Quand cela serait vrai, répliqua-t-elle, je ne m'en contenterais pas. Je voudrais que le jour, puisque les blondes doivent être dans ses intérêts, fît aussi le même effet. Pourquoi les amants, qui sont bons juges de ce qui touche, ne s'adressent-ils jamais qu'à la nuit dans toutes

* A. Laborde Milaà : *Fontenelle*. Paris, Hachette, 1905, p. 136. 19. *essuyée:* endured. 25. *dérobât:* hid from sight. 27. *relevé:* set off, made prominent.

17. *Ce n'est... beauté:* beauty is nothing.

les chansons et dans toutes les élégies que je connais?

— Il faut bien que la nuit ait leurs remerciements, lui dis-je.

— Mais, reprit-elle, elle a aussi toutes leurs plaintes. Le jour ne s'attire point leurs confidences, d'où cela vient-il?

— C'est apparemment, répondis-je, qu'il n'inspire point je ne sais quoi de triste et de passionné. Il semble pendant la nuit que tout [10] soit en repos. On s'imagine que les étoiles marchent avec plus de silence que le soleil; les objets que le ciel présente sont plus doux; la vue s'y arrête plus aisément; enfin, on rêve mieux, parce qu'on se flatte d'être alors dans toute la [15] nature la seule personne occupée à rêver. Peut-être aussi que le spectacle du jour est trop uniforme : ce n'est qu'un soleil et une voûte° bleue; mais il se peut que la vue de toutes ces étoiles semées confusément, et disposées au [20] hasard en mille figures différentes, favorise la rêverie et un certain désordre de pensées où l'on ne tombe point sans plaisir.

— J'ai toujours senti ce que vous me dites, reprit-elle; j'aime les étoiles, et je me plaindrais [25] volontiers du soleil qui nous les efface.

— Ah! m'écriai-je, je ne puis lui pardonner de me faire perdre de vue tous ces mondes.

— Qu'appelez-vous tous ces mondes? me dit-elle en me regardant, et en se tournant vers [30] moi.

— Je vous demande pardon, répondis-je. Vous m'avez mis sur ma folie, et aussitôt mon imagination s'est échappée.

— Quelle est donc cette folie? reprit-elle. [35]

— Hélas! répliquai-je, je suis bien fâché qu'il faille vous l'avouer : je me suis mis dans la tête que chaque étoile pourrait bien être un monde. Je ne jurerais pourtant pas que cela fût vrai; mais je le tiens pour vrai, parce qu'il me fait [40] plaisir à croire. C'est une idée qui me plaît, et qui s'est placée dans mon esprit d'une manière riante.° Selon moi, il n'y a pas jusqu'aux vérités à qui l'agrément ne soit nécessaire.°

— Hé bien, reprit-elle, puisque votre folie est [45] si agréable, donnez-la-moi; je croirai sur les étoiles tout ce que vous voudrez, pourvu que j'y trouve du plaisir.

— Ah! Madame, répondis-je bien vite, ce n'est pas un plaisir comme celui que vous auriez à une comédie de Molière; c'en est un qui est je ne sais où, dans la raison, et qui ne [5] fait rire que l'esprit.

— Quoi donc, reprit-elle, croyez-vous qu'on soit incapable des plaisirs qui ne sont que dans la raison? Je veux tout à l'heure° vous faire voir le contraire; apprenez-moi vos étoiles.

— Non, répliquai-je, il ne me sera point [10] reproché que dans un bois, à dix heures du soir, j'aie parlé de philosophie à la plus aimable personne que je connaisse. Cherchez ailleurs vos philosophes. »°

J'eus beau me défendre encore quelque temps [15] sur ce ton-là, il fallut céder. Je lui fis du moins promettre, pour mon honneur, qu'elle me garderait le secret; et quand je fus hors d'état de m'en pouvoir dédire,° et que je voulus parler, je vis que je ne savais par où commencer mon [20] discours : car avec une personne comme elle, qui ne savait rien en matière de physique, il fallait prendre les choses de bien loin, pour lui prouver que la terre pouvait être une planète, et les planètes autant de terres, et toutes les [25] étoiles autant de soleils qui éclairaient des mondes. J'en revenais toujours à lui dire qu'il aurait mieux valu s'entretenir de bagatelles, comme toutes personnes raisonnables auraient fait à notre place. A la fin cependant, pour lui [30] donner une idée générale de la philosophie,° voici par où je commençai.

« Toute la philosophie, lui dis-je, n'est fondée que sur deux choses, sur ce qu'on a l'esprit curieux et les yeux mauvais;° car si vous aviez [35] les yeux meilleurs que vous ne les avez, vous verriez bien si les étoiles sont des soleils qui éclairent autant de mondes, ou si elles n'en sont pas; et si d'un autre côté vous étiez moins curieuse, vous ne vous soucieriez pas de le [40] savoir, ce qui reviendrait au même; mais on veut savoir plus qu'on ne voit, c'est là la difficulté. Encore, si ce qu'on voit, on le voyait bien, ce serait toujours autant de connu; mais on le voit tout autrement qu'il n'est. Ainsi [45]

8. *tout à l'heure:* immediately. 14. Notice the ogling, *précieux* manner which has prevailed throughout this set of speeches. To fail to make love was practically dishonorable. 19. *de m'en pouvoir dédire:* to back out of it. 31. *philosophie:* i.e., natural philosophy, physics. 35. An admirable formula. Sir Arthur Eddington says much the same thing in his *New Pathways in Science*, 1935.

18. *voûte:* vault (of the sky). 43. *riante:* here, amusing. 44. *il n'y a… nécessaire:* there is nothing, even truths, which does not need to be charming.

les vrais philosophes passent leur vie à ne point croire ce qu'ils voient, et à tâcher de deviner ce qu'ils ne voient point; et cette condition n'est pas, ce me semble, trop à envier. Sur cela je me figure toujours que la nature est un grand spectacle qui ressemble à celui de l'opéra. Du lieu où vous êtes à l'opéra, vous ne voyez pas le théâtre tout à fait comme il est; on a disposé les décorations et les machines pour faire de loin un effet agréable, et on cache à votre vue ces roues et ces contrepoids qui font tous les mouvements.° Aussi ne vous embarrassez-vous guère de deviner comment tout cela joue. Il n'y a peut-être que quelque machiniste caché dans le parterre° qui s'inquiète d'un vol qui lui aura paru extraordinaire, et qui veut absolument démêler comment ce vol a été exécuté. Vous voyez bien que ce machiniste-là est assez fait comme les philosophes. Mais ce qui, à l'égard des philosophes, augmente la difficulté, c'est que dans les machines que la nature présente à nos yeux, les cordes sont parfaitement bien cachées, et elles le sont si bien, qu'on a été longtemps à deviner ce qui causait les mouvements de l'univers. Car représentez-vous tous les sages à l'opéra, ces Pythagore,° ces Platon, ces Aristote, et tous ces gens dont le nom fait aujourd'hui tant de bruit à nos oreilles; supposons qu'ils voyaient le vol de Phaéton° que les vents enlèvent, qu'ils ne pouvaient découvrir les cordes, et qu'ils ne savaient point comment le derrière du théâtre était disposé. L'un d'eux disait : « *C'est une certaine vertu secrète qui enlève Phaéton* » L'autre : « *Phaéton est composé de certains nombres qui le font monter.* » L'autre : « *Phaéton a une certaine amitié pour le haut du théâtre ; il n'est point à son aise quand il n'y est pas.* » L'autre : « *Phaéton n'est pas fait pour voler, mais il aime mieux voler que de laisser le haut du théâtre vide :* » et cent autres rêveries que je m'étonne qui n'aient perdu de réputation toute l'antiquité.° A la fin, Descartes et quelques autres modernes sont venus, et ils ont dit : « *Phaéton monte, parce qu'il est tiré par des cordes, et qu'un poids plus pesant que lui descend* ».° Ainsi on ne croit plus qu'un corps se remue, s'il n'est tiré, ou plutôt poussé par un autre corps; on ne croit plus qu'il monte ou qu'il descende, si ce n'est par l'effet d'un contrepoids ou d'un ressort; et qui verrait la nature telle qu'elle est, ne verrait que le derrière du théâtre de l'Opéra.

— A ce compte, dit la Marquise, la philosophie est devenue bien mécanique.

— Si mécanique, répondis-je, que je crains qu'on en ait bientôt honte. On veut que l'univers ne soit en grand que ce qu'une montre est en petit, et que tout s'y conduise par des mouvements réglés, qui dépendent de l'arrangement des parties. Avouez la vérité. N'avez-vous pas eu quelquefois une idée plus sublime de l'univers; et ne lui avez-vous point fait plus d'honneur qu'il ne méritait? J'ai vu des gens qui l'en estimaient moins, depuis qu'ils l'avaient connu.

— Et moi, répliqua-t-elle, je l'en estime beaucoup plus, depuis que je sais qu'il ressemble à une montre : il est surprenant que l'ordre de la nature, tout admirable qu'il est, ne roule que sur des choses si simples.°

— Je ne sais pas, lui répondis-je, qui vous a donné des idées si saines; mais en vérité il n'est pas trop commun de les avoir. Assez de gens ont toujours dans la tête un faux merveilleux enveloppé d'une obscurité qu'ils respectent.° Ils n'admirent la nature que parce qu'ils la croient une espèce de magie où l'on n'entend rien; et il est sûr qu'une chose est déshonorée auprès d'eux, dès qu'elle peut être conçue. Mais, Madame, continuai-je, vous êtes si bien disposée à entrer dans tout ce que je veux vous dire, que je crois que je n'ai qu'à tirer le rideau, et à vous montrer le monde.

» De la terre où nous sommes, ce que nous voyons de plus éloigné, c'est ce ciel bleu, cette grande voûte, où il semble que les étoiles sont attachées comme des clous. On les appelle fixes, parce qu'elles ne paraissent avoir que le mouvement de leur ciel, qui les emporte avec lui d'orient en occident. Entre la terre et cette dernière voûte des cieux sont suspendus, à différentes hauteurs, le Soleil et la Lune, et les cinq° autres astres qu'on appelle planètes,

Mercure, Vénus, Mars, Jupiter et Saturne. Ces planètes n'étant point attachées au même ciel, ayant des mouvements inégaux, elles se regardent diversement et figurent diversement ensemble; au lieu que les étoiles fixes sont toujours dans la même situation les unes à l'égard des autres. Le Chariot,° par exemple, que vous voyez qui est formé de ces sept étoiles, a toujours été fait comme il est, et le sera encore longtemps; mais la lune est tantôt proche du soleil, tantôt elle en est éloignée, et il en va de même des autres planètes. Voilà comme les choses parurent à ces anciens bergers de Chaldée,° dont le grand loisir produisit les premières observations, qui ont été le fondement de l'astronomie; car l'astronomie est née dans la Chaldée, comme la géométrie naquit, dit-on, en Égypte, où les inondations du Nil, qui confondaient les bornes des champs, furent cause que chacun voulut inventer des mesures exactes pour reconnaître son champ d'avec celui de son voisin. Ainsi l'astronomie est fille de l'oisiveté, la géométrie est fille de l'intérêt; et s'il était question de la poésie, nous trouverions apparemment qu'elle est fille de l'amour.

— Je suis bien aise, dit la Marquise, d'avoir appris cette généalogie des sciences, et je vois bien qu'il faut que je m'en tienne à l'astronomie. La géométrie, selon ce que vous me dites, demanderait une âme plus intéressée que je ne l'ai, et la poésie en demanderait une plus tendre; mais j'ai autant de loisir que l'astronomie en peut demander. Heureusement encore nous sommes à la campagne, et nous y menons quasi une vie pastorale; tout cela convient à l'astronomie.

— Ne vous y trompez pas, Madame, repris-je, ce n'est pas la vraie vie pastorale, que de parler des planètes et des étoiles fixes. Voyez si c'est à cela que les gens de L'Astrée° passent leur temps.

— Oh! répondit-elle, cette sorte de bergerie-là° est trop dangereuse. J'aime mieux celle de ces Chaldéens dont vous me parliez. Recommencez un peu, s'il vous plaît, à me parler Chaldéen. Quand on eut reconnu cette disposition des cieux que vous m'avez dite, de quoi fut-il question?

— Il fut question, repris-je, de deviner comment toutes les parties de l'univers devaient être arrangées, et c'est là ce que les savants appellent faire un système. Mais avant que je vous explique le premier des systèmes, il faut que vous remarquiez, s'il vous plaît, que nous sommes tous faits naturellement comme un certain fou Athénien dont vous avez entendu parler, qui s'était mis dans la fantaisie que tous les vaisseaux qui abordaient au port de Pirée° lui appartenaient. Notre folie à nous autres, est de croire aussi que toute la nature, sans exception, est destinée à nos usages :° et quand on demande à nos philosophes à quoi sert ce nombre prodigieux d'étoiles fixes, dont une partie suffirait pour faire ce qu'elles font toutes, ils vous répondent froidement qu'elles servent à leur réjouir la vue. Sur ce principe on ne manqua pas d'abord de s'imaginer qu'il fallait que la terre fût en repos au centre de l'univers, tandis que tous les corps célestes, qui étaient faits pour elle, prendraient la peine de tourner à l'entour pour l'éclairer. Ce fut donc au-dessus de la terre qu'on plaça la lune, et au-dessus de la lune on plaça Mercure, ensuite Vénus, le soleil, Mars, Jupiter, Saturne. Au-dessus de tout cela était le ciel des étoiles fixes. La terre se trouvait justement au milieu des cercles que décrivent ces planètes, et ils étaient d'autant plus grands qu'ils étaient plus éloignés de la terre, et par conséquent les planètes plus éloignées employaient plus de temps à faire leurs cours, ce qui effectivement° est vrai.

— Mais je ne sais pas, interrompit la Marquise, pourquoi vous semblez n'approuver pas cet ordre-là dans l'univers; il me paraît assez net et assez intelligible, et pour moi, je vous déclare que je m'en contente.

— Je puis me vanter, répliquai-je, que je vous adoucis bien tout ce système. Si je vous le donnais tel qu'il a été conçu par Ptolémée,° son auteur, ou par ceux qui y ont travaillé après lui, il vous jetterait dans une épouvante horrible. Comme les mouvements des planètes ne sont pas si réguliers qu'elles n'aillent tantôt plus vite, tantôt plus lentement, tantôt en un sens, tantôt en un autre, et qu'elles ne soient quelquefois plus éloignées de la terre, quelquefois plus

7. *Le Chariot de David*, which we call the Great Bear. 13. Chaldea, southern Mesopotamia. 40. *L'Astrée:* immense pastoral novel (1610–27) by Honoré d'Urfé. 42. *bergerie:* may mean either "pastoral" (tale of conventionalized love-sick shepherds) or actual "sheepherding."

10. Piraeus, seaport of Athens. 13. Reference to doctrine of *final causes*, or finalism. 33. *effectivement:* in fact. 41. Ptolemy, Greek astronomer and geographer living in Egypt, second century A.D.

proches, les anciens avaient imaginé je ne sais combien de cercles différemment entrelacés les uns dans les autres, par lesquels ils sauvaient toutes ces bizarreries. L'embarras de tous ces cercles était si grand, que, dans un temps où l'on ne connaissait encore rien de meilleur, un roi de Castille,° grand mathématicien, mais apparemment peu dévot, disait que si Dieu l'eût appelé à son conseil quand il fit le monde, il lui eût donné de bons avis. La pensée est un peu trop libertine; mais cela même est assez plaisant,° que ce système fût alors une occasion de pécher, parce qu'il était trop confus. Les bons avis que ce roi voulait donner regardaient sans doute la suppression de deux ou trois cieux superflus qu'on avait mis au delà des étoiles fixes. Ces philosophes, pour expliquer une sorte de mouvement dans les corps célestes, faisaient, au delà du dernier ciel que nous voyons, un ciel de cristal, qui imprimait ce mouvement aux cieux inférieurs. Avaient-ils nouvelle d'un autre mouvement, c'était aussitôt un autre ciel de cristal. Enfin, les cieux de cristal ne leur coûtaient rien.

— Et pourquoi ne les faisait-on que de cristal? dit la Marquise. N'eussent-ils pas été bons de quelque autre matière?

— Non, répondis-je; il fallait que la lumière passât au travers, et d'ailleurs il fallait qu'ils fussent solides. Il le fallait absolument, car Aristote avait trouvé que la solidité était une chose attachée à la noblesse de leur nature; et puisqu'il l'avait dit, on n'avait garde d'en douter. Mais on a vu des comètes qui, étant plus élevées qu'on ne croyait autrefois, briseraient tout le cristal des cieux par où elles passent, et casseraient tout l'univers; et il a fallu se résoudre à faire les cieux d'une matière fluide, telle que l'air. Enfin, il est hors de doute, par les observations de ces derniers siècles, que Vénus et Mercure tournent autour du soleil, et non autour de la terre, et l'ancien système est absolument insoutenable par cet endroit. Je vais donc vous en proposer un qui satisfait à tout, et qui dispenserait le roi de Castille de donner des avis, car il est d'une simplicité charmante, ce qui seule le ferait préférer.

— Il semblerait, interrompit la Marquise, que votre philosophie est une espèce d'enchère,° où ceux qui offrent de faire les choses à moins de frais l'emportent sur les autres.

— Il est vrai, repris-je, et ce n'est que par là qu'on peut attraper le plan sur lequel la nature a fait son ouvrage. Elle est d'une épargne° extraordinaire; tout ce qu'elle pourra faire d'une manière qui lui coûtera un peu moins, quand ce moins ne serait presque rien,° soyez sûre qu'elle ne le fera que de cette manière-là.° Cette épargne, néanmoins, s'accorde avec une magnificence° surprenante qui brille dans tout ce qu'elle a fait : c'est que la magnificence est dans le dessein, et l'épargne dans l'exécution. Il n'y a rien de plus beau qu'un grand dessein que l'on exécute à peu de frais. Nous autres, nous sommes sujets à renverser souvent tout cela dans nos idées. Nous mettons l'épargne dans le dessein qu'a eu la nature, et la magnificence dans l'exécution. Nous lui donnons un petit dessein, qu'elle exécute avec dix fois plus de dépense qu'il ne faudrait; cela est tout à fait ridicule.

— Je serai bien aise, dit-elle, que le système dont vous m'allez parler imite de fort près la nature; car ce grand manège-là° tournera au profit de mon imagination, qui n'aura pas tant de peine à comprendre ce que vous me direz.

— Il n'y a plus ici d'embarras inutiles, reprisje. Figurez-vous un Allemand nommé Copernic,° qui fait main-basse° sur tous ces cercles différents, et sur tous ces cieux solides qui avaient été imaginés par l'antiquité. Il détruit les uns, il met les autres en pièces. Saisi d'une noble fureur d'astronome, il prend la terre, et l'envoie bien loin du centre de l'univers, où elle s'était placée, et dans ce centre il y met le soleil, à qui cet honneur était bien mieux dû. Les planètes ne tournent plus autour de la terre, et ne la renferment plus au milieu du cercle qu'elles décrivent. Si elles nous éclairent, c'est en quelque sorte par hasard, et parce qu'elles nous rencontrent en leur chemin. Tout tourne présentement autour du soleil. La terre y tourne elle-même, et pour la punir du long repos qu'elle s'était attribué, Copernic la charge le plus qu'il peut de tous les mouvements qu'elle donnait aux

7. *roi de Castille:* Alfonso the Wise, reigned 1252–84. 12. *plaisant:* amusing. 49. *enchère:* sale.

5. *épargne:* economy. 8. *quand... rien:* even if this "less" is almost nothing. 9. This is the principle of least effort. 11. *magnificence:* lavishness. 25. *manège: here,* affair, business. 29. Copernicus, Polish astronomer (1475–1543). 30. *fait main-basse:* makes a clean sweep.

planètes et aux cieux. Enfin, de tout cet équipage céleste, dont cette petite terre se faisait accompagner et environner, il ne lui est demeuré que la lune qui tourne encore autour d'elle.

— Attendez un peu, dit la Marquise, il vient de vous prendre un enthousiasme, qui vous a fait expliquer les choses si pompeusement, que je ne crois pas les avoir entendues. Le soleil est au centre de l'univers, et là il est immobile; après lui, qu'est-ce qui suit?

— C'est Mercure, répondis-je; il tourne autour du soleil, en sorte que le soleil est à peu près le centre du cercle que Mercure décrit. Au-dessus de Mercure est Vénus, qui tourne de même autour du soleil. Ensuite vient la terre qui, étant plus élevée que Mercure et Vénus, décrit autour du soleil un plus grand cercle que ces planètes. Enfin suivent Mars, Jupiter et Saturne, selon l'ordre où je vous les nomme, et vous voyez bien que Saturne doit décrire autour du soleil le plus grand cercle de tous; aussi emploie-t-il plus de temps qu'aucune autre planète à faire sa révolution.

— Et la lune, vous l'oubliez, interrompit-elle.

— Je la retrouverai bien, repris-je. La lune tourne autour de la terre, et ne l'abandonne point; mais comme la terre avance toujours dans le cercle qu'elle décrit autour du soleil, la lune la suit, en tournant autour d'elle; et si elle tourne autour du soleil, ce n'est que pour ne point quitter la terre.

— Je vous entends, répondit-elle, et j'aime la lune de nous être restée lorsque toutes les autres planètes nous abandonnent. Avouez que si votre Allemand eût pu nous la faire perdre, il l'aurait fait volontiers; car je vois dans tout son procédé qu'il était bien mal intentionné pour la terre.

— Je lui sais bon gré, lui répliquai-je, d'avoir rabattu la vanité des hommes, qui s'étaient mis à la plus belle place de l'univers, et j'ai du plaisir à voir présentement la terre dans la foule des planètes.

— Bon! répondit-elle, croyez-vous que la vanité des hommes s'étende jusqu'à l'astronomie? Croyez-vous m'avoir humiliée, pour m'avoir appris que la terre tourne autour du soleil? Je vous jure que je ne m'en estime pas moins.

— Mon Dieu, Madame, repris-je, je sais bien qu'on sera moins jaloux du rang qu'on tient dans l'univers, que de celui qu'on croit devoir tenir dans une chambre, et que la préséance° de deux planètes ne sera jamais une si grande affaire que celle de deux ambassadeurs. Cependant la même inclination qui fait qu'on veut avoir la place la plus honorable dans une cérémonie fait qu'un philosophe, dans un système, se met au centre du monde, s'il peut. Il est bien aise que tout soit pour lui : il suppose peut-être, sans s'en apercevoir, ce principe qui le flatte, et son cœur ne laisse pas de s'intéresser à une affaire de pure spéculation.

— Franchement, répliqua-t-elle, c'est là une calomnie que vous avez inventée contre le genre humain. On n'aurait donc jamais dû recevoir le système de Copernic, puisqu'il est si humiliant.

— Aussi, repris-je, Copernic lui-même se défiait-il fort du succès de son opinion. Il fut très longtemps à ne la vouloir pas publier. Enfin, il s'y résolut, à la prière de gens très considérables; mais aussi le jour qu'on lui apporta le premier exemplaire imprimé de son livre, savez-vous ce qu'il fit? Il mourut.° Il ne voulut point essuyer toutes les contradictions qu'il prévoyait, et se tira habilement d'affaire.

— Écoutez, dit la Marquise, il faut rendre justice à tout le monde. Il est sûr qu'on a de la peine à imaginer qu'on tourne autour du soleil, car enfin on ne change point de place, et on se retrouve toujours le matin où l'on s'était couché le soir. Je vois, ce me semble, à votre air, que vous m'allez dire que comme la terre tout entière marche...

— Assurément, interrompis-je, c'est la même chose que si vous vous endormiez dans un bateau qui allât sur la rivière, vous vous retrouveriez à votre réveil dans la même place et dans la même situation à l'égard de toutes les parties du bateau.

— Oui; mais, répliqua-t-elle, voici une différence; je trouverais à mon réveil le rivage changé, et cela me ferait bien voir que mon bateau aurait changé de place. Mais il n'en va pas de même de la terre, j'y retrouve toutes choses comme je les avais laissées.

— Non pas, Madame, répondis-je, non pas; le rivage est changé aussi. Vous savez qu'au delà de tous les cercles des planètes, sont les étoiles

2. *préséance:* precedence. 23. In fact, Copernicus waited thirty years to publish his system, and received his author's copies only a few days before his death.

fixes; voilà votre rivage. Je suis sur la terre, et la terre décrit un grand cercle autour du soleil. Je regarde au centre de ce cercle, j'y vois le soleil. S'il n'effaçait point les étoiles, en poussant ma vue en ligne droite au delà du soleil, je le verrais nécessairement répondre à quelques étoiles fixes; mais je vois aisément pendant la nuit à quelles étoiles il a répondu le jour, et c'est exactement la même chose. Si la terre ne change-ait point de place sur le cercle où elle est, je verrais toujours le soleil répondre aux mêmes étoiles fixes; mais dès que la terre change de place, il faut que je le voie répondre à d'autres étoiles. C'est là le rivage qui change tous les jours; et comme la terre fait son cercle en un an autour du soleil, je vois le soleil en l'espace d'une année répondre successivement à diverses étoiles fixes qui composent un cercle. Ce cercle s'appelle le Zodiaque. Voulez-vous que je vous fasse ici une figure sur le sable?

— Non, répondit-elle, je m'en passerai bien, et puis cela donnerait à mon parc un air savant que je ne veux pas qu'il ait. N'ai-je pas ouï dire qu'un philosophe qui fut jeté par un naufrage dans une île qu'il ne connaissait point, s'écria à ceux qui le suivaient, en voyant de certaines figures, des lignes et des cercles tracés sur le bord de la mer : *Courage, compagnons, l'île est habitée, voici des pas d'hommes.* Vous jugez bien qu'il ne m'appartient point de faire ces pas-là, et qu'il ne faut pas qu'on en voie ici.

— Il vaut mieux en effet, répondis-je, qu'on n'y voie que des pas d'amants, c'est-à-dire, votre nom et vos chiffres,° gravés sur l'écorce des arbres par la main de vos adorateurs.

— Laissons là, je vous prie, les adorateurs, reprit-elle, et parlons du soleil. J'entends bien comment nous nous imaginons qu'il décrit le cercle que nous décrivons nous-mêmes; mais ce tour ne s'achève qu'en un an, et celui que le soleil fait tous les jours sur notre tête, comment se fait-il?

— Avez-vous remarqué, lui répondis-je, qu'une boule qui roulerait sur cette allée aurait deux mouvements? Elle irait vers le bout de l'allée, et en même temps elle tournerait plusi-eurs fois sur elle-même, en sorte que la partie de cette boule qui est en haut descendrait en bas, et que celle d'en bas monterait en haut. La terre fait la même chose. Dans le temps qu'elle

34. *chiffres:* initials.

avance sur le cercle qu'elle décrit en un an autour du soleil, elle tourne sur elle-même en vingt-quatre heures; ainsi en vingt-quatre heures chaque partie de la terre perd le soleil, et le recouvre; et à mesure qu'en tournant on va vers le côté où est le soleil, il semble qu'il s'élève; et quand on commence à s'en éloigner, en continuant le tour, il semble qu'il s'abaisse.

— Cela est assez plaisant, dit-elle; la terre prend tout sur soi, et le soleil ne fait rien. Et quand la lune et les autres planètes et les étoiles fixes paraissent faire un tour sur notre tête en vingt-quatre heures, c'est donc aussi une imagination?

— Imagination pure, repris-je, qui vient de la même cause. Les planètes font seulement leur cercle autour du soleil en des temps inégaux, selon leurs distances inégales, et celle que nous voyons aujourd'hui répondre à un certain point du zodiaque, ou de ce cercle d'étoiles fixes, nous la voyons demain à la même heure répondre à un autre point, tant parce qu'elle a avancé sur son cercle, que parce que nous avons avancé sur le nôtre. Nous marchons, et les autres planètes marchent aussi, mais plus ou moins vite que nous; cela nous met dans différents points de vue à leur égard, et nous fait paraître dans leurs cours des bizarreries dont il n'est pas nécessaire que je vous parle. Il suffit que vous sachiez que ce qu'il y a d'irrégulier dans les planètes ne vient que de la diverse manière dont notre mouvement nous les fait rencontrer, et qu'au fond elles sont toutes très réglées.

— Je consens qu'elles le soient, dit la Marquise, mais je voudrais bien que leur régularité coûtât moins à la terre; on ne l'a guère ménagée; et pour une grosse masse aussi pesante qu'elle est, on lui demande bien de l'agilité.

— Mais, lui répondis-je, aimeriez-vous mieux que le soleil, et tous les astres, qui sont de très grands corps, fissent en vingt-quatre heures autour de la terre un tour immense; que les étoiles fixes qui seraient dans le plus grand cercle, parcourussent en un jour plus de vingt-sept mille six cent soixante fois deux cent millions de lieues? Car il faut que tout cela arrive si la terre ne tourne pas sur elle-même en vingt-quatre heures. En vérité, il est bien plus raison-nable qu'elle fasse ce tour, qui n'est tout au plus que de neuf mille lieues. Vous voyez bien que

neuf mille lieues, en comparaison de l'horrible nombre que je viens de vous dire, ne sont qu'une bagatelle.

—Oh! répliqua la Marquise, le soleil et les astres sont tout de feu, le mouvement ne leur coûte rien; mais la terre me paraît guère portative.°

—Et croiriez-vous, repris-je, si vous n'en aviez l'expérience, que ce fût quelque chose de bien portatif qu'un gros navire monté de cent cinquante pièces de canons, chargé de plus de trois mille hommes, et d'une très grande quantité de marchandises? Cependant il ne faut qu'un petit souffle de vent pour le faire aller sur l'eau; parce que l'eau est liquide, et que se laissant diviser avec facilité, elle résiste peu au mouvement du navire; ou s'il est au milieu d'une rivière, il suivra sans peine le fil° de l'eau, parce qu'il n'y a rien qui le retienne. Ainsi la terre, toute massive qu'elle est, est aisément portée au milieu de la matière céleste, qui est infiniment plus fluide que l'eau, et qui remplit tout ce grand espace où nagent les planètes.° Et où faudrait-il que la terre fût cramponnée° pour résister au mouvement de cette matière céleste, et ne s'y pas laisser emporter? C'est comme si une petite boule de bois pouvait ne pas suivre le courant d'une rivière.

—Mais, répliqua-t-elle encore, comment la terre avec tout son poids se soutient-elle sur votre matière céleste, qui doit être bien légère, puisqu'elle est si fluide?

—Ce n'est pas à dire, répondis-je, que ce qui est fluide en soit plus léger. Que dites-vous de notre gros vaisseau, qui avec tout son poids est bien plus léger que l'eau, puisqu'il y surnage?

—Je ne veux plus vous dire rien, dit-elle, comme en colère, tant que vous aurez le gros vaisseau. Mais m'assurez-vous bien qu'il n'y ait rien à craindre sur une pirouette° aussi légère que vous me faites la terre?

—Eh bien, lui répondis-je, faisons porter la terre par quatre éléphants, comme font les Indiens.

—Voici bien un autre système, s'écria-t-elle. Du moins j'aime ces gens-là d'avoir pourvu à leur sûreté, et fait de bons fondements; au lieu que, nous autres Coperniciens, nous sommes assez inconsidérés° pour vouloir bien nager à l'aventure dans cette matière céleste. Je gage que si les Indiens savaient que la terre fût le moins du monde en péril de se mouvoir, ils doubleraient les éléphants.

—Cela le mériterait bien, repris-je, en riant de sa pensée; il ne faut point épargner les éléphants pour dormir en assurance; et si vous en avez besoin pour cette nuit, nous en mettrons dans notre système autant qu'il vous plaira; ensuite nous les retrancherons° peu à peu, à mesure que vous vous rassurerez.

—Sérieusement, reprit-elle, je ne crois pas, dès à présent, qu'ils me soient fort nécessaires; et je me sens assez de courage pour oser tourner.

—Vous irez encore plus loin, répliquai-je; vous tournerez avec plaisir, et vous vous ferez sur ce système des idées réjouissantes. Quelquefois, par exemple, je me figure que je suis suspendu en l'air, et que j'y demeure sans mouvement, pendant que la terre tourne sous moi en vingt-quatre heures. Je vois passer sous mes yeux tous ces visages différents, les uns blancs, les autres noirs, les autres basanés,° les autres olivâtres. D'abord ce sont des chapeaux, et puis des turbans, et puis des têtes chevelues,° et puis des têtes rases, tantôt des villes à clochers, tantôt des villes à longues aiguilles° qui ont des croissants,° tantôt des villes à tours de porcelaine, tantôt de grands pays qui n'ont que des cabanes; ici de vastes mers, là des déserts épouvantables; enfin toute cette variété infinie qui est sur la surface de la terre.

—En vérité, dit-elle, tout cela mériterait bien que l'on donnât vingt-quatre heures de son temps à le voir. Ainsi donc dans le même lieu où nous sommes à présent, je ne dis pas dans ce parc, mais dans ce même lieu, à le prendre dans l'air, il y passe continuellement d'autres peuples qui prennent notre place, et au bout de vingt-quatre heures nous y revenons.

—Copernic, lui répondis-je, ne le comprendrait pas mieux. D'abord il passera par ici des Anglais qui raisonneront peut-être de quelque dessein de politique avec moins de gaieté que nous ne raisonnons de notre philosophie; ensuite viendra une grande mer, et il se pourra

7. *portative: here,* movable. 18. *fil:* current. 23. This is Descartes' explanation, displaced by the publication of Newton's *Principia* in 1687, a few months after the *Pluralité des mondes* appeared. 24. *où faudrait-il... cramponnée:* where would the earth have to cling. 40. *pirouette:* top.

2. *inconsidérés:* heedless. 12. *les retrancherons:* will cut them off. 25. *basanés:* swarthy. 27. *chevelues:* long-haired. 29. *aiguilles: here,* slim towers, minarets. 30. *croissants:* crescents.

trouver en ce lieu-là quelque vaisseau qui n'y sera pas si à son aise que nous. Après cela paraîtront les Iroquois, en mangeant tout vif quelque prisonnier de guerre, qui fera semblant de ne s'en pas soucier; des femmes de la terre de Jesso,° qui n'emploieront tout leur temps qu'à préparer le repas de leurs maris, et se peindre de bleu les lèvres et les sourcils pour plaire aux plus vilains hommes du monde; des Tartares qui iront fort dévotement en pèlerinage vers ce Grand-Prêtre qui ne sort jamais d'un lieu obscur, où il n'est éclairé que par des lampes, à la lumière desquelles on l'adore;° de belles Circassiennes, qui ne feront aucune façon d'accorder tout au premier venu, hormis ce qu'elles croient qui appartient essentiellement à leurs maris; de petits Tartares qui iront voler des femmes pour les Turces et pour les Persans; enfin nous qui débiterons peut-être encore des rêveries.

— Il est assez plaisant, dit la Marquise, d'imaginer ce que vous venez de me dire; mais si je voyais tout cela d'en haut je voudrais avoir la liberté de hâter ou d'arrêter le mouvement de la terre selon que les objets me plairaient plus ou moins; et je vous assure que je ferais passer bien vite ceux qui s'embarrassent de politique, ou qui mangent leurs ennemis; mais il y en a d'autres pour qui j'aurais de la curiosité. J'en aurais pour ces belles Circassiennes, par exemple, qui ont un usage si particulier. Mais il me vient une difficulté sérieuse. Si la terre tourne, nous changeons d'air à chaque moment, et nous respirons toujours celui d'un autre pays.

— Nullement, Madame, répondis-je; l'air qui environne la terre ne s'étend que jusqu'à une certaine hauteur, peut-être jusqu'à vingt lieues tout au plus; il nous suit, et tourne avec nous. Vous avez vu quelquefois l'ouvrage d'un ver à soie,° ou ces coques° que ces petits animaux travaillent avec tant d'art pour s'y emprisonner. Elles sont d'une soie fort serrée, mais elles sont couvertes d'un certain duvet° fort léger et fort lâche. C'est ainsi que la terre, qui est assez solide, est couverte, depuis sa surface jusqu'à une certaine hauteur, d'une espèce de duvet, qui est l'air, et toute la coque de ver à soie tourne en même temps. Au delà de l'air est la matière céleste, incomparablement plus pure, plus subtile, et même plus agitée qu'il n'est.

— Vous me présentez la terre sous des idées bien méprisables, dit la Marquise. C'est pourtant sur cette coque de ver à soie qu'il se fait de si grands travaux, de si grandes guerres, et qu'il règne de tous côtés une si grande agitation.

— Oui, répondis-je, et pendant ce temps-là, la nature, qui n'entre point en connaissance de tous ces petits mouvements particuliers, nous emporte tous ensemble d'un mouvement général, et se joue de la petite boule.

— Il me semble, reprit-elle, qu'il est ridicule d'être sur quelque chose qui tourne, et de se tourmenter tant; mais le malheur est qu'on n'est pas assuré qu'on tourne; car enfin, à ne vous rien celer,° toutes les précautions que vous prenez pour empêcher qu'on ne s'aperçoive du mouvement de la terre me sont suspectes. Est-il possible qu'il ne laissera pas quelque petite marque sensible à laquelle on le reconnaisse?

— Les mouvements les plus naturels, répondis-je, les plus ordinaires, sont ceux qui se font le moins sentir; cela est vrai jusque dans la morale. Le mouvement de l'amour-propre nous est si naturel, que le plus souvent nous ne le sentons pas, et que nous croyons agir par d'autres principes.

— Ah! vous moralisez, dit-elle, quand il est question de physique, cela s'appelle bâiller.° Retirons-nous; aussi bien en voilà assez pour la première fois. Demain nous reviendrons ici, vous avec vos systèmes, et moi avec mon ignorance. »

6. *Jesso:* Japan. 13. Apparently a reference to the Dalai Lama of Tibet. 40. *ver à soie:* silkworm. 40. *coques:* cocoons.

3. *duvet:* down. 25. *celer = cacher.* 38. *bâiller:* yawn.

29. Marivaux [1688–1763]

Like so many of our authors, Pierre Carlet de Chamblain de Marivaux came of the class of magistrates and civil servants. He inherited a sufficient fortune to permit him a literary career. But the loss of his fortune in the great crash of 1720 ("the Mississippi Bubble") forced him to turn his elegant avocation into a grimly earnest trade. He edited little magazines and wrote novels and plays. He was an estimable man, respected and popular in the literary salons. His later years were dismal. His adored wife died, his only daughter entered a convent, his popularity with the public waned.

Time has, however, recompensed him. Two or three of his plays have been constantly in the répertoire of the Comédie-Française. And in our time a number of his less-known plays have been successfully staged. There is something in his work that appeals to the modern French mind.

That something is, perhaps, *charm*. The world of Marivaux is delightful. He shows us a society of well-bred gentlemen and ladies, with their gentlemanly and ladylike servants, all talking amusingly and wisely of love. Material concerns hardly exist for them, nor do such ugly realities as hunger, hatred, disease, death. Love is all. The love which Marivaux depicts is pure and honorable; it is something which exists in our hearts without our knowledge; we must discover it, or another must reveal it to us. Most of Marivaux's comedy consists in the gradual revelation of love to the lovers themselves. It is all very sweet and quaint, like the rococo art of the eighteenth century. Charming, in short. "Racine by moonlight," Lytton Strachey called Marivaux.

His manner and style have supplied the language with a word : *marivaudage*. The dictionary calls it "langage affecté, dépourvu de naturel, comme l'est parfois celui de Marivaux. Afféterie en général." But this definition recalls only the more bizarre quality of Marivaux. A critic says more fairly : "Le marivaudage n'est donc point, comme on l'a cru, le dictionnaire de la fade galanterie, c'est le formulaire des scrupules du cœur. C'est la recherche romanesque des solutions raisonnables, et l'art d'éviter adroitement les engagements téméraires. C'est le bréviaire de tous les artifices par où les gens qui ont beaucoup d'esprit peuvent aboutir à la simplicité."*

The most popular and probably the best of his plays is *Le Jeu de l'amour et du hasard* (1730). It is unfortunately too long for reproduction here. I have chosen rather *l'Ile des esclaves* (1725), a curious playlet which may be called a *comédie sociale*. The theme is the reversal of roles of masters and servants, the revelation of the resentments of those who have long borne mistreatment in silence. But the theme, which could easily be developed as bitter satire or as a drama of revolt, turns in Marivaux's hands to sentimental comedy, to *marivaudage*. The play shows nonetheless the spirit of the eighteenth century by calling into question social usages which up to the time had seemed natural, fundamental, God-given.

The American reader will be tempted to see in the situation and characters an echo of Shakespeare's *Tempest*. But it is highly improbable that Marivaux had read Shakespeare.

* Gaston Deschamps : *Marivaux*. Paris, Hachette, 1897, p. 188.

L'ILE DES ESCLAVES

Personnages*

IPHICRATE, général athénien
ARLEQUIN, son esclave
EUPHROSINE, dame athénienne
CLÉANTHIS, son esclave
TRIVELIN, magistrat de l'île
HABITANTS DE L'ILE

La scène est dans l'île des esclaves.

SCÈNE PREMIÈRE : IPHICRATE *s'avance tristement sur le théâtre† avec* ARLEQUIN

IPHICRATE (*après avoir soupiré*). Arlequin!

ARLEQUIN (*avec une bouteille de vin à sa ceinture*). Mon patron!

IPHICRATE. Que deviendrons-nous dans cette île?

ARLEQUIN. Nous deviendrons maigres, étiques,° et puis morts de faim; voilà mon sentiment et notre histoire.

IPHICRATE. Nous sommes seuls échappés du naufrage; tous nos camarades ont péri, et j'envie maintenant leur sort.

ARLEQUIN. Hélas! ils sont noyés dans la mer, et nous avons la même commodité.°

IPHICRATE. Dis-moi; quand notre vaisseau s'est brisé contre le rocher, quelques-uns des nôtres ont eu le temps de se jeter dans la chaloupe;° il est vrai que les vagues l'ont enveloppée; je ne sais ce qu'elle est devenue; mais peut-être auront-ils eu le bonheur d'aborder en quelque endroit de l'île, et je suis d'avis que nous les cherchions.

ARLEQUIN. Cherchons, il n'y a point de mal à cela; mais reposons-nous auparavant pour boire un petit coup d'eau-de-vie.° J'ai sauvé ma pauvre bouteille, la voilà; j'en boirai les deux tiers, comme de raison, et puis je vous donnerai le reste.

IPHICRATE. Eh! ne perdons point de temps; suis-moi, ne négligeons rien pour nous tirer d'ici. Si je ne me sauve, je suis perdu; je ne reverrai jamais Athènes, car nous sommes dans l'Ile des esclaves.

ARLEQUIN. Oh! oh! qu'est-ce que c'est que cette race-là?

IPHICRATE. Ce sont des esclaves de la Grèce révoltés contre leurs maîtres, et qui depuis cent ans sont venus s'établir dans une île, et je crois que c'est ici. Tiens, voici sans doute quelques-unes de leurs cases;° et leur coutume, mon cher Arlequin, est de tuer tous les maîtres qu'ils rencontrent, ou de les jeter dans l'esclavage.

ARLEQUIN. Eh! chaque pays a sa coutume; ils tuent les maîtres, à la bonne heure : je l'ai entendu dire aussi; mais on dit qu'ils ne font rien aux esclaves comme moi.

IPHICRATE. Cela est vrai.

ARLEQUIN. Eh! encore vit-on.

IPHICRATE. Mais je suis en danger de perdre la liberté et peut-être la vie. Arlequin, cela ne te suffit-il pas pour me plaindre?

ARLEQUIN (*prenant sa bouteille pour boire*). Ah! je vous plains de tout mon cœur, cela est juste.

IPHICRATE. Suis-moi donc.

ARLEQUIN. Hu! hu! hu!

IPHICRATE. Comment donc! que veux-tu dire?

ARLEQUIN (*distrait, chante*). Tala ta lara.

IPHICRATE. Parle donc; as-tu perdu l'esprit? à quoi penses-tu?

ARLEQUIN (*riant*). Ah! ah! ah! monsieur Iphicrate, la drôle d'aventure! je vous plains, par ma foi; mais je ne saurais m'empêcher d'en rire.

IPHICRATE (*à part*). Le coquin abuse de ma situation; j'ai mal fait de lui dire où nous sommes. (*haut*) Arlequin, ta gaîté ne vient pas à propos; marchons de ce côté.

ARLEQUIN. J'ai les jambes si engourdies!°

IPHICRATE. Avançons, je t'en prie.

ARLEQUIN. Je t'en prie, je t'en prie; comme vous êtes civil et poli! c'est l'air du pays qui fait cela.

IPHICRATE. Allons, hâtons-nous; faisons seulement une demi-lieue sur la côte pour chercher notre chaloupe, que nous trouverons peut-être avec une partie de nos gens; et, en ce cas, nous nous rembarquerons avec eux.

ARLEQUIN (*en badinant*). Badin!° comme vous tournez cela! (*Il chante.*)

* The names of the characters are Greek, except Arlequin and Trivelin, traditional types of sly, impudent, but good-hearted underlings or valets, taken from the Italian comedy. SCÈNE Ière. † *théâtre*: stage. 23. *étiques*: wasted. 29. *commodité*: opportunity. 33. *chaloupe*: skiff. 40. *eau-de-vie*: brandy.

9. *cases*: cabins. 39. *engourdies*: swollen. 49. *Badin!* Joker!

L'embarquement est divin,
Quand on vogue,° vogue, vogue,
L'embarquement est divin,
Quand on vogue avec Catin.

IPHICRATE (*retenant sa colère*). Mais je ne te comprends point, mon cher Arlequin.

ARLEQUIN. Mon cher patron, vos compliments me charment; vous avez coutume de m'en faire à coups de gourdin° qui ne valent pas ceux-là; et le gourdin est dans la chaloupe.

IPHICRATE. Eh! ne sais-tu pas que je t'aime?

ARLEQUIN. Oui; mais les marques de votre amitié tombent toujours sur mes épaules, et cela est mal placé. Ainsi, tenez, pour ce qui est de nos gens, que le ciel les bénisse! s'ils sont morts, en voilà pour longtemps; s'ils sont en vie, cela se passera, et je m'en goberge.°

IPHICRATE. (*un peu ému*). Mais j'ai besoin d'eux, moi.

ARLEQUIN (*indifféremment*). Oh! cela se peut bien, chacun a ses affaires; que je ne vous dérange pas!

IPHICRATE. Esclave insolent!

ARLEQUIN (*riant*). Ah! ah! vous parlez la langue d'Athènes; mauvais jargon que je n'entends plus.

IPHICRATE. Méconnais-tu ton maître, et n'es-tu plus mon esclave?

ARLEQUIN (*se reculant d'un air sérieux*). Je l'ai été, je le confesse à ta honte; mais va, je te° le pardonne; les hommes ne valent rien. Dans le pays d'Athènes j'étais ton esclave; tu me traitais comme un pauvre animal, et tu disais que cela était juste, parce que tu étais le plus fort. Eh bien, Iphicrate, tu vas trouver ici plus fort que toi; on va te faire esclave à ton tour; on te dira aussi que cela est juste, et nous verrons ce que tu penseras de cette justice-là; tu m'en diras ton sentiment, je t'attends là. Quand tu auras souffert, tu seras plus raisonnable; tu sauras mieux ce qu'il est permis de faire souffrir aux autres. Tout en irait mieux dans le monde, si ceux qui te ressemblent recevaient la même leçon que toi. Adieu, mon ami; je vais trouver mes camarades et tes maîtres. (*Il s'éloigne.*)

IPHICRATE (*au désespoir, courant après lui l'épée à la main*). Juste ciel! peut-on être plus malheureux et plus outragé que je le suis! misérable! tu ne mérites pas de vivre.

ARLEQUIN. Doucement; tes forces sont bien diminuées, car je ne t'obéis plus; prends-y garde.

SCÈNE II : IPHICRATE, ARLEQUIN, TRIVELIN, *avec cinq ou six insulaires,** EUPHROSINE, CLÉANTHIS

TRIVELIN (*faisant saisir et désarmer* IPHICRATE *par ses gens*). Arrêtez, que voulez-vous faire?

IPHICRATE. Punir l'insolence de mon esclave.

TRIVELIN. Votre esclave? Vous vous trompez, et l'on vous apprendra à corriger vos termes. (*Il prend l'épée d'*IPHICRATE *et la donne à* ARLEQUIN.) Prenez cette épée, mon camarade; elle est à vous.

ARLEQUIN. Que le ciel vous tienne gaillard,° brave camarade que vous êtes!

TRIVELIN. Comment vous appelez-vous?

ARLEQUIN. Est-ce mon nom que vous demandez?

TRIVELIN. Oui vraiment.

ARLEQUIN. Je n'en ai point, mon camarade.

TRIVELIN. Quoi donc, vous n'en avez pas?

ARLEQUIN. Non, mon camarade; je n'ai que des sobriquets° qu'il m'a donnés; il m'appelle quelquefois Arlequin, quelquefois Hé.

TRIVELIN. Hé! le terme est sans façon;° je reconnais ces messieurs à de pareilles licences. Et lui, comment s'appelle-t-il?

ARLEQUIN. Oh, diantre! il s'appelle par un nom, lui c'est seigneur Iphicrate.

TRIVELIN. Eh bien! changez de nom à présent; soyez le seigneur Iphicrate à votre tour; et vous, Iphicrate, appelez-vous Arlequin, ou bien Hé.

ARLEQUIN (*sautant de joie, à son maître*). Oh! oh! que nous allons rire, seigneur Hé!

TRIVELIN (*à* ARLEQUIN). Souvenez-vous en prenant son nom, mon cher ami, qu'on vous le donne bien moins pour réjouir votre vanité, que pour le corriger de son orgueil.

ARLEQUIN. Oui, oui, corrigeons, corrigeons.

IPHICRATE (*regardant* ARLEQUIN). Maraud!°

ARLEQUIN. Parlez donc, mon bon ami; voilà encore une licence qui lui prend; cela est-il du jeu?

2. *vogue:* sails. 9. *gourdin:* club. 18. *je m'en goberge:* little I care. 31. Arlequin shifts from *vous* to *tu.* Why?

SCÈNE II. * *insulaires:* islanders. 18. *gaillard:* hearty, merry. 27. *sobriquets:* nicknames. 29. *sans façon:* informal, rude. 45. *Maraud!* Scoundrel!

TRIVELIN (à ARLEQUIN). Dans ce moment-ci, il peut vous dire tout ce qu'il voudra. (à IPHICRATE) Arlequin, votre aventure vous afflige, et vous êtes outré contre Iphicrate et contre nous. Ne vous gênez point, soulagez-vous par l'emportement le plus vif; traitez-le de misérable, et nous aussi; tout vous est permis à présent; mais ce moment-ci passé, n'oubliez pas que vous êtes Arlequin, que voici Iphicrate, et que vous êtes auprès de lui ce qu'il était auprès de vous; ce sont là nos lois, et ma charge dans la république est de les faire observer en ce canton-ci.

ARLEQUIN. Ah! la belle charge!

IPHICRATE. Moi, l'esclave de ce misérable!

TRIVELIN. Il a bien été le vôtre.

ARLEQUIN. Hélas! il n'a qu'à être bien obéissant, j'aurai mille bontés pour lui.

IPHICRATE. Vous me donnez la liberté de lui dire ce qu'il me plaira; ce n'est pas assez; qu'on m'accorde encore un bâton.

ARLEQUIN. Camarade, il demande à parler à mon dos, et je le mets sous la protection de la république, au moins.

TRIVELIN. Ne craignez rien.°

CLÉANTHIS. (à TRIVELIN). Monsieur, je suis esclave aussi, moi, et du même vaisseau; ne m'oubliez pas, s'il vous plaît.

TRIVELIN. Non, ma belle enfant; j'ai bien connu votre condition à votre habit; et j'allais vous parler de ce qui vous regarde, quand je l'ai vu l'épée à la main. Laissez-moi achever ce que j'avais à dire. Arlequin!

ARLEQUIN (croyant qu'on l'appelle). Eh!... A propos, je m'appelle Iphicrate.

TRIVELIN (continuant). Tâchez de vous calmer; vous savez qui nous sommes sans doute?

ARLEQUIN. Oh! morbleu! d'aimables gens.

CLÉANTHIS. Et raisonnables.

TRIVELIN. Ne m'interrompez point, mes enfants; je pense donc que vous savez qui nous sommes. Quand nos pères, irrités de la cruauté de leurs maîtres, quittèrent la Grèce et vinrent s'établir ici, dans le ressentiment des outrages qu'ils avaient reçus de leurs patrons, la première loi qu'ils y firent fut d'ôter la vie à tous les maîtres que le hasard ou le naufrage conduirait dans leur île, et conséquemment de rendre la liberté à tous les esclaves. La vengeance avait dicté cette loi; vingt ans après la raison l'abolit, et en dicta une plus douce. Nous ne nous vengeons plus de vous, nous vous corrigeons; ce n'est plus votre vie que nous poursuivons, c'est la barbarie de vos cœurs que nous voulons détruire. Nous vous jetons dans l'esclavage pour vous rendre sensibles aux maux qu'on y éprouve; nous vous humilions, afin que, nous trouvant superbes,° vous vous reprochiez de l'avoir été. Votre esclavage, ou plutôt votre cours d'humanité dure trois ans, au bout desquels on vous renvoie si vos maîtres sont contents de vos progrès; et, si vous ne devenez pas meilleurs, nous vous retenons par charité pour les nouveaux malheureux que vous iriez faire encore ailleurs, et, par bonté pour vous, nous vous marions avec une de nos citoyennes. Ce sont là nos lois à cet égard; mettez à profit leur rigueur salutaire. Remerciez le sort qui vous conduit ici. Il vous remet en nos mains, durs, injustes et superbes, vous voilà en mauvais état; nous entreprenons de vous guérir; vous êtes moins nos esclaves que nos malades, et nous ne prenons que trois ans pour vous rendre sains, c'est-à-dire humains, raisonnables et généreux pour toute votre vie.°

ARLEQUIN. Et le tout gratis, sans purgation ni saignée. Peut-on avoir de la santé à meilleur compte?

TRIVELIN. Au reste, ne cherchez point à vous sauver de ces lieux, vous le tenteriez sans succès, et feriez votre fortune plus mauvaise; commencez votre nouveau régime de vie par la patience.

ARLEQUIN. Dès que c'est pour son bien, qu'y a-t-il à dire?

TRIVELIN (aux esclaves). Quant à vous, mes enfants, qui devenez libres et citoyens, Iphicrate habitera cette case avec le nouvel Arlequin, et cette belle fille demeurera dans l'autre; vous aurez soin de changer d'habit ensemble,° c'est l'ordre. (à ARLEQUIN) Passez maintenant dans une maison qui est à côté, où l'on vous donnera à manger si vous en avez besoin. Je vous apprends, au reste, que vous avez huit jours à vous réjouir du changement de votre état; après quoi l'on vous donnera, comme à tout le monde, une occupation convenable. Allez, je vous attends

24. Cléanthis and Euphrosine, who have been inconspicuous in the background, step forward.

9. *superbes:* haughty. 26. One recognizes in this speech the note of sincere protest against society's inhumanities. 41. *ensemble:* with each other.

ici. (*aux insulaires*) Qu'on les conduise. (*aux femmes*) Et vous autres, restez. (ARLEQUIN, *en s'en allant, fait de grandes révérences à* CLÉANTHIS.)

SCÈNE III : TRIVELIN, CLÉANTHIS, EUPHROSINE

TRIVELIN. Ah çà! ma compatriote (car je regarde désormais notre île comme votre patrie), dites-moi aussi votre nom.

CLÉANTHIS (*saluant*). Je m'appelle Cléanthis; et elle, Euphrosine.

TRIVELIN. Cléanthis! passe pour cela.

CLÉANTHIS. J'ai aussi des surnoms; vous plaît-il de les savoir?

TRIVELIN. Oui-dà. Et quels sont-ils?

CLÉANTHIS. J'en ai une liste : sotte, ridicule, bête, butorde,° imbécile, etc.

EUPHROSINE (*en soupirant*). Impertinente que vous êtes!

CLÉANTHIS. Tenez, tenez, en voilà encore un un que j'oubliais.

TRIVELIN. Effectivement, elle vous prend sur le fait. Dans votre pays, Euphrosine, on a bientôt dit° des injures à ceux à qui l'on en peut dire impunément.

EUPHROSINE. Hélas! que voulez-vous que je lui réponde, dans l'étrange aventure où je me trouve?

CLÉANTHIS. Oh! dame, il n'est plus si aisé de me répondre. Autrefois il n'y avait rien de si commode; on n'avait affaire qu'à de pauvres gens; fallait-il tant de cérémonies? Faites cela, je le veux, taisez vous, sotte… voilà qui était fini. Mais à présent il faut parler raison; c'est un langage étranger pour madame; elle l'apprendra avec le temps; il faut se donner patience : je ferai de mon mieux pour l'avancer.

TRIVELIN (*à* CLÉANTHIS). Modérez-vous, Euphrosine.° (*à* EUPHROSINE) Et vous, Cléanthis, ne vous abandonnez point à votre douleur. Je ne puis changer nos lois ni vous en affranchir; je vous ai montré combien elles étaient louables et salutaires pour vous.

CLÉANTHIS. Hum! Elle me trompera bien si elle amende.

TRIVELIN. Mais comme vous êtes d'un sexe naturellement assez faible, et que par là vous avez dû céder plus facilement qu'un homme aux

exemples de hauteur, de mépris et de dureté qu'on vous a donnés chez vous contre leurs pareils; tout ce que je puis faire pour vous, c'est de prier Euphrosine de peser avec bonté les torts que vous aurez avec elle, afin de les peser avec justice.

CLÉANTHIS. Oh! tenez, tout cela est trop savant pour moi, je n'y comprends rien; j'irai le grand chemin, je pèserai comme elle pesait; ce qui viendra, nous le prendrons.

TRIVELIN. Doucement, point de vengeance.

CLÉANTHIS. Mais, notre bon ami, au bout du compte,° vous parlez de son sexe; elle a le défaut d'être faible, je lui en offre autant; je n'ai pas la vertu d'être forte. S'il faut que j'excuse toutes ses mauvaises manières à mon égard, il faudra donc qu'elle excuse aussi la rancune° que j'en ai contre elle; car je suis femme autant qu'elle, moi. Voyons qui est-ce qui décidera. Ne suis-je pas la maîtresse une fois? Eh bien! qu'elle commence toujours par excuser ma rancune; et puis, moi, je lui pardonnerai, quand je pourrai, ce qu'elle m'a fait; qu'elle attende!

EUPHROSINE (*à* TRIVELIN). Quels discours! Faut-il que vous m'exposiez à les entendre!

CLÉANTHIS. Souffrez-les, madame, c'est le fruit de vos œuvres.

TRIVELIN. Allons, Euphrosine, modérez-vous.

CLÉANTHIS. Que voulez-vous que je vous dise? quand on a de la colère, il n'y a rien de tel pour la passer,° que de la contenter un peu, voyez-vous! Quand je l'aurai querellée à mon aise une douzaine de fois seulement, elle en sera quitte; mais il me faut cela.

TRIVELIN (*à part, à* EUPHROSINE). Il faut que ceci ait son cours; mais consolez-vous, cela finira plus tôt que vous ne pensez. (*à* CLÉANTHIS) J'espère, Euphrosine, que vous perdrez votre ressentiment, et je vous y exhorte en ami. Venons maintenant à l'examen de son caractère. Il est nécessaire que vous m'en donniez un portrait, qui se doit faire devant la personne qu'on peint, afin qu'elle se connaisse, qu'elle rougisse de ses ridicules, si elle en a, et qu'elle se corrige. Nous avons là de bonnes intentions, comme vous voyez. Allons, commençons.

CLÉANTHIS. Oh! que cela est bien inventé!

SCÈNE III. 18. *butorde:* simpleton. 25. *on a bientôt dit:* it's easy enough to say. 40. Trivelin exchanges the ladies' names.

13. *au bout du compte:* after all. 17. *rancune:* rancor, ill will. 33. *la passer:* make it pass.

Allons, me voilà prête; interrogez-moi, je suis dans mon fort.

EUPHROSINE (*doucement*). Je vous prie, monsieur, que je me retire, et que je n'entende point ce qu'elle va dire.

TRIVELIN. Hélas! ma chère dame, cela n'est fait que pour vous; il faut que vous soyez présente.

CLÉANTHIS. Restez, restez; un peu de honte est bientôt passée.

TRIVELIN. Vaine, minaudière° et coquette, voilà d'abord à peu près sur quoi je vais vous interroger au hasard. Cela la regarde-t-il?

CLÉANTHIS. Vaine, minaudière et coquette, si cela la regarde? Eh! voilà ma chère maîtresse; cela lui ressemble comme son visage.

EUPHROSINE. N'en voilà-t-il pas assez, monsieur?

TRIVELIN. Ah! je vous félicite du petit embarras que cela vous donne; vous sentez, c'est bon signe, et j'en augure bien pour l'avenir; mais ce ne sont encore là que les grands traits; détaillons un peu cela. En quoi donc, par exemple, lui trouvez-vous les défauts dont nous parlons?

CLÉANTHIS. En quoi? partout, à toute heure, en tous lieux; je vous ai dit de m'interroger; mais par où commencer? je n'en sais rien, je m'y perds. Il y a tant de choses, j'en ai tant vu, tant remarqué de toutes les espèces, que cela me brouille.° Madame se tait, madame parle; elle regarde, elle est triste, elle est gaie; silence, discours, regards, tristesse et joie, c'est tout un; il n'y a que la couleur de différente;° c'est vanité muette, contente ou fâchée; c'est coquetterie babillarde,° jalouse ou curieuse; c'est madame, toujours vaine ou coquette, l'un après l'autre, ou tous les deux à la fois : voilà ce que c'est, voilà par où je débute; rien que cela.

EUPHROSINE. Je n'y saurais tenir.°

TRIVELIN. Attendez donc; ce n'est qu'un début.

CLÉANTHIS. Madame se lève; a-t-elle bien dormi, le sommeil l'a-t-il rendue belle, se sent-elle du vif, du sémillant° dans les yeux : vite sur les armes;° la journée sera glorieuse. Qu'on m'habille! Madame verra du monde aujourd'hui; elle ira aux spectacles, aux promenades, aux assemblées; son visage peut se manifester, peut soutenir le grand jour, il fera plaisir à voir; il n'y a qu'à le promener hardiment, il est en état, il n'y a rien à craindre.

TRIVELIN (*à* EUPHROSINE). Elle développe assez bien cela.

CLÉANTHIS. Madame, au contraire, a-t-elle mal reposé : ah! qu'on m'apporte un miroir; comme me voilà faite! que je suis mal bâtie! Cependant on se mire, on éprouve son visage de toutes les façons; rien ne réussit; des yeux battus,° un teint fatigué; voilà qui est fini, il faut envelopper ce visage-là; nous n'aurons que du négligé.° Madame ne verra personne aujourd'hui, pas même le jour, si elle peut; du moins fera-t-il sombre dans la chambre. Cependant il vient compagnie, on entre; que va-t-on penser du visage de madame? on croira qu'elle enlaidit; donnera-t-elle ce plaisir-là à ses bonnes amies? non, il y a remède à tout; vous allez voir. Comment vous portez-vous, madame? Très mal, madame; j'ai perdu le sommeil; il y a huit jours que je n'ai fermé l'œil; je n'ose pas me montrer, je fais peur. Et cela veut dire : Messieurs, figurez-vous que ce n'est point moi, au moins; ne me regardez pas, remettez à me voir;° ne me jugez pas aujourd'hui; attendez que j'aie dormi. J'entendais tout cela, moi; car nous autres esclaves, nous sommes doués contre nos maîtres d'une pénétration! Oh! ce sont de pauvres gens pour nous.

TRIVELIN (*à* EUPHROSINE). Courage, madame, profitez de cette peinture-là; car elle me paraît fidèle.

EUPHROSINE. Je ne sais où j'en suis.

CLÉANTHIS. Vous en êtes aux deux tiers; et j'achèverai, pourvu que cela ne vous ennuie pas.

TRIVELIN. Achevez, achevez; madame soutiendra bien le reste.

CLÉANTHIS. Vous souvenez-vous d'un soir où vous étiez avec ce cavalier si bien fait?° j'étais dans la chambre; vous vous entreteniez bas; mais j'ai l'oreille fine; vous vouliez lui plaire sans faire semblant de rien; vous parliez d'une femme qu'il voyait souvent. Cette femme-là est aimable, disiez-vous; elle a les yeux petits,

11. *minaudière:* affected, simpering. 31. *me brouille:* mixes me up. 34. *il n'y a... différente:* only the color (expression) is different. 36. *babillarde:* babbling, talkative. 40. *Je n'y saurais tenir:* I can't stand it. 45. *sémillant:* sparkling. 46. *vite sur les armes:* ready for the attack.

13. *des yeux battus:* circles round one's eyes. 15. *négligé:* house dress. 28. *remettez à me voir:* see me later. 43. *bien fait:* handsome.

mais très doux : et là-dessus vous ouvriez les vôtres, vous vous donniez des tons, des gestes de tête, de petites contorsions, des vivacités. Je riais. Vous réussîtes pourtant, le cavalier s'y prit; il vous offrit son cœur. A moi? lui dîtes-vous. Oui, madame, à vous-même, à tout ce qu'il y a de plus aimable au monde. Continuez, folâtre,° continuez, dîtes-vous, en ôtant vos gants sous prétexte de m'en demander d'autres. Mais vous avez la main belle; il la vit, il la prit, il la baisa; 10 cela anima sa déclaration; c'étaient là les gants que vous demandiez. Eh bien! y suis-je?

TRIVELIN (*à* EUPHROSINE). En vérité, elle a raison.

CLÉANTHIS. Écoutez, écoutez; voici le plus 15 plaisant. Un jour qu'elle pouvait m'entendre, et qu'elle croyait que je ne m'en doutais pas, je parlais d'elle, et je dis : Oh! pour cela, il faut l'avouer, madame est une des plus belles femmes du monde. Que de bontés, pendant huit jours, 20 ce petit mot-là ne me valut-il pas! J'essayai en pareille occasion de dire que madame était une femme très raisonnable; oh! je n'eus rien, cela ne prit point; c'était bien fait, car je la flattais.

EUPHROSINE. Monsieur, je ne resterai point, 25 ou l'on me fera rester par force; je ne puis en souffrir davantage.

TRIVELIN. En voilà donc assez pour le présent.

CLÉANTHIS. J'allais parler des vapeurs de 30 mignardise° auxquelles madame est sujette à la moindre odeur. Elle ignore qu'un jour je mis à son insu des fleurs dans la ruelle° de son lit pour voir ce qu'il en serait. J'attendais une vapeur, elle est encore à venir. Le lendemain, en com- 35 pagnie, une rose parut; crac, la vapeur arrive.

TRIVELIN. Cela suffit, Euphrosine; prome-nez-vous un moment à quelques pas de nous, parce que j'ai quelque chose à lui dire; elle ira vous rejoindre ensuite. 40

CLÉANTHIS (*s'en allant*). Recommandez-lui d'être docile au moins. Adieu, notre bon ami; je vous ai diverti, j'en suis bien aise. Une autre fois je vous dirai comme quoi madame s'abstient souvent de mettre de beaux habits, pour mettre 45 un négligé qui lui marque tendrement la taille. C'est encore une finesse que cet habit-là; on dirait qu'une femme qui le met ne se soucie pas

de paraître°; mais à d'autres!° on s'y ramasse° dans un corset appétissant, on y montre sa bonne façon naturelle; on y dit aux gens : Regardez mes grâces, elles sont à moi celles-là; et d'un autre côté on veut leur dire aussi : 5 Voyez comme je m'habille, quelle simplicité! il n'y a point de coquetterie dans mon fait.

TRIVELIN. Mais je vous ai priée de nous laisser.

CLÉANTHIS. Je sors, et tantôt nous repren- 10 drons le discours, qui sera fort divertissant; car vous verrez aussi comme quoi madame entre dans une loge au spectacle, avec quelle emphase,° avec quel air imposant, quoique d'un air distrait et sans y penser; car c'est la belle éducation qui donne cet orgueil-là. Vous verrez comme dans la loge on jette un regard indifférent et dédaigneux sur des femmes qui sont à côté, et qu'on ne connaît pas. Bonjour, notre bon ami; je vais 20 à notre auberge.°

SCÈNE IV : TRIVELIN, EUPHROSINE

TRIVELIN. Cette scène-ci vous a un peu fatiguée; mais cela ne vous nuira pas.

EUPHROSINE. Vous êtes des barbares.

TRIVELIN. Nous sommes d'honnêtes gens qui vous instruisons; voilà tout. Il vous reste encore à satisfaire à une petite formalité.

EUPHROSINE. Encore des formalités! 30

TRIVELIN. Celle-ci est moins que rien; je dois faire rapport de tout ce que je viens d'entendre, et de tout ce que vous m'allez répondre. Convenez-vous de tous les sentiments coquets, de toutes les singeries d'amour-propre 35 qu'elle vient de vous attribuer?

EUPHROSINE. Moi, j'en conviendrais! Quoi! de pareilles faussetés sont-elles croyables?

TRIVELIN. Oh! très croyables, prenez-y garde. Si vous en convenez, cela contribuera à 40 rendre votre condition meilleure; je ne vous en dis pas davantage. On espérera que vous étant reconnue, vous abjurerez un jour toutes ces folies qui font qu'on n'aime que soi, et qui ont distrait votre bon cœur d'une infinité d'atten- 45 tions plus louables. Si au contraire vous ne

7. *folâtre: here*, silly fellow. 31. *vapeurs de mignardise:* dainty swooning fits. 33. *ruelle:* space between bed and wall.

1. *paraître:* show off. 1. *à d'autres!* tell it to the Marines! 1. *s'y ramasse:* crams oneself therein. 13. *emphase:* here, importance. 20. This scene gives the actress playing Cléanthis fine opportunities for broad satirical imitations. Notice that there is not the slightest effort for historical verisimilitude; we are in Paris, not Athens.

convenez pas de ce qu'elle a dit, on vous regardera comme incorrigible, et cela reculera votre délivrance. Voyez, consultez-vous.

EUPHROSINE. Ma délivrance! Eh! puis-je l'espérer?

TRIVELIN. Oui, je vous la garantis aux conditions que je vous dis.

EUPHROSINE. Bientôt?

TRIVELIN. Sans doute.

EUPHROSINE. Monsieur, faites donc comme si j'étais convenue de tout.

TRIVELIN. Quoi! vous me conseillez de mentir!

EUPHROSINE. En vérité, voilà d'étranges conditions! cela révolte.

TRIVELIN. Elles humilient un peu; mais cela est fort bon. Déterminez-vous; une liberté très prochaine est le prix de la vérité. Allons, ne ressemblez-vous pas au portrait qu'on a fait?

EUPHROSINE. Mais…

TRIVELIN. Quoi?

EUPHROSINE. Il y a du vrai, par-ci, par-là.

TRIVELIN. Par-ci, par-là, n'est point notre compte; avouez-vous tous les faits? En a-t-elle trop dit? n'a-t-elle dit que ce qu'il faut? Hâtez-vous; j'ai autre chose à faire.

EUPHROSINE. Vous faut-il une réponse si exacte?

TRIVELIN. Eh! oui, madame; et le tout pour votre bien.

EUPHROSINE. Eh bien!…

TRIVELIN. Après?

EUPHROSINE. Je suis jeune…

TRIVELIN. Je ne vous demande pas votre âge.

EUPHROSINE. On est d'un certain rang; on aime à plaire.

TRIVELIN. Et c'est ce qui fait que le portrait vous ressemble.

EUPHROSINE. Je crois qu'oui.

TRIVELIN. Et voilà ce qu'il nous fallait. Vous trouvez aussi le portrait un peu risible, n'est-ce pas?

EUPHROSINE. Il faut bien l'avouer.

TRIVELIN. A merveille! Je suis content, ma chère dame. Allez rejoindre Cléanthis; je lui rends déjà son véritable nom, pour vous donner encore des gages de ma parole. Ne vous impatientez point; montrez un peu de docilité, et le moment espéré arrivera.

EUPHROSINE. Je m'en fie à vous.

SCÈNE V : ARLEQUIN, IPHICRATE, *qui ont changé d'habit*, TRIVELIN

ARLEQUIN. Tirlan, tirlan, tirlantaine! tirlanton! Gai camarade! le vin de la république est merveilleux. J'en ai bu bravement ma pinte, car je suis si altéré° depuis que je suis maître! tantôt j'aurai encore soif pour une autre pinte. Que le ciel conserve la vigne, le vigneron, la vendange et les caves de notre admirable république!

TRIVELIN. Bon! réjouissez-vous, mon camarade. Êtes-vous content d'Arlequin?

ARLEQUIN. Oui, c'est un bon enfant; j'en ferai quelque chose. Il soupire parfois, et je lui ai défendu cela, sous peine de désobéissance; et je lui ordonne de la joie. (*Il prend son maître par la main et danse.*) Tala rara la la…

TRIVELIN. Vous me réjouissez moi-même.

ARLEQUIN. Oh! quand je suis gai, je suis de bonne humeur.

TRIVELIN. Fort bien. Je suis charmé de vous voir satisfait d'Arlequin. Vous n'aviez pas beaucoup à vous plaindre de lui dans son pays, apparemment?

ARLEQUIN. Eh! là-bas? Je lui voulais souvent un mal de diable; car il était quelquefois insupportable; mais à cette heure que je suis heureux, tout est payé; je lui ai donné quittance.

TRIVELIN. Je vous aime de ce caractère, et vous me touchez. C'est-à-dire que vous jouirez modestement de votre bonne fortune, et que vous ne lui ferez point de peine.

ARLEQUIN. De la peine! Ah! le pauvre homme! Peut-être que je serai un petit brin° insolent, à cause que je suis le maître, voilà tout.

TRIVELIN. A cause que je suis le maître; vous avez raison.

ARLEQUIN. Oui; car quand on est le maître, on y va tout rondement,° sans façon, et si peu de façon mène quelquefois un honnête homme à des impertinences.

TRIVELIN. Oh! n'importe; je vois bien que vous n'êtes point méchant.

ARLEQUIN. Hélas! je ne suis que mutin.°

TRIVELIN (*à* IPHICRATE). Ne vous épouvantez point de ce que je vais dire. (*à* ARLEQUIN)

SCÈNE V. 7. *altéré:* thirsty. 35. *un petit brin:* a little bit. 41. *on y va tout rondement:* you do things bluntly. 46. *mutin: here,* exasperating.

Instruisez-moi d'une chose. Comment se gouvernait-il là-bas? avait-il quelque défaut d'humeur, de caractère?

ARLEQUIN (*riant*). Ah! mon camarade, vous avez de la malice; vous demandez la comédie.

TRIVELIN. Ce caractère-là est donc bien plaisant?

ARLEQUIN. Ma foi, c'est une farce.

TRIVELIN. N'importe, nous en rirons.

ARLEQUIN (*à* IPHICRATE). Arlequin, me promets-tu d'en rire aussi?

IPHICRATE (*bas*). Veux-tu achever de me désespérer? que vas-tu lui dire?

ARLEQUIN. Laisse-moi faire; quand je t'aurai offensé, je te demanderai pardon après.

TRIVELIN. Il ne s'agit que d'une bagatelle; j'en ai demandé autant à la jeune fille que vous avez vue, sur le chapitre de sa maîtresse.

ARLEQUIN. Eh bien! tout ce qu'elle vous a dit, c'étaient des folies qui faisaient pitié, des misères? gageons.

TRIVELIN. Cela est encore vrai.

ARLEQUIN. Eh bien! je vous en offre autant; ce pauvre jeune garçon n'en fournira pas davantage; extravagance et misère, voilà son paquet; ne sont-ce pas là de belles guenilles° pour les étaler? Étourdi° par nature, étourdi par singerie,° parce que les femmes les aiment comme cela; un dissipe-tout; vilain quand il faut être libéral, libéral quand il faut être vilain; bon emprunteur, mauvais payeur; honteux d'être sage, glorieux d'être fou; un petit brin moqueur des bonnes gens; un petit brin hâbleur avec tout plein° de maîtresses qu'il ne connaît pas; voilà mon homme. Est-ce la peine d'en tirer le portrait? (*à* IPHICRATE) Non, je n'en ferai rien; mon ami, ne crains rien.

TRIVELIN. Cette ébauche° me suffit. (*à* IPHICRATE) Vous n'avez plus maintenant qu'à certifier pour véritable ce qu'il vient de dire.

IPHICRATE. Moi!

TRIVELIN. Vous-même. La dame de tantôt° en a fait autant; elle vous dira ce qui l'y a déterminée. Croyez-moi, il y va du plus grand bien que vous puissiez souhaiter.

IPHICRATE. Du plus grand bien? Si cela est, il y a là quelque chose qui pourrait assez me convenir d'une certaine façon.

26. *guenilles*: rags. 27. *Étourdi*: Scatterbrained. 28. *singerie*: aping, imitation. 34. *un petit... plein*: a little bit boastful about a lot. 38. *ébauche*: brief sketch. 42. *La dame de tantôt*: The lady of a moment ago.

ARLEQUIN. Prends tout; c'est un habit fait sur ta taille.

TRIVELIN. Il me faut tout ou rien.

IPHICRATE. Voulez-vous que je m'avoue un ridicule?

ARLEQUIN. Qu'importe, quand on l'a été?

TRIVELIN. N'avez-vous que cela à me dire?

IPHICRATE. Va donc pour la moitié, pour me tirer d'affaire.

TRIVELIN. Va du tout.

IPHICRATE. Soit. (ARLEQUIN *rit de toute sa force*.)

TRIVELIN. Vous avez fort bien fait, vous n'y perdrez rien. Adieu, vous saurez bientôt de mes nouvelles.

SCÈNE VI : CLÉANTHIS, IPHICRATE, ARLEQUIN, EUPHROSINE

CLÉANTHIS. Seigneur Iphicrate, peut-on vous demander de quoi vous riez?

ARLEQUIN. Je ris de mon Arlequin qui a confessé qu'il était un ridicule.

CLÉANTHIS. Cela me surprend, car il a la mine d'un homme raisonnable. Si vous voulez voir une coquette de son propre aveu, regardez ma suivante.

ARLEQUIN (*la regardant*). Malepeste! quand ce visage-là fait le fripon,° c'est bien son métier. Mais parlons d'autre chose, ma belle demoiselle; qu'est-ce que nous ferons à cette heure que nous sommes gaillards?

CLÉANTHIS. Eh! mais, la belle conversation.

ARLEQUIN. Je crains que cela ne vous fasse bâiller,° j'en bâille déjà. Si je devenais amoureux de vous, cela amuserait davantage.

CLÉANTHIS. Eh bien! faites. Soupirez pour moi; poursuivez mon cœur, prenez-le si vous pouvez, je ne vous en empêche pas; c'est à vous de faire vos diligences; me voilà, je vous attends; mais traitons l'amour à la grande manière, puisque nous sommes devenus maîtres; allons-y poliment et comme le grand monde.

ARLEQUIN. Oui-dà; nous n'en irons que meilleur train.

CLÉANTHIS. Je suis d'avis d'une chose, que nous disions qu'on nous apporte des sièges pour prendre l'air assis, et pour écouter les discours galants que vous m'allez tenir; il faut bien jouir de notre état, en goûter le plaisir.

29. *fait le fripon*: acts saucy. 35. *bâiller*: yawn.

ARLEQUIN. Votre volonté vaut une ordonnance. (*à* IPHICRATE.) Arlequin, vite des sièges pour moi, et des fauteuils pour madame.

IPHICRATE. Peux-tu m'employer à cela?

ARLEQUIN. La république le veut.

CLÉANTHIS. Tenez, tenez, promenons-nous plutôt de cette manière-là, et tout en conversant vous ferez adroitement tomber l'entretien sur le penchant que mes yeux vous ont inspiré pour moi; car encore une fois nous sommes d'honnêtes gens à cette heure, il faut songer à cela; il n'est plus question de familiarité domestique. Allons, procédons noblement; n'épargnez ni compliments ni révérences.

ARLEQUIN. Et vous, n'épargnez point les mines.° Courage! quand ce ne serait que pour nous moquer de nos patrons. Garderons-nous nos gens?°

CLÉANTHIS. Sans difficulté; pouvons-nous être sans eux? c'est notre suite; qu'ils s'éloignent seulement.

ARLEQUIN (*à* IPHICRATE). Qu'on se retire à dix pas.

(IPHICRATE *et* EUPHROSINE *s'éloignent en faisant des gestes d'étonnement et de douleur.* CLÉANTHIS *regarde aller* IPHICRATE, *et* ARLEQUIN, EUPHROSINE.)

ARLEQUIN (*se promenant sur le théâtre avec* CLÉANTHIS). Remarquez-vous, madame, la clarté du jour?

CLÉANTHIS. Il fait le plus beau temps du monde; on appelle cela un jour tendre.

ARLEQUIN. Un jour tendre! Je ressemble donc au jour, madame.

CLÉANTHIS. Comment! vous lui ressemblez?

ARLEQUIN. Eh palsambleu!° le moyen de n'être pas tendre, quand on se trouve tête à tête avec vos grâces? (*A ce mot, il saute de joie.*) Oh! oh! oh! oh!

CLÉANTHIS. Qu'avez-vous donc? vous défigurez notre conversation.

ARLEQUIN. Oh! ce n'est rien; c'est que je m'applaudis.

CLÉANTHIS. Rayez ces applaudissements, ils nous dérangent. (*continuant*) Je savais bien que mes grâces entreraient pour quelque chose ici. Monsieur, vous êtes galant, vous vous promenez avec moi, vous me dites des douceurs; mais finissons, en voilà assez, je vous dispense des compliments.

ARLEQUIN. Et moi, je vous remercie° de vos dispenses.

CLÉANTHIS. Vous m'allez dire que vous m'aimez, je le vois bien; dites, monsieur, dites; heureusement on n'en croira rien. Vous êtes aimable, mais coquet, et vous ne persuaderez pas.

ARLEQUIN (*l'arrêtant par le bras, et se mettant à genoux*). Faut-il m'agenouiller, madame, pour vous convaincre de mes flammes, et de la sincérité de mes feux?

CLÉANTHIS. Mais ceci devient sérieux. Laissez-moi, je ne veux point d'affaires; levez-vous. Quelle vivacité! Faut-il vous dire qu'on vous aime? Ne peut-on en être quitte à moins? Cela est étrange!

ARLEQUIN (*riant à genoux*). Ah! ah! ah! que cela va bien! Nous sommes aussi bouffons que nos patrons, mais nous sommes plus sages.

CLÉANTHIS. Oh! vous riez, vous gâtez tout.

ARLEQUIN. Ah! ah! par ma foi, vous êtes bien aimable, et moi aussi. Savez-vous bien ce que je pense?

CLÉANTHIS. Quoi?

ARLEQUIN. Premièrement, vous ne m'aimez pas, si ce n'est par coquetterie, comme le grand monde.

CLÉANTHIS. Pas encore, mais il ne s'en fallait plus que d'un mot,° quand vous m'avez interrompue. Et vous, m'aimez-vous?

ARLEQUIN. J'y allais aussi, quand il m'est venu une pensée. Comment trouvez-vous mon Arlequin?

CLÉANTHIS. Fort à mon gré. Mais que dites-vous de ma suivante?

ARLEQUIN. Qu'elle est friponne!

CLÉANTHIS. J'entrevois votre pensée.

ARLEQUIN. Voilà ce que c'est; tombez amoureuse d'Arlequin, et moi de votre suivante. Nous sommes assez forts pour soutenir cela.

CLÉANTHIS. Cette imagination-là me rit assez. Ils ne sauraient mieux faire que de nous aimer, dans le fond.

ARLEQUIN. Ils n'ont jamais rien aimé de si raisonnable, et nous sommes d'excellents partis° pour eux.

CLÉANTHIS. Soit. Inspirez à Arlequin de s'attacher à moi; faites-lui sentir l'avantage qu'il y trouvera dans la situation où il est. Qu'il

SCÈNE VI. 16. *mines:* affectations. 18. *gens:* servants. 35. *palsambleu!* gadzooks!

1. *remercie:* i.e., refuse to accept. 29. *il ne... mot:* I was within an ace of it. 45. *partis:* matches, mates.

m'épouse, il sortira tout d'un coup d'esclavage. Cela est bien aisé, au bout du compte. Je n'étais ces jours passés qu'une esclave; mais enfin me voilà dame et maîtresse d'aussi bon jeu° qu'une autre. Je la suis par hasard : n'est-ce pas le hasard qui fait tout? Qu'y a-t-il à dire à cela? J'ai même un visage de condition;° tout le monde me l'a dit.

ARLEQUIN. Pardi! je vous prendrais bien, moi, si je n'aimais pas votre suivante un petit brin plus que vous. Conseillez-lui aussi de l'amour pour ma petite personne, qui comme vous voyez, n'est pas désagréable.

CLÉANTHIS. Vous allez être content; je vais appeler Cléanthis, je n'ai qu'un mot à lui dire; éloignez-vous un instant et revenez. Vous parlerez ensuite à Arlequin pour moi; car il faut qu'il commence; mon sexe, la bienséance et ma dignité le veulent.

ARLEQUIN. Oh! ils le veulent, si vous voulez; car dans le grand monde on n'est pas si façonnier;° et, sans faire semblant de rien, vous pourriez lui jeter quelque petit mot bien clair pour lui donner courage, à cause que vous êtes plus que lui : c'est l'ordre.°

CLÉANTHIS. C'est assez bien raisonner. Effectivement, dans le cas où je suis, il pourrait y avoir de la petitesse à m'assujettir à de certaines formalités qui ne me regardent plus; je comprends cela à merveille; mais parlez-lui toujours, je vais dire un mot à Cléanthis; tirez-vous à quartier° pour un moment.

ARLEQUIN. Vantez mon mérite; prêtez-m'en un peu, à charge de revanche.°

CLÉANTHIS. Laissez-moi faire. (*Elle appelle* EUPHROSINE.) Cléanthis!

SCÈNE VII : CLÉANTHIS, EUPHROSINE, *qui vient doucement*

CLÉANTHIS. Approchez, et accoutumez-vous à aller plus vite; car je ne saurais attendre.

EUPHROSINE. De quoi s'agit-il?

CLÉANTHIS. Venez ça, écoutez-moi. Un honnête homme vient de me témoigner qu'il vous aime; c'est Iphicrate.

EUPHROSINE. Lequel?

CLÉANTHIS. Lequel? Y en a-t-il deux ici? c'est celui qui vient de me quitter.

EUPHROSINE. Eh! que veut-il que je fasse de son amour?

CLÉANTHIS. Et qu'avez-vous fait de l'amour de ceux qui vous aimaient? Vous voilà bien étourdie! est-ce le mot d'amour qui vous effarouche? Vous le connaissez tant cet amour! vous n'avez jusques-ici regardé les gens que pour leur en donner; vos beaux yeux n'ont fait que cela; dédaignent-ils la conquête du seigneur Iphicrate? Il ne vous fera point de révérences penchées; vous ne lui trouverez point de contenance ridicule, d'airs évaporés.° Ce n'est point une tête légère, un petit badin, un petit perfide, un joli volage,° un aimable indiscret; ce n'est point tout cela. Ces grâces-là lui manquent, à la vérité. Ce n'est qu'un homme franc, qu'un homme simple dans ses manières, qui n'a pas l'esprit de se donner des airs; qui vous dira qu'il vous aime seulement parce que cela sera vrai; enfin ce n'est qu'un bon cœur, voilà tout; et cela est fâcheux, cela ne pique° point. Mais vous avez l'esprit raisonnable; je vous destine à lui, il fera votre fortune ici, et vous aurez la bonté d'estimer son amour, et vous y serez sensible, entendez-vous? Vous vous conformerez à mes intentions, je l'espère; imaginez-vous même que je le veux.

EUPHROSINE. Où suis-je! et quand cela finira-t-il? (*Elle rêve.*°)

SCÈNE VIII : ARLEQUIN, EUPHROSINE

(ARLEQUIN *arrive en saluant* CLÉANTHIS *qui sort. Il va tirer* EUPHROSINE *par la manche.*)

EUPHROSINE. Que me voulez-vous?

ARLEQUIN (*riant*). Eh! eh! eh! ne vous a-t-on pas parlé de moi?

EUPHROSINE. Laissez-moi, je vous prie.

ARLEQUIN. Eh! là, là, regardez-moi dans l'œil pour deviner ma pensée.

EUPHROSINE. Eh! pensez ce qu'il vous plaira.

ARLEQUIN. M'entendez-vous un peu?

EUPHROSINE. Non.

ARLEQUIN. C'est que je n'ai encore rien dit.

EUPHROSINE (*impatiente*). Ah!

4. *d'aussi bon jeu:* as genuinely. 7. *de condition:* aristocratic. 22. *façonnier:* formal, fussy. 25. *c'est l'ordre:* that's normal. 32. *à quartier:* aside. 34. *à charge de revanche:* and I'll do the same for you.

SCÈNE VII. 14. *évaporés:* affected, mincing. 16. *volage:* light-o'-love. 23. *pique:* stimulates. 31. *rêve:* ponders.

ARLEQUIN. Ne mentez point; on vous a communiqué les sentiments de mon âme; rien n'est plus obligeant pour vous.

EUPHROSINE. Quel état!

ARLEQUIN. Vous me trouvez un peu nigaud,° n'est-il pas vrai? Mais cela se passera; c'est que je vous aime, et que je ne sais comment vous le dire.

EUPHROSINE. Vous?

ARLEQUIN. Eh pardi! oui; qu'est-ce qu'on peut faire de mieux? Vous êtes si belle! il faut bien vous donner son cœur, aussi bien vous le prendriez de vous-même.

EUPHROSINE. Voici le comble de mon infortune.

ARLEQUIN (lui regardant les mains). Quelles mains ravissantes! les jolis petits doigts! que je serais heureux avec cela! mon petit cœur en ferait bien son profit. Reine, je suis bien tendre; mais vous ne voyez rien. Si vous aviez la charité d'être tendre aussi, oh! je deviendrais fou tout à fait.

EUPHROSINE. Tu° ne l'es déjà que trop.

ARLEQUIN. Je ne le ferai jamais tant que vous en êtes digne.

EUPHROSINE. Je ne suis digne que de pitié, mon enfant.

ARLEQUIN. Bon, bon! à qui est-ce que vous contez cela? Vous êtes digne de toutes les dignités imaginables; un empereur ne vous vaut pas, ni moi non plus; mais me voilà, moi, et un empereur n'y est pas; et un rien qu'on voit, vaut mieux que quelque chose qu'on ne voit pas. Qu'en dites-vous?

EUPHROSINE. Arlequin, il me semble que tu n'as point le cœur mauvais.

ARLEQUIN. Oh! il ne s'en fait plus de cette pâte-là;° je suis un mouton.

EUPHROSINE. Respecte donc le malheur que j'éprouve.

ARLEQUIN. Hélas! je me mettrais à genoux devant lui.

EUPHROSINE. Ne persécute point une infortunée, parce que tu peux la persécuter impunément. Vois l'extrémité où je suis réduite; et si tu n'as point d'égard au rang que je tenais dans le monde, à ma naissance, à mon éducation; du moins que mes disgrâces, que mon esclavage, que ma douleur t'attendrissent. Tu peux ici m'outrager autant que tu le voudras; je suis sans asile et sans défense; je n'ai que mon désespoir pour tout secours. J'ai besoin de la compassion de tout le monde, de la tienne même, Arlequin; voilà l'état où je suis. Ne le trouves-tu pas assez misérable? Tu es devenu libre et heureux; cela doit-il te rendre méchant? Je n'ai pas la force de t'en dire davantage. Je ne t'ai jamais fait de mal; n'ajoute rien à celui que je souffre. (Elle sort.)

ARLEQUIN (abattu, les bras abaissés, et comme immobile). J'ai perdu la parole.

Scène IX : IPHICRATE, ARLEQUIN

IPHICRATE. Cléanthis m'a dit que tu voulais t'entretenir avec moi; que me veux-tu? as-tu encore quelques nouvelles insultes à me faire?

ARLEQUIN. Autre personnage qui va me demander encore ma compassion. Je n'ai rien à te dire, mon ami, sinon que je voulais te faire commandement d'aimer la nouvelle Euphrosine; voilà tout. A qui diantre en as-tu?°

IPHICRATE. Peux-tu me le demander, Arlequin?

ARLEQUIN. Eh! pardi, oui, je le peux, puisque je le fais.

IPHICRATE. On m'avait promis que mon esclavage finirait bientôt, mais on me trompe, et c'en est fait, je succombe; je meurs, Arlequin, et tu perdras bientôt ce malheureux maître qui ne te croyait pas capable des indignités qu'il a souffertes de toi.

ARLEQUIN. Ah! il ne nous manquait plus que cela, et nos amours auront bonne mine. Écoute, je te défends de mourir par malice; par maladie, passe, je te le permets.

IPHICRATE. Les dieux te puniront, Arlequin.

ARLEQUIN. Eh! de quoi veux-tu qu'ils me punissent? d'avoir eu du mal toute ma vie?

IPHICRATE. De ton audace et de tes mépris envers ton maître; rien ne m'a été aussi sensible, je l'avoue. Tu es né, tu as été élevé avec moi dans la maison de mon père; le tien y est encore; il t'avait recommandé ton devoir en partant;

SCÈNE VIII. 5. nigaud: simple. 22. Euphrosine shifts from vous to tu. Why? 37. cette pâte-là: that composition (lit., paste).

SCÈNE IX. 23. A qui diantre en as-tu? A double meaning: Who the deuce do you have it in for? or Whom do you have in mind? (Notice the forms of address. At first Iphicrate used tu to Arlequin, and Arlequin replied with vous. Now Arlequin as master uses tu to Iphicrate, who continues to use tu arrogantly to his ex-servant. This subtlety, immediately obvious to the French, is lost in English.)

moi-même je t'avais choisi par un sentiment d'amitié pour m'accompagner dans mon voyage; je croyais que tu m'aimais, et cela m'attachait à toi.

ARLEQUIN (*pleurant*). Et qui est-ce qui te dit que je ne t'aime plus?

IPHICRATE. Tu m'aimes, et tu me fais mille injures!

ARLEQUIN. Parce que je me moque un petit brin de toi, cela empêche-t-il que je ne t'aime? Tu disais bien que tu m'aimais, toi, quand tu me faisais battre; est-ce que les étrivières° sont plus honnêtes que les moqueries?

IPHICRATE. Je conviens que j'ai pu quelquefois te maltraiter sans trop de sujet.

ARLEQUIN. C'est la vérité.

IPHICRATE. Mais par combien de bontés n'ai-je pas réparé ce tort!

ARLEQUIN. Cela n'est pas de ma connaissance.

IPHICRATE. D'ailleurs, ne fallait-il pas te corriger de tes défauts?

ARLEQUIN. J'ai plus pâti des tiens que des miens; mes plus grands défauts, c'était ta mauvaise humeur, ton autorité, et le peu de cas que tu faisais de ton pauvre esclave.

IPHICRATE. Va, tu n'es qu'un ingrat; au lieu de me secourir ici, de partager mon affliction, de montrer à tes camarades l'exemple d'un attachement qui les eût touchés, qui les eût engagés peut-être à renoncer à leur coutume ou à m'en affranchir, et qui m'eût pénétré moi-même de la plus vive reconnaissance!

ARLEQUIN. Tu as raison, mon ami; tu me remontres bien mon devoir ici pour toi; mais tu n'as jamais su le tien pour moi, quand nous étions dans Athènes. Tu veux que je partage ton affliction, et jamais tu n'as partagé la mienne. Eh bien! va, je dois avoir le cœur meilleur que toi; car il y a plus longtemps que je souffre et que je sais ce que c'est que de la peine. Tu m'as battu par amitié, tu le dis, je te le pardonne; je t'ai raillé par bonne humeur; prends-le en bonne part, et fais-en ton profit. Je parlerai en ta faveur à mes camarades; je les prierai de te renvoyer, et s'ils ne le veulent pas je te garderai comme mon ami; car je ne te ressemble pas, moi; je n'aurais point le courage d'être heureux à tes dépens.

IPHICRATE (*s'approchant d'*ARLEQUIN). Mon

cher Arlequin, fasse le ciel, après ce que je viens d'entendre, que j'aie la joie de te montrer un jour les sentiments que tu me donnes pour toi! Va, mon cher enfant, oublie que tu fus mon esclave, et je me ressouviendrai toujours que je ne méritais pas d'être ton maître.

ARLEQUIN. Ne dites donc point comme cela, mon cher patron. Si j'avais été votre pareil, je n'aurais peut-être pas mieux valu que vous.° C'est à moi à vous demander pardon du mauvais service que je vous ai toujours rendu. Quand vous n'étiez pas raisonnable, c'était ma faute.

IPHICRATE (*l'embrassant*). Ta générosité me couvre de confusion.

ARLEQUIN. Mon pauvre patron, qu'il y a de plaisir à bien faire! (*Il se met en devoir° de déshabiller son maître.*)

IPHICRATE. Que fais-tu, mon cher ami?

ARLEQUIN. Rendez-moi mon habit, et reprenez le vôtre: je ne suis pas digne de le porter.

IPHICRATE. Je ne saurais retenir mes larmes. Fais ce que tu voudras.

Scène X : CLÉANTHIS, EUPHROSINE, IPHICRATE, ARLEQUIN

CLÉANTHIS (*entrant avec* EUPHROSINE, *qui pleure*). Laissez-moi, je n'ai que faire de vous entendre gémir. (*à* ARLEQUIN) Qu'est-ce que cela signifie, seigneur Iphicrate? Pourquoi avez-vous repris votre habit?

ARLEQUIN (*tendrement*). C'est qu'il est trop petit pour mon cher ami, et que le sien est trop grand pour moi. (*Il embrasse les genoux de son maître.*)

CLÉANTHIS. Expliquez-moi donc ce que je vois; il semble que vous lui demandiez pardon?

ARLEQUIN. C'est pour me châtier de mes insolences.

CLÉANTHIS. Mais enfin notre projet?

ARLEQUIN. Mais enfin, je veux être un homme de bien;° n'est-ce pas là un beau projet? Je me repens de mes sottises, lui des siennes; repentez-vous des vôtres, madame Euphrosine se repentira aussi; et vive l'honneur après! cela fera quatre beaux repentirs, qui nous feront pleurer tant que nous voudrons.

12. *étrivières:* stirrup leathers, lashes.

9. Notice the discreet hint of social criticism. In this speech Arlequin returns to the *vous* form of address. What is the significance? 16. *se met en devoir:* prepares. SCÈNE X. 42. *homme de bien:* worthy man.

EUPHROSINE. Ah! ma chère Cléanthis, quel exemple pour vous!

IPHICRATE. Dites plutôt : Quel exemple pour nous! Madame, vous m'en voyez pénétré.

CLÉANTHIS. Ah! vraiment, nous y voilà, avec vos beaux exemples! Voilà de nos gens qui nous méprisent dans le monde, qui font les fiers, qui nous maltraitent, qui nous regardent comme des vers de terre; et puis, qui sont trop heureux dans l'occasion de nous trouver cent fois plus honnêtes gens qu'eux. Fi! que cela est vilain, de n'avoir eu pour tout mérite que de l'or, de l'argent et des dignités! C'était bien la peine de faire tant les glorieux! Où en seriez-vous, aujourd'hui, si nous n'avions point d'autre mérite que cela pour vous? Voyons, ne seriez-vous pas bien attrapés? Il s'agit de vous pardonner, et pour cette bonté-là, que faut-il être, s'il vous plaît? Riche? non; noble? non; grand seigneur? point du tout. Vous étiez tout cela; en valiez-vous mieux? Et que faut-il être donc? Ah! nous y voici. Il faut avoir le cœur bon, de la vertu et de la raison; voilà ce qu'il faut, voilà ce qui est estimable, ce qui distingue, ce qui fait qu'un homme est plus qu'un autre. Entendez-vous, messieurs les honnêtes gens du monde?° voilà avec quoi l'on donne les beaux exemples que vous demandez, et qui vous passent.° Et à qui les demandez-vous? A de pauvres gens que vous avez toujours offensés, maltraités, accablés, tout riches que vous êtes; et qui ont aujourd'hui pitié de vous, tout pauvres qu'ils sont. Estimez-vous à cette heure; faites les superbes, vous aurez bonne grâce! Allez, vous devriez rougir de honte.

ARLEQUIN. Allons, m'amie, soyons bonnes gens sans le reprocher, faisons du bien sans dire d'injures. Ils sont contrits d'avoir été méchants, cela fait qu'ils nous valent bien; quand on se repent, on est bon, et quand on est bon, on est aussi avancée que nous. Approchez, madame Euphrosine; elle vous pardonne; voilà qu'elle pleure; la rancune s'en va, et votre affaire est faite.

CLÉANTHIS. Il est vrai que je pleure; ce n'est pas le bon cœur qui me manque.

EUPHROSINE (tristement). Ma chère Cléanthis, j'ai abusé de l'autorité que j'avais sur toi, je l'avoue.

CLÉANTHIS. Hélas! comment en aviez-vous le courage? Mais voilà qui est fini, je veux bien oublier tout; agissez comme vous voudrez. Si vous m'avez fait souffrir, tant pis pour vous; je ne veux pas avoir à me reprocher la même chose, je vous rends la liberté; et s'il y avait un vaisseau, je partirais tout à l'heure avec vous. Voilà tout le mal que je vous veux; si vous m'en faites encore, ce ne sera pas ma faute.

ARLEQUIN. Ah, la brave fille! ah, le charitable naturel!

IPHICRATE. Êtes-vous contente, madame?

EUPHROSINE (avec attendrissement). Viens que je t'embrasse, ma chère Cléanthis.

ARLEQUIN (à CLÉANTHIS). Mettez-vous à genoux pour être encore meilleure qu'elle.

EUPHROSINE. La reconnaissance me laisse à peine la force de te répondre. Ne parle plus de ton esclavage, et ne songe plus désormais qu'à partager avec moi tous les biens que les dieux m'ont donnés, si nous retournons à Athènes.

Scène XI : TRIVELIN, LES PRÉCÉDENTS

TRIVELIN. Que vois-je? vous pleurez, mes enfants; vous vous embrassez!

ARLEQUIN. Ah! vous ne voyez rien; nous sommes admirables; nous sommes des rois et des reines. En fin finale, la paix est conclue, la vertu a arrangé tout cela; il ne nous faut plus qu'un bateau et un batelier pour nous en aller; si vous nous les donnez, vous serez presque aussi honnêtes gens que nous.

TRIVELIN. Et vous, Cléanthis, êtes-vous du même sentiment?

CLÉANTHIS (baisant la main de sa maîtresse). Je n'ai que faire de vous en dire davantage; vous voyez ce qu'il en est.

ARLEQUIN (prenant aussi la main de son maître pour la baiser). Voilà aussi mon dernier mot, qui vaut bien des paroles.

TRIVELIN. Vous me charmez. Embrassez-moi aussi, mes chers enfants; c'est là ce que j'attendais. Si cela n'était pas arrivé, nous aurions puni vos vengeances, comme nous avons puni leurs duretés. Et vous, Iphicrate, vous, Euphrosine, je vous vois attendris; je n'ai rien à ajouter aux leçons que vous donne cette

27. Cléanthis, stating the play's moral, here evidently addresses the audience. 29. *qui vous passent:* which are beyond your powers.

aventure. Vous avez été leurs maîtres, et vous en avez mal agi; ils sont devenus les vôtres, et ils vous pardonnent; faites vos réflexions là-dessus. La différence des conditions n'est qu'une épreuve que les dieux font sur nous : je ne vous en dis pas davantage. Vous partirez dans deux jours, et vous reverrez Athènes. Que la joie à présent et que les plaisirs succèdent aux chagrins que vous avez ressentis, et célèbrent le jour le plus profitable de votre vie.

[*As forecast in the last speech, the play was immediately followed by a ballet of slaves, celebrating the casting off of their chains.*]

30. L'Abbé Prévost [1697–1763]

The life of Antoine Prévost François d'Exiles, commonly called l'Abbé Prévost, was, to say the least, turbulent. Born in the class of *noblesse de robe*, hereditary magistrates and civil servants, he was twice a novice with the Jesuits and twice left the novitiate to be a soldier. He then spent eight years as a Benedictine monk. While laboring by day on the great Benedictine works of erudition, he wrote secretly by night a novel of passion and adventure. He escaped from his monastery, fled to England and lived there and in Holland for six years, tutoring and writing. He returned to France and again left suddenly for England, where probably he was jailed for forgery. During most of these wanderings he was accompanied by a notorious Dutch adventuress. At length, in 1742, he settled finally in France, and there spent twenty peaceful, laborious years.

His literary production was enormous: some 112 volumes, though of these nearly half were translations from Latin, English, and Dutch. A great admirer of England, he revealed to the French the sentimental novels of Samuel Richardson, which were to have a profound effect on Rousseau and others. As an original writer he produced a new kind of *novel of adventure*. He was a born storyteller, fecund of invention, vigorous in style. He was the first to assert in the novel the *rights of passion*; these rights were to be reasserted by other novelists for many a long year. He introduced also the dark and somber hero, victim of a fatal, overwhelming love. We shall meet this young gentleman again, when we come to Romanticism. It is evident that we are now in the stage of *préromantisme*, that the Romantic principles and characters are taking form.

The only one of Prévost's works that is generally read today is *Manon Lescaut*. This appeared in 1731, as one volume of his *Mémoires d'un homme de qualité*. No doubt it owes much to Prévost's own experiences. It is a story of love the destroyer. At his first sight of Manon, the hero is captured for life, as was Tristan when he drank the love philter. He soon learns the worst about his mistress : that she has an animal desire for ease and luxury, that she can hardly distinguish a lie from the truth, that she can barely be faithful to her lover for a week, that duplicity and crime are more natural to her than any honorable dealing. She is an instinctive creature, totally unmoral. But knowing all this, the hero deliberately sacrifices for her his standing in the world, his honor, perhaps his soul. For her he becomes a thief, a cardsharp, a murderer. He accepts every degradation, even the sale of her favors, for he loves her. And the spell she casts bewitches us, so far away.

The book is essentially the psychological study of two tragic characters, recognizable and sympathetic. It is also a remarkably vivid picture of the underworld of Paris during the Regency (1715–1724). It is therefore a *roman de mœurs*. It has another importance in literary

history. The theme may be stated as the revolt of the individual, guided by Nature, against society. This theme will become a favorite with later writers.

The story, so tense, passionate, and true, still stirs and moves the readers. Many a modern reads it to the accompaniment of faint music, strains from the operas of Massenet and Puccini.

HISTOIRE
DE MANON LESCAUT*

[Selection]

[*The author tells how he met, in a small village near Paris, a band of a dozen prostitutes, shackled, under police guard. They were being led to le Havre to be deported to America. One beautiful, shame-faced girl attracts his attention. Beside her walks a young gentleman, weeping. The author draws him out, and learns that he proposes to accompany the girl to Louisiana. Two years go by. The author again encounters the young man, in a most wretched state, and has from him the story that follows.*]

J'avais dix-sept ans, et j'achevais mes études de philosophie° à Amiens,° où mes parents, qui sont d'une des meilleures maisons de P...° 20 m'avaient envoyé. Je menais une vie si sage et si réglée, que mes maîtres me proposaient pour l'exemple du collège. Non que je fisse des efforts extraordinaires pour mériter cet éloge; mais j'ai l'humeur naturellement douce et 25 tranquille : je m'appliquais à l'étude par inclination, et l'on me comptait pour des vertus quelques marques d'aversion naturelle pour le vice. Ma naissance, le succès de mes études et quelques agréments° extérieurs m'avaient fait 30 connaître et estimer de tous les honnêtes gens de la ville.

J'achevai mes exercices publics° avec une approbation si générale, que M. l'évêque, qui y assistait, me proposa d'entrer dans l'état 35 ecclésiastique, où je ne manquerais pas, disait-il, de m'attirer plus de distinction que dans

l'ordre de Malte,° auquel mes parents me destinaient. Ils me faisaient déjà porter la croix,° avec le nom de chevalier des Grieux. Les vacances arrivant, je me préparais à retourner chez mon 5 père, qui m'avait promis de m'envoyer bientôt à l'Académie.°

Mon seul regret, en quittant Amiens, était d'y laisser un ami avec lequel j'avais toujours été tendrement uni. Il était de quelques années plus 10 âgé que moi. Nous avions été élevés ensemble; mais le bien de sa maison étant des plus médiocres,° il était obligé de prendre l'état ecclésiastique, et de demeurer à Amiens après moi, pour y faire les études qui conviennent à cette 15 profession. Il avait mille bonnes qualités. Vous le connaîtrez par les meilleures, dans la suite de mon histoire, et surtout par un zèle et une générosité en amitié, qui surpassent les plus célèbres exemples de l'antiquité. Si j'eusse alors suivi ses 20 conseils, j'aurais toujours été sage et heureux. Si j'avais du moins profité de ses reproches dans le précipice où mes passions m'ont entraîné, j'aurais sauvé quelque chose du naufrage de ma fortune et de ma réputation. Mais il n'a point 25 recueilli d'autre fruit de ses soins que le chagrin de les voir inutiles, et quelquefois durement récompensés par un ingrat qui s'en offensait et qui les traitait d'importunités.°

J'avais marqué le temps° de mon départ 30 d'Amiens. Hélas! que ne le marquai-je un jour plus tôt! j'aurais porté chez mon père toute mon innocence. La veille même de celui que je devais quitter cette ville, étant à me promener avec mon ami, qui s'appelait Tiberge, nous vîmes 35 arriver le coche d'Arras,° et nous le suivîmes jusqu'à l'hôtellerie où ces voitures descendent.

* *Manon Lescaut* is written in very easy, fast-moving French. One may read it almost as rapidly as English, if one endeavors to absorb the whole meaning of the French without mental translation. 19. Philosophy was (and still is) the mainstay of study in the final year of French lycées. 19. *Amiens:* city in northern France. 20. *P...:* probably Péronne, near Amiens. 30. *agréments:* attractive qualities. 33. *exercices publics:* graduation exercises (*roughly*).

1. *ordre de Malte:* Knights of Malta, originally Knights of St. John of Jerusalem, or Knights Hospitalers, a military order in the service of the Church. (In the eighteenth century it had become largely a device by which young gentlemen, binding themselves to celibacy, could receive ecclesiastical revenues.) 2. *croix:* the Maltese cross of the Knights of Malta. 6. *l'Académie:* school of equitation, fencing, etc. 12. *médiocres = modestes.* 28. *les traitait d'importunités:* called them undue liberties. 29. *marqué le temps:* fixed the date. 35. *Arras:* city near Amiens.

Nous n'avions pas d'autre motif que la curiosité. Il en sortit quelques femmes qui se retirèrent aussitôt. Mais il en resta une, fort jeune, qui s'arrêta seule dans la cour, pendant qu'un homme d'un âge avancé, qui paraissait lui servir de conducteur, s'empressait pour faire tirer son équipage° des paniers.° Elle me parut si charmante, que moi, qui n'avais jamais pensé à la différence des sexes, ni regardé une fille avec un peu d'attention; moi, dis-je, dont tout le monde admirait la sagesse et la retenue,° je me trouvai enflammé tout d'un coup jusqu'au transport. J'avais le défaut d'être excessivement timide et facile à déconcerter; mais loin d'être arrêté alors par cette faiblesse, je m'avançai vers la maîtresse de mon cœur.

Quoiqu'elle fût encore moins âgée que moi, elle reçut mes politesses sans paraître embarrassée.° Je lui demandai ce qui l'amenait à Amiens, et si elle y avait quelques personnes de connaissance. Elle me répondit ingénument qu'elle y était envoyée par ses parents pour être religieuse.° L'amour me rendait déjà si éclairé, depuis un moment qu'il était dans mon cœur, que je regardai ce dessein comme un coup mortel pour mes désirs. Je lui parlai d'une manière qui lui fit comprendre mes sentiments, car elle était bien plus expérimentée que moi : c'était malgré elle qu'on l'envoyait au couvent, pour arrêter sans doute son penchant au plaisir, qui s'était déjà déclaré, et qui a causé dans la suite tous ses malheurs et les miens. Je combattis la cruelle intention de ses parents par toutes les raisons que mon amour naissant et mon éloquence scolastique purent me suggérer. Elle n'affecta ni rigueur ni dédain. Elle me dit, après un moment de silence, qu'elle ne prévoyait que trop qu'elle allait être malheureuse; mais que c'était apparemment la volonté du ciel, puisqu'il ne lui laissait nul moyen de l'éviter. La douceur de ses regards, un air charmant de tristesse en prononçant ces paroles, ou plutôt l'ascendant de ma destinée, qui m'entraînait à ma perte, ne me permirent pas de balancer° un moment sur ma réponse. Je l'assurai que si elle voulait faire quelque fond° sur mon honneur, et sur la tendresse infinie qu'elle m'inspirait déjà, j'emploierais ma vie pour la délivrer de la tyrannie de ses parents, et pour la rendre heureuse. Je me suis étonné mille fois, en y réfléchissant, d'où me venait alors tant de hardiesse et de facilité à m'exprimer; mais on ne ferait pas une divinité de l'amour s'il n'opérait souvent des prodiges. J'ajoutai mille choses pressantes.

Ma belle inconnue savait bien qu'on n'est point trompeur à mon âge : elle me confessa que si je voyais quelque jour° à la pouvoir mettre en liberté, elle croirait m'être redevable de quelque chose de plus cher que la vie. Je lui répétai que j'étais prêt à tout entreprendre; mais n'ayant point assez d'expérience pour imaginer tout d'un coup les moyens de la servir, je m'en tenais à cette assurance générale, qui ne pouvait être d'un grand secours ni pour elle ni pour moi. Son vieil argus° étant venu nous rejoindre, mes espérances allaient échouer, si elle n'eût eu assez d'esprit pour suppléer à la stérilité du mien. Je fus surpris, à l'arrivée de son conducteur, qu'elle m'appelât son cousin, et que, sans paraître déconcertée le moins du monde, elle me dit que puisqu'elle était assez heureuse pour me rencontrer à Amiens, elle remettait au lendemain son entrée dans le couvent, afin de se procurer le plaisir de souper avec moi. J'entrai fort bien dans le sens de cette ruse; je lui proposai de se loger dans une hôtellerie dont le maître, qui s'était établi à Amiens après avoir été longtemps cocher de mon père, était dévoué entièrement à mes ordres.

Je l'y conduisis moi-même, tandis que le vieux conducteur paraissait un peu murmurer, et que mon ami Tiberge, qui ne comprenait rien à cette scène, me suivait sans prononcer une parole. Il n'avait point entendu notre entretien. Il était demeuré à se promener dans la cour pendant que je parlais d'amour à ma belle maîtresse. Comme je redoutais sa sagesse, je me défis de lui par une commission dont je le priai de se charger. Ainsi j'eus le plaisir, en arrivant à l'auberge, d'entretenir seule la souveraine de mon cœur.

Je reconnus bientôt que j'étais moins enfant que je ne le croyais. Mon cœur s'ouvrit à mille sentiments de plaisir dont je n'avais jamais eu l'idée. J'étais dans une espèce de transport qui

7. *équipage:* baggage. 7. *paniers:* baskets, wicker baggage containers fore and aft of the coach. 11. *retenue:* restraint, modesty. 19. Notice how character is immediately suggested. 23. *religieuse·* nun. 44. *balancer:* hesitate. 46. *fond:* reliance.

10. *jour:* here, possibility. 18. *argus:* guardian. Argus was the hundred-eyed watchman set by Juno to watch a rival.

m'ôta pour quelque temps la liberté de la voix, et qui ne s'exprimait que par mes yeux.

Mlle Manon Lescaut, c'est ainsi qu'elle me dit qu'on la nommait, parut fort satisfaite de cet effet de ses charmes. Je crus apercevoir qu'elle n'était pas moins émue que moi. Elle me confessa qu'elle me trouvait aimable, et qu'elle serait ravie de m'avoir obligation de sa liberté. Elle voulut savoir qui j'étais, et cette connaissance augmenta son affection, parce qu'étant d'une naissance commune, elle se trouva flattée d'avoir fait la conquête d'un amant tel que moi. Nous nous entretînmes des moyens d'être l'un à l'autre.

Après quantité de réflexions, nous ne trouvâmes point d'autre voie que celle de la fuite. Il fallait tromper la vigilance du conducteur qui était un homme à ménager,° quoiqu'il ne fût qu'un domestique. Nous réglâmes que je ferais préparer pendant la nuit une chaise de poste,° et que je reviendrais de grand matin° à l'auberge, avant qu'il fût éveillé; que nous nous déroberions secrètement, et que nous irions droit à Paris, où nous nous ferions marier en arrivant. J'avais environ cinquante écus,° qui étaient le fruit de mes petites épargnes; elle en avait à peu près le double. Nous nous imaginâmes, comme des enfants sans expérience, que cette somme ne finirait jamais, et nous ne comptâmes pas moins sur le succès de nos autres mesures.

Après avoir soupé, avec plus de satisfaction que je n'en avais jamais ressenti, je me retirai pour exécuter mon projet. Mes arrangements furent d'autant plus faciles, qu'ayant eu dessein de retourner le lendemain chez mon père, mon petit équipage était déjà préparé. Je n'eus donc nulle peine à faire transporter ma malle, et à faire tenir une chaise prête pour cinq heures du matin; c'était le temps où les portes de la ville devaient être ouvertes; mais je trouvai un obstacle dont je ne me défiais point,° et qui faillit de rompre entièrement mon dessein.

Tiberge, quoique âgé seulement de trois ans plus que moi, était un garçon d'un sens mûr et d'une conduite fort réglée. Il m'aimait avec une tendresse extraordinaire. La vue d'une aussi jolie fille que Mlle Manon, mon empressement à la conduire, et le soin que j'avais eu de me défaire de lui en l'éloignant,° lui firent naître quelques soupçons de mon amour. Il n'avait osé revenir à l'auberge où il m'avait laissé, de peur de m'offenser par son retour; mais il était allé m'attendre à mon logis, où je le trouvai en arrivant, quoiqu'il fût dix heures du soir. Sa présence me chagrina. Il s'aperçut facilement de la contrainte qu'elle me causait. « Je suis sûr, me dit-il sans déguisement, que vous méditez quelque dessein que vous voulez me cacher; je le vois à votre air. » Je lui répondis assez brusquement que je n'étais pas obligé de lui rendre compte de tous mes desseins. « Non, reprit-il; mais vous m'avez toujours traité en ami, et cette qualité suppose un peu de confiance et d'ouverture. »° Il me pressa si fort et si longtemps de lui découvrir mon secret, que n'ayant jamais eu de réserve avec lui, je lui fis l'entière confidence de ma passion. Il la reçut avec une apparence de mécontentement qui me fit frémir. Je me repentis surtout de l'indiscrétion avec laquelle je lui avais découvert le dessein de ma fuite. Il me dit qu'il était trop parfaitement mon ami pour ne pas s'y opposer de tout son pouvoir; qu'il voulait me représenter d'abord tout ce qu'il croyait capable de m'en détourner; mais que si je ne renonçais pas ensuite à cette misérable résolution, il avertirait des personnes qui pourraient l'arrêter à coup sûr. Il me tint là-dessus un discours sérieux qui dura plus d'un quart d'heure, et qui finit encore par la menace de me dénoncer, si je ne lui donnais ma parole de me conduire avec plus de sagesse et de raison.

J'étais au désespoir de m'être trahi si mal à propos. Cependant, l'amour m'ayant ouvert extrêmement l'esprit depuis deux ou trois heures, je fis attention que je ne lui avais pas découvert que mon dessein devait s'exécuter le lendemain, et je résolus de le tromper à la faveur d'une équivoque.° « Tiberge, lui dis-je, j'ai cru jusqu'à présent que vous étiez mon ami, et j'ai voulu vous éprouver par cette confidence. Il est vrai que j'aime, je ne vous ai pas trompé; mais, pour ce qui regarde ma fuite, ce n'est point une entreprise à former au hasard. Venez me prendre demain à neuf heures; je vous ferai voir, s'il se peut, ma maîtresse, et vous jugerez si elle mérite que je fasse cette

18. *à ménager:* to be handled carefully. 20. *chaise de poste:* light carriage for one or two passengers. 21. *de grand matin:* very early. 25. *écus:* crowns (coins worth 3 francs). 41. *dont je… point:* which I did not suspect.

1. *en l'éloignant:* by sending him away. 16. *ouverture:* frankness. 40. *équivoque:* ambiguous expression, double meaning.

démarche pour elle. » Il me laissa seul après mille protestations d'amitié.

J'employai la nuit à mettre ordre à mes affaires, et, m'étant rendu à l'hôtellerie de Mlle Manon vers la pointe du jour, je la trouvai qui m'attendait. Elle était à sa fenêtre, qui donnait sur la rue; de sorte que, m'ayant aperçu, elle vint m'ouvrir elle-même. Nous sortîmes sans bruit. Elle n'avait point d'autre équipage que son linge, dont je me chargeai moi-même. La chaise était en état de partir : nous nous éloignâmes aussitôt de la ville.

Je rapporterai dans la suite quelle fut la conduite de Tiberge lorsqu'il s'aperçut que je l'avais trompé. Son zèle n'en devint pas moins ardent. Vous verrez à quel excès il le porta, et combien je devrais verser de larmes en songeant quelle en a été la récompense.

Nous nous hâtâmes tellement d'avancer que nous arrivâmes à Saint-Denis° avant la nuit. J'avais couru à cheval à côté de la chaise, ce qui ne nous avait guère permis de nous entretenir qu'en changeant de chevaux, mais lorsque nous nous vîmes si proche de Paris, c'est-à-dire presque en sûreté, nous prîmes le temps de nous rafraîchir, n'ayant rien mangé depuis notre départ d'Amiens. Quelque passionné que je fusse pour Manon, elle sut me persuader qu'elle ne l'était pas moins pour moi. Nous étions si peu réservés dans nos caresses que nous n'avions pas la patience d'attendre que nous fussions seuls. Nos postillons et nos hôtes nous regardaient avec admiration, et je remarquai qu'ils étaient surpris de voir deux enfants de notre âge qui paraissaient s'aimer jusqu'à la fureur.

Nos projets de mariage furent oubliés à Saint-Denis; nous fraudâmes les droits de l'Église, et nous nous trouvâmes époux sans y avoir fait réflexion. Il est sûr que, du naturel tendre et constant dont je suis, j'étais° heureux pour toute ma vie si Manon m'eût été fidèle. Plus je la connaissais, plus je découvrais en elle de nouvelles qualités aimables. Son esprit, son cœur, sa douceur et sa beauté, formaient une chaîne si forte et si charmante que j'aurais mis tout mon bonheur à n'en sortir jamais. Terrible changement! ce qui fait mon désespoir a pu faire ma félicité! je me trouve le plus malheureux de tous les hommes par cette même constance

dont je devais attendre le plus doux de tous les sorts et les plus parfaites récompenses de l'amour.

Nous prîmes un appartement meublé à Paris. Ce fut dans la rue V...,° et, pour mon malheur, auprès de la maison de M. de B..., célèbre fermier-général.° Trois semaines se passèrent, pendant lesquelles j'avais été si rempli de ma passion que j'avais peu songé à ma famille et au chagrin que mon père avait dû ressentir de mon absence. La tranquillité où nous vivions servit à me faire rappeler peu à peu l'idée de mon devoir. Je résolus de me réconcilier, s'il était possible, avec mon père. Ma maîtresse était si aimable, que je ne doutai point qu'elle ne pût lui plaire si je trouvais moyen de lui faire connaître sa sagesse et son mérite : en un mot, je me flattai d'obtenir de lui la liberté de l'épouser, ayant été désabusé de l'espérance de le pouvoir sans son consentement. Je communiquai ce projet à Manon; et je lui fis entendre qu'outre les motifs de l'amour et du devoir, celui de la nécessité pouvait y entrer aussi pour quelque chose, car nos fonds étaient extrêmement altérés,° et je commençais à revenir de l'opinion qu'ils étaient inépuisables.

Manon reçut froidement cette proposition. Cependant, les difficultés qu'elle y opposa n'étant prises que de sa tendresse même, et de la crainte de me perdre si mon père n'entrait point dans notre dessein après avoir connu le lieu de notre retraite, je n'eus pas le moindre soupçon du coup cruel qu'on se préparait à me porter. A l'objection de la nécessité, elle répondit qu'il nous restait encore de quoi vivre quelques semaines, et qu'elle trouverait après cela des ressources dans l'affection de quelques parents à qui elle écrirait en province.

Je lui avais laissé la disposition de notre bourse et le soin de payer notre dépense ordinaire. Je m'aperçus peu après que notre table était mieux servie, et qu'elle s'était donné quelques ajustements° d'un prix considérable. Comme je n'ignorais pas qu'il devait nous rester à peine douze ou quinze pistoles,° je lui marquai

20. Saint-Denis, 3 miles from Paris, 70 miles from Amiens. 40. *j'étais* = *j'aurais été.*

5. *la rue V...:* rue Vivienne, where financial magnates lived. 7. *fermier-général:* tax farmer. (These men bought from the government the right to collect taxes. To reimburse themselves and make a profit, they wrung the taxpayer dry, and were universally hated.) 24. *altérés:* here, diminished. 43. *ajustements:* adornments. 45. *pistoles:* coins worth, normally, 10 francs.

mon étonnement de cette augmentation apparente de notre opulence. Elle me pria, en riant, d'être sans embarras. « Ne vous ai-je pas promis, me dit-elle, que je trouverais des ressources ? » Je l'aimais avec trop de simplicité pour m'alarmer facilement.

Un jour que j'étais sorti l'après-midi, et que je l'avais avertie que je serais dehors plus longtemps qu'à l'ordinaire, je fus étonné qu'à mon retour on me fît attendre deux ou trois minutes à la porte. Nous n'étions servis que par une petite fille qui était à peu près de notre âge. Étant venue m'ouvrir, je lui demandai pourquoi elle avait tardé si longtemps. Elle me répondit, d'un air embarrassé, qu'elle ne m'avait point entendu frapper. Je n'avais frappé qu'une fois ; je lui dis : « Mais si vous ne m'avez pas entendu, pourquoi êtes-vous venue m'ouvrir ? » Cette question la déconcerta si fort que, n'ayant point assez de présence d'esprit pour y répondre, elle se mit à pleurer en m'assurant que ce n'était point sa faute, et que madame lui avait défendu d'ouvrir la porte jusqu'à ce que M. de B... fût sorti par l'autre escalier qui répondait au cabinet.° Je demeurai si confus, que je n'eus point la force d'entrer dans l'appartement. Je pris le parti de descendre, sous prétexte d'une affaire, et j'ordonnai à cette enfant de dire à sa maîtresse que je retournerais dans le moment, mais de ne pas faire connaître qu'elle m'eût parlé de M. de B...

Ma consternation fut si grande, que je versais des larmes en descendant l'escalier, sans savoir encore de quel sentiment elles partaient. J'entrai dans le premier café ; et m'y étant assis près d'une table, j'appuyai ma tête sur mes deux mains, pour y développer ce qui se passait dans mon cœur. Je n'osais rappeler ce que je venais d'entendre. Je voulais le considérer comme une illusion ; et je fus près, deux ou trois fois, de retourner au logis sans marquer que j'y eusse fait attention. Il me paraissait si impossible que Manon m'eût trahi, que je craignais de lui faire injure en la soupçonnant. Je l'adorais, cela était sûr ; pourquoi l'aurais-je accusée d'être moins sincère et moins constante que moi ? Quelle raison aurait-elle eue de me tromper ? Je ne connaissais pas mieux mon cœur que le sien. « Non, non, repris-je, il n'est pas possible que Manon me trahisse. Elle n'ignore pas que je

ne vis que pour elle ; elle sait trop bien que je l'adore. Ce n'est pas là un sujet de me haïr. »

Cependant la visite et la sortie furtive de M. de B... me causaient de l'embarras. Je rappelais aussi les petites acquisitions de Manon, qui me semblaient surpasser nos richesses présentes. Cela paraissait sentir les libéralités d'un nouvel amant. Et cette confiance qu'elle m'avait marquée pour des ressources qui m'étaient inconnues ? J'avais peine à donner à tant d'énigmes un sens aussi favorable que mon cœur le souhaitait.

D'un autre côté, je ne l'avais presque pas perdue de vue depuis que nous étions à Paris. Occupations, promenades, divertissements, nous avions toujours été l'un à côté de l'autre : mon Dieu ! un instant de séparation nous aurait trop affligés. Il fallait nous dire sans cesse que nous nous aimions ; nous serions morts d'inquiétude sans cela. Je ne pouvais donc m'imaginer presque un seul moment où Manon pût s'être occupée d'un autre que moi.

A la fin, je crus avoir trouvé le dénoûment° de ce mystère. « M. de B..., dis-je en moi-même, est un homme qui fait de grosses affaires et qui a de grandes relations ; les parents de Manon se seront servis de cet homme pour lui faire tenir quelque argent. Elle en a peut-être déjà reçu de lui ; il est venu aujourd'hui lui en apporter encore. Elle s'est fait sans doute un jeu de me le cacher, pour me suprendre agréablement. Peut-être m'en aurait-elle parlé si j'étais rentré à l'ordinaire, au lieu de venir ici m'affliger ; elle ne me le cachera pas du moins lorsque je lui en parlerai moi-même. »

Je me remplis si fortement de cette opinion, qu'elle eut la force de diminuer beaucoup ma tristesse. Je retournai sur-le-champ au logis. J'embrassai Manon avec ma tendresse ordinaire. Elle me reçut fort bien. J'étais tenté d'abord de lui découvrir mes conjectures, que je regardais plus que jamais comme certaines ; je me retins, dans l'espérance qu'il lui arriverait peut-être de me prévenir en m'apprenant tout ce qui s'était passé.

On nous servit à souper. Je me mis à table d'un air fort gai ; mais à la lumière de la chandelle, qui était entre elle et moi, je crus apercevoir de la tristesse sur le visage et dans les yeux de ma chère maîtresse. Cette pensée m'en

25. *répondait au cabinet:* connected with the private room.

23. *dénoûment:* solution.

inspira aussi. Je remarquai que ses regards s'attachaient sur moi d'une autre façon qu'ils n'avaient accoutumé. Je ne pouvais démêler si c'était de l'amour ou de la compassion, quoiqu'il me parût que c'était un sentiment doux et languissant. Je la regardai avec la même attention; et peut-être n'avait-elle pas moins de peine à juger de la situation de mon cœur par mes regards. Nous ne pensions ni à parler, ni à manger. Enfin, je vis tomber des larmes de ses beaux yeux : perfides larmes !

« Ah dieux ! m'écriai-je, vous pleurez, ma chère Manon, vous êtes affligée jusqu'à pleurer, et vous ne me dites pas un seul mot de vos peines ! » Elle ne me répondit que par quelques soupirs qui augmentaient mon inquiétude. Je me levai en tremblant; je la conjurai, avec tous les empressements de l'amour, de me découvrir le sujet de ses pleurs; j'en versai moi-même en essuyant les siens; j'étais plus mort que vif. Un barbare aurait été attendri des témoignages de ma douleur et de ma crainte.

Dans le temps que j'étais ainsi tout occupé d'elle, j'entendis le bruit de plusieurs personnes qui montaient l'escalier. On frappa doucement à la porte. Manon me donna un baiser; et, s'échappant de mes bras, elle entra rapidement dans le cabinet, qu'elle ferma aussitôt sur elle. Je me figurai qu'étant un peu en désordre, elle voulait se cacher aux yeux des étrangers qui avaient frappé. J'allai leur ouvrir moi-même.

A peine avais-je ouvert, que je me vis saisir par trois hommes que je reconnus pour les laquais de mon père. Ils ne me firent point de violence; mais deux d'entre eux m'ayant pris par les bras, le troisième visita mes poches, dont il tira un petit couteau qui était le seul fer que j'eusse sur moi. Ils me demandèrent pardon de la nécessité où ils étaient de me manquer de respect; ils me dirent naturellement qu'ils agissaient par l'ordre de mon père, et que mon frère aîné m'attendait en bas dans un carrosse. J'étais si troublé que je me laissai conduire sans résister et sans répondre. Mon frère était effectivement° à m'attendre. On me mit dans le carrosse auprès de lui; et le cocher, qui avait ses ordres, nous conduisit à grand train jusqu'à Saint-Denis. Mon frère m'embrassa tendrement, mais il ne me parla point; de sorte que j'eus

tout le loisir dont j'avais besoin pour rêver à mon infortune.

J'y trouvai d'abord tant d'obscurité, que je ne voyais pas de jour à la moindre conjecture. J'étais trahi cruellement, mais par qui ? Tiberge fut le premier qui me vint à l'esprit. « Traître ! disais-je, c'est fait de ta vie si mes soupçons se trouvent justes. » Cependant je fis réflexion qu'il ignorait le lieu de ma demeure, et qu'on ne pouvait par conséquent l'avoir appris de lui. Accuser Manon, c'est de quoi mon cœur n'osait se rendre coupable. Cette tristesse extraordinaire dont je l'avais vue comme accablée, ses larmes, le tendre baiser qu'elle m'avait donné en se retirant, me paraissaient bien une énigme; mais je me sentais porté à l'expliquer comme un pressentiment de notre malheur commun; et dans le temps que je me désespérais de l'accident qui m'arrachait à elle, j'avais la crédulité de m'imaginer qu'elle était encore plus à plaindre que moi.

Le résultat de ma méditation fut de me persuader que j'avais été aperçu dans les rues de Paris par quelques personnes de connaissance, qui en avaient donné avis à mon père. Cette pensée me consola. Je comptais d'en être quitte pour des reproches, ou pour quelques mauvais traitements qu'il me faudrait essuyer de l'autorité paternelle. Je résolus de les souffrir avec patience, et de promettre tout ce qu'on exigerait de moi, pour me faciliter l'occasion de retourner plus promptement à Paris et d'aller rendre la vie et la joie à ma chère Manon.

Nous arrivâmes en peu de temps à Saint-Denis. Mon frère, surpris de mon silence, s'imagina que c'était un effet de ma crainte. Il entreprit de me consoler en m'assurant que je n'avais rien à redouter de la sévérité de mon père, pourvu que je fusse disposé à rentrer doucement dans le devoir et à mériter l'affection qu'il avait pour moi. Il me fit passer la nuit à Saint-Denis, avec la précaution de faire coucher les trois laquais dans ma chambre.

Ce qui me causa une peine sensible fut de me voir dans la même hôtellerie où je m'étais arrêté avec Manon en venant d'Amiens à Paris. L'hôte et les domestiques me reconnurent et devinèrent en même temps la vérité de mon histoire. J'entendis dire à l'hôte : « Ah ! c'est ce joli monsieur qui passait, il y a six semaines, avec une petite demoiselle qu'il aimait si fort.

45. *effectivement:* in fact.

Qu'elle était charmante! Les pauvres enfants, comme ils se caressaient! Pardi! c'est dommage qu'on les ait séparés. » Je feignais de ne rien entendre, et je me laissais voir le moins qu'il m'était possible.

Mon frère avait à Saint-Denis une chaise à deux dans laquelle nous partîmes de grand matin, et nous arrivâmes chez nous le lendemain au soir. Il vit mon père avant moi, pour le prévenir en ma faveur en lui apprenant avec quelle douceur je m'étais laissé conduire, de sorte que j'en fus reçu moins durement que je ne m'y étais attendu. Il se contenta de me faire quelques reproches généraux sur la faute que j'avais commise en m'absentant sans sa permission. Pour ce qui regardait ma maîtresse, il me dit que j'avais bien mérité ce qui venait de m'arriver en me livrant à une inconnue; qu'il avait eu meilleure opinion de ma prudence; mais qu'il espérait que cette petite aventure me rendrait plus sage. Je ne pris ce discours que dans le sens qui s'accordait avec mes idées. Je remerciai mon père de la bonté qu'il avait de me pardonner, et je lui promis de prendre une conduite plus soumise et plus réglée. Je triomphais au fond du cœur; car, de la manière dont les choses s'arrangeaient, je ne doutais point que je n'eusse la liberté de me dérober de la maison, même avant la fin de la nuit.

On se mit à table pour souper; on me railla sur ma conquête d'Amiens et sur ma fuite avec cette fidèle maîtresse. Je reçus les coups de bonne grâce; j'étais même charmé qu'il me fût permis de m'entretenir de ce qui m'occupait continuellement l'esprit. Mais quelques mots lâchés par mon père me firent prêter l'oreille avec la dernière attention. Il parla de perfidie, et de service intéressé, rendu par M. de B... Je demeurai interdit, en lui entendant prononcer ce nom, et je le priai humblement de s'expliquer davantage. Il se tourna vers mon frère pour lui demander s'il ne m'avait pas raconté toute l'histoire. Mon frère lui répondit que je lui avais paru si tranquille sur la route, qu'il n'avait pas cru que j'eusse besoin de ce remède pour me guérir de ma folie. Je remarquai que mon père balançait s'il achèverait de s'expliquer. Je l'en suppliai si instamment qu'il me satisfit, ou plutôt qu'il m'assassina cruellement par le plus horrible de tous les récits.

Il me demanda d'abord si j'avais toujours eu la simplicité de croire que je fusse aimé de ma maîtresse. Je lui dis hardiment que j'en étais si sûr, que rien ne pouvait m'en donner la moindre défiance. « Ha, ha, ha, s'écria-t-il en riant de toute sa force, cela est excellent! Tu es une jolie dupe, et j'aime à te voir dans ces sentiments-là. C'est grand dommage, mon pauvre chevalier, de te faire entrer dans l'ordre de Malte, puisque tu as tant de disposition à faire un mari patient et commode. » Il ajouta mille railleries de cette force sur ce qu'il appelait ma sottise et ma crédulité.

Enfin, comme je demeurais dans le silence, il continua de me dire que suivant le calcul qu'il pouvait faire du temps, depuis mon départ d'Amiens, Manon m'avait aimé environ douze jours : « Car, ajouta-t-il, je sais que tu partis d'Amiens le 28 de l'autre mois; nous sommes au 29 du présent : il y en a onze que M. de B... m'a écrit; je suppose qu'il lui en ait fallu huit pour lier une parfaite connaissance avec ta maîtresse : ainsi, qui ôte onze et huit de trente et un jours qu'il y a depuis le 28 d'un mois jusqu'au 29 de l'autre, reste douze,° un peu plus ou moins. » Là-dessus les éclats de rire recommencèrent.

J'écoutais tout avec un saisissement de cœur auquel j'appréhendais de ne pouvoir résister jusqu'à la fin de cette triste comédie. « Tu sauras donc, reprit mon père, puisque tu l'ignores, que M. de B... a gagné le cœur de ta princesse; car il se moque de moi, de prétendre me persuader que c'est par un zèle désintéressé pour mon service, qu'il a voulu te l'enlever. C'est bien d'un homme tel que lui, de qui d'ailleurs je ne suis pas connu, qu'il faut attendre des sentiments si nobles! Il a su d'elle que tu es mon fils; et, pour se délivrer de tes importunités, il m'a écrit le lieu de ta demeure et le désordre où tu vivais, en me faisant entendre qu'il fallait main-forte° pour s'assurer de toi. Il s'est offert de me faciliter les moyens de te saisir au collet;° et c'est par sa direction et celle de ta maîtresse même, que ton frère a trouvé le moment de te prendre sans vert.° Félicite-toi maintenant de la durée de ton triomphe. Tu sais vaincre assez rapidement, chevalier, mais tu ne sais pas conserver tes conquêtes. »

24. *qui ôte... reste douze:* the regular formula for subtraction. 40. *main-forte:* physical force. 42. *collet:* collar. 45. *sans vert:* off guard.

Je n'eus pas la force de soutenir plus longtemps un discours dont chaque mot m'avait percé le cœur. Je me levai de table, et je n'avais pas fait quatre pas pour sortir de la salle, que je tombai sur le plancher, sans sentiment et sans connaissance. On me les rappela par de prompts secours. J'ouvris les yeux pour verser un torrent de pleurs, et la bouche pour proférer les plaintes les plus tristes et les plus touchantes. Mon père, qui m'a toujours aimé tendrement, s'employa avec toute son affection pour me consoler. Je l'écoutais, mais sans l'entendre. Je me jetai à ses genoux, je le conjurai, en joignant les mains, de me laisser retourner à Paris, pour aller poignarder B... « Non, disais-je, il n'a pas gagné le cœur de Manon; il lui a fait violence, il l'a séduite par un charme ou par un poison; il l'a peut-être forcée brutalement. Manon m'aime. Ne le sais-je pas bien? Il l'aura menacée, le poignard à la main, pour la contraindre de m'abandonner. Que n'aura-t-il pas fait pour me ravir une si charmante maîtresse! O dieux! dieux! serait-il possible que Manon m'eût trahi et qu'elle eût cessé de m'aimer! »

Comme je parlais toujours de retourner promptement à Paris, et que je me levais même à tous moments pour cela, mon père vit bien que dans le transport où j'étais, rien ne serait capable de m'arrêter. Il me conduisit dans une chambre haute, où il laissa deux domestiques avec moi pour me garder à vue. Je ne me possédais point. J'aurais donné mille vies pour être seulement un quart d'heure à Paris. Je compris que m'étant déclaré si ouvertement, on ne me permettrait pas aisément de sortir de ma chambre. Je mesurai des yeux la hauteur des fenêtres. Ne voyant nulle possibilité de m'échapper par cette voie, je m'adressai doucement à mes deux domestiques. Je m'engageai, par mille serments, à faire un jour leur fortune s'ils voulaient consentir à mon évasion. Je les pressai, je les caressai, je les menaçai; mais cette tentative fut encore inutile. Je perdis alors toute espérance. Je résolus de mourir; et je me jetai sur un lit avec le dessein de ne le quitter qu'avec la vie. Je passai la nuit et le jour suivant dans cette situation. Je refusai la nourriture qu'on m'apporta le lendemain.

Mon père vint me voir l'après-midi. Il eut la bonté de flatter mes peines par les plus douces consolations. Il m'ordonna si absolument de manger quelque chose que je le fis par respect pour ses ordres. Quelques jours se passèrent pendant lesquels je ne pris rien qu'en sa présence et pour lui obéir. Il continuait toujours de m'apporter les raisons qui pouvaient me ramener au bon sens et m'inspirer du mépris pour l'infidèle Manon. Il est certain que je ne l'estimais plus : comment aurais-je estimé la plus volage° et la plus perfide de toutes les créatures? Mais son image, les traits charmants que je portais au fond du cœur, y subsistaient toujours; je le sentais bien. « Je puis mourir, disais-je; je le devrais même, après tant de honte et de douleur; mais je souffrirais mille morts sans pouvoir oublier l'ingrate Manon. »

Mon père était surpris de me voir toujours si fortement touché. Il me connaissait des principes d'honneur, et, ne pouvant douter que sa° trahison ne me la fît mépriser, il s'imagina que ma constance venait moins de cette passion en particulier que d'un penchant général pour les femmes. Il s'attacha tellement à cette pensée que, ne consultant que sa tendre affection, il vint un jour m'en faire l'ouverture. « Chevalier, me dit-il, j'ai eu dessein jusqu'à présent de te faire porter la croix de Malte; mais je vois que tes inclinations ne sont point tournées de ce côté-là; tu aimes les jolies femmes; je suis d'avis de t'en chercher une qui te plaise. Explique-moi naturellement ce que tu penses là-dessus. »

Je lui répondis que je ne mettais plus de distinction entre les femmes, et qu'après le malheur qui venait de m'arriver, je les détestais toutes également. « Je t'en chercherai une, reprit mon père en souriant, qui ressemblera à Manon et qui sera plus fidèle.

— Ah! si vous avez quelque bonté pour moi, lui dis-je, c'est elle qu'il faut me rendre. Soyez sûr, mon cher père, qu'elle ne m'a point trahi; elle n'est pas capable d'une si noire et si cruelle lâcheté. C'est le perfide B... qui nous trompe, vous, elle et moi. Si vous saviez combien elle est tendre et sincère, si vous la connaissiez, vous l'aimeriez vous-même.

— Vous êtes un enfant, repartit mon père. Comment pouvez-vous vous aveugler jusqu'à ce point, après ce que je vous ai raconté d'elle? C'est elle-même qui vous a livré à votre frère. Vous devriez oublier jusqu'à son nom et

9. *volage:* fickle. 18. *sa = de Manon.*

profiter, si vous êtes sage, de l'indulgence que j'ai pour vous. »

Je reconnaissais trop clairement qu'il avait raison. C'était un mouvement involontaire qui me faisait prendre ainsi le parti de mon infidèle. « Hélas! repris-je, après un moment de silence, il n'est que trop vrai que je suis le malheureux objet de la plus lâche de toutes les perfidies. Oui, continuai-je, en versant des larmes de dépit, je vois bien que je ne suis qu'un enfant. Ma crédulité ne leur coûtait guère à tromper. Mais je sais bien ce que j'ai à faire pour me venger. »

Mon père voulut savoir quel était mon dessein. « J'irai à Paris, lui dis-je, je mettrai le feu à la maison de B..., et je le brûlerai tout vif avec la perfide Manon. »

Cet emportement fit rire mon père, et ne servit qu'à me faire garder plus étroitement dans ma prison. J'y passai six mois entiers, pendant le premier desquels il y eut peu de changement dans mes dispositions. Tous mes sentiments n'étaient qu'une alternative perpétuelle de haine et d'amour, d'espérance ou de désespoir, selon l'idée sous laquelle Manon s'offrait à mon esprit. Tantôt je ne considérais en elle que la plus aimable de toutes les filles, et je languissais du désir de la revoir; tantôt je n'y apercevais qu'une lâche et perfide maîtresse, et je faisais mille serments de ne la chercher que pour la punir. On me donna des livres, qui servirent à rendre un peu de tranquillité à mon âme. Je relus tous mes auteurs; j'acquis de nouvelles connaissances; je repris un goût infini pour l'étude. Vous verrez de quelle utilité il me fut dans la suite. Les lumières, que je devais à l'amour, me firent trouver de la clarté dans quantité d'endroits d'Horace et de Virgile, qui m'avaient paru obscurs auparavant. Je fis un commentaire amoureux sur le quatrième livre de l'Énéide;° je le destine à voir le jour,° et je me flatte que le public en sera satisfait. « Hélas! disais-je en le faisant, c'était un cœur tel que le mien qu'il fallait à la fidèle Didon. »

Tiberge vint me voir un jour dans ma prison. Je fus surpris du transport avec lequel il m'embrassa. Je n'avais point encore eu de preuves de son affection, qui pussent me la faire regarder autrement que comme une simple amitié de collège, telle qu'elle se forme entre de jeunes gens qui sont à peu près du même âge. Je le trouvai si changé et si formé, depuis cinq ou six mois que j'avais passés sans le voir, que sa figure et le ton de son discours m'inspirèrent du respect. Il me parla en conseiller sage, plutôt qu'en ami d'école; il plaignit l'égarement où j'étais tombé; il me félicita de ma guérison, qu'il croyait avancée; enfin il m'exhorta à profiter de cette erreur de jeunesse pour ouvrir les yeux sur la vanité des plaisirs.

Je le regardai avec étonnement. Il s'en aperçut.

« Mon cher chevalier, me dit-il, je ne vous dis rien qui ne soit solidement vrai, et dont je ne sois convaincu par un sérieux examen. J'avais autant de penchant que vous vers la volupté; mais le ciel m'avait donné en même temps du goût pour la vertu. Je me suis servi de ma raison pour comparer les fruits de l'un et de l'autre, et je n'ai pas tardé longtemps à découvrir leurs différences. Le secours du ciel s'est joint à mes réflexions. J'ai conçu pour le monde un mépris auquel il n'y a rien d'égal. Devineriez-vous ce qui m'y retient, ajouta-t-il, et ce qui m'empêche de courir à la solitude?° C'est uniquement la tendre amitié que j'ai pour vous. Je connais l'excellence de votre cœur et de votre esprit; il n'y a rien de bon dont vous ne puissiez vous rendre capable. Le poison du plaisir vous a fait écarter du chemin. Quelle perte pour la vertu! Votre fuite d'Amiens m'a causé tant de douleur que je n'ai pas goûté depuis un seul moment de satisfaction. Jugez-en par les démarches qu'elle m'a fait faire. » Il me raconta qu'après s'être aperçu que je l'avais trompé et que j'étais parti avec ma maîtresse, il était monté à cheval pour me suivre; mais qu'ayant sur lui quatre ou cinq heures d'avance, il lui avait été impossible de me joindre; qu'il était arrivé néanmoins à Saint-Denis une demi-heure après mon départ; qu'étant bien certain que je me serais arrêté à Paris, il y avait passé six semaines à me chercher inutilement; qu'il allait dans tous les lieux où il se flattait de pouvoir me trouver, et qu'un jour enfin il avait reconnu ma maîtresse à la comédie; qu'elle y était dans une parure si éclatante qu'il s'était imaginé qu'elle devait cette fortune à un nouvel amant; qu'il avait suivi son carrosse jusqu'à sa maison, et qu'il avait appris d'un

40. The fourth book of the *Aeneid* tells of the love of Aeneas and Queen Dido of Carthage. The gods send Aeneas on his way to Italy; Dido kills herself. 40. *le jour:* publication.

26. *courir à la solitude:* i.e., to enter a monastery.

domestique qu'elle était entretenue par les libéralités de M. de B… « Je ne m'arrêtai point là, continua-t-il ; j'y retournai le lendemain pour apprendre d'elle-même ce que vous étiez devenu. Elle me quitta brusquement lorsqu'elle m'entendit parler de vous, et je fus obligé de revenir en province sans aucun autre éclaircissement. J'y appris votre aventure et la consternation extrême qu'elle vous a causée ; mais je n'ai pas voulu vous voir sans être assuré de vous trouver plus tranquille.

— Vous avez donc vu Manon ? lui répondis-je en soupirant. Hélas ! vous êtes plus heureux que moi, qui suis condamné à ne la revoir jamais. » Il me fit des reproches de ce soupir, qui marquait encore de la faiblesse pour elle. Il me flatta si adroitement sur la bonté de mon caractère et sur mes inclinations, qu'il me fit naître, dès cette première visite, une forte envie de renoncer comme lui à tous les plaisirs du siècle pour entrer dans l'état ecclésiastique.

Je goûtai tellement cette idée que, lorsque je me trouvai seul, je ne m'occupai plus d'autre chose. Je me rappelai les discours de M. l'évêque d'Amiens, qui m'avait donné le même conseil, et les présages heureux qu'il avait formé en ma faveur, s'il m'arrivait d'embrasser ce parti.° La piété se mêla aussi dans mes considérations. « Je mènerai une vie sage et chrétienne, disais-je ; je m'occuperai de l'étude et de la religion, qui ne me permettront point de penser aux dangereux plaisirs de l'amour. Je mépriserai ce que le commun des hommes admire ; et, comme je sens assez que mon cœur ne désirera que ce qu'il estime, j'aurai aussi peu d'inquiétudes que de désirs. »

Je formai là-dessus, d'avance, un système de vie paisible et solitaire. J'y faisais entrer une maison écartée, avec un petit bois et un ruisseau d'eau douce au bout du jardin ; une bibliothèque composée de livres choisis, un petit nombre d'amis vertueux et de bon sens ; une table propre, mais frugale et modérée. J'y joignais un commerce de lettres avec un ami qui ferait son séjour à Paris, et qui m'informerait des nouvelles publiques, moins pour satisfaire ma curiosité que pour me faire un divertissement des folles agitations des hommes. « Ne serai-je pas heureux ? ajoutais-je ; toutes mes prétentions ne seront-elles point remplies ? » Il est certain que

ce projet flattait extrêmement mes inclinations ; mais, à la fin d'un si sage arrangement, je sentais que mon cœur attendait encore quelque chose, et que, pour n'avoir rien à désirer dans la plus charmante solitude, il y fallait être avec Manon.

Cependant, Tiberge continuant de me rendre de fréquentes visites, dans le dessein qu'il m'avait inspiré, je pris l'occasion d'en faire l'ouverture à mon père. Il me déclara que son intention était de laisser ses enfants libres dans le choix de leur condition,° et que, de quelque manière que je voulusse disposer de moi, il ne se réserverait que le droit de m'aider de ses conseils. Il m'en donna de fort sages, qui tendaient moins à me dégoûter de mon projet qu'à me le faire embrasser avec connaissance. Le renouvellement de l'année scolastique approchait ; je convins avec Tiberge de nous mettre ensemble au Séminaire de Saint-Sulpice,° lui pour achever ses études de théologie et moi pour commencer les miennes. Son mérite, qui était connu de l'évêque du diocèse, lui fit obtenir de ce prélat un bénéfice considérable avant notre départ.

Mon père, me croyant tout à fait revenu de ma passion, ne fit aucune difficulté de me laisser partir. Nous arrivâmes à Paris. L'habit ecclésiastique prit la place de la croix de Malte, et le nom d'abbé des Grieux celle de chevalier. Je m'attachai à l'étude avec tant d'application que je fis des progrès extraordinaires en peu de mois. J'y employais une partie de la nuit, et je ne perdais pas un moment du jour. Ma réputation eut tant d'éclat qu'on me félicitait déjà sur les dignités que je ne pouvais manquer d'obtenir ; et, sans l'avoir sollicité, mon nom fut couché sur la feuille des bénéfices.° La piété n'était plus négligée ; j'avais de la ferveur pour tous les exercices. Tiberge était charmé de ce qu'il regardait comme son ouvrage, et je l'ai vu plusieurs fois répandre des larmes en s'applaudissant de ce qu'il nommait ma conversion.

Que les résolutions humaines soient sujettes à changer, c'est ce qui ne m'a jamais causé d'étonnement : une passion les fait naître, une autre passion peut les détruire : mais quand je

12. *condition: here*, career. 20. *Saint-Sulpice:* famous seminary, conducted by Sulpician order, in Place Saint-Sulpice, Paris. 38. *feuille des bénéfices:* list of those eligible for ecclesiastical livings.

28. *parti:* course.

pense à la sainteté de celles qui m'avaient conduit à Saint-Sulpice, et à la joie intérieure que le ciel m'y faisait goûter en les exécutant, je suis effrayé de la facilité avec laquelle j'ai pu les rompre. S'il est vrai que les secours célestes sont à tous moments d'une force égale à celle des passions, qu'on m'explique donc par quel funeste ascendant on se trouve emporté tout d'un coup loin de son devoir sans se trouver capable de la moindre résistance, et sans ressentir le moindre remords.

Je me croyais absolument délivré des faiblesses de l'amour. Il me semblait que j'aurais préféré la lecture d'une page de saint Augustin, ou un quart d'heure de la méditation chrétienne, à tous les plaisirs terrestres. Cependant un instant malheureux me fit retomber dans le précipice; et ma chute fut d'autant plus irréparable, que, me trouvant tout d'un coup au même degré de profondeur d'où j'étais sorti, les nouveaux désordres où je tombai me portèrent bien plus loin vers le fond de l'abîme.

J'avais passé près d'un an à Paris sans m'informer des affaires de Manon. Il m'en avait d'abord coûté beaucoup pour me faire cette violence; mais les conseils toujours présents de Tiberge, et mes propres réflexions, m'avaient fait obtenir la victoire. Les derniers mois s'étaient écoulés si tranquillement, que je me croyais sur le point d'oublier éternellement cette charmante et perfide créature. Le temps arriva auquel je devais soutenir un exercice public dans l'école de théologie; je fis prier plusieurs personnes de considération de m'honorer de leur présence. Mon nom fut ainsi répandu dans tous les quartiers de Paris : il alla jusqu'aux oreilles de mon infidèle. Elle ne le reconnut pas avec certitude, sous le nom d'abbé; mais un reste de curiosité, ou peut-être quelque repentir de m'avoir trahi (je n'ai jamais pu démêler lequel de ces deux sentiments), lui fit prendre intérêt à un nom si semblable au mien; elle vint en Sorbonne° avec quelques autres dames. Elle fut présente à mon exercice; et sans doute qu'elle eut peu de peine à me remettre.°

Je n'eus pas la moindre connaissance de cette visite. On sait qu'il y a, dans ces lieux, des cabinets particuliers pour les dames, où elles sont cachées derrière une jalousie.° Je retournai à Saint-Sulpice, couvert de gloire et chargé de compliments. Il était six heures du soir. On vint m'avertir, un moment après mon retour, qu'une dame demandait à me voir. J'allai au parloir sur-le-champ. Dieux! quelle apparition surprenante! j'y trouvai Manon. C'était elle; mais plus aimable et plus brillante que je ne l'avais jamais vue. Elle était dans sa dix-huitième année. Ses charmes surpassaient tout ce qu'on peut décrire. C'était un air si fin, si doux, si engageant! l'air de l'amour même. Toute sa figure me parut un enchantement.

Je demeurai interdit° à sa vue; et ne pouvant conjecturer quel était le dessein de cette visite, j'attendais, les yeux baissés et avec tremblement, qu'elle s'expliquât. Son embarras fut pendant quelque temps égal au mien; mais, voyant que mon silence continuait, elle mit la main devant ses yeux pour cacher quelques larmes. Elle me dit, d'un ton timide, qu'elle confessait que son infidélité méritait ma haine; mais que, s'il était vrai que j'eusse jamais eu quelque tendresse pour elle, il y avait eu, aussi, bien de la dureté à laisser passer deux ans sans prendre soin de m'informer de son sort, et qu'il y en avait beaucoup encore à la voir dans l'état où elle était, en ma présence, sans lui dire une parole. Le désordre de mon âme, en l'écoutant, ne saurait être exprimé.

Elle s'assit. Je demeurai debout, le corps à demi tourné, n'osant l'envisager directement. Je commençai plusieurs fois une réponse que je n'eus pas la force d'achever. Enfin je fis un effort pour m'écrier douloureusement : « Perfide Manon! Ah! perfide! perfide! » Elle me répéta, en pleurant à chaudes larmes, qu'elle ne prétendait point justifier sa perfidie. « Que prétendez-vous donc? m'écriai-je encore.

— Je prétends mourir, répondit-elle, si vous ne me rendez votre cœur, sans lequel il est impossible que je vive.

— Demande donc ma vie, infidèle! repris-je en versant moi-même des pleurs que je m'efforçai en vain de retenir; demande ma vie, qui est l'unique chose qui me reste à te sacrifier; car mon cœur n'a jamais cessé d'être à toi. »

A peine eus-je achevé ces derniers mots, qu'elle se leva avec transport, pour venir m'embrasser. Elle m'appela par tous les noms

43. *Sorbonne:* school of theology of University of Paris.
45. *remettre:* recognize.

1. *jalousie:* grill. 14. *interdit:* disconcerted.

que l'amour invente pour exprimer ses plus vives tendresses. Je n'y répondais encore qu'avec langueur. Quel passage, en effet, de la situation tranquille où j'avais été, aux mouvements tumultueux que je sentais renaître! J'en étais épouvanté. Je frémissais, comme il arrive lorsqu'on se trouve la nuit dans une campagne écartée : on se croit transporté dans un nouvel ordre de choses; on y est saisi d'une horreur secrète dont on ne se remet qu'après avoir considéré longtemps tous les environs.

Nous nous assîmes l'un près de l'autre. Je pris ses mains dans les miennes. « Ah! Manon, lui dis-je en la regardant d'un œil triste, je ne m'étais pas attendu à la noire trahison dont vous avez payé mon amour. Il vous était bien facile de tromper un cœur dont vous étiez la souveraine absolue, et qui mettait toute sa félicité à vous plaire et à vous obéir. Dites-moi maintenant si vous en avez trouvé d'aussi tendres et d'aussi soumis. Non, non, la nature n'en fait guère de la même trempe° que le mien. Dites-moi, du moins, si vous l'avez quelquefois regretté. Quel fond° dois-je faire sur ce retour de bonté, qui vous ramène aujourd'hui pour le consoler? Je ne vois que trop que vous êtes plus charmante que jamais; mais, au nom de toutes les peines que j'ai souffertes pour vous! belle Manon, dites-moi si vous serez plus fidèle.»

Elle me répondit des choses si touchantes sur son repentir, et elle s'engagea à la fidélité par tant de protestations et de serments, qu'elle m'attendrit à un degré inexprimable. « Chère Manon! lui dis-je, avec un mélange profane d'expressions amoureuses et théologiques, tu es trop adorable pour une créature.° Je me sens le cœur emporté par une délectation° victorieuse. Tout ce qu'on dit de la liberté° à Saint-Sulpice est une chimère. Je vais perdre ma fortune et ma réputation pour toi; je le prévois bien, je lis ma destinée dans tes beaux yeux; mais de quelles pertes ne serai-je pas consolé par ton amour! Les faveurs de la fortune ne me touchent point; la gloire me paraît une fumée; tous mes projets de vie ecclésiastique étaient de folles imaginations; enfin tous les biens différents de ceux que

j'espère avec toi sont des biens méprisables, puisqu'ils ne sauraient tenir un moment, dans mon cœur, contre un seul de tes regards. »

En lui promettant néanmoins un oubli général de ses fautes, je voulus être informé de quelle manière elle s'était laissé séduire par B... Elle m'apprit que, l'ayant vue à sa fenêtre, il était devenu passionné pour elle; qu'il l'avait éblouie par de si magnifiques promesses, qu'elle s'était laissé ébranler par degrés; que je devais juger pourtant de ses remords par la douleur dont elle m'avait laissé voir des témoignages la veille de notre séparation; que, malgré l'opulence dans laquelle il l'avait entretenue, elle n'avait jamais goûté de bonheur avec lui, non seulement parce qu'elle n'y trouvait point, me dit-elle, la délicatesse de mes sentiments et l'agrément de mes manières, mais parce qu'au milieu même des plaisirs qu'il lui procurait sans cesse, elle portait au fond du cœur le souvenir de mon amour et le remords de son infidélité. Elle me parla de Tiberge, et de la confusion extrême que sa visite lui avait causée. « Un coup d'épée dans le cœur, ajouta-t-elle, m'aurait moins ému le sang. Je lui tournai le dos, sans pouvoir soutenir un moment sa présence. »

Elle continua de me raconter par quels moyens elle avait été instruite de mon séjour à Paris, du changement de ma condition, et de mes exercices de Sorbonne. Elle m'assura qu'elle avait été agitée pendant la dispute;° qu'elle avait eu beaucoup de peine, non seulement à retenir ses larmes, mais ses gémissements même et ses cris, qui avaient été plus d'une fois sur le point d'éclater. Enfin elle me dit qu'elle était sortie de ce lieu la dernière, pour cacher son désordre,° et que, ne suivant que le mouvement de son cœur et l'impétuosité de ses désirs, elle était venue droit au séminaire, avec la résolution d'y mourir, si elle ne me trouvait pas disposé à lui pardonner.

Où trouver un barbare qu'un repentir si vif et si tendre n'eût pas touché! Pour moi, je sentis, dans ce moment, que j'aurais sacrifié pour Manon tous les évêchés du monde chrétien. Je lui demandai quel nouvel ordre elle jugeait à propos de mettre dans nos affaires. Elle me dit qu'il fallait sur-le-champ sortir du séminaire, et

22. *trempe:* temper, quality. 24. *fond:* assurance. 36. *créature:* created being (contaminated with original sin, hence vicious). 37. *délectation:* mystic delight. 38. *liberté:* Catholic dogma recognizes free will, man's power to choose between good and evil. But Des Grieux feels so helpless that he can only believe that his surrender is predestined.

32. *dispute:* theological discussion. 38. *désordre:* mental distress.

remettre à nous arranger° dans un lieu plus sûr. Je consentis à toutes ses volontés sans réplique. Elle entra dans son carrosse pour aller m'attendre au coin de la rue. Je m'échappai un moment après, sans être aperçu du portier. Je montai avec elle. Nous passâmes à la friperie.° Je repris les galons° et l'épée. Manon fournit aux frais, car j'étais sans un sou ; et, dans la crainte que je ne trouvasse de l'obstacle à ma sortie de Saint-Sulpice, elle n'avait pas voulu que je retournasse un moment à ma chambre pour y prendre mon argent. Mon trésor d'ailleurs était médiocre, et elle assez riche des libéralités de B... pour mépriser ce qu'elle me faisait abandonner. Nous conférâmes, chez le fripier même, sur le parti que nous allions prendre.

Pour me faire valoir davantage le sacrifice qu'elle me faisait de B..., elle résolut de ne pas garder avec lui le moindre ménagement.° « Je veux lui laisser ses meubles, me dit-elle, ils sont à lui ; mais j'emporterai, comme de justice, les bijoux et près de soixante mille francs que j'ai tirés de lui depuis deux ans.° Je ne lui ai donné nul pouvoir sur moi, ajouta-t-elle ; ainsi nous pouvons demeurer sans crainte à Paris, en prenant une maison commode où nous vivrons heureusement. »

Je lui représentai que s'il n'y avait point de péril pour elle, il y en avait beaucoup pour moi, qui ne manquerais point tôt ou tard d'être reconnu, et qui serais continuellement exposé au malheur que j'avais déjà essuyé. Elle me fit entendre qu'elle aurait du regret à quitter Paris. Je craignais tant de la chagriner, qu'il n'y avait point de hasards que je ne méprisasse pour lui plaire : cependant nous trouvâmes un tempérament° raisonnable, qui fut de louer une maison dans quelque village voisin de Paris, d'où il nous serait aisé d'aller à la ville, lorsque le plaisir ou le besoin nous y appellerait. Nous choisîmes Chaillot,° qui n'en est pas éloigné. Manon retourna sur-le-champ chez elle. J'allai l'attendre à la petite porte du jardin des Tuileries.

Elle revint une heure après, dans un carrosse de louage, avec une fille qui la servait, et quelques malles où ses habits et tout ce qu'elle avait de précieux était enfermé.

Nous ne tardâmes point à gagner Chaillot. Nous logeâmes la première nuit à l'auberge, pour nous donner le temps de chercher une maison, ou du moins un appartement commode. Nous en trouvâmes, dès le lendemain, un de notre goût.

[*For the rest of the story you must read a complete edition of* Manon Lescaut (*in French, of course*)].

1. *remettre à nous arranger:* postpone our establishment. 6. *friperie:* secondhand clothing store. 7. *galons:* ribbons, betokening rank. 19. *ménagement:* consideration. 23. Notice this stage of Des Grieux's degradation; he accepts living on the money of Manon's supporter.

9. *tempérament:* compromise. 13. *Chaillot:* now a part of Paris.

31. Montesquieu [1689–1755]

Charles de Secondat, baron de La Brède et de Montesquieu, was of the high *noblesse d'épée;* at the same time he inherited office in the *parlement de Bordeaux* and thus joined the magistrate class, the *noblesse de robe.* His family, long resident in Bordeaux, was enlightened as well as noble and rich. A chance beggar was called in from the street to be the baby Montesquieu's godfather, "in order that he might remember that the poor are our brothers."

The boy was educated to be a magistrate. He spent four observant years in Paris (1709–1713), returned to Bordeaux, became at twenty-seven *président du parlement,* and took an active part in the work of the *Académie de Bordeaux,* making contributions on politics, philosophy, history, mathematics, and science. In 1721 he published the *Lettres persanes.* He made frequent sojourns in Paris, where he was welcomed in the literary salons. He spent three years in travel (1728–1731), taking notes on foreign institutions, particularly those of

England. He then settled down in his château de La Brède near Bordeaux (which one may still visit), studying, writing, and supervising his extensive vineyards. The chief fruit of his labors, *l'Esprit des lois*, appeared in 1748. His was a happy life of study, public service, and rational enjoyment.

The *Lettres persanes* are a picture of France in the restless years when the French, sick of old Louis XIV's repressive despotism, were eagerly waiting for him to die. The book consists of the correspondence of two Persian visitors to Paris. By this device (not a new one), Montesquieu is enabled to shift his point of view, to describe the familiar with wide-eyed wonder, to reveal the unreasonableness of our conventions, to treat the normal as fantastic and the fantastic as normal, to suggest, in short, that all our beliefs are habits and that our truth is something relative and local. The book is both a *reportage* and a *social satire*, often witty, always intelligent.

The culmination of Montesquieu's life of thought is the book which he entitled "*De l'esprit des lois*, ou du rapport que les lois doivent avoir avec la constitution de chaque gouvernement, les mœurs, le climat, la religion, le commerce, etc." The mere title suggests that Montesquieu regards laws as *products of conditions*, not as the immutable decrees of heaven or fate. Since law is the basis of government, his book becomes necessarily a study of political science. Montesquieu explores the history of his subject; he looks abroad to examine the governments of his own time, particularly that of England. And constantly he judges. He attacks slavery, despotism, unjust legal procedures, judicial torture. He concludes that the best government is a moderate one with an equilibrium of legislative, executive, and judicial powers, with a maximum of security for the individual and with a minimum of caprice. In his own time the government of England best fulfilled his requirements

It is a very important book, one which profoundly influenced many others who became in their turn influential. The makers of the American constitution were deeply aware of Montesquieu. The first constitution of the French Republic was based on his prescriptions. And political thinkers today still find in his work a mine of suggestive ideas. The book is, however, hard to read, for it is the product of twenty years of note-taking, insufficiently "melted," as the French say. The thought is too concentrated for easy digestion.

Montesquieu was a high-minded man, an idealist, almost an intellectual saint. He had a deep sense of man's duty toward man. How splendid are his words : "Si j'avais su quelque chose qui m'eût été utile et qui eût été préjudiciable à ma famille, je l'aurais rejeté de mon esprit. Si j'avais su quelque chose utile à ma famille et qui ne l'eût pas été à ma patrie, je l'aurais cherché à oublier. Si j'avais su quelque chose utile à ma patrie et qui aurait été préjudiciable à l'Europe, ou qui eût été utile à l'Europe et préjudiciable au genre humain, je l'aurais regardé comme un crime."

LETTRES PERSANES*

[*First Impressions of Paris*]

Lettre 24. Rica† à Ibben

...Paris est aussi grand qu'Ispahan :° les maisons y sont si hautes qu'on jurerait qu'elles ne sont habitées que par des astrologues. Tu juges bien qu'une ville bâtie en l'air, qui a six ou sept maisons les unes sur les autres, est extrêmement peuplée; et que, quand tout le monde est descendu dans la rue, il s'y fait un bel embarras.

Tu ne le croirais pas peut-être, depuis un mois que je suis ici, que je n'y ai encore vu marcher personne. Il n'y a point de gens au monde qui tirent mieux parti de leur machine° que les

* *persanes:* pronounce the first *s* as a voiceless or so-called hissed *s*. † Rica is the younger, gayer, more worldly of the traveling Persians, and is the mouthpiece for Montesquieu's satirical thrusts. Ibben is a friend in Smyrna. 7. *Ispahan:* former capital of Persia. (Paris was at this time a city of 700,000.)

10. *machine:* body.

Français; ils courent, ils volent : les voitures lentes d'Asie, le pas réglé de nos chameaux, les feraient tomber en syncope.° Pour moi, qui ne suis point fait à ce train,° et qui vais souvent à pied sans changer d'allure,° j'enrage quelquefois 5 comme un chrétien :° car encore, passe qu'on m'éclabousse° depuis les pieds jusqu'à la tête, mais je ne puis pardonner les coups de coude que je reçois régulièrement et périodiquement. Un homme qui vient après moi et qui me passe me 10 fait faire un demi-tour; et un autre qui me croise de l'autre côté me remet soudain où le premier m'avait pris; et je n'ai pas fait cent pas, que je suis plus brisé que si j'avais fait dix lieues.

Ne crois pas que je puisse, quant à présent, te 15 parler à fond des mœurs et des coutumes européennes : je n'en ai moi-même qu'une légère idée, et je n'ai eu à peine que le temps de m'étonner.

Le roi de France est le plus puissant prince de 20 l'Europe. Il n'a point de mines d'or comme le roi d'Espagne, son voisin; mais il a plus de richesses que lui, parce qu'il les tire de la vanité de ses sujets, plus inépuisable que les mines. On lui a vu entreprendre ou soutenir de grandes guerres, 25 n'ayant d'autres fonds que des titres d'honneur à vendre,° et, par un prodige de l'orgueil humain, ses troupes se trouvaient payées, ses places munies,° et ses flottes équipées.

D'ailleurs ce roi est un grand magicien : il 30 exerce son empire sur l'esprit même de ses sujets; il les fait penser comme il veut. S'il n'a qu'un million d'écus dans son trésor, et qu'il en ait besoin de deux il n'a qu'à leur persuader qu'un écu en vaut deux, et ils le croient.° S'il a une 35 guerre difficile à soutenir, et qu'il n'ait point d'argent, il n'a qu'à leur mettre dans la tête qu'un morceau de papier est de l'argent, et ils en sont aussitôt convaincus.° Il va même jusqu'à leur faire croire qu'il les guérit de toutes sortes 40 de maux en les touchant;° tant est grande la force et la puissance qu'il a sur les esprits....

De Paris, le 4 de la lune de Rebiab 2e,° 1712.

[*Tax farmers; a social abuse*]

Lettre 98. Usbek* à Ibben, à Smyrne

Il n'y a point de pays au monde où la Fortune soit si inconstante que dans celui-ci. Il arrive tous les dix ans des révolutions qui précipitent le riche dans la misère et enlèvent le pauvre, avec des ailes rapides, au comble des richesses. Celui-ci est étonné de sa pauvreté; celui-là l'est de son abondance. Le nouveau riche admire la sagesse de la Providence; le pauvre, l'aveugle fatalité du Destin.

Ceux qui lèvent les tributs° nagent au milieu des trésors : parmi eux, il y a peu de Tantales.° Ils commencent pourtant ce métier par la dernière misère; ils sont méprisés comme de la boue pendant qu'ils sont pauvres; quand ils sont riches, on les estime assez; aussi ne négligent-ils rien pour acquérir de l'estime.

Ils sont à présent dans une situation bien terrible. On vient d'établir une chambre qu'on appelle *de Justice*° parce qu'elle va leur ravir tout leur bien. Ils ne peuvent ni détourner ni cacher leurs effets :° car on les oblige de les déclarer au juste, sous peine de la vie. Ainsi on les fait passer par un défilé° bien étroit : je veux dire entre la vie et l'argent. Pour comble de fortune, il y a un ministre,° connu par son esprit, qui les honore de ses plaisanteries et badine° sur toutes les délibérations du Conseil. On ne trouve pas tous les jours des ministres disposés à faire rire le Peuple, et l'on doit savoir bon gré à celui-ci de l'avoir entrepris.

Le corps des laquais est plus respectable en France qu'ailleurs; c'est un séminaire° de grands seigneurs : il remplit le vide des autres états. Ceux qui le composent prennent la place des grands malheureux, des magistrats ruinés, des gentilshommes tués dans les fureurs de la guerre; et, quand ils ne peuvent pas suppléer° par eux-mêmes, ils relèvent toutes les grandes maisons par le moyen de leurs filles, qui sont

3. *en syncope:* in a faint. 4. *train:* speed. 5. *allure:* pace. 6. *j'enrage... chrétien:* a play on the expression : "j'enrage comme un païen." 7. *passe qu'on m'éclabousse:* never mind if I get splashed. 27. These titles of honor, even of nobility, which the King brazenly sold, carried valuable exemptions from taxation. 29. *places munies:* strongholds fortified. 35. Reference to governmental devaluation of currency. 39. Paper money was first issued in 1701. 41. The kings of France and England "touched" for scrofula, "the king's evil." 43. *Rebiab:* April, in the Persian calendar.

* Usbek is the elder, more serious of the Persian travelers. 15. *Ceux... tributs:* tax farmers (*fermiers généraux*). 16. Tantalus, in Hades, was forever tortured by a raging thirst. 24. *chambre de Justice:* commission appointed to search out and punish the chicanery of the tax collectors. 26. *effets:* securities. 28. *défilé:* pass. 30. *ministre:* the Duc de Noailles. 32. *badine:* jokes. 37. *séminaire:* seed plot. (In fact, a number of tax farmers began as lackeys. A much-quoted passage.) 42. *suppléer:* fill the gap.

comme une espèce de fumier° qui engraisse les terres montagneuses et arides.

Je trouve, Ibben, la Providence admirable dans la manière dont elle a distribué les richesses : si elle ne les avait accordées qu'aux gens de bien, on ne les aurait pas assez distinguées de la vertu, et on n'en aurait plus senti tout le néant. Mais, quand on examine qui sont les gens qui en sont les plus chargés, à force de mépriser les riches, on vient enfin à mépriser les richesses.

A Paris, le 26 de la lune de Maharram,° 1717.

[*Are science, discovery, civilization menaces to human welfare?*]

Lettre 105. Rhédi* à Usbek, à Paris

Tu m'as beaucoup parlé, dans une de tes lettres, des sciences et des arts cultivés en Occident. Tu me vas regarder comme un barbare; mais je ne sais si l'utilité que l'on en retire dédommage° les hommes du mauvais usage que l'on en fait tous les jours.

J'ai ouï dire que la seule invention des bombes° avait ôté la liberté à tous les peuples de l'Europe. Les princes ne pouvant plus confier la garde des places aux bourgeois, qui, à la première bombe, se seraient rendus, ont eu un prétexte pour entretenir de gros corps de troupes réglées, avec lesquelles ils ont, dans la suite, opprimé leurs sujets.

Tu sais que, depuis l'invention de la poudre, il n'y a plus de place imprenable : c'est-à-dire, Usbek, qu'il n'y a plus d'asile sur la Terre contre l'injustice et la violence.

Je tremble toujours qu'on ne parvienne à la fin à découvrir quelque secret qui fournisse une voie plus abrégée pour faire périr les hommes, détruire les peuples et les nations entières.

Tu as lu les historiens; fais-y bien attention : presque toutes les monarchies n'ont été fondées que sur l'ignorance des arts et n'ont été détruites que parce qu'on les a trop cultivées. L'ancien empire de Perse peut nous en fournir un exemple domestique.

Il n'y a pas longtemps que je suis en Europe; mais j'ai ouï parler à des gens sensés des ravages de la chimie :° il semble que ce soit un quatrième fléau° qui ruine les hommes et les détruit en détail, mais continuellement; tandis que la guerre, la peste, la famine, les détruisent en gros, mais par intervalles.

Que nous a servi l'invention de la boussole° et la découverte de tant de peuples, qu'à° nous communiquer leurs maladies,° plutôt que leurs richesses ? L'or et l'argent avaient été établis, par une convention générale, pour être le prix de toutes les marchandises et un gage de leur valeur, par la raison que ces métaux étaient rares et inutiles à tout autre usage. Qu'importait-il donc qu'ils devinssent plus communs, et que, pour marquer la valeur d'une denrée,° nous eussions deux ou trois signes° au lieu d'un ? Cela n'en était que plus incommode.

Mais, d'un autre côté, cette invention a été bien pernicieuse aux pays qui ont été découverts. Les nations entières ont été détruites, et les hommes qui ont échappé à la mort ont été réduits à une servitude si rude que le récit en fait frémir les musulmans.

Heureuse l'ignorance des enfants de Mahomet! Aimable simplicité, si chérie de notre saint prophète, vous me rappelez toujours la naïveté des anciens temps et la tranquillité qui régnait dans le cœur de nos premiers pères!

De Venise, le 2 de la lune de Rhamazan,° 1717.

[*A defense of science, the arts, luxury, civilization*]

Lettre 106. Usbek à Rhédi, à Venise

Ou tu ne penses pas ce que tu dis, ou bien tu fais mieux que tu ne penses. Tu as quitté ta patrie pour t'instruire, et tu méprises toute instruction : tu viens pour te former dans un pays où l'on cultive les beaux-arts, et tu les

1. *fumier:* manure. (The nobles get money to keep up their estates by marrying the daughters of rich upstarts.) 12. *Maharram:* January. * *Rhédi:* a Persian friend, visiting Venice. 25. *dédommage:* recompenses. 28. *bombes:* explosive cannon balls (sixteenth-century invention).

5. *chimie:* chemistry. Probably a reference to commercial adulterations, perhaps to deliberate poisonings. 6. *fléau:* scourge. 10. *boussole:* compass. 11. *qu'à = sinon.* 12. I.e., syphilis, introduced into Europe by discoverers of America. Endemic and fairly innocuous among Caribbean Indians, it became virulent and devastating among Europeans. 19. *denrée:* article of merchandise. 20. *signes:* tokens, coins. (What do we term this process?) 33. *Rhamazan:* September.

regardes comme pernicieux. Te le dirai-je, Rhédi? Je suis plus d'accord avec toi que tu ne l'es avec toi-même.

As-tu bien réfléchi à l'état barbare et malheureux où nous entraînerait la perte des arts?° Il n'est pas nécessaire de se l'imaginer, on peut le voir. Il y a encore des peuples sur la terre chez lesquels un singe passablement instruit pourrait vivre avec honneur; il s'y trouverait à peu près à la portée des autres habitants, on ne lui trouverait point l'esprit singulier ni le caractère bizarre; il passerait tout comme un autre, et serait distingué même par sa gentillesse.

Tu dis que les fondateurs des empires ont presque tous ignoré les arts. Je ne te nie pas que des peuples barbares n'aient pu, comme des torrents impétueux, se répandre sur la Terre et couvrir de leurs armées féroces les royaumes les mieux policés.° Mais, prends-y garde, ils ont appris les arts ou les ont fait exercer aux peuples vaincus; sans cela, leur puissance aurait passé comme le bruit du tonnerre et des tempêtes.

Tu crains, dis-tu, que l'on n'invente quelque manière de destruction plus cruelle que celle qui est en usage. Non. Si une si fatale invention venait à se découvrir, elle serait bientôt prohibée par le droit des gens,° et le consentement unanime des nations ensevelirait° cette découverte. Il n'est point de l'intérêt des princes de faire des conquêtes par de pareilles voies : ils doivent chercher des sujets, et non pas des terres.

Tu te plains de l'invention de la poudre et des bombes; tu trouves étrange qu'il n'y ait plus de place imprenable : c'est-à-dire que tu trouves étrange que les guerres soient aujourd'hui terminées plus tôt qu'elles ne l'étaient autrefois.

Tu dois avoir remarqué, en lisant les histoires, que, depuis l'invention de la poudre, les batailles sont beaucoup moins sanglantes qu'elles ne l'étaient parce qu'il n'y a plus de mêlée.°

Et, quand il se serait trouvé quelque cas particulier où un art aurait été préjudiciable,° doit-on pour cela le rejeter? Penses-tu, Rhédi, que la religion que notre saint prophète a apportée du Ciel soit pernicieuse parce qu'elle servira quelque jour à confondre les perfides Chrétiens?

Tu crois que les arts amollissent les peuples et, par là, sont causes de la chute des empires. Tu parles de la ruine de celui des anciens Perses, qui fut l'effet de leur mollesse. Mais il s'en faut bien que cet exemple décide, puisque les Grecs, qui les subjuguèrent, cultivaient les arts avec infiniment plus de soin qu'eux.

Quand on dit que les arts rendent les hommes efféminés, on ne parle pas du moins des gens qui s'y appliquent, puisqu'ils ne sont jamais dans l'oisiveté, qui, de tous les vices, est celui qui amollit le plus le courage.

Il n'est donc question que de ceux qui en jouissent. Mais, comme dans un pays policé ceux qui jouissent des commodités d'un art sont obligés d'en cultiver un autre, à moins que de se voir réduits à une pauvreté honteuse, il s'ensuit que l'oisiveté et la mollesse sont incompatibles avec les arts.

Paris est peut-être la ville du monde la plus sensuelle, et où l'on raffine le plus sur les plaisirs; mais c'est peut-être celle où l'on mène une vie plus dure.° Pour qu'un homme vive délicieusement, il faut que cent autres travaillent sans relâche. Une femme s'est mis dans la tête qu'elle devait paraître a une assemblée avec une certaine parure : il faut que dès ce moment cinquante artisans ne dorment plus, et n'aient plus le loisir de boire et de manger; elle commande, et elle est obéie plus promptement que ne serait notre monarque, parce que l'intérêt est le plus grand monarque de la terre.

Cette ardeur pour le travail, cette passion de s'enrichir, passe de condition en condition, depuis les artisans jusqu'aux grands. Personne n'aime à être plus pauvre que celui qu'il vient de voir immédiatement au-dessous de lui. Vous voyez à Paris un homme qui a de quoi vivre jusqu'au jour du jugement, qui travaille sans cesse, et court risque d'accourcir ses jours pour amasser, dit-il, de quoi vivre.

Le même esprit gagne la nation; on n'y voit que travail et qu'industrie. Où est donc ce peuple efféminé dont tu parles tant?

Je suppose, Rhédi, qu'on ne souffrît dans un royaume que les arts absolument nécessaires à la culture des terres, qui sont pourtant en grand nombre, et qu'on en bannît tous ceux qui ne servent qu'à la volupté ou à la fantaisie, je le

5. *arts:* i.e., applied arts, crafts. 19. *policés:* civilized. (Montesquieu is perhaps thinking of the Turks.) 27. *droit des gens:* international law. 28. *ensevelirait:* would bury, suppress. (Has Montesquieu well foreseen the future?) 40. *mêlée:* hand-to-hand combat. 42. *préjudiciable:* harmful.

23. *plus dure:* the hardest.

soutiens, cet État serait le plus misérable qu'il y eût au monde.

Quand les habitants auraient assez de courage pour se passer de tant de choses qu'ils doivent à leurs besoins, le peuple dépérirait° tous les jours; et l'État deviendrait si faible, qu'il n'y aurait si petite puissance qui ne fût en état de le conquérir.

Je pourrais entrer ici dans un long détail, et te faire voir que les revenus des particuliers° cesseraient presque absolument, et par conséquent ceux du prince. Il n'y aurait presque plus de relation de facultés° entre les citoyens; cette circulation de richesses, et cette progression de revenus qui vient de la dépendance où sont les arts les uns des autres, cesseraient absolument; chacun ne tirerait de revenu que de sa terre, et n'en tirerait précisément que ce qu'il lui faut pour ne pas mourir de faim. Mais, comme ce n'est pas la centième partie du revenu d'un royaume, il faudrait que le nombre des habitants diminuât à proportion, et qu'il n'en restât que la centième partie.

Fais bien attention jusqu'où vont les revenus de l'industrie. Un fonds ne produit annuellement à son maître que la vingtième partie de sa valeur; mais, avec une pistole° de couleur, un peintre fera un tableau qui lui en vaudra cinquante. On en peut dire de même des orfèvres,° des ouvriers en laine, en soie, et de toutes sortes d'artisans.

De tout ceci on doit conclure, Rhédi, que, pour qu'un prince soit puissant, il faut que ses sujets vivent dans les délices; il faut qu'il travaille à leur procurer toutes sortes de superfluités, avec autant d'attention que les nécessités de la vie.°

A Paris, le 14 de la lune de Chalval,° 1717.

L'ESPRIT DES LOIS

[*Selections*]

Des lois positives

La loi, en général, est la raison humaine, en tant qu'elle gouverne tous les peuples de la terre; et les lois politiques et civiles° de chaque nation ne doivent être que les cas particuliers où s'applique cette raison humaine.

Elles doivent être tellement propres au peuple pour lequel elles sont faites, que c'est un très grand hasard si celles d'une nation peuvent convenir à une autre.

Il faut qu'elles se rapportent à la nature et au principe° du gouvernement qui est établi ou qu'on veut établir; soit qu'elles le forment, comme font les lois politiques; soit qu'elles le maintiennent, comme font les lois civiles.

Elles doivent être relatives au *physique* du pays; au climat glacé, brûlant ou tempéré; à la qualité du terrain, à sa situation, à sa grandeur; au genre de vie des peuples, laboureurs, chasseurs ou pasteurs; elles doivent se rapporter au degré de liberté que la constitution peut souffrir; à la religion des habitants, à leurs inclinations, à leurs richesses, à leur nombre, à leur commerce, à leurs mœurs, à leurs manières. Enfin elles ont des rapports entre elles; elles en ont avec leur origine, avec l'objet du législateur, avec l'ordre des choses sur lesquelles elles sont établies. C'est dans toutes ces vues qu'il faut les considérer.

C'est ce que j'entreprends de faire dans cet ouvrage. J'examinerai tous ces rapports: ils forment tous ensemble ce qu'on appelle *l'esprit des lois*.

[I, 3]

De la nature des trois divers gouvernements

Il y a trois espèces de gouvernements: le *républicain*, le *monarchique* et le *despotique*. Pour en découvrir la nature, il suffit de l'idée qu'en ont les hommes les moins instruits. Je suppose trois définitions, ou plutôt trois faits: l'un que «le gouvernement républicain est celui ou le peuple en corps, ou seulement une partie du peuple, a la souveraine puissance; le monarchique, celui où un seul gouverne, mais par des lois fixes et établies; au lieu que, dans le despotique, un seul, sans loi et sans règle, entraîne tout par sa volonté et par ses caprices.»

5. *dépérirait:* would waste away, dwindle. 10. *particuliers:* private individuals. 13. *facultés:* individual skills. 27. *pistole:* a pistole's worth. 30. *orfèvres:* goldsmiths. 36. This economic defense of *le luxe* was current in Montesquieu's time. It is still current, although we do not use the word *luxury*. 37. *Chalval:* October.

1. *lois civiles:* For Montesquieu, the *lois politiques* are the fundamental laws, such as compose a country's constitution; the *lois civiles* are the civil and criminal laws, regulating the conduct of individuals. 9. The *nature* and the *principe* of a government will soon be explained.

Voilà ce que j'appelle la nature de chaque gouvernement. Il faut voir quelles sont les lois qui suivent directement de cette nature, et qui par conséquent sont les premières lois fondamentales.

[II, 1]

Du gouvernement républicain et des lois relatives à la démocratie

Lorsque, dans la république, le peuple en corps a la souveraine puissance, c'est une *Démocratie*. Lorsque la souveraine puissance est entre les mains d'une partie du peuple, cela s'appelle une *Aristocratie*.

Le peuple, dans la démocratie, est, à certains égards, le monarque; à certains autres, il est le sujet.

Il ne peut être monarque que par ses suffrages° qui sont ses volontés. La volonté du souverain est le souverain lui-même. Les lois qui établissent le droit de suffrage sont donc fondamentales dans ce gouvernement. En effet, il est aussi important d'y régler comment, par qui, à qui, sur quoi, les suffrages doivent être donnés, qu'il l'est dans une monarchie de savoir quel est le monarque, et de quelle manière il doit gouverner.

Libanius° dit qu'à *Athènes un étranger qui se mêlait dans l'assemblée du peuple, était puni de mort.* C'est qu'un tel homme usurpait le droit de souveraineté.

Il est essentiel de fixer le nombre des citoyens qui doivent former les assemblées; sans cela, on pourrait ignorer si le peuple a parlé, ou seulement une partie du peuple. A Lacédémone,° il fallait dix mille citoyens. A Rome, née dans la petitesse pour aller à la grandeur; à Rome, faite pour éprouver toutes les vicissitudes de la fortune; à Rome, qui avait tantôt presque tous ses citoyens hors de ses murailles, tantôt toute l'Italie et une partie de la terre dans ses murailles, on n'avait point fixé ce nombre; et ce fut une des grandes causes de sa ruine.

Le peuple qui a la souveraine puissance doit faire par lui-même tout ce qu'il peut bien faire; et ce qu'il ne peut pas bien faire, il faut qu'il le fasse par ses ministres.

Ses ministres ne sont point à lui s'il ne les nomme : c'est donc une maxime fondamentale de ce gouvernement, que le peuple nomme ses ministres, c'est-à-dire ses magistrats.

Il a besoin, comme les monarques, et même plus qu'eux, d'être conduit par un conseil ou sénat. Mais, pour qu'il y ait confiance, il faut qu'il en élise les membres; soit qu'il les choisisse lui-même, comme à Athènes; ou par quelque magistrat qu'il a établi pour les élire, comme cela se pratiquait à Rome dans quelques occasions.

Le peuple est admirable pour choisir ceux à qui il doit confier quelque partie de son autorité.° Il n'a à se déterminer que par des choses qu'il ne peut ignorer, et des faits qui tombent sous les sens. Il sait très bien qu'un homme a été souvent à la guerre, qu'il y a eu tels ou tels succès; il est donc très capable d'élire un général. Il sait qu'un juge est assidu; que beaucoup de gens se retirent de son tribunal contents de lui, qu'on ne l'a pas convaincu de corruption : en voilà assez pour qu'il élise un préteur.° Il a été frappé de la magnificence° ou des richesses d'un citoyen : cela suffit pour qu'il puisse choisir un édile.° Toutes ces choses sont des faits dont il s'instruit mieux dans la place publique qu'un monarque dans son palais. Mais saura-t-il conduire une affaire, connaître les lieux, les occasions, les moments, en profiter? Non, il ne le saura pas.

Si l'on pouvait douter de la capacité naturelle qu'a le peuple pour discerner le mérite, il n'y aurait qu'à jeter les yeux sur cette suite continuelle de choix étonnants que firent les Athéniens et les Romains : ce qu'on n'attribuera pas sans doute au hasard.

On sait qu'à Rome, quoique le peuple se fût donné le droit d'élever aux charges° les plébéiens,° il ne pouvait se résoudre à les élire, et quoiqu'à Athènes on pût, par la loi d'Aristide, tirer les magistrats de toutes les classes, il n'arriva jamais, dit Xénophon, que le bas peuple

18. Do you agree with Montesquieu? 27. *préteur:* praetor, Roman official in charge of civil affairs. 27. *magnificence:* ostentation, lavishness. 29. *édile:* aedile, in charge of public games, etc. 42. *charges:* public offices. 43. *plébéiens:* commoners.

22. *suffrages:* votes. 32. Libanius, Greek critic, fourth century A.D. 39. *Lacédémone:* Sparta. (Montesquieu errs. There were seldom more than 4500 voters in Sparta.)

demandât celles° qui pouvaient intéresser son° salut ou sa gloire.

Comme la plupart des citoyens, qui ont assez de suffisance° pour élire, n'en ont pas assez pour être élus, de même le peuple, qui a assez de capacité pour se faire rendre compte° de la gestion° des autres, n'est pas propre à gérer° par lui-même.

Il faut que les affaires aillent, et qu'elles aillent un certain mouvement, qui ne soit ni trop lent ni trop vite. Mais le peuple a toujours trop d'action, ou trop peu. Quelquefois avec cent mille bras il renverse tout; quelquefois avec cent mille pieds il ne va que comme les insectes…

[II, 2]

Différence de la nature du gouvernement et de son principe*

Après avoir examiné quelles sont les lois relatives à la nature de chaque gouvernement, il faut voir celles qui le sont à ce principe.

Il y a cette différence entre la nature du gouvernement et son principe que sa nature est ce qui le fait être tel, et son principe ce qui le fait agir. L'une est sa structure particulière, et l'autre les passions humaines qui le font mouvoir.

Or les lois ne doivent pas être moins relatives au principe de chaque gouvernement qu'à sa nature. Il faut donc chercher quel est le principe. C'est ce que je vais faire dans ce livre-ci.

[III, 1]

Du principe des divers gouvernements

J'ai dit que la nature du gouvernement républicain est que le peuple en corps, ou de certaines familles, y aient la souveraine puissance : celle du gouvernement monarchique, que le prince y ait la souveraine puissance, mais qu'il l'exerce selon des lois établies : celle du gouvernement despotique, qu'un seul y gouverne selon ses volontés et ses caprices. Il ne

m'en faut pas davantage pour trouver leurs trois principes; ils en dérivent naturellement. Je commencerai par le gouvernement républicain, et je parlerai d'abord du démocratique.

[III, 2]

Du principe de la démocratie

Il ne faut pas beaucoup de probité pour qu'un gouvernement monarchique ou un gouvernement despotique se maintienne ou se soutienne. La force des lois dans l'un, le bras du prince toujours levé dans l'autre, règlent ou contiennent tout. Mais dans un État populaire, il faut un ressort de plus, qui est la VERTU.°

Ce que je dis est confirmé par le corps entier de l'histoire, et est conforme à la nature des choses. Car il est clair que dans une monarchie, où celui qui fait exécuter les lois se juge au-dessus des lois, on a besoin de moins de vertu que dans un gouvernement populaire, où celui qui fait exécuter les lois sent qu'il y est soumis lui-même, et qu'il en portera le poids.

Il est clair encore que le monarque qui, par mauvais conseil ou par négligence, cesse de faire exécuter les lois, peut aisément réparer le mal : il n'a qu'à changer de Conseil, ou se corriger de cette négligence même. Mais lorsque, dans un gouvernement populaire, les lois ont cessé d'être exécutées, comme cela ne peut venir que de la corruption de la république, l'État est déjà perdu…

Les politiques grecs, qui vivaient dans le gouvernement populaire, ne reconnaissaient d'autre force qui pût le soutenir que celle de la vertu. Ceux d'aujourd'hui ne nous parlent que de manufactures, de commerce, de finances, de richesse, et de luxe même.°

Lorsque cette vertu cesse, l'ambition entre dans les cœurs qui peuvent la recevoir, et l'avarice° entre dans tous. Les désirs changent d'objets : ce qu'on aimait, on ne l'aime plus; on était libre avec les lois, on veut être libre contre elles; chaque citoyen est comme un esclave échappé de la maison de son maître; ce qui était maxime, on l'appelle rigueur; ce qui était règle, on l'appelle gêne;° ce qui était

1. celles = les charges. 1. son = d'Athènes. 4. suffisance: capacity. 6. se faire rendre compte: receive an accounting. 7. gestion: management. 7. gérer: manage. * This distinction of the nature and principle of each government is fundamental in Montesquieu's thought.

15. Montesquieu explains that he uses vertu in the sense of "l'amour de la patrie, c'est-à-dire l'amour de l'égalité. Ce n'est point une vertu morale ni une vertu chrétienne, c'est la vertu politique." 38. Is Montesquieu's statement still applicable? 41. avarice: here, greed. 47. gêne: constraint.

attention,° on l'appelle *crainte*. C'est la frugalité qui y est l'avarice, et non pas le désir d'avoir. Autrefois le bien des particuliers faisait le trésor public; mais pour lors le trésor public devient le patrimoine des particuliers. La république est une dépouille;° et sa force n'est plus que le pouvoir de quelques citoyens et la licence de tous.

[III, 3]

Du principe du gouvernement despotique

Comme il faut de la vertu dans une république et dans une monarchie de l'honneur, il faut de la *crainte* dans un gouvernement despotique : pour la vertu, elle n'y est point nécessaire, et l'honneur y serait dangereux.

Le pouvoir immense du prince y passe tout entier à ceux à qui il le confie. Des gens capables de s'estimer beaucoup eux-mêmes seraient en état d'y faire des révolutions. Il faut donc que la crainte y abatte tous les courages° et y éteigne jusqu'au moindre sentiment d'ambition.

Un gouvernement modéré peut, tant qu'il veut, et sans péril, relâcher ses ressorts :° il se maintient par ses lois et par sa force même. Mais lorsque dans le gouvernement despotique le prince cesse un moment de lever le bras, quand il ne peut pas anéantir à l'instant ceux qui ont les premières places, tout est perdu : car le ressort du gouvernement, qui est la crainte, n'y étant plus, le peuple n'a plus de protecteur…

[III, 9]

De la corruption du principe de la démocratie

Le principe de la démocratie se corrompt, non seulement lorsqu'on perd l'esprit d'égalité, mais encore quand on prend l'esprit d'égalité extrême, et que chacun veut être égal à ceux qu'il choisit pour lui commander. Pour lors le peuple, ne pouvant souffrir le pouvoir même qu'il confie, veut tout faire par lui-même,

délibérer pour le sénat, exécuter pour les magistrats, et dépouiller tous les juges.

Il ne peut plus y avoir de vertu dans la république. Le peuple veut faire les fonctions des magistrats : on ne les respecte donc plus. Les délibérations du sénat n'ont plus de poids : on n'a donc plus d'égards° pour les sénateurs, et par conséquent pour les vieillards. Que si l'on n'a pas du respect pour les vieillards, on n'en aura pas non plus pour les pères : les maris ne méritent pas plus de déférence, ni les maîtres plus de soumission. Tout le monde parviendra à aimer ce libertinage :° la gêne du commandement fatiguera, comme celle de l'obéissance. Les femmes, les enfants, les esclaves n'auront de soumission pour personne. Il n'y aura plus de mœurs, plus d'amour de l'ordre, enfin plus de vertu…

Le peuple tombe dans ce malheur, lorsque ceux à qui il se confie, voulant cacher leur propre corruption, cherchent à le corrompre. Pour qu'il ne voie pas leur ambition, ils ne lui parlent que de sa grandeur; pour qu'il n'aperçoive pas leur avarice, ils flattent sans cesse la sienne.

La corruption augmentera parmi les corrupteurs, et elle augmentera parmi ceux qui sont déjà corrompus. Le peuple se distribuera tous les deniers° publics; et, comme il aura joint à sa paresse la gestion des affaires, il voudra joindre à sa pauvreté les amusements du luxe. Mais, avec sa paresse et son luxe, il n'y aura que le trésor public qui puisse être un objet° pour lui.

Il ne faudra pas s'étonner si l'on voit les suffrages se donner pour de l'argent. On ne peut donner beaucoup au peuple, sans retirer encore plus de lui; mais, pour retirer de lui, il faut renverser l'État. Plus il paraîtra tirer d'avantage de sa liberté, plus il s'approchera du moment où il doit la perdre. Il se forme de petits tyrans qui ont tous les vices d'un seul. Bientôt, ce qui reste de liberté devient insupportable; un seul tyran s'élève; et le peuple perd tout, jusqu'aux avantages de sa corruption.°

La démocratie a donc deux excès à éviter : l'esprit d'inégalité, qui la mène à l'aristocratie, ou au gouvernement d'un seul; et l'esprit

1. *attention:* forethought. 6. *dépouille:* object for plunder, "pork barrel." 24. *courages:* hearts, spirits. 27. *ressorts: here,* controls.

7. *égards:* deference, respect. 13. *libertinage:* license. 28. *deniers:* money, funds. 32. *objet: here,* objective. 43. Montesquieu's analysis was proved correct by the course of the French Revolution, Directory, and rise of Napoleon to emperorship. Any other examples?

d'égalité extrême, qui la conduit au despotisme d'un seul, comme le despotisme d'un seul finit par la conquête.

[VIII, 2]

De l'esprit d'égalité extrême

Autant que le ciel est éloigné de la terre, autant le véritable esprit d'égalité l'est-il de l'esprit d'égalité extrême. Le premier ne consiste point à faire en sorte que tout le monde commande, ou que personne ne soit commandé, mais à obéir et à commander à ses égaux. Il ne cherche pas à n'avoir point de maître, mais à n'avoir que ses égaux pour maîtres.

Dans l'état de nature les hommes naissent bien dans l'égalité, mais ils n'y sauraient rester. La société la leur fait perdre et ils ne redeviennent égaux que par les lois.

Telle est la différence entre la démocratie réglée et celle qui ne l'est pas, que dans la première on n'est égal que comme citoyen, et que dans l'autre on est encore égal comme magistrat, comme juge, comme père, comme mari, comme maître.

La place naturelle de la vertu est auprès de la liberté; mais elle ne se trouve pas plus auprès de la liberté extrême qu'auprès de la servitude.

[VIII, 3]

De la guerre

La vie des États est comme celle des hommes. Ceux-ci ont droit de tuer dans le cas de la défense naturelle; ceux-là ont droit de faire la guerre pour leur propre conservation.

Dans le cas de la défense naturelle, j'ai droit de tuer, parce que ma vie est à moi, comme la vie de celui qui m'attaque est à lui; de même un État fait la guerre, parce que sa conservation est juste comme toute autre conservation.

Entre les citoyens, le droit de la défense naturelle n'emporte point avec lui la nécessité de l'attaque. Au lieu d'attaquer, ils n'ont qu'à recourir aux tribunaux. Ils ne peuvent donc exercer le droit de cette défense que dans les cas momentanés où l'on serait perdu si l'on attendait le secours des lois. Mais, entre les sociétés, le droit de la défense naturelle entraîne quelquefois la nécessité d'attaquer, lorsqu'un peuple voit qu'une plus longue paix en mettrait un autre en état de le détruire, et que l'attaque est dans ce moment le seul moyen d'empêcher cette destruction.°

Il suit de là que les petites sociétés ont plus souvent le droit de faire la guerre que les grandes, parce qu'elles sont plus souvent dans le cas de craindre d'être détruites.

Le droit de la guerre dérive donc de la nécessité et du juste° rigide. Si ceux qui dirigent la conscience ou les conseils des princes ne se tiennent pas là, tout est perdu; et lorsqu'on se fondera sur des principes arbitraires de gloire, de bienséance, d'utilité, des flots de sang inonderont la terre.

Que l'on ne parle pas surtout de la gloire du prince; sa gloire serait son orgueil; c'est une passion et non pas un droit légitime.

Il est vrai que la réputation de sa puissance pourrait augmenter les forces de son État; mais la réputation de sa justice les augmenterait tout de même.

[X, 2]

De l'esclavage des nègres

[*An example of sustained irony, in the manner of Swift, whom Montesquieu admired.*]

Si j'avais à soutenir le droit que nous avons eu de rendre les nègres esclaves, voici ce que je dirais :

Les peuples d'Europe ayant exterminé ceux de l'Amérique, ils ont dû mettre en esclavage ceux de l'Afrique, pour s'en servir à défricher° tant de terres.

Le sucre serait trop cher, si l'on ne faisait travailler la plante qui le produit par des esclaves.

Ceux dont il s'agit sont noirs depuis les pieds jusqu'à la tête; et ils ont le nez si écrasé,° qu'il est presque impossible de les plaindre.

On ne peut se mettre dans l'esprit que Dieu, qui est un être très sage, ait mis une âme, surtout une âme bonne, dans un corps tout noir.

Il est si naturel de penser que c'est la couleur qui constitue l'essence de l'humanité, que les peuples d'Asie, qui font des eunuques, privent

3. Montesquieu thus accepts the principle of "preventive war," which may be used to justify any aggression. 9. *juste:* justice. 34. *défricher:* clear, bring into cultivation. 40. *écrasé:* flattened.

toujours les noirs du rapport qu'ils ont avec nous d'une façon plus marquée.

On peut juger de la couleur de la peau par celle des cheveux, qui, chez les Égyptiens, les meilleurs philosophes du monde, était d'une si grande conséquence, qu'ils faisaient mourir tous les hommes roux° qui leur tombaient entre les mains.

Une preuve que les nègres n'ont pas le sens commun, c'est qu'ils font plus de cas d'un collier de verre que de l'or, qui, chez des nations policées, est d'une si grande conséquence.

Il est impossible que nous supposions que ces gens-là soient des hommes, parce que, si nous les supposions des hommes, on commencerait à croire que nous ne sommes pas nous-mêmes chrétiens.

7. *roux:* red-headed.

De petits esprits exagèrent trop l'injustice que l'on fait aux Africains : car, si elle était telle qu'ils le disent, ne serait-il pas venu dans la tête des princes d'Europe, qui font entre eux tant de conventions inutiles, d'en faire une générale en faveur de la miséricorde et de la pitié?

[XV, 5]

Fin de ce livre

Je voudrais rechercher, dans tous les gouvernements modérés que nous connaissons, quelle est la distribution des trois pouvoirs, et calculer par là les degrés de liberté dont chacun d'eux peut jouir. Mais il ne faut pas tellement épuiser un sujet, qu'on ne laisse rien à faire au lecteur. Il ne s'agit pas de faire lire, mais de faire penser.

[XI, 20]

32-34. Voltaire [1694–1778] Chr: bourgeois

The mid-eighteenth century in France is sometimes called the Age of Voltaire. We speak of the Homeric period, of the Shakespearean era; not many other epochs have been christened with the name of a literary man.

Voltaire surpassed literature to dominate the intellectual life of his time and to represent it before posterity. One may well question whether he actually determined the spirit of his age or whether he was merely the incarnation and symbol of a prevailing state of mind. Did he precede or did he follow? The question is perhaps unanswerable; but one may at least say that Voltaire was certainly not the bold original thinker who must wait years or centuries to be appreciated. His genius was to be a little in advance of his time but not too far, so that his ideas seemed just sufficiently novel and just sufficiently true.

He was born in Paris, the son of a well-to-do Paris *notaire*, or lawyer, and was named François-Marie Arouet. (When he began to be famous, he adopted the name of Voltaire, perhaps an anagram of Arouet l[e] j[eune].) He had an excellent education in a Jesuit school, and was precociously successful as a writer. Too successful; mocking verses attributed to him and directed against the Regent (after the death of Louis XIV in 1715) resulted first in his exile from Paris and later in a year's confinement in the Bastille. In his prison leisure he wrote a tragedy which brought him fame. For some years he enjoyed a great literary and social success.

Prison had been a shock; now he had a more severe shock. He had an altercation with a high noble, the Chevalier de Rohan, in the dressing room of Adrienne Lecouvreur, the foremost French actress. He challenged Rohan to a duel and feverishly took fencing lessons. But a noble does not cross swords with a lawyer's son. Rohan had Voltaire beaten in the street by six lackeys. The government was concerned and arrested, not the Chevalier de Rohan, but Voltaire. He was released on condition that he leave the country. He had

had a cruel lesson: that the poet could be no more than a jester to the great, that intelligence could not protect genius against hireling lackeys with clubs in their hands.

Voltaire went to England for three precious years (1726–1729). He found there a relatively mild, democratic government, material prosperity, religious tolerance, and liberty of thought, speech, and action. He knew the leading intellectuals, Swift, Gay, Pope, Bolingbroke. He frequented especially the free-thinking deists, who believed in a benevolent creator but not in the Jewish-Christian Jehovah. His *Lettres philosophiques* (1734) revealed to the French the happy freedoms of England and by implication the repressions and obscurantism of France.

Voltaire, in France, soon recaptured his popularity. He established himself at Cirey, in eastern France, with Mme du Châtelet, a brilliant intellectual, no mean scientist. She reconciled him with the Court, checked his dangerous extravagances of expression and behavior and opened to him new fields of interest. She died in 1749.

Voltaire had long been in correspondence with his humble admirer, Frederick the Great of Prussia. Having no longer Mme du Châtelet to restrain him, he accepted the invitation of Frederick to come to Berlin as the chief ornament of the Prussian Court. After a dazzling reception followed the inevitable disagreements, quarrels, grievances, disillusionments. In 1753 Voltaire left Prussia, almost in a terrified flight.

As France would not receive him, he sought a home in Alsace and in Switzerland, first in Lausanne, afterward in Geneva. He then discovered an ideal location for a potential fugitive, the village of Ferney, in French territory on the edge of Switzerland and only a few miles from independent Savoy. Here he built a château, a model village complete with industries, a chapel (with the inscription *Deo erexit Voltaire*). Here, as *le patriarche de Ferney*, the old man became a European force. The great of the world, even a few sovereigns, came to visit him. Also came the intellectual outcasts, victims of judicial tyranny or of religious persecution. Voltaire in Ferney carried on campaigns for the distressed, composed endless polemics against his enemies, including the Catholic Church, produced literary works of every sort and conducted an enormous correspondence, one of the treasures of literature. "Quand on est jeune," he said, "il faut aimer comme un fou; quand on est vieux, travailler comme un diable."

In 1778, when he was 84, he was tempted to Paris to see the first night of his new tragedy, *Irène*. The festivities of Paris were too much for him and he died.

His *work* tends toward one constant purpose: to undermine the society based on authority and to substitute, by the free action of the human mind, a society based on reason.

He worked in almost every literary form. He thought of himself as primarily a writer of *tragedy in verse*. Yet his dramas, despite their many excellences, are little read today and never (so far as I know) produced. He wrote one serious epic, *La Henriade* —heavy reading. More fortunate are his *critical, satirical, and philosophical poems*. The ideas in these are interesting, and they are couched in a sharp, epigrammatic style that still cuts and prods. As a historian he revolutionized the writing of *history*, building a broad philosophical interpretation on scrupulous documentation. Especially in *Le Siècle de Louis XIV* and *Essai sur les mœurs* he wrote real *social history*, or the history of civilization and culture. His view of history was *rational;* his constant effort was to remove the supernatural from our records and interpretations.

As a *popularizer and disseminator of ideas*, or perhaps as a literary journalist, he was a master. His ideals, his discontent, his mockery were communicated to all French readers, and before long to the rebellious and the cynical in other countries, particularly in America. Even today we can identify among us the *Voltairian*, the witty, smug, scoffing skeptic.

CANDIDE OU L'OPTIMISME

Traduit de l'allemand de M. le Docteur Ralph*

AVEC LES ADDITIONS QU'ON A TROUVÉES DANS LA POCHE DU DOCTEUR, LORSQU'IL MOURUT A MINDEN, L'AN DE GRÂCE 1759†

[*The* conte philosophique, *or philosophic tale, is a literary type which Voltaire invented to further his journalistic purpose. The* conte philosophique *takes its rise from an abstract or general idea. The author creates a set of characters to embody the idea and cognate or opposed ideas; he sets the characters in motion; their adventures make the philosophic tale. It is a fable, apologue, or parable, greatly expanded, made realistic, and usually tinged with irony.*

Of Voltaire's philosophic tales, Candide ou l'optimisme *is the best known and the best. The germinal idea is* l'optimisme; *the chief illustrative character is Candide, a philosophical Li'l Abner.*

Optimism is not merely a disposition of mind, it is a philosophical explanation of the universe. Alexander Pope expounds it in his Essay on Man (1733–1734). *In brief, he holds that the universe is a vast chain of being, from God to the infinitesimal, to nothing. Man stands in the chain, linked with one hand to God, with the other to the beast, served and serving. In this great harmony partial evil is universal good.*

And spite of pride, in erring Reason's spite.
One truth is clear, whatever is, is right.

Voltaire knew and admired Pope, and in his happier younger days sustained in France the philosophy of optimism.

Leibnitz (1646–1716), the great mathematician and scientist, made of optimism a complete philosophical system. The world, he says, is obviously planned, and God is obviously good. Therefore the good God must have planned the best world possible. Leibnitz resolves the old inevitable problem of evil by saying that without evil there can be no good, and therefore evil is permitted by God. It was foreseen that the world with evil would still be the best of all possible worlds. To explain the structure of the universe

Leibnitz assumes the existence of monads, the indivisible elements of everything. They are infinitely small or infinitely great. The highest monad is God. In this system body and spirit do not interact, but they behave as if they interacted, because they are actuated by the same causes, or, since Leibnitz does not like the word "cause," by a sufficient reason, raison suffisante. *Body and spirit then act together, according to a preestablished harmony.*

Voltaire in his later days found these doctrines of optimism absurd. His philosophic dissatisfaction was suddenly made concrete by an event: the Lisbon disaster. In November 1755, Lisbon was shattered by an earthquake, partly submerged by a tidal wave, and the remains were ravaged by fire. Nearly 40,000 people perished. How, said Voltaire, can this blind calamity fit in your best of all possible worlds? He dashed off an angry, stirring Poème sur le désastre de Lisbonne, *which forecasts* Candide. *He carried the thought in mind for over two years. As he was busy with his great historical work,* Essai sur les mœurs, *he noted innumerable examples of the world's folly and evil, which seemed to confute the blithe tenets of optimism. In the summer of 1758 he amused himself by pouring his collection of horrors into the gay, frolicsome form of an adventure story. This is* Candide. *It was published in 1759.*

The book does not represent the sum of Voltaire's philosophy. Its purpose is negative, to point out the errors of the optimists, and any such destructive attack must be more violent than a sober statement of belief. Voltaire would not intend us to take his pessimism as a guide to life—his own life was not so guided. Remember, when you have read Candide, the concluding words: "il faut cultiver notre jardin." *This is Voltaire's advice to himself and to us. The world is very wicked, and more foolish than it is wicked. But do the best you can; never surrender; cultivate your garden.*

NOTE: *One paragraph, in Section XI, has been omitted for decorum's sake.*]

I. COMMENT CANDIDE FUT ÉLEVÉ DANS UN BEAU CHÂTEAU, ET COMMENT IL FUT CHASSÉ D'ICELUI§

Il y avait en Westphalie,° dans le château de monsieur le baron de Thunder-ten-tronckh, un

* Voltaire commonly ascribed his controversial writings to real or imaginary persons, but he deceived no one. † This subtitle was added in a second edition. The battle of Minden, Germany, took place on August 1, 1759.

§ *d'icelui* = *en.* (A quaint archaism, in imitation of style of adventure novels.) 47. *Westphalie:* barren region of western Germany.

jeune garçon à qui la nature avait donné les mœurs les plus douces. Sa physionomie annonçait son âme. Il avait le jugement assez° droit, avec l'esprit le plus simple; c'est, je crois, pour cette raison qu'on le nommait Candide. Les anciens domestiques de la maison soupçonnaient qu'il était fils de la sœur de monsieur le baron, et d'un bon et honnête gentilhomme du voisinage, que cette demoiselle ne voulut° jamais épouser, parce qu'il n'avait pu prouver que soixante et onze quartiers,° et que le reste de son arbre généalogique avait été perdu par l'injure du temps.

Monsieur le baron était un des plus puissants seigneurs de la Westphalie, car son château avait une porte et des fenêtres. Sa grande salle même était ornée d'une tapisserie. Tous les chiens de ses basses-cours° composaient une meute° dans le besoin; ses palefreniers° étaient ses piqueurs;° le vicaire du village était son grand-aumônier.° Ils l'appelaient tous Monseigneur, et ils riaient quand il faisait des contes.

Madame la baronne, qui pesait environ trois cent cinquante livres, s'attirait par là une très grande considération, et faisait les honneurs de la maison avec une dignité qui la rendait encore plus respectable. Sa fille Cunégonde,° âgée de dix-sept ans, était haute en couleur, fraîche, grasse, appétissante. Le fils du baron paraissait en tout digne de son père. Le précepteur Pangloss° était l'oracle de la maison, et le petit Candide écoutait ses leçons avec toute la bonne foi de son âge et de son caractère.

Pangloss enseignait la métaphysico-théologo-cosmolo-nigologie.° Il prouvait admirablement qu'il n'y a point d'effet sans cause, et que, dans ce meilleur des mondes possibles, le château de monseigneur le baron était le plus beau des châteaux et madame la meilleure des baronnes possibles.

« Il est démontré, disait-il, que les choses ne peuvent être autrement : car tout étant fait pour une fin, tout est nécessairement pour la meilleure fin. Remarquez bien que les nez ont été faits pour porter des lunettes, aussi° avons-nous des lunettes. Les jambes sont visiblement instituées pour être chaussées,° et nous avons des chausses. Les pierres ont été formées pour être taillées, et pour en faire des châteaux; aussi monseigneur a un très beau château; le plus grand baron de la province doit être le mieux logé; et les cochons étant faits pour être mangés, nous mangeons du porc toute l'année : par conséquent, ceux qui ont avancé que tout est bien ont dit une sottise; il fallait dire que tout est au mieux. »

Candide écoutait attentivement, et croyait innocemment; car il trouvait mademoiselle Cunégonde extrêmement belle, quoiqu'il ne prît jamais la hardiesse de le lui dire. Il concluait qu'après le bonheur d'être né baron de Thunder-ten-tronckh, le second degré de bonheur était d'être mademoiselle Cunégonde; le troisième, de la voir tous les jours, et le quatrième, d'entendre maître Pangloss, le plus grand philosophe de la province, et par conséquent de toute la terre.

Un jour Cunégonde, en se promenant auprès du château, dans le petit bois qu'on appelait *parc*, vit entre des broussailles° le docteur Pangloss qui donnait une leçon de physique expérimentale à la femme de chambre de sa mère, petite brune très jolie et très docile. Comme mademoiselle Cunégonde avait beaucoup de disposition pour les sciences, elle observa, sans souffler,° les expériences réitérées dont elle fut témoin; elle vit clairement la raison suffisante° du docteur, les effets et les causes, et s'en retourna toute agitée, toute pensive, toute remplie du désir d'être savante, songeant qu'elle pourrait bien être la raison suffisante du jeune Candide, qui pouvait aussi être la sienne.

Elle rencontra Candide en revenant au château, et rougit; Candide rougit aussi; elle lui dit bonjour d'une voix entrecoupée, et Candide lui parla sans savoir ce qu'il disait. Le lendemain après le dîner, comme on sortait de table, Cunégonde et Candide se trouvèrent derrière un paravent;° Cunégonde laissa tomber son mouchoir, Candide le ramassa; elle lui prit innocemment la main, le jeune homme baisa

3. *assez:* very. 9. *voulut:* Notice the force of the tense. 11. *quartiers:* quarterings, heraldic divisions of coat-of-arms, proving noble descent. 18. *basses-cours:* farmyards. 18. *meute:* hunting pack. 19. *palefreniers:* stable boys. 19. *piqueurs:* whippers-in. 20. *grand-aumônier:* Lord High Almoner. 27. *Cunégonde:* The old German name sounds grotesque to French ears. 31. *Pangloss:* "All tongue" (*Greek*). 35. *métaphysico-… nigologie:* a burlesque of pretentious philosophical nomenclature of German scholars.

1. *aussi:* and so, therefore. (This passage burlesques the doctrine of final causes.) 3. *chaussées:* trousered. 26. *broussailles:* underbrush. 32. *souffler:* breathe. 34. *raison suffisante:* Leibnitz's term for "cause." 46. *paravent:* screen.

innocemment la main de la jeune demoiselle avec une vivacité, une sensibilité, une grâce toute particulière; leurs bouches se rencontrèrent, leurs yeux s'enflammèrent, leurs genoux tremblèrent, leurs mains s'égarèrent. Monsieur le baron de Thunder-ten-tronckh passa auprès du paravent, et, voyant cette cause et cet effet, chassa Candide du château à grands coups de pied dans le derrière; Cunégonde s'évanouit; elle fut souffletée° par madame la baronne dès qu'elle fut revenue à elle-même; et tout fut consterné dans le plus beau et le plus agréable des châteaux possibles.

II. CE QUE DEVINT CANDIDE PARMI LES BULGARES*

Candide, chassé du paradis terrestre, marcha longtemps sans savoir où, pleurant, levant les yeux au ciel, les tournant souvent vers le plus beau des châteaux, qui renfermait la plus belle des baronnettes; il se coucha sans souper au milieu des champs entre deux sillons;° la neige tombait à gros flocons.° Candide, tout transi,° se traîna le lendemain vers la ville voisine, qui s'appelle *Valdberghoff-trarbk-dikdorff*, n'ayant point d'argent, mourant de faim et de lassitude. Il s'arrêta tristement à la porte d'un cabaret. Deux hommes habillés de bleu° le remarquèrent : « Camarade, dit l'un, voilà un jeune homme très bien fait, et qui a la taille requise. » Ils s'avancèrent vers Candide et le prièrent à dîner très civilement. « Messieurs, leur dit Candide avec une modestie charmante, vous me faites beaucoup d'honneur, mais je n'ai pas de quoi payer mon écot.°

— Ah monsieur! lui dit un des bleus, les personnes de votre figure et de votre mérite ne payent jamais rien : n'avez-vous pas cinq pieds cinq pouces° de haut?

— Oui, messieurs, c'est ma taille, dit-il en faisant la révérence.

— Ah monsieur! mettez-vous à table; non seulement nous vous défrayerons, mais nous ne souffrirons jamais qu'un homme comme vous manque d'argent; les hommes ne sont faits que pour se secourir les uns les autres.

— Vous avez raison, dit Candide; c'est ce que monsieur Pangloss m'a toujours dit, et je vois bien que tout est au mieux. » On le prie d'accepter quelques écus, il les prend et veut faire son billet,° on n'en veut point, on se met à table. « N'aimez-vous pas tendrement?...

— Oh oui! répond-il, j'aime tendrement mademoiselle Cunégonde.

— Non, dit l'un de ces messieurs, nous vous demandons si vous n'aimez pas tendrement le roi des Bulgares?

— Point du tout, dit-il, car je ne l'ai jamais vu.

— Comment? c'est le plus charmant des rois, et il faut boire à sa santé.

— Oh! très volontiers, messieurs. » Et il boit. « C'en est assez, lui dit-on, vous voilà l'appui, le soutien, le défenseur, le héros des Bulgares; votre fortune est faite, et votre gloire est assurée. » On lui met sur-le-champ les fers aux pieds, et on le mène au régiment. On le fait tourner à droite, à gauche, hausser la baguette,° remettre la baguette, coucher en joue,° tirer, doubler le pas, et on lui donne trente coups de bâton; le lendemain il fait l'exercice un peu moins mal, et il ne reçoit que vingt coups; le surlendemain on ne lui en donne que dix, et il est regardé par ses camarades comme un prodige.

Candide, tout stupéfait, ne démêlait pas encore trop bien comment il était un héros. Il s'avisa un beau jour de printemps de s'aller promener, marchant tout droit devant lui, croyant que c'était un privilège de l'espèce humaine, comme de l'espèce animale, de se servir de ses jambes à son plaisir. Il n'eut pas fait deux lieues, que voilà quatre autres héros de six pieds qui l'atteignent, qui le lient, qui le mènent dans un cachot. On lui demanda juridiquement ce qu'il aimait le mieux, d'être fustigé° trente-six fois par tout le régiment, ou de recevoir à la fois douze balles de plomb dans la cervelle. Il eut beau dire que les volontés sont libres, et qu'il ne voulait ni l'un ni l'autre, il fallut faire un choix; il se détermina en vertu du

10. *souffletée:* slapped. * *Bulgares:* i.e., Prussians. 23. *sillons:* furrows. 24. *flocons:* flakes. 24. *transi:* numb with cold. 29. *Deux hommes... bleu:* i.e., Prussian recruiting sergeants. (They received a bounty for each man enrolled or tricked into service. By accepting money and drinking the King's health the recruit made a contract.) 36. *écot:* share, bill (scot). 40. The French *pied* was 1.05 English feet. The minimum height for the Prussian army was therefore 5 feet 8 inches.

8. *billet:* I.O.U. 25. *baguette:* ramrod. 26. *coucher en joue:* take aim. (Phrases from the manual of arms.) 44. *fustigé:* lashed.

don de Dieu qu'on nomme *liberté*,° à passer trente-six fois par les baguettes; il essuya° deux promenades. Le régiment était composé de deux mille hommes; cela lui composa quatre mille coups de baguette, qui, depuis la nuque du cou jusqu'au cul,° lui découvrirent les muscles et les nerfs.° Comme on allait procéder à la troisième course, Candide, n'en pouvant plus, demanda en grâce qu'on voulût bien avoir la bonté de lui casser la tête; il obtient cette faveur; on lui bande les yeux, on le fait mettre à genoux. Le roi des Bulgares passe dans ce moment, s'informe du crime du patient; et comme ce roi avait un grand génie, il comprit, par tout ce qu'il apprit de Candide, que c'était un jeune métaphysicien, fort ignorant des choses de ce monde, et il lui accorda sa grâce avec une clémence qui sera louée dans tous les journaux et dans tous les siècles. Un brave chirurgien guérit Candide en trois semaines avec les émollients enseignés par Dioscoride.° Il avait déjà un peu de peau, et pouvait marcher, quand le roi des Bulgares livra bataille au roi des Abares.°

III. COMMENT CANDIDE SE SAUVA D'ENTRE LES BULGARES, ET CE QU'IL DEVINT

Rien n'était si beau, si leste,° si brillant, si bien ordonné que les deux armées. Les trompettes, les fifres, les hautbois,° les tambours, les canons, formaient une harmonie telle qu'il n'y en eut jamais en enfer. Les canons renversèrent d'abord à peu près six mille hommes de chaque côté; ensuite la mousqueterie ôta du meilleur des mondes environ neuf à dix mille coquins qui en infectaient la surface. La baïonnette fut aussi la raison suffisante de la mort de quelques milliers d'hommes. Le tout pouvait bien se monter à une trentaine de mille âmes. Candide, qui tremblait comme un philosophe, se cacha du mieux qu'il put pendant cette boucherie héroïque.

Enfin tandis que les deux rois faisaient chanter des *Te Deum*,° chacun dans son camp, il prit le parti d'aller raisonner ailleurs des effets et des causes. Il passa par-dessus des tas de morts et de mourants, et gagna d'abord un village voisin; il était en cendres; c'était un village abare que les Bulgares avaient brûlé, selon les lois du droit public. Ici des vieillards criblés° de coups regardaient mourir leurs femmes égorgées, qui tenaient leurs enfants à leurs mamelles sanglantes; là des filles éventrées° après avoir assouvi° les besoins naturels de quelques héros rendaient les derniers soupirs; d'autres à demi brûlées criaient qu'on achevât de leur donner la mort. Des cervelles étaient répandues sur la terre à côté de bras et de jambes coupés.

Candide s'enfuit au plus vite dans un autre village : il appartenait à des Bulgares, et les héros abares l'avaient traité de même. Candide, toujours marchant sur des membres palpitants, ou à travers des ruines, arriva enfin hors du théâtre de la guerre, portant quelques petites provisions dans son bissac,° et n'oubliant jamais mademoiselle Cunégonde. Ses provisions lui manquèrent quand il fut° en Hollande; mais ayant entendu dire que tout le monde était riche dans ce pays-là, et qu'on y était chrétien, il ne douta pas qu'on ne le traitât aussi bien qu'il avait été dans le château de monsieur le baron avant qu'il en eût été chassé pour les beaux yeux de mademoiselle Cunégonde.

Il demanda l'aumône à plusieurs graves personnages, qui lui répondirent tous que, s'il continuait à faire ce métier, on l'enfermerait dans une maison de correction pour lui apprendre à vivre.

Il s'adressa ensuite à un homme qui venait de parler tout seul une heure de suite sur la charité dans une grande assemblée. Cet orateur° le regardant de travers, lui dit : « Que venez-vous faire ici? y êtes-vous pour la bonne cause?

— Il n'y a point d'effet sans cause, répondit modestement Candide, tout est enchaîné nécessairement et arrangé pour le mieux. Il a fallu que je fusse chassé d'auprès de mademoiselle Cunégonde, que j'aie passé par les baguettes, et il faut que je demande mon pain jusqu'à ce que je puisse en gagner; tout cela ne pouvait être autrement.

1. *liberté:* here, free will. 2. *essuya:* endured. 6. *cul:* bottom, rear. 7. Voltaire had seen a captured deserter forced to run the gauntlet thirty-six times beneath the windows of the Potsdam palace, while Frederick the Great looked on. The man's ears and nose were cut off and he was sent to prison. Voltaire obtained his release. 22. *Dioscoride:* Greek medical writer. 24. *Abares:* i.e., the French. 29. *leste:* active, spirited. 31. *hautbois:* oboes.

1. *Te Deum:* anthem sung in celebration of victory. 7. *criblés:* riddled. 10. *éventrées:* disemboweled. 11. *assouvi:* sated. 22. *bissac:* haversack. 24. *fut:* arrived. (Note the force of the tense.) 38. *orateur:* i.e., a Protestant minister.

— Mon ami, lui dit l'orateur, croyez-vous que le pape soit l'Antéchrist?

— Je ne l'avais pas encore entendu dire, répondit Candide; mais qu'il le soit ou qu'il ne le soit pas, je manque de pain.

— Tu ne mérites pas d'en manger, dit l'autre; va, coquin, va, misérable, ne m'approche de ta vie. » La femme de l'orateur ayant mis la tête à la fenêtre et avisant un homme qui doutait que le pape fût l'Antéchrist, lui répandit sur le chef un plein...° O Ciel! à quel excès se porte le zèle de la religion dans les dames!

Un homme qui n'avait point été baptisé, un bon anabaptiste,° nommé Jacques, vit la manière cruelle et ignominieuse dont on traitait ainsi un de ses frères, un être à deux pieds sans plumes,° qui avait une âme; il l'amena chez lui, le nettoya, lui donna du pain et de la bière, lui fit présent de deux florins, et voulut même lui apprendre à travailler dans ses manufactures aux étoffes de Perse qu'on fabrique en Hollande. Candide, se prosternant presque devant lui, s'écriait : « Maître Pangloss me l'avait bien dit que tout est au mieux dans ce monde; car je suis infiniment plus touché de votre extrême générosité que de la dureté de ce monsieur à manteau noir, et de madame son épouse. »

Le lendemain en se promenant, il rencontra un gueux tout couvert de pustules, les yeux morts, le bout du nez rongé, la bouche de travers, les dents noires, et parlant de la gorge, tourmenté d'une toux° violente, et crachant une dent à chaque effort.

IV. COMMENT CANDIDE RENCONTRA SON ANCIEN MAÎTRE DE PHILOSOPHIE, LE DOCTEUR PANGLOSS, ET CE QUI EN ADVINT

Candide, plus ému encore de compassion que d'horreur, donna à cet épouvantable gueux les deux florins qu'il avait reçus de son honnête anabaptiste Jacques. Le fantôme le regarda fixement, versa des larmes, et sauta à son cou. Candide effrayé recule. « Hélas! dit le misérable à l'autre misérable, ne reconnaissez-vous plus votre cher Pangloss?

— Qu'entends-je? Vous, mon cher maître! vous, dans cet état horrible! Quel malheur

vous est-il donc arrivé? Pourquoi n'êtes-vous plus dans le plus beau des châteaux? Qu'est devenue mademoiselle Cunégonde, la perle des filles, le chef-d'œuvre de la nature?

— Je n'en peux plus, » dit Pangloss. Aussitôt Candide le mena dans l'étable de l'anabaptiste, où il lui fit manger un peu de pain; et quand Pangloss fut refait : « Eh bien, lui dit-il, Cunégonde?

— Elle est morte, reprit l'autre. » Candide s'évanouit à ce mot; son ami rappela ses sens avec un peu de mauvais vinaigre qui se trouva par hasard dans l'étable. Candide rouvre les yeux. « Cunégonde est morte! Ah! meilleur des mondes; où êtes-vous? Mais de quelle maladie est-elle morte? ne serait-ce point de m'avoir vu chasser du beau château de monsieur son père à grands coups de pied?

— Non, dit Pangloss; elle a été éventrée par des soldats bulgares, après avoir été violée autant qu'on peut l'être; ils ont cassé la tête à monsieur le baron qui voulait la défendre; madame la baronne a été coupée en morceaux; mon pauvre pupille traité précisément comme sa sœur; et quant au château, il n'est pas resté pierre sur pierre, pas une grange, pas un mouton, pas un canard, pas un arbre; mais nous avons été bien vengés, car les Abares en ont fait autant dans une baronnie voisine qui appartenait à un seigneur bulgare. »

A ce discours, Candide s'évanouit encore; mais revenu à soi, et ayant dit tout ce qu'il devait dire, il s'enquit de la cause et de l'effet, et de la raison suffisante qui avait mis Pangloss dans un si piteux état. « Hélas! dit l'autre, c'est l'amour; l'amour, le consolateur du genre humain, le conservateur de l'univers, l'âme de tous les êtres sensibles, le tendre amour.

— Hélas! dit Candide, je l'ai connu, cet amour, ce souverain des cœurs, cette âme de notre âme; il ne m'a jamais valu qu'un baiser et vingt coups de pied au cul. Comment cette belle cause a-t-elle pu produire en vous un effet si abominable? »

Pangloss répondit en ces termes : « O mon cher Candide! vous avez connu Paquette, cette jolie suivante de notre auguste baronne; j'ai goûté dans ses bras les délices du paradis, qui ont produit ces tourments d'enfer dont vous me voyez dévoré; elle en était infectée, elle en est peut-être morte. Paquette tenait ce présent

11. *un plein:* i.e., a slop pail. 14. *anabaptiste:* member of a rigorous Protestant sect, ancestor of present Mennonites. 17. *un être... plumes:* Plato's definition of man. 32. *toux:* cough.

d'un cordelier° très savant, qui avait remonté à la source; car il l'avait eue d'une vieille comtesse, qui l'avait reçue d'un capitaine de cavalerie, qui la devait à une marquise, qui la tenait d'un page, qui l'avait reçue d'un Jésuite qui, étant novice, l'avait eue en droite ligne d'un des compagnons de Christophe Colomb. Pour moi, je ne la donnerai à personne, car je me meurs.

— O Pangloss! s'écria Candide, voilà une étrange généalogie! n'est-ce pas le Diable qui en fut la souche?°

— Point du tout, répliqua ce grand homme; c'était une chose indispensable dans le meilleur des mondes, un ingrédient nécessaire : car si Colomb n'avait pas attrapé, dans une île de l'Amérique, cette maladie qui empoisonne la source de la génération, qui souvent même empêche la génération, et qui est évidemment l'opposé du grand but de la nature, nous n'aurions ni le chocolat, ni la cochenille;° il faut encore observer que jusqu'aujourd'hui dans notre continent, cette maladie nous est particulière, comme la controverse. Les Turcs, les Indiens, les Persans, les Chinois, les Siamois, les Japonais, ne la connaissent pas encore; mais il y a une raison suffisante pour qu'ils la connaissent à leur tour dans quelques siècles. En attendant, elle a fait un merveilleux progrès parmi nous, et surtout dans ces grandes armées composées d'honnêtes stipendiaires° bien élevés, qui décident du destin des états; on peut assurer que, quand trente mille hommes combattent en bataille rangée contre des troupes égales en nombre, il y a environ vingt mille vérolés° de chaque côté.

— Voilà qui est admirable, dit Candide, mais il faut vous faire guérir.

— Et comment le puis-je? dit Pangloss; je n'ai pas le sou, mon ami; et dans toute l'étendue de ce globe on ne peut ni se faire saigner, ni prendre un lavement,° sans payer, ou sans qu'il y ait quelqu'un qui paye pour nous. »

Ce dernier discours détermina Candide; il alla se jeter aux pieds de son charitable anabaptiste Jacques, et lui fit une peinture si touchante de l'état où son ami était réduit que le bon homme n'hésita pas à recueillir le docteur Pangloss; il le fit guérir à ses dépens. Pangloss, dans la cure, ne perdit qu'un œil et une oreille. Il écrivait bien et savait parfaitement l'arithmétique. L'anabaptiste Jacques en fit son teneur de livres.° Au bout de deux mois, étant obligé d'aller à Lisbonne pour les affaires de son commerce, il mena dans son vaisseau ses deux philosophes. Pangloss lui expliqua comment tout était on ne peut mieux. Jacques n'était pas de cet avis. « Il faut bien, disait-il, que les hommes aient un peu corrompu la nature, car ils ne sont point nés loups, et ils sont devenus loups. Dieu ne leur a donné ni canon de vingt-quatre,° ni baïonnettes; et ils se sont fait des baïonnettes et des canons pour se détruire. Je pourrais mettre en ligne de compte° les banqueroutes, et la justice qui s'empare des biens des banqueroutiers pour en frustrer° les créanciers.°

— Tout cela était indispensable, répliquait le docteur borgne,° et les malheurs particuliers font le bien général, de sorte que plus il y a de malheurs particuliers, et plus tout est bien. » Tandis qu'il raisonnait, l'air s'obscurcit, les vents soufflèrent des quatre coins du monde, et le vaisseau fut assailli de la plus horrible tempête, à la vue du port de Lisbonne.

V. TEMPÊTE, NAUFRAGE, TREMBLEMENT DE TERRE, ET CE QUI ADVINT DU DOCTEUR PANGLOSS, DE CANDIDE, ET DE L'ANABAPTISTE JACQUES

La moitié des passagers affaiblis, expirants de ces angoisses inconcevables que le roulis° d'un vaisseau porte dans les nerfs et dans toutes les humeurs du corps agitées en sens contraires, n'avait pas même la force de s'inquiéter du danger. L'autre moitié jetait des cris et faisait des prières; les voiles étaient déchirées, les mâts brisés, le vaisseau entr'ouvert. Travaillait qui pouvait, personne ne s'entendait, personne ne commandait. L'anabaptiste aidait un peu à la manœuvre; il était sur le tillac;° un matelot° furieux le frappe rudement et l'étend sur les planches; mais du coup qu'il lui donna il eut lui-même une si violente secousse qu'il tomba

1. *cordelier:* Franciscan monk. 12. *souche:* rootstock, origin. 21. *cochenille:* cochineal, scarlet dyestuff. 31. *stipendiaires:* mercenaries. 36. *vérolés:* syphilitics. 42. *lavement:* enema.

5. *teneur de livres:* bookkeeper. 13. *de vingt-quatre:* firing a 24-pound shot. 16. *mettre… compte:* count in. 18. *frustrer:* deprive. 18. Voltaire, as creditor, had suffered from the government's confiscation of a bankrupt's assets. 20. *borgne:* one-eyed. 34. *roulis:* rolling. 43. *tillac:* poop deck. 43. *matelot:* sailor.

hors du vaisseau la tête la première. Il restait suspendu et accroché à une partie de mât rompue. Le bon Jacques court à son secours, l'aide à remonter, et de l'effort qu'il fit il est précipité dans la mer à la vue du matelot, qui le laissa périr sans daigner seulement le regarder. Candide approche, voit son bienfaiteur qui reparaît un moment et qui est englouti pour jamais. Il veut se jeter après lui dans la mer; le philosophe Pangloss l'en empêche, en lui prouvant que la rade° de Lisbonne avait été formée exprès pour que cet anabaptiste s'y noyât. Tandis qu'il le prouvait a priori,° le vaisseau s'entr'ouvre, tout périt à la réserve de° Pangloss, de Candide, et de ce brutal de matelot qui avait noyé le vertueux anabaptiste; le coquin nagea heureusement jusqu'au rivage, où Pangloss et Candide furent portés sur une planche.

Quand ils furent revenus un peu à eux, ils marchèrent vers Lisbonne; il leur restait quelque argent, avec lequel ils espéraient se sauver de la faim après avoir échappé à la tempête.

A peine ont-ils mis le pied dans la ville en pleurant la mort de leur bienfaiteur, qu'ils sentent la terre trembler sous leurs pas; la mer s'élève en bouillonnant dans le port, et brise les vaisseaux qui sont à l'ancre. Des tourbillons° de flamme et de cendres couvrent les rues et les places publiques; les maisons s'écroulent,° les toits sont renversés sur les fondements, et les fondements se dispersent; trente mille habitants de tout âge et de tout sexe sont écrasés sous des ruines. Le matelot disait en sifflant et en jurant : « Il y aura quelque chose à gagner ici.

— Quelle peut être la raison suffisante de ce phénomène? disait Pangloss.

— Voici le dernier jour du monde! » s'écriait Candide. Le matelot court incontinent au milieu des débris, affronte la mort pour trouver de l'argent, en trouve, s'en empare, s'enivre, et ayant cuvé° son vin, achète les faveurs de la première fille de bonne volonté qu'il rencontre sur les ruines des maisons détruites et au milieu des mourants et des morts. Pangloss le tirait cependant par la manche. « Mon ami, lui disait-il, cela n'est pas bien, vous manquez

à la raison universelle, vous prenez mal votre temps.

— Tête et sang, répondit l'autre, je suis matelot et né à Batavia;° j'ai marché quatre fois sur le crucifix dans quatre voyages au Japon;° tu as bien trouvé ton homme avec ta raison universelle! »

Quelques éclats° de pierre avaient blessé Candide; il était étendu dans la rue et couvert de débris. Il disait à Pangloss : « Hélas! procure-moi un peu de vin et d'huile; je me meurs.

— Ce tremblement de terre n'est pas une chose nouvelle, répondit Pangloss; la ville de Lima° éprouva les mêmes secousses en Amérique l'année passée; mêmes causes, mêmes effets; il y a certainement une traînée de soufre° sous terre depuis Lima jusqu'à Lisbonne.

— Rien n'est plus probable, dit Candide; mais pour Dieu, un peu d'huile et de vin.

— Comment probable? répliqua le philosophe; je soutiens que la chose est démontrée. » Candide perdit connaissance, et Pangloss lui apporta un peu d'eau d'une fontaine voisine.

Le lendemain, ayant trouvé quelques provisions de bouche en se glissant à travers des décombres,° ils réparèrent un peu leurs forces. Ensuite ils travaillèrent comme les autres à soulager les habitants échappés à la mort. Quelques citoyens secourus par eux leur donnèrent un aussi bon dîner qu'on le pouvait dans un tel désastre : il est vrai que le repas était triste; les convives arrosaient leur pain de leurs larmes; mais Pangloss les consola, en les assurant que les choses ne pouvaient être autrement : « Car, dit-il, tout ceci est ce qu'il y a de mieux; car s'il y a un volcan° à Lisbonne, il ne pouvait être ailleurs. Car il est impossible que les choses ne soient pas où elles sont. Car tout est bien.»°

Un petit homme noir, familier° de l'Inquisition, lequel était à côté de lui, prit poliment la parole, et dit : « Apparemment que monsieur ne croit pas au péché originel; car si tout est au mieux, il n'y a donc eu ni chute° ni punition.

11. *rade*: roadstead, harbor. 13. *a priori*: argument by deduction from assumptions. 14. *à la réserve de*: except. 29. *tourbillons*: whirlwinds. 31. *s'écroulent*: collapse. 43. *cuvé*: slept off.

4. Batavia, capital of Java, then part of the Dutch East Indies. 5. The Japanese, said travelers, forced crews of merchant ships thus to renounce Christianity. 8. *éclats*: chips, fragments. 14. Lima, capital of Peru. 16. *traînée de soufre*: vein of sulfur. (Fantastic as it seems, this theory was advanced by Buffon and other scientists.) 26. *décombres*: ruins. 36. The theory of underground volcanoes was proposed as an explanation of earthquakes. 39. The phrasing, with its repetition of *car*, is a burlesque of German philosophers' style. 40. *familier*: agent. 44. *chute*: fall of man, original sin.

— Je demande très humblement pardon à Votre Excellence, répondit Pangloss encore plus poliment, car la chute de l'homme et la malédiction° entraient nécessairement dans le meilleur des mondes possibles.

— Monsieur ne croit donc pas à la liberté?° dit le familier.

— Votre Excellence m'excusera, dit Pangloss; la liberté peut subsister avec la nécessité absolue; car il était nécessaire que nous fussions libres; car enfin la volonté déterminée... » Pangloss était au milieu de sa phrase, quand le familier fit un signe de tête à son estafier° qui lui servait à boire du vin de Porto, ou d'Oporto.

VI. COMMENT ON FIT UN BEL AUTO-DA-FÉ* POUR EMPÊCHER LES TREMBLEMENTS DE TERRE, ET COMMENT CANDIDE FUT FESSÉ†

Après le tremblement de terre qui avait détruit les trois quarts de Lisbonne, les sages du pays n'avaient pas trouvé un moyen plus efficace pour prévenir une ruine totale, que de donner au peuple un bel auto-da-fé; il était décidé par l'université de Coïmbre° que le spectacle de quelques personnes brûlées à petit feu, en grande cérémonie, est un secret infaillible pour empêcher la terre de trembler.

On avait en conséquence saisi un Biscayen convaincu d'avoir épousé sa commère,° et deux Portugais qui en mangeant un poulet en avaient arraché le lard :° on vint lier après le dîner le docteur Pangloss et son disciple Candide, l'un pour avoir parlé, et l'autre pour avoir écouté avec un air d'approbation : tous deux furent menés séparément dans des appartements d'une extrême fraîcheur,° dans lesquels on n'était jamais incommodé du soleil : huit jours après ils furent tous deux revêtus d'un *sanbenito,*° et on orna leurs têtes de mitres de papier : la mitre et le sanbenito de Candide étaient peints de flammes renversées et de diables qui n'avaient ni queues, ni griffes;° mais

les diables de Pangloss portaient griffes et queues, et les flammes étaient droites. Ils marchèrent en procession ainsi vêtus, et entendirent un sermon très pathétique,° suivi d'une belle musique en faux-bourdon.° Candide fut fessé en cadence, pendant qu'on chantait; le Biscayen et les deux hommes qui n'avaient point voulu manger de lard furent brûlés, et Pangloss fut pendu, quoique ce ne soit pas la coutume. Le même jour la terre trembla de nouveau avec un fracas épouvantable.°

Candide épouvanté, interdit, éperdu, tout sanglant, tout palpitant, se disait à lui-même : « Si c'est ici le meilleur des mondes possibles, que sont donc les autres? Passe encore° si je n'étais que fessé, je l'ai été chez les Bulgares; mais, ô mon cher Pangloss! le plus grand des philosophes, faut-il vous avoir vu pendre sans que je sache pourquoi! O mon cher anabaptiste, le meilleur des hommes, faut-il que vous ayez été noyé dans le port! O mademoiselle Cunégonde, la perle des filles, faut-il qu'on vous ait fendu le ventre! »

Il s'en retournait, se soutenant à peine, prêché, fessé, absous et béni, lorsqu'une vieille l'aborda et lui dit : « Mon fils, prenez courage, suivez-moi. »

VII. COMMENT UNE VIEILLE PRIT SOIN DE CANDIDE, ET COMMENT IL RETROUVA CE QU'IL AIMAIT

Candide ne prit point courage, mais il suivit la vieille dans une masure :° elle lui donna un pot de pommade pour se frotter, lui laissa à manger et à boire; elle lui montra un petit lit assez propre; il y avait auprès du lit un habit complet. « Mangez, buvez, dormez, lui dit-elle, et que Notre-Dame d'Atocha, monseigneur St. Antoine de Padoue et monseigneur St. Jacques de Compostelle prennent soin de vous : je reviendrai demain. » Candide, toujours étonné de tout ce qu'il avait vu, de tout ce qu'il avait souffert, et encore plus de la charité de la vieille, voulut lui baiser la main. « Ce n'est pas ma main qu'il faut baiser, dit la vieille; je reviendrai demain. Frottez-vous de pommade, mangez et dormez. »

4. *malédiction:* curse. (See Genesis 3.) 6. *liberté:* free will. 13. *estafier:* armed servant. * *auto-da-fé.* ceremony of punishing heretics, usually by burning (*lit.,* act of faith). † *fessé:* flogged. 25. Coimbra, city of Portugal. 30. *commère:* godmother. (According to doctrine of "spiritual affinity," marriage to one's godparent is incest.) 32. *lard:* fat. The two men were suspected of Judaism, since Mosaic law forbids the eating of fat. 37. *fraîcheur:* coolness. 40. *sanbenito:* ceremonial costume worn by convicted heretics. 43. *griffes:* claws. (Pangloss's costume indicates his greater guilt, as utterer of heresy.)

4. *pathétique:* moving. 5. *faux-bourdon:* plain song, chanting. 11. In fact, a second earthquake followed a few weeks after the first. 15. *Passe encore:* It wouldn't be so bad. 34. *masure:* hovel.

Candide, malgré tant de malheurs, mangea et dormit. Le lendemain la vieille lui apporte à déjeuner, visite° son dos, le frotte elle-même d'une autre pommade; elle lui apporte ensuite à dîner; elle revient sur le soir et apporte à souper. Le surlendemain elle fit encore les mêmes cérémonies. « Qui êtes-vous? lui disait toujours Candide; qui vous a inspiré tant de bonté? quelles grâces puis-je vous rendre? » La bonne femme ne répondait jamais rien; elle revint sur le soir, et n'apporta point à souper. « Venez avec moi, dit-elle, et ne dites mot. » Elle le prend sous le bras, et marche avec lui dans la campagne environ un quart de mille; ils arrivent à une maison isolée, entourée de jardins et de canaux. La vieille frappe à une petite porte. On ouvre; elle mène Candide par un escalier dérobé° dans un cabinet doré, le laisse sur un canapé de brocart,° referme la porte, et s'en va. Candide croyait rêver, et regardait toute sa vie comme un songe funeste, et le moment présent comme un songe agréable.

La vieille reparut bientôt; elle soutenait avec peine une femme tremblante, d'une taille majestueuse, brillante de pierreries et couverte d'un voile. « Otez ce voile, » dit la vieille à Candide. Le jeune homme approche; il lève le voile d'une main timide. Quel moment! quelle surprise! il croit voir mademoiselle Cunégonde; il la voyait en effet, c'était elle-même. La force lui manque, il ne peut proférer une parole, il tombe à ses pieds. Cunégonde tombe sur le canapé.° La vieille les accable d'eaux spiritueuses; ils reprennent leurs sens, ils se parlent : ce sont d'abord des mots entrecoupés, des demandes et des réponses qui se croisent, des soupirs, des larmes, des cris. La vieille leur recommande de faire moins de bruit, et les laisse en liberté. « Quoi! c'est vous, lui dit Candide, vous vivez! Je vous retrouve en Portugal! On ne vous a donc pas violée? On ne vous a point fendu le ventre, comme le philosophe Pangloss me l'avait assuré?

— Si fait,° dit la belle Cunégonde; mais on ne meurt pas toujours de ces deux accidents.

— Mais votre père et votre mère ont-ils été tués?

— Il n'est que trop vrai, dit Cunégonde en pleurant.

— Et votre frère?

— Mon frère a été tué aussi.

— Et pourquoi êtes-vous en Portugal? et comment avez-vous su que j'y étais? et par quelle étrange aventure m'avez-vous fait conduire dans cette maison?

— Je vous dirai tout cela, répliqua la dame; mais il faut auparavant que vous m'appreniez tout ce qui vous est arrivé depuis le baiser innocent que vous me donnâtes et les coups de pied que vous reçûtes. »

Candide lui obéit avec un profond respect; et quoiqu'il fût interdit, quoique sa voix fût faible et tremblante, quoique l'échine° lui fît encore un peu mal, il lui raconta de la manière la plus naïve tout ce qu'il avait éprouvé depuis le moment de leur séparation. Cunégonde levait les yeux au ciel; elle donna des larmes à la mort du bon anabaptiste et de Pangloss; après quoi elle parla en ces termes à Candide, qui ne perdait pas une parole, et qui la dévorait des yeux.

VIII. HISTOIRE DE CUNÉGONDE

« J'étais dans mon lit et je dormais profondément, quand il plut au ciel d'envoyer les Bulgares dans notre beau château de Thunderten-tronckh; ils égorgèrent mon père et mon frère, et coupèrent ma mère par morceaux. Un grand Bulgare, haut de six pieds, voyant qu'à ce spectacle j'avais perdu connaissance, se mit à me violer; cela me fit revenir, je repris mes sens, je criai, je me débattis, je mordis, j'égratignai,° je voulais arracher les yeux à ce grand Bulgare, ne sachant pas que tout ce qui arrivait dans le château de mon père était une chose d'usage : le brutal me donna un coup de couteau dans le flanc gauche dont je porte encore la marque.

— Hélas! j'espère bien la voir, dit le naïf Candide.

— Vous la verrez, dit Cunégonde; mais continuons.

— Continuez, » dit Candide.

Elle reprit ainsi le fil de son histoire : « Un capitaine bulgare entra, il me vit toute sanglante, et le soldat ne se dérangeait pas. Le capitaine se

3. *visite:* examines. 18. *dérobé:* private, hidden. 19. *canapé de brocart:* brocaded sofa. 33. This passage burlesques the emotional recognition scenes in then-popular novels. 44. *Si fait:* Yes, indeed.

16. *échine:* spine, back. 37. *j'égratignai:* I scratched.

mit en colère du peu de respect que lui témoignait ce brutal, et le tua sur mon corps. Ensuite il me fit panser, et m'emmena prisonnière de guerre dans son quartier. Je blanchissais le peu de chemises qu'il avait, je faisais sa cuisine; il me trouvait fort jolie, il faut l'avouer; et je ne nierai pas qu'il ne fût très bien fait,° et qu'il n'eût la peau blanche et douce; d'ailleurs peu d'esprit, peu de philosophie; on voyait bien qu'il n'avait pas été élevé par le docteur Pangloss. Au bout de trois mois, ayant perdu tout son argent et s'étant dégoûté de moi, il me vendit à un Juif nommé Don Issacar, qui trafiquait en Hollande et en Portugal, et qui aimait passionnément les femmes. Ce Juif s'attacha beaucoup à ma personne, mais il ne pouvait en triompher; je lui ai mieux résisté qu'au soldat bulgare. Une personne d'honneur peut être violée une fois, mais sa vertu s'en affermit.

« Le Juif, pour m'apprivoiser,° me mena dans cette maison de campagne que vous voyez. J'avais cru jusque-là qu'il n'y avait rien sur la terre de si beau que le château de Thunderten-tronckh; j'ai été détrompée.

« Le grand inquisiteur m'aperçut un jour à la messe, il me lorgna° beaucoup, et me fit dire qu'il avait à me parler pour des affaires secrètes. Je fus conduite à son palais; je lui appris ma naissance; il me représenta combien il était au-dessous de mon rang d'appartenir à un Israélite. On proposa de sa part à Don Issacar de me céder à monseigneur. Don Issacar, qui est le banquier de la cour, et homme de crédit, n'en voulut rien faire. L'inquisiteur le menaça d'un auto-da-fé. Enfin mon Juif intimidé conclut un marché, par lequel la maison et moi leur appartiendraient à tous deux en commun, que le Juif aurait pour lui les lundis, mercredis, et le jour du sabbat, et que l'inquisiteur aurait les autres jours de la semaine. Il y a six mois que cette convention subsiste. Ce n'a pas été sans querelles; car souvent il a été indécis si la nuit du samedi au dimanche appartenait à l'ancienne loi, ou à la nouvelle.° Pour moi, j'ai résisté jusqu'à présent à toutes les deux, et je crois que c'est pour cette raison que j'ai toujours été aimée.

« Enfin, pour détourner le fléau des tremblements de terre, et pour intimider Don Issacar, il plut à monseigneur l'inquisiteur de célébrer un auto-da-fé. Il me fit l'honneur de m'y inviter. Je fus très bien placée; on servit aux dames des rafraîchissements entre la messe et l'exécution. Je fus à la vérité saisie d'horreur en voyant brûler ces deux Juifs et cet honnête Biscayen qui avait épousé sa commère; mais quelle fut ma surprise, mon effroi, mon trouble, quand je vis, dans un sanbenito, et sous une mitre, une figure qui ressemblait à celle de Pangloss! Je me frottai les yeux, je regardai attentivement, je le vis pendre; je tombai en faiblesse. A peine reprenais-je mes sens que je vous vis dépouillé tout nu; ce fut là le comble de l'horreur, de la consternation, de la douleur, du désespoir. Je vous dirai, avec vérité, que votre peau est encore plus blanche et d'un incarnat° plus parfait que celle de mon capitaine des Bulgares. Cette vue redoubla tous les sentiments qui m'accablaient, qui me dévoraient. Je m'écriai, je voulus dire : « Arrêtez, barbares! » mais la voix me manqua, et mes cris auraient été inutiles. Quand vous eûtes été bien fessé : « Comment se peut-il faire, disais-je, que l'aimable Candide et le sage Pangloss se trouvent à Lisbonne, l'un pour recevoir cent coups de fouet, et l'autre pour être pendu par l'ordre de monseigneur l'inquisiteur, dont je suis la bien-aimée? Pangloss m'a donc bien cruellement trompée quand il me disait que tout va le mieux du monde. »

« Agitée, éperdue,° tantôt hors de moi-même, et tantôt prête de mourir de faiblesse, j'avais la tête remplie du massacre de mon père, de ma mère, de mon frère, de l'insolence de mon vilain soldat bulgare, du coup de couteau qu'il me donna, de ma servitude, de mon métier de cuisinière, de mon capitaine bulgare, de mon vilain Don Issacar, de mon abominable inquisiteur, de la pendaison du docteur Pangloss, de ce grand miserere° en faux-bourdon pendant lequel on vous fessait, et surtout du baiser que je vous avais donné derrière un paravent, le jour que je vous avais vu pour la dernière fois. Je louai Dieu qui vous ramenait à moi par tant d'épreuves. Je recommandai à ma vieille d'avoir soin de vous, et de vous amener ici dès qu'elle le pourrait.

7. *bien fait:* handsome. 20. *pour m'apprivoiser:* to tame me. 26. *me lorgna:* eyed, ogled me. 43–44. *ancienne... nouvelle:* i.e., to the Hebraic or the Christian Sabbath.

20. *incarnat:* rosiness. 34. *éperdue:* frantic. 43. *miserere:* have mercy upon us (*church chant*).

Elle a très bien exécuté ma commission; j'ai goûté le plaisir inexprimable de vous revoir, de vous entendre, de vous parler. Vous devez avoir une faim dévorante; j'ai grand appétit; commençons par souper. »

Les voilà qui se mettent tous deux à table; et, après le souper, ils se replacent sur ce beau canapé dont on a déjà parlé; ils y étaient quand le signor Don Issacar, l'un des maîtres de la maison, arriva. C'était le jour du sabbat. Il venait jouir de ses droits, et expliquer son tendre amour.

IX. CE QUI ADVINT DE CUNÉGONDE, DE CANDIDE, DU GRAND INQUISITEUR ET D'UN JUIF

Cet Issacar était le plus colérique Hébreu qu'on eût vu dans Israël depuis la captivité en Babylone. « Quoi! dit-il, chienne de Galiléenne,° ce n'est pas assez de monsieur l'inquisiteur? il faut que ce coquin partage aussi avec moi? » En disant cela il tire un long poignard dont il était toujours pourvu, et, ne croyant pas que son adverse partie eût des armes, il se jette sur Candide; mais notre bon Westphalien avait reçu une belle épée de la vieille avec l'habit complet. Il tire son épée, quoiqu'il eût les mœurs fort douces, et vous étend l'Israélite roide mort sur le carreau° aux pieds de la belle Cunégonde.

« Sainte-Vierge! s'écria-t-elle, qu'allons-nous devenir? un homme tué chez moi! si la justice vient, nous sommes perdus.

— Si Pangloss n'avait pas été pendu, dit Candide, il nous donnerait un bon conseil dans cette extrémité, car c'était un grand philosophe. A son défaut, consultons la vieille. » Elle était fort prudente, et commençait à dire son avis, quand une autre petite porte s'ouvrit. Il était une heure après minuit, c'était le commencement du dimanche. Ce jour appartenait à monseigneur l'inquisiteur. Il entre et voit le fessé Candide, l'épée à la main, un mort étendu par terre, Cunégonde effarée, et la vieille donnant des conseils.

Voici dans ce moment ce qui se passa dans l'âme de Candide, et comment il raisonna : « Si ce saint homme appelle du secours, il me fera infailliblement brûler; il pourra en faire autant de Cunégonde; il m'a fait fouetter impitoyablement; il est mon rival; je suis en train de tuer, il n'y a pas à balancer.° » Ce raisonnement fut net et rapide; et sans donner le temps à l'inquisiteur de revenir de sa surprise, il le perce d'outre en outre,° et le jette à côté du Juif. « En voici bien d'une autre,° dit Cunégonde; il n'y a plus de rémission; nous sommes excommuniés, notre dernière heure est venue. Comment avez-vous fait, vous qui êtes né si doux, pour tuer en deux minutes un Juif et un prélat?

— Ma belle demoiselle, répondit Candide, quand on est amoureux, jaloux et fouetté par l'Inquisition, on ne se connaît plus. »

La vieille prit alors la parole, et dit : « Il y a trois chevaux andalous° dans l'écurie avec leurs selles et leurs brides : que le brave Candide les prépare; madame a des moyadors° et des diamants: montons vite à cheval, quoique je ne puisse me tenir que sur une fesse,° et allons à Cadiz;° il fait le plus beau temps du monde, et c'est un grand plaisir de voyager pendant la fraîcheur de la nuit. »

Aussitôt Candide selle les trois chevaux. Cunégonde, la vieille et lui font trente milles d'une traite.° Pendant qu'ils s'éloignaient, la Sainte Hermandad° arrive dans la maison; on enterre monseigneur dans une belle église, et on jette Issacar à la voirie.°

Candide, Cunégonde et la vieille étaient déjà dans la petite ville d'Avacéna, au milieu des montagnes de la Sierra Morena;° et ils parlaient ainsi dans un cabaret.

X. DANS QUELLE DÉTRESSE CANDIDE, CUNÉGONDE ET LA VIEILLE ARRIVENT A CADIZ, ET DE LEUR EMBARQUEMENT

« Qui a donc pu me voler mes pistoles et mes diamants? disait en pleurant Cunégonde; de quoi vivrons-nous? Comment ferons-nous? Où trouver des inquisiteurs et des Juifs qui m'en donnent d'autres?

— Hélas! dit la vieille, je soupçonne fort un révérend père cordelier, qui coucha hier dans la même auberge que nous à Badajos; Dieu me

3. *balancer:* hesitate. 6. *d'outre en outre:* through and through. 7. *En voici... autre:* This gets worse and worse. 16. *andalous:* Andalusian, of southern Spain. 18. *moyadors:* Portuguese gold coins. 20. *fesse:* buttock. 21. Cadiz, seaport of southern Spain. 26. *d'une traite:* without stopping. 27. *Sainte Hermandad:* police. 29. *voirie:* city dump. 32. Sierra Morena, mountain range in southern Spain.

20. *Galiléenne:* Christian. 30. *carreau:* floor.

garde de faire un jugement téméraire, mais il entra deux fois dans notre chambre, et il partit longtemps avant nous.

— Hélas! dit Candide, le bon Pangloss m'avait souvent prouvé que les biens de la terre sont communs à tous les hommes, que chacun y a un droit égal.° Ce cordelier devait bien, suivant ces principes, nous laisser de quoi achever notre voyage. Il ne vous reste donc rien du tout, ma belle Cunégonde?

— Pas un maravédis,° dit-elle.

— Quel parti prendre? dit Candide.

— Vendons un des chevaux, dit la vieille; je monterai en croupe derrière mademoiselle, quoique je ne puisse me tenir que sur une fesse, et nous arriverons à Cadix. »

Il y avait dans la même hôtellerie un prieur de bénédictins; il acheta le cheval bon marché. Candide, Cunégonde et la vieille passèrent par Lucena, par Chillas, par Lebrixa, et arrivèrent enfin à Cadix. On y équipait une flotte, et on y assemblait des troupes pour mettre à la raison les révérends pères jésuites du Paraguay, qu'on accusait d'avoir fait révolter une de leurs hordes contre les rois d'Espagne et de Portugal, auprès de la ville du Saint-Sacrement.° Candide, ayant servi chez les Bulgares, fit l'exercice bulgarien devant le général de la petite armée, avec tant de grâce, de célérité, d'adresse, de fierté, d'agilité, qu'on lui donna une compagnie d'infanterie à commander. Le voilà capitaine; il s'embarque avec mademoiselle Cunégonde, la vieille, deux valets, et les deux chevaux andalous qui avaient appartenu à monsieur le grand inquisiteur de Portugal.

Pendant toute la traversée ils raisonnèrent beaucoup sur la philosophie du pauvre Pangloss. « Nous allons dans un autre univers, disait Candide; c'est dans celui-là sans doute que tout est bien. Car il faut avouer qu'on pourrait gémir un peu de ce qui se passe dans le nôtre en physique et en morale.

— Je vous aime de tout mon cœur, disait Cunégonde; mais j'ai encore l'âme tout effarouchée de ce que j'ai vu, de ce que j'ai éprouvé.

— Tout ira bien, répliquait Candide; la mer de ce nouveau monde vaut déjà mieux que les mers de notre Europe; elle est plus calme, les vents plus constants. C'est certainement le nouveau monde qui est le meilleur des univers possibles.

— Dieu le veuille! disait Cunégonde; mais j'ai été si horriblement malheureuse dans le mien, que mon cœur est presque fermé à l'espérance.

— Vous vous plaignez, leur dit la vieille; hélas! vous n'avez pas éprouvé des infortunes telles que les miennes. » Cunégonde se mit presque à rire, et trouva cette bonne femme fort plaisante de prétendre être plus malheureuse qu'elle. « Hélas! lui dit-elle, ma bonne, à moins que vous n'ayez été violée par deux Bulgares, que vous n'ayez reçu deux coups de couteau dans le ventre, qu'on n'ait démoli deux de vos châteaux, qu'on n'ait égorgé à vos yeux deux mères et deux pères, et que vous n'ayez vu deux de vos amants fouettés dans un auto-da-fé, je ne vois pas que vous puissiez l'emporter sur moi; ajoutez que je suis née baronne avec soixante et douze quartiers, et que j'ai été cuisinière.

— Mademoiselle, répondit la vieille, vous ne savez pas quelle est ma naissance; et, si je vous montrais mon derrière, vous ne parleriez pas comme vous le faites, et vous suspendriez votre jugement. » Ce discours fit naître une extrême curiosité dans l'esprit de Cunégonde et de Candide. La vieille leur parla en ces termes.

XI. HISTOIRE DE LA VIEILLE

Je n'ai pas eu toujours les yeux éraillés° et bordés d'écarlate; mon nez n'a pas toujours touché à mon menton, et je n'ai pas toujours été servante. Je suis la fille du pape Urbain X et de la princesse de Palestrine.° On m'éleva jusqu'à quatorze ans dans un palais auquel tous les châteaux de vos barons allemands n'auraient pas servi d'écurie; et une de mes robes valait mieux que toutes les magnificences de la

7. This theory had been enunciated by Rousseau in his *Discours sur l'inégalité* (1755). 11. *maravédis:* small Spanish copper coin. 26. The Jesuits had built up an almost independent province in the interior of South America, and ruled it as a benevolent theocracy. In 1750 Spain ceded to Portugal many thousand square miles of this province in exchange for the fortified village of Sacramento (Saint-Sacrement). The Jesuits resented and resisted this transfer. They armed their Indian wards and revolted, submitting only when worsted by the combined forces of Spain and Portugal. The spectacle of militarized churchmen was not likely to escape Voltaire's malice.

39. *éraillés:* bloodshot. 43. "Voyez l'extrême discrétion de l'auteur; il n'y eut jusqu'à présent aucun pape nommé Urbain X; il craint de donner une bâtarde à un pape connu. Quelle circonspection! quelle délicatesse de conscience!" (*Note de Voltaire.*)

Westphalie. Je croissais en beauté, en grâces, en talents, au milieu des plaisirs, des respects et des espérances. J'inspirais déjà de l'amour. Ma gorge° se formait; et quelle gorge! blanche, ferme, taillée comme celle de la Vénus de Médicis; et quels yeux! quelles paupières!° quels sourcils° noirs! quelles flammes brillaient dans mes deux prunelles° et effaçaient la scintillation des étoiles, comme me disaient les poètes du quartier. Les femmes qui m'habillaient et qui me déshabillaient tombaient en extase en me regardant par devant et par derrière, et tous les hommes auraient voulu être à leur place.

Je fus fiancée à un prince souverain de Massa-Carrara. Quel prince! aussi beau que moi, pétri° de douceur et d'agréments, brillant d'esprit et brûlant d'amour. Je l'aimais comme on aime pour la première fois, avec idolâtrie, avec emportement. Les noces furent préparées. C'était une pompe, une magnificence inouïe; c'étaient des fêtes, des carrousels,° des opéra-buffa° continuels; et toute l'Italie fit pour moi des sonnets dont il n'y eut pas un seul de passable. Je touchais au moment de mon bonheur, quand une vieille marquise qui avait été maîtresse de mon prince l'invita à prendre du chocolat chez elle. Il mourut en moins de deux heures avec des convulsions épouvantables. Mais ce n'est qu'une bagatelle. Ma mère au désespoir, et bien moins affligée que moi, voulut s'arracher pour quelque temps à un séjour si funeste. Elle avait une très belle terre auprès de Gaïète.° Nous nous embarquâmes sur une galère° du pays, dorée comme l'autel de St.-Pierre de Rome. Voilà qu'un corsaire de Salé° fond sur nous et nous aborde. Nos soldats se défendirent comme des soldats du pape; ils se mirent tous à genoux en jetant leurs armes, et en demandant au corsaire une absolution *in articulo mortis.*°

Aussitôt on les dépouilla nus comme des singes, et ma mère aussi, nos filles d'honneur aussi, et moi aussi. C'est une chose admirable que la diligence avec laquelle ces messieurs déshabillent le monde…

Je ne vous dirai point combien il est dur pour une jeune princesse d'être menée esclave à Maroc° avec sa mère. Vous concevez assez tout ce que nous eûmes à souffrir dans le vaisseau corsaire. Ma mère était encore très belle; nos filles d'honneur, nos simples femmes de chambre avaient plus de charmes qu'on n'en peut trouver dans toute l'Afrique. Pour moi, j'étais ravissante, j'étais la beauté, la grâce même, et j'étais pucelle.° Je ne le fus pas longtemps : cette fleur qui avait été réservée pour le beau prince de Massa-Carrara me fut ravie par le capitaine corsaire. C'était un nègre abominable, qui croyait encore me faire beaucoup d'honneur. Certes il fallait que madame la princesse de Palestrine et moi fussions bien fortes pour résister à tout ce que nous éprouvâmes jusqu'à notre arrivée à Maroc. Mais passons; ce sont des choses si communes qu'elles ne valent pas la peine qu'on en parle.

Maroc nageait dans le sang quand nous arrivâmes. Cinquante fils de l'empereur Muley Ismaël avaient chacun leur parti : ce qui produisait en effet cinquante guerres civiles, de noirs contre noirs, de noirs contre basanés,° de basanés contre basanés, de mulâtres contre mulâtres. C'était un carnage continuel dans toute l'étendue de l'empire.

A peine fûmes-nous débarquées que des noirs d'une faction ennemie de celle de mon corsaire se présentèrent pour lui enlever son butin. Nous étions, après les diamants et l'or, ce qu'il avait de plus précieux. Je fus témoin d'un combat tel que vous n'en voyez jamais dans vos climats d'Europe. Les peuples septentrionaux° n'ont pas le sang assez ardent. Ils n'ont pas la rage des femmes au point où elle est commune en Afrique. Il semble que vos Européens aient du lait dans les veines; c'est du vitriol, c'est du feu, qui coule dans celles des habitants du mont Atlas° et des pays voisins. On combattit avec la fureur des lions, des tigres et des serpents de la contrée, pour savoir qui nous aurait. Un Maure saisit ma mère par le bras droit, le lieutenant de mon capitaine la retint par le bras gauche; un soldat Maure la prit par une jambe, un de nos pirates la tenait par l'autre. Nos filles se trouvèrent presque toutes en un moment tirées ainsi à quatre soldats. Mon capitaine me tenait

4. *gorge:* breast. 6. *paupières:* eyelids. 7. *sourcils:* eyebrows. 8. *prunelles:* pupils. 16. *pétri:* composed of. 21. *carrousels:* tournaments. 22. *opéra-buffa:* comic operas. 33. Gaeta, seaport between Rome and Naples. 34. *galère:* galley, propelled by rowers. 35. Salli, on Atlantic coast of Morocco. 40. *absolution… mortis:* absolution without confession, granted those about to die.

2. *Maroc:* Morocco. 9. *pucelle:* virgin. 24. *basanés:* swarthy. 34. *septentrionaux:* northern. 39. Mount Atlas, in Morocco.

cachée derrière lui. Il avait le cimeterre° au poing, et tuait tout ce qui s'opposait à sa rage. Enfin, je vis toutes nos Italiennes et ma mère déchirées, coupées, massacrées par les monstres qui se les disputaient. Les captifs, mes compagnons, ceux qui les avaient pris, soldats, matelots, noirs, basanés, blancs, mulâtres, et enfin mon capitaine, tout fut tué, et je demeurai mourante sur un tas de morts.° Des scènes pareilles se passaient, comme on sait, dans l'étendue de plus de trois cent lieues, sans qu'on manquât aux cinq prières par jour ordonnées par Mahomet.

Je me débarrassai avec beaucoup de peine de la foule de tant de cadavres sanglants entassés, et je me traînai sous un grand oranger au bord d'un ruisseau voisin; j'y tombai d'effroi, de lassitude, d'horreur, de désespoir et de faim. Bientôt après mes sens accablés se livrèrent à un sommeil qui tenait plus de l'évanouissement que du repos. J'étais dans cet état de faiblesse et d'insensibilité, entre la mort et la vie, quand je me sentis pressée de quelque chose qui s'agitait sur mon corps. J'ouvris les yeux, je vis un homme blanc et de bonne mine qui soupirait et qui disait entre ses dents : « *O che sciagura d'essere senza coglioni!* »°

XII. SUITE DES MALHEURS DE LA VIEILLE

Étonnée et ravie d'entendre la langue de ma patrie, et non moins surprise des paroles que proférait cet homme, je lui répondis qu'il y avait de plus grands malheurs que celui dont il se plaignait. Je l'instruisis en peu de mots des horreurs que j'avais essuyées,° et je retombai en faiblesse. Il m'emporta dans une maison voisine, me fit mettre au lit, me fit donner à manger, me servit, me consola, me flatta, me dit qu'il n'avait rien vu de si beau que moi, et que jamais il n'avait tant regretté ce que personne ne pouvait lui rendre. «Je suis né à Naples, me dit-il; on y chaponne° deux ou trois mille enfants tous les ans; les uns en meurent, les autres acquièrent une voix plus belle que celle des femmes, les autres vont gouverner des

états. On me fit cette opération avec un très grand succès, et j'ai été musicien de la chapelle de madame la princesse de Palestrine.

— De ma mère! m'écriai-je.

— De votre mère! s'écria-t-il en pleurant. Quoi! vous seriez cette jeune princesse que j'ai élevée jusqu'à l'âge de six ans, et qui promettait déjà d'être aussi belle que vous êtes?

— C'est moi-même; ma mère est à quatre cents pas d'ici, coupée en quartiers sous un tas de morts. »

Je lui contai tout ce qui m'était arrivé; il me conta aussi ses aventures, et m'apprit comment il avait été envoyé chez le roi de Maroc par une puissance chrétienne, pour conclure avec ce monarque un traité, par lequel on lui fournirait de la poudre, des canons et des vaisseaux, pour l'aider à exterminer le commerce des autres chrétiens. « Ma mission est faite, dit cet honnête eunuque; je vais m'embarquer à Ceuta,° et je vous ramènerai en Italie. *Ma che sciagura d'essere senza coglioni!* »

Je le remerciai avec des larmes d'attendrissement; et au lieu de me mener en Italie, il me conduisit à Alger, et me vendit au dey° de cette province. A peine fus-je vendue que cette peste qui a fait le tour de l'Afrique, de l'Asie et de l'Europe se déclara dans Alger avec fureur. Vous avez vu des tremblements de terre; mais, mademoiselle, avez-vous jamais eu la peste?

— Jamais, répondit la baronne.

Si vous l'aviez eue, reprit la vieille, vous avoueriez qu'elle est bien au-dessus d'un tremblement de terre. Elle est fort commune en Afrique : j'en fus attaquée. Figurez-vous quelle situation pour la fille d'un pape, âgée de quinze ans, qui en trois mois de temps avait éprouvé la pauvreté, l'esclavage, avait été violée presque tous les jours, avait vu couper sa mère en quatre, avait essuyé la faim et la guerre, et mourait pestiférée dans Alger. Je n'en mourus pourtant pas. Mais mon eunuque et le dey, et presque tout le sérail° d'Alger périrent.

Quand les premiers ravages de cette épouvantable peste furent passés, on vendit les esclaves du dey. Un marchand m'acheta et me mena à Tunis. Il me vendit à un autre marchand, qui me revendit à Tripoli; de Tripoli je fus revendue à Alexandrie, d'Alexandrie revendue

1. *cimeterre:* scimitar, curved sword. 9. This passage parodies the frightful scenes of carnage in current adventure novels. 27. *O che… coglioni!* Oh what a misfortune to be a eunuch! 36. *essuyées:* endured. 43. *chaponne:* castrates. (The castration of boys to make them adult sopranos ceased only in 1878, when Pope Leo XIII abolished the choir of *castrati* in the Sistine Chapel.)

20. Ceuta, seaport of northern Morocco. 25. *dey:* governor. 43. *sérail:* seraglio, harem.

à Smyrne, de Smyrne à Constantinople. J'appartins enfin à un aga des janissaires,° qui fut bientôt commandé pour aller défendre Azof° contre les Russes qui l'assiégeaient.

L'aga, qui était un très galant homme, mena avec lui tout son sérail, et nous logea dans un petit fort sur les Palus Méotides,° gardé par deux eunuques noirs et vingt soldats. On tua prodigieusement de Russes, mais ils nous le rendirent bien. Azof fut mis à feu et à sang, et on ne pardonna ni au sexe ni à l'âge; il ne resta que notre petit fort; les ennemis voulurent nous prendre par famine. Les vingt janissaires avaient juré de ne se jamais rendre. Les extrémités de la faim où ils furent réduits les contraignirent à manger nos deux eunuques, de peur de violer leur serment. Au bout de quelques jours ils résolurent de manger les femmes.

Nous avions un iman° très pieux et très compatissant, qui leur fit un beau sermon par lequel il leur persuada de ne nous pas tuer tout à fait. « Coupez, dit-il, seulement une fesse à chacune de ces dames, vous ferez très bonne chère; s'il faut y revenir, vous en aurez encore autant dans quelques jours; le ciel vous saura gré d'une action si charitable, et vous serez secourus. »

Il avait beaucoup d'éloquence; il les persuada. On nous fit cette horrible opération. L'iman nous appliqua le même baume qu'on met aux enfants qu'on vient de circoncire. Nous étions toutes à la mort.°

A peine les janissaires eurent-ils fait le repas que nous leur avions fourni, que les Russes arrivent sur des bateaux plats; il ne réchappa pas un janissaire. Les Russes ne firent aucune attention à l'état où nous étions. Il y a partout des chirurgiens français; un d'eux qui était fort adroit prit soin de nous; il nous guérit, et je me souviendrai toute ma vie que, quand mes plaies° furent bien fermées, il me fit des propositions. Au reste, il nous dit à toutes de nous consoler; il nous assura que dans plusieurs sièges pareille chose était arrivée, et que c'était la loi de la guerre.

Dès que mes compagnes purent marcher, on les fit aller à Moscou. J'échus en partage° à un boïard,° qui me fit sa jardinière, et qui me donnait vingt coups de fouet par jour. Mais ce seigneur ayant été roué° au bout de deux ans avec une trentaine de boïards, pour quelque tracasserie° de cour, je profitai de cette aventure; je m'enfuis; je traversai toute la Russie; je fus longtemps servante de cabaret à Riga, puis à Rostock, à Vismar, à Leipsick, à Cassel, à Utrecht, à Leyde, à la Haye, à Rotterdam : j'ai vieilli dans la misère et dans l'opprobre,° n'ayant que la moitié d'un derrière, me souvenant toujours que j'étais fille d'un pape; je voulus cent fois me tuer, mais j'aimais encore la vie. Cette faiblesse ridicule est peut-être un de nos penchants les plus funestes : car y a-t-il rien de plus sot que de vouloir porter continuellement un fardeau qu'on veut toujours jeter par terre? d'avoir son être en horreur, et de tenir à son être? enfin de caresser le serpent qui nous dévore, jusqu'à ce qu'il nous ait mangé le cœur?

J'ai vu dans les pays que le sort m'a fait parcourir, et dans les cabarets où j'ai servi, un nombre prodigieux de personnes qui avaient leur existence en exécration; mais je n'en ai vu que douze qui aient mis volontairement fin à leur misère : trois nègres, quatre Anglais, quatre Genevois et un professeur allemand nommé Robeck.° J'ai fini par être servante chez le Juif Don Issacar; il me mit auprès de vous, ma belle demoiselle; je me suis attachée à votre destinée, et j'ai été plus occupée de vos aventures que des miennes. Je ne vous aurais même jamais parlé de mes malheurs, si vous ne m'aviez pas un peu piquée, et s'il n'était d'usage dans un vaisseau de conter des histoires pour se désennuyer. Enfin, mademoiselle, j'ai de l'expérience, je connais le monde; donnez-vous un plaisir, engagez chaque passager à vous conter son histoire; et s'il s'en trouve un seul qui n'ait souvent maudit sa vie, qui ne se soit souvent dit à lui-même qu'il était le plus malheureux des hommes, jetez-moi dans la mer la tête la première.

2. The janizaries, Turkey's standing army, were recruited mostly from the Christian population as children and were severely indoctrinated as Mohammedans. The aga was their commander. 3. *Azof,* city in southern Russia. 7. *Palus Méotides:* Sea of Azof, opening into the Black Sea. 19. *iman:* Mohammedan priest. 31. *à la mort:* close to death. 40. *plaies:* wounds.

1. *j'échus en partage:* I fell to the lot. 2. *boïard:* Russian nobleman. 4. *roué:* broken on the wheel. 6. *tracasserie:* flurry, fuss. 11. *opprobre:* opprobrium, ignominy. 30. *Robeck:* author of a book in praise of suicide. (He drowned himself in support of his theories, though postponing the demonstration until he was 67.)

XIII. COMMENT CANDIDE FUT OBLIGÉ DE SE SÉPARER DE LA BELLE CUNÉGONDE ET DE LA VIEILLE

La belle Cunégonde, ayant entendu l'histoire de la vieille, lui fit toutes les politesses qu'on devait à une personne de son rang et de son mérite. Elle accepta la proposition; elle engagea tous les passagers l'un après l'autre à lui conter leurs aventures. Candide et elle avouèrent que la vieille avait raison. «C'est bien dommage, disait Candide, que le sage Pangloss ait été pendu contre la coutume dans un auto-da-fé; il nous dirait des choses admirables sur le mal physique, et sur le mal moral qui couvrent la terre et la mer, et je me sentirais assez de force pour oser lui faire respectueusement quelques objections.»

A mesure que chacun racontait son histoire, le vaisseau avançait. On aborda dans Buenos-Aires. Cunégonde, le capitaine Candide et la vieille allèrent chez le gouverneur Don Fernando d'Ibaraa, y Figueora, y Mascarenes, y Lampourdos, y Souza. Ce seigneur avait une fierté convenable à un homme qui portait tant de noms. Il parlait aux hommes avec le dédain le plus noble, portant le nez si haut, élevant si impitoyablement la voix, prenant un ton si imposant, affectant une démarche° si altière, que tous ceux qui le saluaient étaient tentés de le battre. Il aimait les femmes à la fureur. Cunégonde lui parut ce qu'il avait jamais vu de plus beau. La première chose qu'il fit fut de demander si elle n'était point la femme du capitaine. L'air dont il fit cette question alarma Candide; il n'osa pas dire qu'elle était sa femme, parce qu'en effet elle ne l'était point; il n'osait pas dire que c'était sa sœur, parce qu'elle ne l'était pas non plus; et quoique ce mensonge officieux° eût été autrefois très à la mode chez les anciens,° et qu'il pût être utile aux modernes, son âme était trop pure pour trahir la vérité. «Mademoiselle Cunégonde, dit-il, doit me faire l'honneur de m'épouser, et nous supplions Votre Excellence de daigner faire notre noce.»

Don Fernando d'Ibaraa, y Figueora, y Mascarenes, y Lampourdos, y Souza, relevant sa moustache, sourit amèrement, et ordonna au capitaine Candide d'aller faire la revue de sa compagnie. Candide obéit; le gouverneur demeura avec mademoiselle Cunégonde. Il lui déclara sa passion, lui protesta que le lendemain il l'épouserait à la face de l'église, ou autrement, ainsi qu'il plairait à ses charmes. Cunégonde lui demande un quart d'heure pour se recueillir, pour consulter la vieille et pour se déterminer.

La vieille dit à Cunégonde: «Mademoiselle, vous avez soixante et douze quartiers, et pas une obole;° il ne tient qu'à vous d'être la femme du plus grand seigneur de l'Amérique méridionale, qui a une très belle moustache; est-ce à vous de vous piquer d'une fidélité à toute épreuve?° Vous avez été violée par les Bulgares; un Juif et un inquisiteur ont eu vos bonnes grâces. Les malheurs donnent des droits. J'avoue que si j'étais à votre place, je ne ferais aucun scrupule d'épouser monsieur le gouverneur et de faire la fortune de monsieur le capitaine Candide.» Tandis que la vieille parlait avec toute la prudence que l'âge et l'expérience donnent, on vit entrer dans le port un petit vaisseau; il portait un alcade° et des alguazils,° et voici ce qui était arrivé.

La vieille avait très bien deviné que ce fut un cordelier à la grande manche° qui vola l'argent et les bijoux de Cunégonde dans la ville de Badajos, lorsqu'elle fuyait en hâte avec Candide. Ce moine voulut vendre quelques-unes des pierreries à un joaillier. Le marchand les reconnut pour celles du grand inquisiteur. Le cordelier, avant d'être pendu, avoua qu'il les avait volées. Il indiqua les personnes et la route qu'elles prenaient. La fuite de Cunégonde et de Candide était déjà connue. On les suivit à Cadiz; on envoya sans perdre de temps un vaisseau à leur poursuite. Le vaisseau était déjà dans le port de Buenos-Aires. Le bruit se répandit qu'un alcade allait débarquer, et qu'on poursuivait les meurtriers de monseigneur le grand inquisiteur. La prudente vieille vit dans l'instant tout ce qui était à faire. «Vous ne pouvez fuir, dit-elle à Cunégonde, et vous n'avez rien à craindre; ce n'est pas vous qui avez tué monseigneur; et d'ailleurs le gouverneur, qui vous aime, ne souffrira pas qu'on vous maltraite; demeurez.» Elle court sur-le-champ

29. *démarche:* manner. 40. *officieux:* accommodating. 41. Reference to the story of Abraham and Sarah, Genesis 20:2.

11. *obole:* penny. 14. *à toute épreuve:* proof against everything. 24. *alcade:* judge. 24. *alguazils:* policemen. 27. *à la grande manche:* big-sleeved (the better for stealing).

à Candide : « Fuyez, dit-elle, ou dans une heure vous allez être brûlé. » Il n'y avait pas un moment à perdre ; mais comment se séparer de Cunégonde, et où se réfugier ?

XIV. COMMENT CANDIDE ET CACAMBO FURENT REÇUS CHEZ LES JÉSUITES DU PARAGUAY

Candide avait amené de Cadiz un valet tel qu'on en trouve beaucoup sur les côtes d'Espagne et dans les colonies. C'était un quart d'Espagnol,° né d'un métis° dans le Tucuman ;° il avait été enfant de chœur, sacristain, matelot, moine, facteur,° soldat, laquais. Il s'appelait Cacambo, et aimait fort son maître, parce que son maître était un fort bon homme. Il sella au plus vite les deux chevaux andalous. « Allons, mon maître, suivons le conseil de la vieille ; partons et courons sans regarder derrière nous. » Candide versa des larmes : « O ma chère Cunégonde ! faut-il vous abandonner dans le temps que monsieur le gouverneur va faire nos noces ! Cunégonde, amenée de si loin, que deviendrez-vous ?

— Elle deviendra ce qu'elle pourra, dit Cacambo ; les femmes ne sont jamais embarrassées d'elles ;° Dieu y pourvoit ; courons.

— Où me mènes-tu ? où allons-nous ? que ferons-nous sans Cunégonde ? disait Candide.

— Par St. Jacques de Compostelle, dit Cacambo, vous alliez faire la guerre aux Jésuites ; allons la faire pour eux : je sais assez les chemins, je vous mènerai dans leur royaume, ils seront charmés d'avoir un capitaine qui fasse l'exercice à la bulgare ; vous ferez une fortune prodigieuse ; quand on n'a pas son compte dans un monde, on le trouve dans un autre. C'est un très grand plaisir de voir et de faire des choses nouvelles.

— Tu as donc été déjà dans le Paraguay ? dit Candide.

— Eh vraiment oui, dit Cacambo ; j'ai été cuistre° dans le collège de l'Assomption,° et je connais le gouvernement de los Padres° comme je connais les rues de Cadiz. C'est une chose admirable que ce gouvernement. Le royaume a déjà plus de trois cents lieues de diamètre ;° il est divisé en trente provinces. Los Padres y ont tout, et les peuples rien ; c'est le chef-d'œuvre de la raison et de la justice.° Pour moi, je ne vois rien de si divin que los Padres, qui font ici la guerre au roi d'Espagne et au roi de Portugal, et qui en Europe confessent ces rois ; qui tuent ici des Espagnols, et qui à Madrid les envoient au ciel ; cela me ravit ; avançons ; vous allez être le plus heureux de tous les hommes. Quel plaisir auront los Padres quand ils sauront qu'il leur vient un capitaine qui sait l'exercice bulgare ! »

Dès qu'ils furent arrivés à la première barrière, Cacambo dit à la garde avancée qu'un capitaine demandait à parler à monseigneur le commandant.° On alla avertir la grande garde. Un officier paraguain courut aux pieds du commandant lui donner part de la nouvelle. Candide et Cacambo furent d'abord désarmés ; on se saisit de leurs deux chevaux andalous. Les deux étrangers sont introduits au milieu de deux files de soldats ; le commandant était au bout, le bonnet à trois cornes en tête, la robe retroussée,° l'épée au côté, l'esponton° à la main. Il fit un signe ; aussitôt vingt-quatre soldats entourent les deux nouveaux venus. Un sergent leur dit qu'il faut attendre, que le commandant ne peut leur parler, que le révérend père provincial ne permet pas qu'aucun Espagnol ouvre la bouche qu'en sa présence, et demeure plus de trois heures dans le pays. « Et où est le révérend père provincial ? dit Cacambo.

— Il est à la parade après avoir dit sa messe, répondit le sergent ; et vous ne pourrez baiser ses éperons° que dans trois heures.

— Mais, dit Cacambo, monsieur le capitaine, qui meurt de faim comme moi, n'est point espagnol, il est allemand ; ne pourrions-nous point déjeuner en attendant sa révérence ? »

Le sergent alla sur-le-champ rendre compte de ce discours au commandant. « Dieu soit

2. *trois… diamètre:* an exaggeration. 4. In fact, observers stated that the Jesuit rule was a model of equity, a happy communism under religious guidance, a theocracy unique in history. 17. *monseigneur le commandant:* "His Reverence the Major." (A grotesque mingling of ecclesiastical and military terms. Voltaire continues this comic device; thus in a moment the captain falls at the feet of his superior officer, as a minor cleric might to his bishop.) 25. *robe retroussée:* gown tucked up. The costume blends those of priest and soldier. 25. *esponton:* spontoon, short pike. 36. *éperons:* spurs. (Still the medley of ecclesiastical and military customs.)

12. *quart d'Espagnol:* quarter Spanish. 13. *métis:* half-breed. 13. Tucuman, province of Argentina. 15. *facteur:* porter. 28. *embarrassées d'elles:* at a loss. 44. *cuistre:* college servant. 44. Asunción, present capital of Paraguay. 45. *los Padres:* the Fathers.

béni, dit ce seigneur; puisqu'il est allemand, je peux lui parler; qu'on le mène dans ma feuillée.° » Aussitôt on conduit Candide dans un cabinet de verdure orné d'une très jolie colonnade de marbre vert et or, et de treillages° qui renfermaient des perroquets, des colibris,° des oiseaux-mouches,° des pintades,° et tous les oiseaux les plus rares. Un excellent déjeuner était préparé dans des vases d'or : et tandis que les Paraguains mangèrent du maïs° dans des écuelles° de bois en plein champ à l'ardeur du soleil, le révérend père commandant entra dans la feuillée.

C'était un très beau jeune homme, le visage plein, assez blanc, haut en couleur, le sourcil relevé, l'œil vif, l'oreille rouge, les lèvres vermeilles, l'air fier, mais d'une fierté qui n'était ni celle d'un Espagnol, ni celle d'un Jésuite. On rendit à Candide et à Cacambo leurs armes, qu'on leur avait saisies, ainsi que les deux chevaux andalous; Cacambo leur fit manger l'avoine° auprès de la feuillée, ayant toujours l'œil sur eux, crainte de surprise.

Candide baisa d'abord le bas de la robe du commandant, ensuite ils se mirent à table. « Vous êtes donc allemand? lui dit le Jésuite en cette langue. — Oui, mon révérend père, » dit Candide. L'un et l'autre en prononçant ces paroles se regardaient avec une extrême surprise et une émotion dont ils n'étaient pas les maîtres. « Et de quel pays d'Allemagne êtes-vous? dit le Jésuite.

— De la sale province de Westphalie, dit Candide : je suis né dans le château de Thunder-ten-tronckh.

— O ciel! est-il possible! s'écria le commandant.

— Quel miracle! s'écria Candide.

— Serait-ce vous? dit le commandant.

— Cela n'est pas possible, dit Candide. » Ils se laissent tomber tous deux à la renverse,° ils s'embrassent, ils versent des ruisseaux de larmes. « Quoi! serait-ce vous, mon révérend père? vous le frère de la belle Cunégonde! vous qui fûtes tué par les Bulgares! vous le fils de monsieur le baron! vous Jésuite au Paraguay!°

Il faut avouer que ce monde est une étrange chose. O Pangloss! Pangloss! que vous seriez aise si vous n'aviez pas été pendu! »

Le commandant fit retirer les esclaves nègres et les Paraguains, qui servaient à boire dans des gobelets de cristal de roche. Il remercia Dieu et St. Ignace° mille fois; il serrait Candide entre ses bras; leurs visages étaient baignés de pleurs. « Vous seriez bien plus étonné, plus attendri, plus hors de vous-même, dit Candide, si je vous disais que Mademoiselle Cunégonde, votre sœur, que vous avez crue éventrée, est pleine de santé.

— Où?

— Dans votre voisinage, chez monsieur le gouverneur de Buenos-Aires; et je venais pour vous faire la guerre. » Chaque mot qu'ils prononcèrent dans cette longue conversation accumulait prodige sur prodige. Leur âme tout entière volait sur leur langue, était attentive dans leurs oreilles et étincelante dans leurs yeux. Comme ils étaient Allemands, ils tinrent table longtemps, en attendant le révérend père provincial; et le commandant parla ainsi à son cher Candide.

XV. comment candide tua le frère de sa chère cunégonde

« J'aurai toute ma vie présent à la mémoire le jour horrible où je vis tuer mon père et ma mère, et violer ma sœur. Quand les Bulgares furent retirés, on ne trouva point cette sœur adorable, et on mit dans une charrette ma mère, mon père et moi, deux servantes et trois petits garçons égorgés, pour nous aller enterrer dans une chapelle de Jésuites à deux lieues du château de mes pères. Un Jésuite nous jeta de l'eau bénite;° elle était horriblement salée; il en entra quelques gouttes dans mes yeux; le père s'aperçut que ma paupière faisait un petit mouvement : il mit la main sur mon cœur et le sentit palpiter; je fus secouru, et au bout de trois semaines il n'y paraissait pas. Vous savez, mon cher Candide, que j'étais fort joli, je le devins encore davantage; aussi le révérend père Croust,° supérieur de la maison, prit pour moi la plus tendre amitié; il me donna l'habit de novice; quelque

3. *feuillée:* arbor. 5. *treillages:* cages. 6. *colibris:* hummingbirds. 7. *oiseaux-mouches:* hummingbirds. 7. *pintades:* guinea fowl. 10. *maïs:* maize, Indian corn. 11. *écuelles:* bowls. 22. *avoine:* oats. 41. *à la renverse:* backward. 46. Again a burlesque of emotional "recognition scenes," of amazing coincidences which were the stock in trade of novelists.

7. St. Ignatius Loyola, founder of Jesuit order. 38. *eau bénite:* holy water. 46. *Croust:* name of Jesuit Rector of Colmar, Germany, who had opposed Voltaire's intention of settling in that city.

temps après je fus envoyé à Rome. Le père général° avait besoin d'une recrue° de jeunes Jésuites allemands. Les souverains du Paraguay reçoivent le moins qu'ils peuvent de Jésuites espagnols; ils aiment mieux les étrangers dont ils se croient plus maîtres. Je fus jugé propre par le révérend père général pour aller travailler dans cette vigne.° Nous partîmes, un Polonais, un Tirolien° et moi. Je fus honoré, en arrivant, du sous-diaconat° et d'une lieutenance; je suis aujourd'hui colonel et prêtre. Nous recevrons vigoureusement les troupes du roi d'Espagne; je vous réponds qu'elles seront excommuniées et battues. La Providence vous envoie ici pour nous seconder. Mais est-il bien vrai que ma chère sœur Cunégonde soit dans le voisinage, chez le gouverneur de Buenos-Aires? » Candide l'assura par serment que rien n'était plus vrai. Leurs larmes recommencèrent à couler.

Le baron ne pouvait se lasser d'embrasser Candide; il l'appelait son frère, son sauveur. « Ah! peut-être, lui dit-il, nous pourrons ensemble, mon cher Candide, entrer en vainqueurs dans la ville, et reprendre ma sœur Cunégonde.

— C'est tout ce que je souhaite, dit Candide; car je comptais l'épouser, et je l'espère encore.

— Vous, insolent! répondit le baron, vous auriez l'impudence d'épouser ma sœur qui a soixante et douze quartiers! Je vous trouve bien effronté d'oser me parler d'un dessein si téméraire! » Candide, pétrifié d'un tel discours, lui répondit : « Mon révérend père, tous les quartiers du monde n'y font rien; j'ai tiré votre sœur des bras d'un Juif et d'un inquisiteur, elle m'a assez d'obligations, elle veut m'épouser. Maître Pangloss m'a toujours dit que les hommes sont égaux,° et assurément je l'épouserai.

— C'est ce que nous verrons, coquin! » dit le Jésuite baron de Thunder-ten-tronckh, et en même temps il lui donna un grand coup du plat de son épée sur le visage. Candide dans l'instant tire la sienne et l'enfonce jusqu'à la garde dans le ventre du baron Jésuite; mais en la retirant toute fumante, il se mit à pleurer : « Hélas! mon Dieu! dit-il, j'ai tué mon ancien

maître, mon ami, mon beau-frère; je suis le meilleur homme du monde, et voilà déjà trois hommes que je tue; et dans ces trois il y a deux prêtres. »

Cacambo, qui faisait sentinelle à la porte de la feuillée, accourut. « Il ne nous reste qu'à vendre cher notre vie, lui dit son maître : on va sans doute entrer dans la feuillée, il faut mourir les armes à la main. » Cacambo, qui en avait bien vu d'autres,° ne perdit point la tête; il prit la robe de Jésuite que portait le baron, la mit sur le corps de Candide, lui donna le bonnet carré du mort, et le fit monter à cheval. Tout cela se fit en un clin d'œil. « Galopons, mon maître; tout le monde vous prendra pour un Jésuite qui va donner des ordres; et nous aurons passé les frontières avant qu'on puisse courir après nous. » Il volait déjà en prononçant ces paroles, et en criant en espagnol : « Place, place pour le révérend père colonel! »

XVI. CE QUI ADVINT AUX DEUX VOYAGEURS AVEC DEUX FILLES, DEUX SINGES ET LES SAUVAGES NOMMÉS OREILLONS

Candide et son valet furent au-delà des barrières, et personne ne savait encore dans le camp la mort du Jésuite allemand. Le vigilant Cacambo avait eu soin de remplir sa valise de pain, de chocolat, de jambon, de fruit et de quelques mesures de vin. Ils s'enfoncèrent avec leurs chevaux andalous dans un pays inconnu, où ils ne découvrirent aucune route. Enfin une belle prairie entrecoupée de ruisseaux se présenta devant eux. Nos deux voyageurs font repaître leurs montures.° Cacambo propose à son maître de manger, et lui en donne l'exemple. « Comment veux-tu, disait Candide, que je mange du jambon, quand j'ai tué le fils de monsieur le baron, et que je me vois condamné à ne revoir la belle Cunégonde de ma vie? à quoi me servira de prolonger mes misérables jours, puisque je dois les traîner loin d'elle dans les remords et dans le désespoir? et que dira le journal de Trévoux?° »

En parlant ainsi, il ne laissa pas de manger. Le soleil se couchait. Les deux égarés entendirent quelques petits cris qui paraissaient poussés par

2. *père général:* head of Jesuit order. 2. *recrue:* group of recruits. 8. *travailler dans cette vigne:* to labor in this vineyard (Matthew 20:1). 9. *Tirolien:* of the Tyrol, Austrian Alpine province. 10. *sous-diaconat:* office of subdeacon, minor clerical rank. 37. No doubt another reference to Rousseau's *Discours sur l'inégalité.*

10. *qui en… d'autres:* who had been through worse than that. 36. *font… montures:* let their horses graze. 45. *journal de Trévoux:* the Jesuit review.

des femmes. Ils ne savaient si ces cris étaient de douleur ou de joie; mais ils se levèrent précipitamment avec cette inquiétude et cette alarme que tout inspire dans un pays inconnu. Ces clameurs partaient de deux filles toutes nues qui couraient légèrement au bord de la prairie, tandis que deux singes les suivaient en leur mordant les fesses. Candide fut touché de pitié; il avait appris à tirer chez les Bulgares, et il aurait abattu une noisette° dans un buisson sans toucher aux feuilles. Il prend son fusil espagnol à deux coups, tire, et tue les deux singes. « Dieu soit loué, mon cher Cacambo, j'ai délivré d'un grand péril ces deux pauvres créatures; si j'ai commis un péché en tuant un inquisiteur et un Jésuite, je l'ai bien réparé en sauvant la vie à deux filles. Ce sont peut-être deux demoiselles de condition, et cette aventure nous peut procurer de très grands avantages dans le pays. »

Il allait continuer, mais sa langue devint percluse° quand il vit ces deux filles embrasser tendrement les deux singes, fondre en larmes sur leurs corps et remplir l'air des cris les plus douloureux. « Je ne m'attendais pas à tant de bonté d'âme, » dit-il enfin à Cacambo; lequel lui répliqua : « Vous avez fait là un beau chef-d'œuvre, mon maître; vous avez tué les deux amants de ces demoiselles.

— Leurs amants ! serait-il possible ? Vous vous moquez de moi, Cacambo; le moyen de vous croire ?

— Mon cher maître, repartit Cacambo, vous êtes toujours étonné de tout; pourquoi trouvez-vous si étrange que dans quelques pays il y ait des singes qui obtiennent les bonnes grâces des dames ? Ils sont des quarts d'hommes, comme je suis un quart d'Espagnol.

— Hélas ! reprit Candide, je me souviens d'avoir entendu dire à maître Pangloss qu'autrefois pareils accidents étaient arrivés, et que ces mélanges avaient produit des égipans,° des faunes, des satyres; que plusieurs grands personnages de l'antiquité en avaient vu; mais je prenais cela pour des fables.

— Vous devez être convaincu à présent, dit Cacambo, que c'est une vérité, et vous voyez comment en usent les personnes qui n'ont pas reçu une certaine éducation; tout ce que je

crains, c'est que ces dames ne nous fassent quelque méchante affaire. »

Ces réflexions solides engagèrent Candide à quitter la prairie et à s'enfoncer dans un bois. Il y soupa avec Cacambo; et tous deux, après avoir maudit l'inquisiteur de Portugal, le gouverneur de Buenos-Aires et le baron, s'endormirent sur de la mousse. A leur réveil, ils sentirent qu'ils ne pouvaient remuer; la raison en était que pendant la nuit les Oreillons,° habitants du pays, à qui les deux dames les avaient dénoncés, les avaient garrottés avec des cordes d'écorce d'arbre. Ils étaient entourés d'une cinquantaine d'Oreillons tout nus, armés de flèches, de massues° et de haches de caillou :° les uns faisaient bouillir une grande chaudière;° les autres préparaient des broches,° et tous criaient : « C'est un Jésuite, c'est un Jésuite ! nous serons vengés, et nous ferons bonne chère; mangeons du Jésuite, mangeons du Jésuite ! »

« Je vous l'avais bien dit, mon cher maître, s'écria tristement Cacambo, que ces deux filles nous joueraient un mauvais tour. » Candide, apercevant la chaudière et les broches, s'écria : « Nous allons certainement être rôtis ou bouillis. Ah ! que dirait maître Pangloss, s'il voyait comme la pure nature est faite ?° Tout est bien; soit, mais j'avoue qu'il est bien cruel d'avoir perdu mademoiselle Cunégonde et d'être mis à la broche par des Oreillons. » Cacambo ne perdait jamais la tête. « Ne désespérez de rien, dit-il au désolé Candide; j'entends un peu le jargon de ces peuples, je vais leur parler.

— Ne manquez pas, dit Candide, de leur représenter quelle est l'inhumanité affreuse de faire cuire des hommes, et combien cela est peu chrétien. »

« Messieurs, dit Cacambo, vous comptez donc manger aujourd'hui un Jésuite; c'est très bien fait; rien n'est plus juste que de traiter ainsi ses ennemis. En effet le droit naturel nous enseigne à tuer notre prochain, et c'est ainsi qu'on en agit dans toute la terre. Si nous n'usons pas du droit de le manger, c'est que nous avons d'ailleurs de quoi faire bonne chère; mais vous n'avez pas les mêmes ressources que nous; certainement il vaut mieux manger ses ennemis

10. *noisette:* hazelnut. 22. *percluse:* benumbed. 42. *égipans:* goat-footed demigods.

10. *Oreillons:* The Big Ears, a tribe so called because they distended their ears with ornaments. 15. *massues:* clubs. 15. *haches de caillou:* stone axes. 16. *chaudière:* kettle. 17. *broches:* spits. 27. A hint of Rousseau's idealization of nature.

que d'abandonner aux corbeaux et aux corneilles° le fruit de sa victoire. Mais, messieurs, vous ne voudriez pas manger vos amis. Vous croyez aller mettre un Jésuite en broche, et c'est votre défenseur, c'est l'ennemi de vos ennemis que vous allez rôtir. Pour moi, je suis né dans votre pays; monsieur que vous voyez est mon maître, et bien loin d'être Jésuite, il vient de tuer un Jésuite, il en porte les dépouilles;° voilà le sujet de votre méprise. Pour vérifier ce que je vous dis, prenez sa robe, portez-la à la première barrière du royaume de los Padres; informez-vous si mon maître n'a pas tué un officier Jésuite. Il vous faudra peu de temps; vous pourrez toujours nous manger, si vous trouvez que je vous ai menti. Mais, si je vous ai dit la vérité, vous connaissez trop les principes du droit public, les mœurs et les lois, pour ne nous pas faire grâce. »

Les Oreillons trouvèrent ce discours très raisonnable; ils députèrent deux notables pour aller en diligence s'informer de la vérité; les deux députés s'acquittèrent de leur commission en gens d'esprit, et revinrent bientôt apporter de bonnes nouvelles. Les Oreillons délièrent leurs deux prisonniers, leur firent toutes sortes de civilités, leur offrirent des filles, leur donnèrent des rafraîchissements, et les reconduisirent jusqu'aux confins de leurs états, en criant avec allégresse : « Il n'est point Jésuite, il n'est point Jésuite! »

Candide ne se lassait point d'admirer le sujet° de sa délivrance. « Quel peuple! disait-il, quels hommes! quelles mœurs! Si je n'avais pas eu le bonheur de donner un grand coup d'épée au travers du corps du frère de mademoiselle Cunégonde, j'étais° mangé sans rémission. Mais, après tout, la pure nature est bonne, puisque ces gens-ci, au lieu de me manger, m'ont fait mille honnêtetés dès qu'ils ont su que je n'étais pas Jésuite. »

XVII. ARRIVÉE DE CANDIDE ET DE SON VALET AU PAYS D'ELDORADO, ET CE QU'ILS Y VIRENT

Quand ils furent aux frontières des Oreillons : « Vous voyez, dit Cacambo à Candide, que cet hémisphère-ci ne vaut pas mieux que l'autre; croyez-moi, retournons en Europe par le plus court.

— Comment y retourner? dit Candide, et où aller? Si je vais dans mon pays, les Bulgares et les Abares y égorgent tout; si je retourne en Portugal, j'y suis brûlé; si nous restons dans ce pays-ci, nous risquons à tout moment d'être mis en broche. Mais comment se résoudre à quitter la partie du monde que mademoiselle Cunégonde habite?

— Tournons vers la Cayenne,° dit Cacambo nous y trouverons des Français qui vont par tout le monde; ils pourront nous aider. Dieu aura peut-être pitié de nous. »

Il n'était pas facile d'aller à la Cayenne; ils savaient bien à peu près de quel côté il fallait marcher; mais des montagnes, des fleuves, des précipices, des brigands, des sauvages, étaient partout de terribles obstacles. Leurs chevaux moururent de fatigue; leurs provisions furent consumées; ils se nourrirent un mois entier de fruits sauvages, et se trouvèrent enfin auprès d'une petite rivière bordée de cocotiers,° qui soutinrent leur vie et leurs espérances.

Cacambo, qui donnait toujours d'aussi bons conseils que la vieille, dit à Candide : « Nous n'en pouvons plus, nous avons assez marché; j'aperçois un canot vide sur le rivage, emplissons-le de cocos, jetons-nous dans cette petite barque, laissons-nous aller au courant; une rivière mène toujours à quelque endroit habité. Si nous ne trouvons pas des choses agréables, nous trouverons du moins des choses nouvelles.

— Allons, dit Candide, recommandons-nous à la Providence. »

Ils voguèrent quelques lieues entre des bords tantôt fleuris, tantôt arides, tantôt unis,° tantôt escarpés.° La rivière s'élargissait toujours; enfin elle se perdait sous une voûte de rochers épouvantables qui s'élevaient jusqu'au ciel. Les deux voyageurs eurent la hardiesse de s'abandonner aux flots sous cette voûte. Le fleuve resserré en cet endroit les porta avec une rapidité et un bruit horrible. Au bout de vingt-quatre heures ils revirent le jour; mais leur canot se fracassa contre les écueils.° Il fallut se traîner de rocher en rocher pendant une lieue entière : enfin ils découvrirent un horizon immense bordé de

11. Cayenne, capital of French Guiana, in northeastern South America. 23. *cocotiers:* coconut palms. 37. *unis:* level. 38. *escarpés:* steep. 46. *écueils:* reefs.

2. *corneilles:* rooks. 9. *dépouilles:* cast-off clothing. 32. *admirer le sujet:* wonder at the cause. 37. *j'étais = j'aurais été.*

montagnes inaccessibles. Le pays était cultivé pour le plaisir comme pour le besoin; partout l'utile était agréable. Les chemins étaient couverts ou plutôt ornés de voitures d'une forme et d'une matière brillante, portant des hommes et des femmes d'une beauté singulière, traînés rapidement par de gros moutons rouges° qui surpassaient en vitesse les plus beaux chevaux d'Andalousie, de Tétuan° et de Méquinez.°

« Voilà pourtant, dit Candide, un pays qui vaut mieux que la Westphalie. » Il mit pied à terre avec Cacambo auprès du premier village qu'il rencontra. Quelques enfants du village, couverts de brocards° d'or tout déchirés, jouaient au palet° à l'entrée du bourg; nos deux hommes de l'autre monde s'amusèrent à les regarder : leurs palets étaient d'assez larges pièces rondes, jaunes, rouges, vertes, qui jetaient un éclat singulier. Il prit envie aux voyageurs d'en ramasser quelques-uns; c'était de l'or, c'était des émeraudes, des rubis, dont le moindre aurait été le plus grand ornement du trône du Mogol. « Sans doute, dit Cacambo, ces enfants sont les fils du roi du pays qui jouent au petit palet. » Le magister° du village parut dans ce moment pour les faire rentrer à l'école. « Voilà, dit Candide, le précepteur de la famille royale. »

Les petits gueux quittèrent aussitôt le jeu, en laissant à terre leurs palets, et tout ce qui avait servi à leurs divertissements. Candide les ramasse, court au précepteur, et les présente humblement, lui faisant entendre par signes que leurs altesses royales avaient oublié leur or et leurs pierreries. Le magister du village en souriant les jeta par terre, regarda un moment la figure de Candide avec beaucoup de surprise, et continua son chemin.

Les voyageurs ne manquèrent pas de ramasser l'or, les rubis et les émeraudes. « Où sommes-nous? s'écria Candide; il faut que les enfants des rois de ce pays soient bien élevés, puisqu'on leur apprend à mépriser l'or et les pierreries. » Cacambo était aussi surpris que Candide. Ils approchèrent enfin de la première maison du village; elle était bâtie comme un palais d'Europe. Une foule de monde s'empressait à la porte, et encore plus dans le logis. Une

musique très agréable se faisait entendre, et une odeur délicieuse de cuisine se faisait sentir. Cacambo s'approcha de la porte, et entendit qu'on parlait péruvien; c'était sa langue maternelle : car tout le monde sait que Cacambo était né au Tucuman, dans un village où l'on ne connaissait que cette langue. « Je vous servirai d'interprète, dit-il à Candide; entrons, c'est ici un cabaret. »

Aussitôt deux garçons et deux filles de l'hôtellerie, vêtus de drap d'or, et les cheveux renoués° avec des rubans, les invitent à se mettre à la table de l'hôte. On servit quatre potages garnis chacun de deux perroquets, un contour° bouilli qui pesait deux cent livres, deux singes rôtis d'un goût excellent, trois cents colibris dans un plat, et six cents oiseaux-mouches dans un autre; des ragoûts exquis, des pâtisseries délicieuses; le tout dans des plats d'une espèce de cristal de roche. Les garçons et les filles de l'hôtellerie versaient plusieurs liqueurs faites de canne de sucre.

Les convives étaient pour la plupart des marchands et des voituriers, tous d'une politesse extrême, qui firent quelques questions à Cacambo avec la discrétion la plus circonspecte, et qui répondirent aux siennes d'une manière à le satisfaire.

Quand le repas fut fini, Cacambo crut, ainsi que Candide, bien payer son écot en jetant sur la table de l'hôte deux de ces larges pièces d'or qu'il avait ramassées; l'hôte et l'hôtesse éclatèrent de rire, et se tinrent longtemps les côtes.° Enfin ils se remirent. « Messieurs, dit l'hôte, nous voyons bien que vous êtes des étrangers; nous ne sommes pas accoutumés à en voir. Pardonnez-nous si nous nous sommes mis à rire quand vous nous avez offert en paiement les cailloux de nos grands chemins. Vous n'avez pas sans doute de la monnaie du pays, mais il n'est pas nécessaire d'en avoir pour dîner ici. Toutes les hôtelleries établies pour la commodité du commerce sont payées par le gouvernement.° Vous avez fait mauvaise chère ici, parce que c'est un pauvre village; mais partout ailleurs vous serez reçus comme vous méritez de l'être. » Cacambo expliquait à Candide tous les discours de l'hôte, et Candide les écoutait avec la même

7. *moutons rouges:* i.e., llamas. 9–10. Tetuán, Mequinez, cities of Morocco. 15. *brocards:* brocades. 16. *palet:* quoits. 26. *magister:* schoolmaster.

11. *renoués:* tied up. 14. *contour:* condor. 33. *se tinrent les côtes:* held their sides. 43. This detail and a number of others in this section are drawn from accounts of Inca civilization.

admiration et le même égarement° que son ami Cacambo les rendait. « Quel est donc ce pays, disaient-ils l'un et l'autre, inconnu à tout le reste de la terre, et où toute la nature est d'une espèce si différente de la nôtre? C'est probablement le pays où tout va bien;° car il faut absolument qu'il y en ait un de cette espèce. Et quoi qu'en dît maître Pangloss, je me suis souvent aperçu que tout allait assez mal en Westphalie. »

XVIII. CE QU'ILS VIRENT DANS LE PAYS D'ELDORADO

Cacambo témoigna à son hôte toute sa curiosité; l'hôte lui dit : « Je suis fort ignorant, et je m'en trouve bien; mais nous avons ici un vieillard retiré de la cour, qui est le plus savant homme du royaume, et le plus communicatif. » Aussitôt il mène Cacambo chez le vieillard. Candide ne jouait plus que le second personnage, et accompagnait son valet. Ils entrèrent dans une maison fort simple, car la porte n'était que d'argent, et les lambris° des appartements n'étaient que d'or, mais travaillés avec tant de goût que les plus riches lambris ne l'effaçaient pas. L'antichambre n'était à la vérité incrustée que de rubis et d'émeraudes, mais l'ordre dans lequel tout était arrangé réparait bien cette extrême simplicité.

Le vieillard reçut les deux étrangers sur un sofa matelassé de plumes de colibri, et leur fit présenter des liqueurs dans des vases de diamants; après quoi il satisfit à leur curiosité en ces termes :

« Je suis âgé de cent soixante et douze ans, et j'ai appris de feu mon père, écuyer du roi, les étonnantes révolutions du Pérou dont il avait été témoin. Le royaume où nous sommes est l'ancienne patrie des Incas, qui en sortirent très imprudemment pour aller subjuguer une partie du monde, et qui furent enfin détruits par les Espagnols.

« Les princes de leur famille qui restèrent dans leur pays natal furent plus sages; ils ordonnèrent, du consentement de la nation, qu'aucun habitant ne sortirait jamais de notre petit royaume; et c'est ce qui nous a conservé notre innocence et notre félicité. Les Espagnols ont eu une connaissance confuse de ce pays, ils l'ont appelé El Dorado, et un Anglais, nommé le chevalier Raleigh, en a même approché il y a environ cent années;° mais comme nous sommes entourés de rochers inabordables et de précipices, nous avons toujours été jusqu'à présent à l'abri de la rapacité des nations de l'Europe, qui ont une fureur inconcevable pour les cailloux et pour la fange° de notre terre, et qui, pour en avoir, nous tueraient tous jusqu'au dernier. »

La conversation fut longue; elle roula sur la forme du gouvernement, sur les mœurs, sur les femmes, sur les spectacles publics, sur les arts. Enfin Candide, qui avait toujours du goût pour la métaphysique, fit demander par Cacambo si dans le pays il y avait une religion.

Le vieillard rougit un peu. « Comment donc, dit-il, en pouvez-vous douter? est-ce que vous nous prenez pour des ingrats? » Cacambo demanda humblement quelle était la religion d'Eldorado. La vieillard rougit encore. « Est-ce qu'il peut y avoir deux religions? dit-il; nous avons, je crois, la religion de tout le monde; nous adorons Dieu du soir jusqu'au matin.

— N'adorez-vous qu'un seul Dieu? dit Cacambo, qui servait toujours d'interprète aux doutes de Candide.

— Apparemment, dit le vieillard, qu'il n'y en a ni deux, ni trois, ni quatre.° Je vous avoue que les gens de votre monde font des questions bien singulières. » Candide ne se lassait pas de faire interroger ce bon vieillard; il voulut savoir comment on priait Dieu dans l'Eldorado. « Nous ne le prions point, dit le bon et respectable sage; nous n'avons rien à lui demander; il nous a donné tout ce qu'il nous faut; nous le remercions sans cesse. » Candide eut la curiosité de voir des prêtres; il fit demander où ils étaient. Le bon vieillard sourit. « Mes amis, dit-il, nous sommes tous prêtres; le roi et tous les chefs de famille chantent des cantiques d'actions de grâces° solennellement tous les matins; et cinq ou six mille musiciens les accompagnent.

— Quoi! vous n'avez point de moines qui enseignent, qui disputent, qui gouvernent, qui

1. *égarement:* bewilderment. 6. Here is the clue to the whole Eldorado episode. The parade of the world's horrors would be too grim without a contrasting picture of Utopia, "le pays où tout va bien." 24. *lambris:* wainscoting.

5. Sir Walter Raleigh made an expedition in search of Eldorado in 1595. From his book, *The Discoverie of Guiana*, Voltaire took a number of details. 10. *fange:* mud, filth. 30. The Incas had indeed but one god, the sun. But Voltaire is expressing his own deism, or "natural religion." 43. *cantiques d'actions de grâces:* psalms of thanksgiving.

cabalent, et qui font brûler les gens qui ne sont de leur avis?

— Il faudrait que nous fussions fous, dit le vieillard; nous sommes tous ici du même avis, et nous n'entendons pas ce que vous voulez dire avec vos moines. » Candide à tous ces discours demeurait en extase, et disait en lui-même : « Ceci est bien différent de la Westphalie et du château de monsieur le baron : si notre ami Pangloss avait vu Eldorado, il n'aurait plus dit que le château de Thunder-ten-tronckh était ce qu'il y avait de mieux sur la terre; il est certain qu'il faut voyager. »

Après cette longue conversation, le bon vieillard fit atteler un carrosse à six moutons, et donna douze de ses domestiques aux deux voyageurs pour les conduire à la cour. « Excusez-moi, leur dit-il, si mon âge me prive de l'honneur de vous accompagner. Le roi° vous recevra d'une manière dont vous ne serez pas mécontents, et vous pardonnerez sans doute aux usages du pays s'il y en a quelques-uns qui vous déplaisent. »

Candide et Cacambo montent en carrosse; les six moutons volaient, et en moins de quatre heures on arriva au palais du roi, situé à un bout de la capitale. Le portail était de deux cent vingt pieds de haut et de cent de large; il est impossible d'exprimer quelle en était la matière. On voit assez quelle supériorité prodigieuse elle devait avoir sur ces cailloux et sur ce sable que nous nommons *or* et *pierreries.*

Vingt belles filles de la garde° reçurent Candide et Cacambo à la descente du carrosse, les conduisirent aux bains, les vêtirent de robes d'un tissu de duvet° de colibri; après quoi les grands officiers et les grandes officières de la couronne les menèrent à l'appartement de Sa Majesté au milieu de deux files, chacune de mille musiciens, selon l'usage ordinaire. Quand ils approchèrent de la salle du trône, Cacambo demanda à un grand officier comment il fallait s'y prendre pour saluer sa majesté : si on se jetait à genoux ou ventre à terre; si on mettait les mains sur la tête ou sur le derrière; si on léchait° la poussière de la salle; en un mot, quelle était la cérémonie. « L'usage, dit le grand officier, est d'embrasser le roi et de le baiser des

deux côtés. » Candide et Cacambo sautèrent au cou de Sa Majesté, qui les reçut avec toute la grâce imaginable, et qui les pria poliment à souper.

En attendant, on leur fit voir la ville, les édifices publics élevés jusqu'aux nues, les marchés ornés de mille colonnes, les fontaines d'eau pure, les fontaines d'eau rose, celles de liqueurs de cannes de sucre, qui coulaient continuellement dans de grandes places pavées d'une espèce de pierreries qui répandaient une odeur semblable à celle du girofle° et de la cannelle.° Candide demanda à voir la cour de justice, le parlement; on lui dit qu'il n'y en avait point, et qu'on ne plaidait jamais. Il s'informa s'il y avait des prisons, et on lui dit que non. Ce qui le surprit davantage, et qui lui fit le plus de plaisir, ce fut le palais des sciences, dans lequel il vit une galerie de deux mille pas, toute pleine d'instruments de mathématiques et de physique.

Après avoir parcouru toute l'après-dînée° à peu près la millième partie de la ville, on les ramena chez le roi. Candide se mit à table entre Sa Majesté, son valet Cacambo et plusieurs dames. Jamais on ne fit meilleure chère, et jamais on n'eut plus d'esprit à souper qu'en eut Sa Majesté. Cacambo expliquait les bons mots du roi à Candide, et, quoique traduits, ils paraissaient toujours des bons mots. De tout ce qui étonnait Candide, ce n'était pas ce qui l'étonna le moins.°

Ils passèrent un mois dans cet hospice. Candide ne cessait de dire à Cacambo : « Il est vrai, mon ami, encore une fois, que le château où je suis né ne vaut pas le pays où nous sommes; mais enfin, mademoiselle Cunégonde n'y est pas; et vous avez sans doute quelque maîtresse en Europe. Si nous restons ici, nous n'y serons que comme les autres; au lieu que si nous retournons dans notre monde, seulement avec douze moutons chargés de cailloux d'Eldorado, nous serons plus riches que tous les rois ensemble, nous n'aurons plus d'inquisiteurs à craindre, et nous pourrons aisément reprendre mademoiselle Cunégonde. »

Ce discours plut à Cacambo : on aime tant à courir, à se faire valoir° chez les siens, à faire

19. Voltaire's ideal government is a monarchy. He was no political radical. 33. *filles de la garde:* i.e., maids of honor. 36. *duvet:* down. 46. *léchait:* licked.

12. *girofle:* cloves. 13. *cannelle:* cinnamon. 22. *après-dînée:* afternoon. 32. No doubt a reference to Frederick the Great's table talk. 48. *se faire valoir:* show off.

parade de ce qu'on a vu dans ses voyages, que les deux heureux résolurent de ne plus l'être et de demander leur congé à Sa Majesté.

« Vous faites une sottise, leur dit le roi; je sais bien que mon pays est peu de chose; mais quand on est passablement° quelque part, il faut y rester; je n'ai pas assurément le droit de retenir des étrangers; c'est une tyrannie qui n'est ni dans nos mœurs, ni dans nos lois; tous les hommes sont libres; partez quand vous voudrez, mais la sortie est bien difficile. Il est impossible de remonter la rivière rapide sur laquelle vous êtes arrivés par miracle, et qui court sous des voûtes de rochers. Les montagnes qui entourent tout mon royaume ont dix mille pieds de hauteur, et sont droites comme des murailles : elles occupent chacune en largeur un espace de plus de dix lieues; on ne peut en descendre que par des précipices. Cependant, puisque vous voulez absolument partir, je vais donner ordre aux intendants des machines d'en faire une qui puisse vous transporter commodément. Quand on vous aura conduits au revers des montagnes, personne ne pourra vous accompagner; car mes sujets ont fait vœu de ne jamais sortir de leur enceinte, et ils sont trop sages pour rompre leur vœu. Demandez-moi d'ailleurs tout ce qu'il vous plaira.

— Nous ne demandons à Votre Majesté, dit Cacambo, que quelques moutons chargés de vivres, de cailloux, et de la boue du pays. Le roi rit : Je ne conçois pas, dit-il, quel goût vos gens d'Europe ont pour notre boue jaune; mais emportez-en tant que vous voudrez, et grand bien vous fasse.° »

Il donna l'ordre sur-le-champ à ses ingénieurs de faire une machine pour guinder° ces deux hommes extraordinaires hors du royaume. Trois mille bons physiciens° y travaillèrent; elle fut prête au bout de quinze jours, et ne coûta pas plus de vingt millions de livres sterling, monnaie du pays. On mit sur la machine Candide et Cacambo; il y avait deux grands moutons rouges sellés et bridés pour leur servir de monture quand ils auraient franchi les montagnes, vingt moutons de bât° chargés de vivres, trente qui portaient des présents de ce que le pays a de plus curieux, et cinquante chargés

d'or, de pierreries et de diamants. Le roi embrassa tendrement les deux vagabonds.°

Ce fut un beau spectacle que leur départ, et la manière ingénieuse dont ils furent hissés,° eux et leurs moutons, au haut des montagnes. Les physiciens prirent congé d'eux après les avoir mis en sûreté, et Candide n'eut plus d'autre désir et d'autre objet que d'aller présenter ses moutons à mademoiselle Cunégonde. « Nous avons, dit-il, de quoi payer le gouverneur de Buenos-Aires, si mademoiselle Cunégonde peut être mise à prix. Marchons vers la Cayenne, embarquons-nous, et nous verrons ensuite quel royaume nous pourrons acheter. »

XIX. CE QUI LEUR ARRIVA A SURINAM,* ET COMMENT CANDIDE FIT CONNAISSANCE AVEC MARTIN

La première journée de nos deux voyageurs fut assez agréable. Ils étaient encouragés par l'idée de se voir possesseurs de plus de trésors que l'Asie, l'Europe et l'Afrique n'en pouvaient rassembler. Candide transporté écrivit le nom de Cunégonde sur les arbres. A la seconde journée deux de leurs moutons s'enfoncèrent dans des marais, et y furent abîmés avec leurs charges; deux autres moutons moururent de fatigue quelques jours après; sept ou huit périrent ensuite de faim dans un désert; d'autres tombèrent au bout de quelques jours dans des précipices. Enfin, après cent jours de marche, il ne leur resta que deux moutons. Candide dit à Cacambo : « Mon ami, vous voyez comme les richesses de ce monde sont périssables; il n'y a rien de solide que la vertu, et le bonheur de revoir mademoiselle Cunégonde.

— Je l'avoue, dit Cacambo; mais il nous reste encore deux moutons avec plus de trésors que n'en aura jamais le roi d'Espagne, et je vois de loin une ville que je soupçonne être Surinam, appartenant aux Hollandais. Nous sommes au bout de nos peines, et au commencement de notre félicité. »

En approchant de la ville, ils rencontrèrent un nègre étendu par terre, n'ayant plus que la moitié de son habit, c'est-à-dire d'un caleçon°

6. *passablement:* well off. 35. *grand bien vous fasse:* much good may it do you. 37. *guinder:* hoist. 39. *physiciens:* physicists. 46. *moutons de bât:* pack sheep.

2. *vagabonds:* wanderers. 4. *hissés:* hoisted. * Surinam, Dutch Guiana. Voltaire uses it as the name of the capital city, in fact Paramaribo. 48. *caleçon:* drawers.

de toile bleue; il manquait à ce pauvre homme la jambe gauche et la main droite. « Eh, mon Dieu! lui dit Candide en hollandais, que fais-tu là, mon ami, dans l'état horrible où je te vois?

—J'attends mon maître monsieur Vanderdendur,° le fameux négociant, répondit le nègre.

—Est-ce monsieur Vanderdendur, dit Candide, qui t'a traité ainsi?

—Oui, monsieur, dit le nègre, c'est l'usage. On nous donne un caleçon de toile pour tout vêtement deux fois l'année. Quand nous travaillons aux sucreries, et que la meule° nous attrape le doigt, on nous coupe la main; quand nous voulons nous enfuir, on nous coupe la jambe : je me suis trouvé dans les deux cas. C'est à ce prix que vous mangez du sucre en Europe. Cependant, lorsque ma mère me vendit dix écus patagons° sur la côte de Guinée,° elle me disait : « Mon cher enfant, bénis nos fétiches,° adore-les toujours, ils te feront vivre heureux; tu as l'honneur d'être esclave de nos seigneurs les blancs, et tu fais par là la fortune de ton père et de ta mère. » Hélas! je ne sais pas si j'ai fait leur fortune, mais ils n'ont pas fait la mienne. Les chiens, les singes et les perroquets sont mille fois moins malheureux que nous; les fétiches° hollandais qui m'ont converti me disent tous les dimanches que nous sommes tous enfants d'Adam, blancs et noirs. Je ne suis pas généalogiste; mais si ces prêcheurs disent vrai, nous sommes tous cousins issus de germain.° Or vous m'avouerez qu'on ne peut pas en user avec ses parents d'une manière plus horrible.

— O Pangloss! s'écria Candide, tu n'avais pas deviné cette abomination; c'en est fait, il faudra qu'à la fin je renonce à ton optimisme.

— Qu'est-ce que l'optimisme? disait Cacambo.

—Hélas! dit Candide, c'est la rage de soutenir que tout est bien quand on est mal.° » Et il versait des larmes en regardant son nègre; et en pleurant, il entra dans Surinam.

La première chose dont ils s'informent, c'est s'il n'y a point au port quelque vaisseau qu'on pût envoyer à Buenos-Aires. Celui à qui ils s'adressèrent était justement un patron° espagnol, qui s'offrit à faire avec eux un marché honnête. Il leur donna rendez-vous dans un cabaret. Candide et le fidèle Cacambo allèrent l'y attendre avec leurs deux moutons.

Candide, qui avait le cœur sur les lèvres,° conta à l'Espagnol toutes ses aventures, et lui avoua qu'il voulait enlever mademoiselle Cunégonde. «Je me garderai bien de vous passer à Buenos-Aires, dit le patron : je serais pendu, et vous aussi. La belle Cunégonde est la maîtresse favorite de monseigneur. » Ce fut un coup de foudre pour Candide; il pleura longtemps; enfin il tira à part Cacambo; «Voici, mon cher ami, lui dit-il, ce qu'il faut que tu fasses. Nous avons chacun dans nos poches pour cinq ou six millions de diamants;° tu es plus habile que moi; va prendre mademoiselle Cunégonde à Buenos-Aires. Si le gouverneur fait quelques difficultés, donne-lui un million; s'il ne se rend pas, donne-lui-en deux; tu n'as point tué d'inquisiteur, on ne se défiera point de toi. J'équiperai un autre vaisseau; j'irai t'attendre à Venise; c'est un pays libre où l'on n'a rien à craindre ni des Bulgares, ni des Abares, ni des Juifs, ni des inquisiteurs. » Cacambo applaudit à cette sage résolution. Il etait au désespoir de se séparer d'un bon maître, devenu son ami intime; mais le plaisir de lui être utile l'emporta sur la douleur de le quitter. Ils s'embrassèrent en versant des larmes : Candide lui recommanda de ne point oublier la bonne vieille. Cacambo partit dès le jour même. C'était un très bon homme que ce Cacambo.

Candide resta encore quelque temps à Surinam, et attendit qu'un autre patron voulût le mener en Italie, lui et les deux moutons qui lui restaient. Il prit des domestiques, et acheta tout ce qui lui était nécessaire pour un long voyage; enfin monsieur Vanderdendur, maître d'un gros vaisseau, vint se présenter à lui. « Combien voulez-vous, demanda-t-il à cet homme, pour me mener en droiture° à Venise, moi, mes gens, mon bagage, et les deux moutons que voilà? » Le patron s'accorda à dix mille piastres.° Candide n'hésita pas.

6. *Vanderdendur:* for Van Düren, a Dutch publisher by whom Voltaire thought himself ill used. 13. *meule:* millstone. 19. *patagons:* Spanish silver coins. 19. *Guinea,* in west Africa, center of slave trade. 21. *fétiches:* gods. 28. *fétiches:* i.e., the clergy. 32. *issus de germain:* descendants of first cousins. 41. Here at length Candide begins to doubt optimism.

1. *patron:* shipmaster. 6. *qui avait... lèvres:* who said whatever came into his head. 17. *pour... diamants:* five or six million (francs) worth of diamonds. 43. *en droiture:* directly. 45. *piastres:* Spanish silver coins, often used as equivalent to dollars.

« Oh, oh, dit à part soi° le prudent Vander-
dendur, cet étranger donne dix mille piastres
tout d'un coup ! il faut qu'il soit bien riche. »
Puis, revenant un moment après, il signifia
qu'il ne pouvait partir à moins de vingt mille.
« Eh bien, vous les aurez, » dit Candide.

« Ouais ! se dit tout bas le marchand, cet
homme donne vingt mille piastres aussi aisé-
ment que dix mille. » Il revint encore, et dit
qu'il ne pouvait le conduire à Venise à moins de
trente mille piastres. « Vous en aurez donc
trente mille, répondit Candide.°

— Oh, oh, se dit encore le marchand hollan-
dais, trente mille piastres ne coûtent rien à cet
homme-ci ; sans doute les deux moutons portent
des trésors immenses ; n'insistons pas davantage ;
faisons-nous d'abord payer les trente mille
piastres, et puis nous verrons. » Candide vendit
deux petits diamants, dont le moindre valait
plus que tout l'argent que demandait le patron.
Il le paya d'avance. Les deux moutons furent
embarqués. Candide suivait dans un petit
bateau pour joindre le vaisseau à la rade ; le
patron prend son temps,° met à la voile,
démarre ;° le vent le favorise. Candide, éperdu
et stupéfait, le perd bientôt de vue. « Hélas !
cria-t-il, voilà un tour digne de l'ancien
monde. » Il retourne au rivage, abîmé dans la
douleur ; car enfin, il avait perdu de quoi faire la
fortune de vingt monarques.

Il se transporte chez le juge hollandais ; et
comme il était un peu troublé, il frappe rude-
ment à la porte ; il entre, expose son aventure,
et crie un peu plus haut qu'il ne convenait. Le
juge commença par lui faire payer dix mille
piastres pour le bruit qu'il avait fait. Ensuite il
l'écouta patiemment, lui promit d'examiner son
affaire sitôt que le marchand serait revenu, et se
fit payer dix mille autres piastres pour les frais
de l'audience.°

Ce procédé acheva de désespérer Candide ; il
avait à la vérité essuyé des malheurs mille fois
plus douloureux ; mais le sang-froid du juge, et
celui du patron dont il était volé, alluma sa
bile, et le plongea dans une noire mélancolie.
La méchanceté des hommes se présentait à son
esprit dans toute sa laideur ; il ne se nourrissait
que d'idées tristes. Enfin un vaisseau français
étant sur le point de partir pour Bordeaux,
comme il n'avait plus de moutons chargés de
diamants à embarquer, il loua une chambre du
vaisseau à juste prix, et fit signifier dans la ville
qu'il paierait le passage, la nourriture, et
donnerait deux mille piastres à un honnête
homme qui voudrait faire le voyage avec lui, à
condition que cet homme serait le plus dégoûté
de son état et le plus malheureux de la province.

Il se présenta une foule de prétendants qu'une
flotte n'aurait pu contenir. Candide voulant
choisir entre les plus apparents,° il distingua
une vingtaine de personnes qui lui paraissaient
assez sociables, et qui toutes prétendaient
mériter la préférence. Il les assembla dans son
cabaret, et leur donna à souper, à condition que
chacun ferait serment de raconter fidèlement
son histoire, promettant de choisir celui qui lui
paraîtrait le plus à plaindre et le plus mécontent
de son état à plus juste titre, et de donner aux
autres quelques gratifications.

La séance dura jusqu'à quatre heures du
matin. Candide, en écoutant toutes leurs aven-
tures, se ressouvenait de ce que lui avait dit la
vieille en allant à Buenos-Aires, et de la gageure°
qu'elle avait faite, qu'il n'y avait personne sur
le vaisseau à qui il ne fût arrivé de très grands
malheurs. Il songeait à Pangloss à chaque
aventure qu'on lui contait. « Ce Pangloss,
disait-il, serait bien embarrassé à démontrer
son système. Je voudrais qu'il fût ici. Certaine-
ment, si tout va bien, c'est dans Eldorado, et
non pas dans le reste de la terre. » Enfin il se
détermina en faveur d'un pauvre savant qui
avait travaillé dix ans pour les libraires à
Amsterdam. Il jugea qu'il n'y avait point de
métier au monde dont on dût être plus dégoûté.°

Ce savant, qui était d'ailleurs un bon homme,
avait été volé par sa femme, battu par son fils,
et abandonné de sa fille, qui s'était faite enlever
par un Portugais. Il venait d'être privé d'un
petit emploi duquel il subsistait, et les prédi-
cants° de Surinam le persécutaient parce qu'ils
le prenaient pour un socinien.° Il faut avouer

1. *à part soi:* to himself. 12. Voltaire had entrusted to
the Dutch publisher Van Düren a manuscript by Frederick
the Great. He asked to have it returned ; the publisher refused.
Voltaire offered him successively 1000, 1500, 2000, and 3000
florins before he could obtain it. 24. *prend son temps:* seizes
his chance. 25. *démarre:* casts off. 40. *frais de l'audience:*
costs of the hearing.

14. *apparents:* outstanding. 27. *gageure:* wager. 39. In Am-
sterdam were many shyster publishers, who pirated popular
books and paid the authors no royalties. Voltaire had suffered
grievously from them. 45. *prédicants:* preachers. 46. *socinien:*
liberal Christian who rejected doctrines of Trinity, etc.
Modern example : Unitarians.

que les autres étaient pour le moins aussi malheureux que lui; mais Candide espérait que le savant le désennuierait dans le voyage. Tous ses autres rivaux trouvèrent que Candide leur faisait une grande injustice, mais il les apaisa en leur donnant à chacun cent piastres.

XX. CE QUI ARRIVA SUR MER A CANDIDE ET A MARTIN

Le vieux savant, qui s'appelait Martin, s'embarqua donc pour Bordeaux avec Candide. L'un et l'autre avaient beaucoup vu et beaucoup souffert; et quand le vaisseau aurait dû faire voile de Surinam au Japon par le cap de Bonne-Espérance,° ils auraient eu de quoi s'entrenir du mal moral et du mal physique pendant tout le voyage.

Cependant Candide avait un grand avantage sur Martin, c'est qu'il espérait toujours revoir mademoiselle Cunégonde, et que Martin n'avait rien à espérer; de plus, il avait de l'or et des diamants; et quoiqu'il eût perdu cent gros moutons rouges chargés des plus grands trésors de la terre, quoiqu'il eût toujours sur le cœur la friponnerie du patron hollandais, cependant, quand il songeait à ce qui lui restait dans ses poches, et quand il parlait de Cunégonde, surtout à la fin du repas, il penchait alors pour le système de Pangloss.

« Mais vous, monsieur Martin, dit-il au savant, que pensez-vous de tout cela? Quelle est votre idée sur le mal moral et le mal physique?

— Monsieur, répondit Martin, mes prêtres m'ont accusé d'être socinien; mais la vérité du fait est que je suis manichéen.°

— Vous vous moquez de moi, dit Candide, il n'y a plus de manichéens dans le monde.

— Il y a moi, dit Martin; je ne sais qu'y faire, mais je ne peux penser autrement.

— Il faut que vous ayez le diable au corps,° dit Candide.

— Il se mêle si fort des affaires de ce monde, dit Martin, qu'il pourrait bien être dans mon corps, comme partout ailleurs; mais je vous avoue qu'en jetant la vue sur ce globe, ou plutôt sur ce globule, je pense que Dieu l'a abandonné à quelque être malfaisant; j'en excepte toujours Eldorado. Je n'ai guère vu de ville qui ne désirât la ruine de la ville voisine, point de famille qui ne voulût exterminer quelque autre famille. Partout les faibles ont en exécration les puissants devant lesquels ils rampent, et les puissants les traitent comme des troupeaux dont on vend la laine et la chair. Un million d'assassins enrégimentés, courant d'un bout de l'Europe à l'autre, exerce le meurtre et le brigandage avec discipline pour gagner son pain, parce qu'il n'a pas de métier plus honnête; et dans les villes qui paraissent jouir de la paix et où les arts fleurissent, les hommes sont dévorés de plus d'envie, de soins et d'inquiétudes qu'une ville assiégée n'éprouve de fléaux. Les chagrins secrets sont encore plus cruels que les misères publiques. En un mot, j'en ai tant vu et tant éprouvé que je suis manichéen.

— Il y a pourtant du bon, répliquait Candide.

— Cela peut être, disait Martin, mais je ne le connais pas. »

Au milieu de cette dispute, on entendit un bruit de canon. Le bruit redouble de moment en moment. Chacun prend sa lunette.° On aperçoit deux vaisseaux qui combattaient à la distance d'environ trois milles; le vent les amena l'un et l'autre si près du vaisseau français qu'on eut le plaisir de voir le combat tout à son aise. Enfin, l'un des deux vaisseaux lâcha à l'autre une bordée° si bas et si juste, qu'il le coula° à fond. Candide et Martin aperçurent distinctement une centaine d'hommes sur le tillac° du vaisseau qui s'enfonçait; ils levaient tous les mains au ciel, et jetaient des clameurs effroyables; en un moment tout fut englouti.

« Eh bien, dit Martin, voilà comme les hommes se traitent les uns les autres.

— Il est vrai, dit Candide, qu'il y a quelque chose de diabolique dans cette affaire. » En parlant ainsi il aperçut je ne sais quoi d'un rouge éclatant qui nageait auprès de son vaisseau. On détacha la chaloupe° pour voir ce que ce pouvait être : c'était un de ses moutons. Candide eut plus de joie de retrouver ce

16. *cap de Bonne-Espérance:* Cape of Good Hope, South Africa. 37. *manichéen:* Manichean (follower of Manes, Persian philosopher, third century A.D. He explained existence of evil by the opposition of a good principle, God, the spirit of light, and an evil spirit, the Devil, the spirit of darkness and matter. Humanity, created by the evil spirit, can be freed only by a slow progress toward truth.) 42. *Il faut… corps:* You must be full of deviltry.

29. *lunette:* spyglass. 35. *bordée:* broadside. 35. *coula:* sank. 37. *tillac:* deck. 47. *chaloupe:* skiff, ship's boat.

mouton qu'il n'avait été affligé d'en perdre cent tous chargés de gros diamants d'Eldorado.

Le capitaine français aperçut bientôt que le capitaine du vaisseau submergeant était espagnol, et que celui du vaisseau submergé était un pirate hollandais; c'était celui-là même qui avait volé Candide. Les richesses immenses dont ce scélérat s'était emparé furent ensevelies avec lui dans la mer, et il n'y eut qu'un mouton de sauvé. « Vous voyez, dit Candide à Martin, que le crime est puni quelquefois; ce coquin de patron hollandais a eu le sort qu'il méritait.

— Oui, dit Martin; mais fallait-il que les passagers qui étaient sur son vaisseau périssent aussi? Dieu a puni ce fripon, le diable a noyé les autres. »

Cependant le vaisseau français et l'espagnol continuèrent leur route, et Candide continua ses conversations avec Martin. Ils disputèrent quinze jours de suite, et au bout de quinze jours ils étaient aussi avancés que le premier. Mais enfin ils parlaient, ils se communiquaient des idées, ils se consolaient. Candide caressait son mouton. « Puisque je t'ai retrouvé, dit-il, je pourrai bien retrouver Cunégonde. »

XXI. CANDIDE ET MARTIN APPROCHENT DES CÔTES DE FRANCE ET RAISONNENT

On aperçut enfin les côtes de France. « Avez-vous jamais été en France, monsieur Martin? dit Candide.

— Oui, dit Martin, j'ai parcouru plusieurs provinces. Il y en a où la moitié des habitants est folle, quelques-unes où l'on est trop rusé, d'autres où l'on est communément assez doux et assez bête; d'autres où l'on fait le bel esprit;° et dans toutes la principale occupation est l'amour, la seconde de médire, et la troisième de dire des sottises.

— Mais, monsieur Martin, avez-vous vu Paris?

— Oui, j'ai vu Paris; il tient de toutes ces espèces-là; c'est un chaos, c'est une presse dans laquelle tout le monde cherche le plaisir, et où presque personne ne le trouve, du moins à ce qu'il m'a paru. J'y ai séjourné peu; j'y fus volé en arrivant de tout ce que j'avais par des filous° à la foire Saint-Germain. On me prit moi-même pour un voleur, et je fus huit jours en prison;

après quoi je me fis correcteur d'imprimerie° pour gagner de quoi retourner à pied en Hollande. Je connus la canaille écrivante, la canaille cabalante, et la canaille convulsionnaire.° On dit qu'il y a des gens fort polis dans cette ville-là; je le veux croire.

— Pour moi, je n'ai nulle curiosité de voir la France, dit Candide; vous devinez aisément que quand on a passé un mois dans Eldorado, on ne se soucie plus de rien voir sur la terre que mademoiselle Cunégonde; je vais l'attendre à Venise; nous traverserons la France pour aller en Italie; ne m'accompagnerez-vous pas?

— Très volontiers, dit Martin; on dit que Venise n'est bonne que pour les nobles vénitiens, mais que cependant on y reçoit très bien les étrangers quand ils ont beaucoup d'argent; je n'en ai point, vous en avez, je vous suivrai partout.

— A propos, dit Candide, pensez-vous que la terre ait été originairement une mer, comme on l'assure dans ce gros livre° qui appartient au capitaine du vaisseau?

— Je n'en crois rien du tout, dit Martin, non plus que toutes les rêveries qu'on nous débite depuis quelque temps.

— Mais à quelle fin ce monde a-t-il donc été formé? dit Candide.

— Pour nous faire enrager, répondit Martin.

— N'êtes-vous pas bien étonné, continua Candide, de l'amour que ces deux filles du pays des Oreillons avaient pour ces deux singes, et dont je vous ai conté l'aventure?

— Point du tout, dit Martin; je ne vois pas ce que cette passion a d'étrange; j'ai tant vu de choses extraordinaires, qu'il n'y a plus rien d'extraordinaire.

— Croyez-vous, dit Candide, que les hommes se soient toujours mutuellement massacrés comme ils font aujourd'hui? qu'ils aient toujours été menteurs, fourbes, perfides, ingrats, brigands, faibles, volages, lâches, envieux, gourmands, ivrognes, avares, ambitieux, sanguinaires, calomniateurs, débauchés, fanatiques, hypocrites et sots?

1. *correcteur d'imprimerie:* proofreader. 5. A group of fanatics had found a method of inducing convulsive seizures, alleged to be divinely inspired. 22. *ce gros livre:* probably Buffon's *Théorie de la terre.* (Buffon believed that the earth was originally a sea; thus he seemed to corroborate the Biblical story of the Flood, and thereby he provoked Voltaire's hostile shafts.)

37. *bel esprit:* wit. 48. *filous:* pickpockets.

—Croyez-vous, dit Martin, que les éperviers° aient toujours mangé des pigeons quand ils en ont trouvé?

— Oui, sans doute, dit Candide.

— Eh bien, dit Martin, si les éperviers ont toujours eu le même caractère, pourquoi voulez-vous que les hommes aient changé le leur?

— Oh! dit Candide, il y a bien de la différence, car le libre arbitre... »° En raisonnant ainsi, ils arrivèrent à Bordeaux.

XXII. CE QUI ARRIVA EN FRANCE A CANDIDE ET A MARTIN

Candide ne s'arrêta dans Bordeaux qu'autant de temps qu'il en fallait pour vendre quelques cailloux du Dorado, et pour s'accommoder d'une bonne chaise à deux places, car il ne pouvait plus se passer de son philosophe Martin; il fut seulement très fâché de se séparer de son mouton, qu'il laissa à l'Académie des sciences de Bordeaux, laquelle proposa pour le sujet du prix de cette année de trouver pourquoi la laine de ce mouton était rouge; et le prix fut adjugé à un savant du Nord, qui démontra par A plus B, moins C, divisé par Z, que le mouton devait être rouge, et mourir de la clavelée.°

Cependant, tous les voyageurs que Candide rencontra dans les cabarets de la route lui disaient : « Nous allons à Paris. » Cet empressement général lui donna enfin l'envie de voir cette capitale; ce n'était pas beaucoup se détourner du chemin de Venise.

Il entra par le faubourg Saint-Marceau,° et crut être dans le plus vilain village de la Westphalie.

A peine Candide fut-il dans son auberge qu'il fut attaqué d'une maladie légère causée par ses fatigues. Comme il avait au doigt un diamant énorme, et qu'on avait aperçu dans son équipage une cassette° prodigieusement pesante, il eut aussitôt auprès de lui deux médecins qu'il n'avait pas mandés,° quelques amis intimes qui ne le quittèrent pas, et deux dévotes qui faisaient chauffer ses bouillons.

Martin disait : « Je me souviens d'avoir été malade aussi à Paris dans mon premier voyage; j'étais fort pauvre; aussi n'eus-je ni amis, ni dévotes, ni médecins, et je guéris. »

Cependant, à force de médecines et de saignées,° la maladie de Candide devint sérieuse. Un habitué du quartier vint avec douceur lui demander un billet payable au porteur pour l'autre monde.° Candide n'en voulut rien faire; les dévotes l'assurèrent que c'était une nouvelle mode. Candide répondit qu'il n'était point homme à la mode. Martin voulut jeter l'habitué par les fenêtres. Le clerc jura qu'on n'enterrerait point° Candide. Martin jura qu'il enterrerait le clerc s'il continuait à les importuner. La querelle s'échauffa; Martin le prit par les épaules et le chassa rudement; ce qui causa un grand scandale, dont on fit un procès-verbal.°

Candide guérit; et pendant sa convalescence il eut très bonne compagnie à souper chez lui. On jouait gros jeu. Candide était tout étonné que jamais les as° ne lui vinssent; et Martin ne s'en étonnait pas.

Parmi ceux qui lui faisaient les honneurs de la ville, il y avait un petit abbé périgourdin,° l'un de ces gens empressés,° toujours alertes, toujours serviables,° effrontés, caressants, accommodants, qui guettent les étrangers à leur passage, leur content l'histoire scandaleuse de la ville, et leur offrent des plaisirs à tout prix. Celui-ci mena d'abord Candide et Martin à la comédie.° On y jouait une tragédie nouvelle.° Candide se trouva placé auprès de quelques beaux esprits. Cela ne l'empêcha pas de pleurer à des scènes jouées parfaitement. Un des raisonneurs qui étaient à ses côtés lui dit dans un entr'acte : « Vous avez grand tort de pleurer : cette actrice est fort mauvaise; l'acteur qui joue avec elle est plus mauvais acteur encore; la pièce est encore plus mauvaise que les acteurs; l'auteur ne sait pas un mot d'arabe, et cependant la scène est en Arabie; et de plus, c'est un

1. *éperviers:* hawks. 10. *libre arbitre:* free will. 28. *clavelée:* sheep pox. 35. *faubourg Saint-Marceau:* southern suburb, now a quarter of Paris. (Rousseau first entered Paris through this quarter; all the city's magnificence never suppressed his memory of the squalid streets and wretched people.) 42. *cassette:* strongbox. 44. *mandés:* summoned.

6. *saignées:* bleedings. 9. Because of the prevalence of Jansenism, judged heretical, the orthodox clergy granted extreme unction and the final communion only to those who could show a *billet de confession* signed by a priest in good standing. 14. *on n'enterrerait point:* i.e., he would not be buried in consecrated ground with the rites of the Church. 19. *procès-verbal:* legal inquiry. 23. *as:* aces. 26. *périgourdin:* of Périgord, in southwestern France. 27. *empressés:* zealous, eager. 28. *serviables:* obliging. 32. *comédie:* theater. 33. *tragédie nouvelle:* perhaps Voltaire's *Mahomet* or his *Tancrède.*

homme qui ne croit pas aux idées innées :° je vous apporterai demain vingt brochures contre lui.

— Monsieur, combien avez-vous de pièces de théâtre en France? dit Candide à l'abbé; lequel répondit : Cinq ou six mille.

— C'est beaucoup, dit Candide; combien y en a-t-il de bonnes?

— Quinze ou seize, répliqua l'autre.

— C'est beaucoup, » dit Martin.

Candide fut très content d'une actrice qui faisait la reine Élisabeth dans une assez plate tragédie° que l'on joue quelquefois. « Cette actrice, dit-il à Martin, me plaît beaucoup; elle a un faux air de mademoiselle Cunégonde; je serais bien aise de la saluer. » L'abbé périgourdin s'offrit à l'introduire chez elle. Candide, élevé en Allemagne, demanda quelle était l'étiquette, et comment on traitait en France les reines d'Angleterre. « Il faut distinguer, dit l'abbé; en province on les mène au cabaret; à Paris on les respecte quand elles sont belles, et on les jette à la voirie° quand elles sont mortes.

— Des reines à la voirie! dit Candide.

— Oui vraiment, dit Martin; monsieur l'abbé a raison : j'étais à Paris quand mademoiselle Monime° passa, comme on dit, de cette vie à l'autre; on lui refusa ce que ces gens-ci appellent *les honneurs de la sépulture*, c'est-à-dire, de pourrir avec tous les gueux du quartier dans un vilain cimetière; elle fut enterrée toute seule de sa bande au coin de la rue de Bourgogne; ce qui dut lui faire une peine extrême, car elle pensait très noblement.

— Cela est bien impoli, dit Candide.

— Que voulez-vous? dit Martin; ces gens-ci sont ainsi faits. Imaginez toutes les contradictions, toutes les incompatibilités possibles, vous les verrez dans le gouvernement, dans les tribunaux, dans les églises, dans les spectacles de cette drôle de nation.

— Est-il vrai qu'on rit toujours à Paris? dit Candide.

— Oui, dit l'abbé, mais c'est en enrageant; car on s'y plaint de tout avec de grands éclats de rire; même on y fait en riant les actions les plus détestables.

— Quel est, dit Candide, ce gros cochon qui me disait tant de mal de la pièce où j'ai tant pleuré, et des acteurs qui m'ont fait tant de plaisir?

— C'est un mal-vivant,° répondit l'abbé, qui gagne sa vie à dire du mal de toutes les pièces et de tous les livres; il hait quiconque réussit, comme les eunuques haïssent les jouissants; c'est un de ces serpents de la littérature qui se nourrissent de fange et de venin; c'est un folliculaire.

— Qu'appelez-vous folliculaire? dit Candide.

— C'est, dit l'abbé, un faiseur de feuilles, un Fréron.° »

C'est ainsi que Candide, Martin et le Périgourdin raisonnaient sur l'escalier, en voyant défiler le monde au sortir de la pièce. « Quoique je sois très empressé de revoir mademoiselle Cunégonde, dit Candide, je voudrais pourtant souper avec mademoiselle Clairon;° car elle m'a paru admirable. »

L'abbé n'était pas homme à approcher de mademoiselle Clairon, qui ne voyait que bonne compagnie. « Elle est engagée pour ce soir, dit-il; mais j'aurai l'honneur de vous mener chez une dame de qualité, et là vous connaîtrez Paris comme si vous y aviez été quatre ans. »

Candide, qui était naturellement curieux, se laissa mener chez la dame, au fond du faubourg Saint-Honoré;° on y était occupé d'un pharaon;° douze tristes pontes° tenaient chacun en main un petit livre de cartes, registre cornu° de leurs infortunes. Un profond silence régnait, la pâleur était sur le front des pontes, l'inquiétude sur celui du banquier, et la dame du logis, assise auprès de ce banquier impitoyable, remarquait avec des yeux de lynx tous les parolis,° tous les sept-et-le-va de campagne,°

1. *idées innées:* innate ideas, accepted by Descartes and most French thinkers. (Voltaire, following the Englishman Locke, rejected them. As a dramatist he had suffered from just such irrelevant criticism.) 13. *tragédie:* probably *Le Comte d'Essex* by Thomas Corneille. 23. *voirie:* city dump. (Voltaire still burns with indignation because, thirty years before, the brilliant actress Adrienne Lecouvreur had been refused proper burial. The Church regarded actors as excommunicate on account of their profession. She was buried by stealth in the rue de Bourgogne, Voltaire himself perhaps lending a hand.) 27. *Monime:* the rôle in which Adrienne Lecouvreur first made a hit.

9. *mal-vivant:* loose liver. 18. *Fréron:* scurrilous journalistic enemy of Voltaire. 24. *Mademoiselle Clairon:* celebrated actress who scored a great hit in Voltaire's *Tancrède.* 34. *faubourg Saint-Honoré:* fashionable quarter. 35. *pharaon:* faro, popular card game. 35. *pontes:* players (against the *banquier*). 36. *livre de cartes, registre cornu:* record cards, creased (*cornu*), to indicate what cards had been turned up by the banker. 42. *parolis:* double bet, made by the player's signaling, by creasing a card, that he will let his previous winnings lie. 42. *sept-et-le-va de campagne:* faked bet of seven times one's stake.

dont chaque joueur cornait ses cartes; elle les faisait décorner° avec une attention sévère, mais polie, et ne se fâchait point, de peur de perdre ses pratiques.° La dame se faisait appeler la marquise de Parolignac.° Sa fille, âgée de quinze ans, était au nombre des pontes, et avertissait d'un clin d'œil° des friponneries° de ces pauvres gens, qui tâchaient de réparer les cruautés du sort. L'abbé perigourdin, Candide et Martin entrèrent; personne ne se leva, ni les salua, ni les regarda; tous étaient profondément occupés de leurs cartes. « Madame la baronne de Thunder-ten-tronckh était plus civile, » dit Candide.

Cependant, l'abbé s'approcha de l'oreille de la marquise, qui se leva à moitié, honora Candide d'un sourire gracieux, et Martin d'un air de tête tout-à-fait noble; elle fit donner un siège et un jeu° de cartes à Candide, qui perdit cinquante mille francs en deux tailles;° après quoi on soupa très gaiement, et tout le monde était étonné que Candide ne fût pas ému de sa perte : les laquais disaient entre eux, dans leur langage de laquais : « Il faut que ce soit quelque mylord anglais. »

Le souper fut comme la plupart des soupers de Paris; d'abord du silence, ensuite un bruit de paroles qu'on ne distingue point, puis des plaisanteries dont la plupart sont insipides, de fausses nouvelles, de mauvais raisonnements, un peu de politique et beaucoup de médisance; on parla même de livres nouveaux. « Avez-vous vu, dit l'abbé périgourdin, le roman du sieur Gauchat,° docteur en théologie ?

— Oui, répondit un des convives, mais je n'ai pu l'achever. Nous avons une foule d'écrits impertinents,° mais tous ensemble n'approchent pas de l'impertinence de Gauchat, docteur en théologie; je suis si rassasié° de cette immensité de détestables livres qui nous inondent, que je me suis mis à ponter au pharaon.

— Et les *Mélanges* de l'archidiacre Trublet,° qu'en dites-vous ? dit l'abbé.

— Ah ! dit madame de Parolignac, l'ennuyeux mortel ! comme il vous dit curieusement ce que tout le monde sait ! comme il discute pesamment ce qui ne vaut pas la peine d'être remarqué

légèrement ! comme il s'approprie sans esprit l'esprit des autres ! comme il gâte ce qu'il pille ! comme il me dégoûte ! mais il ne me dégoûtera plus; c'est assez d'avoir lu quelques pages de l'archidiacre. »

Il y avait à table un homme savant et de goût qui appuya ce que disait la marquise. On parla ensuite de tragédies;° la dame demanda pourquoi il y avait des tragédies qu'on jouait quelquefois, et qu'on ne pouvait lire. L'homme de goût expliqua très bien comment une pièce pouvait avoir quelque intérêt, et n'avoir presque aucun mérite; il prouva en peu de mots que ce n'était pas assez d'amener une ou deux de ces situations qu'on trouve dans tous les romans, et qui séduisent toujours les spectateurs, mais qu'il faut être neuf sans être bizarre, souvent sublime, et toujours naturel, connaître le cœur humain et le faire parler, être grand poète, sans que jamais aucun personnage de la pièce paraisse poète; savoir parfaitement sa langue, la parler avec pureté, avec une harmonie continue, sans que jamais la rime coûte rien au sens. « Quiconque, ajouta-t-il, n'observe pas toutes ces règles, peut faire une ou deux tragédies applaudies au théâtre; mais il ne sera jamais compté au rang des bons écrivains; il y a très peu de bonnes tragédies : les unes sont des idylles en dialogues bien écrits et bien rimés; les autres, des raisonnements politiques qui endorment, ou des amplifications qui rebutent; les autres des rêves d'énergumène,° en style barbare, des propos interrompus, de longues apostrophes aux dieux, parce qu'on ne sait point parler aux hommes, des maximes fausses, des lieux communs ampoulés.° »

Candide écouta ce propos avec attention, et conçut une grande idée du discoureur; et comme la marquise avait eu soin de le placer à côté d'elle, il s'approcha de son oreille, et prit la liberté de lui demander qui était cet homme qui parlait si bien. « C'est un savant, dit la dame, qui ne ponte point, et que l'abbé m'amène quelquefois à souper; il se connaît parfaitement en tragédies et en livres, et il a fait une tragédie sifflée° et un livre dont on n'a jamais vu hors de la boutique de son libraire qu'un exemplaire, qu'il m'a dédié.

2. *décorner:* uncrease. 4. *pratiques:* clients. 5. *Parolignac:* combination of *paroli* and the celebrated noble name of Polignac. 7. *clin d'œil:* wink. 7. *friponneries:* trickeries. 19. *jeu:* pack. 20. *tailles:* games. 34. *Gauchat:* hostile critic of Voltaire. 37. *impertinents:* silly. 39. *rassasié:* sated, sick. 42. *Trublet:* another hostile critic.

8. This analysis of tragic virtues is a reply to criticisms of *Tancrède.* 32. *énergumène:* fanatic. 36. *ampoulés:* bombastic. 46. *sifflée:* hissed.

— Le grand homme! dit Candide; c'est un autre Pangloss. »

Alors se tournant vers lui, il lui dit : « Monsieur, vous pensez sans doute que tout est au mieux dans le monde physique et dans le moral, et que rien ne pouvait être autrement?

— Moi, monsieur, lui répondit le savant, je ne pense rien de tout cela; je trouve que tout va de travers° chez nous; que personne ne sait ni quel est son rang, ni quelle est sa charge,° ni ce qu'il fait, ni ce qu'il doit faire, et qu'excepté le souper, qui est assez gai, et où il paraît assez d'union, tout le reste du temps se passe en querelles impertinentes; jansénistes contre molinistes,° gens du parlement contre gens d'église, gens de lettres contre gens de lettres, courtisans° contre courtisans, financiers contre le peuple, femmes contre maris, parents contre parents; c'est une guerre éternelle. »

Candide lui répliqua : « J'ai vu pis; mais un sage, qui depuis a eu le malheur d'être pendu, m'apprit que tout cela est à merveille; ce sont des ombres à un beau tableau.

— Votre pendu se moquait du monde, dit Martin; vos ombres sont des taches horribles.

— Ce sont les hommes qui font les taches, dit Candide, et ils ne peuvent pas s'en dispenser.

— Ce n'est donc pas leur faute, » dit Martin. La plupart des pontes, qui n'entendaient rien à ce langage, buvaient; et Martin raisonna avec le savant, et Candide raconta une partie de ses aventures à la dame du logis.

Après souper, la marquise mena Candide dans son cabinet et le fit asseoir sur un canapé. « Eh bien, lui dit-elle, vous aimez donc toujours éperdument° mademoiselle Cunégonde de Thunder-ten-tronckh!

— Oui, madame, » répondit Candide. La marquise lui répliqua avec un souris° tendre : « Vous me répondez comme un jeune homme de Westphalie; un Français m'aurait dit : « Il est vrai que j'ai aimé mademoiselle Cunégonde; mais en vous voyant, madame, je crains de ne la plus aimer. »

— Hélas! madame, dit Candide, je répondrai comme vous voudrez.

— Votre passion pour elle, dit la marquise, a commencé en ramassant son mouchoir; je veux que vous ramassiez ma jarretière.°

— De tout mon cœur, » dit Candide; et il la ramassa. « Mais je veux que vous me la remettiez, » dit la dame; et Candide la lui remit. « Voyez-vous? dit la dame, vous êtes étranger; je fais quelquefois languir mes amants de Paris quinze jours, mais je me rends à vous dès la première nuit, parce qu'il faut faire les honneurs de son pays à un jeune homme de Westphalie. » La belle ayant aperçu deux énormes diamants aux deux mains de son jeune étranger, les loua de si bonne foi, que des doigts de Candide ils passèrent aux doigts de la marquise.

Candide, en s'en retournant avec son abbé périgourdin, sentit quelque remords d'avoir fait une infidélité à mademoiselle Cunégonde. Monsieur l'abbé entra dans sa peine; il n'avait qu'une légère part aux cinquante mille livres perdues au jeu par Candide, et à la valeur des deux brillants moitié donnés, moitié extorqués. Son dessein était de profiter, autant qu'il le pourrait, des avantages que la connaissance de Candide pouvait lui procurer. Il lui parla beaucoup de Cunégonde; et Candide lui dit qu'il demanderait bien pardon à cette belle de son infidélité, quand il la verrait à Venise.

Le Périgourdin redoublait de politesses et d'attentions, et prenait un intérêt tendre à tout ce que Candide disait, à tout ce qu'il faisait, à tout ce qu'il voulait faire.

« Vous avez donc, monsieur, lui dit-il, un rendez-vous à Venise?

— Oui, monsieur l'abbé, dit Candide; il faut absolument que j'aille trouver mademoiselle Cunégonde. » Alors, engagé par le plaisir de parler de ce qu'il aimait, il conta, selon son usage, une partie de ses aventures avec cette illustre Westphalienne.

« Je crois, dit l'abbé, que mademoiselle Cunégonde a bien de l'esprit, et qu'elle écrit des lettres charmantes?

— Je n'en ai jamais reçu, dit Candide : car figurez-vous qu'ayant été chassé du château pour l'amour d'elle, je ne pus lui écrire; que bientôt après j'appris qu'elle était morte, qu'ensuite je la retrouvai, et que je la perdis, et que je lui ai envoyé à deux mille cinq cent lieues d'ici un exprès° dont j'attends la réponse. »

9. *va de travers:* goes wrong. 10. *charge:* position, duty. 15. *molinistes:* Jesuits. 16. *courtisans:* courtiers. 36. *éperdument:* madly. 39. *souris = sourire.*

2. *jarretière:* garter. 49. *exprès:* message.

L'abbé écoutait attentivement, et paraissait un peu rêveur. Il prit bientôt congé des deux étrangers, après les avoir tendrement embrassés. Le lendemain Candide reçut à son réveil une lettre conçue en ces termes :

Monsieur, mon très cher amant, il y a huit jours que je suis malade en cette ville; j'apprends que vous y êtes. Je volerais dans vos bras si je pouvais remuer. J'ai su votre passage à Bordeaux; j'y ai laissé le fidèle Cacambo et la vieille, qui doivent bientôt me suivre. Le gouverneur de Buenos-Aires a tout pris, mais il me reste votre cœur. Venez, votre présence me rendra la vie, ou me fera mourir de plaisir.

Cette lettre charmante, cette lettre inespérée, transporta Candide d'une joie inexprimable; et la maladie de sa chère Cunégonde l'accabla de douleur. Partagé entre ces deux sentiments, il prend son or et ses diamants, et se fait conduire avec Martin à l'hôtel où mademoiselle Cunégonde demeurait. Il entre en tremblant d'émotion, son cœur palpite, sa voix sanglote; il veut ouvrir les rideaux du lit, il veut faire apporter de la lumière. «Gardez-vous-en bien, lui dit la suivante, la lumière la tue;» et soudain elle referme le rideau. «Ma chère Cunégonde, dit Candide en pleurant, comment vous portez-vous? si vous ne pouvez me voir, parlez-moi du moins.

— Elle ne peut parler,» dit la suivante. La dame alors tire du lit une main potelée° que Candide arrose longtemps de ses larmes, et qu'il remplit ensuite de diamants, en laissant un sac plein d'or sur le fauteuil.

Au milieu de ses transports arrive un exempt° suivi de l'abbé périgourdin et d'une escouade.° «Voilà donc, dit-il, ces deux étrangers suspects?» Il les fait incontinent saisir, et ordonne à ses braves de les traîner en prison. «Ce n'est pas ainsi qu'on traite les voyageurs dans le Dorado, dit Candide.

— Je suis plus manichéen que jamais, dit Martin.

— Mais, monsieur, où nous menez-vous? dit Candide.

— Dans un cul de basse-fosse,° » dit l'exempt.

Martin, ayant repris son sang-froid, jugea que la dame qui se prétendait Cunégonde était une fripponne, monsieur l'abbé périgourdin un fripon qui avait abusé au plus vite de l'innocence de Candide, et l'exempt un autre fripon dont on pouvait aisément se débarrasser.

Plutôt que de s'exposer aux procédures de la justice, Candide, éclairé par son conseil, et d'ailleurs toujours impatient de revoir la véritable Cunégonde, propose à l'exempt trois petits diamants d'environ trois mille pistoles chacun. «Ah, monsieur, lui dit l'homme au bâton d'ivoire, eussiez-vous commis tous les crimes imaginables, vous êtes le plus honnête homme du monde; trois diamants! chacun de trois mille pistoles! Monsieur! je me ferais tuer pour vous, au lieu de vous mener dans un cachot. On arrête tous les étrangers, mais laissez-moi faire; j'ai un frère à Dieppe en Normandie, je vais vous y mener; et si vous avez quelque diamant à lui donner, il aura soin de vous comme moi-même.

— Et pourquoi arrête-t-on tous les étrangers?» dit Candide. L'abbé périgourdin prit alors la parole et dit : «C'est parce qu'un gueux du pays d'Atrébatie° a entendu dire des sottises, cela seul lui a fait commettre un parricide,° non pas tel que celui de 1610° au mois de mai, mais tel que celui de 1594 au mois de décembre, et tel que plusieurs autres commis dans d'autres années et dans d'autres mois par d'autres gueux qui avaient entendu dire des sottises.»

L'exempt alors expliqua de quoi il s'agissait.° «Ah! les monstres! s'écria Candide; quoi! de telles horreurs chez un peuple qui danse et qui chante! ne pourrai-je sortir au plus vite de ce pays où des singes agacent des tigres?° J'ai vu des ours dans mon pays; je n'ai vu des hommes que dans le Dorado. Au nom de Dieu, monsieur l'exempt, menez-moi à Venise, où je dois attendre mademoiselle Cunégonde.

34. *potelée:* plump, shapely. 38. *exempt:* police officer. 39. *escouade:* squad (of police).

1. *cul de basse-fosse:* dungeon. 27. *Atrébatie:* region of Arras, northern France. (Damiens, from this region, was a religious fanatic who attempted to assassinate Louis XV in 1757.) 29. *parricide:* i.e., attempt to assassinate the King. 29. In this year Ravaillac, another fanatic, assassinated Henri IV. In 1594, Chatel tried to kill Henri IV; the Jesuits were accused of having prompted him. 35. The policeman evidently recounts the means by which Damiens was publicly tortured to death. 39. *singes, tigres:* i.e., monks and fanatic dupes.

—Je ne peux nous mener qu'en basse-Normandie, dit le barigel.° » Aussitôt il lui fait ôter ses fers, dit qu'il s'est mépris, renvoie ses gens, emmène à Dieppe Candide et Martin, et les laisse entre les mains de son frère. Il y avait un petit vaisseau hollandais à la rade. Le Normand, à l'aide de trois autres diamants, devenu le plus serviable des hommes, embarque Candide et ses gens dans le vaisseau qui allait faire voile pour Portsmouth en Angleterre. Ce n'était pas le chemin de Venise; mais Candide croyait être délivré de l'enfer, et il comptait bien reprendre la route de Venise à la première occasion.

XXIII. CANDIDE ET MARTIN VONT SUR LES CÔTES D'ANGLETERRE; CE QU'ILS Y VOIENT

« Ah! Pangloss! Pangloss! Ah! Martin! Martin! Ah! ma chère Cunégonde! qu'est-ce que ce monde-ci? disait Candide sur le vaisseau hollandais.

—Quelque chose de bien fou et de bien abominable, répondait Martin.

—Vous connaissez l'Angleterre; y est-on aussi fou qu'en France?

—C'est une autre espèce de folie, dit Martin. Vous savez que ces deux nations sont en guerre pour quelques arpents de neige° vers le Canada, et qu'elles dépensent pour cette belle guerre beaucoup plus que tout le Canada ne vaut. De vous dire précisément s'il y a plus de gens à lier° dans un pays que dans un autre, c'est ce que mes faibles lumières ne me permettent pas. Je sais seulement qu'en général les gens que nous allons voir sont fort atrabilaires.° »

En causant ainsi ils abordèrent à Portsmouth; une multitude de peuple couvrait le rivage, et regardait attentivement un assez gros homme° qui était à genoux, les yeux bandés, sur le tillac d'un des vaisseaux de la flotte; quatre soldats, postés vis-à-vis de cet homme, lui tirèrent chacun trois balles dans le crâne le plus paisiblement du monde, et toute l'assemblée s'en retourna extrêmement satisfaite. « Qu'est-ce donc que tout ceci? dit Candide, et quel démon exerce partout son empire? » Il demanda qui était ce gros homme qu'on venait de tuer en cérémonie. « C'est un amiral, lui répondit-on.

—Et pourquoi tuer cet amiral?

—C'est, lui dit-on, parce qu'il n'a pas fait tuer assez de monde; il a livré un combat à un amiral français, et on a trouvé qu'il n'était pas assez près de lui.

—Mais, dit Candide, l'amiral français était aussi loin de l'amiral anglais que celui-ci l'était de l'autre!

—Cela est incontestable, lui répliqua-t-on; mais dans ce pays-ci il est bon de tuer de temps en temps un amiral pour encourager les autres.° »

Candide fut si étourdi et si choqué de ce qu'il voyait et de ce qu'il entendait qu'il ne voulut pas seulement mettre pied à terre, et qu'il fit son marché avec le patron hollandais (dût-il le voler comme celui de Surinam) pour le conduire sans délai à Venise.

Le patron fut prêt au bout de deux jours. On côtoya° la France; on passa à la vue de Lisbonne, et Candide frémit. On entra dans le détroit° et dans la Méditerranée; enfin on aborda à Venise. « Dieu soit loué! dit Candide en embrassant Martin; c'est ici que je reverrai la belle Cunégonde. Je compte sur Cacambo comme sur moi-même. Tout est bien, tout va bien, tout va le mieux qu'il soit possible. »

XXIV. DE PAQUETTE ET DE FRÈRE GIROFLÉE

Dès qu'il fut à Venise, il fit chercher Cacambo dans tous les cabarets, dans tous les cafés, chez toutes les filles de joie, et ne le trouva point. Il envoyait tous les jours à la découverte de tous les vaisseaux et de toutes les barques. Nulles nouvelles de Cacambo. « Quoi! disait-il à Martin, j'ai eu le temps de passer de Surinam à Bordeaux, d'aller de Bordeaux à Paris, de Paris à Dieppe, de Dieppe à Portsmouth, de côtoyer le Portugal et l'Espagne, de traverser toute la

2. *barigel:* police officer. 29. *quelques arpents de neige:* a few acres of snow. An estimate of the value of Canada often quoted as an example of the errors of .enlightened eighteenth-century opinion. (The question of ownership of Canada precipitated the Seven Years' War, the American campaigns of which we call the French and Indian War.) 32. *à lier = fous à lier;* crazy enough to be tied up. 36. *atrabilaires:* splenetic, moody. 39. Admiral John Byng, defeated by French fleet in Mediterranean in 1756. On his return he was court-martialed for excessive caution, condemned, and executed on his own ship. Voltaire, who had known him, appealed through every avenue of influence to save him.

19. *pour... autres:* the phrase has become proverbial. 27. *côtoya:* coasted along. 29. *détroit:* straits (of Gibraltar).

Méditerranée, de passer quelques mois à Venise, et la belle Cunégonde n'est point venue! Je n'ai rencontré au lieu d'elle qu'une drôlesse° et un abbé périgourdin! Cunégonde est morte sans doute; je n'ai plus qu'à mourir. Ah! il valait mieux rester dans le paradis du Dorado que de revenir dans cette maudite Europe. Que vous avez raison, mon cher Martin! tout n'est qu'illusion et calamité. »

Il tomba dans une mélancolie noire, et ne prit aucune part à l'opéra *alla moda*, ni aux autres divertissements du carnaval; pas une dame ne lui donna la moindre tentation. Martin lui dit : « Vous êtes bien simple, en vérité, de vous figurer qu'un valet métis, qui a cinq ou six millions dans ses poches, ira chercher votre maîtresse au bout du monde et vous l'amènera à Venise. Il la prendra pour lui, s'il la trouve. S'il ne la trouve pas, il en prendra une autre : je vous conseille d'oublier votre valet Cacambo et votre maîtresse Cunégonde. » Martin n'était pas consolant. La mélancolie de Candide augmenta, et Martin ne cessait de lui prouver qu'il y avait peu de vertu et peu de bonheur sur la terre, excepté peut-être dans Eldorado, où personne ne pouvait aller.

En disputant sur cette matière importante, et en attendant Cunégonde, Candide aperçut un jeune théatin° dans la place Saint-Marc, qui tenait sous le bras une fille. Le théatin paraissait frais, potelé, vigoureux; ses yeux étaient brillants, son air assuré, sa mine haute, sa démarche fière. La fille était très jolie et chantait; elle regardait amoureusement son théatin, et de temps en temps lui pinçait ses grosses joues. « Vous m'avouerez du moins, dit Candide à Martin, que ces gens-ci sont heureux. Je n'ai trouvé jusqu'à présent dans toute la terre habitable, excepté dans Eldorado, que des infortunés; mais, pour cette fille et ce théatin, je gage que ce sont des créatures très heureuses.

— Je gage que non, dit Martin.

— Il n'y a qu'à les prier à dîner, dit Candide, et vous verrez si je me trompe. »

Aussitôt il les aborde, il leur fait son compliment, et les invite à venir à son hôtellerie manger des macaroni, des perdrix° de Lombardie, des œufs d'esturgeon, et à boire du vin de Montepulciano, du Lacryma-Christi, du Chypre et du

Samos. La demoiselle rougit, le théatin accepta la partie, et la fille le suivit en regardant Candide avec des yeux de surprise et de confusion qui furent obscurcis de quelques larmes. A peine fut-elle entrée dans la chambre de Candide, qu'elle lui dit : « Eh quoi, monsieur Candide ne reconnaît plus Paquette! » A ces mots, Candide, qui ne l'avait pas considérée jusque-là avec attention, parce qu'il n'était occupé que de Cunégonde, lui dit : « Hélas! ma pauvre enfant, c'est donc vous qui avez mis le docteur Pangloss dans le bel état où je l'ai vu?

— Hélas! monsieur, c'est moi-même, dit Paquette; je vois que vous êtes instruit de tout. J'ai su les malheurs épouvantables arrivés à toute la maison de madame la baronne et à la belle Cunégonde. Je vous jure que ma destinée n'a guère été moins triste. J'étais fort innocente quand vous m'avez vue. Un cordelier qui était mon confesseur me séduisit aisément. Les suites en furent affreuses; je fus obligée de sortir du château quelque temps après que monsieur le baron vous eut renvoyé à grands coups de pied dans le derrière. Si un fameux médecin n'avait pas pris pitié de moi, j'étais morte. Je fus quelque temps par reconnaissance la maîtresse de ce médecin. Sa femme, qui était jalouse à la rage, me battait tous les jours impitoyablement; c'était une furie. Ce médecin était le plus laid de tous les hommes, et moi la plus malheureuse de toutes les créatures, d'être battue continuellement pour un homme que je n'aimais pas. Vous savez, monsieur, combien il est dangereux pour une femme acariâtre° d'être l'épouse d'un médecin. Celui-ci, outré des procédés de sa femme, lui donna un jour, pour la guérir d'un petit rhume, une médecine si efficace qu'elle en mourut en deux heures de temps dans des convulsions horribles. Les parents de madame intentèrent° à monsieur un procès criminel; il prit la fuite, et moi, je fus mise en prison. Mon innocence ne m'aurait pas sauvée, si je n'avais été un peu jolie. Le juge m'élargit° à condition qu'il succéderait au médecin. Je fus bientôt supplantée par une rivale, chassée sans récompense, et obligée de continuer ce métier abominable qui vous paraît si plaisant à vous autres hommes, et qui n'est pour nous qu'un abîme de misères. J'allai exercer la profession à

3. *drôlesse:* strumpet. 29. *théatin:* member of Theatins, Catholic congregation. 47. *perdrix:* partridges.

34. *acariâtre:* shrewish. 40. *intentèrent:* instituted. 43. *élargit:* released.

Venise. Ah! monsieur, si vous pouviez imaginer ce que c'est que d'être obligée de caresser indifféremment un vieux marchand, un avocat, un moine, un gondolier, un abbé; d'être exposée à toutes les insultes, à toutes les avanies;° d'être souvent réduite à emprunter une jupe pour aller se la faire lever par un homme dégoûtant; d'être volée par l'un de ce qu'on a gagné avec l'autre; d'être rançonnée par les officiers de justice, et de n'avoir en perspective qu'une vieillesse affreuse, un hôpital et un fumier,° vous concluriez que je suis une des plus malheureuses créatures du monde. »

Paquette ouvrait ainsi son cœur au bon Candide, dans un cabinet, en présence de Martin, qui disait à Candide : «Vous voyez que j'ai déjà gagné la moitié de la gageure. »

Frère Giroflée était resté dans la salle à manger, et buvait un coup en attendant le dîner. «Mais, dit Candide à Paquette, vous aviez l'air si gai, si content, quand je vous ai rencontrée; vous chantiez, vous caressiez le théatin avec une complaisance naturelle; vous m'avez paru aussi heureuse que vous prétendez être infortunée.

— Ah! monsieur, répondit Paquette, c'est encore là une des misères du métier. J'ai été hier volée et battue par un officier, et il faut aujourd'hui que je paraisse de bonne humeur pour plaire à un moine. »

Candide n'en voulut pas davantage; il avoua que Martin avait raison. On se mit à table avec Paquette et le théatin; le repas fut assez amusant, et sur la fin on se parla avec quelque confiance. «Mon père, dit Candide au moine, vous me paraissez jouir d'une destinée que tout le monde doit envier; la fleur de la santé brille sur votre visage, votre physionomie annonce le bonheur; vous avez une très jolie fille pour votre récréation, et vous paraissez très content de votre état de théatin.

— Ma foi, monsieur, dit frère Giroflée, je voudrais que tous les théatins fussent au fond de la mer. J'ai été tenté cent fois de mettre le feu au couvent, et d'aller me faire Turc. Mes parents me forcèrent à l'âge de quinze ans d'endosser° cette détestable robe, pour laisser plus de fortune à un maudit frère aîné, que Dieu confonde. La jalousie, la discorde, la rage,

habitent dans le couvent. Il est vrai que j'ai prêché quelques mauvais sermons qui m'ont valu un peu d'argent, dont le prieur me vole la moitié : le reste me sert à entretenir des filles; mais quand je rentre le soir dans le monastère, je suis prêt de me casser la tête contre les murs du dortoir;° et tous mes confrères sont dans le même cas. »

Martin se tournant vers Candide avec son sang-froid ordinaire : «Eh bien! lui dit-il, n'ai-je pas gagné la gageure tout entière? » Candide donna deux mille piastres à Paquette et mille piastres à frère Giroflée. «Je vous réponds, dit-il, qu'avec cela ils seront heureux.

— Je n'en crois rien du tout, dit Martin; vous les rendrez peut-être avec ces piastres beaucoup plus malheureux encore.

— Il en sera ce qui pourra, dit Candide; mais une chose me console, je vois qu'on retrouve souvent les gens qu'on ne croyait jamais retrouver; il se pourra bien faire qu'ayant rencontré mon mouton rouge et Paquette, je rencontre aussi Cunégonde.

— Je souhaite, dit Martin, qu'elle fasse un jour votre bonheur; mais c'est de quoi je doute fort.

— Vous êtes bien dur, dit Candide.

— C'est que j'ai vécu, dit Martin.

— Mais regardez ces gondoliers, dit Candide; ne chantent-ils pas sans cesse ?

— Vous ne les voyez pas dans leur ménage, avec leurs femmes et leurs marmots° d'enfants, dit Martin. Le doge° a ses chagrins, les gondoliers ont les leurs. Il est vrai qu'à tout prendre le sort d'un gondolier est préférable à celui d'un doge; mais je crois la différence si médiocre que cela ne vaut pas la peine d'être examiné.

— On parle, dit Candide, du sénateur Pococurante° qui demeure dans ce beau palais sur la Brenta, et qui reçoit assez bien les étrangers. On prétend que c'est un homme qui n'a jamais eu de chagrin.

— Je voudrais voir une espèce si rare, dit Martin. » Candide aussitôt fit demander au seigneur Pococurante la permission de venir le voir le lendemain.

5. *avanies:* affronts. 12. *fumier:* dunghill (*i.e.,* for burial place). 46. *endosser:* don.

7. *dortoir:* dormitory. 32. *marmots:* brats. 33. *doge:* ruler of Venice. 39. *Pococurante:* "Little-Caring" (*Italian*). (Despite striking resemblances between the character and opinions of Pococurante and those of Voltaire, this is not a self-portrait.)

XXV. VISITE CHEZ LE SEIGNEUR POCOCURANTE, NOBLE VÉNITIEN

Candide et Martin allèrent en gondole sur la Brenta et arrivèrent au palais du noble Pococurante. Les jardins étaient bien entendus,° et ornés de belles statues de marbre; le palais, d'une belle architecture. Le maître du logis, homme de soixante ans, fort riche, reçut très poliment les deux curieux, mais avec très peu d'empressement, ce qui déconcerta Candide et ne déplut point à Martin.

D'abord deux filles jolies et proprement mises servirent du chocolat, qu'elles firent très bien mousser.° Candide ne put s'empêcher de les louer sur leur beauté, sur leur bonne grâce et sur leur adresse. « Ce sont d'assez bonnes créatures, dit le sénateur Pococurante; je les fais quelquefois coucher dans mon lit, car je suis bien las des dames de la ville, de leurs coquetteries, de leurs jalousies, de leurs querelles, de leurs humeurs, de leurs petitesses, de leur orgueil, de leurs sottises, et des sonnets qu'il faut faire ou commander pour elles; mais après tout, ces deux filles commencent fort à m'ennuyer. »

Candide, après le déjeuner, se promenant dans une longue galerie, fut surpris de la beauté des tableaux. Il demanda de quel maître étaient les deux premiers. « Ils sont de Raphaël, dit le sénateur; je les achetai fort cher par vanité, il y a quelques années; on dit que c'est ce qu'il y a de plus beau en Italie, mais ils ne me plaisent point du tout; la couleur en est très rembrunie,° les figures ne sont pas assez arrondies, et ne sortent° point assez; les draperies ne ressemblent en rien à une étoffe. En un mot, quoi qu'on en dise, je ne trouve point là une imitation vraie de la nature elle-même. Je n'aimerai un tableau que quand je croirai voir la nature elle-même : il n'y en a point de cette espèce. J'ai beaucoup de tableaux, mais je ne les regarde plus. »

Pococurante, en attendant le dîner, se fit donner un concerto. Candide trouva la musique délicieuse. « Ce bruit, dit Pococurante, peut amuser une demi-heure; mais, s'il dure plus longtemps, il fatigue tout le monde, quoique personne n'ose l'avouer. La musique aujourd'hui n'est plus que l'art d'exécuter des choses difficiles, et ce qui n'est que difficile ne plaît point à la longue.°

« J'aimerais peut-être mieux l'opéra, si on n'avait pas trouvé le secret d'en faire un monstre qui me révolte. Ira voir qui voudra de mauvaises tragédies en musique, où les scènes ne sont faites que pour amener très mal à propos deux ou trois chansons ridicules qui font valoir le gosier° d'une actrice. Se pâmera de plaisir qui voudra, ou qui pourra, en voyant un châtré° fredonner° le rôle de César et de Caton, et se promener d'un air gauche sur des planches; pour moi, il y a longtemps que j'ai renoncé à ces pauvretés, qui font aujourd'hui la gloire de l'Italie, et que des souverains payent si chèrement. » Candide disputa un peu, mais avec discrétion. Martin fut entièrement de l'avis du sénateur.

On se mit à table, et après un excellent dîner, on entra dans la bibliothèque. Candide, en voyant un Homère magnifiquement relié,° loua l'illustrissime sur son bon goût. « Voilà, dit-il, un livre qui faisait les délices du grand Pangloss, le meilleur philosophe de l'Allemagne.

— Il ne fait pas les miennes, dit froidement Pococurante; on me fit accroire° autrefois que j'avais du plaisir en le lisant; mais cette répétition continuelle de combats qui se ressemblent tous, ces dieux qui agissent toujours pour ne rien faire de décisif, cette Hélène qui est le sujet de la guerre, et qui à peine est une actrice de la pièce; cette Troie qu'on assiège et qu'on ne prend point; tout cela me causait le plus mortel ennui. J'ai demandé quelquefois à des savants s'ils s'ennuyaient autant que moi à cette lecture. Tous les gens sincères m'ont avoué que le livre leur tombait des mains, mais qu'il fallait toujours l'avoir dans sa bibliothèque, comme un monument de l'antiquité, et comme ces médailles rouillées° qui ne peuvent être de commerce.°

— Votre Excellence ne pense pas ainsi de Virgile? dit Candide.

— Je conviens, dit Pococurante, que le second, le quatrième, et le sixième livre de son *Énéide* sont excellents; mais pour son pieux

2. An attack on current French music of Rameau. But Voltaire had little taste or competence in music. 9. *gosier:* throat. 10. *châtré:* castrated (singer). (These sang many of the roles in Italian opera. Voltaire took an active part in agitation against the practice.) 11. *fredonner:* hum, trill. 21. *relié:* bound. 26. *me fit accroire:* deluded me into believing. 40. *rouillées:* rusty. 40. *être de commerce:* i.e., be used as currency.

6. *entendus:* arranged. 15. *mousser:* froth. 34. *rembrunie:* darkened. 35. *sortent:* stand out.

Énée, et le fort Cloanthe, et l'ami Achates, et le petit Ascanius, et l'imbécile roi Latinus, et la bourgeoise Amata, et l'insipide Lavinia, je ne crois pas qu'il y ait rien de si froid et de plus désagréable. J'aime mieux le Tasse° et les contes à dormir debout de l'Arioste.°

— Oserais-je vous demander, monsieur, dit Candide, si vous n'avez pas un grand plaisir à lire Horace?

— Il y a des maximes, dit Pococurante, dont un homme du monde peut faire son profit, et qui, étant resserrées dans des vers énergiques, se gravent plus aisément dans la mémoire. Mais je me soucie fort peu de son voyage à Brindes,° et de sa description d'un mauvais dîner, et de la querelle de crocheteurs° entre je ne sais quel Pupilus, dont les paroles, dit-il, *étaient pleines de pus*, et un autre dont les paroles *étaient du vinaigre*. Je n'ai lu qu'avec un extrême dégoût ses vers grossiers contre des vieilles et contre des sorcières; et je ne vois pas quel mérite il peut y avoir à dire à son ami Mécénas que, s'il est mis par lui au rang des poètes lyriques, il frappera les astres de son front sublime. Les sots admirent tout dans un auteur estimé. Je ne lis que pour moi; je n'aime que ce qui est à mon usage. » Candide, qui avait été élevé à ne jamais juger de rien par lui-même, était fort étonné de ce qu'il entendait; et Martin trouvait la façon de penser de Pococurante assez raisonnable.

« Oh! voici un Cicéron, dit Candide; pour ce grand homme-là, je pense que vous ne vous lassez point de le lire?

— Je ne le lis jamais, répondit le Vénitien. Que m'importe qu'il ait plaidé pour Rabirius ou pour Cluentius? J'ai bien assez des° procès que je juge; je me serais mieux accommodé de ses œuvres philosophiques; mais quand j'ai vu qu'il doutait de tout, j'ai conclu que j'en savais autant que lui, et que je n'avais besoin de personne pour être ignorant.

— Ah, voilà quatre-vingts volumes de recueils d'une académie des sciences, s'écria Martin; il se peut qu'il y ait là du bon.

— Il y en aurait, dit Pococurante, si un seul des auteurs de ces fatras° avait inventé seulement l'art de faire des épingles; mais il n'y a

dans tous ces livres que de vains systèmes et pas une seule chose utile.

— Que de pièces de théâtre je vois là! dit Candide, en italien, en espagnol, en français!

— Oui, dit le sénateur, il y en a trois mille, et pas trois douzaines de bonnes. Pour ces recueils de sermons, qui tous ensemble ne valent pas une page de Sénèque, et tous ces gros volumes de théologie, vous pensez bien que je ne les ouvre jamais, ni moi, ni personne. »

Martin aperçut des rayons° chargés de livres anglais. « Je crois, dit-il, qu'un républicain doit se plaire à la plupart de ces ouvrages écrits si librement.

— Oui, répondit Pococurante, il est beau d'écrire ce qu'on pense; c'est le privilège de l'homme. Dans toute notre Italie, on n'écrit que ce qu'on ne pense pas; ceux qui habitent la patrie des Césars et des Antonins n'osent pas avoir une idée sans la permission d'un jacobin.° Je serais content de la liberté qui inspire les génies anglais, si la passion et l'esprit de parti ne corrompaient pas tout ce que cette précieuse liberté a d'estimable. »

Candide, apercevant un Milton, lui demanda s'il ne regardait pas cet auteur comme un grand homme. « Qui? dit Pococurante, ce barbare qui fait un long commentaire du premier chapitre de la Genèse en dix livres de vers durs, ce grossier imitateur des Grecs, qui défigure la création, et qui, tandis que Moïse° représente l'Être éternel produisant le monde par la parole, fait prendre un grand compas par le Messiah dans une armoire° du ciel pour tracer son ouvrage? Moi, j'estimerais celui qui a gâté l'enfer et le diable du Tasse; qui déguise Lucifer tantôt en crapaud,° tantôt en pygmée; qui le fait rebattre° cent fois les mêmes discours; qui lui fait disputer sur la théologie; qui, en imitant sérieusement l'invention comique des armes à feu de l'Arioste, fait tirer le canon dans le ciel par les diables? Ni moi ni personne en Italie n'a pu se plaire à toutes ces tristes extravagances. Le mariage du péché et de la mort, et les couleuvres° dont le péché accouche, font vomir tout homme qui a le goût un peu délicat, et sa longue description d'un hôpital n'est bonne que pour un fossoyeur.° Ce poème obscur, bizarre et

5. Torquato Tasso (1544–95), author of epic poems.
6. Ludovico Ariosto (1474–1533), author of the epic *Orlando Furioso*. 14. Brindisi, Italy. 16. *crocheteurs*: porters. 36. *des*: Be careful, this is not *de*. 46. *fatras*: rubbish.

11. *rayons*: shelves. 20. *jacobin*: Dominican monk (censor). 31. *Moïse*: Moses. 34. *armoire*: cupboard. 37. *crapaud*: toad. 38. *rebattre*: rehash. 45. *couleuvres*: adders. 48. *fossoyeur*: gravedigger.

dégoûtant, fut méprisé à sa naissance; je le traite aujourd'hui comme il fut traité dans sa patrie par les contemporains. Au reste, je dis ce que je pense, et je me soucie fort peu que les autres pensent comme moi. » Candide était affligé de ces discours; il respectait Homère, il aimait un peu Milton. « Hélas! dit-il tous bas à Martin, j'ai bien peur que cet homme-ci n'ait un souverain mépris pour nos poètes allemands.

— Il n'y aurait pas grand mal à cela, dit Martin.

— Oh! quel homme supérieur! disait encore Candide entre ses dents, quel grand génie que ce Pococurante! rien ne peut lui plaire. »

Après avoir fait ainsi la revue de tous les livres, ils descendirent dans le jardin. Candide en loua toutes les beautés. « Je ne sais rien de si mauvais goût, dit le maître; nous n'avons ici que des colifichets;° mais je vais dès demain en faire planter un d'un dessin plus noble. »

Quand les deux curieux eurent pris congé de Son Excellence : « Or ça, dit Candide à Martin, vous conviendrez que voilà le plus heureux de tous les hommes, car il est au-dessus de tout ce qu'il possède.

— Ne voyez-vous pas, dit Martin, qu'il est dégoûté de tout ce qu'il possède? Platon a dit,° il y a longtemps, que les meilleurs estomacs ne sont pas ceux qui rebutent tous les aliments.

— Mais, dit Candide, n'y a-t-il pas du plaisir à tout critiquer, à sentir des défauts où les autres hommes croient voir des beautés?

— C'est-à-dire, reprit Martin, qu'il y a du plaisir à n'avoir pas de plaisir?

— Oh bien! dit Candide, il n'y a donc d'heureux que moi, quand je reverrai mademoiselle Cunégonde.

— C'est toujours bien fait d'espérer, » dit Martin.

Cependant les jours, les semaines s'écoulaient; Cacambo ne revenait point, et Candide était si abîmé dans sa douleur, qu'il ne fit pas même réflexion que Paquette et frère Giroflée n'étaient pas venus seulement le remercier.

XXVI. D'UN SOUPER QUE CANDIDE ET MARTIN FIRENT AVEC SIX ÉTRANGERS, ET QUI ILS ÉTAIENT

Un soir que Candide, suivi de Martin, allait se mettre à table avec les étrangers qui logeaient dans la même hôtellerie, un homme à visage couleur de suie° l'aborda par derrière, et, le prenant par le bras, lui dit : « Soyez prêt à partir avec nous, n'y manquez pas. » Il se retourne, et voit Cacambo. Il n'y avait que la vue de Cunégonde qui pût l'étonner et lui plaire davantage. Il fut sur le point de devenir fou de joie. Il embrasse son cher ami. « Cunégonde est ici, sans doute? Où est-elle? Mène-moi vers elle, que je meure de joie avec elle.

— Cunégonde n'est point ici, dit Cacambo, elle est à Constantinople.

— Ah ciel! à Constantinople! mais, fût-elle à la Chine, j'y vole, partons.

— Nous partirons après souper, reprit Cacambo; je ne peux vous en dire davantage; je suis esclave, mon maître m'attend; il faut que j'aille le servir à table; ne dites mot; soupez et tenez-vous prêt. »

Candide, partagé entre la joie et la douleur, charmé d'avoir revu son agent fidèle, étonné de le voir esclave, plein de l'idée de retrouver sa maîtresse, le cœur agité, l'esprit bouleversé, se mit à table avec Martin, qui voyait de sang-froid toutes ces aventures, et avec six étrangers qui étaient venus passer le carnaval à Venise.

Cacambo, qui versait à boire à l'un de ces six étrangers, s'approcha de l'oreille de son maître, sur la fin du repas, et lui dit : « Sire, Votre Majesté partira quand elle voudra, le vaisseau est prêt. » Ayant dit ces mots, il sortit. Les convives, étonnés, se regardaient sans proférer une seule parole, lorsqu'un autre domestique, s'approchant de son maître, lui dit : « Sire, la chaise de Votre Majesté est à Padoue,° et la barque est prête. » Le maître fit un signe, et le domestique partit. Tous les convives se regardèrent encore, et la surprise commune redoubla. Un troisième valet, s'approchant aussi d'un troisième étranger, lui dit : « Sire, croyez-moi, Votre Majesté ne doit pas rester ici plus longtemps : je vais tout préparer; » et aussitôt il disparut.

Candide et Martin ne doutèrent pas alors que ce ne fût une mascarade du carnaval. Un quatrième domestique dit au quatrième maître : « Votre Majesté partira quand elle voudra, » et sortit comme les autres. Le cinquième valet en dit autant au cinquième maître. Mais le sixième valet parla différemment au sixième

18. *colifichets:* trifles. 26. *Platon a dit:* In fact, it was Seneca.

2. *suie:* soot. 35. Padua, on mainland near Venice.

étranger qui était auprès de Candide; il lui dit : « Ma foi, Sire, on ne veut plus faire crédit à Votre Majesté, ni à moi non plus; et nous pourrions bien être coffrés° cette nuit, vous et moi; je vais pourvoir à mes affaires; adieu. »

Tous les domestiques ayant disparu, les six étrangers, Candide et Martin, demeurèrent dans un profond silence. Enfin Candide le rompit. « Messieurs, dit-il, voilà une singulière plaisanterie. Pourquoi êtes-vous tous rois ? Pour moi, je vous avoue que ni moi ni Martin nous ne le sommes. »

Le maître de Cacambo prit alors gravement la parole, et dit en italien : « Je ne suis point plaisant,° je m'appelle Achmet III.° J'ai été grand-sultan plusieurs années; je détrônai mon frère; mon neveu m'a détrôné; on a coupé le cou à mes visirs;° j'achève ma vie dans le vieux sérail; mon neveu le grand-sultan Mahmoud me permet de voyager quelquefois pour ma santé, et je suis venu passer le carnaval à Venise. »

Un jeune homme qui était auprès d'Achmet parla après lui, et dit : « Je m'appelle Ivan;° j'ai été empereur de toutes les Russies; j'ai été détrôné au berceau;° mon père et ma mère ont été enfermés; on m'a élevé en prison; j'ai quelquefois la permission de voyager, accompagné de ceux qui me gardent, et je suis venu passer le carnaval à Venise. »

Le troisième dit : « Je suis Charles-Édouard, roi d'Angleterre;° mon père m'a cédé ses droits au royaume; j'ai combattu pour les soutenir; on a arraché le cœur à huit cents de mes partisans, et on leur en a battu les joues. J'ai été mis en prison; je vais à Rome faire une visite au roi mon père, détrôné, ainsi que moi et mon grand-père, et je suis venu passer le carnaval à Venise. »

Le quatrième prit alors la parole, et dit : « Je suis roi des Polaques;° le sort de la guerre m'a

privé de mes états héréditaires; mon père a éprouvé les mêmes revers; je me résigne à la Providence comme le sultan Achmet, l'empereur Ivan et le roi Charles-Édouard, à qui Dieu donne une longue vie; et je suis venu passer le carnaval à Venise. »

Le cinquième dit : « Je suis aussi roi des Polaques;° j'ai perdu mon royaume deux fois; mais la Providence m'a donné un autre état, dans lequel j'ai fait plus de bien que tous les rois des Sarmates° ensemble n'en ont jamais pu faire sur les bords de la Vistule;° je me résigne aussi à la Providence; et je suis venu passer le carnaval à Venise. »

Il restait au sixième monarque à parler. « Messieurs, dit-il, je ne suis pas si grand seigneur que vous; mais enfin j'ai été roi tout comme un autre. Je suis Théodore;° on m'a élu roi en Corse;° on m'a appelé *Votre Majesté*, et à présent à peine m'appelle-t-on *Monsieur*. J'ai fait frapper de la monnaie, et je ne possède pas un denier; j'ai eu deux secrétaires d'État, et j'ai à peine un valet; je me suis vu sur un trône, et j'ai longtemps été à Londres en prison, sur la paille. J'ai bien peur d'être traité de même ici, quoique je sois venu comme Vos Majestés passer le carnaval à Venise. »

Les cinq autres rois écoutèrent ce discours avec une noble compassion. Chacun d'eux donna vingt sequins au roi Théodore pour avoir des habits et des chemises; Candide lui fit présent d'un diamant de deux mille sequins. « Quel est donc, disaient les cinq rois, cet homme qui est en état de donner cent fois autant que chacun de nous, et qui le donne ? Êtes-vous roi aussi, monsieur ?

— Non, messieurs, et n'en ai nulle envie. »

Dans l'instant qu'on sortait de table, il arriva dans la même hôtellerie quatre altesses sérénissimes qui avaient aussi perdu leurs états par le sort de la guerre, et qui venaient passer le reste du carnaval à Venise. Mais Candide ne prit pas seulement garde à ces nouveaux venus. Il n'était occupé que d'aller trouver sa chère Cunégonde à Constantinople.

4. *coffrés:* jailed. 15. *plaisant:* joking. 15. *Achmet III:* Sultan of Turkey until deposed by janizaries in 1730. He died before supposed date of Candide's adventures. 18. *visirs:* viziers, councilors. 24. Ivan VI (1740–64) of Russia. Proclaimed Emperor at the age of ten weeks, he reigned for a year. He was dethroned by a rival party and kept chained in a prison cell until, on the approach of a rescuing party, he was slain by his jailers. Obviously he was not permitted to spend the carnival in Venice. 26. *berceau:* cradle. 32. Charles Edward (1720–88), the "Young Pretender," grandson of James II, and the last serious Stuart claimant to the English throne. His invasion of Scotland was checked at Culloden in 1746. 41. *roi des Polaques:* Augustus III (1696–1763), who, though titled King of Poland from 1733 till his death, was only nominal ruler.

8. *roi des Polaques:* Stanislas I (1677–1766), father-in-law of Louis XV of France, who was driven from his country by Russians in 1735. He was granted the dukedom of Lorraine, and ruled in his enlightened "Court of Nancy." Voltaire had received many favors from him. 11. *Sarmates:* Russians. 12. *Vistule:* river of Poland. 18. *Théodore:* Baron von Neuhof, a German adventurer, who induced Corsicans to proclaim him King, and who led a series of revolts against Genoese from 1736 to 1743. He died in London in 1756. 19. *Corse:* Corsica.

XXVII. VOYAGE DE CANDIDE A CONSTANTINOPLE

Le fidèle Cacambo avait déjà obtenu du patron turc qui allait reconduire le sultan Achmet à Constantinople qu'il recevrait Candide et Martin sur son bord.° L'un et l'autre s'y rendirent après s'être prosternés devant Sa misérable Hautesse. Candide, chemin faisant, disait à Martin : « Voilà pourtant six rois détrônés, avec qui nous avons soupé, et encore dans ces six rois il y en a un à qui j'ai fait l'aumône. Peut-être y a-t-il beaucoup d'autres princes plus infortunés. Pour moi, je n'ai perdu que cent moutons, et je vole dans les bras de Cunégonde. Mon cher Martin, encore une fois, Pangloss avait raison : Tout est bien.

— Je le souhaite, dit Martin.

— Mais, dit Candide, voilà une aventure bien peu vraisemblable que nous avons eue à Venise. On n'avait jamais vu ni ouï conter que six rois détrônés soupassent ensemble au cabaret.

— Cela n'est pas plus extraordinaire, dit Martin, que la plupart des choses qui nous sont arrivées. Il est très commun que des rois soient détrônés; et à l'égard de l'honneur que nous avons eu de souper avec eux, c'est une chose qui ne mérite pas notre attention. Qu'importe avec qui l'on soupe, pourvu qu'on fasse bonne chère ? »

A peine Candide fut-il dans le vaisseau, qu'il sauta au cou de son ancien valet, de son ami Cacambo. « Eh bien, lui dit-il, que fait Cunégonde ? est-elle toujours un prodige de beauté ? M'aime-t-elle toujours ? Comment se porte-t-elle ? Tu lui as sans doute acheté un palais à Constantinople ?

— Mon cher maître, répondit Cacambo, Cunégonde lave les écuelles° sur le bord de la Propontide,° chez un prince qui a très peu d'écuelles; elle est esclave dans la maison d'un ancien souverain nommé Ragotski,° à qui le Grand-Turc donne trois écus par jour dans son asile; mais ce qui est bien plus triste, c'est qu'elle a perdu sa beauté, et qu'elle est devenue horriblement laide.

— Ah! belle ou laide, dit Candide, je suis honnête homme, et mon devoir est de l'aimer toujours. Mais comment peut-elle être réduite à un état si abject avec les cinq ou six millions que tu avais apportés ?

— Bon, dit Cacambo, ne m'en a-t-il pas fallu donner deux millions au señor Don Fernando d'Ibaraa, y Figueora, y Mascarenes, y Lampourdos, y Souza, gouverneur de Buenos-Aires, pour avoir la permission de reprendre mademoiselle Cunégonde ? Et un pirate ne nous a-t-il pas bravement dépouillé de tout le reste ? Ce pirate ne nous a-t-il pas menés au cap de Matapan, à Milo, à Nicarie, à Samos, à Petra, aux Dardanelles, à Marmora, à Scutari ? Cunégonde et la vieille servent chez ce prince dont je vous ai parlé, et moi je suis esclave du sultan détrôné.

— Que d'épouvantables calamités enchaînées les unes aux autres! dit Candide. Mais, après tout, j'ai encore quelques diamants; je délivrerai aisément Cunégonde. C'est bien dommage qu'elle soit devenue si laide. »

Ensuite, se tournant vers Martin : « Que pensez-vous, dit-il, qui soit le plus à plaindre, de l'empereur Achmet, de l'empereur Ivan, du roi Charles-Édouard, ou de moi ?

— Je n'en sais rien, dit Martin; il faudrait que je fusse dans vos cœurs pour le savoir.

— Ah! dit Candide, si Pangloss était ici il le saurait et nous l'apprendrait.

— Je ne sais, dit Martin, avec quelles balances votre Pangloss aurait pu peser les infortunes des hommes et apprécier leurs douleurs. Tout ce que je présume, c'est qu'il y a des millions d'hommes sur la terre cent fois plus à plaindre que le roi Charles-Édouard, l'empereur Ivan et le sultan Achmet.

— Cela pourrait bien être, » dit Candide.

On arriva en peu de jours sur le canal° de la mer Noire. Candide commença par racheter Cacambo fort cher, et sans perdre de temps il se jeta dans une galère, avec ses compagnons, pour aller sur le rivage de la Propontide chercher Cunégonde, quelque laide qu'elle pût être.

Il y avait dans la chiourme° deux forçats° qui ramaient° fort mal, et à qui le lévanti patron° appliquait de temps en temps quelques

7. *sur son bord:* aboard his ship. 40. *écuelles:* dishes. 41. *Propontide:* Sea of Marmora, on which Constantinople (Istanbul) is situated. 43. Francis Rakóczy, Prince of Transylvania (1676–1735), leader of a well-nigh successful revolt of Hungary against Austria (1703–08). Banished, he retired to Constantinople in 1717.

40. *canal:* channel. 46. *chiourme:* slave gang. 46. *forçats:* convicts. 47. *ramaient:* were rowing. 48. *lévanti patron:* Turkish galley captain.

coups de nerf de bœuf° sur leurs épaules nues; Candide, par un mouvement naturel, les regarda plus attentivement que les autres galériens, et s'approcha d'eux avec pitié. Quelques traits de leurs visages défigurés lui parurent avoir un peu de ressemblance avec Pangloss et avec ce malheureux Jésuite, ce baron, ce frère de mademoiselle Cunégonde. Cette idée l'émut et l'attrista. Il les considéra encore plus attentivement. « En vérité, dit-il à Cacambo, si je n'avais pas vu pendre maître Pangloss, et si je n'avais pas eu le malheur de tuer le baron, je croirais que ce sont eux qui rament dans cette galère. »

Au nom du baron et de Pangloss les deux forçats poussèrent un grand cri, s'arrêtèrent sur leur banc, et laissèrent tomber leurs rames. Le lévanti patron accourait sur eux, et les coups de nerf de bœuf redoublaient. « Arrêtez, arrêtez, seigneur, s'écria Candide, je vous donnerai tant d'argent que vous voudrez.

— Quoi! c'est Candide! disait l'un des forçats.

— Quoi! c'est Candide! disait l'autre.

— Est-ce un songe? dit Candide; veillé-je?° suis-je dans cette galère? Est-ce là monsieur le baron que j'ai tué? Est-ce là maître Pangloss que j'ai vu pendre?

— C'est nous-mêmes, c'est nous-mêmes, répondaient-ils.

— Quoi! c'est là ce grand philosophe? disait Martin.

— Eh! monsieur le lévanti patron, dit Candide, combien voulez-vous d'argent pour la rançon de monsieur de Thunder-ten-tronckh, un des premiers barons de l'empire, et de monsieur Pangloss, le plus profond métaphysicien d'Allemagne?

— Chien de chrétien, répondit le lévanti patron, puisque ces deux chiens de forçats chrétiens sont des barons et des métaphysiciens, ce qui est sans doute une grande dignité dans leur pays, tu m'en donneras cinquante mille sequins.

— Vous les aurez, monsieur; ramenez-moi comme un éclair à Constantinople, et vous serez payé sur-le-champ. Mais non, menez-moi chez mademoiselle Cunégonde. Le lévanti patron, sur la première offre de Candide, avait déjà tourné la proue vers la ville, et il faisait ramer plus vite qu'on oiseau ne fend les airs.

Candide embrassa cent fois le baron et Pangloss. « Et comment ne vous ai-je pas tué, mon cher baron? et mon cher Pangloss, comment êtes-vous en vie après avoir été pendu? et pourquoi êtes-vous tous deux aux galères en Turquie?

— Est-il bien vrai que ma chère sœur soit dans ce pays? disait le baron.

— Oui, répondait Cacambo.

— Je revois donc mon cher Candide, » s'écriait Pangloss. Candide leur présentait Martin et Cacambo. Ils s'embrassaient tous, ils parlaient tous à la fois. La galère volait, ils étaient déjà dans le port. On fit venir un Juif, à qui Candide vendit pour cinquante mille sequins un diamant de la valeur de cent mille, et qui lui jura par Abraham qu'il n'en pouvait donner davantage. Il paya incontinent la rançon du baron et de Pangloss. Celui-ci se jeta aux pieds de son libérateur, et les baigna de larmes; l'autre le remercia par un signe de tête, et lui promit de lui rendre cet argent à la première occasion. « Mais est-il bien possible que ma sœur soit en Turquie? disait-il.

— Rien n'est si possible, reprit Cacambo, puisqu'elle écure la vaisselle° chez un prince de Transylvanie. » On fit aussitôt venir deux Juifs; Candide vendit encore des diamants; et ils repartirent tous dans une autre galère pour aller délivrer Cunégonde.

XXVIII. CE QUI ARRIVA A CANDIDE, A CUNÉGONDE, A PANGLOSS, A MARTIN, ETC.

« Pardon, encore une fois, dit Candide au baron; pardon, mon révérend père, de vous avoir donné un grand coup d'épée au travers du corps.

— N'en parlons plus, dit le baron; je fus un peu trop vif, je l'avoue; mais puisque vous voulez savoir par quel hasard vous m'avez vu aux galères, je vous dirai qu'après avoir été guéri de ma blessure par le frère apothicaire du collège, je fus attaqué et enlevé par un parti espagnol : on me mit en prison à Buenos-Aires dans le temps que ma sœur venait d'en partir. Je demandai à retourner à Rome auprès du père

1. *nerf de bœuf:* bull whip. 24. *veillé-je = est-ce que je veille?* am I awake?

28. *écure la vaisselle:* scours the dishes.

général. Je fus nommé pour aller servir d'au-
mônier à Constantinople auprès de monsieur
l'ambassadeur de France. Il n'y avait pas huit
jours que j'étais entré en fonction, quand je
trouvai sur le soir un jeune icoglan° très bien
fait. Il faisait fort chaud : le jeune homme voulut
se baigner; je pris cette occasion de me baigner
aussi. Je ne savais pas que ce fût un crime
capital pour un chrétien d'être trouvé tout nu
avec un jeune musulman. Un cadi° me fit
donner cent coups de bâton sous la plante des
pieds et me condamna aux galères. Je ne crois
pas qu'on ait fait une plus horrible injustice.
Mais je voudrais bien savoir pourquoi ma sœur
est dans la cuisine d'un souverain de Transyl-
vanie réfugié chez les Turcs.

— Mais vous, mon cher Pangloss, dit Can-
dide, comment se peut-il que je vous revoie ?

— Il est vrai, dit Pangloss, que vous m'avez
vu pendre; je devais naturellement être brûlé;
mais vous vous souvenez qu'il plut à verse
lorsqu'on allait me cuire : l'orage fut si violent
qu'on désespéra d'allumer le feu; je fus pendu,
parce qu'on ne put mieux faire : un chirurgien
acheta mon corps, m'emporta chez lui, et me
disséqua. Il me fit d'abord une incision cruciale
depuis le nombril jusqu'à la clavicule.° On ne
pouvait pas avoir été plus mal pendu que je
l'avais été. L'exécuteur des hautes œuvres° de la
sainte Inquisition, lequel était sous-diacre,°
brûlait à la vérité les gens à merveille, mais il
n'était pas accoutumé à pendre : la corde était
mouillée et glissa mal, elle fut mal nouée;° enfin
je respirais encore : l'incision cruciale me fit
jeter un si grand cri que mon chirurgien tomba
à la renverse, et, croyant qu'il disséquait le
diable, il s'enfuit en mourant de peur, et
tomba encore sur l'escalier en fuyant. Sa
femme accourut au bruit, d'un cabinet voisin;
elle me vit sur la table étendu avec mon incision
cruciale : elle eut encore plus de peur que son
mari, s'enfuit et tomba sur lui. Quand ils furent
un peu revenus à eux, j'entendis la chirurgienne
qui disait au chirurgien : « Mon bon, de quoi
vous avisez-vous aussi de disséquer un hérétique ?
Ne savez-vous pas que le diable est toujours dans
le corps de ces gens-là ? Je vais vite chercher un

prêtre pour l'exorciser. » Je frémis à ce propos,
et je ramassai le peu de forces qui me restaient,
pour crier : « Ayez pitié de moi! » Enfin le
barbier portugais s'enhardit; il recousut ma
peau; sa femme même eut soin de moi; je fus
sur pied au bout de quinze jours. Le barbier me
trouva une condition,° et me fit laquais d'un
chevalier de Malte qui allait à Venise; mais mon
maître n'ayant pas de quoi me payer, je me
mis au service d'un marchand vénitien, et je le
suivis à Constantinople.

« Un jour il me prit fantaisie d'entrer dans
une mosquée; il n'y avait qu'un vieux iman,° et
une jeune dévote très jolie qui disait ses pate-
nôtres;° sa gorge était toute découverte : elle
avait entre ses deux tétons° un beau bouquet de
tulipes, de roses, d'anémones, de renoncules,°
d'hyacinthes et d'oreilles-d'ours;° elle laissa
tomber son bouquet; je le ramassai, et je le lui
remis avec un empressement très respectueux.
Je fus si longtemps à le lui remettre que l'iman
se mit en colère, et voyant que j'étais chrétien, il
cria à l'aide. On me mena chez le cadi, qui me
fit donner cent coups de lattes° sur la plante des
pieds et m'envoya aux galères. Je fus enchaîné
précisément dans la même galère et au même
banc que monsieur le baron. Il y avait dans
cette galère quatre jeunes gens de Marseille,
cinq prêtres napolitains, et deux moines de
Corfou, qui nous dirent que de pareilles
aventures arrivaient tous les jours. Monsieur le
baron prétendait qu'il avait essuyé une plus
grande injustice que moi; je prétendais, moi,
qu'il était beaucoup plus permis de remettre
un bouquet sur la gorge d'une femme, que
d'être tout nu avec un icoglan. Nous disputions
sans cesse, et nous recevions vingt coups de nerf
de bœuf par jour, lorsque l'enchaînement des
événements de cet univers vous a conduit dans
notre galère, et que vous nous avez rachetés.

— Eh bien, mon cher Pangloss, lui dit Can-
dide, quand vous avez été pendu, disséqué, roué
de coups, et que vous avez ramé aux galères,
avez-vous toujours pensé que tout allait le
mieux du monde ?

— Je suis toujours de mon premier sentiment,
répondit Pangloss, car enfin je suis philosophe :
il ne me convient pas de me dédire, Leibnitz ne

5. *icoglan:* page of the Sultan. 10. *cadi:* judge. 27. *incision…
clavicule:* cross-shaped incision from the navel to the collar-
bone. 29. *exécuteur des hautes œuvres:* executioner. 30. *sous-
diacre:* subdeacon. 33. *nouée:* knotted.

7. *condition:* job. 13. *iman:* cleric. 15. *patenôtres:* prayers.
16. *tétons:* breasts. 17. *renoncules:* buttercups. 18. *oreilles-
d'ours:* yellow primroses. 24. *lattes:* laths, flat sticks.

pouvant pas avoir tort, et l'harmonie préétablie étant d'ailleurs la plus belle chose du monde, aussi bien que le plein et la matière subtile.° »

XXIX. COMMENT CANDIDE RETROUVA CUNÉGONDE ET LA VIEILLE

Pendant que Candide, le baron, Pangloss, Martin et Cacambo contaient leurs aventures, qu'ils raisonnaient sur les événements contingents ou non contingents° de cet univers, qu'ils disputaient sur les effets et les causes, sur le mal moral et sur le mal physique, sur la liberté et la nécessité, sur les consolations que l'on peut éprouver lorsqu'on est aux galères en Turquie, ils abordèrent sur le rivage de la Propontide à la maison du prince de Transylvanie. Les premiers objets qui se présentèrent furent Cunégonde et la vieille, qui étendaient des serviettes sur des ficelles pour les faire sécher.

Le baron pâlit à cette vue. Le tendre amant Candide, en voyant sa belle Cunégonde rembrunie, les yeux éraillés,° la gorge sèche, les joues ridées, les bras rouges et écaillés,° recula trois pas, saisi d'horreur, et avança ensuite par bon procédé.° Elle embrassa Candide et son frère; on embrassa la vieille; Candide les racheta toutes deux.

Il y avait une petite métairie° dans le voisinage; la vieille proposa à Candide de s'en accommoder, en attendant que toute la troupe eût une meilleure destinée. Cunégonde ne savait pas qu'elle était enlaidie, personne ne l'en avait avertie : elle fit souvenir Candide de ses promesses avec un ton si absolu que le bon Candide n'osa pas la refuser. Il signifia donc au baron qu'il allait se marier avec sa sœur. « Je ne souffrirai jamais, dit le baron, une telle bassesse de sa part et une telle insolence de la vôtre; cette infamie ne me sera jamais reprochée : les enfants de ma sœur ne pourraient entrer dans les chapitres° d'Allemagne. Non, jamais ma sœur n'épousera qu'un baron de l'empire. » Cunégonde se jeta à ses pieds et les baigna de larmes; il fut inflexible. « Maître fou, lui dit Candide, je t'ai réchappé des galères, j'ai payé ta rançon, j'ai payé celle de ta sœur; elle lavait

ici des écuelles, elle est laide, j'ai la bonté d'en faire ma femme, et tu prétends encore t'y opposer; je te retuerais si j'en croyais ma colère.

— Tu peux me tuer encore, dit le baron, mais tu n'épouseras pas ma sœur de mon vivant. »

XXX. CONCLUSION

Candide, dans le fond de son cœur, n'avait aucune envie d'épouser Cunégonde. Mais l'impertinence extrême du baron le déterminait à conclure le mariage, et Cunégonde le pressait si vivement qu'il ne pouvait s'en dédire. Il consulta Pangloss, Martin et le fidèle Cacambo. Pangloss fit un beau mémoire° par lequel il prouvait que le baron n'avait nul droit sur sa sœur, et qu'elle pouvait, selon toutes les lois de l'empire, épouser Candide de la main gauche.° Martin conclut à jeter le baron dans la mer; Cacambo décida qu'il fallait le rendre au lévanti patron et le remettre aux galères, après quoi on l'enverrait à Rome au père général par le premier vaisseau. L'avis fut trouvé fort bon; la vieille l'approuva; on n'en dit rien à sa sœur; la chose fut exécutée pour quelque argent, et on eut le plaisir d'attraper un Jésuite et de punir l'orgueil d'un baron allemand.

Il était tout naturel d'imaginer qu'après tant de désastres, Candide, marié avec sa maîtresse et vivant avec le philosophe Pangloss, le philosophe Martin, le prudent Cacambo et la vieille, ayant d'ailleurs rapporté tant de diamants de la patrie des anciens Incas, mènerait la vie du monde la plus agréable; mais il fut tant friponné par les Juifs° qu'il ne lui resta plus rien que sa petite métairie; sa femme, devenant tous les jours plus laide, devint acariâtre et insupportable; la vieille était infirme et fut encore de plus mauvaise humeur que Cunégonde. Cacambo, qui travaillait au jardin, et qui allait vendre des légumes à Constantinople, était excédé° de travail et maudissait sa destinée. Pangloss était au désespoir de ne pas briller dans quelque université d'Allemagne. Pour Martin, il était fermement persuadé qu'on est également mal partout; il prenait les choses en

3. *le plein... subtile:* terminology of Descartes', as well as Leibnitz's, physics. 11. *contingents ou non contingents:* fortuitous or nonfortuitous. 23. *éraillés:* bloodshot. 24. *écaillés:* scaly, rough. 26. *bon procédé:* courtesy. 29. *métairie:* farm. 42. *chapitres:* knightly assemblies.

15. *mémoire:* dissertation. (Note the gender.) 18. *de la main gauche:* morganatically. (Marriage of a noble and a commoner, not permitting the descent of the title, was performed by the joining of left hands.) 35. *friponné par les Juifs:* cheated by the Jews. (Voltaire was resentful for having twice suffered from Jewish bankers.) 42. *excédé:* worn out.

patience. Candide, Martin et Pangloss disputaient quelquefois de métaphysique et de morale. On voyait souvent passer sous les fenêtres de la métairie des bateaux chargés d'effendis, de bachas, de cadis,° qu'on envoyait en exil à Lemnos, à Mytilène, à Erzerum. On voyait venir d'autres cadis, d'autres bachas, d'autres effendis, qui prenaient la place des expulsés et qui étaient expulsés à leur tour. On voyait des têtes proprement empaillées° qu'on 10 allait présenter à la sublime Porte.° Ces spectacles faisaient redoubler les dissertations; et quand on ne disputait pas, l'ennui était si excessif que la vieille osa un jour leur dire : « Je voudrais savoir lequel est le pire, ou d'être 15 violée cent fois par des pirates nègres, d'avoir une fesse coupée, de passer par les baguettes chez les Bulgares, d'être fouetté et pendu dans un auto-da-fé, d'être disséqué, de ramer en galère, d'éprouver enfin toutes les misères par 20 lesquelles nous avons tous passé, ou bien de rester ici à ne rien faire ?

— C'est une grande question, » dit Candide.

Ce discours fit naître de nouvelles réflexions, et Martin surtout conclut que l'homme était né 25 pour vivre dans les convulsions de l'inquiétude, ou dans la léthargie de l'ennui. Candide n'en convenait pas, mais il n'assurait rien. Pangloss avouait qu'il avait toujours horriblement souffert; mais ayant soutenu une fois que tout allait 30 à merveille, il le soutenait toujours, et n'en croyait rien.

Une chose acheva de confirmer Martin dans ses détestables principes, de faire hésiter plus que jamais Candide, et d'embarrasser Pangloss. 35 C'est qu'ils virent un jour aborder dans leur métairie Paquette et le frère Giroflée, qui étaient dans la plus extrême misère; ils avaient bien vite mangé leurs trois mille piastres, s'étaient quittés, s'étaient raccommodés, s'étaient brouillés,° 40 avaient été mis en prison, s'étaient enfuis, et enfin frère Giroflée s'était fait Turc. Paquette continuait son métier partout, et n'y gagnait plus rien. « Je l'avais bien prévu, dit Martin à Candide, que vos présents seraient bientôt 45 dissipés et ne les rendraient que plus misérables. Vous avez regorgé° de millions de piastres, vous

et Cacambo, et vous n'êtes pas plus heureux que frère Giroflée et Paquette.

— Ah, ah, dit Pangloss à Paquette, le ciel vous ramène donc ici parmi nous, ma pauvre 5 enfant ! Savez-vous bien que vous m'avez coûté le bout du nez, un œil et une oreille ? Comme vous voilà faite !° eh ! qu'est-ce que ce monde ! » Cette nouvelle aventure les engagea à philosopher plus que jamais.

Il y avait dans le voisinage un derviche° très 10 fameux, qui passait pour le meilleur philosophe de la Turquie; ils allèrent le consulter; Pangloss porta la parole, et lui dit : « Maître, nous venons vous prier de nous dire pourquoi un aussi étrange animal que l'homme a été formé. 15

— De quoi te mêles-tu ?° dit le derviche, est-ce là ton affaire ?

— Mais, mon révérend père, dit Candide, il y a horriblement de mal sur la terre.

— Qu'importe, dit le derviche, qu'il y ait du 20 mal ou du bien ? Quand Sa Hautesse envoie un vaisseau en Égypte, s'embarrasse-t-elle si les souris qui sont dans le vaisseau sont à leur aise ou non ?

— Que faut-il donc faire ? dit Pangloss. 25

— Te taire, dit le derviche.

— Je me flattais, dit Pangloss, de raisonner un peu avec vous des effets et des causes, du meilleur des mondes possibles, de l'origine du mal, de la nature de l'âme et de l'harmonie préétablie. » Le 30 derviche, à ces mots, leur ferma la porte au nez.

Pendant cette conversation, la nouvelle s'était répandue qu'on venait d'étrangler à Constantinople deux visirs du banc° et le muphti,° et qu'on avait empalé° plusieurs de leurs amis. 35 Cette catastrophe faisait partout un grand bruit pendant quelques heures. Pangloss, Candide et Martin, en retournant à la petite métairie, rencontrèrent un bon vieillard qui prenait le frais à sa porte sous un berceau° d'orangers. 40 Pangloss, qui était aussi curieux que raisonneur, lui demanda comment se nommait le muphti qu'on venait d'étrangler. « Je n'en sais rien, répondit le bonhomme, et je n'ai jamais su le nom d'aucun muphti ni d'aucun visir. J'ignore 45 absolument l'aventure dont vous me parlez; je

5. *effendis, bachas cadis:* lords, governors, judges. 10. *empaillées:* stuffed. 11. *sublime Porte:* Sultan of Turkey. 40. *brouillés:* quarreled. 47. *regorgé:* wallowed in.

7. *Comme vous voilà faite!* How (badly) you look! 10. *derviche:* dervish, holy man. 16. *De quoi te mêles-tu?* What business is it of yours? 34. *visirs du banc:* viziers of the divan; (*i.e.,* of the Sultan's private council). 34. *muphti:* head of Mohammedan religion. 35. *empalé:* impaled. 40. *berceau:* arbor.

présume qu'en général ceux qui se mêlent des affaires publiques périssent quelquefois misérablement, et qu'ils le méritent; mais je ne m'informe jamais de ce qu'on fait à Constantinople; je me contente d'y envoyer vendre les fruits du jardin que je cultive. » Ayant dit ces mots, il fit entrer les étrangers dans sa maison; ses deux filles et ses deux fils leur présentèrent plusieurs sortes de sorbets° qu'ils faisaient eux-mêmes, du kaïmak piqué d'écorces de cédrat confit,° des oranges, des citrons, des limons, des ananas,° des dattes, des pistaches, du café de Moka qui n'était point mêlé avec le mauvais café de Batavia et des îles.° Après quoi les deux filles de ce bon musulman parfumèrent les barbes de Candide, de Pangloss et de Martin.

« Vous devez avoir, dit Candide au Turc, une vaste et magnifique terre ?

— Je n'ai que vingt arpents, répondit le Turc; je les cultive avec mes enfants; le travail éloigne de nous trois grands maux : l'ennui, le vice et le besoin. »°

Candide, en retournant dans sa métairie, fit de profondes réflexions sur le discours du Turc. Il dit à Pangloss et à Martin : « Ce bon vieillard me paraît s'être fait un sort bien préférable à celui des six rois avec qui nous avons eu l'honneur de souper.°

— Les grandeurs, dit Pangloss, sont fort dangereuses, selon le rapport de tous les philosophes : car enfin Églon, roi des Moabites, fut assassiné par Aod; Absalon fut pendu par les cheveux et percé de trois dards;° le roi Nadab, fils de Jéroboham, fut tué par Baza; le roi Éla, par Zambri; Okosias, par Jéhu; Athalia, par Joïda; les rois Joakim, Jéconias, Sédécias, furent esclaves. Vous savez comment périrent

Crésus, Astiage, Darius, Denys de Syracuse, Pyrrhus, Persée, Annibal, Jugurtha, Arioviste, César, Pompée, Néron, Othon, Vitellius, Domitien, Richard II d'Angleterre, Édouard II, Henri VI, Richard III, Marie Stuart, Charles I, les trois Henri de France, l'empereur Henri IV ? Vous savez…

— Je sais aussi, dit Candide, qu'il faut cultiver notre jardin.

— Vous avez raison, dit Pangloss; car quand l'homme fut mis dans le jardin d'Éden, il y fut mis *ut operaretur eum*, pour qu'il travaillât; ce qui prouve que l'homme n'est pas né pour le repos.

— Travaillons sans raisonner, dit Martin; c'est le seul moyen de rendre la vie supportable. »

Toute la petite société entra dans ce louable dessein; chacun se mit à exercer ses talents. La petite terre rapporta beaucoup. Cunégonde était à la vérité bien laide; mais elle devint une excellente pâtissière; Paquette broda;° la vieille eut soin du linge. Il n'y eut pas jusqu'à frère Giroflée qui ne rendît service; il fut un très bon menuisier,° et même devint honnête homme; et Pangloss disait quelquefois à Candide : « Tous les événements sont enchaînés dans le meilleur des mondes possibles; car enfin, si vous n'aviez pas été chassé d'un beau château à grands coups de pied dans le derrière pour l'amour de mademoiselle Cunégonde, si vous n'aviez pas été mis à l'Inquisition, si vous n'aviez pas couru l'Amérique à pied, si vous n'aviez pas donné un bon coup d'épée au baron, si vous n'aviez pas perdu tous vos moutons du bon pays d'Eldorado, vous ne mangeriez pas ici des cédrats confits et des pistaches.

— Cela est bien bien dit, répondit Candide, mais il faut cultiver notre jardin.° »

9. *sorbets:* sherbets. 11. *kaïmak… confit:* cream garnished with candied citron peel. 12. *ananas:* pineapples. 14. Voltaire was a connoisseur and an addict of coffee. 22. Voltaire is clearly referring to his own example. 28. Voltaire had been wretched in Berlin as the companion of Frederick the Great; when he wrote *Candide* he had just bought a house near Geneva. His words have an undermeaning for himself. 33. *dards:* darts.

22. *broda:* embroidered. 25. *menuisier:* cabinetmaker. 39. This famous moral is Voltaire's advice to himself—for the story of *Candide* is a wild exaggeration of his own spiritual progress. "Cultivate your garden" is also his advice to others, which all may heed and practice.

35-36. Diderot [1713–1784]

Denis Diderot was the archetype of the *philosophes*, the incarnation of their ideal and purpose. The faith of the *philosophes*, let me remind you, was this : that reason is in harmony with Nature; that we learn true reason from the study of Nature; that reason can rule the world, and it will.

Diderot had the universal curiosity of the *philosophes*. (Voltaire called him *le Pantophile*, the lover of everything.) He had knowledge and opinions about literature, art, the theatre, philosophy, mathematics, physics, mechanics. In every field he sought to break down traditional rules, to establish liberty of speculation. But in every field he was less an achiever, a constructor of lasting systems, than a stimulator of ideas, an intellectual gadfly, like Socrates.

He was born in Langres, in eastern France. His father was a maker of cutlery. Diderot is the first of our authors to come from this humble artisan class; his work will always be marked by proletarian sympathies. His exceptional promise brought him a good education with the Jesuits. He went to Paris, refused the ordinary roads to advancement, and lived precariously by tutoring and hack work, in order to have time for study. He married a woman of the people and had a daughter to whom he was touchingly devoted. (To give her a dowry he sold his precious library to the Empress Catherine the Great of Russia.) His speculative writings gained him celebrity, and also a sojourn in prison. His editorship of the *Encyclopédie* made him the chief of the *philosophes*. He died in 1784. (Most of the *philosophes* died luckily just before the Revolution.)

His great achievement was the *Encyclopédie*. This was projected as a compendium of knowledge, like our modern encyclopedias. As such it is a remarkable work. It reviewed such familiar fields as literature and philosophy from an enlightened point of view. In addition, it showed the progress of applied science and the mechanic arts, and thus made the artisan's labors respectable. (Its magnificent engravings of industrial processes fascinate today the mechanically minded and especially the historians of science and industry.) But the *Encyclopédie* was more than a compendium of knowledge, it became an instrument of propaganda for the *philosophes*' faith in social progress under the guidance of reason. The volumes are full of hints and innuendoes, suggesting that human progress is held back by political and religious tyranny, suggesting that our accepted faiths rest not on sound reason but on inherited prejudices and on doctrines promoted by interested, privileged groups. The *Encyclopédie* naturally had to make its way against every sort of interference and suppression by Church and State. But Diderot, alone undiscouraged, brought it eventually to triumphant completion.

Much of Diderot's work is contained in the *Encyclopédie*, and much in other compilations which he undertook merely for pay. He wrote, for instance, a series of detailed reviews of the annual Paris *salons* of new painting. In these articles he established *art criticism* in France as a literary type. In *dramatic criticism*, he demanded the renovation of the theater in order to bring it closer to life. He proposed a new form, a *tragédie domestique et bourgeoise*, which should break down the rigid distinction between tragedy and comedy, and which should make use of the emotional and dramatic possibilities that exist in the life of the average man. To illustrate his views he wrote two such tragedies. Though modern readers find them pretty elementary, his contemporaries were thrilled by his revelation of the drama of

ordinary existence. Goethe, for instance, was deeply impressed and influenced by the tragedies.

Diderot wrote also a number of novels and tales. They are to be classed as _novels of ideas_, in which the ideas propounded and discussed are more important than the story or the characters. Diderot's _philosophical dialogues_, which are not unlike his novels, contain some of his most fascinating ideas, paradoxes, and fantastic speculations.

LE NEVEU DE RAMEAU

[Abridged]

[Le Neveu de Rameau, _of which about half is given here, is Diderot's most celebrated tale, and is at the same time a philosophical dialogue. Its history is curious. It was perhaps first written in 1762, and reworked and amplified in later years.* Diderot did not publish it, for its satire might well have landed him in jail. Goethe had a copy of it and published a German translation in 1805. It was then retranslated into French. The authentic text was not discovered and published until 1891._

The frame is simple. The story is the amplification of a dialogue, which certainly took place in fact, between Diderot and Rameau, a starveling bohemian musician, nephew of the celebrated composer of the same name. Rameau is a failure in his art, and is consumed with jealousy of his successful uncle. He lives as a parasite on the rich, pandering to the vanity and immorality of his hosts. Far from apologizing for his degradation, he chooses to boast of it, to turn the tables on virtue by saying: "Evil, be thou my good." This is total cynicism; but it is at the same time the pathetic effort of a brilliant but unstable man to retain some sort of self-respect. It is the drama of Lucifer, robbed of all dignity and nobility.

Within his frame, Diderot has an excellent opportunity for social criticism of many sorts. He uses Rameau as his mouthpiece to express his opinions on literature, music, society in general. What lesson would Diderot have us draw? Perhaps that the social system of his time warped the individual, debased the artist, made of the talented man a rebellious hypocrite. But the instinct _of man remains virtuous. If circumstances had permitted, Rameau would have been a successful musician, a worthy husband, father, citizen. His instincts, or Nature, would have been a good guide. But Society has made him—what you see._

* Jean Fabre : _Le Neveu de Rameau._ Geneva, Droz, 1950.

The social system of our time is far different from that of the Old Régime. The parasite, dear to the classic writers of Rome, France, and England, has disappeared, for there are no longer patrons who can afford parasites. The artist has gained a larger public, a better chance of a livelihood. But have the Rameaus vanished? How would a Rameau live today? Could he sell his praises, his thought, his self-torturing scorn of faith and honor?]

Qu'il fasse beau, qu'il fasse laid, c'est mon habitude d'aller sur les cinq heures du soir me promener au Palais-Royal.° C'est moi qu'on voit, toujours seul, rêvant sur le banc d'Argenson.° Je m'entretiens avec moi-même de politique, d'amour, de goût ou de philosophie; j'abandonne mon esprit à tout son libertinage; je le laisse maître de suivre la première idée sage ou folle qui se présente, comme on voit dans l'allée de Foy° nos jeunes dissolus marcher sur les pas d'une courtisane à l'air éventé,° au visage riant, à l'œil vif, au nez retroussé, quitter celle-ci pour une autre, les attaquant toutes et ne s'attachant à aucune. Mes pensées, ce sont mes catins.°

Si le temps est trop froid ou trop pluvieux, je me réfugie au café de la Régence.° Là, je m'amuse à voir jouer aux échecs.° Paris est l'endroit du monde, et le café de la Régence est l'endroit de Paris où l'on joue le mieux à ce jeu; c'est chez Rey° que font assaut Légal° le profond, Philidor° le subtil, le solide Mayot; qu'on voit les coups les plus surprenants et qu'on entend les plus mauvais propos; car si l'on

13. _Palais-Royal:_ splendid palace in the heart of Paris, built by Cardinal Richelieu in the seventeenth century, bequeathed by him to Louis XIV, who gave it to his brother. By a needy successor it was turned into public gardens, surrounded by shops and cafés, and haunted by streetwalkers. Its appearance is little changed today. 15. _d'Argenson:_ eminent liberal statesman (1694–1757). 20. _allée de Foy:_ promenade in Palais-Royal gardens. 21. _éventé:_ affected, silly. 25. _catins:_ tarts. 27. _la Régence:_ nearby café, headquarters for chess players, as it still is. 28. _échecs:_ chess. 31. _Rey:_ proprietor of café de la Régence. 31–32. _Légal, Philidor:_ great names in history of chess.

peut être homme d'esprit et grand joueur d'échecs, comme Légal, on peut être aussi un grand joueur d'échecs et un sot comme Foubert et Mayot.°

Une après-dinée j'étais là, regardant beaucoup, parlant peu et écoutant le moins que je pouvais, lorsque je fus abordé par un des plus bizarres personnages de ce pays où Dieu n'en a pas laissé manquer. C'est un composé de hauteur et de bassesse, de bon sens et de déraison; il faut que les notions de l'honnête et du déshonnête soient bien étrangement brouillées dans sa tête, car il montre ce que la nature lui a donné de bonnes qualités sans ostentation, et ce qu'il en a reçu de mauvaises sans pudeur. Au reste, il est doué d'une organisation forte, d'une chaleur d'imagination singulière, et d'une vigueur de poumons° peu commune. Si vous le rencontrez jamais et que son originalité ne vous arrête pas, ou vous mettrez vos doigts dans vos oreilles, ou vous vous enfuirez. Dieux, quels terribles poumons! Rien ne dissemble° plus de lui que lui-même. Quelquefois il est maigre et hâve° comme un malade au dernier degré de la consomption; on compterait ses dents à travers ses joues, on dirait qu'il a passé plusieurs jours sans manger, ou qu'il sort de la Trappe.° Le mois suivant, il est gras et replet comme s'il n'avait pas quitté la table d'un financier, ou qu'il eût été renfermé dans un couvent de Bernardins.° Aujourd'hui en linge sale, en culotte déchirée, couvert de lambeaux,° presque sans souliers, il va la tête basse, il se dérobe, on serait tenté de l'appeler pour lui donner l'aumône. Demain poudré, chaussé, frisé, bien vêtu, il marche la tête haute, il se montre, et vous le prendriez à peu près pour un honnête homme.° Il vit au jour la journée;° triste ou gai, selon les circonstances. Son premier soin, le matin, quand il est levé, est de savoir où il dînera; après dîner, il pense où il ira souper. La nuit amène aussi son inquiétude : ou il regagne à pied un petit grenier° qu'il habite, à moins que l'hôtesse, ennuyée d'attendre son loyer, ne

lui en ait redemandé la clef; ou il se rabat° dans une taverne du faubourg où il attend le jour entre un morceau de pain et un pot de bière. Quand il n'a pas six sous dans sa poche, ce qui lui arrive quelquefois, il a recours soit à un fiacre° de ses amis, soit au cocher d'un grand seigneur qui lui donne un lit sur de la paille, à côté de ses chevaux. Le matin il a encore une partie de son matelas dans les cheveux. Si la saison est douce, il arpente° toute la nuit le Cours° ou les Champs-Élysées. Il reparaît avec le jour à la ville, habillé de la veille pour le lendemain, et du lendemain quelquefois pour le reste de la semaine. Je n'estime pas ces originaux-là; d'autres en font leurs connaissances familières, même leurs amis. Ils m arrêtent une fois l'an, quand je les rencontre, parce que leur caractère tranche° avec celui des autres, et qu'ils rompent cette fastidieuse° uniformité que notre éducation, nos conventions de société, nos bienséances d'usage, ont introduite. S'il en paraît un dans une compagnie, c'est un grain de levain° qui fermente et qui restitue à chacun une portion de son individualité naturelle. Il secoue, il agite, il fait approuver ou blâmer; il fait sortir la vérité, il fait connaître les gens de bien, il démasque les coquins; c'est alors que l'homme de bon sens écoute et démêle son monde.°

Je connaissais celui-ci de longue main.° Il fréquentait dans une maison dont son talent lui avait ouvert la porte. Il y avait une fille unique; il jurait au père et à la mère qu'il épouserait leur fille. Ceux-ci haussaient les épaules, lui riaient au nez, lui disaient qu'il était fou; et je vis le moment que la chose était faite. Il m'empruntait quelques écus que je lui donnais. Il s'était introduit, je ne sais comment, dans quelques maisons honnêtes où il avait son couvert,° mais à la condition qu'il ne parlerait pas sans en avoir obtenu la permission. Il se taisait et mangeait de rage; il était excellent à voir dans cette contrainte. S'il lui prenait envie de manquer au traité et qu'il ouvrît la bouche, au premier mot tous les convives s'écriaient : *Oh! Rameau!* alors la fureur étincelait° dans ses yeux

4. *Foubert, Mayot:* now forgotten. 18. *poumons:* lungs. (The description of this "personnage" much resembles that of Diderot himself. We catch Diderot's sympathy with one of his possible selves, with what, by ill luck, he might have become.) 22. *dissemble:* is unlike. 24. *hâve:* haggard. 27. *la Trappe:* Trappist monastery, noted for austerity. 31. *Bernardins:* order founded by St. Bernard de Clairvaux; evidently reputed for its cuisine. 32. *lambeaux:* rags. 38. *honnête homme:* man of social standing. 38. *au jour la journée:* from hand to mouth. 43. *grenier:* garret.

1. *se rabat:* falls back upon. 6. *fiacre:* cabman. 10. *arpente:* paces. 11. *le Cours-la-Reine:* fashionable promenade beside the Seine. 18. *tranche:* contrasts. 19. *fastidieuse:* tiresome. 23. *levain:* leaven, yeast. 29. *démêle son monde:* distinguishes the characters of those present. 30. *de longue main:* for a long time. 39. *couvert:* place at table. 46. *étincelait:* would sparkle.

et il se remettait à manger avec plus de rage. Vous étiez curieux de savoir le nom de l'homme et vous le savez. C'est le neveu de ce musicien célèbre° qui nous a délivrés du plain-chant° de Lulli° que nous psalmodiions° depuis plus de cent ans, qui a tant écrit de visions inintelligibles et de vérités apocalyptiques sur la théorie de la musique, où ni lui ni personne n'entendit jamais rien, et de qui nous avons un certain nombre d'opéras où il y a de l'harmonie, des bouts de chants, des idées décousues,° du fracas, des vols,° des triomphes, des lances,° des gloires, des murmures, des victoires à perte d'haleine,° des airs de danse qui dureront éternellement et qui, après avoir enterré le Florentin,° sera enterré par les virtuoses italiens, ce qu'il pressentait° et qui le rendait sombre, triste, hargneux,° car personne n'a autant d'humeur,° pas même une jolie femme qui se lève avec un bouton° sur le nez, qu'un auteur menacé de survivre à sa réputation, témoin Marivaux et Crébillon le fils.°

Il m'aborde. « Ah! ah! Vous voilà, monsieur le philosophe; et que faites-vous ici parmi ce tas de fainéants? Est-ce que vous perdez aussi votre temps à pousser le bois?… (*C'est ainsi qu'on appelle par mépris jouer aux échecs et aux dames.°*)

MOI. Non, mais quand je n'ai rien de mieux à faire, je m'amuse à regarder un instant ceux qui le poussent bien.

LUI. En ce cas, vous vous amusez rarement; excepté Légal et Philidor, le reste n'y entend rien.

MOI. Et M. de Bissy° donc?

LUI. Celui-là est en joueur d'échecs ce que Mlle Clairon° est en actrice : ils savent de ces jeux l'un et l'autre tout ce qu'on en peut apprendre.

MOI. Vous êtes difficile, et je vois que vous ne faites grâce qu'aux hommes sublimes.

LUI. Oui, aux échecs, aux dames, en poésie, en éloquence, en musique et autres fadaises° comme cela. A quoi bon la médiocrité dans ces genres?

MOI. A peu de chose, j'en conviens. Mais c'est qu'il faut qu'il y ait un grand nombre d'hommes qui s'y appliquent pour faire sortir l'homme de génie. Il est un dans la multitude. Mais laissons cela. Il y a une éternité que je ne vous ai vu. Je ne pense guère à vous quand je ne vous vois pas, mais vous me plaisez toujours à revoir. Qu'avez-vous fait?

LUI. Ce que vous, moi et tous les autres font, du bien, du mal, et rien. Et puis j'ai eu faim, et j'ai mangé, quand l'occasion s'en est présentée; après avoir mangé, j'ai eu soif et j'ai bu quelquefois. Cependant la barbe me venait, et quand elle a été venue je l'ai fait raser.

MOI. Vous avez mal fait; c'est la seule chose qui vous manque pour être un sage.°

LUI. Oui-da. J'ai le front grand et ridé, l'œil ardent, le nez saillant, les joues larges, le sourcil noir et fourni,° la bouche bien fendue, la lèvre rebordée° et la face carrée. Si ce vaste menton était couvert d'une longue barbe, savez-vous que cela figurerait très bien en bronze ou en marbre?

MOI. A côté d'un César, d'un Marc-Aurèle,° d'un Socrate.

LUI. Non. Je serais mieux entre Diogène° et Phryné.° Je suis effronté comme l'un, et je fréquente volontiers chez les autres.

MOI. Vous portez-vous toujours bien?

LUI. Oui, ordinairement; mais pas merveilleusement aujourd'hui.

MOI. Comment! vous voilà avec un ventre de Silène° et un visage…

LUI. Un visage qu'on prendrait pour son antagoniste.° C'est que l'humeur qui fait sécher mon cher oncle engraisse apparemment son cher neveu.

4. *musicien célèbre:* Jean-Philippe Rameau (1683–1764), composer of many operas and writer of a score of works on musical theory. Rousseau and the *philosophes*, partisans of the new Italian music, attacked Rameau savagely and saddened his last years. But musicologists today esteem him highly. 4. *plain-chant:* plain song (medieval ecclesiastical melody). 5. Jean-Baptiste Lulli (1633–87), Italian-born operatic composer who dominated French music under Louis XIV. (He went to France in 1646 and remained there for the rest of his life. Remember that he played *le Mufti* at the première of *Le Bourgeois gentilhomme.*) 5. *nous psalmodiions:* we had been intoning (like psalms). 11. *décousues:* disconnected. 12. *vols:* flights. 12. *lances:* i.e., soldier choruses. 14. *à perte d'haleine:* to the point of exhaustion. 16. *le Florentin:* Lulli. 17. *pressentait:* foresaw (*lit.*, forefelt). 18. *hargneux:* ill-tempered. 19. *humeur:* ill humor. 20. *bouton:* pimple. 22. *Crébillon le fils:* writer of facetious tales, now barely remembered. 27. *dames:* checkers. 34. *M. de Bissy:* insignificant writer. 36. *Mlle Clairon:* celebrated actress (1723–1803), heroine of Voltaire's tragedies; noted rather for technical mastery than for emotional inspiration. Mentioned in *Candide.*

6. *fadaises:* trifles. 24. Many philosophers, especially the Greek cynics, affected a scorn of appearances. 27. *fourni:* ample. 28. *rebordée:* thick. 31. Marcus Aurelius, Roman emperor and stoic philosopher, second century A.D. 33. Diogenes, cynic philosopher, fourth century B.C., famed for his rudeness. 34. *Phryné:* Greek courtesan. 40. Silenus, drunken, pot-bellied satyr. 42. *son antagoniste:* i.e., the enemy, or opposite, of the joviality suggested by the stomach.

MOI.　A propos de cet oncle, le voyez-vous quelquefois?

LUI.　Oui, passer dans la rue.

MOI.　Est-ce qu'il ne vous fait aucun bien?

LUI.　S'il en fait à quelqu'un, c'est sans s'en douter. C'est un philosophe dans son espèce; il ne pense qu'à lui, le reste de l'univers lui est comme d'un clou à soufflet.° Sa fille et sa femme n'ont qu'à mourir quand elles voudront, pourvu que les cloches de la paroisse qui sonneront pour elles continuent de résonner la *douzième*° et la *dix-septième*,° tout sera bien. Cela est heureux pour lui, et c'est ce que je prise particulièrement dans les gens de génie. Ils ne sont bons qu'à une chose, passé cela, rien; ils ne savent ce que c'est d'être citoyens, pères, mères, frères, parents, amis. Entre nous, il faut leur ressembler de tout point, mais ne pas désirer que la graine° en soit commune. Il faut des hommes; mais pour des hommes de génie, point; non, ma foi, il n'en faut point. Ce sont eux qui changent la face du globe; et dans les plus petites choses, la sottise est si commune et si puissante qu'on ne la réforme pas sans charivari.° Il s'établit partie de ce qu'ils ont imaginé, partie reste comme il était; de là deux évangiles, un habit d'arlequin.° La sagesse du moine de Rabelais° est la vraie sagesse pour son repos et pour celui des autres. Faire son devoir tellement quellement,° toujours dire du bien de M. le prieur° et laisser aller le monde à sa fantaisie. Il va bien, puisque la multitude en est contente. Si je savais l'histoire, je vous montrerais que le mal est toujours venu ici-bas par quelque homme de génie; mais je ne sais pas l'histoire, parce que je ne sais rien. Le diable m'emporte si j'ai jamais rien appris, et si, pour n'avoir rien appris, je m'en trouve plus mal. J'étais un jour à la table d'un ministre° du roi de France, qui a de l'esprit comme quatre; eh bien, il nous démontra clair comme un et un font deux que rien n'était plus utile aux peuples que le mensonge, rien de plus nuisible que la vérité. Je ne me rappelle pas bien ses preuves, mais il s'ensuivait évidemment que les gens de génie sont détestables, et que si un enfant apportait en naissant, sur son front, la caractéristique de ce dangereux présent de·la nature, il faudrait ou l'étouffer ou le jeter au cagnard.°

MOI.　Cependant ces personnages-là, si ennemis du génie, prétendent tous en avoir.

LUI.　Je crois bien qu'ils le pensent au dedans d'eux-mêmes, mais je ne crois pas qu'ils osassent l'avouer.

MOI.　C'est par modestie. Vous conçûtes donc là une terrible haine contre le génie?

LUI.　A n'en jamais revenir.

MOI.　Mais j'ai vu un temps que vous vous désespériez de n'être qu'un homme commun. Vous ne serez jamais heureux si le pour et le contre vous affligent également; il faudrait prendre son parti, et y demeurer attaché. Tout en convenant avec vous que les hommes de génie sont communément singuliers, ou, comme dit le proverbe, qu'*il n'y a pas de grands esprits sans un grain de folie*, on n'en reviendra pas,° on méprisera les siècles qui n'en auront point produit. Ils feront l'honneur des peuples chez lesquels ils auront existé; tôt ou tard on leur élève des statues, et on les regarde comme les bienfaiteurs du genre humain. N'en déplaise au° ministre sublime que vous m'avez cité, je crois que si le mensonge peut servir un moment, il est nécessairement nuisible à la longue, et qu'au contraire la vérité sert nécessairement à la longue, bien qu'il puisse arriver qu'elle nuise dans le moment. D'où je serais tenté de conclure que l'homme de génie qui décrie° une erreur générale, ou qui accrédite une grande vérité, est toujours un être digne de notre vénération. Il peut arriver que cet être soit la victime du préjugé et des lois; mais il y a deux sortes de lois, les unes d'une équité, d'une généralité absolues, d'autres bizarres, qui ne doivent leur sanction qu'à l'aveuglement ou la nécessité des circonstances. Celles-ci ne couvrent le coupable qui les enfreint° que d'une ignominie passagère, ignominie que le temps reverse sur les juges et sur les nations, pour y rester à jamais. De Socrate ou du magistrat qui lui fit boire la ciguë,° quel est aujourd'hui le déshonoré?

LUI.　Le voilà bien avancé! en a-t-il été moins condamné? en a-t-il moins été mis à

8. *clou à soufflet:* bellows nail (*i.e.,* of no interest). 12. *douzième, dix-septième:* musical intervals. 19. *graine:* seed; here: type. 25. *charivari:* uproar. 27. *habit d'arlequin:* Harlequin costume (of contrasting colors). 28. *moine de Rabelais:* Frère Jean des Entomeures. 30. *tellement quellement:* more or less. 31. *prieur:* prior (*i.e.,* one's superior). 39. *ministre:* le duc de Choiseul, Minister of Foreign Affairs.

4. *cagnard:* refuge of destitute. 21. *on n'en reviendra pas:* one must admit. 26. *N'en déplaise au:* With all due respect to. 33. *décrie:* discredits. 42. *enfreint:* infringes, violates. 46. *ciguë:* hemlock (poison).

mort? en a-t-il moins été un citoyen turbulent? par le mépris d'une mauvaise loi, en a-t-il moins encouragé les fous au mépris des bonnes? en a-t-il moins été un particulier° audacieux et bizarre? Vous n'étiez pas éloigné tout à l'heure d'un aveu peu favorable aux hommes de génie.

MOI. Écoutez-moi, cher homme. Une société ne devrait point avoir de mauvaises lois, et si elle n'en avait que de bonnes, elle ne serait jamais dans le cas de persécuter un homme de génie. Je ne vous ai pas dit que le génie fût indivisiblement attaché à la méchanceté, ni la méchanceté au génie. Un sot sera plus souvent un méchant qu'un homme d'esprit. Quand un homme de génie serait communément d'un commerce° dur, difficile, épineux,° insupportable, quand même ce serait un méchant, qu'en concluriez-vous?

LUI. Qu'il est bon à noyer.

MOI. Doucement, cher homme. Çà, dites-moi, je ne prendrai pas votre oncle pour exemple. C'est un homme dur, c'est un brutal; il est sans humanité, il est avare, il est mauvais père, mauvais époux, mauvais oncle; mais il n'est pas assez décidé que ce soit un homme de génie, qu'il ait poussé son art fort loin, et qu'il soit question de ses ouvrages dans dix ans. Mais Racine? celui-là certes avait du génie, et ne passait pas pour un trop bon homme. Mais Voltaire!°...

LUI. Ne me pressez pas, car je suis conséquent.°

MOI. Lequel des deux préféreriez-vous, ou qu'il eût été un bon homme, identifié avec son comptoir,° comme Briasson,° ou avec son aune,° comme Barbier,° bon mari, bon père, bon oncle, bon voisin, honnête commerçant, mais rien de plus; ou qu'il eût été fourbe, traître, ambitieux, envieux, méchant, mais auteur d'*Andromaque*, de *Britannicus*, d'*Iphigénie*, de *Phèdre*, d'*Athalie*?

LUI. Pour lui, ma foi, peut-être que de ces deux hommes, il eût mieux valu qu'il eût été le premier.

MOI. Cela est même infiniment plus vrai que vous ne le sentez.

LUI. Oh! vous voilà, vous autres! Si nous disons quelque chose de bien, c'est comme des fous ou des inspirés, par hasard. Il n'y a que vous autres qui vous entendiez;° oui, monsieur le philosophe, je m'entends, et je m'entends ainsi que vous vous entendez.

MOI. Voyons; eh bien, pourquoi pour lui?°

LUI. C'est que toutes ces belles choses-là qu'il a faites ne lui ont pas rendu vingt mille francs, et que s'il eût été un bon marchand en soie de la rue Saint-Denis ou Saint-Honoré, un bon épicier en gros,° un apothicaire bien achalandé,° il eût amassé une fortune immense, et qu'en l'amassant il n'y aurait eu sorte de plaisirs dont il n'eût joui; qu'il aurait donné de temps en temps la pistole à un pauvre diable de bouffon comme moi qui l'aurait fait rire, qui lui aurait procuré dans l'occasion une jeune fille qui l'aurait désennuyé de l'éternelle cohabitation avec sa femme; que nous aurions fait d'excellents repas chez lui, joué gros jeu, bu d'excellents vins, d'excellentes liqueurs, d'excellent café, fait des parties de campagne; et vous voyez que je m'entendais; vous riez?... Mais laissez-moi dire: il eût été mieux pour ses entours.°

MOI. Sans contredit. Pourvu qu'il n'eût pas employé d'une façon déshonnête l'opulence qu'il aurait acquise par un commerce légitime; qu'il eût éloigné de sa maison tous ces joueurs, tous ces parasites, tous ces fades° complaisants, tous ces pervers inutiles; et qu'il eût fait assommer à coups de bâtons, par ses garçons de boutique, l'homme officieux° qui soulage, par la variété, les maris du dégoût d'une cohabitation habituelle avec leurs femmes.

LUI. Assommer, monsieur! Assommer! On n'assomme personne dans une ville bien policée. C'est un état° honnête. Beaucoup de gens, même titrés, s'en mêlent. Et à quoi diable voulez-vous donc qu'on emploie son argent, si ce n'est à avoir bonne table, bonne compagnie, bons vins, belles femmes, plaisirs de toutes les couleurs, amusements de toutes les espèces? J'aimerais autant être gueux que de posséder une grande fortune sans aucune de ces jouissances. Mais revenons à Racine. Cet homme n'a été bon que pour des inconnus et que pour le temps où il n'était plus.

4. *particulier*: individual. 16. *commerce*: social manners. 16. *épineux*: prickly, bristly. 30. Diderot was at this time (about 1762) on the outs with Voltaire. 32. *conséquent*: logical. 35. *comptoir*: counter, shop. 35. *Briasson*: one of publishers of *Encyclopédie*. (Diderot had many difficulties with him.) 35. *aune*: yardstick. 36. *Barbier*: prosperous dry-goods merchant.

3. *vous entendiez*: know what you are saying. 6. *pour lui*: recalls phrase of line 41. 11. *épicier en gros*: wholesale grocer. 11. *achalandé*: patronized. 24. *entours*: associates. 29. *fades*: insipid. 32. *officieux*: obliging. 37. *état*: profession (*i.e.*, of the procurer).

MOI. D'accord; mais pesez le mal et le bien. Dans mille ans d'ici, il fera verser des larmes; il sera l'admiration des hommes dans toutes les contrées de la terre; il inspirera l'humanité, la commisération, la tendresse. On demandera qui il était, de quel pays, et on l'enviera à la France. Il a fait souffrir quelques êtres qui ne sont plus, auxquels nous ne prenons presque aucun intérêt; nous n'avons rien à redouter ni de ses vices, ni de ses défauts. Il eût été mieux sans [10] doute qu'il eût reçu de la nature la vertu d'un homme de bien avec les talents d'un grand homme. C'est un arbre qui a fait sécher quelques arbres plantés dans son voisinage, qui a étouffé les plantes qui croissaient à ses pieds; mais il a [15] porté sa cime° jusque dans la nue, ses branches se sont étendues au loin; il a prêté son ombre à ceux qui venaient, qui viennent et qui viendront se reposer autour de son tronc majestueux; il a produit des fruits d'un goût exquis, et qui se [20] renouvellent sans cesse. Il serait à souhaiter que Voltaire eût encore la douceur de Duclos, l'ingénuité° de l'abbé Trublet, la droiture de l'abbé d'Olivet;° mais puisque cela ne se peut, regardons la chose du côté vraiment intéressant; [25] oublions pour un moment le point que nous occupons dans l'espace et dans la durée, et étendons notre vue sur les siècles à venir, les régions les plus éloignées et les peuples à naître. Songeons au bien de notre espèce; si nous ne [30] sommes point assez généreux, pardonnons au moins à la nature d'avoir été plus sage que nous. Si vous jetez de l'eau froide sur la tête de Greuze,° vous éteindrez peut-être son talent avec sa vanité. Si vous rendez Voltaire moins [35] sensible à la critique, il ne saura plus descendre dans l'âme de Mérope,° il ne vous touchera plus.

LUI. Mais si la nature était aussi puissante que sage, pourquoi ne les a-t-elle pas faits aussi bons qu'elle les a faits grands?

MOI. Mais ne voyez-vous pas qu'avec un pareil raisonnement vous renversez l'ordre général, et que si tout ici-bas était excellent, il n'y aurait rien d'excellent?

LUI. Vous avez raison; le point important est [45] que vous et moi nous soyons, et que nous soyons vous et moi; que tout aille d'ailleurs comme il

pourra. Le meilleur ordre des choses, à mon avis, est celui où je devais être, et foin° du plus parfait des mondes, si je n'en suis pas. J'aime mieux être, et même être impertinent raison- [5] neur, que de n'être pas.

MOI. Il n'y a personne qui ne pense comme vous, et qui ne fasse le procès à l'ordre qui est, sans s'apercevoir qu'il renonce à sa propre existence.°

LUI. Il est vrai. [10]

MOI. Acceptons donc les choses comme elles sont. Voyons ce qu'elles nous coûtent, et ce qu'elles nous rendent, et laissons là le tout que nous ne connaissons pas assez pour le louer ou le blâmer, et qui n'est peut-être ni bien ni mal, s'il est nécessaire, comme beaucoup d'honnêtes gens l'imaginent.

LUI. Je n'entends pas grand'chose à tout ce que vous me débitez° là. C'est apparemment de la philosophie; je vous préviens que je ne m'en [20] mêle pas. Tout ce que je sais, c'est que je voudrais bien être un autre, au hasard d'être un homme de génie, un grand homme; oui, il faut que j'en convienne, il y a là quelque chose qui me le dit. Je n'en ai jamais entendu louer un [25] seul que son éloge ne m'ait fait secrètement enrager. Je suis envieux. Lorsque j'apprends de leur vie privée quelque trait qui les dégrade, je l'écoute avec plaisir; cela nous rapproche, j'en supporte plus aisément ma médiocrité. Je [30] me dis : Certes, tu n'aurais jamais fait *Maho-met*,° mais ni l'éloge de Maupeou.° J'ai donc été, je suis donc fâché d'être médiocre. Oui, oui, je suis médiocre et fâché. Je n'ai jamais entendu jouer l'ouverture des *Indes galantes*,° jamais en- [35] tendu chanter *Profonds abîmes du Ténare; Nuit, éternelle nuit*,° sans me dire avec douleur : voilà ce que tu ne feras jamais. J'étais donc jaloux de mon oncle; et s'il y avait eu à sa mort° quelques belles pièces de clavecin° dans son portefeuille, [40] je n'aurais pas balancé à rester moi et à être lui.°

2. *foin:* to the devil with. 9. I.e., each individual is a part of the "order"; he cannot abstract a part without altering the whole, and himself as a part of the whole. 19. *débitez:* are saying, "handing out." 32. *Mahomet:* tragedy by Voltaire, attacking fanaticism. 32. When the Chancellor Maupeou suppressed the *parlement,* Voltaire, who feared anarchy, applauded him, to the disgust of the *philosophes.* 35. *Indes galantes:* opera by Rameau, revived in our time as a ballet. 37. *Profonds .. nuit:* songs by Rameau. 39. Only a page or two back, the uncle Rameau was spoken of as alive. He died in 1764. This passage is one of many later additions, never properly harmonized with the first text. 40. *clavecin:* harpsichord (forerunner of piano). 41. *à être lui:* i.e., to pass off his work as my own.

16. *cime:* summit. 23. *ingénuité:* sincerity. 24. *Duclos, Trublet, d'Olivet:* minor literary men, whose characteristics were the reverse of those declared by Diderot. 34. *Greuze:* eighteenth-century genre painter, whose vanity was notorious. 37. *Mérope*, tragedy of Voltaire (1743).

MOI. S'il n'y a que cela qui vous chagrine, cela n'en vaut pas trop la peine.

LUI. Ce n'est rien, ce sont des moments qui passent.

Puis il se remettait à chanter l'ouverture des *Indes galantes* et l'air *Profonds abîmes*, et il ajoutait :

Le quelque chose qui est là et qui me parle me dit : Rameau, tu voudrais bien avoir fait ces deux morceaux-là ; si tu avais fait ces deux morceaux-là, tu en ferais bien deux autres ; et quand tu en aurais fait un certain nombre, on te jouerait, on te chanterait partout. Quand tu marcherais, tu aurais la tête droite, la conscience te rendrait témoignage à toi-même de ton propre mérite, les autres te désigneraient du doigt, on dirait : C'est lui qui a fait les jolies gavottes (*et il chantait les gavottes. Puis, avec l'air d'un homme touché qui nage dans la joie et qui en a les yeux humides, il ajoutait en se frottant les mains*) : Tu aurais une bonne maison (*il en mesurait l'étendue avec ses bras*), un bon lit (*et il s'y étendait nonchalamment*), de bons vins (*qu'il goûtait en faisant claquer sa langue contre son palais*°), un bon équipage (*et il levait le pied pour y monter*) ; cent faquins*° te viendraient encenser tous les jours (*et il croyait les voir autour de lui : il voyait Palissot, Poinsinet, les Fréron père et fils, La Porte ;*° *il les entendait, il se rengorgeait,*° *les approuvait, leur souriait, les dédaignait, les méprisait, les chassait, les rappelait ; puis il continuait*). Et c'est ainsi que l'on te dirait le matin que tu es un grand homme ; tu lirais dans l'histoire des *Trois Siècles*° que tu es un grand homme, tu serais convaincu le soir que tu es un grand homme, et le grand Rameau s'endormirait au doux murmure de l'éloge qui retentirait dans son oreille même en dormant, il aurait l'air satisfait : sa poitrine se dilaterait, s'élèverait, s'abaisserait avec aisance : il ronflerait*° comme un grand homme...

Et en parlant ainsi, il se laissait aller mollement sur une banquette ;*° il fermait les yeux, et il imitait le sommeil heureux qu'il imaginait. Après avoir goûté quelques instants la douceur de ce repos, il se réveillait, étendait ses bras, bâillait,*° se frottait les yeux, et cherchait encore autour de lui ses adulateurs insipides.

MOI. Vous croyez donc que l'homme heureux a son sommeil ?

LUI. Si je le crois ! Moi, pauvre hère,*° lorsque le soir j'ai regagné mon grenier et que je me suis fourré dans mon grabat,*° je suis ratatiné*° sous ma couverture, j'ai la poitrine étroite et la respiration gênée ; c'est une espèce de plainte faible qu'on entend à peine, au lieu qu'un financier fait retentir son appartement et étonne toute sa rue. Mais ce qui m'afflige aujourd'hui, ce n'est pas de ronfler et de dormir mesquinement comme un misérable.

MOI. Cela est pourtant triste.

LUI. Ce qui m'est arrivé l'est bien davantage.

MOI. Qu'est-ce donc ?

LUI. Vous avez toujours pris quelque intérêt à moi, parce que je suis un bon diable, que vous méprisez dans le fond, mais qui vous amuse...

MOI. C'est la vérité.

LUI. Et je vais vous le dire.

Avant que de commencer il pousse un profond soupir et porte ses deux mains à son front ; ensuite, il reprend un air tranquille et me dit :

Vous savez que je suis un ignorant, un sot, un fou, un impertinent, un paresseux, ce que nos Bourguignons appellent un *fieffé truand,*° un escroc,*° un gourmand...

MOI. Quel panégyrique !

LUI. Il est vrai de tout point, il n'y en a pas un mot à rabattre ;*° point de contestation là-dessus, s'il vous plaît. Personne ne me connaît mieux que moi, et je ne dis pas tout.

MOI. Je ne veux point vous fâcher, et je conviendrai de tout.

LUI. Eh bien, je vivais avec des gens qui m'avaient pris en gré,*° précisément parce que j'étais doué à un rare degré de toutes ces qualités.

MOI. Cela est singulier : jusqu'à présent j'avais cru ou qu'on se les cachait à soi-même ou

26. *palais:* palate, roof of mouth. 28. *faquins:* lackeys. 30. *Palissot... La Porte:* Literary and journalistic enemies of *philosophes.* 31. *se rengorgeait:* puffed himself up. 35. *Trois siècles de la littérature française,* by Sabatier de Castres. 42. *ronflerait:* would snore. 44. *banquette:* bench.

2. *bâillait:* yawned. 6. *pauvre hère:* poor devil. 8. *grabat:* pallet, wretched bed. 9. *ratatiné:* shrunk, huddled. 32. *fieffé truand:* loafer. 33. *escroc:* here, sponger. 36. *à rabattre:* to be deducted. 42. *m'avaient pris en gré:* had taken a liking to me.

qu'on se les pardonnait et qu'on les méprisait dans les autres.

LUI. Se les cacher! Est-ce qu'on le peut? Soyez sûr que quand Palissot est seul et qu'il revient sur lui-même, il se dit bien d'autres choses; soyez sûr qu'en tête à tête avec son collègue ils s'avouent franchement qu'ils ne sont que deux insignes maroufles.° Les mépriser dans les autres! Mes gens étaient plus équitables, et mon caractère me réussissait merveilleusement auprès d'eux; j'étais comme un coq en pâte :° on me fêtait, on ne me perdait pas un moment sans me regretter; j'étais leur petit Rameau, leur joli Rameau, leur Rameau le fou, l'impertinent, l'ignorant, le paresseux, le gourmand, le bouffon, la grosse bête. Il n'y avait pas une de ces épithètes familières qui ne me valût un sourire, une caresse, un petit coup sur l'épaule, un soufflet,° un coup de pied; à table, un bon morceau qu'on me jetait sur mon assiette; hors de table, une liberté que je prenais sans conséquence, car, moi, je suis sans conséquence. On fait de moi, avec moi, devant moi tout ce qu'on veut sans que je m'en formalise.° Et les petits présents qui me pleuvaient! Le grand chien° que je suis, j'ai tout perdu! J'ai tout perdu pour avoir eu le sens commun une fois, une seule fois en ma vie. Ah! si cela m'arrive jamais!

MOI. De quoi s'agissait-il donc?

LUI. C'est une sottise incomparable, incompréhensible, irrémissible.

MOI. Quelle sottise encore?

LUI. 'Rameau! Rameau! vous avait-on pris pour cela? La sottise d'avoir eu un peu de goût, un peu d'esprit, un peu de raison; Rameau, mon ami, cela vous apprendra à rester ce que Dieu vous fit, et ce que vos protecteurs vous voulaient. Aussi l'on vous a pris par les épaules, on vous a conduit à la porte, on vous a dit : « Faquin, tirez,° ne reparaissez plus; cela veut avoir du sens, de la raison, je crois! Tirez! Nous avons de ces qualités-là de reste.° » Vous vous en êtes allé en vous mordant les doigts; c'est votre langue maudite qu'il fallait mordre auparavant. Pour ne vous en être pas avisé, vous voilà sur le pavé, sans le sou, et ne sachant où donner de la tête.° Vous étiez nourri à bouche que veux-tu!° et vous retournerez au regrat;° bien logé, et vous serez trop heureux si l'on vous rend votre grenier; bien couché, et la paille vous attend entre le cocher de M. de Soubise° et l'ami Robbé;° au lieu d'un sommeil doux et tranquille comme vous l'aviez, vous entendrez d'une oreille le hennissement° et le piétinement° des chevaux, de l'autre le bruit mille fois plus insupportable de vers secs, durs et barbares. Malheureux, mal avisé, possédé d'un million de diables!

MOI. Mais n'y aurait-il pas moyen de se rapatrier? La faute que vous avez commise est-elle si impardonnable? A votre place, j'irais retrouver mes gens. Vous leur êtes plus nécessaire que vous ne croyez.

LUI. Ho, je suis sûr qu'à présent qu'ils ne m'ont pas pour les faire rire, ils s'ennuient comme des chiens.

MOI. J'irais donc les retrouver. Je ne leur laisserais pas le temps de se passer de moi, de se tourner vers quelque amusement honnête; car qui sait ce qui peut arriver?

LUI. Ce n'est pas là ce que je crains. Cela n'arrivera pas.

MOI. Quelque sublime que vous soyez, un autre peut vous remplacer.

LUI. Difficilement.

MOI. D'accord. Cependant j'irais avec ce visage défait, ces yeux égarés, ce cou débraillé,° ces cheveux ébouriffés,° dans l'état vraiment tragique où vous voilà. Je me jetterais aux pieds de la divinité.° Je me collerais la face contre terre, et sans me relever, je lui dirais d'une voix basse et sanglotante : Pardon, madame! Pardon! Je suis un indigne, un infâme. Ce fut un malheureux instant; car vous savez que je ne suis pas sujet à avoir du sens commun, et je vous promets de n'en avoir de ma vie.

Ce qu'il y a de plaisant, c'est que, tandis que je lui tenais ce discours, il en exécutait la pantomime. Il s'était prosterné; il avait collé son visage contre terre; il paraissait tenir entre ses

8. *insignes maroufles:* notable scoundrels. 11. *coq en pâte:* fattened rooster. 19. *soufflet:* slap. 24. *sans que je m'en formalise:* without my objecting. 26. *chien:* here, fool. 41. *tirez:* get out. 43. *de reste:* in plenty.

1. *où donner de la tête:* which way to turn. 2. *à bouche que veux-tu:* richly. 3. *regrat:* scraps. 6. M. de Soubise's extensive stables sheltered many vagabonds. 6. *Robbé:* a starveling poet. 8. *hennissement:* whinnying. 9. *piétinement:* stamping. 31. *débraillé:* untidy. 32. *ébouriffés:* wild. 34. *la divinité:* Mlle Hus, celebrated actress, mistress of the opulent financier Bertin.

deux mains le bout d'une pantoufle;° il pleurait; il sanglotait; il disait : Oui, ma petite reine; oui, je le promets; je n'en aurai de ma vie, de ma vie. Puis, se relevant brusquement, il ajouta d'un ton sérieux et réfléchi :

LUI. Oui, vous avez raison. Je crois que c'est le mieux. Elle est bonne. M. Vieillard° dit qu'elle est si bonne. Moi, je sais un peu qu'elle l'est. Mais cependant aller s'humilier devant une guenon!° Crier miséricorde aux pieds d'une misérable petite histrionne° que les sifflets° du parterre ne cessent de poursuivre! Moi, Rameau! fils de M. Rameau, apothicaire de Dijon, qui est un homme de bien et qui n'a jamais fléchi le genou devant qui que ce soit! Moi, Rameau, le neveu de celui qu'on appelle le grand Rameau, qu'on voit se promener droit et les bras en l'air, au Palais Royal, depuis que M. Carmontelle° l'a dessiné courbé, et les mains sous les basques° de son habit! Moi qui ai composé des pièces de clavecin que personne ne joue, mais qui seront peut-être les seules qui passeront à la postérité, qui les jouera! Moi! moi enfin! j'irais... Tenez, Monsieur, cela ne se peut!...

MOI. Ayez donc le courage d'être gueux.

LUI. Il est dur d'être gueux, tandis qu'il y a tant de sots opulents aux dépens desquels on peut vivre. Et puis le mépris de soi; il est insupportable.

MOI. Est-ce que vous connaissez ce sentiment-là?

LUI. Si je le connais! Combien de fois je me suis dit : Comment, Rameau, il y a dix mille bonnes tables à Paris, à quinze ou vingt couverts chacune; et de ces couverts-là, il n'y en a pas un pour toi! Il y a des bourses pleines d'or qui se versent de droite et de gauche, et il n'en tombe pas une pièce sur toi! Mille petits beaux esprits, sans talent, sans mérite; mille petites créatures, sans charmes; mille plats intrigants sont bien vêtus, et tu irais tout nu? Et tu serais imbécile à ce point? Est-ce que tu ne saurais pas flatter comme un autre? Est-ce que tu ne saurais pas mentir, jurer, parjurer, promettre, tenir ou manquer comme un autre? Est-ce que tu ne saurais

pas te mettre à quatre pattes, comme un autre? Est-ce que tu ne saurais pas favoriser l'intrigue de Madame, et porter le billet-doux de Monsieur, comme un autre? Est-ce que tu ne saurais pas encourager ce jeune homme à parler à Mademoiselle, et persuader à Mademoiselle de l'écouter, comme un autre? Est-ce que tu ne saurais pas faire entendre à la fille d'un de nos bourgeois qu'elle est mal mise,° que de belles boucles d'oreilles, un peu de rouge, des dentelles, une robe à la polonaise,° lui siéraient° à ravir? que ces petits pieds-là ne sont pas faits pour marcher dans la rue? qu'il y a un beau monsieur, jeune et riche, qui a un habit galonné° d'or, un superbe équipage, six grands laquais, qui l'a vue en passant, qui la trouve charmante; et que depuis ce jour-là il en a perdu le boire et le manger; qu'il n'en dort plus, et qu'il en mourra? — Mais mon papa! — Bon, bon, votre papa! il s'en fâchera d'abord un peu. — Et maman qui me recommande tant d'être honnête fille? — Vieux propos qui ne signifient rien. — Et mon confesseur? — Vous ne le verrez plus : ou si vous persistez dans la fantaisie d'aller lui faire l'histoire de vos amusements, il vous en coûtera quelques livres de sucre et de café. — C'est un homme sévère qui m'a déjà refusé l'absolution, pour la chanson, *Viens dans ma cellule.*° — C'est que vous n'aviez rien à lui donner. Mais quand vous lui apparaîtrez en dentelles... — J'aurai donc des dentelles? — Sans doute, et de toutes les sortes... en belles boucles de diamants... — J'aurai donc de belles boucles de diamants? — Oui. — Comme celles de cette marquise qui vient quelquefois prendre des gants, dans notre boutique? — Précisément. Dans un bel équipage, avec des chevaux gris pommelés,° deux grands laquais, un petit nègre, et le coureur° en avant, du rouge, des mouches,° la queue° portée. — Au bal? — Au bal, à l'Opéra, à la Comédie... (Déjà le cœur lui tressaillit° de joie. Tu joues avec un papier entre les doigts.) — Qu'est cela? — Ce n'est rien. — Il me semble que si. — C'est un billet. — Et pour qui? —

1. *pantoufle:* slipper. 8. *M. Vieillard:* rival of M. Bertin for the favors of Mlle Hus. 11. *guenon:* monkey. 12. *histrionne:* bad actress. 12. *sifflets:* whistles, hisses. 20. *Carmontelle:* artist and dramatic writer. (His engraving of Rameau the musician is as Diderot describes it.) 21. *basques:* coattails.

9. *mal mise:* poorly dressed. 11. *robe à la polonaise:* fur-trimmed dress, in fashion of the moment. 11. *siéraient:* would suit. 14. *galonné:* frogged, adorned. 29. *Viens dans ma cellule:* popular song, suggesting loose habits of monks. 38. *pommelés:* dappled. 39. *coureur:* outrider, mounted servant. 40. *mouches:* beauty patches. 40. *queue:* train (of gown). 42. *tressaillit* (an unusual form instead of *tressaille*): quivers.

Pour vous, si vous étiez un peu curieuse. —
Curieuse, je le suis beaucoup. Voyons... (*Elle
le lit.*) Une entrevue, cela ne se peut. — En
allant à la messe. — Maman m'accompagne
toujours; mais s'il venait ici, un peu matin; je
me lève la première; et je suis au comptoir
avant qu'on soit levé... Il vient; il plaît; un beau
jour, à la brune,° la petite disparaît, et l'on
compte mes deux mille écus... Et quoi, tu
possèdes ce talent-là, et tu manques de pain?
N'as-tu pas de honte, malheureux? Je me
rappelais un tas de coquins qui ne m'allaient
pas à la cheville° et qui regorgeaient de richesse.
J'étais en surtout de baracan,° et ils étaient
couverts de velours; ils s'appuyaient sur la
canne à pomme d'or° et en bec de corbin;° et
ils avaient l'Aristote ou le Platon° au doigt.
Qu'étaient-ce pourtant? la plupart de misé-
rables croquenotes;° aujourd'hui ce sont des
espèces de seigneurs. Alors je me sentais du
courage, l'âme élevée, l'esprit subtil, et capable
de tout. Mais ces heureuses dispositions appa-
remment ne duraient pas; car jusqu'à présent,
je n'ai pu faire un certain chemin. Quoi qu'il
en soit, voilà le texte de mes fréquents soliloques,
que vous pouvez paraphraser à votre fantaisie,
pourvu que vous concluiez que je connais le
mépris de soi-même, ou ce tourment de la
conscience qui naît de l'inutilité des dons que le
Ciel nous a départis;° c'est le plus cruel de tous.
Il vaudrait presque autant que l'homme ne fût
pas né.

Je l'écoutais; et à mesure qu'il faisait la scène
du proxénète° et de la jeune fille qu'il séduisait,
l'âme agitée de deux mouvements opposés, je ne
savais si je m'abandonnerais à l'envie de rire, ou
au transport de l'indignation. Je souffrais. Vingt
fois un éclat de rire empêcha ma colère d'é-
clater; vingt fois la colère qui s'élevait au fond
de mon cœur se termina par un éclat de rire.
J'étais confondu de tant de sagacité et de tant
de bassesse, d'idées si justes et alternativement
si fausses; d'une perversité si générale de
sentiments, d'une turpitude si complète, et
d'une franchise si peu commune.

[*Rameau protests that he has nevertheless the
equipment of a good musician and especially great
strength and suppleness of wrist.*]

Et tout en disant cela, de la main droite il
s'était saisi les doigts et le poignet° de la main
gauche et il les renversait en dessus, en dessous,
l'extrémité des doigts touchait au bras, les
jointures en craquaient; je craignais que les os
n'en demeurassent disloqués.

Prenez garde, lui dis-je, vous allez vous estro-
pier.°

LUI. Ne craignez rien, ils y sont faits; depuis
dix ans je leur en ai bien donné d'une autre
façon; malgré qu'ils en eussent,° il a bien fallu
que les bougres° s'y accoutumassent et qu'ils
apprissent à se placer sur les touches° et à
voltiger° sur les cordes; aussi à présent cela va,
oui, cela va...

En même temps, il se met dans l'attitude d'un
joueur de violon; il fredonne° de la voix un
allegro de Locatelli, son bras droit imite le
mouvement de l'archet,° sa main gauche et ses
doigts semblent se promener sur la longueur du
manche;° s'il fait un faux ton, il s'arrête, il
remonte ou baisse la corde; il la pince de
l'ongle pour s'assurer si elle est juste; il reprend
le morceau où il l'a laissé. Il bat la mesure du
pied, il se démène° de la tête, des pieds, des
mains, des bras, du corps, comme vous avez
vu quelquefois, au concert spirituel,° Ferrari
ou Chiabran, ou quelque autre virtuose dans les
mêmes convulsions, m'offrant l'image du même
supplice et me causant à peu près la même
peine; car n'est-ce pas une chose pénible à voir
que le tourment dans celui qui s'occupe à me
peindre le plaisir? Tirez entre cet homme et moi
un rideau qui me la cache, s'il faut qu'il me
montre un patient appliqué à la question.° Au
milieu de ses agitations et de ses cris, s'il se
présentait une tenue,° un de ces endroits
harmonieux où l'archet se meut lentement sur
plusieurs cordes à la fois, son visage prenait l'air

8. *à la brune:* at dusk or dawn. 13. *cheville:* ankle. 14.
surtout de baracan: coat of rough material. 16. *à pomme
d'or:* gold-knobbed. 16. *en bec de corbin:* crutch-handled.
17. *l'Aristote ou le Platon:* perhaps types of diamonds, per-
haps ancient cameos. 19. *croquenotes:* wretched musicians.
30. *départis:* assigned, granted. 35. *proxénète:* go-between,
pander.

6. *poignet:* wrist. 13. *estropier:* cripple. 16. *malgré qu'ils
en eussent:* in spite of themselves. 17. *bougres:* little devils.
18. *touches:* keys. 19. *voltiger:* flutter. 23. *fredonne:* hums.
25. *archet:* violin bow. 27. *manche:* neck (of violin). 31. *se
démène:* tosses about. 33. *concert spirituel:* concerts of
religious music, given at Tuileries palace. 41. *patient...
question:* victim submitted to legal torture. 43. *tenue:* sus-
tained note.

de l'extase, sa voix s'adoucissait, il s'écoutait avec ravissement; il est sûr que les accords° résonnaient dans ses oreilles et dans les miennes. Puis remettant son instrument sous son bras gauche de la même main dont il le tenait, et laissant tomber sa main droite avec son archet : Eh bien, me disait-il, qu'en pensez-vous ?

MOI. A merveille!

LUI. Cela va, ce me semble, cela résonne à peu près comme les autres...

Et aussitôt il s'accroupit° comme un musicien qui se met au clavecin.

MOI. Je vous demande grâce pour vous et pour moi.

LUI. Non, non, puisque je vous tiens, vous m'entendrez. Je ne veux point d'un suffrage qu'on m'accorde sans savoir pourquoi. Vous me louerez d'un ton plus assuré, et cela me vaudra° quelque écolier.

MOI. Je suis si peu répandu,° et vous allez vous fatiguer en pure perte.

LUI. Je ne me fatigue jamais.

Comme je vis que je voudrais inutilement avoir pitié de mon homme, car la sonate sur le violon l'avait mis tout en eau, je pris le parti de le laisser faire; le voilà donc assis au clavecin, les jambes fléchies,° la tête élevée vers le plafond où l'on eût dit qu'il voyait une partition° notée, chantant, préludant, exécutant une pièce d'Alberti ou de Galuppi, je ne sais lequel des deux. Sa voix allait comme le vent et ses doigts voltigeaient sur les touches, tantôt laissant le dessus° pour prendre la basse, tantôt quittant la partie d'accompagnement pour revenir au dessus. Les passions se succédaient sur son visage; on y distinguait la tendresse, la colère, le plaisir, la douleur : on sentait les *piano*, les *forte*, et je suis sûr qu'un plus habile que moi aurait reconnu le morceau au mouvement, au caractère, à ses mines et à quelques traits de chant qui lui échappaient par intervalle. Mais, ce qu'il avait de bizarre, c'est que de temps en temps il tâtonnait,° se reprenait° comme s'il eût manqué, et se dépitait° de n'avoir plus la pièce dans les doigts.

Enfin, vous voyez, dit-il en se redressant et en essuyant les gouttes de sueur qui descendaient le long de ses joues, que nous savons aussi placer un triton,° une quinte° superflue, et que l'enchaînement des dominantes nous est familier. Ces passages enharmoniques,° dont le cher oncle a fait tant de bruit, ce n'est pas la mer à boire, nous nous en tirons.

MOI. Vous vous êtes donné bien de la peine pour me montrer que vous étiez fort habile; j'étais homme à vous croire sur votre parole.

LUI. Fort habile, oh! non; pour mon métier, je le sais à peu près, et c'est plus qu'il ne faut; car, dans ce pays-ci, est-ce qu'on est obligé de savoir ce qu'on montre?°

MOI. Pas plus que de savoir ce qu'on apprend.

LUI. Cela est juste, morbleu! et très juste! Là, monsieur le philosophe, la main sur la conscience, parlez net;° il y eut un temps où vous n'étiez pas cossu° comme aujourd'hui.

MOI. Je ne le suis pas encore trop.

LUI. Mais vous n'iriez plus au Luxembourg° en été... Vous vous en souvenez?...

MOI. Laissons cela, oui, je m'en souviens.

LUI. En redingote de peluche grise...°

MOI. Oui, oui.

LUI. Éreintée° par un des côtés, avec la manchette° déchirée et les bas de laine noirs et recousus par derrière avec du fil blanc.

MOI. Et oui, oui, tout comme il vous plaira.

LUI. Que faisiez-vous alors dans l'allée des Soupirs?°

MOI. Une assez triste figure.

LUI. Au sortir de là, vous trottiez sur le pavé.

MOI. D'accord.

LUI. Vous donniez des leçons de mathématiques.°

MOI. Sans en savoir un mot; n'est-ce pas là que vous en vouliez venir?

LUI. Justement.

MOI. J'apprenais en montrant aux autres, et j'ai fait quelques bons écoliers.

LUI. Cela se peut; mais il n'en est pas de la

2. *accords:* chords. 11. *s'accroupit:* crouched. 18. *vaudra: here,* will bring in. 20. *Je suis si peu répandu:* I get around so little. 28. *fléchies:* bent. 29. *partition:* score. 34. *dessus:* treble. 44. *tâtonnait:* would feel his way. 44. *se reprenait:* would correct himself. 45. *se dépitait:* would show annoyance.

4. *triton:* tritone, augmented fourth. 4. *quinte:* fifth. 6. enharmonic modulations (developed by Rameau). 15. *montre:* teaches. 20. *parlez net:* speak clearly, tell the truth. 21. *cossu:* rich. 23. *Luxembourg:* public gardens, on left bank of the Seine. 26. *redingote de peluche grise:* tail coat of gray plush. 28. *Éreintée:* Threadbare. 29. *manchette:* cuff. 33. *allée des Soupirs:* walk in Luxembourg gardens; so called, no doubt, because frequented by lovers. 38. *Vous donniez... mathématiques:* A fact.

musique comme de l'algèbre ou de la géométrie. Aujourd'hui que vous êtes un gros monsieur…

MOI. Pas si gros.

LUI. Que vous avez du foin dans vos bottes…° 5

MOI. Très peu.

LUI. Vous donnez des maîtres à votre fille.

MOI. Pas encore; c'est sa mère qui se mêle de son éducation; car il faut avoir la paix chez 10 soi.°

LUI. La paix chez soi? Morbleu! on ne l'a que quand on est le serviteur ou le maître, et c'est le maître qu'il faut être… J'ai eu une femme… Dieu veuille avoir son âme; mais 15 quand il lui arrivait quelquefois de se rebéquer,° je m'élevais sur mes ergots,° je déployais mon tonnerre, je disais comme Dieu : « Que la lumière se fasse »; et la lumière était faite. Aussi, en quatre années de temps, nous n'avons pas eu 20 dix fois un mot plus haut que l'autre. Quel âge a votre enfant?

MOI. Cela ne fait rien à l'affaire.

LUI. Quel âge a votre enfant?

MOI. Eh que diable! laissons là mon enfant 25 et son âge, et revenons aux maîtres qu'elle aura.

LUI. Pardieu! je ne sache rien de si têtu° qu'un philosophe. En vous suppliant très humblement, ne pourrait-on savoir de monseigneur le philosophe quel âge à peu près peut 30 avoir mademoiselle sa fille?

MOI. Supposez-lui huit ans.

LUI. Huit ans! Il y a quatre ans que cela devrait avoir les doigts sur les touches.

MOI. Mais peut-être ne me soucié-je pas trop 35 de faire entrer dans le plan de son éducation une étude qui occupe si longtemps et qui sert si peu.

LUI. Et que lui apprendrez-vous donc, s'il vous plaît?

MOI. A raisonner juste, si je puis; chose si peu 40 commune parmi les hommes, et plus rare encore parmi les femmes.

LUI. Eh! laissez-la déraisonner tant qu'elle voudra, pourvu qu'elle soit jolie, amusante et coquette. 45

MOI. Puisque la nature a été assez ingrate envers elle pour lui donner une organisation

délicate avec une âme sensible, et l'exposer aux mêmes peines de la vie que si elle avait une organisation forte et un cœur de bronze, je lui apprendrai, si je puis, à les supporter avec courage.

LUI. Eh! laissez-la pleurer, souffrir, minauder,° avoir des nerfs agacés comme les autres, pourvu qu'elle soit jolie, amusante et coquette. Quoi! point de danse?

MOI. Pas plus qu'il n'en faut pour faire une révérence, avoir un maintien décent, se bien présenter et savoir marcher.

LUI. Point de chant?

MOI. Pas plus qu'il n'en faut pour bien prononcer.

LUI. Point de musique?

MOI. S'il y avait un bon maître d'harmonie, je la lui confierais volontiers deux heures par jour pendant un ou deux ans, pas davantage.

LUI. Et à la place des choses essentielles que vous supprimez?…

MOI. Je mets de la grammaire, de la fable,° de l'histoire, de la géographie, un peu de dessin et beaucoup de morale.

LUI. Combien il me serait facile de vous prouver l'inutilité de toutes ces connaissances-là dans un monde tel que le nôtre; que dis-je, l'inutilité! peut-être le danger! Mais je m'en tiendrai pour ce moment à une question : ne lui faudra-t-il pas un ou deux maîtres?

MOI. Sans doute.

LUI. Ah! nous y revoilà. Et ces maîtres, vous espérez qu'ils sauront la grammaire, la fable, l'histoire, la géographie, la morale, dont ils lui donneront des leçons? Chansons,° mon cher maître, chansons; s'ils possédaient ces choses assez pour les montrer, ils ne les montreraient pas.

MOI. Et pourquoi?

LUI. C'est qu'ils auraient passé leur vie à les étudier. Il faut être profond dans l'art ou dans la science pour en bien posséder les éléments. Les ouvrages classiques° ne peuvent être bien faits que par ceux qui ont blanchi sous le harnais,° c'est le milieu et la fin qui éclaircissent les ténèbres du commencement; demandez à votre ami, M. d'Alembert,° le coryphée° de la

6. *vous avez… bottes:* you are well off. 11. Mme Diderot was said to be a complaining termagant. 16. *se rebéquer:* talk back. 17. *ergots:* spurs (of a cock); *je m'élevais sur mes ergots:* I would stand up on my hind legs. 27. *têtu:* obstinate.

7. *minauder:* simper. 22. *fable:* mythology. 35. *Chansons:* Nonsense. 43. *ouvrages classiques:* textbooks. 44. *blanchi sous le harnais:* grown gray in the service. 47. *d'Alembert:* celebrated mathematician and *philosophe,* Diderot's collaborator on the *Encyclopédie.* 47. *coryphée:* ballet leader, prima donna.

science mathématique, s'il serait trop bon pour en faire des éléments. Ce n'est qu'après trente à quarante ans d'exercice que mon oncle a entrevu les premières lueurs de la théorie musicale.

MOI. O fou, archifou! m'écriai-je, comment se fait-il que dans ta mauvaise tête il se trouve des idées si justes pêle-mêle avec tant d'extravagances?

LUI. Qui diable sait cela? C'est le hasard qui vous les jette, et elles demeurent. Tant y a° que quand on ne sait pas tout, on ne sait rien de bien; on ignore où une chose va, d'où une autre vient, où celle-ci et celle-là veulent être placées; laquelle doit passer la première, où sera mieux la seconde. Montre-t-on bien sans la méthode? Et la méthode, d'où naît-elle? Tenez, mon philosophe, j'ai dans la tête que la physique sera toujours une pauvre science; une goutte d'eau prise avec la pointe d'une aiguille dans le vaste océan, un grain détaché de la chaîne des Alpes. Et les raisons des phénomènes? En vérité, il vaudrait autant ignorer que de savoir si peu et si mal; et c'était précisément où j'en étais, lorsque je me fis maître d'accompagnement et de composition. A quoi rêvez-vous?

MOI. Je rêve que tout ce que vous venez de dire est plus spécieux que solide. Mais laissons cela. Vous avez montré, dites-vous, l'accompagnement et la composition?

LUI. Oui.

MOI. Et vous n'en saviez rien du tout?

LUI. Non, ma foi; et c'est pour cela qu'il y en avait de pires que moi: ceux qui croyaient savoir quelque chose. Au moins, je ne gâtais ni le jugement ni les mains des enfants. En passant de moi à un bon maître, comme ils n'avaient rien appris, du moins ils n'avaient rien à désapprendre; et c'était toujours autant d'argent et de temps épargné.

MOI. Comment faisiez-vous?

LUI. Comme ils font tous. J'arrivais. Je me jetais dans une chaise. « Que le temps est mauvais! Que le pavé est fatigant! » Je bavardais° quelques nouvelles. « Mademoiselle Lemière devait faire un rôle de vestale dans l'opéra nouveau; mais elle est grosse pour la seconde fois. On ne sait qui la doublera.°

Mademoiselle Arnould° vient de quitter son petit comte. On dit qu'elle est en négociation avec Bertin.° Le petit comte a pourtant trouvé la porcelaine de M. de Montamy.° Il y avait, au dernier Concert des Amateurs, une Italienne qui a chanté comme un ange. C'est un rare corps que ce Préville.° Il faut le voir dans le *Mercure galant*; l'endroit de l'énigme est impayable.° Cette pauvre Dumesnil° ne sait plus ce qu'elle dit ni ce qu'elle fait. Allons, Mademoiselle; prenez votre livre! »

Tandis que Mademoiselle, qui ne se presse pas, cherche son livre, qu'elle a égaré, qu'on appelle une femme de chambre, qu'on gronde, je continue: « La Clairon° est vraiment incompréhensible. On parle d'un mariage fort saugrenu.° C'est celui de Mademoiselle... comment l'appelez-vous? une petite créature qu'il entretenait, à qui il a fait deux ou trois enfants, qui avait été entretenue par tant d'autres. — Allons, Rameau, cela ne se peut; vous radotez.° — Je ne radote point; on dit même que la chose est faite. Le bruit court que Voltaire est mort;° tant mieux. — Et pourquoi tant mieux? C'est qu'il va nous donner quelque bonne folie; c'est son usage que de mourir une quinzaine auparavant. » Que vous dirai-je encore? Je disais quelques polissonneries° que je rapportais des maisons où j'avais été, car nous sommes tous grands colporteurs.° Je faisais le fou, on m'écoutait, on riait, on s'écriait: « Il est toujours charmant. » Cependant le livre de mademoiselle s'était retrouvé sous un fauteuil où il avait été traîné, mâchonné,° déchiré par un jeune doguin,° ou par un petit chat. Elle se mettait à son clavecin: d'abord elle y faisait du bruit toute seule, ensuite je m'approchais, après avoir fait à la mère un signe d'approbation.

La mère: « Cela ne va pas mal; on n'aurait qu'à vouloir, mais on ne veut pas; on aime mieux perdre son temps à jaser,° à chiffonner,°

1. *Arnould:* famous actress, supported by comte de Lauraguais. 3. *Bertin:* financier, already mentioned. 4. *Montamy:* chemist who spent his life seeking to reproduce Chinese porcelain. (The Comte de Lauraguais employed a group of chemists to discover the secret, and outdistanced Montamy.) 7. *Préville:* popular actor, starred in *Mercure galant*, seventeenth-century comedy by Boursault. 9. *impayable:* marvelous, "terrific." 9. *Dumesnil:* famous actress, ruined by drink. 15. *Clairon:* actress, already mentioned. 17. *saugrenu:* ridiculous. 21. *vous radotez:* you're talking drivel. 23. Voltaire's death had been three times reported. Voltaire, delighted with the publicity, made amusing denials. 28. *polissonneries:* broad jests. 30. *colporteurs:* here, scandal bearers. 34. *mâchonné:* chewed. 35. *doguin:* pug dog. 41. *jaser:* chatter. 41. *chiffonner:* fuss with clothes.

11. *Tant y a:* The fact remains. 45. *bavardais:* would gossip; *here*, tell idly. 48. *doublera:* will replace.

à courir, à je ne sais quoi. Vous n'êtes pas sitôt parti, que le livre est fermé pour ne le rouvrir qu'à votre retour. Aussi vous ne la grondez jamais. »

Cependant, comme il fallait faire quelque chose, je lui prenais les mains que je lui plaçais autrement; je me dépitais, je criais : « *Sol, sol, sol,* mademoiselle, c'est un *sol.* »

La mère : « Mademoiselle, est-ce que vous n'avez point d'oreille? Moi qui ne suis pas au clavecin, et qui ne vois pas sur votre livre, je sens qu'il faut un *sol.* Vous donnez une peine infinie à monsieur; je ne conçois pas sa patience; vous ne retenez rien de ce qu'il vous dit, vous n'avancez point… »

Alors je rabattais un peu les coups,° et hochant° de la tête, je disais : « Pardonnez-moi, madame, pardonnez-moi; cela pourrait aller mieux si mademoiselle voulait, si elle étudiait un peu, mais cela ne va pas mal. »

La mère : « A votre place, je la tiendrais un an sur la même pièce.

— Oh! pour cela, elle n'en sortira pas qu'elle ne soit au-dessus de toute difficulté, et cela ne sera pas aussi long que madame le croit.

— Monsieur Rameau, vous la flattez. Vous êtes trop bon. Voilà de la leçon la seule chose qu'elle retiendra et qu'elle saura bien me répéter dans l'occasion… »

L'heure se passait, mon écolière me présentait mon petit cachet° avec la grâce du bras et la révérence qu'elle avait apprise du maître à danser : je le mettais dans ma poche, pendant que la mère disait : « Fort bien, mademoiselle; si Javillier° était là, il vous applaudirait… » Je bavardais encore un moment par bienséance;° je disparaissais ensuite, et voilà ce qu'on appelait alors une leçon d'accompagnement.

MOI. Et aujourd'hui c'est donc autre chose?

LUI. Vertudieu! je le crois. J'arrive; je suis grave; je me hâte d'ôter mon manchon,° j'ouvre le clavecin, j'essaye les touches. Je suis toujours pressé; si l'on me fait attendre un moment, je crie comme si l'on me volait un écu; dans une heure d'ici il faut que je sois là, dans deux heures chez Mme la duchesse une telle; je suis attendu à dîner chez une belle marquise, et au sortir de là, c'est un concert chez M. le baron de Bagge,° rue Neuve-des-Petits-Champs.

MOI. Et cependant vous n'êtes attendu nulle part?

LUI. Il est vrai.

MOI. Et pourquoi employer toutes ces petites viles ruses-là?

LUI. Viles! et pourquoi, s'il vous plaît? Elles sont d'usage dans mon état; je ne m'avilis pas en faisant comme tout le monde. Ce n'est pas moi qui les ai inventées, et je serais bizarre et maladroit de ne pas m'y conformer. Vraiment, je sais bien que si vous allez appliquer à cela certains principes généraux de je ne sais quelle morale qu'ils ont tous à la bouche et qu'aucun d'eux ne pratique, il se trouvera que ce qui est blanc est noir et que ce qui est noir sera blanc; mais, monsieur le philosophe, il y a une conscience générale, comme il y a une grammaire générale, et puis des exceptions dans chaque langue, que vous appelez, je crois, vous autres savants, des… aidez-moi donc, des…

MOI. *Idiotismes.*°

LUI. Tout juste. Eh bien, chaque état° a ses exceptions à la conscience générale auxquelles je donnerais volontiers les noms d'*idiotismes* de métier.

MOI. J'entends. Fontenelle parle bien, écrit bien, quoique son style fourmille° d'*idiotismes* français.

LUI. Et le souverain, le ministre, le financier, le magistrat, le militaire, l'homme de lettres, l'avocat, le procureur,° le commerçant, le banquier, l'artisan, le maître à chanter, le maître à danser, sont de fort honnêtes gens, quoique leur conduite s'écarte en plusieurs points de la conscience générale, et soit remplie d'idiotismes moraux. Plus l'institution des choses est ancienne, plus il y a d'idiotismes; plus les temps sont malheureux, plus les idiotismes se multiplient. Tant vaut l'homme, tant vaut le métier; et réciproquement, à la fin, tant vaut le métier, tant vaut l'homme. On fait donc valoir le métier tant qu'on peut.

MOI. Ce que je conçois clairement à tout cet entortillage,° c'est qu'il y a peu de métiers honnêtement exercés, ou peu d'honnêtes gens dans leurs métiers.

16. *rabattais… coups:* would calm things down a little. 17. *hochant:* tossing (to express disagreement). 31. *cachet:* fee. 35. *Javillier:* the King's dancing master. 36. *bienséance:* good form. 41. *manchon:* muff.

2. *de Bagge:* wealthy Dutch amateur of music. 23. *Idiotismes:* Idioms; *here,* accepted violations of general rules; tricks of the trade. 24. *état:* profession, trade. 29. *fourmille:* swarms. 33. *procureur:* attorney. 46. *entortillage:* jumble.

LUI. Bon! il n'y en a point; mais, en revanche, il y a peu de fripons hors de leur boutique, et tout irait assez bien sans un certain nombre de gens qu'on appelle assidus, exacts, remplissant rigoureusement leur devoir, stricts, ou, ce qui revient au même, toujours dans leur boutique, et faisant leur métier depuis le matin jusqu'au soir, et ne faisant que cela. Aussi sont-ils les seuls qui deviennent opulents et qui soient estimés.

MOI. A force d'idiotismes.

LUI. C'est cela; je vois que vous m'avez compris. Or donc un idiotisme de presque tous les états, car il y en a de communs à tous les pays, à tous les temps, comme il y a des sottises communes, un idiotisme commun est de se procurer le plus de pratiques° que l'on peut : une sottise commune est de croire que le plus habile est celui qui en a le plus. Voilà deux exceptions à la conscience générale auxquelles il faut se plier. C'est une espèce de crédit, ce n'est rien en soi; mais cela vaut par l'opinion. On a dit que *bonne renommée valait mieux que ceinture dorée*; cependant qui a bonne renommée n'a pas ceinture dorée, et je vois aujourd'hui que qui a ceinture dorée ne manque guère de renommée. Il faut, autant qu'il est possible, avoir le renom et la ceinture, et c'est mon objet lorsque je me fais valoir par ce que vous qualifiez d'adresses viles, d'indignes petites ruses. Je donne ma leçon et je la donne bien : voilà la règle générale; je fais croire que j'en ai plus à donner que la journée n'a d'heures, voilà l'idiotisme.

MOI. Et la leçon, vous la donnez bien?

LUI. Oui, pas mal, passablement. La basse fondamentale° du cher oncle a bien simplifié tout cela. Autrefois je volais l'argent de mon écolier, oui, je le volais, cela est sûr; aujourd'hui je le gagne, du moins comme les autres.

MOI. Et le voliez-vous sans remords?

LUI. Ho! sans remords. On dit que *si un voleur vole l'autre, le diable s'en rit*. Les parents regorgeaient d'une fortune acquise Dieu sait comment; c'étaient des gens de cour, des financiers, de gros commerçants, des banquiers, des gens d'affaires. Je les aidais à restituer, moi et une foule d'autres qu'ils employaient comme moi. Dans la nature, toutes les espèces se dévorent; toutes les conditions se dévorent dans la société. Nous faisons justice les uns des autres sans que la loi s'en mêle. La Deschamps° autrefois, aujourd'hui la Guimard° vengent le prince du financier; et c'est la marchande de modes, le bijoutier, le tapissier, la lingère, l'escroc,° la femme de chambre, le cuisinier, le bourrelier° qui vengent le financier de la Deschamps. Au milieu de tout cela il n'y a que l'imbécile ou l'oisif qui soit lésé° sans avoir vexé° personne, et c'est fort bien fait. D'où vous voyez que ces exceptions à la conscience générale, ou ces idiotismes moraux dont on fait tant de bruit sous la dénomination de *tours du bâton*,° ne sont rien, et qu'à tout prendre, il n'y a que le coup d'œil qu'il faut avoir juste.

MOI. J'admire le vôtre.

LUI. Et puis la misère. La voix de la conscience et de l'honneur est bien faible, lorsque les boyaux crient.° Suffit que si je deviens jamais riche, il faudra bien que je restitue, et que je suis bien résolu à restituer de toutes les manières possibles, par la table, par le jeu, par le vin, par les femmes.

MOI. Mais j'ai peur que vous ne deveniez jamais riche.

LUI. Moi, j'en ai le soupçon.

MOI. Mais s'il en arrivait autrement, que feriez-vous?

LUI. Je ferais comme tous les gueux revêtus;° je serais le plus insolent maroufle° qu'on eût encore vu. C'est alors que je me rappellerais tout ce qu'ils m'ont fait souffrir, et je leur rendrais bien les avanies° qu'ils m'ont faites. J'aime à commander, et je commanderai. J'aime qu'on me loue, et l'on me louera. J'aurai à mes gages toute la troupe vilmorienne,° et je leur dirai, comme on me l'a dit : « Allons, faquins, qu'on m'amuse, » et l'on m'amusera; « Qu'on me déchire les honnêtes gens, » et on les déchirera, si l'on en trouve encore; et puis nous aurons des filles, nous nous tutoierons quand nous serons ivres; nous nous enivrerons, nous ferons des contes, nous aurons toutes sortes de travers et de vices. Cela sera délicieux. Nous

3–4. *Deschamps, Guimard:* opera dancers, famous for their gallantries, their ill-acquired wealth, their lavish spending, their ultimate destitution. 7. *escroc:* swindler. 8. *bourrelier:* harness maker. 10. *lésé:* injured. 10. *vexé:* harmed. 14. *tours du bâton:* graft. 20. *les boyaux crient:* the bowels complain (with hunger). 31. *revêtus:* dressed up (*i.e.,* suddenly prosperous). 31. *maroufle:* scoundrel. 34. *avanies:* affronts. 37. *troupe vilmorienne:* parasites on rich financier Vilmorien.

17. *pratiques:* clients, business. 36. *basse fondamentale:* a rational, unwritten bass on which Rameau superimposed his melody.

prouverons que Voltaire est sans génie; que Buffon,° toujours guindé sur des échasses,° n'est qu'un déclamateur ampoulé;° que Montesquieu n'est qu'un bel esprit; nous reléguerons d'Alembert dans ses mathématiques; nous en donnerons sur dos et ventre à tous ces petits Catons° comme vous qui nous méprisent par envie, dont la modestie est le manteau de l'orgueil, et dont la sobriété est la loi du besoin. Et de la musique! C'est alors que nous en ferons.

MOI. Au digne emploi que vous feriez de la richesse, je vois combien c'est grand dommage que vous soyez gueux. Vous vivriez là d'une manière bien honorable pour l'espèce humaine, bien utile à vos concitoyens, bien glorieuse pour vous.

LUI. Mais je crois que vous vous moquez de moi. Monsieur le philosophe, vous ne savez pas à qui vous vous jouez; vous ne vous doutez pas que dans ce moment je représente la partie la plus importante de la ville et de la cour. Nos opulents dans tous les états ou se sont dit à eux-mêmes ou ne se sont pas dit les mêmes choses que je vous ai confiées; mais le fait est que la vie que je mènerais à leur place est exactement la leur. Voilà où vous en êtes, vous autres, vous croyez que le même bonheur est fait pour tous. Quelle étrange vision! Le vôtre suppose un certain tour d'esprit romanesque que nous n'avons pas, une âme singulière, un goût particulier. Vous décorez cette bizarrerie du nom de vertu, vous l'appelez philosophie; mais la vertu, la philosophie, sont-elles faites pour tout le monde? En a qui peut, en conserve qui peut. Imaginez l'univers sage et philosophe; convenez qu'il serait diablement triste. Tenez, vive la philosophie, vive la sagesse de Salomon:° boire de bon vin, se gorger de mets délicats, avoir de jolies femmes, se reposer dans des lits bien mollets;° excepté cela, le reste n'est que vanité.

MOI. Quoi! défendre sa patrie?

LUI. Vanité! Il n'y a plus de patrie; je ne vois d'un pôle à l'autre que des tyrans et des esclaves.

MOI. Servir ses amis?

LUI. Vanité! Est-ce qu'on a des amis? Quand on en aurait, faudrait-il en faire des ingrats? Regardez-y bien, et vous verrez que c'est presque toujours là ce qu'on recueille des services rendus. La reconnaissance est un fardeau, et tout fardeau est fait pour être secoué.

MOI. Avoir un état dans la société et en remplir les devoirs?

LUI. Vanité! Qu'importe qu'on ait un état ou non, pourvu qu'on soit riche, puisqu'on ne prend un état que pour le devenir? Remplir ses devoirs, à quoi cela mène-t-il? A la jalousie, au trouble, à la persécution. Est-ce ainsi qu'on avance? Faire sa cour, morbleu! faire sa cour, voir les grands, étudier leurs goûts, se prêter à leurs fantaisies, servir leurs vices, approuver leurs injustices : voilà le secret.

MOI. Veiller à l'éducation de ses enfants?

LUI. Vanité! C'est l'affaire d'un précepteur.

MOI. Mais si ce précepteur, pénétré de vos principes, néglige ses devoirs, qui est-ce qui en sera châtié?°

LUI. Ma foi, ce ne sera pas moi, mais peut-être un jour le mari de ma fille ou la femme de mon fils.

MOI. Mais si l'un et l'autre se précipitent dans la débauche et les vices?

LUI. Cela est de leur état.

MOI. S'ils se déshonorent?

LUI. Quoi qu'on fasse, on ne peut se déshonorer quand on est riche.

MOI. S'ils se ruinent?

LUI. Tant pis pour eux!

[*Rameau, reversing all accepted values, continues his cynical defense of parasitism, with many satirical mockeries of his companions, who are, as it happens, enemies of Diderot and the philosophes.*]

J'étais quelquefois surpris de la justesse des observations de ce fou sur les hommes et sur les caractères, et je le lui témoignai.

LUI. C'est, me répondit-il, qu'on tire parti de la mauvaise compagnie comme du libertinage; on est dédommagé° de la perte de son innocence par celle de ses préjugés : dans la société des méchants, où le vice se montre à masque levé, on apprend à les connaître; et puis j'ai un peu lu.

2. Buffon, celebrated scientist, writer on natural history. (See p. 446.) 2. *guindé sur des échasses:* stilt walking, stilted (in style). 3. *ampoulé:* inflated. 6. *Catons:* Catos, severe moralists. 37. This hedonistic philosophy is not at all the wisdom of Solomon's Proverbs. Perhaps a reference to Ecclesiastes. 40. *mollets:* soft.

23. *châtié:* chastised, punished. 45. *dédommagé:* compensated.

MOI. Qu'avez-vous lu?

LUI. J'ai lu et je lis, et relis sans cesse Théophraste,° La Bruyère et Molière.

MOI. Ce sont d'excellents livres.

LUI. Ils sont bien meilleurs qu'on ne pense; mais qui est-ce qui sait les lire?

MOI. Tout le monde, selon la mesure de son esprit.

LUI. Presque personne. Pourriez-vous me dire ce qu'on y cherche?

MOI. L'amusement et l'instruction.

LUI. Mais quelle instruction? car c'est là le point.

MOI. La connaissance de ses devoirs, l'amour de la vertu, la haine du vice.

LUI. Moi, j'y recueille tout ce qu'il faut faire et tout ce qu'il ne faut pas dire. Ainsi, quand je lis L'Avare,° je me dis : Sois avare si tu veux, mais garde-toi de parler comme l'avare. Quand je lis Le Tartuffe,° je me dis : Sois hypocrite si tu veux, mais ne parle pas comme l'hypocrite. Garde des vices qui te sont utiles; mais n'en aie ni le ton ni les apparences qui te rendraient ridicule. Pour se garantir de ce ton, de ces apparences, il faut les connaître; or, ces auteurs en ont fait des peintures excellentes. Je suis moi et je reste ce que je suis, mais j'agis et je parle comme il convient. Je ne suis pas de ces gens qui méprisent les moralistes; il y a beaucoup à profiter, surtout en ceux qui ont mis la morale en action. Le vice ne blesse les hommes que par intervalle; les caractères apparents du vice les blessent du matin au soir. Peut-être vaudrait-il mieux être un insolent que d'en avoir la physionomie; l'insolent de caractère n'insulte que de temps en temps, l'insolent de physionomie insulte toujours. Au reste, n'allez pas imaginer que je sois le seul lecteur de mon espèce; je n'ai d'autre mérite ici que d'avoir fait, par système, par justesse d'esprit, par une vue raisonnable et vraie, ce que la plupart des autres font par instinct. De là vient que leurs lectures ne les rendent pas meilleurs que moi, mais qu'ils restent ridicules en dépit d'eux; au lieu que je ne le suis que quand je veux, et que je les laisse alors loin derrière moi; car le même art qui m'apprend à me sauver du ridicule en certaines occasions, m'apprend aussi dans d'autres à l'attraper° supérieurement. Je me rappelle alors tout ce que les autres ont dit, tout ce que j'ai lu, et j'y ajoute tout ce qui sort de mon fonds,° qui est en ce genre d'une fécondité suprenante.

MOI. Vous avez bien fait de me révéler ces mystères, sans quoi je vous aurais cru en contradiction.

LUI. Je n'y suis point, car pour une fois où il faut éviter le ridicule, heureusement il y en a cent où il faut s'en donner. Il n'y a pas de meilleur rôle auprès des grands que celui de fou. Longtemps il y a eu le fou du roi en titre,° en aucun° il n'y a eu en titre le sage du roi. Moi, je suis le fou de Bertin et de beaucoup d'autres, le vôtre peut-être dans ce moment, ou peut-être vous le mien : celui qui serait sage n'aurait point de fou; celui donc qui a un fou n'est pas sage; s'il n'est pas sage il est fou; et peut-être, fût-il le roi, le fou de son fou. Au reste, souvenez-vous que dans un sujet aussi variable que les mœurs, il n'y a rien d'absolument, d'essentiellement, de généralement vrai ou faux; sinon qu'il faut être ce que l'intérêt veut qu'on soit, bon ou mauvais, sage ou fou, décent ou ridicule, honnête ou vicieux. Si par hasard la vertu avait conduit à la fortune, ou j'aurais été vertueux, ou j'aurais simulé la vertu comme un autre; on m'a voulu ridicule et je me le suis fait; pour vicieux, nature seule en avait fait les frais.° Quand je dis vicieux, c'est pour parler votre langue, car si nous venions à nous expliquer, il pourrait arriver que vous appelassiez vice ce que j'appelle vertu, et vertu ce que j'appelle vice.

[*The conversation turns to music; Rameau makes many keen observations applauding and illustrating the work of the new Italian school.*]

Tandis qu'il me parlait ainsi, la foule qui nous environnait, ou n'entendant rien, ou prenant peu d'intérêt à ce qu'il disait, parce qu'en général l'enfant comme l'homme, et l'homme comme l'enfant, aime mieux s'amuser que s'instruire, s'était retirée; chacun était à son jeu, et nous étions restés seuls dans notre coin. Assis sur une banquette, la tête appuyée

3. Theophrastus, Greek philosopher and moralist, La Bruyère's model. 18. *L'Avare:* by Molière. 20. *Le Tartuffe:* by Molière.

1. *attraper:* here, attain. 4. *fonds:* resources. 13. *fou... titre:* official King's jester. 14. *en aucun = en aucun temps.* 31. *en avait fait les frais:* had paid for it, was responsible.

contre le mur, les bras pendants, les yeux à demi fermés, il me dit :

LUI. Je ne sais ce qui j'ai; quand je suis venu ici, j'étais frais et dispos, et me voilà roué,° brisé, comme si j'avais fait dix lieues; cela m'a pris subitement.

MOI. Voulez-vous vous rafraîchir ?

LUI. Volontiers. Je me sens enroué,° les forces me manquent, et je souffre un peu de la poitrine. Cela m'arrive presque tous les jours comme cela, sans que je sache pourquoi.

MOI. Que voulez-vous ?

LUI. Ce qui vous plaira; je ne suis pas difficile; l'indigence m'a appris à m'accommoder de tout.

On nous sert de la bière, de la limonade; il en remplit un grand verre qu'il vide deux ou trois fois... Il allait se noyer comme il s'était épuisé, sans s'en apercevoir, si je n'avais déplacé la bouteille qu'il cherchait de distraction.° Alors je lui dis :

MOI. Comment se fait-il qu'avec un tact aussi fin, une si grande sensibilité pour les beautés de l'art musical, vous soyez aussi aveugle sur les belles choses en morale, aussi insensible aux charmes de la vertu ?

LUI. C'est apparemment qu'il y a pour les unes un sens que je n'ai pas, une fibre qui ne m'a point été donnée, une fibre lâche qu'on a beau pincer et qui ne vibre pas; ou peut-être c'est que j'ai toujours vécu avec de bons musiciens et de méchantes gens, d'où il arrive que mon oreille est devenue très fine et que mon cœur est devenu sourd. Et puis c'est qu'il y avait quelque chose de race. Le sang de mon père et le sang de mon oncle est le même sang; mon sang est le même que celui de mon père; la molécule paternelle était dure et obtuse, et cette maudite molécule première s'est assimilé tout le reste.

MOI. Aimez-vous votre enfant ?

LUI. Si je l'aime, le petit sauvage! j'en suis fou.

MOI. Est-ce que vous ne vous occuperez pas sérieusement d'arrêter en lui l'effet de la maudite molécule paternelle ?

LUI. J'y travaillerais, je crois, bien inutilement. S'il est destiné à devenir un homme de bien, je n'y nuirai pas; mais si la molécule voulait qu'il fût un vaurien° comme son père, les peines que j'aurais prises pour en faire un homme honnête lui seraient très nuisibles. L'éducation croisant sans cesse la pente de la molécule, il serait tiré comme par deux forces contraires et marcherait tout de guingois° dans le chemin de la vie, comme j'en vois une infinité, également gauches dans le bien et dans le mal. C'est ce que nous appelons des espèces,° de toutes les épithètes la plus redoutable, parce qu'elle marque la médiocrité et le dernier degré du mépris. Un grand vaurien est un grand vaurien, mais n'est point une espèce. Avant que la molécule paternelle n'eût repris le dessus et ne l'eût amené à la parfaite abjection où j'en suis, il lui faudrait un temps infini; il perdrait ses plus belles années; je n'y fais rien à présent, je le laisse venir. Je l'examine. Il est déjà gourmand, patelin,° filou,° paresseux, menteur; je crains bien qu'il ne chasse de race.°

MOI. Et vous en ferez un musicien afin qu'il ne manque rien à la ressemblance ?

LUI. Un musicien! un musicien! quelquefois je le regarde en grinçant les dents et je dis : « Si tu devais jamais savoir une note, je crois que je te tordrais le cou. »

MOI. Et pourquoi cela, s'il vous plaît ?

LUI. Cela ne mène a rien.

MOI. Cela mène à tout.

LUI. Oui, quand on excelle; mais qui est-ce qui peut se promettre de son enfant qu'il excellera ? Il y a dix mille à parier contre un qu'il ne serait qu'un misérable râcleur° de cordes comme moi. Savez-vous qu'il serait peut-être plus aisé de trouver un enfant propre à gouverner un royaume, à faire un grand roi, qu'un grand violon!°

MOI. Il me semble que les talents agréables, même médiocres, chez un peuple sans mœurs, perdu de débauche et de luxe, avancent rapidement un homme dans le chemin de la fortune. Moi qui vous parle, j'ai entendu la conversation qui suit entre une espèce de protecteur et une espèce de protégé. Celui-ci avait été adressé au premier comme à un homme

2. *vaurien:* good-for-nothing, rogue. 7. *de guingois:* crooked. 11. *espèces:* commonplace, conformant types. 20. *patelin:* sly. 20. *filou:* trickster. 21. *chasse de race:* i.e., follow in his father's footsteps. 34. *râcleur:* scraper. 38. *violon:* violinist.

4. *roué:* broken, exhausted. 8. *enroué:* hoarse. 21. *de distraction:* absent-mindedly.

obligeant qui pourrait le servir : « Monsieur, que savez-vous?

— Je sais passablement les mathématiques.

— Eh bien, montrez les mathématiques; après vous être crotté° dix à douze ans sur le pavé de Paris, vous aurez trois à quatre cents livres de rente.

— J'ai étudié les lois et je suis versé° dans le droit.

— Si Puffendorf et Grotius° revenaient au monde, ils mourraient de faim contre une borne.°

— Je sais très bien l'histoire et la géographie.

— S'il y avait des parents qui eussent à cœur la bonne éducation de leurs enfants, votre fortune serait faite; mais il n'y en a point.

— Je suis assez bon musicien.

— Eh! que ne disiez-vous cela d'abord? Et pour vous faire voir le parti qu'on peut tirer de ce dernier talent, j'ai une fille : venez tous les jours, depuis sept heures et demie du soir jusqu'à neuf, vous lui donnerez leçon, et je vous donnerai vingt-cinq louis par an; vous déjeunerez, dînerez, goûterez,° souperez avec nous; le reste de votre journée vous appartiendra, vous en disposerez à votre profit. »

LUI. Et cet homme, qu'est-il devenu?

MOI. S'il eût été sage, il eût fait fortune, la seule chose qu'il paraît que vous ayez en vue.

LUI. Sans doute, de l'or, de l'or; l'or est tout, et le reste, sans or, n'est rien. Aussi, au lieu de lui° farcir° la tête de belles maximes, qu'il faudrait qu'il oubliât sous peine de n'être qu'un gueux, lorsque je possède un louis, ce qui ne m'arrive pas souvent, je me plante devant lui, je tire le louis de ma poche, je le lui montre avec admiration, j'élève les yeux au ciel, je baise le louis devant lui, et pour lui faire entendre mieux encore l'importance de la pièce sacrée, je lui bégaye° de la voix, je lui désigne du doigt tout ce qu'on en peut acquérir : un beau fourreau,° un beau toquet,° un bon biscuit; ensuite je mets le louis dans ma poche, je me promène avec fierté, je relève la basque de ma veste,° je frappe de la main sur mon gousset;° et c'est ainsi que je lui fais

concevoir que c'est du louis qui est là que naît l'assurance qu'il me voit.

MOI. On ne peut rien de mieux; mais s'il arrivait que, profondément pénétré de la valeur du louis, un jour…?

LUI. Je vous entends. Il faut fermer les yeux là-dessus. Il n'y a point de principe de morale qui n'ait son inconvénient. Au pis aller, c'est un mauvais quart d'heure et tout est fini.

MOI. Même d'après des vues si courageuses et si sages, je persiste à croire qu'il serait bon d'en faire un musicien. Je ne connais pas de moyen d'approcher plus rapidement des grands, de servir leurs vices et de mettre à profit les siens.

LUI. Il est vrai; mais j'ai des projets d'un succès plus prompt et plus sûr. Ah! si c'était aussi bien une fille! mais comme on ne fait pas ce qu'on veut, il faut prendre ce qui vient, en tirer le meilleur parti, et pour cela ne pas donner bêtement, comme la plupart des pères qui ne feraient rien de pis quand ils auraient médité le malheur de leurs enfants, l'éducation de Lacédémone° à un enfant destiné à vivre à Paris. Si elle est mauvaise, c'est la faute des mœurs de ma nation et non la mienne. En répondra qui pourra; je veux que mon fils soit heureux, ou, ce qui revient au même, honoré, riche et puissant. Je connais un peu les voies les plus faciles d'arriver à ce but et je les lui enseignerai de bonne heure. Si vous me blâmez, vous autres sages, la multitude et le succès m'absoudront. Il aura de l'or, c'est moi qui vous le dis. S'il en a beaucoup, rien ne lui manquera, pas même votre estime et votre respect.

MOI. Vous pourriez vous tromper.

LUI. Ou il s'en passera, comme bien d'autres…

Il y avait dans tout cela beaucoup de choses qu'on pense, d'après lesquelles on se conduit, mais qu'on ne dit pas. Voilà, en vérité, la différence la plus marquée entre mon homme et la plupart de nos entours.° Il avouait les vices qu'il avait, que les autres ont; mais il n'était pas hypocrite. Il n'était ni plus ni moins abominable qu'eux; il était seulement plus franc, et plus conséquent,° et quelquefois profond dans sa dépravation.

5. *après vous être crotté:* after befouling yourself. 8. *versé:* well versed. 10. *Puffendorf, Grotius:* seventeenth-century legal authorities. 12. *borne:* milestone. 24. *goûterez:* will have afternoon tea. 32. *lui = à mon fils.* 32. *farcir:* stuff. 40. *bégaye:* stammer. 42. *fourreau:* child's dress. 42. *toquet:* child's cap. 45. *basque de ma veste:* my coattail. 46. *gousset:* pocket.

24. *de Lacédémone:* Spartan. 44. *entours: here,* associates, fellows. 48. *conséquent:* logical.

[*The conversation continues, sophistical, paradoxical, bearing social criticism on wings of irony. Finally:*]

Mais il est cinq heures et demie. J'entends la cloche qui sonne les vêpres de l'abbé de Canaye° et les miennes.

4. *l'abbé de Canaye:* a musician friend of Diderot. (At 5.30 P.M., the vesper hour, a bell rang in the Palais-Royal gardens to announce the opera, which began at 6.)

LUI. Adieu, Monsieur le philosophe. N'est-il pas vrai que je suis toujours le même?

MOI. Hélas! oui, malheureusement.

LUI. Que j'aie ce malheur-là seulement encore une quarantaine d'années. Rira bien qui rira le dernier.°

6. What will Rameau do when the Revolution comes?

37-39. Rousseau [1712–1778]

When the undergraduate walks out at the end of day to gaze at a sunset and feel the exaltation of beauty, or when he regards a mountain peak with emotional awe, he is imitating Jean-Jacques Rousseau, for Rousseau invented (as far as we are concerned) the beauty of sunsets and mountains. When a young man or woman exclaims: "I have a right to happiness, haven't I?" he is quoting a phrase of Rousseau, a rather contestable phrase, indeed. When the student writes, with an air of saying something: "I feel that this or that is true," he is paying tribute to Rousseau, for before Rousseau people thought about truth instead of feeling about it.

Rousseau, in short, has impressed himself upon the ways of thinking, feeling, and acting of the Western world as probably no other single human being has done. We meet him not only in courses in literature, but in government, education, philosophy, and music. Our taste for primitivism in art and literature derives from him. His specific influence is strong in the philosophy of Kant and Hegel, in the poetry of Wordsworth, in the faith of Tolstoy, in the music of Beethoven and Schubert—and even in the political doctrines of such an unlikely medley as Thomas Jefferson, Marx, Lenin, Mussolini, and Hitler.

And this man who so profoundly altered our intellectual world was formally uneducated, morally reprehensible, a crank, dangerously neurotic, at times actually insane. He seemed to many of his contemporaries, and he often seems to us, simply an infernal fool.

Here is one of the great paradoxes of cultural history. The paradox cannot be solved in a sentence. But perhaps the clue is "feeling." Rousseau was an intensely emotive type. He felt more deeply than most men. He trembled before beauty, his love was intolerable agony-bliss; a new idea once sent him into such a trance of feeling that when he emerged he found his coat soaked with tears. He had no "super-ego," no inward censor. To a century desiccated by reason he brought the revelation of emotion. For emotion is natural, important, and useful. Rousseau preached the return to feeling, not as an end in itself, not as an escape, but as a means to knowledge. The return to feeling was a part of Rousseau's essential doctrine: the *return to Nature*.

Rousseau was born in 1712, in Geneva, in Protestant French-speaking Switzerland. His background is the first thing to notice. He did not know the indoctrinated loyalties of the Frenchman to the Catholic Church and to the French crown. He felt himself always an outsider in France, a solitary excluded from the group. His father was a watchmaker, a *petit bourgeois;* and Rousseau, in his dealings with the great, was always to be intensely class-conscious. His mother died at his birth. This is important too. His fixation on his lost mother, whose life he had cost, his guilt complex, explain many of his later emotional troubles. He

had no formal education, except a year or so of casual instruction in a country rectory. Thus, like Pascal, he never knew the school's drill and discipline in conformity, subjection, the group spirit; nor did he have the sense of *belonging* one learns in school. He was apprenticed to an engraver. One evening in 1728 he returned from a country walk to find the gates of Geneva shut against him. He turned about and set off at random, into the unknown. The occurrence was symbolic. His life was a flight and a search, and the doors of home, of security, were always barred against him.

He was rescued by a country priest and confided to a charitable lady, Mme de Warens, who made a business of picking up waifs and making good Catholics of them; she also did a little mild espionage. Jean-Jacques adored Mme de Warens, his *Maman*. He turned Catholic, served as a lackey in noble houses, as a surveyor's helper, as a teacher of music, as a tutor. He wandered through Switzerland as aide to a shysterish Greek priest, collecting funds (which were never forwarded) for the Holy Sepulchre.

He returned to Mme de Warens, who became his mistress as well as mother. (The situation is the psychoanalyst's delight.) For several years, from the time he was twenty-four, he gave himself up to a rage of self-education, according to a system of his own. This is important too. Instead of learning in school the facts and principles which will serve a man's experience, he had his experience first, and then made himself an education to suit.

He came to Paris in 1742, at the age of thirty, and offered to the *Académie des Sciences* a new system of representing musical symbols by figures. He served briefly in the French embassy in Venice. Again in Paris, he taught music in wealthy families, became friendly with the *philosophes*, and made a regrettable alliance with an illiterate woman of the people, Thérèse Levasseur. Five children were born; Rousseau deposited each of them in the Foundling Asylum, where all trace of them was lost. For this "crime" he later reproached himself bitterly, as his enemies reproached him, and still do.

His literary career begins at the late age of thirty-eight. The *Académie de Dijon* proposed as a subject for a prize essay the question whether the arts and sciences have contributed toward the purification of morals and manners. Rousseau answered with a resounding No, and won the prize (in 1750). He was now established as an enemy of civilization. He reformed his manners to suit his thesis, lived in ostentatious simplicity, earned his bread by copying music. He also did important work for the *Encyclopédie*. In 1755 appeared his second *Discours*, on the origin of human inequality. This was more than an amusing paradox; it was revolutionary, it was dangerous. Rousseau had hoped to be triumphantly received in his native city, but the conservatives of Geneva took alarm at his radicalism. Again the gates of home were shut.

Now begins the most fecund period of Rousseau's life. He retired with Thérèse to the *Ermitage*, a charming country house near Paris put at his disposal by a rich noble lady. He broke with Diderot and the Encyclopedists, because of their cynical, atheistic tendency, and with Voltaire, with whom he was simply incompatible. He underwent a terrific emotional experience. And in a continuing fever of excitement he wrote his three most influential works: his novel, *Julie ou la nouvelle Héloïse*; his treatise on education, *Émile*; his great work on political theory, *Le Contrat social*.

The radicalism of his views brought the inevitable result, a warrant for his arrest. Forewarned, he fled with Thérèse to Switzerland, which he found almost as hostile as France. He succeeded in spending three years there, under various protectors. However, his indiscreet writings forced him to take refuge in England in 1765. He was cordially received by his English admirers, especially the philosopher Hume. But poor Rousseau's actual greatness and actual persecutions were now blended with delusions of greatness and persecution; at times he was definitely mad. He fled to France and there found at last toleration and periods of happy tranquillity, alternating with unbalanced stages. He died in 1778, two months after his enemy Voltaire.

Of his many works in many fields we can notice only five.

The *Discours sur l'origine et les fondements de l'inégalité parmi les hommes* appeared in 1755. The idea that all men are created equal, implicit though it is in the teachings of Jesus, was by no means an axiom in the mid-eighteenth century; it was, rather, a bold and terrifying idea. In the First Part of his *Discours*, Rousseau speculates on the nature of primitive man. This man was a creature of instinct, solitary, independent, accessible to pity. "Equality" had little meaning in this stage of society. The Second Part is the important one. The concept of *property* was the first cause of inequality. The discovery of metallurgy was the next step, dividing humanity into owners-exploiters and exploited workers. Social conflict arose; the exploiters maintained peace by establishing states, in which the inequality of possessions was legalized and sanctified. The power of the state tends to give ever greater privileges to the rich, to impoverish ever more the poor. The only recourse of the poor is Force. (One need hardly comment upon the revolutionary character of this *Discours*.)

Julie ou la nouvelle Héloïse (1761) is Rousseau's only novel. It is a transposition of an emotional adventure of his own. It tells a lyric tale of true love, affirms (for the coming Romanticists to copy) the divine rights of passion as against social convention. Passion is good, because it is natural; it is Nature. The story is set in the idyllic background of Lac Leman, the Lake of Geneva, in Switzerland, and is enlivened with beautiful, lush descriptions of Nature unspoiled by man. The book is important in literary history for a dozen reasons; for example, it made the novel, in France, the preeminent literary form; it introduced such types as *l'homme sensible*, the Man of Feeling, and such concepts as *le droit au bonheur*. The book's popularity was fantastic, but for most readers today the life seems to have gone out of it.

Le Contrat social (1762) is Rousseau's great treatise on government. He pictures the kind of society in which, he thinks, the natural man can live freely and happily. Even the briefest summary of its contentions would take more space than we can afford. Let it suffice that Rousseau's theories, variously interpreted, inspired the leaders of the French Revolution and the theoreticians of socialism and communism, and also the doctrinaires of corporate and totalitarian states.

Émile, ou de l'éducation (1762) gives us the proper education of the natural man. The child, like primitive man, is naturally good; the effort of education should be to preserve this natural goodness, not to warp it to the convenience of a vicious society. The purpose of education is to make a complete man, not merely to train the mind. The book gives, in story form, the methods recommended. A virtuous preceptor (Rousseau at fifty) devotes himself totally to the education of a virtuous child (Rousseau in childhood). *Émile* had a prodigious popularity. Since Rousseau told mothers not to put their babies out to wet nurses but to suckle them personally, the great ladies did so, even in their boxes at the opera. One enthusiastic follower wrote a book in which his subject was kept in a cage until the age of twenty and then put naked on a desert island. *Émile* is one of the great classics of educational theory. Our "child-centered" or progressive education stems from Rousseau. In fact, we are all more or less Rousseauists in education.

The *Confessions* were written between 1764 and 1770, but were published only after Rousseau's death. In the first part, a happy, serene recollection of childhood and youth, Rousseau created the literary type which poetically recalls and interprets childhood for the pleasure of adulthood. The sweet nostalgia of his evocations created further what has been called genre painting in literature. The second part of the *Confessions* is clouded by Rousseau's conviction of persecution, which was in fact largely justified. The book is one of the great classics of self-revelation. In its organization, treatment of incidents, development of character, it is a kind of novel, the first *vie romancée*. It remains the work of Rousseau that the average modern reads with the greatest pleasure.

Rousseau's *style* is rich, poetic, and sensitive. He employs the *style périodique* rather than

Put w/ Voltaire

the *style coupé* of Voltaire. As a musician, he was deeply conscious of the melodic effect of written words. His style is especially apt in the rendering of emotional, passionate thought. Most noteworthy are his descriptions of nature, which are in effect prose poems, or perhaps prose lyrics.

Rousseau was more than a literary man, more than a great originator of ideas. He represents a whole aspect of humanity, a whole attitude toward life. We are all, in a way, either Rousseauists or Voltairians. Which are you? Why?

DISCOURS SUR L'ORIGINE DE L'INÉGALITÉ

Seconde Partie

[Abridged]

Le premier qui ayant enclos un terrain s'avisa de dire : *Ceci est à moi*, et trouva des gens assez simples pour le croire, fut le vrai fondateur de la société civile.° Que de crimes, de guerres, de meurtres, que de misères et d'horreurs n'eût point épargnés au genre humain celui qui, arrachant les pieux° ou comblant le fossé, eût crié à ses semblables : « Gardez-vous d'écouter cet imposteur ; vous êtes perdus si vous oubliez que les fruits° sont à tous, et que la terre n'est à personne ! » Mais il y a grande apparence qu'alors les choses en étaient déjà venues au point de ne pouvoir plus durer comme elles étaient : car cette idée de propriété, dépendant de beaucoup d'idées antérieures qui n'ont pu naître que successivement, ne se forma pas tout d'un coup dans l'esprit humain : il fallut faire bien des progrès, acquérir bien de l'industrie et des lumières,° les transmettre et les augmenter d'âge en âge, avant que d'arriver à ce dernier terme de l'état de nature.° Reprenons donc les choses de plus haut, et tâchons de rassembler sous un seul point de vue cette lente succession d'événements et de connaissances dans leur ordre le plus naturel.°

5 [*Primitive man was independent and solitary. As men's numbers increased, they learned to live in groups ; they formed a clumsy language.*]

Ces premiers progrès mirent enfin l'homme à portée d'en faire de plus rapides. Plus l'esprit 10 s'éclairait, et plus l'industrie se perfectionna. Bientôt, cessant de s'endormir sous le premier arbre, ou de se retirer dans des cavernes, on trouva quelques sortes de haches de pierres dures et tranchantes qui servirent à couper du bois, 15 creuser la terre, et faire des huttes de branchages qu'on s'avisa ensuite d'enduire d'argile et de boue.° Ce fut là l'époque d'une première révolution qui forma l'établissement et la distinction des familles, et qui introduisit une sorte 20 de propriété, d'où naquirent déjà bien des querelles et des combats. Cependant, comme les plus forts furent vraisemblablement les premiers à se faire des logements qu'ils se sentaient capables de défendre, il est à croire que les 25 faibles trouvèrent plus court et plus sûr de les imiter que de tenter de les déloger ; et quant à ceux qui avaient déjà des cabanes, aucun d'eux ne dut chercher à s'approprier celle de son voisin, moins parce qu'elle ne lui appartenait 30 pas, que parce qu'elle lui était inutile, et qu'il ne pouvait s'en emparer sans s'exposer à un combat très vif avec la famille qui l'occupait.

Les premiers développements du cœur° furent l'effet d'une situation nouvelle qui

13. This sounding sentence, denying by implication the justice of private property, had a portentous echo in the eighteenth and nineteenth centuries. One might paraphrase it to read : *Le premier qui s'avisa de faire des formules tellement retentissantes fut le vrai fondateur de l'esprit égalitaire et révolutionnaire.* 16. *pieux:* stakes. 19. *fruits:* i.e., products of the earth. 28. *lumières:* enlightenment. 30. Notice how Rousseau, after his sensational opening sentence, makes a very important qualification, almost a retraction. If circumstances had made the institution of private property inevitable, the *état de nature* was certainly reponsible, and the first usurper of land was hardly to be blamed.

3. *ordre le plus naturel:* i.e., the order that seems most natural to the reflective thinker. Rousseau merely conjectures what probably happened. He makes little appeal to historical or anthropological evidence. 17. *enduire… boue:* smear with clay and mud. Rousseau recognizes tool-making and house-building as evidences of primitive intelligence. 33. Notice Rousseau's preoccupation with the development of emotional life. Obviously his statements are based more on his own intuition than on evidence.

réunissait dans une habitation commune les maris et les femmes, les pères et les enfants. L'habitude de vivre ensemble fit naître les plus doux sentiments qui soient connus des hommes, l'amour conjugal et l'amour paternel. Chaque famille devint une petite société d'autant mieux unie que l'attachement réciproque et la liberté en étaient les seuls liens; et ce fut alors que s'établit la première différence dans la manière de vivre des deux sexes, qui jusqu'ici n'en avaient qu'une. Les femmes devinrent plus sédentaires, et s'accoutumèrent à garder la cabane et les enfants, tandis que l'homme allait chercher la subsistance commune. Les deux sexes commencèrent aussi, par une vie un peu plus molle, à perdre quelque chose de leur férocité et de leur vigueur. Mais si chacun séparément devint moins propre à combattre les bêtes sauvages, en revanche il fut plus aisé de s'assembler pour leur résister en commun.

Dans ce nouvel état, avec une vie simple et solitaire, des besoins très bornés, et les instruments qu'ils avaient inventés pour y pourvoir, les hommes, jouissant d'un fort grand loisir, l'employèrent à se procurer plusieurs sortes de commodités inconnues à leurs pères; et ce fut là le premier joug qu'ils s'imposèrent sans y songer, et la première source de maux qu'ils préparèrent à leurs descendants; car, outre qu'ils continuèrent ainsi à s'amollir le corps et l'esprit, ces commodités ayant par l'habitude perdu presque tout leur agrément, et étant en même temps dégénérées en de vrais besoins, la privation en devint beaucoup plus cruelle que la possession n'en était douce; et l'on était malheureux de les perdre, sans être heureux de les posséder.

[*Primitive societies take shape, with their languages, customs, ideas, conventionalized emotions.*]

Un sentiment tendre et doux s'insinue dans l'âme, et par la moindre opposition devient une fureur impétueuse : la jalousie s'éveille avec l'amour; la discorde triomphe, et la plus douce des passions reçoit des sacrifices de sang humain.

A mesure que les idées et les sentiments se succèdent, que l'esprit et le cœur s'exercent, le genre humain continue à s'apprivoiser.° Les

liaisons° s'étendent et les liens se resserrent. On s'accoutuma à s'assembler devant les cabanes ou autour d'un grand arbre : le chant et la danse, vrais enfants de l'amour et du loisir, devinrent l'amusement ou plutôt l'occupation des hommes et des femmes oisifs et attroupés. Chacun commença à regarder les autres et à vouloir être regardé soi-même, et l'estime publique eut un prix.° Celui qui chantait ou dansait le mieux, le plus beau, le plus fort, le plus adroit, ou le plus éloquent, devint le plus considéré; et ce fut le premier pas vers l'inégalité, et vers le vice en même temps : de ces premières préférences° naquirent d'un côté la vanité et le mépris; de l'autre, la honte et l'envie; et la fermentation causée par ces nouveaux levains° produisit enfin des composés funestes au bonheur et à l'innocence.

Sitôt que les hommes eurent commencé à s'apprécier mutuellement, et que l'idée de la considération° fut formée dans leur esprit, chacun prétendit y avoir droit, et il ne fut plus possible d'en manquer impunément pour personne. De là sortirent les premiers devoirs de la civilité,° même parmi les sauvages; et de là tout tort volontaire devint un outrage, parce qu'avec le mal qui résultait de l'injure° l'offensé y voyait le mépris de sa personne, souvent plus insupportable que le mal même. C'est ainsi que, chacun punissant le mépris qu'on lui avait témoigné d'une manière proportionnée au cas° qu'il faisait de lui-même, les vengeances devinrent terribles, et les hommes sanguinaires et cruels.

Voilà précisément le degré où étaient parvenus la plupart des peuples sauvages qui nous sont connus; et c'est faute d'avoir suffisamment distingué les idées, et remarqué combien ces peuples étaient déjà loin du premier état de nature, que plusieurs se sont hâtés de conclure que l'homme est naturellement cruel, et qu'il a besoin de police° pour l'adoucir; tandis que rien n'est si doux que lui dans son état primitif, lorsque, placé par la nature à des distances égales de la stupidité des brutes et des lumières° funestes de

50. *s'apprivoiser:* become tame.

1. *liaisons:* relationships. 9. *prix:* value. 14. *préférences:* marks of preference, distinctions. 17. *levains:* leavens, yeasts. (Rousseau's ascription of emotions such as rivalry and jealousy to communal human existence is fanciful. Animals display these emotions.) 21. *considération:* public esteem, importance. 25. *civilité:* i.e., social conventions. 27. *injure: here,* injustice, injury. 31. *cas:* esteem. 42. *police: here,* social organization. 45. *lumières: here,* sophistication.

l'homme civil, et borné également par l'instinct et par la raison à se garantir du mal qui le menace, il est retenu par la pitié naturelle de faire lui-même du mal à personne, sans y être porté par rien, même après en avoir reçu. Car selon l'axiome du sage Locke,° *il ne saurait y avoir d'injure où il n'y a point de propriété.*

Mais il faut remarquer que la société commencée et les relations déjà établies entre les hommes exigeaient en eux des qualités différentes de celles qu'ils tenaient de leur constitution primitive; que la moralité commençant à s'introduire dans les actions humaines, et chacun, avant les lois, étant seul juge et vengeur des offenses qu'il avait reçues, la bonté convenable au pur état de nature n'était plus celle qui convenait à la société naissante; qu'il fallait que les punitions devinssent plus sévères à mesure que les occasions d'offenser devenaient plus fréquentes; et que c'était à la terreur des vengeances de tenir lieu du frein des lois. Ainsi, quoique les hommes fussent devenus moins endurants, et que la pitié naturelle eût déjà souffert quelque altération, cette période du développement des facultés humaines, tenant un juste milieu entre l'indolence de l'état primitif et la pétulante° activité de notre amour-propre, dut être l'époque la plus heureuse et la plus durable. Plus on y réfléchit, plus on trouve que cet état était le moins sujet aux révolutions, le meilleur à l'homme, et qu'il n'en a dû sortir que par quelque funeste hasard, qui, pour l'utilité commune,° eût dû ne jamais arriver. L'exemple des sauvages qu'on a presque tous trouvés à ce point, semble confirmer que le genre humain était fait pour y rester toujours, que cet état est la véritable jeunesse du monde, et que tous les progrès ultérieurs ont été en apparence autant de pas vers la perfection de l'individu, et en effet vers la décrépitude de l'espèce.°

Tant que les hommes se contentèrent de leurs cabanes rustiques, tant qu'ils se bornèrent à coudre leurs habits de peaux avec des épines ou des arêtes,° à se parer de plumes et de coquillages,° à se peindre le corps de diverses couleurs, à perfectionner ou embellir leurs arcs et leurs flèches, à tailler avec des pierres tranchantes quelques canots de pêcheurs ou quelques grossiers instruments de musique; en un mot, tant qu'ils ne s'appliquèrent qu'à des ouvrages qu'un seul pouvait faire, et qu'à des arts qui n'avaient pas besoin du concours° de plusieurs mains, ils vécurent libres, sains, bons et heureux autant qu'ils pouvaient l'être par leur nature, et continuèrent à jouir entre eux des douceurs d'un commerce indépendant;° mais dès l'instant qu'un homme eut besoin du secours d'un autre, dès qu'on s'aperçut qu'il était utile à un seul d'avoir des provisions pour deux, l'égalité disparut, la propriété s'introduisit, le travail devint nécessaire et les vastes forêts se changèrent en des campagnes riantes qu'il fallut arroser de la sueur des hommes, et dans lesquelles on vit bientôt l'esclavage et la misère germer et croître avec les moissons.

La métallurgie et l'agriculture furent les deux arts dont l'invention produisit cette grande révolution.° Pour le poète,° c'est l'or et l'argent, mais pour le philosophe, ce sont le fer et le blé qui ont civilisé les hommes et perdu le genre humain. Aussi l'un et l'autre étaient-ils inconnus aux sauvages de l'Amérique, qui pour cela sont toujours demeurés tels;° les autres peuples semblent même être restés barbares tant qu'ils ont pratiqué l'un de ces arts sans l'autre. Et l'une des meilleures raisons peut-être pourquoi l'Europe a été, sinon plus tôt, du moins plus constamment et mieux policée° que les autres parties du monde, c'est qu'elle est à la fois la plus abondante en fer et la plus fertile en blé.

[*Rousseau speculates on the circumstances attending the discovery of iron. Agriculture did not develop far until man had made himself tools.*]

L'invention des autres arts fut donc nécessaire pour forcer le genre humain de s'appliquer à celui de l'agriculture. Dès qu'il fallut des hommes pour fondre et forger le fer, il fallut d'autres hommes pour nourrir ceux-là. Plus le nombre des ouvriers vint à se multiplier, moins il y eut de

6. John Locke (1632–1704), English political philosopher. 27. *pétulante: here,* quarrelsome. 33. *utilité commune:* common good. 41. *décrépitude de l'espèce:* deterioration of the species. Rousseau does not posit a steady degradation of man from original felicity. He arbitrarily chooses for his golden age this intermediate stage, which might have persisted had not man ruined it by "progress," or had not a "funeste hasard" intervened. But notice his admission that modern society conduces to the development of the individual.

1. *arêtes:* fishbones. 2. *coquillages:* shells. 9. *concours:* cooperation. 13. *commerce indépendant:* i.e., relationships independent of cooperative labor. 25. *révolution:* This is the "funeste hasard" just mentioned. 25. *poète:* classic portrayers of gold and silver ages. 30. Rousseau overlooks Indian corn. 35. *policée:* socially organized.

mains employées à fournir à la subsistance commune, sans qu'il y eût moins de bouches pour la consommer; et, comme il fallut aux uns des denrées° en échange de leur fer, les autres trouvèrent enfin le secret d'employer le fer à la multiplication des denrées. De là naquirent d'un côté le labourage° et l'agriculture, et de l'autre l'art de travailler les métaux et d'en multiplier les usages.

De la culture des terres s'ensuivit nécessairement leur partage,° et de la propriété une fois reconnue les premières règles de justice : car, pour rendre à chacun le sien, il faut que chacun puisse avoir quelque chose; de plus, les hommes commençant à porter leurs vues dans l'avenir, et se voyant tous quelques biens à perdre,° il n'y en avait aucun qui n'eût à craindre pour soi la représaille° des torts qu'il pouvait faire à autrui. Cette origine est d'autant plus naturelle, qu'il est impossible de concevoir l'idée de la propriété naissante d'ailleurs° que de la main-d'œuvre;° car on ne voit pas ce que, pour s'approprier° les choses qu'il n'a point faites, l'homme y peut mettre de plus que son travail. C'est le seul travail° qui, donnant droit au cultivateur sur le produit de la terre qu'il a labourée, lui en donne par conséquent sur le fonds,° au moins jusqu'à la récolte, et ainsi d'année en année; ce qui, faisant une possession continue, se transforme aisément en propriété. Lorsque les anciens, dit Grotius,° ont donné à Cérès° l'épithète de législatrice, et à une fête célébrée en son honneur le nom de Thesmophorie,° ils ont fait entendre par là que le partage des terres a produit une nouvelle sorte de droit, c'est-à-dire le droit de propriété, différent de celui qui résulte de la loi naturelle.°

Les choses en cet état eussent pu demeurer égales,° si les talents eussent été égaux, et que, par exemple, l'emploi du fer et la consommation des denrées eussent toujours fait une balance exacte : mais la proportion que rien ne maintenait fut bientôt rompue; le plus fort faisait plus d'ouvrage; le plus adroit tirait meilleur parti du sien; le plus ingénieux trouvait des moyens d'abréger le travail; le laboureur avait plus besoin de fer, ou le forgeron° plus besoin de blé; et en travaillant également, l'un gagnait beaucoup, tandis que l'autre avait peine à vivre. C'est ainsi que l'inégalité naturelle se déploie° insensiblement avec celle de combinaison, et que les différences des hommes, développées par celles des circonstances, se rendent plus sensibles, plus permanentes dans leurs effets, et commencent à influer dans la même proportion sur le sort des particuliers.

Les choses étant parvenues à ce point, il est facile d'imaginer le reste. Je ne m'arrêterai pas à décrire l'invention successive des autres arts, le progrès des langues, l'épreuve° et l'emploi des talents, l'inégalité des fortunes, l'usage ou l'abus des richesses, ni tous les détails qui suivent ceux-ci, et que chacun peut aisément suppléer. Je me bornerai seulement à jeter un coup d'œil sur le genre humain placé dans ce nouvel ordre de choses.

Voilà donc toutes nos facultés développées, la mémoire et l'imagination en jeu, l'amour-propre intéressé,° la raison rendue active, et l'esprit arrivé presque au terme de la perfection dont il est susceptible. Voilà toutes les qualités naturelles mises en action, le rang et le sort de chaque homme établis, non seulement sur la quantité des biens et le pouvoir de servir ou de nuire, mais sur l'esprit, la beauté, la force ou l'adresse, sur le mérite ou les talents; et ces qualités étant les seules qui pouvaient attirer de la consideration, il fallut bientôt les avoir ou les affecter. Il fallut, pour son avantage, se montrer autre que ce qu'on était en effet. Être et paraître devinrent deux choses tout à fait différentes; et de cette distinction sortirent le faste° imposant, la ruse trompeuse, et tous les vices qui en sont le cortège.° D'un autre côté, de libre et indépendant qu'était auparavant l'homme, le voilà, par une multitude de nouveaux besoins, assujetti pour ainsi dire à toute la nature, et surtout à ses semblables, dont il devient l'esclave en un sens, même en devenant leur maître : riche, il a

4. *denrées:* goods; *here,* foodstuffs. 7. *labourage:* tilling of the soil. 11. *partage:* sharing, apportionment. 16. *se voyant... perdre:* all recognizing that they possessed some goods which could be lost. 18. *représaille:* reprisals. 21. *d'ailleurs: here,* from any other source. 22. *main-d'œuvre:* labor. 23. *pour s'approprier:* i.e., to justify his appropriation of. 25. *le seul travail:* labor alone. (Rousseau constantly uses *seul* in this sense.) 28. *fonds:* i.e., the land itself. 31. Grotius, seventeenth-century Dutch jurist, who wrote on the rights of man. 32. *Cérès:* goddess of agriculture (*in Greek,* Demeter). 34. *Thesmophorie:* "lawmaking festival" (*Greek*). 37. This is important : the laws of property are not natural laws. 39. *Les choses... égales:* i.e., equality among producers could have been preserved.

6. *forgeron:* smith. 9. *se déploie: here,* develops. 19. *épreuve:* testing out. 28. *intéressé:* i.e., pursuing its advantage. 41. *faste:* ostentation of wealth. 43. *cortège:* accompaniment.

besoin de leurs services; pauvre, il a besoin de leurs secours; et la médiocrité° ne le met point en état de se passer d'eux. Il faut donc qu'il cherche sans cesse à les intéresser à son sort, et à leur faire trouver, en effet° ou en apparence, leur profit à travailler pour le sien : ce qui le rend fourbe et artificieux° avec les uns, impérieux et dur avec les autres, et le met dans la nécessité d'abuser tous ceux dont il a besoin quand il ne peut s'en faire craindre, et qu'il ne trouve pas son intérêt à les servir utilement. Enfin l'ambition dévorante, l'ardeur d'élever sa fortune relative, moins par un véritable besoin que pour se mettre au-dessus des autres, inspire à tous les hommes un noir penchant à se nuire mutuellement, une jalousie secrète d'autant plus dangereuse, que, pour faire son coup plus en sûreté, elle prend souvent le masque de la bienveillance; en un mot, concurrence et rivalité d'une part, de l'autre opposition d'intérêts, et toujours le désir caché de faire son profit aux dépens d'autrui : tous ces maux sont le premier effet de la propriété et le cortège inséparable de l'inégalité naissante.

Avant qu'on eût inventé les signes représentatifs des richesses,° elles ne pouvaient guère consister qu'en terres et en bestiaux, les seuls biens réels que les hommes puissent posséder. Or, quand les héritages se furent accrus en nombre et en étendue au point de couvrir le sol entier et de se toucher tous, les uns ne purent plus s'agrandir qu'aux dépens des autres, et les surnuméraires° que la faiblesse ou l'indolence avaient empêchés d'en acquérir à leur tour, devenus pauvres sans avoir rien perdu, parce que, tout changeant autour d'eux, eux seuls n'avaient point changé, furent obligés de recevoir ou de ravir leur subsistance de la main des riches; et de là commencèrent à naître, selon les divers caractères des uns et des autres, la domination et la servitude, ou la violence et les rapines. Les riches, de leur côté, connurent à peine le plaisir de dominer, qu'ils dédaignèrent bientôt tous les autres, et, se servant de leurs anciens esclaves pour en soumettre de nouveaux, ils ne songèrent qu'à subjuguer et asservir leurs voisins : semblables à ces loups affamés qui, ayant une fois goûté de la chair humaine, rebutent° toute autre nourriture, et ne veulent plus que dévorer des hommes.°

C'est ainsi que, les plus puissants ou les plus misérables se faisant de leurs forces ou de leurs besoins une sorte de droit au bien d'autrui, équivalant, selon eux, à celui de propriété, l'égalité rompue fut suivie du plus affreux désordre; c'est ainsi que les usurpations des riches, les brigandages des pauvres, les passions effrénées de tous, étouffant la pitié naturelle et la voix encore faible de la justice, rendirent les hommes avares, ambitieux et méchants. Il s'élevait entre le droit du plus fort et le droit du premier occupant un conflit perpétuel qui ne se terminait que par des combats et des meurtres. La société naissante fit place au plus horrible état de guerre : le genre humain, avili et désolé, ne pouvant plus retourner sur ses pas, ni renoncer aux acquisitions malheureuses qu'il avait faites, et ne travaillant qu'à sa honte, par l'abus des facultés qui l'honorent, se mit lui-même à la veille de sa ruine.

Attonitus novitate mali, divesque miserque,
Effugere optat opes, et quae modo voverat odit.°

OVIDE, *Métamorphoses* (lib. XI, v. 127)

Il n'est pas possible que les hommes n'aient fait enfin des réflexions sur une situation aussi misérable et sur les calamités dont ils étaient accablés. Les riches surtout durent bientôt sentir combien leur était désavantageuse une guerre perpétuelle dont ils faisaient seuls tous les frais,° et dans laquelle le risque de la vie était commun, et celui des biens particulier. D'ailleurs, quelque couleur qu'ils pussent donner à leurs usurpations, ils sentaient assez qu'elles n'étaient établies que sur un droit précaire° et abusif, et que, n'ayant été acquises que par la force, la force pouvait les leur ôter sans qu'ils eussent raison de s'en plaindre. Ceux mêmes que la seule industrie avait enrichis ne pouvaient guère fonder leur propriété sur de meilleurs

1. *rebutent:* refuse. 2. The foregoing paragraph represents the kind of doctrine on which the revolutionaries based their claim for a redistribution of property, and on which "emerging nations" justify the confiscation of foreign holdings. 25. "Overwhelmed by this unexpected evil, both rich and wretched, he hopes to discard his wealth, and hates what lately he had longed for." 34. *ils faisaient… frais:* they alone paid all the costs (*i.e.,* only the rich had property to lose). 39. *précaire:* precarious, revocable.

2. *médiocrité:* middle state (between rich and poor). 5. *en effet:* in fact. 7. *fourbe et artificieux:* swindling and cunning. 26. *signes… richesses:* i.e., money. 33. *surnuméraires:* i.e., the excessive population, the propertyless.

titres. Ils avaient beau dire : « C'est moi qui ai bâti ce mur ; j'ai gagné ce terrain par mon travail. — Qui vous a donné les alignements, leur pouvait-on répondre, et en vertu de quoi prétendez-vous être payés à nos dépens d'un travail que nous ne vous avons point imposé ? Ignorez-vous qu'une multitude de vos frères périt ou souffre du besoin de ce que vous avez de trop, et qu'il vous fallait un consentement exprès et unanime du genre humain pour vous approprier sur la subsistance commune tout ce qui allait au delà de la vôtre ? »° Destitué de raisons valables pour se justifier et de forces suffisantes pour se défendre ; écrasant facilement un particulier, mais écrasé lui-même par des troupes de bandits ; seul contre tous, et ne pouvant, à cause de jalousies mutuelles, s'unir avec ses égaux contre des ennemis unis par l'espoir commun du pillage, le riche, pressé par la nécessité, conçut enfin le projet le plus réfléchi qui soit jamais entré dans l'esprit humain : ce fut d'employer en sa faveur les forces mêmes de ceux qui l'attaquaient, de faire ses défenseurs de ses adversaires, de leur inspirer d'autres maximes, et de leur donner d'autres institutions qui lui fussent aussi favorables que le droit naturel lui était contraire.°

Dans cette vue, après avoir exposé à ses voisins l'horreur d'une situation qui les armait tous les uns contre les autres, qui leur rendait leurs possessions aussi onéreuses° que leurs besoins, et où nul ne trouvait sa sûreté ni dans la pauvreté ni dans la richesse, il inventa aisément des raisons spécieuses pour les amener à son but. « Unissons-nous, leur dit-il, pour garantir de l'oppression les faibles, contenir les ambitieux, et assurer à chacun la possession de ce qui lui appartient : instituons des règlements de justice et de paix auxquels tous soient obligés de se conformer, qui ne fassent acception° de personne, et qui réparent en quelque sorte les caprices de la fortune, en soumettant également le puissant et le faible à des devoirs mutuels. En un mot, au lieu de tourner nos forces contre nous-mêmes, rassemblons-les en un pouvoir suprême

qui nous gouverne selon de sages lois, qui protège et défende tous les membres de l'association, repousse les ennemis communs, et nous maintienne dans une concorde éternelle. »

Il en fallut beaucoup moins que l'équivalent de ce discours pour entraîner des hommes grossiers, faciles à séduire, qui d'ailleurs avaient trop d'affaires à démêler° entre eux pour pouvoir se passer d'arbitres,° et trop d'avarice et d'ambition pour pouvoir longtemps se passer de maîtres. Tous coururent au-devant de leurs fers,° croyant assurer leur liberté ; car, avec assez de raison pour sentir les avantages d'un établissement politique, ils n'avaient pas assez d'expérience pour en prévoir les dangers : les plus capables de pressentir les abus° étaient précisément ceux qui comptaient d'en profiter ; et les sages mêmes virent qu'il fallait se résoudre à sacrifier une partie de leur liberté à la conservation de l'autre, comme un blessé se fait couper le bras pour sauver le reste du corps.

Telle fut ou dut être° l'origine de la société et des lois, qui donnèrent de nouvelles entraves° au faible et de nouvelles forces au riche, détruisirent sans retour la liberté naturelle, fixèrent pour jamais la loi de la propriété et de l'inégalité, d'une adroite usurpation firent un droit irrévocable, et, pour le profit de quelques ambitieux, assujettirent désormais tout le genre humain au travail, à la servitude et à la misère. On voit aisément comment l'établissement d'une seule société rendit indispensable celui de toutes les autres, et comment, pour faire tête à des forces unies, il fallut s'unir à son tour.° Les sociétés, se multipliant ou s'étendant rapidement, couvrirent bientôt toute la surface de la terre ; et il ne fut plus possible de trouver un seul coin dans l'univers où l'on pût s'affranchir du joug, et soustraire sa tête au glaive° souvent mal conduit que chaque homme vit perpétuellement suspendu sur la sienne. Le droit civil étant ainsi devenu la règle commune des citoyens, la loi de nature n'eut plus lieu qu'entre les diverses

12. A forecast of Rousseau's later *Contrat social;* indeed, a forecast of communistic theory. 27. Thus, Rousseau implies, our society, with its consecration of property, is the result of a deliberate conspiracy of the rich, using psychological propaganda to give the populace a faith contrary to their interest. 31. *onéreuses:* onerous, burdensome. 40. *acception:* preference.

8. *affaires à démêler:* disputes to be settled. 9. *arbitres:* judges. 11. *coururent... fers:* ran to put on their shackles. 16. *pressentir les abus:* recognize the abuses (of wealth and power). 22. *Telle... être:* A revealing phrase. Rousseau does not claim to base his picture of man's evolution on scientific evidence, only on his speculation on what "must have been." 23. *entraves:* bonds. 34. *il fallut... tour:* i.e., other peoples had to form societies to restrain the first one formed. 39. *glaive:* sword.

sociétés, où, sous le nom de droit des gens,° elle fut tempérée par quelques conventions tacites pour rendre le commerce possible et suppléer à la commisération° naturelle, qui, perdant de société à société presque toute la force qu'elle avait d'homme à homme, ne réside plus que dans quelques grandes âmes cosmopolites qui franchissent les barrières imaginaires qui séparent les peuples, et qui, à l'exemple de l'Être souverain qui les a créés, embrassent tout le genre humain dans leur bienveillance.°

Les corps politiques, restant ainsi entre eux dans l'état de nature,° se ressentirent° bientôt des inconvénients qui avaient forcé les particuliers d'en sortir; et cet état devint encore plus funeste entre ces grands corps qu'il ne l'avait été auparavant entre les individus dont ils étaient composés. De là sortirent les guerres nationales, les batailles, les meurtres, les représailles, qui font frémir la nature et choquent la raison, et tous ces préjugés horribles qui placent au rang des vertus l'honneur de répandre le sang humain. Les plus honnêtes gens apprirent à compter parmi leurs devoirs celui d'égorger leurs semblables : on vit enfin les hommes se massacrer par milliers sans savoir pourquoi; et il se commettait plus de meurtres en un seul jour de combat, et plus d'horreurs à la prise d'une seule ville, qu'il ne s'en était commis dans l'état de nature, durant des siècles entiers, sur toute la surface de la terre. Tels sont les premiers effets qu'on entrevoit de la division du genre humain en différentes sociétés.

[*States, continues Rousseau, were founded by the rich, in order to preserve their wealth and perpetuate inequality. The administration of states was entrusted to "magistrates." It is often asserted that the docility of subjects shows that they prize peace and order above freedom; but this assertion is belied by the desperation with which free peoples fight against subjection. One proves nothing by comparing a state to a family, an absolute monarch to a stern but kindly father; this is a false analogy. Every despotism is a usurpation. The existence of a state implies a contract* between a people and its leader. Either party has a right to revoke the contract. If the leader does not fulfill its terms, the people may revoke the contract by reasserting their independence.]

Si nous suivons le progrès de l'inégalité dans ces différentes révolutions, nous trouverons que l'établissement de la loi et du droit de propriété fut son premier terme, l'institution de la magistrature le second, que le troisième et dernier fut le changement du pouvoir légitime en pouvoir arbitraire; en sorte que l'état de riche et de pauvre fut autorisé par la première époque, celui de puissant et de faible par la seconde, et par la troisième celui de maître et d'esclave, qui est le dernier degré de l'inégalité et le terme auquel aboutissent enfin tous les autres, jusqu'à ce que de nouvelles révolutions dissolvent tout à fait le gouvernement, ou le rapprochent de l'institution légitime.

[*Political distinctions bring civil distinctions. The base, the ambitious, gain the status of nobility, enforcing their supremacy by inherited wealth. The country's proper defenders become its assassins.*]

C'est du sein de ces désordres et de ces révolutions que le despotisme, élevant par degrés sa tête hideuse, et dévorant tout ce qu'il aurait aperçu de bon et de sain dans toutes les parties de l'État, parviendrait enfin à fouler aux pieds les lois et le peuple, et à s'établir sur les ruines de la république.° Les temps qui précéderaient ce dernier changement seraient des temps de troubles et de calamités; mais à la fin tout serait englouti par le monstre, et les peuples n'auraient plus de chefs ni de lois, mais seulement des tyrans. Dès cet instant aussi il cesserait d'être question de mœurs et de vertu : car partout où règne le despotisme, *cui ex honesto nulla est spes,*° il ne souffre aucun autre maître; sitôt qu'il parle, il n'y a ni probité ni devoir à consulter, et la plus aveugle obéissance est la seule vertu qui reste aux esclaves.

C'est ici le dernier terme de l'inégalité, et le point extême qui ferme le cercle et touche au point d'où nous sommes partis : c'est ici que tous les particuliers redeviennent égaux, parce qu'ils ne sont rien, et que les sujets n'ayant plus d'autre loi que la volonté du maître, ni le maître d'autre règle que ses passions, les notions

1. *droit des gens:* human rights. (Civil law ruled within states; as international law hardly existed yet, relations between states were determined only by force and pressure, natural law.) 4. *suppléer à la commisération:* make up for the fellow feeling, sympathy. 11. A forecast of the spirit of internationalism, of United Nations. 13. *état de nature:* i.e., controlled by no pacts or laws. 13. *se ressentirent:* felt the effects.

31. *république:* state. 39. *cui... spes:* which has nothing to hope for in virtue.

du bien et les principes de la justice s'évanouis-
sent derechef :° c'est ici que tout se ramène à la
seule loi du plus fort, et, par conséquent, à un
nouvel état de nature, différent de celui par
lequel nous avons commencé, en ce que l'un
était l'état de nature dans sa pureté, et que ce
dernier est le fruit d'un excès de corruption. Il y
a si peu de différence d'ailleurs entre ces deux
états, et le contrat de gouvernement est telle-
ment dissous par le despotisme, que le despote
n'est le maître qu'aussi longtemps qu'il est le
plus fort ; et que sitôt qu'on peut l'expulser, il n'a
point à réclamer contre la violence. L'émeute°
qui finit par étrangler ou détrôner un sultan est
un acte aussi juridique que ceux par lesquels il
disposait, la veille, des vies et des biens de ses
sujets.° La seule force le maintenait, la seule
force le renverse : toutes choses se passent ainsi
selon l'ordre naturel ; et, quel que puisse être
l'événement° de ces courtes et fréquentes
révolutions, nul ne peut se plaindre de l'injustice
d'autrui, mais seulement de sa propre impru-
dence ou de son malheur.

En découvrant et suivant ainsi les routes
oubliées et perdues qui de l'état naturel ont dû
mener l'homme à l'état civil ; en rétablissant, avec
les positions intermédiaires que je viens de
marquer, celles que le temps qui me presse m'a
fait supprimer, ou que l'imagination ne m'a point
suggérées, tout lecteur attentif ne pourra
qu'être frappé de l'espace immense qui sépare
ces deux états. C'est dans cette lente succession
des choses qu'il verra la solution d'une infinité
de problèmes de morale et de politique que les
philosophes ne peuvent résoudre. Il sentira que
le genre humain d'un âge n'étant pas le genre
humain d'un autre âge, la raison pourquoi
Diogène ne trouvait point d'homme, c'est qu'il
cherchait parmi ses contemporains l'homme
d'un temps qui n'était plus. Caton, dira-t-il,
périt avec Rome et la liberté, parce qu'il fut
déplacé dans son siècle ; et le plus grand des
hommes ne fit qu'étonner le monde qu'il eût
gouverné cinq cents ans plus tôt.° En un mot, il
expliquera comment l'âme et les passions hu-
maines, s'altérant insensiblement, changent pour
ainsi dire de nature ; pourquoi nos besoins et
nos plaisirs changent d'objet à la longue ;

pourquoi l'homme originel s'évanouissant par
degrés, la société n'offre plus aux yeux du sage
qu'un assemblage d'hommes artificiels et de
passions factices qui sont l'ouvrage de toutes ces
nouvelles relations, et n'ont aucun vrai fonde-
ment dans la nature. Ce que la réflexion nous
apprend là-dessus, l'observation le confirme
parfaitement :° l'homme sauvage et l'homme
policé diffèrent tellement par le fond du cœur
et des inclinations, que ce qui fait le bonheur
suprême de l'un réduirait l'autre au désespoir.
Le premier ne respire que le repos et la liberté ; il
ne veut que vivre et rester oisif, et l'ataraxie°
même du stoïcien° n'approche pas de sa pro-
fonde indifférence pour tout autre objet. Au
contraire, le citoyen, toujours actif, sue, s'agite,
se tourmente sans cesse pour chercher des
occupations encore plus laborieuses ; il travaille
jusqu'à la mort, il y court même pour se mettre
en état de vivre, ou renonce à la vie pour
acquérir l'immortalité ; il fait sa cour aux
grands qu'il hait, et aux riches qu'il méprise ; il
n'épargne rien pour obtenir l'honneur de les
servir ; il se vante orgueilleusement de sa
bassesse et de leur protection ;° et, fier de son
esclavage, il parle avec dédain de ceux qui n'ont
pas l'honneur de le partager. Quel spectacle
pour un Caraïbe° que les travaux pénibles et
enviés d'un ministre européen ! Combien de
morts cruelles ne préférerait pas cet indolent
sauvage à l'horreur d'une pareille vie, qui
souvent n'est pas même adoucie par le plaisir
de bien faire ! Mais, pour voir le but de tant
de soins, il faudrait que ces mots : *puissance* et
réputation, eussent un sens dans son esprit ; qu'il
apprît qu'il y a une sorte d'hommes qui comp-
tent pour quelque chose les regards du reste
de l'univers, qui savent être heureux et contents
d'eux-mêmes sur le témoignage d'autrui plutôt
que sur le leur propre. Telle est, en effet, la
véritable cause de toutes ces différences : le
sauvage vit en lui-même ; l'homme sociable,°
toujours hors de lui, ne sait vivre que dans
l'opinion des autres ; et c'est pour ainsi dire de
leur seul jugement qu'il tire le sentiment de sa
propre existence.° Il n'est pas de mon sujet de

2. *derechef:* immediately. 13. *émeute:* mob rising. 17. An
ominous statement, despite the cautious word "sultan."
20. *événement:* outcome. 44. Evidently Rousseau regards
Cato as "le plus grand des hommes."

8. A significant statement of Rousseau's logical method.
13. *ataraxie:* impassiveness, freedom from passion. 14.
stoïcien: stoic. 25. Compare *Le Neveu de Rameau.* 28.
Caraïbe: native of Caribbean islands. 42. *sociable:* social,
civilized. 42–46. This phrase states one of the contentions of
modern existentialism.

montrer comment d'une telle disposition naît tant d'indifférence pour le bien et le mal, avec de si beaux discours de morale; comment, tout se réduisant aux apparences, tout devient factice et joué, honneur, amitié, vertu, et souvent jusqu'aux vices mêmes, dont on trouve enfin le secret de se glorifier; comment, en un mot, demandant toujours aux autres ce que nous sommes, et n'osant jamais nous interroger là-dessus nous-mêmes, au milieu de tant de philosophie, d'humanité, de politesse et de maximes sublimes, nous n'avons qu'un extérieur trompeur et frivole, de l'honneur sans vertu, de la raison sans sagesse, et du plaisir sans bonheur. Il me suffit d'avoir prouvé que ce n'est point là l'état originel de l'homme, et que c'est le seul esprit de la société et l'inégalité qu'elle engendre, qui changent et altèrent ainsi toutes nos inclinations naturelles.

J'ai tâché d'exposer l'origine et le progrès de l'inégalité, l'établissement et l'abus des sociétés politiques, autant que ces choses peuvent se déduire de la nature de l'homme par les seules lumières de la raison, et indépendamment des dogmes sacrés qui donnent à l'autorité souveraine la sanction du droit divin.° Il suit de cet exposé que l'inégalité, étant presque nulle dans l'état de nature, tire sa force et son accroissement du développement de nos facultés et des progrès de l'esprit humain, et devient enfin stable et légitime par l'établissement de la propriété et des lois. Il suit encore que l'inégalité morale,° autorisée par le seul droit positif,° est contraire au droit naturel toutes les fois qu'elle ne concourt pas en même proportion avec l'inégalité physique,° distinction qui détermine suffisamment ce qu'on doit penser à cet égard de la sorte d'inégalité qui règne parmi tous les peuples policés, puisqu'il est manifestement contre la loi de nature, de quelque manière qu'on la définisse, qu'un enfant commande à un vieillard, qu'un imbécile conduise un homme sage, et qu'une poignée de gens regorge de superfluités, tandis que la multitude affamée manque du nécessaire.°

ÉMILE, OU DE L'ÉDUCATION

[*Excerpts*]

[*Society, Rousseau held, is bad; its evil results in part from vicious methods of education. To reform society, he must then begin by reforming education. In* Émile *he gives us the picture of an ideal education. He divides his work into five books, according to the physiological stages of a child's development. The First Book treats of babyhood.*

Rousseau begins with a sensational passage, designed to capture the reader's interest, whether assenting or dissenting.]

Tout est bien, sortant des mains de l'Auteur des choses; tout dégénère entre les mains de l'homme. Il force une terre à nourrir les productions d'une autre, un arbre à porter les fruits d'un autre; il mêle et confond les climats, les éléments, les saisons; il mutile son chien, son cheval,° son esclave;° il bouleverse tout, il défigure tout; il aime la difformité, les monstres; il ne veut rien tel que l'a fait la nature, pas même l'homme; il le faut dresser pour lui, comme un cheval de manège;° il le faut contourner à sa mode, comme un arbre de son jardin.

Sans cela, tout irait plus mal encore,° et notre race ne veut pas être façonnée à demi. Dans l'état où sont désormais les choses, un homme abandonné dès sa naissance à lui-même parmi les autres serait le plus défiguré de tous. Les préjugés, l'autorité, la nécessité, l'exemple, toutes les institutions sociales dans lesquelles nous nous trouvons submergés étoufferaient en lui la nature, et ne mettraient rien à sa place. Elle y serait comme un arbrisseau° que le hasard fait naître au milieu d'un chemin, et que les passants font bientôt périr, en le heurtant de toutes parts et le pliant dans tous les sens.

26. *droit divin:* Here for the first time Rousseau refers, with false deference, to the Church's doctrine. 33. *morale:* social (deriving from *mœurs*). 33. *droit positif:* established, instituted law. 36. *toutes les fois… physique:* i.e., the physical differences of men are "natural"; but these are not commonly the basis of our civil laws. 45. Thus Rousseau ends with an eloquent, quotable *phrase à effet*. The student might well exercise himself by writing a reply to Rousseau, pointing out the weaknesses and fallacies of his argument.

25. *cheval:* reference to the docking of horses' tails. 25. *esclave:* perhaps reference to the branding of slaves. 29. *cheval de manège:* trained, trick horse. 32. *Sans cela… encore:* A surprising statement, which seems to destroy the force of what has gone before. Rousseau means that in this unnatural society man must be trained to unnaturalness; to permit man's natural development we shall have to remake society. 41. *arbrisseau:* shrubby tree.

[*Mothers, especially the upper-class mothers who would read this book, should tend their baby children, and should feed them at breast instead of turning them over to wet-nurses.*]

Mais que° les mères daignent nourrir leurs enfants, les mœurs vont se réformer d'elles-mêmes, les sentiments de la nature se réveiller dans tous les cœurs : l'État va se repeupler : ce premier point,° ce point seul va tout réunir. L'attrait de la vie domestique est le meilleur contre-poison des mauvaises mœurs. Le tracas° des enfants, qu'on croit importun, devient agréable; il rend le père et la mère plus néces-saires, plus chers l'un à l'autre; il resserre entre eux le lien conjugal. Quand la famille est vivante° et animée, les soins domestiques font la plus chère occupation de la femme et le plus doux amusement du mari. Ainsi de ce seul abus corrigé résulterait bientôt une réforme générale, bientôt la nature aurait repris tous ses droits. Qu'une fois les femmes redeviennent mères, bientôt les hommes redeviendront pères et maris.

Discours superflus! l'ennui même des plaisirs du monde ne ramène jamais à ceux-là.° Les femmes ont cessé d'être mères; elles ne le seront plus; elles ne veulent plus l'être. Quand elles le voudraient, à peine le pourraient-elles; aujourd'hui que l'usage contraire est établi, chacune aurait à combattre l'opposition de toutes celles qui l'approchent, liguées contre un exemple que les unes n'ont pas donné et que les autres ne veulent pas suivre.

Il se trouve pourtant quelquefois encore de jeunes personnes d'un bon naturel qui, sur ce point osant braver l'empire de la mode et les clameurs de leur sexe, remplissent avec une vertueuse intrépidité ce devoir si doux que la nature leur impose. Puisse leur nombre aug-menter par l'attrait des biens destinés à celles qui s'y livrent! Fondé sur des conséquences que donne le plus simple raisonnement, et sur des observations que je n'ai jamais vues démenties, j'ose promettre à ces dignes mères un attache-ment solide et constant de la part de leurs maris, une tendresse vraiment filiale de la part de leurs enfants, l'estime et le respect du public, d'heureuses couches° sans accident et sans suite,

une santé ferme et vigoureuse, enfin le plaisir de se voir un jour imiter par leurs filles, et citer en exemple à celles d'autrui.

[*The Second Book treats of the child from the time he is able to speak until about the age of twelve. Education in this stage should be* negative*; the child should not be stuffed with information, but he should be protected from the evil contact of the world, and his body, his senses, his heart should be developed. In the following passage Rousseau attacks conventional education and gives his theory of life and happiness.*]

Quoiqu'on assigne à peu près° le plus long terme de la vie humaine et les probabilités qu'on a d'approcher de ce terme à chaque âge, rien n'est plus incertain que la durée de la vie de chaque homme en particulier; très peu parviennent à ce plus long terme. Les plus grands risques de la vie sont dans son com-mencement; moins on a vécu, moins on doit espérer de vivre. Des enfants qui naissent, la moitié, tout au plus, parvient à l'adolescence; et il est probable que votre élève n'atteindra pas l'âge d'homme.°

Que faut-il donc penser de cette éducation babare qui sacrifie le présent à un avenir incertain, qui charge un enfant de chaînes de toute espèce, et commence par le rendre misérable pour lui préparer au loin je ne sais quel prétendu bonheur dont il est à croire qu'il me jouira jamais?° Quand je supposerais cette éducation raisonnable dans son objet, comment voir sans indignation de pauvres infortunés soumis à un joug insupportable et condamnés à des travaux continuels comme des galériens,° sans être assurés que tant de soins leur seront jamais utiles! L'âge de la gaieté se passe au milieu des pleurs, des châtiments, des menaces, de l'esclavage. On tourmente le malheureux pour son bien; et l'on ne voit pas la mort qu'on appelle, et qui va le saisir au milieu de ce triste appareil.° Qui sait combien d'enfants périssent victimes de l'extravagante sagesse d'un père ou d'un maître? Heureux d'échapper à sa cruauté, le seul avantage qu'ils

14. *Quoiqu'on... près:* Although we are able to fix approxi-mately. 25. This statement, by no means true today, suggests the incidence of infant and child mortality in the eighteenth century. 32. This argument is still invoked by advocates of the "child-centered" school, and contested by partisans of "the three R's." 37. *galériens:* galley slaves. 43. *appareil:* here, environment.

tirent des maux qu'il leur a fait souffrir est de mourir sans regretter la vie, dont ils n'ont connu que les tourments.

Hommes, soyez humains, c'est votre premier devoir : soyez-le pour tous les états, pour tous les âges, pour tout ce qui n'est pas étranger à l'homme. Quelle sagesse y a-t-il pour vous hors de l'humanité ? Aimez l'enfance : favorisez ses jeux, ses plaisirs, son aimable instinct. Qui de vous n'a pas regretté quelquefois cet âge où le rire est toujours sur les lèvres, et où l'âme est toujours en paix ? Pourquoi voulez-vous ôter à ces petits innocents la jouissance d'un temps si court qui leur échappe, et d'un bien si précieux dont ils ne sauraient abuser ! Pourquoi voulez-vous remplir d'amertume et de douleurs ces premiers ans si rapides, qui ne reviendront pas plus pour eux qu'ils ne peuvent revenir pour vous ? Pères, savez-vous le moment où la mort attend vos enfants ? Ne vous préparez pas des regrets en leur ôtant le peu d'instants que la nature leur donne : aussitôt qu'ils peuvent sentir le plaisir d'être, faites qu'ils en jouissent, faites qu'à quelque heure que Dieu les appelle, ils ne meurent point sans avoir goûté la vie.

Que de voix vont s'élever contre moi ! J'entends de loin les clameurs de cette fausse sagesse qui nous jette incessamment hors de nous, qui compte toujours le présent pour rien, et, poursuivant sans relâche un avenir qui fuit à mesure qu'on avance, à force de nous transporter où nous ne sommes pas, nous transporte où nous ne serons jamais.

C'est, me répondez-vous, le temps de corriger les mauvaises inclinations de l'homme;° c'est dans l'âge de l'enfance, où les peines sont le moins sensibles, qu'il faut les multiplier pour les épargner dans l'âge de la raison. Mais qui vous dit que tout cet arrangement est à votre disposition, et que toutes ces belles instructions, dont vous accablez le faible esprit d'un enfant, ne lui seront pas un jour plus pernicieuses qu'utiles ? Qui vous assure que vous épargnez quelque chose par les chagrins que vous lui prodiguez ? Pourquoi lui donnez-vous plus de maux que son état n'en comporte, sans être sûrs que ces maux présents sont à la décharge de l'avenir ?° Et comment me prouverez-vous

que ces mauvais penchants, dont vous prétendez le guérir, ne lui viennent pas de vos soins mal entendus bien plus que de la nature ? Malheureuse prévoyance, qui rend un être actuellement° misérable, sur l'espoir bien ou mal fondé de le rendre heureux un jour ! Que si ces raisonneurs vulgaires confondent la licence avec la liberté, et l'enfant qu'on rend heureux avec l'enfant qu'on gâte, apprenez-leur à les distinguer.

Pour ne point courir après des chimères, n'oublions pas ce qui convient à notre condition. L'humanité a sa place dans l'ordre des choses; l'enfance a la sienne dans l'ordre de la vie humaine; il faut considérer l'homme dans l'homme et l'enfant dans l'enfant. Assigner à chacun sa place et l'y fixer, ordonner les passions humaines selon la constitution de l'homme est tout ce que nous pouvons faire pour son bien-être. Le reste dépend de causes étrangères, qui ne sont point en notre pouvoir.

L'Éducation négative

Oserais-je exposer ici la plus grande, la plus importante, la plus utile règle de toute l'éducation ? ce n'est pas de gagner du temps, c'est d'en perdre. Lecteurs vulgaires,° pardonnez-moi mes paradoxes : il en faut faire quand on réfléchit; et, quoi que vous puissiez dire, j'aime mieux être homme à paradoxes qu'homme à préjugés. Le plus dangereux intervalle de la vie humaine est celui de la naissance à l'âge de douze ans. C'est le temps où germent les erreurs et les vices, sans qu'on ait encore aucun instrument pour les détruire; et quand l'instrument vient, les racines sont si profondes, qu'il n'est plus temps° de les arracher. Si les enfants sautaient tout d'un coup de la mamelle° à l'âge de raison, l'éducation qu'on leur donne pourrait leur convenir; mais, selon le progrès naturel, il leur en faut une toute contraire. Il faudrait qu'ils ne fissent rien de leur âme jusqu'à ce qu'elle eût toutes ses facultés; car il est impossible qu'elle aperçoive le flambeau que vous lui présentez tandis qu'elle est aveugle, et qu'elle suive dans l'immense plaine des idées une route que la

35. Reference to the Christian doctrine of innate depravity, due to original sin. 48. *sont... l'avenir:* will spare trouble in the future.

5. *actuellement:* in the present. 29. *Lecteurs vulgaires:* i.e., average, nonspecialist readers. 38. *il n'est plus temps:* it is too late. 40. *mamelle:* (mother's) breast.

raison trace encore si légèrement pour les meilleurs yeux.

La première éducation doit donc être purement négative. Elle consiste, non point à enseigner la vertu ni la vérité, mais à garantir le cœur du vice et l'esprit de l'erreur. Si vous pouviez ne rien faire et ne rien laisser faire; si vous pouviez amener votre élève sain et robuste à l'âge de douze ans, sans qu'il sût distinguer sa main droite de sa main gauche, dès vos premières leçons les yeux de son entendement s'ouvriraient à la raison; sans préjugés, sans habitudes, il n'aurait rien en lui qui pût contrarier l'effet de vos soins. Bientôt il deviendrait entre vos mains le plus sage des hommes; et en commençant par ne rien faire, vous auriez fait un prodige d'éducation.

L'Enseignement de la lecture

En ôtant ainsi tous les devoirs des enfants, j'ôte les instruments de leur plus grande misère, savoir : les livres. La lecture est le fléau de l'enfance,° et presque la seule occupation qu'on sait lui donner. A peine à douze ans Émile saura-t-il ce que c'est qu'un livre. Mais il faut au moins, dira-t-on, qu'il sache lire. J'en conviens : il faut qu'il sache lire quand la lecture lui est utile; jusqu'alors, elle n'est bonne qu'à l'ennuyer.

Si l'on ne doit rien exiger des enfants par obéissance, il s'ensuit qu'ils ne peuvent rien apprendre dont ils ne sentent l'avantage actuel et présent, soit d'agrément, soit d'utilité; quel motif les porterait à l'apprendre? L'art de parler aux absents et de les entendre, l'art de leur communiquer au loin sans médiateur nos sentiments, nos volontés, nos désirs, est un art dont l'utilité peut être rendue sensible à tous les âges. Par quel prodige cet art si utile et si agréable est-il devenu un tourment pour l'enfance? Parce qu'on la contraint de s'y appliquer malgré elle, et qu'on le° met à des usages auxquels elle ne comprend rien. Un enfant n'est pas fort curieux de perfectionner l'instrument avec lequel on le tourmente; mais

faites que cet instrument serve à ses plaisirs, et bientôt il s'y appliquera malgré vous.

On se fait une grande affaire de chercher les meilleures méthodes d'apprendre à lire; on invente des bureaux,° des cartes; on fait de la chambre d'un enfant un atelier d'imprimerie. Locke° veut qu'il apprenne à lire avec des dés.° Ne voilà-t-il pas une invention bien trouvée? Quelle pitié! Un moyen plus sûr que tous ceux-là, et celui qu'on oublie toujours, est le désir d'apprendre. Donnez à l'enfant ce désir, puis laissez là vos bureaux et vos dés; toute méthode lui sera bonne.

L'intérêt présent, voilà le grand mobile, le seul qui mène sûrement et loin. Émile reçoit quelquefois de son père, de ses parents, de ses amis, des billets d'invitation pour un dîner, pour une promenade, pour une partie sur l'eau, pour voir quelque fête publique. Ces billets sont courts, clairs, nets, bien écrits. Il faut trouver quelqu'un qui les lui lise; ce quelqu'un ne se trouve pas toujours à point nommé, ou rend à l'enfant le peu de complaisance que l'enfant eut pour lui la veille. Ainsi l'occasion, le moment se passe. On lui lit enfin le billet, mais il n'est plus temps. Ah! si l'on eût su lire soi-même! On en reçoit d'autres : ils sont si courts! le sujet en est si intéressant! on voudrait essayer de les déchiffrer; on trouve tantôt de l'aide et tantôt des refus. On s'évertue,° on déchiffre enfin la moitié d'un billet : il s'agit d'aller demain manger de la crème... on ne sait où ni avec qui... combien on fait d'efforts pour lire le reste! Je ne crois pas qu'Émile ait besoin du bureau. Parlerai-je à présent de l'écriture? Non, j'ai honte de m'amuser à ces niaiseries dans un traité de l'éducation.

J'ajouterai ce seul mot qui fait une importante maxime : c'est que, d'ordinaire, on obtient très sûrement et très vite ce qu'on n'est pas pressé d'obtenir. Je suis presque sûr qu'Émile saura parfaitement lire et écrire avant l'âge de dix ans, précisément parce qu'il m'importe fort peu qu'il le sache avant quinze; mais j'aimerais mieux qu'il ne sût jamais lire que d'acheter cette science au prix de tout ce qui peut la rendre utile : de quoi lui servira la lecture quand on l'en aura rebuté° pour jamais?

25. But Rousseau says in his *Confessions* that he learned to read very young, and that reading was his great joy. Is there a contradiction here? 44. *le = l'art.*

5. *bureaux:* apparently mechanical devices. 7. *Locke:* in his *Thoughts on Education.* 7. *dés:* dice. 30. *s'évertue:* struggles. 48. *rebuté:* repelled. (Does Rousseau's argument about reading apply to the study of French?)

Portrait d'Émile à dix ou douze ans

Quand je me figure un enfant de dix à douze ans, sain, vigoureux, bien formé pour son âge, il ne me fait pas naître une idée qui ne soit agréable, soit pour le présent, soit pour l'avenir : je le vois bouillant, vif, animé, sans souci rongeant, sans longue et pénible prévoyance, tout entier à son être actuel,° et jouissant d'une plénitude de vie qui semble vouloir s'étendre hors de lui. Je le prévois dans un autre âge, exerçant le sens, l'esprit, les forces, qui se développent en lui de jour en jour, et dont il donne à chaque instant de nouveaux indices : je le contemple enfant, et il me plaît ; je l'imagine homme, et il me plaît davantage ; son sang ardent semble réchauffer le mien ; je crois vivre de sa vie, et sa vivacité me rajeunit.

L'heure° sonne, quel changement ! A l'instant son œil se ternit,° sa gaieté s'efface ; adieu la joie, adieu les folâtres jeux. Un homme sévère et fâché le prend par la main, lui dit gravement, *Allons, monsieur*, et l'emmène. Dans la chambre où ils entrent j'entrevois des livres. Des livres ! quel triste ameublement pour son âge ! Le pauvre enfant se laisse entraîner, tourne un œil de regret sur tout ce qui l'environne, se tait, et part, les yeux gonflés de pleurs qu'il n'ose répandre, et le cœur gros de soupirs qu'il n'ose exhaler.

O toi qui n'as rien de pareil à craindre, toi pour qui nul temps de la vie n'est un temps de gêne et d'ennui, toi qui vois venir le jour sans inquiétude, la nuit sans impatience, et ne comptes les heures que par tes plaisirs, viens, mon heureux, mon aimable élève, nous consoler par ta présence du départ de cet infortuné ; viens... Il arrive, et je sens à son approche un mouvement de joie que je lui vois partager. C'est son ami, son camarade, c'est le compagnon de ses jeux qu'il aborde ; il est bien sûr, en me voyant, qu'il ne restera pas longtemps sans amusement : nous ne dépendons jamais l'un de l'autre, mais nous nous accordons toujours, et nous ne sommes avec personne aussi bien qu'ensemble.

Sa figure, son port,° sa contenance, annoncent l'assurance et le contentement ; la santé brille sur son visage ; ses pas affermis lui donnent un air de vigueur ; son teint, délicat encore sans être fade, n'a rien d'une mollesse efféminée ; l'air et le soleil y ont déjà mis l'empreinte honorable de son sexe ; ses muscles, encore arrondis, commencent à marquer quelques traits d'une physionomie° naissante ; ses yeux, que le feu du sentiment n'anime point encore, ont au moins toute leur sérénité native, de longs chagrins ne les ont point obscurcis, des pleurs sans fin n'ont point sillonné ses joues. Voyez dans ses mouvements prompts, mais sûrs, la vivacité de son âge, la fermeté de l'indépendance, l'expérience des exercices multipliés. Il a l'air ouvert et libre, mais non pas insolent ni vain : son visage, qu'on n'a pas collé sur des livres, ne tombe point sur son estomac° : on n'a pas besoin de lui dire : *Levez la tête* ; la honte ni la crainte ne la lui firent jamais baisser.

Faisons-lui place au milieu de l'assemblée : messieurs, examinez-le, interrogez-le en toute confiance ; ne craignez ni ses importunités, ni son babil,° ni ses questions indiscrètes. N'ayez pas peur qu'il s'empare de vous, qu'il prétende vous occuper de lui seul, et que vous ne puissiez plus vous en défaire.

N'attendez pas non plus de lui des propos agréables, ni qu'il vous dise ce que je lui aurai dicté ; n'en attendez que la vérité naïve et simple, sans ornement, sans apprêt,° sans vanité. Il vous dira le mal qu'il a fait ou celui qu'il pense, tout aussi librement que le bien, sans s'embarrasser en aucune sorte de l'effet que fera sur vous ce qu'il aura dit : il usera de la parole dans toute la simplicité de sa première institution.

L'on aime à bien augurer des enfants, et l'on a toujours regret à ce flux d'inepties° qui vient presque toujours renverser les espérances qu'on voudrait tirer de quelque heureuse rencontre° qui par hasard leur tombe sur la langue. Si le mien donne rarement de telles espérances, il ne donnera jamais ce regret, car il ne dit jamais un mot inutile, et ne s'épuise pas sur un babil qu'il sait qu'on n'écoute point. Ses idées sont bornées, mais nettes ; s'il ne sait rien par cœur, il sait beaucoup par expérience ; s'il lit moins bien qu'un autre enfant dans nos livres, il lit mieux

10. *tout entier... actuel*: entirely occupied with his present existence. 20. *l'heure*: the study hour. 21. *se ternit*: clouds over. 47. *port*: carriage.

7. *physionomie*: i.e., the distinctive features of the adult. 17. *estomac*: chest. 23. *babil*: chatter. 30. *apprêt*: affectation. 37. *flux d'inepties*: flow of silliness. 39. *rencontre: here*, happy thought, idea.

dans celui de la nature ; son esprit n'est pas dans sa langue, mais dans sa tête ; il a moins de mémoire que de jugement ; il ne sait parler qu'un langage, mais il entend ce qu'il dit ; et s'il ne dit pas si bien que les autres disent, en revanche, il fait mieux qu'ils ne font.

Il ne sait ce que c'est que routine, usage, habitude ; ce qu'il fit hier n'influe point sur ce qu'il fait aujourd'hui : il ne suit jamais de formule, ne cède point à l'autorité ni à l'exemple, et n'agit ni ne parle que comme il lui convient. Ainsi n'attendez pas de lui des discours dictés ni des manières étudiées, mais toujours l'expression fidèle de ses idées et la conduite qui naît de ses penchants.

Vous lui trouvez un petit nombre de notions morales qui se rapportent à son état actuel, aucune sur l'état relatif° des hommes : et de quoi lui serviraient-elles, puisqu'un enfant n'est pas encore un membre actif de la société ? Parlez-lui de liberté, de propriété, de convention même ; il peut en savoir jusque-là, il sait pourquoi ce qui est à lui est à lui, et pourquoi ce qui n'est pas à lui n'est pas à lui : passé cela, il ne sait plus rien. Parlez-lui de devoir, d'obéissance, il ne sait ce que vous voulez dire ; commandez-lui quelque chose, il ne vous entendra pas : mais dites-lui : « Si vous me faisiez un tel plaisir, je vous le rendrais dans l'occasion ; » à l'instant il s'empressera de vous complaire, car il ne demande pas mieux que d'étendre son domaine, et d'acquérir sur vous des droits qu'il sait être inviolables. Peut-être même n'est-il pas fâché de tenir une place, de faire nombre, d'être compté pour quelque chose : mais s'il a ce dernier motif, le voilà déjà sorti de la nature, et vous n'avez pas bien bouché d'avance toutes les portes de la vanité.

De son côté, s'il a besoin de quelque assistance, il la demandera indifféremment au premier qu'il rencontre ; il la demanderait au roi comme à son laquais : tous les hommes sont encore égaux à ses yeux. Vous voyez, à l'air dont il prie, qu'il sent qu'on ne lui doit rien ; il sait que ce qu'il demande est une grâce. Il sait aussi que l'humanité porte à en accorder. Ses expressions sont simples et laconiques. Sa voix, son regard, son geste, sont d'un être également accoutumé à la complaisance et au refus. Ce n'est ni la rampante et servile soumission d'un esclave, ni

l'impérieux accent d'un maître ; c'est une modeste confiance en son semblable, c'est la noble et touchante douceur d'un être libre, mais sensible et faible, qui implore l'assistance d'un être libre, mais fort et bienfaisant. Si vous lui accordez ce qu'il vous demande, il ne vous remerciera pas,° mais sentira qu'il a contracté une dette. Si vous le lui refusez, il ne se plaindra point, il n'insistera point, il sait que cela serait inutile : il ne se dira point : « On m'a refusé ; » mais il se dira : « Cela ne pouvait pas être » ; et, comme je l'ai déjà dit, on ne se mutine guère contre la nécessité bien reconnue.

Laissez-le seul en liberté, voyez-le agir sans lui rien dire ; considérez ce qu'il fera et comment il s'y prendra. N'ayant pas besoin de se prouver qu'il est libre, il ne fait jamais rien par étourderie,° et seulement pour faire un acte de pouvoir sur lui-même :° ne sait-il pas qu'il est toujours maître de lui ? il est alerte, léger, dispos, ses mouvements ont toute la vivacité de son âge, mais vous n'en voyez pas un qui n'ait une fin. Quoi qu'il veuille faire, il n'entreprendra jamais rien qui soit au-dessus de ses forces, car il les a bien éprouvées et les connaît ; ses moyens seront toujours appropriés à ses desseins et rarement il agira sans être assuré de succès. Il aura l'œil attentif et judicieux : il n'ira pas niaisement interrogeant les autres sur tout ce qu'il voit ; mais il l'examinera lui-même et se fatiguera pour trouver ce qu'il veut apprendre avant de le demander. S'il tombe dans des embarras imprévus, il se troublera moins qu'un autre ; s'il y a du risque, il s'effrayera moins aussi. Comme son imagination reste encore inactive, et qu'on n'a rien fait pour l'animer, il ne voit que ce qui est, n'estime les dangers que ce qu'ils valent, et garde toujours son sang-froid. La nécessité s'appesantit° trop souvent sur lui pour qu'il regimbe° encore contre elle ; il en porte le joug dès sa naissance, l'y voilà bien accoutumé ; il est toujours prêt à tout.

Qu'il s'occupe ou qu'il s'amuse, l'un et l'autre est égal pour lui ; ses jeux sont ses occupations, il n'y sent point de différence. Il met à tout ce qu'il fait un intérêt qui fait rire

18. *état relatif:* social relationships.

7. *il ne vous remerciera pas:* (because Émile has never learned the vain formulas of social usage). 19. *étourderie:* thoughtlessness. 20. *un acte... lui-même:* i.e., to prove to himself that he is free to act. 40. *s'appesantit:* weighs. 41. *regimbe:* kick, fight against.

et une liberté qui plaît, en montrant à la fois le tour de son esprit et la sphère° de ses connaissances. N'est-ce pas le spectacle de cet âge, un spectacle charmant et doux, de voir un joli enfant, l'œil vif et gai, l'air content et serein, la physionomie ouverte et riante, et faire, en se jouant, les choses les plus sérieuses, ou profondément occupé des plus frivoles amusements?

Voulez-vous à présent le juger par comparaison? Mêlez-le avec d'autres enfants, et laissez-le faire. Vous verrez bientôt lequel est le plus vraiment formé, lequel approche le mieux de la perfection de leur âge. Parmi les enfants de la ville nul n'est plus adroit que lui, mais il est plus fort qu'aucun autre. Parmi les jeunes paysans il les égale en force et les passe en adresse.° Dans tout ce qui est à portée de l'enfance, il juge, il raisonne, il prévoit mieux qu'eux tous. Est-il question d'agir, de courir, de sauter, d'ébranler des corps,° d'enlever des masses,° d'estimer des distances, d'inventer des jeux, d'emporter des prix? on dirait que la nature est à ses ordres, tant il sait aisément plier toute chose à ses volontés. Il est fait pour guider, pour gouverner ses égaux : le talent, l'expérience, lui tiennent lieu de droit et d'autorité. Donnez-lui l'habit et le nom qu'il vous plaira, peu importe, il primera° partout, il deviendra partout le chef des autres : ils sentiront toujours sa supériorité sur eux : sans vouloir commander il sera le maître; sans savoir obéir,° ils obéiront.

Il est parvenu à la maturité de l'enfance, il a vécu de la vie d'un enfant, il n'a point acheté sa perfection aux dépens de son bonheur; au contraire, ils ont concouru l'un à l'autre. En acquérant toute la raison de son âge, il a été heureux et libre autant que sa constitution lui permettait de l'être. Si la fatale faux° vient moissonner en lui la fleur de nos espérances, nous n'aurons point à pleurer à la fois sa vie et sa mort, nous n'aigrirons point nos douleurs du souvenir de celles que nous lui aurons causées; nous dirons : « Au moins il a joui de son enfance; nous ne lui avons rien fait perdre de ce que la nature lui avait donné. »

[*The Third Book deals with Émile's education in the years between approximately twelve and fifteen. This is the stage of* positive *education, when the intellect is trained and specific information acquired. The pedagogical principle of* utility *is brought into play.*]

Sitôt que nous sommes parvenus à donner à notre élève une idée du mot *utile*, nous avons une grande prise de plus pour le gouverner; car ce mot le frappe beaucoup, attendu qu'il n'a pour lui qu'un sens relatif à son âge, et qu'il en voit clairement le rapport à son bien-être actuel. Vos enfants ne sont point frappés de ce mot parce que vous n'avez pas eu soin de leur en donner une idée qui soit à leur portée, et que d'autres se chargent toujours de pourvoir à ce qui leur est utile, ils n'ont jamais besoin d'y songer eux-mêmes, et ne savent ce que c'est qu'utilité.

A quoi cela est-il bon? Voilà désormais le mot sacré, le mot déterminant entre lui et moi dans toutes les actions de notre vie : voilà la question qui de ma part suit infailliblement toutes ses questions, et qui sert de frein à ces multitudes d'interrogations sottes et fastidieuses° dont les enfants fatiguent sans relâche et sans fruit tous ceux qui les environnent, plus pour exercer sur eux quelque espèce d'empire que pour en tirer quelque profit. Celui à qui, pour sa plus importante leçon, l'on apprend à ne vouloir rien savoir que d'utile, interroge comme Socrate; il ne fait pas une question sans s'y rendre à lui-même la raison qu'il sait qu'on lui en va demander avant que de la résoudre.

Voyez quel puissant instrument je vous mets entre les mains pour agir sur votre élève. Ne sachant les raisons de rien, le voilà presque réduit au silence quand il vous plaît : et vous, au contraire, quel avantage vos connaissances et votre expérience ne vous donnent-elles point pour lui montrer l'utilité de tout ce que vous lui proposez! Car, ne vous y trompez pas, lui faire cette question, c'est lui apprendre à vous la faire à son tour; et vous devez compter, sur tout ce que vous lui proposez dans la suite, qu'à votre exemple il ne manquera pas de dire : *A quoi cela est-il bon?*

C'est ici peut-être le piège le plus difficile à éviter pour un gouverneur.° Si, sur la question

2. *sphère*: i.e., the limited range. 18. *adresse*: deftness, skill. 21. *ébranler des corps*: dislodge heavy objects. 22. *enlever des masses*: carry burdens. 29. *primera*: will be first. 32. *sans savoir obéir*: without realizing that they are obeying. 40. *faux*: scythe (of death).

25. *fastidieuses*: tiresome. 49. *gouverneur*: tutor.

de l'enfant, ne cherchant qu'à vous tirer d'affaire, vous lui donnez une seule raison qu'il ne soit pas en état d'entendre,° voyant que vous raisonnez sur vos idées et non sur les siennes, il croira ce que vous lui dites bon pour votre âge, et non pour le sien; il ne se fiera plus à vous, et tout est perdu. Mais où est le maître qui veuille bien rester court° et convenir de ses torts avec son élève? tous se font une loi de ne pas convenir même de ceux° qu'ils ont; et moi je m'en ferais une de convenir même de ceux que je n'aurais pas, quand je ne pourrais mettre mes raisons à sa portée : ainsi ma conduite, toujours nette dans son esprit, ne lui sera jamais suspecte, et je me conserverais plus de crédit en supposant des fautes,° qu'ils ne font° en cachant les leurs.

Premièrement, songez bien que c'est rarement à vous de lui proposer ce qu'il doit apprendre : c'est à lui de le désirer, de le chercher, de le trouver; à vous de le mettre à sa portée, de faire naître adroitement ce désir et de lui fournir les moyens de le satisfaire. Il suit de là que vos questions doivent être peu fréquentes, mais bien choisies; et que, comme il en aura beaucoup plus à vous faire que vous à lui, vous serez toujours moins à découvert,° et plus souvent dans le cas de lui dire : *En quoi ce que vous me demandez est-il utile à savoir?*

De plus, comme il importe peu qu'il apprenne ceci ou cela, pourvu qu'il conçoive bien ce qu'il apprend et l'usage de ce qu'il apprend, sitôt que vous n'avez pas à lui donner sur ce que vous lui dites un éclaircissement qui soit bon pour lui, ne lui en donnez point du tout. Dites-lui sans scrupule : « Je n'ai pas de bonne réponse à vous dire; j'avais tort, laissons cela. » Si votre instruction était réellement déplacée, il n'y a pas de mal à l'abandonner tout à fait; si elle ne l'était pas, avec un peu de soin vous trouverez bientôt l'occasion de lui en rendre l'utilité sensible.

Je n'aime point les explications en discours; les jeunes gens y font peu d'attention et ne les retiennent guère. Les choses! les choses! Je ne répéterai jamais assez que nous donnons trop de pouvoir aux mots : avec notre éducation babillarde° nous ne faisons que des babillards.

Supposons que, tandis que j'étudie avec mon élève le cours du soleil et la manière de s'orienter, tout à coup il m'interrompt pour me demander à quoi sert tout cela. Quel beau discours je vais lui faire! de combien de choses je saisis l'occasion de l'instruire en répondant à sa question, surtout si nous avons des témoins de notre entretien. Je lui parlerai de l'utilité des voyages, des avantages du commerce, des productions particulières à chaque climat, des mœurs des différents peuples, de l'usage du calendrier, de la supputation° du retour des saisons pour l'agriculture, de l'art de la navigation, de la manière de se conduire sur mer et de suivre exactement sa route sans savoir où l'on est. La politique, l'histoire naturelle, l'astronomie, la morale même, et le droit des gens, entreront dans mon explication, de manière à donner à mon élève une grande idée de toutes ces sciences et un grand désir de les apprendre. Quand j'aurai tout dit, j'aurai fait l'étalage° d'un vrai pédant, auquel il n'aura pas compris une seule idée. Il aurait grande envie de me demander comme auparavant à quoi sert de s'orienter; mais il n'ose, de peur que je me fâche. Il trouve mieux son compte à feindre d'entendre ce qu'on l'a forcé d'écouter. Ainsi se pratiquent les belles éducations.

Mais notre Émile, plus rustiquement élevé, et à qui nous donnons avec tant de peine une conception dure,° n'écoutera rien de tout cela. Du premier mot qu'il n'entendra pas il va s'enfuir, il va folâtrer° par la chambre et me laisser pérorer tout seul. Cherchons une solution plus grossière; mon appareil scientifique ne vaut rien pour lui.

Nous observions la position de la forêt au nord de Montmorency,° quand il m'a interrompu par son importune question : *A quoi sert cela?* Vous avez raison, lui dis-je; il y faut penser à loisir; et si nous trouvons que ce travail n'est bon à rien, nous ne le reprendrons plus, car nous ne manquons pas d'amusements utiles. On s'occupe d'autre chose, et il n'est plus question de géographie du reste de la journée.

Le lendemain matin je lui propose un tour de promenade avant le déjeuner; il ne demande pas mieux : pour courir, les enfants sont toujours prêts, et celui-ci a de bonnes jambes.

3. *entendre = comprendre.* 8. *rester court:* be taken aback, at a loss. 10. *ceux = les torts.* 16. *en supposant des fautes:* i.e., in implying that I have made mistakes. 16. *qu'ils ne font:* i.e., than other teachers obtain. 26. *à découvert:* unprotected. 46. *babillarde:* talky, garrulous.

11. *supputation:* calculation. 20. *étalage:* display. 30. *dure: here*, realistic. 32. *folâtrer:* frolic. 37. Montmorency, village near Paris, where Rousseau was domiciled while writing *Émile.*

Nous montons dans la forêt, nous parcourons les champeaux,° nous nous égarons, nous ne savons plus où nous sommes; et, quand il s'agit de revenir, nous ne pouvons plus retrouver notre chemin. Le temps se passe, la chaleur vient, nous avons faim; nous nous pressons, nous errons vainement de côté et d'autre, nous ne trouvons partout que des bois, des carrières,° des plaines, nul renseignement pour nous reconnaître.° Bien échauffés, bien recrus,° bien affamés, nous ne faisons avec nos courses que nous égarer davantage. Nous nous asseyons enfin pour nous reposer, pour délibérer. Émile, que je suppose élevé comme un autre enfant, ne délibère point, il pleure; il ne sait pas que nous sommes à la porte de Montmorency, et qu'un simple taillis° nous le cache; mais ce taillis est une forêt pour lui, un homme de sa stature est enterré dans des buissons.

Après quelques moments de silence, je lui dis d'un air inquiet: « Mon cher Émile, comment ferons-nous pour sortir d'ici? »

ÉMILE (*en nage,° et pleurant à chaudes larmes*). Je n'en sais rien. Je suis las; j'ai faim; j'ai soif; je n'en puis plus.

JEAN-JACQUES. Me croyez-vous en meilleur état que vous? et pensez-vous que je me fisse faute° de pleurer si je pouvais déjeuner de mes larmes? Il ne s'agit pas de pleurer, il s'agit de se reconnaître. Voyons notre montre; quelle heure est-il?

ÉMILE. Il est midi, et je suis à jeun.

JEAN-JACQUES. Cela est vrai, il est midi, et je suis à jeun.

ÉMILE. Oh! que vous devez avoir faim!

JEAN-JACQUES. Le malheur est que mon dîner ne viendra pas me chercher ici. Il est midi: c'est justement l'heure où nous observions hier de Montmorency la position de la forêt. Si nous pouvions de même observer de la forêt la position de Montmorency?...

ÉMILE. Oui; mais hier nous voyions la forêt, et d'ici nous ne voyons pas la ville.

JEAN-JACQUES. Voilà le mal... Si nous pouvions nous passer de la voir pour trouver sa position?...

ÉMILE. O mon bon ami!

JEAN-JACQUES. Ne disions-nous pas que la forêt était...

ÉMILE. Au nord de Montmorency.

JEAN-JACQUES. Par conséquent Montmorency doit être...

ÉMILE. Au sud de la forêt.

JEAN-JACQUES. Nous avons un moyen de trouver le nord à midi.

ÉMILE. Oui, par la direction de l'ombre.

JEAN-JACQUES. Mais le sud?

ÉMILE. Comment faire?

JEAN-JACQUES. Le sud est l'opposé du nord.

ÉMILE. Cela est vrai; il n'y a qu'à chercher l'opposé de l'ombre. Oh! voilà le sud! voilà le sud! sûrement Montmorency est de ce côté; cherchons de ce côté.

JEAN-JACQUES. Vous pouvez avoir raison: prenons ce sentier à travers le bois.

ÉMILE (*frappant des mains, et poussant un cri de joie*). Ah! je vois Montmorency! le voilà tout° devant nous, tout à découvert. Allons déjeuner, allons dîner, courons vite: l'astronomie est bonne à quelque chose. »

Prenez garde que, s'il ne dit pas cette dernière phrase, il la pensera; peu importe, pourvu que ce ne soit pas moi qui la dise. Or, soyez sûr qu'il n'oubliera de sa vie la leçon de cette journée; au lieu que, si je n'avais fait que lui supposer tout cela dans sa chambre, mon discours eût été oublié dès le lendemain. Il faut parler tant qu'on peut par les actions, et ne dire que ce qu'on ne saurait faire.

CONFESSIONS

[*Excerpts*]

[*Rousseau begins, as usual, with a sentence designed to startle and capture the reader. Compare his opening lines with those of Montaigne's* Essais. *Compare also the announced purposes of the two writers. Montaigne's design was to paint himself, but with reservations, made "out of respect for the public." Rousseau refused to make any reservations, or to show any respect for the public. And Montaigne studied himself as an example of all humanity; Rousseau was concerned with his own uniqueness. He has had, however, a throng of imitators, who have equaled or outdone him in frankness.*]

2. *champeaux:* upland fields (localism of Montmorency region). 8. *carrières:* quarries. 9. *nous reconnaître:* locate ourselves. 10. *recrus:* exhausted. 16. *taillis:* clump of trees. 23. *en nage:* sweating. 28. *je me fisse faute:* I would refrain.

20. *tout: here,* right.

Je forme une entreprise qui n'eut jamais d'exemple° et dont l'exécution n'aura point d'imitateur. Je veux montrer à mes semblables un homme dans toute la vérité de la nature; et cet homme, ce sera moi.

Moi seul. Je sens mon cœur et je connais les hommes. Je ne suis fait comme aucun de ceux que j'ai vus; j'ose croire n'être fait comme aucun de ceux qui existent. Si je ne vaux pas mieux, au moins je suis autre. Si la nature a bien ou mal fait de briser le moule° dans lequel elle m'a jeté, c'est ce dont on ne peut juger qu'après m'avoir lu.

Que la trompette du jugement dernier sonne quand elle voudra, je viendrai, ce livre à la main, me présenter devant le souverain juge. Je dirai hautement : « Voilà ce que j'ai fait, ce que j'ai pensé, ce que je fus. J'ai dit le bien et le mal avec la même franchise. Je n'ai rien tu° de mauvais, rien ajouté de bon, et s'il m'est arrivé d'employer quelque ornement indifférent, ce n'a jamais été que pour remplir un vide occasionné par mon défaut de mémoire; j'ai pu supposer vrai ce que je savais avoir pu l'être, jamais ce que je savais être faux. Je me suis montré tel que je fus; méprisable et vil quand je l'ai été, bon, généreux, sublime, quand je l'ai été : j'ai dévoilé mon intérieur tel que tu l'as vu toi-même, Être éternel. Rassemble autour de moi l'innombrable foule de mes semblables; qu'ils écoutent mes confessions, qu'ils gémissent de mes indignités, qu'ils rougissent de mes misères. Que chacun d'eux découvre à son tour son cœur aux pieds de ton trône avec la même sincérité; et puis qu'un seul te dise, s'il l'ose : *Je fus meilleur que cet homme-là.* »°

Je suis né à Genève en 1712, d'Isaac Rousseau, citoyen,° et de Susanne Bernard, citoyenne. Un bien fort médiocre, à partager entre quinze enfants, ayant réduit presque à rien la portion de mon père, il n'avait pour subsister que son métier d'horloger, dans lequel il était à la vérité fort habile. Ma mère, fille du ministre° Bernard, était plus riche : elle avait de la sagesse et de la beauté. Ce n'était pas sans peine

que mon père l'avait obtenue. Leurs amours avaient commencé presque avec leur vie; dès l'âge de huit à neuf ans ils se promenaient ensemble tous les soirs sur la Treille;° à dix ans ils ne pouvaient plus se quitter. La sympathie, l'accord des âmes, affermit en eux le sentiment qu'avait produit l'habitude. Tous deux, nés tendres et sensibles, n'attendaient que le moment de trouver dans un autre la même disposition, ou plutôt ce moment les attendait eux-mêmes, et chacun d'eux jeta son cœur dans le premier qui s'ouvrit pour le recevoir. Le sort, qui semblait contrarier leur passion, ne fit que l'animer. Le jeune amant, ne pouvant obtenir sa maîtresse, se consumait de douleur : elle lui conseilla de voyager pour l'oublier. Il voyagea sans fruit et revint plus amoureux que jamais. Il retrouva celle qu'il aimait tendre et fidèle. Après cette épreuve, il ne restait qu'à s'aimer toute la vie; ils le jurèrent, et le Ciel bénit leur serment.

Gabriel Bernard, frère de ma mère, devint amoureux d'une des sœurs de mon père; mais elle ne consentit à épouser le frère qu'à condition que son frère épouserait la sœur. L'amour arrangea tout, et les deux mariages se firent le même jour. Ainsi mon oncle était le mari de ma tante, et leurs enfants furent doublement mes cousins germains.° Il en naquit un de part et d'autre au bout d'une année; ensuite il fallut encore se séparer.

Mon oncle Bernard était ingénieur : il alla servir dans l'Empire et en Hongrie sous le prince Eugène.° Il se distingua au siège et à la bataille de Belgrade.° Mon père, après la naissance de mon frère unique, partit pour Constantinople, où il était appelé, et devint horloger du sérail. Durant son absence, la beauté de ma mère, son esprit, ses talents, lui attirèrent des hommages. M. de La Closure, résident° de France, fut des plus empressés à lui en offrir. Il fallait que sa passion fût vive, puisqu'au bout de trente ans je l'ai vu s'attendrir en me parlant d'elle. Ma mère avait plus que de la vertu pour s'en défendre : elle aimait tendrement son mari. Elle le pressa de revenir : il quitta tout, et revint. Je fus le

2. *exemple:* precedent. 11. *moule:* mold. 19. *tu:* p. p. of *taire.* 36. This eloquent passage sets the key; it also gives more than a hint of Rousseau's conviction of grandeur and persecution, which became at times actual mental derangement. 38. *citoyen:* In Geneva, son of a bourgeois, born in the city, having a right of election to magistracy. The *citoyens* constituted a kind of minor aristocracy. 43. *ministre:* i.e., Protestant minister.

4. *la Treille:* promenade in Geneva. 29. *cousins germains:* first cousins. 34. *Eugène:* Prince of Savoy (1662–1736), famous general in Austrian service. Rousseau's uncle, a wanderer like so many Swiss, was Commissioner of Fortifications in Charleston, S. C., in 1730. 35. Belgrade, present capital of Yugoslavia; captured from Turks by Prince Eugene in 1717. 40. *résident:* diplomatic representative.

triste fruit de ce retour. Dix mois après, je naquis infirme et malade. Je coûtai la vie à ma mère,° et ma naissance fut le premier de mes malheurs.

Je n'ai pas su comment mon père supporta cette perte, mais je sais qu'il ne s'en consola jamais. Il croyait la revoir en moi, sans pouvoir oublier que je la lui avais ôtée; jamais il ne m'embrassa que je ne sentisse à ses soupirs, à ses convulsives étreintes,° qu'un regret amer se mêlait à ses caresses : elles n'en étaient que plus tendres. Quand il me disait : « Jean-Jacques, parlons de ta mère, » je lui disais : « Hé bien! mon père, nous allons donc pleurer »; et ce mot seul lui tirait déjà des larmes.° « Ah! disait-il en gémissant, rends-la-moi, console-moi d'elle, remplis le vide qu'elle a laissé dans mon âme. T'aimerais-je ainsi si tu n'étais que mon fils? » Quarante ans après l'avoir perdue, il est mort dans les bras d'une seconde femme, mais le nom de la première à la bouche, et son image au fond du cœur.

Tels furent les auteurs de mes jours. De tous les dons que le Ciel leur avait départis,° un cœur sensible est le seul qu'ils me laissèrent; mais il avait fait leur bonheur, et fit tous les malheurs de ma vie.

J'étais né presque mourant; on espérait peu de me conserver. J'apportai le germe d'une incommodité° que les ans ont renforcée, et qui maintenant ne me donne quelquefois des relâches que pour me laisser souffrir plus cruellement d'une autre façon. Une sœur de mon père, fille aimable et sage, prit si grand soin de moi qu'elle me sauva. Au moment où j'écris ceci, elle est encore en vie, soignant, à l'âge de quatre-vingts ans, un mari plus jeune qu'elle, mais usé par la boisson.° Chère tante, je vous pardonne de m'avoir fait vivre, et je m'afflige de ne pouvoir vous rendre à la fin de vos jours les tendres soins que vous m'avez prodigués au commencement des miens! J'ai aussi ma mie° Jacqueline encore vivante, saine et robuste. Les

mains qui m'ouvrirent les yeux à ma naissance pourront me les fermer à ma mort.

Je sentis avant de penser : c'est le sort commun de l'humanité.° Je l'éprouvai plus qu'un autre. J'ignore ce que je fis jusqu'à cinq ou six ans; je ne sais comment j'appris à lire; je ne me souviens que de mes premières lectures et de leur effet sur moi : c'est le temps d'où je date sans interruption la conscience de moi-même. Ma mère avait laissé des romans. Nous nous mîmes à les lire après souper, mon père et moi. Il n'était question d'abord que de m'exercer à la lecture par des livres amusants; mais bientôt l'intérêt devint si vif, que nous lisions tour à tour sans relâche, et passions les nuits à cette occupation. Nous ne pouvions jamais quitter qu'à la fin du volume. Quelquefois mon père, entendant le matin les hirondelles,° disait tout honteux : « Allons nous coucher; je suis plus enfant que toi. »

En peu de temps j'acquis, par cette dangereuse méthode, non seulement une extrême facilité à lire et à m'entendre,° mais une intelligence° unique à mon âge sur les passions. Je n'avais aucune idée des choses, que° tous les sentiments m'étaient déjà connus. Je n'avais rien conçu, j'avais tout senti. Ces émotions confuses, que j'éprouvais coup sur coup, n'altéraient point la raison que je n'avais pas encore; mais elles m'en formèrent une d'une autre trempe,° et me donnèrent de la vie humaine des notions bizarres et romanesques, dont l'expérience et la réflexion n'ont jamais bien pu me guérir.

Les romans finirent avec l'été de 1719. L'hiver suivant, ce fut autre chose. La bibliothèque de ma mère épuisée, on eut recours à la portion de celle de son père qui nous était échue. Heureusement, il s'y trouva de bons livres; et cela ne pouvait guère être autrement : cette bibliothèque ayant été formée par un ministre, à la vérité, et savant même, car c'était la mode alors, mais homme de goût et d'esprit. L'*Histoire de l'Église et de l'Empire*, par Le Sueur; le *Discours* de Bossuet *sur l'Histoire universelle*; les *Hommes illustres*, de Plutarque; l'*Histoire de Venise*, par Nani; les *Métamorphoses*

3. Rousseau's sense of guilt, reinforced by the implied reproaches of his father, was important in his psychological development. 10. *étreintes:* embraces. 15. Notice how the emotionalism of the father conditioned the child. 24. *départis:* allotted. 30. *une incommodité:* an obstruction of the urinary passages. (Badly treated, his trouble was aggravated and became a constant torture. It also accounts largely for his social *sauvagerie,* even for his doctrines. For example, he was invited to court to meet the King; he refused, for fear of embarrassment, but he translated his refusal into contempt for worldly honors.) 38. *boisson:* drink. 42. *mie:* darling. (Jacqueline was his nurse.)

4. This principle is much applied in *Émile.* 18. *hirondelles:* swallows. 23. *m'entendre:* understand (my reading). 24. *intelligence:* comprehension. 25. *que:* when already. 31. *trempe:* character.

d'Ovide; La Bruyère; les *Mondes*° de Fontenelle; ses *Dialogues des Morts*, et quelques tomes de Molière, furent transportés dans le cabinet de mon père, et je les lui lisais tous les jours, durant son travail. J'y pris un goût rare et peut-être unique à cet âge. Plutarque surtout devint ma lecture favorite. Le plaisir que je prenais à le relire sans cesse me guérit un peu des romans; et je préférai bientôt Agésilas, Brutus, Aristide,° à Orondate, Artamène et Juba,° De ces intéressantes lectures, des entretiens qu'elles occasionnaient entre mon père et moi, se forma cet esprit libre et républicain, ce caractère indomptable et fier, impatient de joug et de servitude, qui m'a tourmenté tout le temps de ma vie dans les situations les moins propres à lui donner l'essor.° Sans cesse occupé de Rome et d'Athènes, vivant pour ainsi dire avec leurs grands hommes, né moi-même citoyen d'une république, et fils d'un père dont l'amour de la patrie était la plus forte passion, je m'en enflammais à son exemple; je me croyais Grec ou Romain; je devenais le personnage dont je lisais la vie : le récit des traits de constance et d'intrépidité qui m'avaient frappé me rendait les yeux étincelants et la voix forte. Un jour que je racontais à table l'aventure de Scævola,° on fut effrayé de me voir avancer et tenir la main sur un réchaud° pour représenter son action.

J'avais un frère plus âgé que moi de sept ans. Il apprenait la profession de mon père. L'extrême affection qu'on avait pour moi le faisait un peu négliger, et ce n'est pas cela que j'approuve. Son éducation se sentit° de cette négligence. Il prit le train du libertinage, même avant l'âge d'être un vrai libertin. On le mit chez un autre maître, d'où il faisait des escapades comme il en avait fait de la maison paternelle. Je ne le voyais presque point, à peine puis-je dire avoir fait connaissance avec lui; mais je ne laissais pas de l'aimer tendrement, et il m'aimait autant qu'un polisson° peut aimer quelque chose. Je me souviens qu'une fois que mon père le châtiait rudement et avec colère, je me jetai impétueusement entre-deux, l'embrassant étroite-

ment. Je le couvris ainsi de mon corps, recevant les coups qui lui étaient portés, et je m'obstinai si bien dans cette attitude qu'il fallut enfin que mon père lui fît grâce, soit désarmé par mes cris et mes larmes, soit pour ne pas me maltraiter plus que lui. Enfin mon frère tourna si mal qu'il s'enfuit et disparut tout à fait. Quelque temps après on sut° qu'il était en Allemagne. Il n'écrivit pas une seule fois. On n'a plus eu de ses nouvelles depuis ce temps-là, et voilà comment je suis demeuré fils unique.

Si ce pauvre garçon fut élevé négligemment, il n'en fut pas ainsi de son frère, et les enfants des rois ne sauraient être soignés avec plus de zèle que je le fus durant mes premiers ans, idolâtré de tout ce qui m'environnait, et toujours, ce qui est bien plus rare, traité en enfant chéri, jamais en enfant gâté. Jamais une seule fois, jusqu'à ma sortie de la maison paternelle, on ne m'a laissé courir seul dans la rue avec les autres enfants;° jamais on n'eut à réprimer en moi ni à satisfaire aucune de ces fantasques humeurs qu'on impute à la nature, et qui naissent toutes de la seule éducation. J'avais les défauts de mon âge : j'étais babillard, gourmand, quelquefois menteur. J'aurais volé des fruits, des bonbons, de la mangeaille;° mais jamais je n'ai pris plaisir à faire du mal, du dégât,° à charger° les autres, à tourmenter de pauvres animaux. Je me souviens pourtant d'avoir une fois pissé dans la marmite° d'une de nos voisines, appelée Mme Clot, tandis qu'elle était au prêche.° J'avoue même que ce souvenir me fait encore rire, parce que Mme Clot, bonne femme au demeurant, était bien la vieille la plus grognon° que je connus de ma vie. Voilà la courte et véridique° histoire de tous mes méfaits enfantins.

Comment serais-je devenu méchant, quand je n'avais sous les yeux que des exemples de douceur, et autour de moi que les meilleures gens du monde? Mon père, ma tante, ma mie, mes parents, nos amis, nos voisins, tout ce qui m'environnait ne m'obéissait pas à la vérité, mais m'aimait; et moi, je les aimais de même.

1. *Les Mondes: Entretiens sur la pluralité des mondes.* 9. *Agesilas, Brutus, Aristide:* heroic characters celebrated in Plutarch's *Lives.* 10. *Orondate, Artamène et Juba:* typical heroes of novels. 17. *lui donner l'essor:* inspire it. 27. Scaevola, a young Roman who, trying to assassinate the Etruscan king, killed only his secretary. He held his right hand over a fire to punish it for its error. 28. *réchaud:* grill. 34. *se sentit:* suffered. 42. *polisson:* scamp.

8. *sut:* learned. 22. No doubt this isolation from children of his own age aggravated Rousseau's solitariness, his anti-social tendencies. 28. *mangeaille:* food. 30. *dégât:* damage. 30. *charger: here,* ridicule. 32. *marmite:* kettle. 34. *prêche:* Protestant service. 37. *grognon:* grumbling. 38. *véridique:* truthful.

Mes volontés étaient si peu excitées et si peu contrariées qu'il ne me venait pas dans l'esprit d'en avoir. Je puis jurer que jusqu'à mon asservissement sous un maître, je n'ai pas su ce que c'était qu'une fantaisie.° Hors le temps que je passais à lire ou écrire auprès de mon père, et celui où ma mie me menait promener, j'étais toujours avec ma tante, à la voir broder, à l'entendre chanter, assis ou debout à côté d'elle; et j'étais content. Son enjouement,° sa douceur, sa figure agréable, m'ont laissé de si fortes impressions que je vois encore son air, son regard, son attitude; je me souviens de ses petits propos caressants; je dirais comment elle était vêtue et coiffée, sans oublier les deux crochets° que ses cheveux noirs faisaient sur ses tempes,° selon la mode de ce temps-là.

Je suis persuadé que je lui dois le goût ou plutôt la passion pour la musique, qui ne s'est bien développée en moi que longtemps après. Elle savait une quantité prodigieuse d'airs et de chansons qu'elle chantait avec un filet de voix° fort douce. La sérénité d'âme de cette excellente fille éloignait d'elle et de tout ce qui l'environnait la rêverie et la tristesse. L'attrait que son chant avait pour moi fut tel que non seulement plusieurs de ces chansons me sont toujours restées dans la mémoire, mais qu'il m'en revient même, aujourd'hui que je l'ai perdue, qui, totalement oubliées depuis mon enfance, se retracent à mesure que je vieillis, avec un charme que je ne puis exprimer. Dirait-on que moi, vieux radoteur,° rongé de soucis et de peines, je me surprends quelquefois à pleurer comme un enfant, en marmottant° ces petits airs d'une voix cassée et tremblante? Il y en a un surtout qui m'est bien revenu tout entier quant à l'air; mais la seconde moitié des paroles s'est constamment refusée à tous mes efforts pour me la rappeler, quoiqu'il m'en revienne confusément les rimes. Voici le commencement, et ce que j'ai pu me rappeler du reste :

Tircis, je n'ose
Écouter ton chalumeau°
Sous l'ormeau :°
Car on en cause

Déjà dans notre hameau.

.
. . . . *un berger*
. . . . *s'engager*
. . . . *sans danger;*
Et toujours l'épine est sous la rose.

Je cherche où est le charme attendrissant que mon cœur trouve à cette chanson : c'est un caprice auquel je ne comprends rien, mais il m'est de toute impossibilité de la chanter jusqu'à la fin sans être arrêté par mes larmes. J'ai cent fois projeté d'écrire à Paris pour faire chercher le reste des paroles, si tant est que quelqu'un les connaisse encore. Mais je suis presque sûr que le plaisir que je prends à me rappeler cet air s'évanouirait en partie si j'avais la preuve que d'autres que ma pauvre tante Suson l'ont chanté.

Telles furent les premières affections de mon entrée à la vie; ainsi commençait à se former ou à se montrer en moi ce cœur à la fois si fier et si tendre, ce caractère effeminé, mais pourtant indomptable, qui, flottant toujours entre la faiblesse et le courage, entre la mollesse et la vertu, m'a jusqu'au bout mis en contradiction avec moi-même, et a fait que l'abstinence et la jouissance, le plaisir et la sagesse, m'ont également échappé.

Ce train d'éducation fut interrompu par un accident dont les suites ont influé sur le reste de ma vie. Mon père eut un démêlé° avec un M. Gautier, capitaine en France et apparenté dans le conseil.° Ce Gautier, homme insolent et lâche, saigna du nez, et, pour se venger, accusa mon père d'avoir mis l'épée à la main dans la ville. Mon père, qu'on voulut envoyer en prison, s'obstinait à vouloir que, selon la loi, l'accusateur y entrât aussi bien que lui : n'ayant pu l'obtenir, il aima mieux sortir de Genève et s'expatrier pour le reste de sa vie que de céder sur un point où l'honneur et la liberté lui paraissaient compromis.

Je restai sous la tutèle° de mon oncle Bernard, alors employé aux fortifications de Genève. Sa fille aînée était morte, mais il avait un fils de même âge que moi. Nous fûmes mis ensemble à Bossey° en pension chez le ministre Lambercier,

5. *fantaisie:* prank. 10. *enjouement:* gaiety. 15. *crochets:* hooks, spit curls. 16. *tempes:* temples. 22. *filet de voix:* thin little voice. 33. *radoteur:* dodderer. 35. *marmottant:* mumbling. 45. *chalumeau:* shepherd's pipe. 46. *ormeau:* elm.

32. *démêlé:* quarrel. 34. *apparenté dans le conseil:* with relatives in the Council. 44. *tutèle:* guardianship. 48. Bossey, small village near Geneva.

pour y apprendre, avec le latin, tout le menu fatras° dont on l'accompagne sous le nom d'éducation.

Deux ans passés au village adoucirent un peu mon âpreté romaine et me ramenèrent à l'état d'enfant. A Genève, où l'on ne m'imposait rien, j'aimais l'application, la lecture : c'était presque mon seul amusement; à Bossey, le travail me fit aimer les jeux qui lui servaient de relâche. La campagne était pour moi si nouvelle que je ne pouvais me lasser d'en jouir. Je pris pour elle un goût si vif qu'il n'a jamais pu s'éteindre. Le souvenir des jours heureux que j'y ai passés m'a fait regretter son séjour° et ses plaisirs dans tous les âges, jusqu'à celui qui m'y a ramené. M. Lambercier était un homme fort raisonnable, qui, sans négliger notre instruction, ne nous chargeait point de devoirs extrêmes. La preuve qu'il s'y prenait bien est que, malgré mon aversion pour la gêne, je ne me suis jamais rappelé avec dégoût mes heures d'étude, et que, si je n'appris pas de lui beaucoup de choses, ce que j'appris je l'appris sans peine, et n'en ai rien oublié.

La simplicité de cette vie champêtre me fit un bien d'un prix inestimable, en ouvrant mon cœur à l'amitié. Jusqu'alors je n'avais connu que des sentiments élevés, mais imaginaires. L'habitude de vivre ensemble dans un état paisible m'unit tendrement à mon cousin Bernard. En peu de temps j'eus pour lui des sentiments plus affectueux que ceux que j'avais eus pour mon frère, et qui ne se sont jamais effacés. C'était un grand garçon fort efflanqué,° fort fluet,° aussi doux d'esprit que faible de corps, et qui n'abusait pas trop de la prédilection qu'on avait pour lui dans la maison comme fils de mon tuteur. Nos travaux, nos amusements, nos goûts, étaient les mêmes; nous étions seuls, nous étions de même âge, chacun des deux avait besoin d'un camarade; nous séparer était, en quelque sorte, nous anéantir. Quoique nous eussions peu d'occasions de faire preuve de notre attachement l'un pour l'autre, il était extrême, et non seulement nous ne pouvions vivre un instant séparés, mais nous n'imaginions pas que nous pussions jamais l'être. Tous deux d'un esprit facile à céder aux caresses, complaisant quand

on ne voulait pas nous contraindre, nous étions toujours d'accord sur tout. Si, par la faveur de ceux qui nous gouvernaient, il avait sur moi quelque ascendant sous leurs yeux, quand nous étions seuls j'en avais un sur lui qui rétablissait l'équilibre. Dans nos études, je lui soufflais° sa leçon quand il hésitait; quand mon thème° était fait, je lui aidais à faire le sien, et, dans nos amusements, mon goût plus actif lui servait toujours de guide. Enfin nos deux caractères s'accordaient si bien, et l'amitié qui nous unissait était si vraie, que, dans plus de cinq ans que nous fûmes presque inséparables, tant à Bossey qu'à Genève, nous nous battîmes souvent, je l'avoue, mais jamais on n'eut besoin de nous séparer, jamais une de nos querelles ne dura plus d'un quart d'heure, et jamais une seule fois nous ne portâmes l'un contre l'autre aucune accusation. Ces remarques sont, si l'on veut, puériles, mais il en résulte pourtant un exemple peut-être unique° depuis qu'il existe des enfants.

La manière dont je vivais à Bossey me convenait si bien qu'il ne lui a manqué que de durer plus longtemps pour fixer absolument mon caractère. Les sentiments tendres, affectueux, paisibles, en faisaient le fond. Je crois que jamais individu de notre espèce n'eut naturellement moins de vanité que moi. Je m'élevais par élans à des mouvements sublimes, mais je retombais aussitôt dans ma langueur. Être aimé de tout ce qui m'approchait était le plus vif de mes désirs. J'étais doux, mon cousin l'était; ceux qui nous gouvernaient l'étaient eux-mêmes. Pendant deux ans entiers je ne fus ni témoin ni victime d'un sentiment violent. Tout nourrissait dans mon cœur les dispositions qu'il reçut de la nature, Je ne connaissais rien d'aussi charmant que de voir tout le monde content de moi et de toute chose. Je me souviendrai toujours qu'au temple,° répondant au catéchisme, rien ne me troublait plus, quand il m'arrivait d'hésiter, que de voir sur le visage de Mlle Lambercier des marques d'inquiétude et de peine. Cela seul m'affligeait plus que la honte de manquer en public, qui m'affectait pourtant extrêmement : car, quoique peu sensible aux louanges, je le fus toujours beaucoup à la honte, et je puis dire ici que l'attente des

2. *menu fatras:* trifling rubbish. 14. *regretter son séjour:* i.e., regret not living there. 34. *efflanqué:* lanky. 34. *fluet:* thin.

6. *soufflais:* would prompt. 7. *thème:* Latin translation. 21. Rousseau must be unique at all costs, even when the circumstance he relates is perfectly ordinary. 40. *temple:* Protestant church.

réprimandes de Mlle Lambercier me donnait moins d'alarmes que la crainte de la chagriner.

Cependant elle ne manquait pas au besoin° de sévérité, non plus que son frère; mais, comme cette sévérité, presque toujours juste, n'était jamais emportée,° je m'en affligeais et ne m'en mutinais point. J'étais plus fâché de déplaire que d'être puni, et le signe du mécontentement m'était plus cruel que la peine afflictive. Il est embarrassant de m'expliquer mieux, mais cependant il le faut. Qu'on changerait de méthode avec la jeunesse, si l'on voyait mieux les effets éloignés de celle que l'on emploie toujours indistinctement, et souvent indiscrètement! La grande leçon qu'on peut tirer d'un exemple aussi commun que funeste me fait résoudre à le donner.

Comme Mlle Lambercier avait pour nous l'affection d'une mère, elle en avait aussi l'autorité, et la portait quelquefois jusqu'à nous infliger la punition des enfants, quand nous l'avions méritée. Assez longtemps elle s'en tint à la menace, et cette menace d'un châtiment tout nouveau pour moi me semblait très effrayante; mais après l'exécution je la trouvai moins terrible à l'épreuve que l'attente ne l'avait été; et ce qu'il y a de plus bizarre est que ce châtiment m'affectionna davantage encore à celle qui me l'avait imposé. Il fallait même toute la vérité de cette affection et toute ma douceur naturelle pour m'empêcher de chercher le retour du même traitement en la méritant: car j'avais trouvé dans la douleur, dans la honte même, un mélange de sensualité qui m'avait laissé plus de désir que de crainte de l'éprouver derechef° par la même main. Il est vrai que, comme il se mêlait sans doute à cela quelque instinct précoce du sexe, le même châtiment reçu de son frère ne m'eût point du tout paru plaisant.° Mais, de l'humeur dont il était, cette substitution n'était guère à craindre; et, si je m'abstenais de mériter la correction, c'était uniquement de peur de fâcher Mlle Lambercier: car tel est en moi l'empire de la bienveillance, et même de celle que les sens ont fait naître, qu'elle leur donna toujours la loi dans mon cœur...

J'étudiais un jour seul ma leçon dans la chambre contiguë à la cuisine. La servante avait mis à sécher à la plaque° les peignes° de Mlle Lambercier. Quand elle revint les prendre, il s'en trouva un dont tout un côté de dents était brisé. A qui s'en prendre de ce dégât?° personne autre que moi n'était entré dans la chambre. On m'interroge: je nie d'avoir touché le peigne. M. et Mlle Lambercier se réunissent, m'exhortent, me pressent, me menacent: je persiste avec opiniâtreté; mais la conviction était trop forte, elle l'emporta sur toutes mes protestations, quoique ce fût la première fois qu'on m'eût trouvé tant d'audace à mentir. La chose fut prise au sérieux; elle méritait de l'être. La méchanceté, le mensonge, l'obstination, parurent également dignes de punition; elle me fut infligée. On écrivit à mon oncle Bernard: il vint. Mon pauvre cousin était chargé d'un autre délit° non moins grave; nous fûmes enveloppés dans la même exécution. Elle fut terrible. Quand, cherchant le remède dans le mal même, on eût voulu pour jamais amortir° mes sens dépravés, on n'aurait pu mieux s'y prendre. Aussi me laissèrent-ils en repos pour longtemps.

On ne put m'arracher l'aveu qu'on exigeait. Repris° à plusieurs fois et mis dans l'état le plus affreux, je fus inébranlable.° J'aurais souffert la mort, et j'y étais résolu. Il fallut que la force même cédât au diabolique entêtement d'un enfant, car on n'appela pas autrement ma constance. Enfin je sortis de cette cruelle épreuve en pièces, mais triomphant.

Il y a maintenant près de cinquante ans de cette aventure, et je n'ai pas peur d'être puni derechef pour le même fait: hé bien! je déclare à la face du Ciel que j'en étais innocent, que je n'avais ni cassé ni touché le peigne, que je n'avais pas approché de la plaque, et que je n'y avais pas même songé. Qu'on ne me demande pas comment ce dégât se fit, je l'ignore et ne le puis comprendre; ce que je sais très certainement, c'est que j'en étais innocent.

Qu'on se figure un caractère timide et docile dans la vie ordinaire, mais ardent, fier, indomptable dans les passions; un enfant toujours gouverné par la voix de la raison, toujours traité avec douceur, équité, complaisance, qui n'avait pas même l'idée de l'injustice, et qui

3. *au besoin:* when necessary. 6. *emportée:* angry. 36. *derechef:* again. 40. Rousseau is aware of the perverse quality of his pleasure in punishment, later to be termed masochism.

2. *plaque:* warming chamber. 2. *peignes:* combs. 5. *A qui... dégât?* Whom to blame for this damage? 19. *délit:* crime. 22. *amortir:* dull, deaden. 26. *Repris:* Reproved (and beaten). 27. *inébranlable:* unshakable.

pour la première fois en éprouve une si terrible de la part précisément des gens qu'il chérit et qu'il respecte le plus : quel renversement d'idées! quel désordre de sentiments! quel bouleversement dans son cœur, dans sa cervelle, dans tout son petit être intelligent et moral! Je dis qu'on s'imagine tout cela, s'il est possible : car pour moi je ne me sens pas capable de démêler, de suivre la moindre trace de tout ce qui se passait alors en moi.

Je n'avais pas encore assez de raison pour sentir combien les apparences me condamnaient, et pour me mettre à la place des autres. Je me tenais à la mienne, et tout ce que je sentais, c'était la rigueur d'un châtiment effroyable pour un crime que je n'avais pas commis. La douleur du corps, quoique vive, m'était peu sensible; je ne sentais que l'indignation, la rage, le désespoir. Mon cousin, dans un cas à peu près semblable, et qu'on avait puni d'une faute involontaire comme d'un acte prémédité, se mettait en fureur à mon exemple, et se montait,° pour ainsi dire, à mon unisson.° Tous deux dans le même lit, nous nous embrassions avec des transports convulsifs, nous étouffions;° et, quand nos jeunes cœurs un peu soulagés pouvaient exhaler leur colère, nous nous levions sur notre séant,° et nous nous mettions tous deux à crier cent fois de toute notre force : *carnifex! carnifex! carnifex!*°

Je sens en écrivant ceci que mon pouls s'élève encore; ces moments me seront toujours présents, quand je vivrais cent mille ans. Ce premier sentiment de la violence et de l'injustice est resté si profondément gravé dans mon âme que toutes les idées qui s'y rapportent me rendent ma première émotion; et ce sentiment, relatif à moi dans son origine, a pris une telle consistance en lui-même, et s'est tellement détaché de tout intérêt personnel, que mon cœur s'enflamme au spectacle ou au récit de toute action injuste, quel qu'en soit l'objet et en quelque lieu qu'elle se commette, comme si l'effet en retombait sur moi. Quand je lis les cruautés d'un tyran féroce, les subtiles noirceurs d'un fourbe de prêtre, je partirais volontiers pour aller poignarder ces misérables, dussé-je cent fois y

périr. Je me suis souvent mis en nage à poursuivre à la course° ou à coups de pierre un coq, une vache, un chien, un animal que je voyais en tourmenter un autre uniquement parce qu'il se sentait le plus fort. Ce mouvement peut m'être naturel, et je crois qu'il l'est; mais le souvenir profond de la première injustice que j'ai soufferte y fut trop longtemps et trop fortement lié pour ne l'avoir pas beaucoup renforcé.°

Là fut le terme de la sérénité de ma vie enfantine. Dès ce moment je cessai de jouir d'un bonheur pur, et je sens aujourd'hui même que le souvenir des charmes de mon enfance s'arrête là. Nous restâmes encore à Bossey quelques mois. Nous y fûmes comme on nous représente le premier homme encore dans le paradis terrestre, mais ayant cessé d'en jouir : c'était en apparence la même situation, et en effet une tout autre manière d'être. L'attachement, le respect, l'intimité, la confiance, ne liaient plus les élèves à leurs guides; nous ne les regardions plus comme des dieux qui lisaient dans nos cœurs; nous étions moins honteux de mal faire et plus craintifs d'être accusés : nous commencions à nous cacher, à nous mutiner, à mentir. Tous les vices de notre âge corrompaient notre innocence et enlaidissaient nos jeux. La campagne même perdit à nos yeux cet attrait de douceur et de simplicité qui va au cœur : elle nous semblait déserte et sombre; elle s'était comme couverte d'un voile qui nous en cachait les beautés. Nous cessâmes de cultiver nos petits jardins, nos herbes, nos fleurs. Nous n'allions plus gratter légèrement la terre, et crier de joie en découvrant le germe du grain que nous avions semé. Nous nous dégoûtâmes de cette vie; on se dégoûta de nous; mon oncle nous retira, et nous nous séparâmes de M. et Mlle Lambercier, rassasiés° les uns des autres, et regrettant peu de nous quitter.

Près de trente ans se sont passés depuis ma sortie de Bossey, sans que je m'en sois rappelé le séjour d'une manière agréable par des souvenirs un peu liés; mais, depuis qu'ayant passé l'âge mûr je décline vers la vieillesse, je sens que ces mêmes souvenirs renaissent tandis que les autres s'effacent, et se gravent dans ma mémoire

22. *se montait:* worked himself up. 23. *à mon unisson:* in unison with me. 25. *étouffions:* were choking (with rage). 28. *nous levions sur notre séant:* would sit up. 30. *carnifex:* executioner.

2. *à la course:* running. 9. Observe how Rousseau, like modern psychologists, relates his adult character to determining emotional experiences of childhood. 39. *rassasiés:* sated, "fed up."

avec des traits dont le charme et la force augmentent de jour en jour : comme si, sentant déjà la vie qui s'échappe, je cherchais à la ressaisir par ses commencements. Les moindres faits de ce temps-là me plaisent par cela seul qu'ils sont de ce temps-là. Je me rappelle toutes les circonstances des lieux, des personnes, des heures. Je vois la servante ou le valet agissant dans la chambre, une hirondelle entrant par la fenêtre, une mouche se poser sur ma main tandis que je récitais ma leçon; je vois tout l'arrangement de la chambre où nous étions; le cabinet de M. Lambercier à main droite, une estampe° représentant tous les papes, un baromètre, un grand calendrier, des framboisiers° qui, d'un jardin fort élevé dans lequel la maison s'enfonçait sur le derrière, venaient ombrager la fenêtre et passaient quelquefois jusqu'en dedans. Je sais bien que le lecteur n'a pas grand besoin de savoir tout cela, mais j'ai besoin, moi, de le lui dire. Que n'osé-je lui raconter de même toutes les petites anecdotes de cet heureux âge, qui me font encore tressaillir d'aise° quand je me les rappelle! cinq ou six surtout... Composons.° Je vous fais grâce des cinq; mais j'en veux une, une seule, pourvu qu'on me la laisse conter le plus longuement qu'il me sera possible, pour prolonger mon plaisir.

Si je ne cherchais que le vôtre, je pourrais choisir celle du derrière de Mlle Lambercier, qui, par une malheureuse culbute° au bas du pré,° fut étalé tout en plein devant le roi de Sardaigne° à son passage; mais celle du noyer° de la terrasse est plus amusante pour moi qui fus acteur, au lieu que je ne fus que spectateur de la culbute; et j'avoue que je ne trouvai pas le moindre mot pour rire à un accident qui, bien que comique en lui-même, m'alarmait pour une personne que j'aimais comme une mère.

O vous, lecteurs curieux de la grande histoire du noyer de la terrasse, écoutez-en l'horrible tragédie, et vous abstenez de frémir si vous pouvez!

Il y avait, hors la porte de la cour, une terrasse à gauche en entrant, sur laquelle on allait souvent s'asseoir l'après-midi, mais qui n'avait pas d'ombre. Pour lui en donner, M.

Lambercier y fit planter un noyer. La plantation de cet arbre se fit avec solennité : les deux pensionnaires° en furent les parrains : et, tandis qu'on comblait le creux,° nous tenions l'arbre chacun d'une main avec des chants de triomphe. On fit, pour l'arroser, une espèce de bassin tout autour du pied. Chaque jour, ardents spectateurs de cet arrosement, nous nous confirmions, mon cousin et moi, dans l'idée naturelle qu'il était plus beau de planter un arbre sur la terrasse qu'un drapeau sur la brèche,° et nous résolûmes de nous procurer cette gloire sans la partager avec qui que ce fût.

Pour cela nous allâmes couper une bouture° d'un jeune saule,° et nous la plantâmes sur la terrasse, à huit ou dix pieds de l'auguste noyer. Nous n'oubliâmes pas de faire aussi un creux autour de notre arbre; la difficulté était d'avoir de quoi le remplir : car l'eau venait d'assez loin, et on ne nous laissait pas courir pour en aller prendre. Cependant il en fallait absolument pour notre saule. Nous employâmes toutes sortes de ruses pour lui en fournir durant quelques jours; et cela nous réussit si bien que nous le vîmes bourgeonner° et pousser de petites feuilles dont nous mesurions l'accroissement d'heure en heure, persuadés, quoiqu'il ne fût pas à un pied de terre, qu'il ne tarderait pas à nous ombrager.

Comme notre arbre, nous occupant tout entiers, nous rendait incapables de toute application, de toute étude, que nous étions comme en délire, et que, ne sachant à qui nous en avions,° on nous tenait de plus court qu'auparavant, nous vîmes l'instant fatal où l'eau nous allait manquer, et nous nous désolions dans l'attente de voir notre arbre périr de sécheresse. Enfin la nécessité, mère de l'industrie, nous suggéra une invention pour garantir l'arbre et nous d'une mort certaine : ce fut de faire par-dessous terre une rigole° qui conduisît secrètement au saule une partie de l'eau dont on arrosait le noyer. Cette entreprise, exécutée avec ardeur, ne réussit pourtant pas d'abord. Nous avions si mal pris la pente que l'eau ne coulait point; la terre s'éboulait° et bouchait la rigole; l'entrée se remplissait d'ordures;° tout allait de

13. *estampe:* engraving. 15. *framboisiers:* raspberry bushes. 23. *tressaillir d'aise:* thrill with pleasure. 25. *Composons:* Let us compromise. 31. *culbute:* fall. 32. *au bas du pré:* at the lower end of the meadow. 33. *roi de Sardaigne:* King of Sardinia and Savoy. 33. *noyer:* walnut tree.

3. *pensionnaires:* boarders. 4. *comblait le creux:* were filling up the hole. 12. *brèche:* breach (of a city wall, in a siege). 14. *bouture:* slip. 15. *saule:* willow. 25. *bourgeonner:* bud. 34. *à qui nous en avions:* what we were after. 41. *rigole:* channel. 46. *s'éboulait:* kept caving in. 47. *ordures:* dirt.

travers. Rien ne nous rebuta : *Labor omnia vincit improbus.°* Nous creusâmes davantage la terre et notre bassin, pour donner à l'eau son écoulement; nous coupâmes des fonds de boîtes en petites planches étroites, dont les unes mises de plat à la file et d'autres posées en angle des deux côtés sur celles-là nous firent un canal triangulaire pour notre conduit. Nous plantâmes à l'entrée de petits bouts de bois mince et à claire-voie° qui, faisant une espèce de grillage, retenaient le limon° et les pierres sans boucher le passage à l'eau. Nous recouvrîmes soigneusement notre ouvrage de terre bien foulée;° et le jour où tout fut fait, nous attendîmes dans des transes° d'espérance et de crainte l'heure de l'arrosement. Après des siècles d'attente, cette heure vint enfin; M. Lambercier vint aussi à son ordinaire assister à l'opération, durant laquelle nous nous tenions tous deux derrière lui pour cacher notre arbre, auquel très heureusement il tournait le dos.

A peine achevait-on de verser le premier seau° d'eau que nous commençâmes d'en voir couler dans notre bassin. A cet aspect, la prudence nous abandonna; nous nous mîmes à pousser des cris de joie qui firent retourner M. Lambercier; et ce fut dommage, car il prenait grand plaisir à voir comment la terre du noyer était bonne et buvait avidement son eau. Frappé de la voir se partager en deux bassins, il s'écrie à son tour, regarde, aperçoit la friponnerie, se fait brusquement apporter une pioche,° donne un coup, fait voler deux ou trois éclats° de nos planches, et, criant à pleine tête; « Un aqueduc! un aqueduc! » il frappe de toutes parts des coups impitoyables, dont chacun portait° au milieu de nos cœurs. En un moment, les planches, le conduit, le bassin, le saule, tout fut détruit, tout fut labouré,° sans qu'il y eût, dans cette exécution terrible, nul autre mot prononcé, sinon l'exclamation qu'il répétait sans cesse : « Un aqueduc! s'écriait-il en brisant tout, un aqueduc! un aqueduc! »

On croira que l'aventure finit mal pour les petits architectes; on se trompera : tout fut fini. M. Lambercier ne nous dit pas un mot de reproche, ne nous fit pas plus mauvais visage et ne nous en parla plus; nous l'entendîmes même un peu après rire auprès de sa sœur à gorge déployée,° car le rire de M. Lambercier s'entendait de loin; et ce qu'il y eut de plus étonnant encore, c'est que, passé le premier saisissement, nous ne fûmes pas nous-mêmes fort affligés. Nous plantâmes ailleurs un autre arbre, et nous nous rappelions souvent la catastrophe du premier, en répétant entre nous avec emphase :° « Un aqueduc! un aqueduc! » Jusque-là j'avais eu des accès d'orgueil par intervalles, quand j'étais Aristide ou Brutus : ce fut ici mon premier mouvement de vanité bien marquée. Avoir pu construire un aqueduc de nos mains, avoir mis une bouture en concurrence° avec un grand arbre, me paraissait le suprême degré de la gloire. A dix ans j'en jugeais mieux que César à trente.

L'idée de ce noyer et la petite histoire qui s'y rapporte m'est si bien restée ou revenue qu'un de mes plus agréables projets dans mon voyage de Genève, en 1754, était d'aller à Bossey revoir les monuments des jeux de mon enfance, et surtout le cher noyer, qui devait alors avoir déjà le tiers d'un siècle. Je fus si continuellement obsédé, si peu maître de moi-même, que je ne pus trouver le moment de me satisfaire. Il y a peu d'apparence que cette occasion renaisse jamais pour moi; cependant je n'en ai pas perdu le désir avec l'espérance; et je suis presque sûr que si jamais, retournant dans ces lieux chéris, j'y retrouvais mon cher noyer encore en être, je l'arroserais de mes pleurs.

De retour à Genève, je passai deux ou trois ans chez mon oncle, en attendant que l'on résolût ce que l'on ferait de moi. Comme il destinait son fils au génie,° il lui fit apprendre un peu de dessin, et lui enseignait les *Éléments* d'Euclide.° J'apprenais tout cela par compagnie, et j'y pris goût, surtout au dessin. Cependant on délibérait si on me ferait horloger, procureur° ou ministre. J'aimais mieux être ministre, car je trouvais bien beau de prêcher, mais le petit revenu du bien de ma mère à partager entre mon frère et moi ne suffisait pas pour pousser mes études. Comme l'âge où j'étais ne rendait pas ce choix bien pressant encore, je restais en attendant

2. *Labor... improbus:* Persistent labor conquers all. 10. *à claire-voie:* in openwork. 11. *limon:* mud. 13. *foulée:* trampled down. 15. *transes:* frenzies. 23. *seau:* pail. 32. *pioche:* pick. 33. *éclats:* fragments. 37. *portait:* here, landed. 39. *labouré:* plowed up.

3. *à gorge déployée:* very loudly. 10. *emphase:* pompous affectation. 16. *concurrence:* competition. 37. *génie:* engineering. 38. Euclid, Greek geometrician, whose *Elements* were the standard geometry textbook until our own times. 41. *procureur:* lawyer.

chez mon oncle, perdant à peu près mon temps, et ne laissant pas de payer, comme il était juste, une assez forte pension.°

Mon oncle, homme de plaisir ainsi que mon père, ne savait pas comme lui se captiver° pour ses devoirs, et prenait assez peu de soin de nous. Ma tante était une dévote un peu piétiste, qui aimait mieux chanter les psaumes que de veiller à notre éducation. On nous laissait presque une liberté entière, dont nous n'abusâmes jamais. Toujours inséparables, nous nous suffisions l'un à l'autre, et, n'étant point tentés de fréquenter les polissons de notre âge, nous ne prîmes aucune des habitudes libertines que l'oisiveté nous pouvait inspirer. J'ai même tort de nous supposer oisifs, car de la vie nous ne le fûmes moins, et ce qu'il y avait d'heureux était que tous les amusements dont nous nous passionnions successivement nous tenaient ensemble occupés dans la maison, sans que nous fussions même tentés de descendre à la rue. Nous faisions des cages, des flûtes, des volants,° des tambours, des maisons, des *équiffles,*° des arbalètes.° Nous gâtions les outils de mon bon vieux grand-père pour faire des montres, à son imitation. Nous avions surtout un goût de préférence pour barbouiller° du papier, dessiner, laver,° enluminer, faire un dégât° de couleurs. Il vint à Genève un charlatan italien appelé Gamba-Corta; nous allâmes le voir une fois, et puis nous n'y voulûmes plus aller; mais il avait des marionnettes, et nous nous mîmes à faire des marionnettes; ses marionnettes jouaient des manières de comédies, et nous fîmes des comédies pour les nôtres. Faute de pratique,° nous contrefaisions° du gosier la voix de Polichinelle,° pour jouer ces charmantes comédies que nos pauvres bons parents avaient la patience de voir et d'entendre. Mais, mon oncle Bernard

ayant un jour lu dans la famille un très beau sermon de sa façon,° nous quittâmes les comédies, et nous nous mîmes à composer des sermons. Ces détails ne sont pas fort intéressants, je l'avoue; mais ils montrent à quel point il fallait que notre première éducation eût été bien dirigée, pour que, maîtres presque de notre temps et de nous dans un âge si tendre, nous fussions si peu tentés d'en abuser. Nous avions si peu besoin de nous faire des camarades que nous en négligions même l'occasion. Quand nous allions nous promener, nous regardions en passant leurs jeux sans convoitise,° sans songer même à y prendre part. L'amitié remplissait si bien nos cœurs qu'il nous suffisait d'être ensemble pour que les plus simples goûts fissent nos délices.

A force de nous voir inséparables, on y prit garde; d'autant plus que, mon cousin étant très grand et moi très petit, cela faisait un couple assez plaisamment assorti.° Sa longue figure effilée,° son petit visage de pomme cuite, son air mou, sa démarche° nonchalante, excitaient les enfants à se moquer de lui. Dans le patois du pays on lui donna le surnom de *Barnâ Bredanna;*° et, sitôt que nous sortions, nous n'entendions que *Barnâ Bredanna* tout autour de nous. Il endurait cela plus tranquillement que moi. Je me fâchai, je voulus me battre : c'était ce que les petits coquins demandaient. Je battis, je fus battu. Mon pauvre cousin me soutenait de son mieux; mais il était faible, d'un coup de poing on le renversait. Alors je devenais furieux. Cependant, quoique j'attrapasse force horions,° ce n'était pas à moi qu'on en voulait, c'était à *Barnâ Bredanna*; mais j'augmentai tellement le mal par ma mutine° colère que nous n'osions plus sortir qu'aux heures où on était en classe, de peur d'être hués° et suivis par les écoliers.

Me voilà déjà redresseur de torts.°

3. *pension:* fee for board and lodging. 5. *se captiver:* control himself. 22. *volants:* shuttlecocks. 23. *équiffles:* squirt guns. 24. *arbalètes:* crossbows. 27. *barbouiller:* bedaub. 28. *laver:* make water colors. 28. *dégât:* mess. 35. *pratique:* "squeaker" used to produce characteristic voice of Punch and Judy shows. 36. *contrefaisions:* would imitate. 36. *Polichinelle:* Punch.

2. *de sa façon:* of his own composition. 13. *convoitise:* envy. 21. *plaisamment assorti:* comically matched. 22. *effilée:* thin. 23. *démarche:* gait. 26. *Barnâ Bredanna:* Lazy Bernard. 34. *horions:* blows. 37. *mutine:* rebellious. 39. *hués:* hooted at. 40. *redresseur de torts:* righter of wrongs. (Most of Rousseau's work was inspired by protest.)

40. L'Esprit philosophique

The *esprit philosophique* has been sufficiently defined. (See pp. 299, 396.) Here are some examples of its manifestations.

BUFFON [1707–1788]

Georges-Louis Leclerc, comte de Buffon, was a Burgundian country gentleman with a passion for science. Appointed Director of the *Jardin du Roi*, now the *Jardin des Plantes* in Paris, he planned a gigantic synthesis of scientific knowledge. He had time to publish thirty-six volumes on geology, cosmology, mineralogy, and zoology. This was the first presentation of a precise, scientific view of the history of the physical world and its inhabitants.

The value of his scientific work is still disputed. He avoided conflict with the official cosmology of the Church; his prudence hampered his freedom of speculation. Nevertheless he established the theory of geological epochs; he recognized the development, mutability, and degeneration of species; he studied man in the scale of animal life. His recognition of modifications in organisms forecasts the work of his disciple Lamarck, who in turn influenced Darwin.

His chief service was as a *popularizer* and *generalizer of ideas*. His fame was worldwide. He gave natural history to literature; he fathered the great line of interpreters of nature that includes Thoreau, J. H. Fabre, and Rachel Carson.

His *Discours sur le style* was his formal speech at his reception by the *Académie française* in 1753. It is a defense of the academic expository style, which is still that of most of our formal writing. His contention is that we should try to attain in our careful words the kind of perfection that is manifest in the works of nature. He insists on a secure plan, on exactness and dignity of expression, on a correspondence between the theme, the choice of words, and the rhythmical flow. All this is good advice for students, and the *Discours* has been required reading in French schools for two hundred years.

His most famous phrase is "le style est l'homme même": the subject matter is free to all; the style, or ordering of his thoughts, is the author's only contribution. Evidently he meant that when a writer treats a subject like science he brings it to life, transmits it to the world, by the power of his style. But the phrase is usually taken in a larger sense: style is a quality of spirit, not a craft one learns. Is this true? Well, Buffon was a big, vigorous, upright man, earnest, laborious, dignified, and dominating; and so was his style.

Discours sur le style

[*Excerpts*]

...Il s'est trouvé dans tous les temps des hommes qui ont su commander aux autres par la puissance de la parole. Ce n'est néanmoins que dans les siècles éclairés que l'on a bien écrit et bien parlé. La véritable éloquence suppose l'exercice du génie° et la culture de l'esprit. Elle est bien différente de cette facilité naturelle de parler, qui n'est qu'un talent, une qualité accordée à tous ceux dont les passions sont fortes, 5 les organes souples et l'imagination prompte. Ces hommes sentent vivement, s'affectent de

1. *génie:* superior intelligence.

même, le marquent fortement au dehors; et par une impression purement mécanique, ils transmettent aux autres leur enthousiasme et leurs affections. C'est le corps qui parle au corps; tous les mouvements, tous les signes concourent et servent également. Que faut-il pour émouvoir la multitude et l'entraîner? Que faut-il pour ébranler la plupart même des autres hommes et les persuader? Un ton véhément et pathétique, des gestes expressifs et fréquents, des paroles rapides et sonnantes. Mais, pour le petit nombre de ceux dont la tête est ferme, le goût délicat et le sens exquis, et qui comme vous, Messieurs, comptent pour peu le ton, les gestes et le vain son des mots, il faut des choses, des pensées, des raisons; il faut savoir les présenter, les nuancer, les ordonner : il ne suffit pas de frapper l'oreille et d'occuper les yeux; il faut agir sur l'âme et toucher le cœur en parlant à l'esprit.

Le style n'est que l'ordre et le mouvement qu'on met dans ses pensées.° Si on les enchaîne étroitement, si on les serre, le style devient ferme, nerveux et concis; si on les laisse se succéder lentement, et ne se joindre qu'à la faveur des mots, quelque élégants qu'ils soient, le style sera diffus, lâche et traînant...

[*One must first labor to make a careful plan.*]

Ce plan n'est pas encore le style, mais il en est la base; il le soutient, il le dirige, il règle son mouvement et le soumet à des lois : sans cela, le meilleur écrivain s'égare, sa plume marche sans guide, et jette à l'aventure des traits irréguliers et des figures discordantes. Quelque brillantes que soient les couleurs qu'il emploie, quelques beautés qu'il sème dans les détails, comme l'ensemble choquera, ou ne se fera pas assez sentir, l'ouvrage ne sera point construit; et, en admirant l'esprit de l'auteur, on pourra soupçonner qu'il manque de génie.° C'est par cette raison que ceux qui écrivent comme ils parlent, quoiqu'ils parlent très bien, écrivent mal; que ceux qui s'abandonnent au premier feu de leur imagination prennent un ton qu'ils ne peuvent soutenir;° que ceux qui

craignent de perdre des pensées isolées, fugitives, et qui écrivent en différents temps des morceaux détachés, ne les réunissent jamais sans transitions forcées; qu'en un mot, il y a tant d'ouvrages faits de pièces de rapport,° et si peu qui soient fondus d'un seul jet.°

[*Beware of losing your design in a mass of details. Take counsel from nature, which subordinates parts to the whole.*]

C'est faute de plan, c'est pour n'avoir pas assez réfléchi sur son objet, qu'un homme d'esprit se trouve embarrassé et ne sait par où commencer à écrire. Il aperçoit à la fois un grand nombre d'idées; et, comme il ne les a ni comparées, ni subordonnées, rien ne le détermine à préférer les unes aux autres; il demeure donc dans la perplexité. Mais lorsqu'il se sera fait un plan, lorsqu'une fois il aura rassemblé et mis en ordre toutes les pensées essentielles à son sujet, il s'apercevra aisément de l'instant auquel il doit prendre la plume, il sentira le point de maturité de la production de l'esprit, il sera pressé de la faire éclore, il n'aura même que du plaisir à écrire : les idées se succéderont aisément, et le style sera naturel et facile; la chaleur naîtra de ce plaisir, se répandra partout et donnera de la vie à chaque expression; tout s'animera de plus en plus; le ton s'élèvera, les objets prendront de la couleur; et le sentiment, se joignant à la lumière, l'augmentera, la portera plus loin, la fera passer de ce que l'on dit à ce que l'on va dire, et le style deviendra intéressant et lumineux.

Rien ne s'oppose plus à la chaleur que le désir de mettre partout des traits saillants;° rien n'est plus contraire à la lumière qui doit faire un corps et se répandre uniformément dans un écrit,° que ces étincelles qu'on ne tire que par force en choquant les mots les uns contre les autres, et qui ne nous éblouissent pendant quelques instants, que pour nous laisser ensuite dans les ténèbres. Ce sont des pensées qui ne brillent que par l'opposition : l'on ne présente qu'un côté de l'objet, on met dans l'ombre toutes les autres faces : et ordinairement ce

22. A famous definition of style, which omits, however, all reference to verbal technique. 42. Perhaps a reference to Montesquieu's *Esprit des lois.* 47. Perhaps a dig at Diderot.

5. *pièces de rapport:* in sculpture, sections of a statue cast separately. 6. *fondus d'un seul jet:* cast in a single operation. 37. *traits saillants:* striking phrases. 40. I.e., in a written description, as in a painting, the source of light should be constant.

côté qu'on choisit est une pointe, un angle sur lequel on fait jouer l'esprit avec d'autant plus de facilité, qu'on l'éloigne davantage des grandes faces sous lesquelles le bon sens a coutume de considérer les choses.

Rien n'est encore plus opposé à la véritable éloquence que l'emploi de ces pensées fines et la recherche de ces idées légères, déliées,° sans consistance, et qui, comme la feuille du métal battu, ne prennent de l'éclat qu'en perdant de la solidité.° Aussi, plus on mettra de cet esprit mince et brillant dans un écrit, moins il aura de nerf, de lumière, de chaleur et de style; à moins que cet esprit ne soit lui-même le fond du sujet, et que l'écrivain n'ait pas eu d'autre objet que la plaisanterie : alors l'art de dire de petites choses devient peut-être plus difficile que l'art d'en dire de grandes.

Rien n'est plus opposé au beau naturel que la peine qu'on se donne pour exprimer des choses ordinaires ou communes d'une manière singulière ou pompeuse; rien ne dégrade plus l'écrivain. Loin de l'admirer, on le plaint d'avoir passé tant de temps à faire de nouvelles combinaisons de syllabes, pour ne dire que ce que tout le monde dit. Ce défaut est celui des esprits cultivés, mais stériles; ils ont des mots en abondance, point d'idées; ils travaillent donc sur les mots, et s'imaginent avoir combiné des idées parce qu'ils ont arrangé des phrases, et avoir épuré le langage quand ils l'ont corrompu en détournant les acceptions,° Ces écrivains n'ont point de style, ou, si l'on veut, ils n'en ont que l'ombre. Le style doit graver des pensées; ils ne savent que tracer des paroles.

Pour bien écrire, il faut donc posséder pleinement son sujet; il faut y réfléchir assez pour voir clairement l'ordre de ses pensées, et en former une suite, une chaine continue, dont chaque point représente une idée; et, lorsqu'on aura pris la plume, il faudra la conduire successivement sur ce premier trait,° sans lui permettre de s'en écarter, sans l'appuyer trop inégalement, sans lui donner d'autre mouvement que celui qui sera déterminé par l'espace qu'elle doit parcourir. C'est en cela que consiste la sévérité du style, c'est aussi ce qui en fera l'unité et ce qui en réglera la rapidité; et cela seul aussi suffira pour le rendre précis et simple, égal et clair, vif et suivi. A cette première règle, dictée par le génie, si l'on joint de la délicatesse et du goût, du scrupule sur le choix des expressions, de l'attention à ne nommer les choses que par les termes les plus généraux, le style aura de la noblesse.° Si l'on y joint encore de la défiance pour son premier mouvement, du mépris pour tout ce qui n'est que brillant, et une répugnance constante pour l'équivoque° et la plaisanterie, le style aura de la gravité, il aura même de la majesté. Enfin, si l'on écrit comme l'on pense, si l'on est convaincu de ce que l'on veut persuader, cette bonne foi avec soi-même, qui fait la bienséance pour les autres et la vérité du style, lui fera produire tout son effet, pourvu que cette persuasion intérieure ne se marque pas par un enthousiasme trop fort, et qu'il y ait partout plus de candeur que de confiance, plus de raison que de chaleur.

C'est ainsi, Messieurs, qu'il me semblait, en vous lisant, que vous me parliez, que vous m'instruisiez. Mon âme, qui recueillait avec avidité ces oracles de la sagesse, voulait prendre l'essor et s'élever jusqu'à vous; vains efforts! Les règles, disiez-vous encore, ne peuvent suppléer au génie; s'il manque, elles seront inutiles. Bien écrire, c'est tout à la fois bien penser, bien sentir et bien rendre; c'est avoir en même temps de l'esprit, de l'âme et du goût. Le style suppose la réunion et l'exercice de toutes les facultés intellectuelles; les idées seules forment le fond du style, l'harmonie des paroles n'en est que l'accessoire, et ne dépend que de la sensibilité des organes : il suffit d'avoir un peu d'oreille pour éviter les dissonances, et de l'avoir exercée, perfectionnée par la lecture des poètes et des orateurs, pour que mécaniquement on soit porté à l'imitation de la cadence poétique et des tours oratoires. Or jamais l'imitation n'a rien créé; aussi cette harmonie des mots ne fait ni le fond ni le ton du style, et se trouve souvent dans des écrits vides d'idées...

[*The tone, or suitability of the style to the subject, will be the natural product of the superior mind at work on a worthy theme.*]

8. *déliées:* delicate, subtle. 11. Probably a hit at Marivaux. 32. *acceptions:* accepted meanings. 42. *trait:* outline.

6. These statements apply only to the classic-academic style. The use of general terms indeed confers a tone of *noblesse;* but we do not usually prize *noblesse,* and we demand the specific. 9. *équivoque:* double meaning.

Les ouvrages bien écrits seront les seuls qui passeront à la postérité : la quantité des connaissances, la singularité des faits, la nouveauté même des découvertes ne sont pas de sûrs garants de l'immortalité; si les ouvrages qui les contiennent ne roulent que sur de petits objets, s'ils sont écrits sans goût, sans noblesse et sans génie, ils périront, parce que les connaissances, les faits et les découvertes s'enlèvent aisément, se transportent et gagnent même à être mis en œuvre par des mains plus habiles. Ces choses sont hors de l'homme, le style est l'homme même.° Le style ne peut donc ni s'enlever, ni se transporter, ni s'altérer : s'il est élevé, noble, sublime, l'auteur sera également admiré dans tous les temps; car il n'y a que la vérité qui soit durable et même éternelle. Or un beau style n'est tel en effet que par le nombre infini des vérités qu'il présente. Toutes les beautés intellectuelles qui s'y trouvent, tous les rapports dont il est composé, sont autant de vérités aussi utiles et peut-être plus précieuses pour l'esprit humain que celles qui peuvent faire le fond du sujet...

1. See p. 446.

CHAMFORT [1741–1794]

Sébastien-Roch Nicolas, who took the name of Chamfort, was an illegitimate child who never knew his father. As a student living on scholarships he showed brilliant promise. He tried free-lancing in Paris, wrote the usual comedies and miscellanies, mingled with the *philosophes*, and, thanks to his personal charm, had some access to high society. At thirty he was attacked by a repulsive skin disease, which became chronic and condemned him to relative solitude.

Illegitimate, ill, poor, and embittered, he blamed society for the destruction of his life (see the *Neveu de Rameau*). He embraced the Revolution with ardor, thus taking revenge on guilty society. But the extremists outdistanced him. During the Terror of 1793 he was arrested as a moderate. He shot himself, and finding himself still alive, tried to finish himself off with a razor. Horribly mutilated, he lingered for some months.

All that we read of him today are his *Maximes et pensées*. They are a denunciation of the social structure and the human products of the Old Régime, and thus represent the *esprit philosophique*. As historical testimony they are to be treated with caution; they are conceived in the bitter heart of a man mistreated by the world he pictures. But their skillful use of satire, irony, and mockery gives them a high standing in the literature of sententious misanthropy, which goes back at least to Ecclesiastes.

Maximes et pensées

MAXIMES GÉNÉRALES

[1] Ce serait une chose curieuse qu'un livre qui indiquerait toutes les idées corruptrices de l'esprit humain, de la société, de la morale, et qui se trouvent développées ou supposées dans les écrits les plus célèbres, dans les auteurs les plus consacrés; les idées qui propagent la superstition religieuse, les mauvaises maximes politiques, le despotisme, la vanité de rang, les préjugés populaires de toute espèce. On verrait que presque tous les livres sont des corrupteurs, que les meilleurs font presque autant de mal que de bien.

[2] En général, si la société n'était pas une composition factice,° tout sentiment simple et vrai ne produirait pas le grand effet qu'il produit. Il plairait sans étonner. Mais il étonne et il plaît. Notre surprise est la satire de la société, et notre plaisir est un hommage à la Nature.

[3] La meilleure philosophie, relativement au monde, est d'allier, à son égard, le sarcasme de la gaîté avec l'indulgence du mépris.

5. *factice:* factitious, artificial.

[4] Le monde physique paraît l'ouvrage d'un Être puissant et bon, qui a été obligé d'abandonner à un Être malfaisant l'exécution d'une partie de son plan. Mais le monde moral paraît être le produit des caprices d'un diable devenu fou.

[5] Qu'est-ce qu'un philosophe? C'est un homme qui oppose la nature à la loi, la raison à l'usage, sa conscience à l'opinion, et son jugement à l'erreur.

[6] Il y a peu d'hommes qui se permettent un usage vigoureux et intrépide de leur raison, et osent l'appliquer à tous les objets dans toute sa force. Le temps est venu où il faut l'appliquer à tous les objets de la morale, de la politique et de la société, aux rois, aux ministres, aux grands, aux philosophes, aux principes des sciences, des beaux-arts, etc.; sans quoi, on restera dans la médiocrité.

[7] Les fléaux physiques et les calamités de la nature humaine ont rendu la société nécessaire. La société a ajouté aux malheurs de la nature. Les inconvénients de la société ont amené la nécessité du gouvernement, et le gouvernement ajoute aux malheurs de la société. Voilà l'histoire de la nature humaine.

[8] Le théâtre tragique a le grand inconvénient moral de mettre trop d'importance à la vie et à la mort.

[9] La plus perdue de toutes les journées est celle où l'on n'a pas ri.

[10] Vivre est une maladie dont le sommeil nous soulage toutes les seize heures. C'est un palliatif. La mort est le remède.

DE LA SOCIÉTÉ

[1] Je conseillerais à quelqu'un qui veut obtenir une grâce d'un Ministre de l'aborder d'un air triste, plutôt que d'un air riant. On n'aime pas à voir plus heureux que soi.

[2] Les courtisans sont des pauvres enrichis par la mendicité.

PENSÉES MORALES

[1] Le sentiment qu'on a pour la plupart des bienfaiteurs ressemble à la reconnaissance qu'on a pour les arracheurs de dents. On se dit qu'ils vous ont fait du bien, qu'ils vous ont délivré d'un mal, mais on se rappelle la douleur qu'ils ont causée, et on ne les aime guère avec tendresse.

[2] Ce que j'ai appris, je ne le sais plus. Le peu que je sais encore, je l'ai deviné.

DES FEMMES, DE L'AMOUR, DU MARIAGE ET DE LA GALANTERIE

[1] L'amour, tel qu'il existe dans la société, n'est que l'échange de deux fantaisies et le contact de deux épidernes.

[2] Il y a telle fille qui trouve à se vendre, et ne trouverait pas à se donner.

[3] On dit communément : la plus belle femme du monde ne peut donner que ce qu'elle a ; ce qui est très faux. Elle donne précisément ce qu'on croit recevoir, puisqu'en ce genre c'est l'imagination qui fait le prix de ce qu'on reçoit.

DES SAVANTS ET DES GENS DE LETTRES

[1] Les économistes sont des chirurgiens qui ont un excellent scalpel et un bistouri ébréché,° opérant à merveille sur le mort et martyrisant le vif.

DE L'ESCLAVAGE ET DE LA LIBERTÉ

[1] Il n'y a d'histoire digne d'attention que celle des peuples libres. L'histoire des peuples soumis au despotisme n'est qu'un recueil d'anecdotes.

[2] Il est malheureux pour les hommes, heureux peut-être pour les tyrans, que les pauvres, les malheureux, n'aient pas l'instinct ou la fierté de l'éléphant, qui ne se reproduit point dans la servitude.

[3] La plupart des institutions sociales paraissent avoir pour objet de maintenir l'homme dans une médiocrité d'idées et de sentiments qui le rendent plus propre à gouverner ou à être gouverné.

31. *bistouri ébréché:* nicked lancet.

BEAUMARCHAIS [1732–1799]

The formalized social structure of eighteenth-century France afforded many an opportunity to the brilliant adventurer who could infiltrate the system to his advantage. Beaumarchais (the name was his own creation) was such a brilliant adventurer. Pierre-Augustin Caron, born the son of a watchmaker, became music tutor for Louis XVI's daughters, secret-service agent (and apparently a double-crosser), speculator in big business and, occasionally, a prisoner; he was a type of go-getter, an operator. America has reason to be grateful for his organization of munitions supply to the rebellious Republic before France declared its alliance. And we have some reason to be ashamed, because Beaumarchais and his heirs were never repaid for their outlays and services.

He found time to write a number of plays, of which two—aided by Rossini and Mozart—have gained persistent fame : *Le Barbier de Séville* and *Le Mariage de Figaro*.

The sharp social criticism in *Le Mariage* alarmed the censors. Louis XVI read the script and exclaimed : "Cela ne sera jamais joué!... Cet homme se joue de tout ce qu'il faut respecter dans un gouvernement!" But Marie-Antoinette and others intervened, and the play was triumphantly performed (three women were crushed to death—a new record) in April 1784.

The play is a farce, incorporating political and social comedy, like the work of Aristophanes. Figaro, valet of Comte Almaviva, is about to marry the *femme de chambre*, Suzanne. The Comte attempts to obtain her favors before the marriage. The main action is the contest between the Comte and Figaro.

We give the famous monologue of Figaro. Figaro is a descendant of the classic intriguing valet, like Covielle in *Le Bourgeois gentilhomme*. But he has risen in the world; he has had a bourgeois education; he is a victim of society, like Rameau, like Chamfort. All his wit, energy, competence, and shrewdness can hardly prevail against the system. He is the mouthpiece of the author; he *is* the author, in his protest against privilege and the established injustices of absolutism, of the courts, of money power, of birth and rank. King Louis was quite right; Figaro indeed represents subversion of the old order.

Le Monologue de Figaro

FIGARO (*seul, se promenant dans l'obscurité, dit du ton le plus sombre*): O femme! femme! femme! créature faible et décevante!... nul animal créé ne peut manquer à son instinct; le tien est-il donc de tromper?... Non, Monsieur le Comte, vous ne l'aurez pas... vous ne l'aurez pas... Parce que vous êtes un grand Seigneur, vous vous croyez un grand génie!...° Noblesse, fortune, un rang, des places : tout cela rend si fier! Qu'avez-vous fait pour tant de biens! Vous vous êtes donné la peine de naître, et rien de plus; du reste, homme assez ordinaire! tandis que moi, morbleu! perdu dans la foule obscure, il m'a fallu déployer plus de science et de calculs pour subsister seulement, qu'on n'en a mis depuis cent ans à gouverner toutes les Espagnes : et vous voulez jouter.° On vient... c'est elle... ce n'est personne. —La nuit est noire en diable, et me voilà faisant le sot métier de mari, quoique je ne le sois qu'à moitié! (*Il s'assied sur un banc.*) Est-il rien de plus bizarre que ma destinée! Fils de je ne sais pas qui, volé par des bandits, élevé dans leurs mœurs, je m'en dégoûte et veux courir une carrière honnête; et partout je suis repoussé! J'apprends la chimie, la pharmacie, la chirurgie, et tout le crédit d'un grand Seigneur peut à peine me mettre à la main une lancette vétérinaire!

10. *vous vous croyez un grand génie*: you think you possess great gifts.

4. *jouter*: joust, compete.

— Las d'attrister des bêtes malades et pour faire un métier contraire, je me jette à corps perdu° dans le théâtre : me fussé-je mis une pierre au cou!° Je broche° une comédie dans les mœurs du sérail; auteur espagnol, je crois pouvoir y fronder° Mahomet sans scrupule : à l'instant, un envoyé... de je ne sais où, se plaint de ce que j'offense dans mes vers la Sublime-Porte,° la Perse, une partie de la presqu'île de l'Inde, toute l'Égypte, les royaumes de Barca, de Tripoli, de Tunis, d'Alger et de Maroc : et voilà ma comédie flambée,° pour plaire aux princes mahométans, dont pas un, je crois, ne sait lire, et qui nous meurtrissent l'omoplate,° en nous disant : *Chiens de chrétiens!* — Ne pouvant avilir l'esprit, on se venge en le mal-traitant. — Mes joues creusaient; mon terme était échu; je voyais de loin arriver l'affreux recors,° la plume fichée dans sa perruque : en frémissant, je m'évertue.° Il s'élève une question sur la nature des richesses, et, comme il n'est pas nécessaire de tenir les choses pour en raisonner, n'ayant pas un sol, j'écris sur la valeur de l'argent et sur son produit net; sitôt je vois, du fond d'un fiacre, baisser pour moi le pont° d'un château fort,° à l'entrée duquel je laissai l'espérance et la liberté. (*Il se lève.*) Que je voudrais bien tenir un de ces puissants de quatre jours, si légers sur le mal qu'ils ordonnent, quand une bonne disgrâce a cuvé° son orgueil! je lui dirais... que les sottises imprimées n'ont d'im-portance qu'aux lieux où l'on en gêne le cours; que, sans la liberté de blâmer, il n'est point d'éloge flatteur, et qu'il n'y a que les petits hommes qui redoutent les petits écrits. (*Il se rassied.*) Las de nourrir un obscur pensionnaire, on me met un jour dans la rue; et comme il faut dîner quoiqu'on ne soit plus en prison, je taille° encore ma plume, et demande à chacun de quoi il est question : on me dit que pendant ma retraite économique il s'est établi dans Madrid un système de liberté sur la vente des productions, qui s'étend même à celles de la presse; et que, pourvu que je ne parle en mes écrits ni de l'autorité, ni du culte, ni de la politique, ni de la morale, ni des gens en place,

ni des corps° en crédit, ni de l'Opéra, ni des autres spectacles, ni de personne qui tienne à quelque chose, je puis tout imprimer librement, sous l'inspection de deux ou trois censeurs. Pour profiter de cette douce liberté, j'annonce un écrit périodique, et, croyant n'aller sur les brisées° d'aucun autre, je le nomme *Journal inutile.* Pou-ou!° je vois s'élever contre moi mille pauvres diables à la feuille;° on me supprime, et me voilà derechef° sans emploi! — Le déses-poir m'allait saisir; on pense à moi pour une place, mais par malheur j'y étais propre : il fallait un calculateur, ce fut un danseur qui l'obtint. Il ne me restait plus qu'à voler; je me fais banquier de pharaon:° alors, bonnes gens! je soupe en ville, et les personnes dites *comme il faut* m'ouvrent poliment leur maison en retenant pour elles les trois quarts du profit.° J'aurais bien pu me remonter; je commençais même à comprendre que, pour gagner du bien, le savoir-faire vaut mieux que le savoir. Mais comme chacun pillait autour de moi en exi-geant que je fusse honnête, il fallut bien périr encore. Pour le coup je quittais° le monde, et vingt brasses° d'eau m'en allaient séparer, lorsqu'un Dieu bienfaisant m'appelle à mon premier état. Je reprends ma trousse° et mon cuir° anglais; puis laissant la fumée° aux sots qui s'en nourrissent, et la honte au milieu du chemin, comme trop lourde à un piéton, je vais rasant de ville en ville, et je vis enfin sans souci. Un grand seigneur passe à Séville; il me recon-naît, je le marie,° et pour prix d'avoir eu par mes soins son épouse, il veut intercepter la mienne! Intrigue, orage à ce sujet. Prêt à tomber dans un abîme, au moment d'épouser ma mère, mes parents m'arrivent à la file.° (*Il se lève en s'échauffant.*) On se débat; c'est vous, c'est lui, c'est moi, c'est toi; non, ce n'est pas nous : eh mais, qui donc? (*Il retombe assis.*) O bizarre suite d'événements! Comment cela m'est-il arrivé? Pourquoi ces choses et non pas d'autres? Qui les a fixées sur ma tête? Forcé de parcourir la route où je suis entré sans

3. *à corps perdu:* recklessly. 3–4. *me fussé-je... cou!* I'd have done better to drown myself! 4. *broche:* patch together. 6. *fronder:* mock. 9. *Sublime-Porte:* Sultan of Turkey. 12. *flambée:* done for. 14. *nous meurtrissent l'omoplate:* beat our backs. 19. *recors:* bailiff. 20. *m'évertue:* struggle (to gain a living). 25. *pont:* drawbridge. 26. *château fort:* prison. 30. *cuvé:* dissipated. 39. *taille:* trim (a goose quill pen).

1. *corps:* organizations. 7. *aller sur les brisées:* compete with. 8. *Pou-ou!* Ejaculation suggesting horrified wonder-ment. 9. *à la feuille:* paid by the page; hacks. 10. *derechef:* again. 15. *banquier de pharaon:* faro dealer. 18. See *Candide,* ch. XXII. 24. *je quittais:* I was about to leave. 25. *brasses:* fathoms. 27. *trousse:* barber's kit. 28. *cuir:* strop. 28. *fumée:* fame. 32–33. *Un grand seigneur... marie:* This is the story of *Le Barbier de Séville.* 37. Reference to preceding action of play.

le savoir, comme j'en sortirai sans le vouloir, je l'ai jonchée° d'autant de fleurs que ma gaieté me l'a permis : encore je dis ma gaieté, sans savoir si elle est à moi plus que le reste, ni même quel est ce *moi* dont je m'occupe : un assemblage informe de parties inconnues, puis un chétif être imbécile, un petit animal folâtre, un jeune homme ardent au plaisir, ayant tous les goûts pour jouir, faisant tous les métiers pour vivre; maître ici, valet là, selon qu'il plaît 10

2. *jonchée:* heaped, strewn.

à la fortune! ambitieux par vanité, laborieux par nécessité, mais paresseux... avec délices! orateur selon le danger, poète par délassement,° musicien par occasion, amoureux par folles bouffées,° j'ai tout vu, tout fait, tout usé. Puis l'illusion s'est détruite, et trop désabusé... Désabusé! — Suzon,° Suzon, Suzon! que tu me donnes de tourments! —J'entends marcher... on vient. Voici l'instant de la crise. (*Il se retire.*)

3. *délassement:* diversion. 5. *bouffées:* gusts. 7. *Suzon:* diminutive of *Suzanne*.

CONDORCET [1743–1794]

Marie-Jean-Antoine-Nicolas Caritat, marquis de Condorcet, incarnates the idealism of the *esprit philosophique*. He was a mathematician, scientist, economic statistician, political and social theorist, and literary critic. He hailed the American Revolution as a great social achievement, and was in turn hailed by the Americans as a sympathetic spirit. He was proud indeed to be named an honorary citizen of New Haven, Connecticut.

The French Revolution of 1789 seemed at first the fulfillment of his utopian dreams. He was elected to the ruling Convention; however, he opposed the trial of Louis XVI (January 1793) on the ground that the King should not be held responsible for acts which were not crimes under the old laws. But the King was condemned and so was Condorcet, as a counterrevolutionary. He went into hiding for nine months, and emerged only to avoid compromising the good woman who had given him refuge. He was arrested and poisoned himself to escape the guillotine.

During his last reclusion he wrote his *Esquisse d'un tableau historique des progrès de l'esprit humain*. Most of it is a history, in nine epochs, of man's upward climb. The last epoch, from which our selections are taken, is a glorious vision of the future. Condorcet sees man as indefinitely perfectible and foresees the attainment of universal well-being by the improvement of social institutions. We may now judge his prophecies and estimate how much or how little they have been fulfilled in something short of two centuries. At least we must recognize the noble example of the author, proclaiming his faith in the very society that hunted him down and killed him because of it.

Des progrès futurs de l'esprit humain

Si l'homme peut prédire, avec une assurance presque entière, les phénomènes dont il connaît les lois; si lors même qu'elles lui sont inconnues, il peut, d'après l'expérience du passé, prévoir avec une grande probabilité les événements de l'avenir; pourquoi regarderait-on comme une entreprise chimérique celle de tracer avec quelque vraisemblance, le tableau des destinées futures de l'espèce humaine, d'après

les résultats de son histoire? Le seul fondement de croyance dans les sciences naturelles est cette idée que les lois générales, connues ou ignorées, qui règlent les phénomènes de l'univers, sont nécessaires et constantes; et par quelle raison ce principe serait-il moins vrai pour le développement des facultés intellectuelles et morales de l'homme, que pour les autres opérations de la nature? Enfin, puisque des opinions formées d'après l'expérience du passé, sur des objets du même ordre, sont la seule règle de la conduite des hommes les plus sages, pourquoi interdirait-on

au philosophe d'appuyer ses conjectures sur cette même base, pourvu qu'il n'e leur attribue pas une certitude supérieure à celle qui peut naître du nombre, de la constance, de l'exactitude des observations?

Nos espérances, sur l'état à venir de l'espèce humaine, peuvent se réduire à ces trois points importants : la destruction de l'inégalité entre les nations; les progrès de l'égalité dans un même peuple; enfin, le perfectionnement réel de l'homme. Toutes les nations doivent-elles se rapprocher un jour de l'état de civilisation où sont parvenus les peuples les plus éclairés, les plus libres, les plus affranchis de préjugés, tels que les Français et les Anglo-Américains? Cette distance immense qui sépare ces peuples de la servitude des nations soumises à des rois, de la barbarie des peuplades africaines, de l'ignorance des sauvages, doit-elle peu à peu s'évanouir?°

Y a-t-il, sur le globe, des contrées dont la nature ait condamné les habitants à ne jamais jouir de la liberté, à ne jamais exercer leur raison?

Cette différence de lumières, de moyens ou de richesses, observée jusqu'à présent chez tous les peuples civilisés, entre les différentes classes qui composent chacun d'eux; cette inégalité, que les premiers progrès de la société ont augmentée, et pour ainsi dire produite, tient-elle à la civilisation même, ou aux imperfections actuelles de l'art social? doit-elle continuellement s'affaiblir pour faire place à cette égalité de fait, dernier but de l'art social, qui, diminuant même les effets de la différence naturelle des facultés, ne laisse plus subsister qu'une inégalité utile à l'intérêt de tous, parce qu'elle favorisera les progrès de la civilisation, de l'instruction et de l'industrie, sans entraîner ni dépendance, ni humiliation, ni appauvrissement? En un mot, les hommes approcheront-ils de cet état, où tous auront les lumières nécessaires pour se conduire d'après leur propre raison dans les affaires communes de la vie, et la maintenir exempte de préjugés; pour bien connaître leurs droits et les exercer d'après leur opinion et leur conscience où tous pourront, par le développement de leurs facultés, obtenir des moyens sûrs de pourvoir à leurs besoins; où enfin, la stupidité et la misère ne seront plus que des accidents, et non l'état habituel d'une portion de la société?

19. Have we progressed in this respect?

Enfin, l'espèce humaine doit-elle s'améliorer, soit par de nouvelles découvertes dans les sciences et dans les arts, et par une conséquence nécessaire, dans les moyens de bien-être particulier et de prospérité commune; soit par des progrès dans les principes de conduite et dans la morale pratique; soit enfin par le perfectionnement réel des facultés intellectuelles, morales et physiques, qui peut être également la suite, ou de celui des instruments qui augmentent l'intensité ou dirigent l'emploi de ces facultés, ou même de celui de l'organisation naturelle?

En répondant à ces trois questions, nous trouverons, dans l'expérience du passé, dans l'observation des progrès que les sciences, que la civilisation ont faits jusqu'ici; dans l'analyse de la marche de l'esprit humain et du développement de ses facultés, les motifs les plus forts de croire que la nature n'a mis aucun terme à nos espérances.

[*The republican principle has made great gains. Exploitation of primitive peoples is dwindling, and slavery is protested. Inequality in distribution of wealth, in security, in education, is being reduced. Applied science is due for a vast, beneficent development.*]

Si nous passons aux arts dont la théorie dépend de ces mêmes sciences, nous verrons que les progrès qui doivent suivre ceux de cette théorie, ne doivent pas avoir d'autres limites; que les procédés des arts sont susceptibles du même perfectionnement, des mêmes simplifications que les méthodes scientifiques; que les instruments, que les machines, les métiers° ajouteront de plus en plus à la force, à l'adresse des hommes, augmenteront à la fois la perfection et la précision des produits, en diminuant et le temps et le travail nécessaires pour les obtenir; alors disparaîtront les obstacles qu'opposent encore à ces mêmes progrès et les accidents qu'on apprendrait à prévoir, à prévenir, et l'insalubrité, soit des travaux, soit des habitudes, soit des climats.

Alors un espace de terrain de plus en plus resserré pourra produire une masse de denrées° d'une plus grande utilité ou d'une valeur plus haute; des jouissances plus étendues pourront être obtenues avec une moindre consommation;

36. *métiers:* looms. 47. *denrées:* goods.

le même produit de l'industrie répondra à une moindre destruction de productions premières, ou deviendra d'un usage plus durable. L'on saura choisir, pour chaque sol, les productions qui sont relatives à plus de besoins entre les productions qui peuvent satisfaire aux besoins d'un même genre, celles qui satisfont une plus grande masse, en exigeant moins de consommation réelle. Ainsi, sans aucun sacrifice, les moyens de conservation, d'économie dans la consommation, suivront les progrès de l'art de reproduire les diverses substances, de les préparer, d'en fabriquer les produits.

Ainsi, non seulement le même espace de terrain pourra nourrir plus d'individus; mais chacun d'eux, moins péniblement occupé, le sera d'une manière plus productive, et pourra mieux satisfaire à ces besoins.

Mais dans ces progrès de l'industrie et du bien-être, dont il résulte une proportion plus avantageuse entre les facultés, et l'homme, et ses besoins, chaque génération, soit par ces progrès, soit par la conservation des produits d'une industrie antérieure, est appelée à des jouissances plus étendues, et dès lors, par une suite de la constitution physique de l'espèce humaine, à un accroissement dans le nombre des individus; alors, ne doit-il pas arriver un terme où ces lois, également nécessaires, viendraient à se contrarier? où l'augmentation du nombre des hommes surpassant celle de leurs moyens, il en résulterait nécessairement sinon une diminution continue de bien-être et de population, une marche vraiment rétrograde, du moins une sorte d'oscillation entre le bien et le mal? Cette oscillation dans les sociétés arrivées à ce terme, ne serait-elle pas une cause toujours subsistante de misères en quelque sorte periodiques? Ne marquerait-elle pas la limite où toute amélioration deviendrait impossible, et à la perfectibilité de l'espèce humaine, le terme qu'elle atteindrait dans l'immensité des siècles, sans pouvoir jamais le passer?°

Il n'est personne qui ne voie sans doute combien ce temps est éloigné de nous; mais devons-nous y parvenir un jour? Il est également impossible de prononcer pour ou contre la réalité future d'un événement, qui ne se réaliserait qu'à une époque où l'espèce humaine aurait nécessairement acquis des lumières dont

43. The population explosion?

nous pouvons à peine nous faire une idée. Et qui, en effet, oserait deviner ce que l'art de convertir les éléments en substances propres à notre usage doit devenir un jour?°

Mais en supposant que ce terme dût arriver, il n'en résulterait rien d'effrayant, ni pour le bonheur de l'espèce humaine, ni pour sa perfectibilité indéfinie; si on suppose qu'avant ce temps les progrès de la raison aient marché de pair avec ceux des sciences et des arts, que les ridicules préjugés de la superstition aient cessé de répandre sur la morale une austérité qui la corrompt et la dégrade au lieu de l'épurer et de l'élever; les hommes sauront alors que, s'ils ont des obligations à l'égard des êtres qui ne sont pas encore, elles ne consistent pas à leur donner l'existence, mais le bonheur; elles ont pour objet le bien-être général de l'espèce humaine ou de la société dans laquelle ils vivent, de la famille à laquelle ils sont attachés; et non la puérile idée de charger la terre d'êtres inutiles et malheureux.° Il pourrait donc y avoir une limite à la masse possible des subsistances, et par conséquent à la plus grande population possible, sans qu'il en résultât cette destruction prématurée, si contraire à la nature et à la prospérité sociale d'une partie des êtres qui ont reçu la vie.

[*We need more secure information, a statistical basis for our sociological determinations. We need a new moral education for free men.*]

Toutes ces observations enfin que nous nous proposons de développer dans l'ouvrage même,° ne prouvent-elles pas que la bonté morale de l'homme, résultat nécessaire de son organisation, est, comme toutes les autres facultés, susceptible d'un perfectionnement indéfini, et que la nature lie, par une chaîne indissoluble, la vérité, le bonheur et la vertu?

Parmi les progrès de l'esprit humain les plus importants pour le bonheur général, nous devons compter l'entière destruction des préjugés qui ont établi entre les deux sexes une inégalité de droits funeste à celui même qu'elle favorise. On chercherait en vain des motifs de la justifier, par les différences de leur organisation physique, par celle qu'on voudrait trouver dans la force de

4. The technological revolution? 22. Planned parenthood? 34. The book from which we are quoting was offered as a mere *esquisse* for a much larger work.

leur intelligence, dans leur sensibilité morale. Cette inégalité n'a eu d'autre origine que l'abus de la force, et c'est vainement qu'on a essayé depuis de l'excuser par des sophismes.

Nous montrerons combien la destruction des usages autorisés par ce préjugé, des lois qu'il a dictées, peut contribuer à augmenter le bonheur des familles, à rendre communes les vertus domestiques, premier fondement de toutes les autres; à favoriser les progrès de l'instruction, et surtout à la rendre vraiment générale; soit parce qu'on l'étendrait aux deux sexes avec plus d'égalité, soit parce qu'elle ne peut devenir générale, même pour les hommes, sans le concours des mères de famille. Cet hommage trop tardif, rendu enfin à l'équité et au bon sens, ne tarirait-il pas une source trop féconde d'injustices, de cruautés et de crimes, en faisant disparaître une opposition si dangereuse entre le penchant naturel le plus vif, le plus difficile à réprimer, et les devoirs de l'homme, ou les intérêts de la société? Ne produirait-il pas enfin ce qui n'a jamais été jusqu'ici qu'une chimère : des mœurs nationales, douces et pures, formées, non de privations orgueilleuses, d'apparences hypocrites, de réserves imposées par la crainte de la honte ou les terreurs religieuses, mais d'habitudes librement contractées, inspirées par la nature, avouées par la raison?

Les peuples plus éclairés, se ressaisissant du droit de disposer eux-mêmes de leur sang et de leurs richesses, apprendront peu à peu à regarder la guerre comme le fléau le plus funeste, comme le plus grand des crimes. On verra d'abord disparaître celles où usurpateurs de la souveraineté des nations les entraînaient, pour de prétendus droits héréditaires.

Les peuples sauront qu'ils ne peuvent devenir conquérants sans perdre leur liberté; que des confédérations perpétuelles sont le seul moyen de maintenir leur indépendance; qu'ils doivent chercher la sûreté et non la puissance. Peu à peu les préjugés commerciaux se dissiperont; un faux intérêt mercantile perdra l'affreux pouvoir d'ensanglanter la terre, et de ruiner les nations sous prétexte de les enrichir. Comme les peuples se rapprocheront enfin dans les principes de la politique et de la morale, comme chacun d'eux, pour son propre avantage, appellera les étrangers à un partage plus égal des biens qu'il doit à la nature ou à son industrie, toutes ces causes qui produisent. enveniment, perpétuent les haines nationales, s'évanouiront peu à peu, elles ne fourniront plus à la fureur belliqueuse ni aliment, ni prétexte.

Des institutions, mieux combinées que ces projets de paix perpétuelle, qui ont occupé le loisir et consolé l'âme de quelques philosophes, accéléreront les progrès de cette fraternité des nations; et les guerres entre les peuples, comme les assassinats, seront au nombre de ces atrocités extraordinaires qui humilient et révoltent la nature, qui impriment un long opprobre sur le pays, sur le siècle dont les annales en ont été souillées.

[*Forecast of beaux-arts, of scientific education, of new political science. Necessity of a universal language.*]

Nous pourrions conclure déjà que la perfectibilité de l'homme est indéfinie; et cependant, jusqu'ici, nous ne lui avons supposé que les mêmes facultés naturelles, la même organisation. Quelles seraient donc la certitude, l'étendue de ses espérances, si l'on pouvait croire que ces facultés naturelles elles-mêmes, cette organisation, sont aussi susceptibles de s'améliorer — et c'est la dernière question qu'il nous reste à examiner!

La perfectibilité ou la dégénération organiques des races dans les végétaux, dans les animaux, peut être regardée comme une des lois générales de la nature.

Cette loi s'étend à l'espèce humaine, et personne ne doutera sans doute que les progrès dans la médecine conservatrice, l'usage d'aliments et de logements plus sains, une manière de vivre qui développerait les forces par l'exercice, sans les détruire par des excès; qu'enfin, la destruction des deux causes les plus actives de dégradation, la misère et la trop grande richesse, ne doivent prolonger, pour les hommes, la durée de la vie commune, leur assurer une santé plus constante, une constitution plus robuste. On sent que les progrès de la médecine préservatrice, devenus plus efficaces par ceux de la raison et de l'ordre social, doivent faire disparaître à la longue les maladies transmissibles ou contagieuses, et ces maladies générales, qui doivent leur origine aux climats, aux aliments, à la nature des travaux. Il ne serait pas

difficile de prouver que cette espérance doit s'étendre à presque toutes les autres maladies, dont il est vraisemblable que l'on saura toujours reconnaître les causes éloignées. Serait-il absurde, maintenant, de supposer que ce perfectionnement de l'espèce humaine doit être regardé comme susceptible d'un progrès indéfini, qu'il doit arriver un temps où la mort ne serait plus que l'effet, ou d'accidents extraordinaires, ou de la destruction de plus en plus lente des forces vitales, et qu'enfin la durée de l'intervalle moyen, entre la naissance et cette destruction, n'a elle-même aucun terme assignable? Sans doute l'homme ne deviendra pas immortel, mais la distance entre le moment où il commence à vivre, l'époque commune où naturellement sans maladie, sans accident, il éprouve la difficulté d'être, ne peut-elle s'accroître sans cesse?

[*Man may expect an indefinite increase in longevity, in health and intelligence, transmitted by eugenic selection.*]

Telles sont les questions dont l'examen doit terminer cette dernière époque; et combien ce tableau de l'espèce humaine, affranchie de toutes ses chaînes, soustraite à l'empire du hasard, comme à celui des ennemis de ses progrès, et marchant d'un pas ferme et sûr dans la route de la vérité, de la vertu et du bonheur, présente au philosophe un spectacle qui le console des erreurs, des crimes, des injustices dont la terre est encore souillée, et dont il est souvent la victime? C'est dans la contemplation de ce tableau qu'il reçoit le prix de ses efforts pour les progrès de la raison, pour la défense de la liberté. Il ose alors les lier à la chaîne éternelle des destinées humaines; c'est là qu'il trouve la vraie récompense de la vertu, le plaisir d'avoir fait un bien durable, que la fatalité ne détruira plus par une compensation funeste, en ramenant les préjugés et l'esclavage. Cette contemplation est pour lui un asile, où le souvenir de ses persécuteurs ne peut le poursuivre; où vivant par la pensée avec l'homme rétabli dans les droits comme dans la dignité de sa nature, il oublie celui que l'avidité, la crainte ou l'envie tourmentent et corrompent; c'est là qu'il existe véritablement avec ses semblables, dans un élisée° que sa raison a su se créer, et que son amour pour l'humanité embellit des plus pures jouissances.

24. *élisée:* elysium, paradise.

Index of Authors and Titles

Index of Authors and Titles